FELIX DAHN

PROF. AN DER UNIVERSITÄT BRESLAU

DIE GERMANEN

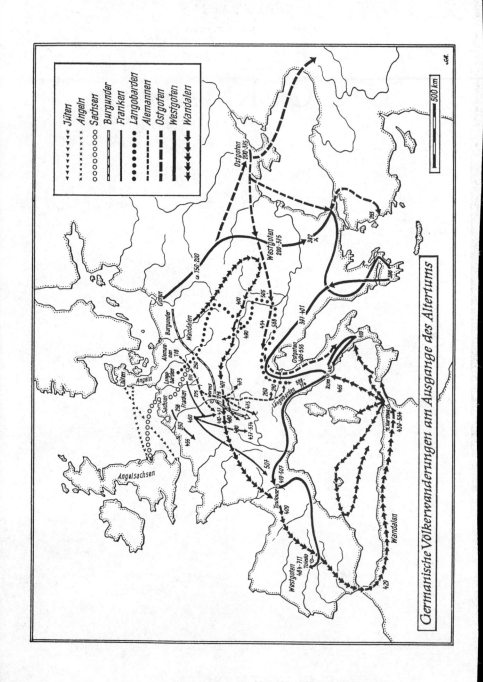

FELIX DAHN

DIE GERMANEN

WESTGERMANEN – DIE IM FRÄNKISCHEN REICH
VERSAMMELTEN GERMANEN

VON DR. FELIX DAHN
PROF. AN DER UNIVERSITÄT BRESLAU
MIT ABBILDUNGEN UND KARTEN

EMIL VOLLMER VERLAG

Bearbeitete, ungekürzte Neuausgabe mit sämtlichen Abbildungen und Karten der im Verlag Baumgärtel Berlin 1899 erschienenen 4 Bände umfassenden Urgeschichte der germanischen und romanischen Völker. Herausgegeben von Alexander Heine. Der vorliegende Band entspricht von der Aufteilung der Erstausgabe Band I bis Seite 136, dem Band II komplett, dem Band IV Seiten 86–295 ungekürzt.

© by Phaidon Verlag GmbH, Essen
mit Genehmigung der Rechteinhaber.
Vollmer ist ein Imprint des Phaidon Verlags.
Die Verwertung der Texte und Bilder, auch auszugsweise,
ist ohne Zustimmung des Verlags urheberrechtswidrig
und strafbar. Dies gilt auch für Vervielfältigungen,
Übersetzungen, Verfilmung und die Verarbeitung mit
elektronischen Systemen sowie das Scannen und
Digitalisieren und die Verwendung in digitalen
Datenbanken jeder Art.

Gesamtherstellung: Millium Media Management
Printed in Germany

ISBN 3-88851-179-8

Inhaltsverzeichnis

Einleitung

I. Die Germanen als Glieder der arischen Völkerfamilie 9

II. Kulturstufe der Arier in Asien 10

III. Die Einwanderung der Germanen in Europa 11
    1. Die Ursachen 11
    2. Der Weg 11
    3. Die Zeit 11

IV. Das von den Germanen vorgefundene Europa 13
    1. Pfahlbauten 13
    2. Die Kelten 14
    3. Die übrige Bevölkerung Europas 21

V. Zusammengehörigkeit der Germanen: ihre Stammsagen 23

VI. Die Namen „Germani" und „Deutsche" 24

VII. Die Verteilung der germanischen Völkerschaften 25

VIII. Das Land der Germanen und seine Erzeugnisse 31

IX. Das Volk 37
    1. Allgemeines 37
    2. Tugenden und Laster 40
    3. Tracht 47
    4. Gerät 48
    5. Waffen und Kriegswesen 56
    6. Niederlassung. Hausbau 63
    7. Totenbestattung 65
    8. Wirtschaft 67
    9. Handel 70
    10. Lebensweise 73

X. Ansiedlung. Landteilung. Umgestaltung der Ansiedelung und
folgeweise des Staatsverbandes und der Verfassung durch Zunahme der
Bevölkerung seit Übergang zu seßhaftem Ackerbau. Völkerausbreitung,
später Völkerwanderung, durch Übervölkerung herbeigeführt 76

XI. Recht und Verfassung vor der Wanderung 92
    1. Einleitung 92
    2. Die Stände 96
        a) Die Gemeinfreien 96

INHALTSVERZEICHNIS

b) Der Volksadel 96
c) Die Freigelassenen 98
3. Volksversammlungen. Rechtspflege. Strafrecht 99
4. Die Sippe 106
5. Das Königtum 107

XII. Bildung: Sprache. Dichtung. Runen. Musik. Wissen 115

XIII. Götterglaube und Götterverehrung 124

Zweiter Teil

Die Westgermanen bis zur Errichtung des Frankenreiches

Zweites Buch

Der germanische Angriff und der römische Gegenangriff bis zur Varusschlacht und dem Verzicht auf die Eroberung Germaniens

Erstes Kapitel:	Die Kimbern und Teutonen	137
Zweites Kapitel:	Cäsar und die Germanen	146
Drittes Kapitel:	Der römische Angriff bis zum Verzicht auf die Eroberung Germaniens	160
Viertes Kapitel:	Die römische Verteidigung vom Verzicht auf die Eroberung Germaniens bis auf den Markomannenkrieg	226
Fünftes Kapitel:	Die römische Verteidigung: vom Ende des Markomannenkrieges bis auf Diokletians Reichsteilung	300
Sechstes Kapitel:	Von der Reichsteilung Diokletians bis zur Reichsteilung des Theodosius	353
Siebentes Kapitel:	Von der Reichsteilung des Theodosius bis zum Untergang des Westreichs und der Errichtung des Frankenreiches (395–500 n. Chr.)	476
Achtes Kapitel:	Die Römer und ihre Spuren im späteren Deutschland	491

Drittes Buch

Die im fränkischen Reich versammelten Germanen

Erstes Kapitel:	Die Alemannen	575
Zweites Kapitel:	Die Thüringer	585
Drittes Kapitel:	Die Burgunder	590
Viertes Kapitel:	Die Bayern	603
Fünftes Kapitel:	Die Friesen	637
Sechstes Kapitel:	Die Sachsen	645
Siebentes Kapitel:	Die Langobarden	660

Verzeichnis der Illustrationen 747

Einleitung

I. Die Germanen als Glieder der arischen Völkerfamilie

Die vergleichende Sprachforschung lehrt, daß die Germanen mit den Indern, Persern und Armeniern, den Greko-Italikern, den Kelten und den Letto-Slawen zu der sogenannten arischen Rasse gehören: das nämliche ergibt die Vergleichung der religiösen und rechtlichen Anschauungen dieser Völker. Aus der gemein arischen Ursprache ist, wie das Indische, Persische, Griechische usw. auch die gemein germanische Grundsprache hervorgegangen, aus welcher später die Sprachäste der einzelnen germanischen Gruppen sich abzweigten: das Gotische, Nordgermanische, das Altniederdeutsche und das Althochdeutsche.

In neuerer Zeit ist eine Ansicht herrschend geworden, die Goten und Nordgermanen unter dem Ausdruck „Ostgermanen" den „Westgermanen" (d. h. den späteren Deutschen, dann den Langobarden und Burgundern) zusammenfassend entgegenstellt: doch fehlt es nicht an Bedenken wider diese Zweigliederung.

Die Sprachvergleichung hat auch gezeigt, welcher Kulturgrad die sämtlichen arischen Völker in der ursprünglichen (asiatischen) Heimat vor deren Auseinanderwandern und welchen die sämtlichen germanischen Stämmen, ebenfalls vor ihrer Trennung, erreicht hatten: jene Metalle, Getreidearten, Haustiere, Geräte, Waffen, gesellschaftlichen Einrichtungen, Erfindungen, die mit gemeinsamen Namen bezeichnet werden, dürfen als urgemein betrachtet werden; die Fälle der Entlehnung sind hiervon häufig, aber freilich nicht immer, leicht zu unterscheiden. Als gemeinsame Heimat der Arier vermutet man die Landschaften östlich vom Kaspischen Meer: Einen Ozean erreichten jene Gebiete nicht, da es für das Meer an gemeinsamen Bezeichnungen gebricht. Eine jüngsthin aufgetauchte Meinung verlegt diese Urheimat weiter westlich, an die Grenze von Asien und Europa oder gar nach Europa hinein: sie ist, obzwar zuweilen mit Scharfsinn vertreten, nicht überzeugend begründet. Vor allem ist gegen die Annahme der europäischen Heimat – die Sümpfe Westrußlands oder Skandinavien – einzuwenden, daß sie die Frage der Einwanderung nur weiter hinausschiebt. Denn wie man auch über den Ursprung des Menschengeschlechts denken mag – keinesfalls sind die Arier aus jenen Sümpfen oder aus dem Eis des Nordlands als „Autochthonen" hervorgegangen, sondern in jene Lande – aus wärmeren Himmelsstrichen – eingewandert. Der Name „Arier", den sich diese Völker beilegten, wird erklärt als: „die Herren", „die Edlen" im Gegensatz zu den Nachbarn anderer Rassen.

Vermutlich waren die arischen Völker über jene Sitze in der Art verteilt, daß im Westen die Kelten, im Südwesten die späteren Greko-Italiker, im Nordosten die Perser, neben diesen im Norden die Slawen, dicht bei diesen aber weiter westlich die Germanen anzusetzen sind, und zwar so, daß die Goten als östlichste Germanen den Slawen zunächst standen. Diese Annahmen werden wenigstens durch die nähere Verwandtschaft der Sprachen untereinander und durch die Richtung der späteren Einwanderung in Europa am meisten gestützt.

II. Kulturstufe der Arier in Asien

Die Kulturstufe, welche die Arier vor ihrer Trennung erreicht hatten, wird einigermaßen dadurch gekennzeichnet, daß die Namen für die wichtigsten Haustiere (z. B. Pferd: gotisch aihvus lat. equus), Rind, Kuh, Schaf (gotisch avi, lat. ovis), Hund (griech. κύων, lat. canis), gemeinsam sind, ebenso für einzelne, freilich in jenen Gegenden wild wachsende Getreidearten, aber auch für pflügen und mahlen, für das Salz und einige Metalle, z. B. Erz: gotisch ais, lat. aes, Gold: lat. aurum, irisch or, allerdings auch mit Abweichungen hier wie bei Silber und Eisen. Gemeinsam sind ferner die Ausdrücke für einzelne Anlagen und Einrichtungen häuslicher Niederlassung, für mehrere Geräte, z. B. Joch (sanskr. g'uga (dsuga), lat. jugum, althochd. joh), Boot (sanskr. nâu, griech. ναῦς, lat. navis, irisch noe, poln. nawa, althochd. nawa: vergleiche das heutige mundartliche „Naue"), ferner für einzelne Waffen (Bogen, Pfeile).

Der Stoff, aus dem Waffen und Geräte gefertigt wurden, war schon nicht mehr bloß Stein, auch schon Erz (Bronze, eine Mischung von Kupfer und Zinn) und Eisen: die lange Zeit herrschende, namentlich von skandinavischen Gelehrten hartnäckig festgehaltene Theorie, wonach Stein, Bronze und Eisen verschiedenen Völkern zuzuteilen und überall Bronze älter als Eisen sei, ist nunmehr aufgegeben: man unterscheidet richtiger nur *Stein*zeit und *Metall*zeit und hat übrigens in manchen Gegenden Eisen gleichzeitig mit Bronze, ja manchmal vor der Bronze angetroffen.

Was Maßbegriffe betrifft, so sind die Namen der Grundzahlen und die Jahresrechnung nach Monden gemeinsam: – dagegen weichen die Bezeichnungen der Jahreszeiten ab. Die gemeinsamen religiösen Vorstellungen beruhen auf einem Lichtkultus, wobei Namen oder doch Wesensinhalt für einzelne Götter und zumal die Trilogie

Zeus	Hephaistos (Herakles)	Ares
Jupiter	Vulkan	Mars
Odin	Tor	Tyr

häufig wiederkehren: nur führt bei Germanen und anderen nicht der oberste Gott den Donner. Die Rechtsverfassung ruhte auf der Sippe: ursprünglich erstreckte sich Rechtsschutz und Rechtsfriede nur auf die Sippengenossen, über welche das Geschlechtshaupt unter Mitwirkung der Gesippen als Familiengericht Gerichtsbarkeit in bürgerlichem und Strafverfahren übte: dasselbe war, wie bei allen Völkern in der Unmittelbarkeit, „sakral" gefärbt und Eid wie Gottesurteil wurden, in starker Übereinstimmung, als Beweismittel gebraucht.

Viel zahlreicher sind selbstverständlich die den *germanischen* Sprachen und Völkergruppen gemeinsamen Bezeichnungen für Naturerzeugnisse, für menschliche Tätigkeiten, Fertigkeiten, Einrichtungen, Waffen und Geräte, wobei freilich das germanische Grundwort in den einzelnen Sprachen oft abweichende oder doch abweichend gefärbte Bedeutungen annimmt.

III. Die Einwanderung der Germanen in Europa

1. Die Ursachen

Als Ursache der Einwanderung der Germanen nach Europa können wir höchstens vermutungsweise den Druck annehmen, welchen andere Völker von Osten her übten: da auch schon vorher das Umherziehen in dem weiten von den Germanen durchstreiften Gebiet Gewohnheit gewesen war – *seßhafter* Ackerbau wurde noch keineswegs betrieben –, so konnten ganz allmählich, ohne daß es eines bestimmten Entschlusses, eines absichtlich gewählten Zieles bedurft hätte, die üblichen Wanderungen immer weiter und immer länger die Richtung nach Westen einschlagen, wenn die Behauptung der zuletzt gewählten Gegenden schwierig oder wertlos erschien. Diese allmähliche Bewegung nach Westen mag mehrere Jahrhunderte langsam fortgesetzt in ihr geraume Zeit von den im Rücken nachziehenden Slawen gefolgt worden sein: wenigstens sind Germanen und Slawen bedeutend länger ungetrennt geblieben als irgendein anderer Zweig des arischen Völkerbaumes.

2. Der Weg

Auch der Weg, auf welchem die Wanderer nach Europa gelangten, kann nur vermutet werden: sicher ausgeschlossen ist der Seeweg. Während ein großer Teil der Germanen durch (genauer: um) das uralte „Völkertor", den Kaukasus, seinen Einzug nahm, mögen andere, aber gewiß nicht alle Stämme weiter nördlich durch die nunmehr russischen Ebenen nach Westen gewandert sein: diese wurden dann nächste Nachbarn der *Finnen,* mit denen viele Wörter ausgetauscht wurden. Nach Skandinavien sind diese Germanen zuerst auf dem Landweg über Finnland, dann in einer jüngeren Einwanderung von den Küsten der Ost- und Nordsee aus gelangt.

3. Die Zeit

Ebensowenig läßt sich über die Zeit der Einwanderung auch nur annähernd Gewisses sagen. Man nimmt an, daß jene Arier, die später bei ihren Nachbarn vom *Indus* den (*nicht* nationalen) Namen empfingen, etwa zwischen 2500 und 2000 v. Chr. von dem iranischen Hochland nach Osten herabstiegen, man setzt die Einwanderung der Griechen in Europa ungefähr in das Jahr 2000, man läßt die Kelten ungefähr um 2000 schon den äußersten Westrand Europa erreichen. Damit würde sich vereinbaren lassen, daß die Germanen, die vorletzten der arischen Wanderer, etwa zwischen 700 und 800 v. Chr. an der Weichsel, Oder und Elbe, von den Quellen bis an die Mündungen dieser Ströme, standen. Bekräftigt wird solche *Vermutung* – denn mehr wird man gewiß nicht sagen dürfen – durch die Erwägung, daß *Pytheas von Marseille* etwa um 320 v. Chr. „die *Elbe* Kelten und ,*Skythen*', d. h. hier ohne

Zweifel Germanen, scheiden läßt," daß ferner schon ca. 120 v. Chr. eine durch Übervölkerung herbeigeführte Auswanderung der Kimbern und Teutonen aus der jütischen Halbinsel notwendig werden konnte, wie dadurch, daß ungefähr drei bis vier Jahrhunderte später ganz allgemein die im Nordosten wohnenden Völker (Goten, Burgunder, Langobarden, zum Teil aus gleichen Gründen der Übervölkerung, nach Süden aufbrachen.

IV. Das von den Germanen vorgefundene Europa

Die Einwanderer fanden Europa keineswegs als unbewohntes, herrenloses, ödes Land vor. Zwar lagen nordöstlich vom Rhein und den Alpen sehr weite Strecken von Sumpf und Urwald bedeckt, aber es fehlte auch hier nicht an urbar gemachten, von früheren Einwanderern gerodeten, getrockneten und gegen die heranziehenden Germanen behaupteten Strecken von Bauland. Welche Bevölkerungen fanden die Einziehenden vor?

Der *vorgeschichtlichen* Zeit gehören an die in Höhlen gefunden Reste jener Menschheit, der ältesten in Europa festzustellenden, die in der sogenannten jüngeren Eiszeit zusammen mit dem Mammut lebte.

1. Pfahlbauten

Die früheste *geschichtliche* Bevölkerung ist die vielleicht – wenigstens ist das von vielen Annahmen die glaublichste, obzwar auch recht unsichere – *finnische*, welche die ältesten sogenannten *Pfahlbauten* anlegte: diese ältesten Pfahlbauleute kannten noch keine Metalle, lebten von Fischfang, Jagd, Viehzucht, vielleicht auch schon von einigen Getreidearten: es waren kleine in dem allzu harten Kampf um das Dasein verkümmerte, zurückgebliebene Gestalten, wie die für unsere Hände viel zu kurzen Griffe der Waffen und Geräte dartun; die Pfahlbauten, d. h. in Seen und Flüssen auf senkrecht eingerammten Pfählen gezimmerte Hütten, dienten als Zufluchtsstätten für Menschen und Tiere und als Waffen- und Vorratsräume für Steinwaffen und Steingerät, auch für die Rohsteine und halbfertigen Steine,

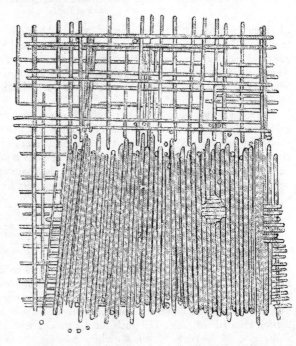

Pfahlbau von Nieder-Wyl bei Frauenfeld in der Schweiz

die der Tauschhandel zuführte. Weder Kelten noch gar erst Germanen haben die ältesten Pfahlbauten errichtet: diese beiden Völker standen bei ihrer Einwanderung auf höherer Stufe, als die ältesten Pfahlbauten zeigen: sie brachten Metallwaffen und Metallgeräte mit.

Vielmehr wichen die Pfahlbauleute fast ohne Kampf vor den Kelten zurück, als diese von Süden und Osten her in Europa eindrangen: entsprechend dieser Richtung des drohenden Angriffs ging der Rückzug nach Norden und Westen: im heutigen Finnland und vielleicht in den baskischen Bergen haben sich allein in Europa Finnen behauptet: (abgesehen von den erst später eingewanderten Hunnen, die in den Bulgaren fortleben sollen, und den Magyaren); sie verbrannten die Pfahlburgen – die

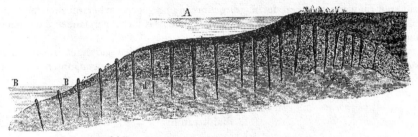

Pfahlbauansiedlung im Mooseedorfsee bei Bern

A = früherer Wasserspiegel. BB = Gegenwärtiger Wasserspiegel. bb = Schicht von Schlamm und Schilfwurzeln. cc = lockerer Torf mit Steinen, Kies, Holzwerk, Kohlen, Knochen usw. dd = alter Seegrund. e = dichter Torf.

allermeisten sind durch Feuer zerstört, aber nicht in oder nach dem Kampf; denn es fehlen die Gerippe von Erwachsenen als Angreifern und Verteidigern –, dem Verfolger das Nachdringen und das Festsetzen im Lande zu erschweren. Nur die Flüsterstimme der Sage weiß noch zu erzählen von dem Völklein scheuer Zwerge, welche im Wasser oder in Höhlen wohnen oder in die Berge flüchten vor dem Andrang der überlegenen „Menschen".

Die Kelten – wie später Römer und Germanen – verwerteten günstig oder wichtig gelegene verlassene Pfahlburgen ebenfalls als Zufluchts- und Verteidigungsstätten. Vielleicht hatten auch die Pfahlbauer selbst in späterer Zeit von Etruskern Bronzegerät und anderes erhandelt: die in den *obersten* Schichten der Pfahlbauten gefundenen keltischen oder germanischen Geräte können durchaus nicht beweisen, daß Kelten oder Germanen diese Bauten ursprünglich errichtet: findet man doch dabei auch römische Kaisermünzen.

2. Die Kelten

Die Bevölkerung und Kultur, welche die Germanen über den größten Teil von Europa (von Ungarn und Böhmen im Osten in nach Westen stets steigender Dichtigkeit und Macht) vorfanden, war, wie die Ausgrabungen und die Ortsnamen dartun, die *keltische*. Da dieselbe für die Geschichte der germanischen Ansiedelung auch östlich vom Rhein (zum Teil auch für die pyrenäische Halbinsel und Norditalien) von großer Bedeutung, für die Geschichte Galliens und Britanniens aber geradezu die Entscheidung war, weil die von den Germanen in Gallien vorgefundene Bevölke-

IV. DAS VON DEN GERMANEN VORGEFUNDENE EUROPA   15

rung und Kultur – romanisierter Kelten – Goten, Burgunder, Franken auf das Mächtigste beeinflußten, muß eine „Urgeschichte der germanischen und romanischen Völker" auf diese keltischen Dinge, zumal Bildungsstufe und Verbreitung der keltischen Völker über Europa in Kürze wenigstens eingehen.

Die Kelten, früh von den Greko-Italikern, noch früher von den Germanen und Letto-Slawen geschieden, waren als selbständiges Volk lange vor den Germanen in Europa eingewandert: nach der ungleich wahrscheinlicheren Ansicht auf dem Landweg, am Schwarzen Meer vorbei die Donau aufwärts, also ungefähr in derselben Richtung, obzwar viel tiefer südlich, als später die Germanen anzogen. Ihre Macht hatte im vierten Jahrhundert vor Christus die Höhe erreicht: sie erfüllten und beherrschten fast ganz Westeuropa: Gallien war das Hauptland ihrer Herrschaft: von hier gingen, infolge von Übervölkerung, neue Wanderungen aus: zum Teil nur in die nächsten Landschaften auf dem rechten Rheinufer, wo sie neben dünnerer keltischer Bevölkerung leichter als in Gallien Raum fanden: zum Teil aber drangen diese kriegerischen Wanderer nach Italien, die Ausbreitung, ja den Bestand Roms eine Zeitlang hitzig bedrohend.

Andere Schwärme überfluteten Griechenland und Kleinasien, gaben hier der Landschaft „Galatien" den Namen und behaupteten daselbst ihre Sprache angeblich bis auf die Tage des heiligen Hieronymus (geboren 331 n. Chr.). In Europa hatten dereinst die Kelten eine tiefere Bildungsstufe eingenommen als die ihrer gallischen Zustände zur Zeit Cäsars waren: hier in Gallien und auf der Südspitze von Britannien hatten sie allmählich höhere Gesittung erreicht, aber die unbesiegten Stämme im Inneren der Insel beharrten noch zur Zeit des Tacitus in der alten Roheit; auch von den italischen Kelten entwirft Polybius ein Bild, welches etwa den Germanen zur Zeit Cäsars ähnelt.

Die Zeit ihrer Einwanderung ist so wenig wie die der Germanen auch nur annähernd sicher zu bestimmen: fest steht nur, daß sie mehrere Jahrhunderte vor Anfang der germanischen vollendet war. Man läßt sie, vielleicht etwas zu früh, schon 2000 v. Chr. den Westrand Europas erreichen: Herodot (circa 450 v. Chr.) weiß sie bereits seßhaft auf der pyrenäischen Halbinsel: 390 belagern sie Clusium: zur Zeit Alexanders des Großen bedrängen die Kelten die Illyrier am Adriatischen Meer: Pytheas findet um das Jahr 320 „Skythen" an der Elbe, westlich von ihnen Kelten: es trennte also wohl damals dieser Strom Kelten und Germanen, d. h. „Skythen".

In dem später nach ihnen benannten Gallien unterwarfen die Kelten die meisten alten Einwohner, welche nicht vor ihnen nach Spanien oder Italien wichen; aber nicht alle: nicht die Iberer: noch unter Cäsar schied die Garonne die iberischen Aquitanier von den Kelten: in Spanien entstand das Mischvolk der Kelt-Iberer, in Süd-

---

1 Cäsar, bellum gallicum ed. Doberentz, 5. Auflage 1871 (auf den sich Tacitus, Germania C. 28 ed. Müllenhoff, Germania antiqua 1873 beruft); daß den vereinzelt eintreffenden germanischen Vorläufern *anfangs* die Kelten überlegen waren, zumal auf dem *linken* Rheinufer (wovon Tacitus allein spricht), daß sie infolgedessen geraume Zeit die Versuche der Germanen, über den Strom zu dringen, nicht bloß erfolgreich abwehrten, sondern nach eingetretener Übervölkerung in Gallien ihrerseits den Strom wieder auswandernd überschreiten konnten, – all das ist voll glaubhaft. Sehr weit nach Osten werden aber diese keltischen Rückwanderer nicht gekommen sein gegen den Strom der vorwandernden Germanen, der, je weiter östlich, desto breiter und stärker wurde. Und die ursprünglich zwischen dem deutschen Mittelgebirge (herkynischen Wald), und Rhein und Main wohnenden Helvetier und die Bojer in Böhmen sind wohl nicht wie Tacitus meint, erst aus Gallien in diese Gegenden *zurückgewandert* (Bojer waren freilich *auch* in Gallien).

frankreich das der Kelto-Ligier (Ligurer). Schwieriger ist die Nord- und Ostgrenze ihrer Verbreitung über Europa festzustellen: da aber noch Tacitus nicht nur in Böhmen, sondern viel weiter südöstlich kleine keltische Völkerschaften zwischen (und wohl ausnahmslos unter Oberherrschaft von) Germanen findet – was keineswegs bloß, wie meist geschieht, aus der oben erwähnten Rückwanderung aus Gallien zu erkären ist – wird man annehmen müssen, daß die Kelten, wie sie ursprünglich von Ost nach West die Donau aufwärts eingewandert (was freilich Römer[1] und Griechen nicht wußten, weshalb sie nur an Rückwanderung aus Gallien nach Osten denken konnten), schon ursprünglich bei ihrer Einwanderung hier an der unteren Donau und in allem Land bis an den Rhein Ansiedelungen zurückgelassen hatten.

Diese mögen – mit Ausnahme freilich der mächtigen Bojer in Böhmen – je weiter östlich desto geringere Bildung und Macht entfaltet haben und, der germanischen Einwanderung erliegend, nur als Hintersassen oder abhängige Verbündete im Lande geblieben sein; immerhin beweisen die zahlreichen Fluß-, Bach-, Berg-, Hügel-, Wald- und selbst manche Ortsnamen, welche auch in der Germanenzeit noch, zum Teil bis heute, von Ungarn bis Lothringen keltisch forttönen, daß die Germanen diese Bezeichnungen von im Lande verbleibenden Kelten dauernd vernahmen, sonst wäre die Beibehaltung durch die Germanen undenkbar.[2]

Die Haupteinteilung der keltischen Völker nach der Sprache ergibt einen gallisch-britischen und einen irisch-schottischen Zweig: erhalten ist das Cambrische, das in Wales, und das Bretonische, das in der Bretagne heute noch gesprochen wird, dann das Irische und Gadhelische.

Cäsar unterscheidet in Gallien die (iberischen) Aquitanier, welche die Garumna (Garonne) von den „Galliern" trennt und die Gallier, „die sich in ihrer Sprache Kelten nennen": diese läßt er an der Matrona (Marne) und Sequana (Seine) mit den Belgen grenzen. Die Belgen waren ein Stamm der Kelten, welcher sich durch Mundart und rauhere, den benachbarten Germanen ähnliche Lebensweise von den Galliern im engeren Sinn unterschied. Auf dem Festland von Germanen im Osten, von Galliern (im engeren Sinne) im Westen eingeengt, hatten die Belgen in vielen Völkerschaften den Kanal überschritten und die Südostküste Britanniens besetzt, die Themse (Tamesis) bildete ihre Nordostgrenze: hier wohnten die Kantier (Kent), denen auch Longdwinium (London) zugeteilt wird: diese britannischen Kelten sind gleichnamig mit festländischen Belgenstämmen: Atrebates, Brigantes, Menapii: auch Parisii begegnen wir an der Seine so in England.

Als „Bretannische" Inseln werden schon bei Pseudo-Aristoteles England (mit Schottland) „Albion", und Irland, „Jerne", genannt: bei Cäsar heißt England und Schottland zusammen: Britannia, Irland: Ibernia. Im Südwesten Englands wohnten bis an den Severnfluß die Kymren: ein Teil von ihnen, die Dumnonier, floh vor den einwandernden Angelsachsen (Ende des fünften Jahrhunderts) auf das gallische Festland zurück und bewahrte dort Name und Sprache der „Bretonen": Dieser ursprünglich die *ganze* Bevölkerung Englands und Schottlands bezeichnende Name war nun von den Angelsachsen auf alle englischen Kelten, von den Franken auf die Kelten der Bretagne angewendet.

Die Britannen wurden durch die beiden Firde Clota und Bodotria (Clyde und Firth of Forth), später durch die römische Herrschaft geschieden von den Caledoniern: die Römer errichteten gegen die Caledonier (= Picten) den nach ihnen genannten Pictenwall. Ihre Sprache nennt diese Bergbewohner Gäl, sich selbst die gälische.

---

1 Vgl. *Dahn*, von Wunn und Weide, Bausteine III. Berlin 1881.

IV. DAS VON DEN GERMANEN VORGEFUNDENE EUROPA

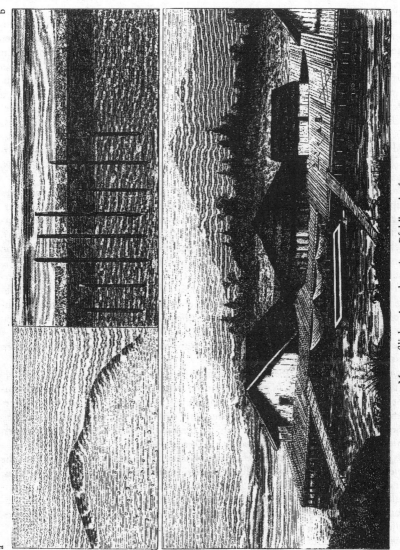

a Pfahlbau von oben gesehen. Mutmaßliches Aussehen eines Pfahldorfes. b Gegenwärtiger Zustand eines Pfahlbaues.

18 EINLEITUNG

Die ebenfalls keltischen Bewohner Irlands hießen ursprünglich Scoten: später nahmen sie das Land der Picten ein, welches nun nach ihnen Scotia („Schottland") genannt wurde: aber erst im neunten Jahrhundert verschmolzen Picten und Scoten in Schottland zu *einem* Reiche.

Von der Verteilung der keltischen Völkerschaften über Gallien mag folgender Abriß genügen.

Die *Belgen*, wie wir sahen, durch Mundart und rauhere Sitte von den südwestlicheren Kelten verschieden, aber unzweifelhaft[1], wie ihre ausschließlich keltischen Namen beweisen, selbst Kelten, legten sich nur in falscher Berühmung germanische Abstammung bei: nicht einmal die (belgischen) *Aduatuker*, angeblich von den hier (bei Tongern) zurückgebliebenen Kimbern (übrigen nur sechstausend Köpfe) abstammend, sind ungemischt germanisch. Die Sitze der Belgen erstreckten sich vom Niederrhein über die Ardennen (Arduenna silva) an die Marne und Seine: im Südwesten die *Remi* (Hauptort Reims); nordwestlich neben diesen die *Suessiones* (Soissons), nördlich die *Bellovaci* (Beauvais), *Ambiani* (Amiens), westlich *Bellocasses* (Landschaft Bexin, Hauptort Rotomagus: Rouen): dann die *Nervier*, *Atrebaten* (Arras), *Moriner* und *Menapier*, *Biromanduer* (Bermandois), *Aduatuker*, *Condrusen*, *Eburonen* usw.

Nicht Belgen, sondern Gallier (im engeren Sinn) waren die *Mediomatriker* (Hauptort : Divodurum: später Mettis = Metz), die ebenfalls mit Unrecht für Germanen erklärten *Trevirer* (Treveri: Hauptort: Augusta Trevirorum = Trier); westlich die schon genannten *Remer* (remisch vielleicht auch Virodunum = Verdun); südlich die *Leuci* (Hauptort: Tullum = Toul oder Nasium = Naix); südöstlich von diesen die *Raurici* (Augusta Rauricorum, Augst bei Basel, Basilea).

Nördlich von den Ardennen wohnten unter Oberhoheit der Trevirer fünf Völkerschaften, welche man „Germanen" nannte: keinesfalls aber waren sie (Deutsche) Germanen, sondern nach Zeugnis ihrer Namen, Kelten. Die Mächtigsten unter ihnen, die *Ebronen*, werden später durch die wirklich germanischen *Tungern* vertrieben (siehe unten bei dem Namen „Germani").

Westlich der Ardennen wohnten die an Rauheit und Tapferkeit den Gemanen nächststehenden Belgen: die starken *Nervier*.

Zwischen der Sequana (Seine) und dem Liger (Loire) saßen zahlreiche Völkerschaften, welche unter dem Namen „*Aremorici*", d. h. „Meeranwohner", zusammengefaßt wurden. (Nur einige moderne Städtenamen mögen hier an die alten Völkernamen erinnern: so heißt Bayeux von den *Bajucasses* in der Landschaft Bessin, Abranches von den *Abrincatui*, le Mans von den *Cenomani*, Evreux von den *Eburovices*, Rennes von den *Redones*, Bannes von den *Beneti*.)

An der Seine saßen die *Parisii* (Hauptort: Lutetia Parisiorum, Paris). Um Sens die *Senones*, um Troyes die *Tricasses*; dann an dem Loireufer die *Nannetes* um Nantes; die *Andes*, *Andegavi* um Angers im Anjou; die *Carnutes* um Chartres und um Cenabum (spater Aureliani = Orleans). Auf beiden Seiten der Loire die *Turones* um Cäsarodunum (Tours in der Touraine), die *Bituriges* um Bourges, die *Lemovici* um Limoges, die *Petrocorii* um Perigueux im Perigord, die *Cadurci* um Cahors.

Zwischen Loire und Garonne (Garumna) wohnen an der Küste die *Pictones*, *Pictavi*, im Poitou und Poitiers, die *Santones* in der Saintonge (um Mediolanum, heute Saintes): jenseits der Garonne unter den Aquitaniern wohnten die *Bituriges* um Bordeaux.

---

1 Mit Unrecht wird dies noch immer bestritten.

IV. DAS VON DEN GERMANEN VORGEFUNDENE EUROPA 19

An der Marne, dem Grenzfluß zwischen Galliern und Belgen, siedelten die *Meldi* um Meaux und die *Catalauni* um Châlons sur Marne. Im Gebirgsland der Auvergne wohnten die *Arverni*, um Javaux im Gevaudan die *Gabali*, die *Velauni* in der Landschaft Velay.

Zwischen der Isara (Isère), dem Rhodanus (Rhône) und den Alpen saßen die *Allobrogen*; oberhalb der Rhône bis zum Jura und den Vogesen (Vosagus) die *Sequani*.

Im Süden zwischen Rhône und Pyrenäen wurde die ältere ligurische und iberische Bevölkerung zuletzt zusammengedrängt auf das Gebiet zwischen Garonne und Pyrenäen durch die in mehrere Gruppen geteilten *Volcae* (Hauptstadt: Tolosa = Toulouse), deren Nachbarn den Cavari, Avenio (Avignon) und Valencia (Valence) gehörten. Gegenüber den Sequanern und Allobrogen vom rechten Rhôneufer gegen Westen wohnten die *Segusiavi* (Hauptort Lugdunum = Lyon), abhängig, wie die meisten Völker dieser Gegenden, von den mächtigen *Äduern*; nördlich von diesen um Langres die *Lingonen*.

Im Nordosten vom Rhein bis Boulogne saßen die *Menapier*, zur Zeit Cäsars auch auf dem rechten Rheinufer, später von den Germanen ganz auf das linke Ufer der Maas (Mosa) gedrängt; nördlich von ihnen am linken Ufer der Maas die *Texuandri* im späteren Gau Texandria (Tessenderlooh); westlich von den Menapiern und noch einmal so stark wie diese von der Schelde bis Boulogne (Gesoriacum, später Bononia) die „meeranwohnenden" *Morini*.

Unter den *Alpenkelten* sind zu nennen die *Helvetier*, deren vier Gaue (darunter Tigurinus und Verbigenus) mit 253 000 Köpfen zwölf Städte und vierhundert Dörfer bewohnt hatten: dem Druck von Germanen ausweichend waren sie in Gallien eingedrungen; Cäsar zwang sie zur Umkehr in die alte Heimat (siehe unten) später, unter Vitellius, wird hier Aventicum (Avanches) genannt. Tacitus und Ptolemäus wissen übrigens sehr wohl, daß die Helvetier, früher in den Gegenden zwischen dem Oberrhein und dem Main seßhaft, erst später in die Schweiz gewandert waren.

Kelten sind auch die östlichen Nachbarn der Helvetier in den mittleren Alpen, die *Vindeliker*: dagegen die *Räter* in den nach ihnen benannten Alpen sind tuskischer (rasenischer) Abkunft, wie nicht nur Versicherungen der Schriftsteller, überzeugender noch zahlreiche Ortsnamen dartun: einzelne keltische Einsprengungen sind dadurch nicht ausgeschlossen.

Durch Tiberius und Drusus wurden im Jahre 15 v. Christus die Räter unterworfen, indem Drusus die Athesis (Etsch) hinauf über den Änus (Inn), Tiberius aber vom Rhein her über den Bodensee (Venetus Lacus) hinaus vordrang: die Räubereien dieser Bergvölker gaben den nächsten Anlaß: jedoch wirkte wohl als tiefere Ursache die Vorbereitung des großartig geplanten Angriffs auf die Germanen von der Donaulinie her mit.

Keltische Völker waren ohne Zweifel die *Licates* am Licus, dem Lech, die *Brigantii* um Bregenz, die *Estiones* um Kempten, Campodunum. Auf dem Brenner saßen die Breuni und Genauni, am Eisack (Isarkus?) die *Isarci*: dem Vinstgau und der Finstermünz (Venostum mons) haben die *Venostes* den Namen gegeben.

Die keltischen Stämme der Ostalpen umschließt der Gesamtname der *Taurisker*, von denen die *Noriker* (um Noreja bei Klagenfurt) ein Hauptast: bald nach Unterwerfung der *Räter* wurden auch die *Noriker* bezwungen. Ihre Westgrenze war der Inn, ihre Nordgrenze die Donau (Danubius, im Unterlauf Ister), ihre Südgrenze das Gebirge „Caravancas" zwischen Save und Drave. Jenseits dieses Kammes im Julium Carnicum (Zuglio) saßen die *Carnen*; im Südosten waren die letzten Städte der No-

20 EINLEITUNG

riker Celeja (Cilli) und Pötovio (Pettau) gegenüber den Pannoniern: Nauportus bei Laibach gehörte den Tauriskern. Im Nordosten erreichten sie die Donau und das Gebiet der *Bojer*: Carnuntum (bei Heimburg) und Vindobona (Wien) waren norisch; später wurden die Noriker durch die *Daken* in das Gebirge gedrängt; die Römer teilten diese ehemals norischen Striche ihrer Provinz „Pannonia" zu. Von den Namen der norischen Einzelvölker wollen wir nur anführen die *Alauni* in den salzreichen Gegenden um Salzburg: vielleicht identisch mit *Ambisontes*, d. h. Umwohner der Salzach (Igonta, verderbt aus Isonta?): letzterer Name wird auch im Pinzgau und dessen Hauptort Bisontio gefunden; wie Ambi-sontes ist gebildet: *Ambi-dravi*, d. h. Anwohner der Drave, und *Ambi-lici*, Anwohner des Geil, der den gleichen Namen wie der Lech, Licus, geführt haben soll.

Aus der großen Völkerschaft der *Bojer* begegnen Splitter in den verschiedensten Ländern Europas: Bojer waren unter den aus Gallien nach Italien gewanderten Kelten, andere Bojer waren mit den Helvetiern südwestlich in die Schweiz abgezogen und nach dem Siege Cäsars bei den Äduern in Gallien aufgenommen worden. Bojer wehrten in dem nach ihnen benannten Böhmen die Kimbern ab; von hier aus nach Osten gewanderte Bojer kämpften neben den Norikern gegen den Andrang der Daken, wurden aber von diesen samt den Norikern zuletzt verdrängt bis auf schale Reste: die Römer nannten daher jenes aufgegebene Land: „Das Ödland der Bojer" (um den Plattensee) und gründeten dort ihre Städte Savaria (unter Claudius) und Julia Scarabantia. An dem Land Böhmen aber haftete der Name der Bojer so fest, daß sogar im sechsten Jahrhundert nach Christus noch[1] die germanischen Markomannen hiernach die Männer aus Baja, Bajuhemum, d. h. Bajuvari, genannt wurden.

Im Süden der Alpen gegen das Meer wohnten, wie bemerkt, auf dem Hochgebirge die *Carnen* (Carn = cornu = Horn, Fels): im Osten grenzten sie mit den Pannoniern, im Norden mit den Norikern, im Westen mit den Venetern: hier erreichten sie das Meer: Concordia, Tergeste (Triest), Aquileja waren keltisch (?), d. h. carnisch und japygisch: denn diese, die *Japygen*[2], wohnten auf den Bergen der illyrischen Küste mit Illyriern, wie auch ihre Tracht bewies, gemischt: sie erreichten neben den *Istrern* die See: nach Zerstörung ihrer grimmig verteidigten Stadt Metulum unterwarf Oktavian das Land.

Ausbreitung und Macht der Kelten wurde später zugleich von Süden und von Norden bedroht; nach Besiegung Karthagos drangen die römischen Adler unaufhaltsam in Italien über den Po in die Alpen, überflogen sie, faßten in Gallien Fuß und unterwarfen die Kelten hier in ihrem Hauptland.

Von der anderen Seite, vom Nordosten her, drangen wohl seit dem siebenten Jahrhundert in das keltische Mittel- und Süddeutschland die Germanen ein: auch ihr Druck mag damals manche der Keltenwanderungen veranlaßt haben.

Und schon hatten die westlichen Germanen, nach Vertreibung und Unterwerfung der rechtsrheinischen Kelten den Strom überschritten und in Gallien unter Ariovist

---

1 Tacitus, Germ. K. 28: „Noch dauert der Name ‚Bojohemum' und bezeichnet die alte Bedeutung des Landes, obwohl die Einwohner gewechselt" – ein Satz, der heute noch wie vor siebzehn Jahrhunderten gilt.
2 Neuerdings verwirft man, wohl mit Fug, das Keltentum der Japygen.

IV. DAS VON DEN GERMANEN VORGEFUNDENE EUROPA 21

ein Reich errichtet, dessen drohendes Wachstum die Kelten nicht gehemmt haben
würden. Da erschien Julius Cäsar in Gallien, wies die Eingedrungenen über den
Strom zurück und machte für ein halbes Jahrtausend diesen Strom zur Grenze zwischen den Germanen und der romanisierten Provinz Gallia.

3. Die übrige Bevölkerung Europas

Kürzer als die keltische kann die übrige Bevölkerung Europas, welche die Germanen vorfanden, verzeichnet werden.

Südlich von den Ostkelten (siehe oben) wohnten die durchaus nicht keltischen
Illyrier entlang dem Ostrand der Adria von den Pomündungen an. Illyrische Einzelvölker waren die *Eneter* innersten des Busens („Veneter"): unter den Südillyriern
seien genannt die *Liburner* mit Liburna, die *Dalmaten* mit Dalminium und die *Istrer.*

Der nordöstliche Hauptast der Illyrier waren die *Pannonier,* welche im Süden die
Osthänge der Berge bis zur Donau erfüllten, im Norden die Germanen erreichten.
Nur den Nordpannoniern blieb der Name Pannonier: die Römer nannten das nach
Abzug der Bojer neubesiedelte Land zwischen Save, mons Cetius, Norikern und
Donau: „Pannonica provincia", welche sie dann in eine obere und untere teilten.
Später wurde Nordillyrien bis an den Busen von Cattaro von Slawen erfüllt; jedoch
die Bevölkerungen, die südwärts von dort über Epirus, Nordgriechenland und die
zugehörigen Inseln sich verbreiteten, die *Albanesen* oder in ihrer Sprache „*Schkipeta-
ren*" (von Schkipe = Fels?), gelten als Reste der Illyrier.

Östlich an die Illyrier reihten sich die *Thraker,* die von ihren Stammsitzen nördlich vom Ister sich südwestlich bis Thessalien, östlich bis Vorderasien ausdehnten.
Zwei sehr mächtige thrakische Völker die *Geten* und die *Daken,* waren weit über den
Ister nach Norden gezogen, wo sie den Tyras (Dnjestr) und die Germanen erreichten. Zur Zeit des Cäsar blühte das große Reich des Getenkönigs *Boirebistes* (Burvista) nördlich von der Donau: als dasselbe den aus Norden andringenden Bastarnen
und den von Osten einwandernden Slawen erlag, wichen die Geten, den Römern sich
unterwerfend, über den Strom und wurden in Thrakien angesiedelt. (Zur Zeit Strabos, d. h. unter Augustus.) Das von ihnen geräumte Land erhielt nun den Namen:
„Ödland der Geten".

Bald nach den Geten wichen auch die Daken vor dem Andrang der *Jazygen* aus
dem Land zwischen Theiß und Donau. Von den ihnen verbliebenen Gebieten beun-
ruhigten sie lange, am bedrohlichsten unter ihrem König Dekebalus, die römischen
Grenzen, bis Trajan sie unterwarf und das Land zwischen Theiß, Dnjestr, Pruth und
Donau als „Dacia provincia" einverleibte. Als Aurelian diese letzte Eroberung des
Reichs in Europa wieder aufgab, drangen *Germanen* (*Goten*) und nach deren Abzug
Slawen hier ein: Reste der stark römisierten, ein verdorbenes Latein sprechenden
Daken wurden die Vorfahren der *Wlachen,* d. h. der Welsch (Vulgärlatein) redenden
Rumänen.

Die dunklen Fragen der Abstammung und Verbreitung der *Etrusker* beschäftigen
uns hier nicht. Lange bevor die Germanen die rätischen Alpen erreichten, von welchen sie durch einen breiten Gürtel keltischer Völkerschaften getrennt wurden, waren jene tuskischen Räter von den Römern unterworfen und romanisiert. Eine uralte
Handelsstraße, von den Etruskern, wenn nicht angelegt, doch geraume Zeit eifrig
benutzt, führte über den Po nach Venetien, dann über die Alpen nach Mähren und
von da in mehreren Zweigen nordöstlich bis Schlesien: von da ab vermittelten andere

Barbaren den Tauschhandel bis an die Ost- und Nordsee: von daher gelangte der Bernstein so reichlich an den Po (Eridanus), daß man diesen Strom für den *Erzeuger* des gesuchten Harzes hielt, während er doch nur die *Fracht vermittelte*.

Auch auf die *iberisch-baskische* Bevölkerung der pyrenäischen Halbinsel stießen die Germanen erst, als dieselbe von keltischen, später und stärker von römischen Einflüssen durchdrungen war. Während nun aber den Germanen im Westen am Rhein, im Süden an Donau und Alpen das noch Jahrhunderte hindurch unbezwingbare Römerreich weiteres Vordringen wehrte, drückten bereits von Osten her breite Massen roherer Stämme auf die germanische Nachhut (die Goten, Lugier und andere Ostgermanen), in weit gestreckter Linie von der Donau in Ungarn bis an die Düna drohend heranschwellend: es waren die *Slawen*, den Germanen so hart auf den Fersen, daß Tacitus zuweilen Mühe hat, sie an ihrer tieferen Bildungsstufe, zumal an ihrem Schmutz und an ihrer dumpfen Trägheit, von den Germanen zu unterscheiden; sie drücken gleichmäßig auf die Quaden im Süden, die Markomannen in der Mitte, die Burgunder und die Goten (vor deren Südwanderung) im Norden: „*Wenden*", d. h. die Weidenden, wurden sie von den späteren Deutschen genannt, ihr schweifendes Hirtenleben von deutschem Ackerbau zu scheiden: so traten sie mit germanischem, wie die Germanen mit keltischem Namen (siehe unten) in die Geschichte; sie selbst nannten sich „*Slowenen*".

Tacitus kennt an der Küste der Ostsee die *Esten* (Ästui): richtig unterscheidet er ihre Sprache von der germanischen, irrig stellt er sie der keltischen näher; übrigens hat schon Pytheas hier „Ostiäer" verzeichnet. Ptolemäus kennt den Gesamtnamen: „Esten" nicht, wohl aber einzelne ihrer Stämme, die *Galinden* und *Suditen*, die in höchst überraschender Bestätigung noch in späterer Zeit unter den Preußen begegnen in der Nähe des Spirdingsees, wohin sie wohl erst nach Abzug der Goten vorgedrungen.

Nördlich von den Esten werden zuerst von Tacitus genannt die *Finnen*, d. h. die Sumpfleute (gotisch Fani, alth. Fenni, der Sumpf): er unterscheidet das armselige Jäger- und Fischervolk in der Lebensweise nicht nur von Germanen, auch von Slawen und sogar Esten: in Skandinavien werden im Gebirge die *Skridi-Finnen*, im Tiefland die *Quänen* getrennt.

Südöstlich von den Finnen dehnen sich „*Skythen*" und „*Sarmaten*": – Sammelnamen für unbekannte Völker des Ostens – bis nach Asien hinein.

V. Zusammengehörigkeit der Germanen: ihre Stammsagen

Wie alle arischen Völker führten die Germanen ihre Abstammung auf die Götter zurück: und diese Abstammungssage enthält zugleich den stärksten Ausdruck dafür, daß ihnen ein Gefühl der Zusammengehörigkeit, der Blutsgemeinschaft gegenüber fremden Völkern, nicht völlig gebrach. In uralten Liedern feierten sie Gott Tuisto, den Sohn der Erdgöttin, und dessen drei Söhne Ingo, Isto, Irmin, von welchen die Ingävonen (Ingwäonen, die späteren Niederdeutschen: Sachsen und Friesen), die Istävonen (Istwäonen, Franken) und die Herminonen (die späteren Oberdeutschen: Alemannen und Bajuwaren) abstammen sollten.[1] Diese Sage war auf die späteren *deutschen* Stämme beschränkt: Goten und Nordgermanen berührt sie nicht: und Tacitus, der sie mitteilt, weiß auch, daß noch andere Gestaltungen der Überlieferung bestanden, wonach andere Völkergruppen wie Vandalen[2], Sueben[3] sich ebenfalls unmittelbar auf die Götter zurückführten und außer den drei genannten noch weitere Söhne des Gottes und Ahnherrn von Stämmen anführten. Staatsrechtliche Bedeutung hatte jene Dreigliederung niemals: es gab nie einen Staatenbund, Bundesstaat, geschweige Einheitsstaat je der ingwäonische, istwäonischen, herminonischen Völker: vielmehr drückte sich in dieser Zusammenfassung nur das Bewußtsein näherer Blutsverwandtschaft aus, die vermutlich von Anfang an auch in näherer Sprachverwandtschaft, gewiß aber in der Gemeinschaft gewisser Stammgötter oder *Halb*götter, so der *Stammväter* Ingve, Irmin (oder doch des besonderen Götterdienstes, der Opfergemeinschaft gegenüber gemeingermanischen Göttern) berührte, aber sogar Krieg unter den zugehörigen der ingwäonischen usw. Gruppe durchaus nicht ausschloß. Und auch andere als die angegebenen drei Verbände hatten Opfergemeinschaft und besondere gemeinschaftliche Kulte: z. B. die suebische Gruppe, bei deren Angehörigen mehr als Blutsverwandtschaft Ähnlichkeit der Sitten, der Wirtschaftsstufe und – was damit zusammenhing – der Nachbarschaft das Bindeglied sein mochte. Die Sprache schied Goten und Nordgermanen jedesfalls in der europäischen Zeit voneinander und von den drei süd- und westgermanischen Gruppen, die wenigstens später auch Sprachgruppen bilden: es wird die Vermutung gestattet sein, daß nähere Verwandtschaft der Mundarten schon von Anfang bei Aufstellung der drei Gruppen nicht unbeachtet geblieben, nicht unwirksam gewesen war.

---

1 Nach *Müllenhof*, Irmin und seine Brüder: *Ingväonen, Istväonen*.
2 Plinius nennt denn auch „Vindili" und „Peucini" als weitere Gruppen.
3 Gleichzeitige römische Schreibung nur Suevi.

VI. Die Namen „Germani" und „Deutsche"

Der Name, mit welchem andere Völker zuerst alle Zweige unseres Volkes zusammenfaßten, war ein keltischer: „Germani": diese Bezeichnung ist unentbehrlich, um sowohl Skandinavier als auch die nach England übergewanderten Angelsachsen als die sämtlichen Goten, dann die Langobarden, Burgunder, endlich die Franken und die anderen späteren „Deutschen" links und rechts des Rheins zusammenzuschließen.

Die vielbestrittene Stelle des Tacitus (Germania Kap. 4) hat, von zweifeligen Nebenfragen abgesehen, offenbar folgenden Sinn: „das Wort Germani ist ein erst in neuerer Zeit aufgekommenes: die erste (germanische) Völkerschaft, welche über den Rhein drang und Gallier vertrieb, die Tungern, wurde von den Galliern „Germani" genannt. Die Tungern erklärten nun den besiegten Galliern: „Die anderen Barbaren auf dem rechten Rheinufer gehören alle zu uns, sind also, wenn *wir* so heißen sollen, alle *auch* „Germanen"; und so ließen sich denn bald auch die anderen mit diesem einmal vorgefundenen Namen bezeichnen, der also ursprünglich nur *eine* Völkerschaft, jetzt aber das ganze Volk bezeichnet."

Man sieht, bei dieser Erklärung ist der ursprüngliche *Sinn* des Wortes „Germanen" in der keltischen Sprache ganz gleichgültig; jedenfalls wurden von den Kelten auch andere Völker, z. B. keltische selbst, Germani genannt, so z. B. die zweifellos keltischen Oretani in Spanien; mit dieser häufigen Anwendung würde sich besser noch als die ältere Deutung: „Rufer im Streit" die neuere: „Nachbarn" zusammenreimen.

Das Wort „deutsch" ist erst um die Wende des neunten und zehnten Jahrhunderts entstanden: es ist zurückzuführen auf das althochdeutsche thiod, das Volk, zunächst in Beziehung auf die Voks*sprache*: Während nämlich die romanisierten Franken auf dem linken Rheinufer allmählich begannen, lateinisch (obzwar freilich nur Vulgärlatein, die Anfänge des späteren französisch) zu sprechen, d. h. die Sprache der Kirche und der Gelehrten, redeten die Franken und anderen Germanen auf dem rechten Rheinufer selbstverständlich die alte Sprache des *Volkes*: man nannte sie daher die Theotisc, d. h. volksmäßig Sprechenden; erst spät hat falsche Gelehrsamkeit das Wort auf die lange verschollenen Teutonen zurückgeführt, deren Namen wohl freilich auch auf Thiod zurückgeht.

VII. Die Verteilung der germanischen Völkerschaften

Außerhalb des Rahmens dieses Werkes stehen die Nordgermanen in Skandinavien; es genügt hier, zu erinnern, daß sie, von Plinius als *Hillevionen* zusammengefaßt, von der Stammsage der Süd- und Westgermanen so wenig wie die Goten erwähnt werden; der Zusammenhang zwischen Ost- und Nordgermanen einerseits, Südwestgermanen andererseits wurde also zur Zeit der Entstehung jener Sagen gar nicht mehr oder nur noch sehr schwach empfunden. Ganz wie bei den späteren Deutschen verschwinden auch in Skandinavien die zahlreichen Namen kleinerer Völkerschaften, welche Jordanis und Prokop im sechsten Jahrhundert noch kennen; *Dänen, Gauten* (wohl zu unterscheiden von Goten) und *Schweden* treten später als Gesamtnamen auf, ohne übrigens Namen einzelner Landschaften, Gaue und ihrer Bewohner auszuschließen.

Wir verfolgen nun, von den Nordgermanen absehend, die Verbreitung der übrigen Germanen in der Richtung von Südwesten nach Nordosten.

Am frühesten hatten den Rhein in seinem Mittellauf überschritten die kleinen Völkerschaften der *Vangionen, Triboker* und *Nemeter*. Letztere beide Namen und die Namen der Städte aller drei Völkerschaften sind keltisch. Cäsar nennt sie im Heer Ariovists: da sie nach dessen Niederlagen nicht, wie die anderen Teile dieses Heeres, über den Rhein zurückweichen, sondern im Lande bleiben, waren sie wohl schon vor Ariovist geraume Zeit hier angesiedelt. Hauptort der Vangionen (gotisch Vaggs ahd. Vanks – Feld: vergl. Feuchtwangen, Ellwangen) war *Worms*: südlich von ihnen wohnten die Nemeter um *Noviomagus* (später *Spira* = Speyer). Die Triboker auf den Höhen um den Vosagus (Waskenwald, Vogesen), um *Brokomagus* (Brumat) und *Argentoratum* (Strataburg, Straßburg). Alle drei gingen später unter Alemannen, ihre nördlicheren Gauen wohl unter Franken auf.

Ursprünglich auf dem rechten Rheinufer hatten gewohnt die *Ubier*, deren Name (von uoban = Land bauen?) vielleicht selbst ausdrückt, was ohne Zweifel der Fall war: daß sie nämlich, von der überlegenen keltischen Kultur angezogen, durch den Strom und die Kelten an beliebigem Weiterschweifen gehemmt, früher als andere Germanen, namentlich als ihre rauen Ostnachbarn, die *Sueben*, zu seßhaftem Akkerbau auf sorgfältiger bestellten Feldern vorgeschritten waren. Von den Sueben stets beunruhigt, ja zur Zinspflicht gedemütigt, schlossen sich die Ubier, sobald Cäsars Stern in Gallien aufging, sofort auf das eifrigste an die Römer, durch Gesandte, unter Geiselstellung, die Legionen zu ihrem Schutz gegen die Sueben über den Rhein rufend. In ihr Land hinüber schlug denn Cäsar seine Brücke, bekämpfte von hier aus die *Sugambern*. Von da ab hielten die Ubier stets zu Rom; heftig deshalb von den für ihre Freiheit kämpfenden Nachbarn angefeindet, ließen sie sich gern von Augustus auf das linke Stromufer verpflanzen: *Gelduba* war ihr nördlichster, *Tolbiacum* (Zülpich) ihr südlichster Ort: ihre Hauptstadt aber, der „Altar der Ubier" („Ara, civitas Ubiorum") wurde Köln, Colonia Agrippinensis, genannt nach Agrippina, der Tochter des Germanicus; von diesem Hauptbollwerk Roms am Niederrhein ließen sich die Ubier gern Agrippinenser nennen; die Überrheiner straften, wann sie nur konnten, „dieses Abschwören des Vaterlands".

26 EINLEITUNG

Neben den Ubiern bei Gelduba (Dorf Gellep bei Kaiserslautern) wohnten die *Gugernen*.

Wie unter August die Ubier wurden durch Tiberius die *Sugambern*[1] – wenigstens ein großer Teil des Volkes – vierzigtausend Köpfe – aus ihren ursprünglichen Sitzen zu beiden Seiten der Ruhr auf das linke Ufer verpflanzt: lange Zeit hatten sie, seit Cäsars Tagen, stets zunächst von den römischen Angriffen getroffen, auf das rühmlichste die furchtbar gefährdete „Wacht am Rhein" gehalten: seit jener Verpflanzung glaubten die Römer das Volk vernichtet und drohten wohl anderen Barbaren mit dem abschreckenden Beispiel der Sugambern: man wird aber annehmen dürfen, daß Reste des Volkes auf dem rechten Rheinufer sich nach Osten gerettet hatten: und vielleicht lebten die auf das linke Ufer verpflanzten in den *salischen Franken*, den künftigen Eroberern von ganz Gallien, fort.[2]

Östlich und südlich hinter den Sugambern wohnten die *Marsen*, die, ebenfalls der römischen Bedrohung durch Zurückweichen nach Osten entzogen, später in den Franken aufgingen.

Nördlich und westlich von den Sugambern hatten die von Cäsar über den Rhein zurückgetriebenen *Usipier* und *Tenchterer* Aufnahme gefunden: aber aus diesen Gebieten nördlich der Lippe wiesen später die Römer alle Germanen hinweg, indem sie jenes Vorland für ihre kriegerischen Zwecke in Beschlag nahmen. Östlich von den Tenchterern wohnen die *Tubanten*.

In jenem römischen Vorland hatten sich etwa 59 n. Chr. die aus ihren alten Sitzen an der Ems durch die Chauken vertriebenen „Emsmänner" (*Amsi – varii*) festsetzen wollen, fanden aber, von den Römern fortgewiesen in mannigfachen Wanderungen großenteils den Untergang. Aus jenem vielbestrittenen Land waren auch die *Chamaven* gewichen; größtenteils nach Osten, einzelne ihrer Gaue nach Westen hin: diese sind die später im *Hamaland* auftretenden chamavischen Franken.

Nördlich von den Sugambern, östlich von jenem römischen Vorland wohnten auf beiden Ufern der Lippe die *Brukterer*, die „kleineren" westlich, die „größeren" jenseits der Ems: auf der Lippe wird Velada, der brukterischen Wala, welche Sieg geweissagt hatte, der eroberte römische Dreiruderer zugeführt; auch die Brukterer glaubten die Römer später vernichtet: aber sie lebten als ein kräftiger Bestandteil der Franken fort.

Südöstlich hinter den Sugambern hausen die *Chatten*, die späteren Hessen: sie gehörten zu jenen Sueben, welche vor Cäsars drohendem Angriff ihr Gebiet räumend in den Wald *Bakenis*, d. h. den Harz wichen.

Zwischen Rhein, Donau und dem später von Hadrian und seinen Nachfolgern erbauten Grenzwall hatten sich bald nach Augustus die Römer angesiedelt: die alte keltische Bevölkerung war zwar längst vor den Germanen gewichen, jetzt aber wanderten in dieses römische *Zehntland* (agri decumates) wieder zahlreiche Gallier über den Rhein.

Aus der sehr starken Völkerschaft der *Chatten*, die zahlreiche Gaue mit besonderen Namen umschloß – einen chattischen Hauptort *Mattium* umwohnten die *Mattiaci*[3] – waren *Bataver* und *Kaninefaten* infolge innerer Zwistigkeiten abgezogen und hatten auf der nach ihnen benannten batavischen Rheininsel schon vor Cäsar die neue Heimat gefunden. Drusus schloß hier mit ihnen Bündnis: in ihrem Boden zog er den nach ihm benannten Kanal, ihr Land machte er zum Ausgang seiner Rhein-

---

1 Daß so, nicht Sigambern, zu lesen, hat Müllenhoff Z. f. d. A. XXIII festgestellt.
2 Beides wird freilich von Müllenhoff bestritten.
3 (Mattium ist Maden bei Gudensberg, Wiesbaden aquae mattiacae.)

VII. DIE VERTEILUNG DER GERMANISCHEN VÖLKERSCHAFTEN 27

überschreitung. Nach langem treuen Waffenbündnis mit Rom – ihre unvergleichliche Reiterei, ihre kühnen Schwimmkünste werden mit den höchsten Ehren anerkannt – erhoben sie sich mit den benachbarten Belgen unter Claudius Civilis gegen das römische Joch (siehe unten). Später bildeten sie einen starken Teil der salischen Franken. Ein chattischer Gau waren – ihr Name beweist es – auch die *Chattu-varii*[1] in schwer zu bestimmenden Sitzen.

Im Osten grenzen die Chatten mit den *Hermunduren*, den späteren *Thüringern* (Hermun-duri, d. h. Groß-duri, Gesamt-duri: später fiel jenes verstärkende Vorwort weg und aus Duri wurde patronymisch: Dur-ingi). Diese Nachbarvölker, obwohl beide suebisch, lagen in häufigen und heftigen Kämpfen: zumal um einen Grenzfluß und seine Salzquellen (bestritten, ob die fränkische Saale oder wahrscheinlicher die Werra).[2] Übrigens umfaßte der Name „Hermunduren" als eine Zwischengröße zahlreiche suebische Völkerschaften, womit auch das weite von ihnen bewohnte Gebiet übereinstimmt: denn sie reichten im Norden bis an den Harz und die Cherusker, im Südosten bis an die Sudeten und die Markomannen, im Südwesten bis an den Wall Hadrians und das römische Zehntland, im Nordwesten bis nach Würzburg an die Werra und an die Chatten, endlich im Osten bis an, ja teilweise über die Elbe und an die Semnonen. Zur Zeit des Tacitus standen sie in freundlicheren Beziehungen zu Rom als alle anderen Germanen: bis in das ferne Augsburg gingen sie – und zwar ausnahmsweise ohne römische Aufsicht – im Betrieb des Tauschhandels. Solcher Macht entsprechend haben sie in die politischen Bewegungen ihrer Nachbarn, Marobods und der Cherusker, wiederholt eingegriffen.

Nördlich von den Hermunduren wohnen die *Cherusker*: der Harz scheidet sie von den Sueben (d. h. Chatten), „mit welchen sie unaufhörlich in Hader liegen": so alt ist der Haß und Streit niederdeutscher und oberdeutscher Stammesart! Nach Bezwingung der Sugambern und Chatten stießen die Römer bei versuchtem weiterem Vordringen gegen Norden, wie sich hieraus ergibt, zunächst auf die Cherusker: lange glückte es der römischen Staatskunst, einige Gaue dieser großen Völkerschaft sich zu gewinnen, andere einzuschüchtern. Aber es bleibt der dauernde Ruhm des Cheruskers Armin, als Haupt der germanisch Gesinnten den Römern mit allen Mitteln barbarischen Heldentums und freilich auch barbarischer, ja dämonischer Arglist das Vordringen, wenigstens die dauernde Landunterwerfung für immer vereitelt zu haben: mit Recht nennt ihn der große Römer: „unzweifelhaft Germaniens Befreier". – Bald nach Armins Untergang sank die Macht der Cherusker welche dereinst zahlreiche Nachbarn als abhängige Verbündete beherrscht hatten durch innere Parteiung und römische Ränke bis zur Unscheinbarkeit herab. Im Nordwesten trennte die Cherusker ein Sumpf und ein aufgeschütteter Dammwall vor den *Angrivariern*, d. h. den Männern der Weseranger, welche an der Mündung der Aller in die Weser auf beiden Ufern dieses Stromes wohnten: ihr Name und ihre Wohnsitze haben sich erhalten in die Zeit der neuen Gruppenbildung hinein: sie erscheinen als Mittelglied der Sachsen, als *Engern*, zwischen den Ost- und Westfalen. Im Nordosten der Angrivarier auf beiden Ufern der Unterelbe wohnten die *Langobarden*, denen nach ihrer Sage Wotan selbst den Namen gab; man will im späteren „Bardengau" und dessen Hauptort „Bardewik" bei Lüneburg ihren Namen fortklingen hören; bekanntlich wanderten sie später nach Pannonien und von da im Jahre 568 nach Italien ein, wo sie der Lombardei den Namen gaben (siehe unten).

---

1 Im Mittelalter: Hatteragau.
2 Keinesfalls die thüringische Saale, wohl die Werra.

28 EINLEITUNG

Im Süden der Langobarden siedeln die *Angeln* (die *Südangeln*: wohl zu unterscheiden von den *Nordangeln*, den Eroberern Britanniens, die vielmehr in dem heute noch „Angeln" genannten „Winkel" zwischen der Slei und dem Flensburger Busen saßen): die Südangeln verschmelzen später mit ihren Südnachbarn, den Thüringen, zu den sogenannten „Nordschwaben", d. h. Nordsueben (Engelgau im Schwarzburgischen).

Eine Zusammenfassung zahlreicher suebischer Völkerschaften, ähnlich wie die Namen Chatti, Hermunduri bezeichnet auch der Name *Markomanni*, d. h. „Grenzwaldbewohner": Die ursprüngliche „Mark" dieser Sueben lag am oberen Main. Nachdem sie hier lange Zeit gegen die Kelten, später kurze Zeit gegen die Römer – Drusus traf sie noch in jenen Sitzen – das Grenzland verteidigt hatten, führte der römisch geschulte Marobod mit weisem, rettendem Entschluß zur Zeit des Augustus sein in dem Maingebiet nach der römischen Eroberung der Donaulinie doppelt (d. h. von Süden wie von Westen) umfaßtes Volk nach Osten in das sichere rings von Gebirgen geschützte Dreieck, das von seinen vertriebenen keltischen Bewohnern noch immer den Namen Boja führte: diese Ausweichung hat vor Vernichtung oder Verrömerung jene starken suebischen Gaue gerettet, aus welchen später der den ganzen Südosten Deutschlands erfüllende Stamm der Bai-varen, *„Bajuwaren"* erwuchs: – sie geschah ungefähr in der gleichen Zeit, da Armin durch die Varusschlacht den Kern des späteren *Sachsenstammes*, also der Bevölkerung des nordwestlichen Deutschlands, der schon begonnenen Unterwerfung entriß. Ein markomannisches Nebenvolk sind die *Narisker*, ursprünglich, solange die Markomannen am Main saßen, ihre Ost-, nach deren Niederlassung in Böhmen ihre Westnachbarn.

Die Ostnachbarn der Markomannen in Böhmen sind die meist mit ihnen im Kampf gegen die Römer genannten und verbündeten *Quaden* (d. h. die Bösen, Zornigen) an der March und Taja von der Donau bis an das Gebirge (südöstlich von ihnen hatten sich bis auf die Zeit des Tacitus kleine *keltische* Völkerschaften, wohl meist den Germanen unterworfen, erhalten).

Östlich von Böhmen wohnen die schwer zu bestimmenden *Buri*, welche wahrscheinlich zu der großen Gruppe der lugischen Völker zählen; wie oft, so wird man auch hier abweichende Völkernamen daraus erklären dürfen, daß der eine Schriftsteller (hier Tacitus) nur die Namen der Einzelvölkerschaften, der andere (hier Ptolemäus) nur den Gesamtnamen erfahren hat. Zu den lugischen Völkerschaften zählen außer mehreren kleinen die Naharavalen, deren Hain und Heiligtum ebenso als Ursprung und Mittelpunkt der lugischen wie der heilige Wald der Semnonen für die suebischen Völker galt. (Die *Bastarnen* sind keinesfalls ein rein germanisches Volk.)

Diese *Semnonen*, ein Hauptvolk der Sueben, grenzten im Westen an der Elbe mit den Hermunduren, im Süden mit den (vandalischen) *Silingen*[1], im Osten an der Oder, dem „Suebusfluß", mit den Burgundern, im Südosten mit den Lugiern, im Norden mochte sie Grenzwald und Sumpf von den kleineren gotischen Völkern trennen. Nördlich von den Semnonen, von der Elbe über das Havelland nach Osten, wohnen die *Warnen*, welche später mit den Angeln zu den „Nordthüringern" verschmolzen. Zwischen den lugischen Völkern und den Vandalen stehen zwischen Oder und Weichsel auf dem rechten Ufer der Netze und Warthe die *Burgunder*, welche später bekanntlich an den Main, Rhein (Hauptort Worms) und, nach schweren Verlusten durch die Hunnen, nach Südostgallien wanderten.

---

1 In Schlesien, das von ihnen den Namen „Silingia", in slawischem Munde „Siliscia" erhielt; nach dem Abzug der Silingen schoben sich sofort von Osten her die Slawen nach: das Land, nach den alten Bewohnern benannt, behielt aber auch bei ihnen jenen Namen.

VII. DIE VERTEILUNG DER GERMANISCHEN VÖLKERSCHAFTEN

Tacitus, der die Burgunder nicht kennt, stellt östlich von den Langobarden eine Reihe von kleineren suebischen Völkerschaften, die, zum Teil nur von ihm genannt, ein gemeinsamer Kult der *Nerthus* auf einer Ostseeinsel (Rügen) zusammenhält. Außer ihnen nennt er nördlich von seinen „Lugiern" gleich die Völkerschaften der *gotischen* Gruppe (gotisch giutan, gießen, erzeugen). Der Historiker, welcher am meisten Gelegenheit hatte, Goten aller Zweige kennen zu lernen, Prokop, weiß sehr wohl, daß dieser Gruppenname einen Vielzahl von Völkern umfaßt.

Unter den Völkern der Nordsee werden die *Friesen* schon von Drusus erreicht und in Abhängigkeit gebracht: sie unterstützten seine Unternehmung gegen ihre nordöstlichen Nachbarn, die *Chauken*; nach kurzer Unterbrechung jener Abhängigkeit war sie vollständiger hergestellt worden, als Claudius sie durch Zurücknahme der römischen Besatzungen auf das linke Rheinufer freigab: auf *diesem* Ufer aber duldeten die Römer keine friesische Niederlassung; unter Civilis fochten auch die Friesen gegen Rom. Von Anbeginn war der Name der *Friesen* ein Gruppenname, wie der der Sachsen, ist es nicht erst später geworden: von Anfang gliedern sich die Friesen in „große" und „kleine", der *größere Teil*, östlich der Issel, die *Kleinfriesen* (Frisiavones des Plinius?) auf dem linken Ufer dieses Rheinarms: beider Nordgrenze bildete die See. An die Friesen stoßen östlich an der Ems die *Chauken*, die ihrerseits im Osten die Elbe erreichen, ihre Nordgrenze ist, wie die der Friesen, die See: im Süden erreichen sie aber nicht einmal die Cherusker, geschweige, wie Tacitus irrt, die Chatten. Ihre Gliederung in *Großchauken* und *Kleinchauken* (jene, wie es scheint westlich, diese östlich der Weser), ihre wiederholt hervorgehobene große Volkszahl – starke Hilfsvölker stellten sie den Römern und das weite von ihnen behauptete Land (von der Ems bis zur Elbe) bewiesen, daß ihr Name als *Gruppen*name mehrerer Völkerschaften mit zahlreichen Gauen umschloß: erhalten hat sich dieser Name nicht: sie gingen in den Sachsen auf.

Östlich von der Elbe und den Chauken wohnten die *Teutonen*, ebenfalls wenigstens zwei Völkerschaften (Teutones und Teutonovari, vergleiche Chatti und Chattuvari umfassend; schon Pytheas nennt sie; den Namen der stets mit ihnen zusammen erwähnten *Ambronen* will man in den der Insel Amrum bei Sylt forttönen hören.

Nicht unmittelbare Nachbarn der Teutonen waren deren Wandergenossen, die *Kimbern*: außer kleineren zweifelhaften Völkerschaften schoben sich Sachsen und Angeln zwischen beide: erst nördlich jenseits der Sachsen und Angeln saßen auf der von Ptolemäus nach ihnen benannten Halbinsel die Kimbern als „Germanen des nördlichen Ozeans". Reste des Volkes waren dort nach der teutonisch-kimbrischen Wanderung zurückgeblieben, welche später unter *Jüten* und *Dänen* aufgingen, Die Nachbarn der Teutonen im Norden (wohl mehr nordöstlich als nordwestlich?) waren vielmehr die *Sachsen*, die von Ptolemäus zuerst genannt, sich vom Festland aus auch noch auf die vor der Elbemündung liegenden Inseln ausdehnten: dieser Strom schied sie im Westen von den Chauken, die Trave (Phalusus) im Osten von den Suardonen: im Süden lag wohl Urwald zwischen ihnen und den Teutonen. Ihr Name wird richtig von Anfang nicht als Bezeichnung einer einzelnen Völkerschaft sondern, wie der der Friesen, als *Gruppenname* erfaßt: ohne Beispiel wäre es, daß der Name einer Völkerschaft später zum Gruppennamen geworden. Vielmehr sind die zahlreichen von Ptolemäus zwischen den Sachsen und den Kimbern aufgestellten, sonst nie wieder erwähnten Völkerschaften (Sigulonen, Sabalingen, Cobanten, Chalen, Fundusen [Eudosen?], Haruden) nichts anderes als Einzelnamen von Völkerschaften, welche der Gruppenname der Sachsen umschloß.

So stammt also von den großen Gruppennamen der Zeit nach der Wanderung der

30   EINLEITUNG

Goten, Friesen und Sachsen schon aus der Urzeit während die der *Bajuwaren, Thürin-ger* und *Schwaben* wenigstens an Vorgänge und Namen der Urzeit knüpfen und nur die der *Franken* und *Alemannen* ganz neu gebildet werden.

Übrigens lassen Bezeichnungen der *Land*gebiete wie „*Cheruskis*", „*Suebia*" an-nehmen, daß schon in der Urzeit (wie später Gotia, Herulia) bei Gegenden nach Völkernamen benannt wurden, was beginnende Seßhaftigkeit, wenigstens innerhalb dieser Gebiete, dartut.

VIII. Das Land der Germanen und seine Erzeugnisse

Nur sehr allmählich haben Griechen und Römer von dem germanischen Lande genauere, richtigere Vorstellungen gewonnen.

Als Nordgrenze galt das Meer, d. h. die Ostsee (mare suevicum) und Nordsee (mare germanicum), so daß alles von beiden umspülte Land, also auch Skandinavien, zu Germania im weitesten Sinne zählte: nicht nur Jütland[1] und Schweden, auch die norddeutschen Küsten wurden geraume Zeit als Halbinseln und Vollinseln[2] gedacht.

Als Westgrenze galt der Rhein[3], bis einerseits Germanen, schon vor Ariovist, im Elsaß sich ansiedelten, später die *römische Provinz* Germania rechtsrheinisches Gebiet umfaßte.

Die Ostgrenze wurde mit Recht als schwankend bezeichnet: wohnten doch anfangs Germanen über Europa hinaus bis nach Asien: auch später schwankten die Grenzen rein germanischen Besitzes im Osten, je nachdem Slawen, „Sarmaten", nachdrängten, abgewehrt oder auch mit Ostgermanen vermischt wurden (z. B. später Quaden und Sarmaten). „Gegenseitige Furcht scheidet sie," sagt Tacitus (Germ. K. 1) richtig; doch nicht auch *„Berge"* wie er meint: Germanen wohnten damals auch noch östlich aller Berge, die hier in Frage kommen können, hinaus.

Die Südgrenze bildeten lange Zeit nicht erst die Alpen, sondern schon die Donau in ihrem Ober- und Mittellauf: erst später drangen Germanen in das Land zwischen Regensburg und Innsbruck mit dauernder Niederlassung ein.

Aus dem oben über die Verbreitung der Kelten Erörterten erklärt sich zur Genüge, daß die Namen der Gebirge, Wälder, Flüsse, Seen in diesem Gebiete meist keltisch sind. So der der Alpen, welche Römer und Griechen gliedern in die Meeralpen, die cottischen, grajischen, penninischen (auf dem Adula [Sankt Gotthard, einem Berg der *„rätischen"* Alpen nach Tacitus, Germ. k. 1] entspringen die Quellen von Rhein und Rhône), die rätischen, norischen, dann südlich die julischen: an der Donau das „keltische Gebirge", τὸ κελτικὸν ὄρος, später mons comagenus, der Wienerwald.

Keltisch ist auch das Wort, das „Höhe" bedeutend, für die verschiedensten Höhenzüge Germaniens gleichmäßig gebraucht wird, besonders aber für die Böhmen umschließenden Waldberge: „Herkynia". Richtig schildert Strabo den Weg aus Gallien nach dem „herkynischen" Wald: er führt über den Bodensee, über die Donau, dann über offene Höhen nach Böhmen; ein Teil dieser böhmischen Berge, der Böhmer Wald, führt den Sondernamen: „Gabreta". „Sudeta", die „Sudeten", umfaßt bei Ptolemäus das Erzgebirge, Frankenwald und Thüringerwald; das „askiburgische" Gebirge desselben, das Riesengebirge heißt bei Cassius Dio das „vandalische" Gebirge. „Buchonia", „Buconia", von ihren Buchen benannt, sind die Waldhöhen der Gleichenberge (montes similes) Rhön, Vogelsberg im Taunus und jenseits des Rheins der

---

1 Cimbrorum promuntorium, Plinius, hist. nat. ed. Müllenhoff, Germania antiqua 1873, II, 67.

2 A Germania *immensas* insulas non pridem compertas cognitum habeo, Plinius, Hist. nat. II, 67. Tacitus, Germ. K. 1. Oceanus, ... latos sinus et insularum *immensa* spatia.

3 So Tacitus a. 99. Germ. K. 1.

Hunsrück mit dem Idarwald und Hochwald. Darauf folgen die Vogesen, mons vose-
gus: Cäsar; Vogesus: Lucanus; Barregos: Julian, der Wasichenwald der Heldensage,
les Vosges der Franzosen); nordwärts von ihnen die Argonnen, silva argoenna, die
Wasserscheide zwischen Rhein und Seine. Südlich dem Rhein der Jura (jura mons:
Cäsar, Jurassus: Ptolemäus) bis gegen den Rhein hin laufen: jenseits des Rheins der
fränkische Jura und jenseits der Donau der Schwäbische: die „Alb". Nordwestlich
vom herkynischen Walde (Böhmen) liegt silva Bakenis, Melibokon, der Harz, südlich der Spechtswald (Spechtwald, Spessart), Odenwald, Schwarzwald (siva Martia-
na: Tacitus). Zwischen Rhein und Weser sollen nur genannt werden der Westerwald,
das Erzgebirge, dessen Ausläufer der Teutoburger Wald, später Osning (?), dann auf
dem Ostufer der Weser der Solling und der Süntel.

Von den Nebenflüssen der Donau (Danubius, im Unterlauf Ister) werden ge-
nannt der Inn (Aenus, Oenus), der Lech (Licus, Likias, erst im Mittelalter dagegen
Enns, Anisa, Traun, Druna, Iller, Hilara), auf der Nordseite die Altmühl (Alcmona).
Im Südosten werden genannt Marus: March, Cusus (Wag?).

Von denen des Rheins – die erste dunkle Kunde verrät der in das Nordmeer fließende „Eridanus" bei Herodot – sind bereits bekannt die Schelde (Scaldis), Maas
(Mosa) mit der Sambere (Sabis), Mosel (Mosella), Saar (Saravus), Nahe (Nava); später erst die Ahr (Arula); auf der Ostseite der Neckar (Niker), Main (Moenus); dann
später die wohl germanisch benannten Logana (Lahn), Siga, Rura; altbekannt waren
die Lippe (Luppia), Vecht (Vidrus) und Vlie (Flevo).

Die Elbe (Albis) wird erst von Cassius Dio richtig aus den „vandalischen Alpen"
abgeleitet, während sie Tacitus bei den Hermunduren, Ptolemäus in den Sudeten
entspringen läßt; schon Strabo nennt die von Drusus überschrittene Saale, die Unstrut
erst Gregor von Tours, viel später werden Havel und Spree, Elster und Mulde erwähnt.

Außer der Weser (Visurgis) nennt Tacitus schon die Eder (Adrana); von den
Römern überschritten, aber noch nicht genannt, werden Aller (alara), Lagina (Leine), Okara, Obakra (Oker), Hunta (Hunte) und neben der Ems (Amisia) die Hasa
(Hase). Die Oder heißt bei Ptolemäus „Viadus" oder „Suebus"; die Weichsel (Vistula) bildet ihm die Ostgrenze von Germanien; aber wahrscheinlich saßen auch an
seinem Guttalus (Pregel oder Memel) Goten.

Von den Seen wird der Bodensee, lacus Brigantinus (Brigantio, ein häufig wieder-
kehrender keltischer Volksname, der Bregenz den Namen belassen), lacus Venetus,
früh genannt und von Ammian (XV, 4) ausführlich geschildert, zumal sein Verhalten
zum Rhein.

Außerdem erwähnt Plinius (XVI, 4) zwei große Seen im Lande der Chauken und
Pomponius Mela (III, 5) nennt die drei bedeutendsten Sümpfe Germaniens mit
(zum Teil wenigstens zweifellos keltischen) Namen.

Mit der Nord- und Ostsee läßt Tacitus die „Natur" enden: er bezeichnet die
Berichte über jenen äußersten Rand der Erde als Fabeln. Plinius freilich glaubt nicht
nur mit Recht, daß auf den dortigen Eilanden die Leute (fast) nur von Hafer und
Vogeleiern leben, er glaubt sogar, daß die Menschen dort Pferdefüße haben und den
nackten Leib mit den übermäßig langen Ohren bedecken! – Tacitus dagegen weiß,
daß die Matrosen und Soldaten des Germanicus, welche in jenen gefährlichen Gewässern viel gelitten, maßlos ihre Abenteuer und Schrecknisse übertrieben.

Solche Übertreibung, unbewußte, ist aber auch in anderen Beurteilungen, Würdi-
gungen germanischen Klimas und Landes bei griechischen und römischen Schriftstellern anzunehmen. Die Tatsachen wurden den nicht als Augenzeugen Berichten-
den entstellt zugetragen und die Eindrücke der Augenzeugen selbst wurden stets

VIII. DAS LAND DER GERMANEN UND SEINE ERZEUGNISSE 33

durch den unwillkürlichen Vergleich mit Italiens und Griechenlands Himmelsstrich, Natur, Bildung gefärbt.

Daraus erklärt sich ein Teil des Befremdlichen in jenen Berichten.

Dazu kommt ferner, daß Griechen und Römer nur üppig fruchtbare reiche Landschaften „schön" fanden: ihr Naturgefühl hatte keine Freude an dem Wilden, Großartigen, „Romantischen", wie – seit erst ziemlich kurzer Zeit – die moderne Welt.

Immerhin bestärkte den Römer die häßliche Unwirtbarkeit des Landes in seiner irrigen Annahme, die Germanen seien hier eingeboren: „denn," sagt Tacitus, – „auch abgesehen von den Gefahren eines furchtbaren und unbekannten Meeres, – wer würde Asien, Afrika, Italien verlassen, um Germanien aufzusuchen, ungestaltet an Boden, rauh durch Wind, traurig zu bewohnen, ja selbst nur zu schauen, ausgenommen, es sei denn die Heimat" (Germ. K. 2).

Endlich ist aber zu erwägen, daß auch in der Tat das alte Germanien von Sumpf und unwohnlichem Urwald allergrößten Teils bedeckt, viel rauher, finsterer, feuchter war und einen ganz anderen Eindruck machen mußte als nach Vollendung der Rodungen seit dem zehnten, elften und zwölften Jahrhundert, wobei die schwierige Frage unerörtert bleiben mag, wiefern jene Massen von Wald, Sumpf, Wasser auch das Klima beeinflussen, späten Lenz, frühen Herbst, Massen von Eis, Schnee verursachen mochten: die Häufigkeit und Menge der Niederschläge[1] – und zumal der *Nebel* – war jedenfalls viel größer. Gleichwohl nennt es Tacitus „ziemlich fruchtbar" (Germ. K. 5 satis ferax). Übrigens bemerkt er, daß nicht das *ganze* Germanien gleich an Boden, Landesart und Klima sei; nur im allgemeinen nennt er es starrend von Urwald oder von Sumpf entstellt: feuchter im Westen gegen Gallien hin (in den Rheinniederungen), windiger in der Richtung gegen Pannonien und Noricum, also östlich und südöstlich (Ger. K. 5). Und es lernten die Römer allmählich sehr wohl die traurige norddeutsche Tiefebene mit ihrem Sand oder Sumpf zu unterscheiden von dem schönen mitteldeutschen Hügellande: die trostlose Schilderung von germanischem Land, Volk und Leben, jene des Plinius von dem Chaukengebiet, gilt den stets den Meeresfluten ausgesetzten Küstenniederungen. Er sagt, nachdem er ausgeführt, wie arm und elend das Leben der Menschen sein müßte ohne die wohltätigen Gaben der Fruchtbäume, daß es wirklich Völker in solchem Elend gebe: im Orient: „aber auch im Norden habe ich mit Augen die Völkerschaften der Chauken gesehen, welche als die ‚kleineren' und die ‚größeren' unterschieden werden. Bei ihnen erhebt sich der Ozean zweimal in vierundzwanzig Stunden ungeheuer und bedeckt abwechselnd ein Gebiet von bestrittener Art, ungewiß, ob zum Festland gehörig oder zur See. Dort bewohnt das beklagenswerte Volk hohe Hügel (Dünen) oder auch Brettergerüste, mit der Hand nach dem höchsten Flutmaß errichtet, auf welchen dann die Hütten angebracht worden, ähnlich zur Flutzeit dem Leben an Bord von Schiffen, zur Ebbezeit ähnlich Schiffbrüchigen: sie machen in der Nähe ihrer Bretterhütten Jagd auf die mit dem Meere zurückfliehenden Fische. Ihnen ist es nicht vergönnt, Haustiere zu halten und von deren Milch zu leben, gleich ihren Nachbarn, ja nicht einmal mit den wilden Tieren zu kämpfen, da weit und breit kein Strauch vorkommt. Schilf und Sumpfbinsen flechten sie zu Stricken, daraus Netze zum Fischfang zu fertigen: mit den Händen tragen sie feuchten Schlamm zusammen, trocknen ihn, mehr am Wind als an der Sonne, und bereiten darin ihre Speisen, die vom Nordwind erstarrten Glieder zu erwärmen. Zum Getränk dient ausschließlich

---

1 Plinius, hist. nat. II, 67 umore mimio regentes ...; er folgert hieraus die Unmöglichkeit, daß dort das Meer zu Ende gehe, ubi umoris vos superet. Es fiel den Römern auf , daß die Drosseln (Amseln) in Germanien in großer Menge überwinterten, X,35.

EINLEITUNG

Regenwasser, gesammelt in Gruben in dem Hofe des Hauses. Und diese Völkerschaften, wenn sie heute von den Römern besiegt worden, klagen über Knechtschaft! Aber so ist es: manche verschont das Schicksal – um sie zu strafen!" (Plin., hist. nat. XVI, 1.).

Durchaus nicht übertrieben muß sein, was er (hist. nat. XVI, 2) von einzelnen Erscheinungen des Urwalds berichtet: daß die starken Wurzelarme der ungeheuren Bäume, wo sie aufeinander stießen, unterhalb der Erdoberfläche den Rasen, die Erdschollen aufhoben, daß hin und wieder diese Wurzeln oberhalb der Erde Bogen bildeten, bis zu den Ästen emporsteigend: und die in einander verwachsenen Äste solcher Wurzelbogen mögen auch wohl einmal hoch und weit genug den Weg überspannt haben, um Reiter hindurchziehen zu lassen; völlig glaubhaft ist, daß solche Riesenbäume – Eichen an den beiden chaukischen Seen – samt dem breiten, von diesen Wurzeln festgehaltenen Erdreich durch Wasser und Sturm losgerissen, aufrecht stehend in den Strömen und im Meere treiben, Schiffen mit Mast und Tauwerk vergleichbar und, wenn sie zur Nacht entgegentreiben, selbst römische Schiffe bedrohend: – ganz Ähnliches wird ja aus den Urwäldern anderer Erdteile von Reisenden der Gegenwart berichtet.

Waren doch diese Stämme so lang und dick, daß einziger, ausgehöhlt und als Schiff verwendet („Einbäume", wie sie heute noch auf den bayerischen Seen schwimmen), dreißig Mann zu fassen vermochte – und auf solchen Schiffen trieb germanischer Wagemut Seeraub! (Plinius, hist. nat. XVI, 76).

Unter den Wildtieren, welche diese Wälder erfüllten, werden von den Fremden hervorgehoben das Elen, der Elch (von welchem Cäsar Unglaubliches geglaubt hat), dann mehrere Arten von wildem Hornvieh: Plinius (VIII, 15) meint, „Skythien" erzeuge ganz wenige Tiere wegen des Mangels an Nahrung, wenige auch das Skythien benachbarte Germanien: jedoch ausgezeichnete Arten wilder Rinder: den berühmten Bison und den Ur von hervorragender Kraft und Schnelligkeit, den die unkundige Menge Büffel (Bubalus) nenne, welchen aber vielmehr Afrika hervorbringe, mehr einem Kalb oder Hirsch ähnlich.

„Auch Herden wilder Pferde erzeugt der Norden, wie Asien und Afrika wilde Esel: außerdem den Elch, ähnlich einem jungen Stier, aber verschieden von diesem durch die Länge der Ohren und des Halses: dann den in der Insel Skandinavia vorkommenden ‚Achlis‘, den man in Rom nie gesehen hat, aber vielfach schildern hörte: ähnlich dem Elch, aber der Beugungsfähigkeit des Hinterbuges entbehrend: deshalb kann sich das Tier nicht legen, sondern lehnt sich im Schlaf an Bäumen, und man fängt es listig, indem man diese vorher ansägt (!); sonst aber ist es von großer Schnelligkeit. Seine Oberlippe ist sehr groß: deshalb geht es beim Weiden rückwärts, um nicht beim Vorwärtsgehen anzustoßen und hängenzubleiben."[1]

Beliebt war in Italien der an Weiße und Weichheit die heimischen übertreffende Flaum der obzwar kleineren germanischen Gänse („gantae" nannte man sie), so daß er ein wichtiger Handelsartikel wurde: das Pfund wurde mit fünf Denaren bezahlt. Daher veranlaßte er sogar oft Dienstvergehen der Befehlshaber der Hilfsvölker an diesen Grenzen: ganze Kohorten schickten sie ab, diesem Wildgeflügel nachzustellen, und die Weichlichkeit hatte so zugenommen am Tiber, daß sogar Männer nur auf solchen Kopfkissen ruhen zu können behaupteten.[2]

---

1 Plinius VIII, 16. Über die Vögel im herkynischen Wald, deren Gefieder zur Nachtzeit wie Feuer leuchtet, s. X, 67.

2 Plinius, hist. nat. X, 27: auch aus dem gallischen Küstenland der Moriner „marschierten" sie bis Rom.

VIII. DAS LAND DER GERMANEN UND SEINE ERZEUGNISSE   35

Da Viehzucht, wenigstens im Anfang dieser Periode noch *vor,* lange Zeit *neben* dem Ackerbau, Grundlage der Volkswirtschaft war, erklärt es sich, daß überall (Tacitus, Germ. K. 5 „Pecorum fecunda") zahlreiche Herden begegnen: – waren sie doch mit den Waffen und den Unfreien die wertvollste Fahrhabe[1], so daß die römischen Soldaten neben dem Verbrennen der Saaten nur noch durch Forttreiben oder Schlachten der Herden Land und Volk schädigen und Beute machen können: das wird denn auch ganz regelmäßig berichtet, viel seltener das Verbrennen der Dörfer oder Gehöfte.

Die Weiden Germaniens galten als unübertroffen: Plinius führt sie als Beleg dafür an, daß keineswegs fetter Boden die Güte der Weide bedinge: denn gleich unter ganz dünner Rasendecke gerate man hier auf Sand: – es sind sichtlich die niederdeutschen Weideebenen gemeint (Plin., hist. nat. XVII, 3).

Die Arten der Herdentiere[2] waren freilich nicht zu vergleichen mit den seit Jahrhunderten überlegener Pflege veredelten Italiens: unansehnlich nennt sie Tacitus: mehr auf die Menge als auf die Güte mußten wohl die Barbaren Gewicht legen: das Rindvieh hat (verglichen mit dem prachtvollen Gehörn italischer Stiere) keinen stolzen Stirnschmuck (Germ. K. 5); daß die Hörner ganz fehlten, folgt nicht notwendig aus den Worten, und da es schwerlich richtig, soll man es Tacitus nicht ohne Not in den Mund legen.

Sehr oft werden Rosse als wertvoller Besitz, als gern genommene Gaben angeführt: von Verlobten, an Könige, an Gefolgsleute (Tac., Germ. K. 14. 15. 18).

Unbegründet war wohl, was Plinius von schwarzen Donaufischen erzählt wurde, deren Genuß sofortigen Tod zur Folge habe: erst an einer Quelle nahe dem Anfang des Stromes komme diese Art von Fischen nicht mehr vor: man erklärte deshalb jene Quelle als den Ursprung der Donau (XXXI, 19).

Bienenzucht ist für die älteste Zeit bezeugt: doch bargen die Urwälder erstaunlich große Wachs- und Honigscheiben wilder Bienen: Plinius erwähnt eine von acht Fuß Länge, schwarz auf der Hohlseite (hist. nat. XI, 33).

Für manche Gewächse war gerade Germaniens Boden und Klima besonders gedeihlich: so sollte der Rettich (rhabanus), der lockere feuchte Erde liebe („er haßt die Düngung, mit Spreubedeckung zufrieden") und Kälte, hier die Größe kleiner Kinder erreichen (Plinius XIX, 26); die Mohrrübe (siser) zeichnete Tiberius durch seine Vorliebe aus: alle Jahre ließ er sie aus Germanien kommen, wo sie bei Kastell Gelduba am Rhein vorzüglich gedieh, „ein Zeichen, daß sie für kalte Gegenden taugt" (Plinius XIX, 28).

In dem oberen Germanien besonders gedieh ein Gemüse, das die Römer mit dem wilden Spargel verglichen (I. c. XIX, 42).

Wenn Tacitus Germanien Obstbäume abspricht, meint er Edelobst: die von Plinius erwähnten rheinischen und belgischen Äpfel sind eben nicht germanisch, sondern keltisch-römischer Pflanzung und Pflege.

Von Getreidearten bauten sie am häufigsten Hafer und Gerste, so zwar, daß sie Brei, Mus nur aus jenen bereiteten (Plinius XVIII, 44).

Von Gold- oder Silbergruben weiß Tacitus nichts; er meint, die Germanen hätten nicht geschürft, auch wenn die Berge solche Schätze bargen. Nicht einmal Eisen war

---

1 Eaeque solae et gratissimae opes, Tac., Germ. K. 5.

2 Anziehende Vermutungen über die alten Rassen und deren Kreuzungen zunächst in Süddeutschland in der von H. Peetz, Die Chiemseeklöster, Stuttgart 1879, S. 63 f. gesammelten Literatur (z. B. das braune Alpenvieh bajuvarischer, das graue und gelbe rätische und romanischer Züchtung).

36 EINLEITUNG

im Überfluß vorhanden, wie sich aus ihren Waffen ergab, wo Stein, Horn, Geweih, Knochen noch oft das Metall ersetzen mußten: ja die Mehrzahl der Speere war – ohne solche schärfere Spitze – nur in Feuer gehärtetes Holz (Germ. K. 5).

Zur Zeit des Plinius behauptete man, in der Provinz Germanien auch Galmei, ein „erzhaltiges Gestein" (cadmea), ein Zinkerz, gefunden zu haben (XXXIV, 1).

Salz wurde nicht nur der See abgewonnen, auch den Salzquellen, indem man ihr Wasser über glühende Kohlen schüttete (Plinius, Hist nat. XXVI, 39); solche wertvolle, den Göttern heilige Salzquellen waren unter den Nachbarn Gegenstand heftiger Kämpfe: so an der Werra zwischen Hermunduren und Chatten (Tacitus, annal. XIII, 57 oben S. 21) und zwischen Burgundern und Alemannen zur Zeit Valentinians (Ammian. Marc. XXVIII).

Unter den deutschen Heilquellen waren von den Römern gekannt und benutzt Wiesbaden, aquae mattiacae, und Baden-Baden, civitas aurelia aquensis.

Von den „mattiakischen Quellen" in Germanien wurde berichtet, daß ihr Wasser noch drei Tage nach der Ausschöpfung warm bliebe und daß sie am Rande Bimsstein absetzten (Plinius XXI, 17); ein Alemannenkönig Macrian weilte dort im Jahre 370, vielleicht zum Gebrauch dieser Quellen (Ammian. Marc. XXIX, 4. 5).

Man erzählte im römischen Heer auch von schädlich wirkenden Quellen und besonderen germanischen Heilmitteln gegen ihre Einflüsse: als Germanicus jenseits des Rheines vorrückte, fand man nur eine Quelle süßen Wassers, nach deren Genuß in zwei Jahren (!) die Zähne ausfielen und die Kniegelenke erschlafften. Mundkrankheit und Knielähmung nannten die Ärzte jene Krankheiten. Als Heilmittel dagegen fand man das Kraut „Britannica".

IX. Das Volk

1. Allgemeines

Schon aus dem bisher erörterten erhellt, daß die Germanen nicht als sogenannte „Wilde" in die Geschichte eintreten: wir finden in ihnen ein reich und edel begabtes Volk, welches auf der Stufe einer noch sehr einfachen Gesittung der „Vorkultur", im Vergleich zu späterer Entfaltung, aber nicht der Unkultur steht: den Hellenen der homerischen Gedichte im Kulturgrad vergleichbar, abgesehen von den Vorzügen des südlichen Himmelsstrich, des reicheren Landes und glänzenderer Begabung für bildende Kunst und Kunsthandwerk.

Sie waren „Barbaren": aber der reichsten Entwicklung fähig, der Entwicklung völlig eigenartiger, durch fremde überlegene Bildung befruchteter Anlagen.

Wir Deutschen haben es wahrlich nicht nötig, in falsch verstandener Volksliebe unseren Ahnen Tugenden und einen Grad der Bildung anzudichten, welche in den Zuständen der Unmittelbarkeit, bei einem Waldvolk unmöglich zu finden sind: unterstützt von der absichtlichen Schönmalerei bei Tacitus, der die Überfeinerung seiner Römer das Spiegelbild sittenstrenger Einfalt vorhalten wollte, haben deutsche Geschichtsdarsteller hierin oft gefehlt, verkennend, daß es ein schlechtes Lob für die Entwicklungsfähigkeit unseres Volkes wäre, wenn die Cherusker Armins bereits die Stufe etwa der heutigen westfälischen Bauern erreicht hätten: Was hätte unter solcher Voraussetzung unser Volk in fast zwei Jahrtausenden vor sich gebracht?

Andererseits bedarf jene meist außerdeutsche Auffassung keiner Widerlegung, welche die Germanen dieser Urzeit etwa den Rothäuten Amerikas gleichstellt: ihre Sprache, ihre Sitte, ihre Rechtsverfassung, ihr Götterglaube und – schlagender noch – eben ihre Entwicklungsfähigkeit schließen solche Vergleiche aus.

Alle Tugenden eines herrlich begabten Volkes, aber auch manche besonders germanische Fehler, Schwächen, ja sogar Laster und die Rauheiten, ja sogar Roheiten und Wildheiten barbarischer Unbildung treffen wir nebeneinander in Eigenart und Sitten unserer Ahnen.

Selbstverständlich gelang es Römern und Griechen nur allmählich, die Germanen von anderen Barbaren des Nordostens, zumal den Kelten, zu unterscheiden: hatten jene doch gerade mit diesen auch in der körperlichen Erscheinung sehr vieles gemein. An beiden Völkern machte den kleingewachsenen Römern bedeutenden Eindruck die hohe oft riesenhafte Gestalt. Ganz allgemein von den Germanen sagt Tacitus: „Nackt wachsen die Kinder in den Gehöften zu diesen gewaltigen Gliedern, welche wir anstaunen" (Tacitus, Germ. K. 20). Dies wird von den Kimbern und Teutonen an (Teutobog, der über sechs Pferde springt) bis auf Karl den Großen und Harald Hardradi, die siebenmal den eigenen Fuß maßen, immer wiederholt: „ungeheure Leiber" werden den Chauken, „gewaltige Glieder" den Cheruskern beigelegt; die Alemannen heißen „höher als unsere größten Männer", die Burgunder „sieben Fuß lang", die Ostgoten überragen weit ihre byzantinischen Besieger. Gerippe, in germanischen Gräbern gefunden, bezeugen heute noch, daß nicht nur Furcht oder – nach dem Siege

– eitle Berühmung der Römer übertreibend solche Größe geschildert habe (im Mittelalter freilich war diese Länge und Breite des germanischen Landvolkes so vermindert,
daß Harnische des vierzehnten bis siebzehnten Jahrhunderts für unser heutiges Mit-
telmaß oft zu schmalbrüstig erscheinen). Außer dem ragenden Wuchs wird von Anfang an das blonde, gelbe, rote (durch Salben mit Kunstmitteln gesteigert) Haar der
Germanen hervorgehoben, welches der hellweißen Haut und der hellen, blauen oder
grauen Farbe der Augen „mit dem unerträglich blitzenden Feuer" entsprach.

Seitdem man Germanen und Kelten unterschied, wird jenen, wie rauher Wildheit
und größerer Wuchs, so helleres Blond oder Rot beigemessen; so sagt Gallenus ausdrücklich: nicht blond, feuerrot müsse man das Haar der Germanen nennen; deshalb
müssen Gallier, die im Triumphe Caligulas gefangenen Germanen vorstellen sollen,
ihre Haare erst noch rot färben. Um die rote Färbung der Haare zu bewirken oder
richtiger wohl zu steigern, bedienten sich die Germanen, Männer mehr als Frauen,
einer Seife (sapo), welche jedoch nach Plinius die Gallier zu jenem Bedarf erfunden:
sie war bereitet aus Talg und Asche, am besten von Buchen- oder Hagebuchenholz,
in zwei Formen, fest oder flüssig (XXVIII, 51). Einmal war von den Römern überfallen eine Schar Alemannen, wie sie, an der Mosel gelagert badeten, ihr langes Haar
nach ihrer Sitte (durch Salben mit dieser Seife?) lebhafter rot färbten (Ammian.
Marc. XXVII, 2).

Den Beobachtern fiel die starke Übereinstimmung in der Körpererscheinung aller
Germanen auf. Das erklärt sich nicht bloß aus der sehr bedeutend vorherrschenden
Inzucht – Ehegenossenschaft mit Stammfremden kam anfangs gewiß selten vor (obwohl es an Ausnahmen, zumal für Fürsten, nicht gebricht): – mehr noch daraus, daß
man bei sogenannten „Naturvölkern" überhaupt viel größere Ähnlichkeit aller Einzelnen antrifft: verwickeltere, feinere Bildungszustände und Lebensverhältnisse erzeugen mannigfaltigere Einzelgestalten.

Indessen kann es an Vermischung – obzwar häufig nur außer der Ehe mit unfreien
Weibern – doch von Anfang an nicht gefehlt haben, da zahlreiche Kelten und später
Römer im Lande geblieben waren: nur aus solcher Vermischung mit Kelten und
Römern erklärt sich der starke Bestand von dunkelhaarigen, dunkeläugigen, dunkel-
häutigen und dann meist kurzschädeligen in Süddeutschland, z. B. am Rhein, aber
auch – eingesprengt – in Württemberg und in Oberbayern (und zwar gerade in Gegenden, welche, wie Walchensee, Partenkirchen u. a., nachweislich stark verrömert
waren) neben hellfarbigen und dann meist langschädeligen.

Im Osten Deutschlands und in Österreich haben später selbstverständlich starke
Mischungen mit Slawen stattgefunden.

Die in der Volksart begründete kräftige Leibesanlage (schwächliche oder gar ver-
krüppelte Kinder wurden ursprünglich von dem Vater nicht „aufgehoben", d. h. sie
wurden dem Tod ausgesetzt) wurde schon durch den Einfluß des ausschließlichen
Waldlebens von selbst, dann aber auch durch absichtliche Abhärtung, Ausbildung
und Übung vom zartesten Alter an gesteigert: Waffen- und Jagdgerät waren das
Spielzeug der Knaben, Krieg und Jagd ihr Spiel, Schwertersprung ihr Tanz.

Die geistigen und sittlichen Anlagen und Eigenschaften gemein arischer Art haben sich selbstverständlich seit der großen Völkerscheidung unter dem Einfluß von
Himmel, Luft und Boden bei den auseinandergewanderten Vettern sehr verschieden,
ja bis zu vollstem Gegensatz entwickelt. Das schlagendste Beispiel gewährt die Verwandlung von Götterglauben, Sittlichkeit, Recht und Verfassung der einst so kriegerischen Inder seit ihrer Niederlassung unter dem erschlaffenden Himmelsstrich des
Ganges.

IX. DAS VOLK

Auch auf hellenische und römische Art haben Natur und Gliederung Griechenlands und der Apenninischen Halbinsel großen Einfluß geübt.

Und so haben denn auch die Germanen wahrlich nicht ohne dauernde tiefgreifende Einwirkung wie über ein Jahrtausend im Urwald Mitteleuropas gelebt.

Wie es klar vor Augen liegt, in welch starkem Maß die Einflüsse der Natur und Angelegenheit Skandinaviens auf die Nordgermanen gewirkt haben. Mögen die dort eingewanderten Stämme schon bei der Einwanderung von den Südgermanen verschieden gewesen sein, immerhin wird man eine gewisse Rauheit, ja manchmal tobende Wildheit, dann wieder tiefe Schwermut in der Weise, Sitte, in der Dichtung und im Götterglauben der Nordgermanen mit Bestimmtheit auf Einwirkung ihres Landes zurückführen: – und die *Aufzeichnung* wenigstens der Edda und vieler Sagen geschah vollends auf der „*Eisinsel*".

Der Wald aber hat für die äußeren Schicksale wie für die innere Entwicklung unseres Volkes die größten und zwar die segensreichsten Wirkungen geübt.

Mit Grund kann man sagen: der deutsche Wald hat die Deutschen gerettet: er hat sie vor den Römern zuerst verborgen, dann beschützt.

Hätten sie in volkreichen Städten gelebt – sie wären der überlegenen römischen Belagerungskunst so unvermeidlich erlegen, wie die Kelten in Gallien.

Hat doch die tapferen Bergvölker in den Rätischen Alpen nicht ihr verzweifelter Widerstand in den Burgen geschützt, die sie in ihrer ohnehin so starken, natürlichen Festung, der Alpenburg, angelegt hatten: denn allzu nahe lag die römische Angriffsgrundlage – Verona und Trient einerseits, Genf und Basel andererseits – dem Aufstieg in jene Höhen; Festungen aber waren für die Römer nicht unbezwingbar.

Die Germanen dagegen schützte besser als Berg und Burg ihr Land; d. h. der fast undurchdringbare Urwald mit zahlreichen Sümpfen: verloren wären sie gewesen, hätten sie zur Verteidigung wertvoller Siedelungen in diesen den Legionen Stand gehalten: sie aber konnten die leichtgezimmerten Holzhütten der Gemeinfreien, ja auch die Holzhallen der Könige und Edlen ohne schmerzliche Aufopferung dem Feuer preisgeben, das sie selbst – vor dem Abzug – oder die Centurionen dareinwarfen: die wenigen wertvollen Geräte die Frauen und Kinder und die Herden mit Knechten und Mägden bargen sie in dem Inneren des Waldlands: der Fremdling kannte weder die kaum sichtbaren Waldsteige noch die schmalen Furten der Sümpfe: die Vorräte an Getreide wurden unter der Erde verborgen. Nicht gar lange währte für die Geflüchteten die Zeit der Entbehrung im Waldversteck: nur im Sommer wagte sich der Italiker in das rauhe Waldland, und lange vor dem Herbst, schon im Spätsommer, trat er vor dem Klima den Rückzug an: dann gab der Wald, der als Zuflucht gedient hatte, auch seine Bäume her, das verbrannte Holzhaus neu zu zimmern.

Es hat der Wald aber unser Volk nicht nur gerettet: er hat es frisch, urwüchsig, gesund an Leib und Seele erhalten, so daß es den abgelebten Römern in der Tat als jugendlicher Erbe der Weltherrschaft, als Träger der Zukunft entgegenschreiten konnte.

Und welche Fülle des Reichtums an Wörtern, an Bildern hat der Wald und sein Tier- und Pflanzenleben unserer Sprache, unserer Dichtung gebracht!

Fehlten auch in der asiatischen Heimat Wälder nicht: – das wahre Urwaldleben der Germanen hob erst an in Europa, dessen Osten vom Pontus bis zu Ostsee und Rhein von großen Waldungen bedeckt war: die Rodung, Urbarmachung dieser Wälder wurde auf ein Jahrtausend die wirtschaftliche Hauptarbeit unserer Ahnen.

Ein Rückschritt ist in diesem Waldleben im Vergleich mit den asiatischen Steppen durchaus nicht zu erblicken: die unseßhafte, auf Viehzucht gegründete Lebensweise wurde fortgeführt, desgleichen die Jagd, welche jetzt nur ergiebiger geworden war, und die in Asien erlernten Anfänge des Ackerbaus wurden nicht vergessen, vielmehr nötigte der engere Raum alsbald zu mehr eindringlich gründlichem, fleißigem, schonlichem Betrieb: bedeutsam wird jetzt für das bäuerliche Sondergut das Wort „Hufe" gebildet. Die mühevollere Rodung des Waldes, die erschwerte Veränderung der Sitze mußte den für den Pflug verarbeiteten Boden wertvoller machen: das Wort „Herbst" wird wohl erst in Europa geschaffen: die „Ernte" war bedeutsamer geworden für das Leben des Volkes, daher die Zeit derselben ein besonderes Wort erhielt: auch die Ausdrücke „Mehl", „Brot", „Teig", „backen" zeigen, wenn auch diese Dinge wie „braten" und „sieden" schon in Asien natürlich nicht unbekannt sind, die größere Bedeutung derselben; die Nahrung der Haustiere wird nun als „Futter" von menschlicher „Speise" geschieden.

Nach der Einwanderung in den Nordosten von Europa nimmt der Sprachschatz die nördlichen Tiere auf: den Wal, den Seehund, das Ren, den Elch, den wilden Stier (in zwei Arten: wisunt und uro) und unter den Pflanzen das Getreide des Nordens: den Hafer.

Als Wirkung des stählenden rauheren Klimas und des Lebens im Urwald in stetem Kampf mit dessen gefährlichen Tieren dürfen wir es ansehen, daß das Volk nunmehr aus der überwiegenden Hirtentumszeit in die nun mit der Viehzucht gleich bedeutsam gewordene Jagdübung und, nicht ohne Zusammenhang hiermit, in eine mehr kriegerische Zeit eintritt, wie die zahlreichen gleichbedeutenden Namen für Kampf, Schlacht, Ruhm, Sieg beweisen, von welchen, wie von den Namen starker Tiere, die allermeisten Männer-, ja sogar Frauennamen gebildet werden.

Gleichwohl darf man nicht sagen, das Volk sei erst jetzt in ein Heldenalter eingetreten im Gegensatz zu dem früheren „idyllischen Hirtenleben"; das Leben räuberischer wilder Hirten der Vorzeit ist eben durchaus nicht „idyllisch": ein großer Fortschritt zu milderer Sitte wie zur Bildung überhaupt liegt in dem Übergang zu seßhaftem Ackerbau; und Götterglaube und Pflichtenlehre der Inder (bevor sie an den Ganges zogen) und der Perser zeigen, daß die „Arier" auch in Asien ein unkriegerisches Volk nicht waren.

2. Tugenden und Laster

Die wichtigste Tugend der Germanen war – denn sie allein hat ihnen erst Errettung, dann Weltherrschaft gebracht – jenes unvergleichliche Heldentum, jene Freude an Kampf und Gefahr als solchen, jene Wollust der Tapferkeit, welche Römer und Griechen mit Grauen zu schildern nicht müde werden: von dem Tage des „kimbrischen Schreckens" an bis auf die Zeit, da man in Italien vor dem bloßen Anblick Karls des Großen erbebte. Furor Teutonicus und ähnliche Worte, welche Wut, Raserei, Wahnsinn der Kampflust ausdrücken, brauchen die fremden Quellen sehr häufig für jenen Ansturm, der todesfreudig, buchstäblich mit Lachen und Jauchzen, in Waffen und Wunden sprang. Man hat mit Recht darauf hingewiesen, daß der germanische Götterglaube, der in Wuotan diese Kampfeswut als Gott dargestellt und in den Freuden Walhalls dem im Kampf gefallenen Helden ein jenseitiges Leben nach seines Herzens liebsten Gelüsten verhieß, solche Todesfreudigkeit befördern mußte. Aber man vergißt dabei, daß bei anderen Völkern ähnliche Zukunftsverheißung nicht das gleiche Heldentum zu erwecken vermag: es ist vielmehr die germanische Volkseigenart, die auch jene Himmelsvorstellungen erzeugt hat und sich in diesem Heldentum

IX. DAS VOLK

darlebt: in allen Ariern steckte diese Anlage; aber während sie z. B. bei den Indern nach ihrer Südostwanderung in Erschlaffung unterging, hat sie der Einfluß des hohen Nordens bei den Skandinaviern, hat sie das tausendjährige Urwaldleben bei den Südgermanen dermaßen gesteigert, daß ihre Kampfeswut sogar die römischen Welteroberer jahrhundertelang immer wieder erstaunt hat.

Eine für die Krafterhaltung und Kraftentfaltung unseres Volkes hochwichtige Tugend war jene Keuschheit, jene Reinheit in dem Verkehr der Geschlechter, welche den Römern vorzuhalten ganz besonders geboten schien. Wiederholt, bei verschiedenen Anlässen, nach verschiedenen Richtungen spendet Tacitus (Germ., K. 19, 10) dies Lob: „Dieser Teil ihrer Sitten verdient den höchsten Ruhm: das einfache, unverdorbene Volk unverdorbener Einbildungskraft nimmt keinen Anstand daran, daß die Mädchen- und Frauentracht, wie Ober- und Unterarm auch einen Teil des Busens unverhüllt läßt. gleichwohl ist das Band der Ehe musterhaft streng und heilig: fast bei ihnen allein unter allen Barbarenvölkern begnügt sich der Mann mit *einem* Weibe: nur sehr wenige Könige und Fürsten haben mehrere Frauen: nicht aus Sinnlichkeit, sondern der einflußreichen Verschwägerungen wegen" – so wissen wir, daß Ariovist mit zwei Frauen zugleich vermählt war. – Während bei den Römern die Ehen meist nur der Mitgift willen geschlossen wurden – aber nicht einmal die Habsucht reichte hin, das ehescheue und selbstische Geschlecht zum häusliche Herde zu locken – „bringt hier der Gatte dem Weibe die Mitgift zu. Die Gesippen des Paares prüfen die Geschenke, die nicht Schmuck und Verwöhnung der Frau bezwecken, sondern diese Geschenke bestehen in Rindern, dem gezäumten Roß, in Schild, Framea und Schwert. Im Sinne solcher Gaben wird die Gattin von dem Gemahl in Empfang genommen, und auch sie bringt dem Manne Waffenstücke zu. Dies halten sie für das hehrste Band, dies für die geheimen Heiligtümer, die Götter der Ehe: auf daß die Frau nicht wähne, die Gedanken des Heldentums und die Gefahren des Kampfes rührten nicht an sie, wird sie gleich durch die Weihezeichen der beginnenden Ehe gemahnt, daß sie dem Gatten als Genossin der Kämpfe nahe und der Gefahren, in Frieden und Krieg sein Schicksal und seinen Wagemut zu teilen. Dies ist die Bedeutung der geschirrten Rinder, des gerüsteten Schlachtrosses, der geschenkten Waffen: in solchem Geiste soll sie leben und fallen: unverletzt und unentehrt soll sie diese Gaben dereinst den Söhnen, den Gattinnen der Söhne in die Hände reichen und diese sie weitergeben den Enkeln." – (Bei dieser edel empfundenen Darstellung hält übrigens Tacitus den dem Mundwalt der Braut von dem Bräutigam zu entrichtenden Mundschatz, der vor Einführung gemünzten Geldes in Waffen und Vieh bestand, für ein dem Weibe zu reichende Gabe: immerhin mögen dabei Schwert und Speer, welche die Braut dem Manne schenkte, geweihte Wahrzeichen seiner nun beginnenden ehelichen Mundschaft gewesen sein).

„So leben sie denn in streng gegürteter Schamhaftigkeit, nicht durch die Verführung von Schauspielen oder die Aufregung von Gastereien verdorben. Männern und Frauen sind Geheimschriften unbekannt. Höchst selten kommt bei dem so zahlreichen Volke Ehebruch vor, dessen Strafe sofort eintritt, dem Gatten verstattet: mit abgeschnittenem Haar stößt er die Entkleidete vor den Gesippen aus dem Hause und treibt sie mit Schlägen durch das ganze Dorf. Für die Preisgebung der Keuschheit gibt es keine Nachsicht: die Schuldige kann weder durch Schönheit und Jugend noch durch Reichtum einen zweiten Gatten zu gewinnen hoffen. Denn dort lacht man nicht über das Laster und nennt man nicht Verführen und Verführtwerden die Sitte der Zeit. Noch preiswürdiger scheinen jene Stämme, bei welchen nur Jungfrauen heiraten und Hoffnung und Gelübde nur einmal im Leben besteht. Wie nur *einen*

42   EINLEITUNG

Leib und *ein* Leben erhalten sie nur *einen* Gatten: kein Gedanke, kein Verlangen kann darüber hinaus sich erstrecken. Der Zahl der Kinder willkürlich ein Ziel zu setzen oder ein Nachgeborenes zu töten gilt als Frevel, und mehr wirken dort gute Sitten als anderswo gute Gesetze."

Doch ist bei dieser Darstellung zu erinnern, daß bei den Germanen der Begriff des Ehebruchs der gleiche war wie bei den Römern: d. h. nur der Mann hat Recht auf eheliche Treue der Frau: Buhlschaft des Mannes mit einer Unverheirateten ist nicht Ehebruch. Der Mann kann die eigene Ehe nicht brechen, nur eine fremde durch Buhlschaft mit der Frau eines anderen. Buhlmädchen und sogar Nebenfrauen hinter der ersten oder Hauptgemahlin begegnen wir bei Südgermanen so – in starker Verwilderung – bei Nordgermanen. Erst das Christentum hat dem Weibe das Recht auf die Ehetreue des Mannes gegeben.

Zur Ehe schreiten die jungen Männer erst spät, auch die Mädchen werden hierin nicht übereilt: Tacitus findet hierin einen weiteren Grund der Stärke und Gesundheit des ganzen Volkes.

Mutter geworden, säugt die Frau ihr Kind selbst, überläßt es nicht, wie vornehme Römerinnen, Ammen und Mägden (Tac., Germ. K. 20).

In engstem Zusammenhang mit der Tugend der Keuschheit und der hohen und strengen Auffassung der Ehe steht die edle Würdigung des Weibes, durch welche die Germanen sich vor den hierin noch halb orientalischen Griechen, in gewissem Sinn sogar vor den Römern auszeichnen.

„Etwas Heiliges und Weissagerisches verehren sie in dem Weib: die Ratschläge der Frauen werden nicht verschmäht, ihre Bescheide nicht gering angeschlagen. Die brukterische Jungfrau Veleda war eine solche Wala, welche lange von den meisten wie ein gotterfülltes Wesen gehalten wurde: schon vorher haben sie Albrun und mehrere andere Frauen in solcher Weise verehrt, nicht aus Schmeichelei oder als ob sie sie (wie die Römer ihre Kaiser) unter die Götter versetzten" (Tac., Germ. K. 86).

In der Tat gelten „weise Frauen" als von den Göttern erleuchtet, als Weissagerinnen, kundig der Zukunft: – wohl zu unterscheiden von den Priesterinnen, obwohl oft jene Eigenschaft und diese Verrichtung in einem Weibe vereint vorkommen mochte. Sind nicht die Schicksal und Zukunft webenden Gewalten selbst weiblich gedacht: wie denn die hohe Auffassung des Weibes sich schon in den weiblichen Gestalten der germanischen Götterwelt ausprägt (siehe unten: Frigg, Freia, die Walküren, Nanna).

Was in der Stellung des Weibes uns ungünstig, unwürdig erscheint, fließt nicht aus der Volkseigenart, nicht aus einer niedrigen Würdigung des Weibes, war vielmehr von der Rauheit der Sitten, von der Not, von den allgemeinen Lebenszuständen, von dem harten Kampf ums Dasein erzwungen, trotz und unbeschadet einer hohen Würdigung des Weibes: dahin gehört die wegen mangelnder Waffenfähigkeit unvermeidliche Geschlechtsmundschaft, die Verfügung des Mundwalts über die Hand des Mädchens, der Witwe, der Abkauf der Mundschaft, das Züchtigungsrecht des Mannes, die Zurücksetzung im Erbgang der Liegenschaften und die Überbürdung der schweren Arbeit in Haus und Feld auf Weiber und Kinder, während der Mann dem Krieg, der Volksversammlung, der Jagd und freilich auch dem Gelage als Wirt oder Gast nachgeht oder auf der Bärenhaut müßig am Herdfeuer die gewaltigen Glieder reckt.

Selbstverständlich bewirkten damals – wie heute und immer – Reichtum und Armut bei gleicher *Rechts*stellung tatsächlich die wichtigste Ungleichheit in Leben und Genießen oder Leiden des Weibes. Die Königin, die Gattin des Edlen legte die Hand an die Arbeit, um sie zu weihen und etwa zu leiten, während die Mägde und Knechte

IX. DAS VOLK

sie leisteten: das Weib des armen Freien, ohne Magd und Knecht, hatte mit den Kindern selbst die schwerste Last der wirtschaftlichen Arbeiten zu tragen.

Nicht mit Unrecht hat man auch von jeher die Treue der Germanen gerühmt, im Sinne des strengen Einhaltens des gegebenen Wortes: um der *Ehre* willen, auch wohl aus Scheu vor den Göttern, die den Treuebruch strafen. So berühmen sich Gesandte der Friesen zu Rom, kein Volk übertreffe an Treue und Heldentum die Germanen (Tac., Annal. XIII, 54), so macht es dem Römer (Germ. K. 24) tiefen Eindruck, daß der Germane, der in der Leidenschaft des Würfelspiels sich selbst, d. h. die Freiheit auf den letzten Wurf gesetzt und verloren hatte, ohne ein Wort sich selbst dem Gewinner, der Jüngere, Stärkere dem Älteren, Schwächeren in die Hände gab, sich binden, fortführen, als Knecht verkaufen ließ. „So groß", meint er, „ist ihre Hartnäckigkeit in einem Laster: Sie nennen das Worthalten." Es ist das Ehrgefühl, welches hier zwingend wirkt. Die zugesagte Gastfreundschaft, auf die der Fremdling vor der freiwilligen Gewährung keinerlei Anrecht hat, wird so heilig in Treue gehalten, daß das Volk der Gepiden lieber den Krieg gegen die Übermacht Justinians, d. h. den fast sicheren Untergang wählt als die Auslieferung eines in Gastschutz aufgenommenen Flüchtlings: – hier ist es wohl die Scheu vor den Göttern, welche die Treue auferlegt. (Cäsar b. g. VI 23. Tac., Germ. K. 21. Mela III 3, 2)

Der Volksfremde hatte nach Volksrecht keinen Anspruch auf Schutz: er konnte straflos getötet werden: aber die durch Gottesfurcht geheiligte sittliche Anschauung erachtete es für Frevel, einem Menschen den Schutz des Daches und Herdes zu versagen. Ja, zum Übermaß gastlicher Bewirtung verführte ganz regelmäßig die Neigung der Männer zu Zechgelagen (siehe unten). Der ungeladene Gast, auch der völlig unbekannte, hat den gleichen Anspruch auf freundliche Aufnahme wie der geladene, und er findet sie zuverlässig. Beim Abschied mag der Gast und ebenso der Wirt eine Gabe fordern: sie haben ihre Freude an solchen Gastgeschenken, ohne sie anzurechnen oder durch den Empfang sich verpflichtet zu fühlen (Tac., Germ. K. 21).

Heimliche Verbrechen, welche treulose, feige, tückische Gesinnung verraten, werden besonders schwer, zumal mit Ehrlosigkeit, gestraft.

Durchaus nicht unvereinbar mit solcher Auffassung der Treue als einer echt volksmäßigen Tugend ist es, wenn andererseits die ganze Arglist der Barbaren gegen den Volksfeind, den Römer sich kehrt: die Verlockung und Vernichtung des Varus durch Armin ist ein Meisterstück „dämonischer" Tücke: wir wollen es nicht rechtfertigen, nur erklären als das letzte Rettungsmittel eines umgarnten Volkes und als furchtbare Wiedervergeltung. Denn was ist, sittlich gewogen, die naive Arglist dieses Waldvolkes in der letzten Notwehr gegenüber der abgefeimten, zum System durchgebildeten Treulosigkeit von weltgeschichtlicher Scheußlichkeit und Größe, durch die nicht minder als durch seine kriegerischen und staatlichen Vorzüge das Volk des Tiberius seine Weltherrschaft erlistet nicht minder als erobert hat!

Auch später wird häufig über den Treuebruch der Germanen geklagt – gewiß nicht immer ohne Grund und gewiß nicht, weil die unschuldigen Germanen erst von den bösen Römern Lug und Trug gelernt hätten. Nur ist daran zu erinnern, daß die Verträge, welche die Germanen, oft genug, brachen, ihnen durch die Waffen aufgezwungen waren und daß sehr oft nicht Mutwill, sondern die bittere Not, Hunger, Mangel, der Druck anderer Völker die „Föderierten" zwangen, Frieden und Vertrag wieder zu brechen. Endlich wissen wir, obzwar nur die Römer, nicht die Germanen davon berichten, daß sehr oft das Kaiserreich durch die Imperatoren selbst, noch viel öfter ohne deren Wissen durch seine Beamten und Lieferanten vorher die Verträge gebrochen, d. h. gar nicht oder mangelhaft erfüllt hatte, auf denen Verpflegung und Leben der heimatlos gewordenen Barbaren beruhte.

Durch den verzweiflungsvollen Kampf ums Dasein mit der überlegenen römischen Macht mußte übrigens die barbarische Neigung zur List unablässig gefördert werden, und wenigstens zum Teil hierauf ist es zurückzuführen, wenn zumal die Franken eine erschreckende Treulosigkeit an den Tag legen – ihr Leumund war unter allen Germanen der Schlimmste.

Durchaus nicht unvereinbar mit den hohen und edlen religiösen, auch mit manchen entsprechenden sittlichen Anschauungen sind ferner bei einem Volke rauher Sitten einzelne Züge der Roheit, ja Grausamkeit und Wildheit.

Der Vater hatte die Entscheidung, das auf dem Schild vor seine Füße niedergelegte neugeborene Kind aufzunehmen oder liegenzulassen: – letzteres durchaus nicht nur in dem Fall und aus dem Grund, daß er die Vaterschaft nicht anerkannte. Das nicht aufgenommene Kind war dem Tod, wohl durch Aussetzung, preisgegeben: doch durfte dies nicht mehr geschehen, wenn irgend Speise bereits seine Lippen genetzt hatte.

Daß Greise sich selbst töten müssen oder getötet werden, davon begegnen vereinzelte Spuren und Erinnerungen.

Dagegen wird die Witwe nicht an dem Grabe des Eheherrn getötet: nur Unfreie – wie Roß, Hund und Jagdvogel des Mannes – werden ihm mitgegeben, auf daß er nicht unbegleitet in Hel eingehe, „das Tor Hels nicht dem Edlen auf die Ferse schlage" und er auch in Jenseits wie der Jagd so der Bedienung nicht entbehre.

Daß sich das Weib freiwillig auf dem Hügel des Gatten den Tod gibt, war selten, aber hochgefeiert.

Einzelne Züge wildester Grausamkeit fühlt man sich versucht, auf die Nordgermanen zu beschränken, wo sie angeborene Stammesart oder Verrauherung durch den Himmelsstrich oder spätere Verwilderung erklären vermag: so das Blutaderritzen, das planmäßige Ausbrennen und Ausmorden in den Fehden.

Doch begegnet allerdings auch bei Franken (und selbst bei Goten wenigstens in der Sage) das Zerreißenlassen durch wilde Hengste und manche andere Tat grausigster Rache.

Menschenopfer sind nicht unbekannt, aber selten. Nur ganz ausnahmsweise noch werden Kriegsgefangene den Göttern geschlachtet, wenn dies vor der Schlacht in Gelübden versprochen war oder auch ohne (?) solche Gelübde in wilder Rache nach dem Siege – so die gefangenen Heerführer des Varus. Verbrecher, die das Recht zum Tode verurteilt, werden ebenfalls dem Gott, welchem zunächst ihre Tat verletzt, oder den Landesgöttern insgemein geopfert, auf daß diese nicht das ganze Volk für den Frevel strafen, der ungesühnt geblieben wäre.

Selbstverständlich gab es, wie ursprünglich bei den meisten Völkern, einen Stand der Unfreien, die zum Volke nicht gehörig, des Volksrechts nicht fähig, durch das Recht nicht geschützt, vielmehr den Haustieren gleich im Eigentum des Herrn standen und ganz wie die Haustiere getötet, verstümmelt, gebunden, am Leibe gestraft, mit jedem Maß von Arbeit belastet, mit oder ohne die Scholle, auf die der Herr sie etwa gesetzt, verkauft, verpfändet, vertauscht werden konnten, mit oder ohne das Weib oder die Kinder, welche sie unter Erlaubnis des Herrn, tatsächlich gewonnen: Ehe, väterliche Mundschaft, Familienrechte irgendwelcher Art, also auch Erbrecht, waren ihnen versagt.

Es ist jedoch zu erwägen, daß diese Zustände immerhin schon einen Fortschritt von der noch roheren Zeit bedeuten, in der es keine Knechte gibt, weil keine Kriegs-

IX. DAS VOLK

gefangenen, die ursprünglich überhaupt nicht gemacht oder gleich nach dem Siege den Göttern geschlachtet werden.

Aus Kriegsgefangenen, dann auch aus Freien, die in Schuldknechtschaft geraten waren, weil sie eine Schuld oder eine Buße nicht hatten bezahlen können (vergl. Spielschuld), gingen dann durch Vererbung des Standes Unfreie in immer größerer Zahl hervor: dabei „folgte das Kind der ärgeren Hand", d. h. bei ungleichem Stand der Eltern dem tiefer stehenden.

Dieses harte Recht der Unfreiheit, das übrigens die Römer mit allen seinen Folgerungen, auch dem Tötungsrecht des Herrn, bis in sehr späte Zeit hoher Bildung festhielten, war tatsächlich durch zahlreiche Gründe gemildert.

Einmal trennt in der „naiven" Unfreiheit, wie wir sie im Gegensatz zur „raffinierten" der späteren Griechen, Römer und der bis auf unsere Tage in Amerika bestandenen nennen dürfen, eine viel geringere Kluft der Bildung den Herrn und den Knecht. Die Kinder der Unfreien wuchsen ungeschieden von denen der Herrschaft auf: keine weichlichere Behandlung zeichnet die letzteren aus; oft erblühten schöne, von der Sage gefeierte Verhältnisse der Treue und Aufopferung unter den Spielgenossen: mit Recht hat man bemerkt, daß die Gemeinsamkeit der Namen für Freie und Unfreie ebenfalls dafür spricht, daß nicht Abscheu die Stände trennte. Der Stand war auch nicht eine Kaste: durch Freilassung konnte wenigstens die privatrechtliche, obzwar wohl ursprünglich nicht auch die staatsbürgerliche Gleichstellung mit den Freien erfolgen.

Daß der eigene Vorteil die Herrschaft abhielt, die Unfreien, die noch vor den Haustieren und dicht neben Waffen und Schmuck die wertvollste Fahrhabe bildeten, zu verstümmeln, hungern zu lassen, gar zu töten, leuchtet ein: nur im Jähzorn etwa, wie schon Tacitus weiß, wird rasch aufglodernd das Recht wie scharfer Züchtigung, so wohl auch der Tötung geübt: „wie den freien Gegner erschlagen sie den Knecht im Zorn – nur freilich ohne „Wergeld", ein Recht, von dessen Anwendung Gutmütigkeit in der Regel mehr noch als Selbstsucht abhielt

Diese gutmütige – ja, höher als dies –, edelmütige Auffassung des Verhältnisses hat dann später den mächtigsten auch rechtlichen Schutz den Unfreien verschafft. Die germanische Grundanschauung von allem Recht und jeder Rechtspflege – die vom Genossenrecht und Genossengericht – (siehe unten) hat man – wir wissen freilich nicht, wann zuerst – hochherzig auch auf die Unfreien ausgedehnt in dem Sinne, daß weder Bestrafung noch Mehrbelastung des Unfreien durch Willkür des Herrn allein stattfinden sollte, sondern der Herr, wie der Graf die Volksversammlung der Freien, ein Hofgericht seiner Unfreien (familia) einberief und nun diese über ihren Rechtsgenossen unter Leitung und Vollstreckung durch den Herrn ganz ebenso Recht und Urteil fanden wie die Freien über den Freien.

Von den altgermanischen Fehlern und Lastern ist nach dem obigen wenig mehr zu sagen.

Ihr Unmaß im Genuß von Speisen (somno ciboque dediti, Germ. K. 15), namentlich aber die verderbliche Trunksucht, fiel den maßvolleren Römern (Germ. K. 22. 23) und Griechen als empörende Barbarei auf: oft genug haben sie die Berauschung zum Verderben der Nordländer verwendet, die übrigens vermöge ihres Himmelsstrichs und vermöge Vererbung und Gewöhnung, auch wenn sie die Heimat vorübergehend mit einem wärmeren Lande vertauscht hatten, viel mehr Speise und gegorene Getränke brauchten oder doch ertragen konnten als die Bewohner der südlichen Weinlande.

In der weiten Halle fehlt es zwar nicht an Einzelsitzen und Einzeltischen für jeden

46   EINLEITUNG

bei Schmaus und Trank (Tac., Germ. K. 22): doch saßen sie auch nebeneinander auf
Bänken an gemeinsamer Tafel. Den ganzen Tag und die ganze Nacht zechend zu
verbringen, gilt durchaus nicht als anstößig (Germ. K. 22). Immer wieder, durch die
verschiedensten Zusammenhänge, wird Tacitus dazu geführt, die Trunksucht, wahrhaft unser geschichtliches Volkslaster, hervorzuheben: nachdem er die Einfachheit der
Speisen, die Begnügsamkeit in Stillung des Hungers ohne leckere Bereitung gelobt,
fügt er hinzu: „dem Durst gegenüber zeigen sie nicht die gleiche Mäßigung. Willfahrt
man ihrer Trunksucht, indem man ihnen nach ihrem Verlangen Wein zuführt, so wird
man sie leichter fast als durch die Waffen durch ihre eigenen Laster besiegen."

Die Neigung zu Schmaus und Zechgelage ließ sogar die Tugend der Gastlichkeit
oft genug ausarten: ist der Vorrat des Wirtes verzehrt und vertrunken, so führt dieser
und begleitet den Gast, jetzt selbst Mitgast, zum Nachbarn: ungeladen kehren sie
nun bei diesem ein, werden aber mit gleicher Güte wie Geladene aufgenommen.

Selbstverständlich kommt es bei dem Gelage oft unter den Berauschten zum
Streit, der meist nicht in Schmähworten, sondern in Raufhändel, in Blut und Totschlag endet (Germ. K. 22).

Gleichzeitig mit dem Trunk pflegten sie der Leidenschaft des Würfelspiels zu
frönen: wie wir sahen, mit so blinder Wut, daß sie, wenn alle Fahrhabe, ja selbst Weib
und Kind verspielt waren, auf den letzten Wurf die eigene Freiheit setzten. Wir sahen, wie das Ehrgefühl des Worthaltens dann den Jüngeren, Stärkeren dem Älteren,
Schwächeren ohne Widerstand in die Hände gab. Aber die Volkssittlichkeit verwarf
das Recht, solche Knechte zu halten: der Sieger schämte sich und verkaufte sie in die
Fremde.

Im Zusammenhang hiermit steht die von Tacitus (Germ. K. 15) gerügte Trägheit
– richtiger Unlust – zu *wirtschaftlicher* Arbeit bei höchster Leidenschaft für Kriegsar-
beit: „gibt es nicht Krieg, so verbringen sie die meiste Zeit in Müßiggang, dem Schlaf,
den sie bis in den hellen Tag ausdehnen (K. 22), und dem Schmaus ergeben: die
stärksten tapfersten Helden gerade tun dann gar nichts: die Wirtschaft und Pflege
des Hauses, die Bestellung des Ackers überlassen sie den Weibern, Alten, Schwachen
(Unfreien dürfen wir beifügen): sie selbst liegen müßig: in seltsamen Gegensatz der
Natur lieben dieselben Männer die Trägheit, hassen aber die Ruhe des Friedens."

Verderblicher für die Schicksale des Volkes als Gesamtheit wurde ein anderer
Zug: das unbändige Gefühl der Selbstherrlichkeit: diese trotzige Stolz des Mannes,
der auf sich allein, höchstens noch auf die Gesippen sich verlassend, niemanden sonst
braucht[1], scheut oder fürchtet, ist zwar Ausfluß der gewaltigsten germanischen Eigenschaft, der Heldenhaftigkeit: aber wie sie sich zum Teil daraus erklärt, daß der
Staat, erst im Entstehen begriffen, nur wenige Aufgaben verfolgte und diese mit eng
begrenzten Zwangsmitteln, so trug jene Selbstherrlichkeit andererseits das meiste
dazu bei, den Staat auf jener unvollkommenen Stufe lange Zeit festzuhalten und
namentlich eifersüchtig darüber zu wachen, daß er sein Zwangsrecht nicht über die
hergebrachten anerkannten Zwecke, Formen und Mittel hinausdehne.

Dieser trotzige Zug hat lange Zeit verhindert, daß die kleinen Staatsverbände zu
größeren sich erweiterten – diesen „Freiheitsgeist" (libertatem) hatte selbst ein Armin gegen sich, als er den so dringend notwendigen Schritt versuchte, an Stelle des
lockeren Staatenbundes der cheruskischen Gaue das Königtum über die ganze Völkerschaft zu errichten; und innerhalb des Staates hat er das Fehderecht, überhaupt
die Selbstgenügsamkeit der Sippen, zäh aufrecht erhalten.

---

1 Sogar zuweilen die Götter nicht; siehe Dahn, Bausteine I Berlin 1879, S. 133 f.

IX. DAS VOLK

3. Tracht

Wir sind für die Tracht der ältesten Zeit auf das dürftige Material beschränkt, das die spärlichen Angaben der Schriftsteller, einzelne antike Bildwerke – wobei aber Germanen von anderen Nordnachbarn oft schwer oder gar nicht zu unterscheiden sind – endlich in etwas reicherer Fülle die Gräberfunde gewähren.

Nach Tacitus (Germ. K. 17) war das beiden Geschlechtern wichtige Kleidungsstück ein wollenes Gewand, das der Römer mit dem Wort „sagum", d. h. eine Art Kriegsmantel, bezeichnet, auf der Schulter mit einer Spange oder in Ermangelung einer solchen mit einem Dornzweig zusammengehalten; im übrigen fast unbekleidet verbringen sie ganze Tage am Herdfeuer gelagert. Nur die reichsten unter ihnen zeichnen sich aus durch bessere Kleidung, die aber nicht, wie bei Sarmaten und Parthern, eine weite, flatternde ist, sondern eng anliegt und die Glieder deutlich erkennen läßt. Auch die Pelze wilder Tiere tragen sie: die dem Rhein Näheren ohne besondere Auswahl, sorgfältiger gewählt die des Nordens und Ostens, zu welchen der Handel nicht andere Stoffe und Gewänder bringt; sie wählen dabei genau unter den Arten des Pelzwerks und besetzten es auch wohl mit einzelnen Büscheln der Felle von solchen Ungetümen, die nur das unbekannte äußerste Nordmeer bewohnen. Die Weiber haben keine andere Tracht als die Männer: nur daß jene sich häufiger in Linnengewande hüllen, dieselben mit Purpur bunt färben und den oberen Teil des Gewandes nicht in Ärmel auslaufen lassen, sondern die Arme und auch den oberen Teil des Busens unbekleidet tragen (gerade an dies Stelle knüpft nun Tacitus das Lob ihrer Keuschheit). Plinius deutet an, „daß die überrheinischen Feinde", d. h. die Ger-

Reichverzierter Schuh aus *einem* Stück Leder.
22 ½ cm lang; an einer Leiche im Moor bei Friedeburg in Ostfriesland gefunden.

Schuh aus *einem* Stück Leder.
24 cm lang; im Moor bei Ütersen in Holstein gefunden.

Sogenannter Totenschuh aus einem Sarg (Totenbaum) der alamannischen Gräber am Lupfen bei Oberslacht.
12 cm lang.

Kamm aus Erz.
4 cm hoch; zu Meldorf in Dietmarschen am sogen. Wodensberge gefunden.

manen, auch wie die Gallier Segeltuch weben; „und ihre Weiber kennen keine schönere Tracht" (hist. nat. VXIII, 2). Die Lederschuhe sind über dem Rist geschnürt.

Alle Freien, Männer und Frauen, trugen als ehrendes Zeichen ihres freien Standes langwallendes Haar, welches daher bei der Verknechtung kurz verschoren wurde. Wie der Adel nur eine Steigerung der Gemeinfreiheit und das Königliche nur das edelste Adelsgeschlecht ist, so erscheint es auch nur als Steigerung jenes Ehrenzeichens der Gemeinfreien, wenn die Könige ganz besonders lang herabwallendes Gelock tragen („Reges criniti" bei den Franken: nicht zu verwechseln hiermit sind die „Mähnen" oder borstenartigen Haare, welche die Merowingen auf dem Rücken tragen sollten: – wohl eine Erinnerung der Sage an ihre Abstammung von einem Meerwicht).

Die Sprachvergleichung zeigt, daß, dem kälteren Himmelsstrich entsprechend, in der Tracht seit der Einwanderung in Nordeuropa neue Stücke häufiger in Gebrauch kamen: der Schuh, der Handschuh, die Hose: eine Art Hose, vielleicht Kniehose, hieß ahd. „bruch" und Sache und Wort war mit den Kelten gemein: Gallia „bracata", „Hosen-Gallien", hieß der rauhere Teil dieses Landes im Gegensatz zu dem verrömerten Süden, in welchem die Toga bereits eingebürgert war: „Gallia togata".

Bei einzelnen Stämmen – nicht bei allen – trugen die Männer (auch die Weiber) die Haare gegen den Wirbel hinaufgekämmt, oben in einen Knoten geschürzt und schweifbüscheähnlich auf den Rücken herabwallend.[1]

Haarnadel aus Erz.
Merowingische Zeit.
$2/3$ der natürlichen Größe; aus den alamannischen Gräbern in Sigmaringen.

4. Gerät

Man unterscheidet jetzt, was den Stoff und die Altersstufen der Geräte und Waffen betrifft, nur die metallose und die Metallzeit: in jener begegnen Stein[2], Holz, Geweihe, Hörner, Knochen, Tierzähne als Stoff für Waffen und Gerät: in dieser bald „Erz" („Bronze", siehe oben S. 10), bald Eisen: die lange Zeit, zumal von den skandinavischen Forschern lebhaft verteidigte, hartnäckig festgehaltene Ansicht ist heutzutage aufgegeben, nach welcher Stein-, Bronze-, Eisenzeit in der Art zu scheiden sei, daß *überall* ein Bronzealter dem Eisenalter vorhergegangen sei: es fehlt nicht

---

[1] Besondere Tracht von Haar und Bart wird auch von anderen Völkerschaften hervorgehoben: so bei den Chatten.

[2] Es ist ein Hauptverdienst des ausgezeichneten Direktors des Mainzer Zentralmuseums, *L. Lindenschmit*, dies gegenüber den skandinavischen Forschern durchgekämpft zu haben. Das Werk desselben, Handbuch der deutschen Altertumskunde, dessen erster Band die merowingische Zeit behandelnd in erster Abteilung erschienen, Braunschweig 1880, wird grundbauend für diese ganze Wissenschaft. (Leider durch den Tod des Verfassers abgebrochen [1897].)

IX. DAS VOLK

Erläuterungen zu der Tafel: Altgermanischer Zierat
(Nach *Lindenschmit*, Die Altertümer unserer heidnischen Vorzeit)

1. *Zierscheibe aus Erz.* Hälfte der natürlichen Größe. Die Scheibe nebst dem sie umgebenden Ring hängt in einem Blechstreifen aus Erz, der sie früher vermutlich an den Gürtelriemen oder die Tasche befestigte. In der Scheibe selbst ist die Darstellung einer beide Arme auf den Schenkel stützenden menschlichen Gestalt versucht. Gefunden in den Reihengräbern bei Crailsheim in Franken. – Privatbesitz.
2. *Fingerring aus Erz.* Aus den Gräbern von Oberolm. Natürliche Größe. – Mainz, Museum.
3. u. 4. *Spangenförmige Gewandnadel* (Vorder- und Rückseite) aus Silber. ²/₃ der natürlichen Größe. Dieses Schmuckstück ist, die mit einem niellierten Zickzack verzierten Streifen ausgenommen, vergoldet. Auf der Rückseite befinden sich an dem breiten viereckigen Teile noch die verrosteten Überreste des eisernen Drahtgewindes, durch welches die Nadel von der das Gewand gehalten wurde, ihre Federkraft erhielt. Der hohe Bügel der Spange nahm die Gewandfalte auf und der vorstehende gekrümmte Haken hielt die Nadelspitze fest. Die Nadel wurde, wie aus der Stellung der auf der Rückseite eingeritzten Runenzeichen hervorgeht, mit dem breiten Teile nach *unten* getragen. Gefunden in den großen Gräbern bei Nordendorf bei Augsburg. – Die Deutung der beiden ersten Zeilen der Runeninschrift ist: iônâ thiorê (statt diorê) Vôdan vinuth lônâth, d. h. *mit theurem Lohne lohnet Wodan Freundschaft.* Nachschrift: athal oder abal Leubvinis, d. h. Besitz? oder etwa *Arbeit des Leubvini.* – Augsburg, Sammlung des historischen Vereins für Schwaben und Neuburg.
5. *Schildförmige Brustspange aus Erz.* 5/12 der natürlichen Größe. Gilt als das größte Stück der bis jetzt bekanntgewordenen Funde dieser Gattung. Gefunden bei Basedow in Mecklenburg.
6. *Gürtelschnalle aus versilbertem Erz.* Hälfte der natürlichen Größe. Die vertiefte Mittelfläche ist mit rotem Glase besetzt. Auf den Ornamenten des erstere umgebenden Rahmens sind Spuren ehemaliger Vergoldung sichtlich, ebenso auf dem Schnallendorn. Der Knopf und die zwei Vogelköpfe, in welchen sich die Platte nach unten fortsetzt, haben Einlagen von rotem Glas. Das auf der Mittelfläche der Platte aufliegende Ende des Schnallendorns stellt ebenfalls einen Vogelkopf dar, dessen Augen aus blauen Glasperlen gebildet sind. – Karlsruhe, Großherzogl. Museum. Dies merkwürdige Zierstück soll aus Italien stammen und wäre dann als ein Überrest gotischer oder langobardischer Zeit zu betrachten.
7. *Zweiteiliger Gürtelschlag aus Erz.* 4/9 der natürlichen Größe. Der eine Teil besteht aus der Mittelplatte, in der die Umrisse zweier phantastischer Tiere ausgeschnitten sind. Die in dem Rahmen, welcher letztere umgibt, befindlichen Vertiefungen waren anscheinend mit einer farbigen Einlage ausgefüllt. Nach der einen Seite schließt sich an diese Mittelplatte eine Vorrichtung zur Befestigung des Gürtelleders an, auf der anderen sitzen die Haken, als Tierköpfe mit langgeschlitzten Augen und spitzen Ohren geformt; im Profil gesehen, erscheint ihr Rachen weit geöffnet. – Der andere Teil des Beschlags bildet ein starker Rahmen, der auf der einen Seite die Ringe trägt, in welche die tierköpfigen Haken eingreifen, auf der anderen eine schmale Platte, durch welche er von zehn Nietnägeln auf dem Gürtelleder befestigt wurde. – In Frankreich gefunden. – Paris, Muse d'Artillerie.
8. *Ein massiv geschlossener Ring aus Erz.* Hälfte der natürlichen Größe. Gegen die verbundenen Schlußköpfe hin eigentümlich einwärts gebogen. Gefunden bei Lindenstruth in Hessen. – Darmstadt, Großherzogl. Museum.
9. *Spangenförmige Gewandnadel aus Silber.* Etwa 3/5 der natürlichen Größe. Vollständig vergoldet mit Ausnahme der schmalen in Zickzack verzierten Bänder und der am unteren Teile des Bügels an den beiden Bändern der Platte auslaufenden Tierköpfe. Gefunden in den Gräbern von Nordendorf. – München, Königl. Antiquarium.
10. *Fibula aus Erz.* Seitenansicht in natürlicher Größe. Gefunden in den Gräbern von Nordendorf. – München, Königl. Antiquarium.
11. *Zierplatte.* Hälfte der natürlichen Größe. Gefunden in den Gräbern von Nordendorf. – München, Königl. Antiquarium.
12. *Erzerner Endbeschlag eines Gürtelriemens.* Hälfte der natürlichen Größe. Gefunden in einem der fränkischen Gräber zwischen Koftheim und Kassel. – Mainz, Museum.
13. *Zierplatte aus versilbertem Erz.* Fast Hälfte der natürlichen Größe. Gefunden in den Gräbern bei Nierstein. – Mainz, Museum.
14. *Goldplatte.* ¾ der natürlichen Größe. Dieses Zierstück ist mit Filigran und Silberstiftchen besetzt; die viereckigen Felder sind mit rotem Glase belegt. In den Gräbern am Lupfen bei Oberflacht gefunden. – Stuttgart, Ver. Sammlung.
15. *Diadem von Erz.* ⁵/₉ der natürlichen Größe. Gefunden in einem Grabe bei Altsammit bei Krakow in Mecklenburg. – Schwerin, Museum.
16. *Riemenbeschlag aus vergoldetem Erz.* ¼ der natürlichen Größe. Aus dem Grabe bei Heidesheim. – Mainz, Museum.
17. *Gewandnadel aus Silber.* ²/₃ der natürlichen Größe. Der um den Knopf laufende Kranz enthält zwölf rote und in gleichmäßiger Unterbrechung der letzteren vier gürne Glaseinlagen. Die von dem Kranze ausgehenden acht Strahlen sind mit roten Glasstückchen belegt und mit grünen die zwischen ihnen liegenden viereckigen Felder. Von den vier runden Feldern ist, wie aus der Abbildung ersichtlich, nur in zweien die Glasfüllung noch vorhanden: sie ist in dem oberen Feld rot und in dem unteren blau. Die Silberscheibe, welche die abgebildete Oberfläche der Fibula bildet, ist durch Bronzenägel mit silbernen Köpfen auf eine Bronzeplatte befestigt, an der die Heftnadel angebracht ist. Zwischen beiden Platten liegt ein dünnes, der Rosettenform des Schmuckstücks angepaßtes Goldblech. – Gefunden in den Gräbern von Odratzheim bei Straßburg. – Straßburg, Sammlung des Vereins für die Erhaltung der historischen Denkmale.
18. *Gürtelschnalle von Eisen.* Hälfte der natürlichen Größe. Mit Silber ausgelegt; nur das breite Schild der Schnallenzunge zeigt Reste von Bronzeeinlagen. Die runden Befestigungsknöpfe sind von Erz. In den fränkischen Gräbern von Worms gefunden. – Mainz, Museum.

50　　　　　　　　　EINLEITUNG

Altgermanischer

IX. DAS VOLK

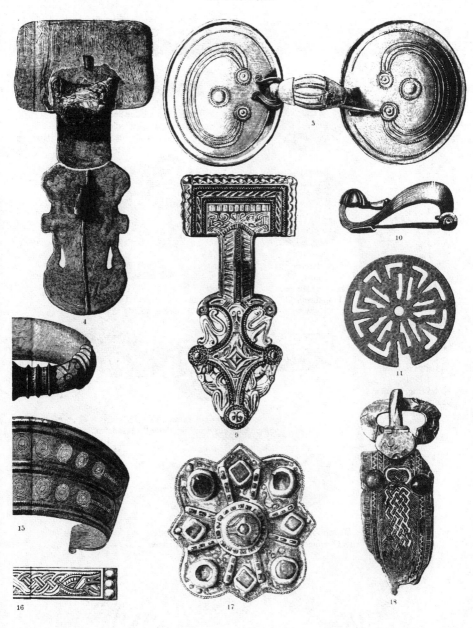

Zierrat

Pflugscharen oder Spaltkeile?
a) 43 cm lang; aus Grünsteinschiefer. b) bei Gabsheim in
Rheinhessen gefunden, 43 cm lang; aus Taunusschiefer.

Spindelsteine aus
Ton;
bei Dresden und
Frankfurt a. O.
gefunden.

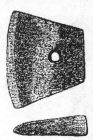

Hacke aus schwarzem Taunusschiefer.
$1/5$ natürl. Größe; bei Mainz gefunden.

Holzschaft für
Beile.
40 cm lang; aus dem
Salzbergwerk von
Reichenhall.

Axt aus Hirschhorn.
36 cm lang; aus dem Ihmeflusse bei Hannover.

Durchbohrter Eberzahn aus der Steinperiode.
Bei Oberingelheim in den Gräbern sitzend bestatteter
Leichen gefunden.

Halsschmuck von durchbohrten Tierzähnen.
30 cm lang. Bei einem weiblichen Skelett in den Gräbern von Langen-Eichstätt gefunden.

IX. DAS VOLK

Erläuterung zu der Tafel: Altgermanische Geräte

(Nach *Lindenschmit*, Die Altertümer unserer heidnischen Vorzeit und Klemm, Handbuch der germanischen Altertumskunde)

1. *Trense aus Bronze.* 2/5 der natürlichen Größe. In den äußeren Teilen der Gebißstange hängt auf beiden Seiten ein einfacher Ring und eine Zierscheibe, ähnlich einem Rade, dessen Speichen durch vier, in durchbrochener Arbeit verzierte Sparren gebildet werden. Das Innere dieses Ornaments nimmt ein viereckiger Rahmen ein, in dem wiederum ein barbarischer Versuch gemacht ist, eine menschliche Figur darzustellen durch Ansetzen einer Art von Kopf, Armen und Beinen an einem unförmlich breiten Körper. Gefunden in Bayern. – München, Nationalmuseum.

2. *Ohrring aus Erz* mit eingehängter Berlocke aus Weißmetall. Natürliche Größe. Aus den Gräbern von Großwinternheim. – Mainz, Museum.

3. *Fingerring aus Gold.* Seitenansicht in natürlicher Größe. In der Mitte des Schildes befindet sich ein barbarisches Brustbild und Drachenornamente in den vier äußeren Feldern. Dieselben sind mit dunkelblauem Email ausgelegt. Gefunden in Mainz – Privatbesitz.

4. *Mantelspange;* aus einer etwa 30 Zentimeter langen Nadel und zwei hohlen Drahtgewinden bestehend. Gefunden bei Schweidnitz in Schlesien.

5. *Gewandnadel aus Erz.* 5/6 der natürlichen Größe. Der Bügel ist mit Kreisornamenten und gestreiften Bändern verziert. Unterhalb des Hakens, in den die Nadel eingreift, ist er nach aufwärts umgebogen und trägt an seinem Ende einen scheibenförmigen Knopf, der sich dem Oberteil des Bügels wieder anschließt. Auf dieser runden Platte ist eine Scheibe aus hochroter Fritte mit einem kleineren Plättchen von Erz befestigt, welches in drei bogenförmige Abschnitte auf eine Weise geteilt ist, die als charakteristische Verzierung gewisser Bronzegeräte unserer Grabhügel zu beachten ist. Gefunden in Hard bei Zürich. – Zürich, Museum.

6. *Armring aus Bronzedraht;* an einem Armknochen gefunden.

7. *Gewandnadel aus Erz* mit 13 angehängten Kettchen und Blechen, vollkommen erhalten. 1/3 der natürlichen Größe. Aus den Gräbern bei Hallstadt – Wien, K. K. Antikenkabinett.

8. *Hängeverzierung aus Gold.* Natürliche Größe. In der Mitte das Bild eines phantastischen Tieres. In den offenen Räumen zwischen seinen Füßen und dem Rücken verschlungene Filigranfäden. Die neun runden, jetzt leeren Fassungen waren früher mit farbigem Glas oder Edelsteinen besetzt. Gefunden bei Wiesbaden. – Wiesbaden, Museum.

9. *Armring von tiefblauem Glase.* Etwa 5/8 der natürlichen Größe. Gefunden in einem Grabe zu Heimersheim (Rheinhessen). – Wiesbaden, Museum

10. *Verzierter Halsring aus Gold.* Wahrscheinlich etruskischen Ursprungs. Hälfte der natürlichen Größe. Gefunden bei Dürkheim (Rheinbayern) bei einem erzenen Dreifuß. – Speyer, Museum.

11. *Armring aus Bronze.*

12. *Halsring aus Bronze.* Etwa 5/13 der natürlichen Größe. Er ist 17 Zentimeter im Durchmesser, 585 gr. schwer, am stärksten Teile etwa 13 mm dick, mit schönem, apfelgrünem Roste bedeckt und besteht aus enggewundenen Gängen, die in umgebogene, mit Knöpfen versehene Haken endigen. Gefunden im Hainerfeld bei Kraft Solms. – Privatbesitz.

13. *Gewinde von Bronzedraht,* wahrscheinlich Haarschmuck. – Privatbesitz.

14. *Vollständiges Gürtelgehänge.* 7/25 der natürlichen Größe. Die erzenen Stangenglieder der Kettchen werden durch würfelförmige, mit konzentrischen Kreisen verzierten Knöpfchen aus Erz, an welchen nach oben und unten hin kleine Eisenringe befestigt sind, verbunden. Die Kettchen selbst sind von verschiedener, immer zunehmender Länge. Das mittlere teilt sich bei einem größeren Erzringe in zwei Teile, an deren einem, gleichwie bei allen übrigen, römische Münzen, an dem anderen aber außerdem noch eine flache Scheibe aus der Krone eines Hirschgeweihes angehängt war. Die Münzen sind größtenteils sehr vom Roste zerstört, allein immerhin noch als solche des Kaisers Konstantinus M., einmal mit dem bekannten Revers: Soli invicto comiti, Constans, Valens und Magnentius, Revers: Gloria Romanorum, zu erkennen. Gefunden in den Gräbern von Oberolm.

15. *a. b. Vorder- und Rückseite eines beinernen Kammes* aus den Gräbern bei Nordendorf. 7/9 der natürlichen Größe. – München, Königl. Antiquarium.

16. *Haarnadel von Erz mit Hohlspiegel* an Stelle des Knopfes, in halber natürlicher Größe. Gefunden bei Tolkewitz, in der Nähe von Dresden.

17. *Reichverzierte Riemenzunge,* Erz aus den Grabhügeln von Wiesenthal (Baden). 14/17 der natürlichen Größe. Karlsruhe, Museum.

18. *Armring aus Bronze.*

19. *Mantelspange mit Drahtgewinden.* Gefunden in der Gegend von Pattense im Lüneburgischen. – Privatbesitz.

20. *Kleines Gewinde von Bronzedraht,* wahrscheinlich Haarschmuck. Gefunden auf dem Petersberge bei Hall a. S.

21. *Eherne Haarnadel.* Hälfte der natürlichen Größe. In Schlesien gefunden.

22. *Vollständige Gürtelkette aus Erz.* 3/9 der natürlichen Größe. Der Haken in Form eines langhalsigen Tierkopfes mit Ohren und knopfförmiger Schnauze sitzt auf einem Beschläge von zwei querlaufenden Spangen, welche noch Spuren farbigen Emails zeigen. Gefunden in einem Grabe bei Kreuznach. – Mainz, Museum.

23. *Schmucknadel aus Erz.* 2/3 der natürlichen Größe. (Obere Ansicht.) Von dem mittleren Teile des Zierstückes erheben sich, wie aus einem gemeinsamen Körper, zwei Schwanenhälse, deren Köpfe rotemailliertes Augen haben. Die Farbe des Schmelzwerks an den Schnäbeln und an dem sie verbindenden Streifen des Bügels ist nicht mehr zu erkennen. Die übrigen Ornamentstreifen sind eingraviert. Gefunden zu Schwabsburg, zwischen Nierstein und Selzen.

24. *Fragment einer Gürtelkette.* Hälfte der natürlichen Größe. Die einzelnen Glieder bestehen aus starkem Erzdraht, welcher zu drei Schlingen zusammengeflochten und an seinen beiden Enden in Spirale aufgerollt ist. Ihre Verbindung unter sich ist durch kleine in die Schlingen gehängte Erzringe hergestellt. Aus einem etruskischen Grabe. – Karlsruhe, Mahler'sche Sammlung im Großherzogl. Museum.

25. *a. b. Zwei Steintafeln mit Gußformen für ein Messer und einen Meißel.* 1/5 der natürlichen Größe. Die Platten enthalten die Form für eine leicht gekrümmte Messerklinge mit gradem Dorn für den Griff, wobei sich der Einguß auf der Seite des Dorns befindet. Neben demselben ist die Form für einen Meißel in den Stein gearbeitet, bei dessen Guß aber die beiden Platten verschoben werden mußten, so daß die eine über die andere vorragte. Bei Nr. b ist deshalb auch die Rinne des Eingusses verlängert. In dieser Vertiefung ist ein Loch eingebohrt, vermutlich um das Kernstück für die Schafthülle des Meißels zu befestigen. Gefunden am Schermützelsee bei Bukow (Mark Brandenburg). – Müncheberg, Sammlung des Vereins für Heimatkunde.

EINLEITUNG

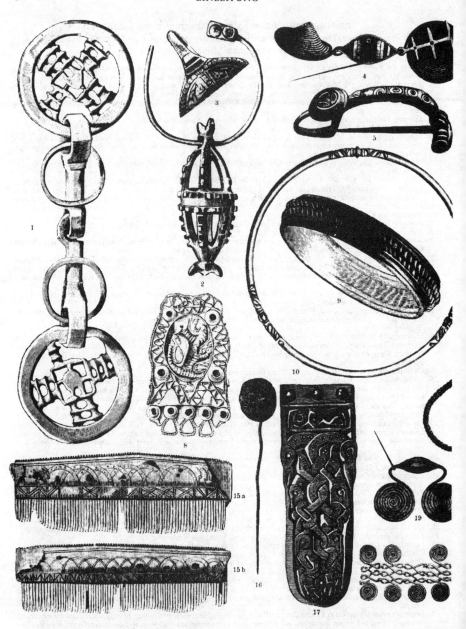

Altgermanische

IX. DAS VOLK 55

Geräte

Einfache Handmühle für Getreide; aus Sandstein. In dem Gräberfelde von Monsheim gefunden.

an einzelnen Belegen, daß, nachdem die reine Steinzeit vorüber und Metall überhaupt in Gebrauch genommen ist, von Anfang an Eisen gleichzeitig mit Bronze vorkommt, ja sogar vor der Bronze. (Doch gewöhnlich folgt allerdings das Eisen der Bronze nach.) Und irrig ist es auch, Stein, Bronze, Eisen auf drei verschiedene Rassen oder doch Völker zu verteilen, so daß etwa Finnen Stein, Kelten Bronze, Germanen (oder einzelnen Germanen) Eisen zukomme. Vielmehr geht zwar bei allen Völkern die metallose Zeit der Metallzeit vorher und hatten z. B. die *ältesten* Pfahlbauer noch keinerlei Metall, aber schon bei diesen findet sich in späterer Zeit Metall, obzwar meist als Einfuhr. Kelten und Germanen haben schon in Asien Erz und wohl auch schon Eisen gebraucht und nach Europa mitgebracht.

Es ist absichtliche Darstellung und unwillkürlich durch diese Absicht gefärbte Vorstellung bei Tacitus, wenn er meint, Silber sei noch nicht gewertet, vielmehr seien Silbergefäße, ihren Fürsten oder Gesandten von den Römern geschenkt, ebenso gering geachtet worden wie die aus Ton gebildeten (Germ. K. 5); an Goldschmuck begegnen Ringe für Finger, Arme, Hals, Ohren, dann Halsketten, Zierplatten, Stirnbänder, Spiralringe auch als Zahlungsmittel. Die besser gearbeiteten Erz-, Bronze- und Goldsachen der Funde werden alle von manchen Forschern als von außen eingeführt betrachtet (mit Recht) oder als von den Kelten früher gefertigt (so die nordischen Antiquare), oder zum Teil von den Germanen, zum Teil von der „iberischen" Vorbevölkerung.

5. Waffen und Kriegswesen

An Waffen werden nun gemein germanisch *benannt* Spieß, Kolbe, Schwert, Schild (später Halsberg, Fahne): daß diese Wehren aber nicht erst seit der Trennung der Germanen von den übrigen Ariern in *Gebrauch* kamen, leuchtet ein.

Noch zur Zeit des Tacitus waren Metallwaffen nur beschränkt im Gebrauch: die Pfeilspitze, der Streithammer, auch das dolchartige Kurzschwert (der Sachs, scramasachs) war oft von Stein, die Holzkeule, der Speer ohne Metallspitze häufig: Metallschwerter (jünger ist das Langschwert, die Spatha) und Lanzen mit langer Metallspitze waren selten.

Auf kriegerischen Schmuck legen sie kein Gewicht: nur die Schilde unterschieden sie auf das sorgfältigste durch auserlesene Farben – offenbar nach Völkerschaften, Gauen, Geschlechtern.

Die Framea, der Speer zu Stoß und Wurf[1], hatte nur ein schmales und kurzes, aber

---

1 Tac., Germ. K. 6. 11. 13. 14. 18. 24 dagegen: hasta ingens, enormis, praelonga. Ann. I, 64. II, 14. 21 Hist. V, 18.

IX. DAS VOLK

sehr scharfes Eisen als Spitze. Mit Framea und Helm begnügte sich der Reiter.[1] Das Fußvolk, nackt oder nur mit dem leichten Wams (sagulum, siehe oben S. 45) bekleidet, schleudert außerdem kurze Wurflanzen, jeder einzelne mehrere, auf wunderbar weite Entfernungen. Durch einen Hagel solcher „missilia" verhinderten die Alemannen den versuchten Rheinübergang des Constantius bei Basel. Ihre Schilde werden als übergroß („immensa")[2] bezeichnet, sie waren sorgfältig bemalt. Brünnen hatten wenige, Helme von Eisen (cassis) oder Leder (galea) kaum der eine oder andere: – d. h. nur Könige, reiche Edle, sehr reiche Gemeinfreie. Schild, Schwert und Framea sind die gewöhnlichen Waffen: sie werden z. B. genannt als die bei dem Verlöbnis dargebrachten Waffengaben (Tac., Germ. K. 18).

Neben den Fahnen (althochd. fâno) wurden als Feldzeichen auch „Bilder", wohl Bilder göttergeweihter Tiere, in den heiligen Hainen aufbewahrt, bei Ausbruch des Krieges feierlich abgeholt und in das Gefecht getragen (Tac., Germ. K. 6).

Im allgemeinen ist ihre stärkere Waffe das Fußvolk. Die Pferde erscheinen im Vergleich mit den römischen, die aus den edelsten Arten der drei Erdteile gewonnen werden konnten, weder durch Schönheit noch durch Raschheit ausgezeichnet; auf künstliche Wendungen wurden sie nicht geschult (Tac., Germ. K. 6), doch wußte man bei Schwenkungen gerade Richtung zu halten. Und sehr oft hat sich die Überlegenheit der Germanen gerade im Reitergefecht bewährt: sie legten keine Sättel auf die Pferde und verachteten die „Sattelreiter".

Den Römern höchst gefährlich erwies sich von Cäsar bis Julian die germanische Mischung von Reiterei und auserlesen raschem Fußvolk, wie sie schon Cäsar schildert. Tacitus aber sagt: „Sie fechten gemischt, indem sich der Reiterschlacht anpaßt die Raschheit erlesener Fußkämpfer, die sie aus der ganzen Jugend wählen und vor der Schlachtreihe des übrigen Fußvolkes aufstellen": nach einer mißverstandenen Angabe, aus jedem Gau (?) hundert, welche auch diesen Namen „die Hunderter" führten" (Germ. K. 6).

Bei manchen Völkerschaften wird aber gerade die vorzügliche Reiterei gepriesen: schon die Kimbern bei Vercelli a. 101 zählen fünfzehntausend (?) (Plutarch, Marius K. 25) in Helmen, deren Kämme gähnenden Tierrachen gleichen; später zeichnen sich Juthungen und Alemannen im Reiterkampf aus.

Der Schlachthaufen des Fußvolkes wurde im Keil aufgestellt, auf den furchtbaren Angriffstoß war die ganze germanische Schlachtenkunst gerichtet. Odhin selbst hatte sie seine Söhne gelehrt: Schweinsrüssel, Eberkopf hieß sie von der ungefähren Ähnlichkeit mit einem Kegel, der von breiter Grundlage in stumpfer Spitze ausläuft. Ammian. Marc. (XVII, 13 zum Jahre 358) sagt von *römischen* Soldaten: desinente in angustum fronte, quem habitum „caput porci" simplicitas militaris appellat; die *wörtliche* Übereinstimmung der Bezeichnung ist auffallend; gerade daß der gemeine Mann im Heer den Ausdruck brauchte, weist wohl darauf hin, daß die Römer, unter denen seit Jahrhunderten Germanen dienten, von letzteren nur den *Namen* für eine höchst naheliegende Stellung annahmen, welche die Römer wahrlich nicht erst von

---

1 Tac., Germ. K. 6. Ann. II,4. Cassius Dio ed. Melber 1890. XXXVIII, 45. Die Helme selten bei Franken, Agathias ed. Nibuhr 1828, II, 5; Herulern, Paul. Diac. ed. Waitz et Bethmann, Monumenta Germaniae historica, Scriptor. rerum Langobardicarum I, 1878. I, 22, Goten, Prokop. b. G., anders bei den kimbrischen Reitern Plutarch, Marius ed. Dübner I, II, 1868. K. 25 (aber diese waren von Kelten gefertigt): Tac.; Germ. K. 6.

2 Tac., Annal. II, 14. Hist. II, 22 (Cassius Dio XXXVIII, 45) scuta lectissimis coloribus distinguunt. Germ. K. 6. 43.

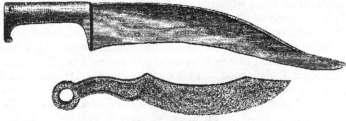

Pfeilspitze aus lichtbraunem Feuerstein. $^2/_3$ der natürlichen Größe. Gefunden zu Cloppenburg (Oldenburg).

Skramasachs von Erz.
1. In Italien gefunden, jetzt im Museum des Louvre zu Paris, 34½ cm lang. 2. Aus der Mark Brandenburg.

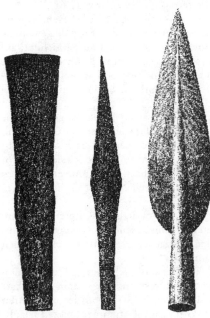

Vorderseite eines Schildes von Erz, Rand durch Einlage eines dicken Erzdrahtes verstärkt. Bei Bingen gefunden. 39 cm Durchmesser.

Beil von Bronze und Ger von Erz.

Schildbuckel. Aus den fränkischen Gräbern bei Heidesheim.
Mit Rand 21 cm Durchmesser.

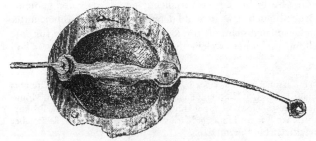

Innenseite eines Schildbuckels.
Aus den fränkischen Gräbern bei Darmstadt. 18 cm Durchmesser.

Helm von Erz; 18 cm hoch; unweit Pfordten in der Niederlausitz gefunden.

IX. DAS VOLK

den Germanen zu entlehnen brauchten; oder will man, ohne Entlehnung, zufällige Übereinstimmung annehmen? Keinesfalls Entlehnung auf germanischer Seite: denn auf diesem Wege wäre das Wort nicht zu den Nordgermannen gelangt. Nimmt man an, daß die Römer das *Wort* von den Germanen entlehnten (d. h. die germanischen Söldner Roms es im Heer aufbrachten), so ergibt sich eine merkwürdige seltene Übereinstimmung zwischen Nordgermanen und Südwestgermanen in diesem Ausdruck, die aber gerade dann erklärlich ist, wenn die Sage Odhin = Wotan diese Stellung seine Söhne lehren ließ in einem Zusammenhang, der das Wort „Eberrüssel" enthielt.

Ganz regelmäßig gelang es dem wütenden Ansturm, nicht nur das schwache römische

Langschwerter (Spatha).

1. Erz, 60 ½ cm lang; aus einem Grabhügel bei Echzell (Oberhessen). 2. Erz, 67 cm lang; in der Donau bei Regensburg gefunden. 3. Erz, 54 cm lang; zu Retzow in Mecklenburg gefunden. 4. Erz, 67 ½ cm lang; bei Worms gefunden. 5. Eisen, zweischneidig, 63 ½ cm lang; aus den Gräbern bei Kempten am Rochusberge. 6. Eisen; aus den Gräbern von Hallstadt (Salzkammergut).

Vordertreffen und das starke zweite zu durchstoßen, der Erfolg der Germanen in offener Feldschlacht in den ersten Zusammentreffen mit den Legionen (Kimbern und Teutonen) beruhte auf der absolut überraschenden rücksichtslosen Stoßtaktik, dieser

Taktik höchsten Heldentums, der die römischen Feldherren gar nichts entgegenzustellen hatten.

Aber schon Marius erkannte das für die Angreifer selbst – im Fall auch nur des Stockens – furchtbar Gefährliche, ja rettungslos Verderbliche dieses einfachsten aller denkbaren Systeme: der Keil war verloren, wenn er nicht durchdrang, er konnte

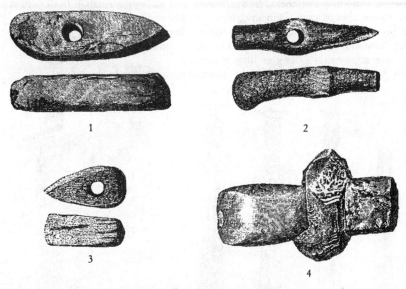

Äxte und Beile.
1. Aus Hornblendeschiefer, bei Mainz gefunden. 2. Aus poliertem Grünstein, bei Damme (Oldenburg) gefunden. 3. Aus Serpentinschiefer, bei Heilbronn gefunden. 4. In Hirschhorn gefaßtes Steinbeil, 12 cm breit; aus dem Pfahlbau im Pfäffiker See bei Robenhausen (Schweiz). – Nr. 1, 2, 3 je 1/5 der Naturgröße; obere und seitliche Ansichten.

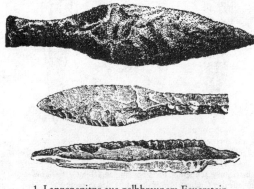

1. Lanzenspitze aus gelbbraunem Feuerstein.
16 ½ cm lang; von der Insel Rügen.
2. Lanzenspitze aus schwarzem Feuerstein.
19 ½ cm lang; aus Schweden.
3. Pfeilspitze aus grauem Feuerstein.
8 ½ cm lang; in Stone (Schweden) gefunden.

weder umkehren noch schwenken und er hatte nie einen Rückhalt. Durch Aufsparung eines starken, sehr weit zurückgenommenen Rückhalts sind fast alle römischen Siege über den germanischen Keil erfochten worden.

Kam der Stoßhaufen – nach furchtbaren Verlusten der (ohne nennenswerte Schutzwaffen) durch mehrere, mit Pilum und Schwert ausgerüstete, römische Treffen hindurchbrechenden – endlich atemlos, erschöpft vor dem vorletzten römischen

IX. DAS VOLK

Treffen an und gelang es nur, ihn hier ein wenig zum Stehen zu bringen, so wurde er von den auf beiden Flanken vorgezogenen Rückhalten an der Spitze überflügelt und genötigt, sich zu spalten und doppelte Stirn zu machen: hatten sich nun die durchbrochenen römischen ersten Treffen wiedergesammelt und faßten ihn vom Rücken, so war der Keil umzingelt und seine einzige taktische Kraft – der Stoß – ausgeschlossen. Alsdann gab es keinen Rückzug auf der natürlichen Rückzugslinie, sondern nur Sterben auf dem Platz oder Durchbruch einzelner nach unberechenbaren Richtungen. Deshalb waren die verlorenen Schlachten meist wahre Vernichtungen für germanische Heere.[1]

Im Keil nun durfte und konnte keiner seine Stelle verlassen. In aufgelöster Gefechtsordnung dagegen, zumal im Waldgefecht, galt Zurückweichen, wenn man nur wieder vorsprang, nicht für feig, sondern klug. Wer schmählich die Kampfgenossen und den Schild im Stich ließ, wurde ehrlos und durfte weder Opferfest noch Ding besuchen: schon mancher, der im Krieg die Ehre eingebüßt, machte dem Leben durch den Strang ein Ende. Die Leichen der Gefallenen suchten sie in frommer Scheu auch aus verlorener Schlacht davonzutragen.

Immer aber, im Keil wie im zerstreuten Gefecht, bildete für Fußvolk und Reiter nicht zufällige Scharung, sondern Sippe und Verwandtschaft die Gliederung; so kämpften Vater und Sohn, Brüder, Oheim und Neffe, Vettern Schulter an Schulter, „ein vorzüglicher Sporn der Tapferkeit“, meint Tacitus, (Germ. K. 6). Und oft, in der Wagenburg bei Wanderzügen oder im Waldesdickicht bei Verteidigung der Heimat, waren Säuglinge, Kinder, Weiber ganz in der Nähe: ihr Geheul, ihr Schreien drang zu den Kämpfenden: sie waren die geheiligten Augenzeugen, ihr Lob wurde am freudigsten vernommen und erteilt. Die Weiber scheuen sich nicht, die Wunden zu zählen, zu untersuchen, sie tragen Speise und Zuspruch den Fechtenden zu. Ja schon manche erschütterte, wankende Schlachtreihe wurde durch die Frauen, durch ihr beständiges Bitten, mit den Weichenden entgegengeworfener Brust, indem sie flehten, die ihnen schon ganz nahe drohende Gefangenschaft abzuwenden, hergestellt. Denn diese scheuen die Germanen noch viel mehr für ihre Frauen als für sich selbst: so daß die Treue solcher Völker als wirksamer gebunden gilt, welchen als Geiseln auch edle Jungfrauen abverlangt sind (Tac., Germ. K. „nobiles“, nicht „nubiles“).

Im ganzen Kriegswesen ist wohl zu unterscheiden der Dienst im Heerbann und der Dienst in der Gefolgschaft bei einzelnen abenteuernden Fahrten.

Der Heerbann ist im Zusammenhang der Verfassung ausführlicher darzustellen: hier genügt die Bemerkung, daß ohne Frage Waffenrecht und Waffenpflicht nicht bloß, wie man früher irrig annahm, dem auf Grundbesitz Ansässigen, sondern allen Waffenfähigen zukam: da die Einräumung von Grundbesitz zu eigenem Recht erst in reiferem Alter, wohl meist gleichzeitig mit der Verheiratung, vorkam, hätte jene Be-

Speere
1. 1 m lang; aus den Gräbern bei Selzen. 2. 38,5 cm lang; aus den Gräbern bei Östrich im Rheingau. 3. 52,5 cm lang; aus den Gräbern bei Darmstadt

---

1 Vgl. *Dahn*, Die Alamannenschlacht (von 357) bei Straßburg. Bausteine VI. 1884. S. 31; ebenso die Frankenschlacht gegen Narses von 554.

schränkung der Wehrpflicht die gesamte junge Mannschaft von dem Heer ausgeschlossen, was ganz undenkbar.

Eine für alle gleiche Altersstufe der Waffenfähigkeit gab es nicht: vielmehr wurde in jedem einzelnen Fall die Waffenreife, zuerst wohl von den nächsten Gesippen, Nachbarn und Freunden geprüft und anerkannt: darauf erfolgte die erstmalige feierliche Umgürtung des Jünglings mit den Volkswaffen, jedesfalls vor Zeugen, vielleicht immer in der Volksversammlung der Hundertschaft oder des Gaues; bei Söhnen der Könige, Edlen, reichsten Gemeinfreien nahm die Handlung feierlichere Formen an, wurde gern vor allem Volk vorgenommen. Auch ein Gefolgsherr konnte als solcher, wie andererseits ein König oder Graf als solcher, die „Schwertleite" vornehmen: ersterer etwa dadurch, daß er den Jüngling zugleich in seine Gefolgschaft aufnahm.

Von Stund ab war der Jüngling heerbannpflichtig, woran natürlich sein etwaiger Dienst im Gefolge nichts ändern konnte: nur daß man den Gefolgen gestattete, im Heerbann neben ihrem Gefolgsherrn zu kämpfen, ein für den Sieg der Gesamtheit sehr fördersames Mittel.

Nach der allein richtigen, leider nicht herrschenden, aber durch nordische und angelsächsische Belege gestützten Ansicht hatte jeder Gemeinfreie das Recht, eine Gefolgschaft um sich zu scharen: tatsächlich freilich vermochten dies doch nur die Könige, Edlen und – selten – die allerreichsten Gemeinfreien, da der Gefolgsherr die Gefolgen nicht nur bewaffnen, sondern im Frieden wie im Krieg unterhalten mußte.

Man hat übrigens dem Gefolgewesen viel zu große Bedeutung für die Verfassungsgeschichte beigelegt: weder das Königstum noch der Adel noch das Lehnwesen noch gar die ganze Völkerwanderung sind von den Gefolgschaften ausgegangen: über Königtum, Adel, Lehnwesen später ausführlich: die Völkerwanderung, oder richtiger Völkerausbreitung, setzt wirkliche Völker mit Weibern, Kindern, Unfreien und Herden voraus, im Betrag von sehr vielen Tausenden von Köpfen. Die Gefolgschaft dagegen war, vermöge des innigen Treueverhältnisses schon, auf eine immer nur kleine Zahl von Männern beschränkt: alle Belegstellen bestätigen dies. Gefolgschaften von zwanzig Mann bis etwa hundert waren gewiß die häufigsten, solche von dreihundert bis fünfhundert mochten vorkommen, aber sehr selten; größere Zahlen sind unbestätigt und undenkbar.

Das Verhältnis wurde, wie es scheint, auf freie Kündigung, keinesfalls auf Lebenszeit, eingegangen, junge Leute mochten gern unter einem ruhmvollen, reichen, tapferen Gefolgsherrn mehrere Jahre eine Art Vorschule für den Heerbann durchmachen, selbst Ehre, Schätze, Waffenübung gewinnen: aber gerade die Söhne der Könige und Edlen sowie auch größere Gemeinfreie konnten unmöglich in solchem Dienstverhältnis verharren: sie suchten später entscheidende Stellung in der Gemeinde, im Staat. (Einzelne, namentlich Unfreie, aber auch ärmere Freie, z. B. heimatlos gewordene, bleiben freilich wohl bis zum grauen Alter im Gefolgedienst.)

Denn wir müssen uns das Gefolgewesen als völlig eingegliedert, untergeordnet dem Gemeindeverband denken, dem Staatsverband, den man sehr mit Unrecht um deswillen, weil er sich auf wenige Zwecke noch beschränkte, völlig geleugnet oder auch für jene Zwecke ohnmächtig gedacht hat.

Ganz undenkbar ist daher, daß die Gefolgschaften Raubfahrten gegen Völker hätten unternehmen dürfen, mit welchen ihr Heimatstaat in Freundschaft oder doch in Frieden lebte: nur gegen weit entfernte Völker, mit welchen keinerlei Zusammenhang bestand, oder natürlich gegen Staaten, mit welchen man in Feindschaft, wenn auch nicht gerade zur Zeit im Kriege lebte, ließ man den Gefolgschaften freie Hand.

IX. DAS VOLK 63

Dabei kam es freilich häufig vor, daß diese auf Kampf und Raub angewiesenen Scharen – denn sie mußten von letzterem leben – von ihrem Staat geschlossene Friedensverträge, unter stillschweigender Duldung desselben, brachen, z. B. gegen die Römer: oft und oft lehnen dann die Könige und Gemeinden die Verantwortung für solche Streifzüge ab, die sie angeblich nicht hätten hindern können.

Übrigens ist das Gefolgewesen, das z. B. im angelsächsischen Beowulflied noch eine anschauliche Schilderung gefunden hat, bei den Völkern, die auf römischem Boden Reiche errichteten, früh durch andere Formen des Dienstes abgelöst worden.

Selbstverständlich glaubten sie, daß mitten unter den kriegführenden Götter unsichtbar weilten, den Ausgang der Schlacht lenkten: neben dem Sondergott für der Krieg Tyr (Ziu) wurde Odhin (Wotan) mit den Walküren als gegenwärtig gedacht.

6. Niederlassung. Hausbau

Die Ansiedlung geschah in Dörfern (Dorfsiedelung) oder einsam gelegenen Einzelhöfen (Hofsiedelung). Nicht stammtümlich, auch im Grundsatz nicht zeitlich sind beide Arten der Siedlung zu scheiden, d. h. man kann nicht sagen: Hofsiedelung ist sächsisch, Dorfsiedelung schwäbisch, sondern bei allen Stämmen wurde halb Dorf-, bald Hofsiedelung geübt, wie die Beschaffenheit der Örtlichkeit, die Geschichte der ersten Niederlassung und ihrer späteren Ausbreitung es mit sich brachte. So findet sich Hofsiedelung keineswegs nur, wie man behauptet hat, bei Sachsen und Friesen, auch bei Alemannen und Bajuwaren. Örtliche Gründe bestimmen sehr oft die Siedelungsweise: so zieht ein schiffbarer Strom, aber auch schon ein Flüßchen oder Bach, die Siedlungen so stark an, daß gleich von Anfang Dörfer (an Furten[1], Brücken) entstehen oder doch sehr bald aus Fährenstellen, Brückenköpfen, Einzelhöfen erwachsen. Denn oft ist freilich im Einzelfall die Hofsiedelung in dem Sinn älter, als aus Einzelhöfen und um dieselben her allmählich Dörfer (und später Städte erwachsen sind: auch abgesehen von königlichen und kirchlichen „villae" der späteren Zeit führte das Heranwachsen der Söhne, die Freilassung von Knechten zur Errichtung jüngerer Höfe neben dem ursprünglichen Althof. Tacitus hebt hervor, daß die Germanen nicht in Städten wohnen: noch drei Jahrhunderte später mieden sie die eroberten römischen Städte am Rhein: sie verbrennen sie, aber beziehen sie nicht, „wie Gräber, mit Netzen umspannt, scheuen sie die Stadtmauer" (Ammianus Marcellinus). Ja: „sie dulden nicht ganz aneinander gebaute Häuser" (Tacitus). Das will nicht sagen, daß sie nur in Einödhöfen siedelten – denn Tacitus nennt gerade hier auch die Dörfer (vicos) –, sondern dem Römer fiel *einmal die Hofsiedelung auf:* „zerstreut, getrennt wohnen sie, wie eine Quelle, eine Wiese, ein Gehölz sie anzieht". *Dann die Anlage der Dörfer:* während die italienischen ganz wie Städte unmittelbar Haus an Haus lehnen, umgab der germanische Bauer schon damals, wie heute noch, sein Haus mit einem freien Raum, von Hof und Anger: nicht, wie Tacitus meint, die Feuergefährlichkeit zu verringern oder aus Mangel an Baukunst, sondern vermöge des tiefen Individualismus der Germanen, dem mächtigen Drang der Sonderung – und dann auch im Zusammenhang mit der Wirtschaftsart.

Dörfer werden von frühester Zeit häufig genannt, bei Cäsar und oft bei Tacitus. Er setzt Dorfsiedelung in manchen Stellen stillschweigend voraus, zumal natürlich in

---

1 Die vielen Ortsnamen auf -φουρδον bei Ptolemäus gehen auf Furt (Frankfurt, Hammelfurt, Schweinfurt, Ochsenfurt): die Kunst des Brückenbaues ist viel jünger.

64 EINLEITUNG

Fällen, in welchen die Nachbarn wenigstens als *Zeugen* einer Handlung, wenn nicht als selbst miteingreifend, vorgestellt werden: z. B. bei Bestrafung der Ehebrecherin durch den Gatten (per omnem vicum verbere agit. Tac., Germ. K. 19).

Im Hausstand hat sich seit der Einwanderung nicht viel geändert. Freilich, das Haus ist nicht mehr *bloßes* Wanderzelt, nicht nur der von Häuten oder einem Zelt bedeckte Wagen, aber es kann jederzeit noch auf den Wagen gehoben und davongefahren werden, so hatten die Kimbern ihre Häuser auf Wagen mit sich geführt.[1] Aus Holz allein wird immer noch gebaut: „Schwelle", „Balken", „Säule" (das heißt: Rundpfeiler) werden nicht neu erfunden, aber neu unterschieden. Für Licht und Luft wird neben der „Fußtür" die „Augentür", das heißt das Fenster, gebrochen (got. augadauro).

„Weder Bruchstein, noch Ziegel wenden sie an: roh behauenes Holz wird allein verwendet, ohne Augenmerk für das Aussehen, ohne Prunk. Jedoch bestreichen sie gewisse Stellen des Holzgebälks mit einer Art Ton von so reiner und glänzender Farbe, daß dadurch die Fläche wie mit Bildern und Linienornamenten geschmückt aussieht."[2]

Noch im dritten Jahrhundert nach Christus hatten sogar die der römischen Grenze und Bildung nächst wohnenden Germanen an diesem Holzbau ihrer Häuser nichts geändert. Herodian erzählt aus dem Feldzug Maximins vom Jahre 234, der Alemannen, Chatten, Hermunduren, wohl auch Markomannen galt: „Der Kaiser durchzog einen weiten Landstrich, da die Barbaren zurückwichen und nirgends standhielten. Er verwüstete das ganze Land, da das Getreide schon reif war. Die Dörfer wurden geplündert und verbrannt: Leicht aber verzehrt die Flamme die Siedlungen, die sie haben, und alle ihre Häuser: denn sie haben keine Steine oder gebrannte Ziegeln. Die baumreichen Wälder gewähren das unerschöpfliche Holz, durch dessen Zusammenfügung und Bearbeitung sie ihre Häuser errichten." – Dagegen einhundertundzwanzig Jahre später hatten die dem Rhein nächsten Alemannen ihre Häuser nach dem Muster der vorgefundenen römischen Villen des Zehntlands eingerichtet. Ganze Dörfer solcher nach römischer Art (also doch wohl von Stein) gebauten Häuser fand Julian a. 356 bei den Alemannen zwischen Rhein und Main.

In der Halle, dem Hauptraum des Hauses, ist im hinteren Mittelgrund der Herd, der älteste Altar zugleich, angebracht, auf dem das Feuer selten erlischt. Der Rauch sucht, in Ermangelung eines Rauchfangs, den Ausweg durch Lücken im rußgeschwärzten Gebälk.

In reichlicheren Verhältnissen erhebt sich in der Nähe des Herdes, dem Haupteingang gegenüber, der Hochsitz des Hausherrn auf einigen Stufen. Hier steht die Haupttafel, auf den Bänken um dieselbe nehmen die geehrtesten Gäste Platz. An den beiden Seiten der Halle zwischen den Pfeilern stehen ebenfalls Bänke oder (nach Tac,. Germ. K. 22) Einzelstühle und Einzeltische für andere Gäste. Manchmal ist das Gehöft um einen riesigen Baumstamm gezimmert, der seine Wipfelzweige durch das Dach hinaus in die Wolken reckt. Zur Deckung des Daches wurde Stroh und Schilf verwendet (Plinius XVI, 36. 84).

Stall und Scheune sind neben oder auch in dem Wohnhaus selbst angebracht (Tac., Germ. K. 20).

---

1 Plinius hist. nat. VIII, 61. Plutarch, Marius K. 21, so noch von den Goten zu Ende des vierten Jahrhunderts. Ammianus Marcellinus ed. Gardthausen I, II, 1875. XXXI, 5. 7, vergl. Dahn, Könige der Germanen, VI, 2. Auflage. Leipzig 1885. S. 13.

2 Germ. K. 16.

IX. DAS VOLK   65

Unterirdische Räume wurden verwendet als Keller (Tac., Germ. K. 16), zum Winterschutz oder als Weberäume für Unfreie (Plinius XIX, 1. 2). Und selbstverständlich barg man in solchen Höhlen und unterirdischen Gängen (deren manche, freilich meist rätselhaften Alters, in Deutschland gefunden werden) die Vorräte und geringen Schätze, wann man vor dem Feinde waldeinwärts floh.

Neben dem Gehöfte fehlte nicht der „Hofwart", der treue Hund, der, auch bei der Wanderung nicht zurückgelassen, nachdem die Männer und sogar die Weiber gefallen, ganz zuletzt noch die Wagenburg verteidigt (Plinius VIII, 61).

7. Totenbestattung

Sittlichkeit und Gottesfurcht geboten fromme Behandlung und Bestattung der Toten. Deshalb tragen sie auch aus verlorener Schlacht mit aufopfernder Treue die Gefallenen zurück (Tac., Germ. K. 6). Sorgfältige Pflege des Leichnams gilt als so heilige Pflicht, daß die Verletzung, wenn sie Regel wird und lange währt, als Zeichen und Maßstab der äußersten sittlichen Verwilderung dient: dem Brudermord, der Blutschande und dem Ehebruch gleichgestellt, verkündet solcher

Oberfarrenstädter Grabhügel mit zwei Leichenkammern; aus Sandsteinplatten.
Die größere Kammer 1,84 m lang, 92 cm breit, 71 cm hoch.

Greuel den herannahenden Untergang des Menschengeschlechts und der Welt; Naglfar, das Schiff, auf dem des Riesenheer zum Vernichtungskampf gegen die Götter einherfährt, ist erbaut aus den Nägeln der Toten, die man lieblos unbeschnitten gelassen hat vor der Bestattung.

Man unterscheidet zumal bei Nordgermanen Brennalter und Hügelalter in der Geschichte der Bestattung (Tac., Germ. K. 27). Übrigens schließen sich „Brenn- und Hügelalter"[1] nicht aus: über die Asche des Leichenbrandes wird der Rasenhügel ge-

---

1 Leichenbrand war älter und seltener, Begrabung, von je häufiger, wurde später ausschließend; vgl. *Lindenschmit*, Handbuch der deutschen Altertumskunde I, S. 84 f. Braunschweig 1880.

EINLEITUNG

Hünenbett im Amte Fallingbostel (Lüneburg).
Flächeninhalt 11,5 qm. Deckelplatte aus einem Granitblock 4,5 m lang; 4,25 m breit, 28 bis 56 cm dick; Gewicht 18 350 kg.

Grabhügel mit Spuren von Leichenbrand.

Grabhügel mit Urnen im Inneren.

wölbt: rednerisch und absichtsvoll ist wieder die Begründung des an sich richtig Erfaßten und Gemeldeten bei Tacitus: „der Grabdenkmäler schwierige, arbeitsreiche Ehre verschmähen sie als eine Belastung für die Toten: Klagen und Tränen stellen sie bald ein, Schmerz und Trauer spät: den Frauen steht es an, Trauer, den Männern, Treugedenken zu tragen" (Germ. K. 27).

Und es ist abermals in überscharf zugespitztem Gegensatz zu dem römischen Prunk der Bestattung und ohne gehörige Unterscheidung der Stände und der Vermögensstufen dargestellt, wenn Tacitus ganz allgemein sagt: „Mit der Bestattung wird weniger Wetteifer der Pracht getrieben, nur darauf achtet man, daß die Leichen von gefeierten Helden auf einem Scheiterhaufen aus bestimmten Hölzern verbrannt werden". Auch hierbei waltet wohl ein Mißverständnis, denn bei jedem Leichenbrand, nicht nur von großen Männern, werden bestimmte hierzu geweihte Hölzer verwendet – „weder köstliche Gewänder noch wohlriechendes Räucherwerk werden (wie zu Rom) auf den Scheiterhaufen mit verschwenderischer Hand gestreut: nur die Waffen werden jedem Mann mitgegeben, bei ‚manchen' teilt das eigene Kriegsroß den Leichenbrand": diese sind eben Könige, Edle, Gefolgsherren, reichere Gemeinfreie, je nach Ansehen, Ruhm im Leben und Umfang des Vermögens.

IX. DAS VOLK 67

8. Wirtschaft

Die Wirtschaft war noch „Naturalwirtschaft", d. h. die Verzehrer in dem einzelnen Haushalt waren auf sich selbst als Erzeuger aller Güter angewiesen. Auf den seltenen, unsicheren, unregelmäßigen Tauschhandel konnte man sich nicht verlassen; fremde Händler, Phönizier, Etrusker, Griechen aus Massalia, Kelten, später Römer, führten ohnehin nur kostbarste Waren ein, die bei geringem Gewicht hohen Wert trugen: Lebensmittel, Gewand, Gerät, Werkzeuge, Waffen, also die unentbehrlichsten Güter, mußte jedes Gehöft für sich herstellen, denn auch der Tausch unter Stammgenossen und Nachbarn war unsicher, der Verkehr selten, nur an den großen Götterfesten und Volksversammlungen fanden sich regelmäßig viele Leute mit mannigfaltigen Tauschwaren ein.

Gleichwohl fehlte es auch in der Naturalwirtschaft des Einzelgehöfts nicht an Arbeitsteilung: Handwerker, die berufsmäßig für andere gegen Entgelt gearbeitet hätten, gab es freilich auch in den Dörfern noch nicht. Aber Herren größerer Höfe und zahlreicher Knechte und Mägde verteilten doch an einzelne dieser Unfreien Arbeit und Gewerk, wie Begabung, Neigung, Übung sie empfahl.

Bei Reicheren wurden wenigstens die unfreien Mägde in großen Hallen oder auch unterirdischen Gewölben zum Spinnen, Weben zusammengehalten.

Nähnadel aus Horn. Natürliche Größe; von d. Opferherde bei Schlieben.

Tongefäße.
1. Lampe? 4,7 cm Durchmesser; bei Zilmsdorf gefunden. 2. Lampe? aus Schlesien. 3. In einem Grabhügel bei Münster in Westfalen gefunden; ¼ der natürl. Größe. 4. Räucherbüchse? aus Schlesien.

Becken aus getriebenem Erz.
32,8 cm Durchmesser; aus einem Grabhügel im Lüneburgischen.

Nur um des Gegensatzes zu Rom willen hebt Tacitus (Germ. K. 26) ausdrücklich hervor, was sich bei der des Geldes fast ermangelnden Naturalwirtschaft von selbst versteht, daß Wucher zu treiben und Zinsen zu nehmen unbekannt und daher besser als durch gesetzliches Verbot ausgeschlossen war (Tac., Germ. K. 26). Darlehen anderer vertretbarer Sachen mochten wohl vorkommen, aber ohne Verzinsung.

Die wirtschaftliche Arbeit wird zum weitaus größten Teil von den Unfreien, den

Tongefäße.
1. Aus einem Grabhügel in Sachsen; 29 cm hoch.
2. Gefäß aus der rheinischen Bevölkerung zur römischen Zeit; 30 cm hoch.
3. Aus der Steinperiode, in einem Grabhügel bei Hildesheim gefunden; 12 cm hoch.
4. Aus den fränkischen Gräbern von Osthofen bei Worms; 20 cm hoch.

Knechten und Mägden, getragen. In ärmeren Verhältnissen des kleinen Gemeinfreien allerdings von Weib und Kind, während der Mann nur etwa die Jagdbeute heimbringt und wohl auch im Feldbau, in der Pflege der Rosse usw. leistet, was der Frauen und Kinder Kräfte überschreitet. Aber auch der kleine Gemeinfreie hatte häufig wenigstens Knecht und Magd. Bei Reicheren nahm all dies größere Verhältnisse an: hier oblag die Bedienung der Herrschaft im Hause, welche von unseren heutigen „Dienstboten" besorgt wird, erlesenen Knechten und Mägden; zumal die Aufsicht über die Rosse und die Begleitung des Herrn. Zur Umgebung, Bedienung bei Festen im Hause oder, sobald er das Haus verließ, zu Gelagen, Jagden, Besuch der Volksversammlung, wählt man die durch Schönheit, Kraft, Geschicklichkeit, Treue ausgezeichneten der Knechte und diese „Hausdienste" (ministeria) erlangten in der Halle der Könige und des Adels solchen Einfluß, solche Bedeutung und Ehre, das später die vier großen Haus- und Hofämter des Marschalls, Mundschenks, Kämmerers und Truchsesses und der Stand der Ministerialen aus diesen Bedienungen hervorgewachsen sind.

IX. DAS VOLK

Glasbecher aus fränkischen Gräbern.
1. Bei Selzen gefunden; 19 cm hoch. 2. Von Oberolm, mit Ornamenten aus braunem und blauem Glas; 9 cm hoch. 3. Bei Kreuznach gefunden, mit Verzierungen aus braunen und blauen Glasfäden; 12 cm hoch.

Tacitus irrt also in der Annahme, daß die germanischen Unfreien nicht im Hause zu bestimmten Verrichtungen verwandt worden seien, daß sie sämtlich (was allerdings bei sehr vielen geschah) auf eine Scholle des Herrn in eigene Hütten gesetzt worden seien. Sie konnten in diesem Fall unter Erlaubnis des Herrn ein Weib nehmen, aber selbstverständlich nicht nach Volksrecht eine Ehe eingehen, eheliche oder väterliche Mundschaft erwerben. Von der Scholle des Herrn hatte dann der Unfreie ein bestimmtes vom Herrn auferlegtes Maß von Getreide, Vieh oder auch von selbstgefertigten Gewandstücken oder Geräten zu entrichten, ähnlich wie ein römischer Kolone: Tacitus beschönigt aber die germanische Unfreiheit, wenn er beifügt: „und so weit hat der Knecht zu gehorchen" – vielmehr hat der Herr das gleiche Befehlsrecht wie gegenüber römischen Sklaven der dominus. Allerdings gab es *freie* Hintersassen, deren Abhängigkeit auf jenes Maß beschränkt war und anderseits wurde auch der Unfreie durch die Anfänge des Hofrechts und Hofgerichts früh gegen grausame Willkür geschützt.

Wo Knechte und Mägde in großer Zahl gehalten wurden, verwendete man sie auch, in Abteilungen gegliedert, zur regelmäßigen Herstellung von Rohstoffen und von Handarbeiten,

Trinkhorn; aus rotbrauner fester Erdmasse.
16,5 cm lang, Durchmesser der Öffnung 7,4 cm; bei Schlieben gefunden.

so z. B. die Webermägde, die unter der Erde in Gewölben zur Arbeit angehalten wurden (was übrigens auch in Oberitalien bei den Kelten zwischen Po und Tessin Sitte war[1], so daß sie die Anfänge des gewerbsmäßigen Handwerks darstellen, das bis ins Mittelalter fast ausschließlich von Unfreien betrieben wurde.

9. Handel

Zu Cäsars Zeit drangen noch selten Kaufleute (zumal römische, häufiger keltische: früher etruskische?) in die germanischen Wälder, obzwar seine Angaben hier (b. G. IV, 4) wenig zutreffend sind: denn nicht nur ihre Kriegsbeute verkauften die Germanen besonders an Römer und Kelten: solche behielten teils die Erbeuter gerne selbst und konnten andererseits Römer und Kelten leichter im Keltenlande kaufen: vielmehr waren, was die Germanen in dem Tauschhandel den fremden Händlern, die keltisch-römische Waren zuführten, hingaben, offenbar die Erzeugnisse ihres germanischen Landes.

Und das Verbot der Einfuhr des Weines wird auch weder allgemein noch lange dauernd gewesen sein: alle diese Dinge bei Cäsar und Tacitus sind gekünstelte Erklärungen von vereinzelten und nicht richtig erfaßten Mitteilungen, begründet im steten Bewußtsein des Gegensatzes zu dem Naturvolk.

Der Handel der Germanen war der Natur der Sache nach reiner Empfangshandel: sie warteten, bis keltische oder römische[2] Händler im Lande erschienen und ihnen die wenigen Ausfuhrgegenstände abtauschten gegen Wein, bessere Waffen, Schmuck aus Gold, Silber, Gerät aus Bronze oder Ton: später nahmen sie auch römisches Geld, zuerst natürlich die den Römern Nächsten. Sie legten des Handels wegen bereits hohen Wert auf Gold und Silber, unterschieden genau und bevorzugten einzelne Münzsorten, so die alten, langbekannten, die „serrati" und

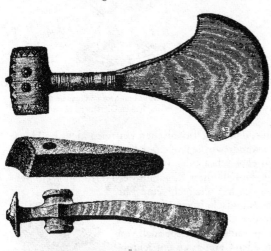

Äxte
1. Axt aus Erz, 25,5 cm lang; gefunden in Monheim (Bayern).
2. Eherne Axt, 12 cm lang; bei Salzwedel gefunden.
3. Axt aus Bronze, 18 cm lang; in Ungarn gefunden.

„bigati": auch nahmen sie lieber Silber- als Goldmünzen; sie hatten für jene stärkeren Bedarf, häufigeren Absatz, da sie meist geringe Waren billigen Preises von den

---

1 Plinius, Hist. nat. XIX, 2
2 Die in die Gewalt eines Suebenkönigs geratenen „indischen" (?) Kaufleute (Plinius II, 67) darf man aber nicht für einen Beweis von Handelsbeziehungen aufnehmen, denn sie wurden vom Sturm nach Germanien verschlagen.

IX. DAS VOLK

römischen Händlern erkauften. Die tiefer im Inneren wohnenden Stämme trieben noch 100 n. Chr. den uralten einfachen Tauschhandel (Germ. K. 5). Als Ausfuhr hatten die Germanen vor allem zu bieten Bernstein, glaesum. Von dem Bernstein berichtet nun Plinius (XXXVII 31. 35), nachdem er mit erstaunender Belesenheit außerordentlich zahlreiche anderweitige Angaben mitgeteilt: „Pytheas glaubte die Gutones (verlesen für: Teutones), ein Volk Germaniens, wohnen an einer Bucht des Ozeans, Namens Metuonis, von einem Umfang von etwa sechs (römischen) Meilen, hier liege, eine Tagfahrt von der Küste, die Insel Abalus, an diese werde der Bernstein durch die Fluten gespült, eine „Reinigung" („Auswurf", „Ausschwitzung", purgamentum) des „geronnenen Meeres" (concreti maris); die Bewohner der Insel brauchen ihn statt des Holzes zur Feuerung und verhandeln ihn an ihre nächsten Nachbarn, die Teutonen (hier nur *dieser* Name)." Ihm folgte auch Timäus, nannte aber die Insel Basilia.

Erzener Streitkolben.
13 cm lang, in Bayern gefunden.

Darauf gibt Plinius seine eigene Meinung folgendermaßen an: „Es ist gewiß, daß er erzeugt wird auf den Inseln des nördlichen Ozeans und bei den Germanen glaesum (Glas) heißt; daher wurde auch von den Römern eine jener Inseln „Gläsaria" genannt, als Germanicus dort mit seinen Flotten kriegte, bei den Barbaren heißt sie Auster-avia." Er bestimmt dann den Bernstein richtig als das Harz eines Baumes von Föhrenart und fährt fort: „er wird von den Germanen zumeist in die Provinz Pannonien verführt" und daher haben die Veneti zuerst und die anderen Völker in der Nähe von Pannonien und um das adriatische Meer Aufhebens von der Ware gemacht (man schätze ihn als Schmuck und auch als Arznei gegen Halskrankheiten wie als Räucherwerk), nur eine Fabel bringt ihn mit dem Po in Zusammenhang. „Vor kurzem erfuhr man genau, daß sechshundert Meilen ungefähr von Carnuntum in Pannonien jener Küstenstrich Germaniens entfernt ist, von welchem er nach Pannonien gebracht wird. Es hat jenes Gestade mit Augen gesehen ein römischer Ritter, abgeschickt von Julian, der ein Gladiatorenfest des Kaisers Nero ausrichtete. Ja, dieser Ritter hat jene Verkehrsstraßen und Küsten selbst durchwandert und eine solche Menge gefunden und nach Rom gebracht, daß die Netze, die den Kampfplatz überspannen, die wilden Tiere abzuhalten, mit Bernstein geknotet werden konnten, aber auch die Arena selbst und

Celt (Keil) aus Erz.
12,5 cm lang; aus dem sogen. Geestenbruche bei Haselünne. – *Sichel* aus Erz mit dem römischen Zahlzeichen XIII, 16 cm Durchmesser; in der Felsenhöhle beim Kloster Beuron gefunden.

die Leichenbahren und die ganze Ausstattung an einem der mehreren abwechselnd ausgerüsteten Festtage mit Bernstein geschmückt werden konnte; das größte

Eiserne Trense. Aus einem fränkischen Grab bei Heidesheim unweit Mainz. 29 cm lang.

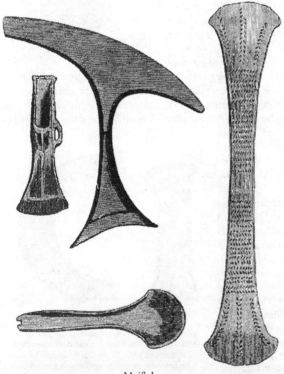

Meißel.
1. Erzener Meißel, 15 cm lang; bei Gießen gefunden. 2. Erzenes Werkzeug von bisher unerklärter Bestimmung (Lederbearbeitung?), 40 cm hoch; bei Gaualgesheim gefunden. 3. Meißel aus Erz, 18,5 cm lang; aus der Ulrichshöhle bei Hardt in Württemberg. 4. Meißel aus Erz, 38,5 cm lang; aus einer Urne auf dem Feuerberg bei Friedolsheim in Rheinbayern.

Stück, das damals nach Rom gebracht wurde, wog dreizehn Pfund. Gewiß ist, daß er auch in Indien vorkommt." Nero hatte solche Vorliebe dafür, daß er in Versen die Haare seiner Gemahlin Popäa „bernsteinfarben" nannte. Dagegen erkannte Plinius die Angabe des Metrodorus, daß auf der Insel Basilia neben dem Bernstein auch Diamanten vorkämen, als irrig (XXXVII, 15). Eine gesuchte Ausfuhr war ferner der Flaum der Wildgans.

Lehrreich für die Art des römischen Handelsbetriebes unter den Germanen ist eine kurze Angabe des Amminan (XXIX, 4). Im Jahre 370 macht eine römische Schar den Versuch, den Alemannenkönig Makrian zu Wiesbaden („aquae mattiacae") aufzuheben. Der Vortrab stößt ge-

IX. DAS VOLK

genüber diesem Ort auf: „scurrae venalia ducentes mancipia", d. h. Gaukler, die Sklaven zum Verkauf mit sich führen. Besorgend, diese möchten, in rascher Verbreitung über das Land, erzählen, was sie gesehen (d. h. die Germanen vor dem geplanten Überfall der heimlich über den Rhein gedrungenen Römer warnen), läßt der Feldherr sie sämtlich töten, ihre Ware plündern. Die Getöteten sind wohl nur die scurrae, nicht auch die Sklaven, die, gefesselt, nicht leicht entspringen konnten: diese gehörten vielmehr wohl mit zu den geplünderten Waren, vielleicht aber sind unter den cuncti auch die Sklaven zu verstehen. Ganz falsch ist es, die scurrae auf kaiserliche Haustruppen zu beziehen (deren eine Abteilung allerdings jenen Namen führte): vielmehr sind es wirkliche Gaukler, Lustigmacher, offenbar Römer, aber verächtliche geringe Leute (und nicht Soldaten), deren Hinschlachtung zwar immer noch echt römisch, aber doch allenfalls begreiflich ist: solche Gaukler waren wohl gern gesehen und reich belohnt in den Hallen germanischer Könige und Edlen: zugleich betrieben sie Handel, indem sie römische Waren einführten und germanische Ausfuhr, namentlich auch Unfreie, eintauschten. Doch ist nicht ausgeschlossen, daß sie auch römische, in allerlei Handwerk geschulte Sklaven und Sklavinnen ausboten.

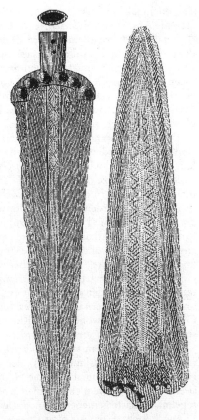

Dolche aus Erz. Bei Gauböckelheim in Rheinhessen gefunden.
1. 34,5 cm lang. 2. 34 cm lang mit Spuren von Versilberung.

10. Lebensweise

„Da sie bis spät in die Nacht hinein zechen, schlafen sie bis spät in den Tag. Gleich nach dem Erwachen wird gebadet, und zwar während der (den großen Teil ihres Jahres dauernden) Kälte warm. Nach dem Bade folgt das Frühstück, das jeder an gesondertem Tisch einnimmt. Dann gehen sie an die Geschäfte oder zum Gelage – immer in ihren Waffen. Das Gelage, das oft genug in Rausch und Raufen endet, wird aber auch zur Beratung der wichtigsten Angelegenheiten der Sippen und des Gaues benutzt: hier verhandeln sie über die Beilegung von Fehden, über den Abschluß von Ehen und Eingehung wichtiger Verschwägerungen, über die Wahl von Königen und Grafen oder die Gewinnung von mächtigen Gefolgsherren, endlich sogar über Krieg und Frieden. Rückhaltlos öffnet sich die Seele unter dem Einfluß des festlichen Gelages, das offene Worte, aufrichtige Gedanken, kühne Entschlüsse fördert, unter heiterem Scherz spricht man beim Becher die Herzensmeinung aus, die dann am andern

74 EINLEITUNG

Tag nochmals nüchtern erwogen wird.[1] Bei solchen Gelagen bereiten auch die Fürsten die Anträge für die nächste Volksversammlung vor.

Bei diesen Gelagen und Festen findet auch die einzige Art von Schauspielen statt, die sie kennen und bei allen Versammlungen wiederholen: der Schwertertanz nackter Jünglinge, die sich mit freudigen Sprüngen unter gezückten Schwertern und Framen tummeln (Germ. K. 24). Übung hat hierin Kunstfertigkeit, Kunstfertigkeit Schönheit entwickelt: nicht um Lohn oder Gewinn treiben sie das Spiel, nur die Freude der Zuschauer ist Vergelt des kühnen Übermutes; außerdem frönen sie mit blinder Leidenschaft dem Würfelspiel".

Die Speisen waren einfach wie das ganze Leben und die Wirtschaft. Selbstverständlich lieferte die Jagd – (deren eifrigen Betrieb Tacitus, Germ. K. 15 mit Unrecht leugnet, muß er doch selbst das „frisch erlegte Wild" als einen Hauptbestandteil der Volksnahrung bezeichnen, Germ K. 23) – in den von eßbaren Tieren aller Art wimmelnden Urwäldern reiche Beute, wichtigen Beitrag zur Tafel.

Außerdem werden angeführt die wildwachsenden Obstarten und dicke Milch. Zwar denkt Plinius (Hist. nat. XI 96) wohl auch an die Germanen, wenn er den „von Milch lebenden Barbaren" den Käse ganz abspricht: „Sie verdichten die Milch nur zu angenehmer Säure und fetter Butter (butyrus), ein Schaum (spuma) dichter als Milch und zäher als Molke" (serum) – aber wohl mit Unrecht. Natürlich verwendete man Gerste und die übrigen Getreidearten zum Brotbacken, Hafer zum Breikochen; seltener als Wild wurden die Herdentiere, deren Milch zu Butter und Käse, deren Wolle und Haut zu Kleidern und Schuhen verwertet wurden, verzehrt; vielmehr nur in den Opferschmäusen, wobei außer Rindern, Schweinen, Hammeln zumal Pferde geschlachtet und gern verspeist wurden.

Entsprechend dem starken Betrieb der Viehzucht bildete das „kostbarste Nahrungsmittel" (lautissimus cibus) der Barbarenvölker, worunter alle Barbaren des Nordostens, also zumal auch die Germanen, zu verstehen sind, Butter (butyrum): aber doch wurde sie nicht in solcher Menge gewonnen, daß auch das arme Volk sie regelmäßig hätte genießen können; vielmehr galt der Genuß als Vorzug der Reichen. Plinius berichtet, daß sie meist aus der Milch von Kühen (bubulis, daher will er den Namen erklären), die fetteste von Schafen bereitet werde, auch aus Ziegenmilch, im Winter aus gewärmter, im Sommer aus der frisch gemolkenen, die in länglichen Gefäßen mit enger Öffnung, durch die der Lufthauch eindringt, häufig geschüttelt wird, unter Beimischung von etwas Wasser, um das Sauerwerden zu bewirken. Die am meisten geronnenen Teile schwimmen oben, werden herausgenommen, gesalzen und Sauermilch genannt: der Rest wird in Häfen gesotten und das hier oben schwimmende ist ölig. Sauermilch, sehr gut für den Magen, wird auch bereitet, indem man zu frisch gemolkener Milch Essig gießt (XXVIII, 35).

Einen wie bedeutenden Teil der Volksnahrung noch in der zweiten Hälfte des dritten Jahrhunderts die Herden lieferten, lehrt eine merkwürdige Angabe des Trebellius Pollio (Aurelian. K. 10) zum Jahre 255 bis 256. Aurelian, der spätere Kaiser, bekämpfte damals die Goten in Illyricum mit Erfolg und vermochte mit den ihnen abgenommenen Herden (und Sklaven, Gefangenen) das vielfach entleerte Thrakien wieder zu füllen. In welch gewaltigem Maße der Volkswohlstand der Goten in Herden bestand und wie außerordentlich die von den Römern erbeuteten Waffen waren, erhellt daraus, daß der Feldherr auf ein einziges Landgut Valerians aus der Beute

---

1 Die Motivierung ist wieder echt taciteisch, rednerisch. *germ.* K. 22.

IX. DAS VOLK

nicht weniger abzugeben vermochte als tausend Stuten, zweitausend Kühe, zehntausend Schafe und fünfzehntausend Ziegen: Zugleich ersieht man, welchen Umfang damals einzelne römische „Latifundien" hatten.

„Als Getränk dient ein Naß aus Gerste oder anderem Getreide, durch Gärung in eine gewisse Ähnlichkeit mit Wein verdorben": so schildert Tacitus (K. 23) das Bier: doch kaufen die dem Rhein nächsten Stämme auch Wein, dessen Einführung wohl nur vorübergehend und erfolglos die Sueben verboten hatten.

X. Ansiedlung. Landteilung. Umgestaltung der Ansiedelung und folgeweise des Staatsverbandes und der Verfassung durch Zunahme der Bevölkerung seit Übergang zu seßhaftem Ackerbau. Völkerausbreitung, später Völkerwanderung, durch Übervölkerung herbeigeführt

Am Eingange dieses Gebietes begegnet uns die berühmte, auch heute noch keineswegs ausgetragene Streitfrage, ob die Grundlage des wirtschaftlichen Lebens der Germanen zu der Zeit, da uns Cäsar die ersten eingehenderen Berichte über sie aufzeichnet (ca. 50 v. Chr.) und Tacitus die Germania schrieb (99 n. Chr.), seßhafter Ackerbau oder schweifende Viehzucht und Jagd gewesen sei.

Das Richtige ist, schon zu Cäsars Zeit *beginnendes* Überwiegen seßhaften Ackerbauer anzunehmen, das in den anderthalb Jahrhunderten oder sechs Menschenaltern, die ihn von Tacitus trennten, immer noch zunahm, wobei aber die alten Überlieferungen, Gewährungen und Neigungen, bei irgendwelchem Anlasse die Wohnsitze zu verändern, unvergessen nachwirkten.

Denn die sogenannte Völkerwanderung, die man im vierten Jahrhundert n. Chr. beginnen läßt und die vielmehr ein allmähliches Ausbreiten als ein plötzliches Wandern und wenigstens ebensosehr ein Geschobenwerden als ein Schieben war, erscheint nur als die letzte Nachwirkung, als der letzte, stark aufrauschende Wellenschlag einer Bewegung, welche die Germanen von Asien bis nach Gallien und an die Alpen geführt hatte.

Schon vor der Scheidung der Völker arischer Rasse in Asien hatte die gesamte indogermanische Gruppe die Anfänge des Ackerbaus gekannt, wie die urgemeinsame Benennung eine Anzahl von Fruchtarten und Geräten beweist.

Es war aber dieser Ackerbau ein sehr wenig tiefgreifender, er war keineswegs der überwiegende Nahrungszweig der Völker: nur im Vorüberziehen gleichsam säte und erntete man unter jenem milderen Himmelsstrich ohne viele Mühe des Menschen gedeihende Fruchtarten. Der Ackerbau schließt, unter solchen Verhältnissen betrieben, durchaus die Seßhaftigkeit nicht ein; es war vielmehr ein nur im Anhange zu Viehzucht und Jagd im Wandern betriebener Ackerbau, der nach Ausbeutung von Jagd- und Weidegrund ohne Opfer weiterrückte; und es wäre wohl der Untersuchung wert, wo die am frühesten angebauten Gewächse nicht ganz ebensosehr den Tieren zur Nahrung bestimmt waren, mit Halm und Korn, als den Menschen.

Kurz, der Fruchtbau war damals nur ein nebensächliches Anhängsel der Viehzucht und Jagd: man brachte keine großen Opfer in Urbarmachung[1] für den oberflächlich nur die Scholle ritzenden Holzpflug, weder pflanzten sie Gärten mit Edelobst noch sorgten sie für deren künstliche Bewässerung noch grenzten sie

---

1 Tac., Germ. K. 26: nec enim cum ubertate et amplitudine soli labore contendunt.

X. ANSIEDLUNG. LANDTEILUNG. UMGESTALTUNG DER ANSIEDELUNG

Wiesengründe ab[1]; und wenn die Erschöpfung der Jagd und Weide, Übervölkerung oder das Nachdrängen übermächtiger Nachbarn ein Fortrücken in noch unberührte, unerschöpfte oder auch in fruchtbarere oder endlich in minder bedrohte Gegenden wünschenswert machte, so packte man Weiber, Kinder, das wenige Acker-, Jagd- und Weidegerät sowie Schmuck und Gewänder auf die leicht gezimmerten Zeltwagen, führte die Unfreien und trieb die Herden mit sich und suchte, ohne Heimweh die bisherigen Siedlungen aufgebend, günstigere Sitze. Denn aller germanische Hausbau war ganz ausschließlich Holzbau (oben Seite 61); erst von Kelten und Römern am Rhein und in den Alpen haben die Germanen den Bau steinerner Häuser sehr langsam sich angeeignet. Jahrhundertelang wird alle Steinarbeit von den romanischen Knechten besorgt, wie ja heute noch der Romane durch vorzügliche Kunst und Werthaltung des Steinbaues sich von dem deutschen Nachbarn abhebt, überall wo Bajuwaren und Alemannen mit Italienern grenzen. Wulfila hat noch Ende des vierten Jahrhunderts für die griechischen Bezeichnungen des Häuser- und Städtebaues kein anders Wort als „timbrjan" = zimmern; gleichzeitig haben die Christengemeinden unter den Westgoten sogar für ihre Kirche nur ein Zelt (σκήνη): und selbst die Befestigungen der germanischen Stämme, die sie gegen die römischen Legionen verteidigen, sind im Gegensatz zu keltischen Städten und rhätischen Felsburgen nur Holztürme, Holzringe und Schanzen, oft nur die ineinandergefahrenen Häuserwagen, d. h. die Wagenburg; im Walde dann Verhack und Verhau, durch ausgestochene Gräben und Rasenwälle und roh zusammengeschichtete, aber nicht behauene Steine, ohne Ziegelbau, gestärkt.

Das urgermanische Holzhaus war also leicht übertragbar: Es berührte, wie sich das aus anderen Gründen bei Scheunen und Heuschobern in Deutschland bis heute erhalten hat, an den vier Ecken nur mit den Pfosten den Boden, auf der Leiter nahte man dem erhöhten Eingang. Der große breite Wagen paßte genau unter den etwa vier Schuh von der Erde erhöhten Boden und führte, mit vielen Rindern bespannt, das Holzzelt leicht dahin, über dem sich das schräge Dach von Leder oder Wollzeug dreieckig spannt. Alte Abbildungen zeigen uns solche Barbarenzelte auf der Wanderung, von den berittenen Männern umkreist.

Eine Nachwirkung dieser uralten Gewöhnung, alle Häuser als hölzernes Gezimmer, also auch als beweglich und verbrennbar anzusehen, tönt in einem Rechtssprichwort lange fort. Während das Recht des Römers das Steinhaus für so unbeweglich erklärt wie den Grund, auf dem es sich erhebt, sagt das deutsche Recht jahrhundertelang: das Haus ist Fahrhabe, denn es kann davonfahren oder verbrennen; „was die Fackel verzehrt, ist Fahrnis", also das Holzhaus ebenso wie z. B. der Holztisch.

Eine Folge dieser Wirtschaft, die vor allem auf Jagd- und Weidegründe bedacht sein mußte, war, daß die germanischen Stämme über ganz unvergleichlich mehr Landraum[2] mußten Verfügung suchen, als zur Ernährung der gleichen Kopfzahl bei überwiegendem und tiefer greifendem Ackerbau erforderlich gewesen wäre.

Hierauf, d. h. auf das Bedürfnis nach weitgestreckten gemeinsam benutzen Jagd- und Weidegründen, neben denen die Bedeutung des für die einzelne Sippe bestimmten Ackerlandes, ja anfangs auch für die Stätte des beweglichen Hauses zurücktrat, ist das Verfahren bei der Niederlassung der germanischen Einwanderer in

---

1 Tac., Germ. K. 26.
2 Tac., Germ. K. 26: facilitatem partiendi camporum spatia praebent ... et superest ager.

78   EINLEITUNG

Europa zurückzuführen: und diese Niederlassungsweise, diese Art der Ansiedlung,
einmal vollzogen und nicht mehr rückgängig zu machen, hat dann auch später,
nachdem längst das Wandertum der Seßhaftigkeit gewichen und der Ackerbau mehr
als die Jagd, auch mehr als die Viehzucht, die Grundlage des wirtschaftlichen Lebens der Deutschen geworden war, noch jahrhundertelang nachgewirkt. Es erklären
sich aus jenen Zeiten der vorherrschenden Jagd und Viehzucht der weite Umgang
und die hohe Bedeutung der *Allmende*, d. h. der unverteilten Gemeindewälder und -
weiden; im Zusammenhang damit stand dann die große Brache, die Dreifelderwirt-
schaft, der Flurzwang und der Felderwechsel[1]; die sich ebenfalls bis auf unsere Tage
erhalten hatten.

Rückte bei der Einwanderung ein germanischer Stamm (oder Gau – die Verhältnisse wechseln dann nur den Maßstab) von Osten nach Westen, etwa von Pannoni-
en her, die Donau herauf, so bemächtigte er sich zunächst im Wege der Eroberung
oder der unbestrittenen Besitznahme *für die Gesamtheit*[2] („in völkerrechtlichem
Akt, nicht in privatrechtlichem", würden wir das heute ausdrücken) eines so weitgestreckten Gebietes, als er konnte und mußte: d. h. bei Abmessung des zu besit-
zenden Raumes waren bestimmend: die eigene Volkszahl[3], die Rücksicht auf die
Widerstandsfähigkeit der Verdrängten in den nunmehr von ihnen noch festgehaltenen Gebieten, ferner die Erlangung günstiger natürlicher Grenzen wie Ströme, Ge-
birgskämme, undurchdringliche Sümpfe, schwer durchdringliche Urwälder. Das
ganze so in Anspruch genommene Gebiet wurde nun in feierlichen, den Stammes-
göttern, dann auch den Landesschutzgeistern und den Grenzgottheiten geltenden
Weihehandlungen, die wenigstens zum Teil zugleich Rechtshandlungen waren, *für
das Volk* in Besitz genommen. Es begegnen dabei als sinnbildliche Handlungen das
Umreiten, Umfahren, Umziehen der Marken, Anzünden von Feuern (Opfer für
die Grenzgötter), Aufwerfen von Wällen, Ziehen von Landgräben (natürlich vor
allem als Befestigung), Aufrichten von Grenzsteinen, Einritzen, Einschneiden, Ein-
brennen von Markstrichen (Runen) an Bäumen, Felsen usw.

Das weitere Verfahren hing nun davon ab, ob man bereits ausgerodetes und aus-
gesumpftes, in Höfen und Dörfern schon von Kelten, Germanen, Römern bewohn-
tes Land vor sich hatte oder noch wüst liegendes.

Ersterenfalls war man darauf bedacht, diesen wichtigsten Teil des besetzten Gebietes (also Höfe, Dörfer, Ackerland, Garten, entwaldete Wiesen) möglichst in das
Herz, in die Mitte des Gesamtgebietes zu verlegen, um hier die Stärke der Ansiedler
zusammenzuschließen, namentlich aber um diesen wertvollsten, reichsten, fruchtbarsten Teil des Bodens am weitesten von der Gefahr feindlichen Überfalls, dem
Heeren und Brennen, zu entrücken. Schon von den früheren Siedlern war der gün-
stigst gelegene, dankbarste Boden zuerst zur Ansiedlung verwertet, unter Pflug und
Sichel genommen worden.

Dazu kam, daß in den meisten Fällen bei der Eroberung schon gerodeten Landes keineswegs, wie man früher allgemein angenommen, die Besiegten sämtlich
entflohen, auswanderten oder getötet wurden: sie blieben. Sie konnten, je reicher
ihr Bildungsgrad und je wertvoller der bereits gewonnene Besitzt an Boden, Häu-

---

1 Arva per annos mutant Tac., Germ. K. 26: hier ist nur die Lesart „in vices" (eine Variante: in
   vicem) handschriftmäßig, in vicis aber nicht.

2 Tac., Germ. K. 26: agri ab *universis* occupantur: nicht von jedem Hausvater für sich.

3 l.c.pro numero cultorum.

X. ANSIEDLUNG. LANDTEILUNG. UMGESTALTUNG DER ANSIEDELUNG 79

sern, Gerät, Vieh war, sich immer schwerer davon losreißen und dem Elend der Flucht in die Urwälder, in einen rechtlosen wie hilflosen Zustand, sich aussetzen. Ihre Lage, wenn sie blieben, gestaltete sich mit der fortschreitenden Sittigung der germanischen Einwanderer immer günstiger. Diesen fiel es längst nicht mehr ein, die sich Unterwerfenden zu töten: mochten etliche Gefangene als Menschenopfer dem Siegesgott oder den Grenzgöttern bluten, mochten die Fürsten, Häuptlinge, Edlen, die kühnsten Krieger, die auch als Unterworfene noch allzu gefährlich schienen oder die Unterwerfung verschmähten, im Kampfe lassen, den Tod suchen oder flüchten oder auch nach dem Siege und der Unterwerfung um ihrer Gefährlichkeit willen getötet werden – weitaus der größte Teil der Besiegten suchte und fand Schonung. Die Unfreien der Besiegten wechselten nur den Herrn. Weiber und Kinder waren eine gesuchte Siegesbeute, die auch bei bloßen Einfällen nicht getötet, sondern gefangen, fortgeführt und verkauft oder zu eigenem Dienst verwendet wurden: auch viele freie Grundbesitzer blieben, wurden verknechtet und arbeiten nun für den Herrn, der sich oft mit einem mäßigen Fruchtzins begnügte.

Daß ganz allgemein so verfahren wurde[1], erhellt, abgesehen von dem unverkennbaren Einfluß der Mischung mit Kelten und Römern nach der Farbe der Haut, Haar und Augen, aus dem zahlreichen Stande der Unfreien, der schon in der Urzeit bei allen Germanenstämmen begegnet; er war aus Kriegsgefangenen (zum allergrößten Teil) erwachsen. Wir dürfen annehmen, daß dies Verbleiben der Besiegten in den späteren Jahrhunderten immer häufiger wurde: je grausamer noch das Kriegsrecht der Eroberer, je härter noch die Knechtschaft der Unterworfenen, je wertloser noch der Besitz der Heimatstätte, je weniger noch diese von der Wildnis unterschieden war, desto stärker war der Antrieb zur Flucht, desto schwächer die Neigung zu bleiben. Je gelinder das Los der Unterworfenen, je wertvoller Haus und Habe, je stärker die Scheu vor der Flucht in die Wildnis geworden war, desto häufiger mußten die Besiegten verweilen.

Vor den Hunnen freilich flüchtet, was flüchten kann von Germanen, aber als die Bajuwaren die Voralpen besetzten, bleiben die romanischen Bauern in dichten Scharen, und die „Walen" geben dem „Walchensee" den Namen. Bis ins zehnte Jahrhundert begegnen dort häufig die Namen der römischen Sklaven und Kolonen; und die reichen Städte an Donau und Rhein zu verlassen, Augsburg, Regensburg, Trier, Köln, dann in Gallien die unabsehbare Menge von Städten, kommt der weitaus größten Zahl der Bevölkerung gar nicht in den Sinn: sie bleiben und unterwerfen sich den obzwar heidnischen Alemannen und Franken und den ketzerischen Goten.

Bis ins fünfte Jahrhundert hinab haben wir hier vorgegriffen, wir kehren zu der ersten Ansiedlung zurück.

Auch wenn bisher unbebautes Land besetzt wurde, verfuhr man ähnlich, d. h. man suchte, ging man nun nach der staatlichen Besitzergreifung an dem gesamten Gebiet zur Verteilung desselben unter die Hausväter über[2], das für Anlage der Dörfer und Höfe sowie für den Pflug, kurz für den Sonderbesitz bestimmte oder besonders geeignete Land möglichst in die geschützte Mitte der Siedlung zu verlegen, während als unverteiltes Allmendeland der Natur der Sache nach der Urwald, die

---

1 Dahn, von Wunn und Weide, Bausteine III. Berlin 1881.
2 Agros ab universis occpatos mox se ... partiuntur.

Weidewiese, aber auch der Sumpf, der See, der Fluß oder Bach, das Hochgebirge dienten.

Man sieht also, gewisse Teile der Allmende, Urwald, Gebirge, Sumpf, große Gewässer, waren zugleich bestimmt, als natürliche Schutzwehren, als Sicherungen des Grenzgebiets zu dienen – das urgermanische Wort marka heißt zugleich Wald (d. h. ungerodetes Grenzland, Urwald an der Grenze) und Grenze altnordisch mörk, gotisch marka, angelsächsisch mearc, altsächsisch marka, althochdeutsch marc, marcha = Grenze = Wald = Allmende. (Vergleiche zend. merczu = Grenze; ob auch lateinisch margo?)

Daraus erklärt sich nun auch eine schon Julius Cäsar zugekommene, aber von ihm bei seiner Unkenntnis der Rechtsverhältnisse schief aufgefaßte und unrichtig wiedergegebene Mitteilung, die, so wie sie bei Cäsar steht, in der Tat gar keinen Sinn hat.

Cäsar war auf seine staatlich-kriegerischen Erkundigungen über die Sueben, mit welchen er zu kämpfen hatte, berichtet worden, es dünke den einzelnen Völkerschaften höchster Ruhm, rings um sich recht ausgedehnte unbewohnte Einöden mit wüst gelegten Grenzgebieten zu haben, das gelte als Zeichen der gefürchteten Tapferkeit, daß die Nachbarn, vertrieben aus ihren bisherigen Sitzen, wichen und daß doch nicht andere wagten, sich in diesen geräumten Gebieten niederzulassen; zugleich glaubten sie auch dadurch mehr gesichert und der Gefahr plötzlicher Überfälle entrückt zu sein.[1]

Kurz vorher hatte er von dieser allgemeinen Regel ein einzelnes Beispiel zu erzählen gehabt: die Sueben nämlich hatten sich vor dem drohenden Angriff Cäsars zurückgezogen an die äußersten Nordostgrenzen ihre Gebiets, dort liege ein Urwald ungemessener Größe, „Bakenis" (der Harz), der sich noch weit in das Innere des Landes erstrecke und „wie eine natürliche Scheidewand zwischengeschoben" die Sueben von den nordöstlicher hausenden Cheruskern[2] trenne. Und an einer dritten Stelle sagt er wieder von den Sueben: diese Völkergruppe gelte als die bei weitem mächtigste und kriegerischste von allen Germanen, hundert Gaue (Staatsgebiete) vereine sie, Ackerbau treiben sie wenig, Sondereigentum an Grund und Boden haben sie nicht, keiner darf länger als ein Fruchtjahr die gleiche Scholle bebauen. Nicht von Getreide in nennenswertem Umfange leben sie, sondern von Viehzucht und Jagd (Milch, Fleisch der Haustiere, Wild): die Jagd, die einen großen Teil ihrer Zeit ausfüllt, dient einmal dem Unterhalte, dann der Übung und Abhärtung der Körperkraft: sie sind daher (d. h. weil sie nicht dem Ackerbau, sondern der Viehzucht und Jagd obliegen) auch ein ganz ausgezeichnetes Reitervolk, das die „Sattelreiter" verachtet. Für ihren Staat, fährt Cäsar fort, erachten sie als höchsten Ruhm, daß das Land so viel als möglich rings um ihre Grenzen unbebaut und unbewohnt sei (vacare): das zeige, daß eine große Zahl von Nachbarstaaten ihrer (der Sueben) Macht nicht habe standhalten können, und es solle wirklich nach der einen (d. h. der den westlich von den Sueben am Rhein wohnenden Ubiern entgegengesetzten) Richtung (d. h. also nach Osten) das Land ungefähr sechshunderttausend Schritte leer und öde liegen.[3]

Man sieht, Cäsar hielt hier alle Trümmer in der Hand – es fehlte ihm leider nur der Rechtsverband, der innere notwendige Zusammenhang.

---

1 Bellum gallicum VI, 23.
2 VI, 10.
3 IV, 1–3.

X. ANSIEDLUNG. LANDTEILUNG. UMGESTALTUNG DER ANSIEDELUNG 81

So gut wie kein Ackerbau, fast ausschließend Viehzucht und Jagd: große Volkszahl, starke Pferdezucht, daher Bedürfnis sehr weitgestreckter Wald- und Weidegründe; kein dauerndes Sondereigentum der einzelnen an Grund und Boden, Feldwechsel, nicht langes Verweilen auch der Völkerschaft auf demselben Sitze, sondern häufiges Wechseln der Jagd- und Weidegründe innerhalb des gesamten von den Sueben einmal besetzten weiten Gebietes; Verdrängung zahlreicher Nachbarstämme aus ihren Sitzen, Fernhaltung etwaiger Neuanzügler durch die Furcht vor den suebischen Waffen, Benutzung der so hergestellten unbewohnten und unbebauten Strecken von Wald und Weide zu Jagd und Viehzucht und zugleich zur natürlichen Schutzgrenze.

Gerade in diesem Übergang traf und schilderte Cäsar die Germanen etwa 50 Jahre v. Christus. Noch ist die Lebensweise eine unstete im Gegensatz zu der späteren, in fester Ansiedlung gebundenen. Noch besteht kein *dauerndes* Grundeigentum des einzelnen. Noch ist der Stamm nicht an ein für immer festzuhaltendes Gebiet, noch der Gemeindegenosse nicht an eine bestimmte Ackerhufe gekettet, noch ist für den Stamm neues Land um die bloße Mühe der Besitzergreifung zu gewinnen, noch besteht für den Einzelnen, wenigstens bei den Sueben, kein erbliches Eigentum an Ackerland: der Ackerbau wird ohne Absicht ständiger Niederlassung betrieben. Noch gewähren Viehzucht und Jagd, nicht der Pflug, die Hauptmasse der Nahrung: „gleichsam auf dem Schritt, diese Lebensweise zu verlassen"[1], findet sie Cäsar. Als hundertundfünfzig Jahre später Tacitus sie schildert, war jener Schritt längst geschehen.

Den „Beschluß", seßhaft zu werden, nicht weiterzuwandern, hatten die Germanen nach der Ankunft in Deutschland durchaus nicht gefaßt, man dachte nur in unbestimmter Weise die bisherigen Wanderungen – und zwar gegen Westen in wärmere, reichere, wirtlichere Lande, ohne Umkehr nach Osten – fortzusetzen. So waren Kimbern und Teutonen der Übervölkerung wegen nach Südwesten gewandert; so breiteten sich die Oberdeutschen bereits über den Rhein, und ohne Cäsars Einschreiten würden Ariovist oder seine Nachfolger die über den Rhein gedrängten Kelten sicher auch über die Loire und Rhône gedrängt haben. Wie jener *vereinzelte Wanderzug* durch Marius, so wurde durch Cäsar diese *allgemeine Ausbreitung* der Oberdeutschen gehemmt.

Die mangelnde Vollseßhaftigkeit, der geringe Wert, der immer noch den Holzhäusern beigelegt wurde, erschwerte allerdings den Römern die Unterwerfung: „das Volk war nirgends zu treffen, wenn es nicht wollte:"[2] die Herden wurden in die Wälder getrieben, die Vorräte vergraben und nun das Gebiet dem Feinde preisgegeben, bis ihn der Herbst zum Rückzug zwang. Übergang von überwiegender Viehzucht und Jagd mit unseßhaftem Ackerbau zu überwiegendem und immer mehr seßhaft werdendem Ackerbau war der Zustand, in welchem Cäsar die Germanen fand; anderthalb Jahrhunderte später findet Tacitus die Seßhaftigkeit fast vollendet.

Anschaulich und zutreffend ist die Schilderung, die zwischen Cäsar und Tacitus, ungefähr sechzig Jahre nach jenem, achtzig vor diesem Strabo (VII, 291) zunächst von den Sueben entwirft, aber offenbar in der Meinung, Ähnliches gelte von allen Germanen (ἅπασι τοῖς ταύτῃ): „Gemeinsam ist allen Völkern in jenen Landstrichen der leichte Entschluß zur Änderung des Wohnsitzes, vermöge der schlichten Le-

---

1 So fein zutreffend *Zeuß*, Die deutschen und die Nachbarstämme, München 1837, S. 52, der nur irrig annimmt, „die Obrigkeiten halten das Volk von jenem Schritte zurück, damit nicht die alte Kraft von dem Volke weiche" – was Cäsar schildert, sind uralte im Volksleben wurzelnde Sitten, nicht künstliche neuere Anordnungen von oben.

2 *Arnold*. Deutsche Urzeit, Gotha 1879.

82   EINLEITUNG

bensweise, ohne Ackerbau und Speichervorrat, leben sie doch in Zelthütten, die der
Tag wie aufschlägt so abbricht, zumeist von ihren Herdentieren, wie Wanderhirten,
nach deren Art sie denn auch ihre Holzhäuser auf ihre Wagen heben und dann mit
ihren Weidetieren davonziehen, wohin es ihnen beliebt."

Zum Teil waren jene „agri vacantes" gewiß Allmenden der suebischen Gaus, im
Eigentum des „pagus" – wie Cäsar das nennt –, zum Teil aber mag allerdings in
Wahrheit herrenloses Land gemeint sein, ein „debatable ground", „Grenzwald", aus
dem die Sueben die Nachbarn verscheucht hatten, ohne es in Sondereigentum oder
auch nur förmlich in das *Privat*eigentum ihrer Gaue zu erwerben: nur ihre *staatliche*
Gewalt erstreckten sie insofern über diese Waldungen – denn auch bewohnt gewesenes Land muß sich als „ager vacans" bald wieder mit Wald überziehen –, als sie die
Ansiedlung anderer darin verwehrten. Sie behielten sich solche herrenlose Wald-
strecken vor, einmal als verstärkten Schutzwall, dann auch, um von der eigentlichen
Allmende aus in dieses Versteck des Wildes zu streifen, endlich aber, um nach Bedürfnis, bei zunehmender Bevölkerung, bei abnehmendem Wildstande, bei abnehmendem Allmendewalde diesen bisher nur staatsrechtlich überherrschten Raum
selbst allmählich in Allmende zu verwandeln, wann die alte Allmende immer verzeh-
render durch den unvermeidlichen Mehrbedarf an Sondereigentum dem Umfang
nach verringert, durch die fortgesetzte schonungslose Ausbeutung der Holzungs-,
Jagd- und Weide-Rechte dem Holz- und Wild-Erträge nach immer eindringlicher
erschöpft wurde.

Dann griff man zu dem der Allmende zunächst liegenden Waldgürtel von unbe-
wohntem, bisher fast unbenutztem, nur durch den gefürchteten Namen und den
Schrecken der Waffen behauptetem „debatable ground", von dem man Nachbarn
und Neuanziehende ferngehalten hatte, und machte ihn zur Allmende, wie man allmählich die anfängliche Allmende in Sondereigentum verwandelt hatte. Ursprünglich mochte man den bei der Menge unbeanspruchten Landes einen neuen Gürtel
von schützendem „debatable ground" schaffen, später aber – und je mehr man sich
einerseits im Westen keltischen und römischen Besitzungen näherte, andererseits
von Osten her germanische und nicht-germanische Stämme, immer dichter aufge-
rückt, nachdrängten – wurde diese ganze Bewegung eine Zeitlang, ca. 50 vor Christus
bis ca. 250 (schon 150 für die Goten) nach Christus, zum Stehen gebracht. Das
Umherschweifen, das Vorrücken gegen Westen, das unbeschränkte Besetzten von
Urwald, das Umwandeln desselben in Allmende, von Allmende in Sondereigen: all
das mußte nun ein Ende nehmen, bis endlich dem unablässigen Druck der selbst
durch Nachschiebende und durch Übervölkerung vorwärts Gedrängten die morsch
gewordenen und nicht mehr genügend verteidigten Mauern des Römerreiches, der
„Limes", der Ister, der Rhein, die Alpen sogar nachgaben, einfielen, sich überbrücken
und übersteigen ließen und nun in die römischen Provinzen Dakia, Moesia, Pannonia, Illyricum, Epirus, Achaia, Noricum, Vindelicia; Rhaetia, Germania, endlich auch
Belgica, Galliae und Italiae die Völker der gotischen Gruppe, dann Alemannen, Burgunder, Franken, Langobarden, Bajuwaren sich ergossen.

Der letzte Grund dieser unwiderstehlichen Bewegung lag in der bei allen Germanenstämmen seit dem Übergange von überwiegendem Wanderhirtentum mit Jagd
und Viehzucht zu überwiegendem seßhaftem Ackerbau eintretenden raschen Zunahme der Bevölkerung, bald der Übervölkerung und der Landnot.[1]

---

1 Dahn, Altgermanische Übervölkerung und Auswanderung. Bausteine VI. Berlin 1884; Die
  Landnot der Germanen. Leipzig 1889 (Festgabe für Windscheid).

X. ANSIEDLUNG. LANDTEILUNG. UMGESTALTUNG DER ANSIEDELUNG 83

Ein Naturgesetz, zahlenmäßig nachweisbar, waltet hier; oder, anders ausgedrückt, eine bisher in allen beobachteten Fällen eingetretene Bewegung der Bevölkerungszahl. Die Gründe dieser Erscheinung sind vor allem die ganz im allgemeinen nach allen Richtungen des Volkslebens eintretende Hebung der Gesittung überhaupt, die mit dem Übergange zu seßhaftem Ackerbau sich einfindet. Im einzelnen mag nur an die sorgfältigere Pflege auch der schwachen und kränklichen Kinder erinnert werden, welche die Mutter am dauernden Herde zu heilen und am Leben zu erhalten, zu kräftigen und aufzuziehen vermag, während der schweifende Jäger und Hirt die hoffnungsarme Belastung seines Wagens leichter aussetzt.

Es leuchtet ein, daß diese Wirkung natürlich nicht sofort bei dem Sieg der Seßhaftigkeit eintreten kann, sondern erst in dem vierten oder fünften Geschlecht, das aber ist genau die Zeit, in der die sogenannte „Völkerwanderung" ihre ersten Wellen ausbreitet bei den Germanen.

Die Tatsache dieser unverhältnismäßigen Vermehrung der Bevölkerung aber erhellt aus den Zahlen, die uns die römischen und griechischen Quellen in immer steigenden Maßen angeben bezüglich der Stärke der Heere und Flotten, der Erschlagenen und Gefangenen, die seit Ende des zweiten Jahrhunderts Markomannen, Quaden, Alemannen, Franken, Ostgoten, Westgoten, Vandalen und die kleineren gotischen Völker unerschöpflich immer wieder, ungeachtet unerhörter Verluste, wider die Dämme des römischen Reiches werfen – in der Tat ein brandendes Meer von Menschen.

Diese starke Zunahme der Bevölkerung bei allen Germanen also im Zusammenhang mit dem Drucke der nachdrängenden Hunnen und Slawen hat das bewirkt, was man die Völker„*wanderung*" nennt, aber viel richtiger eine Völker„*ausbreitung*" nennen würde: denn auch bei den Völkern, die am meisten gewandert sind, den Vandalen, die von Schlesien nach Ungarn, von Ungarn bis Afrika, den Langobarden, die von der Elbe an die Theiß, von der Theiß an den Po und zuletzt an den Garigliano ziehen, war dieses „Wandern" ein äußerst langsames, allmähliches Sichvorschieben, Hin- und Herschieben nach Richtungen, welche die eigene freie Wahl am wenigsten bestimmte, am meisten der Hunger und der übermächtige Druck anderer auf Rücken oder Flanken.

Wahre Völker mit Weibern, Kindern, Knechten, Mägden, Wagen, Pferden, Herden und Hausrat sind es gewesen, die sich in solcher Weise, oft ziellos, fortwälzten, wandernd, kämpfend, lagernd, säend, erntend, wiederaufbrechend, wenn das Land ihrem ungeschickten Ackerbau, der noch immer der Raubbau des Hirten war, nicht mehr genug Ertrag lieferte oder wenn ein stärkerer Nachdränger scheuchte oder Hoffnung auf reichere römische Lande lockte oder der Verrat und das Ränkespiel römischer Machthaber sie einlud.

Allerdings war die Stärke dieser wandernden Haufen entfernt nicht so groß, wie man bisher allgemein annahm, ihre Kopfzahl war gering im Vergleiche mit den römischen Einwohnern: die frühe und starke Verrömerung der Goten, Burgunder usw. und die Schonung, welche die Provinzialen fast überall erfuhren, wird dadurch erklärt. Aber immerhin waren es sich ausbreitende Völker – dieser begriffliche Unterschied ist wichtig – nicht „Gefolgschaften" oder „bandes", wie unsere Nachbarn zu sagen lieben – Völker, die ihre Götter (oder ihren arianischen Gott), ihr Recht, ihre Sitte, ihre einheitliche Sprache wie ihre Weiber und Kinder mit sich umherführten; das erklärt, daß sie auch nach harten Niederlagen sich behaupten konnten, daß sie nicht spurlos aufgesogen wurden (mit Ausnahme der Vandalen in Afrika), wie der Tropfen auf dem heißen Stein in dem Südlande weit überlegener Bildung und weit

84 EINLEITUNG

überlegener Bevölkerung, daß sie vielmehr so viel volkstümliche Widerstandskraft hatten, bei ihrem Aufgehen in der Überzahl diese doch so mächtig zu beeinflussen, daß durch die geringe germanische Zutat drei neue Bevölkerungen: Franzosen, Spanier, Italiener, hervorgingen, keineswegs die alten römischen oder provinzialen Bevölkerungen unverändert im Lande blieben.

Gefolgschaften ohne Ehefrauen, „Banden", hätten weder der Menge noch der Eigenart nach dies vermocht.

Außer der sogenannten Völkerwanderung also, dieser zunächst nach außen gerichteten Wirkung, hat aber der Übergang zu überwiegendem Ackerbau und die daraus rasch erwachsene Übervölkerung auch im Inneren eine höchst bedeutsame Wirkung geübt, eine Umgestaltung der Verfassung in doppeltem Betracht: einmal die Herstellung größerer Staatsverbände, genauer ausgedrückt die Ausdehnung des Umfangs an Land und Leuten für den germanischen Staatsbegriff; und zweitens, Hand in Hand hiermit schreitend, bedingend und bedingt, die Verdrängung der früher sehr stark überwiegenden königlosen Verfassung durch das nunmehr fast ausschließlich werdende Königtum.

Der germanische Staatsgedanke[1] fing mit dem denkbar kleinsten Verbande an, er beschränkte sich ursprünglich auf den kleinsten Kreis, aus welchem er hervorgewachsen war: auf die Familie. Sibja heißt zugleich Familie, Geschlecht, gens, und Friede, Rechtsschutz, pax (vgl. altnordisch sifgar, femin. plur. die Gesippen, gotisch sibja das verwandte Geschlecht, die Verwandtschaft = „Freundschaft", Gemeinschaft; altsächsisch sibbja, mittelhochdeutsch Sippe = Friede, Bund, Verwandtschaft. sanskrit sabhâ, communitas, daher sabhya zu einer Gemeinschaft gehörig, dann gesittet, anständig).

Ursprünglich erstreckte sich Gerichtsbarkeit und Rechtsschutz nur auf die „Gesippen", d. h. die Glieder *eines* Geschlechts; unter ihnen sollte unverbrüchlicher Friede walten, kein Streit unter Brüdern, Vetter, Magen sollte durch Fehdegang, jeder Streit durch Urteil, gefunden von den Rechtsgenossen, entschieden werden. Daher erscheint es in der nordischen Auffassung als Vorzeichen des „Götteruntergangs"[2], d. h. als Auflösung der heiligsten Bande unter den Menschen, wenn Bruder dem Bruder nicht mehr trauen darf, wenn sich Gesippen befehden und morden.

Als man später auch auf Ungesippen, Fremde, den Rechts- und Friedensschutz ausdehnen wollte, wagte man noch nicht gleich, mit dem alten Grundsatz zu brechen. Man half sich, indem man sie in den Schutz eines Gesippen stellte oder vielleicht durch Wahlkindschaftung mittels sinnbildlicher Handlungen durch einen Gesippen (Waffenleihe, Bartabscherung).

Auch als mehrere Sippen sich zur Horde vereinten – noch kann von „Gemeinden" nicht gesprochen werden: sie setzt Ackernachbarschaft, Seßhaftigkeit voraus und diese Entwicklungen haben sich bei den Germanen offenbar vor dem Übergang zur Seßhaftigkeit vollzogen – wurde darin grundsätzlich nichts geändert; gegen nicht zur Horde gehörige Feinde hielt man zusammen, gemeinsame Opfer feierte man, die Gefahren des Weges, des Waldes, des Wolfes teilte man; auch entwickelte sich für die verschiedenen Sippen der Horde ein einheitliches Privat-, Straf- und Verfahrensrecht, für den Fall, daß bei einem Streit von Angehörigen verschiedener Sippen der

---

1 Dahn, Der Werdegang des Staatsgedankens bei den Westgermanen. Annalen des Deutschen Reiches 1891, S. 500 f.
2 *Götterdämmerung* beruht auf Mißverständnis.

X. ANSIEDLUNG. LANDTEILUNG. UMGESTALTUNG DER ANSIEDELUNG 85

Rechtsweg gewählt wurde: aber eine Nötigung, den Rechtsweg zu wählen, bestand nicht in diesem Falle, wie sie bei Streit unter Gesippen bestand. Es konnte auch unter den Sippen derselben Horde statt des Rechtsweges der Waffenweg[1] gewählt werden: „Fehde" (wie bei Streit unter mehreren Horden statt friedlicher Schlichtung der Krieg gewählt werden mag von jeder), ohne daß die Horde als Gesamtheit ein Recht hätte, sich einzumischen; nur bei Verbrechen gegen die Götter und gegen die Gesamtheit übt die Gesamtheit ein Strafrecht.

Diese Anschauungen wurden auch bei dem Übergang zur Seßhaftigkeit nicht aufgegeben; auch nachdem an die Seite des rein persönlichen Verbandes der Verwandtschaft unter den Hordegenossen der räumliche Verband zusammenhängenden Grundbesitzes trat, also auch im Gemeindestaate, blieb das Fehderecht erhalten.

Mehrere Horden und Gemeinden schlossen sich später zum Gau, pagus, herad, zusammen: Ausbreitung der Bevölkerung und des Landbesitzes, Zusammenfließen mit benachbarten befreundeten Gemeinden mochte dazu geführt haben. Dieser Gauverband bleibt offenbar jahrhundertelang der eigentliche Staat, auf ihn beschränkt sich der Staatsverband. Er zerfällt manchmal (keineswegs immer) in Hundertschaften, diese in Dörfer und Höfe; aber die mehreren Gaue der Völkerschaft bilden noch keinen Einheitsstaat, meist nur einen lockeren Staatenbund, der rechtlich – abgesehen von den gemeinsamen Stammesheiligtümern – nur völkerrechtlich verbunden ist. Daher kann es kommen, daß die Gaue desselben Stammes auch wohl untereinander Krieg führen, daß sie dritten, z. B. dem Römerreich gegenüber, verschiedene Haltung einnehmen. Das auffallendste Beispiel bietet die Völkerschaft der Cherusker, bei der jedenfalls mehr als drei Gaue nachweisbar sind, und von diesen Gauen hat bei der allgemeinen Erhebung so zahlreicher Germanenvölker gegen Rom im Jahre 9, die der Cherusker Armin leitete, nicht nur ein Gau auf Seiten der Römer gegen die andern Cherusker fechten wollen, – es war, was bei der allgemeinen Aufregung in ganz Germanien noch viel erstaunlicher ist, ein Gau unbeteiligt geblieben und diese Zurückhaltung von Römern und Germanen geachtet worden. Der Versuch auch des gefeiertsten Helden seines Volkes, diese Zerspaltung, welche die Volkskraft auf das verderblichste lähmte, zu beseitigen und an der Stelle der kleinen Gaukönige wenigstens für seine Cherusker das Völkerschaftskönigtum aufzurichten, kam noch zu früh; er scheiterte, und Armin der Befreier wurde von seinen Verwandten und Stammgenossen „im Namen der alten Freiheit" ermordet.[2]

Es scheint gerade dieser Übergang vom Gau zur Völkerschaft als Grundlage des Staats sich nur schwer, langsam und blutig vollzogen zu haben.

Indessen, seit dem Anfang und der Mitte des zweiten Jahrhunderts wirkten äußerer Druck und innere Entfaltung zusammen dahin, die Trennung der Gaue unhaltbar, das Zusammenfließen der Gaue einer Völkerschaft zu einem Völkerschaftsstaat notwendig zu machen.

Der äußere Druck war die immer dringender im Südwesten von den Römern drohende Gefahr, dann der drängende Nachschub anderer germanischer und ungermanischer Nachbarn von Osten, dem nicht mehr durch Wandern, durch Verschieben der Sitze auszuweichen war, denn nun fehlte es an Raum. – Daß es aber am Raum zu mangeln begann, daß man nicht mehr neuen Urwald zu Grenzwald, Allmende und

---

1 Dahn, Fehdegang und Rechtsgang der Germanen. Bausteine II. Berlin 1880.
2 So erntete schon der erste germanische Staatsmann, von dem wir erfahren, der Befreier seines Volkes, für seine Einungsbestrebungen schwärzesten Undank – wie noch heute (1897).

86 EINLEITUNG

Sondereigen beliebig besetzen konnte, das hatte, wie wir sahen, seinen Grund in jener inneren Entfaltung, in der raschen Zunahme der Bevölkerung.

Vergegenwärtigen wir uns, welche Wirkung das Anwachsen der Bevölkerung in einer Dorfgemeinde zunächst haben mußte: für die größeren Verbände, Gaue und fernerhin auch für die Völkerschaft konnte sich nur in größerem Verhältnisse das Gleiche wiederholen.

Der Maßstab der Landzuteilung zu Sondereigen bei der ursprünglichen Niederlassung hat der Natur der Sache nach kein anderer sein können als das Bedürfnis[1] des einzelnen selbständigen Gemeindegliedes. Ganz undenkbar wäre gewesen, daß z. B. der Gemeinfreie, der mit Weib und einem Sohn, einem Knecht, einer Magd und sechs Häuptern Vieh einherzog, ebensoviel Land erhalten hätte, als der Edle oder Gemeinfreie, der außer dem Weibe vier Söhne und drei Töchter, zwanzig Knechte und zehn Mägde, dazu eine Anzahl von Freigelassenen und vielleicht eine Gefolgschaft von dreißig Freien unterzubringen hatte in dem eigenen Gehöfte und Nebengebäuden und sie zu ernähren.

Was man von einer „Verlosung" bei der Landnahme vernimmt, kann also schlechterdings nicht den gewöhnlich angenommenen Sinn haben, daß das zu Sondereigentum bestimmte Land in soviel gleiche Teile zerlegt worden wäre, als selbständige Gemeindeglieder zu versorgen waren und daß dann das Los jedem das ihm zugewiesene, das gleiche Maß bestimmt hätte.

Zum Teil erklären sich die fraglichen Stellen daraus, daß das germanische Wort, das unser modernes „Los" ist (altnordisch hlutr, angelsächsisch hlyt, althochdeutsch hluz), keineswegs nur Los, sondern vielmehr ursprünglich nur „Teil", „Anteil" bedeutet und daß ganz ebenso das lateinische sors in der Sprache jener Zeit nicht Los, sondern Teil = pars bedeutet: es wurde also gar nicht „gelost", nur „geteilt". In andern Fällen, in welchen wirklich gelost wird, sind die Losteile nicht einzelne Grundstücke, sondern römische Provinzen und die Losenden nicht einzelne Hausväter, sondern germanische Stämme: so entschieden die Vandalen, die selbst in die asdingischen und silingischen Vandalen mit zwei Königen gegliedert waren, die Alanen und Sueben im Jahre 411 durch das Los, welche der römischen Provinzen[2] Spaniens jedem einzelnen dieser Völker zufallen solle.

Auch den alttestamentlichen Ausdruck im Latein der Bibelübersetzung, „funiculo hereditatis terram sorte dividere", haben die lateinischen Quellen der Zeit ohne weiteres auf Fälle angewendet, in welchen, wie wir wissen, an eine Verlosung nicht zu denken war.

Nur insofern wäre hin und wieder eine wirkliche Verlosung anzunehmen, als man, um Streit und Vorwurf der Parteilichkeit abzuschneiden, je nach der Kopfzahl der Sippe einerseits die Losberechtigten, andererseits die Landstrecken in Schichten teilte und innerhalb der Schicht, z. B. der Güter für zwanzig Köpfe, die Sippen, welche zwanzig Köpfe zählten, nur die einzelnen „Zwanzigköpfegüter" verlosen ließ untereinander.

Hierbei mag dann auch das Maß des „Hammerwurfs", das schon bei der ursprüng-

---

1 Tac., Germ. K. 26: (agros) mox inter se *secundum dignationem* partiuntur; diese „Würdigung" schloß *jedes* in Frage kommende Moment ein – auch den Stand. Aber nur *mittelbar*, sofern der Edle in dem allermeisten Fällen mehr Häupter von Menschen und Tieren zu versorgen hatte als der Gemeinfreie.

2 *Drosius* VII, 43: habita sorte – diviserunt.

X. ANSIEDLUNG. LANDTEILUNG. UMGESTALTUNG DER ANSIEDELUNG 87

lichen Landnahme begegnet, angewendet worden sein. Freilich ist dieser offenbar höchst altertümliche Maßstab, der wohl mehr der Sage als der Geschichte angehört – obwohl er auch geschichtlich nachgewiesen ist – nur unter Voraussetzung fast unbeschränkter Landnahme anwendbar gewesen.

Der „Staat" also, d. h. die Gemeinde, d. h. die Gesamtheit, teilte dem selbständigen Gemeindegliede – wir wollen ihn „Faramannus" nennen – so viel aus dem von der Gemeinde besetzten Lande zu Sondereigentum für Haus, Hofraum, Garten und Ackerland, als sein Bedürfnis, zumal nach der Kopfzahl der Sippeglieder und Unfreien und dem entsprechenden Herdenbesitz, erheischte.

An der Allmende, d. h. dem unverteilten Urwald, der Waldweide, Heide und Steppe, dem Gebirge und dem Gewässer, hatten die Gemeindeglieder dingliche Nutzungsrechte, die als solche an das Sondereigentum, an einen Hof in der Gemeinde, geknüpft waren.

Allein offenbar fand in dieser Beziehung in der Urzeit nur sehr geringe Beschränkung statt.

Einmal durfte gewiß der „Faramannus" das ihm zustehende Nutzungsrecht, z. B. das Jagdrecht, auch durch alle zu seiner Fara gehörigen Männer ausüben lassen. Denn es war zweitens auch sachlich, dem Umfange nach, nicht beschränkt; es durfte also ursprünglich gewiß der Jagd-, Holzungs- und Weideberechtigte so viele wilde Tiere erlegen, so viele Bäume fällen, so viele Herdentiere auf die Weide treiben, als er konnte und wollte.

Man muß sich vergegenwärtigen, daß ursprünglich bei dieser Einwanderung der germanische Siedler noch einen harten Kampf ums Dasein kämpfe mit dem Urwald selbst und seinen Bewohnern, noch war ja jeder gefällte oder verbrannte Baum, jeder erlegte Bär, Wolf, Eber und Ur ein Fortschritt der Gesamtheit, ein Sieg der Kultur, der der ganzen Siedlung zustatten kam, und des Holzes und Wildes war übergenug; die Allmende verlief in den Grenzwald. Freilich, völlig unbeschränkt war dieses Holzungs- und Rodungsrecht nicht: den Allmendewald niederbrennen oder auch den zum Schutz bestimmten Grenzwald durfte der einzelne nicht.

Als nun die Bevölkerung zunahm und z. B die herangewachsenen Enkel des ursprünglichen Faramannus mit ihren Zugehörigen nicht mehr Raum und Unterhalt fanden auf dem noch so reichlich für ihn in Erwägung der Zahl seiner Söhne zugemessenen Sondergut, so wurde man wohl mehrerer Menschenalter lang dadurch mitnichten in Verlegenheit gesetzt: man griff zur Allmende und später, nach deren Erschöpfung, zu dem Grenzwald und schnitt aus demselben neue Sondergüter heraus, indem man dem Jungbauer die Rodung, etwa mit Unterstützung seiner schon ansässigen Gesippen, überließ.

Aber freilich, einmal mußte der Zeitpunkt kommen, da es mit dem „et superest ager" ein Ende nahm, da Allmende und Grenzwald in Wild- und Holzbestand bei Fortsetzung unbeschränkter Nutzung bedroht, da die Gemeindeweiden nicht mehr fähig gewesen wären, Herden in beliebiger Stärke zu nähren.

Nun begann man in dem Gemeindeding das Maß der Holzungsrechte und der Weiderechte genau festzustellen: wieviel jeder an Bauholz und Brennholz beziehen, wie viele Tiere er auf die Gemeindeweide treiben durfte; in letzterer Hinsicht wurde der Umfang der Stallräume maßgebend; „soviel der Bauer überwintern kann, so viel darf er übersommern", d. h. den Sommer über auf die Weide treiben. Für die Holzungsrechte wurden häufig die „Feuerstellen" entscheidend, d. h. nicht alle Gebäude des Bauers, sondern nur solche kamen dabei in Betracht, in welchen Herdfeuer gezündet werden konnte.

Auch begann man nun die Nutzungsrechte der Zahl nach zu begrenzen und dieselben mit den Althöfen zu verknüpfen; Jungbauern, Neuanziehende erhielten nicht mehr oder nur noch in geringerem Umfang die Nutzungsrechte an der Allmende.

Es ist bekannt, wie grausam die Strafen sind, welche die germanische Bauernschaft für Flur- und Feldfrevel, für Überschreitung des zugebilligten Umfangs der Nutzungsrechte, für Abpflügen von der Allmende, für Markverrückung, aber auch für Baumschändung aufstellte: Eingraben bis an den Gürtel und Entzweipflügen, Aufschlitzen des Leibes und Bedeckung der geschälten Baumstellen mit den Eingeweiden des Baumschänders und ähnliche Strafen, die, vielleicht nie wirklich angewendet, nur als rechtliche Vogelscheuchen aufgestellt, jedenfalls aber dem grauesten Altertum angehörig sind.

Eine sehr wichtige Folge jedoch mußte die Verwandlung der Allmende in Sondereigentum und des Grenzwaldes in Allmende oder doch die bedeutende Verdünnung des Gürtels, den Allmende und Grenzwald um die Sondergüter gezogen hatten, zur Befriedigung der stark nachwachsenden Bevölkerung vorgenommen, in der Richtung nach außen haben. Es fielen, es verschwanden die trennenden Schranken, die unwegsamen Urwälder und Sümpfe, die, regelmäßig nur von seltenen Straßen durchschnitten, Gau von Gau, Völkerschaft von Völkerschaft getrennt hatten; unmittelbare Nachbarn waren nun geworden mit Ackerbau und Weideland, in friedlicher oder auch feindlicher Berührung ununterbrochen aufeinander hingewiesen, Nachbarn für Pflug und Herde, für Jagd und Krieg, Gaue und Gemeinden, die früher durch meilenbreite Wildnis voneinander geschieden gewesen.

Die Wirkung mußte eine außerordentliche sein. Die Entfernungen verschwanden, in ähnlicher Weise, wie in unseren Tagen Eisenbahnen und Telegrafen, freilich mehr plötzlich, die Entfernungen unter den Stämmen des deutschen Volkes verringert, die Berührungen gesteigert und damit das Zusammenfließen der bisher Geschiedenen beschleunigt haben, so mußte die Zunahme der Bevölkerungen, folgeweise das Zusammenrücken der Siedlungen, die Lichtung der Grenzwälder, das Zusammenrinnen der zahlreichen allzu klein gesplitterten Gruppen der germanischen Verbände erleichtern, sei es in friedlichem Zusammenschluß, sei es in dem nunmehr von dem Schwächeren viel schwieriger abzuwehrenden gewaltsam heranzwingenden Anziehen der mächtigeren größeren Gruppen.

So ist es zu erklären, daß seit dem dritten Jahrhundert in den lateinischen und griechischen Quellen die zahlreichen Namen der kleinen Völkerschaften nicht mehr gehört werden, indem wenige umfassende Gesamtnamen auftauchen, innerhalb deren wenigstens der Ausländer und Feind die Namen der kleineren Verbände nicht mehr unterschied; so ist die Entstehung der Gruppennamen zu erklären: der *Franken, Thüringer, Alemannen, Bajuwaren, Sachsen, Friesen.*

Schon früher war bei den gotischen Völkern dieselbe Bewegung eingetreten; ja zum Teil wenigstens hatten einzelne Völker schon zur Zeit Cäsars sich in solche Staatenbündnisse vereint, ohne die Sondernamen und den Sonderbestand aufzugeben; so die große Gruppe der Sueben, ein Staatenbündnis mit gemeinsamen Opfern mit zahlreichen gemeinsamen Einrichtungen, auf gemeinsame Verteidigung gerichtet; die Namen einzelner zu diesem suebischen Gesamtnamen gehörigen Völkerschaften drangen noch an des Römers Ohr, von andern wußte er nur, daß sie zu den Sueben gehörten.

Hand in Hand mit dieser Zusammenschließung kleinerer Verbände zu größeren ganzen ging nun auch die Verdrängung der königlosen durch die Königsverfassung.

X. ANSIEDLUNG. LANDTEILUNG. UMGESTALTUNG DER ANSIEDELUNG   89

Der Hauptunterschied lag in der freien Wahl der Grafen einerseits und einem gewissermaßen erblichen Anrecht des Königshauses auf den Königsstab andererseits. Es leuchtet nun ein, daß der Zug zur Zusammenschließung und der zum Königtum in Wechselwirkung standen. Denn einerseits wurde es immer untunlicher, die umfangreicher gewordenen Staatsgebiete nur mit der Gewalt oft wechselnder Grafen zusammenzuhalten im Frieden und erfolgreich zu verteidigen im Krieg. Und andererseits war das Königtum an sich darauf angewiesen, durch Eroberung, durch Zusammenfassung der nahestehenden Volksteile und erfolgreiche Verteidigung des so Geschützten kriegerischen Glanz und Ruhm zu gewinnen, und endlich war es durch die Erblichkeit, durch die nie fehlende kriegseifrige Gefolgschaft in den Stand gesetzt, eine bestimmte Staatskunst nach außen einheitlich im Auge zu behalten und mit überlegener Kraft des Angriffs zu verfolgen. Gewiß hat diese Entwicklung von innen heraus mindestens ebensoviel als die äußere Nötigung – der durch die Römer im Südwesten und durch die von Osten her nachdrängenden größeren Volksverbände geübte Druck, dem man nur durch Zusammenschließung zu stärkeren Verbänden Widerstand leisten konnte – dazu beigetragen, daß wir den von Armin noch vergeblich versuchten Übergang vom Gaustaat zum Völkerschaftsstaat jetzt fast überall vollzogen sehen, daß sich auch die Völkerschaften der einzelnen Volksgruppen (oder, auch ohne Rücksicht auf stammtümliche Zusammengehörigkeit, Nachbarn zur Abwehr gemeinsamer Gefahren) nunmehr untereinander mit einheitlichem Namen in Staatenbündnissen verbanden, ganz ähnlich wie ursprünglich die Gaue einer Völkerschaft sich zu Staatenbündnissen versammelt hatten. (Nur bei den Sachsen, die nicht wanderten und von der römischen Gefahr nicht mehr berührt wurden, ähnlich bei den Friesen erhielten sich die alten Zustände, das „in Pace nullus communis magistratus", bis auf die Tage Karls des Großen.)

Auch sonst hat man sich vor falscher Verallgemeinerung, vor Annahme zu gleichmäßiger Durchführung der im ganzen freilich gleichartigen Bewegung bei allen Völkerschaften und in allen Fällen zu hüten.

Es ist nicht unwahrscheinlich, daß bei manchen Völkern ein Gesamtname angenommen, ein Bündnis gegründet wurde, ohne daß die Gaustaaten zu Völkerschaftsstaaten zusammengefaßt wurden; so scheint bei der sächsischen Gruppe die Zusammenfassung des Sachsennamens, dann der Ostfalen, Engern und Westfalen (diese nur landschaftliche, nicht staatliche Gliederungen) ohne Vermittlung von Völkerschaftsstaaten gleich auf den Gauen beruht zu haben.[1]

Auch bei der aus markomannischen Bezirken hervorgegangenen Gesamtgruppe der Bajuwaren ruht vielleicht das Volkskönigtum nicht auf Völkerschaften, sondern unmittelbar auf Gauen; die fünf Geschlechter bajuwarische Volksadels haben wenigstens teilweise ihre Namen in „Gauen", „pagi" fortgeführt und waren vielleicht alte gaukönigliche Geschlechter.[2]

Abgesehen aber von solchen Abweichungen im einzelnen ist im ganzen der Gang der Bewegung zum Zusammenschluß sehr durchsichtig; bei Westgoten und Vandalen, bei Markomannen und Quaden ist nachgewiesen[3], wie allmählich aus dem Gaukönigtum das Völkerschaftskönigtum erwachsen ist.

Bei den Alemannen und Franken können wir zusehen, wie im Laufe weniger Men-

---

1 S. Band IV.
2 S. Band IV.
3 Dahn, Könige der Germanen, V.

90 EINLEITUNG

schenalter die eine Zeitlang noch gesehenen Völkerschafts- und Gaukönige dem alleinigen *Volkskönig* weichen. Als nämlich jene Völkergruppen sich bildeten, wurde anfangs eine große Zahl von Völkerschaftskönigen noch nebeneinander anerkannt.

In der Zeit der großen Alemannenschlacht bei Straßburg im Jahre 357 hat es Julian noch mit mehr als zwölf reges, reguli, regales der Alemannen zu tun, die bald nur einen pagus, bald mehrere pagi unter sich haben; Gaukönigtum und Völkerschaftskönigtum scheint hier noch nebeneinander zu stehen; an einen Volkskönig aller Alemannen zu denken, fällt offenbar noch niemand ein.[1]

Aber hundertundvierzig Jahre später steht den Franken nur ein Alemannenkönig gegenüber in der großen Alemannenschlacht von (ungefähr) 500: wenige Geschlechter haben bei der sehr stark einheitlichen Strömung einer Zeit, die kleine Körper wie Sandkörner zerrieb, genügt, hier alle die Kleinkönige verschwinden zu lassen. Ein Volkskönig der Alemannen steht den Franken entgegen, und als er gefallen ist, unterwirft sich sofort das ganze hier kämpfende Volksheer. Die entfernter wohnenden Alemannen, die offenbar ohne eigene Völkerschafts- oder Gaukönige, nur locker dem Volkskönig untergeordnet waren, vermögen sich doch nur durch Auswanderung und Aufnahme in ostgotischen Schutz der durch jene eine Schlacht und den Fall des Königs entschiedenen Unterwerfung zu entziehen.[2]

Bei den Franken selbst aber können wir, dank Gregors von Tours, im hellen Licht der Geschichte zusehen, wie die beiden Hauptstämme der salischen und ripuarischen Franken noch von einer Mehrzahl von ursprünglichen Gau- und Völkerschaftskönigen beherrscht werden – denn die Namen „salische" und „Uferfranken" sind offensichtlich erst spät entstandene landschaftliche Zusammenfassungen von alten Völkerschaften – bis *einer* der salischen Kleinkönige mit allen Mitteln der Gewalt und List seine Mitkönige in beiden Stämmen beseitigt und es durchsetzt, daß ihn endlich alle Träger des fränkischen Namens beider Landschaftsgruppen als alleinigen *Volkskönig* der Franken anerkennen.[3]

Aber der gewaltige Zug jener Zeit zur Einheit kommt nicht zur Ruhe, bis der fränkische Volkskönig ein *Reichskönigtum* aufgerichtet hat. Alemannen und die unter dem Namen Thüringe zusammengefaßten alten hermundurischen Völkerschaften und die nun als Bajuwaren auftauchenden Markomannen im Osten, aber auch die Burgunder im Südwesten werden zunächst hereingezogen; und als es Karl dem Großen gelungen, auch die heidnischen Friesen und Sachsen im Norden und das langobardische Reich im Süden in seiner Einherrschaft zu vereinen, wird sogar die volkstümliche fränkische und germanische Grundlage verlassen und ein fast weltbürgerliches Kaisertum aufgerichtet, eine Fortsetzung des abendländischen römischen Kaisertums, aber mit wesentlich theokratischer christlicher Grundlage, mit der Berechtigung und Verpflichtung zur Schirmvogtei der gesamten abendländischen Christenheit.

Dieses Reich, in welches Völker der verschiedensten Bildungsstufen und Stammesmischungen durch die Überlegenheit eines Mannes waren zusammengeschmiedet worden – dieses Reich bezeichnet den Gipfel einer großartigen Einigungsbewegung, das aus dem germanischen Geschlechter- und Gemeindestaat von etwa zwan-

---

1 Band II, S. 280.
2 Band III, S. 52.
3 Band III, S. 64.

X. ANSIEDLUNG. LANDTEILUNG. UMGESTALTUNG DER ANSIEDELUNG   91

zig Gehöften zu dem abendländischen Kaisertum geführt hatte, das von Saragossa bis Pest, von Benevent bis zum Danevirke reichte.

Dieses Reich ohne einheitliche Volksgrundlage wurde gesprengt durch die Gegenwirkung der Bildungsstufen und der Stämme: Romanen und Germanen, stark und wenig veränderte Germanen, Ialiener, Franzosen, Deutsche brachen auseinander, und innerhab dieser drei Nationen hub nun aufs neue ein mächtiger, alles überwuchernder, die Einheit zerstörender oder doch fliehender Zug an, der Italien dauernd zerriß und der Fremdherrschaft unterwarf, Frankreich bis auf die Zeit Ludwigs IX. noch schwerer als Deutschland mit der Auflösung in eine Anzahl von selbständigen Vasallenländern bedrohte und das Deutsche Reich zuletzt in einen locker verbundenen Bundesstaat abschwächte. Erst seit *1812* beginnt wieder eine entgegengesetzte Strömung, gerichtet auf Einigung der deutschen Stämme, die in der glorreichen Herstellung unseres Reiches *1871* ihren sieghaften Abschluß fand.

XI. Recht und Verfassung vor der Wanderung

1. Einleitung

Es ist bereits dargestellt, in welch mannigfaltige weitere und engere Ringe die große Kette der Germanen bei ihrer Verbreitung über Europa sich gliederte.

Wir sahen (oben S. 22), daß die umfassendste stammtümlich wohlbegründete Haupteinteilung der *Völkerzweige* (nach den Söhnen des Mannus usw.) rechtlich und auch staatlich ohne Bedeutung war.

Enger ist der Verband der *Völkergruppe*, wie ihn schon Cäsar in *einem* Beispiel, dem der Sueben, kennt und nennt: diese enthielt eine große Zahl, angeblich hundert, Gaue. Eine solche Gruppe war aber kein staatsrechtlicher Verband, kein Bundesstaat, ja nicht einmal ein unverbrüchlicher Staatenbund: gemeinsame Abstammung, Nachbarschaft, Opfergemeinschaft, die Verehrung gewisser diesem Verbande gemeinsamer, besonders gefeierter Götter waren die Grundlagen, aber es fehlt an einer Bundesverfassung, einem Bundeshaupt; nicht einmal gegen äußere Feinde findet *notwendig*, bundesgemäß in *allen* Fällen gemeinsame Kriegführung statt. Solche kommt häufig vor, vielleicht sogar regelmäßig, aber nicht immer, nicht als Folge des Bundes, sie muß in jedem Fall besonders beschlossen werden, Kriege suebischer Völkerschaften untereinander, auch im Bunde mit nicht suebischen, sind nicht ausgeschlossen.

So war denn nicht staatliches Werkzeug, sondern gemeinsames Opferfest jene große Versammlung, die in dem heiligen Hain der Semnonen, regelmäßig wiederkehrend wie es scheint, stattfand. Beschickt von Staatsvertretern, beliebig besuchbar von Angehörigen aller suebischen Völkerschaften, die Semnonen galten als die älteste, daher edelste dieser Völkerschaften, als der Ursprung des ganzen Verbandes, in jenem Walde wurde wohl auch räumlich der Ursprung der ohne Zweifel halbgöttlichen ersten suebischen Geschlechter gesucht. Die *sakrale* Opfergemeinschaft war die einzige *äußerlich* zusammenhaltende Form des Verbandes.

Gewiß gab es auch innerhalb anderer Völkerzweige schon in jener Zeit ähnliche Völkergruppen; in diesem Sinn sind wohl manche z. B. innerhalb des gotischen Zweiges begegnende Gesamtnamen (z. B. Vandalen) zu verstehen wie auch später im Norden.

Und in ähnlicher Weise beruhen die in und nach der Wanderung neu gebildete Völkergruppen der Franken, Sachsen, Friesen, Thüringer, Alemannen und Bajuwaren zum Teil auf näherer Stammverwandtschaft. Nur zum Teil, denn auch andere Momente haben hier mitgewirkt: Nachbarschaft, landschaftliche Gliederungen, dauerndes Waffenbündnis, manchmal auch Eroberung und Unterwerfung.

Die Glieder dieser Völkergruppen sind die *Völkerschaften* (civitates, gentes), z. B. Cherusker: *ihre* Namen, der Völkerschaften, sind es, welche und in den Berichten der Römer (bis circa 200–250) regelmäßig entgegentreten. Selbstverständlich bestanden diese Namen innerhalb der Völkergruppe fort, ja auch in den neuen in und während der Wanderung entstandenen Völkergruppen, z. B. der Franken und Alemannen werden offenbar lange Zeit noch die Namen der einzelnen Völkerschaften gehört, im

XI. RECHT UND VERFASSUNG VOR DER WANDERUNG 93

Verhältnis derselben untereinander vor allem; ob auch der Römer sich an den für ihn wichtigeren *Gesamt*namen hielt, wie etwa die Franzosen *1870* regelmäßig nur von „Allemands" sprachen, obzwar sie wußten, daß Preußen, Bayern, Sachsen usw. unter jenem Gesamtnamen als Sondernamen fortbestanden.

Um nicht zu verwirren, nicht die klare Übersichtlichkeit zu stören, sei hier nur kurz bemerkt, daß hier und da zwischen der Völkergruppe und der Völkerschaft (oder auch zwischen der Völkerschaft und dem Einzelgau) *Mittelglieder* begegnen, die *nicht alle* Völkerschaften der Gruppe, *nicht alle* Gaue der Völkerschaft umfassen, aber eine *Mehrzahl* von Völkerschaften oder von Gauen: das Gemeinsame für solche Mittelglieder war vermutlich in den allermeisten Fällen Nachbarschaft, d. h. die gemeinsame Niederlassung in natürlich abgegrenzten Landschaftsrahmen, z. B. an einem Fluß, in einem Gebirgstal, auf einem Höhenzug, wie dies später bei den Nordgermanen, auch bei Angelsachsen, oft begegnet. Solche Mittelglieder waren dann gerade durch die Landesbeschaffenheit enger aufeinander angewiesen, zumal für Landesverteidigung: klare Beispiele sind als Mittelglieder zwischen Völkergruppe (Franken) und Völkerschaft (Sugambern, Marsen usw.) z. B. *Salier,* die an dem Sale-Rhein wohnenden, *Ripuarier,* die an den Ufern des Mittelrheins wohnenden; Beispiele von Mittelgliedern zwischen Völkerschaft und Einzelgau sind minder klar: aber die *Bataver,* ein *„Teil der Chatten",* waren, wie ihre Volkszahl zeigt, nicht nur *ein* pagus, wie etwa die kleineren Kanninefaten. Mittelglieder waren auch die wiederholt begegnenden Teilungen in „Große" und „Kleine": Großchauken und Kleinchauken, Großfriesen und Kleinfriesen, je nachdem man in diesen Namen ursprünglich Völkerschaften oder, was wohl richtiger, damals schon Völkergruppen erblickt, Verbände mehrerer Gaue oder mehrerer Völkerschaften. In beiden Fällen schied ein Fluß die „Großen" und „Kleinen". Diese Scheidung begegnet z. B. auch bei „Goti", wo freilich nur die „minores" begrenzt sind, die aber doch notwendig „Goti majores" voraussetzen. Vielleicht ist nun, dies vorausgeschickt, das folgende nicht allzu kühn. Die Hermun-Duren waren nach ihrer Macht, nach der Ausdehnung ihrer Sitze nicht eine einzelne Völkerschaft: hermun = ermin heißt „groß", „allgemein": vielleicht sind schon bei dem ersten Auftreten des Namens Duri magni, Duri majores, Duri umniversales (vergl. Ala-manni) zu scheiden von (allerdings nicht ausdrücklich bezeugten) Duri minores; jedenfalls erklärt sich bei dieser Annahme leicht, daß später der Zusatz „Hermun" = „groß" wegfallen und die schon ursprünglich bei der Bildung des Namens als Hauptglied geltene Bezeichnung Duri allein (Thuringi) übrigbleiben konnte. Ein klares Beispiel solchen Mittelgliedes zwischen Völkergruppe und Völkerschaft sind die Marko-manni: sie gehörten zur suebischen Gruppe, umfaßten aber durchaus nicht *alle* suebischen Völkerschaften. Einzelnamen der markomannischen Völkerschaften sind uns nicht erhalten. Das Gemeinsame, was ihnen den Namen gab, was die innerhalb der suebischen Gesamtgruppe näher verband, war die (ursprüngliche) Siedlung an der Westmark am Main, also auch hier wie bei Saliern, Ripuariern usw. Mit der Annahme solcher Mittelglieder mit eigenen Namen scheint gar manche Schwierigkeit der Quellen beseitigt, nicht nur Widersprüche in den *Namen,* sondern Schwierigkeiten in den wirklichen Machtverhältnissen und Ausbreitungen über weite Gebiete, die für eine Einzelvölkerschaft zu groß wären: Markomannen, Hermunduren kann man nicht mit *einer* Völkerschaft wie Fosi, Kanninefaten auf *eine* Stufe stellen – und doch sind sie nicht Völkergruppen wie Sueben, Franken: es sind *landschaftliche* Zusammenfassungen wie etwa später Salier, Ripuarier.

Aber nicht ein solches Mittelglied (z. B. Markomannen), ja nicht einmal die Völkerschaft civitas (z. B. Cherusker) bildet einen Einheitsstaat: ja nicht einmal einen

Bundesstaat, sondern nur einen locker gefügten Staatenbund, völkerrechtlichen, nicht staatsrechtlichen Verbandes, vergleichbar etwa dem Deutschen Bund *1815–1866*, nur daß unter den verschiedenen pagi nicht einmal der Krieg ausgeschlossen, nicht einmal die äußere Staatsleitung in Krieg und Frieden für alle Bundesglieder *notwendig* gemeinsam war.

Der wahre Staat, der Einheitsstaat, ist von Cäsar und Tacitus bis ins dritte Jahrhundert vielmehr der Gau, pagus. Die civitas Cheruscorum, d. h. der Staatenbund der Cherusker, besteht aus einer Zahl selbständiger cheruskischer pagi, deren Selbständigkeit durch den Staatenbund beschränkt, aber durchaus nicht aufgehoben ist. Nicht notwendig durch ausdrücklichen Vertrag ist das Verhältnis entstanden, vielmehr wahrscheinlicher dadurch, daß aus den ursprünglichen nur *einen* Gau – den ältesten – füllenden Geschlechtern allmählich viele Gaue füllende Geschlechter hervorgingen, die alle, ohne daß es bei ihrer allmählichen Entfaltung eines Vertragsschlusses bedurft hätte, durch den gemeinsamen Ursprung, gemeinsame Heiligtümer, engste Nachbarschaft zusammengehalten werden für gewisse – aber nicht alle – gemeinsame Zwecke. Es tagt allerdings ein ungebotenes und ein gebotenes Ding für alle Gaue der Völkerschaft, wo, bei gemeinsamem Opfer, Krieg, Friede, Bündnis gegenüber anderen Staaten beraten, die Rechtsstreitigkeiten zwischen Angehörigen verschiedener Gaue oder den Gauen selbst entschieden werden (wenn diese nicht statt des Rechtsgangs den Fehdegang wählen): Handlungen der freiwilligen Gerichtsbarkeit können hier vorgenommen werden, ihnen hohe Feierlichkeit, weitere Öffentlichkeit, Volkskundigkeit zu geben (Verlobung der Königssöhne oder Töchter, Schwertleite der königlichen und edlen Jünglinge, Auflassungen großer Grundbesitzungen). Regelmäßig werden alle Gaue der Völkerschaft gemeinsam nach außen auftreten: aber notwendig ist dies nicht: wie im vierten Jahrhundert einzelne alemannische Völkerschaften oder Gaue innerhalb der Völkergruppe mit den Römern Frieden und Bündnis schließen, während andere den Kampf fortführen, so konnten sogar im Jahre der fast allgemeinen Erhebung gegen Rom selbst in der führenden Völkerschaft, unter den Cheruskern Armins, nicht nur der Gau des Segest zu den Römern stehen und nur widerwillig in den Kampf mitfortgerissen werden: – es kann sogar, was höchst bezeichnend, ein cheruskischer Gau, der des eigenen Oheims Armins, in dieser gewaltigen Erregung, wie wir sahen, unbeteiligt bleiben! Krieg, Fehde unter den Gauen *einer* Völkerschaft ist um so weniger ausgeschlossen, als ja sogar die Sippen *eines* Gaues vollfreie Wahl zwischen Fehdegang und Rechtsgang haben.

Jeder Gau hat das Recht, für sich Krieg und Frieden zu machen, sollen alle zusammen handeln, so bedarf es besonderen Beschlusses, bei welchem ein Mehrheitsbeschluß, so scheint es, ausgeschlossen, Einwilligung erforderlich ist, den einzelnen zu verpflichten; *rechtlich* nicht anders, wenn eine *Völkerschaft* mit anderen *Völkerschaften* sich zu gemeinsamer Kriegführung verbindet, nur *tatsächlich* war aus naheliegenden (schon kriegerischen) Gründen Gemeinsamkeit die Regel, Trennung die Ausnahme.

Rechtspflege und, sofern sie überhaupt vorkommt, Verwaltung bewegt sich innerhalb des Einzelgaus völlig vollständig, nur soweit z. B. Deichbau gegen gemeinsame Gefahr nur von mehreren oder allen Gauen wirksam beschafft werden kann, erstreckt sich die „Verwaltung" über mehrere oder alle Gaue.

Die Gaue führen eigene Namen und können sich wohl auch aus dem Verband der Völkerschaft durch Wanderung völlig lösen: so ziehen Bataver und Kanninefaten aus Land und Verband der Chatten für immerdar den Rhein hinab. Auch ohne Veränderung der Sitze mochte Gleiches geschehen. Daher können andererseits einzelne,

XI. RECHT UND VERFASSUNG VOR DER WANDERUNG

nächst benachbarte Gaue der Völkerschaft (unter besonderem Namen für solche Mittelgruppierung) ein engeres Bundesverhältnis eingehen, geschichtlich erwachsen oder durch Vertrag, dauernd oder vorübergehend, für viele oder für nur einzelne Zwecke (z. B. Deichbau).

Selbstverständlich haben also in dieser Zeit die verschiedenen Gaue der Völkerschaft ein gemeinsames Oberhaupt oder eine gemeinsame Obrigkeit im Frieden *nicht*: „in pace nullus communis magistratus"; diesen Zustand haben nicht wandernde Völker (Sachsen und Friesen) von der Zeit Cäsars bis auf Karl den Großen eingehalten.

Nur für den Krieg wählen die *Gaue*, die denselben gemeinsam führen *wollen*, einen gemeinsamen Oberfeldherrn, dux, für den sich das Wort Herzog eingebürgert hat, nicht anders, als wenn mehrere *Völkerschaften* für einen gemeinsamen Feldzug einen gemeinsamen Oberfeldherrn bestellen. Armin war Herzog der gegen Rom kriegenden Gaue der Cherusker und vielleicht zugleich Herzog aller mit den Cheruskern hierfür verbündeten Völkerschaften. Im Frieden aber gab es in der Urzeit regelmäßig weder Könige noch Grafen der ganzen Völkerschaft, nur Könige oder Grafen der einzelnen, manchmal wohl auch mehrerer Gaue: also nur Gaukönige, Gaugrafen, nicht einen Völkerschaftskönig, Völkerschaftsgrafen.

Regelmäßig: denn vor jeder ausnahmslosen Verallgemeinerung, die dies gleichmäßig auf alle Völker anwenden wollte, muß man sich sorgfältig hüten.

Wir bestreiten daher nicht die Möglichkeit, daß auch damals schon bei manchen Völkern Grafen für alle Gaue (princeps civitatits) gewählt wurden, während es feststeht, daß bei Völkern mit Königen (Goten, Sueben) damals schon, aber freilich als seltene Ausnahme, Könige vorkamen, die alle Gaue dieser Völkerschaft beherrschten, auch fremde Völker unterworfen hatten (Ermanarich, siehe unten).

Aber solches Königtum über eine ganze Völkerschaft erscheint in jener Zeit als seltenste Ausnahme von der Regel, als spärliche Vorwegnahme einer Entwicklungsstufe, die – als Regel – erst viel später auf dem blutigen Weg einer langwierigen Entwicklung erreicht wurde, weniger vermöge schwerer Nötigung von außen, als vermöge zwingender Entwicklung von innen heraus, niemals aber ohne zähen Widerstand.

Noch Armin ging an dem verfrühten Versuch unter, an Stelle der mehreren Gaukönige der Cherusker, das einheitliche Königtum über alle Gaue der cheruskischen Völkerschaft zu gewinnen.

Noch im vierten Jahrhundert stehen in der Völkergruppe der Alemannen Gaukönige (reguli) neben Völkerschaftskönigen (reges), erst im fünften Jahrhundert sind beide verschwunden vor *einem* Volkskönig der Alemannen; ganz ebenso bei salischen und ripuarischen Franken. Selbstverständlich sind jene Schritte der Entwicklung (Gau – Völkerschaft – Volk) keineswegs gleichzeitig bei allen Stämmen geschehen, z. B. viel früher bei gotischen und suebischen als bei anderen Völkern; und bei Sachsen und Friesen gar nicht.

Eine berühmte Streitfrage, ob der Gau die engste Gliederung oder ob unterhalb desselben die sogenannte „Hundertschaft" noch als kleinerer staatlicher Verband bestanden habe, entscheiden wir dahin, daß Hundertschaften keineswegs bei allen Germanen *für die Urzeit* bezeugt sind, sondern nur bei Goten; auch nicht für die *Urzeit* bei Franken, bei welchem vielmehr erst im neunten Jahrhundert „Centena" als räumlicher Begriff begegnet.

Die gotische Hundertschaft war eine persönliche, eine Heeres-, nicht eine räumliche Einteilung. Mögen aber Hundertschaften innerhalb des Gaues auch bei Westgermanen vorgekommen sein, jedesfalls hatten sie nicht die Bedeutung von selbständigen Staaten, nur von größeren Gemeinden innerhalb des Gaustaates. Gleichviel, ob

96 EINLEITUNG

man hundert Wehrfähige (was das Ältere und bei den Goten die ausnahmslose Regel) oder hundert Grundeigentümer darunter versteht, was für die Westgermanen anzunehmen ist.

Ganz irrig aber ist es, die pagi des Cäsar und Tacitus als Hundertschaften zu denken: es ist dargetan[1], daß ein solcher pagus 63 250 Menschen zählen kann, denn die civitas (Völkerschaft) der Helvetier zählt in vier pagi 253 000 Köpfe! Da begreift sich die staats- und völkerrechtliche Selbständigkeit eines solchen *Gaues*. Ebenso unrichtig ist die Annahme, jede Völkerschaft habe nur je *einen* Gau gehabt: nach Tacitus verlassen die Chatten ihre „pagos", haben die Gugerni „pagos".[2]

Also: die Völkerschaft (civitas) zerfällt in mehrere selbständige Gaue (pagos), der Gau zerfällt bei einigen, nicht allen, Germanen in Hundertschaften (centenas), die anfangs nur Heeresabteilungen, später gemeindliche, niemals aber staatliche Verbände waren.

2. Die Stände

a) Die Gemeinfreien

Das Volk besteht aus den *Gemeinfreien;* deren oberste glänzendste Schicht sind die *Edelfreien;* nicht zum Volk gehören die *Unfreien.* Halbfreie, d. h. Schutzhörige sind für die älteste Zeit kaum nachweisbar, doch mögen Reste besiegter im Lande verbliebener Völker in solche Stellung schon damals versetzt worden sein. Auch Freigelassene minderen Rechts zählen vielleicht insofern hierher, als in ältester Zeit die Freilassung wohl nur den bisherigen Knecht durch Verzicht des Herrn aus dessen Eigentum hob und der *privaten* Rechte (Vermögens- und Familienrechte), nicht aber der staatsbürgerlichen Rechte vollfähig machte.

Gemeinfreiheit ist das Normalmaß des Rechts. Auf den Gemeinfreien ruht die Verfassung. Gemeinfreiheit ist erforderlich und genügend, die vollen Rechte in Gemeinde und Staat zu begründen. Außerdem wurde bald – aber doch nicht, bevor die Seßhaftigkeit sehr feste Wurzeln geschlagen hatte – Grundbesitz in der Genossenschaft als Voraussetzung der Ausübung der wichtigsten Bürgerrechte in den Volksversammlung aufgestellt: die Gemeinfreien machen das Volk aus, sofern nämlich der Adel nur als oberste Schicht der Volksfreien erscheint. Erworben wird die Gemeinfreiheit durch eheliche Abstammung von gemeinfreiem Vater, dann (beschränkt) durch Freilassung; verloren geht sie durch Kriegsgefangenschaft, durch Verknechtung zur Strafe oder durch Vertrag (z. B. im Würfelspielvertrag) oder als Vollstreckung eines Urteils bei Zahlungsunfähigkeit.

b) Der Volksadel

Es ist ein Wortstreit, ob in der ältesten Zeit der Adel als „Stand" bezeichnet werden darf: unseres Erachtens insofern zu bejahen, als der Adel ohne Zweifel erblich und mit wenigstens *einem* Vorrecht, dem auf höheres Wergeld, ausgerüstet war, auch der Anspruch, bei Aussterben oder bei (außerordentlicher) Übergehung des Königs-

---

1 Dahn, Könige der Germanen I, S. 11.
2 Ebenda S. 14.

XI. RECHT UND VERFASSUNG VOR DER WANDERUNG

geschlechts vor gemeinfreien Sippen zur Krone gerufen zu werden, war, wenn nicht ein zwangsrechtlicher, doch jedenfalls ein durch die Anschauung des Volkes und stete Gepflogenheit stark gefestigter. Dagegen ist für jene Zeit durchaus nicht anzunehmen, daß zwischen Adel und Gemeinfreien Ehegenossenschaft nicht bestanden hätte, so daß der Volksedle mit der Tochter des Gemeinfreien eine ebenbürtige Ehe nicht hätte eingehen, der Sohn aus solcher Ehe den Stand des Vaters nicht hätte teilen, des Vaters Erbe nicht hätte nehmen können. Die Adelsgeschlechter waren (oder galten doch für) die ersten, d. h. ältesten Geschlechter des Verbandes, von welchen der Gau, die Völkerschaft, der Stamm ausgegangen: das edelste, weil älteste, Adelsgeschlecht, ist das königliche. Da die Stämme und Völkerschaften ihren Ursprung auf die Götter zurückführten, galten die Adelsgeschlechter als die, weil ältesten, den Göttern nächst verwandten, das königliche geradezu als von den Göttern entstammt.

Wie das Königtum ist auch der Volksadel ein Urbesitz der Germanen, in vorgeschichtlicher Zeit aus dem Geschlechterstaat notwendig erwachsen, so alt als der aus den Geschlechtern erwachsene Staat selbst. Weder Amt noch erbliches Heerführertum noch Kriegsruhm noch Priesterschaft noch Gefolgsherrschaft noch Stammesunterschied und Eroberung, noch großer oder bevorrechteter Grundbesitz mit zahlreichen Knechten und Schutzhörigen noch überhaupt Reichtum sind Grundlage oder Charakter dieses Adels – obzwar alle diese Momente *tatsächlich* sich häufig und im Vorzug von den Gemeinfreien mit dem Adel verbinden mochten. Manchmal mögen schon damals wie später bei Bajuwaren und Alemannen die Geschlechter ehemaliger Gaukönige, sofern sie nicht ausgerottet worden, neben und nach dem siegreichen Königsgeschlecht, das alle oder doch mehrere Gaue der Völkerschaft sich unterwarf, als solcher Volksadel fortgestanden haben.

In der Natur des wirklichen oder sagenhaften Vorzugs, auf welchem dieser Adel ruhte, liegt es begründet, daß er niemals in einem Volke zahlreich sein konnte: der allerältesten götterentstammten Geschlechter konnte es immer nur wenige geben.

Auch hieraus erklärt sich die Erscheinung, daß dieser alte *Volksadel* überall sehr früh verschwindet, ausstirbt, untergeht oder doch unterscheidungslos übergeht in den während und nach der Wanderung aufkommenden neuen Adel, den *Dienstadel*, der auf ganz anderen Grundlagen beruht: auf Königsamt, Königsgefolgschaft, Königsland.

Die geringe Zahl der volksedlen Geschlechter wird dadurch bestätigt, daß in dem sehr großen Volke der Bajuwaren nur fünf solcher Sippen bestanden – wenigstens nach der Einwanderung in Bayern.

Diese von Anfang kleine Zahl der Volksedlen wurde fortwährend verringert durch die vernichtende Ehrenpflicht, stets im Vorderkampf, an der Spitze des Keils, im Heerbann und an der Spitze der Gefolgschaften zu fechten, wo Schwert und Pilum der Legionen mörderisch unter ihnen aufräumten.

Schließlich aber vollendete die Staatskunst der Könige in den auf römischem Boden gegründeten Reichen diese Ausrottung. Denn der alte Volksadel, der in der Verfassung der Volksfreiheit dicht neben dem König stehend, am meisten Einfluß und Ehre, noch vor den Gemeinfreien, in den alten Rechtszuständen besessen hatte, war schon aus Gründen eigenen Vorteils wie seiner stolzen Überlieferungen der eifersüchtigste Wächter dieser Volksfreiheit. Er konnte, auf der Höhe des Volkes stehend, lange vor den Gemeinfreien die Versuche der Könige erkennen und bekämpfen, Rechte, die sie über die Provinzialen übten, auch über ihre germanischen Untertanen auszudehnen.

Daher finden wir in den meisten dieser Reiche kräftigen Widerstand der alten Adelsgeschlechter gegen die beginnende Unbeschränktheit des Königtums: bei Vandalen, Ostgoten, Westgoten bricht des Königum durch Hinrichtung und Vermögenseinziehung in Hochverratsverfahren, auch durch Mord, diesen Widerstand, die Folge ist das Verschwinden jenes alten Adels.

Bei anderen Völkern findet man nach der Wanderung nur mit Anstrengung noch Spuren des alten Adels; er ist aus der großen Menge des Dienstadels, der das Palatium des Königs füllt, kaum auszuscheiden, in diesem ist er unter- und aufgegangen. Denn *wenn* solche altedle Geschlechter sich dem Königtum fügten, hatten sie freilich vor den Gemeinfreien Aussicht, durch die Gunst des Herrschers Ämter und Land zu erlangen; dann traten sie aber völlig in den neuen Adel ein, und ihre ehemalige Angehörigkeit zum alten verlor jede Bedeutung, ihr Glanz und Ansehen ruhte dann wie bei allen Gliedern des neuen Adels auf deren neuen Grundlagen – etwa wie im späten Mittelalter der alte Landadel in den neuen Hofadel überging. Die lateinischen und griechischen Bezeichnungen des alten Adels weisen deutlich auf dessen *Erblichkeit:* nobilis, nobilis genere, splendor natalium, εὐγενεῖς, εὐπατρίδαι; daher gibt es auch edle *Frauen:* da es auf *Amt* usw. nicht ankam.

c) Die Freigelassenen

Obzwar die Darstellung des Tacitus im Gegensatz zu den römischen Zuständen scharf *absichtlich* zugespitzt ist, mag man ihm glauben, daß die Freigelassenen nicht eben viel von den Unfreien sich abheben, selten im Hause, niemals im Staate von Einfluß sind. Dies bestätigt in anderer Wendung unsere Annahme, daß die Freilassung ursprünglich nur die privatrechtlichen Rechte des Herrn zerstörte, den Freigelassenen der Familien- und Vermögensrechte nach Volksrecht fähig, im Gebiet des öffentlichen Rechts aber ihm zwar wohl wehr*pflichtig* und deshalb wohl auch dingfähig machte, ohne ihm jedoch die staatsbürgerlichen Rechte, zumal Stimmrecht in der Volksversammlung, zu verleihen. Ward er wehrpflichtig, so stand er also den noch nicht auf eigenen Grundbesitz ansässigen Freien in der Volksversammlung gleich. Die Wehrpflicht der Freigelassenen ist aus Gründen des Bedürfnisses kaum zu bezweifeln, sie schließt dann wenigstens das *Erscheinen* im Ding ein. Will man ihnen die Wehrpflicht, so muß man ihnen auch die Dingfähigkeit absprechen und dann etwa Vertretung im Ding durch den Freilasser annehmen. Auch das darf man ungeachtet der hier noch gesteigerten Absichtlichkeit Tacitus glauben, daß in den Völkerschaften mit Königen die Freigelassenen *tatsächlich* Freigeborene und selbst Edle an Einfluß überragten, da ja der König sie ohne Zweifel in seine Gefolgschaft aufnahm und diese stark abhängigen Männer sogar vorzugsweise zu Grafen und Heerführern wird ernannt haben, um den dem königlichen Geschlecht nahestehenden, die alte Volksfreiheit eifersüchtig hütenden Volksadel zurückzudämmen und um so ohne, später auch wohl gegen Adel und Gemeinfreie seinen Willen durchzuführen. Bei den königlosen Völkerschaften stellt sich die strenge Volksfreiheit auch darin dar, daß die Freigelassenen (und auch noch ihre Kinder: libertini, wenn Tacitus den strengeren Sprachgebrauch einhalten wollte) den Freigeborenen nicht gleichstehen.

XI. RECHT UND VERFASSUNG VOR DER WANDERUNG

3. Volksversammlungen. Rechtspflege. Strafrecht

Mit Fug nennt man die Zeit vor und während der Wanderung – bis zur Umwandlung des altgermanischen Königtums auf römischem Boden und durch römische Einflüsse – die Tage der „Volksfreiheit".

Denn in den Völkern mit Königen nicht minder als in den Völkern mit Grafen liegt die Staatsgewalt in der Gesamtheit der Gemeinfreien, die sie in der Volksversammlung (Ding, concilium) ausüben.

Der Unterschied jener beiden Verfassungsreformen besteht wesentlich nur darin, daß die Grafen ohne Rücksicht auf ein bestimmtes Geschlecht völlig frei geboren werden (ungewiß, ob auf Lebenszeit oder bestimmte Amtsdauer), die Könige dagegen auf Lebenszeit aus dem königlichen Geschlecht; nicht ohne dringende Not geht das Volk in der Wahl von dem Königsgeschlecht ab. (Mehr hierüber unten S. 107.)

Aber auch bei den „königlichen" Völkern – der Ausdruck, den „königlichen Skythen" des Herodot nachgebildet, sei der Kürze wegen verstattet – hat nicht der König, sondern die Volksversammlung der Gemeinfreien (seit fester Seßhaftigkeit: der Grundeigentümer) die staatliche Vollgewalt. Die Entscheidung über Krieg, Friede, Waffenstillstand, Vertrag, Bündnis, Verbescheidung von Gesandten, die Entscheidung aller anderen Fragen des Staatslebens, z. B. Verlassen der Wohnsitze, Auswanderung mit oder ohne Vorbehalt der Gebietshoheit an dem Land und des Sondereigentums einzelner (Vandalen a. 405), ja etwa auch bedingte Zuteilung von beiden an zurückbleibende Reste oder an Nachbarn (Langobarden a. 568), Bestimmung des Wanderungsziels; aber auch die Wahl des Königs, der Grafen, der Vorsteher der Hundertschaft, des Dorfes, der Höfergenossenschaft (Germ. K. 12), die Gesetzgebung, sofern in jener fast nur durch Gewohnheitsrecht fortschreitenden Rechtsbildung davon die Rede sein kann; von der *Gerichtshoheit* wenigstens die Findung (althochdeutsch „Thuom": noch neuenglisch to doom) des Urteils, wenn auch der *„Bann"*, d. h. die Eröffnung, Hegung (d. h. Leitung), Schließung des Gerichts und die Vollstreckung des Urteils sowie die Einziehung der vom Volk im Strafverfahren etwa erkannten öffentlichen Vermögensstrafe (Wette, Friedensgeld) dem König zukam. *Verwaltungshoheit* kam wie *Finanzhoheit* nur erst in wenig entwickelten Anfängen vor, soweit sie aber vorkamen, standen sie der Volksversammlung zu: diese regelte den Schutz gegen die Elemente (Deichbruch), wilde Tiere, die Art und das Maß der Bewirtschaftung der Allmende; die Amtshoheit stand dem König sofern zu, als er einzelne Beamte und Führer für Frieden und Krieg ernannte; jedoch gab es auch Beamte, die ohne königliche Bestätigung das Volk wählte, und neue Ämter konnte nicht der König, nur die Volksgemeinde schaffen. Von *Kirchenhoheit* kann noch nicht gesprochen werden, doch vertritt der König wie der Graf das Volk auch gegenüber den Göttern, indem er für das Volk betet, opfert, den Götterwillen erforscht, ja unter Umständen sich selbst als Opfer darbringt.

Die Grundauffassung von Recht und Gericht beruht auf dem Gedanken des *Genossenrechts* und *Genossengerichts,* auch in den „königlichen" Völkern. Dies ist mit Recht von jeher als Wahrzeichen zugleich und Schutzwehr germanischer Freiheit geschätzt worden.

Recht ist, was der Kreis der Lebensgenossen (also Volk, Völkerschaft, Gau, Hundertschaft; Dorf- oder Höfergemeinde, Sippe, später dann die Geburts- oder Berufsstände in viel- und kleingliedrigster Abstufung) *für Recht hält,* und dadurch, daß sie es für Recht halten. Es lebt das Recht also auch noch unausgesprochen, ungeübt in der Rechtsüberzeugung des Volkes und ist dadurch schon Recht: die Aussprechung, Übung, ist nur Ausdruck, Erkennungsmittel des bereits vorhandenen Rechts.

Tiefsinnig sagt die deutsche Rechtssprache daher: „das Urteil wird gefunden, das Recht wird gefunden, gewiesen, geschöpft", es ist vorher schon da, es ruht in dem Quickborn der Volksseele, die Urteilfinder haben es nur daraus hervorzuschöpfen. Daher kann, neuzeitlich ausgedrückt, die Volksversammlung in *einem* Akt zugleich richterliche und (scheinbar) gesetzgeberische Tätigkeit üben: ist der Fall noch nicht vorgekommen, bedarf aber der Entscheidung, so stellt ihn die Volksversammlung unter ihre neugebildete Rechtsüberzeugung, sie schafft den Rechtssatz und wendet ihn sofort an. Z. B. es war noch kein Römer erschlagen worden, seitdem Römer als geschützte Glieder des Staates galten. Die Volksversammlung hält das halbe Wergeld eines freien Germanen für angemessen und spricht es im ersten vorgekommenen Falle zu. Folgeweise wächst das Recht von unten aus der Volksanschauung unwillkürlich hervor: kristallisierte Sitte.

Wenn ausnahmsweise, was in jenen Zuständen nur selten vorkommen konnte, das Bedürfnis sofortige bewußte Aufstellung einer Rechtsnorm erheischte, so mußte selbstverständlich die Volksversammlung, um ihren Willen, ihre Überzeugung befragt, diese Rechtsnorm aufstellen – Gesetzgebung, wie sie den Einzelfall unter die schon bestehenden Rechtsüberzeugungen einordnete, d. i. Urteilsfindung: „Tuom", wohl zu scheiden vom Gerichtsbann, der dem König (oder dessen Beamten) oder Grafen zusteht: auf der Spaltung in *Bann* und *Tuom* beruht alle germanische Rechtspflege. Daher kann der Richter, die Obrigkeit, das Recht nicht auflegen, bringen, machen, nur das bereits von ihm vorgefundene, das die Lebensgenossen weisen, zur Anwendung, zur Durchführung bringen.

Daher das uralte Institut der *Weistümer, der Rechtsweisung.* Da das Recht, nur mündlich fortgepflanzt, im Bewußtsein des Volkes lebte, ohne Aufzeichnung, wurde durch Wiederholung von Zeit zu Zeit, alle Jahre etwa, in der Volksversammlung für die Erhaltung desselben im Gedächtnis des Volkes gesorgt: in Gesprächsform, in der Form von Fragen des Richters und Antworten des ganzen Volkes oder erkorener Schöffen oder besonders rechtskundiger Männer (lögsöghumadr oder â sega [â = Ehe = Ewa = jus]) wurde der wichtigste Inhalt des Rechtsbewußtseins meist in stabreimenden Sprüchen, oft rhythmischer Form, abgefragt und aufgesagt.

Höchst bezeichnend hierfür ist ein spätes Weistum vom Rhein: wenn ein neu ernannter Richter einreiten will in den Gau, sollen die freien Bauern mit Blumen und Kränzen, aber auch mit ihren Waffen ihm bis an die Grenze entgegenziehen. Bevor sie ihn hereinlassen, sollen sie fragen, welches Rechts er walten wolle: solches Rechtes, das er bringe, oder solches Rechtes, das er finde? Spreche er: solches Recht, das er finde, so sollen sie ihn und sein Roß mit Kränzen und Blumen schmücken und ihn ehrenvoll an den Dingplatz führen, spreche er aber: des Rechts, das er bringe, so sollen sie ihre guten Waffen erheben und solchen Grafen durchaus nicht einreiten lassen.

Ursprünglich wurde das Urteil gefunden von allen stimmberechtigten Gliedern der Volksversammlung, erst Karl der Große übertrug – in wohlwollender Absicht – dies einem von und aus den Gemeinfreien gewählten Ausschuß, der den größten Grundbesitzern angehörte, d. h. den *Schöffen.*

Die übrigen, in dem Einzelfall nicht die Schöffenbank füllenden Gemeinfreien bilden den *Umstand,* d. h. die um die sitzenden Schöffen Herstehenden.

Übrigens ist es grundsätzlich keine Abweichung, wenn ein besonders Rechtskundiger im Namen und in Gegenwart der Gesamtheit das Urteil ausspricht, das diese

XI. RECHT UND VERFASSUNG VOR DER WANDERUNG 101

billigen oder verwerfen, wenn Schelte gegen dasselbe von einer Partei oder auch von einem Manne des Umstandes erhoben wird.

Dem Grundsatz gemäß findet nun solche Versammlung statt, aufsteigend vom engsten menschlichen und räumlichen Verband zu immer weiterem. Gericht und Rat der *Sippe*, die älteste dieser Versammlungen (ursprünglich die einzige neben der der Horde), besteht auch nach der Ansässigmachung für den Verband der Gesippen, selbstverständlich nun nicht mehr mit staatlicher Bedeutung, vielmehr dem Staat, der Gemeinde eingeordnet, untergeordnet, fort.

Der engste räumliche Verband ist das Dorf oder die Genossenschaft der *Einzelhöfer:* die freien Bauern des Dorfes oder die Höfer bilden die Dorf- oder Höferversammlung unter Vorsitz des von ihnen gekorenen Bauermeisters vielnamiger Bezeichnung.

Darauf folgt – wo dieses Mittelglied vorkommt – die *Hundertschaft,* mehrere Dörfer oder Höferschaften umfassend: hier tagen die Hundertschaftsglieder unter Vorsitz des von ihnen frei gewählten Centenars.

Darauf folgt der *Gau,* pagus, mehrere Hundertschaften umfassend: die gemeinfreien Grundbesitzer tagen hier unter Vorsitz des frei von ihnen gewählten Grafen. In den „königlichen" Völkern des Gaukönigs, denn in dieser Zeit ist regelmäßig noch der Gau der Verband des Staates: die mehreren Gaue *einer* Völkerschaft sind selbständige Staaten, nur durch Blut- und Opfergemeinschaft und Verträge zu einem locker gefügten Staatenbund verknüpft. Seitdem später mehrere Gaue von einem König zu einem Staat zusammengefaßt wurden, ernennt, wie es scheint, der König die Königsgrafen der einzelnen Gaue.

Darauf folgt die *Völkerschaft:* die Könige oder Grafen der Gaue, welche die Völkerschaft ausmachen, aber auch jeder gemeinfreie Grundbesitzer in einem der Gaue, hat das Recht, das „concilium civitatis" zu besuchen: schon um der großen Opfer und der damit verbundenen Märkte willen suchten nicht nur Könige, Grafen, Edle und die durch ein Rechtsgeschäft dahin genötigten Parteien diese große zur Sommer- (und [oder] Winter-?) Sonnenwende tagende Versammlung, auch viele andere Freie. Hier wurde beredet und beschlossen, was über die Grenze des Einzelgaues hinaus die ganze Völkerschaft betraf: also vorab Krieg, Friede, Bündnis, die doch regelmäßig, obzwar freilich nicht immer, von allen Gauen der Völkerschaft gemeinsam beschlossen und geführt wurden.

Endlich fehlt es auch nicht an regelmäßig wiederkehrenden, geschweige denn an außerordentlich angesagten Versammlungen von Vertretern *aller Völkerschaften des gleichen Volkes,* Stammes oder Bundes oder der zwischen Völkerschaft und Stamm manchmal begegnenden Mittelgruppen: Versammlungen von Königen, Grafen, Priestern, Edlen und auch beliebigen Gemeinfreien der Sueben, der *lugischen, gotischen* Völkerschaften, der *Friesen, Chauken* (großen und kleinen), *Sachsen,* der *Markomannen, Chatten, Hermunduren* (später kann der *Salier, Ripuarier; Alemannen*), zu gottesdienstlichen oder (und oft fällt beides zusammen) staatlichen, kriegerischen Zwecken – für letztere natürlich auch außerordentlich angesagte – sind teils ausdrücklich bezeugt, teils mit großer Wahrscheinlichkeit anzunehmen.

Nicht zu verwechseln mit solchen dauernden Verbänden sind Bündnisse zwischen näher verwandten oder auch nicht näher verwandten Völkerschaften, Gruppen, vorübergehend für bestimmte Zwecke eingegangen, wie z. B. der unter Armins Heerbefehl gegen Rom Verbündeten.

Wahres Stimmrecht in allen diesen Dingen hatten früher (vor der Ansässigkeit) nur die *vollselbstständigen Sippehäupter,* die an der Spitze einer Sippe standen oder

102 EINLEITUNG

doch, weil frei von jeder Mundschaft, stehen *konnten*. Später, es ist nicht zu sagen, seit wann (bei den verschiedenen Stämmen wohl nicht zu gleicher Zeit, natürlich aber erst, seitdem das Sondereigen an Grundstücken wertvollste Grundlage der Volkswirtschaft und der Verfassungspflichten und -rechte in Gemeinde, Hundertschaft, Gau geworden war, die auf (einem Mindestmaß von) *Grundeigentum* in Gemeinde, Hundertschaft, Gau ansässigen Gemeinfreien.

Da nun aber der Jüngling Grundeigen erst spät (fast nie schon bei der Schwertleite) erwarb, wohl meist erst bei der späten Verheiratung, so ist ganz verkehrt die Folgerung, daß die noch nicht auf Grundeigen ansässigen, aber waffenreifen Jünglinge die Volksversammlung gar nicht hätten besuchen dürfen, war doch die Volksversammlung zugleich Heeresversammlung, aus der oft sofort in den eben beschlossenen Krieg aufgebrochen wurde – wie hätte man die Blüte der jungen Mannschaft vom fünfzehnten bis dreißigsten Jahre hiervon ausschließen können? Vielmehr hatte jeder junge Freie von der Waffenfähigkeit an das Recht, die Volksversammlung zu besuchen, sich hier durch Anhören der Reiferen in die öffentlichen Dinge einführen zu lassen – aber kein Stimmrecht. Unbenommen blieb ihm, ohne wahre Stimmabgabe, einzelne Vorschläge und den gefaßten Endbeschluß mit Beifallrufen oder Unwillen, mit dem Waffenlärm, zu begleiten.

Das Ding war nicht nur staatliche, gesetzgebende, Heer- und Gerichtsversammlung – es war auch Opferfest. Schon deshalb konnten die noch nicht Stimmfähigen und die Frauen nicht völlig ausgeschlossen werden, jedoch hatten nur die stimmfähigen Männer den eigentlichen, durch Schwüre, Schranken abgeschlossenen, umhegten Dingplatz kraft eigenen Rechts zu betreten und hier das Wort zu führen. Nur vertreten durch solchen Volldingmann mochten Frauen, Fremde, Halbfreie, Knechte in eigener Sache zugelassen werden, um Aussagen, Zeugnisse abzugeben.

Die Frauen und fremde Gäste – abgesehen von Gesandten – begleitet von Freigelassenen, Unfreien lagerten in gemessenem Abstand von der eigentlichen Dingstätte in Wald und Wiese, entlang dem Strom oder Bach, auf Wagen, in Zelten, Bretter- und Zweighütten, und hier wurde lebhafter Tauschhandel getrieben. So wurde das Götter- und Opferfest, zu welchem, wer konnte, auch aus großer Entfernung, gern herbeikam – es waren die einzigen Volksfeste und Volksspiele – zugleich zum Jahrmarkt, unser Wort „Dult" ist nicht aus dem lateinischen indultum (sc. forum) „gestattete Märkte", entstanden, schon Wulfila nennt die religiösen Volksfeste und Versammlungen der Juden „dulths".

Das Ding ist *„ungeboten"*, d. h. es wird ohne besondere Ansagung je nach einer Zahl von Nächten nach Mondvierteln abgehalten[1] oder *„geboten"*, d. h. außerordentlich angesagt. Später änderte sich der Sinn dieser Ausdrücke ins Gegenteil: das gebotene Ding ist später das, zu welchem jeder erscheinen *muß*, und das waren gerade die alten ungebotenen, im Gegensatz zu dem besonders angesagten, zu welchem nur erscheinen *muß*, wer besonders geladen.

Die großen ungebotenen, mit Sonnwendfesten zusammenfallenden Dinge währten mehrere Nächte, was, abgesehen von geschichtlichen Belegen aus dem Norden und den mehrere Tage umfassenden christlichen Festen, die an Stelle der heidnischen traten, schon daraus hervorgeht, daß die Leute, die in sehr unlöblichem Mangel an Zucht, in noch sehr wenig gezogenem Freiheitssinn erst am zweiten oder dritten

---

1 Tac., Germ. K. 11: Coeunt, nisi quid fortuitum et subitum incidit, certis diebus, cum aut inchoatur luna aut impletur ... nec dierum numerum, ut nos, sed noctium computant.

XI. RECHT UND VERFASSUNG VOR DER WANDERUNG 103

Tage eintrafen, gleichwohl die Versammlung noch tagend und nachtend, richtend, beratend, opfernd, schmausend antrafen (Tac., Germ. K. 11).

Die Abgrenzung der Zuständigkeit dieser verschiedenen Dinge in aufsteigender Richtung ergibt sich von selbst aus ihrer Zusammensetzung. Es leuchtet ein, daß in der Dorfversammlung nicht der Streit von Angehörigen zweier Dörfer, sondern nur der Angehörigen des gleichen Dorfes entschieden, jener vielmehr vor der Versammlung des nächst höheren Verbandes, also der Hundertschaft, fehlte solche, gleich des Gaues, gebracht werden mußte.

In späterer Zeit waren schwere Straffälle, wichtigere bürgerliche Sachen vor die Versammlungen der größeren Verbände verwiesen. Gewiß bestand schon seit sehr alter Zeit eine solche Abgrenzung der Zuständigkeit auch nach der Schwere des Falls, so daß z. B. Friedlosigkeit nicht von der Hundertschaftsversammlung (geschweige gar von der Dorfversammlung) verhängt werden konnte, obgleich alle Beteiligten einer Hundertschaft (oder einem Dorf) angehörten; in der ältesten Zeit des Sippestaates freilich mußte die Sippe als einziges Gericht jede Strafe verhängen dürfen.

In allen diesen Versammlungen konnten auch Handlungen der *freiwilligen* Gerichtsbarkeit vorgenommen werden. Schwertleite, Verlobung, Auflassung, gerichtliche Verträge aller Art. Aber während hier für Angehörige oder Sachen eines Dorfes z. B. die Dorfversammlung allerdings genügte, liebte man es doch, um der größeren Feierlichkeit und um der so wichtigen Volks-, d. h. Gerichtskundigkeit willen, die Handlung in einer Versammlung der weiteren Verbände vorzunehmen: nicht der kleine arme Bauer seinem Knaben die Schwertleite in der Dorfversammlung geben, der Sohn des Reichen, des Edlen, vollends des Königs beging Schwertleite und Verlobung gewiß zum mindesten im Gauding, wenn nicht im Völkerschaftsding.

Geringere Fragen (die „laufenden Geschäfte", neuzeitlich ausgedrückt) beraten die Könige und Grafen der Völkerschaft allein, wichtigere die Versammlung der Völkerschaft; doch werden auch solche selbstverständlich von jenen Großen (vorher allein) gründlich durchberaten, schon deshalb, weil sie fast immer in der Volksversammlung die Anträge stellen, die Verhandlung und die Beschlußfassung bestimmen.[1]

Dem Römer fiel das Ordnungslose in diesen Versammlungen auf: das häufige Verspäten, das Niederlassen an jedem beliebigen Platz im Ding (Tac., *Germ.* K. 11). Die strenge Ordnung der Hegung des Dings, das äußerst genau geregelte Vorschreiten jeder Handlung im gerichtlichen Verfahren blieb ihm unbekannt.

Das Recht, in der Volksversammlung zu sprechen, Anträge zu stellen, abzustimmen stand jedem gemeinfreien Grundbesitzer zu, wenn auch tatsächlich der König, der Graf, die Edlen, die Ältesten oder die durch Kriegsruhm oder Beredsamkeit Angesehensten am häufigsten das Wort ergriffen, der Beratung die Richtung gaben: wie sie ihre Vorschläge wohl meist durchsetzten, aber doch immer nur als Vorschläge und Ratschläge, nicht als Gebote. (Tacitus scheint freilich *nur* dem König oder Grafen das Wort einräumen zu wollen; dann irrt er eben.)

Das stolzeste wichtigste Zeichen und Schutzmittel der Freiheit ist das *Waffenrecht*. Die in der Schwertleite empfangenen Volkswaffen (im Gegensatz zu den verpönten Mordwaffen) legt der freie Mann im Leben nicht wieder ab, ja, sie begleiten ihn, wie beim Gelage und bei der Verhandlung von Geschäften (*Germ.* K. 22), so in

---

1 Liest man auch *Germ.* K. 11 mit Müllenhoff *pertractentur* statt *praetractentur* – die Sonderberatung der Häuptlinge ging gewiß der Volksversammlung voraus, folgte nicht dem entscheidenden Beschluß erst nach.

104 EINLEITUNG

den Hügel und nach Walhall. Bewaffnet erscheinen sie in der Versammlung, die ja zugleich Heerversammlung ist (Tac., *Germ.* K. 11).

„Das Zusammenschlagen der Waffen ist das ehrenvollste Zeichen des Beifalls für einen Vorschlag, eine Rede. Keine öffentliche oder private Verrichtung nehmen sie vor ohne ihre Waffen. Doch darf der Knabe oder Jüngling nicht willkürlich die Waffen anlegen; in der Versammlung der Gemeinde oder des Gaues (Tacitus scheint an die *Völkerschaft* zu denken, in deren Versammlung freilich die Schwertleite vorgenommen werden *konnte* [und oft wurde], aber schwerlich *mußte*) wird (siehe oben) der Jüngling von einem Grafen oder Gefolgsherrn oder den Verwandten oder dem Vater (also muß es nicht ein Beamter sein) mit Schild und Framea geschmückt; dies ist bei ihnen die „Toga virilis", die früheste Ehre der Jugend; bis dahin gehören sie nur der Sippe an, von da ab wenigstens nach Waffenrecht und Heerbannpflicht und Teilnahme an der Volksversammlung (aber noch ohne wahres Stimmrecht) der Gesamtheit; höchster Adel oder große Verdienste des Vaters lassen auch den Knaben bereits die Schwertleite empfangen, oft in der Weise, daß ein Gefolgsherr sie vornimmt und sofort den etwa Fünfzehnjährigen schon in sein Gefolge einreiht; er wird dann den schon Kräftigeren, bereits früher Bewährten beigesellt. Und dies ist auch für die Söhne so hervorragender Sippen um so weniger unehrenhaft, als ja die Gefolgschaft Grade hat, nach Abstufung durch den Gefolgsherrn; daher wetteifern die Gefolgen gewaltig, in der Würdigung des Herrn die erste Stufe zu gewinnen. Ebenso die Gefolgsherrn, recht heldenhafte und recht viele Gefolgen zu gewinnen, denn das verleiht Ehre und Macht zugleich, stets von einer Schar erlesener Jünglinge umgeben aufzutreten, im Frieden der Glanz, im Krieg der Schutz des Gefolgsherrn. Dies gewährt nicht nur im eigenen Volk, auch bei den Nachbarstämmen großen einflußreichen Namen und Ruhm, über ein durch Heldentum und Zahl ausgezeichnetes Gefolge zu verfügen. Fremde Völker schicken an einen solchen Gefolgsherrn Gesandte und reiche Geschenke: – vor allem ihre Mitwirkung bei Kriegen zu gewinnen, die der Staat des Gefolgsherrn nicht teilt; ja, durch das bloße Gerücht, daß solche Gefolgsherren für eine Kriegspartei eintreten würden, ist schon der Ausbruch eines Krieges verhütet worden, – durch Einschüchterung der Gegner. In der Schlacht ist es für den Gefolgsherrn schimpflich, an Heldenschaft von der Gefolgschaft übertroffen zu werden, für die Gefolgen, es dem Gefolgsherrn nicht gleich zu tun. Ehrlos aber für das ganze Leben und schmachbedeckt ist, wer, den Fall des Gefolgsherrn überlebend, aus der Schlacht entfloh; ihn verteidigen, ihn schützen, eigene Heldentat nur ihm zum Ruhm anrechnen, das ist der Hauptinhalt des Gefolgen-Eides. Hat der Heimatstaat gar zu lange Frieden und Waffenmuße, so suchen die edlen Jünglinge an der Spitze ihrer Gefolgschaften häufig freiwillig solche Stämme auf, die in Krieg begriffen sind, einmal weil diesem ganzen Volk die Ruhe verhaßt ist, dann, weil sie nur im Krieg sich durch Heldentum berühmt machen, endlich weil sie eine zahlreiche Gefolgschaft nur durch den Krieg nähren und beisammenhalten können. Denn sie erwarten, aus der freigebigen („milden") Hand des Herrn nicht nur Streitroß und die siegreichen Waffen als Geschenk zu empfangen, auch, an Soldes statt, Schmaus und zwar einfache, aber reichliche Verpflegung. Die Mittel für solche Gaben gewähren Krieg und Raub." Schon diese Schilderung widerlegt, von anderem zu schweigen, die Ansicht, wonach nur die Könige und die Grafen Gefolgschaften halten durften, und die in Kap. 12 erwähnten hundert Gehilfen des Grafen aus dem gemeinen Volk eben die Gefolgschaft gewesen sein sollen. Die Gefolgschaft ist bald klein, bald groß – jene Zahl dagegen ist auf hundert bestimmt (wobei Tacitus das germanische Zahlwort für die Hundertschaft in Verbindung brachte mit einer uns sonst nicht bekann-

XI. RECHT UND VERFASSUNG VOR DER WANDERUNG

ten [vielleicht den späteren „Schöffenbaren", aus welchen im Einzelfall die Urteiler genommen wurden, verwandten] Einrichtung); an jene hundert Plänkler aus jedem Gau, die zwischen den Reitern fechten, ist dabei vollends gar nicht zu denken. In die Gefolgschaft treten auch die alleredelsten Jünglinge – jene hundert Beiständer jedoch werden „ex plebe" genommen. An der Spitze der Gefolgschaft denkt sich Tacitus gewiß ganz richtig die edlen „Jünglinge" – zu Königen und Richtern, Grafen hat man aber doch wohl weniger Jünglinge als reife und alte Männer gekoren. Endlich ist es doch nicht möglich, daß der Graf, der auch im Frieden in der Heimat ganz unentbehrlich ist, schon weil er alle vierzehn oder achtundzwanzig Nächte Gericht zu halten hat, so oft auf Krieg und Raubfahrt auszieht und seine Rechtsbeiständer (consilium et auctoritas) durch Kriegsbeute und Raub ernährt: – das paßt doch nur auf amtlose junge Helden, die in Abenteuern erst Ruhm suchen, nicht auf den zu Hause unentbehrlichen, an Jahren reifen Richter! Und besonders von dieser kriegs- und fahrtenfrohen Jugend gilt, daß sie lieber den Feind herausforderte und sich Wunden holte, als den Acker bestellte und der Ernte wartete, daß sie es für faul und schwächlich hielt, durch Schweiß der Arbeit den Lebensunterhalt zu verdienen statt durch Blut und Waffen (Germ. K. 14).

Kaum kann man von Finanzwesen jener einfachen Staatsverbände sprechen. Die wichtige Ausgabe, die für das Heer, fiel weg, da der Wehrpflichtige auch für Waffen und Ausrüstung zu sorgen hatte. Andere Ausgaben gab es kaum: die Bewirtung fremder Gesandten und die herkömmlichen Ehrengeschenke bestritten die Könige aus dem eigenen Hort: ein Besteuerungsrecht war so wenig anerkannt, daß die Einführung der römischen Grundsteuer z. B. in der folgenden Zeit von Franken- und Goten-Königen nur mit großer Mühe durchgesetzt werden kann; sie galt als Anmutung der Knechtschaft oder doch als Bestreitung des Volleigens, da nur der Knecht oder der auf fremder Scholle Sitzende zinste.

Nur freiwillige Geschenke von Vieh und Früchten wurden den Königen und Grafen dargebracht, aber nicht von den Gauen als solchen, sondern von den einzelnen Grundeigentümern; diese Ehrengaben dienten dann auch dem Bedürfnis der königlichen Halle, die ja zum Teil auch für den Staat Ausgaben zu machen hatte.

Noch in der folgenden Zeit werden viele Bedürfnisse, für deren Befriedigung der heutige Staat Geld bezahlen muß, das er durch Steuern erhebt, durch Naturallieferungen und Arbeit der Staatsgenossen gedeckt. Das galt in noch höherem Maß von den ohnehin noch viel selteneren Bedürfnissen, die der Staat vor der Wanderung überhaupt befriedigte; die allermeisten überließ er ja noch der Hundertschaft, dem Dorf, der Sippe, dem Gehöft. Die spärlichen Straßen z. B. baute und erhielt nicht der Staat; sogar der Deichschutz war, wie es scheint, privaten Verbänden überlassen, die sich freilich vermöge der Natur der hier zu bekämpfenden Gefahr oft über mehrere Gaustaaten hin erstrecken mußten. Die Schanzen und die sehr häufig in den Römerkriegen erwähnten Waldverhaue, die Grenzwälle, z. B. der Angrivaren, wurden aus dem in Überfluß vorhandenen Holz und Rasen des Grenz- und Allmendewaldes von den Heerleuten selbst, jedesfalls unter starker Verwendung der Unfreien, hergestellt.

Auch benachbarte Völker und Fürsten vermehrten durch Geschenke, die man als ehrenvolle Zeichen der Anerkennung für Macht, Ruhm, Heldenschaft sehr gern annahm, den Hort des Königs. Nicht nur einzelne, sondern die Staaten schicken solche Geschenke: so erlesene Rosse in köstlicher Aufzäumung (daß man schön gezäumte,

106 EINLEITUNG

aufgeschirrte Rosse sehr liebte und gern als Geschenke empfing, zeigt auch die Erwähnung derselben unter den Verlöbnisgaben, Tac., *Germ.* Kap. 18), gewaltige Waffen, Ketten, Halsringe, Armringe; von solchen Dingen, zumal Waffen, Schmuck, Gerät, haben wir uns gefüllt zu denken schon in dieser Zeit den Hort der Könige, der dann in den Reichen der Völkerwanderung, mit gemünztem Metall gemehrt, eine so wichtige Rolle spielt. Natürlich nahmen sie alsbald auch römisches Geld (*Germ.* K. 15).

4. Die Sippe

Wir sahen, in welchem Sinn in der Zeit zwischen Cäsar (50 v. Chr.) und Tacitus (100 n. Chr.) Ackerbau und Grundbesitz für Leben und Wirtschaft der Germanen mehr und mehr Grundlagen geworden sind.

In gleichem Schritt wurden sie auch allmählich Grundlagen der Verfassung.

Es hat unbestreitbar eine Zeit gegeben, in der nicht die Gemeinde den Rahmen des Staates bildete, nicht bilden konnte – weil sie noch gar nicht bestand: die *Land*gemeinde, um die allein es sich bei Germanen handelt, setzt als wichtigste Grundlage der Genossen seßhaften Ackerbau voraus.

Vor dem Übergang in diesen Zustand – also in Asien und noch jahrhundertelang während und nach der Einwanderung in Europa – war der Rahmen des Rechtsverbandes die *Sippe*, das Geschlecht: in diesem Sinn mag man jenen *vorgeschichtlichen* germanischen Staat einen „Geschlechterstaat" nennen. Sibja ist Geschlecht und Friede, denn nur innerhalb des Geschlechts waltete unverbrüchlicher Rechtsschutz, Rechtsfriede. Ungesippen auch des gleichen Staates durften, wenn sie wollten, ihren Streit statt durch Rechtsverfahren (Rechtsgang) durch Krieg der Sippen entscheiden (Fehdegang).[1]

Aber auch nachdem die Germanen seßhaft geworden waren und Gemeinde oder Gau den Rahmen ihres Staates ausmachten, wirkte der alte Geschlechterverband in wichtigen Äußerungen noch Jahrhunderte fort.

Nicht nur erhielt sich Fehdegang und Blutrache als Recht und Pflicht so zähe, daß, nachdem schon Karl der Große sie hatte verbieten wollen, nicht einmal sieben Jahrhunderte später der „ewige Landfriede" sie ausrotten konnte: auf dem Geschlechterverband ruhte die Ansiedelung, die Landverteilung im Frieden – die Nachbarn sind zugleich die Gesippen – und die Gliederung des Heerbannes im Kampf; die nächsten Verwandten fechten nebeneinander, und die römischen Legionen haben es so oft erfahren, wie diese natürlichen Verbände in gegenseitiger Beschirmung oder Rächung wirkten.

Da nun die nächsten Nachbarn und Lebensgenossen, d. h. eben die Gesippen, auch Glaubhaftigkeit, Ehrlichkeit des Mannes am genauesten kennen konnten und mußten, wandte man sich an die Gesippen, wenn es galt zu erhärten, ob jemand zum Eid gelassen werden könne in eigener Sache: d. h. die Gesippen sind zugleich *Eidhelfer*, die beschwören, daß der Eid des Hauptschwörers glaubhaft (daß er „rein, nicht mein", d. h. *megin*, d. h. ungeheuer, d. h. Frevel sei.[2] Endlich ist das gesamte *Erbrecht* nur ein auf den Todesfall angewendetes Familienrecht.

---

1 Vergl. die Rechtszustände im Geschlechterstaat und dessen allmählichen Übergang in den Gemeindestaat in: Dahn, Fehdegang und Rechtsgang der Germanen. Bausteine II. Berlin 1880.

2 Über die privatrechtlichen Befugnisse und Pflichten der Sippe s. später Privatrecht.

XI. RECHT UND VERFASSUNG VOR DER WANDERUNG

5. Das Königtum[1]

Soweit unsere Berichte zurückreichen, von dem ersten Auftreten germanischer Stämme an, zur Zeit (der Bastarnen?), der Kimbern und Teutonen, wie zur Zeit des Cäsar, erscheinen Spuren von Königtum bei den Germanen. Tacitus fand neben der häufigeren königlosen Verfassung doch bei so zahlreichen Stämmen das Königtum vor, daß er bei Schilderung allgemeiner germanischer Staatsverhältnisse seine Ausdrücke in einer Weise zu wählen pflegt, die beide Formen in sich schließt. Beide Formen sind echt und ursprünglich germanisch; die Frage, welche die ältere sei, läßt sich aus den Quellen nicht beantworten. Nicht mehr Forschung, nur allgemeine Vermutung mag, über die geschichtliche Zeit sich hinauswagend, annehmen, daß, da die Gemeinde aus der Familie erwachsen, die väterliche Gewalt des Geschlechterhauptes sich eine Zeitlang auch über die zur Gemeinde erweiterte Sippe mag behauptet und so einen vorgeschichtlichen Grund abgegeben haben für das später hieraus erwachsene Königtum.

Denn fragen wir nach Eigenart und Entstehung dieses ältesten Königtums, so müssen wir uns hüten, irgendeine einzelne der demselben zukommenden Verrichtungen willkürlich herauszugreifen und zum Ausgangspunkt oder zur Erklärung der ganzen vielseitigen Einrichtung zu machen.

Gewiß, die Könige hatten größeren *Grundbesitz* als die einfachen Freien: aber die Adelsgeschlechter desgleichen, und nicht auf dem Grundbesitz ruht das Wesen des Königtums. Der König stand an der Spitze einer zahlreichen und geehrten *Gefolgschaft;* aber hierin mochte ihm mancher Edle, mancher reiche Gemeinfreie nahe kommen, und nicht aus der Gefolgschaft ist das Königtum erwachsen. In der Zeit der Wanderung sind vielfach *Herzoge* oder Gefolgsführer von Römern und Griechen Könige genannt worden: aber ihnen kommt das für das Königtum Bezeichnende nicht zu, und keineswegs ist aus ihnen das Königtum erst hervorgegangen. Der König hat wichtige *priesterliche* Verrichtungen, aber ebenso hatte sie der Graf. Er führt sein Volk im Krieg an, und etwas Heldentümliches ist seiner Gewalt eigen, aber auch der Graf und der Herzog hat diese *Kriegsgewalt:* und weder die *richterliche* noch die *kriegerische* Würde macht den König zum König.

Mit keinem der hervorragenden Ämter, mit keinem der erwähnten Dinge, die in der Verfassung jener Zeit Macht und Auszeichnung gewährten, zeigt das Königtum einen solchen Zusammenhang, daß es von demselben sein Wesen hergenommen hätte. Das einzige bestimmt Auszeichnende desselben ist eine eigentümliche *Erblichkeit.* Und nur mit einer anderen Einrichtung jener Zeit hängt das Königtum aufs innigste zusammen, der einzigen, die auch erblich ist, deren Wesen aber auch gerade in der Erblichkeit liegt: nämlich mit dem *Adel.*

Wie der Adel ist das Königtum, aus echter Wurzel germanischen Lebens und germanischen Rechtsgefühls erwachsen, ein Urbesitz dieser Stämme. Sie treten mit ihm in die Geschichte ein. Die Quellen finden es als ein längst bestehendes vor. Wie der Adel beruht es nicht auf einem einzelnen, mit Bewußtsein verliehenen Recht, ist es nicht aus einer einzelnen rechtlichen Aufgabe, aus einem Lebensverhältnis entstanden, sondern ein unwillkürliches unmittelbares Erzeugnis der Gesamtentwicklung germanischen Wesens in Götterglauben, Sitte, Leben und Recht, in Geschlecht, Gemeinde und Staat. Damit ist aber auch die Frage nach seiner Entstehung und seinem ursprünglichen Wesen beantwortet, es beruht, wie der Adel, auf

---

1 Vergl. Könige I, S. 247

der dem Germanen mächtig innewohnenden Verehrung und Liebe für Geschlecht (*adal* = Geschlecht), für die heiligen Bande des Blutes, die der staatlichen Genossenschaft zugrunde liegen. In dem Adel verehrte jeder Stamm seine ältesten *Geschlechter*, von denen er, mit dem guten Glauben der Sage, seine Entstehung ableitete; in der Wirklichkeit haben vielleicht oft gar verschiedene Gründe im einzelnen Fall die Erhebung eines oder des andern Geschlechts bewirkt: Reichtum, Eroberung, wiederholte Auszeichnung seiner Häupter; aber in der Auffassung des Volkes ist das bis zu den Göttern hinanreichende Alter des Geschlechts der Grund seines Vorzugs. Das edelste nun dieser edlen Geschlechter ist das königliche, und der Grund seiner mit freier Hingebung verehrten Gewalt ist eben die liebevolle Ehrfurcht vor dem Alter dieses Geschlechts, dem Ursprung zugleich des ganzen Stammes. In merkwürdiger Weise belegt – in größerem Kreise – diese Bedeutung des ältesten Geschlechts der Bericht des Tacitus von der suebischen Völkerschaft der Semnonen. Diese Völkerschaft gilt als die edelste, weil als die älteste der Sueben: die Völkerschaft, von welcher die übrigen ausgegangen sind oder zu sein glauben, hat den Vorrang im Völkerverband wie innerhalb der Völkerschaft dasjenige Geschlecht, von dem sich die andern der gleichen Völkerschaft ableiten. Und wie sich bei der altedelsten Völkerschaft der Völkergruppe die „Anfänge des Volkes" finden, und „dort der Gott, der König über alle, dem alles andere untertan und gehorsam", so stammt der Begründer der Völkerschaft, der König, unmittelbar von den Göttern. Und wie der Völkerbund in dem Heiligtum der Hauptvölkerschaft, so findet die Völkerschaft ihren religiösen Mittelpunkt, ihre gemeinsame Vertretung gegen die Götter in den priesterlichen Verrichtungen des Königs. Und in diesem Sinne sind Ingve, Isto, Hermino, die Söhne des Mannus, des Sohnes des Tuisko, die „Anfänger und Gründer des Volkes", wenn nicht selbst die ersten Könige doch deren Ahnherrn und Vorbilder zugleich.

In diesem seinem ältesten Geschlecht knüpft sich der Stolz des Stammes an die Götter selbst, und der erste König, der erste Ahn des Volkes ist vielfach der Sohn eines Gottes, ein Halbgott. So ist die Eigenart des ältesten Königtums eine sagenhafte, halbgöttliche, geschlechterhafte. Das Haupt des ältesten Geschlechts, das sich zur Gemeinde erweitert, durch eigene Vermehrung wie durch Zuwanderung Fremder, wird auch in diesem erweiterten Kreise noch ein ehrwürdiges Ansehen behaupten. Es wird die Opfer für die Gemeinde, wie früher als Hausvater für die Familie, zu bringen, es wird den Rat und das Gericht der Gemeinde, wie früher des Geschlechts, zu berufen und zu leiten haben; es wird, bei körperlicher Rüstigkeit, die Anführung der Genossenschaft im Kriege, wie früher der Sippe in der Fehde, haben; freiwillige Ehrengeschenke werden ihm dargebracht werden, und vor allem wird dieser Vorzug, weil er ja auf dem Geschlechte ruht, erblich sein. Dies das Geschlechthafte. Hat sich nun dieses eine Geschlecht dergestalt erweitert, daß zahlreiche neue Sippen daraus hervorgegangen sind, ist durch Aufnahme von zugewanderten Sippen die Vorstellung von der unmittelbaren Geschlechtseinheit der ganzen Genossenschaft unhaltbar geworden, dann werden diejenigen Sippen, die sich nicht auf die Sippeneinheit zurückführen können, in der ältesten königlichen Sippe die Wiege des Ganzen, die von den Göttern stammenden Ahnen der Völkerschaft finden, und so wird das Sagenhaft-Halbgöttliche hinzutreten. Andere Geschlechter, die nach der ersten für die ältesten gelten, werden als Adelsgeschlechter erscheinen; oder man wird umgekehrt denjenigen Sippen, die sich auch später erst durch Reichtum, Krieg, Glück und Glanz hervortun, sagenhaft älteste Abstammung andichten. – Dies sind Betrachtungen, die sich an das Erwachsen der Gemeinde aus der Sippe bei *allen* Völkern, nicht nur bei

XI. RECHT UND VERFASSUNG VOR DER WANDERUNG 109

den Germanen, knüpfen lassen. Vielfach finden wir daher ähnliche sagenhaft-halb-göttliche und geschlechterhafte Züge in dem Königtum anderer Völker. Aber daß sich diese allgemein menschlichen Züge hier eben in der bestimmten Weise entwik-kelt haben, wie sie uns in dem germanischen Königtum entgegentreten – davon liegt der Grund in dem Geheimnis, das wir die Eigenart eines Volkes nennen und in seiner hiervon zur einen Hälfte abhängigen Geschichte.

Allein vor *einem* Mißverständnis dieser Auffassung muß nachdrücklich gewarnt werden. Vergessen wir nicht, daß hier nur von der vorgeschichtlichen *Vorgeschichte* des germanischen Königtums die Rede ist. Viele Jahrhunderte liegen zwischen jenem Übergang der Einherrschaft über das noch nicht seßhafte Geschlecht in das erste Königtum über die Gemeinde, zwischen jener Entstehung des Königtums und den ersten *Erscheinungen* desselben, denen *wir* in der Geschichte begegnen. Deshalb ist auch keineswegs die beschränkte Gewalt, die diesem Königtum über die Freien zu-steht, mit der strengen Mundschaft zu vergleichen, die das Haupt der Sippe über die von ihm vertretene Glieder übt.

Eine solche Gewalt ist schon bei der ersten Erweiterung der Sippe in eine Reihe von selbständigen Geschlechtern, ist bei dem ersten Übergang in eine Gemeinde nicht mehr möglich. Es ist bereits hervorgehoben, daß auch in den Völkerschaften mit Königen das staatliche Schwergewicht in der Volksfreiheit lag; nur gewisse for-male, aber durch fromme Verehrung geheiligte Rechte und ein hohes sittliches Anse-hen hat der König. Also nicht dem Inhalt seiner Kraft nach ist das geschichtliche Königtum ein sippenhaftes, so daß die Freien wie Unmündige in der Mundschaft des Königs stünden, sondern der Überlieferung seiner Entstehung nach. Und lange ge-nug hatte jenes vorgeschichtliche Königtum bestanden, um auf die viel später aus mannigfaltigen Gründen erwachsenen geschichtlichen Königsherrschaften noch die Weihe und den Schimmer der Heiligkeit jener uralten geschlechterhaften und sagen-haften Würde zu werfen. Deshalb gelingt es auch jedem Adelsgeschlecht, das durch Kriegsruhm, Glück, Wanderung, Gefahr des Volkes begünstigt, ein Königtum be-gründet, so leicht, sich erblich zu machen; deshalb umkleidet der Glaube des Volkes, gewöhnt, im Königtum den Ruhm seiner Stammesgeschichte, seinen Zusammen-hang mit den Göttern zu verehren, auch ein neu aufgekommenes Königsgeschlecht mit einem Kranz von Sagen, der es mit den Anfängen des Stammes verknüpfen soll. Deshalb wird auch dem spät entstandenen Königtum eine heilige Verehrung erwie-sen, wie sie das Volk seit Urzeiten seinem Königtum zu erweisen gewöhnt ist. Und diese sittliche Macht des Königtums in der Verehrung und treuen Anhänglichkeit des Volkes war es, welche die an sich sehr beschränkte königliche Gewalt, wenn getragen von einer kraftvollen Erscheinung wie Theoderich oder Chlodovech, so stark und eindringlich machte.

Schon Tacitus berichtet uns von einzelnen größeren Königsherrschaften, die zu seiner Zeit errichtet wurden und vielfach von jenem alten Königtum sich unterschie-den. Gleichwohl behielten selbst die späteren, durch römische und andere Einflüsse mannigfach umgestalteten Königsherrschaften wesentlich die Eigenart des alten Kö-nigtums bei; und einzelne Züge davon haben sich bis ins späte Mittelalter erhalten. Der Unterschied der königlichen Gewalt von der der Grafen, *„principes"*, liegt nun nicht so fast in den einzelnen Rechten, die beiden im Gegenteil völlig gemeinsam, als vielmehr in der *Erblichkeit* und in der gerade auf die Geschlechtsherrlichkeit gestütz-te Heilighaltung des Königtums im Gegensatz zu den Grafen, die vielleicht nur auf bestimmte Amtszeit, nicht aus einem bestimmten Geschlecht, mit völlig freier Wahl des Gaues erhoben werden. Aus diesem Grund ist der Gegensatz zwischen Graf und

110 EINLEITUNG

König gleichwohl ein sehr bestimmter im Bewußtsein des Volkes und sehr zu Unrecht glaubt man, daß ein Graf sich auch König hätte nennen können. Sprache und Leben gewährten hier offenbar deutliche Gegensätze. Auch in Staaten mit Königen besteht ein Wahlrecht des Volkes: es äußert sich hier und da in dem völligen Absehen von dem königlichen Geschlecht, wenn einerseits Bedürfnis und Gefahr, andererseits Untüchtigkeit oder auch nur Unmündigkeit der Glieder desselben dazu auffordern; ferner in der Entscheidung zwischen mehreren gleichberechtigten Bewerbern: – denn nirgends (außer bei den Vandalen in Afrika) entwickelt sich eine Erbordnung für die einzelnen Glieder des königlichen Geschlechts: das Recht auf den Königsstab kommt dem Geschlecht als solchem zu, und jedes Glied desselben kann es unter Umständen geltend machen; endlich in einer Art von Genehmigung, Bestätigung, freiwilliger Anerkennung und Unterwerfung, die häufig auch bei ganz unbestrittener Nachfolge die Freiheit des Volkes betätigt und der gegenüber das Erbrecht des königlichen Hauses nur ein beschränktes ist, mehr ein sittlicher Anspruch, der freilich nicht ohne triftigen Grund übergangen wird; dies gestaltete sich sehr verschieden bei den einzelnen Stämmen.

Absetzung des Königs, Erhebung eines anderen Geschlechts kommt wohl vor; aber die Geschichte der Cherusker, Heruler, Ostgoten wird uns andererseits lehrreiche Beispiele der tief eingewurzelten Anhänglichkeit an das königliche Geschlecht zeigen. So wenig mit dem Königtum eine Freiheitsminderung verbunden ist, so scharf wird es doch im Bewußtsein des Volkes von der königlosen Verfassung unterschieden – eben wegen jener erblichen ehrwürdigen Eigenart. Abschaffung oder Einführung des Königtums, durch Volksbeschluß in bestimmter Rechtshandlung erfolgt, wird daher als wichtigste Staatsveränderung empfunden.

Die einzelnen Rechte des Königs waren nun folgende: gewisse priesterliche Verrichtungen – Opfer, Befragung des Götterwillens, feierliche Umzüge – Berufung und Leitung der Volksversammlung; Vollzug der Gerichtsbeschlüsse in eigenem Namen – „Gerichtsbann" –, Bezug der verwirkten Friedensgelder, die in königlosen Staaten an die *civitas* fallen; Anführung des Volksheeres – „Heerbann" –, Ernennung von Feldherren, Vertretung des Gaues auf der Völkerschaftsversammlung; vorläufige Verhandlung mit anderen Völkern. Sehr früh mußte der König tatsächlich die Leitung der äußeren Beziehungen erwerben, d. h. einer beliebten Persönlichkeit leistete die Volksversammlung hierin wohl regelmäßig – es gibt auch Ausnahmen – Folge, ohne grundsätzlich ihr Entscheidungsrecht aufzugeben. Kam die Rechtsfrage zur Besprechung, so hatte freilich das Volk das Bewußtsein, seinen Willen mit Recht gegen den König durchsetzen zu können; allein es kam eben selten zu einem solchen Widerstreit. Ferner kam dem König zu: Entscheidung geringerer Angelegenheiten, Bezug freiwilliger Ehrengeschenke, lang herabwallendes Haar und ehrenvolle Abzeichen in Tracht und Waffen. Zweifelhaft jedoch erscheint, ob der König damals schon das Recht hatte, Vorsteher der Landschaften, Grafen, zu ernennen. Wo sich, zum Teil mit Kriegsgewalt, neue größere Königreiche gebildet hatten, wie das des Marobod, mögen gewiß Kriegs- und wohl auch Rechtsbeamte vom König bestellt worden sein; ob aber auch in dem alten eng begrenzten Gaukönigtum, ist doch fraglich. Vielmehr war es später zugleich eine Hauptursache und eine Hauptwirkung von dem Übergang des staatlichen Schwerpunkts auf das Königtum, daß nach der Wanderung der König ganz allein die Beamten ernennt, die dann in seinem Namen die Urteile im bürgerlichen und im Strafverfahren vollstrecken; dies Recht, *duces* und *comites* zu bestellen, wurde durch das Vorbild der römischen Imperatoren mächtig gefördert, wie denn das ganze Beamtenwesen zum größten Teil aus dem römischen Staat herübergenommen wurde.

XI. RECHT UND VERFASSUNG VOR DER WANDERUNG 111

Das in diesen Hauptzügen geschilderte Königtum nun, zur Zeit des Tacitus noch nicht die üblichste Verfassungsform, hat allmählich bei fast allen Stämmen die königlose Form verdrängt. Wenn auch äußere Gründe, wie die Römerkriege, die Gefahren und Kämpfe der Wanderung, hierzu vielfach beigetragen haben, so liegen doch dieser Veränderung wesentlich auch innere Ursachen zugrunde. In dem staatlichen Entwicklungsgang dieser Stämme ist offenbar vom ersten bis vierten und fünften Jahrhundert ein bedeutsamer Fortschritt wahrzunehmen: ein Fortschritt vom Vereinzelten zum Einheitlichen, ein Streben, anstelle der engen, unbedeutenden, fast gemeindehaften Gaustaaten größere, mehr wahrhaft staatliche Verbände zu setzen. Nicht mehr in den kleinen Gauen der Völkerschaft vollzieht sich ein notdürftiges staatliches Leben – die Völkerschaft als solche wird jetzt die vorausgesetzte staatliche Einheit, in welche die Sondertümlichkeit der Gaue aufgegangen. Eine der wichtigsten Umgestaltungen, welche die deutschen Stämme je erfahren, hat sich in diesen dunklen, nur vom Schimmer der römischen Waffen erhellten Jahrhundert vollzogen; nur aus den Ergebnissen können wir vermutungsweise auf den Hergang schließen. Die verschiedenen Wege, welche die einzelnen Stämme dabei eingeschlagen haben, möglichst genau zu verfolgen, ist unsere unerläßliche Aufgabe. Außer Wanderung, Krieg und Gewaltsamkeit jeder Art mag häufig auch Erbschaft die Versammlung mehrerer Gaue unter *eine* Hand bewirkt haben; die Könige der gotischen, alemannischen, fränkischen Gaue finden wir häufig verwandt und verschwägert.

Die Hauptursache war aber offenbar nicht eine äußere, sondern eine innere, nicht eine gewaltsame, sondern eine friedliche, nicht eine plötzliche, sondern eine allmählich wirkende: die gleiche Ursache, welche die sogenannte „Völker*wanderung*" herbeiführte, nämlich die durch den Übergang zu seßhaftem Ackerbau bewirkte Übervölkerung, die, Grenzwald und Allmende durchdringend, allmählich Gemeinde an Gemeinde, Gau an Gau stoßen ließ, die früher durch Wald und Ödland geschieden waren; größere kräftigere Gaue und Könige übten nun auch unwiderstehliche Anziehung im Frieden, Druck im Kriege, die räumlich getrennten Verbände schmolzen räumlich und infolgedessen bald auch rechtlich in eins zusammen.

Bald aber genügte auch die Völkerschaft nicht mehr diesen Anforderungen der Ausbreitung und den Gefahren einer sturmbewegten Zeit, in welcher kleinere Körper zertrümmern und nur größere die Widerstandskraft, sich zu erhalten, besitzen. Auch die Völkerschaften verschwinden allmählich mit Namen und Wesen, und ganze Gruppen von Völkerschaften, Völker, treten, freilich oft noch in sehr lockerer Zusammenfügung, als Bündnisse, auf. Eine solche Zeit mußte die alten königlosen Verbände beseitigen; das Bedürfnis einheitlicher, fester, dauernder Führung mußte überall das Emporkommen des ja ohnehin nicht fremdartigen Königtums begünstigen. Die langobardische Königssage, die westgotische Geschichte zeigen, daß es für ruhmvoll, für angemessen der kriegerischen Kraft eines Volkes galt, eigene Könige zu haben: Wenn die Völker sinken, büßen sie das Königtum ein, wenn sie steigen, richten sie es auf. Schon von Mitte des ersten Jahrhunderts ab treffen wir häufig Spuren von Versuchen, statt der Gaugrafschaft oder des Gaukönigtums ein Völkerschaftskönigtum zu gründen. Erst später gelingen diese Versuche und führen noch später zur Bildung von Völkergruppen (Alemannen, Franken usw.). Eine Zeitlang erhalten sich innerhalb dieser noch besondere Völkerschaftskönige; aber der Zug und Drang der Zeit neigt zur Beseitigung aller solcher Sonderungen, und bald erscheint an der Spitze der Franken, der Alemannen, der Bayern (?) nur ein Herrscher, bis zuletzt der Frankenkönig wie die Völkerschaftskönige und Gaukönige der Salier und Ripuarier, so die Volkskönige der Alemannen, Thüringer, Bayern (?) beseitigt

112 EINLEITUNG

und diese ganze Entwicklung in dem *Reichskönigtum der fränkischen Einherrschaft ihren großartigen Abschluß findet* (siehe oben).

Das königliche Geschlecht ist nun, wie gesagt, nur das edelste erste Adelsgeschlecht; es gilt für das älteste oder doch eines der ältesten Sippen, aus welchen der Verband (von Volk oder Völkerschaft oder Gau) erwachsen, daher folgerichtig von den Göttern entstammt; die Grundlage des Königtums ist wie der homerischen „Basileia" eine sagenhaft-halbgöttliche, eine geschlechterhafte. Ohne Zweifel gelten Ingo, Isto, Irmin, die Stammväter der Stämme, die Göttersöhne, für Könige. Die angelsächsischen Könige Hengist und Horsa sind Söhne Wodans: Halbgötter (*anses*) sind die ältesten Könige der Ostgoten, Gapt, der älteste in ihrer Geschlechterfolge, der Begründer des Volkes; im Norden sind die Inglinger und die Skioldungen wie die Wälsungen Söhne Odhins; und in eifrig christlicher Zeit führt man die Frankenkönige, denen wir im hellen Licht der Geschichte zuschauen können, wie sie sich aus Königen eines salischen Gaues zu Volkskönigen beider fränkischer Mittelgruppen, der Salier und der Uferfranken, emporarbeiten, auf einen Meerwicht zurück.

Aus dieser Auffassung des königlichen Geschlechts und des Königtums folgt selbstverständlich, daß die Germanen das Königtum wie den Adel als einen vorgeschichtlichen Urbesitz des Geschlechterstaats schon mit aus Asien nach Europa brachten und daß keineswegs daran zu denken ist, daß erst durch erfolgreiche Gefolgsherren oder gar durch Entlehnung von den Römern, oder „durch Abschluß des Dienstvertrages mit dem Imperator" das Königtum entstanden sei.

Die Rechte des Königs in der Verfassung der Volksfreiheit sind sehr gering.

Das königliche Geschlecht als ganzes (im Mannesstamm) hat das Anrecht auf die Krone; dieser Anspruch ist ganz allgemein an das königliche Blut geknüpft; es gibt keine Thronfolgeordnung, vielmehr muß in jedem Fall der Thronerledigung Volkswahl aus der Zahl der Männer des Königshauses den König berufen; letztwillige Verfügung des Königs ist ausgeschlossen; sogar der einzige waffenfähige Sohn des verstorbenen Königs wird erst durch Wahl König. An sich *kann* das Volk, ohne auf Gradnähe des verstorbenen Königs irgend zu achten, jeden Mann des Königshauses wählen; tatsächlich wird der bereits *waffenfähige* älteste Sohn wohl nicht leicht ohne besondere Gründe übergangen, aber häufig wird dem noch nicht waffenfähigen Sohn ein berühmter Held, ungeachtet seiner nur *ferneren* Verwandtschaft mit dem verstorbenen König, vorgezogen. Dieser Mangel jeder Erbordnung hatte die böse Folge, daß bei jeder Thronerledigung jedes Glied des Geschlechts sich Hoffnung auf den Königsstab machen, wenigstens den Versuch wagen konnte, die Mehrzahl des Volkes für sich zu gewinnen. Daher die so häufigen Thronfolgekriege unter Brüdern, Vettern, Oheim und Neffe noch in später fränkischer Zeit.

Einsichtige Könige suchten noch bei ihren Lebzeiten die Nachfolge durch Vorbefragung des Volkes *einem* Sohne oder anderen Verwandten zu sichern, was freilich keineswegs immer den Erbkrieg auszuschließen vermochte. Mit großer Klugheit führte König Geiserich in Afrika eine bestimmte Folgeordnung ein, den Seniorat, den er von den Mauren entlehnte.[1]

Der König hatte nun als rechtliches Mittel für Ausübung seiner Verrichtungen das *Bannrecht*, das heißt das *jus sub mulcta jubendi et vetandi*, das Recht, unter Androhung einer Geldstrafe zu gebieten und zu verbieten, dem römischen *imperium* ähnlich.

So übte er vor allem den *Heerbann* und den *Gerichtsbann*, d. h. er hatte das Recht,

---

1 Könige I, S. 230. – Bausteine II, S. 213

das Volksheer aufzubieten und in dem vom Volk (nicht vom König) beschlossenen Krieg zu befehligen; er hatte das Recht, gebotene Dinge anzusagen; wer diesem Aufruf zu Heer oder Ding ohne „echte (d. h. gesetzliche, von dem Volksrecht, êwa, anerkannte) Not" nicht Folge leistete, ebenso wer ungenügend bewaffnet erschien, zu spät erschien, zu früh das Heer verließ, hatte die *Heerbannbuße* an den König verwirkt, desgleichen wer ungehorsam auf Ladung des Königs vor Gericht ausbleibt oder dem rechtskräftigen Urteil nicht nachkommt, die *Gerichtsbannbuße*. Diese Bußen bilden die einzige rechtsnotwendige Einnahme des Königs; von einem *„Finanzbann"* kann in der Urzeit noch nicht gesprochen werden. Ebensowenig hat der König gesetzgebende Gewalt; diese steht der Volksversammlung zu, in welcher der König, wie jeder andere, nur *eine* Stimme hat – freilich eine schwer wiegende. Und tatsächlich, aber nicht rechtlich, übt der König vorzugsweise die Antragstellung.

Selbstverständlich konnte der König den Königsbann nur anwenden innerhalb des Rahmens der Verfassung und des Gewohnheitsrechts. Das Königtum wäre ja unbeschränkte Einherrschaft gewesen, hätte der König unter Strafandrohung gebieten und verbieten können, was ihm beliebte. Sofern also in jener Zeit von „Verwaltungshoheit" und von „Verordnungsrecht" gesprochen werden darf, konnte der König beide mittels seines Bannrechts nur in jenen Schranken ausüben. Daher werden noch unter Karl dem Großen durch Reichsgesetz die Zwecke aufgezählt, zu deren Verfolgung allein der König bannen darf. Folgerichtig bewegt sich die Entwicklung zu Unumschränktheit hin auf dem Wege, daß nicht etwa nur die Zahl dieser Zwecke und die Höhe der Bannbuße gesteigert werden, sondern zuletzt – und damit ist auch gesetzlich das Königtum unumschränkt geworden – dem König freigestellt wird, *welche* Zwecke er durch das Mittel des Königsbanns verfolgen will.

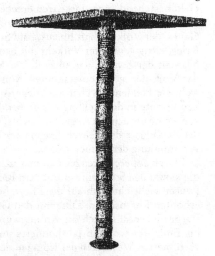

Erzener Hammer.
Bei Langensalza gefunden.
Stab 45 cm, Hammer 39 cm lang.

Königsstäbe aus Erz.
Gefunden im Mansfeldischen.

Heerbann und Gerichtsbann erschöpfen die wesentlichen Rechte des Königs. Er opfert wohl auch für das Volk, aber nicht anders als der Hausvater für das Haus; und diese priesterlichen Verrichtungen des Königs bilden durchaus nicht Grundlage oder Wesen oder auch nur Färbung des Königtums. Die *Amtshoheit* übt er, sofern er etwa die Grafen seiner Gaue ernennt; dagegen die Vorsteher der Hundertschaften werden noch im fränkischen Reich, also gewiß in der Urzeit, vom Volke gewählt.

114 EINLEITUNG

Aber, rechtlich eng beschränkt, war sittlich und tatsächlich die Macht, mehr noch das Ansehen des Königs sehr hoch, sehr ehrwürdig: in der Regel wird er in der Volksversammlung seinen Willen zumal, was die Leitung der äußeren Dinge betrifft, durchzusetzen verstanden haben.

Ein reich gefüllter *Königshort* in Waffen, Schmuck, Gerät, Geschirr, später auch in Geld bestehend, eine starke treu ergebene *Gefolgschaft*, großer, von Unfreien, Halbfreien, Freigelassenen bevölkerter *Grundbesitz, freierer Blick* über die Marken des Gaues, der Völkerschaft hinaus, bald Schulung in römischer Bildung in Frieden und Krieg, eifrig gepflegter Verkehr mit benachbarten Fürsten gab viel Überlegenheit an Klarheit der Zwecke wie an Fülle der Mittel. Dazu trat die fromme Verehrung, die das Volk den götterentstammten Königsgeschlechtern entgegentrug, und die Gewalt, die Heldentum über die kriegerischen Herzen übte. Eine tüchtige Persönlichkeit konnte in der Stellung des germanischen Königs tatsächlich sehr viel durchsetzen – eine untüchtige so gut wie nichts, denn das Recht gewährt ihm nur den Vollzug der Beschlüsse des wahren Trägers der Vollgewalt in diesen Staaten, d. h. der Volksversammlung der Gemeinfreien.

Durch äußere Ehrenzeichen in Tracht und Erscheinung unterschied sich der König kaum: den Stab teilte er mit dem Richter, das lang wallende Haar mit allen Freien (wurde vielleicht auch auf die Pflege besonderes Gewicht gelegt: *reges criniti*), den erhöhten Ehrensitz im Ding mit den Grafen, in der Halle mit jedem Hofherrn. Der Purpur jedenfalls, auch die Krone, wurde erst von den Imperatoren entlehnt; noch bis Ende des sechsten Jahrhunderts unterschied sich sogar bei den früh und stark verrömerten Westgoten der König in der äußeren Erscheinung nicht von den reichen Vornehmen des Volkes.

Während nun noch zur Zeit des Tacitus nur sehr wenige Völker Könige hatten (die gotischen, einzelne suebische, siehe die Zusammenstellung aller Spuren Könige I, S. 133), weitaus die meisten Grafen, kamen während und zum Teil schon vor der Wanderung Könige immer häufiger auf, so daß nach der Wanderung nur bei Friesen und Sachsen noch die alte königlose Verfassung bestand, alle anderen Völker aber Könige statt der Grafen hatten.

Die Gründe dieser Verfassungsveränderung sind zahlreich, äußerliche fehlen nicht, so das Bedürfnis, der stets drohenden römischen Gefahr gegenüber eine bessere Leitung der äußeren Dinge zu gewinnen als die vielköpfige, stürmische, ohne Möglichkeit des Geheimnisses tagende Volksversammlung, das Bedürfnis, einen „Herzog" nicht für einen Sommerfeldzug zu wählen, sondern für die ganze Kriegsgefahr unbestimmter Dauer beizubehalten; umgekehrt hat manchmal römische Staatskunst ergebene Männer, auch zuweilen Gefolgsherren, zu Königen eingesetzt. Aber diese äußeren Gründe sind eben nur äußerliche, sehr nebensächliche.

Der tiefere innere Grund lag in den Umgestaltungen, welche die Zunahme der Bevölkerung und folglich der Fortschritt der Waldrodung bewirkten: Der Zug, der den Gaustaat zum Staat der Völkerschaft, den Staat der Völkerschaft zum Volksstaat machte, ging gleichen Schrittes mit dem Zug, der die Grafen durch die Könige ersetzte; Ausdehnung des Staatsgebietes, Aufsteigen der Volkskraft und Befestigung der Staatsgewalt gingen Hand in Hand. Daher eben nehmen Völker aufsteigender Erfolge das Königtum mit bewußter Verfassungsänderung an (die Langobarden, Band IV), daher müssen durch Niederlage geschwächte Völker darauf verzichten, das Königtum aufrecht zu erhalten.[1]

---

1 Bausteine I, S. 467 f.

XII. Bildung

Sprache. Dichtung. Runen. Musik. Wissen

Die Sprache der Germanen steht in engster Verwandtschaft mit der der Letto-Slawen, der Kelten, der Graeco-Italiker, weiter mit Sanskrit und Zend; alle diese Zweige erweisen sich als dem gemein-arischen Stamm entsprossen, und gerade die Sprachenverwandtschaft ist ja der Hauptbeweis für die Zusammengehörigkeit der fraglichen Völker.

„Die Verwandtschaft der Sprachen zeigt sich in der Gemeinsamkeit der meisten Wurzeln, in der übereinstimmenden Weise der Wortbildung und Wortbiegung (starke und schwache Deklination, Bindevokal zusammengesetzter Wörter); ja zwischen einigen Gliedern des großen Stammes in einer geregelten Veränderung der konsonantischen Laute, wie dergleichen sonst nur zwischen Mundarten einer und derselben Sprache zu walten pflegt."[1]

Übrigens nahm bereits auch inmitten der allgemeinen Gleichmäßigkeit eine Trennung verschiedener Mundarten ihren Anfang, wie es scheint, zunächst nur noch eine zwiespältige, ähnlich dem späteren Gegensatz ober- und niederdeutscher Rede. Die Hauptmerkmale sind der Wechsel von ê und â und, wo jenes gesprochen wird, der stärkere Hauchlaut *ch* statt des sonst gebräuchlichen *h*: wo aber *a* gesprochen wird, dasselbe *ch* statt der Tenuis *c*: ein Fürst der Chatten hieß Bacrumêr, ein König der Cherusker Chariomêr, ein alemannischer Chnodomâr.[2]

Später ergaben sich dann folgende Zungen: Altnordisch, Gotisch (dazu auch Vandalisch); (Burgundisch, Langobardisch) Althochdeutsch; (Altfränkisch); Altniederdeutsch; (Altfriesisch, Altsächsisch, Angelsächsisch).

Vier Züge eignen der germanischen Sprache: *Stabreim, Sinnbetonung, Ablaut, Lautverschiebung. Der Stabreim* ist Übereinstimmung des Anlauts der Hauptwörter in der dichterischen Strophe, wobei jeder Selbstlauter im Anlaut gleich gilt, z. B. altnordisch *Völuspá* III, 1-4:[3]

> ár var alda
> par er Ymir bygdi,
> vara sandr né saer
> né svalar unnir.

---

1 W. *Wackernagel*, Geschichte der deutschen Literatur. II. Aufl. besorgt durch Martin. I, 1. Basel 1877, S. 4, welchem Werk hier meist gefolgt wird.

2 *Wackernagel* I, S. 5 J. Grimm, Deutsche Grammatik, Vorwort LI stellt gotisch und hochdeutsch, nordisch und niederdeutsch zusammen, andererseits aber gotisch, hoch- und niederdeutsch scharf dem nordischen gegenüber, siehe Zeuß, S. 79: „Die Westgermanen unterscheiden sich von den Ostgermanen (Goten und Skandinaviern) allerdings auch durch das konsonantische Auslautgesetz, wonach s nach langem Vokal oder Konsonant im Wortende getilgt wird, sowie durch mehrere Neuerungen in der Wortbiegung und Wortbildung."

3 Herausgegeben von Munch. Christiania 1847.

EINLEITUNG

Der *Stab*reim ist entstanden durch den Gebrauch der Buch*staben*, der „Runenstäbe", das heißt der Stäblein von Buchenrinde, in welche die heiligen Runen geritzt wurden. Daher noch neuenglisch *to write* = schreiben, d. h. ritzen (altr. *wrîtan*, althochdeutsch *rîzan*; vergl. neuhochdeutsch „Riß", „Grundriß", „Reißzeug"; daher malen, *meljan*, Zeichen machen; siehe unten „Runen"). Diese Stäbe dienten dem Zwecke der Weissagung: das Los entschied, welche zwei bis drei (vier bis sechs) Stäbe aus der Zahl aller vierundzwanzig hingeworfenen (daher unser „entwerfen") im Einzelfalle auf „gelesen" (daher unser Lesen, zugleich sammeln) und als Ausspruch der Götter ausgelegt werden sollten. Die entscheidenden Worte mußten bei Verlesung des Götterspruchs lauter gesprochen, der Anlaut stärker betont werden, um den Hörern deutlich einzuprägen, daß die Worte wirklich anlauteten mit den durch das Los bezeichneten Runen.

Übrigens bediente man sich des Stabreims nicht nur für Weissagung, Zauber (siehe Runen) und Dichtung[1], auch die Rechtsformeln[2] waren in kurzen stabreimenden Sprüchen, in „gestabten Worten", ausgeprägt, und das Sprichwort und Kinderspiel haben bis heute den Stabreim als Lieblingsform bewahrt, obzwar die Dichtung, zuerst wohl bei Rheinfranken und Alemannen, den Stabreim mit dem aus dem Kirchenlatein entnommenen Endreim vertauschte.

Die *Sinn*betonung, d. h. die Verlegung des Hochtons (auf dasjenige Wort im Satz, das den *Sinn* trägt und) im Worte auf die *Wurzel*silbe, nicht auf die gebeugte Endsilbe, war zum Teil äußerlich durch den Stabreim bedingt. Aber innerlich und tiefer durch die Eigenart des germanischen Geistes, der überall mit stürmendem Hauch (–„Wotan"–) das *Wesentliche*, das inhaltlich entscheidende betont, die Form darüber mehr vernachlässigend. Daher die Abschleifung der Endungen und Silben der Beugung.

Gewissermaßen als Ersatz der eingebüßten Beugungsunterscheidungen, als „innere Beugung" diente der *Ablaut*, zumal der starken Zeitwörter, der den Stammselbstlauter wandelt, nach den verschiedenen Zeiten als eine „Tonleiter" derselben (klinge, klang, geklungen), im Griechischen λείπω, λέλοιπα, ἔλιπον und Lateinischen *tango, tetigi, tactum*, nicht ganz fehlend, aber mehr als Umlaut denn als Ablaut und neben Augment (ἔλιπον) und Reduplikation (*tetigi*) überflüssig für die Unterscheidung der Zeiten, während das Germanische den rasch absterbenden Reichtum der Wandlungsformen durch den Ablaut ersetzt.

Von den abgelauteten Zeitwörtern (binde, band, gebunden) wurden dann aber auch neue Formen der Hauptwörter gebildet (die Binde, das Band, der Bund, das Bündnis), und so mächtig beherrschte dies Gesetz die Sprache, daß es auch lateinische Redewortstämme, die entlehnt worden waren, ergriff und ablautete, als ob sie

---

1 Z. B. in der Stammsage: Ingo, Isto, Irmino, in der Schöpfungssage: Wodan, Wili, We, Ask und Embla; in den Geschlechtertafeln: Hengist und Horsa, Scyld und Sceáf, Finn und Folkvald: auch die Personennamen innerhalb der Sippe wählte man gern im Stabreim: Armin – Inguiomer, Segimer – Sesithacus, Thusnelda – Thumelicus, Audoin – Alboin, Geiserich – Genzo, Gelimer – Walamer – Widemer, Gibich – Gunther – Gerenot – Giselher. Häufig wird das Hauptwort der Namenbildung wiederholt. *Thôrr* = steinn, *Thôr* = kel = modhr, =brand, Âs = laug = hild.

2 „Hand wahre Hand", „Was die Fackel verzehrt, ist Fahrnis", „Haus und Hof", „Wunn und Weide", „Eigen und Erbe", „Vieh und Fahrnis", „Bann und Gebot", „Bausch und Bogen", „Buße und Besserung", „Friede und Freundschaft", „Hand und Halfter", „Haut und Haar", „Leib und Leben", „Hund und Horn", „Schutz und Schirm", „See und Sand", „huldig und hörig", „hausen und hofen", „tragen und treiben", „Geld und Gut".

XII. BILDUNG   117

gute germanische waren (schreibe, schrieb, pfeife, pfiff, preise, pries); der Ablaut hat
unserer Sprache wenigstens einigermaßen die Musik wechselnder Selbstlauter gerettet, gegenüber dem fast allein herrschend gewordenen stummen E-Laut in Beugung
und Wandlung.

Das Gesetz der Lautverschiebung („halb erraten von Rask" 1818) ist dann mit
genialem Blicke von *Jakob Grimm* vollständig[1] entdeckt worden. Die stummen Mitlaute (nicht auch die flüssigen l m n r) in den gemeinarischen Wörtern werden von
dem Germanischen nach bestimmtem Grundsatze verschoben; wie das Slawische
und Keltische hatte das Germanische die uralte Hauchung der Weichlaute (bh, dh,
gh) verloren; es war der Weichlaut (b, d, g) geblieben; diese verschärft nun das Germanische zum Scharflaut (p, t, k) und diesen abermals zum Hauchlaut (ph = f, th, kh
= ch).[2] Erste Lautverschiebung; d wird t, t wird th, b wird p, p wird ph (f). Dies war
die erste Lautverschiebung, durch die das Germanische[3] sich von den übrigen arischen Sprachen schied; sie ist zu einer Zeit eingetreten, da noch alle Zweige der
Germanen ungeschieden waren, denn sie hat die Sprachen aller Zweige ergriffen, also
sehr früh, vielleicht zu der Zeit der beginnenden gemeinsamen Wanderung in Asien
gegen Nordwesten; wenigstens würde dies die Lösung von dem Spracheinfluß der
nächsten Nachbarn (im Nordosten der Slawen und im Südwesten der Kelten) erklären. Die Wandlung trat mit solcher Mächtigkeit ein, daß sie nur wenige Wörter (als
Ausnahmen) nicht ergriff.

Offenbar muß auch die Bewegung sehr beträchtlich lange Zeit angedauert haben:
vielleicht eben die sehr lange Periode gemeinsamer Westwanderung in Asien. Die
Annahme Jakob Grimms, die Bewegung sei erst gleichzeitig mit der sogenannten
Völkerwanderung im vierten Jahrhundert entstanden und sie deute auf das Vorwärtsdrängen der Germanen, das sich bis in die innersten Laute der Sprache erstreckt
habe, zuerst die westlichen, später die östlichen Stämme ergreifend, ist unvereinbar
mit der Gleichmäßigkeit der Erscheinung auch bei den Nordgermanen in Skandinavien, die diese (spätere) Völkerwanderung des vierten Jahrhunderts nicht mitmachten. Also wohl auf eine Wanderung, aber auf die älteste, von allen Germanen gemeinsam begonnene, ist die Bewegung zurückzuführen.

Diese Annahme schließt von selbst die Erklärung aus, daß erst an der Ostsee
durch Einfluß der Finnen (weil diese weder Hauchlaut noch ausgebildete Unterscheidung von Scharflauten und Weichlauten kannten) die Lautverschiebung begonnen habe, waren doch keineswegs *alle* Germanen Nachbarn der Finnen und findet

---

1 Deutsche Grammatik I, 1822, S. 581. 584.

2 Aspirata bei Grimm, jetzt adfricata, durch Reibung hervorgebracht und auch s, ß, z umfassend.

3 „Urverwandte Worte sind (nach diesem Gesetze) von der griechisch-römischen zu der germanischen Form ebenmäßig denselben Stufengang der Verhärtung, der Verschärfung, der Erreichung gegangen, den sie um ein halb Jahrtausend später von der ... gotischen zu der althochdeutschen gehen" ... *Wackernagel a. a. O. S. 4*

 Das Althochdeutsche verhält sich hiernach zum Gotischen wie dies zum Gräco-Lateinischen:
 ... es entspricht in Worten, welche die germanischen Sprachen mit dem Griechischen und
 Lateinischen teilen, dem griechisch-römischen Scharflaut (p, t, k) im Gotischen der Hauchlaut
 (ph, th, ch), im Althochdeutschen der Weichlaut (b, d, g), der griechisch-römische Weichlaut
 im Gotischen der Scharflaut, im Althochdeutschen der Hauchlaut, dem griechisch-römischen
 Hauchlaut endlich im Gotischen der Weichlaut, im Althochdeutschen der Scharflaut: z. B.
 lateinisch *tacere* (schweigen), gotisch *thahan*, althochdeutsch *dagên*, griechisch-lateinisch
 ἔδειν, *edere*, (essen), gotisch *itan*, althochdeutsch *ezan* (statt *ethan*: denn z ist der hochdeutsche
 Zungenhauchlaut: z. B. *Zor* für altnordisch *Thôrr*).

118 EINLEITUNG

sich doch die Lautverschiebung auch bei den diesem Volk fernsten Germanenstämmen. Solche Nachbarschaft *tiefer*stehender Völker und die doch immer geringe Zahl
finnischer Gefangener kann schwerlich so tiefgreifende Wirkung auf die Sprache
geübt haben. Bei Annahme solchen Einflusses müßte z. B. das Bajuwarische und
Alemannische von dem Latein des weit überlegenen Römervolkes und den sehr zahlreichen Kolonen, die im Lande verblieben, doch geradezu verrömert worden sein.

Sehr geraume Zeit erst nach Abschluß der ersten Lautverschiebung erfolgte eine
zweite, aber nicht mehr allgemein, sondern nur bei dem oberdeutschen Zweig, ausgehend von Alemannen und Bajuwaren und von da in geringerer Stärke übertragen auf
die Mitteldeutschen (Thüringer); nun wurde der Scharflaut in den Hauchlaut, dieser
in den Weichlaut verschoben; zweite Lautverschiebung: t wird th, th wird d, p wird
(ph) f, (ph) f wird b. Bestimmt und für immer scheiden sich dadurch die Hochdeutschen von den Niederdeutschen, also auch vom Englischen, d. h. Angelsächsischen.

Das Oberdeutsche stand zwar vor seiner Lautverschiebung dem Gotischen näher,
war aber nie mit ihm eins, wie schon die schwachformigen Mannsnamen auf a im
Gotischen, auf o im Oberdeutschen dartun.

Diese zweite (deutsche) Lautverschiebung wurde also von Sachsen, Friesen und
Franken ursprünglich nicht vollzogen; dem Altsächsischen schloß sich das Altfrän-
kische zunächst an, wie die Eigennamen und die Abschwörungsformel zeigen. Die
zweite Lautverschiebung ergriff vielmehr nur die „Oberdeutschen": Hermionen;
Bajuwaren, Alemannen (und Schwaben), sowie die Thüringer, westlich bildet die
Mosel die Grenze.

Diese zweite Lautverschiebung nun steht allerdings der Zeit und wohl auch der
Ursache nach im Zusammenhang mit der (zweiten) Völkerwanderung: sie beginnt
mit dem fünften Jahrhundert und findet ihren Abschluß nicht vor dem zehnten; sie
ging aus von den Völkern, die am weitesten gegen Süden und Westen[1] vorgedrungen
waren, wurde von dorther nach dem Norden fortgetragen, aber bei jedem Schritt von
ihrem Brennpunkt hinweg nach Norden mit sinkender Kraft; sie beherrscht unsere
Schriftsprache, das „Hochdeutsche", seit Luthers Bibelübersetzung, da diese das
Hochdeutsche, wie es in der kaiserlichen (*österreichischen) Kanzlei* geschrieben und
von der kursächsischen nachgeahmt wurde, zugrunde legte – wie weit sie die *Volks*-
sprache im Obersächsischen ergriffen hatte, ist zweifelhaft.

Übrigens ist diese zweite Verschiebung keineswegs so regelstreng wie die erste
unter den Stämmen, die sie überhaupt ergriff, durchgeführt, und sie bewirkte (anders
als auf der gotischen Stufe) eine Störung des Sprachlebens. Denn während nach einem allgemeinen auch im Gotischen fast ausnahmslos gewahrten Gesetz hinter langen Selbstlauten und Doppellauten nur einfache Mitlauter gestattet sind, werden
jetzt hinter solchen auch Doppelmitlauter geduldet, da der Scharflaut zum Hauchlaut wird, die im Hochdeutschen den Wert eines Doppelmitlauters hat: gotisch lei-
kan, sêtun, hropjan waren noch organisch, althochdeutsch lîhhan, sâzun, hruofan
sind bereits unorganisch.[2]

Gewissermaßen den Übergang der ungebundenen Sprache zur Dichtung bezeichnen Bildung und Stoffwahl der *Personennamen*, denn dichterisch empfunden und
ausgedrückt sind diese Bezeichnungen manchmal von Göttern[3], von mutigen den

---

1 Vorher schon waren Goten und Nordgermanen räumlich und geschichtlich von den Südgermanen geschieden.
2 (Vergl. Wackernagel I, 2. S. 113.)
3 Thôrr: Thorr-steinn, = Kel=; Âs = laug: z. b. auch Regin- (die Waltenden).

XII. BILDUNG

Göttern geweihten Tieren[1], am häufigsten aber und zwar auch Frauennamen von Kampf und Sieg[2] hergenommen.

Geschlechternamen gab es nicht; nur drückte man ableitend die Abstammung von einem gemeinsamen Ahnherrn aus (-ing, -ung; Ingl-ing, Nibel-ungen); man liebte es, Enkel oder Neffe nach Großvater oder Oheim zu benennen, auch wurde der Vater häufig durch Zusatz mitgenannt, z. B. Sigurdar-sohn, was sich bekanntlich bei Skandinaviern und Niederdeutschen (-sen) bis heute erhalten hat.

Die älteste germanische Dichtung haben wir uns meist als Hymnenpoesie zu denken, in der sich Anrufung und Erzählung mischten und die von einer schreitenden oder tanzenden Menge vorgetragen wurden, wobei allerdings auch einzelne vorsingen mochten („chorische Poesie").[3]

Schon Tacitus weiß, daß Überlieferung und Geschichtserzählung bei den Germanen (wie dies bei allen Völkern in der Unmittelbarkeit gilt) sich nur in der Form „alter Lieder" bewegte. So bezeugt er die Stammsage des Gesamtvolks von Tuisto, Mano und seinen Söhnen als in solcher Liedform überliefert und lebend. Schon hier geht die Göttersage in die Heldensage über und dient zur Erklärung geschichtlicher Zustände: der Völkerverteilungen.

Daß Odysseus auf seiner Irrfahrt zur See nach Germanien gekommen sei, Asciburgium am Rhein gegründet und benannt habe – wie denn ein ihm geweihter Altar mit Beifügung des Namens seines Vaters Laertes dort einst gefunden worden sei, haben „einige", natürlich nicht Germanen, sondern Römer oder Griechen geglaubt – schon Tacitus verhält sich zweifelnd zu diesem Bericht. Daß an der Grenze zwischen Germanien und Rätien (d. h. an der Rhône?) Denkmäler und Grabhügel mit griechischen Buchstaben noch zu seiner Zeit vorhanden sein sollen, läßt er auch dahingestellt – es ist sehr wohl denkbar bei den Handelsreisen von Griechen aus Marseille – steht aber mit jener Odysseusfabel[4] in keinem Zusammenhang.

Doch auch geschichtliche Helden werden im Liede gefeiert, so Armin noch siebzig Jahre nach seinem Tode, so Theoderich der Große, Alboin der Langobarde. Ferner berichtet Tacitus, daß sie als ersten aller Helden einen Halbgott, den er Hercules nennt, feiern und von ihm beim Aufbruch in die Schlacht in den *Schlachtgesängen* rühmen.

Von diesen Gesängen zu Ehren Donars (?) unterscheidet Tacitus den eigentlichen *Schlachtgesang, barditus*, durch welchen die Kampflust gesteigert und durch dessen Klang der Ausgang der beginnenden Schlacht erraten wurde: „Sie geraten nämlich in Zuversicht oder in Zagen, je nachdem der Schlachthaufen singt, indem darin eine Probe nicht so sehr der Stimme als des Mutes vernommen wird. Man legt dabei (*Germ.* K. 3) besonderes Gewicht auf die Rauheit des Schalles und ein gebrochenes Gemurmel; sie halten die Schilde vor den Mund, auf daß die Stimme durch den Wiederhall voller und tiefer anschwelle." (*barditus* = Schildgesang, *bardi* altnord. Schild; davon will man den römischen „barritus" scheiden).

Vor der Schlacht in Erwartung des Kampfes und nach dem Sieg tönten nächtelang die drohenden und jauchzenden Weisen.

---

1 Wolf, Bär, Ar.

2 Sig-frid, -hild, -bathu, -vic. Frauennamen werden oft mit run (geheime Ratschläge, weiser Rat) zusammengesetzt: Alb-run, Gud-run, Sig-run.

3 Martin bei *Wackernagel* I, S. 6 nach *Müllenhoff*, De antiquissima Germanorum poesi chorica, Kiel 1847.

4 Die Orendelsage findet in dieser angeblichen Odysseusmythe Müllenhoff.

Neben diesen Kampf und Sieg feiernden Gesängen fehlten Lieder des Friedens nicht: bei *Hochzeiten, Opfern, Leichenbestattung*. Uralt ist bei Festen der *Wettgesang*, die im Scherz (aus dem Stegreif) herausfordernde *Neckrede*, die freilich oft in *Schmählieder* und dann in Totschlag ausläuft. Auch *Rätselfragen* werden oft um die Wette gefragt, gelöst, gedeutet. *Die Tiersage* war schon aus Asien mitgewandert, oft zum *Schwank* gestaltet.

An einen bestimmten Stand, etwa von Priestern, war das Dichten durchaus nicht gebunden; die „Barden" sind keltisch, nicht germanisch. „Skalde" mochte werden, wer wollte und konnte. Der oberste Gott und Lehrer der Dichtkunst ist der Gott der Begeisterung, des Geistes selbst: Wuotan; nur eine wiederholte Ausprägung *einer* Seite des Vaters ist der Sohn *Bragi*, als Sondergott der Dichtkunst; die Dichtung hat, wie viele Sagen feiern, zaubergleiche Wirkung.[1]

Die ausnahmslos angewendete Form des Stabreims mußte zu der in zwei gleiche Teile zerfallenden Langzeile führen, die dem saturnischen Verse der Römer sich vergleicht. Und ohne Zweifel hat der Stabreim auch auf die Ausdrucksart gewirkt, sofern er zur Häufung verwandter Ausdrücke, zur Bindung fester Formeln neigte.

Außer der Dichtkunst ist *Musik* durch das älteste germanische Tonwerkzeug, die Harfe, erwiesen; Gesang und Tanz war selbstverständlich älter. Dabei wurden Gesänge an die Götter und Lieder zum Ruhme der Helden zur Harfe vorgetragen von tanzenden oder doch rhythmisch schreitenden Scharen, die mit der lyrischen Anrufung epische Erzählung verbanden.[2]

Die Schrift war unbekannt, erst von Römern und Griechen lernte man die Buchstabenschrift.[3]

Die vorher allein üblichen Runen dienten nicht der Buchstabenschrift, sondern als Wortzeichen Weihezwecken: der Befragung des Götterwillens (Tac., *Germ.* K. 10), auch wohl im Los dem Gottesurteil[4] und dem erlaubten „weißen" wie dem verbotenen „schwarzen" Zauber, dem „Geheimnis".[5]

„Buchstabe", gemein germanisch, beweist gerade diese Verwendung der Runen auf Stäbchen von Buchenholz, aber eben nicht zur Schrift, sondern zu Zauber und Weissagung.[6]

Nordalbingische, nordgermanische, angelsächsische Gedichte begleiten jeden Runennamen (feu, Geld; ûr, Auerstier; thurs, Riese) mit Versen, die, wie diese Runen auf „gelesen" wurden, zu Weissagung und Los dienen konnten.

Auch die zur Schrift verwendeten Runen wurden doch vor allem lange Zeit wohl ausschließlich zu Segen- und Zaubersprüchen, Bier-, Buch-, Hilf-, Kraft-, Recht-,

---

1 „Dichten" aus lateinischem *dictare*; „singen" hat *eine* Wurzel mit *siuwan*, englisch *to sew*, nähen: die Grundvorstellung ist also verbinden, verknüpfen; ebenso im Griechischen: ῥάπτειν ἀοιδήν, ῥαψῳδός. Der älteste Name des Dichters ist althochdeutsch *scof*, altsächsisch, angelsächs. *scop*, „Schöpfer": ebenso griechisch ποιητής Poet, „Macher".

2 *liuthon* ist singen, *laikan* hüpfen (im Tanzspiel): daher der Unterschied des epischen reinen Gesanges „Lied" und des musikbegleitenden Tanzes „Leich"; außer der Harfe kannten die Goten das Horn und die Schwegelpfeife (*sviglo?*). Heerespauken begegnen bei den Kimbern.

3 Tac., *Germ.* K. 19; was auch *literarum* „*secreta*" hier des weiteren bedeuten mag

4 Siehe *Dahn*, Bausteine II. Berlin 1880.

5 *rûna* = Geheimnis; erst von altnordischem *raun*, Erprobung abgeleitet?

6 Über das Verhältnis des nach den Runen angenommenen *europäischen Alphabets* zu jenen siehe *Wackernagel* I, 1, S. 11. *Arnold* S. 44. Jedenfalls wurde dadurch der Eintritt in die Bildung der Griechen und Römer erleichtert.

XII. BILDUNG

See-, Siegrunen, zu Inschriften auf Waffen und Gerät[1] gebraucht; wie ja häufig eine Rune auch die Hausmarke[2] war, d. h. jenes einer Sippe oder einem Sippezweig eigene Zeichen, das wie den First (und Herd?) des Hauses, so die Fahrhabe als zugehörig zeichnete: Herdentiere, Waffen, Werkzeuge, Gerät, Schiff, Ruder.

Entstehung, Herkunft der Runen ist immer noch lebhaft bestritten. Während man sie früher als germanische Erfindung (Odhins, nach der Edda) in Anspruch nahm oder, ohne Entlehnung, als ein Stück des gemein arischen Bildungsbestandes anführte, wird in neuerer Zeit germanische Entlehnung von Römern angenommen,

		Runen[3]			Italisch
	Namen	altnord.	angelsächs.	älteste	römisch
f	fê	ᚠ ᛖ	ᚡ	ᚡ	F
u	ûr	ᚢ	ᚢ ᚢ	ᚢ	V
th	thorn, thurs	ᚦ	ᚦ	ᚦ	D
a (o)	ans (ôs, äsc)	ᚨ ᚨ	ᚨ	ᚨ	A
r	reidh	ᚱ R	R	R R	ᛁᚱ
k	kaun	ᚲ ᛕ	ᚺ ᚺ	< C	C
h	hagal	✳ ᚾ	ᚾ ᚺ ᛆ	H H	H
n	naudh	ᛏ ᚦ ᛈ	ᛏ ᚿ	ᛏ ᛐ	ᚠ
i	îs	ᛁ	ᛁ	ᛁ	I
(â)	jêr (âr)	ᛏ ᛃ ᛆ	Φ Φ	ᛩ	X
s	sôl	ᛋ ᛐ	ᛐ	ᚼ ᛋ	S
t, d	tyr	ᛏ ᛆ	ᛏ	ᛏ	T
b, p	biörk	ᛒ B	ᛒ B	ᛒ	B
l	lögr	ᛚ	ᛚ	ᛚ	L
m	madhr	ᛘ Φ ᛉ	M	M ᛪ	M ᛰ
y-r	yr	ᛉ ᛙ			
d		ᛁ			
g		ᛈ			
p		ᛒ			
e		ᛏ ᛏ Φ			
ae, oe		ᛏ ᛡ			
h		ᚢ			

---

1 Nordische, gotische, burgundische, alamannische, fränkische, sächsische Runendenkmäler, auf Gerät, Metall, Holz, große nordische Inschriften auf Stein.

2 Vergl. *Homeyer*, Die Haus- und Hofmarken. Berlin 1870.

3 Nach *Weinhold*, Altnordisches Leben.

122 EINLEITUNG

indem „das größere gesamt germanische Runenalphabet von vierundzwanzig Zeichen auf der lateinischen Buchstabenschrift der Kaiserzeit beruht, die durch Vermittlung keltischer Völker zu den Germanen gelangte, wo sie für das Einritzen auf Holz bequemer gemacht, einige Zeichen auch mit Benutzung von anderen Zeichen neu gebildet wurden. Das nordische Runenalphabet von sechzehn Zeichen hat sich erst später im Norden selbst aus diesem reicheren entwickelt", indem einige Namen seit Ende des achten Jahrhunderts sich verloren[1], zuletzt wurde das nordische Runenalphabet wieder bis zu dreiundzwanzig erweitert. Das Angelsächsische hat einige Zeichen des Altgermanischen auf andere Laute übertragen, für neu entstandene Selbstlaut neue Zeichen gebildet, die Zahl auf achtundzwanzig, ja in anderen Fassungen auf dreiunddreißig vermehrt.[2]

Das ursprüngliche Gesamtalphabet ergeben der Bracteat von Vadstena auf Schonen und die burgundische Spange von Charnay, nur sind in beiden wegen Raummangels die letzten Runen fortgeblieben.

Eine heilige Schrift waren die Runen, sofern sie nur Weihezwecken dienten, eine Geheimschrift nicht, da sie außer den Priestern wohl der König, die meisten Hausväter, viele Frauen[3] kannten.

Die Zeichen und Namen der Runen sind nach zum Teil abweichender Fassung die folgenden: ✓ *faihu*, Vieh (Vermögen, Geld); ∩ *ûrus*, Auerstier; ᚦ *thiuth*, Gut? altnordisch *thurs*, Riese, angelsächsisch *thorn*, Dorn; ᚨ *ans*, Obergott; ᚱ *raida*, Wagen; < *giba*, Gabe; H *hagls*, Hagel; ᚾ *nauths*, Not (auch X); ☐ *eis*, Eis; ◊ *jêr*, Jahr (*iuja*, Eibe); ᛋ *sôjil*, Sonne (auch ᛉ); ↑ *Tjus*, Kriegsgott; B *bairka*, Birke; ᛗ *manna*, Mann (auch Y und ᛗ); ᚱ *lagus*, See; ᛒ *pairtha*, ein Spielgerät?; ᛙ *dags*, Tag (auch ᛉ).

Von der Zeitrechnung wissen wir wenig. Man rechnete nach Nächten, nicht nach Tagen wie die Römer, was vielleicht damit zusammenhängt – es ist, so weit ich sehe, unbemerkt geblieben –, daß für die wichtigsten, periodisch eintretenden Geschäfte, d. h. für die ungebotenen *Volksversammlungen* nach *Mondvierteln* gezählt wurde: bei Neumond oder Vollmond kam man zusammen, diese Zeit galt als die von den Göttern am meisten gesegnete, Opfer durften ja dabei nicht fehlen. Die Nacht galt daher als die erste Hälfte des Tages; so wurde gerechnet, so die Frist bestimmt. Diese Worte des Tacitus (*Germ.* K. 11) sind noch über ein Jahrtausend gültig geblieben, noch zur Zeit des Sachsenspiegels rechnete man „over virtein nacht".

Während man in Asien nur Ost und West und bloß zwei Jahreszeiten (höchstens drei) unterschied, Sommer und Schneezeit (etwa noch Frühling), werden nunmehr von allen Germanen die Himmelsgegenden und die Tages- und Jahreszeiten reicher gegliedert: Nord und Süd, Morgen, Mittag, Abend, Mitternacht, Monat: Herbst[4], die Zeit der nunmehr bedeutender gewordenen Ernte, und Winter, dem kälteren Himmelsstrich entsprechend, treten hinzu.

Indessen der „Morgenstern" (und Regenbogen), gewiß auch in Asien nicht unbekannt und allen Germanen gleich bezeichnet, warnt, diese Wortbildungen sämtlich

---

1 Sophus *Bugge*, Abhandl. der Gesellsch. der Wissenschaft in Christiania. 1873.

2 *Wimmer*, Runeskriftens Oprindelse og Udvikling i Norden. Aarböger for nordisk Oldkyndighed og Historic. *1874.*

3 Viele Frauennamen lauten auf -run aus: Gud-run, Alb-run: Weissagung, Zukunft-Forschung war ja besonders Frauengabe.

4 Es ist ein Widerspruch mit des Tacitus eigenem Bericht über germanischen Getreidebau, wenn er meint (*Germ.* K. 26), vom Herbst kennen sie weder Namen noch Gaben, nur Winter, Frühling (?) und Sommer haben für sie Bedeutung und Benennung.

XII. BILDUNG

allzu spät anzusetzen. So wenig man annehmen darf, daß erst jetzt das Reiten erfunden worden sei, weil die Wörter Sporn, Sattel, Zügel, Zaum nur den Germanen gemein sind! Auch das Schmieden hatte bereits in Asien begonnen, wenn auch Draht, Kette, Meißel, Schere, Waffe, Zange nur unter Germanen gemeinsame Namen erhalten.

Die *Heilkunde* wurde wie bei allen Völkern der Unmittelbarkeit in unlösbarem Zusammenhang mit abergläubischen Vorstellungen und Gebräuchen gepflegt. Eins der ältesten, vielleicht das älteste Zeugnis der germanischen Volksheilkunst gewährt Plinius, der als Mittel gegen die schädliche Quelle im Lande der Friesen das Kraut Britannias nennt, heilsam nicht nur für Krankheiten des Mundes und für die Nerven, auch Schlundentzündung und Schlangenbiß, mit länglichen schwarzen Blättern und schwarzer Wurzel, aus der ebenfalls der Saft gepreßt wird. Die Blüte heißt *vibo* (germanisch?); gepflückt, bevor man den ersten Donnerschlag des Jahres vernahm, und verzehrt, sichert sie für das ganze Jahr vor Halsentzündung – dieser Zug ist echt germanisch, überhaupt echt volkstümlich, für abergläubische Volksheilkunde höchst bezeichnend; die Blüte war vielleicht Donar oder einer Frühlingsgöttin geweiht. – „Die Friesen, ein damals uns treu ergebenes Volk, bei welchem das Heer lagerte, zeigten das Kraut, und ich wundere mich über den Namen, wenn ihn nicht die Küstenbewohner am britannischen Ozean vermöge der Nachbarschaft wählten. Denn daß das Kraut nicht deshalb benannt worden, weil es in Britannien am häufigsten vorkäme, erhellt daraus, daß diese Insel damals noch frei war." (XXV., 6. Man erklärt die Pflanze für den Wasserampfer *„rumex aquaticus".*)

XIII. Götterglaube und Götterverehrung

Grundlage der germanischen Religionsvorstellungen und Religionsgebräuche war Verehrung und Feier der segnenden Mächte des Lichts, in vollster Übereinstimmung mit den übrigen Völkern des arischen Stammes, den Indern (vor ihrer Wanderung vom Indus an den Ganges), den Persern, Armeniern, Hellenen, Italikern, Kelten, Letto-Slawen.

Unverkennbar ist die ursprüngliche Einheit der Haupt-Götter und -Göttinnen der Germanen mit denen der Inder, Hellenen usw.

Ohne Zweifel wurden jedoch die Religionsvorstellungen der Germanen seit und mittels ihrer Wanderung aus Asien nach Westen, zuletzt in das rauhere Land und Klima von Ost- und Nordeuropa ganz entsprechend, nur eben in entgegengesetztem Sinn, verändert wie die der Inder durch die Wanderung nach Südosten in das erschlaffende Klima und Land der Gangestäler.

Wie den Indern durch diese Einflüsse die alten Götter des Fünfstromlandes umgestaltet oder ganz verdrängt wurden durch Vertreter der neuen Naturerscheinungen, wie in der die Tatkraft ausspannenden Luft das Tugendvorbild sich änderte und nicht mehr der König, Ritter und Held, sondern der Priester, Weise und Büßer den höchsten Kranz zu tragen schien – so wurden sicher die Götter der Germanen rauher, ungeschlachter, dann wieder (Odhin) geheimnisvoller, „nordischer" möchten wir sagen, durch die Wanderung aus den Palmen des Indus unter die Eichen Deutschlands, die Föhren Skandinaviens.

Schriftliche Quellen über germanischen Götterglauben besitzen wir nur für die Nordgermanen in den Liedern der Edda und den dazugehörigen Sagenaufzeichnungen. Bei aller Verwandtschaft der Nordgermanen mit den Südgermanen darf nun aber (schon um der Unterschiede der Himmelsstriche willen) nicht in so unterscheidungsloser Weise die ganze Götterwelt der isländischen Edda auch bei den Südgermanen vermutet werden, wie dies noch Meister Jakob Grimm in seinem für alle Zukunft grundbauenden Werk getan hat. Ganz anders doch wirkte der harte Kampf ums Dasein, den der Isländer mit dem neun Monate langen Winter, mit Eis und Feuer des Hekla, mit Hungers- und Meeresnot zu kämpfen hatte, auf Gemütsart, Sitte und auch Religion als etwa das Leben in den früh gelichteten, von den Kelten schon angerodeten Wäldern des Rheins oder der Donau. So viele Namen für Eis-, Schnee-, Flocken-, Wirbel-Elben oder -riesen, wie die Edda aufzählt, kannte der Ubier oder Sugamber gewiß nicht. Dazu kommt, daß die stammtümliche *Eigenart* der Nordgermanen sich – bei aller Verwandtschaft – doch als eine höchst bestimmte, ganz erheblich abweichende von der der Goten und Westgermanen darstellt, wie vor allem die Sprache dartut, die der gotischen immerhin noch bedeutend näher steht als den westgermanischen Mundarten, wobei dahingestellt bleibt, wie weit jene Eigenart der (späteren) Skandinavier von Anbeginn vorhanden, wie fern sie erst nach der endgültigen Trennung von Goten und Westgermanen seit der Überwanderung nach Skandinavien unter dem Einfluß der dortigen Natur und dadurch bedingten Wirtschafts- und Lebenszustände ausgebildet worden war. Es ist, abgesehen von den

XII. GÖTTERGLAUBE UND GÖTTERVEREHRUNG 125

allgemeinen Grundzügen der Anschauung und den Hauptgöttern, völlige Übereinstimmung im einzelnen nicht ohne weiteres anzunehmen, sondern in jedem Stück erst zu untersuchen und zu erweisen. Auch haben auf die *Aufzeichnung*, die Fassung und wohl auch auf die *Färbung* des *Inhalts* der Eddalieder, die ja erst in christlicher Zeit geschah, christliche Lehren ohne Zweifel Einfluß geübt, auch auf die der allgemeinen Schätzung nach älteste dieser Aufzeichnungen, die *Völuspá*. Wie weit dies geht, ob die ganze Lehre von der Welterneuerung in schuldlosem Himmel, die Auffassung Odhins als Allvater christlichen Einfluß oder gar ganz christlichen Ursprung trägt – wird noch zu untersuchen sein.[1]

So eindringlich nun aber auch vor dem Irrtum zu warnen ist, daß einzelne der Eddadarstellungen, von welchen sehr vieles bloße Kunstdichtung einzelner Skalden, nicht im Volksglauben lebende Überlieferung ist[2], ohne weiteres als gemein germanisch anzunehmen, immerhin dürfen wir voraussetzen, daß die mythologischen Grundanschauungen und die wichtigsten Göttergestalten der Nordgermanen allerdings bei Süd- und Westgermanen, auch bei den Goten, im wesentlichen übereinstimmend vorkamen; die Übereinstimmung oder doch Ähnlichkeit in Sprache, Recht, Sitte rechtfertigt solche Annahme.

Hiernach darf man von den religiösen Vorstellungen aller Germanen in gedrängter Kürze die folgenden Grundzüge entwerfen.

Der Lichtverehrung entsprechend spaltet die germanische Religion (ähnlich der persischen) das Weltall und alle seine Mächte zweiteilig in die Gewalten des Lichtes –

---

1 Diese Auffassung habe ich, angeregt durch mündliche Andeutungen Konrad v. Maurers, lange vertreten, Jahrzehnte bevor die Arbeiten von Sophus Bugge (einstweilen angekündigt von K. v. Maurer, Sitzung der K. Akad. der Wissensch. zu München, philol.-histor. Klasse vom 6. Dezember 1879) mir bekannt wurden. Daß z. B. Baldur mit dem entsprechenden Namen auch südgermanisch sei, war mit sehr zweifelhaft, seit eine Reihe von Ortsnamen, die J. Grimm auf Baldur = Pfohl zurückgeführt hatte, sich mir unzweifelhaft zu „Pfahl", d. h. dem römischen Pfahlgraben, *limes*, gehörig erwiesen. Nun wird in dem Merseburger Zauberlied zwar Phol genannt, daß er aber mit dem darauf folgenden Baldur identisch sei, von Bugge scharfsinnig bestritten (*beldera* = angelsächsisch *baldor*, Herr, Fürst: = Wodan). – Daß die *Völuspá* und andere Eddalieder, unter der vollen Herrschaft des Christentums *aufgezeichnet*, wenn auch viel früher *entstanden*, in ihrer uns vorliegenden Fassung von christlichem Einfluß nicht frei geblieben sind, ist schon lange vermutet worden: so auch die *Gestaltung* wenigstens des Weltunterganges und der Welterneuerung: die Grundanschauung kann deshalb doch germanisch-heidnisch sein. Jüdisch-christlicher Einfluß ist also zweifellos anzunehmen; dagegen sind die Aufstellungen Bugges über hellenisch-römischen Einfluß (Apollo, Achilleus, Patroklus = Baldur, Önone = Nanna) zu verwerfen. Das Gleiche gilt von der Abhandlung Dr. A. Chr. *Bangs*, Voluspaa og de Sibyllürske Orakler (vergl. Zarnckes liter. Centralbl. 1880, Nr. 2; deutsch durch Poestion, Wien 1880), in welcher mit Gelehrsamkeit und Scharfsinn der Nachweis versucht wird, die eddische *Völuspá* sei den sibyllinischen Orakeln nachgebildet. Das Übereinstimmende geht doch kaum weiter, als in dem Wesen von Weissagungssprüchen überhaupt liegt. Und wäre selbst die Einführung jener Sibyllensprüche durch keltisch-deutsche Vermittlung in den Norden wahrscheinlicher, als die Darlegung Bangs ihn zu machen vermocht hat, so würde doch, auch Nachbildung in der *Form* zugegeben, über den Inhalt der *Völuspá*, d. h. über dessen Mischung aus germanisch-heidnischem mit griechisch-römischem Heidentum, Jüdischem und Christlichem dadurch noch immer nicht entschieden sein. Einfluß des *Christlichen* auf *Färbung* und *Fassung* soll nicht bestritten werden (das Hellenisch-Römische scheint mir *nicht* nachgewiesen), über Maß und Grad der Einflüsse wird man weitere Untersuchungen abzuwarten haben. (An diesen Aufstellungen haben die Forschungen der letzten zwanzig Jahre nichts zu ändern vermocht. 1897.)

2 Siehe Dahn, Walhall, Germanische Götter- und Heldensagen. 9. Aufl. Leipzig 1889. S. 127 f.

126 EINLEITUNG

die guten, menschengünstigen, schaffenden, schützenden, erhaltenden – und der Finsternis – die bösen, menschenfeindlichen, zerstörenden.

Die lichten Götter heißen mit bedeutungstiefem Namen Asen = *Anses*, die Tragbalken, Stützen des Himmels, der natürlichen und sittlichen Ordnung der Welt zugleich.[1]

Den Gegensatz der lichten Asgardhgötter bilden die Riesen (nordisch *thurs* von *thaurs*, durstig? und *iötun* von *eta*, essen, also: die Fresser?), die Vertreter der dumpfen, der Durchgeistigung unfähigen, dem Menschen schädlichen oder doch seiner Wirtschaft widerstrebenden Naturgewalten. So sind die starren Felsgebirge, die des Pflanzenwuchses entbehren, dem Pflug des Menschen trotzen, seinem Leben nichts gewähren, echte Vorbilder riesischer Art; daher liegt mit ihnen Donar (altnordisch *Thôrr*) in ewigem Kriege, der Gott des Gewitters und der Schützer des Ackerbaues. Mit dem Blitzstrahl, seinem Hammer[2], zerschlägt er den harten Riesenbergen und Bergriesen die felsenharten Häupter, der Gewitterregen zermürbt sie, verwittert sie zur Ackerkrume, auf daß der Mensch mit seinem Pfluge Korn daraus gewinne und sie seiner Wirtschaft dienstbar mache.

Jedoch waren die Riesen auch (als Vertreter bloßer Naturgewalten) selbst Götter einer älteren einfacheren Religion; erst später trat mit der Vergeistigung der Menschen auch das Bedürfnis nach Göttern auf, die mit ihrer Naturgrundlage geistige Bedeutungen und Verrichtungen verbanden (Riesen und Asen verhalten sich hiernach wie Titanen und Olympier). Noch ist nicht jede Spur dieser älteren Stellung der Riesen verschwunden, schlichte Treue, dann auch uralte Weisheit, friedlicher Reichtum, wird ihnen nachgerühmt, wenigstens einzelnen.

Nach der Sage entstand die Welt dadurch, daß der unendliche, ursprünglich leere Raum, „das Gaffen der Gähnungen" (*Ginungagap*), sich allmählich füllte. An dem Nordende des Weltraums liegt das finstere und kalte *Niflheim*; von hier flossen aus einem Brunnen *Hvergelmir* (der rauschende Kessel) zwölf Ströme, die zu Eis gefroren. Aber von der Südseite, *Muspelheim*, die heiß und hell, flogen Funken herüber; als diese Glut dem Reif und Dunst über dem Eise begegnete, erhielten die Reiftropfen Leben, und es entstand ein menschenähnliches Gebilde, der Stammvater aller Riesen, *Ymir*, der Rauschende, oder *Örgelmir*, der gärende Lehm, der Urstoff aller Materie. Im Schlaf wuchsen ihm unter seinem Arm hervor Sohn und Tochter, die Ahnherren aller Reifriesen. Neben Ymir war auch eine Kuh entstanden, *Audhumbla*, die schatzfeuchte, diese beleckte die salzreichen Eisblöcke; da wuchs aus diesen ein Mann hervor, schön, groß und stark, der hieß *Buri*. Er gewann einen Sohn (mit welchem Weib wird nicht gesagt) *Bör*. Dieser vermählte sich mit *Belsta*, der Tochter eines Riesen, und dieses Paares Söhne, *Odhin, Wili, Wê* sind die obersten Götter, die Himmel und Erde beherrschen. Sie töteten den Riesen Ymir und schufen aus seinem Leibe den jetzt bestehenden Kosmos (aus seinem Blute das Meer, aus seinen Knochen die Berge usw.) Das Weltmeer, die Midhgardhschlange, zog sich kreisförmig um die Erde wie der Okeanos. Diese, *Midhgardh* (althochdeutsch Mittilagart), aus Augenbrauen des Riesen gewölbt, wurde der Wohnsitz des *Menschen*, den die drei Brüder aus Esche und Erle (Ulme?): *askar* und *embla*) schufen, wie sie auch (aus Ymirs Fleisch) die *Zwerge* gebildet hatten.

Das Weltall wird vorgestellt unter dem Bild eines ungeheuren Eschenbaumes *Ygg-*

---

1 Neuere wollen *anses* als „Groß-Götter" fassen.
2 Miölnir, dem Malmer, der nach jedem Wurf in seine Hand zurückfliegt.

XII. GÖTTERGLAUBE UND GÖTTERVEREHRUNG 127

drasil (Träger des Schrecklichen, d. h. Odhins). Neun Welten bauen sich an diesem Stamme empor: Niflhel, Niflheim und Svart-alfa-heim unter der Erde, Riesenheim, Midhgardh und Wanenheim auf der Erde, Muspelheim, Ljos-alfa-heim und Asgardh über der Erde. Die *Wanen* von *van*, glänzend, hold (der Stamm steckt auch in *Venus*, *venustus*) sind eine besondere Gruppe von Göttern, erst durch Vertrag und Verschwägerung mit den Asen verbunden, vielleicht eine Erinnerung an ältere gemein arische oder doch den Germanen mit einzelnen Ariern gemeinsam vorarische Götter (friesische und sächsische an der Nordsee). Die Lichtelben und Dunkelelben sind zwischen Göttern und Menschen in der Mitte stehende Wesen von mehr als menschlicher Macht und Kunst, zumal Zauberkunst; aber das Brotbacken müssen die Dunkelelben (Zwerge) von dem Menschen lernen. Und ganz wie in dem griechischen Glauben sind Luft, Erde (Wald, Baum, Busch, Berg, Fels), Wasser, Feuer von solchen Mittelwesen in unermeßlich wimmelnder Zahl erfüllt. In Asgardh haben die Hauptgötter und Hauptgöttinnen (zwölf) besondere Burgen, Hallen, Säle.

Bezeichnend für die germanische Götterlehre im Gegensatz zu der episch-idyllischen der Griechen ist die dramatische und zwar tragische[1] Eigenart. Zwar auch die Olympier hatten mit Giganten und Titanen um die Herrschaft zu ringen, aber nun sind diese Kämpfe für immer ausgekämpft und nur wenig gestört durch vorübergehende Händel einzelner Götter und Göttinnen untereinander (zumal wegen verschiedener Parteinahme für und gegen Menschen) tönt das ewige selige Lachen der unsterblichen Olympier bei Lyraklang, Nektar und Ambrosia durch die goldenen Säle.

Anders die germanischen Götter: sie stehen in unablässigem Kampf mit den Natur und Bildungsordnung bedrohenden Riesen; diese sind in der Zeit, die uns hier beschäftigt, unzweifelhaft die Vertreter der dem Menschen und seiner Wirtschaft schädlichen oder gefährlichen Naturkräfte, z. B. des öden, unwirtlichen Felsgebirges, des Weltmeeres mit seinen Schrecken, des Winters mit seinem Gesinde von Frost, Eis, Schnee, Reif, des Sturmwindes, des Feuers in seiner verderblichen Wirkung usw. Die Asen dagegen, die lichten Walhallgötter, sind nach ihrer Naturgrundlage die dem Menschen wohltätigen, freundlichen Mächte und Erscheinungen der Natur, z. B. das Gewitter nach seiner segensreichen Wirkung, der Frühling, der Sonnenstrahl, der liebliche Regenbogen. Dann aber sind sie auch Vertreter geistiger, sittlicher Mächte und Schützer, Vorsteher menschlicher Lebensgebiete, also Götter und Göttinnen z. B. des Ackerbaus, des Krieges und des Sieges, der Liebe und der Ehe und anderes. Jener Kampf der Götter und der Riesen, ursprünglich von dem Ringen und Wechsel der Jahreszeiten und der bald freundlichen, fördernden, bald furchtbaren, verderblichen Naturerscheinungen ausgegangen, wurde später auf das Gebiet des Geistigen und Sittlichen übertragen. In diesem Kampf den Göttern beizustehen legt allen Menschen und allen guten Wesen Pflicht und eigener Vorteil auf.

Anfangs nun lebten die Götter harmlos und schuldlos in kindlicher Heiterkeit: „Sie spielten" – sagt eine schöne Stelle der Edda – „Sie spielten im Hofe heiter mit Würfeln und kannten die Gier des Goldes noch nicht." Damals drohte ihnen von den Riesen noch keine Gefahr. Allmählich aber wurden die Götter mit Schuld befleckt. Zum Teil erklärt sich dies aus ihren Naturgrundlagen, zum Teil aber auch aus den anthropomorphistischen und aus den rein ästhetisch spielenden Dichtungen der sagenbildenden Einbildungskraft Sie brechen die während der Kämpfe hin und wieder

---

1 *Dahn*, Das Tragische in der germanischen Mythologie. Bausteine I. Berlin 1879.

128 EINLEITUNG

geschlossenen Verträge und Waffenruhen mit den Riesen, trotz eidlicher Bestär-
kung, auch im Verkehr untereinander, mit den Menschen und mit anderen Wesen,
machen sie sich gar mancher Laster und Verbrechen schuldig: Bruch der Ehe und der
Treue, Habsucht, Bestechlichkeit, Neid, Eifersucht und, aus diesen treibenden Leidenschaften verübt, Mord und Totschlag müssen sich die zu festlichem Gelage versammelten Götter und Göttinnen vorwerfen lassen. Wahrlich, wenn nur die Hälfte
von dem ihnen (von Loki) vorgehaltenen Sündenverzeichnis in Wahrheit begründet
und durch im Volke lebende Geschichten verbreitet war, so begreift sich, daß diese
„Asen" „anses", d. h. Stützen und Balken der natürlichen und sittlichen Weltordnung, die in ihrem Namen ausgedrückte Aufgabe nicht mehr erfüllen konnten.

Und darin liegt die richtige, die tiefe Erfassung von „Ragnar-rökr"[1], der Verfinsterung der herrschenden Gewalten. Diese Verfinsterung bricht nicht erst am Ende der
Dinge in dem großen letzten Weltkampf plötzlich und von außen, als eine äußere
Not und Überwältigung über die Götter herein – die Götterverfinsterung hat vielmehr bereits mit der frühesten Verschuldung der Asen ihren ersten Schatten auf die
lichte Walhallawelt geworfen, und forschreitend wächst diese Verdunkelung mit jeder neuen Schuld dem völligen Untergang entgegen. Schritt für Schritt verlieren die
Götter Raum an die Riesen, denn mit ihrer Reinheit nimmt auch ihre Kraft ab. Lange
Zeit zwar gelingt es noch Odhin und seinen Genossen, das heranschreitende Unheil
zurückzudämmen; sie fesseln und bannen die riesigen Ungeheuer, die Götter und
Menschen, Himmel und Erde mit Vernichtung bedrohen, den Fenriswolf, die Midhgardhschlange, den Höllenhund, den bösen Feuerkönig Loki, Surtur und Muspells
Geschlecht und andere. Aber im Kampf mit diesen Feinden erleiden sie selbst schwere Einbußen an Waffen und Kräften; ihr Liebling Baldur, der helle Frühlingsgott,
muß – ein mahnendes Vorspiel des großen allgemeinen Götterverfinsterungstodes –
zur finsteren Hel hinabsteigen, und immer näher rückt der unabwendbare Tag des
großen Weltenbrandes. Wann bricht dieser herein? Wann ist die Stunde der „Götterdämmerung" gekommen? Antwort: Alsdann, nicht früher, aber alsdann auch unent-
rinnbar, wenn die „Äsir", die Tragbalken der natürlichen und sittlichen Weltordnung, d. h. die Götter selbst völlig morsch und faul geworden, wenn die Bande der
Weltordnung völlig aus den Fugen gelöst sind, wenn das Chaos über Natur und
Geist hereinstürzt.

Dem Ausbrechen des letzten Kampfes geht zugleich die *Zerrüttung* der *Natur*, des
wohltätigen Wechsels der Jahreszeiten voraus – („der große, schreckliche Winter,
Fimbulwinter, der drei Jahre, ohne Unterbrechung durch einen Frühling währt, denn
die Sonne hat ihre Kraft verloren") – und die äußerste *Verwilderung* der *Sitten*, indem
sogar der unverbrüchliche Friede der Sippe, des blutsverwandten Geschlechtes, germanischer Auffassung nach das heiligste Band, nicht mehr geachtet wird.

Als Ausdruck aber zugleich der unendlichen Ferne der Zeit, in welche dieses Verhängnis gerückt steht, und als Gradmesser der äußersten sittlichen Verderbnis, an
deren Höhepunkt jenes Gerücht geknüpft scheint, dient die Sage von dem Schiff
Naglfar. Dieses Schiff baut sich aus den Nägeln der Toten, die man diesen unbeschnitten an Händen und Füßen läßt, und erst dann, wenn dieses Schiff fertig und
flott geworden ist, so daß es den Reifriesen Hrymr und seine gesamte Heerschar
aufnehmen und zum Kampfe gegen die Götter heranführen kann – erst dann bricht

---

1 Man hat neuerlich die Berechtigung dieser Auffassung bestritten und rök = Schicksal, Ende
angenommen. Aber daneben steht röckr, gotisch rikvis = Verfinsterung.

XII. GÖTTERGLAUBE UND GÖTTERVEREHRUNG

der Göttersturz herein. Die fromme Pflege und Bestattung der Leichen ist, wie wir sahen, hohe sittliche und religiöse Pflicht germanischen Heidentums –, dann also ist das höchste Maß sittlichen Verderbens gefüllt, wenn die Ruchlosigkeit der Menschen so massenhaft die heiligste Liebespflicht unerfüllt läßt, daß sich ein ungeheures Kriegsschiff als Denkmal ihrer Pflichtvergessenheit aufbaut.

Alsdann sprengen die riesigen Ungetüme alle die Bande, mit welchen die Götter sie bis dahin zu fesseln vermocht: die Berge stürzen zusammen, die Bäume werden entwurzelt, Mond und Sonne werden jetzt endlich von Wölfen eingeholt und verschlungen, die ihnen seit Anbeginn nachgejagt und manchmal sie schon teilweise erreicht und mit ihren Rachen ergriffen hatten (die Mond- und Sonnenfinsternis), alle Ketten und Bande brechen und reißen, der Fenriswolf wird daher los und fährt mit klaffendem Rachen einher, daß der Oberkiefer an den Himmel, der Unterkiefer an die Erde rührt und – fügt die Edda naiv hinzu – wäre „Raum dazu, er würde ihn noch weiter aufsperren". Die Midhgardhschlange (der Gürtel des Okeanos) überflutet das Land, die Reifriesen fahren von Osten auf dem Unheilsschiff heran, Loki, Surtur und Muspels Söhne, als die zerstörenden Mächte der Feuerwelt, ziehen vom Süden einher zum letzten Entscheidungskampf gegen die Asen. Auch diese, die Walhallgötter, rüsten sich zum Streit: Heimdall, ihr Wächter an Bifröst, der Regenbogenbrücke, stößt in das gellende Horn, alle Götter und die Einheriar, die im Krieg gefallenen Helden, ziehen den Riesen entgegen auf die große Ebene Wigridh vor Walhalls Toren. Hier reiben sich nun in ungeheurem Kampfe die beiden feindlichen Heere vollständig auf; alle Götter und Riesen fallen, und zuletzt entzündet sich das gesamte Weltall an der Glut der Feuerriesen und verbrennt mit allem, was es getragen hatte – ein ungeheures Brandopfer sittlicher Läuterung.

Aber den Gedanken der Vernichtung vermag das religiöse Bewußtsein nicht zu ertragen; es findet darin keine Versöhnung, deshalb hat es[1] an den fünften Akt des großen Trauerspiels, die Weltvernichtung, ein idyllisch-paradiesisches Nachspiel gefügt von musikalisch empfundener harmonischer Verklärung. Aus der Asche nämlich, in welche die alte, schuldbefleckte Welt versunken, hebt sich, verjüngt und makelfrei, eine neue Welt, eine zweite Erde und ein junger Himmel, bewohnt von einem wieder erstandenen Menschengeschlecht ätherischer Natur – „denn Morgentau ist all ihr Mahl" – und nicht mehr von den alten Göttern, sondern von deren Söhnen, die als unbefleckt von Schuld zu denken sind. Die Söhne Thors, Modi und Magni (Mut und Kraft), haben des Vaters Hammer gerettet und geerbt, die Söhne Odhins, Baldur, der Fleckenlose, und dessen Bruder, der blinde Hödur, der ihn ohne Verschulden getötet hatte, kehren wieder aus dem Reiche Hels; und in seligem Frieden, ohne Schuld und Leidenschaft, leben sie fortan in der erneuten Walhall, dem Idafeld. Da werden sich – und das ist ein reizender Zug – auch jene goldenen Scheiben im Grase wiederfinden, mit welchen dereinst, d. h. vor ihrem Sündenfall, die Asen heiter gespielt hatten.

Es leuchtet ein, daß sich hier der Götterglaube eines alten Lieblingsbehelfs bedient: die Söhne der Götter sind die Vertreter der Götter, ja gewissermaßen diese selbst, deren Wiederholung, nur frei von den Flecken, die auf die Väter Sage und Kunstdichtung gehäuft hatten. Das drückt sich am naivsten aus bei der Sonne, von der es heißt: „Und das wird dich wunderbar dünken, daß die Sonne eine Tochter geboren hat, nicht minder schön als sie selber; die wird nun die Bahn der Mutter wandeln." Rührend ist die Treue, mit welcher der Hammer des Tor von der treuen

---

1 Allerdings vielleicht unter christlichem Einfluß.

EINLEITUNG

Sage gerettet wird. Die geliebte Volkswaffe mag der Nordländer auch in dem neuen Himmelsleben nicht missen, obwohl es keine Riesen mehr zu zerschmettern gibt. So mag der Hammer in den Händen der Erben friedlichen Weihezwecken (Brautweihe, Hausweihe unter anderen) dienen.

Von dem Leben und Walten dieser neuen Götter in dem neuen Himmel erfahren wir nun aber nichts weiter. Die Muse der sagenbildenden Einbildungskraft schweigt hier. Und zwar ganz notwendig. Denn wollte sie abermals anheben zu erzählen – sie müßte es in der alten Weise, und der Kreislauf, den wir eben abgeschlossen, er müßte von neuem anheben; denn abermals würde diese anthropomorphe und freie, nur das Schöne suchende Muse die gegebenen, abermals vielgötterischen Vorstellungen zu Gebilden aus- und umgestalten, die abermals dem Bedürfnis des Religionstriebes nach Einheit und Heiligkeit des Göttlichen widerstreiten und zuletzt eine Wiederholung der Götterdämmerung notwendig machen würden.[1]

An der Spitze der Götterwelt steht, dem philosophischen und sittlichen Zuge zum Glauben an *einen* Gott entsprechend, der keiner noch so bunt vielgötterischen Religion völlig gebrechen kann, ein oberster höchster Gott, der Götter und Menschen Vater und König, der Vorkämpfer und Vorsorger für die gegen die Mächte der Zerstörung: *Odhin, Wuotan.*

Die Naturgrundlage dieses Gottes ist wie bei Zeus und Jupiter die „Himmelsluft" – deswegen wohl, besonders aber auch wegen des *keltischen Teutates*, eines Gottes des Verkehrs, der in der Tat viel mit Mercurius gemein hatte[2], und mit dem germanischen Obergott von den Römern verwechselt wurde, fanden die lateinischen Schriftsteller Odhin-Wotan in Merkur in durchaus unzutreffender Deutung.

Sein Name, aus dem Stamme vadan, lat. *vadere*, neuhochdeutsch nur in (durch)„waten" erhalten, durchdringen, durchgehen und durchwehen, bezeichnet die alles durchdringende Luft. Wotan ist nun aber die Luft in allen ihren gelinden, geheimen und gewaltigen, furchtbaren Erscheinungen; er ist in dem gelinden Säuseln und im brausenden Sturm. Und wie Hellenen und Italikern ἄνεμος, Wind, zugleich *animus, anima*, Gemüt, Seele (auch altnordisch *odr für vôdr* von diesem Stamm – auch das Eigenschaftswort *odr* (got. *vodh*) wie unser wütig, Wut – dagegen „Geist" verwandt mit „Gischt" stammt von *gîsan, cum impetu ferri*, brausend wehen; Seele von *saivala*), ist auch den Germanen die Luft, der Hauch, das Bild des Geistes und daher Wotan nach seiner geistigen Grundlage der Gott des Geistes und der Begeisterung, wie der kriegerischen – „Wuotan" ist der Ausdruck jenes *furor teutonicus*, jenes wütigen Heldengeistes, der die Germanen immer und immer wieder gegen den ehernen Wall der Legionen trieb, bis er endlich brach – so der dichterischen: Odhin hat den Trank der Dichtung den Göttern zugebracht, aber der „grübelnde Ase", der unersättliche Forscher, der die Runen erfunden, ist auch der Gott aller Weisheit und Wissenschaft. Er ist auch der Gott der Staatskunst, zumal der arglistigen: er hat Armin den Plan eingegeben, der Varus verdarb und die Legionen. Denn als König von Walhall hat er den Wunsch, daß viele blutige Schlachten geschlagen werden, viele Helden den Bluttod, nicht den Strohtod, sterben, weil nur solche als Einheriar in Walhall eingehen und sein Heer im Kampf gegen die Riesen

---

1 Siehe das Tragische oben.

2 *Cäsar b. G.* VI, 17 von den *Galliern*: Deum maxime Mercurium colunt ... (hunc viarum atque itinerum ducem, hunc ad quaestus pecuniae mercaturasque habere vim maximam arbitrantur). Hiernach wörtlich *Tacitus* Germ. K. 9 von den *Germanen*: ... Deorum maxime Mercurium colunt ... Ebenso später Paul Diac. I., 9: Wodan ... ipse est qui apud Romanos M. dicitur.

XII. GÖTTERGLAUBE UND GÖTTERVEREHRUNG

verstärken. Er streut Zwietrachtsamen unter die Könige und Völker. Aber als Verleiher aller Zaubergaben, zumal Zauberwaffen (sein Siegesspeer wird im Schwank zum Knüppel aus dem Sack), der unsichtbar machenden Tarnkappe, des durch die Lüfte tragenden (Wolken-) Zaubermantels, des stets neue Goldringe träufelnden Zauberringes ist er der „Wunsch", d. h. der Erfüller aller Wünsche, der Verleiher alles Glückes. In Odhins Gestalt hat die ganze Herrlichkeit, Tiefe und Fülle des germanischen Geistes sich selber dargestellt. Unsere großen Staatsmänner, Könige, Feldherren, Helden, Dichter, Philosophen – sie alle haben in Odhin ihr Vorbild.

Dicht neben Odhin steht *Thôrr, Donar*, der Donnergott, zugleich der Gott des Ackerbaus und aller Gesittung, auch der Verträge und des Rechtsbandes, das sein Hammerschlag weiht.

Der Sondergott des Krieges *Tyr* (Ziu, Eru – daher Die(n)stag = Ziestag, Ertag in Bayern) wird von den Römern richtig mit Mars wiedergegeben (Tac., *Germ.* K. 9). Er war recht eigentlich der Schwertgott, wurde unter dem Zeichen des Schwertes (*eru, hairus*, der *Saxnot, Saxneât*, der Sachsen) verehrt (so von den Quaden) und war einarmig, „weil das Schwert nur *eine* Klinge hat". Die Göttersage muß nun erklären, wie er den anderen Arm eingebüßt hat, und berichtet, er hat ihn als Pfand dem Fenriswolf in den Rachen gesteckt, der ihn abbeißt, wie er den Zaubertrug des ihm übergeworfenen Netzes merkt. Ihm und Thôrr (Donar) wurden genau bestimmte Opfertiere dargebracht (Tac., *Germ.* K. 9)

Die „Isis", die ein Teil der Sueben verehrt, war die Göttermutter *Nerthus*. Tacitus selbst sagt, daß er über Grund und Ursprung dieser Verehrung eines „fremdem Heiligtums" wenig erkundet habe; er folgerte die Fremdheit irrig aus dem Wahrzeichen der Göttin, einem Schiffe vergleichbar den (dalmatinischen) „Liburnen"[1]. Sie ist *Frigg*, Odhins Gemahlin (Frau Holle, Berahta, die Berchtfrau, *Frouwa*), die Göttin der Ehe, des häuslichen Herdes, der Fruchtbarkeit. Manchmal wird mit ihr identifiziert die (Wanin) *Freyja*, eine Göttin der Liebe, der Schönheit, des Liebreizes.

Von den übrigen Göttergestalten sollen hier nur noch erwähnt werden *Heimdall*, der Wächter an der Regenbogenbrücke (*Bif-röst*, „der bebenden Rast"), die von Midhgardh nach Asgardh führt, *Baldur*, der Gott des Frühlingslichts, der deshalb am Tage der Sommersonnenwende (24. Juni) stirbt und auf dem Scheiterhaufen verbrannt wird (Johannisfeuer), *Bragi*, der Gott der Dichtung, *Loki*, der dämonische Feuergott, der später *gegen* die Asen auftritt, von den Wanen ein Sonnengott, *Freyr*, manchmal verwechselt mit dem auf goldborstigem Eber reitenden Gott des Erntesegens *Frô;* dann die ursprünglich nicht als schädlich gedachte Göttin der Unterwelt *Hel*, die drei *Nornen* (Urdhr, Verdandi, Skuld), die das Schicksal weben, und die *Walküren*, Wunschmaide, Schildjungfrauen Odhins, welche die gefallenen Helden von der Walstatt empor nach Walhall tragen.[2]

Es ist zunächst im Vergleich mit dem tempel- und bilderreichen Götterdienst der Griechen und Römer gesagt, wenn Tacitus von den Germanen berichtet: „Zwar verehren sie die Isis unter dem Sinnbild eines Schiffes, jedoch halten sie es der Größe der Himmlischen nicht entsprechend, die Götter in Wände einzuschließen oder in menschenähnlicher Gestalt darzustellen: Haine und Wälder weihen sie ihnen und nennen mit göttlichen Namen jenes Geheimnisvolle, das sie nicht mit Augen schauen, nur in Ehrfurcht ahnend erfassen."[1]

---

1 Germ. K. 9

1 Germ. K. 9

2 Dahn, Über die Göttinnen der Germanen. Nord und Süd. 1896.

132 EINLEITUNG

Daß es gleichwohl an Altären, Heiligtümern mancher Art, Götterbildern und Götterwahrzeichen keineswegs völlig fehlte, geht aus nordgermanischen Überlieferungen hervor: auch Tempel, freilich nur von Holz (wie der „heilige Baum" [das Symbol der Weltesche] Irminsul, *universalis columna* oder Säule des Irmin?), werden den Südgermanen so wenig wie den skandinavischen völlig gefehlt haben.

Menschenopfer (Gefangene, Unfreie, Verbrecher) bluteten an bestimmten Festnächten dem Wotan.[1]

Untrennbar von dem Dienst der Götter war die Weissagung, die Erforschung der Zukunft aus den Götterzeichen, zumal mittels der „Losung"; sehr eifrig betrieben sie, wie übrigens alle arischen Völker, diese Dinge.

Die Form der Losung ist einfach. Der Zweig eines fruchttragenden Baumes („ekernder": Buchen oder Eichen) wird in kleine Stäbe geschnitten; diese werden mit gewissen Zeichen (den Runen) unterschieden und wahllos verstreut über ein weißes Gewand geworfen. Der Priester der Völkerschaft bei stattlicher, der Hausvater bei privater Zeichenerforschung hebt dann unter Gebet und mit zum Himmel gerichteten Augen – um jedes willkürliche Aussuchen auszuschließen – die Stäblein auf und deutet den Sinn nach den rohen eingeritzten Zeichen. Verwehren diese, so darf am gleichen Tage über die gleiche Frage nicht nochmal geforscht werden; günstigen Falles werden noch zur Bekräftigung wahre Götterzeichen verlangt. Auch hier – wie in Rom – werden die Stimmen und der Flug der Vögel um Auskunft gefragt. Eigentümlich dagegen ist den Germanen (wie den Persern), daß sie auch von Pferden Weissagung und Warnung einholen. Auf Staatskosten werden diese unterhalten in den gleichen heiligen Wäldern und Hainen, in welchen die Götter wohnen und die Feldzeichen und Tierbilder im Frieden aufbewahrt werden, schneeweiß und nie durch Fron in Menschendienst entweiht. Nur vor den heiligen Wagen eines Gottes oder einer Göttin werden sie geschirrt, und der Priester, König oder Graf der Völkerschaft begleitet sie bei diesem Umzug und achtet auf das Wiehern und Schnauben. Keinem Götterzeichen wird höherer Glaube geschenkt nicht nur von der Menge, auch von den Vornehmen und den Priestern, denn letztere, die Priester, erachten sich nur als die Diener, die heiligen Rosse aber als die Vertrauten der Götter.

Noch eine andere Zeichendeutung wenden sie an, den Ausgang schwerer Kriege zu erforschen. Sie machen irgendwie einen Angehörigen des zu bekämpfenden Volkes zum Gefangenen und lassen ihn mit einem erlesenen ihrer eigenen Krieger kämpfen, jeden mit seinen Volkswaffen: der Sieg des einen oder anderen gilt als Vorbedeutung.[2]

———————

Die Sittlichkeitslehre, die mit dieser religiösen Weltanschauung unscheidbar zusammenhängt, ist zwar die rauhe eines Heldenvolkes auf der Stufe einfacher Gesittung – aber wir werden nicht das glaubenswütige Wort eines heiligen Kirchenvaters – Augustin – auf sie schleudern dürfen: „Die Tugenden der Heiden sind nur glänzende Laster." Es ist wahr: nicht ganz nur um ihrer selbst willen wird die Heldenehre gesucht, auch mit der Hoffnung auf die Freuden Walhalls. Aber auch andere Religio-

———————

1 Germ. K. 1
2 Daß dies nicht ein Gottesurteil in juristischem Sinne, darüber siehe Dahn, Bausteine II. Berlin 1880 (Gottesurteile.)

XII. GÖTTERGLAUBE UND GÖTTERVEREHRUNG 133

nen lassen es ja an solchen Reizmitteln zur Tugend wahrlich nicht fehlen[1]; nur philosophische Sittlichkeit fordert die Pflichterfüllung allein um der Vernunftnotwendigkeit willen. Sieht man von jener „eudämonistischen" Färbung der Sittlichkeit ab und begreift man ferner, daß die Einschärfung der *Rachepflicht* aus dem Stolz, der Ehre des Helden, zum Teil aus der Sippentreue so notwendig folgte wie aus den rauhen Zuständen der Gesellschaft überhaupt, so wird man der Sittlichkeit des germanischen Heidentums Liebe und Bewunderung nicht versagen können: *Heldentum,* freudiges Fallen für Sippe und Volk, für die eigene Ehre, das eigene Recht oder freilich auch den eigenen Mannestrotz; *Treue* gegen den Freund, Gesippen, Gemahl, strengste *Keuschheit* des Weibes – das sind die heidnischen Tugenden, die der große Römer an unseren Ahnen bewundert; sie haben unser Volk zuerst in der furchtbaren römischen Gefahr gerettet – mit jener Lehre von der dem zweiten Schlage darzubietenden anderen Wange wären sie vor den „Söhnen der Wölfin" übel gefahren! – und ihm zuletzt die Weltherrschaft genommen.

---

1 Siehe Band III über die Sittlichkeitslehre Gregors von Tours und der fränkischen Kirche überhaupt.

Zweiter Teil

Die Westgermanen bis zur
Errichtung des Frankenreiches

Erstes Kapitel

Die Kimbern und Teutonen

Rom hatte bereits eine sehr hohe Stufe der Macht erstiegen, als der erste Angriff germanischer Völker in dem „kimbrischen Schrecken" an die Tore des Reiches pochte. Nach der Zerstörung des makedonischen Staates stand die Oberherrlichkeit Roms von den Säulen des Herkules bis zu den Mündungen des Nils und des Orontes nicht nur als eine Tatsache fest, sondern sie lastete gleichsam als das letzte Wort des Verhängnisses mit dem ganzen Druck der Unabwendbarkeit auf den Völkern.[1] An dieser noch unerschütterlichen gewaltigen Überlegenheit von staatlicher, von Bildungs- und Waffenmacht sollte auch der erste Anprall germanischer[2] Kraft zerschellen: aber nicht, ohne durch die Wucht des Zusammenstoßes die von unserem Volk der römischen Welt fernher drohende Gefahr weissagend zu verkünden.

Die Römer hatten im Jahre 115 v. Chr. die Ostalpen zwischen Triest und Laibach überschritten und mit den keltischen *Tauriskern* Gastfreundschaft geschlossen. Gleich darauf zogen sie von Makedonien aus nordöstlich gegen die *Skordisker*, an der Morawa in Serbien, die früher wiederholt mit den *Dalmatiern* die römischen Grenzen beunruhigt hatten, erreichten zum erstenmal die Donau und schlugen, nach anfänglichem Mißlingen, diese Donaukelten sehr empfindlich aufs Haupt.

Diese Fortschritte der römischen Waffen hatten zur Folge, daß die Besiegten gegen die Legionen entweder selbst ein an der Nordgrenze seit geraumer Zeit umher wanderndes Volk zu Hilfe riefen oder dessen Eindringen nicht mehr abzuwehren vermochten.

Dies Volk waren die *Kimbern*.

Mit ihren Nachbarn im Süden, den *Teutonen* und den *Ambronen*[3], waren diese aus den früher[4] erörterten Sitzen[5] etwa um das Jahr 125 bis 120 aufgebrochen.

Als Ursache der Bewegung dürfen wir, nach unseren früher erörterten Voraussetzungen[6], Nahrungsnot mutmaßen, die in diesem Fall, außer dem insgemein wirkenden Grunde rascher Zunahme der Bevölkerung, vielleicht noch durch ein besonderes Ereignis plötzlich gesteigert wurde.

Schon die außergewöhnlich hohen Zahlen bei der Wanderung der Kimbern und Teutonen weisen auf Übervölkerung als Grund der Auswanderung hin – wie viel geringer war die Zahl der Helvetier, die zur Zeit Cäsars wanderten! –, mag man auch

---

1 Mommsen, Römische Geschichte II, 3. Auflage, Berlin 1861, S. 3.

2 Zweifellos ist wie die germanische, nicht keltische, Nationalität der drei Völker, so der spätere Anschluß zahlreicher Kelten.

3 Daß auch diese durch Überschwemmung vertrieben wurden, also an der Nordsee wohnten, sagt ausdrücklich Festus, hrsg. von Lindemann, S. 24.

4 Band I, S. 23.

5 Weder an keltische Kymren, noch an die chimärischen Kimmerier am Schwarzen Meer ist dabei zu denken.

6 Band I, S. 76f.

138 ZWEITER TEIL · WESTGERMANEN

noch so große Abzüge an diesen im „Bulletinstil" geschriebenen Siegesberichten für
nötig erachten.[1]
Diese Bewegungen sind als Wiederaufnahme[2] der großen Wanderungen, die aus
Asien nach Europa geführt hatten, zu betrachten.
Es ist durchaus nichts „Fabelhaftes" an dem Bericht, der dem zweifelnden Strabo
zugegangen war, daß eine große Sturmflut die „kimbrische Halbinsel" heimgesucht
und die Auswanderung veranlaßt habe: solche Überschwemmungen haben in jenen
Gegenden aus vorgeschichtlicher Zeit tief gefurchte Spuren hinterlassen und sind in
geschichtlicher Zeit wiederholt bezeugt: wurde nun ein großer Teil des fruchtbaren
und durch Deiche geschützten Marschlandes durch eine solche Überflutung unbe-
wohnbar, so mußte die ohnehin vorhandene Übervölkerung vollends unerträglich,
die Auswanderung eines Teiles des Volkes aus den eingeengten Sitzen unvermeidlich
werden: der von Strabo angeführte Einwand, daß auch später, zu seiner Zeit noch,
Kimbern auf jener Halbinsel wohnten, ist durchaus ohne Belang: vielmehr bestätigt
er, daß die Auswanderung nur *eines Teiles* des Volkes wegen Übervölkerung geschah,
während ein anderer, soviel eben noch Raum und Nahrung fand, in den alten Sitzen
verblieb:[3] wie dies ganz ähnlich bei anderen Germanenwanderungen, z. B. bei der der
Vandalen, Langobarden geschah, die ebenfalls durch Übervölkerung und Nahrungsnot veranlaßt wurden.
Die „Eroberung Italiens" war gewiß nicht[4] Zweck des unfreiwilligen Aufbruchs
gewesen. Es war nicht ein Heer von Kriegern, sondern in der Tat, ganz wie in den Tagen
der späteren Völkerwanderung, ein Volk oder richtiger Teile (Gaue) dieser Völker, die
hier aufgebrochen waren: Land, ruhige Sitze, wo sie friedlich möchten Ackerbau
treiben, war ihr Begehr, das sie auch als Sieger wiederholt an die Römer richten.
Auf Wagen und Karren, die, zur Wagenburg zusammengeschoben, als befestigtes
Lager dienen, führen sie Weiber und Kinder mit sich, auch die treuen Hofhunde, die
„Hauswächter", sind nicht zurückgelassen: Unfreie und Herden werden nicht gefehlt
haben.
Auf langsamem Zuge – denn nur in der guten Jahreszeit war man unterwegs, während
der viel längeren rauheren hielt man Rast – ein Umstand, den wir bei allen diesen
Wanderungen in Rechnung ziehen müssen – gelangten die Wanderer, kein bestimm-
tes Land als Ziel aufsuchend, gern durch Vertrag sich den Durchzug sichernd, den
Waffenkampf meidend, immer mehr nach Süden.

---

1 Nach Plutarch (Marius K. 11)waren es der streitbaren Männer bei Kimbern und Teutonen
300 000; gefangen wurden und getötet

		Teutonen	100 000;	
		Kimbern	120 000	getötet,
		Kimbern	60 000	gefangen.
Nach Livius epitom. 68		Teutonen:	gefallen:	200 000
			gefangen:	90 000
		Kimbern:	gefallen:	140 000
			gefangen:	60 000
				490 000

Die Ambronen werden auf mehr als 30 000 Krieger geschätzt.
2 Richtiger denn als „Fortsetzung" (Waitz, Deutsche Verfassungsgeschichte I, S. 16).
3 Diese Kimbern sind in der alten Heimat noch spät bezeugt: zur Zeit des Mithradates von
Pontus, ja des Augustus, an den sie Gesandte schickten.
4 Wie Pallmann, Kimbern und Teutonen, 1870, wähnt.

ERSTES KAPITEL · DIE KIMBERN UND TEUTONEN 139

Die Griechen und Römer, ursprünglich alles Volk der nordischen Barbaren „Galater" und „Gallier" nennend, hielten sie ursprünglich für Kelten. Daher sie, in fortgeführter Verwechselung, mit jenen Galliern identifiziert wurden, die Rom und Delphi verbrannten.

Nachdem aber die Römer Kelten und Germanen genauer unterscheiden gelernt, erkannten sie die germanische Art jener Völker, zumal an dem gewaltigen Wuchs und an der Augen blaugrauem Glanze: der erste Römer, welcher beide Völker scharf zeichnend unterscheidet, Cäsar, nennt die Kimbern und Teutonen ausdrücklich Germanen.

Plutarch verlegt die Sitze dieser Germanenvölker an die Nordsee: Plinius kennt das „Vorgebirge und die Halbinsel der Kimbern", die er den Ingwäonen zuteilt, gegenüber Skandinavien: Tacitus weiß zu erzählen, daß die in jener alten Heimat des Gesamtvolkes Zurückgebliebenen nur noch eine kleine Völkerschaft bilden, die vermutlich später mit den dänischen Einwanderern oder mit den Angeln verschmolz.

Auf ihrem Wege nach Süden waren die Wanderer auf die keltischen *Boier* gestoßen, die ihren „herkynischen Wald" (das heißt hier wohl die Böhmen im Norden deckenden Gebirge) erfolgreich verteidigten und die Angreifer nötigten, weiter östlich ausbiegend, die *Sudeten* zu umgehen: so gelangten diese (wohl durch Schlesien) an die Donau, überschritten sie (etwa bei Carnuntum?) und wandten sich nun wieder westlich gegen die Alpen: sie durchzogen das Land der *Skordisker* und drangen bereits in das Gebiet der den Römern befreundeten *Taurisker* und gegen die Pässe, die über die Alpen nach Krain führten.

Hier aber trat ihnen Rom entgegen.

Der Konsul *Gnäus Papirius Carbo* zog von Aquileja heran und forderte sie auf, das Land der „Gastfreunde" der Römer, der Taurisker, zu räumen: und willig folgten die Germanen – ihre Unkenntnis jener Gastfreundschaft zu ihrer Entschuldigung beteuernd –, so wenig dachten sie damals daran, Italien zu erobern! – den Wegweisern, die ihnen der römische Feldherr gab, um sie über die Grenze der Taurisker zu geleiten. Diese Wegweiser führten die Wanderer in einen Hinterhalt bei Noreja in Kärnten[1], wo der Konsul sie angriff; aber er wurde von den Zornmütigen so schwer geschlagen, daß nur ein die Verfolgung hemmendes heftiges Gewitter den Rest seines Heeres vor der Vernichtung schützte, 113 v. Chr.

Obwohl nun die Übergänge der Alpen nicht mehr durch ausreichende Macht verteidigt waren, wandten sich die Sieger doch durchaus nicht nach Süden, nach Italien, sondern zogen nach Westen ab – wir wissen weder, aus welchen Gründen, noch auf welchen Wegen: vermutlich doch an dem Nordhang der Norischen Alpen hin, dann über den Inn; denn zunächst treffen wir sie in der Schweiz[2], wo keltische Völkerscharen, im Gau der *Helvetier*, jedenfalls die *Tiguriner*, deren Name in „Zürich" fortlebt, vielleicht auch die *Tougener*[3], sich anschlossen.[4]

---

1 1200 Stadien von Aquileja Strabo V, 8, p. 214.

2 Dies ist doch wohl wahrscheinlicher, als daß sie die Helvetier in deren früheren Sitzen am Main (so Luden) getroffen hätten.

3 Über die Lesarten bei Posidonius-Strabo VII, 2, p. 293 und die Deutungen siehe die Zusammenstellung bei Pallmann, S. 45. Angeblich schlossen sich diese Helvetier an, gelockt durch die reiche Beute, welche die Wanderer gemacht hatten und mit sich führten: Strabo IV, 3, p. 193, VII, 2, p. 293: er läßt diese, ohne der Zeit und der Schlachten, die in Mitte lagen, zu erwähnen, gleich nach der Berührung mit den Tauriskern bei den Helvetiern auftauchen: nach anderen brechen diese Kelten erst 107 in Gallien ein.

4 Anders Mommsen II, S. 178.

140 ZWEITER TEIL · WESTGERMANEN

Wohl erst hier wurde der Entschluß gefaßt, in das nahe reichere Gallien einzubrechen; auf dem rechten Rheinufer ließen sie (jetzt oder 103 bei dem Verlassen Galliens) einen Teil ihrer Wagen und Geräte unter Bewachung von sechstausend Mann zurück, diese wurden nach dem Untergang des Hauptheeres nach langem Kampf mit Umwohnern immer weiter nach Norden gedrängt und zuletzt unter allgemeinem Einverständnis zwischen der Sambre und Maas in der Gegend von Namur angesiedelt, wo sie zwei Menschenalter später *Cäsar* unter dem Namen *Aduatiker*, offenbar fast ganz keltisiert, antraf.

Diese Bewegungen waren sehr langsam gewesen, vielleicht durch längere Rast (und Ernten?) in der Schweiz unterbrochen; erst vier Jahre nach der Schlacht bei Noreja brachen die Wanderer in Gallien ein. Das flache Land wurde weithin verheert: nur in den Städten leisteten die Kelten Widerstand, in der äußersten Hungersnot vor Menschenfleisch nicht zurückschreckend.

Endlich treten hier den Wanderern, sie von den Schützlingen und Bundesgenossen und der eigenen „Provincia" abzuwehren, abermals die Römer entgegen: die Wandervölker eröffnen wieder gütliche Verhandlungen: sie bitten, ihnen Land zu friedlichem Anbau anzuweisen – eine Forderung, welche die Germanen von den Kimbern an die ganze Zeit der Völkerwanderung immer wieder erneuern: eine Hauptstütze unserer Grundauffassung.

Der Konsul *Marcus Junius Silanus* griff „statt aller Antwort" die Barbaren an, wurde aber aufs Haupt geschlagen, sein Lager erobert, 109 v. Chr.[1])

Die Sieger jedoch denken nur noch immer so wenig an einen Angriff auf Italien, daß sie auch jetzt nur die vor der Schlacht gestellte Bitte um Land durch eine nach Rom abgeordnete Gesandtschaft erneuern; dafür bieten sie – ganz wie später die Germanen der Völkerwanderung – das einzige, aber höchst Wertvolle, was sie zu bieten haben: ihre Waffen zu römischen Kriegsdiensten.

Aber Rom, das noch seinen Cäsar erwartete, hatte auf dem Weg zur Weltherrschaft noch nicht nötig, so gefährliche Dienste anzunehmen, wie es dreihundert Jahre später durch Verträge bedang: man verlachte die barbarischen Gesandten und wies sie ab: – ein Teutone, dem man auf dem Forum ein (griechisches) Kunstwerk zeigte, einen alten Hirten an einem Stabe, meinte auf die Frage, wie hoch er es wohl anschlage: einen solchen Kerl möchte er nicht lebendig geschenkt.

Inzwischen war ein Teil der Wanderer weiter gegen Süden vorgedrungen: die Tiguriner und Tougener, deren Verbindung mit den Germanen vielleicht schon wieder gelöst war, schlugen im Land der *Nitiobrogen* bei *Agen*, zwischen Loire und Garonne im Jahre 107 den Konsul *Lucius Cassius Longinus*: dieser und sein Legat, der Konsular *Gajus Piso*, fielen mit dem größten Teil der Mannschaft; den Rest rettete *Gajus Popillius* nur durch einen schimpflichen Vertrag, der unter Geiselstellung die Waffen und das halbe Gepäck den Siegern auslieferte.[2]

Diese Niederlage war so bedeutend, daß in der römischen Provinz die wichtige Stadt der keltischen *Tektosagen, Tolosa* (Toulouse), sich erhob und die römische Besatzung bewältigte.

Aber die Barbaren verfolgten ihren Vorteil nur sehr langsam: die Helvetier (Tiguriner und Tougener) scheinen allein so weit westlich vorgedrungen zu sein: wenigstens finden wir die Kimbern im nächsten Jahre noch weiter östlich auf dem linken Rhôneufer.

---

1 Der Ort ist nicht zu bestimmen. – 2 Liv. epit. 65, Dros. V, 15. Abzug unter dem Joch ist eben römisch: römischer *Ausdruck*: nicht keltische oder germanische Sitte.

ERSTES KAPITEL · DIE KIMBERN UND TEUTONEN   141

So gelang es dem neuernannten Feldherrn und Prokonsul *Quintus Servilius Caepio*, Tolosa wieder zu unterwerfen (106): und als nun endlich die Kimbern unter dem jugendlichen König *Bajorich*[1] am östlichen Rhôneufer erschienen (105 v. Chr.), standen drei römische Heere bereit, sie abzuwehren.

Der Konsul *Gnaeus Mallius Maximus* und, getrennt von ihm, dessen Legat, der Konsular *Marcus Aurelius Scaurus*, waren ihnen über den Strom entgegengerückt: zuerst wurde dieser gründlich geschlagen, er selbst gefangen und in das Zelt des Kimbernkönigs gebracht; als der Besiegte in seinen Ketten mit Römerstolz den Sieger vor dem Einbruch in Italien zu warnen wagte, da Rom doch unbesiegbar sei, ergrimmte der Germane und stieß ihn nieder.

Nun erst entbot Mallius Maximus auch den Prokonsul Caepio mit dessen Heer zu sich auf das linke Ufer: zögernd vereinte sich dieser mit ihm bei *Arausio* (Orange), nördlich von *Avenio* (Avignon): nochmal suchten die Kimbern den Frieden – man sieht hier, wie bei den Völkern der großen Völkerwanderung: es fehlt das Gefühl der Unsicherheit ihrer rings bedrohten Lage den heimatlosen Germanen durchaus nicht und nicht, ungeachtet glänzender Waffenerfolge, die Erkenntnis der Überlegenheit Roms; aber die beiden römischen Feldherren lagen in eifersüchtigem Hader, und der vornehme Prokonsular Caepio sah kaum den verachteten Maximus in Verhandlung mit den Feinden treten, als er besorgte, dieser wolle den Ruhm der Unterwerfung der Barbaren für sich allein gewinnen: er griff sofort mit seinen Truppen an. Allein sein Heer wurde vernichtet, sein Lager erobert (6. Oktober 105) und nun auch das dritte und letzte römische Rhôneheer, das des Maximus, vollständig geschlagen.

Die Römer schätzten selbst ihren Verlust auf achtzigtausend Krieger und fünfzigtausend Troßknechte (Livius, epit. lib. 67): nur zehn Mann sollen über den Strom entkommen sein.

Die Sieger aber hatten offenbar vor der Schlacht nach einer auch sonst bezeugten germanischen Sitte Gefangene und Beute in einem Gelübde den Göttern zum Siegopfer geweiht: daher erklärt sich, daß die Gefangenen teils durch Aufhängen an Bäumen, teils durch blutigen Tod den Göttern geopfert werden. Weise Frauen (Priesterinnen) in grauem Haar und weißem Gewand führten, Messer in der Hand, die gleich Opfertieren bekränzten Gefangenen durch das Lager an einen ungeheuren zwanzig Maß haltenden Kessel – einen solchen, ein Heiligtum, schickten später die Kimbern aus Jütland Augustus als Geschenk: – dort bestiegen sie ein Gestell und durchschnitten den Gefangenen, die einzeln über den Kesselrand gehoben wurden, die Kehle: aus dem Blut, das in den Kessel floß, auch aus den Eingeweiden angeblich, verkündeten sie weissagend die Zukunft, Sieg oder Unsieg: auch Gold oder Silber wurde in den Rhone versenkt, die erbeuteten Rosse ertränkt, Panzer und Schwerter zerschlagen.[2]

Der Schlag war furchtbarer als der von Cannae: die Alpenpässe lagen offen vor den Kimbern: die Barbaren in Spanien, in Gallien erhoben sich aufs neue.

---

1 Dieser Name ist wahrscheinlich, aber *nicht notwendig* keltisch: althochdeutsch Bojo; freilich vielleicht von dem keltischen Volksnamen hergenommen. J. Grimm, Gesch. d. d. Spr., S. 640, vermutet Baugareiks, ahd. Pougorih; zu bedenken ist, daß die Römer die Namen der germanischen Führer durch keltische Dolmetscher, in keltischer Anpassung, vernahmen und sie selbst mit den ihnen damals allein geläufigen keltischen Formen verwechselten.

2 Strabo VII, 2, p. 290. Drosius V, 16. Pallmann, S. 44, erinnert an den Fund von Nydam im Sundewitt (Schleswig), jetzt im Museum der nordischen Altertümer zu Kopenhagen, der ebenfalls absichtlich zerbrochene Waffenstücke, einen zerschlagenen Roßschädel, die in einem angebohrten Kahn waren versenkt worden, aufweist. Vgl. Engelhardt, Nydam Mosef und. Kjoebnhavn 1865.

142 ZWEITER TEIL · WESTGERMANEN

Kein Heer schützte Italien: ganz außerordentliche Maßregeln, wie sie nur nach Cannae waren ergriffen worden – Abkürzung der Trauerzeit um die Gefallenen durch Senatsbeschluß, Vereidigung aller waffenfähigen Männer, Italien nicht zu verlassen, Verbot an alle Schiffe, Waffenfähige an Bord zu nehmen – verrieten die Besorgnis der Römer, die der alten und neuen von den Kelten bis an das Kapitol getragenen Gefahren gedachten: der „kimbrische Schrecken" wurde ein Sprichwort.

Aber die Kimbern hatten keinen Plan: am wenigsten den Plan, Rom zu erobern.

Anstatt östlich über die Alpen vorzudringen, wandten sie Italien den Rücken und zogen nordwestlich heerend in die Auvergne, vielleicht in der Absicht, hier die lang gesuchten Sitze zu gewinnen. Das flache Land verheerten sie: da aber die *Arverner* ihre Bergburgen zäh verteidigten, änderten die Wanderer Richtung und Entschluß: sie mochten erkundet haben, daß sie in Spanien gegen die Römer gesicherter sein würden: vielleicht auch lockte sie nur der Reichtum des noch unverwüsteten Landes zwischen der Garonne und den Pyrenäen: sie zogen nun wieder südwestlich gegen und über dieses Gebirge: jedoch in Spanien stießen sie auf den hartnäckigen Widerstand der tapferen *kantabrischen* und *keltiberischen* Völker und nach fast zweijährigem fruchtlosen Kämpfen wichen sie aus der Halbinsel, zogen über die Pyrenäen (103 v. Chr.), wie es scheint, durch deren nördlichste Pässe, zurück und durchstreiften nun, dem Busen von *Biscaya* entlang, das bisher noch nicht von ihnen verheerte Westfrankreich bis an und über die Seine. Vielleicht hatten nur die Kimbern den Zug nach Spanien unternommen, die Teutonen und Helvetier einstweilen in Gallien verweilt: wenigstens wird hier im Land der *Vellocasser* bei *Rouen* eine abermalige Vereinigung[1] der Wandervölker berichtet.

Da aber die vereinten belgischen Völkerschaften mit Erfolg das Eindringen der Wanderer in das Land abwehrten, beschlossen diese nunmehr, da ihnen der Weg nach Osten versperrt, die Umkehr nach dem ausgesogenen Westen verleidet und im Norden den Schiffelosen der Ozean vorgelegt war, die einzige freie Straße einzuschlagen: die nach Süden.

Vielleicht erst auf diesem Wege faßten sie nun endlich den Beschluß, nachdem sie weder in Spanien noch in Gallien Heimat gefunden, in Italien einzubrechen. Sie teilten sich nun abermals – vermutlich: weil für die vereinten Massen weder Wege noch Vorräte zur Genüge sich boten – wir wissen nicht, wo: vielleicht in der Gegend von Dijon: – die Kimbern und die Tiguriner gingen über den Rhein zurück zu den alten Freunden, den Helvetiern, und suchten von da ihren Weg durch die Ostalpen nach Italien.

Die Teutonen unter *Teutobod* (Teutoboch?), Ambronen und Tougener aber zogen in den Landstrichen zwischen dem oberen Lauf des Liger (Loire) und des Arar (Sauconna, Saône), jedes Falles auf dem rechten Ufer dieses Flusses und des Rhône gen Süden, um durch die Seealpen in Italien einzudringen.

Allein die dreißig Monate seit der Schlacht von Arausio hatten die Römer gut genützt: im Schrecken vor der Kimbrischen Gefahr, – denn ganz Italien hatte gezittert – hatten sie wider das Gesetz ihren tüchtigsten Feldherrn, *Gajus Marius*, nochmals zum Konsul ernannt (104 v. Chr.), ja ihm sogar vier weitere Jahre hintereinander das Amt immer wieder übertragen: und der Gefürchtete brachte nicht nur die empörten Gallier wieder zum Gehorsam, er hob, eine völlige Besserung, auch der

---

1 Mommsen II, S. 185 läßt im Widerspruch mit Appian Celt. 13 u. erst hier die Kimbern sich von Anfang mit den Teutonen einen, die ohne allen Zusammenhang mit jenen aus der Heimat an der Ostsee (?) hierher verschlagen sein sollen.

ERSTES KAPITEL · DIE KIMBERN UND TEUTONEN 143

Schlachtordnung durchführend, aufs neue Zucht und Selbstvertrauen der Legionen, die durch die Habsucht und Unfähigkeit ihrer letzten Führer verwildert und durch die steten Siege dieser neuen Feinde entmutigt waren. Und seine Kriegskunst war den Germanen unerreichbar überlegen. Er änderte die bisherige Aufstellung der Legionen, dem furchtbaren Keilstoß der Germanen besser zu begegnen. Als die Teutonen den Rhône überschritten und auf dem linken Ufer vordringen wollten, stießen sie auf ein stark befestigtes und vermittelst eines (von Marius neuangelegten) Rhônekanals von der See her reichlich verpflegtes Lager, das der Römerfeldherr an einem mit Meisterschaft gewählten Punkt angelegt hatte: denn er überwachte hier, an dem Einfluß der Isara (Isère) in den Rhône, also ungefähr bei Valencia (Valence), die beiden einzigen damals gangbaren Wege nach Italien[1]: den über den kleinen Bernhard und die Straße längs der Küste (über Marseille-Nizza) zugleich: drei Tage hintereinander liefen die Germanen Sturm auf das feste Römerlager: aber der planlose Ungestüm ihres Angriffs zerschellte, wie dies noch jahrhundertelang zu geschehen pflegte, an der Kunst und Stärke des römischen Lagerbaues: nach großen Verlusten beschlossen die Barbaren, liegen zu lassen, was man nicht bezwingen konnte, und, den Feind im Rücken, an dessen Lager vorbei, nach der Küstenstraße sich zu wenden: sechs Tage dauerte (angeblich) das Vorüberziehen und Fahren mit Wagen und Karren an den Toren des Lagers. Höhnend riefen die Teutonen zu den römischen Soldaten, die regungslos auf den Wällen hielten, hinauf, ob sie nichts an ihre Frauen in Italien zu bestellen hätten?

Aber Marius folgte: vorsichtig auf den Höhen nachrückend und jede Nacht in wohlverschanztem Lager sich bergend.

Die Germanen hatten bereits die Druentia (Durance) überschritten und zogen in der Richtung auf Massilia (Marseille) und auf die große Küstenstraße: bei Aquae Sextiae (Aix en Provence) rasteten sie, erstaunt der warmen Quellen sich erfreuend, die dort aus der Erde sprudelten, unten im Tal an dem Flüßchen Arc, während Marius auf dem Mont St. Victoire sein Lager schlug. Gegen Abend beim Wasserholen gerieten die ligurischen Troßknechte der Römer ins Handgemenge mit den Ambronen[2] und drängten sie in die Wagenburg zurück, von welcher herab auch die germanischen Weiber auf die Römer und zugleich auf ihre fliehenden Männer mit Beilen und Schwertern einhieben. Die ganze Nacht erschollen die Totengesänge aus dem Lager der Germanen. Am dritten Morgen darauf stellte Marius sein durch zwei Erfolge ermutigtes Heer zur Schlacht: wieder hatten die Germanen steil bergan zu stürmen.

Lange erneuerten sie unablässig die Angriffe: aber um Mittag begannen sie mit ihren ungefügen Hiebwaffen dem mörderischen kurzen, breiten Stoßschwert der Legionen und der Hitze des südfranzösischen Sommertages zu erliegen: sie wurden nun in das Tal hinabgedrängt: und als jetzt eine von Marius in ihren Rükken gesandte Schar von dreihundert Mann unter *Claudius Marcellus* mit lautem Sturmgeschrei aus dem Wald auf sie einbrach, lösten sich ihre Reihen. Fast ohne Ausnahme wurden die Flüchtigen ratlos und weglos – denn für den Keil gab es keinen Rückzug[3] – erschlagen oder gefangen[4]: unter diesen der hochragende Kö-

---

1 Mommsen II, S. 186. – 2 Der hierbei erwähnte ähnliche Schlachtruf der Ambronen (wozu diesen der eigene Name diente) und Ligurier (welche letztere *nicht* Kelten sind) kann Keltentum der Ambronen unmöglich beweisen, vgl. Zeuß, S. 151; anders K. Meyer, Die noch lebenden keltischen Völkerschaften, Sprachen und Litteraturen. Berlin 1863. S. 3. – 3 Siehe Dahn, Alemannenschlacht bei Straßburg. Bausteine IV, 1881 und Band I. – 4 Im ganzen 100 000 Mann; die mit den Gebeinen umhegten und durch das Blut gedüngten Weinberge der Massilioten sind wohl eine der zahlreichen Ungereimtheiten griechisch-römischer Reise- und

144　　　　　　　ZWEITER TEIL · WESTGERMANEN

nig[1] Teutobod, der über vier bis sechs nebeneinander gestellte Rosse hinwegzuspringen vermochte: die Frauen der Teutonen kämpften und starben auf ihrer Wagenburg: diejenigen, die gefangen wurden, gaben sich in der Nacht selbst den Tod, da man sie mit dem gewöhnlichen Lose der Sklavinnen bedrohte, d. h. ihre Keuschheit zu schonen sich weigerte.

Einstweilen waren die Kimbern aus dem Lande der Helvetier ostwärts gezogen und in drei Haufen, die Tiguriner als Nachhut, über den Brenner, den Isarcus (Eisak) und die Athesis (Etsch) entlang in Südtirol eingedrungen: der *Konsul Quintus Lutatius Calulus* erwartete sie südlich von *Tridentum* (Trient): er hatte eine Brücke über die Etsch geschlagen und sich, wie es damals römische Kriegssitte (wie bei Arausio), rittlings auf beiden Seiten des Flusses aufgestellt: aber als die Kimbern nun aus den Alpenpässen hervorbrachen, entsetzte es die Römer, daß die Nordmänner, der Kälte von der Heimat her gewöhnt, ihre nackten Leiber auf den Alpenhöhen beschneien ließen, daß sie auf ihren breiten Schildern über Schnee und Eis hohe Hänge hinabglitten: und als sie nun durch Baumstämme und Balken, die sie den Fluß hinabtreiben ließen, die Brücke zu zerstören drohten, befiel Fußvolk und Reiter der „kimbrische Schrecken" noch einmal: sie flohen eilig, die Reiter sogar bis gen Rom: nur eine Legion hielt mit aufopfernder Tapferkeit auf dem linken Unter in einer Schanze stand: – die Germanen schenkten den hier Gefangenen als wackeren Helden die Freiheit und beschworen ihnen den sicheren Abzug bei einem mitgeführten Heiligtum: einem ehernen Stierbild – so konnte der Konsul, mit Mühe, wenigstens den Rückzug decken: aber dieser Rückzug kam erst auf dem rechten Ufer des Padus (Po) zum Stehen (Plutarch K. 24): das Land zwischen den Alpen und dem Po war den Barbaren preisgegeben (Sommer 102).

Die Sieger jedoch verfolgten auch diesmal ihren Vorteil nicht: die Eroberung Roms schwebte ihnen als Ziel nicht vor und in barbarischer Sorglosigkeit gaben sie sich den Genüssen[2] des schönen Südlandes hin, das sie gewonnen, unbekümmert darum, daß sie nicht dauernd hier siedeln konnten, blieb die römische Macht unvernichtet.

Den ganzen Herbst und Winter des Jahres 102 ließen sie den Römern Zeit: der Konsul Marius führte sein Heer aus Gallien nach Italien, und im Sommer des Jahres 101 gingen er und der Prokonsul *Catulus*, zusammen fünfzigtausend Mann stark, über den Po, die Eindringliche aufzusuchen. Diese hatten sich in vielleicht planlosem Umherziehen weit von Rom hinweg westlich den Lauf des Po hinauf gewendet, vielleicht auch, um den breiten Strom an seinem Oberlauf leichter zu überschreiten

---

Natur-Beschreibung. – Marius überließ den von ihm geschaffenen Rhônekanal den Massiliern als „Ehrenlohn" für ihren Anteil an dem Kriege gegen die Ambronen und Tougener. Strabo IV, 1, p. 183.

1 Florus III, 3, § 10 nennt ihn allein (neben dem Namen Teutobod oder Teuteboch, siehe oben), er wurde von den (keltischen) Sequanern gefangen, ausgeliefert und im Triumph des Marius aufgeführt; neben ihm nach Plutarch, K. 25 noch mehrere Könige (βασιλεῖς) der Teutonen; daß Bojorich und Teutobod wohl als (Gau-)Könige, keinesfalls als Gefolgsherren, auch wohl nicht bloß als Herzöge zu denken sind, darüber siehe Könige I, S. 101. – Strabo kennt die Teutonen gar nicht und denkt sich als die diesseit der Alpen Vernichteten nur die den Kimbern angeschlossenen Helvetier, zumal Tiguriner und Tougener, wenn sein Ausdruck nicht nur im allgemeinen sagen soll: „Einige diesseit, andere jenseit der Alpen". VII, 2, p. 294.

2 Daß (im Laufe eines Jahres) durch dieses Wohlleben, warme Bäder statt der gewohnten kalten, Wohnen unter Dach und Fach statt im Freien, Genuß von gekochtem Fleisch und von Wein, die Kraft der Kimbern gebrochen wurde, ist römisch-rhetorische Übertreibung. Dio Cassius 103, hrsg. von Sturz I, 98. Florus III, 3; vgl. Cicero disput. tuscul. II, 27.

ERSTES KAPITEL · DIE KIMBERN UND TEUTONEN 145

oder[1] etwa, um den Teutonen leichter die Hand zu reichen, deren Eintritt in Italien sie bei Turin oder bei Genua erwarten mußten.

Aber statt ihrer kam: – Marius.

Bei Vercellae trafen die Heere aufeinander: da der Kimbernkönig Bojorich nach germanischer Sitte Zeit und Ort des Kampfes durch Vertrag festgestellt verlangte, ging Marius darauf ein und bezeichnete den nächsten Morgen (30. Juli 101) und die Raudischen Felder, südlich von der Stadt, für seine stärkere Reiterei den besten Angriffsboden wählend.

Die durch die Gefangenen, die man ihnen zeigte, zweifellos gewordene Vernichtung der Teutonen (die Kimbern hatten früheren Gerüchten keinen Glauben geschenkt) mußte die Wanderer entmutigen – in arger Verblendung hatten sie abermals vor der Waffenentscheidung von Rom Land für sich und ihre Brüder verlangt –, „die haben schon Land, soviel sie brauchen", höhnte Marius.

Im dichten Nebel der Frühe, der diesen sumpfigen Niederungen entsteigt, wurden die glänzenden Panzerreiter der Barbaren, in unbehilflichem Viereck aufgestellt, von der viel zahlreicheren Reiterei des Marius plötzlich angegriffen und in Flucht von der Flanke her auf das Fußvolk zurückgeworfen, ehe sich dieses noch zum Keile geordnet hatte: die verwirrten Haufen – angeblich hatten sich die Vordermänner mit langen Ketten an den Gürteln untereinander festgebunden – traf der Angriffsstoß der Legionen des Catulus von der Stirnseite: und das ganze Heer und Volk der Kimbern wurde nun in der Glut des Mittags vernichtet. König Bojorich fiel im Kampfe, teuer hatte er sein Leben verkauft: ebenso König *Lugio*: die beiden Könige *Klaodicus* und *Kesorix* wurden gefangen: dreiunddreißig Feldzeichen, Schlachthörner und jenem ehernen Stier, ein Heiligtum, erbeuteten die Sieger: die Zahl der Gefallenen wurde auf hundertundvierzigtausend, die der Gefangenen auf sechzigtausend angegeben.[2]

Als die Verfolger bis an das Lager der Barbaren drangen, sahen sie, wie die Weiber der Kimbern auf die fliehenden Männer vor Ingrimm tödliche Geschosse schleuderten: auch gegen die Römer kämpften sie von den hohen Wagen wie von Türmen herunter mit Lanzen und Wurfspeeren: dann töteten sich die Frauen selbst, wie auch viele Männer getan[3]: eine Mutter hatte ihre Kinder und sich mit Stricken an einer aufgerichteten Deichsel erhängt: ganz zuletzt verteidigten noch die treuen Hunde der Kimbern die bei der „Wagenburg" erschlagenen Herren.

Die Tiguriner, die im Rücken der Kimbern auf den Berghöhen standen, zogen auf die Kunde von dieser Vernichtungsschlacht eilig in die Heimat zurück.

Rom war befreit von einem Feind, den wiederholt nur eigene Planlosigkeit, nicht römische Kraft, von den Toren der Stadt ferngehalten. Doch: „in der römischen Volkssage müssen manche Züge aus dem kimbrischen Kriege von der Riesengestalt der Feinde und ihrem schreckenden Aussehen lebendig gehaftet haben. Man pflegte das Bild eines die Zunge ausreckenden Kimbrers auf Schilde zu malen und als Zeichen auszuhängen. Scherzhaft wurden Häßliche dieser Mißgestalt verglichen."[4]

Daß die deutsch sprechenden Einschiebsel in Oberitalien, die sogenannten „sette communi" und „tredici communi", die Reste der Kimbern seien, ist ein längst aufgegebener Irrtum.

---

1 Mommsen II, S. 188. – 2 Bei dem Aufstand des Spartacus im Jahre 73 bildeti e die Germanen einen ganzen Heeresteil der Gladiatoren. Da jedoch achtundzwanzig Jahre dazwischen liegen, können dies nicht *nur* Kimbern gewesen sein. – 3 Zwei Häuptlinge hatten sich gegenseitig den Tod gegeben, den römischen Ketten sich zu entziehen. – 4 Die capitolinischen Fasten gedenken eines „mensarius tabernae argentinariae ad scutum cimbricum." J. Grimm, Gesch. d. d. Spr., S. 441.

Zweites Kapitel

Cäsar und die Germanen

Fast ein halbes Jahrhundert verstrich nach dem Untergang der Teutonen und Kimbern, bis daß abermals römische und germanische Begehrungen zusammenstießen mit den Waffen.

Wir wissen von den Ereignissen bei den Germanen in dieser Zwischenzeit nur das Wenige, was bei jenem abermaligen Zusammenstoß über die nächste Vergangenheit berichtet wird: einiges Weitere dürfen wir schließen aus dem Ort und aus den Umständen, wo und wie Römer und Germanen sich wieder trafen.

Zur Zeit des Kimbernzuges waren die Landschaften nördlich und östlich vom Rhein noch von Kelten erfüllt: Gallien hatte kein Germane vor jenen Wanderern betreten. Das war die Zeit, von der man in Bezug auf die Gegenden am rechten Rheinufer nicht nur sagen konnte, daß die Gallier überwogen, sondern daß sie allein vorhanden waren.

Fünfzig Jahre später finden wir die Germanen nicht bloß überall hart am rechten Rheinufer: auch jenseits des Stromes haben sich germanische Völkerschaften ziemlich tief im heutigen Frankreich angesiedelt, und ein suebischer König droht, eine ganz Gallien gefährdende Herrschaft aufzurichten.

In diesen fünfzig Jahren von Marius bis Cäsar sind also die Germanen in unaufgehaltenem Vordringen von Osten nach Westen begriffen gewesen: nicht stoßweise, nicht einzelne Haufen, sondern in breiter Stirnseite, auf der ganzen Reihe, Völkerschaft an Völkerschaft, nebeneinander und hintereinander: die Gründe, die *zuerst* nur bei *einzelnen* Völkern die Wanderung veranlaßt: Übervölkerung als Folge des seßhaft gewordenen Ackerbaues und folgeweise Mangel an Land und Nahrung, haben *nun* bei der *Gesamtheit* gleichmäßig zu wirken angefangen und mehr eine zusammenhängende *Ausbreitung* aller, denn eine durchstoßende Wanderung einzelner herbeigeführt.

Diese Auffassung und Erklärung der germanischen Bewegungen gegen Westen und Süden wurde oben begründet.[1]

Überall finden wir diese zum Staunen, bald zum geheimen Grauen der Römer[2], nach den furchtbarsten Verlusten durch die römischen Siege, Verpflanzungen, Söldner- und Grenzerbezüge und durch innere Kriege, immer aufs neue aus den germanischen Wäldern heranflutende, unerschöpflich verjüngte, ersetzte, ja ungemessen gesteigerte Volksfülle.

Wie bei dem Zug der Kimbern und Teutonen begegnen auch später außerordentlich hohe Zahlen: Ariovist hat hundertundzwanzigtausend Krieger[3], von denen achtzigtausend in der Schlacht und auf der Flucht fallen: die nicht mächtige Völkerschaft

---

1 Band I, vgl. auch die Einleitung zu *von Wietersheim-Dahn*, Geschichte der Völkerwanderung, Leipzig 1880, und die in genannter Umarbeitung des von Wietersheimschen Werkes überall durchgeführten Beweise über diese Annahme.

2 Siehe die Quellenstellen später.

3 Cäsar I, 31.

ZWEITES KAPITEL · CÄSAR UND DIE GERMANEN 147

der Tenchterer zählt vierhundertunddreißigtausend Köpfe: von Sugambern werden vierzigtausend aufs linke Rheinufer verpflanzt[1] und aus der nicht gauenreichen Völkerschaft der Brukterer sechzigtausend erschlagen.

Aber noch viel erstaunlicher sind, auch nach Abzug römischer Übertreibung, die Zahlenangaben in späterer Zeit: im Quaden- und Markomannen-Krieg[2], bei den Zügen der Goten, der Alemannen.[3]

Wohl mochte daher schon Tacitus wiederholt die große Volksmenge der Germanen hervorheben.[4]

Man sprach zwar auch wohl früher schon in der deutschen Geschichtsschreibung von großer Volkszahl: aber man erkannte nicht die *Über*völkerung: denn man dachte nicht an die *Gründe*[5], aus welchen der Boden, der heutzutage viel mehr Menschen ernährt, damals nicht genügenden Unterhalt bieten konnte: das Nachdrängen anderer Völker drückte doch zunächst nur auf die Östlichsten.

Hier und da mögen zu dem Aufbruch kleinerer Scharen auch innere Wirren, Verfassungskämpfe und Kriege innerhalb einer Völkerschaft Anstoß gegeben haben, wie wir dies von der Auswanderung der *chattischen Bataver* wissen und später von der jener Norweger, die das Einkönigtum König *Harald Harfagrs* nicht ertragen mochten.

Aber der allgemein und regelmäßig und unablässig, wie eine Naturgewalt, wirkende Grund der Bewegung war das Überquellen einer Bevölkerung, die freilich auch lieber reiches, gerodetes Land in der Nachbarschaft mit dem Schwerte gewann, als schlechtes oder doch erst zu rodendes daheim mit dem Pfluge.

Im Anfang freilich mag dies Drängen *einzelner* Auswandererscharen noch mehr einen ähnlichen Charakter gehabt haben wie der Kimbern- und Teutonen-Zug: und die ersten vereinzelten Vorposten, die sich, durch die Kelten hindurch, diese verdrängend oder unterwerfend, oft auch lediglich umgehend, den Weg bis an den Rhein gebrochen, müssen notwendig geraume Zeit gegenüber den zahlreichen hier dicht gedrängt siedelnden Kelten im Nachteil gewesen sein, wenn diese von dem linken Rheinufer aus, ihren rechtsrheinischen Brüdern zur Hilfe und Rache und sich selbst zur vorbeugenden Abwehr, die weitest vorgeschobenen westlichsten Germanen angriffen, denen noch unbesiegte oder eben unterworfene Kelten, keine germanischen Nachtwanderungen, im Rücken standen.

Das ist die Zeit, von der Cäsar (VI, 24) spricht, wenn er sagt, daß „dereinst" die Gallier die Mächtigeren gewesen waren: „sie griffen ihrerseits die Germanen, über den Rhein dringend, an und führten Ansiedler in die fruchtbarsten Teile Germaniens gegen den herkynischen Wald, *ihrer* (gallischen) Übervölkerung und ihrem schmalen Ackerland hierdurch abhelfend" – mag das auch etwa vorübergehend und vereinzelt geschehen sein: – daß umgekehrt ursprünglich alles Land vom rechten Rheinufer bis über Böhmen hinaus von Kelten besetzt war und erst später von den nach Westen vordringenden Germanen erobert wurde – diesen Sachverhalt hat Cäsar von seinen gallischen Gewährsmännern nicht erfahren.

---

1 Sueton, Tiberius K. 9 (bei Eutrop VII, 5 ist wohl nur aus Versehen noch eine Null beigefügt).
2 Unten und v. Wietersheim-Dahn I, S. 118–140.
3 Unten und v. Wietersheim-Dahn I, S. 160f., 471, 521. Bausteine VI, S. 155.
4 Germ. K. 4 in tanto hominum numero; K. 19 in tam numerosa gente.
5 Siehe Dahn, Einleitung zu v. Wietersheim I, S. 8f., Dahn, Die Landnot der Germanen, Leipzig 1889.

148 ZWEITER TEIL · WESTGERMANEN

Wurden ihm doch andererseits viele rein oder doch ganz überwiegend keltische Völkerschaften: so die Belgen (Nervier, Eburonen) mit Unrecht für Germanen ausgegeben: sie „berühmten sich" solcher für tapferer geltender Abstammung: sehr mit Unrecht glaubt man ihnen das heute noch: entscheidend sind die rein keltischen Namen und Einrichtungen der Belgen, während z. B. die wirklich germanischen Vangionen mitten unter Galliern ihren germanischen Namen bewahrt haben.

Auch in das Keltenland, wie in ganz Mittel- und Nordeuropa, wurde die Bildung vom *Süden* her getragen: nicht Römer, *Hellenen* waren es, die sie zu frühest brachten.

Um das Jahr 600 hatten Hellenen aus *Phokea* in Kleinasien nahe der Mündung des Rhodanus die Stadt *Massilia* (Marseille) gegründet. Im Kampf gegen die im Westen des Mittelmeers die spanischen Meere beherrschenden *Karthager* schlossen sich die Massilioten früh an *Rom*: sie verbreiteten ihren Einfluß, ihren Handel auf dem Festlande bis nach Spanien, wo *Emporiae* (Empurias) und *Rhode* (Rosas) mit ihren griechischen Namen Massilia als ihren Ausgangspunkt bezeugen: stärker aber nach Norden und Osten über Gallien in den Handelsplätzen und Burgen von *Antipolis* (Antibes), *Agathe* (Agde), *Nicaea* (Nizza), *Monökus* (Monaco); die Silbermünzen der Massilioten zeigen, daß der Handel dieser Hellenen nicht nur das linke Ufer des Rhône, sondern den Oberlauf des Po, Tessin, Graubünden, Welschtirol und sogar die Schweiz bis Bern beherrschte.

Der Einfluß dieser hellenischen Bildung auf die benachbarten Kelten blieb wohl ein eng begrenzter im Raum und stückhafter und oberflächlicher in der Wirkung: die Kelten nahmen aber doch die griechische Schreibkunst an und die griechische Münzkunst, freilich mit fortschreitender Barbarisierung der hellenischen Stempel.

Auch nach der Ausbreitung der Römer neben den Massilioten in Gallien erfreute sich die Griechenstadt römischer Freundschaft und Begünstigung in der ganzen Zeit bis auf Marius und Cäsar: erst als sie in dem Bürgerkrieg zwischen diesem und Pompejus auf des letzteren Seite trat und nur nach hartnäckiger Gegenwehr von Cäsars Feldherrn bezwungen werden konnte, traf sie ein schweres Strafgericht fast bis zur Vernichtung: der größte Teil ihres Gebiets wurde als Staatsgut eingezogen und zur Errichtung dreier römischer Kolonien, *Bäterrae* (Béziers), *Arelate* (Arles) und *Forum Julium* (Fréjus), verwertet. Der Handel der Stadt ging großenteils auf die römischen Kolonien *Narbo* und *Arelate* über.

Aber noch in der letzten römischen Zeit hieß die massilische Küste „Griechenland" und die massilische Bucht das „griechische Meer".

Für die Römer ergab sich das Bedürfnis, in Gallien Fuß zu fassen, seit sie im zweiten punischen Krieg einen Teil von Spanien erobert hatten. Es galt, neben dem von den karthagischen Flotten beherrschten Seeweg einen geschützten *Landweg* für die Legionen aus Oberitalien nach der pyrenäischen Halbinsel zu gewinnen: diesen gewährt nur Südgallien.

Das Bedürfnis der *gracchischen* Partei, weitere Gebiete für Ausführung von Ansiedlern zu erwerben, mag dann noch einen unmittelbar treibenden Anstoß gegeben haben: in fünf Jahren, 125–121 v. Chr., wurde das Gebiet, das bisher nach der bezeichnenden Tracht der Kelten, den Hosen, *Gallia braccata*, „*Hosen-Gallien*" geheißen hatte, zu einer Provinz gemacht, die nach ihrem, durch eine Ansiedlung den Kelten entrissenen Hauptort *Narbo Provincia narbonensis* hieß.

Diese „provincia" – im Gegensatz zu dem freien Gallien, wo man das Haar lang wallend trug (Gallia comata) – umfaßte außer der „*Provence*", in welcher der Name forttönt, noch das *Languedoc*, die *Dauphiné* und einen Teil der *Schweiz*. Ihre Gren-

ZWEITES KAPITEL · CÄSAR UND DIE GERMANEN 149

zen waren im Osten die *Alpen*, im Norden der Oberlauf des *Rhône* von *Lemansee* bis *Vienne*, im Westen die *Cevennen* und der Oberlauf der *Garonne (Garumna)*, im Süden das Mittelmeer, der *sinus gallicus*.

Außer Narbo waren *Genava* (Genf) und *Vienna* (Vienne) die wichtigsten Städte der Provinz. In *Narbo, Tolosa* (Toulouse) und der 123 gegründeten Kolonie *Aquae Sextiae (Aix en Provence)* standen römische Besatzungen. Doch war das Land keineswegs sicher unterworfen: immer neue Erhebungen der Kelten mußten unterdrückt werden.

Dabei schritt aber die Verrömerung des Gebietes und des Volkes rasch vor: in großer Zahl waren Viehzüchter, Bauern und Kaufleute aus Italien eingewandert. „Kein Gallier", schreibt Cicero im Jahre 69, „führt ein Geschäft ohne einen römischen Bürger, jedes Geldstück, das dort umgesetzt wird, wird in den Büchern römischer Bürger gebucht."

Der Wucher dieser römischen Geldhändler trieb wetteifernd mit den Erpressungen der Beamten die Kelten zu wiederholten Empörungen. Auch der Zwang zu der wenig von ihnen geliebten Pflugarbeit erbitterte sie.

An die römische Provinz im Norden grenzte die Gruppe der *Aquitanier* zwischen Garumna (Garonne) im Osten, dem Golf von Biscaya im Nord-, den Pyrenäen im Südwesten.

An die Aquitanier reihten sich die *im engeren Sinne* so genannten *Gallier* (oder Kelten) zwischen der Garonne im Westen, dem Ärmelkanal im Norden, der *Sequana* und *Matrona* (Seine und Marne), auch, im Gebiet der Sequaner und Helvetier, dem *Rhein* im Osten und dem *Rhône* (der römischen Provinz) im Süden.

Auf diese Gallier im engeren Sinne folgten die *Belgen*, von der *Seine* und *Marne* im Westen bis an den *Rhein* im Osten, bis zu der Nordsee im Norden, bis zu den „Galliern", den Sequanern, um *Bisontium* (Besançon) im Süden.

Als Cäsar im Frühjahr 58 in der Narbonensis eintraf, fand er, von dem lässigen Senat in Rom verabsäumt, ganz Gallien, zumal aber die römischen Ansprüche, in schwerer, zwiefacher Bedrohung und Bedrängnis.

An der ganzen Rheinlinie waren germanische Scharen in voller Bewegung gegen Westen: und die (keltischen) *Helvetier* in der Schweiz, vom Bodensee bis an den Genfersee, von eindringenden Germanen immer mehr im Lande beengt, auch vorher schon an Übervölkerung leidend, hatten beschlossen, ihre bisherigen Sitze zu räumen und westlich vom Jura mehr und besseres Land und vielleicht eine herrschende Stellung in Gallien zu gewinnen, wie vor fünfzig Jahren einzelne ihrer Gaue im Anschluß an die Kimbern versucht hatten. Schon im Jahre 61 hatten Schwärme ihres Volkes den Jura überschritten und sogar römisches Gebiet feindlich berührt: nunmehr war die Wanderung der Gesamtheit vollbracht: die *Rauriker* (um Basel und im Süd-Elsaß), die Reste der *Boier* hatten sich ihnen angeschlossen.

Selbstverständlich waren den Auswandernden auf dem Fuße die Germanen gefolgt, die von Osten auf sie drückten.

Aber schon drohten Germanen nicht nur von Südosten her am Genfersee, auch von Nordosten her, von Besançon, gegen Südwesten sich über Gallien auszubreiten.

Nachdem schon viel früher germanische Völkerschaften, die den Rhein an seinem Mittellauf überschritten und bei Worms *(Vangionen)*, Speier (Noviomagus, später Spira, die *Németer*) und Brumat und Straßburg (die *Triboker*) keltische Städte und Ländereien gewonnen hatten, war vor mehreren Jahren ein germanischer Führer, doch wohl *König*[1], *Ariovistus*, von den (keltischen) *Séquanern* zur Hilfe wider ihre alten Feinde, die (ebenfalls keltischen) *Haduer*, über den Rhein gerufen worden (71 v. Chr.): zuerst nur fünfzehntausend Mann Germanen waren diesem Rufe gefolgt: aber nachdem sie das reiche Land und reiche Leben der Gallier kennen gelernt, waren ihrer allmählich immer mehr nachgekommen: unaufhörliche Nachwanderung drohte sich über ganz Gallien zu ergießen.

Mit Recht kann man hiernach behaupten, daß Cäsars Tat, die Zurückweisung der Germanen aus Gallien und die Unterwerfung dieses großen und schönen Landes von dem Rhône bis an den Rhein von entscheidender, weltgeschichtlicher Bedeutung wurde: – wenn man auch nicht sagen kann, „daß ohne sie die sogenannte Völkerwanderung fünf Jahrhunderte früher eingetreten wäre" (Mommsen) – denn zu Cäsars Zeit war die germanische Völkerwoge noch lange nicht mächtig genug, auch von dem etwa eroberten Gallien aus die Alpen und Rom zu bezwingen: die Volkszahl, die Verschmelzung der Gaue zu Völkern, die Erstarkung und Häufigkeit des Königtums mußte hierfür erst gewachsen und vollzogen sein: – wohl aber hat Cäsars Schwert und Geist bewirkt, daß die Kelten nicht germanisiert, sondern *romanisiert* wurden, daß zu der romanischen Zunge und Bildung in Italien und Spanien die in Frankreich trat: ob Gallien germanisch oder römisch werden solle, das stand damals zur Entscheidung.

Rückseite eines Denars des Julius Cäsar. Ein Tropäum von gallischen Waffen: zwei Speere, Schilde, Trompeten, die in Tierköpfe mit offenem Rachen enden; der Helm hat Hörner, man erkennt auch den Torques. Unten steht: CAESAR. Silber. Originalgröße. Berlin, Königl. Münzkabinett.

Cäsar wandte sich zunächst gegen die nächste Gefahr: die Helvetier, die ihre Städte und Dörfer verbrannt hatten, um sie nicht den Germanen zu überlassen und um sich den Wunsch der Rückkehr zu versperren, und nun Mitte April auf verschiedenen Straßen bei *Génava* (Genf) zusammengeströmt waren. Auf dem Wege nach der zur neuen Heimat gewählten Landschaft der *Santonen* (*Saintonge*, das Tal der Charente), wurde der ungeheure schwerfällige Zug von dreihundertundachtundsechzigtausend Köpfen, worunter über neunzigtausend Waffenfähige, von Cäsar in krönendem Abschluß meisterhafter staatskluger Verhandlungen[2] und kriegerischer Bewegungen mit seinen vier alten und zwei neuausgehobenen Legionen, etwa sechsunddreißigtausend Mann (dazu kamen die gallischen Hilfstruppen) bei *Bibrakte* (*Autun*), der Hauptstadt der Häduer, angegriffen und nach heißem Kampfe furchtbar geschlagen: was nicht gefallen oder gefangen war, ergab sich dem Sieger: dieser befahl den Übriggebliebenen – es waren nur hundertundzehntausend noch – in die verlassene Heimstätte zurückzukehren, „auf daß", wie er selbst sagt, „nicht Germanen in jene Nachbargebiete des römischen Galliens einrückten".

Dieser Erfolg überlegener Staatsmannschaft und Feldherrnschaft, aber auch überlegener echt römischer Arglist machte Cäsar zum Schiedsrichter Galliens: sofort wandten sich die immer hadernden, aber nunmehr durch die gemeinsame Furcht vor Ariovist verbundenen keltischen Parteien an ihn mit der Bitte um Hilfe, um Schutz. Sie trugen ihm auf einer Landesversammlung die Ereignisse der letzten Jahre vor.

---

1 Nach anderen nur Herzog (oder gar Gefolgsherr: über 125 000 Gefolgen!): warum soll er nicht schon daheim König eines suebischen Gaues gewesen, jetzt Herzog der in Gallien kämpfenden Germanen geworden sein? Siehe Dahn, Könige I, S. 102.

2 Durch trügerische Verhandlungen hatte er, um Zeit zu gewinnen, die Rhôneübergänge zu sperren und Verstärkungen aus Italien herbeizuführen, die Barbaren hinhaltend getäuscht.

ZWEITES KAPITEL · CÄSAR UND DIE GERMANEN 151

Der römische Senat hatte auch gegenüber der germanischen Gefahr, die Gallien bedrohte, in dieser Zeit lässiger Adelsherrschaft nichts getan. Er hatte die alten Verbündeten der Römer in Mittelgallien, die *Häduer*, in ihrem Streit mit den *Sequanern* (um Besançon) wegen der Zölle am Araris (auf der Saône), ohne Unterstützung gelassen, sogar, als letztere um das Jahr 71 den germanischen Heerführer mit seinen fünfzehntausend Mann über den Rhein zu Hilfe gerufen: mit Gold gedachten diese den Söldnern zu lohnen. Nach wechselndem Kriegsglück in zehnjährigen Kämpfen – die Häduer und ihre Schutzvölker hatten eine große Übermacht an Streitern – schlug Ariovist die Feinde bei *Admagetobriga*[1] endlich im Jahre 61 aufs Haupt und zwang sie zu einem demütigenden Frieden. Vergeblich bemühte sich der Führer der römischen Partei, der Häduer *Divitiacus*, persönlich in Rom die Hilfe der Legionen herbeizurufen: der Senat rührte sich nicht für seine Verbündeten und ging in Verkennung der gefährlichen Bedrohung der römischen Begehrungen in Gallien so weit, vielmehr den Suebenkönig unter den reichsten Ehrengeschenken in die Tafel der Rom befreundeten Könige einzutragen.

Aber nicht wegen dieser römischen Ehrenbenennung, sondern als Haupt der Germanen nennen ihn Cäsar und die Gallier „rex": er war nicht nur ein abenteuernder Gefolgsführer: fünfzehntausend Mann war nie ein Gefolge stark. Festen Sitz hatte er in der Heimat gehabt: nur nach vielem Drängen der Sequaner hat er sich entschlossen, Heimat und Gesippen aufzugeben: er war wohl ein Suebe: zwar wird er nicht ausdrücklich so genannt: aber die eine seiner beiden Frauen war eine Suebin, und „aus seiner Heimat" hatte er sie mitgebracht: die zweite war eine Schwester des norischen Königs *Vokio*; daß er vom Senat „rex" genannt wurde und hierauf Wert legte – den *Römern* und *Galliern* gegenüber – kann nicht beweisen, daß er erst von Rom diesen Titel erhalten habe, ohne wirklicher König zu sein: bei unzweifelhaften Königen wie Philipp von Makedonien wird ganz ebenso Gewicht gelegt auf die vom Senat ausgehende Bezeichnung „rex": steht er doch nicht nur an der Spitze einer Kriegerschar, sondern eines ausgewanderten *Volkes*, das Weiber und Kinder aus der Heimat mitgebracht hat und nun in der Wagenburg birgt. Der Ausgangskern seiner Macht war also wirkliches Königtum über einen suebischen Gau: auf Grund seiner königlichen Geburt, seiner ursprünglich wohl nur engen Königsherrschaft ist er dann durch seine Siege freilich auch Mittelpunkt und Haupt, „Herzog" der übrigen nachgewanderten suebischen Gaue und Völkerschaften, auch der abenteuernden einzelnen Kriegerhaufen geworden, die, verschiedenen Völkern angehörig, sich in Gallien an ihn und seines Namens Glück geschlossen, Kelten und Römern Besitz und Beherrschung des Landes zu bestreiten.

Ariovist rief nun nach seinen kriegerischen und politischen Erfolgen immer neue Scharen über den Rhein und gründete eine Herrschaft, die nicht nur auf Dauer, die auf Ausdehnung wenigstens über ganz Nordgallien gerichtet war: er legte nicht allein den *Häduern* Geiselstellung und Schatzung auf, er nahm den *Sequanern*, die ihn als gedungenen Feldhauptmann für seinen Sieg mit Geld hatten abfinden wollen, den dritten Teil ihres Landes: und ließ sich hier mit seinen Scharen nieder, vielleicht im oberen Elsaß, wo die *Triboker* saßen: ja er forderte noch das zweite Drittel, für die *Haruden*, die, vierundzwanzigtausend Köpfe stark, nachträglich über den Rhein gekommen waren: und so stark strömte nun die Einwanderung nach, daß man die Gesamtzahl der Germanen in Gallien auf dreihundertundzwanzigtausend anschlug.

---

1 Nicht ad MagetobrigMommsen III, S. 233.

Als rücksichtsloser Eroberer trat Ariovist den Kelten gegenüber auf: ganz Nordgallien wenigstens betrachtete er als seine sichere Siegesbeute: die besiegten, völlig entmutigten und immer uneinigen Kelten hielt er, wohl mit gutem Grund, für unfähig, ihm zu widerstehen.

Seine Germanen mußten ihm ebenfalls viel weiter gehende Gewalten einräumen in dem fremden Lande, in der noch unsicheren, gegen Feinde ringsum zu schützenden Stellung der Auswanderer, als einem König in der Heimat in den gewohnten Verhältnissen damals zukamen: er verteilt unter die Völkerschaften, an die Einzelnen das eroberte Land, er handelt als unbeschränkter Vertreter der Seinen gegenüber Kelten und Römern: er allein entscheidet, so scheint es, über Bündnis, Frieden und Krieg.

Drei keltische Goldmünzen,
die in der bayerischen Ebene zwischen Alpen, Rhein, Main und Inn gefunden wurden. Das Gold wurde aus dem Sande der Alpenflüsse gewaschen. Das Volk nennt diese Münzen Regenbogenschüsseln; man glaubte, wo ein Regenbogen den Fuß aufsetze, liege ein solches Schüsselchen. Auch an Südabhängen der Alpen, namentlich bei Vercelli, werden sie gefunden. Strabo sagt (V, 1 Ende): da das Gold auf der Nordeite der Alpen erschöpft sei, hätten die Kelten begonnen, Goldbergwerke bei Iktimuloi in der Gegend von Vercelli zu bearbeiten. Auch Plinius (H.N. XXXIII, 21) kennt noch die „Ictimulorum auri fodinae". Hierdurch ist also auch die Zeit bestimmt. Diese Münzen haben keinerlei Ähnlichkeit mit griechischen oder römischen, sondern stehen mit ihrer Schüsselform und ihren Typen vereinzelt da, sie haben etwas Primitives. Die erste hat eine Art von Dreischenkel und sechs Ringel, von einem Zierat umgeben. Die zweite hat CVR (rückläufig) und ein drachenähnliches Tier. Die dritte einen Vogelkopf und sechs Kugeln, von einem Halsring umgeben. Die mit lateinischen Buchstaben geschriebene Aufschrift beweist, daß die Münzen zu einer Zeit geprägt sind, in der die Kelten mit den Römern in Verbindung waren. Man könnte an Curia, Chur, denken, eine uralte Stadt. Originalgröße. Berlin, Königl. Münzkabinett.

Einige Zeit lang läßt er sich in der Kriegsleitung, dem Vorgeben nach, von den Aussprüchen „weiser Frauen" bestimmen; aber vielleicht war das nur ein Mittel gegenüber seinen schwer vom blinden Losschlagen abzuhaltenden Scharen, seinen klügeren Willen durchzusetzen: denn zuletzt, durch einige Erfolge umgestimmt, verwirft er die Warnung seiner weisen Walas und schlägt vor Neumond die Entscheidungsschlacht.

Recht kläglich erbitten auf jenem Landtag die Fürsten der Kelten die Hilfe der Römer gegen die zornmutigen, tollkühnen Barbaren: versage Cäsar seinen Schutz, so bleibe allen Galliern nichts übrig, als dem Beispiel der Helvetier zu folgen, das Land preiszugeben und in der Ferne, weit von den schrecklichen Germanen, eine neue Heimat zu suchen.

Der so Bestürmte ließ sich gern herbei, seinen eigensten Willen als eine Wohltat für die Gallier ins Werk zu setzen: längst hatte er die Eroberung ganz Galliens beschlossen: Helvetier und Germanen sollten nicht Fuß fassen in dem wunderschönen reichen Lande zwischen Rhein und Pyrenäen.

ZWEITES KAPITEL · CÄSAR UND DIE GERMANEN   153

Cäsar hat im Gegensatz zu der schlaffen Abwehr der römischen Senatsregierung den echt römischen und echt cäsarischen Gedanken zuerst verwirklicht, dessen großartige Fortführung durch seine Nachfolger bis auf Claudius, ja Trajan das Römerreich gesichert zugleich und erweitert hat: daß nämlich gegen die Barbaren des Westens, Kelten und Germanen, die einzige Deckung für Rom *in zuvorkommendem Angriff lag*: er zuerst hat die römischen Adler über den Rhein und über den Kanal in die Sümpfe Germaniens und in die Wälder Britanniens getragen und den erschrockenen Barbaren gezeigt, daß es keine Zuflucht, keine Rettung gebe vor Rom als die Unterwerfung.

Weissagerisch hat er es geahnt und klar ausgesprochen, daß eine Gefahr für Rom bestehe, diese Germanen möchten zuletzt über die Alpen nach Italien dringen, wenn man nicht beizeiten ihren Ungestüm ein für allemal bändige.

Vor allem mußte dieser Suebenkönig niedergelegt werden, dessen Anmaßung und Gedankenkühnheit dem Römer nicht mehr zu ertragen schien.

Cäsar schritt zum Schutz der Häduer, der „Brüder und Verwandten des Römervolkes", ein: er forderte zunächst den Barbaren auf, „nach der bei schutzhörigen Fürsten hergebrachten Übung"[1] persönlich vor ihm zur Verhandlung wichtiger Staatsfragen zu erscheinen. Aber der Germanenkönig antwortete in der Sprache einer vollkommen ebenbürtigen und ihre Selbständigkeit schroff und rücksichtslos äußernden Macht, wie sie den Römern gegenüber seit sehr langer Zeit nicht war geführt worden: er weigerte sich, zu kommen: er wolle nichts von Cäsar: wolle dieser etwas von ihm, so möge dieser zu ihm kommen. Übrigens wundere er sich, was in *seinem* Gallien, das er im Kriege gewonnen, Cäsar oder das Römervolk überhaupt zu tun hätten. Als darauf Cäsar schriftlich forderte, er solle keine Germanen mehr über den Rhein kommen lassen, den Häduern die gestellten Geiseln zurückgeben und nichts mehr zuleide tun, erwiderte der Germane in sehr richtiger Schlußbündigkeit: er habe an Nordgallien genau dasselbe Recht, wie die Römer an Südgallien: das Recht der Eroberung: und wie er den Römern nicht wehre, *ihre* Besitzungen zu besteuern, so hätten sie nichts einzureden in die Besteuerung *seiner* Unterworfenen. Er werde den Häduern nichts zuleide tun, solange diese die vertragsmäßigen Schatzungen entrichteten. Anderenfalls aber werde ihnen der Name: „Brüder des Römervolkes" nichts nützen. Noch kein Feind habe ihn angegriffen, ohne sich zu verderben: Cäsar möge nur kommen, wenn er kämpfen wolle: er werde verspüren die Kraft der nie besiegten Germanen, die seit vierzehn Jahren kein Haus kannten, als das Kriegszelt.

Da zugleich die *Häduer* klagten, daß die *Haruden* bereits in ihrem Lande heerten, und die *Tréverer* meldeten, am rechten Rheinufer lagerten Scharen aus den hundert Gauen der Sueben unter Führung der Brüder *Nasua* und *Kimber* und schickten sich an, den Strom zu überschreiten, beschloß Cäsar sofort, Ariovist anzugreifen, bevor dieser die neuen Verstärkungen an sich gezogen (58).

In Eilmärschen, bei Nacht wie bei Tag, trieb er seine Legionen vorwärts und es gelang seiner Raschheit, Ariovist zuvorzukommen in Besetzung der wichtigen Hauptstadt der Sequaner *Vesonito* am *Dubis* (Besançon am Doubs). – Aber hier ergriff bei den Schilderungen der Gallier von der Fruchtbarkeit der Germanen, ihrer unglaublichen Körpergröße und Stärke und Waffengewandtheit – schon ihrer Augen leuchtender Glanz sei nicht auszuhalten im Kampfe – das ganze Heer Cäsars, voran

---

1 Mommsen III, S. 241.

154 ZWEITER TEIL · WESTGERMANEN

die wenig kriegerischen Kriegstribunen und Reiterpräfekten, die als Liebhaber, als
Parteigenossen aus der Hauptstadt, dem Freunde gefolgt waren, nach deren Beispiel
von Davongehen, von Tränen und Jammern aber auch die lagervertrauten Centurionen und Legionare beispiellose Verzagtheit. In allen Zelten machten die Leute – fast
das ganze Heer – ihre Testamente. Das arge Sinken römischer Kriegs- und Sitten-
zucht, das die letzten Jahre überall aufwiesen, drohte auch in Cäsars Heer sich so
schlimm vorgeschritten zu zeigen, daß bei dem Befehl zum Aufbruch gegen den
Feind offene Meuterei zu besorgen war.

Der Feldherr flößte durch eine geistüberlegene Rede – er drohte, die Germanen
mit der zehnten Legion allein anzugreifen, falls die übrigen versagten – den Truppen
den Mut der eigenen Seele ein und riß sie abermals in Eilmärschen sieben Tage mit
sich fort, bis man auf den Feind stieß. Nun schlug Ariovist eine Unterredung vor, die
fruchtlos verlief: nach Cäsars vielleicht nur auf seine Soldaten berechneter Darstellung war ein Anschlag auf seine Person bezweckt gewesen. Der Suebenkönig bekun-
dete bei dieser Zwiesprache seine gute Kenntnis der römischen Dinge und Parteiungen: er sagte Cäsar ins Gesicht: viele vornehme Römer hätten ihm für seine Ermordung goldene Berge verheißen: er stelle aber vielmehr Cäsar der Germanen
Waffenhilfe wider alle Gegner zur Verfügung[1], wenn er ihm in Gallien freie Hand
lasse.

Aber Cäsar wollte Gallien für Rom und Rom für Cäsar.

Im unteren Elsaß, etwa zwischen Cernay und Nieder-Aspach, unweit Mülhausen,
zwei Stunden vom Rhein, waren die beiden Heere aufeinander gestoßen.[2]

Zum Erstaunen geschickt, ganz anders als weiland die Kimbern und Teutonen,
brauchte Ariovist seine Übermacht, indem er am Römerlager überraschend vorbei-
zog und dieses von seinem Rückhalt und seinen Verbindungen und Zufuhren abschnitt. Der angebotenen Schlacht wußte er klug auszuweichen, seinen schlaglusti-
gen Germanen gegenüber sich auf den Ausspruch ihrer weisen Frauen stützend, die
den Kampf vor dem Neumond widerrieten.

Mit Mühe und Gefahr stellte Cäsar seine Verbindungen wieder her, indem er sein
Heer teilte und die Stellung der Germanen durch zwei Legionen umgehen ließ: sofort warf sich Ariovist auf das Lager der kleineren Abteilung: aber wie gegen die
Kimbern und wie später noch unzähligemal leistete die römische Lagerkunst ihre
Schuldigkeit wider den blindwütigen Germanenansturm: der Anprall wurde abgeschlagen: und sogleich befahl Cäsar unter dem frischen Eindruck dieses Sieges den
allgemeinen Angriff.[3]

Auch Ariovist führte nun seine Scharen ins Feld und stellte sie, nach germanischem Brauch, nach Völkerschaften und Geschlechtern gegliedert auf: die *Haruden,
Markomannen, Triboken, Vangionen, Nemeter* und *Gedusier.*[4]

Hinter der Schlachtreihe stand die Wagenburg: wohl nicht bloß, wie Cäsar

---

1 Wie *alle* Germanen von den Kimbern an bis ins VI. Jahrhundert – Land gegen Waffendienst.

2 So Göler, Cäsars gall. Krieg, S. 45, Napoleons Précis, S. 35, Mommsen III, S. 242, siehe aber
auch Schlumberger, Cäsar und Ariovist, Colmar 1877, S. 187, zwischen Petite Fontaine und
Saint Germain. (Die Karte S. 23 bezeichnet die entgegengesetzten Annahmen in verschiedener
Stärke der Striche.)

3 Der Marsch Cäsars begann im Anfang August: denn das Korn war schon reif auf den Feldern:
die Schlacht *vor* Neumond (18. September) wird auf Anfang September verlegt.

4 Und die Sueben, sagt Cäsar I, 51, der nicht wußte, daß dies nur ein Gesamtname und z. B. auch
die Markomannen Sueben waren.

ZWEITES KAPITEL · CÄSAR UND DIE GERMANEN 155

meint, die Flucht abzuschneiden, sondern nach germanischer Kriegssitte, wie schon die Kimbern übten und später die Goten: es war dies die natürliche Deckung für das wandernde Lager mit den Frauen, die mit Händeringen die in den Kampf ziehenden Männer beschworen, sie nicht in römische Sklaverei, d. h. Entehrung fallen zu lassen.

Aber die „Kriegskunst des Rückhalts" entschied auch diese Schlacht wie noch so manche gegen die Barbaren. Cäsar selbst führte den Angriff auf die schwächeren linken Flügel der Germanen und sprengte dessen Einzelteile (phalangas nennt sie der Römer) auseinander: zwar wurde gleichzeitig der linke römische Flügel von der Übermacht heftig zurückgedrängt: aber das dritte Treffen, der Rückhalt, stellte zuerst hier die Schlacht: und nun umfaßten die Römer von beiden Seiten das entblößte Mitteltreffen und den rechten Flügel der Feinde und rollten sie auf – die Legionare sprangen auf die Schilddächer der letzten Knäuel und stießen von oben nach unten die Zusammengedrängten nieder – in wilder Flucht eilten die Barbaren bis an den fünf Meilen[1] entfernten Rhein: nur wenige entkamen schwimmend oder auf Kähnen über den Strom, darunter der König[2]: Seine beiden Frauen und eine Tochter wurden auf der Flucht getötet, die andere Tochter gefangen: Cäsar selbst führt die schonungslose Verfolgung der römischen Reiterei.

„Durch *eine* Schlacht war für Rom die Rheingrenze gewonnen."

Cäsar beließ den in Gallien angesiedelten Triboken, Nemetern und Vangionen ihre Sitze, natürlich unter römischer Hoheit, und überwies ihnen selbst den Schutz des Landes gegen die überrheinischen Germanen: man sieht, jene Völkerschaften waren schon länger, nicht erst durch Ariovist, in diesen Gegenden seßhaft: die erst mit Ariovist gekommenen Haruden, Markomannen und andere Sueben fanden keine Schonung bei dem Sieger.

Der Gegensatz suebischer und nicht suebischer Gruppen, dessen Bedeutung man sehr übertrieben hat, wurde allerdings empfunden; jene Scharen aus den hundert Suebengauen, die bei Trier hatten übersetzen wollen und nun nach Ariovists Niederlage heimzogen, erlitten auf dem Rückweg Verluste durch die (nicht suebischen) Ubier: die roheren[3], noch mehr unsteten Sueben waren als unliebe Nachbarn nur geduldet worden, solange der Suebenkönig noch zu fürchten war.

Mit leichter Mühe gelang es fortan Cäsar, nachdem er die Machtstellung der Germanen in Gallien gebrochen, das versuchte Eindringen neuer Einwanderer über den Rhein abzuwehren.

Die *Usipier* (Usipetes nur keltische Form) und *Tenchterer*, unfähig ihr Gebiet auf dem rechten Rheinufer gegen die Übermacht der heerenden Sueben zu schützen, waren schon im Jahre 50 ausgewandert und rheinabwärts gezogen, hatten den (keltischen) *Menapiern* am Unterrhein ihre Länder auf dem rechten Ufer abgenommen – die Kelten räumten das Ufer der Übermacht – und im Winter 56/55 gelang es ihnen endlich, die Wachsamkeit der Menapier, die ihnen den Übergang auf das linke Ufer bisher verwehrt hatten, durch einen scheinbaren Abzug in ihre alten Sit-

---

1 Nicht fünfzig, wie andere, so auch Napoléon III; Mommsen III, S. 242.

2 Später erwähnt Cäsar seinen Tod in der Heimat, den die Germanen sehr betrauerten, V, 29, was auch wieder besser auf einen König als auf einen Gefolgsherrn paßt.

3 Ein gegen das (auch von den Germanen sonst geachtete) Völkerrecht als Gesandter gefangener Freund Cäsars erzählt nach seiner Befreiung: dreimal sei das (Runen-)Los über ihn geworfen worden, ob er sofort oder erst später lebendig verbrannt werden solle, I, 33, was, wenn nicht erfunden, eine später fast nie mehr bezeugte Barbarei bekunden würde.

ze zu überlisten; sie kehrten nach drei langsamen Tagemärschen plötzlich um, überraschten, in *einer* Nacht denselben Weg mit ihren Reitern zurücklegend, die Menapier, die in ihre rechtsrheinischen Weiler zurückgekehrt waren, vollzogen nun den Übergang auf der Kelten eigenen Fahrzeugen und lebten den Winter über (56/55 v. Chr.) von deren Vorräten und in deren Häusern.[1] Cäsar war entschlossen, eine neue Festsetzung von Germanen in Gallien um so weniger zu dulden, als die Kelten bei ihrem immer wieder aufgenommenen Widerstand gegen die römische Erobe-

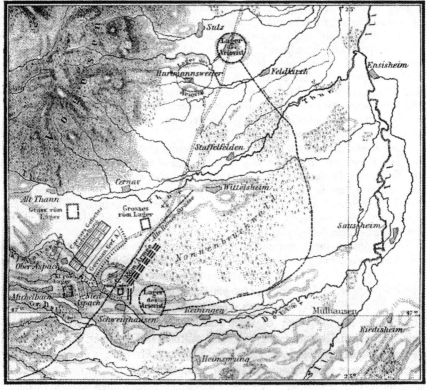

Maßstab von 1:200 000.

Lager. Marschroute u. Gefechts–Aufstellungen sind nach Napoleon III Karte mit starken (---) Strichen, nach von Kampen mit schwachen (---) Strichen gezeichnet.

Situationsplan zu der Schlacht Cäsars mit Ariovist.

rung sich stets durch Söldner, zumal durch ausgezeichnete Reiter, ihrer germanischen Nachbarn verstärkten. Cäsar schlug ihnen gegenüber ein Lager zwischen Nimwegen und Kleve[2]; in einem Verfahren, dessen völkerrechtswidrige Tücke

---

1 Cäsar, b. G. IV, 1–5.
2 Mommsen III, S. 253.

durch des Siegers eigene beschönigende[1] Darstellung hindurch sticht, nahm er die sämtlichen Fürsten und Ältesten der Germanen, die ihn als Gesandte in seinem Lager aufsuchten, gefangen. Und nun überfiel er blitzschnell die führerlosen Barbaren, die fast ohne Widerstand (bei der Mündung der Maas) in den Rhein gejagt wurden. Von den angeblich mit Weibern und Kindern vierhundertunddreißigtausend zählenden Auswanderern blieben fast nur Reiterscharen übrig, die bei der Metzelei fern gewesen waren – diese entkamen über den Rhein: die *Sugambern* an der Lippe gewährten ihnen Aufnahme und weigerten die von Cäsar geforderte Auslieferung mit der trotzigen Antwort: des Römervolkes Grenze sei der Rhein; diesseits des Flusses habe Rom nichts zu sagen.

Diese Erklärung und das Flehen der römisch gesinnten (rechtsrheinischen) Ubier um Hilfe wider die Sueben bestärkte Cäsar nur in dem Entschluß, die Adler über den Rhein zu tragen und den Germanen in ihren heimatlichen Wäldern zu zeigen, daß es für Rom eine Grenze nicht gebe: diese angreifende Verteidigung sollte den Barbaren noch eindringlicher als die bereits geführten furchtbaren Schläge der Abwehr das Überschreiten des Stromes verleiden und die römischen Waffen als unwiderstehlich dartun: auch den Kelten und Cäsars Feinden und Freunden in Rom mußte die Überschreitung des von den Römern noch nie erreichten Flusses gewaltigen Eindruck machen.

Bildnis Julius Cäsars mit dem Lorbeerkranze auf einer Münze. Silber. Originalgröße. Berlin, Königl. Münzkabinett.

Er schlug[2] in zehn Tagen eine Pfahlbrücke über den Rhein und drang in das Gebiet der *Sugambern* ein: er fand es leer: die Germanen hatten sich mit aller Fahrhabe in den Urwald zurückgezogen: Cäsar verbrannte ihre Dörfer und Einzelgehöfte, ließ das Getreide niederbrennen (also war es wohl kurz vor der Ernte), nahm die Unterwerfung einzelner Nachbargaue entgegen und zog aus dem verwüsteten Lande zu den *Ubiern*, ihnen gegen die Sueben (d. h. wohl die *Chatten*) zu helfen: aber diese hatten, so wie sie den Brückenschlag erkundet, in gemeinsamem Ding beschlossen, alle ihre Dörfer („Städte" sagt Cäsar) zu räumen, Weiber und Kinder zurück in die Wälder zu bringen und alle Waffenfähigen an einem in der Mitte ihres Landes gelegenen Ort zu versammeln, dort den Angriff der Römer zu erwarten.

„Diesen Handschuh hob der Römerfeldherr nicht auf:" er glaubte für Ruhm und praktische Zwecke genug erreicht, da er die *Sueben* bestraft, die *Ubier* von ihren Bedrängern befreit und *allen* Germanen Furcht eingeflößt: er ging über den Rhein zurück und brach seine Brücke ab: nur achtzehn Tage hatte er auf dem rechten Ufer zugebracht.

Noch einmal überschritt Cäsar den Strom (im Jahre 53): zunächst, um die *Sueben* (*Chatten*) zu strafen für ihre Unterstützung der empörten *Treverer* durch zu Hilfe geschickte Reiter, dann um einem bitter verfolgten keltischen Häuptling die Zuflucht dort zu verlegen. Er schlug wieder eine Brücke, diesmal etwas weiter strom-

---

1 Er *gibt vor*, er habe in den Verhandlungen der Barbaren nur die Absicht erblickt, Zeit zu gewinnen, bis ihre, Futter zu holen, über die Maas entsandte Reiterei ins Lager zurückgekehrt wäre: auch wurde die tatsächliche Waffenruhe durch einen Angriff auf seine Vorhut gebrochen, wobei diese empfindliche Verluste erlitt, aber eben um dieses Mißverständnis zu entschuldigen, waren die Fürsten der Germanen sofort in das römische Lager geeilt. Das Verfahren Cäsars fand im Senat schweren und gerechten Tadel, Mommsen III, S. 233; seine Auslieferung an die Germanen wurde von Cato beantragt.
2 Wohl zwischen Koblenz und Andernach. Mommsen III, S. 234.

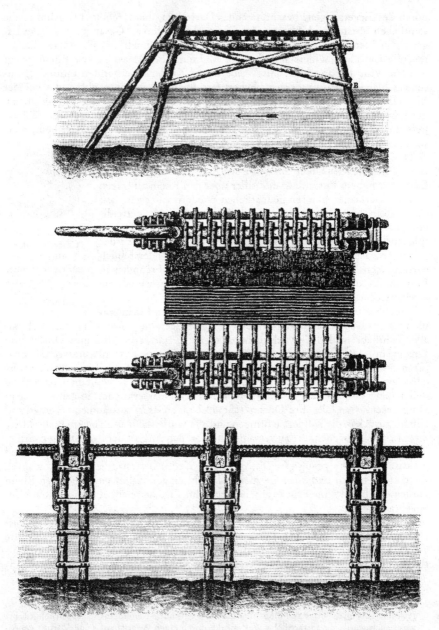

Cäsars Pfahlbrücke über den Rhein. Querdurchschnitt, Ansicht von oben und Längenansicht.[1]

---

[1] Die Art des Brückenbaues war folgende: Zwei an einem Ende zugespitzte Baumstämme von etwa 36 Zentimeter Dicke und einer der Flußtiefe entsprechenden Länge wurden vermittelst Querhölzer in einem Abstand von etwa 47 Zentimeter miteinander verbunden. Durch auf zu-

ZWEITES KAPITEL · CÄSAR UND DIE GERMANEN　　159

aufwärts: von den Ubiern erkundete er, daß die Sueben von allen unter ihrer Bundesgewalt stehenden Völkerschaften den Heerbann an Fußvolk und Reitern aufgeboten und sich abermals an die äußerste Ostmark ihres Landes, den Wald Bakenis, zurückgezogen, an dessen Eingang sie den Römern standzuhalten beschlossen hätten.

Durchaus nicht gelüstete es Cäsar, sie dort aufzusuchen: nachdem er vergeblich versucht hatte, sie durch Nahrungsmangel (die Ubier mußten alle Vorräte in die Städte und in das Römerlager schaffen) zu zwingen, ihre Stellung zu verlassen und ihm entgegenzuziehen, vielmehr selbst Mangel zu leiden begann, beschloß er den Rückzug: doch ließ er, um Furcht vor seiner Wiederkehr zu erhalten, einen Teil der Brükke stehen, errichtete an ihr einen vier Stockwerke hohen Turm, befestigte diesen Brückenkopf stark und hielt ihn (eine Zeit lang) mit zwölf Kohorten besetzt.

Aus ganz ähnlichen Gründen ging Cäsar zweimal (55 und 54) nach *Britannien*, die Inselkelten abzuschrecken, den Festländischen Hilfe zu leisten und Zuflucht zu gewähren.

In acht Jahren hatte Cäsar die Eroberung Galliens von den Pyrenäen bis an den Rhein vollendet: von drei Millionen Kriegern, die gegen ihn gekämpft, war eine gefallen, eine zweite gefangen.

Die Germanen stellten zwar während der verzweifelten Kämpfe der Kelten diesen Söldner: ein starkes Aufgebot von Sueben war im Jahre 53 noch einmal drohend am Rhein erschienen, bereit, den empörten *Treverern* zu helfen, hatte sich aber nach deren Niederlage zerstreut: (und auch Cäsar warb unter den Germanen Söldner, zumal ausgezeichnete den keltischen wie den römischen überlegene Reiter), jedoch einen Versuch, in Gallien ein Fürstentum zu gründen oder neue Heimat zu gewinnen, machten nach Ariovists und der Usipier und Tenchterer Untergang für jetzt kein König und kein Volk mehr der Germanen: Cäsar hat mit Schild und Schwert die Bewegung der Germanen gegen den Rhein so erfolgreich zum Stehen gebracht, daß erst zwei Jahrhunderte später wieder ähnliche Versuche erneuert werden.

Die *Angriffspolitik* aber gegen die Germanen hinterließ der große Cäsar seinen Nachfolgern wie ein Vermächtnis: zunächst die Fürsten seines Hauses führten sie fort: von Westen und von Süden, bald auch von Norden her.

---

sammengekoppelten Schiffen aufgestellte Maschinen wurden sie mit dem Block in den Flußgrund eingerammt, und zwar schräg, nach der Strömung zu geneigt. Ungefähr 9 ½ Meter stromabwärts gegenüber wurde ein gleiches Paar von Pfählen in gleicher Weise, aber um dem Strome zu widerstehen, in entgegengesetzter Richtung geneigt, eingerammt. Die in der Abbildung mit A – B bezeichnete Distanz beträgt etwa 11 ¼ Meter. Diese beiden (Pfahl-)Pfeiler dienten als Träger für einen starken Stamm, dessen Enden zwischen die beiden Pfähle jedes Pfeilerpaares gelegt wurden. Diese letzteren wurden oben durch zwei einander kreuzweise überschneidende Stämme so verbunden, daß ihr Abstand voneinander weder größer noch kleiner werden konnte. Dieser Aufbau bildete *ein* Joch der Brücke, deren so viele errichtet wurden, als die Breite des Rheines erforderte. Die Seite wurde aus Längenbalken hergestellt, die von einem Querbalken zum anderen reichten; darüber wurde in die Quere aufgestapeltes Holz gelegt und dieses mit Flechtwerk bedeckt. Schließlich wurde in schräger Richtung stromabwärts von jedem Pfahljoch ein als Strebepfeiler dienender Baumstamm eingesenkt. Stromaufwärts der Brücke wurden auch Pfähle eingerammt, die bestimmt waren, die Zerstörungswerkzeuge, welche die Feinde gegen die Brücke treiben lassen könnten, aufzuhalten.

Drittes Kapitel

Der römische Angriff bis zum Verzicht auf die Eroberung Germaniens

Als Cäsar Gallien verließ, den Kampf um die Alleinherrschaft aufzunehmen, führte er in seinem Heer außer zahlreichen Galliern auch germanische Söldner mit, deren Tapferkeit er kennengelernt: diese „Kohorten der Germanen" gaben den Ausschlag in der wankenden Entscheidungsschlacht bei Pharsalus: genannt werden (abgesehen von Treverern) Vangionen und Bataver. Schon sein Nachfolger Augustus, dann Caligula und andere Imperatoren liebten es, die in Kraft und Treue erprobten Germanen zu ihren Leibwächtern zu bestellen: August entließ sie nach der Vernichtung des Varus: allmählich traten so viele dieser Barbaren in die römischen Heere, daß man mit gutem Grunde darin eine wachsende Gefahr für das Reich erblickte.

Bei dem viertägigen Triumph Cäsars nach Beendigung des Bürgerkrieges wurde am ersten, Galliens Eroberung feiernden Tag auch ein Schaubild des Rheinstromes mit aufgeführt, „über welchen Rom seitdem öfters triumphiert als gesiegt".

Cäsar führte nach seinem Siege eine neue Ansiedlung nach *Narbo* (46 v. Chr.) und gründete, zum Teil auch in den den Massalioten zur Strafe für ihre hartnäckige Verfechtung der Sache des Pompejus abgenommenen Gebieten die Kolonien *Bäterrä* (Béziers), *Arelate* (Arles), *Forum Julii* (Fréjus) und *Arausio* (Orange). Die neueroberten Landschaften waren vorläufig mit der alten Provincia (Narbonensis) verbunden und mit einer Jahressteuer von ungefähr neun Millionen Mark belastet worden, welche die Gemeinden an die römischen Beamten abzuführen hatten. Die keltische Verfassung der Städte und ihrer Gaugebiete, unter Leitung der Druiden und des Adels, blieben zunächst noch erhalten: doch waren die keltisch gesinnten Adelsgeschlechter in den blutigen Kämpfen (im Jahre 46 wurde noch eine Erhebung der *Bellovaker* (um Beauvais) niedergeworfen) großenteils ausgerottet worden: die römisch gesinnten wurden in jeder Weise begünstigt, zahlreiche römische Siedler, wie wir sahen, eingeführt: das Latein verdrängte als amtliche Sprache das Keltische. Im Jahre 44 gliederte Cäsar Gallien in drei selbständige Militärgebiete: *Narbonensis*, *Belgica* und das *Loirebecken* mit Aquitania.

Nach Cäsars Tod (44 v. Chr.) hatte man zu Rom eine Erhebung Galliens besorgt: aber der Statthalter *Lucius Munatius Plancus* zu *Durocortorum* (Rheims) hielt die Provinzen in Gehorsam. Er gründete (43 v. Chr.) an der Nordbiegung des Rheins in der Nähe von Basel die Kolonie *Raurica*, (später Augusta Rauricorum, Augst) – die Zukunft lehrte die hohe strategische Bedeutung dieser Anlage – bei der Mündung der Saône in den Rhône die Kolonie *Lugdunum* (Lyon) und trat zuletzt von der Partei des Senats zu Antonius über. Im Jahre 40 übernahm durch den Vertrag von Brundusium *Octavianus* wie den ganzen Westen so die Provinz Gallien und sandte dorthin im Jahre 38 Marcus Vipsanius *Agrippa*, er selbst erschien im Jahre 39 in Aquitanien.

Agrippa, dem Beispiele Cäsars folgend, ging, der zweite aller römischen Feldherrn, über den Rhein, den *Sueben* nochmals kräftig entgegenzutreten, die sich an das Ufer drängten, schwächere Völkerschaften zum Weichen in das Innere Deutschlands nötigend und besonders die *Ubier*, die alten Römerfreunde, heimsuchend. Agrippa verpflanzte diese, unter ihrer eifrigen Zustimmung, auf das linke Rheinufer,

DRITTES KAPITEL · DER RÖMISCHE ANGRIFF

zwei Zwecke zugleich verfolgend: einmal, diese Römerfreunde erfolgreicher, als es auf dem jenseitigen Ufer möglich war, zu schützen und andererseits zumal die gallische Seite des Stromes von Koblenz und Andernach bis Neuß (im Ahrtal, zumal zwischen Bonn und Köln) durch sie zu decken: seine Enkelin, Agrippina, ließ später in die neue „Stadt der Ubier" eine römische Ansiedlung abführen und gab ihr den Namen: *„Colonia Agrippina" (Köln).*

Andere Germanen, vermutlich *Chatten,* rückten später in der Ubier verlassene Sitze auf dem rechten Ufer: unter Zustimmung der Römer, aber um den Preis der Unabhängigkeit. Gerade deshalb wohl aber reute die Chatten bald diese Vereinbarung: sie räumten die ihnen angewiesene Landschaft wieder und zogen ostwärts in die alte Heimat und in die alte Freiheit zurück.

Während des Krieges zwischen Antonius und Octavianus hatten gallische Völkerschaften eine Erhebung versucht, zu deren Unterstützung suebische Scharen in großer Menge über den Rhein schwärmten: aber der Feldherr *Gajus Carinus* schlug die *Moriner* und ihre überrheinischen Helfer: so bedeutend war der Erfolg, daß der Sieger neben Octavian zur Ehre des Triumphes zugelassen wurde, in welchem auch der Rhein vermutlich wieder aufgeführt wurde: Augustus schloß hierauf (im Jahre 29) den Janustempel, wie wenn Rom nirgend Krieg zu führen habe; und doch standen auch damals (außer spanischen Stämmen) die Treverer mit germanischen Hilfsscharen in Waffen: sie wurden aber bald überwältigt.

Bildnis des Augustus auf einer Münze. Silber. Originalgröße. Berlin, Königl. Münzkabinett.

Alsbald ging Augustus selbst nach Gallien, das er, wie die übrigen wichtigsten und gefährdetsten Provinzen, dem Senat entzogen und sich zur Verwaltung vorbehalten hatte (nämlich die Narbonensis, die Provinciae Galliarum und beide „Germanien", siehe unten). Der Janustempel wurde geräuschvoll wieder geöffnet: die cäsarischen Eroberungspläne, zunächst gegen Britannien, sollten schon damals durchgeführt werden. Doch gab man diesen Gedanken wieder auf – Gesandte aus der Insel baten um Frieden – und wandte sich in Lugdunum und Narbo zur neuen Einrichtung und Befestigung der noch nicht völlig geordneten römischen Herrschaft in Gallien.

Gallien wurde nun gegliedert in die *Narbonensis,* die aber später dem Senat überwiesen wurde; dann in *Aquitania,* zwischen Narbonensis, Pyrenäen, Ozean und Loire (später dreigeteilt in Aquitanica provincia I. II. III.); ferner *Lugdunensis,* nach der neuen Hauptstadt Lugdunum, das Land zwischen Loire, Seine Somme, Marne und Saône; endlich *Belgica* (Hauptstadt Durocortorum, Rheims), das Land zwischen der Lugdunensis, der Nordsee und dem Kanal, dem Rhein von seiner Mündung bis Schaffhausen mit der ganzen Schweiz bis zum St. Gotthard.

Gallia belgica wurde (später) eingeteilt in Belgica im engeren Sinne (das Land der *Nervier* und *Atrebaten* – hier, um Tongern, zuerst waren die einwandernden Deutschen von den Galliern „Germanen" genannt worden –) und „Germania" – ein stolzer, verheißungsvoller Name, der nicht nur auf die vor und nach Cäsar über den Rhein gewanderten und nun unterworfenen Germanen das Hauptgewicht für die neue Provinz legte, auch die Bezwingung der rechtsrheinischen Germanen vorzuverkünden schien. – Diese Provinz Germania wurde (später) wieder eingeteilt in das erste, obere Germanien (Germania prima, superior), den Alpen näher, am Oberlauf, und Germania secunda, inferior, das zweite, niedere Germanien, am Unterlauf des Rheines, näher dem Meere: die Grenze gegen Osten und Norden bildete der Rhein in seinem ganzen Lauf vom Bodensee bis zu seinen Mündungen.

162 ZWEITER TEIL · WESTGERMANEN

Die Grenze zwischen den beiden Germanien bildete der Lauf der Nahe. Die Hauptvölkerschaften in Germania prima waren die *Vangionen, Triboker, Nemeter* bei Worms, im Elsaß bei Brunat, bei Speier. Zweifelhaft ist, ob die Treverer damals zu Germania superior geschlagen wurden. Später wurden sie zu Belgica prima gezählt.

Germania secunda um Niederrhein und Maas wurde von Belgica durch die Demera und die Schelde geschieden, die auch später die Bistümer Cambrai und Lüttich trennte. Hier wohnten nun die verpflanzten *Ubier* um Köln und die *Tungern* am Aduatuca.

Die drei Gruppen: Aquitanica, Gallia und Belgica bildeten für die Verwaltung, für Steuer- und Zollwesen eine Einheit. Doch schuf August aus den keltischen Gauen, „Pagi", vierundsechzig Steuergebiete und gab jedem einen Vorort: meist beließ er die ohnehin bereits bestehende Hauptstadt in ihrer herrschenden Stellung: die Städte Frankreichs sind zum größten Teil die alten keltischen, zum kleineren römische Ansiedlungen: die heutigen Namen enthalten zum Teil den Namen der Völkerschaft des Pagus, des Steuergebiets, deren Vorort sie waren: so wurde Samarobriva der *Ambianer Amiens*, Lutetia der *Pariser Paris*, Durocortorum der *Remer Rheims*.

Andere aber behielten ihren altkeltischen Stadtnamen: *Burdigala* (Bordeaux), *Salodurum* (Solothurn), *Vitodurum* (Winterthur), *Eburodunum* (Yverdon), *Lousanna* (Lausanne), *Turicum* (Zürich).

Die Hauptstadt für die vierundsechzig Gebiete wurde die römische Kolonie *Lugdunum*: hier, am Zusammenfluß der Saône und des Rhône, wurde auch am 1. August 12 n. Chr. der Altar für die Kaiserverehrung der drei Provinzen geweiht, an welchem Bilder und Namen der vierundsechzig Bezirke prangten: hier tagte eine Art Provinziallandtag von freilich fast ausschließend gottesdienstlicher Bedeutung. Hier war der Sitz des Statthalters der Provincia lugdunensis und des Prokurators, auch für Aquitania, hier der Sitz des obersten Beamten der Post-, Steuer-, Zoll-, Staatsgüter-, Berg- und Münzverwaltung. Damals wurde auch der Bau der vier großen Heerstraßen begonnen, die von Lugdunum aus ganz Gallien durchschnitten (siehe unten). Alsbald wurde diese Hauptstadt Galliens, Narbo weit überholend, die wichtigste Stadt nördlich der Alpen, vor allem der beherrschende Handelsplatz für gallischen, britischen, germanischen Absatz nach Italien und Griechenland sowie aus diesen Mutterlanden der Bildung nach Norden und Westen: „lag es doch an zwei schiffbaren Strömen, am Ende von zwei Alpenstraßen, an vier gallischen Heerstraßen."[1]

Die Verrömerung der Kelten in Gallien – und die Keltisierung und Romanisierung der kleinen germanischen Splitter auf dem linken Rheinufer – machte nun außerordentlich rasche und starke Fortschritte: die stärksten natürlich in der „Provincia", dem ältesten römischen Besitz, in welche schon die Fruchtbarkeit die zahlreichste römische Einwanderung heranzog.[2]

Die Bevölkerung war nicht nur beruhigt, sie war römisch gebildet. Die Herrschaft der Druiden wurde jetzt unter Augustus sehr stark dadurch erschüttert, daß das römische Bürgerrecht an die Lossagung vom Druidenwesen geknüpft, das druidische Menschenopfer verboten wurde; die Unabhängigkeit der armen Freien von dem reichen Adel wurde ersetzt durch die gleichmäßig für arm und reich geltende römische

---

1 Hertzberg, Gesch. d. röm. Kaiserreichs, S. 90.
2 L. Friedländer, Gallien und seine Kultur unter den Römern, D. Rundschau 1878, S. 401.

DRITTES KAPITEL · DER RÖMISCHE ANGRIFF   163

Verwaltung. Das Volk wandte sich der früher vernachlässigten Bodenpflege in Akker, Olivenwald und Weingarten zu, es hatte Sprache und Lebensweise der Römer angenommen: unter vielen Hunderten von Inschriften finden sich in der Narbonensis nur sehr wenige in keltischer Sprache (mit griechischen Buchstaben): das Land wurde gleichsam ein Stück Italiens, dem es an Himmelsstrich und folglich an Bebauung so ähnlich war: lebhaft und rühmlich beteiligten sich gallische Provinzialen an der römischen Literatur: außer den großen Städten *Narbo, Tolosa, Nemausus* (Nîmes), *Arelate* (Arles), deren Volkszahl und Reichtum große Amphitheater, Säulenhallen, Wasserleitungen, Bäder, Tempel, Grabmäler noch heute bezeugen, waren zahlreiche andere erblüht: *Vasio* (Vaison), *Vienna* (Vienne), *Avenio* (Avignon), *Arausio* (Orange), *Bäterrä* (Béziers), *Cularo* (Grenoble): auf der Reede von *Forum Julii* (Fréjus) lag nach dem Siege bei Actium ständig ein Geschwader.

Gallien galt bald als so vollständig gesicherter Besitz, daß es ohne kriegerische Besatzung blieb: – schon im Jahre 22 v. Chr. konnte Augustus die Narbonensis aus seiner Verwaltung entlassen und dem Senat überweisen – in den beiden Germanien aber stand das Hauptheer des Reiches, acht Legionen, achtzigtausend Mann: *vor* dem *Angriffskrieg* gegen die Germanen von Amiens bis zur Mosel, zumeist aber am Oberrhein, wo gegen Einbruch der Barbaren Raurica (jetzt *Augusta* Rauricorum), wohl auch *Noviodunum* (Nyon) bedeutend verstärkt und, an einem strategisch zu Deckung des damaligen „limes" gegen die Schweiz sehr wichtigen Punkt, zwischen Aar und Reuß und nahe dem Rhein, *Vindonissa* (Windisch) neu angelegt wurde: dieses starke Bollwerk der römischen Macht, später die wichtige Straße von Pannonien nach Gallien beherrschend und in folgenden Jahrhunderten von immer größerer Bedeutung, diente schon damals zur Deckung des Rheins, zur Bändigung der noch unbezwungenen Räter und Vindeliker: außer der Legio XIII gemina standen hier zahlreiche Hilfsvölker.

Augustus wurde (Herbst 28) mit dem größten Teil der Truppen durch einen Aufstand nach Spanien abgerufen. Seine Entfernung benützten die Sugambrer, wohl damals (?) unter Führung *Melo's*, zu einem Einfall in die römischen Besitzungen: – als Ursache des Streites wird von später Quelle die Ermordung römischer Kaufleute im Sugambrerland angegeben: Sie wurden aber von *Marcus Vinicius* geschlagen: – der Erfolg war so bedeutend, daß Augustus dafür abermals (zum achtenmal) als Imperator ausgerufen wurde: jener Mälo oder Melo, *König* der Sugambrer, floh später schutzflehend zu Augustus, vielleicht vertrieben wegen der Unterwerfung unter Rom. Sein Bruder *Bätorich* und dessen Sohn *Deudorich* werden später noch genannt: letzterer beteiligte sich an der Erhebung unter Armin und wurde gefangen im Triumph des Germanicus aufgeführt.

Während der Reise des Kaisers in den Orient kam es in Gallien zu Kämpfen, in die sich auch die Germanen mischten. Augustus sandte Agrippa zum zweiten Mal in die Provinz, der sie beruhigte, aber schon das Jahr darauf verließ, einen Aufstand in Spanien zu dämpfen; als sein Nachfolger kam des Kaisers älterer Stiefsohn, *Tiberius*, in das Land: ihm folgte das Jahr darauf *Marcus Lollius Paullinus*, an dessen Namen sich die „clades Lolliana" knüpft. Er wird großer Habgier bezichtigt: vielleicht hatte er, um Geld oder Gut zu erpressen, jene Römer in der Sugambrer Gaue geschickt, die von den ergrimmten Germanen, wie früher jene Kaufleute (nach anderen ist dies das gleiche Ereignis), ergriffen und grausam getötet wurden, nach einer späten Quelle durch Kreuzigung: – eine Art der Todesstrafe, die, germanischem Recht fremd, erst den Römern müßte abgesehen worden sein.

Angreifend überschritten nun (*damals* unter Melo?) Sugambrer mit Usipiern und

Denkmäler gallisch-römischer Zivilisation.
1. Sus gallicus, kleines Bronzemonument, Ansicht von beiden Seiten, gefunden zu Cos 2. Der Panther von Penne. 3. Bas-Relief, Wagen mit Viergespann, aus Langres. 3. Mondgott, Skulptur am Dome zu Bayeux. 5.

DRITTES KAPITEL · DER RÖMISCHE ANGRIFF

Bronzestatue der Diana; Lyon. 6. a-e. Römische Totenurnen aus der Normandie. 7. Römische Inschrift zu Vesontio: IOV POENINO Quintus SILVIVS PERENNIS TABELLarius COLONiae SEQVANORum Votum Solvit Libens Merito.

166   ZWEITER TEIL · WESTGERMANEN

Tenchterern den Rhein, heerten in Germania secunda und schlugen die Römer in einem Treffen, das bedeutend gewesen sein muß, da die fünfte Legion, die „Makedonische", den Adler verlor. Gegen die Sieger ausgesandte Reiterei wurde aus einem Hinterhalt überfallen, geworfen, bis in das Lager des Lollius verfolgt und dieser selbst, da er die Flüchtlinge aufnehmen wollte, zum Rückzug gezwungen (16 v. Chr.).

Empfindlicher als der Verlust war die Demütigung der römischen Waffen: Augustus eilte von Rom nach Gallien: er fand das Land in Gärung durch die Erpressungen des Prokurators *Licinius*, und obwohl die Sugambrer sofort bei seinem Anrücken heimgekehrt waren und gegen Geiselstellung Frieden erlangt hatten, weilte der Kaiser doch längere Zeit (drei Jahre) in der Hauptstadt der Provinz, zu Lugdunum, sie zu beruhigen und durch neue Straßen und neue oder doch neuverstärkte Kolonien zu sichern: in der Narbonensis *Carcaso, Ruscino, Vienna, Valentia, Aquae Sextiae.*

Damals vielleicht wurden aber auch *Trier* (Augusta Treverorum) in Gallien, *Speier* (Augusta Nementum) und *Worms* (Augusta Vangionum) in Germanien angelegt, d. h. neu befestigt. Köln erhielt sogar das italische Bürgerrecht: zur Zeit Strabos hatten diese gallischen Städte völlig Sitte, Sprache auch Verfassungsformen der Römer angenommen, und gallischen Provinzialen wurden wichtige römische Staatsämter in ihrer Heimat anvertraut.

Gleichzeitig und im Zusammenhang mit dieser Sicherung der römischen Grenzen am Rhein erfolgte die Ausdehnung derselben über die Alpen: *die Unterwerfung der Alpenstämme.* Die Räubereien der nie bezwungenen Bergstämme auf der ganzen Kette der Alpen waren eine schwere Plage für die Kaufleute, aber auch für die Beamten und Offiziere, die auf diesen Straßen zu reisen hatten: – ja für die Bewohner der Ebenen am Südfuß der Alpen. Zuerst traf der Zorn Roms die wilden *Salasser* im Nordwesten Italiens: sie hatten im Jahre 27 den Kaiser selbst auf seiner Reise nach Gallien angefallen: im Jahre 25 wurden sie, die ganze Völkerschaft, treulos gefangen und durch Verkauf in die Sklaverei – vierundvierzigtausend Köpfe! – vernichtet: in ihrem Gebiet wurde die Kolonie *Augusta Praetoria* (Aosta) zur Beherrschung der Straßen über den Kleinen und Großen Bernhard angelegt.

Es folgte die Unterwerfung der *Noriker*: diese hatten ihre Ostnachbarn, die *Pannonier*[1], die, von Augustus besiegt, sich wieder erhoben, bei einem Raubzug in Istrien unterstützt: diese Herausforderung beschleunigte wohl nur die bereits beschlossene völlige Eroberung Noricums, des Eisenlandes, das schon seit der Zeit der Kimbern von Rom teilweise in ein „Bündnis" gezwungen worden war. Im Jahre 15 v. Chr. wurde von Unterfeldherren Noricum vollends unterworfen: nur die *Ambisonter* (an der Salzach im Pinzgau?) hatten hier Widerstand gewagt. Die neue Provinz, von den Norischen Alpen im Süden bis zur Donau im Norden reichend, wurde im Osten durch den mons cetius (Wiener Wald) von Pannonien, im Südwesten durch den Inn von Rätien, im Nordwesten von Vindelikien geschieden.

Später, vielleicht erst unter Diokletian, wurde die Provinz in *Ufernoricum* und *Binnennoricum* geteilt (Noricum ripense, Noricum mediterraneum): die wichtigsten Städte des Uferlandes waren *Laureacum* (Lorch) und Ovilia, Kolonien Marc Aurels, im Binnenland *Juvavum* (Kolonie Hadrians, Salzburg), *Celeja* (Cilli).

---

1 Von Dalmatien bis an die Donau, östlich an Mösien, westlich (durch den mons cetius geschieden) mit den Norikern grenzend: die Provinz wurde später durch die Mündung der Raab in Pannonia superior westlich und Pannonia inferior östlich von der Flußlinie geteilt.

DRITTES KAPITEL · DER RÖMISCHE ANGRIFF

Im Zusammenhang mit dieser Unterwerfung der Noriker wurden auch deren Nachbarn in den Alpen, die *Räter* und *Vindeliker* (Kelten) bezwungen, die, jene bei Tridentum, diese im anstoßenden Gallien durch Grenzräubereien das römische Gebiet beunruhigten: genannt werden dabei die *Kamunen* (im Val Camonica, am oberen Oglio) und die *Venosten* (im Vintschgau, an der oberen Etsch): bis Como und Verona waren sie vorgedrungen.

Römer und Römerfreunde griffen sie auf dem Wege durch ihr Gebiet an und töteten alle gefangenen Männer und Knaben, sogar die Leibesfrucht, deren männliches Geschlecht durch Zauber erkundet wurde: mußte doch zur Abwehr solcher Einbrüche dauernd ein Legat in Tridentum, ein Prokunsul in Transpadana stehen.

Augustus übertrug seinen beiden Stiefsöhnen als Oberfeldherren die Bezwingung jener Bergvölker: *Drusus* schlug die Räter bei Trient und drang durch die Täler des Etsch, des Eisak, des Inn durch ihr Land: in wiederholten, zahlreichen, heißen, aber kleinen Gefechten und mit Ersteigung und Zertrümmerung der an den Alpen hängenden Felsburgen und Schanzen: *Horaz* feiert die Besiegung der „wilden Genaunen", der „raschen Breonen" (auf dem Brenner und am Inn).

Von der anderen Seite, von Helvetien her, drang *Tiberius* über den Bodensee mit hier erbauten Schiffen: er zerstreute bei der Mainau oder Reichenau die Kähne der Barbaren, schlug dann, östlich vordringend, die *Brigantiner* (um Bregenz) am 1. August d. J. 15, und zog durch Vindelikien seinem Bruder entgegen: auf diesen Märschen lernten die Römer endlich die Donauquellen kennen, von welchen man nur gewußt, daß sie im „Keltenlande" entsprängen. Diese Bergvölker hatten noch bedeutend geringeren Zusammenhalt als die Germanen: sie fochten vereinzelt, jeder Klan für sich, immer nur die Pässe des eigenen Tals, obzwar diese mit wilder Verzweiflung, verteidigend: daher gelang den Römern rasch in vielen kurzen Kämpfen (Sommer 15) mit geringen Verlusten die Eroberung des bei ineinander greifender Verteidigung schwer zu bezwingenden Berglandes.

Da jedoch von der starken und kriegerischen Bevölkerung baldige neue Erhebung zu besorgen war, ergriffen die Römer eine großartig gewaltsame Maßregel, deren grausam sichere Wirkung sie schon oft erprobt: sie führten fast alle waffenfähigen Männer aus dem Land und reihten sie in die Besatzungen ferner Provinzen ein: nur die kriegsuntüchtigen Männer und die Weiber ließen sie zurück, auf daß das Land den römischen Heeren Verpflegung bieten könne und nicht veröde.

Ein in den Alpen zu Torbia bei Monaco (7 v. Chr.) von Volk und Senat dem Augustus errichteter Siegesbogen gibt die Zahl der unterworfenen Völkerschaften auf sechsundvierzig an; die keltische Häuptling *Cottius*, der durch freiwillige Unterwerfung der Vernichtung zuvorgekommen war, hatte schon zwei Jahre früher (9 v. Chr.) dem Imperator einen anderen Ehrenbogen errichtet zu Segusio (Susa): die Pässe des Mont Genèvre, des Mont Cenis und des Monte Viso wurden durch Cottius den Römern gesichert, im Jahre 14 auch der Weg an der Küste hin nach Gallien durch Bezwingung der *Ligurer* dauernd erschlossen.

Aber es ist leichter, die natürliche Bevölkerung eines Berglandes grausam zu vernichten als ihm eine künstliche zu geben: die Reste der alten Bewohner und die neuzugeführten Siedler erreichten doch in Rätien und Vindelikien bei weitem nie wieder die ursprüngliche Volkszahl.

Die neugewonnene Provinz wurde nach römischer Weise sofort durch Militärstraßenbauten (siehe unten) gesichert: war doch die Sicherung der Alpenübergänge ein Hauptbeweggrund der Eroberung gewesen: sofort wurde der Bau von Straßen begonnen (vollendet allerdings zum Teil erst zwei Menschenalter später, 47 n. Chr.),

168   ZWEITER TEIL · WESTGERMANEN

die an das bereits bestehende oberitalische Straßennetz unmittelbar sich schlossen:
von Como über Chiavenna, Cur, Bregenz, Kempten (Campodunum) nach Augsburg, dann durch das bayerische Alpenvorland an den Inn (Veldidena) und von da
über den Brenner nach Trient und Verona.
    Die alte via Aemilia wurde bis Mailand fortgesetzt. Von der Aemilia ging nun aus
Mutina (Modena) eine Straße nach Norden bis Verona: hier mündete sie in eine
entlang dem Po (Padus) von Mailand über Bergomum, Brixia, Verona, Vicentia nach
Aquileja führende Straße. Von hier wurde später über Siscia, Sirmium, Sardica, Adrianopel nach Byzanz gebaut; andererseits durch Pannonien nach Carnuntum (bei der
Mündung der March in die Donau, bei Haimburg), von wo westlich nach Enns,
östlich nach Ofen (Acincum) fortgebaut wurde. Nach Bezwingung der Alpen wurde
nun von Aquileja auch nordwestlich durch die carnischen Berge nach Veldidena
(Wilten bei Innsbruck) am Inn gebaut. Hier traf der Bau auf die neuangelegte Straße,
die von Verona über Trient und den Brenner ebenfalls nach Innsbruck (Wilten)
führte und später über Partenkirchen (Parthanum) nach Augsburg verlängert wurde.
In der Folge wurde dann Augsburg nordöstlich mit Regensburg (Regina castra),
westlich mit den Neckarkastellen und den Bodenseestädten verbunden, nach welchen auch von Mailand her über den Splügen eine Straße nach Bregenz im Osten,
nach Basel (Augst, augusta Rauricorum) abzweigte. Augsburg (Augusta Vindelicorum) am Lech, zunächst nur als „Forum", Markt, angelegt, entfaltete bald reichen
Handelsverkehr bis weit zu den Germanen des Binnenlandes. Zur Zeit des Tacitus
(100 n. Chr.) kamen sogar die fernen Hermunduren bis in die Lechstadt: Hadrian
gab der Kolonie das Stadtrecht. Aber außer Augsburg, Bregenz, Kempten, Wilten bei
Innsbruck erwuchsen hier keine größeren Städte, wie etwa in Gallien. Das Bergland
galt hierfür doch als zu rauh, zu arm, zu unsicher, zu unwegsam. Römisches Städteleben blühte hier nicht reich empor: die Bevölkerung wurde aber doch völlig verrömert: war dies doch nur bei ihrem weitaus kleineren Teil überhaupt erst noch erforderlich: die meisten Leute waren ohnehin römische Kolonisten: nur wenige Rasenen
und Kelten waren übriggeblieben.
    Die Provinz wurde neu gegliedert in das eigentliche Raetia (später Raetia prima):
von den Alpen: die Täler der Etsch, des Inn und des Rheins mit den Städten und
Kastellen der Brixentes, Curia (Cur), Chiavenna (Kläven), dann Bolsanum (Bozen), Teriolis castrum (Schloß Tirol bei Meran), Veldiden dann Vindelicia (oder Raetia secunda) von den Grenzen der Raetia prima bis an die Donau im Norden, den Inn im
Osten, den Rhein im Westen: die Hauptstadt war „die höchst glänzende Kolonie"
(nach Tacitus) Augsburg (Augusta Vindelicorum). Im Norden ragte Regensburg
(Regina castra), im Osten Passau (Batava castra) hervor.
    Es wurde übrigens der größte Teil des Landes südlich der Alpen mit Italien vereint, d. h. einzelnen italischen Stadtgemeinden (so Como und Trient) zugeteilt, z. B.
ein gutes Stück des Laufes der Etsch und des Eisak: man zieht die Südgrenze der
Provinz Raetia (prima) bei Meran und Clausen. Nicht römische Bürger und vornehme Feldherren wurden (aus Mißtrauen vielleicht) in diese selbständigen entlegenen
Städte geschickt, sondern regelmäßig Hilfstruppen aus barbarischen Provinzen mit
Befehlshabern aus dem Ritterstande. Die Cottischen (nach jenem Cottius benannten) und die Seealpen wurden Präfekturen. Die Grenze lief damals also nicht über
den Kamm der Alpen: Stücke der Provinz Rätien lagen südlich, Stücke von Italien
nördlich der Paßhöhen; erst Diokletian machte die geographische auch zur politischen Grenze. Für Noricum wurde in Celleja (Cilli) ein Prokurator eingesetzt: die
reichen lang begehrten Eisenbergwerke wurden nun für den kaiserlichen Fiskus aus-

DRITTES KAPITEL · DER RÖMISCHE ANGRIFF 169

gebeutet. Claudius (eine Donauflotte begegnet erst unter ihm) gestaltete das Land völlig als Provinz, gab zahlreichen Städten Bürgerrecht (außer Celleja: z. B. Virunum (Maria Sal) im Zollfeld und Juvavum (Salzburg): Die Provinz erstreckte sich *damals* östlich bis Carnuntum (bei Petronell): das von Aquileja ausgeworfene Straßennetz bezweckte neben der Sicherung von Noricum die völlige Unterwerfung von Pannonien, dessen illyrische und keltische Bevölkerung, in richtiger Ahnung des ihr nach Unterwerfung der Alpen drohenden Schicksals, sich im Jahre 14–13 erhoben hatte. Die Erfolge wurden zu Rom mit glänzenden Festen gefeiert – *Quinctilius Varus* hatte sie für diesen Fall den Göttern gelobt – *Horaz* und *Properz* priesen die Bezwingung der Alpenvölker und der „trotzigen Sugambern".

Augustus hatte Drusus in Gallien zurückgelassen, der den Groll der Gallier über neue Schatzung durch Leutseligkeit zu dämpfen suchte und die „Ritter", bisher die Hauptführer des Widerstandes gegen Rom, an dem keltischen Nationalfehler der Eitelkeit zu fassen und herüber zu ziehen verstand. Ein neuer Plünderzug der Sugambern mit den Usipiern und Tenchterern nach Gallien (12 v. Chr.) gab wohl nur den nächsten Anlaß, mit dem vielleicht *längst beschlossenen Plan der Unterwerfung Germaniens* zu beginnen. Denn allerdings hatten die Rheingrenzen seit der ersten Berührung mit den Germanen nie auf die Dauer völlige Ruhe genossen: – es konnte nicht anders sein, nach unserer Auffassung, die nicht aus bloßem Mutwillen eine Bewegung erklärt, die diese trotz der furchtbarsten Verluste an und über den Rhein getrieben hat. Insofern schildert Strabo den Verlauf der Dinge bis auf seine Tage richtig, nur daß er willkürlich die vereinzelte Erhebung jenes Sugambernführers Melo zum Anfangstermin macht: „von da ab folgten, den Krieg aufnehmend, immer andere in anderen Landschaften nach, eine Machtstellung gewinnend und wieder gestürzt, immer wieder von Rom abfallend, die Verträge brechend, die gestellten Geiseln preisgebend". – Wegen jener Naturnotwendigkeit, welche die Germanen immer wieder gegen die Rheingrenze trieb, war es freilich richtig, wenn Strabo die beste Staatskunst gegen sie das Mißtrauen nennt: „denn diejenigen, welchen man Vertrauen schenkte, wie die Cherusker und deren Untergebene, haben uns den größten Schaden zugefügt."

In der Tat schien die Würde und die Ruhe Roms gleichmäßig zu erheischen, das eroberte Gallien ebenso vor Angriffen, wie die Klugheit es vor Unterstützung durch die Germanen bei Empörungen zu behüten: schon die sichere Behauptung Galliens erforderte, daß diese unaufhörlichen Eingriffe unbezwungener Feinde Roms in die römische Provinz aufhörten: und dies war, wie die Erfahrung seit Ariovist gezeigt, nur möglich, wenn vom Rhein weit in das innere Germanien hinein kein unbezwungener Feind geduldet wurde.

Es war also nicht bloße Willkür oder maßlose Eroberungsgier, was die Römer bewog, nach Eroberung Galliens auch Germanien zu unterwerfen: vielmehr mußte man, sollte Gallien behauptet werden, gegen die im Vordringen kaum zu hemmenden Germanen eine bessere Grenze gewinnen, als der Rhein gewährte, der sich als ungenügende Deckung erwiesen hatte: allerdings wurde diese Staatskunst der Deckung durch Eroberung für Rom verhängnisvoll: um Spanien zu behaupten, hatte man Gallien unterworfen: um Gallien zu behaupten, sollte Germanien bezwungen werden: Pannonien mußte unterworfen werden, sollte Noricum und die obere Donau als sicher gelten: – da war ein Ende nicht anzusehen, bis der ganze „Erdkreis" römisch geworden wäre. Wir werden am Schluß unserer Darstellung hierauf zurückschauen.

Mochte die Unterwerfung der Alpenvölker zunächst auch vielleicht nur beschlossen worden sein, die Zugänge zu Italien im Norden und Osten zu gewinnen, den

170 ZWEITER TEIL · WESTGERMANEN

Räubereien der barbarischen, d. h. pannonischen, illyrischen, keltisch-tuskischen Nachbarn von Pannonien bis Oberitalien ein Ende machen und die Pforten des römischen Hauses selbst beliebig öffnen und schließen zu können, mochte die Verwertung der neugewonnenen Donaulinie *nicht* – wie andere annehmen – *von Anfang* zum Zweck des Angriffs auf die Germanen vorgeschwebt haben – *sowie sie erreicht war*, wurde sie alsbald zu jenem Ziel benutzt. Und der Plan, die Germanen von zwei Seiten, vom Westen (vom Rhein), und von Süden (von der Donau her) zu umschließen, wurde von Drusus in großartiger Kühnheit dahin erweitert, auch von der durch das Meer scheinbar völlig geschirmten und vor den römischen Waffen durch die Entfernung, durch undurchdringbare Wälder und Sümpfe am meisten gesicherten Seite: auch vom Norden her, durch die römischen Kriegsflotten zu umfassen.

Hatte doch der große Cäsar geplant, nach der Unterwerfung der Parther in Asien, wie alle Nordbarbaren auch die Germanen vom Rücken, vom Schwarzen Meere her, die großen Ströme – auf den Wegen, welche sie einst aus Asien eingeschlagen – aufwärts ziehend, zu fassen und die völlig umschlossenen zu unterwerfen.[1]

Der alte Cäsarische Gedanke – die römischen Besitzungen im Westen und Osten zu verknüpfen durch Hinzufügung der bisher noch vom Rhein bis an das Schwarze Meer klaffenden Lücke – wurde nun wieder aufgenommen. Nach Bezwingung der Alpenvölker schien dies leichter in der Richtung von Südwest nach Nordost durchführbar als, wie Cäsar geplant haben soll, von Ost nach West. Dabei ist allerdings möglich, ja wahrscheinlich, daß die ersten Unternehmungen in dem fast unbekannten Lande nur den Zweck hatten, durch gewaltsame Rekognoszierungen zunächst festzustellen, wo etwa die „wissenschaftliche" d. h. die topographisch, strategisch, politisch richtige, notwendige Grenze zu ziehen sei: alsbald scheint man aber keine geringere Ausdehnung der römischen Eroberung als bis zur Elbe für in jenem Sinn notwendig erachtet zu haben: ob dabei Böhmen gleich von Anfang oder erst nach der drohenden Machterhebung Marobods ins Auge gefaßt wurde, ist nicht zu entscheiden: jedenfalls wäre nach dauernder Gewinnung der Elblinie vom Rhein her alsbald auch vom Südosten, von der Donau her, das zwischen Elbe und Donau liegende Gebiet angegriffen worden, wie ja gegen Marobod eine solche Bewegung von beiden Seiten schon in der Ausführung begriffen war.

Vor und gleichzeitig dem Angriff auf die Germanen vom Rhein her (12–9 v. Chr.) wurden durch Tiberius Erhebungen in Pannonien und Dalmatien niedergeworfen, Einfälle der Daken über die Donau abgewehrt und dieser Strom von der Mündung bis gegen seine Quellen hin als Grenzstrom des Reiches gedeckt: die kriegerische Beherrschung, die Gerichtshoheit, die Verwaltung und die Besteuerung (nebst Zollerhebung) wurden in dem Lande auf dem rechten Donauufer fest – und für vier Jahrhunderte! – eingerichtet: zu *Siscia* treten nun *Sirmium* (Mitrowitza), *Emona* (Laibach), jetzt Kolonie und, alsbald mit Aquileja durch eine Legionenstraße verbunden, *Poetovio* (Pettau) als wichtigste Zwingburgen. Diese Erwerbungen und Einrichtungen bezweckten vor allem die Deckung Italiens an seiner Nordostgrenze: zugleich boten sie eine wichtige Grundlage für den letzten Angriff auf Germanien auch von Osten her, dem römischen Einfall vom Rhein her entgegenzukommen.

---

1 Cäsar hatte hierfür einen Grund, der allerdings abermals „Verteidigung durch Eroberung" war: zu seiner Zeit hatte ein Häuptling der *Daken* (die westlichsten Geten, zur thrakischen Gruppe gehörig), *Burvista*, ein gewaltiges Reich zwischen der unteren Donau, der Theiß und dem Dniestr errichtet, das alle Nachbarn bedrohte: nach seiner Ermordung (45 v. Chr.) war das Reich und zunächst die Gefahr freilich wieder zerfallen.

DRITTES KAPITEL · DER RÖMISCHE ANGRIFF

Aber schon bei den ersten Unternehmungen gegen die Germanen wurde, nach alter, siegbewährter Römerfeldherrnschaft, der zangengleiche Angriff von allen damals bereits zugänglichen Seiten und die gleichzeitige Verwendung aller Angriffsmittel geplant: während zu Lande von Rhein (und später wohl auch Donau)[1] her die Legionen von Westen (und später wohl auch von Süd) einzogen, sollte die Kriegsflotte von der Nordsee aus in die deutschen Ströme möglichst weit aufwärts dringen, um durch plötzlich mitten im Norden gelandete Truppen auch auf der dritten Seite das Netz um die Barbaren zu schlagen. Um dies zu ermöglichen, mußte aber zunächst der westlichste (von den Römern auf seiner linke Seite fast bis zur Mündung

Kampfszene an der Siegessäule Kaiser Marc Aurels (Colonna Antonina in Rom).[2]
Vielfach sind in den römischen Skulpturen, sowohl der Trajanssäule wie der Marc Aurels, die kämpfenden Germanen mit nacktem Oberkörper dargestellt (niemals in der barbarischen Umhüllung und dem drohenden Kopfschmuck von Fellen und Schädeln wilder Tiere). In dem hier abgebildeten Relief kämpfen Germanen mit Schild und Speer gegen römische Bogenschützen von den germanischen Auriliaren.

beherrschte) Stromarm des Rheins zur sicheren und bequemen Stütze der Bewegungen umgeschaffen werden.

Zunächst sollten die Völker Norddeutschlands unterworfen werden, wo wenigstens Berge und Bergwälder nicht die Verteidigung unterstützten und wo die Flotte in die Ströme einlaufen konnte: war das Land nördlich vom Main bezwungen, so

---

1 Im Jahre 11 v. Chr. ließ sich Augustus vom Senat die Provinz Illyricum (Dalmatien) in *seine* Verwaltung abtreten, wohl auch um über diese ohnehin gefährdete Provinz als Ausgang zur Unterwerfung des Nordens zu verfügen.

2 Nach dem Vorbilde der dem Kaiser Trajan für die Niederwerfung der Daken errichteten Ehrensäule sind an der dem Kaiser Marc Aurel nach Beendigung des Markomannenkrieges (176) gesetzten Siegessäule in einer langen Spirale von Reliefs viele Szenen aus diesem großen Germanenkriege dargestellt. Sie veranschaulichen nicht nur die römische Kriegsführung und germanische Kampfweise, sondern auch mancherlei Eigentümlichkeiten, Sitten und Gebräuche der Germanen und ihres Lebens. Die hauptsächlichsten dieser Darstellungen sind in diesem Band abgebildet: und zwar nicht nur in unmittelbarem Anschluß an den Markomannenkrieg, sondern auch zu anderen sachliche Beziehung darbietenden Punkten der Schilderung. Denn wie im letzten Drittel des zweiten Jahrhunderts, genau ebenso waren diese Decennien vorher und auch nachher noch die von dieser in Marmor gemeißelten bildlichen Kriegschronik dargestellten Verhältnisse.

waren die Germanen zwischen Main und Donau, aus nächster Nähe von Norden, Westen und Süden angegriffen, zu dauerndem Widerstand nicht fähig.

Der Plan des Drusus hätte, durchgeführt, den Germanen nur Unterwerfung übrig gelassen: denn der Rückzug nach Osten, auf dem Weg ihrer Einwanderung, war den (späteren) Deutschen durch die undurchdringbaren Massen der Ostgermanen, der Goten, und diesen ein Zurückwandern durch die dicht an ihre Fersen spülenden Völkerwogen der Slawen abgesperrt.

Und wahrlich, wenig fehlte an der Durchführung dieser echt Cäsarischen Gedanken.

Relief von der Ehrensäule des Kaisers Trajan in Rom.
Ein unter den Römern gegen die Daken kämpfender Germane: er tötet seine Gegner mit Keulenschlägen, sein Oberkörper bis zum Gürtel ist nackt, nur eine Hose und ein um die Hüften geknüpfter Mantel bekleidet ihn; ein Schwert und ein ovaler Schild vollenden seine Bewaffnung.

Quer durch Deutschland, vom Rhein bis an und über die Weser, ja bis an und zweimal sogar über die Elbe drangen die römischen Legionen und gaben sich an diesem Strom Stelldichein mit den römischen Kriegsschiffen, die, vermittelst eines großartigen von Drusus entworfenen Kanalsystems, die Gefahren der Nordsee und ihrer Küsten zum Teil vermeidend, die meeranwohnenden Völker in Unterwerfung geschreckt hatten.

Nicht Meer noch Wald noch Sumpf noch immer erneutes todesmutiges Kämpfen für die Freiheit schien vor dem überall hinreichenden Arme der Weltmacht schützen zu können.

Und doch: nach dreißig Jahren gaben die Kaiser die Unterwerfung Germaniens (d. h. der Germania magna, barbara) auf: ganz ausgesprochenermaßen, nicht verhüllt, indem sie die Legionen zurücknahmen aus jenen Stellungen, in welchen sie wenigstens Sommerlager regelmäßig behauptet hatten – die Germanen erkannten, nach der Römer (Tacitus) eigenem Zeugnis, diesen Entschluß: die Ursachen des Scheiterns werden wir später erfahren.

Die Römer waren, vermöge ihrer überlegenen Bildung, zumal vermöge der einheitlichen planvollen Leitung der Staatskunst und der unvergleichlich höheren Kriegskunst und Bewaffnung, unter Drusus und Germanicus wiederholt dem Ziel der Unterwerfung des Landes bis an die Elbe sehr nah.

Denn der Kampf der halb nackten (siehe Abbildungen), nur im Kriege vorübergehend verbundenen, selbst im Krieg aber einheitlicher Leitung widerstrebenden Germanen gegen die Legionen, Feldherrn und Staatsmänner Roms war so ungleich, wie etwa der Widerstand der Beduinen gegen die Franzosen oder der Tscherkessen des Kaukasus gegen die Russen.

Statt durch die (aufgegebene) Eroberung von ganz Germanien suchte man nun die Grenzen zu decken durch feste Behauptung eines Teiles: dazu schuf man den „limes", das heißt ein umwallendes System von Wachttürmen, Kastellen, Schanzen, Militärstraßen und befestigten Städten, das, zunächst eine befestigte Zollgrenze, von Köln und Deutz im Westen bis Kehlheim im Osten reichend, unter Domitian und Trajan begonnen, in der Tat noch zwei Jahrhunderte lang seine Aufgabe erfüllt und,

DRITTES KAPITEL · DER RÖMISCHE ANGRIFF 173

fast den dritten Teil des heute deutschen Gebiets als vorspringenden Festungswall des Imperiums behandelnd, die rückwärts liegenden Provinzen – Gallien und Noricum – gedeckt hat.

Und die Germanen hatten der ungeheuren kriegerischen und staatlichen Bildungsüberlegenheit Roms keinen Schild entgegenzuhalten: als ihr unerreichtes Heldentum und den Urwald ihres Landes.

Es ist irrig, willkürliche Zurechtlegung des Tatsächlichen, anzunehmen, die Germanen seien damals schon durch Erkenntnis der ständigen Gefahr zur Errichtung *ständiger Waffenbündnisse* gegen Rom geführt worden: abgesehen von den von den Römern bereits vorgefundenen Gruppen und Bundesvereinen haben zwar manchmal *vorübergehend* zu gemeinsamer Kriegsführung, zu Angriff oder Verteidigung, sich Völkerschaften und ganze Gruppen vereint: aber nach dem Feldzug oder einer Reihe einzelner Unternehmungen löst sich wieder das locker geschlungene Band[1] und die Verbündeten von gestern sind grimmige Kriegsfeinde von heute.

Nicht im ersten, erst zu Ende des zweiten und zu Anfang des dritten Jahrhunderts sind neue dauernde Gruppen und Verbände entstanden: und auch diese nicht absichtlich, zur Bekämpfung der römischen Gefahr, ersonnen, vielmehr unwillkürlich erwachsen aus den veränderten Bevölkerungs- und Verfassungszuständen im Inneren, obwohl nicht ohne Rücksicht auf die römische Gefahr und das römische Vorbild.

Der Plan, mit welchem Drusus die Unterwerfung Germaniens vorbereitet hat, ist gleich bewundernswürdig um seiner genialen Kühnheit wie um seiner meisterhaften Vorsicht willen.

Hervorragende Häupter des deutschen Generalstabes versichern heute noch, das römische System von Kastellen, Schiffsstationen, Straßen, Warttürmen, Schanzen am Rhein und im Inneren von Deutschland bekunde, auch nach den strengsten Anforderungen vervollkommneter Kriegswissenschaft beurteilt, eine „tadellose Feldherrnschaft": es ist das Werk des Drusus.

Allerdings hatte Augustus selbst schon mehrere Jahre vorher umfassende, großartige Vorbereitungen getroffen, welche freilich ursprünglich zunächst nur die Verteidigung des Rheins und Galliens bezweckt hatten: aber diese Deckungsburgen wurden nun Ausfalltore gegen die Germanen. Seit 16 v. Chr. standen in Belgica nicht weniger als acht Legionen, mit den zugehörigen Hilfsvölkern mehr als hunderttausend Mann: gleich nach der Gewinnung der Donaulinie am Oberlauf des Stromes durch die Eroberung von Rätien wurde auch die Rheinlinie zur Reichsgrenze erhoben in schärferem Sinne als früher: jene Legionen wurden hart an den Strom verlegt und das ganze linke Rheinufer zunächst – bald auch ein Stück des rechten – als Militärgrenzgebiet eingerichtet: unter dem in die Zukunft weisenden Namen *„Germania“*: die „Germania *barbara*" sollte von hier aus hinzu gewonnen werden.

Doch fand Drusus am Rhein als befestigte Punkte nur vor *Mainz*, eine Keltenstadt, *Magontiacum*, die Augustus im Jahre 37 bei der Neugestaltung von Gallien zur Festungsstadt nach römischer Kriegskunst umgeschaffen hatte[2], die nun zwei Legio-

---

1 Nichts anderes auch gilt von den Bündnissen, an deren Spitze zuweilen die Sugambern stehen. Irrig nimmt für sie einen anderen „Bundesgedanken" an *Watterich*, Die Germanen des Rheins, ihr Kampf mit Rom und der Bundesgedanke. (Die Sugambern und die Anfänge der Franken. Leipzig 1872.)

2 Von Mainz aus liefen alsbald Legionenstraßen nach Trier und Köln, über Nimwegen und Utrecht an die See; dann westlich nach Rheims, von da nach Lyon (Lugdunum) und Orleans,

174 ZWEITER TEIL · WESTGERMANEN

nen aufnahm; dann auf dem Vorstenberg bei Xanten, an der Mündung der Lippe in den Rhein: „Altlager, Vetera castra"[1], später, als frühestes Standlager der Römer nach der Clades Lolliana so genannt, gleichfalls von zwei Legionen besetzt; und doch wohl auch schon, sechzig Meilen von Vetera, Köln, das, als es im Jahre 35 die Ubier aufgenommen hatte, unmöglich hatte unbefestigt bleiben können: jetzt lagerten dort zwei Legionen.

Diesen drei Hauptorten gegenüber legte Drusus auf dem rechten Ufer je ein den Übergang deckendes Kastell an, einen Brückenkopf, der sich bei Mainz (Castel) und Köln (Deutz) bis heute erhalten; vielleicht auch schwimmende Brücken von Flößen und Schiffen.

Außer diesen errichtete Drusus noch ein halbes hundert Befestigungen, wobei man aber nicht an völlige Neubauten denken darf, sondern an Verwandlung keltischer Städte oder Flecken in „Kastelle" nach römischem Stil: völlig offen waren auch keltische Städte nie angelegt.

Dahin zählen außer Vindonissa (Windisch): Augst (Augusta Rauricorum), oberhalb Basel, wo die Donaustraße einmündete; Straßburg (Argentoratum), an einer seit unvordenklicher Zeit benutzten Furt des Rheins (hier stand meist eine, die siebente, Legion: die Kräfte der achten waren über die anderen Kastelle verteilt). Dann Bingen (Bingium), an der Mündung der Nahe (Naba) und der Straße vom Hunsrück in das Rheintal; Oberwesel (Vosavia) und Boppard (Baudobrica), an einmündenden Seitentälern; Koblenz (confluentes sc. fluvii), an der Mündung der Mosel (Mosella) in den Rhein, zur Beherrschung der Täler der Mosel und der Lahn (Logana); Andernach (Antenacum), am Ende des Neuwieder Beckens zum Schutz der Eifelstraßen; Sinzig (Sentiacum) und Remagen (Rigomagus), an beiden Seiten der Mündung der Ahr in den Rhein; Bonn (Bonna), mit einem Brückenkopf auf dem rechten Ufer zur Beherrschung des Siegtales; Neuß (Novesium) bei Düsseldorf, zur Sicherung eines weiteren Flußübergangs; Gellep (Gelduba) und Asberg (Asciburgium), als Verbindungsposten gegenüber der Ruhrmündung.

Darauf folgten dann weiter rheinabwärts (außer Xanten unterhalb der Lippemündung) die befestigten Lager von Emmerich, Nimwegen und Arnheim in den Niederlanden.

Im inneren Deutschland wurden ebenfalls, sowie man sich einer Landschaft bemächtigt, sofort Kastelle und Warttürme angelegt, das gewonnene Gebiet festzuhalten und zu erweitern.

So entstanden das Kastell auf dem Taunus bei Homburg, Aliso, die Salburg, an dem oberen Lauf der Lippe, Elsen bei Paderborn oder Liesborn bei Lippstadt, vielleicht auch Kestrich (keltisch Caesariacum?) am Abhang des Vogelsbergs auf der Straße aus der Wetterau nach Hessen.

Paris und Rouen; dann von Straßburg nach Lyon, Bordeaux und der Pyrenäenstraße. – Später, nach der Peutingerschen Tafel und dem Itinerar Antonius, stellt sich die römische Rheinstraße folgendermaßen dar: von Mainz bis Koblenz 38 gallische Leugen (2 Leugen = 3 römische Millien = 88,8 km; die Leuge = 2 220 m, die Millie = 1 480 m, 1 Leuge = 1 ½ Millien), von Koblenz bis Köln 37 Leugen, von Köln bis Vetera 40 Leugen (und zwar: von Köln bis Neuß 16, Neuß bis Asciburgium 12, Asciburgium bis Calone (Strommeurs?) 5, Calone bis Vetera 7), Vetera bis Colonia Trajana 1, Colonia Trajana bis Burginatium (Born?) 5, Burginatium bis Arenacum 6, Arenacum (Cleve? nach anderen: Rindern oder Arnheim oder Ärdt, unter Julian: Quadriburgium oder Qualburg?) bis Noviomagus 10 Leugen.

1 Vergl. v. Veith, Generalmajor z. D., Vetera castra und seine Umgebungen als Stützpunkt der römisch-germanischen Kriege im ersten Jahrhundert vor und nach Christus. Berlin 1881.

DRITTES KAPITEL · DER RÖMISCHE ANGRIFF 175

Die Vorräte, namentlich aber auch die Pferde, wurden zum Teil erst aus Italien nach Gallien[1], dann aus Gallien auf neu angelegten Straßen den rheinischen Kastellen zugeführt. Zunächst aber mußte Drusus sich einen Stützpunkt am Niederrhein sichern, ja schaffen.

Die römische Staatskunst, nunmehr schon Jahrhunderte der Weltbezwingung hindurch geübt, jedes gute und jedes scheußliche Mittel der Politik: der Arglist, der Bestechung, der Verhetzung, bald des feinen, bald auch des plumpsten Treubruchs, der rohesten Gewalttätigkeit mit vollendeter Meisterschaft und Ruchlosigkeit zu brauchen, hatte glänzendes Spiel gegenüber den ohnehin stets untereinander hadernden Gauen des fast zusammenhanglosen Waldvolkes, dessen stets offen zur Schau getragene Leidenschaften des Nachbarnhasses, der Kampfgier, der Raubsucht, ja dessen Tugenden sogar, so die der Treue dem Soldvertrag gegenüber, leicht auszubeuten waren: mit Recht sagte der oberste Meister solcher Künste, Tiberius: sicherer und leichter als durch die Legionen werde Rom die Germanen durch Verwertung ihrer eigenen Zwietracht verderben.

Schon damals gelang es, zum Zweck jener Kanalanlagen, *Bátaver* und *Friesen*[2] durch Drohung oder Soldverträge zur Untätigkeit, ja zur Unterstützung der Römer zu bewegen (die Ubier bei Köln waren ja bereits römische Schutzhörige): ohne diese Annahme, ohne solche Sicherung seiner Rückzugslinie und linken Flanke lassen sich die Vorbereitungen des Drusus, die ungestört getroffen werden konnten, nicht erklären. Darauf, im Frühjahr 12 v. Chr., überschritt Drusus, von Lyon ausziehend, den Rhein im Gebiet der Bataver, verheerte die Gaue der hiernächst wohnenden *Usipier*, dann die der *Tenchterer* und der *Sugambern* jenseits der Lippe (und, nach späten Quellen, die aber vielleicht aus des Livius verlorenen Büchern flossen, streiften seine Vortruppen weiter und brachten Chatten und sogar Markomannen(?) Nachteile bei): vielleicht war gerade dieser versprochene Angriff auf die Chatten der Grund, aus welchem die Bataver, einst in Feindschaft von den rechtsrheinischen geschiedene chattische Gaue, sich auf Seite des Römers hatten verlocken lassen.

Inzwischen war die auf dem Rhein erbaute Flotte vollendet, mit welcher nun Drusus in das Gebiet der *Friesen* hinabfuhr, d. h. von dem rechten Arm des Rheins bis an die Ems und an die Küste der Nordsee.

Gleichzeitig hatte nun Drusus – so sicher war er des nördlichen Landes ringsum – den nach ihm benannten „Kanal" („Fossa Drusi") zwischen dem damals noch sehr bedeutenden Rheinarm einerseits, der Yssel und dem See Flevo, dem Zuydersee und Berkel (Duysburg und Ysselort) andererseits vollendet, um mit der Flotte in schnellerer Fahrt das offene Meer gewinnen zu können. Und daß diese Fahrt noch gesicherter sei, dafür sollten Kastelle an der Einmündung des Kanals in den Zuydersee und an dem Ausfluß in die Nordsee sorgen.

---

1 Aus Italien und Gallien führten in der Kaiserzeit folgende Straßen: 1. die Aurelische: entlang der Küste des Ligurischen Meeres über Centumcellae, Pisa, Luna, Genua nach Marseille und Arles; von da westlich über Narbo nach dem Pyrenäenpaß Juncaria (La Junquera), dann Barcelona usw.; 2. von Aosta (Augusta Praetoria) über den (Großen) Bernhard nach Martigny, Beven, Augst, Straßburg, Speier, Worms nach Mainz; 3. von Aosta über den (Kleinen) Bernhard nach Vienne, Genf, Besançon, Straßburg; 4. über den Mont Genèvre nach Arles.

2 Über die Wohnsitze aller im Verlauf dieser Darstellung nun zu nennenden Völkerschaften s. I, 18–24 und *Dahn* in *von Wietersheim-Dahn*, Völkerwanderung I, erster Exkurs: Die Sitze der germanischen Völkerschaften vor der Wanderung mit der Karte von *Kiepert*.

Man muß eine Mehrzahl, ein ganzes Netzwerk von Arbeiten annehmen: Wälle, Dämme (moles) und „Gräben" (fossae), d. h. Kanäle, die zu einem Ganzen gehörten.[1]

Die Einbrüche der See, durch welche der Zuydersee ein Meerbusen wurde, erfolgten erst im dreizehnten Jahrhundert.

Nur durch Verwendung des ganzes Heeres von mehr als hunderttausend Mann (neben den Staatssklaven), bei diesen Dammarbeiten wie bei Anlegung der Kastelle (z. B. auch bei Kleve, Elten, Born) und Straßen in allen Monaten, da es nicht im Kriege beschäftigt war, erklärt sich die Vollendung all dieser Werke in der kurzen Zeit von 12–9 v. Chr.: vielleicht waren auch die umwohnenden Germanen bewo-

---

[1] Vgl. die zum Teil abweichenden Ansichten über die Drususgräben bei v. *Veith* O. S. 2 und *Dederich*, Geschichte der Römer und Deutschen am Niederrhein S. 87.

Relief an der Siegessäule des Kaisers Marc Aurel in Rom.

Darstellung eines Bündnisschlusses zwischen dem König der Markomannen (oder Quaden) und einem anderen germanischen Fürsten. An einem Flusse, vielleicht der gegenseitigen Grenze, sind die Fürsten mit ihrem Gefolge zusammengekommen und vor dem Zelt in der Mitte hervorragender Volksgenossen leisten sie nun den Treueschwur einander in die Hände. Auf dem Flusse liegen drei Kähne, bereit, das noch auf dem jenseitigen Ufer befindliche Gefolge überzusetzen. Die Pferde unterscheiden sich in ihrer Aufzäumung wesentlich von den römischen: sie haben weder den bei letzteren üblichen Stirn- und Brustschmuck, noch eine Schabracke, sondern sind nur höchst einfach gesattelt.

gen worden, ihre Knechte zur Mitarbeit zur Verfügung zu stellen: *freie* Friesen und Bataver schaufelten doch schwerlich mit. Daher konnte nun Drusus aus dem Gebiet der Bataver in das offene Meer segeln: er fuhr an der Küste hin, zwischen den heutigen Inseln Vlieland und Ter Schelling, landete auf mehreren der Inseln, die sich von Westen nach Osten hinziehen, und besetzte unter scharfem Gefecht die wichtigste derselben, Borkum, von den römischen Soldaten nach einer dort wild vorgefundenen bohnenähnlichen Frucht „Fabaria", die Bohneninsel, genannt. Dann lief er in die Ems (Amisia) ein und fuhr stromaufwärts weit ins Land: die umwohnenden *Brukterer* mußte es zwar entsetzen, die Römer von der See her landeinwärts eindringen zu sehen: doch wagten sie es kühn, ihren Landesstrom mit ihren leichten Flußkähnen den mächtigen römischen Triremen zu sperren: unterstützt von den wasservertrauten Friesen brachen die Römer diesen Widerstand, wandten sich östlich gegen die Weser und brachten die hier siedelnde, obzwar sehr große Völkerschaft (richtiger: Mittelgruppe) der *Chauken*, zu einem gleichen „Födus" wie Friesen und Bataver. Aber auf dem Rückzuge, der vor dem herannahenden Winter angetreten werden mußte, gerieten jene tiefgehenden Galeeren in dem seichten Küstengewässer in die größte Gefahr, als sie, von der Ebbe überrascht, bald völlig festsaßen: nur mit Hilfe der Friesen, die, in alter Fehde mit ihren Nachbarn, zu Lande von der linken Seite her mit ihrem Fußvolk die Flotte der Römer unterstützt hatten, wurden die Schiffe wieder flott gemacht und dem drohenden Angriffe entzogen: bevor Drusus die Küste verließ, legte er, zur Sicherung künftiger Unternehmungen zur See, zur Bedrohung der Brukterer und Behauptung der Chauken ein Kastell an am Ausfluß der Ems auf dem linken Ufer; seit jener Zeit wohl lieferten die Friesen als eine Art Schatzung – sie galt als sehr gering – Leder, Rinderhäute für die Ausrüstungen der Legionen. Drusus hatte diese Leistung ihnen auferlegt. Bei seiner Heimkehr trat Drusus die städtische Prätur an.

Münze von Drusus d. älteren. Germanische Waffen: ein Vexillum, Schilde, Speere und Trompeten. Silber. Originalgröße. Berlin, Königl. Münzkabinett.

 Aber schon zu Anfang des folgenden Jahres nahm er die Durchführung seines Angriffes gegen die Germanen wieder auf. Bei Xanten (Vetera castra) überschritt er 11 v. Chr. abermals den Rhein, zog durch die Landschaft der *Usipier,* schlug eine Brücke über die Lippe und drang über diese in die Gaue der alten Feinde, der *Sugambern.* So rasch und unvermutet war der Angriff geführt worden, daß diese nicht Zeit gehabt hatten, ihren Heerbann von einem Feldzug nach Hause zu rufen. Mit allem Grund durch des Drusus durchschaute Pläne für Leben und Freiheit in schwerste Sorge geschreckt, hatte die kraftvolle Völkerschaft alle germanischen Nachbarn zu gemeinsamem Widerstand wider die römische Bedrohung zu verbinden getrachtet und *Tenchterer, Brukterer, Cherusker* und die nächsten *suebischen* Völkerschaften in der Tat gewonnen: nur ihre (suebischen) Nachbarn im Südosten, die *Chatten,* hatten diesmal den Beitritt geweigert, vielleicht weil sie, im Vorjahr zu tief von den Römern getroffen und eingeschüchtert, den gelobten Frieden zu brechen nicht wagten (nach anderen waren *damals* von Rom die Chatten gewonnen worden durch Überlassung des alten Ubiergebiets in Nassau).

 Die Chatten zu strafen oder zu zwingen, war der Heerbann der Sugambern ausgezogen: so konnte Drusus ohne Widerstand ihr Gebiet in der Richtung gegen Nordost durcheilen, die feindlichen Cherusker erreichen und auch in deren Gauen, östlich von Paderborn (bei Corvey?), bis an die Weser vordringen: diesen Fluß zu überschreiten, hielt ihn die Sorge um die Verpflegung und der herannahende Winter

178   ZWEITER TEIL · WESTGERMANEN

(d. h. Herbst) zurück: auch galt ein Bienenschwarm, der sich im Lager zeigte, manchen als böses Zeichen. So wurde der Rückzug nach Vetera angetreten. Auf diesem Rückzug geriet das Heer allerdings in Gefahr, da die Verbündeten die Pässe der Waldgebirge[1] besetzt hatten: und einmal war die Umschließung in enger Talschlucht so vollständig, daß kein Entrinnen mehr möglich schien. Da, wie so oft noch später, verdarb der Germanen törichter Übermut, die Siegesgewißheit gegenüber dem unterschätzten und schon für verloren erachteten Feind, alles: sie griffen ohne Plan und Ordnung die Eingeschlossenen an, als ob es nur mehr gelte, die bereits Gefangenen zu schlachten, wurden aber von der Mannszucht der Legionen blutig zurückgewiesen: nun schlug urplötzlich der Übermut in Furcht vor der römischen Kriegskunst um: nur von fern durch Geschosse wagten sie noch den Marsch der Legionen zu beunruhigen, die der Feldherr siegreich[2] über den Rhein zurückführte.

Daß dauernde Unterwerfung jener Länder beschlossene Sache war, sollte den Barbaren die Anlegung von zwei Kastellen zeigen: das eine, bestrittener Lage, doch jedenfalls sehr weit – neunzehn Meilen vom Rhein – nach Osten vorgeschoben, großartig angelegt, Raum für mehrere Legionen bietend, an der Mündung der Alme in die Lippe, *castrum Aliso*, vermutlich das jetzige Elsen[3], bewies, daß man das Land vom Rhein bis hierher zu behaupten gedachte: es faßte *Marsen, Brukterer, Sugambern, Chatten* vom Rücken und bedrohte bereits die nahe Mark der *Cherusker.* Die Legionenstraße von Aliso längs der Lippe nach Vetera an den Rhein, die fortab Brukterer und Sugambrer durchschnitt, wurde in diesem Jahr wohl nur begonnen, vollendet erst im Laufe des oder der folgenden.

Gleichzeitig wurde der Brückenkopf bei Mainz, castellum Mattiacum (jetzt Kastel), bedeutend verstärkt und erweitert und auf einer Höhenkrone des Taunus zwischen Mainz und Lahn eine zweite gewaltige Zwingburg errichtet, heute die Saalburg (bestritten) über Homburg (*nicht* eins mit Arctaunum): die Festung sollte nicht nur für alle Zeiten den Rheinübergang von dem *feindlichen* Ufer aus decken: – dieser Fluß sollte, so gut wie die Alpen und die Donau, aufgehört haben, die Germanen zu schützen – von diesem festen Punkt im Süden, wie von Aliso im Norden, konnten nun, fernab vom Rhein, bereits germanische Bewegungen beobachtet und einstweilen im Schach gehalten, vor allem aber Stöße in das innere Germanien von nächster Nähe aus geführt werden. Damals begann Drusus wohl auch eine zusammenhängende Kette von Befestigungen zu knüpfen vom Taunus bis an den Main und nördlich längs des Rheins bis zum Siebengebirge: die *Anfänge* des späteren *Rheinlimes.*[4]

Groß war die staatliche und die kriegerische Bedeutung dieser Erfolge tief im Germanenland: nicht ohne Grund wollten die Legionen den Feldherrn, der ihnen zuerst die Weser (Visurgis) gezeigt, als Imperator begrüßen: der Senat erkannte ihm die Ovation zu und gleich nach Abgabe der Prätur den Prokonsulat.

Im folgenden Jahr, 10 v. Chr., ging Augustus mit seinen beiden Stiefsöhnen nach Gallien, von wo aus *Tiberius* gegen empörte Pannonier und Dalmatier zog, Drusus

---

1 Nach Clostermeir die Dörenschlucht im Osning in der Nähe des Teutoburger Waldes auf dem Weg von Paderborn nach Salzuffeln.

2 Dies war doch wohl das Treffen von *Arbalo*; aber wo lag dieser Ort?

3 Nach anderen Hamm oder Liesborn. Siehe die abweichenden Ansichten bei *Wormstall, Hülsenbeck* und *Giefers* in den Forsch. z. d. Geschichte IV, VI, VII.

4 Über diesen und die Saalburg siehe unten.

DRITTES KAPITEL · DER RÖMISCHE ANGRIFF 179

aber wieder über den Rhein, diesmal von Mainz und Bonn aus, gegen die *Chatten*, die das ihnen von den Römern angewiesene Land, vermutlich die Sitze der über den Rhein verpflanzten Ubier verlassen und sich den Sugambern angeschlossen hatten. Die Erbauung der Saalburg hatte sie wohl hinreichend aufgeschreckt: erst nach heißem Kampf gegen die Chatten war das Werk vollendet worden. Nur die *Mattiaker*, ihr südwestlichster Gau, mußte in dem abhängigen Bündnis mit Rom verharren. Beide Feldherren kehrten siegreich zurück und begleiteten den Kaiser nach Rom. Als Konsul des Jahres 9 v. Chr. unternahm der unermüdliche Drusus schon sehr früh im Sommer seinen großartigsten Zug gegen die Germanen: es sollte sein letzter werden.

Er drang von Mainz aus in das Land der *Chatten*: hier stieß er auf sehr starken Widerstand: offenbar warfen sich diesmal die sämtlichen verbündeten Völkerschaften schon hier dem Feind entgegen, sein weiteres Vordringen zu hemmen: mit Anstrengung, in wiederholten blutigen Kämpfen brach der Feldherr diese Landwehren: nun war aber die Widerstandskraft der Barbaren, wie es scheint, erschöpft: das setzen die weiteren Bewegungen des Siegers voraus, der sich zuerst südwärts wandte bis an suebische Marken (gegen den Main hin: Thüringen, Hermundurenland? oder damals Markomannen?), dann aber in kühnem Zug nach Norden über die *Werra* die *Cherusker* heimsuchte: und zwar diesmal nicht nur, wie vor zwei Jahren, im Herzen ihres Landes, vor der Weser, Halt machend, sondern jetzt den Strom überschreitend und durch das ganze Land der Cherusker und ihrer kleineren Nachbarn weit nach Osten am Nordhang des Thüringer Waldes, dann wohl die Ilm und Saale entlang bis an die *Elbe* die römischen Waffen tragend: – ein in der Tat großartiger Erfolg, der den Germanen zeigen mußte, daß Ströme, Urwälder und Sümpfe sie nicht einmal im Innersten ihrer Sitze mehr vor den Fängen des römischen Adlers schützten.

Ein Versuch, auch die Elbe noch zu überschreiten, scheiterte: drohend standen *Semnonen* und *Langobarden* auf deren rechtem Ufer: am linken Ufer des Stromes errichtete Drusus ein römisches Siegeszeichen als Denkmal des erreichten Zieles und trat den Rückzug an: die Sage berichtet, eine germanische Wala habe ihm drohend den Stromübergang verboten und sein baldiges Ende verkündet: – so tiefen Eindruck hatte den Barbaren der Jüngling gemacht, der, nicht zufrieden mit Feldherrenruhm, im Sinne altrömischen Heldentums sehnsüchtig nach den „spolia opima", nach Erlegung der feindlichen Heerführer durch die eigene Hand und Erbeutung ihrer Waffen, verlangte und deshalb wiederholt mit höchster Lebensgefahr germanische Heerführer durch das ganze Schlachtfeld kämpfend verfolgt hatte.

Auf dem Rückzug stürzte er mit dem Pferd, brach den Schenkel und verletzte sich dabei tödlich: dreißig Tage darauf, 14. September, starb er[1], nur dreißig Jahre alt, zwischen der Saale und dem Rhein (noch vierzig Meilen von diesem entfernt), wohl in Thüringen, in den Armen seines Bruders Tiberius, der auf die Nachricht von Augustus sofort entsendet worden war und nun die Leiche nach Italien geleitete.

Die höchsten Ehren wurden dem Andenken eines der letzten und edelsten Helden des alten Römergeistes erwiesen: der Kaiser hielt im Flaminischen Zirkus, Tibe-

---

1 „An einer Krankheit" nach Cassius Dio, was mit Livius nicht unvereinbar; in einem Sommerlager, in aestivis castris, daß die Soldaten seither das „verfluchte", „scelerata castra" nannten, aber nicht am Rhein selbst. Tag und Nacht ohne Unterbrechung auf den Wagen der Reichspost eilend, legte Tiberius die zweihundert römischen Meilen zurück.

180 ZWEITER TEIL · WESTGERMANEN

rius auf dem Forum die Leichenreden: es wurden ihm nach Senatsbeschluß Statuen errichtet, an der Appischen Straße (an der porta Appia oder porta S. Sebastiano) ein marmorner Siegesbogen, mit erbeuteten Waffen geschmückt, gebaut und er selbst auf Ehrenmünzen abgebildet. Der Beiname „Germanicus oder Germanenbesieger" wurde ihm und seinen Kindern beigelegt: sein ältester Sohn sollte in bald mit kaum minderem eigenen Recht führen.

Am Rhein errichteten ihm zu Mainz die Legionen ein Ehrengrabmal (Kenotaphium, auf dem höchsten Punkt der Burg), vor welchem jährlich an bestimmtem Tage Wettrennen der Soldaten und Opfer der gallischen Staaten gefeiert werden sollten, deren guten Willen Drusus durch große Leutseligkeit zu gewinnen verstanden, so daß z. B. die vornehmsten Edlen der Nervier unter ihm wider die Germanen gefochten hatten.

Mit Recht sagt ein ausgezeichneter Geschichtsschreiber (Maskou): „Die deutschen Völker hatten aber andere Denkmale von ihm. Er hatte sich nicht begnügt, etwa eine Schlacht zu gewinnen oder ein Land zu verwüsten, sondern gleich danach getrachtet, wie er festen Fuß fassen und durch seine Festungen die Völker im Zaum halten möchte."

In der Tat: die Unterwerfung Germaniens, welches vor Jahren die Römer zuerst schaudernd betreten, schien nach diesen großartigen Erfolgen nur mehr eine Frage kurzer Frist. Das römische Kunstverfahren, benachbarte Barbarenländer durch eine Reihe von meisterhaft gewählten Zwingburgen bis zur Regungslosigkeit zu fesseln, war auf das großartigste auch in den Sümpfen Germaniens ins Werk gesetzt: nicht nur den Rhein hatte Drusus (13–12 v. Chr.) durch mehr als fünfzig Kastelle gedeckt und aus einem germanischen Wassergraben zur römischen Angriffsgrundlage gemacht – auch an der Maas, der Weser (angeblich, aber ganz unglaubhaft, sogar an der Elbe) hatte er Kastelle angelegt – abgesehen von der kühnen Warte Aliso. Bonn und Mainz hatte er neu befestigt und durch Brücken mit dem anderen Ufer verbunden; mehrere Rheingeschwader beherrschten den Strom, sicherten die Überschreitung an jedem Ort und zu jeder Zeit.

Hätte Drusus länger gelebt – leicht möglich, daß er in Germanien erreicht hätte, was Cäsar in Gallien: vertragsmäßige Unterwerfung des Volkes bis zur Elbe als Vorstufe der Verrömerung.

Selbstverständlich war für Rom der Tod eines glücklichen Feldherrn kein Grund, in der beschlossenen Unterwerfung Germaniens auch nur eine Unterbrechung eintreten zu lassen.

Im folgenden Jahr, 8 v. Chr., überschritt Tiberius den Rhein, gewährte einzelnen Völkerschaften den erbetenen Frieden, nicht aber den alten Feinden, den *Sugambern* (Cassius Dio a. a. O. 551, wo Κάνταβροι verschrieben ist für Sugambri), die von Anfang den Kampf gegen Rom auf dem rechten Rheinufer begonnen, oft den Fluß überschritten und, wenn zur Ruhe gezwungen, ungeachtet ihrer Geiseln, immer aufs neue sich erhoben hatten. Ihnen bewilligte Tiberius keinen Frieden: er forderte vollständige Ergebung. Ja, Augustus, der in Lyon weilte, machte selber für einzelne Nachbarn der Sugambern der letzteren Unterwerfung zur Bedingung des Friedens: da erschienen die Gaugrafen, vielleicht auch Gaukönige, der Sugambern vor Augustus, den Frieden zu verhandeln: und der Imperator hielt diese Gesandten in rohestem Bruch des Völkerrechts mit echt Cäsarischer Treulosigkeit fest: die edlen treuen Helden gaben sich selbst den Tod, um nicht als Geiseln die Entschlüsse ihrer Volksgenossen zu lähmen: aber es fruchtete nicht: das entmutigte Volk, von seinen Nachbarn nicht mehr unterstützt, der Führer beraubt, unterwarf sich dem Sieger,

DRITTES KAPITEL · DER RÖMISCHE ANGRIFF

der unbezwingbar im Lande stand: einen großen Teil[1], die Zahl wird auf *vierzig-tausend* angegeben, verpflanzte Tiberius, wie früher die Ubier und die Räter, aus ihren Sitzen auf dem rechten Rheinufer auf das linke, sie in viele Städte Galliens und deren Gebiete verteilend.[2]

Rom stellte freiheittrotzigen Völkern fortan der Sugambern Vernichtung als warnendes Beispiel auf: so den Siluren in Britannien: in Wahrheit jedoch waren die Sugambern, so wenig wie manches andere Volk, von welchem die Römer gern das Gleiche glaubten, vernichtet: ein Teil, der sich nach Osten in das innere Germanien[3] gerettet, wanderte wohl *später* wieder in die alte Heimat:[4] aber auch die über den Rhein verpflanzten verloren ihren Zusammenhalt so wenig, daß sie vielmehr später in der neugebildeten Gruppe der salischen Franken vielleicht sogar (neben den Batavern) das führende Volk wurden – noch Chlodovech wird bei seiner Taufe „Sicamber" angerufen – in der endgültigen Eroberung Galliens rächten die Urenkel der Sugambern die ihren Ahnen angetane Zerreißung und zugedachte Vernichtung.

Welche Bewohner aber immer zunächst in dem alten Sugambernland sich niederließen – man nimmt Ausbreitung der Usipier und Tenchterer über diese Gaue an – damals mußten sie ohne Zweifel sich Rom unterwerfen.

Es war um diese Zeit, im Jahre 8 v. Chr., daß die vordersten suebischen Völkerschaften, die *Markomannen* am Main, ihre zugleich von Augsburg, von Mainz und von der Taunusfeste her scharf bedrohten Sitze räumten, die Freiheit dem mit wenig Arbeitsopfern bebauten Boden in alter, zumal bei den Sueben erhaltener Leichtbeweglichkeit vorziehend: wohlweislich und gerade noch zur rechten Zeit, vielleicht gewarnt durch den Erfolg des letzten Feldzugs von Drusus, zogen sie das Haupt aus der bereits gelegten Schlinge: noch hatten wegen der Unruhen in Pannonien die römischen Donauheere nicht von Südosten her an den Main geschoben werden können; jedes Frühjahr stand dies nunmehr, nach Bezwingung der Pannonier, zu erwarten: dann gab es kein Entrinnen mehr aus den ineinander greifenden Zangen der Rhein- und Donau-Legionen; da räumten die Markomannen auf den Rat eines ihrer Edlen, des hoch begabten, in römischem Kriegsdienst und am Hofe des Augustus in Rom geschulten *Marobod* das ausgesetzte Gebiet am Main und wichen nach Osten in das sicher von Bergen und Wäldern umwallte Land, das von den früheren keltischen Bewohnern, den *Boiern*, den Namen *Boio-hem*, Boier-heim, Boeheim führte: hier, den römischen Waffen zunächst unerreichbar, errichtete er, der bei und seit der Wanderung zunächst tatsächlich[5], vielleicht nicht ohne Gewaltanwendung, der Lei-

---

1 Sie waren vorher entwaffnet worden, Horaz frohlockte

te caede gaudentes Sigambri
compositis venerantur armis.

2 Vermutlich um Xanten und zwischen Batavern und Ubiern, wo sie als „Gugerni" auftreten, ein Name, der keineswegs dort neu gebildet sein muß, sondern schon früher Sondername für eine sugambrische Gruppe von Gauen gewesen sein kann wie etwa „Batavi" für eine mattische. Siehe die Karte von Watterich und Henden; seitdem dienten Sugambern häufig im römischen Heer: so focht eine ganze Kohorte fern in Thrakien im Jahre 26.

3 Sonst muß man mit Maskou I, S. 71 sagen: „Man weiß nicht, wo sie hingekommen."

4 Das würde doch besser als bloße „archaistische" Redeweise erklären, daß später Dichter und Prosaiker bis auf Sidonius hier am rechten Ufer wieder Sugambern nennen. Arnold, S. 70, glaubt, diese zurückgebliebenen Sugambernganze seien die Marsen des Tacitus.

5 Strabo sagt ausdrücklich, daß Marobod als Jüngling nach Rom gekommen, dort von Augustus mit Wohltaten ausgezeichnet worden, dann zurückgekehrt sei und sich jetzt aus seiner bisherigen privaten Stellung – er war bis dahin wohl nur ein Edler und Gefolgsherr gewesen – an die

182 ZWEITER TEIL · WESTGERMANEN

ter seines Volkes geworden sein mußte und jetzt wohl auch rechtlich durch Erhebung zum König als solcher rechtmäßig anerkannt worden war, ein Reich, das durch gar manchen römischen Zug das altgermanische Königtum verändert hatte. Lange Zeit hielt sich Marobod in den nun folgenden Kämpfen zwischen Rom und den westlicheren Germanen abseits: – in Überschätzung seiner Macht erkannte er nicht, daß nach dem Erliegen der für ihre Freiheit ringenden Nachbarn die römischen Waffen auch ihm nur die Wahl zwischen Unterwerfung oder Untergang lassen würden. Zur Übersiedlung nach Böhmen, aus welchem die Boier verdrängt werden mußten – da der Stoß von Nordwesten kam, wichen diese wohl nach Südosten aus und ließen sich in jener Richtung außerhalb Böhmens nieder, was vielleicht die keltischen Splitter in jenen Gegenden zur Zeit noch des Tacitus erklärt –, hatte Marobod zunächst wohl nur *sein* Volk, die Markomannen, bewegen können, abgesehen von abenteuernden Gefolgschaften verschiedener Stämme: von dort, von Böhmen aus, aber und durch die mit römischer Kriegskunst geführten Markomannen wußte Marobod eine große Zahl benachbarter Völkerschaften auf beiden Elbufern zu voller Unterwerfung oder doch zu abhängiger Bundesgenossenschaft zu bringen: meistenteils suebische Völkerschaften (Strabo): so deren Hauptvolk, die *Semnonen* (Strabo), und die *Langobarden* auf beiden Seiten der Elbe, aber auch ferne *gotische* Völkerschaften, *Gutones* (Strabo), wie nähere *lugische*[1], „die Lugier, ein großes Volk", d. h. eine Gruppe. Vielleicht bewog jene Völker an der Elbe die deutlich erkannte Gefahr – hatten sie doch die Legionen am Strom erscheinen sehen – zur engeren Verbindung unter Führung eines hervorragenden und mächtigen Fürsten: ähnlich wie bald danach die westlicheren Völker unter Armins und der Cherusker Leitung wenigstens auf einige Zeit gegen Rom sich zusammenschlossen.

In das durch die Ostwanderung der Markomannen leer gewordene Land zwischen Rhein und Main, „das geräumte Ödland der Markomannen", wanderten nun von Westen aus dem römischen Gallien zahlreiche Abenteurer, Mißvergnügte, Arme in die später sogenannten „decumatischen Fluren" d. h. ein Zehntland, von welchem die Römer nach Ausdehnung ihrer Macht über diese Gebiete hinaus Abgaben erhoben, das sie aber auch als eine vorspringende Halbinsel oder Feste des römischen Reiches schon um seiner kriegerischen Wichtigkeit Willen in den Schutz ihrer Waffen nahmen. Diese (kleine) Rückwanderung von Kelten nach Osten reicht aber natürlich nicht aus, der Bevölkerung auf die Dauer keltische Grundfarbe zu erhalten: Römer und sehr verschiedene Völkerschaften von Germanen: *Hermunduren, Chatten, Burgunder,* später *Franken* und *Alemannen,* haben hier die vorübergehende keltische Einwanderung bald wieder völlig verwischt.

Bald darauf (6 v. Chr.) wurden von Osten her zunächst *hermundurische* Gaue unter römischer Schutzhoheit in das geräumte Land aufgenommen, die dafür der römischen Grenzhut Vorpostendienste leisteten; klug verteilte Kastelle mit verlässigen, nicht germanischen Besatzungen auf den Höhenzügen längs der Saale sollten den Römern die Treue der hermundurischen Grenzer und, zu deren eigenem Schutz, die Übergänge des thüringischen Waldes gegen feindliche Germanen in Nordosten

---

Spitze der Staatsgeschäfte geschwungen habe, „zurückgekehrt wurde er Machthaber (ἐδυνάστευσε) und unterwarf sich außer den schon Genannten, d. h. seinen Volksgenossen, den Markomannen, noch die Lugier, ein großes Volk usw."

1 Andere Namen bei Strabo: Älonäer, Mugiloner usw. sind hoffnungslos verderbt; siehe die Lesarten bei Müllenhoff, S. 66. Man vermutete Burgundionen, so Cluver: nach Müllenhoff wäre auch an Rugier und Turkiler zu denken.

DRITTES KAPITEL · DER RÖMISCHE ANGRIFF

und den Vorstoß gegen solche sichern; vielleicht waren diese Hermunduren gerade, um sich Marobods Druck zu entziehen, von der Elbe und Saale westlich gewandert.

Augustus kehrte mit Tiberius im Herbst nach Rom zurück, legte sich und dem Stiefsohn wegen der Sugambern Unterwerfung – noch spät tat sich Tiberius auf diese Ergebung etwas zu gut – den Titel Imperator bei, übertrug dem Stiefsohn den Triumph und den Konsulat des folgenden Jahres und schloß – zum drittenmal – zum Zeichen des Friedens mit allen Völkern den Janustempel.

Auch im folgenden Jahre (7 v. Chr.) zog Tiberius „in den Krieg nach Germanien, Bewegungen zu dämpfen".

Während seiner Selbstverbannung nach Rhodos „stand Germanien abermals auf, da sein Bezwinger die Augen abgewandt". *Marcus Vinicius* hatte den Oberbefehl und erreichte, an einzelnen Orten siegreich, an anderen „den Kampf aushaltend" – wie es ziemlich bescheiden heißt – wenn keinen großen Erfolg, doch eine ruhmvolle Inschrift (*„inscriptio"*) und die *„ornamenta triumphalia"*. In jene Zeit, 2 v. Chr., fällt auch der Zug des Legaten *Domitius Ahenobarbus* (seit 6 v. Chr.), des Großvaters des Kaisers Nero, der, nach Tacitus' glaubhaftem Bericht, weiter als je ein Römer vor ihm in Germanien, wohl von Augsburg aus, durch das Gebiet der neu befreundeten Hermunduren, d. h. vom Main durch Thüringen und durch das Voigtland gen Nordosten *über die Elbe* und an deren Ostufer (bis zur Havel?) vordrang, auch im folgenden Jahr (1 v. Chr.) auf dem rechten Rheinufer einen durch die Moore Westfalens ausgedehnten Dammweg[1] anlegte und die Ehrenzeichen des Triumphs dafür erhielt. Doch ist in den Unternehmungen großartigen Maßstabs gegen Germanien eine Pause wahrzunehmen, die wohl in dem Rücktritt des Tiberius aus dem Staatsleben ihren Hauptgrund hat.

Erst im Jahre 4 n. Chr. ging Tiberius, vom Kaiser am 27. Juni 4 n. Chr. an Sohnes Statt angenommen, abermals über den Rhein: *Vellejus Paterculus*, der ihn als General der Reiterei (*praefectus equitum*) begleitete, berichtet: nach Besiegung der *Kaninefaten, Attuarier, Brukterer* habe Tiberius die *Cherusker* „durch Vertrag wieder gewonnen", die Weser überschritten und sei in das Land auf dem Ostufer des Stromes eingedrungen. Bis in den Dezember währten diese Züge. Er konnte es dann wagen, mitten im Gebiet der Cherusker „an den Quellen der Lippe" (doch wohl nahe bei Aliso) ein Winterlager zu errichten, in das er, nachdem er mit Mühe die durch Eis und Schnee gesperrten Alpen auf dem Wege nach Rom überschritten, im Frühling des nächsten Jahres zurückkehrte.

Sentius Saturninus, der schon als Legat seines Vaters Germanien kennen gelernt hatte, einem wohlwollenden, tüchtigen, einsichtsvollen Mann, war einstweilen die Überwachung der *Chatten* übertragen gewesen.

Die *Cherusker* waren damals, wie schon das Überwintern der Legionen in ihrem Lande voraussetzt, so sehr gebändigt oder richtiger: vielmehr noch durch kluge Behandlung ihrer Fürsten wenigstens in einzelnen Gauen gewonnen, daß die beiden Söhne des einen Gaukönigs *Segimer, Armin* und dessen Bruder von dem uns (wie von Armin selbst) nur der von ihm angenommene römische Name „*Flavus*", nicht der germanische, erhalten ist, in römischen Kriegsdienst eintraten. Auch Segimers Bruder, *Inguiomer*, war römisch gesinnt. Ein dritter Fürst, der von jeher, wohl aus Überzeugung, den Anschluß an Rom, d. h. die Unterwerfung empfohlen, *Segestes (Sigi-*

---

1 Über dessen wirkliche und vermeintliche Spuren in Westfalen, Maskou I, S. 73 und die Literatur daselbst.

184 ZWEITER TEIL · WESTGERMANEN

gast), erhielt vom Kaiser das römische Bürgerrecht: seinen Sohn *Segimund* hatte er Priester werden lassen am Altar der Ubier (in Köln), wo für die Provinz Germania die Verehrung des Augustus eingerichtet war.

Man sieht, ein Hauptmittel der Staatskunst des Tiberius war, bei allen Völkerschaften eine römisch gesinnte Partei zu bilden, die dann die volkstümliche in Schach hielt oder allmählich herüberzog, die römischen Niederlassungen schützte und nötigenfalls das Wiedereindringen der Legionen erleichterte: bei Sugambern und Cheruskern war dies Verfahren von Erfolg gekrönt, vielleicht auch bei Chatten. Der innere Zwiespalt und die Schwächung war dadurch unter solche Völkerschaften geworfen: und stolz berühmte sich Tiberius, durch solche Künste mehr erreicht zu haben als Drusus und Germanicus durch die Waffen.

Jeder so neu gewonnene Gau erleichterte den Angriff gegen die noch widerstrebenden: die gefährdete Linie des Anmarsches und der Zufuhr, sowie, im Fall des Scheiterns, des Rückzugs wurde dadurch gekürzt, die gesicherte Angriffsgrundlage näher an den Feind vorgeschoben und jede drohende Erhebung der noch Trotzenden durch die Gewonnenen rechtzeitig an die Kastelle und an den Rhein gemeldet.

Von diesem Winterlager im Cheruskerland aus wurde der großartige Feldzug des folgenden Jahres (5 n. Chr.) unternommen, was die außerordentlichen Schwierigkeiten der Märsche und der ineinander greifenden Bewegungen der Flotte einigermaßen minderte. Immerhin bleibt es eine Kriegsleistung, die sehr hohe Bewunderung verdient, daß, bei solchen Entfernungen, in fast ganz unbekanntem Gebiet, Landheer und Seemacht der Römer genau in der geplanten Wirkung zusammentrafen. Tiberius zog von cheruskischen Gauen auf dem *östlichen* Weserufer, offenbar von den Cheruskern gedeckt, unterstützt, begleitet und geführt, die Weser und Aller abwärts nach Norden gegen die *Chauken*, die von der Ems auf dem linken bis an die Elbe auf dem rechten Ufer der Weser wohnten und nun also von Süden (wie früher unter Drusus von Westen von den Friesen und vom Norden, von der See her) angegriffen wurden. Zugleich aber erschien eine starke römische Flotte, vom Rhein auslaufend, in der Nordsee und segelte, zum Schrecken der umwohnenden Germanen, die Elbe aufwärts eine weite Strecke tief in das Land, offenbar so weit, als die tief gehenden römischen Trièren Fahrwasser fanden. An vorbestimmter Stelle (wohl oberhalb Hamburgs) vereinte sich die Besatzung der Flotte mit dem Landheer, das vierhundert römische Meilen (= 592 Kilometer = 148 Wegstunden) vom Rhein aus durch die Urwälder und Sümpfe Germaniens gezogen war. Die gaureichen Völkerschaften der beiden Chaukengruppen erkannten, daß sie ihr Sumpf- und Marsch-Land nicht vor den römischen Waffen schützte: in großer Menge erschien ihre kriegerische Jugend mit ihren Führern im Lager der Römer hart am linken Ufer des Stromes und legte, zum Zeichen der Ergebung, die Waffen vor dem Richterstuhl des „Imperators" Tiberius nieder: seither stellten sie den Römern zahlreiche und sehr geschätzte Hilfsscharen.

Ohne Zweifel hätte Tiberius über den durch die Flotte beherrschten Strom auf das rechte Ufer dringen können, auf welchem *Semnonen, Hermunduren* und andere umwohnende Völker, zumal auch die *Langobarden*, ihren Heerbann aufgestellt hatten, der aber sofort bei jeder Annäherung der römischen Schlachtschiffe vom Ufer zurückwich: er zog es in weiser Beschränkung vor, sich mit dem gewaltigen Eindruck der großartigen Unternehmungen zu begnügen, ohne den selben durch eine zweifelige Schlacht, mit dem Strom im Rücken, in Frage zu stellen. Der Augenzeuge Vellejus berichtet, wie aus der Reihe der Germanen ein hoher Greis, durch Wuchs und Fürstenschmuck ausgezeichnet, allein hervortrat, in einem „Einbaum" (einem durch

DRITTES KAPITEL · DER RÖMISCHE ANGRIFF

Feuer gehöhlten Baumstamm) bis in die Mitte des Stromes ruderte und sich erbat, an dem von den Römern besetzten Ufer zu landen und den Cäsar zu schauen. Die Bitte wurde gewährt: der Greis lenkte den Kahn an das Ufer und sprach, nachdem er lange den Feldherrn betrachtet: „Unsere Jugend ist wahnsinnig, die dich verehrt, wann du fern, aber wann du erscheinst, lieber vor deinen Waffen beben als deinem Treuewort vertrauen will. Heute, an dem glücklichsten Tag meines Lebens, habe ich die Gottheit, von der ich nur gehört hatte, mit Augen gesehen." Auch nach Abzug der widerlichen Unwahrheit bei dem Schmeichler bleibt die Wahrheit übrig: furchtbar klar war den Barbaren die unvergleichliche Überlegenheit römischer Bildung, Staats- und Waffen-Macht geworden!

Tiberius führte die Truppen in die Winterquartiere zurück: die Flotte segelte noch ausforschend bis an und über die Nordspitze von Jütland in das Kattegat. Nur einmal noch war es zum Kampf auf dem Festland gekommen: ein „treuloser" Überfall der Germanen war blutig zurückgeschlagen worden: vermutlich der *Langobarden*: da es von ihnen allein mit Andeutung eines Kampfes heißt, daß ihre Streitkraft „gebrochen" worden (*„fracti"*, dagegen *receptae Chauchorum nationes*).

Nach Rom zurückgekehrt, nahm Tiberius zum viertenmal den Namen „Imperator" an; Augustus verlieh Sentius Saturninus, dem Unterfeldherrn, nun Präfekt von Germanien, die triumphalischen Abzeichen: er selbst nannte sich Imperator zum fünfzehntenmal.

Ein Blick auf die Karte zeigt, daß des Vellejus ruhmrediges Wort: „Schon war in Germanien nichts mehr übrig, was noch hätte besiegt werden können, als das Volk der Markomannen" nicht unrichtig war, wenn man absah von jenem äußersten, den Römern völlig unbekannten Teil Germaniens, der nordöstlich hinter den Markomannen in Böhmen lag, gedeckt von ihnen und der Elbe. Die Reihe der Bezwingung hätte schon aus dieser einfachen kriegerischen Erwägung nun an die Markomannen kommen müssen – denn die Unterwerfung Germaniens stand als beschlossen fest – war doch bereits der Zug im Vorjahr an die Elbe nur zu wagen gewesen, weil für den Fall einer drohenden Bewegung der Markomannen nach Norden gegen die Rückzugslinien des römischen Heeres die Cherusker zuerst davon hätten erfahren müssen. Und die Cherusker waren ja treu! Aber auch gen Westen und Süden gewährte die vortrefflich gewählte dreieckige böhmische Waldburg nahe, gefährliche Wege gegen die Reichsgrenze: die Donau. Und entscheidend drängte zu rascher Tat wider die Markomannen, daß deren schon durch die Volkszahl gewaltige Macht – anderthalb Jahrhunderte später erheischt der Markomannenkrieg die äußerste Kraftanstrengung des Reiches – nicht wie die der anderen germanischen Völkerschaften in viele eifersüchtig untereinander hadernde Fürsten und Gaue zerspalten und nur von barbarischer blinder Tapferkeit geleitet war: sondern über die Markomannen herrschte das *eine*, kluge, römisch geschulte Haupt, die römisch geschulte eiserne Hand des Königs *Marobod*. Einem edlen Geschlecht seines Volkes entsprossen, hatte er in römischem Dienst die Politik und Kriegskunst Roms gründlich kennen gelernt: sein hervorragender Geist hatte sein Volk durch die rechtzeitige Auswanderung gerettet. Diesen Geist erfüllte zugleich: Freiheit von Rom, aber auch Herrschaft über sein Volk: straffe, auf Waffenfurcht gebaute Herrschaft, nicht ohne starken Beigeschmack römischer Zwangsgewalt – ohne Zweifel voll Selbstsucht, voll Ehrgeiz erkannte er doch wohl zugleich, daß die Germanen ohne kräftige einheitliche Führung dem Römerreiche gegenüber rettungslos verloren waren, wenn sie in ihrer bisherigen Zerfahrenheit verharrten.

Solche Naturen (so auch später Karl der Große in seinen Sachsenschlächtereien)

186 ZWEITER TEIL · WESTGERMANEN

werden am richtigsten gedacht als von *dämonischer, leidenschaftlichster Selbstsucht und zugleich von edlen Zielen unscheidbar beherrscht*; auch seinem größeren, ungleich edleren Gegner*Armin* fehlt doch auch das tief Dämonische, die Arglist des Barbaren gegen den Römer, durchaus nicht, erscheint auch sein Bild hell verklärt durch begeisterte Liebe zu seinem Volk: nach Einherrschaft als dem einzigen Rettungsmittel gegen Rom strebte auch der reinere Held: Marobod und Armin erkannten die Gefahr und erkannten das Mittel der Abwehr: jener ging unter, weil er es zu Gewaltherrschaft mißbrauchte, dieser, weil ihm der Neid der Fürsten mißgönnte, es zu gebrauchen.

Marobods Staatsschöpfung ist auch deshalb besonderer Beachtung wert, weil sie zuerst versucht, das alte germanische Königtum durch Aufnahme römischer, imperatorischer Gewalten zu bereichern, zu verstärken und umzugestalten: – dieselbe Entwicklung, die in den während der Völkerwanderung auf römischem Boden errichteten Germanenreichen das neugebildete Königtum, ja das gesamte Staatswesen umgewandelt hat.

Aber damals, auf germanischem Boden, ohne römische Provinzialen als Untertanen, ohne vorgefundene römische Einrichtungen mußte jeder Versuch Marobods scheitern: er kam zu früh: er entbehrte der Grundlage: er erschien als zu gewaltsam, als Widerspruch gegen alle umgebenden Verhältnisse.

Vor der von ihm geleiteten Wanderung nach Böhmen war Marobod Privatmann (Strabo) gewesen, d. h. weder König noch Graf: doch war sein Geschlecht ein altedles und sein Vater hatte bereits eine ruhmvolle Stellung in dem Volk eingenommen.[1] Nach der glücklich vollendeten und von seinem Volk als Rettung erkannten Wanderung hatte Marobod in Böhmen, vermutlich von der Stufe der Herzogswürde aus, das Königtum über die Markomannen erlangt: und zwar gestaltete der in der Schule Roms erzogene Herrschergeist des kraftvollen Mannes eine weit über die Schranken des alten germanischen Königtums ausgreifende Gewalt: in Nachahmung der Imperatoren umgab er sich, abgesehen von dem zu vermutenden Gefolgschaft, mit einer Leibwache in imperatorischer Weise; seine Königsburg[2] war stark befestigt: statt des nur bei Kriegsausbruch zusammenzurufenden germanischen Volksaufgebots hielt er ein stehendes, römisch geschultes erstaunlich starkes Heer: im Notfall konnte er über siebzigtausend Mann Fußvolk, viertausend Reiter verfügen: diese Truppen hatten großenteils die zahlreichen zunächst suebischen, aber auch andere germanische und sogar slawische Völkerschaften zu stellen, die von Böhmen und Mähren aus teils freiwillig, teils durch die Waffen der Markomannen gezwungen, zu Unterwerfung oder doch Anschluß waren gebracht worden.

Lange Zeit, d. h. bis zur vorgesteckten Befestigung und Ausdehnung seiner Herrschaft über die Karpaten, an die Oder, die Elbe, ja bis gegen die Ostsee hin, hatte er Rom gegenüber eine äußerst vorsichtige Haltung bewahrt, bei keiner der germanischen Erhebungen sich beteiligt, keiner der Unternehmungen des Drusus und Tiberius Hindernisse in den Weg gelegt.

Aber schon seine Unabhängigkeit war mit den Plänen der Römer nicht vereinbar: nun gaben sie ihm schuld, daß er an Stelle der höflichen Abseithaltung, ja der früher durch Gesandte ausgesprochenen Unterordnung anspruchsvollen Trotz treten lasse,

---

1 Vgl. das Nähere Könige I. S. 105f.

2 Strabo VII, 290 nennt sie, das Land mit der Königsburg verwechselnd, Βουίαιμον τὸ τοῦ Μαροβόδου βασίλειον; andere nennen die Burg Marobudum oder, mit keltischen Schlußsilben, Marobodunum, angeblich Budweis.

DRITTES KAPITEL · DER RÖMISCHE ANGRIFF

allen gegen Rom empörten, vor Rom flüchtenden Feinden sichere Zuflucht gewähre, durch stete Kriege wider seine Nachbarn sein Heer zu einem großartigen Werke vorbereite, gegen den Imperator die Sprache des ebenbürtigen Herrschers führe: – vielleicht hielt wirklich nun der mächtige Einherrscher die Verstellung für überflüssig, vielleicht aber auch wurde nur ein Vorwand gesucht wider den Gegner, an welchen nun die Reihe der Vernichtung kommen mußte, sollte wirklich „nichts mehr zu besiegen übrigbleiben in Germanien". Und der Suebe schien auch als Angreifer nicht ungefährlich: die römischen Feldherren erwogen, daß er Germanien im Osten und Norden decke oder bedrohe, Pannonien und Noricum, diese noch wenig gesicherten Neuerwerbungen, im Osten und Süden angreifen oder empören könne, ja sie rechneten aus, daß er in seiner Südmark von den Alpenpässen, auf denen man nach Italien niedersteigt, nur zweihundert römische Meilen entfernt stand, das heißt um die Hälfte näher als die Elbe vom Rhein: eine solche Waffenmacht nahe den stets Empörung brütenden Pannoniern war römischer Staatskunst unerträglich: diesen Mann, „diese kriegerische Machtstellung" mußte man beseitigen.

Für das Jahr 6 n. Chr. war die Vernichtung des nicht mehr ungefährlichen Herrschers festgestellt. Die Römer verwerteten dabei selbstverständlich die Vorteile der bereits gewonnenen Umklammerung Germaniens von West und Süd zu einem Doppelangriff. Von Mainz, vom Rhein und Main her, sollte Sentius Saturninus mit sechs Legionen durch die bezwungenen Gaue der Chatten und deren Herkynischen Wald gegen Böhmen vordringen, durch jenen hemmenden Urwald ein für allemal eine Heerstraße bahnend unter Niederlegung des bisher undurchbrochenen Dickichts, was nur die Friedlichkeit und Hilfe der neugewonnenen Hermunduren ermöglichte: von der Donau, an deren Ufer sie überwinterten, führte gleichzeitig Tiberius aus Carnuntum das illyrische Heer, ebenfalls sechs Legionen, in die Südspitze Böhmens: an vorbestimmter Stelle sollten die beiden römischen Heere (zusammen über hundertundfünfzigtausend Mann) sich vereinen und gemeinsam gen Nordosten über das ganze Markomannenreich hinziehen: beide Bewegungen waren mit Erfolg begonnen: schon standen beide Heersäulen nur mehr fünf Tagemärsche (fünfzehn bis zwanzig deutsche Meilen) von ihrem Vereinigungsort und dem Feind: – da wurde die Marobod sehr ernst bedrohende Entscheidung aufgehalten.

Im Rücken des Tiberius, in Pannonien, Dalmatien und allen Nachbarländern (bei Daken und Sarmaten) brach eine hoch aufflammende Empörung aus: „nach Verabredung" erhoben sich alle jene Völkerschaften – zweihundertundneuntausend Bewaffnete stellten sie – sowie die Legionen, die sie in Zaum gehalten, den Rücken gewandt. Schwerlich hatte Marobod bei jener Verabredung gefehlt. Die Gefahr muß groß sein, wenn der Schmeichler Vellejus gesteht: „Da zog man das Notwendige dem Ruhmvollen vor(!), gefährlich schien's, ins Innere Germaniens das Heer zu wagen und Italien dem so nahen Feind entblößt zu überlassen."

Schleunigst suchte man Friede mit dem angegriffenen Markomannenkönig; da man ihn eben suchen und um jeden Preis gewinnen mußte, dürfen wir dem von Tacitus überlieferten stolzen Worte Marobods Glauben schenken, „daß man damals wie unter Gleichstehenden verhandelt und unter beiden gleich günstigen Bedingungen sich getrennt habe". Der germanische Herrscher war so verblendet durch Überschätzung seiner Macht, daß er sich durch des Tiberius schmeichelnde Formen verführen ließ, diesen großen Augenblick gemeinsamen Angriffs zu verpassen: er erkannte nicht, daß Rom diese Demütigung durch seine Vernichtung ihm vergelten *mußte*, wenn es – Rom blieb.

Nicht weniger als drei Jahre brauchte Tiberius, bis er mit Aufgebot von fünfzehn

Legionen und der gleichen Zahl von Hilfstruppen, zusammen über hundertundachtzigtausend Mann, d. h. mit dem größten Teil der römischen Macht überhaupt – besorgt fügte Augustus damals zu den bisherigen achtzehn Legionen acht neuerrichtete als dauernde Mehrung des stehenden Heeres – das „Illyricum", d. h. die Donauländer zwischen Noricum und Thrakien bis an die Adria wieder unterworfen hatte.

Das Jahr aber, in welchem er fertig geworden, das Jahr 9 n. Chr. ist das Jahr der „*Varianischen Niederlage*", der *Schlacht im Teutoburger Wald*: das will sagen: kaum war der Brand an der Donau und der Südostgrenze Germaniens gedämpft, als Tiberius schleunig durch einen Notschrei herbeigerufen wurde, Gallien, ja, wie man zu Rom bangte, Italien selbst vor einer Flamme zu schützen, die von der Nordwestgrenze Germaniens aus den Rhein zu bedrohen schien. Diese Flamme hatte entfacht: – *Armin*.

Römische Truppen beim Bau eines Kastells.
Relief an der Siegessäule Kaiser Marc Aurels in Rom.

Wir haben gesehen, wie es gelungen war, seit ungefähr zehn Jahren die starke, in zahlreiche Gaue gegliederte Völkerschaft der Cherusker, die über mehrere Nachbarn als Verbündete und Schutzbefohlene verfügte, nachdem sie lange Zeit hartnäckig widerstrebt, auf friedlichem Wege zu so völliger Hingebung an die römische Oberhoheit zu bringen, daß ihre Fürsten fast verrömert erschienen, daß die Unternehmung des Tiberius vom Jahre 5 völlig auf die Treue der Cherusker gebaut werden konnte.

Der Statthalter Sentius Saturninus, kräftig, doch freundlich, hatte eine glückliche Art gehabt, die Germanen zu behandeln. Schon schmeichelten sich die Römer, die Verrömerung der Germanen sei auf bestem Wege: sie werde sich, falls man nur keine Fehler mache und nichts überstürze, so rasch und sicher vollziehen wie die der Kelten in Gallien. Sie fingen bereits an, sich in Germanien, wenigstens in dem westlichen nahe dem Rheine, zu Hause zu fühlen wie etwa an der Seine: wie so völlig sie sich in den Gedanken eingelebt hatten, dies Land zu behalten für die ganze Ewigkeit ihres Reiches, wie sie so durchaus nicht mehr besorgten, es jemals wieder räumen zu müssen, wie behaglich und häuslich sie sich eingerichtet hatten, das beweisen die Inschriften und Denkmäler, die Häuser, Bäder, Tempel, Altäre aller Art, die wir aus dem „römischen Germanien" noch Tag für Tag ans Licht schaufeln.

Wiederholt hatten die Legionen in und bei den zahlreichen Kastellen, die seit Drusus über Westdeutschland zerstreut waren, nicht nur den Sommer, selbst den Winter in ihren Lagern sowie in Aliso verbracht: Märkte, kleinen Städten ähnlicher

DRITTES KAPITEL · DER RÖMISCHE ANGRIFF

als den germanischen Holzdörfern und Einzelhöfen, stehende römische Siedlungen waren um die Burgen und festen Lager her erwachsen: die umwohnenden Völkerschaften hatten schon mancherlei aus römischer Lebensweise angenommen: – wie später unter ähnlichen Verhältnissen, nach Ausweis ihrer Sprache die Goten an der Donau: häufig kamen sie auf die Markt- und Gerichts-Plätze der Römer. Freilich hatten sie die heimischen Sitten, die angeborene Weise, ihre Freiheit, ihr Waffen- und Heldentum noch keineswegs vergessen. Aber, so schien es den Römern, sie waren auf besten Wege, bei geschickter Behandlung ihr Volkstum zu verlernen und, ohne daß sie selbst es bemerkten, geschweige denn schmerzlich empfanden, sich zu verrömern.

So hatte man zur Niederwerfung der Pannonier die Veteranenlegionen vom Rhein hinwegzuziehen sich erlauben können: seit dem Jahre 7 standen nur fünf Legionen am Rhein, darunter drei (die siebzehnte bis neunzehnte) neuerrichtete: im Sommer dieses Jahres hatte man sogar gewagt, Sentius Saturninus selbst mit Verstärkungen von Rhein und Weser hinweg nach Pannonien zu schicken; germanische Hilfsvölker in großer Zahl, zumal cheruskische, begleiteten ihn: unter letzteren ragten die Söhne des Gaukönigs *Segimer*, *Armin* (der Name ist nicht genügend erklärt: keinesfalls „Hermann": wohl wie Flavus römisch: es gab eine römische *gens arminia*) und Flavus hervor.

Aber auf Sentius Saturninus, dessen Heiterkeit den Germanen gefallen haben mochte, war inzwischen als Legat gefolgt *Quinctilius Varus*, ein Verschwägerter des Kaiserhauses (auch sein Sohn war mit einer Tochter des Germanicus verlobt), bisher Statthalter in Syrien: „arm hatte er dies reiche Land betreten, reich verließ er die arm gewordene Provinz." Gleiche Habsucht wollte er in dem so armen Germanien befriedigen. Dazu war er ebenso hochfahrend und streng als bequem und schwerfällig an Leib und Seele:

Bildnis des Varus auf einer Münze von Achulla in Byzacene (Afrika).
Umschrift: P. QUINC+LI (+ ist TI) VARI ACHVL-L Auf der Kehrseite der Kopf des Augustus zwischen denen seiner Enkel Cajus und Lucius. Varus war Prokonsul von Afrika; es ist wohl nicht zu bezweifeln, daß dies sein Bildnis. Die Münze ist vor dem Jahre 4 nach Christi Geburt geprägt, denn damals ging er nach Syrien, wo er auf Münzen von Antiochia seinen Namen setzte.
Kupfer. Originalgröße. Berlin, Königl. Münzkabinet.

er zog das ruhige, genußreiche Leben an reich besetzter Tafel[1] im Lager bei weitem kriegerischen Anstrengungen vor. Und das Verderblichste war die kurzsichtige, sorglose Sicherheit (während allerdings das Mißtrauen gegen die Germanen sehr nützlich ist, meint Strabo naiv), in der er sich wiegte und wiegen ließ. Nicht allmählich wollte er die Verrömerung der Westgermanen vorschreiten sehen: – mit einemmal wollte er sie erzwingen. Die verachteten Barbaren schienen ihm kaum Menschen: wie bereits ganz Geknechtete wollte er sie beherrschen, wie ältere Untertanen, wie sklavische Syrer sie besteuern. Er hielt sie für so voll gebeugt, daß sie, die noch das Schwert nicht gebändigt hatte, und ihren stets zu Gewalttat neigenden Trotz die einfache Anwendung des römischen Rechts, die Stäbe des Lictors, der Ruf des Gerichtsdieners in Ordnung und Unterwerfung halten könne.[2]

---

[1] Vielleicht trug sie dereinst die herrlichen zu Hildesheim gefundenen Silberschüsseln.

[2] Es ist doch wohl eher anzunehmen, daß der Gedankenlose auf eigene Faust diese Behandlung der Germanen als Provinzialen versuchte, als daß sie ihm von dem vorsichtigen alten Imperator befohlen worden, der ihn dann freilich wohl, auf seine günstigen Berichte über den Erfolg des Versuches hin, gewähren ließ.

So verlegte er sein Sommerlager mit drei Legionen, das auch Frauen, Kinder, Freigelassene, Sklaven und Sklavinnen der Anführer erfüllten (am Rhein blieb nur sein Unterfeldherr und Neffe *Lucius Nonius Asprenas*): mitten unter die Germanen, hielt in ihrer Mitte, wie im tiefsten Frieden, als sei er Stadtprätor in Rom oder Prokonsul in Narbo, nicht Heerführer im cheruskischen Urwald, Tagfahrten ab, ließ vor seinem Richterstuhl Rechtshändel der Germanen nach römischem Recht entscheiden, römische Todes- und Geisel-Strafen an freien Germanen vollstrecken, römische Steuern von unbesiegten und verbündeten Völkern erheben und verbrachte so die kurze allein für Kriegstaten in diesem Lande verfügbare Sommerzeit.

Und allerdings: gefährlicher noch als die kriegerische Umklammerung von West und Süd hätte der germanischen Freiheit und Volkseigenart diese still fortschreitende Verrömerung werden müssen, die des Varus Sicherheit schon als vollendet ansah, wenn diese Zustände, dieses friedliche Einleben der Westgermanen, noch fortgedauert hätte.

Aber es dauerte *nicht* fort.

Gerade die Anwendung des römischen Rechts, mit der Zurüstung römischer Gerichtsbarkeit, mit Ruten und Beil, wie auf römische Provinzialen empörte die Germanen: ihre Fürsten vermißten schmerzlich den alten Einfluß, die leitende Gewalt: das Volk, sobald es *fühlte*, daß ihm die fremde Neuerung und Herrschaft auferlegt war, verlangte nach den alten Zuständen, nach der rauhen Freiheit der Väter. Dumpf gärte der Groll der Fürsten, der Edlen, der Gefolgsherren, der Gemeinen. Aber des Varus Verderben und der Germanen Errettung war erst gesichert, als der planlos und hauptlos murrende Grimm einen geistüberlegenen Führer fand, der den tief verborgen glimmenden Brand ebenso eifrig schürte als geschickt verbarg und endlich an der rechten Stelle kühn hervorschlagen ließ: wie Naturgewalten, wie Erdbeben oder Waldbrand oder Deichbruch, schlug der Volkszorn, dämonisch klug zurückgehalten und plötzlich furchtbar entfesselt, über den Römern zusammen.

Dieser geniale Führer war Armin, der Sohn des cheruskischen Gaukönigs Segimer.[1]

„Jugendlich (geboren 17 oder 16 v. Chr.), von erbfürstlichem Geschlecht, tapfer, rasch von Auffassung, weit über Barbarenart an Geist begabt, die Kühnheit seines Gedankens durch das Antlitz und den Blick des Auges verratend" – so schildert ihn *der Feind* –, hatte er, ähnlich wie Marobod, die Schule römischen Dienstes mit Auszeichnung durchgemacht: bei keinem der letzten römischen Feldzüge im Norden

---

[1]

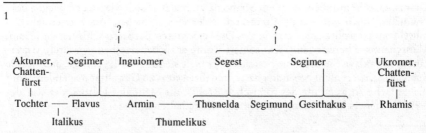

Andere Meinungen identifizieren Aktumer und Ukromer, machen Inguiomer, Segest und Segimer (Armins Vater) zu Brüdern und statuieren so nur *einen* Segimer. Es ist aber viel weniger auffallend, daß Inguiomer und Segest zwei gleichnamige Brüder hatten, als daß Tacitus nicht gewußt haben sollte, daß Segest Armins Oheim war: es ist undenkbar, daß er das verschwiegen hätte; vgl. Dahn, Könige I, S. 127.

DRITTES KAPITEL · DER RÖMISCHE ANGRIFF

und Süden hatte der junge Cheruskerfürst gefehlt, gewiß nicht im Jahre 5, vielleicht auch nicht bei dem Zug gegen Marobod: das römische Bürgerrecht, die Würde des Rittergrades hatte er sich verdient: die Macht und die furchtbare Gefährlichkeit Roms für Bestand, Eigenart und Freiheit seines Volkes, hatte er kennen gelernt. Aber während so mancher Cherusker, so sein eigener Bruder Flavus, der überlegenen fremden Bildungsmacht sich blindlings oder vielmehr geblendet angeschlossen, war Armins Herz seinem Volke treu geblieben: es beschloß, es vor der friedlichen wie vor der gewaltsamen Verwelschung zu erretten: er wurde das Haupt und die Seele der heimlichen Römerfeinde: er bereitete von langer Hand[1] die Erhebung vor.

Wann zuerst solche Gesinnung, solcher Beschluß in ihm gereift, wissen wir nicht: persönliche Kränkung darf man nicht als Grund annehmen: hoch war er vom Kaiser und von Varus geehrt: es reicht auch die Einsicht in die Bedrohung *seines Volkes* völlig zur Erklärung aus. Genial war der Entwurf, dämonisch die Ausführung des Planes: die angeborene Arglist des Barbaren, des Sohnes des Urwaldes, war gelehrig durch die Schule römischer Staatskunst begangen, die Ränke und falschen Ratschläge (*artes et consilia*) eines Tiberius hatte er nicht umsonst in der Nähe kennen gelernt: er vergalt seinen Lehrmeistern mit ihrer eigenen Lehre: jene Tat im Teutoburger Wald, einer der treulosesten Völkerrechtsbrüche, ist nur dann, aber dann auch voll zu rechtfertigen, wenn man sie als Wiedervergeltung der jahrhundertelang planmäßig gegen alle erreichbaren Völker geübten, oft noch weit größeren Listfrevel Roms und zugleich als einziges, letztes Mittel der Notwehr zur Errettung des ganzen Volkes auffaßt: sie war elementar, wie der Losbruch des Feuers, das man gebändigt zu haben glaubt. – Vom Standpunkt der Römer sind freilich die Vorwürfe begründet, daß die Cherusker, „denen man Vertrauen geschenkt, drei Legionen vertragsbrüchig aus dem Hinterhalt vernichtet" (Strabo).

Es macht Tacitus hohe Ehre, daß er das Großartige im Arglistig-Dämonischen, aber auch im Edlen und Heldenhaften in dem großen Feind erkennt und sich von kleinlicher Beurteilung seiner Tat frei gehalten hat. Armin hat, Hannibal und Mithridates vergleichbar, der Welttyrannei Roms gegenüber die Eigenart und Freiheit seines Volkes vertreten: aber jene erlagen Rom im Waffenkampf: nicht so Armin, der, unbezwungen von Rom, durch den Neid und die staatliche Unreife der Seinen fiel: jene Mischung des Dämonischen und heldenhaft Idealen macht Armin zu einer wie den Geschichts- und den Seelen-Erforscher so den Dichter immer aufs neue anziehenden Gestalt: es ist etwas von Odin-Wotan[2] in ihm. Er ist die erste großartige Gestalt in der langen Heldenreihe deutscher Geschichte.

---

1 Wenn auch Vellejus II, 117 sich selbst täuscht in der Annahme von den Germanen erfundener Rechtshändel, die sie zum Schein zur Entscheidung des Varus gebracht hätten.

2 Ich kann mir nicht versagen, die Würdigung dieser Tat, wie ich sie *künstlerisch* gefaßt (Armin, Leipzig 1880), hier mitzuteilen: ich wüßte sie in Prosa nicht schärfer auszudrücken. Der sterbende Varus frägt Armin:

„Verräter, sprich, ist das Germanentreue?"

und Armin antwortet:

„Nein, *Römertreu'* ist das, Quinctilius Varus!
Wer hat Verrat geübt an allen Völkern,
Treubruch und List, Falscheid und Heuchelkunst?
Rom und Verrat, treulos und Rom sind *eins.*
Nun kam, nachdem ihr List gefrevelt lang,
Ein größrer Überlister über euch:
Der Geist, den Wotan den Germanen gab!"

ZWEITER TEIL · WESTGERMANEN

Zuerst weihte er wenige Vertraute, dann immer mehrere in sein Trachten ein: die Mutlosigkeit gegenüber der römischen Überlegenheit war schon so stark, so weit verbreitet, daß er Mühe hatte, die Seinen zu überzeugen, das Joch könne wieder abgeschüttelt werden.

Denn in der Tat: groß war die Gefahr: erdrückt zu werden, bei gewaltsamer Erhebung. Seit die Römer die Donaulinie gewonnen und von der Nordsee ihre Kriegsschiffe auf Elbe und Ems, unterstützt von den unterworfenen Friesen und Chauken, tief ins Innere drangen, dem Landheere die Hand reichend, drohte im Fall des Krieges von West, Süd und Nord die römische Umklammerung.[1] Und doch durfte kaum länger gezögert werden, sollte nicht die innerliche, die friedliche Verrömerung, ähnlich wie bei den Galliern, Freiheit zugleich und Eigenart noch viel gefährlicher als die gewaltsame bedräuen.

Die Gefahr war um so dringender, als in der Völkerschaft Armins selbst, den Cheruskern, blind ergebene Anhänger Roms nicht fehlten, die, sei es aus Überzeugung, sei es von unlauteren Beweggründen beherrscht, den Widerstand gegen Rom für unmöglich, den Gehorsam für die Germanen selbst vorteilhaft hielten. So Segest, der Fürst eines anderen cheruskischen Gaues: die Selbständigkeit dieser nur zu einem Staatenbund locker gefügten Gaue der einzelnen Völkerschaft zeigt sich schlagend darin, daß bei der großartigen von den Cheruskern getragenen Erhebung so vieler germanischer Völker gegen Rom später wenigstens ein Gau der Cherusker, der des Segest, zu Rom halten, ja ein anderer – was noch überraschender – in dem heißen und langen Kampf abseits bleiben konnte: der Gau *Inguiomers*, des Oheims von Armin.

Zunächst mußte Varus in seiner vertrauenden Sicherheit bestärkt werden: nichts durfte die bisherigen Zeichen der fortschreitenden Gewöhnung an die römische Herrschaft unterbrechen: Fürsten, Edle und Gemeine der Germanen erschienen wie immer in dem Sommerlager, vor den Kastellen der Römer, Handel und Verkehr und sogar die Entscheidung ihrer Streitigkeiten vor dem Richterstuhl des Feldherrn und nach römischen Rechte suchend.

Als dann mußte Varus hinweggelockt werden von seinen festen Lagern und Kastellen, wo er für germanische Kriegskunst nicht bezwingbar war: in das Innere des Landes, fern vom Rhein, mußte er verleitet werden, auf ein Gelände, das dem Angriff der Barbaren möglichst günstig, der römischen Verteidigung ungünstig war. Der kleine Krieg in Waldgebirg und Sumpf, aber in großartigem Maßstab, sollte die Legionen verderben: daß ihre Kriegskunst in offener Feldschlacht durch allen Tod verachtenden Ungestüm von Barbaren nicht zu besiegen war, hatte Armin durch die Erfolge des Drusus, des Tiberius und eben zuletzt noch selbst, in den Reihen der Römer fechtend, in Pannonien erfahren, wo er mit Auszeichnung germanische Bundesgenossen befehligt, Bürgerrecht und Ritterring der Römer sich verdient hatte.

Der Aufstand einer fern im Inneren Germaniens wohnenden Völkerschaft (sie wird nicht genannt und ist nicht zu erraten: Gaue der Chatten?) wurde gemeldet. Varus beschloß, selbst mit seiner ganzen Streitmacht – nach Abzug der Besatzungen der Kastelle – aufzubrechen, die Empörung rasch und mit dem Nachdruck seines eigenen Erscheinens zu ersticken.

---

1 Man kann Waitz I, S. 3, Anm. 18 nicht zugeben, daß die Völker an der Nordsee weniger gefährdet waren: schon Drusus hatte die Friesen dienstpflichtig gemacht und die genannten beiden Flüsse sind bereits geradezu Angriffslinien für Rom geworden.

DRITTES KAPITEL · DER RÖMISCHE ANGRIFF

Armin und die übrigen Fürsten der „verbündeten", d. h. halb unterworfenen Germanen verhießen, sowie die Legionen aufgebrochen, ihre Heerbannscharen aufzubieten und dem Zug der Römer zu folgen. Segest, der schon früher wiederholt gewarnt hatte, verriet die Verschwörung nochmals bei dem letzten Gelage dem leichtgläubigen Feldherrn: eine allgemeine Erhebung sei im Werke: er schlug vor, ihn selbst, Armin und die anderen Fürsten sofort festzunehmen: ihrer Führer beraubt, werde die Menge nichts zu unternehmen wagen und Varus Zeit genug gewinnen, durch Untersuchung die Schuldigen und die Unschuldigen kennen zu lernen.

Aber Varus schlug die Warnung in den Wind: er zählte auf Armins Dank für manch hohe Auszeichnung und brach auf.

Ohne Ordnung, sorglos, wie in Frieden und Freundesland, zogen die Römer: die drei Legionen voneinander getrennt durch einen großen Troß von Fuhrwerk, mit den Frauen und Gepäck aller Art, Marketender, Krämer, Händler, aus dem aufgelösten Sommerlager, in der Mitte.[1]

Sofort nach dem Abmarsch der Truppen erließ Armin das geheime Aufgebot an alle verschworenen Fürsten und Völkerschaften: auf seinen Befehl wurden überall die im Lande zerstreuten einzelnen Römer, die Einquartierten, die Wachen, auch die Kolonisten an *einem* Tag überfallen und ermordet: er führte den ganzen Heerbann der Empörung in Rücken und Flanken des Varus: so groß war die brausende Flut des entfesselten Volkszornes, daß des Segestes Sohn, *Segimund*, der Priester am „Altar der Ubier" in Köln, die Priesterbinde zerriß und über den Rhein eilte, mit zu kämpfen: ja Segest selbst wurde von der übereinstimmenden Begeisterung der Seinen gezwungen, widerwillig, der Bewegung zu folgen.

---

1 Der lebhaft geführte, nie mehr zu Ruhe gelangende Streit der Lokalforscher über die Örtlichkeiten des Sommerlagers, des Marsches, der einzelnen Schlachttage wird wahrscheinlich *nie* entschieden werden, wenn nicht überraschende Gräberfunde aufgedeckt werden. Nach der *einen* (Haupt)Ansicht, der ich zuneige, lag Aliso bei Elsen, das Sommerlager etwa bei Minden an der Weser, führte die Legionenstraße, obzwar nicht überall gleich fest und breit angebaut, von Aliso durch den Dörenpaß nach Herford und der Weserscharte: südlich erheben sich chattische Gaue: Varus läßt sich betören, die in einem Umweg ausbiegende Heerstraße vor der Weser nach der Dörenschlucht und Aliso zu verlassen, um Frauen, Troß, Gepäck möglichst *rasch* in jener Festung zu bergen und, auf kürzestem Weg, quer durch die Urwälder (im Gebiet von Lippe), auf Waldpfaden, von den Cheruskern geführt, nach Süden zu gelangen: der erste Angriff erfolgte nun in den Sümpfen am 9. September: man wandte sich westlich, die Heerstraße nach Aliso wieder zu gewinnen: am zweiten Schlachttag, 10. September, nach anfänglich besserem Widerstand in einer Lichtung, neue Bedrängnis in den Wäldern von Lippe: am 11. September, dem dritten Schlachttag, Vernichtung der letzten Trümmer in der Dörenschlucht; nach einer anderen Meinung liegt Aliso bei Hamm, das Sommerlager bei Herford, die Empörer sind die Marsen, welche die Heerstraße zwischen der Dörenschlucht und Aliso (Hamm) verlegen: deshalb *muß* Varus diese Straße verlassen, zieht durch die „Senne" und wird auf dem sumpfigen Klaiboden sowie an den Hügeln zwischen Beckum und Stromberg, vier Stunden nördlich von Hamm, vernichtet: diese Ansicht rechnet nur zwei Schlachttage, die aber auch bei der ersten Annahme genügen würden. – Auf andere Abweichungen der oft leidenschaftlich vertretenen Lokaltheorien kann hier nicht eingegangen werden. Auch die auf Funde von Münzen aus jener Zeit gestützte Meinung (Mommsens), welche das Schlachtfeld nach Barenau verlegt, ist keineswegs überzeugend begründet. (Siehe die Literatur bei Dahn, in v. Wietersheim, II. Anhang. Vergl. *Deppe*, Des Dio Cassius Bericht über die Varusschlacht, Detmold 1880, und *Deppe*, Der römische Rachekrieg in Deutschland im Jahre 14–16 n. Chr., Heidelberg 1881, woselbst ebenfalls viel Literatur.)

Die ersten Nachrichten von neuen Unruhen in seinem Rücken störten noch so wenig den Feldherrn in seiner Sicherheit, daß er durch Liktoren die angeschuldigten Fürsten vor sein Tribunal laden zu können glaubte.

In dem „Teutoburger Wald" traf der Angriff der Germanen von allen Seiten von den dicht bewaldeten Höhen herab auf das im sumpfigen Talgrund dahin ziehende Heer. Deutlich lassen sich nach dem Bericht des Tacitus (über den Besuch des Schlachtfeldes durch Germanicus im Jahre 16) zwei, vielleicht drei Schlachttage, jedesfalls zwei Lager unterscheiden.

An dem ersten Schlachttag wurde ein Lager geschlagen, noch streng nach den Grundsätzen römischer Kriegskunst: groß von Umfang, für jede der drei Legionen gesondert abgesteckt.

Das Lager des zweiten Tages verriet deutlich schon durch seinen geringen Umfang, wie furchtbar bereits die Legionen zusammengeschmolzen waren, als sie sich hier nochmal zu setzen versuchten: halb eingestürzt war der Lagerwall, der Lagergraben nur wenig ausgetieft.

An diesem zweiten Schlachttag (10. September) wurde das Verderben der Römer begonnen, am dritten (11. September) vollendet: Sturm und Platzregen machten den Widerstand und das Weitereilen auf dem durchweichten Grund fast unmöglich für die neuausgehobenen, noch wenig geübten Truppen: – die alten, des Waldgefechts mit Germanen vertrauten Legionen des Rheinheeres standen ja jetzt in Pannonien. – Varus, verwundet, gab sich, dem Beispiel seines Vaters und Großvaters folgend, selbst den Tod: mehrerer der Legaten fielen, Tribunen wurden gefangen: der Rest des Heeres fand, zerstreut auf der Flucht oder in mannhaft und tapfer geschlossenem Widerstand, den Tod.

Der Legat Vala Numonius suchte sich mit der Reiterei durchzuschlagen, wurde aber auf der Flucht eingeholt oder von vorn gehemmt und vernichtet: nur ein Teil des Trosses und viele Frauen erreichten in verstreuter Flucht, wohl im Schutze der Nacht, das nahe (nur wenige Stunden entfernte) Aliso, wohin auch einzelne Mannschaften gelangten.

Zügellos, wild, grausam war die Rache, welche die Barbaren an den Gefangenen übten in Vergeltung all der Leiden, all des Druckes, die der Angriff und die Herrschaft der Römer gebracht, seit zuerst diese über den Rhein in die freien Waldgaue gedrungen waren. Keine Verhöhnung ersparte der grimmige, in Blut berauschte Übermut der Sieger den Lebenden, den Toten, den leblosen Wahrzeichen römischer Macht.

Armin sprach nach dem Siege zu dem Heer, die genommenen Adler und Reiterfahnen mit den Füßen tretend.

Viele Gefangene, zumal die Tribunen und Centurionen des ersten Ordo, wurden an den Altären den Göttern geschlachtet oder an Bäumen aufgehängt, ebenfalls als Opfer, die abgeschnittenen Häupter an Baumstämme geheftet – gleichfalls ein Opfergebrauch –, von welchen herab die gebleichten Schädel noch nach sechs Jahren das Heer des Germanicus angriffen, als er die Unheilstätte aufsuchte.

Zumal die bei der Sprechung römischen Rechts über Germanen tätig Gewesenen traf die Rache der über Ruten und Beile des Liktors tief Empörten grausam: in Blendung, Abschneidung der Hand, die das Urteil geschrieben, der Zunge, welche „wie eine Schlange das fremde Recht gezischt hatte".

Die verschonten Gefangenen wurden selbstverständlich unter den Siegern als Knechte verteilt: die Söhne vornehmer Geschlechter, die bald durch den Kriegsdienst sich in den Senat zu schwingen gehofft hatten, hüteten jetzt als Viehknechte

DRITTES KAPITEL · DER RÖMISCHE ANGRIFF

dem Cherusker die Rinder, dem Marsen die Hütte des Vorwerks. Manche wurden später durch die Ihrigen losgekauft, durften aber Italien nicht wieder betreten. Des Feldherrn Leiche völlig zu verbrennen, hatte den Römern Zeit und Ruhe gefehlt: sie hatten die halbverbrannte begraben, sie vor den Barbaren zu bergen. Diese aber entdeckten sie, gruben sie aus, trieben ihren Spott damit, zumal Sesithakus, des Segestes Brudersohn. Armin sandte das Haupt des Varus an Marobod, ein bedeutungsvolles Zeichen des Erfolges und der Mahnung; der Markomannenkönig jedoch, vielleicht schon damals eifersüchtig auf Armin und, in törichter Überschätzung seiner Macht, in Zurückhaltung sowohl von Rom als von den Freiheitskämpfern seine Sicherheit suchend, schickte den Kopf nach Rom, wo er in dem Grabmal des Geschlechtes beigesetzt wurde.

Der Schreck, die Bestürzung, die Furcht zu Rom waren groß. Der Schlag war so völlig unerwartet gefallen. Man feierte gerade den Sieg über die Illyrier und Pannonier. Augustus, zweiundsiebzig Jahre alt, durch manches Götterzeichen eingeschüchtert – ein Haarstern schweifte drohend durch die Himmel –, verlor die Fassung. Er soll das Haupt an die Marmorsäulen seines Palastes gestoßen haben mit dem Ruf: „Varus, Varus, Varus, gib mir meine Legionen wieder", und monatelang schor er Haar und Bart nicht: ein Zeichen tiefer Trauer: er glaubte, ganz Germanien werde zum Angriff sich erheben, Gallien mit fortreißen, Italien bedrohen. Zur Deckung der Alpenpässe aus Illyricum die Legionen zu ziehen, durfte man nicht wagen: eben erst war Tiberius mit dem Aufstand fertig geworden (fünf Tage vorher war Germanicus mit der Siegesbotschaft eingetroffen), der frisch emporflammen mußte, räumte man das Land, ließ man die Germanen herein, den Pannoniern die Hand zu reichen.

In der Stadt Rom selbst sogar wurden außerordentliche Maßregeln getroffen: die germanischen Leibwachen wurden aus dem Palast nach den Inseln Italiens abgeführt, sogar einzelne Gallier und Germanen, die als Reisende oder Söldner in der Stadt weilten, ausgewiesen, neue Wachen zur Nacht aufgestellt, dem Jupiter, „wenn er dem Reich wieder zu Heil verhelfe", große Spiele gelobt, was nur zur Zeit höchster Gefahr, so bei dem kimbrischen Schrecken, geschah: Tiberius war sofort auf die Nachricht hin aus Illyricum nach Rom geeilt.

Aber alle diese Besorgnisse und Vorkehrungen erwiesen sich als unbegründet.

Die Germanen hatten nur Befreiung und Verteidigung, nicht Eroberung im Sinn: bei weitem nicht alle westgermanischen Völkerschaften im späteren Deutschland waren bei der Erhebung beteiligt: so nicht die Völker der norddeutschen Küsten: Friesen, Sachsen, Chauken, so nicht der mächtigste den Cheruskern nahe König, Marobod, schwerlich alle Gaue der Hermunduren. Noch weniger hatte man Gallier oder Pannonier in den Plan gezogen oder jetzt, nach der Ausführung, aufgefordert zu gemeinsamen Angriff. Noch fehlten bei den Germanen jene zwingenden Gründe, die sie ein paar Jahrhunderte später mit Gewalt über die römischen Grenzen drängten: die Übervölkerung und ihre Folgen: noch fehlten die Vorraussetzungen großer gemeinsamer, nachhaltiger Angriffsunternehmungen: die Zusammenfassung zu größeren Gruppen, zu Völkerschaften und Völkern durch das Königtum.

Die locker verbundenen Gaue *einer* Völkerschaft und die fast nur durch den Götterdienst geeinten Völkerschaften eines Volkes und Völker einer Völkergruppe, die Armins geniale Klugheit und zündende Glut für den Augenblick unter seine Führung versammelt, hatte nur das Gefühl höchster dringender Gefahr geeint und bloß für den nächsten vor Augen stehenden Zweck: Abschüttelung des Römerjoches auf dem rechten Rheinufer. Darüber hinaus dachte selbst unter den Führern vielleicht nur *einer*: man beschränkte sich darauf, die Römer auf der germanischen Seite des

Denkstein eines im Feldzuge des Varus gefallenen Römers:
des Manius Caesius. Gefunden 1633 bei Xanten, jetzt im Museum zu Bonn; Höhe des Originals 1³, Meter. – Im vollen militärischen Schmuck ist der vornehme Krieger dargestellt: Auf dem Haupte die Corona civica, ein breiter über der Stirn durch ein Medaillon geschlossener Eichenkranz, der für Errettung eines Bürgers in der Schlacht verliehen wurde; der Hals ist von der gewundenen Torquis umschlossen; an den Schultern hängen in Schleifen zwei große Armillae. Die speziellen militärischen Ehrenzeichen sind die beiden über den Schultern sichtbaren Löwenköpfe und die auf der Brust hängenden fünf großen Medaillen, Phalerae; auf der größten derselben ist ein Medusenhaupt dargestellt, efeubekränzte Köpfe und ein Löwenkopf auf den anderen. Aller Schmuck ist mit Riemen auf dem Panzer, der Lorica, befestigt. Die Hand hält den Rebstock, vitis, das Zeichen des Centurionenranges Die Handgelenke sind mit Armringen geschmückt. Die Inschrift wird erklärt: Manio CAELIO, Titi Filio, LEMonia tribu BONonia, legatO LEGionis XIIX, ANNorum LIIISemis. ceCIDIT BELLO VARIANO. OSSA iNFERRE LICEBIT. Publius CAELIVS, Titi Filius LEMONIA tribu FRATER FECIT. Auf besonderen Postamenten rechts und links von der Hauptfigur stehen die kleineren Büsten zweier Freigelassenen des Manius Caelius, die wahrscheinlich wie er in den Kämpfen gegen die Germanen gefallen sind. Die Inschriften dieser Nebenbüsten: Manius CAELIVS, Manii Libertus PRIVATVS; und Manius CAELIVS, Manii Libertus THIAMINVS.

DRITTES KAPITEL · DER RÖMISCHE ANGRIFF

Stromes zu verderben, ihre Kastelle, Schanzen, Türme zu brechen: über den Rhein zu gehen, Gallien, freiwillig oder gezwungen, gegen Rom mit fortzureißen, Italien zu bedrohen: – nicht einmal Armin mag daran gedacht haben, gewiß aber niemand außer ihm.

Daß die Römer – wenn sie nicht für immer unschädlich gemacht würden – furchtbarer wiederkommen könnten, würden, *müßten* nach der Eigenart ihrer welterobernden Staatskunst – das erwogen die Kurzdenkenden nicht. Anstatt den Rhein zu überschreiten und die Vorraussetzung aller römischen Angriffe gegen Germanien von Westen her: die römische Herrschaft über Nordostgallien, zu zerstören, wandte sich also der Zorn der Verbündeten nur gegen die Zwingburgen an der Weser, Saale, Ems und suchte sie zu brechen.

Aber nur schwer und langsam gelang auch das: noch hatten die Germanen keine Erfahrung, keine Übung, keine Werkzeuge der Belagerung fester Steinburgen: und die Verteidigung war zäh: römische Kriegszucht und das den Gefangenen drohende blutige Schicksal hielten von der Ergebung ab.

Die Chatten wandten sich gegen das Kastell des Drusus auf dem Taunus, die Saalburg, bei Homburg und die Linien von der Lippe bis an den Rhein: sie wurden zerstört.

Aliso, die stärkste dieser Festungen, sollte durch Hunger bezwungen werden. Jedoch der Befehlshaber *Lucius Caeditius* brach zur Nacht aus den Toren und schlug sich mit dem Kern der Besatzung durch: seine Tubabläser täuschten die Belagerer: sie bliesen die Zeichen des Anmarsches einer starken Macht: die Germanen glaubten, Lucius Asprenas, des Varus Schwestersohn, der mit zwei Legionen in der Nähe stand (wo? doch ganz nahe am Rhein?), rücke zum Entsatz oder doch zur Aufnahme der Abgezogenen heran: sie brachen die Verfolgung ab: und die Entkommenen erreichten nun wirklich Asprenas, der seine Legionen rechtzeitig über den Rhein in Sicherheit brachte und durch dieselben auch das gärende Gallien in Gehorsam hielt.

Gleichwohl war die Furcht vor einem Krieg in den Wäldern der Germanen nach dem Untergang des schönen Heeres so allgemein, daß die Werbungen für den neuen Feldzug nur langsam die frisch zu bildenden Legionen füllten und man, wie zur Bezwingung des illyrischen Aufstandes, die Freigelassenen heranziehen mußte: auch dies Mittel gewährte doch nur die Mannschaften für zwei neue Legionen.

Tiberius wandte alle Kraft und Zeit diesen Rüstungen zu: er verzichtete auf die in Illyricum wohlverdienten mehrfachen Triumphe: so bald als tunlich brach er mit den frischen Truppen nach Gallien auf und überschritt im nächsten Jahre (10, nach anderen erst 11 n. Chr.) wieder den Rhein: die Germanen und Gallier sollten nicht wähnen, es sei den Empörern gelungen, diesen Strom wieder zur Reichsgrenze zu machen:[1] damals flehte Ovidius zu den Göttern, daß „endlich Germania, die Rebellin, traurig das Haupt vor dem großen Feldherrn in den Staub senken möge".

Mit strengster Mannszucht und Vorsicht faßte, im Gegensatz zu des Varus Sorglosigkeit, Tiberius das Heer zusammen: die Germanen wagten nicht, ihm zu offenem Kampf entgegenzurücken: Armin hielt sie zurück: nur wenige belästigten den

---

1 Nachträglich: d. h. nachdem die Feldzüge des Germanicus vor entscheidendem Erfolg abgebrochen wurden, stellte sich zwar dieses große Ergebnis der Tat Armins heraus: seit dem Scheitern, richtiger: der Abberufung des Germanicus, war Rom gegenüber Germanien aus dem Angriff in die Verteidigung zurückgeworfen: allerdings ein Wendepunkt in der Weltgeschichte; aber *damals* war dies weder entschieden noch erkannt: vielmehr zeigt die römische Staatskunst der nächsten Jahre, daß das Gegenteil gewollt wurde. Dies gegen Arnold, S. 67–69 f.

Marsch und wurden zerstreut: so unbedeutend waren diese Scharmützel, daß die Römer nicht *einen* Mann verloren. Die verlassenen Hütten, die unbeschützten Saaten wurden verbrannt: zufrieden mit dem Erfolg, die römischen Adler wieder ohne

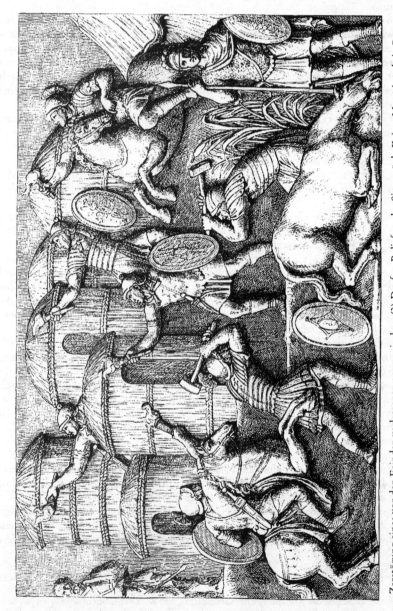

Zerstörung eines vor den Feinden verlassenen germanischen (?) Dorfes. Relief an der Siegessäule Kaiser Marc Aurels in Rom. Die Behausungen der Germanen (?) sind runde aus Stroh oder Schilf gebaute Hütten, ohne Fenster und mit nur engen Türen.

Widerstand nach Germanien getragen zu haben, das gefährliche Vordringen in das Innere vermeidend, kehrte der Feldherr bald wieder in die Winterlager nach Gallien

DRITTES KAPITEL · DER RÖMISCHE ANGRIFF

zurück. Vielleicht damals schon wurden auf dem *rechten* Rheinufer Befestigungen angelegt, welche die Verteidigung der nächsten Striche am Strom erleichtern sollten und *später* für den „limes" verwertet wurden.

Auch im folgenden Jahr erschien Tiberius in Germanien, diesmal in Begleitung von *Germanicus*, dem ältesten Sohn des Drusus, den er auf des Kaisers Gebot an Sohnesstatt angenommen hatte: dieser Jüngling sollte bald darauf den Germanen zeigen, daß die römische Gefahr, durch Armin für den Augenblick abgewendet, noch keineswegs vorüber war.[1] Nach Rom zurückgekehrt, wurde Tiberius zum Mitregenten, Germanicus zum Konsul des Jahres 13 ernannt: im folgenden Jahr übernahm dieser Gallien und den damit verbundenen „Germanenkrieg". Am 19. August des Jahres 14 starb der Kaiser, und die Weltherrschaft übernahm Tiberius.

Die Rache der Römer traf zumeist die nächsten Nachbarn, die Chatten zwischen Lahn und Main, die, so oft heimgesucht, sich immer wieder erhoben hatten, dann die Marsen, die man für die auf dem rechten Rheinufer verbliebenen Gaue der Sugambern hält, endlich die am schwersten erreichbaren Führer der Bewegung, die Völkerschaft Armins, die Cherusker. Diesen drei Völkern nacheinander galten die Feldzüge des Germanicus, stets einem einzelnen der Hauptangriff, während die beiden anderen durch Nebenbewegungen anderer römischer Abteilungen beschäftigt und von Unterstützung des eigentlich Bedrohten abgehalten wurden.

Germanicus erstickte mit Kraft und Klugheit die gefährliche Meuterei der zum Teil neugebildeten vier Legionen des unteren Germaniens (*legio* I. V. XX. XXI.): ihren Geist, ihre Zucht zu bessern führte er sie darauf, 14 n. Chr., zwölftausend Legionare, sechsundzwanzig Kohorten Hilfstruppen, acht Geschwader Reiter, von Vetera aus über den Rhein in den Germanenkrieg, wie er zu gleichem Zweck kurz zuvor einen Teil der Altgedienten aus Obergermanien nach Rätien geschickt hatte, angeblich wider drohende Einbrüche der Sueben.

Er zog im Eilmarsch durch den „Caesischen Wald", überschritt die Schanzenreihen, welche hier Tiberius wider die Germanen angelegt hatte, und schlug nordöstlich derselben vorsichtig ein wohlbefestigtes Lager, Stirn und Rücken durch Wälle, die Flanke durch Verhacke deckend.

Von diesem Lager aus vollführte Germanicus eine Tat, die, wenig heldenwürdig, die erste fürchterlich blutige Rache für die Varusschlacht bedeutete. Er erfuhr durch Späher, daß unfern im Walde die Marsen eine große Götterfestnacht mit frohen Opfergelagen feierten: – vielleicht die Sommersonnenwende: sie wähnten die Römer noch durch jene Meuterei beschäftigt und ahnten nichts von des Germanicus Rheinübergang und verderblich leiser Näherung: sorglos, ohne ausgestellte Wachen, begingen die Fröhlichen das heilige Fest wie im tiefsten Frieden: gelagert an den Tischen, schlafend oder schlaftrunken ruhten sie in ihren Dörfern.

Da wählte der Cäsar von den beiden in das Marsenland führenden Wegen den längeren, schwierigeren, von den Römern noch nie betretenen, den Arglosen desto überraschender zu kommen: *Cäcina*, sein Legat, räumte mit leichten Truppen die Hindernisse der Waldpfade auf: die Legionen folgten: die hellen Sterne der Sommernacht zeigten den Weg: unvermerkt waren die Kohorten an die Stätte der Feier gelangt: in vier Scharen, „um weiterhin das Verderben zu verbreiten", ließ Germanicus die Rachewütigen los: und schrecklich wurde sein Zweck erreicht: fünfzig römische Meilen im Umkreis wurde alles Leben gemordet, nicht Weiber, nicht Kinder, nicht

---

1 Anders Arnold a. a. O.

200 ZWEITER TEIL · WESTGERMANEN

Greise verschont, Saaten und Gebäude, Weltliches und Heiliges, darunter der berühmte Tempel jener Völker, der der *Tanfana*[1], *Tamfana* (Herdgöttin?), mit Flammen und Axt der Erde gleich gemacht: und Tacitus frohlockt, daß die Truppen in dieser Hinschlachtung von Schläfern, Wehrlosen, Flüchtlingen nicht *einen* Verwundeten hatten.

Aber nicht Verzagtheit, Rachezorn verbreitete die grausige Bluttat unter den Nachbarn der hart getroffenen Marsen. Brukterer, Tubanten, Usipier strömten herbei und besetzten die Waldwege, durch welche die Römer ihr Rückzug führen mußte. Germanicus erfuhr es und ordnete sein Heer zu Marsch und Kampf zugleich: Reiter und einige Hilfstruppen voraus, dann die erste Legion, dann Troß: diesem zur Deckung die einundzwanzigste links, die fünfte rechts: die zwanzigste mit dem Rest der Hilfstruppen bildete die Nachhut. Lange ließen die Germanen den Zug so durch die Wälder rücken: als er aber aus dem Dickicht in das freie Feld treten wollte, griffen sie, unter nur leichter Beschäftigung der Stirn und der Flanken, mit höchster Kraft die Nachhut an. Die Kohorten der Hilfsvölker hier wurden durch die dichten Keilhaufen der Germanen verwirrt und hart gedrängt: da sprengte der Cäsar zu der zwanzigsten Legion und rief mit lauter Stimme, jetzt sei die Stunde da, die Schande jener Meuterei auszulöschen und die Schuld in Ehre zu verwandeln. Begeistert stürmen die Legionare auf den Feind, durchbrechen ihn im ersten Ansturm, drängen ihn in eine Waldblöße und hauen ihn nieder. Gleichzeitig erzwang die Spitze des Zuges den Ausgang aus dem Wald und schlug im freien Feld ein festes Lager. Von da ab setzte Germanicus ohne Kampf den Weg fort und führte die Truppen, durch den Erfolg gehoben, in die Winterquartiere.

Gar bald erschien im folgenden Jahre (15 n. Chr.) Germanicus schon zu Anfang des Frühjahrs wieder im Feld: so früh erwarteten die Barbaren nicht den Angriff der Römer: der Überraschung verdankte er auch diesmal blutigen Erfolg. Die Ursache der raschen Erneuerung des römischen Angriffs war die nur zu begründete Hoffnung, die Germanen, ja die führende Völkerschaft des Bundes wider Rom, die Cherusker, tief gespalten zu finden. Segest, der nur widerstrebend zu der Erhebung vom Jahre 9 sich hatte fortzwingen lassen, war im Herzen der alte Römerfreund geblieben: den staatlichen Gegensatz hatten Zorn und Rachedurst zu tödlichem Haß gesteigert, seit Armin, „des gehaßten Schwiegers gehaßter Eidam", ihm die einem anderen verlobte Tochter *Thusnelda* (Thursin-Hiltja, Riefenkampf) entführt hatte: darüber war es zu offenem Kampf zwischen beiden Fürsten gekommen: Segest hatte die Tochter wieder in seine Gewalt gebracht und wurde nun von Armin bedroht. Diesen inneren Krieg, die Bekämpfung des Freiheitshelden durch das eigene Volk, mußte Rom benutzen. Das ganze Rheinheer sollte diesmal ins Feld rücken.

Germanicus übergab Cäcina die vier Legionen des Niederrheins mit fünftausend Mann Hilfstruppen und freiwilligen Söldnern aus den linksrheinischen Germanen; damals wohl schon erreichte Cäcina Aliso wieder, stellte die Werke her und besetzte sie aufs neue.

Germanicus selbst überschritt mit den vier Legionen des Oberrheins und der doppelten Zahl von Hilfstruppen den Strom bei Mainz, begann oberhalb der Trümmer des von seinem Vater auf dem Taunus angelegten Wartturms (der Saalburg?) den Bau eines Kastells und ließ *Lucius Apronius* zur Deckung der Straßen und der Flüsse zurück: ein in dem sumpfigen Waldland ungewöhnlich warmer Frühling hatte die

---

1 Die verschiedenen Deutungen bei Schade, Althochdeutsches Wörterbuch IV, „Tanfana"

DRITTES KAPITEL · DER RÖMISCHE ANGRIFF 201

Wasseradern geseichtet und die sonst den Angreifern hemmenden Flußlinien leicht durchschreitbar gemacht: aber der Feldherr besorgte, sie bei dem Rückweg durch die Regengüsse des Hochsommers geschwollen zu finden. Germanicus wandte sich diesmal gegen die Chatten und überfiel sie so unvermutet, daß die Männer nur noch durch Schwimmen das linke Ufer der *Eder* (Adrana) zu gewinnen vermochten: die Weiber, die Kinder, die Greise wurden verknechtet und gemordet.

Darauf schlugen die Römer eine Brücke über die Eder: der Versuch der Chatten, den Bau vom jenseitigen Ufer aus zu hindern, wurde durch Wurfgeschütze und Pfeilregen abgewiesen und der Fluß auf der Brücke überschritten: da flohen die Bewohner auch dieser Gaue, ihre urbaren Ländereien und Dörfer preisgebend, in die Wälder: nur wenige gingen zu den Römern über. Germanicus verbrannte den Hauptort der Chatten, *Mattium* (Maden), verwüstete das bebaute offene Land diesseits der Wälder und trat den Rückzug an den Rhein an, ohne diesmal dabei, wie sonst, von den Germanen angegriffen zu werden.

Die Cherusker wären gern den Chatten zu Hilfe geeilt: aber Cäcina drohte mit dem zweiten Heer an ihren Grenzen, bald hier, bald dort den Einbruch, so daß sie ihren Heerbann nicht aus dem Lande ziehen konnten: die Marsen, die ihn angriffen, wies er mit Glück ab. Auf dem Rückweg in der Richtung nach Rom trafen Germanicus Boten von Segest, die um Errettung für den Römerfreund flehten. Armin, der Vorkämpfer der Freiheit, der stets zum Krieg gegen Rom riet, hatte den großen Teil des Volkes für sich und belagerte den Vater seiner Gattin, offenbar um diese zu befreien, in seiner stark befestigten Hofburg (zwischen der Weser und dem linken Ufer der Diemel?). Die Gesandtschaft des Segest begleitete dessen Sohn, Segimund, der Strafe scheute für sein Verhalten im Jahre der Teutoburger Schlacht.

Germanicus verzieh und sandte ihn unter Bedeckung über den Rhein: er hielt es für voll der Mühe wert, umzukehren, den Anhänger Roms zu entsetzen. Er zwang durch Gefecht die Belagerer – die also stark genug waren, standzuhalten – zum Abzug und befreite Segest mit einer großen Schar von Gesippen und Gefolgen: unter den edlen Frauen in der Burg befand sich Thusnelda, die nicht des Vaters, sondern des Gatten Gesinnung teilte: ohne Tränen oder Bitten trug sie ihr Los, schweigend die Hände über dem Herzen gefaltet, unter welchem sie den Sohn des Befreiers trug. Auch Siegeszeichen aus der Varusschlacht, dereinst den nun in die Hände der Römer Gegebenen als Beuteanteil zugefallen, wurden hier zurückgewonnen. Segest, eine Hünengestalt, zeigte keine Furcht, wegen seiner Beteiligung an der Erhebung vom Jahre 9 gestraft zu werden: er brüstete sich damit, von je, seit ihm Augustus das Bürgerrecht verliehen, seinen Landsleuten, und zwar nicht aus Verräterei, sondern aus Überzeugung den Anschluß an Rom geraten zu haben: Roms Freunde und Feinde seien stets auch die seinen gewesen. So habe er in jener Nacht vor dem Aufbruch in den Krieg vergeblich nochmals Varus gewarnt. Später habe er mit wechselndem Glück Armin, den Entführer seiner Tochter, befehdet, sei von ihm gefangen gewesen und habe Armin gefangen. Und sobald er den Römern sich habe stellen können, habe er es getan, sich zu reinigen von dem kurzen, gezwungenen Abfall: er stehe hier als bester Vermittler für die Germanen, wenn diese nur Reue statt Bestrafung wählen wollten. Seines Sohnes Fehler möge die Jugend entschuldigen: Thusnelda sei aber nur gezwungen zugegen: Germanicus solle entscheiden, ob er ihr als seiner Tochter verzeihen oder als Armins Gemahlin zürnen wolle.

Der Cäsar sicherte in gütiger Antwort Segests Kindern und Gesippen Straflosigkeit zu, ihm einen Sitz in der „alten Provinz" (*vetere in provincia*, d. h. doch wohl der *Narbonensis*; die Lesart *Vetera*, d. h. *castra* ist aufgegeben).

Er führte darauf das Heer über den Rhein zurück und erhielt von Tiberius den Imperatornamen.

Thusnelda gebar einen Knaben, der, *Thumelikus*[1] genannt, zu Ravenna erzogen, bald von einem „Schmachgeschick" („*quo mox ludibrio conflictatus sit*") heimgesucht wurde, wie Tacitus sagt: welch Los dies gewesen, wollte er anderen Orts erzählen: aber in seinen uns erhaltenen Büchern findet sich nichts davon: vielleicht darf man an Verwendung als Possenreißer, Spaßmacher bei Tafel denken.

Relief von der Siegessäule Kaiser Marc Aurels in Rom: Gefangene germanische Frauen.

Die Beziehungen antiker Statuen auf Armin, Thusnelda und Thumelikus sind unhaltbar.

Die Ergebung und gute Aufnahme des Segestes wirkte gewaltig auf die Germanen: die Freunde der Römer oder doch des Friedens mit der Übermacht des Weltreichs ermutigend, die Kriegspartei erbitternd. Armin, voll grimmen Schmerzes um die geraubte Gattin und das vor der Geburt schon verknechtete Kind, flog („*volitabat*") durch alle Gaue der Cherusker, zu Waffen und Kampf gegen Segest und den Cäsar rufend. „Der treffliche Vater, der große Imperator, das tapfere Heer, deren Arme vereint ein schwaches Weib davongeführt!" Vor ihm seien drei Legionen, drei Legaten gefallen! Er habe nicht durch Überlaufen und gegen schwangere Frauen, sondern offen gegen Gewaffnete gekämpft: noch sähe man in den Hainen der Ger-

---

1 Über den Namen Schade a. a. O.

DRITTES KAPITEL · DER RÖMISCHE ANGRIFF

manen die römischen Feldzeichen, die er zu Ehren der heimischen Götter aufgehängt. Nie könnten die Germanen verzeihen, zwischen Elbe und Rhein die Rutenbündel und Beile und die Toga haben schauen zu müssen. Andere Völker kannten die römische Herrschaft mit ihren Strafgerichten und Schatzungen nicht: sie aber hätten dies alles kennen gelernt und abgeschüttelt; sie, welche jenen unter die Götter gezählten Augustus, jenen erlesenen Tiberius heimgeschickt, sollten einen Milchbart von Feldherrn, ein meuterisches Heer nicht fürchten. Wenn sie das Vaterland, die Ahnen, die alte Sitte der neuen Römerherrschaft vorzögen, würden sie nicht Segest in schmachvolle Knechtschaft, sondern Armin zu Ruhm und Freiheit folgen.

So riß der Held nicht nur die Cherusker, auch deren Nachbarvölker mit sich fort: auch *Inguiomer*, seinen Vatersbruder, der selbst bei den Römern in hohem Ansehen stand: sein Beitritt machte den Cäsar ernstlich besorgt für den Feldzug des nächsten Jahres – daß ein solcher unvermeidlich schien, zeigt am deutlichsten, wie wenig Bleibendes in dem letzten war erreicht worden.

Aber Germanicus war freilich auch gewiß nicht gemeint (wie damals schon vielleicht der Kaiser dachte und bald darauf befahl), die Unterwerfung Germaniens bis zur Elbe, seines Vaters Drusus stolzen Traum, aufzugeben und sich mit einem bloßen Rachekrieg für Varus zu begnügen: er wollte jenes Vermächtnis des Drusus ausführen. Dabei gedachte der Imperator nicht, der ganzen Waffenmacht der Verbündeten auf *einem* Schlachtfelde entgegenzutreten: die überlegene Macht und Feldherrnschaft der Römer sollte wieder die Germanen zerteilen und einzeln schlagen. Germanicus schickte (Frühjahr 15) zu diesem Zweck Cäcina von Vetera aus mit vierzig Kohorten durch die Gaue der Brukterer gegen die Ems, Reiterscharen unter *Gajus Pedo Albinovanus* in die südöstlichen Gaue der Friesen: er selbst schiffte, seines Vaters Plan und Werk benützend, vier Legionen ein und fuhr über die Meeresbuchten und Binnenseen der Rheinmündungen: in wohlgelungenem Zusammentreffen gelangten Fußvolk, Reiter, Schiffe, im ganzen mehr als achtzigtausend Krieger, gleichzeitig an den vorbestimmten Ort an der mittleren Ems (etwa bei Rheina?); die Chauken hatten sich Schonung erkauft, indem sie Hilfsvölker stellten: die Brukterer verbrannten selbst ihre Gehöfte und Saaten, dem Feind die Festsetzung und Verfolgung zu erschweren: aber bevor sie in die Wälder entweichen konnten, überraschte sie *Lucius Stertinius*, vom Feldherrn mit rascher Schar entsendet: und hier bei den Brukterern – unter Mord und Plünderung – fanden die Römer zu ihrer großen Freude den unter Varus verlorenen Adler der neunzehnten Legion wieder: darauf durchzog das Hauptheer nachfolgend das ganze Gebiet der Brukterer von der Ems zur Lippe. Von da ging der Marsch vielleicht über die Gegend von Bielefeld, den Teutoburger Bergwald und den Osning in die Gegend von Herford. Und nun waren die Römer ganz nahe dem Schlachtfeld des Varus, wo die Gebeine der Legionen noch unbestattet lagen. Da beschloß Germanicus jene Stätte der Trauer aufzusuchen: das ganze Heer wurde von Rührung ergriffen im Mitleid um dort verlorene Verwandte und Freunde, von Wehmut erschüttert um Kriegsgeschick und Menschenlos. Zugleich dürfen wir aber bei dem Cäsar noch einen anderen Beweggrund annehmen für den später von Tiberius mißbilligten Besuch des Schlachtfeldes: – der Kaiser besorgte Entmutigung des Heeres durch den Anblick jener grauenvollen Gerippe, auch meinte er, die Augurien des Feldherrn sollten nicht durch Leichenbestattung getrübt werden – Germanicus aber wollte wohl den Germanen deutlich vor Augen führen, daß jene Tat ihnen auf Dauer nicht geholfen habe, daß auch jene Niederlage nicht den römischen Adler abschrecke, so weit wie zuvor den Flug in die dunklen Wälder zu wagen.

Cäcina wurde vorausgeschickt, etwaige Hinterhalte in den Waldwegen aufzuklären, Brücken und gedämmte Wege über die Sümpfe und den unsicheren Moorgrund herzustellen. So erreichte denn das ganze Heer die düstere Stätte, schrecklich von Ansehen und Erinnerungen. Die Soldaten, die aus jener Schlacht oder später aus Gefangenschaft entkommen, zeigten die Stellen, wo die Legaten gefallen, wo die Adler genommen wurden, wo Varus verwundet worden, wo er sich in das Schwert gestürzt, wo Armin die Rede als Sieger und Richter gehalten, wo er die genommenen Feldzeichen beschimpft habe, wie viele Galgen errichtet, wie viele Leichengruben gegraben worden.

Und so bestatteten sie die Gebeine der drei Legionen sechs Jahre nach deren Untergang: keiner wußte, ob er die Skelette von Fremden oder von Verwandten und Freunden auflese: so begruben sie dieselben alle wie die von Verwandten voll Trauer, voll Grimmes gegen die Barbaren. Der Cäsar selbst legte die erste Rasenscholle auf den Grabhügel den Toten zur Ehre, als Trauergenosse der Lebenden.

Von da führte er das Heer gegen Armin, der in die unwegsamen Wälder auswich, die Feinde nachzulocken. Sowie sich die Germanen auf freiem Felde zeigten, schickte Germanicus seine Reiter vor, anzugreifen, die Stellung zu nehmen. Wieder entzog sich Armin, seine Scharen sammelnd, in die Wälder, scheinbar weichend: plötzlich aber wandte er sich zum Angriff und ließ gleichzeitig seine in den Bergschluchten verdeckt aufgestellten Flanken vorbrechen. Der mehrfache Angriff verwirrte die römischen Reiter, die ihre Stirnseite teilen mußten: die Hilfskohorten, welche die Geworfenen aufnehmen sollten, wurden von den Fliehenden überrannt und dann samt diesen in größter Auflösung in die sumpfige Niederung geworfen, deren trockene Wege nur die verfolgenden Germanen kannten. Vernichtung drohte in diesem Moorland den offenbar mit großem Verlust Geschlagenen: im letzten Augenblick rettete sie der Cäsar, der mit den Legionen eintraf und diese in geschlossener Kolonne vorführte. Armin brach das Gefecht ab: den Römern kehrte der Mut wieder: aber Tacitus selbst muß den Tag unentschieden nennen. Und – das Bezeichnendste – Germanicus wagte nicht, trotz des bisher erzielten geringen Erfolges, Armin *nochmals* in seinen Wäldern anzugreifen: er trat den Rückzug an die Ems an und führte die Legionen zu Schiff wieder zurück, wie sie gekommen. Ein Teil der Reiter zog an der Küste hin an den Rhein. Cäcina endlich sollte seinen Heeresteil auf dem Landweg zurückführen: streng wurde ihm eingeschärft, obwohl diese Wege alt bekannt waren, so rasch als möglich die Strecke zurückzulegen, welche die Römer „die langen Brücken" nannten: zwischen weiten Sümpfen, die ringsumher drohten, hatte hier Lucius Domitius Ahenobarbus auf schmalem, hoch aufgedammtem Steige „Knüppelwege" (Überfälle) gelegt von Brettern und Balken: rings umher war der Grund morastig, von häufig ihr Rinnsal wechselnden großen Bächen und kleinen Flüssen durchschnitten: zu beiden Seiten erhoben sich die Waldberge – dichter Urwald – in sanfter Steigung. Und diese Höhen hielt besetzt – Armin.

Auf nur den Bewohnern bekannten kürzeren Pfaden hatte der geniale Meister des Waldgefechts seine leichtfüßigen, durch ihre Angriffswaffen wenig beschwerten Haufen, ohne Gepäck und fast ohne Rüstung, in eiligem Lauf an beiden Flanken der Römer unvermerkt vorbei geführt: vor der Spitze des mit Gepäck, Schanzzeug und Rüstung schwer beladenen Römerzuges hatten die Germanen die beiden Seiten des Tales der „langen Brücken" erreicht: drohend standen sie auf den Waldhöhen: die Lage Cäcinas, zumal der linken römischen Flanke, glich höchst beängstigend der des Varus. Der römische Heerführer erkannte, daß er nicht auf dem Marsche zugleich die Angriffe der Feinde abwehren und die von Alter zum Teil zerstörten Brücken

DRITTES KAPITEL · DER RÖMISCHE ANGRIFF

ausbessern könne. Er griff zu dem alt bewährten Mittel römischer Kriegskunst, schlug ein befestigtes Lager, das die Brückenarbeiten deckte, und teilte seine Truppen, indem er die einen die Wege bessern, die anderen das Lager verteidigen ließ. Von allen Seiten griffen die Barbaren an, um von vorn und von den Seiten einzubrechen in die Glieder der Römer zwischen die Arbeiter und das Lager: der Lärm, das Geschrei der Brückenarbeiter und der Kämpfer mischte sich. Und alles war dabei den Römern ungünstig, vorteilhaft den Germanen: der Boden tief durchsumpft, die schwer Geharnischten versanken darin im Stehen, glitten aus im Schreiten, konnten das Pilum nicht schwingen in Wasser und Moor: die Cherusker, gewöhnt an Gefecht in Sumpf und Heidemoor, Riesengestalten, mit langen Lanzen, erstachen von weitem die unsicher watenden Fremdlinge. Nur die Nacht rettete die wankenden Legionen vor dem Verderben: – ein selten eingestandener Grad kriegerischen Unglückes. – Aber diese Nacht wurde furchtbar. Die Germanen hielten das Lager umschlossen: sie feierten in laut lärmendem Gelag mit frohem Siegesgesang oder grimmigem Drohruf ihre Erfolge: ihre Stimmen erfüllten Wald und Tal: ja auch in der Nacht noch nicht ruhend, leiteten sie alle Gießbäche und Quellen der Waldhöhen auf das Lager und die Brückenarbeiten der Feinde, alles überschwemmend, der Soldaten mühselig Werk zerstörend.

Die Römer vermochten kaum die Wachtfeuer zu erhalten: weniger wachsam als schlaflos lagen sie auf den Lagerwällen, schlichen sie durch die Zeltgassen: nur selten vernahm man der Wachen Ruf. Und den Feldherrn schreckte ein Traum schlimmer als Schlaflosigkeit: er sah Quintilius Varus, mit Blut überströmt, aus dem Moor emporsteigen: mit Ruf und ausgreifender Hand mahnte er den Schläfer, ihm hinab in Sumpf und Tod zu folgen: aber Cäcina – so schloß der Traum – stieß die nach ihm greifende Hand zurück und folgte nicht. Vierzig Feldzüge hatte der in Glück und Unglück Erprobte als Soldat und Heerführer durchgemacht: er verlor nicht kühlen Mut noch klaren Kopf. Alt geschult in römischer Kriegskunst faßte er seinen Plan: die Feinde so lange in den Wäldern zurückzuhalten, bis die Verwundeten und das Gepäck über die Brücken hinweg eine breitere Ebene erreicht hätten, die, eine Strekke „Geestboden" mitten in dem übrigen Sumpf- und Moorland, ziemlich nahe gelegen war.

Am Morgen brach Cäcina wieder auf, die erste Legion an der Spitze, die fünfte auf der rechten, die einundzwanzigste auf der linken Flanke, die zwanzigste in der Nachhut. Aber so wie es hell geworden, verließen die beiden Flankenlegionen die ihnen angewiesene Stellung auf den Flügeln – freilich die gefährlichste – und eilten, um sich zu retten, rücksichtslos vorwärts aus der nassen Niederung hinweg nach der ihnen wohlbekannten trockenen Ebene zu: nicht gleich brach Armin von den Höhen herab, obwohl die beiden Flanken nun entblößt waren: klüglich wartete er, bis die beiden übrigen Legionen den Marsch angetreten hatten und sofort das Gepäck in dem Kot und den Wasserpfützen steckenblieb: da, als er die Soldaten verwirrt, die Ordnung der Feldzeichen hin- und herschwanken sah, sah, wie jeder einzelne, unwillig auf das Kommando zu hören, nur daran dachte, für sich allein rasch vorwärts zu kommen über die verderblichen Brücken nach dem ersehnten trockenen Blachfeld – da rief er seinen Germanen zu: „Seht: noch einmal Varus! Noch einmal das gleiche Verderben über den wehrlosen Legionen!" und befahl den Angriff. Und sofort im ersten Anlauf gelang es ihm persönlich, mit einer erlesenen Schar – wohl seiner Gefolgschaft – die geschlossene Reihe des Zuges der beiden Legionen mitten zu durchbrechen.

Nach seiner klugen Anordnung wurde vor allem auf die Pferde der Legionsreiterei und der Offiziere gezielt: die verwundeten Tiere stürzten, ausgleitend im Schlamm und im eigenen Blut, warfen ihre Reiter ab, rannten die Reihen über den Haufen, zertraten die umgerittenen. Am schwersten hatten die Adlerträger zu ringen, die weder die Feldzeichen dem Hagel von Wurfspeeren im Anlauf entgegentragen noch sie in den durchsumpften Boden stoßen konnten. Cäcina will die Zugreihe wiederherstellen: aber sein Pferd wird durch ein Wurfgeschoß (*framea*) niedergestreckt: er fällt herab, er wäre gefangen worden, hätten sich nicht Soldaten der ersten Legion dazwischen geworfen. Da rettete die Römer abermals die dumpfe Beutegier der Barbaren: statt das Niederhauen zu vollenden, plünderten die Sieger das Gepäck! So gelang es, die Überbleibsel der Legionen gegen Ende des Tages aus Wald und Sumpf herauszuziehen auf die trockene Ebene.

Aber das Ende des Unheils war damit noch nicht erreicht. Nur in einem befestigten Lager war Rettung für die hereinbrechende Nacht: es galt, Erde für den Wall, Rasen für den Damm zu beschaffen. Mit dem stecken gebliebenen Troß war aber alles verloren, was man zum Lagerschlagen brauchte: die Körbe, die Wallerde zu tragen, die Spaten, den Rasen auszuheben: dazu die Zelte für die Mannschaften, das Verbandzeug für die Verwundeten; ohne Licht und Feuer teilten die Truppen die von Schmutzwasser und Blut besudelten Speisen und klagten offen, daß der nächste Tag für all diese Tausende der letzte werden müsse. Wie tief die Entmutigung, der Schreck diese bewährten Krieger erschüttert hatte, beweist, daß ein geringer Vorfall das Äußerste herbeizuführen drohte. Ein Pferd hatte sich losgerissen und, erschreckt durch Geschrei, durch die Gassen des Lagers sprengend einige Leute überritten. Da glaubte das ganze Heer, die Germanen seien ins Lager eingedrungen, und in Bestürzung strömte alles nach den Toren, zumeist nach der Porta *decumana*, auf der vom Feind abgekehrten, der Flucht günstigsten Seite. Cäcina erfuhr, daß der Schreck grundlos war: aber weder durch Befehl, noch durch Bitten, noch selbst durch gewaltsames Ergreifen mit der eigenen Hand konnte er die Fliehenden zurückhalten: da warf er sich auf die Schwelle des Tores und sperrte so den Weg: das Mitleid hielt die Soldaten ab, auf den Leib des greisen Legaten zu treten: einstweilen fanden die Tribunen und Centurionen Zeit und Gehör, die Grundlosigkeit der Angst zu zeigen. Der kriegskundige Feldherr versammelte nun die Scharen vor seinem Zelt und beruhigte und ermutigte sie durch eine kraft- und klugheitvolle Ansprache: nur in den Waffen liege Rettung, aber mit Verstand müßten sie geführt werden. Man müsse sich innerhalb des Lagerwalles halten, bis die Barbaren, um einzudringen, ganz nahe heran wären: dann müsse man aus allen Toren zugleich vorbrechen: und so werde man, geschart, den Rückzug an den Rhein gewinnen mit Sieg und Ruhm: wenn sie vereinzelt die Flucht ergriffen, würden sie nur immer wieder auf tiefe Sümpfe, Wälder und den Blutdurst der Barbaren stoßen. Er mahnte an alle Heiligtümer der Heimat, an alle Ehrenpflichten des Lagers: zuletzt verteilte er, mit den seinigen beginnend, ohne Rücksicht auf den Rang, die Pferde der Führer, der Legaten und Tribunen unter die tapfersten Soldaten: diese sollten beritten voraus, dann die Masse, zu Fuß folgend, ausfallend sich auf die Feinde werfen: den Germanen aber entriß wieder – wie schon so manches frühere Mal geschehen war und wie noch so häufig später in dem Kampf ihres Ungestüms mit den an Schulung so weit überlegenen Römern geschehen sollte – ihre blind barbarische, ungezügelte Kampf- und Beutegier den fast sicheren Sieg.

Vergeblich riet der helle Geist Armins, man solle nicht die Kraft im Sturm auf das feste Lager vergeuden, sondern warten, bis die Hungernden ins Freie abziehen müßten und dann in Sumpf und Urwald sie erdrücken. Besser gefiel dem wilden Ungestüm der Barbaren das Wort Inguiomers: das *Lager* müsse man erstürmen: so

DRITTES KAPITEL · DER RÖMISCHE ANGRIFF

werde der Sieg rascher, die Zahl der Gefangenen reicher, die Beute vollständiger sein.

Befehlen ließen sich die törigen Helden ja nicht einmal mitten in der Schlacht! Nur raten konnten auch die Heerführer, und bei deren Zwiespalt obsiegte stets bei der Menge das wildere Wort. So denn auch diesmal: bei Anbruch des Tages versuchen sie ihre ungeschlachte Kriegskunst gegen das Meisterwerk des römischen Feldherrngeistes: das feste Lager. Sie stürmen mit blindem Stiermut an, schütten den tiefen Wallgraben zu, füllen ihn mit Flechtwerk, klimmen den steilen Erdwall, das Gepfähle hinan: – nur wenige Wachen zeigen sich auf der Wallkrone, Furcht scheint die Legionen unten zu fesseln – schon ergreifen die kühnsten Stürmer die Spitzen des Pfahlwerkes, sich auf die Höhe des Walles zu schwingen, dicht, wie Trauben geballt, hängen die Angreifer kletternd überall an der Wand des Walles: da brechen mit Hörnerschall und Tubaton die Kohorten aus allen Toren zugleich und fassen – ein beobachtender Rückhalt fehlt den Germanen selbstverständlich wieder! – die das leere Lager Stürmenden vom Rücken mit dem Zorn der Rache und der Verzweiflung, in der denkbar ungünstigsten Lage, indem sie im Graben stecken, an den Balken hangen: die Barbaren hatten die geschwächten, halb widerstandsunfähigen Feinde schon für verloren gehalten. Desto schrecklicher überraschte sie der Tuba Geschmetter, der überlegenen Waffen eherner Schimmer: wie übermütig im Glück, so plötzlichem Unfall wenig gewachsen wichen sie: schwer verwundet war Inguiomer aus der Schlacht getragen. Armin konnte bei dem fluchtartigen Rückzug nicht hindern, daß den ganzen Tag hindurch die Rache der Verfolger unter den Aufgelösten blutig wütete. Erst zur Nacht kehrten die Legionen von der Verfolgung zurück und vergaßen die neuen Wunden, wie den alten Mangel an Nahrung im Gefühl des Sieges. Ohne von den schwer Geschlagenen weiter behelligt zu werden, erreichte Cäcina den Rhein.

Hier war zu den Besatzungen, wahrscheinlich durch einzelne Flüchtlinge, das Gerücht getragen, das Heer sei umzingelt und die Germanen zögen heran, in Gallien einzubrechen. So groß war die Furcht, daß man schon die Rheinbrücke (bei Bonn) abbrechen wollte. Nur *Agrippina*, des Germanicus würdige Gattin, verhinderte diese Schmach: sie übernahm des abwesenden Feldherrn Rolle, und als nun die Legionen eintrafen, empfing sie die Krieger am Eingang der Brücke, pflegte die Verwundeten und spendete allen Lob und Dank.

Inzwischen hatten auch die Truppen des Germanicus auf ihrem Rückweg zum Teil schlimme Gefahren bestanden. Um die Schiffe auf dem an Untiefen und Watten (– nahe der Küste: die offene See mied man wegen der drohenden Stürme der Tag- und Nacht-Gleiche –) reichen, wenig bekannten Meer nicht zu schwer zu belasten und um ihren Tiefgang zu verringern, hatte der Oberfeldherr nur zwei Legionen zunächst in die Flotte aufgenommen; die zweite und die vierzehnte sollte *Publius Vitellius* auf dem Landwege längs der Küste hin zurückführen. Im Anfang war dieser Marsch des Legaten auf trockenem Grund, nur wenig von der Flut bespült, ungestört. Bald aber – es war zur Zeit der Nachtgleiche, da die Sturmfluten der See am häufigsten und stärksten wüten – wurde der Zug an einem Abend von einer solchen vom Nordwind gepeitschten Sturmflut überfallen: die See brach in das Land: Meer, Strand, die Ebenen des Binnenlandes, seichtes und tiefes Gewässer, gefährdeter und gesicherter Weg waren nicht mehr zu scheiden, die Flut warf die Schreitenden um, riß sie, zurückbrandend, mit in die See: bald trieben Tiere, Gepäckstücke, Leichen mit den Römern, bald ihnen entgegen: die Manipel gerieten durcheinander, bald bis an die Brust, bald bis an den Mund glitten die Leute ins Wasser, den Boden unter den

208 ZWEITER TEIL · WESTGERMANEN

Füßen verlierend, umgeworfen von Wind und Wellen: Befehlsruf und gegenseitiges Ermahnen verhallten in Sturm und Wogenrauschen: der Tapfere und Kluge, wie der Verzagte und Unbehilfliche wurden gleichmäßig von den überlegenen Elementen überwältigt. Endlich gewann Vitellius eine Erhöhung des Geländes, auf welcher das Heer ohne Gerät, ohne Feuer, größtenteils ohne Kleider, zerschlagen von den Flutwellen, eine furchtbare Nacht verbrachte, nicht minder verzweifelt, als wäre es vom Feind umzingelt, ein klägliches Ertrinken vor Augen. Bei Sonnenaufgang fanden sie gesichertes Festland und erreichten endlich einen Fluß, in welchem Germanicus mit den Schiffen ihrer harrte.

Dieser Fluß kann nicht die Weser gewesen sein, da sich der Cäsar auf der Ems eingeschifft und die beiden Legionen offenbar gen Westen hatte abziehen lassen: man streitet, ob statt der Weser die Vecht (Vidrus des Ptolemäos: so Lipsius) oder die Hunse bei Gröningen[1] zu setzen sei.

Das Gerücht hatte die ganze Flotte als gesunken angesagt: erst als man den Feldherrn und das Heer zurückgekehrt sah, glaubte man an deren Rettung.

Gleichzeitig hatte auch des Segestes Bruder, Segimer, und dessen Sohn, Sesithakus, Verzeihung für die Beteiligung an der Erhebung des Jahres 9 nachgesucht und leicht erhalten – schwerer für den Sohn, den das Gerücht beschuldigte, mit der Leiche des Varus seinen Spott getrieben zu haben. Stertinius war über den Rhein gegangen, die Überläufer aufzunehmen, die nach der Stadt der Ubier gebracht wurden. Diese Vorgänge zeigen, wie Rom Wert darauf legte, den anderen Germanen die Fürsten der Cherusker, des Führervolks im Freiheitskampf, als reuige Wiederunterworfene darzustellen: andererseits mochte es den Gesippen des Segest schwer werden, unter dem steten Argwohn und Vorwurf des Verrats sich im Lande zu halten.

Germanicus setzte aber seine Ehre als Feldherr und Staatsmann und als Sohn des Drusus darein, das von dem Vater so ruhmvoll begonnene Werk, die Unterwerfung Germaniens bis an und über den Elbstrom, zu vollenden. Und hell ahnte er, der Kaiser, voll Mißtrauen und Eifersucht, werde ihn beim ersten günstigen Vorwand, wie ihn die Wirren im Morgenland versprachen, abberufen.

Er suchte aus seinen dreijährigen Erfahrungen in Glück und Unglück der bisherigen Germanenkriege den Angriffsplan abzuleiten, der raschesten Erfolg verhieß. Er kam zu dem Ergebnis, den großen Gedanken seines Vaters: den gleichzeitigen Angriff von der Seeseite und vom Rheine her, mit der Umgestaltung wieder aufzunehmen, daß am Rhein nur gedroht, der wirkliche Schlag von der See her geführt werden sollte. Man hatte gelernt, daß die Barbaren in offener Feldschlacht auf beiden Parteien gleich günstigem Boden von der Kriegskunst der Legionen jedesmal aufs Haupt geschlagen und zerstreut wurden, daß ihnen dagegen ihre Wälder und Sümpfe, ihre kurzen Sommer und vorzeitigen Winter Vorschub leisteten, daß die Legionen bei dem Eindringen vom Rhein gegen die Elbe durch die großen Märsche mehr Schaden litten als durch das Schwert: Gallien, erschöpft durch die zahlreichen früheren Lieferungen, vermochte nicht mehr, die große Zahl von Pferden zu stellen, die mehr noch als die Reiterei der starke Troß in Beförderung der Lebensmittel und des Holzes für Brücken, Lager- und Wegebau in dem sumpfigen, pfadlosen Waldland erheischte: eben jener auf dem Landweg unentbehrliche, langgestreckte, unbehilfliche Zug des Trosses aller Art erleichterte Hinterhalt und Überfall, erschwerte die Verteidigung.

---

1 Wie seit Altingins die meisten; dagegen aus sprachlichen Gründen Jak. Grimm zu Annal. I, 70.

DRITTES KAPITEL · DER RÖMISCHE ANGRIFF

All dies gestaltete sich anders, günstiger bei dem Angriff von der See her: mochten auch die Küstenvölker keineswegs, wie Tacitus meint, das Meer als ein ihnen fremdes, unbeschreibbares Gebiet scheuen – immerhin konnten sie weder auf der See und in den Unterlauf der Flüsse mit ihren Booten den römischen Triremen begegnen, noch die Landung der Legionen verhindern: früher als bei dem Angriff auf dem Landweg, sobald die See schiffbar geworden, konnte der Feldzug eröffnet, ungetrennt, auf denselben Schiffen, konnten Truppen, Gepäck, Lebensmittel mitgeführt, Reiter und Rosse ohne Erschöpfung durch beschwerliche Sumpf- und Wald-Märsche von den Küsten und Strommündungen aus mitten in das Herz Germaniens geworfen werden.

So beschloß Germanicus den Angriff von der Seeseite her: und in großartigem Maßstab wurde er geplant und ausgeführt. Eine Flotte von tausend Segeln wurde gebaut auf dem Rhein und den Nebenflüssen seines untersten Laufes: Geld, Holz und Arbeiter mußte wohl fast ausschließend Gallien liefern: drei Legaten, *Cäcina*, *Silius*, *Antejus* wurde die Leitung des Baues übertragen: die Bauart der Schiffe wurde mannigfaltig gewählt: die einen kurz mit schmalem Steuerende und Bugspriet und breitem Mittelteil, der Brandung leichter zu trotzen: andere mit flachem Kielbau, das Festfahren leichter zu tragen, mehrere mit einem Steuer an jedem Schiffsende, um mit jeder Seite vorwärts fahren zu können, ohne wenden zu müssen, nur durch einfache plötzliche Gegenruderung; viele als Lastschiffe mit breiten Landungsbrücken auf dem Oberdeck, auf welchem Geschütz, Pferde, Vorräte verschifft werden konnten: gleich sehr auf Segelflug und Ruderdruck eingerichtet, sollten sie mit, ohne und gegen Wind leicht lenkbar, rasch beweglich sein, prächtig und drohend zugleich von Ansehen.

Als Sammelplatz wurde die *batavische Insel* bezeichnet, von der gallischen Seite her leicht zugänglich, geräumig, die Truppen aufzunehmen, günstig gelegen, sie zum Angriff überzuführen, ein natürlicher Brückenkopf gegen Germanien. Denn der Rhein, der bis dahin in *einem* Bette, oder doch nur mäßige Auen umgürtelnd strömt, teilt sich da, wo der Bataver Gebiet begann, gleichsam in zwei Flüsse (Rhein und Waal): „der Name Rhein und das starke Gefäll (– das er also damals noch besaß –) bleibt dem (rechten) Arm auf der germanischen Uferseite bis zur Mündung ins Meer: der (linke) Arm auf der gallischen Uferseite strömt in breiterem Bett und mit geringerem Gefäll: er heißt bei den Anwohnern im oberen Lauf Waal, dann Maas und ergießt sich unter diesem Namen mit sehr breiter Mündung in den gleichen Teil des Meeres wie der Rhein."

Während des Flottenbaus schickte (Frühjahr 16) der Cäsar den Legaten *Silius* mit einer leichten Streitschar gegen die Chatten, vermutlich, die Germanen am Mittelrhein zu beschäftigen und von den Vorbereitungen an der Stromesmündung abzulenken: der Legat wurde durch plötzliche Regengüsse zu baldiger Umkehr mit geringer Beute gezwungen: doch führte er unter seinen Gefangenen Gattin und Tochter des chattischen Gaugrafen *Arpo* mit sich fort.

Inzwischen hatte Germanicus selbst auf die Nachricht, daß das Kastell Aliso an der Lippe belagert werde – die Burg war also nach der Varusschlacht entweder gar nicht bezwungen und zerstört oder seither (vermutlich) wiederhergestellt worden –, nicht weniger als sechs Legionen zum Entsatz herangeführt, wobei neben der Deckung des wichtigen Platzes wohl auch wieder die Absicht waltete, durch diese gewaltige Machtentfaltung die Barbaren vom Niederrhein abzuziehen und ihnen auch für dies Jahr den Angriff auf dem oft benützten Landweg wahrscheinlich zu machen.

210 ZWEITER TEIL · WESTGERMANEN

Die Belagerer von Aliso zogen eilig ab bei der Nachricht von Annäherung eines so starken Entsatzheeres, dem sie, nur zur Einschließung jener Feste ausgezogen, offenbar entfernt nicht gewachsen waren. Aus den Worten des Tacitus geht jedesfalls hervor, daß Germanicus selbst so weit vorgedrungen war, den alten von seinem Vater Drusus errichteten, von den Germanen zerstörten Altar wiederherzustellen und neu zu weihen, indem er selbst den Umlauf um denselben eröffnete: dagegen ist es wenigstens zweifelhaft, ob Tacitus habe sagen wollen, Germanicus sei abermals bis auf das Varianische Schlachtfeld vorgedrungen, habe dort den den Legionen errichteten Grabhügel zerstört gefunden, aber von der Wiederherstellung Abstand genommen. Man kann Tacitus auch so auslegen, daß der Feldherr von dieser zweiten Zerstörung nur *vernommen*, nicht sie an Ort und Stelle gesehen habe – und diese Auslegung vedient den Vorzug, da es wenigstens nicht wahrscheinlich ist, daß Germanicus, den Angriff von der See als Hauptaufgabe des immer kurzen Sommerfeldzuges vor Augen, so tief auf dem Landweg ins Innere „bis an die Quellen der Ems" gezogen oder, war er einmal so weit vorgedrungen, wieder umgekehrt sei, um von der Rheinmündung aus zu Schiff die Ems zu Berg zu fahren.

Auf dem Rückzug ordnete Germanicus die Anlage zahlreicher neuer Befestigungsreihen von Schanzen und Wällen an zur Deckung des ganzen Gebiets, zumal eben der Legionenstraße zwischen Aliso und dem Rhein.

Inzwischen war die Flotte fertig geworden und lag auf der gallischen Seite der batavischen Insel vor Anker: nun wurden (Juni 16) die Legionen und die Lebensmittel eingeschifft: den Kanal des Drusus durchfuhr Germanicus, den Genius des Vaters anrufend, ihm bei Nachahmung seiner Taten durch Vorbild und Erinnerung seiner Pläne und Erfolge beizustehen: nach glücklicher Fahrt durch den Kanal und die Südersee gelangte man in die offene Nordsee und in die Ems, fuhr diese aufwärts bis zu dem auf der linken Seite des Flusses angelegtem Kastell *Amisia*: wahrscheinlich, um unter dem Schutz dieser Burg landen zu können, schiffte Germanicus die Truppen auf der linken Seite aus und verlor mehrere Tage, indem er weiter oben Brücken schlug und auf das rechte Ufer übersetzte: Reiterei und Legionen gelangten bei noch schwacher Flut glücklich hinüber: aber die Nachhut der Hilfsvölker, zumal die amphibischen Bataver, die prahlerisch zeigen wollten, wie sie, wogenvertraut und schwimmkundig, mit dem Element zu spielen vermöchten, gerieten bei steigender Flut in Verwirrung, und manche versanken. Aus dem alsdann auf dem rechten Ufer geschlagenen Lager mußte schleunig Stertinius mit Reiterei und leichtem Fußvolk gegen die Angrivarier geschickt werden, die sich im Rücken (d. h.: nördlich von dem gen Süden trachtenden Heer) aus früherer Unterwerfung erhoben hatten: die Schrecken von Feuer und Schwert sicherten bald wieder den Rücken der römischen Angriffsstellung.

Ungehindert drangen die Legionen gen Südosten vor: erst an der Weser (bei Rehme?) trafen sie Widerstand. Auf dem rechten Ufer standen die Cherusker und ihre Verbündeten: Armin forschte, ob der Cäsar selbst schon angelangt, und erbat sich auf die Bejahung Zwiesprach mit seinem Bruder, den er also im Gefolge des Oberfeldherrn wußte. Dieser Bruder – die Römer nannten ihn den „Blondkopf", Flavus: der germanische Name des Überläufers ist uns nicht erhalten – hatte von je in treuer Anhänglichkeit mit Auszeichnung unter den römischen Adlern gefochten und unter Tiberius (wohl in Pannonien) im Gefecht ein Auge verloren. Die beiden Brüder – sie hatten sich seither nicht gesehen: Flavus hatte also auch zur Zeit der Varusschlacht und seither nie auf germanischer Seite gekämpft: – die beiden ungleichen Brüder standen sich nun gegenüber, getrennt nur durch den Fluß, dessen Brei-

DRITTES KAPITEL · DER RÖMISCHE ANGRIFF 211

te das Wort doch nicht unvernehmbar machte. Der Bericht des Tacitus ist höchst
merkwürdig: er will für den Römerfreund einnehmen, so scheint es, begeistert aber,
man weiß es nicht, ob durch hohe Kunst oder gegen Absicht, für Armin. Dieser
entläßt seine Gefolgschaft, fordert, daß auch die auf dem römischen Ufer verstreut
aufgestellten Bogenschützen entfernt werden und macht, als er nun den Bruder allein vor sich hat, einen Versuch, ihn zu rühren, ihn herüber zu gewinnen auf die
Seite des Vaterlandes. Er fragt, woher die Entstellung seines Antlitzes rühre? und
als jener den Ort, den Namen des Treffens angibt, forscht er, welchen Lohn er für
das verlorene Auge erhalten? Flavus führt die Vermehrung des Goldes, die Ehren-
kette, die Ehrenkrone, andere kriegerische Auszeichnungen an. Da lacht Armin bitter über diesen schnöden Sold der Knechtschaft. Von da entbrennt der Streit. Der
eine rühmt die Größe Roms, die Macht des Cäsars, die schwere Strafe, die den Besiegten drohe: dagegen den Übertretenden erwarte Milde: sein Weib, sein Sohn
werde nicht feindselig behandelt. Armin aber spricht von der Pflicht gegen das Vaterland, der alten, von den Ahnen ererbten Freiheit, von den heimischen Göttern:
„unserer beider Mutter fleht dich an gleich mir, doch lieber Heerführer als treuloser
Verräter der Gesippen und des Volkes zu sein." Und allmählich wird der Vorwurf
zur Schmähung: selbst der Strom hätte sie nicht vom Bruderkampf abgehalten, wäre
nicht Stertinius herbeigeeilt, Flavus mit Gewalt zu halten, der nach seinem Roß,
nach seinen Waffen rief. Und drohend auf dem anderen Ufer stand Armin, die
Schlacht ansagend: wohl verstanden die Römer seine Worte: denn er hatte im römischen Heer als Führer cheruskischer Scharen gedient und rief meist in lateinischer
Sprache über den Strom.

Am Tage darauf standen die Germanen in Schlachtordnung auf dem rechten We-
serufer. Der Cäsar erachtete es nicht mit Feldherrnamt vereinbar, die Legionen aufs
Spiel zu setzen durch Überschreitung des breiten und tief wirbelnden Stromes ohne
Brücken, ohne gedeckte Übergänge und im Angesicht des Feindes. Er schickte für
heute nur Reiterei durch Furten über den Fluß. An weit voneinander entfernten
Stellen führten Stertinius und ein Primipilar *Aemilius* ihre Geschwader hinüber, den
Feind zu teilen. *Chariovalda* jedoch, der schwimmkühne Bataverführer, sprengte,
jede Furcht verschmähend, mit den Seinigen durch den Strom, wo er am tiefsten
wirbelte, am raschesten zog. Den Ungestümen locken, so wie er gelandet, die Cherusker durch verstellte Flucht den Fluß hinweg auf ein Blachfeld, das rings, auf den
drei anderen Seiten, von Wald umschlossen war. Dann brechen sie von allen Seiten
aus den Gebüschen auf die Reiter ein, werfen sie von vorn zurück, drängen die Weichenden, schneiden sie vom Fluß ab, zwingen sie, sich im Kreis zu stellen, und greifen sie nun im Nahkampf und zugleich mit Ferngeschossen an. Lange hält Chari50val-
da dem grimmigen Andrang stand, ordnet seine Leute, im Kreis geschlossen, die
anlaufenden Scharen abzuwehren: er selbst sprengt manchmal mit erlesener Schar
der Edlen, die ihn umgeben, zum Ausfall in den dichtesten Haufen der Angreifer:
aber zuletzt fällt er, Reiter und Roß von Wurfspeeren durchbohrt, und viele der
Edlen um ihn her: der Rest wird durch die eigene Zähigkeit und die – endlich! – zur
Hilfe heransprengenden römischen Reiter gerettet.

Darauf vollendete der Cäsar die Brücken und führte die Legionen (bei Rinteln?)
über die Weser: auf dem rechten Ufer schlug man Lager. Ein Überläufer verriet, daß
hier der von Armin für den Angriff bestimmte Ort sei: in den nahen, dem Herkules
(*Donar?*) geweihten Wald seien außer den Cheruskern noch anderer Völkerschaften
Heerbanne zusammengeströmt: sie würden einen nächtlichen Überfall auf das Lager
unternehmen. Man schenkte der Aussage Glauben: auch bestätigten Kundschafter,

die sich näher an den Wald gewagt, man höre das Wiehern der Rosse und das Geräusch der großen und ordnungslosen Menge Kriegsvolks. Der Feldherr sah, eine Hauptentscheidung stand bevor. Vorsichtig wollte er die Stimmung der Truppen erkunden. Aber wie ein unverfälschtes Zeugnis gewinnen? Tribunen und Centurionen berichteten mehr günstig als zuverlässig, Freigelassene logen wie Sklaven, Freunde färbten zu schmeichelhaft. Bei einer berufenen Heeresversammlung stimmte der Haufen den Worten weniger Wortführer zu: gründlich erfahre man, das war das Ergebnis der Überlegung, die wahre Meinung der Leute nur dann, wenn man vernehmen könnte, wie die Soldaten, unter sich und unbeobachtet sich glaubend bei Lagerschmaus, Furcht oder Hoffnung aussprächen.

So schlich der Feldherr bei Einbruch der Nacht, ein Fell um die Schultern mit nur *einem* Begleiter durch die Lagergassen, blieb vor den Zelten lauschend stehen und sog nun, innerlich erfreut, den eigenen Ruhm aus dem Munde seiner Krieger gierig in die Seele: denn er hörte diesen seine Hochherzigkeit, jenen seine Schönheit, andere seine Nachsicht und Leutseligkeit, seine in Ernst und Scherz gleiche Güte loben: in der Schlacht müsse man den Dank dafür erstatten und diese treulosen, bundbrüchigen Barbaren der Rache und dem Ruhm als Opfertiere schlachten. Da sprengte an den Wall ein germanischer Reiter und rief mit lauter Stimme auf lateinisch ins Lager: Weiber, Land und hundert Sesterzen täglichen Sold für die Kriegsdauer verhieß er jedem Überläufer im Namen Armins. Diese schmähliche Zumutung empörte die Legionen: bald, antworteten sie, werde der Tag anbrechen und der Feldherr die Schlacht vergönnen – und dann werde das Heer der Germanen Land gewinnen, ihre Weiber in Knechtschaft davonschleppen, der Feinde Familien und Habe seien zur Beute vorbestimmt: – so nähmen sie das Omen an!

Um die dritte Nachtwache versuchten die Barbaren, das Lager ohne Lärm zu überrumpeln: da sie aber die Kohorten überall auf den Wällen in wacher Hut fanden, standen sie ab.

Am Morgen berief Germanicus, ermutigt durch jenes Omen und durch günstige Vogelschau, das Heer zur Versammlung und hielt eine klug berechnete Ansprache, angemessen der bevorstehenden Schlacht. „Nicht nur freies Feld sei dem römischen Krieger günstig zum Gefecht: bei geschickter Verwertung auch Wald und Gehölz. Denn die ungeheuren Schilde und unmäßig langen Speere der Barbaren seien unter Baumstämmen und Buschwerk viel ungefüger zu handhaben als das kurze römische Schwert, der kleine Wurfspeer, die den Leib bekleidenden Panzer und Schienen. Sie sollten nur die Pila in vollen Güssen werfen und mit den Schwertern in die ungedeckten Gesichter der Feinde stoßen. Hätten doch die Germanen weder Harnisch noch Helm, ja nicht einmal ihre Schilde seien durch Eisenbeschläge oder Leder gefestigt, sondern nur Geflecht von Weiden oder dünne, dunkel angemalte Brettlein: bloß die erste Schlachtreihe führe Speere mit Metallspitzen, die hinteren Glieder nur kleine Wurfgeschosse oder Stangen, deren Spitzen im Feuer gehärtet. Ihre Leiber seien zwar grimm zu schauen und taugsam zu kurzem Ansturm, Wunden vermöchten sie aber nicht auszuhalten. Ohne ein Gefühl der Schande, ohne Gehorsam gegen die Führer wichen sie einzeln aus der Reihe und flüchteten aus der Schlacht: im Glück kein göttliches Gebot, kein Völkerrecht beachtend, verzagten sie rasch im Unglück. Wenn die römischen Krieger, der Märsche und Meerfahrt müde, ein Ende dieser Kämpfe wünschten – diese Entscheidungsschlacht könne es bringen: schon ständen sie der Elbe näher als dem Rhein: nach einem Siege hier sei für weiteren Krieg kein Raum: die Soldaten sollten nur *jetzt* ihm, der hier auf den Fußstapfen seines Vaters und seines Oheims schreite, auf deren Siegesstätten, ebenfalls den Sieg erkämpfen.

DRITTES KAPITEL · DER RÖMISCHE ANGRIFF   213

Die Rede entflammte den Eifer der Truppen: Germanicus gab das Zeichen zur Schlacht.

Auch auf Seite der Germanen sprachen Armin und die übrigen Führer zu den Ihrigen: „In diesen Römern habt ihr die hurtigsten Flüchtlinge aus der Varusschlacht vor euch: um nicht wieder in den Krieg geführt zu werden, haben sie gemeutert: ein Teil trägt Wunden auf dem Rükken, ein Teil ist durch Sturm und Brandung zerschlagen: so treten sie ohne Zuversicht uns wieder entgegen unter dem Zorn der germanischen Götter. Zu Schiff, auf dem pfadlosen Meer sind sie genaht, damit wir ihrem Kommen nicht entgegentreten, ihre Flucht nicht sollten verfolgen können: kommt es aber zum Kampf, so werden den Geschlagenen weder Segel frommen noch Ruder. Gedenkt der Habgier, der Grausamkeit, des Übermuts dieser Römer: euch bleibt nichts übrig, als die Freiheit zu behaupten oder, vor deren Verlust, zu sterben." Die so zu Kampfbegehr entflammten Scharen wurden zur Schlacht geführt: *Idistaviso* hieß das Gefild.[1]

In wechselnder Breite, wie das Ufer zurücktrat oder die Berge vorsprangen, zog es sich hin, zwischen der Weser einerseits und den Höhen andererseits. Fern im Rükken erhob sich ein Wald mit hoch ragenden Bäumen, aber ohne Unterholz zwischen den Stämmen: auf dem Gefild und in dem Waldrand stand die Schlachtreihe der Barbaren: nur die Cherusker hielten sich weiter rückwärts auf den Höhen, um über die Römer, wenn sie mitten im Gefecht begriffen, von oben her einzubrechen.

Germanicus wählte eine zum

Relief an der Siegessäule Kaiser Marc Aurels in Rom:
Germanische Schleuderer aus einem (durch die Darstellung eines Baumes angedeuteten) Walde hervorstürmend.

Marsch und zum Kampf gleich geschickte Heeresordnung: an der Spitze die gallischen und die germanischen Hilfstruppen, darauf Pfeilschützen zu Fuß, dann vier

---

1 So die Überlieferung: Jakob Grimms sinnige poesievolle Erklärung: Idisiaviso, der Waldgöttinnen Wiese, entbehrt leider der handschriftlichen Stützen. Man sucht es bei Oldendorf, am Fuße des Süntel oder des Hohensteins, oder, in neuerer Zeit, bei Dören und Bückeburg (Petershagen-Wiedensahl).

214 ZWEITER TEIL · WESTGERMANEN

Legionen: hinter diesen in der Mitte der ganzen Aufstellung der Cäsar mit den beiden prätorischen Kohorten und einer erlesenen Reiterschar: den zweiten Teil des Zuges bildeten die vier anderen Legionen, die zugehörigen Leichtbewaffneten, darunter die berittenen Bogenschützen und die übrigen Kohorten der Bundesgenossen.

Abermals verdarb den Germanen die Siegesaussichten der Ungehorsam gegen Armin, der barbarische Ungestüm. Zu früh brachen in wilder Kampfgier die Cherusker – Armins eigene Krieger! – hervor. Als der Cäsar deren Angriff auf die stärksten Reitergeschwader bemerkte, befahl er Stertinius, mit den übrigen Schwadronen seitwärts abzuschwenken, um die Angreifer vom Rücken zu fassen: er selbst werde zur rechten Zeit eingreifen: und da man gleichzeitig – das herrlichste Vogelzeichen! – acht Adler, entsprechend den acht Legionen, gegen den Wald hin fliegen und in diesen eindringen sah, rief der Feldherr den Seinen zu: „Wohlauf! vorwärts! Nach den Vögeln Roms! Folgt den Schutzgöttern der Legionen!" Zugleich griff das römische Fußvolk die Germanen in der Stirn an und zugleich Stertinius mit seinen Reitern Flanke und Rücken. Sofort Verwirrung und Auflösung: die vor dem Wald Aufgestellten flüchteten gegen den Wald zu, die an dem Waldrand von den Reitern Angegriffenen aus dem Wald ins Freie. Der größere Teil der Cherusker, der die Hügel nicht voreilig verlassen, wurde jetzt von denselben herabgedrängt: kurze Zeit noch vermochte hier Armin, an der Stimme, der Tapferkeit, selbst an der Verwundung kenntlich, das Gefecht zu stellen: er warf sich auf die Pfeilschützen zwischen den gallischen und germanischen Hilfsvölkern und den ersten vier Legionen und hätte sie durchbrochen, wenn nicht die gallischen und die tapferen rätischen und vindelikischen Kohorten kehrt machend, sich ihm entgegengeworfen hätten. Doch entkam er durch die eigene Heldenkraft und seines treuen Rosses Schnelligkeit: das Gesicht hatte er mit seinem Blut bestrichen, sich unkenntlich zu machen. Nach einer Überlieferung hätten ihn die Chauken im römischen Sold erkannt und – entrinnen lassen: es hätte also die Bewunderung für den Volkshelden die Pflicht aus dem halberzwungenen Solddienst zurückgedrängt. Auch Inguiomer rettete die gleiche Kraft oder List. Aber die Menge des Fußvolkes wurde zusammengehauen. Sehr viele suchten – wohl die aus dem Walde gegen die Römer hin Getriebenen – über die Weser, also in der Richtung nach Nordwesten, zu entkommen, fanden aber den Tod durch die römischen Geschosse, die reißenden Wellen, zuletzt erdrückt durch die Nachdrängenden, ja durch das unter diesen Massen einstürzende Ufer. Einzelne kletterten auf die höchsten Bäume, sich im Gezweig zu verstecken: aber wie zum Spaß, wie Vögel, schossen sie lachend die Bogenschützen herunter, oder man begrub sie unter den gefällten Bäumen.

Groß war der Sieg der Römer und mit geringen Verlusten erkauft. Von der fünften Tagesstunde an bis in die Nacht hinein wurden die Besiegten hingemordet: zehntausend Schritte weit war der Boden mit Leichen und Waffen übersät: unter der Beute fand man auch die Ketten, die den gefangenen Römern bestimmt gewesen. Das Heer rief auf dem Schlachtfelde Tiberius zum Imperator aus, errichtete einen hohen Damm und auf diesem aus Waffen ein Siegeszeichen, an welchem die Namen der hier aufs Haupt geschlagenen Völkerschaften prangten.

Dieser Anblick aber empörte die Germanen mit grimmigerem Schmerz, als Wunden, Trauer um die Gefallenen und der große Verlust sie schwächten. Dieselben Männer, welche nach der Niederlage ihre Sitze in diesen nun bezwungenen Wesergauen räumen und über die Elbe hatten weichen wollen, forderten jetzt neuen Kampf und ergriffen stürmisch die Waffen: die Gemeinfreien wie der Adel, die Greise wie

DRITTES KAPITEL · DER RÖMISCHE ANGRIFF 215

die Jugend. Plötzlich fallen sie wieder das auf dem Vormarsch, wohl in der Richtung gegen den Oberlauf der Elbe, begriffene Heer der Römer an: und sie bringen den Zug in Verwirrung.

Mag Tacitus in seiner rednerischen Weise jenem Siegeszeichen zu starken Einfluß auf die kriegerische Stimmung der Barbaren zugeteilt haben – immerhin erhellt, daß ihr Mut durch die gewiß doch sehr verlustreiche Niederlage nicht gebrochen war: daß sie ungeachtet der großen Einbußen den Angriff erneuern konnten – und zwar nicht ohne Erfolg –, zeigt, wie stark das Aufgebot gewesen sein muß, das Armin dem in seiner vollen Gefährlichkeit erkannten römischen Unternehmen dieses Jahres entgegengeführt hatte.

Von diesem zweiten Kampf spricht Tacitus in viel bescheideneren Wendungen: er endete nicht, wie der erste, mit entschiedenem Siege der Römer.

Die Germanen hatten den Vorteil, sich das Schlachtfeld wählen zu können, da sie ja den Feind auf dem Marsch angreifen konnten und offenbar nur *eine* für ein Heer gangbare Straße vorhanden war.

Sie wählten eine Stelle, die umschlossen war von Wäldern und von dem Strom – den also die Legionen immer noch nicht verlassen hatten: sie zogen offenbar flußaufwärts an dessen Ufern gegen Südosten, wie die Nähe der Mark der Angrivaren dartut (siehe die Karte). Im Herzen der Wälder lag eine schmale, feuchte Ebene: aber auch den Außenrand des Waldes umzogen Sümpfe, ausgenommen auf der einen (südöstlichen?) Flanke, wo die Angrivarier ihre Grenze gegen die Cherusker durch einen mauerartig hohen und breiten Dammwall gezeichnet hatten. Dieser Damm sperrte den Römern den Weg in der Stirnrichtung ihres Marsches: er wurde von dem Fußvolk der Germanen besetzt, also dem weitaus größten Teil des Heerbanns. Die Reiterei stellten sie, verdeckt, rings in den Wäldern auf, um die Legionen, sowie sie in die Wälder eingedrungen, vom Rücken zu fassen.

Der Cäsar hatte durch Späher all dies erkundet: den Angriffsplan der Feinde, die Örtlichkeiten, die offenen Aufstellungen und den Hinterhalt der Barbaren: er sann darauf, sie durch ihre eigenen Listen zu verderben.

Dem Legaten *Sejus Tubero* übertrug er, jene sumpfige Ebene mit der Reiterei zu überschreiten: das Fußvolk teilte er in zwei Treffen: das erste sollte, von Legaten geführt, die leichtere Aufgabe lösen, auf ebenem Boden ohne Ersteigung, also mit Umgehung, des Grenzwalles, in den Wald zu bringen und hier die Feinde hinhalten: das zweite Treffen, unter seiner eigenen Leitung, das schwerere Stück Arbeit aufnehmen, den Grenzwall in der Stirnseite zu erstürmen und so den Weg für den Weitermarsch zu bahnen.

Ohne Mühe gelangten die Legaten auf ebenem Wege in den Wald. Aber der Sturm auf den Damm wurde abgeschlagen: derselbe war so schwer zu nehmen wie eine Festungsmauer: furchtbar traf Hieb und Wurf von oben her die Emporkletternden. Der Feldherr erkannte in dem zu ungleichen Kampfe, daß er gefehlt hatte, als er, ohne vorgängige Erschütterung der Verteidiger auf der Wallkrone durch Geschütz, die Stellung im Gewaltangriff hatte nehmen wollen. Er brach das Gefecht ab und nahm die Legionen zurück: an ihre Stelle zog er die Schleuderer und die schweren Geschütze in das erste Glied und ließ die Dammhöhe mit Geschossen überschütten, die Verteidiger zu vertreiben. Alsbald flogen die schweren Wurflanzen aus den Geschützen auf den Wall und streckten am sichersten diejenigen Verteidiger nieder, welche sich durch Kühnheit, Größe, Waffenschmuck am meisten aussetzten. Jetzt gelang den Legionen der zweite Sturm auf den Damm, dessen Verteidiger furchtbar gelichtet waren: der Cäsar selbst führte die prätorischen Kohorten vor, zu

216   ZWEITER TEIL · WESTGERMANEN

dem weiteren Angriff von dem erstiegenen Wall herab in den dahinter liegenden Wald. Dort, an dem Waldrand, kam es zu neuem erbittertem Kampf: keineswegs war, wie in der Schlacht auf dem „Idisenfeld", der Widerstand der Germanen nach dem ersten Erfolg gebrochen.

Am Walde nahm hier das von dem Grenzwall verdrängte Fußvolk neue Stellung, dem Feind das weitere Vordringen zu wehren: die Schlacht stand: es kam zu lange hin und her wogendem Kampfe, Mann gegen Mann: den Germanen sperrten Sümpfe, den Römern der Fluß und die Waldberge das Ausweichen: beide Parteien sahen sich gezwungen, auf dieser Stelle die Entscheidung herbeizuführen. Der Mut der Barbaren war keineswegs gebrochen, und ihre Tapferkeit stand auch in dieser letzten Zeit des Gefechts der der Legionen nicht nach: aber die überlegene Art der Bewaffnung und die für die germanische Kampfweise ungünstige Örtlichkeit entschied zuletzt doch endlich für die Römer. Die Heerbannleute konnten in dem Dickicht ihre unmäßig langen Lanzen nicht leicht handhaben: der enge Raum und die große Zahl verstattete ihnen nicht, ihre Gewandtheit im Einzelansprung zu verwerten: sie waren zum stehenden Reihengefecht gezwungen. Der Legionar schützte die Brust mit dem Schild und hatte, die Hand am Griff des kurzen Schwerts, an den breiten Leibern, dem ungedeckten Antlitz der Barbaren bequemes Ziel und bahnte sich den Weg in den Wald über dichte Haufen von Erstochenen. Dazu kam, daß Armin durch die frische Wunde gehemmt war und erschöpft durch die unablässigen Anstrengungen: Inguiomer ließ es an nichts fehlen: er eilte ermunternd die ganze Schlachtreihe entlang; nicht der Mut, das Glück wich zuletzt von ihm.

Germanicus hielt es für nötig, den Helm abzunehmen, um den Seinigen seine siegverheißende Nähe besser zu zeigen; *„Mordet nur zu,* ich bitte euch", rief er. „Wir brauchen keine Gefangenen! *Dieser Krieg ist nur zu Ende, wenn das ganze Germanenvolk ausgetilgt ist."* Ein ahnungsvolles Wort der Weissagung!

So wurde der Widerstand der Waldverteidiger allmählich gebrochen: doch zog der Cäsar eine Legion gegen Abend aus dem Gefecht, für die Nacht das sichernde Lager zu schlagen: die sieben anderen setzten die Blutarbeit fort bis zum Einbruch der Nacht. Das heißt also: der Widerstand der kämpfend weichenden Germanen war noch nicht zu Ende, als die Nacht das Gefecht abbrach. Und Tacitus muß beifügen, daß auf dem anderen Teile des Schlachtfeldes, jener sumpfigen Ebene, kein Sieg erfochten wurde: die römische Reiterei konnte sich keines Vorteils über die germanische rühmen. Die Schlacht an der Engernmark (Ende August) war nicht ein Römersieg wie der auf der „Idisenau". Das zeigten am besten die Vorgänge unmittelbar nach dem Kampf. Zwar lobte der Cäsar sein Heer in der Musterung und errichtete ein Waffensiegeszeichen mit der stolzen Inschrift: „Das Heer des Cäsars Tiberius hat nach Unterwerfung aller Völker zwischen Rhein und Elbe dies Siegesdenkmal dem Mars, dem Jupiter und dem Augustus geweiht": – seinen eigenen Namen ließ er fort, den Neid des Kaisers nicht noch zu mehren, oder weil ihm das Bewußtsein seiner Taten genügte. Auch waren die Angrivaren, nachdem die übrigen Aufgebote abgezogen, nicht mehr imstande, ihre Gaue zu verteidigen. Stertinius sollte dieselben überziehen – sie erlangten aber durch rasch zuvorkommende Ergebung volle Schonung. Schwerlich wären sie so gut davon gekommen, hätte nicht der Oberfeldherr – nach zwei „Siegen" – *den Rückzug des ganzen Heeres für notwendig erachtet.* Er konnte also nicht daran denken, die Früchte solch unerhörter Anstrengungen zu ernten, d. h. die Völker zwischen Rhein und Elbe nicht nur in der Schlacht zu besiegen, sondern, wie jene stolze Inschrift rühmte, sie zu „unterwerfen" – er hat die Elbe nie gesehen!: er konnte *nicht* hoffen, das durchzogene Gebiet durch Kastelle dauernd zu

DRITTES KAPITEL · DER RÖMISCHE ANGRIFF

behaupten, das Land, wie die dem Rhein nächsten Strecken, zu Provinz zu machen. Richtig hatte sein eigenes Wort das Verhängnisvolle der Germanenkriege Roms bezeichnet: nur die Vernichtung der Germanen als *Germanen* würde sie beendigt haben. Und da dies Ziel, daß die dauernde Besetzung ihres ganzen Landes, wie etwa Galliens, würde erfordert haben, alsbald, ja vielleicht schon damals als unerreichbar erkannt wurde, war auch das Urteil über die Eroberungsgedanken so Cäsars wie seiner Erben: Drusus und Germanicus, gefällt: so wenig wie die Parther sollte Rom die Germanen endgültig und völlig unterwerfen.

Die Ausdehnungskraft Roms hatte wie im Osten so im Norden ihre Grenze gefunden (in Europa wurde nur Dakien noch später von Trajan dem Reich einverleibt). Und Germanicus sollte bei dieser Unternehmung noch empfindlicher als im Jahr 15 erfahren, daß der Angriff auf Germanien von der Seeseite her, neben unleugbaren Vorzügen für die Eröffnung, schwere Nachteile für den Abschluß des Feldzugs im Gefolge hatte.

Der weit vorgeschrittene Sommer (Ende August) machte den Rückzug für die Flotte noch früher als auf dem Landweg notwendig: nur einzelne Legionen zogen auf diesem in die Winterquartiere am Rhein nach Vetera, wahrscheinlich wieder an der Küste hin, nicht durch das unbezwungene Binnenland. Der größere Teil des Heeres wurde vom Cäsar auf der Flotte die Ems hinab in das Meer geführt. Anfangs ging die Fahrt der tausend Segel bei stiller See gut von statten: aber bald stieg schwarzes Hagelgewölk empor, sich kreuzende Stürme, häufig umspringende Böen traten ein: Finsternis entrückte das Ziel der Steuerführung im richtigen Kurs: die Landtruppen, furchtsam, unkundig der Gefahren der See, verwirrten noch durch ungeschickte Hilfeleitung die Matrosen und störten die Verrichtungen der Seekundigen.

Darauf wurde Himmel und Meer ringsum erfüllt von furchtbarem Süd- (wohl Südwest-)sturm, „der aus dem feuchten Boden Germaniens und den tiefen Strömen ungeheures Gewölk auftreibt" und den Söhnen Italiens in seiner Kälte „durch die Nähe des Nordpols" noch schrecklicher schien: die Schiffe wurden aus ihrem Kurs gerissen und zerstreut: glücklicher die in die offene See hinausgetriebenen als die gegen die Inseln verschlagenen, die steiles Geklipp oder unbekannte Untiefen höchst gefährlich machten. Als diese mit Mühe gemieden waren, trat der Wechsel der Gezeiten ein, und da nun die Flut mit dem Winde ging, rissen die Anker: die hohen Sturzwellen schlugen in die Schiffe, füllten sie, drohten sie auf die Seite zu legen: vergebens mühte sich die Bemannung, sie auszuschöpfen, und warf zuletzt zur Erleichterung Rosse, Zugvieh, Gepäck, sogar die Waffen über Bord. Die der heftigen Stürme der Nordsee und des rauhen Himmels Germaniens Ungewohnten verloren unter diesen unerhörten Schrecken die Besinnung: auf der Landseite wußten sie die ganze Küste sich feindlich, auf der Seeseite machte ihnen die unabsehbare Weite und die Tiefe des Meeres den Eindruck, daß sie in den uferlosen, die Erdscheibe umgürtenden Ozean hinaus getrieben würden.

Ein Teil der Schiffe sank. Eine größere Zahl wurde an ferne völlig unbewohnte Inseln geworfen – wo die Bemannung durch Hunger den Tod fand, wenn sie sich nicht von den durch die Gewalt der Flut angespülten toten Pferde nähren konnte: die Trireme des Germanicus landete vereinzelt an der Küste der Chauken: mit Mühe hielten die Freunde den Feldherrn ab, sich von den Klippen ins Meer zu stürzen, der Tag und Nacht sich laut als den Urheber so ungeheurer Verluste anklagte. Endlich stellten sich mit der wechselnden Flut und unter günstigem Winde einzelne Schiffe wieder ein, langsam, „hinkend" durch die arg geminderten Ruder oder durch die statt der Segel aufgespannten Mäntel oder gar von den Händen der Soldaten durch die Watten gezogen. Notdürftig in Eile geflickt, wurden sie sofort abgeschickt, die Insel abzusuchen. Durch diese Sorgfalt wurden die meisten Mannschaften gerettet: viele sandten die jüngst wieder in Freundschaft angenommenen Angrivarier zurück: sie hatten die als Feinde und Fremde nach Kriegsrecht und Strandrecht verknechteten Gefangenen von den Völkern tiefer im Binnenland losgekauft: manche waren bis nach Britannien verschlagen worden und wurden von den dortigen Häuptlingen zurückgesandt.

Die aus unbekannter Ferne Heimgekehrten wußten nun Wunderdinge zu erzählen, die sie wirklich geschaut oder in der Furcht zu schauen geglaubt: von gewaltigen Meerstrudeln, unerhörtem Gevögel, Meerungetümen, zweifeligen Bildungen von Menschen oder Tieren.

Wie stark die Verluste – über zwanzigtausend Menschen – waren, zeigt, daß wenigstens das Gerücht die ganze Flotte vernichtet sagte. Dies Gerücht weckte die Germanen zu neuen Hoffnungen für den Kampf: ebendeshalb beschloß der Cäsar ihnen sofort – noch im Herbst dieses Jahres – die ungeschwächten Waffen Roms zu zeigen. Er schickte den Legaten *Cajus Silius* mit dreißigtausend Mann Fußvolk und dreitausend Reitern gegen die Chatten und brach selbst mit noch größeren Streitkräften in die Gaue der Marsen: ein Führer derselben, *Mallovend*, hatte sich kürzlich ergeben und verriet nun, daß der letzte in der Varusschlacht verlorene und noch nicht wieder gewonnene Adler in einem benachbarten Hain vergraben liege, unter nur geringer Bedeckung. Diese Bedeckung galt offenbar nicht nur dem feindlichen Feldzeichen, das unmöglich seit Jahren gehütet wurde, sondern dem Hain, in welchem den Göttern geweihten Raum die Siegesbeute – besonders die stolzeste, der Adler – wohl als Opfer war dargebracht worden.

Sofort wurde eine Schar abgesendet, den Feind von vorn aus dem Wald zu locken, während eine zweite von rückwärts eindringen und an dem bezeichneten Ort nachgraben sollte. Beide Bewegungen glückten. Der Cäsar gewann den Adler zurück, drang nun noch eifriger in das Innere des Landes, verheerte dasselbe, verfolgte die Feinde, wann sie, ohne Widerstand zu wagen, wichen, oder vertrieb sie sofort, wann sie sich stellten. Die Gefangenen berichteten, daß die Furcht vor den Römern noch nie so groß gewesen. Gewaltigen Eindruck in der Tat mußte den Barbaren die großartige Beharrlichkeit eines Feindes machen, der, unbesiegbar und durch keinen Unfall bezwingbar, nach Untergang der Flotte, nach Verlust der Waffen, nachdem er die Küsten mit den Leichen von Roß und Mann bedeckt, mit der gleichen Kraft, dem gleichen Ingrimm und mit fast vermehrter Zahl wieder ins Land gebrochen war. Von da wurde das Heer in das Winterlager zurückgeführt, voll Freude, die Unfälle zur See durch einen erfolgreichen Zug wieder wett gemacht zu haben. Jeden Schaden der Soldaten ersetzte die Freigebigkeit des Feldherrn. Man hielt es im Lager für unzweifelhaft, daß der Mut der Barbaren gebrochen sei, daß sie daran dächten, um Frieden zu bitten, und daß, wenn nur noch *ein* Sommer für einen weiteren Feldzug verwendet werde, der Krieg zu Ende gebracht werden könne.

Mit solcher Voraussetzung tröstete sich der römische Stolz über das Scheitern der Eroberung: nur die Mißgunst des Kaisers sollte es verschuldet haben, daß der Sieger Germanicus seinen Sieg nicht mit der vollendeten Unterwerfung Germaniens krönen konnte: wir aber dürfen annehmen, daß – nach der Varusschlacht – noch so viele Feldzüge und Siege des Feldherrn die dauernde Besitzergreifung des Landes bis an die Elbe nicht würden erzielt haben. Auch war es wohl nicht bloß, wie es Tacitus darstellt, der Neid, es war auch die überlegene staatsmännische Einsicht des

DRITTES KAPITEL · DER RÖMISCHE ANGRIFF   219

Kaisers[1], die den Truppen und Geld ohne Grenzerweiterung verzehrenden Kriegen in Germanien, wenn nicht das Ende, doch eine Unterbrechung auferlegte. In wiederholten Briefen mahnte Tiberius den Feldherrn, heimzukehren, den ihm längst zuerkannten Triumph zu feiern: genug sei es der Erfolge, genug der Unfälle: habe er doch große Schlachten gewonnen. Daneben möge er aber doch auch der schweren, furchtbaren Schläge gedenken, die, ohne Schuld des Führers, Wind und Wellen über Flotte und Heer gebracht. Tiberius selbst, neunmal von Augustus nach Germanien entsendet, habe mehr durch Staatskunst als durch Gewalt erreicht. So habe er die Sugambern zur Ergebung gebracht, so die Sueben und König Marobod in Frieden umgarnt. Man könne auch die Cherusker und die übrigen empörten Völkerschaften ihren inneren Streitigkeiten überlassen, nachdem für die Varusschlacht Rom genügende Rache genommen. Als hierauf Germanicus sich noch ein letztes Jahr erbat, das Begonnene zum Ende zu führen, rief der Kaiser stillschweigend noch eindringlicher seine Bescheidung an, indem er ihm abermals das Konsulat antrug, dessen Geschäfte er selbst, nicht in Abwesenheit führen solle. Und wenn noch weiter Krieg geführt werden solle, fügte er bei, so möge der Cäsar seinen Bruder *Drusus* noch Raum und Gelegenheit übriglassen, sich auszuzeichnen, der sich bei keinem anderen Feind als bei den Germanen den Imperatornamen und den Lorbeer des Triumphes holen könne." Daraufhin wagte Germanicus nicht mehr, Weiterungen zu machen, „obzwar er durchschaute, daß dies nur Vorwände seien, ihm aus Mißgunst den Vollkranz seines Ruhmes zu entziehen".(?) Nachdem noch zu Ende des laufenden Jahres (16) der Bogen bei dem Tempel des Saturn „wegen der Wiedereroberung der mit Varus verlorenen Adler unter der Führung des Germanicus und den Auspicien des Tiberius" errichtet, dann ein Tempel der Fortuna an dem Tiber (in den von Cäsar als Diktator dem Volk vermachten Gärten) als Heiligtum der Gens Julia und bei Bovillä dem Divus Augustus ein Bild geweiht worden, hielt im folgenden Jahre (17) Germanicus am 26. Mai seinen Triumph über „die Cherusker, Chatten, Angrivarier und die übrigen Völker zwischen Rhein und Elbe": in diesem Triumph wurden die Beute, die Gefangenen, Bilder der Berge, Flüsse, Gefechte aufgeführt: und der Krieg, dessen Vollendung untersagt war, wurde für vollendet ausgegeben. Die herrliche Gestalt des Triumphators und die fünf Kinder auf seinem Wagen bildeten für das Volk eine freudige Schau. Es war (bis auf die Zeit Belisars) der letzte Triumph eines *Feldherrn*: von da ab feierten die Triumphe für die von den Heerführern erfochtenen Siege die Imperatoren selbst.

Strabo zählt[2] die hervorragenden Männer und Frauen der in diesem Triumph aufgeführten Gefangenen mit Namen auf: „Segimunt (statt des handschriftlichen Semigunt schon von Casaubonus nach Tacitus korrigiert), der Sohn des Segest, ein Heerführer[3] der Cherusker, und seine Schwester, die Gattin des Armin ('Αρμένιος), der bei dem Bundesbruch gegen Varus den Oberbefehl über die Cherusker geführt hatte und heute noch den Krieg fortführt, Namens Thusnelda, und ihr dreijähriger Sohn

---

1 Strabo VII, 1, 291 bezeugt übrigens ausdrücklich, daß *schon Augustus* seinen Feldherren verboten habe, die Elbe zu überschreiten und die dorthin Ausgewanderten zu verfolgen. Denn er glaubte den „jetzt in Händen liegenden Krieg leichter zu führen, wenn man sich der jenseit der Elbe in Ruhe verharrenden Völkerschaften enthielte und sie nicht reize, mit den Völkern auf dem linken Elbufer gemeinschaftliche Sache gegen Rom zu machen".

2 VII, 1, 292.

3 Fürst, vgl. Könige I, S. 126.

Thumelicus: ferner Sesithacus[1], der Sohn Segimers (Aigimer – so die Handschriften), eines Heerführers (Fürsten) der Cherusker, und sein Weib Ramis, die Tochter des Ukromer, eines Fürsten der Chatten (statt βαττῶν), ferner Deudorix (wohl keltische Endung statt Deudorich), Sohn des Bätorix (wohl statt Bätorich, ein Sugamber Bätorich war der Sohn des oben erwähnten Melo oder Mälo). Endlich Libes[2], ein Priester der Chatten: Segestes aber, des Armin Schwiegervater, hatte sich von Anbeginn dessen Absicht widersetzt, ergriff die günstige Gelegenheit, als Überläufer zu den Römern zu fliehen, und sah, hoch in Ehren gehalten, zu, wie seine Nächsten im Triumph eingebracht wurden: außerdem wurden noch andere Gefangene aus den überwundenen Völkerschaften aufgeführt: von den Kaulei (Chauken), Ampsiani (Amsivariern), Brukterern, Usipiern, Cheruskern, Chatten, Chattuariern, Marsern, Tubatten (sic)."[3]

Münze auf den Triumph des Germanicus über die Cherusker, Chatten und Angrivarier im Jahre 17 n. Chr.
Auf der Vorderseite steht er im Triumphwagen, auf der Kehrseite ist er dargestellt, wie er das Heer anredet, einen Legionsadler im linken Arm haltend. Die Inschrift SIGNIS RECEPT(is) bezieht sich auf die bei der Niederlage des Varus verlorenen Adler, welche Germanicus zurückgebracht hatte. Kupfer. Originalgröße. Berlin, Königl. Münzkabinett.

(Zwei Jahre darauf starb Germanicus in Asien (10. Oktober 19), vielleicht an Gift).

Noch im Jahre 16 wurde der jüngere Drusus in das Illyricum gesandt, sich des Kriegsdienstes zu gewöhnen und die Neigung des Heeres zu gewinnen: zugleich meinte der Kaiser, der in der Üppigkeit der Hauptstadt schwelgende Jüngling sei besser im Lager aufgehoben und seine eigene Herrschaft fester gesichert, wenn seine beiden Söhne an der Spitze der Legionen ständen.

Einen Vorwand aber gewährten suebische Völker, die um Hilfe baten wider die alten Römerfeinde: die Cherusker.

Dieser Roms Hilfe anrufende Suebe war – *Marobod*.

„Denn nach dem Abzug der Legionen, befreit von der Furcht vor äußeren Feinden, hatten die Völkerschaften der Germanen, nach dieses Volkes Art und jetzt besonders noch in dem durch den Römerkrieg entbrannten Wetteifer um Kampfesruhm entzündet, die Waffen selbst gegeneinander gekehrt.

Die Macht der Völker und der Führer Heldentum hielt sich die Waage: aber Marobod war wegen des von ihm aufgerichteten Königtums bei seinen Nachbarn und auch bei Unterworfenen seines eigenen Reiches verhaßt, Armin als Vorkämpfer der Freiheit stand in des Volkes voller Gunst.

So geschah es denn, daß nicht nur die Cherusker und deren Verbündete, Armins altgewohnte Krieger, gegen Marobod auszogen, sondern suebische Völkerschaften aus dessen eigenem Reich, die Langobarden und die macht- und ansehnreichen Semnonen[4], zu Armin übertraten (17)." (So Tacitus.)

---

1 So die Handschriften: Müllenhoff emendiert Sesithank.
2 So alle Handschriften, aber nach Müllenhoff sehr zweifelhaft.
3 Vgl. über diesen Triumph Dahn, Bausteine IV, Berlin 1881.
4 Arnold, S. 77, läßt diese schon im Jahre 16 sich Armin anschließen und deshalb Marobod nun gegen sie ausziehen. Dies ist nicht in den Quellen gesagt.

DRITTES KAPITEL · DER RÖMISCHE ANGRIFF

Letztere Erscheinung bezeugt, daß *nicht* der alte Gegensatz suebischer und cheruskischer Stammesart das Entscheidende war bei Ausbruch jenes Kampfes. Mochte die, gelinde gesagt, gleichgültige und selbstische Haltung Marobods während der schweren Kämpfe der letzten Jahre gegen Rom Armin und seinen Anhang erbittert haben – es war doch ein tieferer Widerstreit, der hier zum Austrag kam. Marobod, römisch geschult, hatte eine Herrschaft errichtet mit mancherlei römischer Ausrüstung – ein Königtum, wie es später auf römischem Boden so zahlreiche germanische Fürsten gegründet haben. Aber noch war die Zeit für solche Gestaltungen nicht gereift: und Böhmen war nicht der Boden dafür: die Nachbarn – und manche der halb mit Gewalt diesem Königtum unterzwungenen Völkerschaften selbst – fanden solche Staatsgewalt gefährlich, mit der alten Freiheit unvereinbar, unleidlich. Armin stellte sich an die Spitze der Bewegung gegen einen zweideutigen Machtnebenbuhler: er selbst mußte freilich erkennen, daß nur in der Zusammenfassung der vielen kleinen Volkssplitter zu größeren Verbänden unter königlicher Führung Rettung für die Germanen vor der römischen Weltmacht lag: er selbst machte bald darauf einen ähnlichen Versuch, obzwar gewiß mit minder römischer Färbung, und er selbst scheiterte, wie er nun Marobods Machtstreben bändigte.

Bildnis des Tiberius auf einer Münze.
Umschrift: TI(berius) CAESAR-DIVI-AVG(usti) F(ilius) AVGVST(us) IMP(erator) VIII.
Kupfer. Originalgröße.
Berlin, Königl. Münzkabinett.

Nach dem Übertritt jener beiden Völker würde Armin die Übermacht besessen haben, wäre nicht andererseits sein eigener greiser Oheim Inguiomer, nicht gewillt, dem jungen Neffen sich unterzuordnen, mit seinem Anhang zu Marobod geflohen: – wir sehen daraus, *wie groß* die Macht eines solchen cheruskischen Gaukönigs gewesen sein muß, wenn sie *zwei* Völkerschaften aufwiegt, von welchen freilich die Langobarden nur schwach, dagegen die Semnonen, das Hauptvolk der Sueben, sehr stark waren.

Die beiden Heere zogen widereinander: jedes erhoffte den Sieg. Der Krieg wurde nicht geführt wie ehedem unter Germanen mit aufgelösten Haufen in gelegentlichen, zusammenhangslosen Streifzügen: in dem langen Kampf wider die Legionen hatten sie gelernt und sich gewöhnt, den Feldzeichen zu folgen und dem Befehlswort der Führer und sich durch aufgesparten Rückhalt zu verstärken.

Hoch zu Roß musterte Armin die ganze Aufstellung[1] und rühmte sich, wie er die Reihen durchritt, daß er die Freiheit wieder erkämpft, die Legionen niedergehauen: er wies auf die Waffen und Beutestücke, die, unter seiner Führung gewonnen, viele Krieger noch heute hier bei sich trügen: Marobod aber schalt er einen Flüchtling, der den Kampf gemieden, sich in den Schlupfwinkeln des herkynischen Waldes geborgen und bald mit Geschenken und Gesandten der Römer Bündnis erbettelt habe, ein Verräter des Vaterlandes, ein Soldknecht des Cäsars: mit nicht schwächerem Ingrimm, als sie weiland Quinctilius Varus erschlagen, müßten sie ihn vertreiben. Gedenken sollten sie heute der vielen Schlachten, die sie unter Armin geschlagen: wer darin gesiegt habe, das zeige der Erfolg: der Abzug der Römer aus dem Vaterlande.

Aber auch Marobod ließ es nicht fehlen an Selbstberühmung, an Berühmung seines Vaters – (von dem wir nichts wissen als den Namen: Tuder) gegenüber dem

---

1 Der Ort ist unbestimmbar, wohl zwischen Elbe und Saale? Elbe und Elster?

222 ZWEITER TEIL · WESTGERMANEN

Feind: auf Inguiomer wies er hin: dieser Mann sei der ganze Ruhm der Cherusker –
dessen Rat allein habe die Erfolge errungen: Armin aber sei ein Wahnsinniger, ohne
Einsicht, er schmücke sich mit fremdem Ruhm: durch Treubruch habe er einen allzu
arglosen Feldherrn und drei hilflose Legionen ins Netz gelockt: aber zum großen
Schaden Germaniens und zu seiner eigenen Schmach sei das ausgeschlagen:
schmachte doch heute noch sein Weib, sein Sohn in Knechtschaft. Marobod aber
habe, von zwölf Legionen unter des Tiberius Führung angegriffen, den Ruhm der
Germanen gewahrt, bis man auf dem Fuße von Gleichstehenden sich mit Rom vertragen:
und dessen reue ihn auch heute nicht, da er nun die Wahl habe, ob er von neuem Krieg
oder verlustlosen Frieden mit den Römern haben wolle.

Die durch solche Ansprachen angefeuerten Scharen hatten auf beiden Seiten auch
eigene Gründe zu grimmem Kampf: die Cherusker fochten für den alten Ruhm, die
Langobarden für die wieder beanspruchte Freiheit, die Gegner für die Ausdehnung ihrer
Herrschaft. Niemals waren Germanen mit größerer Wucht aufeinander gestoßen: der
Ausgang aber blieb unentschieden: denn auf beiden Seiten siegte der linke Flügel. Man
erwartete Erneuerung des Kampfes: jedoch Marobod zog sein Lager auf die nächsten
Hügel zurück: das verriet sein Unterliegen: er war schwerer durch Verluste getroffen
worden. Alsbald gingen so zahlreiche Haufen von ihm zu Armin über, daß er, an Streitmacht sehr entblößt, in sein Markomannenland Böhmen zurückwich und durch Gesandte
die Hilfe Roms anrief. Aber nicht unverdient wurde dem überschlauen Fürsten der
freien Hand von seinem Meister in der Staatskunst, Tiberius, die eisige Antwort: er
habe kein Recht, die römischen Waffen wider die Cherusker anzurufen: er, welcher
einst den Römern im Kampf wider denselben Feind nicht die mindeste Hilfe geleistet. Drusus wurde vielmehr nur dazu nach Illyricum gesandt, die inneren Kämpfe
der Germanen zu beobachten und zu – schüren.

Großen Ruhm spricht ihm Tacitus dafür zu, daß er diese Aufgabe gut gelöst, die
Germanen immer mehr in Zwietracht gehetzt – auch er des Tiberius eifriger Schüler
– und dem von Armin durch die Waffen gebrochenen Marobod durch arglistige
Staatskunst den Todesstoß versetzt habe. Nach diesen Worten wird man vermuten
dürfen, daß römische Ränke die Unternehmung, die Marobod stürzte, nicht erst bei
deren Abschluß ausgenützt, sondern von Anfang gefördert haben.

Ein Jüngling markomannischen Volksadels[1], *Katwalda*, war vor geraumer Zeit,
geächtet vielleicht, vor der strengen Königsgewalt Marobods von seinem Volke und
Land gewichen und hatte bei den fernen Goten, die man wohl nur durch Irrtum
(Verlesung: statt Gutones Butones) dem Reiche Marobods unterworfen geglaubt
hat, Zuflucht gefunden. Der alte Volksadel war bei allen Germanen wohl damals schon,
wie nachweisbar in der späteren Zeit, der eifersüchtige Wächter der hergebrachten Verfassung, der Volksfreiheit, (deren Erhaltung er noch mehr fast als die Gemeinfreien
wünschen mußte, da in derselben seine Ehrenstellung am meisten zur Geltung kam)
gegenüber den Versuchen, ein Königtum herzustellen oder vom Gau auf die ganze Völkerschaft auszudehnen oder seine Gewalten in römischem Sinne zu erweitern: so werden
wir Katwalda doch wohl eher für einen Markomannen, nicht, wie früher geschah, für
einen Goten zu nehmen haben.[2]

Jetzt, da Marobods Macht erschüttert schien, wagte der Flüchtling Rache, Heimkehr mit gewaffneter Hand. Er drang mit einer starken Schar, offenbar von dem

---

1 Ganz anders Arnold, S. 76: „ein gotischer Heerführer".

2 Allerdings zweifelhaft: einen neuen Grund für *gotische* Abstammung siehe Dahn, Forschungen
  zur d. Gesch. 1881, Bausteine IV. *Zwingend* ist aber auch dieser neue Grund nicht gerade.

DRITTES KAPITEL · DER RÖMISCHE ANGRIFF

Osten, von der Weichsel her, in das markomannische Gebiet, gewann, wohl auch durch Bestechung, manche Große des Reiches – die seinen Widerwillen gegen die gewaltige Einherrschaft des Königs insgeheim teilen mochten, und brach so in die Hauptstadt und in die über ihr ragende Königsburg. Dort fand er aufgehäuft den zumeist auf vielen Kriegsfahrten der Sueben zusammengebrachten Königsschatz, alter Beute Gewinn: in der Stadt aber lebten zahlreiche Krämer und Kaufleute aus den römischen Provinzen, die der Verkehr, der Trieb, das im Handel gewonnene Geld zu mehren, aus der Heimat in den barbarischen, fast feindlichen Marktplatz geführt hatte, wo sie zuletzt der Rückkehr in das Vaterland vergaßen. So verhaßt war der strenge Herrscher, so verfrüht sein Versuch, damals schon ein Königtum über Germanen mit römischen Formen und Mitteln zu errichten, daß der einst so mächtige Herrscher nicht einmal den Versuch wagen konnte, den kühnen Eindringling, dessen Handstreich im ersten Anlauf gelungen war, wieder zu vertreiben: alles fiel von Marobod ab: keine Zuflucht blieb ihm als des Cäsars schlaues Mitleid: er floh (19 n. Chr.) auf römisches Gebiet über die Donau in die Provinz Noricum und richtete von hier aus ein Schreiben an Tiberius, nicht im Ton des bittenden Flüchtlings, sondern mit dem Stolz des früheren Glanzes: viele Völker hätten ihn, den hoch berühmten König, zu sich eingeladen, er aber gebe der römischen Freundschaft den Vorzug. Der Kaiser gab ihm höflichen Bescheid: er solle in Italien sicheren und ehrenvollen Aufenthalt finden, solange er dort bleiben wolle: wenn er glaube, daß anderes für ihn vorteilhafter sei, solle er so sicher und frei gehen können, wie er gekommen. Aber der unergründliche Meister der Arglist verfolgte dabei andere Gedanken: als Schreckmittel, als beständigen und lebenden Vorwand, sich in die suebischen Dinge zu mischen, wollte er Marobod zur Hand behalten: die Drohung, ihn, den Gefürchteten und nun ganz von Rom Abhängigen, durch die Legionen auf seinen Thron zurückzuführen, sollte die Sueben abschrecken, an den Grenzen des Kaiserreichs zu übermütig zu werden: so tief verhaßt war des Vertriebenen Herrschaft, daß man sie als Drohrute brauchen konnte. Hoch aber berühmte sich der Cäsar vor dem Senat in einer Rede, die zu Tacitus' Zeit noch erhalten war, daß er diesen gewaltigen Mann, der vermöge der Wildheit der von ihm beherrschten Stämme und der für Italien bedrohlichen Nähe seiner Macht gefährlicher als Philippus für die Athener, Pyrrhus oder Antiochus für die Römer gewesen, durch seine Staatskunst vernichtet habe.

Drusus hatte die Verhandlungen geleitet: der Senat bewilligte ihm für diesen unblutigen Erfolg den Marobod „eingebracht" (*ob receptum M*) zu haben, und wegen der Beruhigung Illyricums , die Ehre des kleinen Triumphes (*ovatio*).

Noch achtzehn tatenlose Jahre lebte Marobod in Italien (zu Ravenna), „seinen Ruhm überlebend, weil er nicht vorgezogen, heldenhaft zu sterben", meinte Tacitus.

Tiberius aber setzte gegenüber der scharf von ihm beobachteten Suebenmacht an der norischen Grenze mit Erfolg sein Lieblingsspiel fort, die Germanen statt durch Waffen durch „Künste" zu verderben.

Katwalda hatte ein ähnliches Geschick wie Marobod. Nach kurzer Frist (schon im Jahre 20!) wurde er durch die Macht seiner westlichen Nachbarn, der *Hermunduren*, unter Führung des *Vibilius* aus seinem Reich vertrieben und fand ebenfalls Aufnahme bei dem Kaiser: im narbonensischen Gallien, in Forum Julium (Frèjus).

Die Gefolgschaften und Anhänger der beiden gestürzten Feinde, des Marobod und des Katwalda, bildeten aber eine stete Gefahr: von Böhmen aus war das nahe römische Noricum leicht zu beunruhigen: und so groß war der Einfluß des Kaisers im Markomannenvolk, daß es ihm gelang, diese beiden doch sicher einander sehr feindlichen Gruppen zusammenzufassen, außer Landes zu ziehen und fernab zwischen den Flüssen Marus (March bei Preßburg) und „Cusus" (Gran: Waag bei Komorn?) anzusiedeln: die römische Staatskunst schuf hier ein kleines völlig abhängiges Reich, an dessen Spitze ein *Quade, Vannius,* unter dem Namen eines Königs gestellt wurde.

Man[1] hat aus diesen beiden Gefolgschaften den großen, volkreichen Stamm der *Bajuwaren* hervorgehen lassen wollen. Das ist, abgesehen von vielen und starken Gründen anderer Art, schon deshalb unmöglich, weil aus den doch allerhöchstens zweitausend Mann zählenden Gefolgschaften unmöglich das nach Millionen zählende Volk der Bajuwaren erwachsen konnte: Bei Annahme solcher Volksmehrung hätten die anderen Markomannen, welche wir doch auf mindestens dreihunderttausend Köpfe schätzen müssen, in gleicher Frist ganz Europa erfüllen müssen.[2]

Bald nach Marobods Sturz fand übrigens auch sein großer Bezwinger, Armin, den Untergang.

Obzwar in anderer Weise – sicher nicht mit so römisch gefärbten Mitteln und Formen – aber doch in ähnlicher Richtung wie Marobod hatte auch Armin eine Umgestaltung der Verfassung seiner Stammgenossen angestrebt. Beide mochten in der Schule und an dem großartigen Vorbilde Roms selbst gelernt haben, daß nur durch straffere Zusammenfassung der Volkskraft, die in zahllose kleine, zwischen Staat und Gemeinde schwankende, sich untereinander unablässig befehdende Verbände zersplittert war, Widerstand gegen die Weltmacht der Imperatoren zu leisten sei – sie mochten auch überhaupt erkannt haben, daß der germanische Staat ihrer Zeit, genügend der noch halb unseßhaften Lebensweise, in welcher er dereinst entstanden, den veränderten Zuständen nicht mehr entsprach. Mag Marobod dabei überwiegend der eigenen Herrschgier gefolgt sein – vergessen dürfen wir nicht, daß er immerhin auch seine Markomannen durch die klug ersonnene Auswanderung der römischen Erdrosselung entzogen hat – und mag der große Befreier Armin nur das Heil des Volkes, nicht die eigene Herrschaft, als Ziel angestrebt haben – als Mittel bot sich doch auch ihm nur dar die Zusammenschließung zunächst der hadernden Gaue seiner eigenen Völkerschaft, der Cherusker, zur staatlichen Einheit: ob er nun, wie wir annehmen zu müssen glauben, bereits Gaukönig war und nur die anderen Gaue (– aus denen wenigstens zwei Könige, Segest und Inguiomer, von der Sache des Volkes zu den Römern und zu Marobod abgefallen waren –) ebenfalls unter seinen Königstab bringen wollte, oder ob, wie die herrschende Meinung annimmt, bei den Cheruskern bisher nur Grafen bestanden und Armin, der aber jedenfalls „Herzog" gewesen war, an deren Stelle das Königtum erst einführen wollte – gewiß trachtete er, das Völkerschaftskönigtum über alle Gaue der Cherusker herzustellen.[3] In diesem zweifellos berechtigten, ja pflichtgemäßen, weil allein rettenden Streben hatte er aber nicht nur die Eifersucht, den Neid der übrigen Könige oder Grafen, zum Teil, wie Inguiomer, seiner eigenen Gesippen, zu leidenschaftlichen Widersachern – noch

---

1 Quitzmann in zahlreichen Schriften siehe Dahn, Bausteine II, 1880.

2 So kann sprachlich aus „Beid-vari" (an sich schon eine unmögliche Wortbildung: „Männer beider Gefolgschaften"), niemals Baju-vari werden: wohin wäre der inlautende Zahnlaut gekommen?

3 Arnold, S. 16: „Zwölf Jahre hatte er als Herzog an der Spitze seines Stammes (Cherusker) und Volkes (aller Germanen?) gestanden; ob er nach dem Königtum gestrebt, wissen wir nicht: tatsächlich hatte er eine viel höhere Stellung inne" – hingegen: allerdings war das Amt eines Herzogs aller Verbündeten (auch Nichtcherusker) umfassender als das Königtum der Cherusker: – aber deshalb konnte doch Armin nach dem Königtum zu streben alle Ursache haben. Denn das „Herzogtum" *endete* mit dem Römerkrieg.

DRITTES KAPITEL · DER RÖMISCHE ANGRIFF   225

leistete auch in der großen Menge des Volkes die alt eingewurzelte „Freiheitsliebe",
der Trotz und Argwohn gegen jede nicht schlechterdings unerläßliche Äußerung der
Staatsgewalt, so zähen Widerstand (das Beispiel der tyrannischen Königsgewalt Marobods mochte noch besonders abschrecken) noch war das Germanentum (abgesehen von den Goten) so wenig reif zu dem Schritt, den es erst zwei Jahrhunderte
später vollzog, daß nicht einmal Armin, so mächtig ihn der begeisterte Dank des
Volkes für sein befreiendes Heldentum dabei tragen mußte, den verfrühten Gedanken zu verwirklichen vermochte: Meuchelmord durch die eigenen Gesippen traf den
Helden, den der Römer „den offenbaren Erretter Germaniens" genannt hat – eine
tragische Vorbedeutung für den Verlauf deutscher Einigungsbestrebungen vieler
Jahrhunderte: oft genug hat deutscher Undank, deutsche Unfähigkeit, die Zucht des
Staatsgedankens zu ertragen, den Errettern und Einigern unseres Volkes im Namen
der „Freiheit" mit Vollendung oder Versuch des Meuchelmords gelohnt.[1]
     „Ich finde," schreibt Tacitus, „bei den Schriftstellern und Senatoren jener Zeiten
(19 n. Chr.) daß im Senat ein Brief eines Chattenfürsten *Adgandester* verlesen worden, in welchem er die Ermordung Armins versprach, wenn man ihm zur Vollfüh-
rung der Tat Gift schicken wolle: er habe jedoch den Bescheid erhalten, Rom räche
sich an seinen Feinden nicht durch List und im geheimen, sondern offen und mit den
Waffen" – eine gar sehr unglaubliche Geschichte, da die Germanen sich schwerlich
Gift aus Rom zu verschreiben brauchten: ihre Wälder bargen giftiger Pflanzen und
Schlangen genug: sie verwendeten (später wenigstens) Pfeilgift – Tacitus fährt fort:
„um dieser Antwort willen verglich sich Tiberius stolz den alten Helden Roms, die
einst gegen König Pyrrhus Gift zu brauchen verboten und die sich zum Mord Erbie-
tenden ausgeliefert hätten." Des Tacitus eigene Darstellung verhält sich ziemlich
ungläubig zu dem Bericht: vielleicht war das Erbieten (wenn nicht gar erfunden)
bestellt, um es ruhmredig ablehnen zu können.
     „Übrigens hatte Armin nach dem Abzug der Römer und der Vertreibung Maro-
bods nach dem Königtum getrachtet und dabei den Freiheitssinn seiner Stammgenossen wider sich aufgebracht: mit den Waffen angegriffen, kämpfte er mit wechselndem Glück, fiel aber endlich durch Arglist seiner Gesippen. Ohne Zweifel Germaniens Erretter: und nicht mit den Anfängen des noch schwachen Roms hat er
gekämpft, wie andere Könige und Feldherrn, sondern dem Kaisertum, auf der Höhe
seiner Macht, hat er getrotzt: sein Glück der *Schlachten* wechselte: aber im *Kriege*
blieb er unbesiegt: siebenunddreißig Jahre vollendete er, darunter zwölf der Machtstellung: noch singt von ihm die Heldensage der Barbaren: nichts wissen von ihm die
Jahrbücher der Griechen, die nur eigene Größe bewundern: auch bei den Römern
wird er nicht sonderlich oft genannt, da wir nur Altvergangenes als Gewaltiges rühmen, gleichgültig gegen die jüngere Zeit."
     Diese Grabschrift des edlen Römers für unseren großen Befreier würde ein Zusatz nur
abschwächen.

---

1 Geschrieben schon 1880! Seither haben wir (1890) den seit den Tagen Armins abscheulichsten
  deutschen Undank erlebt. Geschrieben 1898.

Viertes Kapitel

Die römische Verteidigung vom Verzicht auf die Eroberung Germaniens bis auf den Markomannenkrieg

Angriffe der Cherusker auf die Grenzen unterblieben nach Armins Tod um so mehr, als innere Zwiste national und römisch gesinnter Parteien, von den Kaisern geschickt verwertet, das Volk zerrissen und allmählich so sehr schwächten, daß es in den folgenden achtzig Jahren bis auf Tacitus seine führende Machtstellung völlig einbüßte, von den Chatten im Süden, den Chauken im Norden überwältigt und in wenigere, schmalere Gaue zurückgedrängt wurde: das Wort des Tiberius, daß man die Germanen ihrem eigenen Hader überlassen könne, hatte sich an ihnen bewährt. Freilich verstand er es meisterhaft, diesen Hader zu schüren und zu benützen.

Denn immerhin hatte die römische Staatskunst zur Deckung der Rheingrenze in Krieg und Verhandlung bis auf und unter Tiberius auch auf dem rechten Ufer solche Erfolge erzielt, daß Strabo (19 n. Chr.) von den Bewohnern des ganzen Uferlandes berichten konnte: „die Römer hätten sie zum Teil nach Gallien hinübergeführt, zum Teil seien dieselben, solchem Geschick und den römischen Eingriffen überhaupt zuvorzukommen, von dem Ufergebiet hinweg tiefer ins innere Land übergesiedelt, wie die *Marsen*". Über jenes „Ufergebiet" hinaus erstreckte sich aber bereits , wenn auch nicht unmittelbare und offene, doch mittelbare und leise geübte Herrschaft Roms: sogenannte „Bundesverträge", d. h. in Wahrheit Dienstverträge, verpflichteten die halb unterworfenen Völker, Aushebungen zu dulden oder selbst Söldner zum römischen Dienst auszuheben: „Föderati" hießen diese Überherrschten schon damals wie im fünften und sechsten Jahrhundert.[1] „Übriggeblieben (nämlich in jenem Ufergebiet) sind nur wenige und darunter ein Teil Sugambrer. Ein Teil der Völker zwischen Rhein und Elbe entzog sich der Unterwerfung durch Freigebung der bisherigen Wohnsitze und Überwanderung auf das rechte Elbufer."

Schon vor Marobods und seiner Nachfolger Sturz waren bei Markomannen und anderen Sueben einzelne Könige von anderen Gauen vertrieben oder doch so bedrängt worden, daß sie den Schutz des Augustus angerufen hatten:[2] man sieht, selbst wenn römische Ränke nicht, wie oft genug geschah, die Parteiungen unter diesen Völkern erregt oder doch geschürt hatten – schon die immer mehr bekannt werdende Tatsache, daß das Kaiserreich stets bereit war, Zuflucht, unter Umständen auch Geld und Waffenhilfe, zu gewähren, als Vermittler, Richter, Verbündeter einzuschreiten, mußte die in der Sinnesart wurzelnde, durch die Verfassung begünstigte Neigung zu inneren Fehden nicht nur unter den *Völkerschaften*, verderblicher noch unter den *Gauen einer* Völkerschaft, auf das gefährlichste steigern und unterstützen; ähnlich wie heutzutage englische oder russische Staatskunst auf die Völker Asiens wirkt.

Die Besorgnis vor germanischen Angriffen auf die Nordwestgrenze des Reiches ergriff die Römer freilich seit der Varusschlacht jedesmal, wenn sich in Gallien irgend etwas regte: so fürchtete man im Jahre 21 germanische Hilfe eines gallischen Auf-

---

1 Vgl. Sybel, Jahrbücher des Vereins von Altertumsfreunden in den Rheinlanden IV, 13 ff.
2 Rerum gestarum divi Augusti c. 32 ed. Müllenhoff, Germania

VIERTES KAPITEL · DIE RÖMISCHE VERTEIDIGUNG   227

standes. Acht Legionen, den „Kern der ganzen Heeresmacht", ließ Rom (im Jahre 23) am Rhein stehen, viel weniger zur Niederhaltung Galliens als zur Beobachtung der Germanen. Die drei gallischen Provinzen Aquitania, Lugdunensis und Belgica waren von Truppen nicht besetzt: ausgenommen zwölfhundert Mann in Lyon.

Tiberius vertraute jene starke Macht nach des Germanicus Abberufung nicht mehr *einem* Feldherrn an, sondern teilte[1] sie zu je vier Legionen zwischen den Proprätoren (Prokonsularlegaten) des oberen (superior: vom Rhein westlich bis zu den Vogesen nördlich bis zur Nahe, Sitz: Mainz) und des unteren (inferior) Germaniens (Ubier, Sugambrer, Maasgebiet, Bataver [keltische] Menapier, Sitz: Köln): wohl nicht bloß aus Mißtrauen, auch behufs gleichmäßiger Bewachung der lang gestreckten Grenze: blieb doch der oberrheinische dem niederrheinischen Legaten unterstellt. Für den Krieg gehörte zu Obergermanien Helvetien, für die Steuern Belgica zu (beiden) Germanien.

Inzwischen verwerteten die Römer in fernen Ländern germanische Kraft und kriegerische Wildheit gegen andere Barbaren ähnlichen Schlages: im Jahre 26 im Kampf gegen die unbändigen Bergstämme des thrakischen Hochgebirges gerieten die römischen Bogenschützen in große Gefahr: da wurden sie gerettet und ins Lager zurückgeholt durch eine Kohorte *Sugambrer,* die der Feldherr als Rückhalt aufgestellt hatte, „eine kampffreudige Schar mit gleich wildem Gesang, gleichem Waffenklirren" (wie die gefürchteten Thraker).

In Deutschland griffen damals (im Jahre 28/29) nur die *Friesen* zu den Waffen: nicht aus Trotz, sondern durch die römische Habgier – nach *römischem* Zeugnis! – zur Verzweiflung getrieben. Drusus hatte das Volk zur Unterwerfung gebracht, über dessen Gebiet er für seine Pläne mußte verfügen können: mild und klug zugleich hatte er, die Armut des Volkes an rauher Küste berücksichtigend, ihm nur mäßige Schätzung auferlegt: Rinderhäute sollten sie liefern für den Bedarf der Truppen: dabei hatte man es bisher weder mit der Länge noch mit der Stärke der Häute genau genommen: die sichere Verfügung über das *Gebiet* war der wesentliche Zweck der Römer. Da wurde der Primipilar *Olennius* mit dem Befehl über das Land betraut: dieser wollte, nach dem Muster der römischen Statthalter, reich werden auch in armem Land und verlangte, daß in Zukunft alle Häute so groß sein sollten wie die des wilden Ur. Auch anderen Völkern wäre das kaum erschwingbar gewesen: unmöglich war es den Germanen, deren Wälder riesengroße Ungetüme bargen, deren Herdentiere dagegen nur klein waren. Die Gepeinigten mußten zuerst die lebenden Rinder hergeben: dann wurden ihnen, in Eintreibung der unerschwingbaren Steuer, die Grundstücke eingezogen, ja zuletzt Weib und Kind mußten sie in Knechtschaft verkaufen, die Steuerschuld zu decken. Erbitterung und Beschwerde blieben unbeachtet: da wurde das gequälte Volk zur Selbsthilfe getrieben: es ergriff die Soldaten, die die Steuer eintrieben, und schlug sie ans Kreuz (das war römisch: nicht germanisch: wohl Talion), Olennius rettete sich vor dem Grimm des empörten Volkes durch Flucht in das Kastell *Flevum,* wo eine nicht unbedeutende aus Römern und Bundesgenossen gebildete Besatzung die Küste bewachte. Gleichwohl wurde die Festung von den Friesen belagert. Der Proprätor von Niedergermanien, *Lucius Apronius,* rief auf diese Nachricht mehrere Fähnlein der Legionen aus der oberen Provinz herbei und erlesene Scharen der (germanischen) Hilfsvölker (wohl meist *Bataver:* wenigsten werden deren Angehörige und nächste Nachbarn, die *Kanninefaten,* genannt) zu

---

1 Später im Jahre 69 standen in Obergermanien die legio I. (germanica), IV. (macedonica), XXII. (primigenia), in Untergermanien die V., XV. und XVI.

228   ZWEITER TEIL · WESTGERMANEN

Fuß und zu Roß, ließ beide Abteilungen den Strom hinabfahren und im Land der
Friesen ausschiffen. Diese hatten die Belagerung des Kastells aufgehoben und sich
zur Verteidigung ihrer Gebiete zurückgezogen. Der Römerfeldherr mußte erst
durch Deiche und Brücken das von der Flut bedrohte Gebiet für den Marsch schwerer Truppen sichern: indessen hatte man Furten entdeckt, durch welche reitend und
watend ein Geschwader kanninefatischer Reiter und das ganze germanische Fußvolk
im römischen Sold dem Feind in den Rücken gelangte: aber die Friesen, in gut geschlossener Schlachtordnung, warfen diese Geschwader der Bundesgenossen und
dann auch noch die zu Hilfe eilende Legionsreiterei. Der Römer verzettelte nun
seine Kräfte, indem er zu schwache Verstärkungen vereinzelt vorschickte, die zusammen genommen, ausgereicht hätten, aber einzeln, zersplittert, in Zwischenräumen
eintreffend, vermochten diese Truppen die Verwirrten nicht aufzunehmen, wurden
vielmehr selbst von dem Schrecken der Fliehenden mit fortgerissen. Auch jetzt bietet der Feldherr noch nicht die volle Kraft auf: er sendet den Legaten *Cethegus Labeo*
mit dem Rest der Hilfstruppen der fünften Legion vor: aber auch dieser gerät in
gefährliche Bedrängnis und erbittet auf das dringendste durch Boten über Boten das
Eingreifen der Legionenwucht. Da stürmt die fünfte den übrigen voraus, wirft endlich nach hitzigem Gefecht den Feind und rettet die arg zugerichteten Kohorten und
Geschwader. Das Verderben war abgewendet: aber der Feldherr betrachtete seine
Lage als so bedenklich, daß er – abzog und zwar so eilfertig, daß er seine Toten nicht
nur nicht rächte, sondern nicht einmal bestattete, obgleich ein große Zahl von
Kriegstribunen, Präfekten und hervorragenden Centurionen darunter sich befand.

Die Verluste der Römer müssen sehr bedeutend gewesen sein. Nachträglich erfuhren sie noch von Überläufern, daß eine Schar von neunhundert Mann in dem
Haine der *Baduhenna*[1] sich bis in den folgenden Tag hinein verteidigt hatte, aber
ohne Ausnahme niedergehauen wurde. Eine andere Abteilung von vierhundert Mann
hatte sich in das Gehöft eines ehemaligen römischen Söldners, der den Namen
Kruptorich führt, geworfen und zuletzt aus Besorgnis vor Verrat in wechselseitiger
Ermordung selbst getötet. Groß wurde der Ruhm der Friesen unter den Germanen
durch diesen Erfolg. Tiberius aber wurde beschuldigt, die Unfälle ungerächt gelassen
zu haben, um keinen Feldherrn mit dem Befehl betrauen zu müssen: auch der zitternde Senat habe sich nicht darum gekümmert, daß die Ehre der römischen Grenzverteidigung so schwer litt.

Indessen muß man billigerweise erwägen, daß die Behauptung jener armen Küstenstriche ihren Wert größtenteils verloren hatte, wenn man, wie Tiberius beschlossen, die Eroberungspläne des Drusus aufgab.

Erst unter Claudius (46/47 n. Chr.) wurden die Friesen durch den kraftvollen
Feldherrn *Gnäus Domitius Corbulo* wieder unterworfen.

Des Tiberius Nachfolger, *Gajus Cäsar Caligula*, des Germanicus halb wahnsinniger Sohn, im Lager geboren, glaubte, wie der Großvater und der Vater, durch einen
Feldzug in Germanien Ruhm gewinnen zu müssen: man sagte freilich, daß ihm nur
plötzlich der Einfall gekommen sei, er müsse die Zahl seiner batavischen Leibwachen
vermehren, und *deshalb* habe er einen germanischen Krieg beschlossen. Er musterte
im Jahre 39 die Legionen des Legaten in Obergermanien, *Sergius (oder Sulpicius)
Galba*, den er zum Nachfolger des *Gajus Lentulus Gätulicus* bestellt, und ging wie-

---

1 Über die Lage jenes Haines, ja sogar jenes Hofes des Kruptorich (!) leere Vermutungen bei
  Menso Altingius. Grimm, D.M. schwankt, ob Baduhenna nicht Ortsname wie Ardu-ennWenn
  Name der Göttin des Hains, ist an eine Kriegsgöttin zu denken: *badu*, Kampf.

VIERTES KAPITEL · DIE RÖMISCHE VERTEIDIGUNG   229

derholt über den Rhein: aber nur um eine fast unglaubliche Komödie aufzuführen, indem er Germanen aus seiner Leibwache, die er heimlich über den Strom hatte setzen lassen, als Feinde melden ließ und dann in einen Wald hinein verfolgte. Für seinen „Triumph über die Germanen" (am 31. August 40) hatte er Überläufer bestimmt und gekaufte Gefangene, sowie vornehme oder durch hohen Wuchs hervorragende Gallier, die Germanisch lernen, das Haar (wohl statt blond) rot färben und lang wachsen lassen mußten: doch begnügte er sich, da die Vorbereitungen für den Triumph nicht fertig wurden, mit der Ovation. Als er zu Anfang des folgenden Jahres (am 24. Januar 41) ermordet wurde, bewahrte nur die germanische Leibwache dem Tyrannen Treue.

Unter seinem Nachfolger *Claudius* erfocht *Galba* Vorteile über die *Chatten, Publius Gabinius* über die *Marsen*, in deren Land der allein noch den Germanen verbliebene Adler aus der Varusschlacht wiedergewonnen wurde[1], vielleicht der gleiche Gabinius (Secundus?) auch über die Chauken, weshalb ihm der Kaiser, der zweimal wegen jener Erfolge zum Imperator ausgerufen wurde, den Namen „Chaucius" zu führen gestattete.

Zwei Jahre später (43 n. Chr.) zeichneten sich in dem Feldzug in Britannien germanische Hilfsvölker, vermutlich wieder *Bataver*, dadurch aus, daß sie in voller Rüstung reißende Ströme, sogar die breite Themse (Tamesis), durchschwammen.

Inzwischen hatten die von Rom geschürten Fehden und Parteikämpfe unter den Gauen der Cherusker so heftig fortgelodert, daß darin angeblich der gesamte Adel der Völkerschaft darin aufgerieben und auch nur mehr *Ein* Sproß übrig war von der Sippe Armins: – sie wird das *„königliche"* Geschlecht genannt, entweder weil Armin, wie schon sein Vater, Gaukönig der Cherusker gewesen, wie wir annehmen, oder, wie andere wollen, weil Armin in seinem Kampf um das Einkönigtum über alle cheruskische Gaue den königlichen Namen angenommen hatte (was Tacitus freilich mit keiner Silbe sagt). Dasselbe Volk, das den größten Helden und den Befreier Germaniens ermordet hatte, weil er das Königtum über alle Gaue, d. h. die allein rettende Versammlung der Volkskraft, angestrebt, erkannte nun in zu später Reue, daß nur solche Einherrschaft seiner Selbstzerstörung Halt gebieten könne: sie wählten jenen letzten Sproß von Armins Geschlecht zum König. Vielleicht war dies aber zugleich oder noch mehr ein Sieg der *römischen* Partei: denn vom Kaiser mußte der erwählte König erbeten, aus Rom mußte er entboten werden. Er war nämlich der Sohn jenes entarteten Bruders Armins, des Römlings *Flavus*, und der Tochter eines Chattenfürsten *Aktumer*, schön von Gestalt, in Waffen und Reitkunst nach römischer wie nach germanischer Sitte geübt.

Claudius, hocherfreut, dem Volk Armins einen nicht nur römisch gebildeten, auch römisch gesinnten Herrscher geben zu können, unterstützte ihn auf jede Weise: römisches Geld, römische Leibwächter wurden ihm mitgegeben: „höher", d. h. in *römischer* Auffassung sollte er die barbarische Königswürde antreten: so mahnte der Kaiser: als ein Angehöriger Roms, nicht vergeiselt, als römischer Bürger ziehe er nun von der römischen *Heimat* aus, ein *„fremdes"* Reich zu erwerben. So sprach Rom zu dem Neffen Armins! Gewiß hatten römische Künste, römisches Geld ihm den Weg zum Thron bereitet, die Nebenbuhler beseitigt.

Die Anfänge der Herrschaft des neuen Königs – er führte den bezeichnenden Namen *„Italicus"* – waren günstig. Freudig begrüßten die Cherusker den Neffen Armins: nicht verflochten in die bisherigen Parteiungen, konnte er allen gegenüber

---

1 Bei Cassius Dio ist hier Μαυρουσίους für Μάρσους verschrieben.

gleich guten Willen zeigen: so wurde er gefeiert, hoch gepriesen: seine Mäßigung, seine höflichen Formen aus römischer Schule gewannen: aber er verstand auch, es im Lärm des Gelages, beim Trinkhorn den Barbaren gleichzutun und zu gefallen. So gewann er großes Ansehen bei den nächsten Nachbarn, ja schon bis zu fernen Völkern hin.

Aber die Männer, wohl meist Führer und Glieder der Gefolgschaften, die auf die unaufhörlichen Fehden, auf Kampf und Raubfahrt Glück, Glanz und Gut gebaut hatten seit dem letzten Vierteljahrhundert, konnten eine den Frieden schirmende Königsherrschaft nur hassen: sie mochten dabei auch in gutem Glauben – und wahrlich nicht ohne Grund – von dem Zögling und Geschöpf des Kaisers Gefahr für Volkstum und Freiheit besorgen: sie flohen zu den Nachbarvölkern und klagten, daß daheim die alte Freiheit zerstört werde, die Macht Roms wieder drohend sich im Lande erhebe: sie fragten, ob denn wirklich niemand mehr sonst von den Volksgenossen lebe, der an die Spitze gerufen werden könne, so daß man den Abkömmling des Flavus, des Spähers, über alle erheben müsse? Auf Armin dürfe man sich dabei nicht berufen: wenn sogar dessen eigener Sohn Thumelicus, auf feindlichem Boden groß gewachsen, zur Herrschaft gelangt wäre – auch von diesem wäre zu fürchten gewesen, daß er durch Nahrung, Dienst, Bildung, durch alles entfremdet und vergiftet sei. Wenn aber Italicus seinem Vater nachschlage – niemand habe ja so grimmig als Flavus die Waffen gegen das Vaterland geschwungen und gegen die heimischen Götter.

Durch solchen Aufruf brachten seine Feinde bedeutende Streitkräfte zusammen. Aber nicht geringer war sein Anhang: man erinnerte, daß er nicht aufgedrungen, sondern eingeladen gekommen sei: da er an edler Abstammung alle übertreffe, solle man doch erst erproben, ob nicht auch seine Tüchtigkeit sich des Oheims Armin, des Großvaters Aktumer würdig erweisen werde. Auch der Vater gereiche ihm nicht zur Schande, weil er die Treue gegen Rom, zu der er sich einst, unter Zustimmung des Volkes, verpflichtet, niemals verletzt. Täuschend werde der Name „Freiheit" vorgeschützt von Abenteurern, die, im eigenen Leben verkommen, dem Leben des Staates verderblich, nur auf Bürgerkrieg und Fehde noch Hoffnung setzten. Eifrig stimmte die Menge bei – man sieht immerhin auch in des Römers beschönigender Darstellung: des Königs Feinde sind die alten Feinde Roms. In einer großen Schlacht siegte er: aber dies Glück riß ihn zu hochfahrendem Mißbrauch seiner Macht fort – wohl nach römischem oder nach Marobods Muster wollte er nun herrschen: da wurde er vertrieben: wieder auf den Thron zurückgeführt durch Hilfe der Langobarden – mochten diese in alter Treue Armins, ihres Befreiers von Marobod, gedenken oder umgekehrt durch römische Künste für Italicus gewonnen sein –, erschütterte seine Herrschaft gleichwohl in Glück wie in Unglück durch Parteiung die Macht seines Volkes.

Während damals so die alten Feinde Roms, die Cherusker, durch inneren Zwist gelähmt waren, hemmte keine solche Spannung die Kraft eines früher von den Römern zu Kriegshilfe gewonnenen Volkes an der Küste, der *Chauken*, die damals jene Seeräubereien begannen, die sie in späteren Jahrhunderten unter dem Namen und als Teil der *„Sachsen"* fortsetzten zum Schrecken aller erreichbaren Küsten.

Damals ermutigte sie der Tod des bisherigen Statthalters *Sanquinius*, und sie fanden einen verwegenen Führer in dem *Kanninefaten Gannascus*, der früher unter den römischen Hilfsscharen gedient hatte, jetzt aber zu jenen entwichen war und nun auf leichten Fahrzeugen Niedergermanien, besonders aber die Küsten Galliens, mit Seeräubereien heimsuchte, wohl wissend, daß die dortigen Städte ebenso reich als unkriegerisch waren.

VIERTES KAPITEL · DIE RÖMISCHE VERTEIDIGUNG 231

Aber der neue tüchtige Statthalter *Gnäus Domitius Corbulo* trat mit Kraft und Erfolg entgegen: die Rheinflotte der römischen Dreiruderer schwamm den Strom hinab: andere geeignete Fahrzeuge wurden über die Watten herbeigeschafft und das Gebiet der Chauken offenbar zugleich vom Fluß, vom Land und von der See aus angegriffen: die Boote der Feinde konnten weder die hohe See gewinnen noch mit den römischen Galeeren sich messen: sie wurden ergriffen, angebohrt und versenkt. Gannascus floh in das Innere des Landes. Dieser Erfolg und die strenge Mannszucht des Feldherrn wirkte weit umher in jenen Küstenstrichen. Die Friesen, seit der Niederlage des *L. Apronius*, in offener Feindschaft oder unsicherer Treue, stellten jetzt Geiseln und ließen – offenbar nur einzelne Gaue – sich neue Sitze und Grenzen von Corbulo anweisen, der ihnen selbst den Gemeinderat und die Richter ernannte und Rechtsvorschriften erteilte. Um den Gehorsam zu sichern, legte er einen festen Waffenplatz in ihrem Gebiet an (bei Gröningen?).

Durch Gesandte forderte er einen Teil der Chauken, die *Großchauken*, (in der Germania K. 35 findet sich diese Scheidung nicht, nur für die Friesen) zur Ergebung auf und verschmähte es nicht, den Abenteurer Gannascus durch Mord aus dem Wege zu schaffen. Ausdrücklich rechtfertigt ein Tacitus dieses Verfahren des von ihm hochgefeierten Feldherrn gegen einen „treubrüchigen Überläufer" – man wird danach die Glaubwürdigkeit des Berichtes beurteilen, daß ein *Tiberius es verschmäht* hätte, Armin zu vergiften, wenn er es sicher hätte bewirken können.

Auch muß Tacitus gestehen, daß der schnöde, durch römische *Gesandte* vollzogene Meuchelmord das Gegenteil seiner Absicht bewirkte: das Volk der Chauken wurde nicht eingeschüchtert, sondern zur Wut empört durch die unwürdige Tat: und Kaiser Claudius, in Angst vor den Folgen einer Niederlage, in Argwohn gegen den Sieger, verbot weitere Gewalt wider die Germanen, befahl sogar, die Besatzungen wieder über den Rhein zurückzuziehen.

Er befahl also, zu der bloßen Verteidigung im Sinne des Tiberius zurückzukehren, „man solle die Germanen nicht reizen!" meinte er. Grollend gehorchte Corbulo, der schon in Feindes Land (das heißt im Gebiet der Großchauken) ein Lager schlug, dem Gebot. „Wie glücklich waren die Feldherrn der alten Zeit!" seufzte er: er sah den Spott der germanischen Hilfsvölker, die Verachtung der germanischen Feinde voraus, da er den Befehl zum Rückzuge erteilte. Um die Truppen nicht in die alte Entartung zurückfallen zu lassen, beschäftigte er sie mit der harten Arbeit, zwischen Maas und Rhein einen dreiundzwanzig (römische) Meilen langen Kanal[1] zu ziehen, um auf diesem Wege fortan die Gefahren einer Seefahrt an der Küste hin zu meiden.

Die Ehrenbezeugungen des Triumphators bewilligte ihm der Kaiser, als ob er wirklich den Triumph gehalten; ebenso *Curtius Rufus* zum Lohne dafür, daß er im Gebiet von Wiesbaden[2] Minen auf Silber abzubauen begonnen, die aber nur auf kurze Zeit magere Ausbeute gewährten.

Drei Jahre darauf (50 n. Chr.) bewirkte die einflußreiche Tochter des Germanicus, *Agrippina*, bei ihrem Gemahl, dem Kaiser Claudius, die Errichtung einer Veteranenkolonie in ihrer Geburtsstadt *Köln*, die nach ihr benannt wurde: *Colonia Agrippensis*: ihr Großvater M. Agrippa hatte die Ubier dorthin verpflanzt, wenn auch

---

1 Über die Gegend Menso Altingius notitia Germaniae inferioris I, 48: (nicht von Leyden nach Helvöt-Sluy), Mascou I, 110.

2 Nicht Mattium (der Wetterau). Über diese Lesart, andere dachten an die Maziaci in Afrika, Mascou I, 110.

schwerlich die Siedlung zuerst angelegt. Die Kolonie erhielt das *jus italicum*:[1] jedoch ungeachtet der Vermischung der Ubier, wie früher mit den benachbarten Kelten, so nunmehr mit den römischen Kolonisten, konnte die ursprüngliche germanische Abkunft nicht völlig in Vergessenheit schwinden: bei der großen Erhebung der Rheinlande gegen Rom unter *Civilis* wurden, vorübergehend, auch die Ubier mit fortgerissen (siehe unten Civilis).

Übrigens erwiesen die germanischen Leibwachen (wie dereinst Caligula) Agrippina so tiefe Treue, daß Nero, als er ihre Rache für die Ermordung des Britannicus besorgte (55 n. Chr.), vor allem jene tapferen Wächter von ihr entfernen ließ: aber auch er selbst baute auf ihre Treue.

Die hohe Wichtigkeit des Waffenplatzes Köln wird sinnbildlich dadurch ausgedrückt, daß in dem dortigen Marstempel ein Schwert Julius Cäsars aufbewahrt wurde: in eben diesen Tempel sandte später Vitellius als Weihgeschenk den Dolch, mit welchem Otho sich getötet hatte.

Vielleicht um jene Zeit wurde das schon früher wichtige *Trier* zur Kolonie erhoben: *Auguste Treverorum*: die Entstehungszeit der gewaltigen Befestigungen, von deren Herrlichkeit und Macht die sogenannte *„porta nigra"* heute noch Zeugnis ablegt, ist zweifelhaft: manche Gründe sprechen für die Constantinische Periode (Anfang des vierten Jahrhunderts).

Aber nicht nur am Rhein, auch an der Donau machte damals die Ausbreitung und Sicherung der römischen Bildung Fortschritte: in *Noricum* erwuchsen unter Claudius die Städte *Aguntum* und *Teurnia* an der Drave, in *Pannonien* in dem ehemaligen Gebiet der (keltischen) Bojer *Claudia Savaria* (Stein am Anger) und *Scarbantia* (Ödenburg).

Münze von Kaiser Claudius. Im Felde ein Triumphbogen mit der Inschrift *DE GERMANIS*; es ist wohl der seinem Vater Drusus oder der seinem Bruder Germanicus (nach dessen berühmtem Triumphzuge im Jahre 17 n. Chr.) errichtete Bogen. Gold. Originalgröße. Berlin, Kgl. Münzkabinett.

Im Jahre 50 verbreiteten die *Chatten* wieder einmal Schrecken durch einen Raubzug über den Rhein in das römische Obergermanien: aber die kräftigen und klugen Maßregeln des römischen Legaten *Publius Pomponius Secundus* schufen nicht nur diesem Unternehmen ein sehr übles Ende, sie brachten die ganze Völkerschaft wieder auf kurze Zeit in Abhängigkeit. Er bot die germanischen Hilfsvölker – offenbar, weil sie den zunächst bedrohten Gebieten angehörten –, der *Vangionen* und *Nemeter* auf, verstärkte sie durch Reiterei und wies sie an, den Raubscharen den Rückzug zu verlegen, während er selbst, den Angriff in die Heimat der Feinde tragend, über den Rhein ging und am Taunus Stellung nahm, jede Unterstützung von dort aus zu verhindern und die Geschlagenen abzufangen.

Geschickt befolgten die Vangionen und Nemeter, begierig, für ihre geplünderten Gebiete Rache zu nehmen, die Weisungen des Feldherrn: sie teilten sich in zwei Haufen: der linke Flügel traf auf die heimziehenden Chatten, die ihres Raubes, vor allem des Weines, unmäßig genossen hatten und in Schlaf versunken lagen: besonders erfreulich war den Römern bei dem gelungenen Überfall die Befreiung von Landsleuten, die, seit der Varusschlacht, also seit einundvierzig Jahren, in Gefangenschaft der Chatten, als Knechte den Zug hatten begleiten müssen.

Der rechte Flügel hatte den näheren Weg eingeschlagen: er stieß auf den entgegenrückenden Feind, der die Schlacht annahm, aber dabei noch größere Verluste

---

[1] Paulus fr. 8, § 2 Dig. de censibus 50, 15: aber wann?

erlitt. Mit Beute und Ruhm beladen erreichten nun beide Abteilungen den Feldherrn am Taunus. Die Chatten baten um Frieden: sie besorgten, zugleich von den Cheruskern („mit welchen sie unaufhörlich in Streit liegen", schreibt Tacitus) im Rücken angegriffen zu werden, stellten Geiseln und schickten Gesandte nach Rom: dem Legaten wurden triumphalische Ehren bewilligt: „ein geringer Teil seines Ruhms bei der Nachwelt," meint Tacitus, „bei welcher der Ruhm seiner Gedichte viel höher steht" – heute sind jene Verse verloren und vergessen, den Namen des Mannes hat jener Sieg über die Chatten erhalten.

Gruppe sarmatischer Panzerreiter
Relief an der Siegessäule des Kaisers Trajan in Rom: Sie sind als Bundesgenossen der Daken dargestellt. Die Reiter, Mann und Roß gepanzert, befinden sich in wilder Flucht vor der nachsetzenden römischen Kavallerie. Bereits ist einer gefallen, ein andere gleitet todwund vom Pferde. Ein dritter wendet sich, im Fliehen nach rückwärts einen Pfeil auf die Verfolger abschießend; so war die Kampfweise orientalischer Völker.

Das Bündnis zwischen den ingwäonischen Cheruskern und den suebischen Chatten war also seit den Tagen Armins längst wieder dem alten Stammes- und Nachbarn-Haß gewichen.

Noch war für die nach römischem Muster geschaffene Einherrschaft eines Marobod oder für Könige römischer Einsetzung, wie Italicus, die Zeit lange nicht reif, d. h., der Freiheitssinn des Volkes noch zu stark.

ZWEITER TEIL · WESTGERMANEN

Das zeigte auch der Sturz des Suebenkönigs *Vannius*, 50 n. Chr., welchen der jüngere Drusus eingesetzt hatte.

Wie Italicus war er im Anfang der Herrschaft bei seinen Landsleuten beliebt und berühmt: als er aber nach befestigter Macht in Herrscherübermut entartete, beschwor er den Haß der Nachbarn und Parteiung im eigenen Volk und Geschlecht gegen sich herauf. Die Führer der Feinde waren der *Hermunduren*könig *Vibilius* und des Vannius eigene Schwestersöhne *Vangio* und *Sido*. Lange wogte der Kampf der Waffen hin und her. Kaiser *Claudius*, der ererbten Staatskunst des Tiberius getreu, hütete sich wohl, der wiederholten Bitte, durch die römische Macht den Frieden zu gebieten, nachzugeben: vergnüglich sah er zu, wie sich die Germanen zerfleischten: man legte offenbar auf Erhaltung des Vannianischen Reiches nicht Gewicht genug, um deswillen die lang gewahrte Enthaltung zu verlassen: der römischen Ehre wurde dadurch genügt, daß man dem ehemaligen Schützling für den Fall des Erliegens sichere Zuflucht auf dem Boden des Reiches versprach.

So wurde der Präses der Provinz Pannonien, *Publius Atellius Hister*, nur angewiesen, eine Legion und aus der Provinz erlesene Hilfsvölker auf dem römischen Donauufer aufzustellen, die Besiegten vor Vernichtung zu schützen und die Sieger in Schach zu halten, auf daß sie nicht im Übermute des Erfolges auch des römischen Gebietes Ruhe gefährdeten.

Denn ungezählt war die Menge barbarischer Feinde, *lugische* und andere Stämme, die heranzogen, teilzunehmen an der Zerstörung und Ausraubung der Königsherrschaft und der Reichtümer, die Vannius dreißig Jahre lang durch Beute und Schatzung angehäuft hatte – man sieht, das Muster des Marobod hatte auch diesem neuartigen Königtume vorgeschwebt. Die eigene Kriegsmacht des Sueben bestand in Fußvolk: Reiterei hatte er von *Sarmaten* (d. h. hier *Jazygen*) geworben. Doch konnte er vor der Übermacht von Feinden das offene Feld nicht behaupten, hielt sich deshalb in der Verteidigung in seinen festen Burgen und suchte den Krieg hinauszuziehen.

Jedoch seine Jazygen, unvermögend, mit ihren Rossen in einer Belagerung auszuharren und auf den nächsten Ebenen sich tummelnd, versetzten ihn in die Notwendigkeit, sich auf eine Feldschlacht einzulassen: denn *Lugier* und *Hermunduren* waren in jene Ebene eingedrungen und bedrohten hier seine Reiter: in die Burgen konnte er diese nicht aufnehmen: so zog er zu ihrer Errettung aus seinen Befestigungen ins Freie. Er verlor die Schlacht, gewann aber im Unglück selbst bei den Feinden Ruhm, weil er sich selbst in den Nahkampf gestürzt und, das Antlitz gegen den Feind, Brustwunden erhalten hatte. Er entkam auf die römische Donauflotte, die ihm entgegengesegelt war: bald folgten ihm viele seiner Anhänger und wurden in Pannonien auf römischen Boden angesiedelt.

Gewiß hatte Rom doppeltes Spiel gespielt, wie einst bei des Marobod Sturz: der „Übermut des befestigten Herrschers" mochte auch dem römischen Nachbar bedenklich geworden sein: damit stimmt wenigstens vortrefflich, daß Vangio und Sido, die nun das Reich des Oheims unter sich teilten – und schon dadurch minder gefährlich waren – wegen ihrer hervorragenden Ergebenheit gegen Rom gepriesen werden. – Aber auch diesen römischen Schützlingen erging es bei ihren Landsleuten genau wie Italicus und Vannius: anfangs, vor und bei der Erwerbung ihrer Machtstellung, sehr beliebt, wurden sie nach erlangter Herrschaft bald noch mehr verhaßt: in tief verächtlicher Wendung fügt Tacitus bei: „mochte das nun Folge ihres eigenen Wesens oder Folge der Knechtschaft sein": das letztere soll wohl heißen: „der Knecht tut sein Bestes, bis er Glück und Gewalt erlangt hat, und mißbraucht sofort das erreichte Ansehen": – konnte man nun solche Fürsten als Schützlinge Roms *„Knech-*

VIERTES KAPITEL · DIE RÖMISCHE VERTEIDIGUNG   235

te" Roms nennen, so begreift sich allerdings, daß sie im Volk nicht Wurzel greifen mochten. – Jedoch wird noch neunzehn Jahre später Sido als Suebenkönig genannt, neben ihm *Italicus*, vermutlich der Sohn des Vangio, der vielleicht wie der gleichnamige Neffe Armins (als Geisel?) in Rom war erzogen worden: der Name scheint für solche romanisierte Germanen beliebt und gut gewählt.

Darauf folgten mehrere Jahre der Ruhe in Germanien: – den römischen Statthaltern war der Angriff untersagt: und da die Ehre der „triumphalischen Abzeichen" durch Mißbrauch herabgewürdigt war, auch das Beispiel des Corbulo lehrte, daß selbst Erfolge nicht ausgebeutet werden durften, suchten diese Feldherren ihren Ruhm lieber in der Erhaltung der Ruhe.

Den Befehl hatten damals *Publius Pompejus* und *Lucius Vetus*. Um die Soldaten nicht in Untätigkeit versinken zu lassen, ließ man sie den vor dreiundsechzig Jahren von Drusus begonnenen Damm zur Abwehr des Rheins vollenden.[1]

Vetus aber traf Anstalt, die Mosel (Mosella) und Saône (Araris) durch einen Kanal zu verbinden, um Vorräte aus Italien über das Meer die Rhône, dann die Saône, aus dieser durch den neuen Kanal in die Mosel hinauf, aus der Mosel in den Rhein und so in die Nordsee schaffen zu können: so sollten alle Schwierigkeiten des Transports beseitigt und die Küsten des Tyrrhenischen Meeres mit denen der Nordsee in unmittelbaren Verkehr gebracht werden.

Aber mit neidischen Augen sah auf dies große Unternehmen sein Nachbar im Befehl, *Aelius Gracilis*, der Legat von Belgica: er warnte ihn, seine Legionen eine fremde Provinz betreten zu lassen und die Gunst der Gallier zu suchen: er meinte, der Kaiser werde das für bedenklich halten: – durch solche Besorgnis, klagt Tacitus, werden nun gewöhnlich große Unternehmungen im Keim erstickt.

Die unausgesetzte Ruhe der römischen Heere verbreitete aber endlich unter den Germanen die Meinung, den Legaten sei für immer die Erlaubnis entzogen, nur etwa den mißtrauischen Kaisern dies Recht vorbehalten, die Legionen gegen den Feind zu führen.

Da beschlossen die Friesen, deren Wohnsitze beschränkt worden waren und deren zunehmende Bevölkerung weiteren Raum bedürfen mochte, sich in jene Striche am Rhein auszubreiten, die Rom früher für seine Angriffe als Ausgang benutzt, auch nicht wieder aus seiner Gebietshoheit entlassen, vielmehr für Bedürfnisse der Truppen vorbehalten hatte, die aber zur Zeit völlig leer standen: die beiden Führer *Verrit* und *Malorich* (Tacitus legt ihnen den Königsnamen bei[2]) mochten in gutem Glauben angenommen haben, Rom lege auf jene Ländereien keinen Wert mehr und werde um ihres Besitzes willen die lange Waffenruhe nicht unterbrechen: – also auch hier eine Völkerausbreitung mehr als Völkerwanderung und ein vorgeschobener seßhafter Ackerbau.

So zogen in aller Stille die Wehrfähigen durch die Wälder und Sümpfe, so wurden die solch beschwerlicher Märsche Unfähigen zu Schiff über die Watten in die leeren Niederungen am Ufer gebracht: schon waren Häuser aufgezimmert, *die Saat bestellt und der Boden als Heimat betrachtet*[3], als der neue Statthalter, der Nachfolger des

---

1 Nach Dederich, Gesch. d. Römer in D. S. 47 der Rindernsche Deich bei Cleve, von Civilis später durchstochen. – 2 Siehe Könige I, S. 136.

3 Man sieht: nicht Kampflust und Raubsucht sind Beweggrund, nicht Ruhm und Beute Zweck: die Not, das Mißverhältnis des ackerbauenden, wachsenden Volkes zu dem zu schmal gewordenen Land zwingt: und nicht Plünderung, besseren und breiteren Ackerboden suchen sie auf römischem Gebiet – wie schon die Kimbern und Teutonen, die Sueben Ariovists und so nach unzählige spätere Bewegungen – wir werden, unsere Grundanschauung zu beweisen, diese treibenden Kräfte und deren Ziele stets hervorheben.

Pompejus im Befehl über die Provinz Niedergermanien, *Dubius Avitus*, davon erfuhr und Einsprache erhob: er forderte, unter Drohung mit den Waffen, Räumung des besetzten Landes und Abzug in die alten Gebiete, falls nicht der Kaiser die junge Niederlassung genehmige.

Da beschlossen Verrit und Malorich, diese Genehmigung durch persönliche Bitten beim Kaiser zu erwirken, und machten sich auf die weite Reise nach Rom. Dort fanden sie Nero mit anderen Dingen voll beschäftigt und mußten auf Gehör warten. Einstweilen zeigte man ihnen, was man Barbaren zu weisen pflegt, und führte sie unter anderem auch in das Theater des Pompejus, die Größe des Römervolkes ihnen vor Augen zu stellen.

Während sie nun unbeschäftigt dasaßen – denn das Schauspiel konnte die Sprachunkundigen nicht vergnügen –, die Ordnung der Sitze im Halbkreis, die Unterscheidungen der Stände, der Senatoren, der Ritter erkundeten, bemerkten sie in den Sitzreihen der Senatoren einige fremdartig, nicht römisch gekleidete Männer: und als sie auf ihre Fragen, wer wohl diese seien? erfuhren, diese Ehre werde den Gesandten nur solcher Völker zuteil, die durch Tapferkeit und Freundschaft mit Rom hervorragten, da riefen sie: „Kein Volk überragt die Germanen an Ruhm der Waffen oder der Treue", standen auf, verließen ihre Sitzreihen und nahmen, wie jene Fremden, ihre Plätze zwischen den Senatoren.

Das römische Publikum nahm den auffallenden Schritt mit Beifall auf: als ein Zug ursprünglicher Aufwallung und edlen Stolzes.

Nero beschenkte beide Fürsten mit dem Bürgerrecht, befahl aber ihrem Volke, das besetzte Land zu räumen.

Da die Friesen nicht gehorchten, ließ man plötzlich die Hilfsreiterei über sie jagen und den Abzug erzwingen, wobei diejenigen, die hartnäckig blieben, niedergehauen oder gefangen fortgeführt wurden.

Aber in jene Gegenden kam gleichwohl nicht Ruhe.

Die *Amsivaren*, von den *Chauken* aus ihren Heimatsitzen verdrängt, besetzten nun jene leeren Uferstriche: Tacitus nennt sie – wohl mit Unrecht – ein mächtigeres Volk als die Friesen: gefährlicher machte sie die Stimmung der umwohnenden Germanen, die geneigt waren, ihnen beizustehen, aus Mitleid mit den Hilflosen, die eine sichere Stätte, *eine neue Heimat* – also Land, nicht Raub – suchten. Bei ihnen war ein Mann hoch angesehen unter jenen Völkern und zugleich Rom ergeben, Namens *Bojokal*. „Dieser berief sich darauf, daß er zur Zeit der cheruskischen Erhebung auf Befehl Armins in Fesseln geschlagen worden sei: darauf habe er unter Tiberius und Germanicus gedient, und nun sei er daran, eine fünf Jahrzehnte hindurch bewährte Ergebenheit damit zu krönen, daß er sein Volk unter unsere Oberherrschaft führe." Es bleibe ja auch, wenn man ihre Niederlassung dulde, den Römern hier noch genug brach liegendes Land, auf welches bei Bedürfnis die Herden und das Zugvieh der Legionen gebracht werden könne (dazu waren offenbar teilweise auch am Oberrhein die Gebiete in dem Zehntland bestimmt). Man möge das Volk doch nur mit seinen Herden aufnehmen in der Nähe von Menschen: Rom solle doch nicht Verödung und Wüstland für vorteilhafter halten als die Nachbarschaft eines befreundeten Volkes. Wie der Himmel den Göttern, sei die Erde den Menschen zugeteilt: leer stehendes Land sei herrenlos.

Dann blickte er gen Himmel und rief die Sonne und die übrigen Gestirne an, als wären sie gegenwärtige Zeugen, und fragte sie: „ob sie denn lieber auf leeres Land herabschauten? Lieber möchten sie die See hereinbrausen lassen über die Römer, die den Erdboden für sich rauben wollten." – Ein ahnungsreiches Wort aus germanischem Munde.

VIERTES KAPITEL · DIE RÖMISCHE VERTEIDIGUNG

Sie blieb nicht ohne Eindruck auf Avitus, diese Klage eines wegen Landmangels vom Untergang bedrohten Volkes, daß Rom sogar *leeres* Land für seine Existenz versage.

Allein echt römisch ist der Bescheid, den Tacitus dem Feldherrn in den Mund legte: „das Machtgebot der Besseren (!) müsse man nun einmal hinnehmen. Die Götter, welche der Germane anrufe, hätten es nun eben so beschlossen, daß Rom allein zu entscheiden haben solle auf dem Erdball, wieviel Land Rom für sich nehmen, wie viel anderen *schenken* (!) wolle: und daß es keinen Richter anerkenne als sich selbst.“

Die „Richter", welche für solche „Hybris" die „Nemesis" dereinst vollstrecken sollten, waren: – eben die Germanen.

Aber noch übten jahrhundertelang die Römer auch an ihnen die furchtbare Lehre von dem alleinigen Rechte des Römertums auf die ganze Erde. Und das nächste Opfer dieser Lehre wurden nun nach Tacitus die Amsivaren: aber er hat auch hier, wie manchmal, den so erwünschten Untergang von Germanenvölkern irrig angenommen.

Avitus hatte das Volk abgewiesen: dem Führer versprach er für seine Person, um der alten Ergebenheit willen, Landbesitz.

Aber Bojokalus verschmähte, was wie Lohn für Verrat erscheinen konnte und fügte bei: „Es mag uns Boden fehlen, darauf zu leben, nicht, darauf zu fallen.“ Und so schied man aus der Unterredung mit feindlicher Gesinnung.

Die Amsivaren riefen die *Brukterer, Tenchterer* und noch ferner wohnende Völkerschaften zur Hilfe im bevorstehenden Kriege an. Aber Avitus brauchte die Mittel seiner Übermacht klug: er forderte schriftlich den Legaten des Heeres der oberen Provinz, *Curtilius Mancia*, auf, über den Rhein zu gehen und mit einem Angriff vom Rücken her zu drohen: er selbst führte die Legionen in das Gebiet der Tenchterer und kündete diesen die Vernichtung an, falls sie nicht von der Sache des Wandervolkes sich trennten. So enthielten sich diese: dann, von gleicher Furcht eingeschüchtert, die Brukterer: auch die übrigen wollten fremde Gefahr nicht teilen: da wichen die Amsivaren, so vereinzelt, zurück in das Land der *Usipier* und *Tubanten*. Hier vertrieben, suchten sie die *Chatten*, dann die *Cherusker* auf, in langer Irrfahrt verarmte Gäste in einem Land, Feinde im anderen: die junge Mannschaft wurde in Kämpfen aufgerieben, die Wehrlosen wurden als Gefangene in Knechtschaft verteilt.

So der Römer: mag der trauervoll gefärbte Bericht nur in Übertreibung das ganze Volk untergehen lassen: – immerhin zeigt er, welch Geschick in jenen Jahrhunderten einem germanischen Volk drohte, sobald es heimatlos geworden: römische erbarmungslose Staatskunst, deren Druck auf einen Teil der Germanen, alter Haß und die Rechtlosigkeit des Fremden mußten bei steigendem Mangel an Landraum von allen Seiten aufreibend auf solche Wanderer wirken: ein Vorspiel des Geschicks, das in der „Völkerwanderung“ so manchen Wanderzug vernichten sollte: die Vorstellung „mutwilliger“ Angriffe der Germanen muß man gegenüber solchem verzweifelten Kampf ums Dasein aufgeben!

Die Römer sollten fast ununterbrochen des Schauspiels genießen, germanische Völker sich grimmig bekämpfen zu sehen: zu dem alten Haß oder doch Gegensatz der ober- und niederdeutschen Stämme trat jetzt als Ursache des Krieges, bei stets anwachsender Bevölkerung, häufig der Streit *um das zu schmal werdende Land: um die Grenze.*

Im gleichen Sommer, 58 n. Chr. da die Amsivaren unter Kämpfen von *Chatten* zu *Cheruskern*, den alten Stammesfeinden, wanderten, schlugen erstere eine schwere

238   ZWEITER TEIL · WESTGERMANEN

Schlacht mit den *Hermunduren* – also Sueben mit Sueben, Herminonen mit Herminonen.

Den Gegenstand des Streits bildete ein Grenzfluß (wohl die fränkische Saale), dessen Quellen kostbar waren wegen ihres Salzreichtums (wohl bei Kissingen): diese Quellen galten obendrein als heilig, der Ort, wo sie entspringen, von Göttern umschwebt, so daß nirgends sonst die Gebete der Menschen von den himmlischen Mächten in solcher Nähe vernommen würden. Darum sprudele auch durch die Huld der Gottheiten im Gebiet jenes Flusses, in jenen Hainen aus der Erde das Salz, das bei anderen Völkern nur durch die Flut der See, wenn sie auf dem Sande vertrockne, angespült werde. Bei jenen Quellen aber wurde es gewonnen durch Ausschütten des Wassers über einen brennenden Holzstoß, wo es die feindlichen Elemente, Feuer und Wasser, zum Niederschlag bringen.

(Tacitus nimmt fälschlich an, der Fluß [Strom, *amnis*] selbst habe Salz geführt.)

So steigerte die Heiligkeit des Quellgebiets die Heftigkeit des Grenzstreits: ohnehin trieb ja die Germanen die Leidenschaft, jede Frage mit den Waffen auszufechten.

Der Krieg fiel aber zum Vorteil der Hermunduren, zu blutigem Verderben der Chatten aus: denn diese hatten für den Fall des Sieges das feindliche Volksheer *Ziu* und *Wotan* geweiht, durch welches Gelöbnis Roß und Mann und alles Leben der Besiegten dem Tode bestimmt wurde. So schlugen die Drohungen zu ihrem eigenen Verderben aus.: d. h. als sie nun geschlagen waren, wandten die Hermunduren das Gedrohte wider sie selbst an.

Im gleichen Jahr wurde *Köln* von einem Feuer heimgesucht, das allenthalben Landhäuser, Saaten, Dörfer ergriff und bis in die Mauern der jungen Kolonialstadt drang. Durch Flußwasser und anderes Naß, selbst durch Platzregen war es nicht zu löschen:[1] bis die Bauern im Zorn und in Mangel jedes anderen Mittels von weitem Steine darauf warfen, dann den abnehmenden Flammen sich näherten und sie mit Ruten und Stöcken ausschlugen und mit ihren Kleidern erstickten.

In den nächsten Jahren wurde das Reich erschüttert durch die Bürgerkriege, die den Sturz von *Nero, Galba, Otho, Vitellius* rasch hintereinander bewirkten. Die beiden römischen Heere in den Provinzen Ober- und Niedergermanien spielten dabei eine Hauptrolle: und mit ihnen die germanischen Hilfsvölker, zumal die Bataver. Manches helle Streiflicht fällt dabei auf die Eigenart dieser Germanen und ihr gereiztes Verhältnis zu den alten Feinden, den Legionären, das bei kleinstem Anlaß in blutigem Kampf[2] aufzulodern droht: mit Mühe halten die Feldherren die Bataver im Zaum: diese sahen das Reich in Bürgerkrieg zerspalten: laut rühmten sie sich gegenüber den Legionssoldaten, wie ihre Kraft meuterische Römerkohorten gebändigt, Nero Italien entrissen, das Schicksal des Krieges entschieden habe: mit zorniger Eifersucht nahmen die Legionen solche Berühmung der Barbaren und entsprechende Maßregeln der Feldherren auf, so daß man die batavischen Kohorten alsbald nach Beendigung des Kampfes nach Hause schickte, den Ausbruch ihrer Wildheit zu verhüten. Man sieht: damals schon ist das Reich gefährdet durch die rohe Kraft der

---

1 Nöggerath, Das Gebirge in Rheinland-Westfalen, Bonn 1824, III, S. 39–112, führt aus, es könne nicht vulkanisch, müsse Feuer bei Ziegelbrennen gewesen sein: aber – wenn auch vulkanisches Feuer, wie mich Sachverständige versichern, ausgeschlossen bleibt – Brand der Heide, der Torfmoore ist doch wohl denkbar.

2 Ein Bataver verfolgt mit Drohungen zu Turin einen Handwerker wegen Betrugs; der bei diesem einquartierte Legionär schützt seinen Wirt: darüber kommt es zum blutigen Kampf, bis zwei prätorische Kohorten sich gegen die Barbaren erklären und dadurch diese einschüchtern.

VIERTES KAPITEL · DIE RÖMISCHE VERTEIDIGUNG

germanischen Söldner, die dienstbar gemacht werden soll, aber schon jetzt gelegentlich aufbäumt.

Die Römer wurden dabei nicht müde, die prachtvolle Naturkraft dieser Germanen anzustaunen, wie der Anblick eines breiten Flusses in Italien die Batáver und Überrheiner reizt, herausfordert, ihn wie den heimischen Strom jauchzend zu durchschwimmen, wie sie mit unvorsichtiger, ja todverachtender Tollkühnheit die ungeheuren, nackten Leiber lieber dem römischen Pilum bloß stellen, als daß sie darauf verzichteten, nach heimischer Sitte zu wildem Schlachtgesang die Schilde hoch über den Schultern zu schwingen und zusammenzuschlagen, wie sie, mit ungeheuren Wurfspeeren und in die unzerteilten Felle der Ungetüme ihrer heimischen Urwälder gehüllt, ein furchtbarer Anblick den Bürgern, das römische Forum erfüllten. Die »grimmigste Streitmacht« nannten die Gegner die Germanen im Heere des Vitellius, getrösteten sich aber, daß diese Riesenleiber in dem heißen italienischen Sommer, den Gegensatz des Klimas und des Bodens nicht ertragend, dahin schmelzen würden: und in der Tat rafften die am Tiber gelagerten Germanen (und Nordgallier) Hitze und Seuchen, vermehrt durch den unmäßigen Genuß des Bades im Strome, dahin.

Als in dem Jahre 69 die römischen Heere in dem Bürgerkrieg zwischen Vitellius und Vespasian widereinander fochten, hatten die Legionen in Pannonien und Mösien die Partei des letzteren ergriffen. Bevor sie nach Italien aufbrachen, dort die Vitellianer zu bekämpfen, trugen die Führer Sorge, die nun von Truppen zu entblößenden Grenzprovinzen gegen Einfälle der Barbaren und der römischen Gegenpartei einigermaßen zu decken. Während das Erbieten der sarmatischen *Jazygenfürsten*, ihre Reiterhorden zu senden, zurückgewiesen wurde – man besorgte, diese wilden Räuber würden allzuleicht von den Gegnern bestochen werden können –, gewann man die genannten beiden suebischen Könige, *Sido* und *Italicus*, deren Ergebenheit gegen Rom altbewährt war und deren Volk das zugewendete Vertrauen würdiger anzunehmen schien. Da der Statthalter (Prokurator) von Rätien zu Vitellius hielt und seine Provinz deshalb eine drohende Stellung einnahm, wurden die Hilfsscharen dieser suebischen Könige, dann ein Reitergeschwader, das *Aurianische*, acht Kohorten und *norische* Wehrmannschaft auf dem rechten, dem Ostufer des Inn aufgestellt, des Grenzflusses zwischen Rätien und Noricum, Angriffe von Rätien her abzuwehren. Doch kam es hier nicht zum Kampf; keine der Parteien griff an: die Entscheidung mußte in Italien fallen.

Vielleicht deshalb begleiteten beide Könige selbst mit einer erlesenen Schar ihrer Landsleute, etwa den beiden Gefolgschaften, den Marsch der Vespasianer über die Alpen; in der blutigen Schlacht bei *Cremona*, die den Sieg des Vespasian entschied, sah man jene in der vordersten Reihe kämpfen: auch unter den Truppen des Vitellius zeichneten sich die germanischen Hilfsvölker aus: während des ganzen Krieges fürchtete man stets, daß Vitellius aus dem (rheinischen) Germanien neue wilde Kräfte heranziehen werde.

Die tiefe Erschütterung der Macht und Würde des Reiches durch die rasch aufeinander folgende Vernichtung von vier Kaisern binnen *eines* Jahres im Bürgerkrieg sollte in Gallien und dem römischen Germanien eine gefährliche Bewegung zum Nachspiel haben: hatten doch Kelten und Germanen als Zuschauer und als Mithandelnde eine blutige Selbstzerfleischung der römischen Machtmittel kennen gelernt, wie sie sonst umgekehrt nur die Imperatoren bei den Barbaren mit arger List betrachtet und gefördert hatten. Wie sehr der Bürgerkrieg die sittlichen, die patriotischen Gesinnungen Roms vergiftet hatte, zeigt die Gleichgültigkeit, mit welcher die lange Zeit hindurch furchtbar erregte und nun auf das äußerste erschöpfte Haupt-

ZWEITER TEIL · WESTGERMANEN

stadt die Nachrichten von den schweren Schlägen in Gallien und Germanien auf-
nahm, die durch die Erhebung der *Bataver* unter *Julius Claudius Civilis* Macht und
Ehre des Reiches in seinen Nordwestgrenzen trafen: ganze Heere niedergehauen,
Winterlager der Legionen, starke Kastelle mit Sturm genommen, Gallien abgefallen.

Wir haben gesehen, wie die Bataver, ursprünglich ein Teil des *chattischen* Gauen-
verbandes, durch inneren Kampf aus der Heimat vertrieben, die äußersten unbewohnten Küstenlande Galliens zwischen den verschiedenen Armen, Watten und
Mündungen des Rheinstroms, zumal das Land zwischen Rhein und Waal, die später
nach ihnen benannte „Batavische Insel", besetzt hatten. Die Römer hatten sie dann
zur abhängigen Bundesgenossenschaft gebracht: aber sie dadurch nicht erniedrigt:
sehr schonend behandelte man das Volk von glänzendster Tapferkeit: nur Hilfstruppen – nicht Schatzung oder anderen Fron – hatten sie dem Reiche zu leisten: eine
ganz ausgezeichnete Reiterei, die, nach alter Einrichtung nur von ihren eigenen Edelingen befehligt, im römischen Heere diente, sich in allen Kriegen gegen die Germanen besonders hervorgetan und neuerdings in Britannien mit erhöhtem Ruhm bedeckt hatte; das Volk war stark genug, neben den Kohorten in römischem Sold auch
in der Heimat erlesene Reiterscharen zu halten: ihre Wasservertrautheit, ihre Freude
an kriegerischen Schwimmkünsten bewährten sie überall, wo sie auf Flüsse stießen:
waren sie doch gewöhnt, zu Roß mit allen Waffen über den in ihrer Heimat so
breiten Rheinstrom zu setzen.

Römische Habsucht und römische Lüste trieben auch diese so höchst wertvollen
Bundesgenossen – wie früher die Friesen – zur drohenden Gärung, die in gefährli-
chen Aufstand ausartete, da ein begabter Führer, zu gelegener Zeit, den verhaltenen
Groll zu entfachen und geschickt zu leiten verstand.

Unter den Batavern ragten *Julius Paulus* und *Claudius* (nach Plutarch und einzelnen Stellen des Tacitus ebenfalls *Julius*) *Civilis*[1] durch Abstammung vom ehemaligen
königlichen Geschlecht weit über das andere Volk: Jener war auf Grund falscher
Anklage wegen Hochverrats (unter Nero) hingerichtet, dieser in dem Gewoge der
Parteiung in den letzten Jahren wiederholt auf das höchste gefährdet worden: erst in
Ketten zu Nero nach Rom geschickt, dann von Galba in Freiheit entlassen – man
scheute sich, durch die Hinrichtung des höchst einflußreichen Batavers dessen frei-
heitstolzes Volk zu entfremden – geriet er unter Vitellius abermals in Gefahr, da
dessen Heer dringend sein Blut forderte. „So hatte er Grund genug, Rom zu hassen
und die Hoffnung für das eigene Wohl auf Roms Unglück zu bauen" – meint Tacitus: aber er selbst führt Gründe genug an, die, nicht nur um seiner Person willen, den
Edeling wider Rom empören mußten.

Klug und besonnen, „mehr, als sonst Barbaren zu sein pflegen" – Sertorius oder
Hannibal[2] machte ihn nicht nur der Verlust *Eines* Auges vergleichbar – erkannte er,
der Übermacht des Weltreichs und so vieler gescheiterter Befreiungsversuche besiegter Völker eingedenk, daß er so lange als tunlich den offenen Abfall von Rom
verhüllen müsse, damit nicht sofort die römische Macht ihn als Kriegsfeind angriffe. Sehr geschickt verstand er, den römischen Bürgerkrieg zwischen Vitellius und
Vespasian für diesen seinen Zweck zu benutzen: zunächst gab er sich für einen eif-

---

1 Die echt römischen Namen zeigen, wie tief römischer Einfluß gerade die leitenden Geschlechter der Völkerschaft ergriffen hatte.

2 Auch an Armin erinnert die Mischung von List und Heldentum im Kampf für Freiheit und
Volk: doch erreicht er an Großartigkeit wie des Erfolges so der Anlage den Cherusker bei
weitem nicht: Tacitus behandelt ihn lange nicht mit solcher Auszeichnung wie Armin.

VIERTES KAPITEL · DIE RÖMISCHE VERTEIDIGUNG 241

rigen Anhänger des letzteren, in dessen Interesse er die von Vitellius aufgebotenen Truppen unter dem Vorwand durch die überrheinischen Germanen drohender Unruhen zurückgehalten habe. So barg er, zum Aufstand entschlossen, diesen tieferen Plan: einstweilen den Gang der Ereignisse abwartend, aber insgeheim sein Volk zum Losschlagen vorbereitend. Die lange gereizte Stimmung der Seinen wurde zu wütender Erbitterung getrieben durch die schändlichen, bei Gelegenheit der letzten von Vitellius angeordneten Aushebung verübten Mißbräuche der römischen Befehlshaber.

Diese Last, an sich schwer empfunden – massenhaft hatte Rom in den letzten Jahren die Kriegstüchtigen aus dem Lande gezogen –, wurde ins Unmäßige gesteigert durch die Beamten, die aus Habsucht Hochbetagte oder sonst Wehrunfähige einreihten, um für ihre Entlassung hohes Lösegeld zu erpressen. Noch furchtbarer mußte das keusche Volk empören, daß andererseits noch unreife, aber schöne Knaben – „und eine blühende Knabenzeit ist jenem Volk eigen" – scheinbar zu Soldaten, in Wahrheit aber für die scheußlichen Lasterlüste der Römer bestimmt wurden. Es ist der Römer Tacitus, der so erzählt. – Man sieht seit den Tagen des leutseligen Drusus die steigenden Frevel in Mißhandlung der Germanen: – Varus – die Friesen – die Bataver.

Das erbitterte furchtbar: geheim gewonnene Aufwiegler bewirkten, daß das empörte Volk die Aushebung weigerte. Jetzt, nachdem er durch diesen Bruch des Bundesvertrages das offene Zerwürfnis mit Rom unvermeidlich gemacht, berief Civilis unter dem Vorwand eines Festgelages die Vornehmsten und die tüchtigsten Gemeinfreien des Volkes in einen heiligen Wald – vermutlich zu einem Opferschmausfest – und als er sie in der Festnacht zu freudig erregter Stimmung gesteigert hatte, hob er an, von Ruhm und Herrlichkeit des Batavervolkes zu sprechen, und ging zu schürender Aufzählung aller römischen Kränkungen, Räubereien und der anderen Leiden ihrer Knechtschaft über. Denn nicht mehr, wie vor alters, sei ein Bündnis das zu nennen: wie Sklaven würden sie behandelt. Nicht mehr würdige man sie, einen Legaten ihnen zu senden (mit seinem freilich drückenden Gefolge und hochmütigen Befehl), sondern Präfekten und Centurionen gebe man sie in die Hände: hätten sie die *Einen* mit Raub und Blut gesättigt, so würden diese durch neue abgelöst, die wieder neue Künste und Namen für die Aussaugung erfänden. Und jetzt drohe die Aushebung, die Eltern und Kinder und Brüder auseinander reiße auf Nimmerwiedersehen. Roms Macht aber sei nie so erschüttert gewesen wie in diesem Augenblick: die Winterlager enthielten nichts als Wehrunfähige und den Raub der Provinzen: die Bataver sollten doch nur die Augen aufmachen und sich vor dem leeren Wort „Legionen" nicht fürchten. Sie hätten auf ihrer Seite eine Kernkraft von Fußvolk und Reitern, die stammverwandten Germanen, die von gleicher Freiheitssehnsucht erfüllten Gallier: selbst einer Partei unter den Römern sei ein solcher Krieg nicht unerwünscht: sie würden das Unheil Vespasian zur Schuld rechnen: die beste Rechtfertigung aber sei der Sieg. Großen Beifall fand dieser Aufruf zur Freiheit: Civilis ließ jedoch die Begeisterten durch feierliche Gelübde nach uraltem Brauch unter Selbstverfluchung für den Fall des Treubruchs sich verpflichten – offenbar im Anschluß an die eben gepflogene Opferfeier. Geheime Boten forderten die benachbarten und nächst verwandten *Kanninefaten* zum Anschluß auf.

Gleich an chattischer Abstammung, Mundart, Tapferkeit standen sie nur an Volkszahl zurück: sie wohnten ebenfalls auf der schmalen Rheininsel. Durch ausgezeichnete edle Geburt ragte unter ihnen hervor *Brinno*, ein Held tollkühnen Wagemuts, dessen Vater zahlreiche Feindseligkeiten wider Rom glücklich durchgeführt und die Komödie der Feldzüge des Caligula ungestraft hatte verlachen mögen. So empfahl sich Brinno schon durch den Namen seines im Kampf gegen Rom bewährten Geschlechts: nach Sitte seines Volkes wurde er auf einen Schild gehoben und auf den Schultern umher getragen: so wurde er zum Heerführer des Aufstandes ausgerufen. Civilis schob den Helden als offenbares Haupt vor: er selbst, die Seele der Bewegung, hielt noch klug zurück. Auch die batavischen Kohorten in römischem Dienst, die bisher in Britannien gestanden, kurz vorher aber nach Mainz versetzt worden waren, wurden geheim gewonnen.

Leicht waren die Nachbarn im Norden auf dem rechten Rheinufer, die von den Römern so viel mißhandelten *Friesen*, zur Teilnahme am Kriege herangezogen: wohl wesentlich durch ihre Hilfe versicherte sich Brinno der See und griff von dort her, landend, die dem Ansturm zunächst liegenden Gegenstände, die Winterlager von zwei Kohorten, an.

Die Truppen waren weder eines feindlichen Überfalls gewärtig noch, hätten sie ihn vorausgesehen, stark genug zur Abwehr. So wurden denn die Lager genommen und geplündert. Darauf ging es über die im Vertrauen des Friedens im Lande zerstreuten und umherziehenden römischen Marketender und Händler her. Zugleich bedrohten sie die Kastelle mit Zerstörung: da zündeten diese die Präfekten der Kohorten, zu schwach, sie zu verteidigen, selbst an. Die Feldzeichen, Standarten und der Rest der Truppen sammelte sich in dem oberen östlichen Teil der Rheininsel unter Führung des Centurio ersten Ranges *Aquilius*: es war aber mehr der Name denn die Kraft eines Heeres: denn Vitellius hatte die tüchtigen Leute der Kohorten fortgezogen und an ihrer Statt unbrauchbare Haufen aus den nächsten Gauen der *Nervier* und Germanen in die Waffen gesteckt.

Noch wollte Civilis seine Rolle weiterspielen und durch List weitere Fortschritte machen: er schalt selbst die Präfekten, daß sie die Kastelle aufgegeben: er wolle mit seiner Kohorte allein den kanninefatischen Lärm niederschlagen: jene Kohorten sollten, jede für sich, wieder in ihre Winterquartiere zurückkehren.

Aber bald kam nun zu Tage, daß dem Rat die listige Absicht unterlag, die vereinzelten Kohorten desto leichter zu erdrücken, und daß nicht Brinno, sondern Civilis dieses Krieges Führer sei: die Germanen, das „kriegsfreudige Geschlecht", hatten nicht lange vermocht, in die Augen springende Beweise zurückzuhalten. Da er so die Verstellung aufgeben mußte, ging er zur offenen Gewalt über und ordnete die drei Völkerschaften *Friesen, Kanninefaten, Bataver* in drei gesonderte Heerhaufen. Gegen ihn trat das römische Heer in Schlachtordnung nicht weit vom Rhein, auf welchem auch die aus den verbrannten Kastellen geretteten Kriegsschiffe gegen Civilis auffuhren.

Bald nach Beginn des Kampfes ging die Kohorte der *Tungern* mit fliegenden Fahnen zu den germanischen Stammgenossen über: die Römer, durch den ungeahnten Verrat bestürzt, wurden nun zugleich vom Feind und den bisherigen Waffengenossen niedergehauen. Dasselbe Spiel auf den Rheinschiffen: mit Recht nennt es Tacitus Treubruch: aber wer, wie Rom oder Napoleon der Erste, mit allen Mitteln der Gewalt und List die Bande des Volkstums zerreißt und Stammgenossen gegeneinander hetzt, muß sich darein ergeben, daß auch *gegen* die aufgezwungene Rechtspflicht der Soldtreue, die Treue des Bluts sich geltend macht.

Der batavische Teil der Ruderknechte störte und hemmte, anfangs anscheinend aus Ungeschick, die Matrosen in ihren Verrichtungen: aber alsbald ruderten sie dem Befehl entgegen, kehrten die Schiffe, fuhren mit dem Hinterteil statt mit dem Bugspriet an das feindliche Ufer, töteten zuletzt die Steueroffiziere und Centurionen,

VIERTES KAPITEL · DIE RÖMISCHE VERTEIDIGUNG   243

die nicht nachgaben, bis endlich die ganze Flotte von vierundzwanzig Segeln übergegangen oder genommen war. Die Früchte dieses Sieges waren: großer Ruhm für den Augenblick, große Vorteile für die Zukunft: die Empörer hatten Waffen und Schiffe, woran sie Mangel gelitten, gewonnen: und durch alle Gaue Galliens und Germaniens drang ihr Ruhm als Befreier. Die beiden römischen Provinzen Germanien und das freie Germanien schickten sofort Gesandte und boten Hilfstruppen an. Um den Anschluß der Gallier warb Civilis mit Geschenken und klugen Künsten: er entließ die gefangenen Präfekten der keltischen Kohorten in ihre Staaten und stellte diese Kohorten frei, abzuziehen oder bei ihm zu bleiben: den Leuten, die blieben, wurde ehrenvoller Kriegsdienst gewährt, denjenigen, die gingen, Stücke von der römischen Beute geschenkt. Zugleich erinnerte er diese in traulichen Unterredungen an die Leiden, unter deren vieljähriger Bürde sie elende Knechtschaft mit falschem Namen Frieden und Bündnis genannt. Die Bataver, obwohl nicht einmal mit Steuern belastet, hätten gegen den gemeinsamen Zwingherrn die Waffen erhoben und sofort, bei dem ersten Zusammenstoß, die Römer geschlagen und zerstreut. Wenn nun Gallien das Joch abwerfe, wieviel Macht sei dann in Italien noch übrig? Durch die Waffen der einen Provinzen habe bisher Rom die anderen bezwungen. Bei den jüngsten Erhebungen in Gallien hätten batavische Reiter und Belgen den Sieg der Römer erkämpft: in Wahrheit sei Gallien durch gallische Kräfte bezwungen worden. Jetzt stünden Gallier und Bataver auf der gleichen Seite: und dazu komme die in den römischen Lagern gelernte Kriegskunst und die best geschulten Kohorten, vor welchen erst kürzlich die Legionen *Othos* erlegen. Möge die alte Knechtschaft weitergetragen werden von Syrien, Asien und dem an despotisches Königtum gewöhnten Orient: in Gallien wüßten noch viele Männer die Zeit der Freiheit von römischer Schatzung: vor sechzig Jahren sei aus Germanien die Fremdherrschaft verjagt worden durch die *Eine* Varusschlacht: und damals habe man einen Cäsar Augustus, nicht einen Vitellius anzugreifen gehabt: so möge Gallien, unter dem Schutz der Götter, die dem Kühnen beistehen, die Römer angreifen, unbehindert, in frischer Kraft, die viel Beschäftigten und tief Erschöpften. Während im Römerreich die einen für Vitellius, die anderen für Vespasian kämpften, bestehe die Möglichkeit, beider sich zu entledigen.

So richtete der kühne Mann zugleich seinen Blick auf Germanien und Gallien: er trachtete, wenn sein Plan gelang, nach einer Königsherrschaft über die waldkräftigen Germanen und über das reiche Keltenland zugleich. Man sieht: seit Marobod und Armin findet sich jeder bedeutende Mann, der nicht nur Raubfahrten in römische Provinzen wagen, sondern Rom politisch bekämpfen will, auf den gleichen Weg gewiesen: Aufrichtung eines machtvollen, über Gau und Einzelvölkerschaft hinausgreifenden *Königtums*.

Der römische Statthalter *Hordeonius Flaccus* aber tat im Anfang, als sähe er die Unternehmungen des Civilis gar nicht und förderte sie dadurch.

Als bestürzte Boten die Unglücksschläge meldeten: die Eroberung der Lager, die Vernichtung der Kohorten, die völlige Austreibung des Römertums von der ganzen batavischen Insel, traf er völlig unzureichende Maßregeln. Er befahl seinem Legaten *Mummius Lupercus*, der nur zwei Legionen im Winterlager unter sich hatte, gegen den Feind ins Feld zu ziehen. Dieser ließ Legionäre aus seiner Mannschaft, *Ubier* aus der nächsten Umgebung und *treverische* Reiter, die nicht weit entfernt standen, schleunig von dem linken Rheinufer in die batavische Insel übersetzen: und so leichtsinnig zählte man auf das Übergewicht römischer Kriegszucht gegenüber den Gefühlen der Stammgenossenschaft und Freiheit, daß man mit diesen Truppen auch ein batavisches Reitergeschwader gegen die empörten Landsleute zu führen wagte: diese

244   ZWEITER TEIL · WESTGERMANEN

Reiter, längst für ihres Volkes Sache gewonnen, stellten sich noch treu, um erst in der Schlacht die Römer zu verlassen und so ihrem Übergang desto größere Wirkung zu sichern. Bald stießen die Heere aufeinander.

Civilis ließ die erbeuteten Fahnen der überfallenen Kohorten vor sich hertragen, seinen Kriegern den jüngst erkämpften Ruhm, den Feinden die entmutigenden Zeichen römischer Niederlage vor Augen zu führen: seine Mutter und seine Schwestern und desgleichen die Frauen und kleinen Kinder aller Heermänner stellte er in dem Rücken seiner Schlachtordnung auf: ihr Anblick sollte zum Kampfe spornen, von der Flucht beschämend abhalten. Als nun der Schlachtgesang der Germanen und das Geschrei ihrer Frauen ertönte, wurde dem durchaus nicht mit gleicher Stärke von den Legionen und Kohorten erwidert.

Da trabte das batavische Reitergeschwader zu seinen Landsleuten hinüber, stellte den linken römischen Flügel bloß und hieb sofort auf die Kaiserlichen ein. Noch hielten die Legionäre, obzwar schwer bedrängt, fest in Waffen und Gliedern; aber die ubischen und treverischen Hilfsvölker zerstreuten sich, in schmählicher Flucht entschart, weithin über alle Teile des Schlachtfeldes: ihnen setzten die Germanen mit aller Kraft nach, und indes gelang es den Legionen, in das Lager Vetera (bei Xanten) zu entkommen. Der Befehlshaber des Geschwaders, *Claudius Labeo*, der Nebenbuhler des Civilis in den Parteikämpfen ihrer Stadt, war mit seinen Truppen in des Civilis Gewalt geraten: – es ist nicht ersichtlich, ob er den Übertritt geteilt hatte. – Civilis wollte ihn nicht töten, um nicht dessen Anhang unter den Landsleuten zu erbittern, aber auch nicht im Lager behalten, damit nicht Unfriede von ihm ausgehe: so wurde er zu Schiff in das Land der Friesen gebracht.

Wie weit die Verrömerung der Bataver vorgeschritten war, beweist der römische Name auch dieses sehr hervorragenden Edlen im Volk und die Erwähnung einer Stadt (*oppidanum* certamen, was Tacitus vom Staat –, civitas, wohl unterscheidet), während der Schlachtgesang und das Aufstellen der Frauen und Kinder hinter dem Heerteil die Fortdauer germanischer Sitte bezeugen.

Und immer weiter griff der Aufstand unter den germanischen Hilfsvölkern im Solde Roms um sich: schon damals zeigte sich, wie zweischneidig diese Verwendung der Barbaren war, sobald sie nicht den Druck der Herrschergewalt des Reiches übermächtig verspürten.

Kohorten von Batavern und Kanninefaten, auf Befehl des Vitellius auf dem Marsch nach Rom begriffen, wurden um diese Zeit von einem Boten des Civilis mit der Nachricht von den bisherigen Erfolgen eingeholt. Sofort von Übermut und Trotz beseelt, forderten sie als Bedingung für Fortsetzung des Marsches ein Geldgeschenk, Verdoppelung des Soldes, Vermehrung der Reiterei: Dinge, die ihnen Vitellius allerdings zugesagt, die sie aber jetzt forderten, nicht um sie zu erlangen, sondern um aus der Verweigerung einen Vorwand zum Abfall zu schöpfen. Flaccus erreichte durch viele Zugeständnisse nur hitzigere Forderung der Wünsche, deren Versagung sie vorher wußten. Endlich wandten sie ihm völlig den Rücken und brachen auf in der Richtung nach Niedergermanien, sich Civilis anzuschließen. Flaccus beratschlagte mit den Tribunen und Centurionen, ob er gegen die Widerspenstigen Gewalt brauchen solle. Aber eigene Schwäche und die Zaghaftigkeit seiner Untergebenen, welche die zweifelhafte Haltung der Hilfsvölker und die durch eilfertige Aushebung nur ungenügend ergänzten Legionen mit Besorgnis erfüllten, bewogen ihn, seine Truppen im Lager beisammenzuhalten. Dann reute es ihn wieder, als eben jene Ratgeber Vorwürfe gegen ihn erhoben: er machte Miene, den Davongezogenen zu folgen, und befahl dem Legaten der ersten Legion, *Herennius Gallus*, der zu *Bonn*

VIERTES KAPITEL · DIE RÖMISCHE VERTEIDIGUNG 245

stand, den Batavern den Übergang auf die Rheininsel zu versperren: er selbst werde
sich ihnen mit dem Heer an die Fersen hängen und sie vom Rücken fassen. Und sie
hätten erdrückt werden müssen, wenn Gallus und Flaccus sie mit Aufgebot ihrer
vereinten Macht von der Stirnseite und vom Rücken in die Mitte genommen hätten.
Aber Flaccus gab den Versuch wieder auf und befahl dem Legaten in einem zweiten
Brief, die Abziehenden nicht aufzuscheuchen.

So verbreitete sich der Verdacht, die Legaten seien mit der kriegerischen Bewegung – gegen Vitellius – einverstanden und was an Unglück geschehen und noch zu
erwarten sei, habe nicht in der Untüchtigkeit der Truppen oder in der Macht der
Feinde, sondern in dem Verrat der Führer seine Gründe.

Als nun die abziehenden Kohorten gegen das Lager zu Bonn heranzogen, ließen
sie Herennius Gallus im voraus ihre Willenserklärung zugehen: „durchaus nicht
wollten sie Kampf gegen Rom, für das sie so manchen Feldzug geführt: müde der
langen und unersprießlichen Kriegsdienste verlangten sie nach der Heimat und nach
Ruhe: friedlich würden sie ihres Weges ziehen, wenn man ihnen nicht entgegentrete:
wolle man ihnen mit den Waffen begegnen, so würden sie sich mit dem Schwerte
Bahn brechen."

Der Legat schwankte: seine Truppen bewogen ihn, es auf die Waffen ankommen zu lassen: so stürmten denn dreitausend Legionäre, dazu in Eile zusammengeraffte Kohorten *Belgen*, Bauern, Marketender, Troß, ein feiger, aber *vor* dem
Kampfe dreister Haufen, zu allen Toren des Lagers hinaus, die an Zahl bedeutend
schwächeren Bataver zu umzingeln. Aber diese alterprobten Krieger stellen sich in
keilförmige Ordnung, überall dicht geschart und gedeckt im Rücken, an den Flanken, in der Stirn: so durchbrechen sie die dünne Reihe der Angreifer: die Belgen
weichen, die Legion wird geworfen, die Flüchtlinge suchen bestürzt Wall und Tore
zu erreichen.

Aber als sie hier von den Verfolgern eingeholt wurden, stieg das Blutbad auf das
höchste: die Laufgräben füllten sich mit Leichen: nicht nur durch das Schwert der
Germanen, durch die eigenen Waffen, im Gedränge und durch Erdrückung, fanden
sehr viele den Tod.

Vorsichtig umgingen die Sieger auf ihrem Wege das feste *Köln*, verübten auf dem
Marsch keinerlei Feindseligkeit und entschuldigten das Gefecht bei Bonn mit Notwehr: erst nachdem der von ihnen erbetene friedliche Durchmarsch verweigert worden, hätten sie zur Selbsthilfe gegriffen: man sieht, sie wollten es noch immer nicht
ganz mit Rom verderben, Angriffe der römischen Gesamtmacht vermeiden.

Auch Civilis, obwohl durch das Eintreffen dieser Veteranenkohorten an die Spitze eines feldmäßigen Kriegsheeres gestellt, hielt sich, die Weltmacht Roms erwä-
gend, immer noch einen Ausweg offen: er nahm seine ganze Mannschaft in Eid und
Pflicht für Kaiser *Vespasian* und forderte die beiden aus der früheren Schlacht nach
Vetera entronnenen Legionen auf, den gleichen Eid zu leisten. Aber hier stieß er auf
schroffe Abweisung durch echt römischen Geist und Mut: ihm wurde zur Antwort:
„die Legionen nähmen weder von Verrätern noch von Feinden Ratschläge an: ihr
Kaiser sei Vitellius, für den sie, bis zum Tode getreu, die Waffen führen wollten: der
batavische Überläufer solle nicht den Schiedsrichter in römischen Fragen spielen,
sondern die verdiente Strafe seiner Freveltaten erwarten."

Erzürnt durch diesen Bescheid riß Civilis das ganze Volk der Bataver zu den
Waffen fort, *Brukterer* und *Tenchterer* schlossen sich an, das überrheinische Germanien stachelten seine Boten zur Teilnahme an Beute und Ruhm des Kampfes.

Gegen die von allen Seiten her aufsteigenden Wetterwolken des Krieges rüsteten

246 ZWEITER TEIL · WESTGERMANEN

die Legaten der beiden Legionen in Vetera Wall und Mauer dieses *sehr* starken Systems von Werken.

Befestigungen, in der Nähe des Lagers angelegt und während des langen Friedens zu der Größe einer kleinen Stadt angewachsen, wurden zerstört, damit nicht der Feind sie sich zu Nutzen mache. Aber man hatte zu wenig für Beischaffung von Vorräten ins Lager gesorgt: Plünderung war verstattet und so in wenigen Tagen mutwillig verbraucht worden, was auf lange Zeit den Notbedarf würde gedeckt haben. Und schon zogen die Feinde von Westen, den Strom aufwärts, drohend voran. Civilis nahm auf diesem Marsch mit dem Kern der Bataver die Mitte ein: auf beiden Seiten des Flusses bedeckte er die Ufer mit (überrheinischen) Germanen, das Schauspiel desto furchtbarer zu machen – es ist bezeichnend, daß Tacitus die stark romanisierten Bataver von den „Germanen", d. h. von den rechtsrheinischen, stets unterscheidet und den schreckeinflößenden Anblick der letzteren hervorhebt – die Reiterei sprengte auf den Blachfeldern nebenher und die Schiffe fuhren zu Berg.

Der Römer verweilt bei dem ihn mit Abscheu erfüllenden Bild, daß nebeneinander die römischen Standarten – als Feldzeichen der Germanen der Veteranenkohorten – und die aus den Wäldern und Hainen geholten Bilder von Ungetümen, wie sie die einzelnen überrheinischen Völkerschaften nach alter Sitte als Feldzeichen in den Kampf zu tragen pflegten, zugleich wider die Legionen heranzogen, Bürgerkrieg und äußerer Feinde Angriff zugleich verkündend.

Die Einnahme des Lagers schien erleichtert durch die ausgedehnte, auf Verteidigung durch zwei Legionen berechnete Umwallung, die nun durch kaum fünftausend Bewaffnete gehalten werden sollte: doch verwendete man zur Verteidigung die Menge von Händlern, die nach dem Ausbruch der Unruhen in das Lager schutzsuchend zusammengeströmt war. Die Geschichte dieser Belagerung zeigt recht deutlich die Überlegenheit römischer Befestigungen und römischer Verteidigung, auch unter ungünstigsten inneren und äußeren Umständen, gegen germanischen Angriff: erst in den nächsten Jahrhunderten lernten die Germanen wenigstens einigermaßen den Römern die kunstgerechte Belagerung regelmäßig errichteter und kriegsgerecht verteidigter Befestigungen ab.

Nur ein Teil des Lagers stieg sanft einen Hügel hinan, ein anderer gewährte Zugang auf ebenem Boden.[1] „Denn Augustus hatte bei der Anlegung dieser Winterlager die Bedrohung und Beherrschung der Provinzen Germaniens im Auge gehabt: daran aber, daß es je in römischem Unglück soweit kommen könnte, daß die Germanen dazu gelangen würden, ihrerseits angriffsweise vorgehend unsere Legionen in diesen Lagern zu bestürmen – daran hatte niemand gedacht." (So schreibt Tacitus: was würde er gesagt haben, hätte er die Germanen nach wenigen Menschenaltern den ganzen Norden des Reiches überströmen sehen müssen!)

Deshalb hatte man für die Ortsbeschaffenheit und die Schanzen nichts mehr getan: man glaubte die Gewalt der Waffen ausreichend.

Die Bataver und Überrheiner lagerten sich gesondert, um desto deutlicher die Tapferkeit jeder Völkerschaft für sich zur Anschauung zu bringen; sie führten ein Ferngefecht. Da sie aber hierbei häufig von obenher durch Felssteine verwundet wurden, während ihre Geschosse ohne Erfolg in die Türme und Zinnen der Mauern einschlugen, griffen sie mit zornigem Geschrei und Ansturm den Wall an, die meisten mittels angelegter Leitern, etliche über das Schilddach der ihrigen hin. Und schon erstiegen einzelne die Brüstung: aber mit Schwert und Schildbuckel hinabge-

---

1 Vergl. v. Veith, Vetera castrBerlin 1881, S. 5 u. 27.

VIERTES KAPITEL · DIE RÖMISCHE VERTEIDIGUNG

stoßen, allzu wild im Anbeginn und fortgerissen von ihren bisherigen Erfolgen, von den Pila und Balken zerschmettert. Doch die „Gier nach Beute" – meint Tacitus, wohl nicht gerecht genug nur diesen barbarischen Grund der Ausdauer anerkennend – lehrte sie auch Mißerfolge zu ertragen. Ja sie unternahmen es sogar, Belagerungsmaschinen, ihnen sonst ungewohnt, anzuwenden. Die Germanen zwar hatten keinerlei Verständnis dafür: nur Überläufer und Gefangene lehrten sie, aus Brettern eine Art Brücke herzustellen und durch Räder heranzurollen, auf daß einige, oben stehend, wie von einem Wall kämpfen, andere, darunter versteckt, die Mauern untergraben sollten. Aber die Belagerten zerschmetterten durch Felssteine aus ihren Ballisten das ungefüge Werk. Nun bauten die Angreifer „Weinlauben" (Schirmdächer aus Geflechtwerk): aber die Römer steckten sie in Brand, indem sie aus ihren Geschützen Brandpfeile darein schleuderten, die auch die stürmende Mannschaft mit Feuer bedrohten.

Da gaben sie den Gewaltangriff auf und beschlossen die Aushungerung: wußten sie doch, daß nur für wenige Tage Mundvorrat und eine große Menge unkriegerischer Leute im Lager sei: zugleich hofften sie auf Verrat bei steigendem Mangel, auf die schwache Treue der Sklaven, auf die Zufälle des Krieges überhaupt.

Hordeonius Flaccus, alt, kränklich, zaghaft, verhaßt, wurde nun obendrein von den Soldaten des geheimen Einverständnisses mit Civilis zu Gunsten Vespasians beschuldigt. Bereits forderten sie sein Blut. Er hatte auf die Nachricht von der Einschließung der Lager Aushebungen in Gallien angeordnet und den Legaten der

Das Feldzeichen der Daken. Relief an der Siegessäule des Kaisers Trajan in Rom.
Die barbarischen Feldzeichen der Germanen sind in der Art des hier abgebildeten Nationalzeichens der Daken, der Schlange, zu denken. Von verschiedenfarbigen Zeugen gebildet, mit weit geöffnetem Rachen und auf einer langen Stange befestigt, scheint sie, vom Winde aufgeblasen, sich in den drohenden Windungen einer lebenden Schlange zu bewegen.

achtzehnten Legion, den tüchtigen *Dillius Vocula*, mit erlesenen Legionären in Eilmärschen den Strom entlang auf dem rechten Ufer entsendet: – abermals eine Absplitterung ungenügender Kräfte. Als die Truppen Bonn, das Winterlager der ersten Legion, erreichten, stieg die Erbitterung, da diese die Schuld der hier erlittenen Niederlage ebenfalls auf Flaccus schob: *er habe den Angriff auf die Bataver angeordnet, den Glauben befördert, die Legionen seien von Mainz her im Anmarsch: dann habe er sie im Stich gelassen und keinerlei Hilfe geschickt*. Wieder erhob sich der Vorwurf des Verrats an Vitellius: taktlose und halbe Maßregeln steigerten die Gärung so sehr, daß er, in Köln angelangt, den Befehl auf Verlangen der Truppen an Vocula übergab. Aber dadurch wurde nicht mehr viel gebessert: die Soldaten verdarb der Mangel

248 ZWEITER TEIL · WESTGERMANEN

an Sold und Nahrung: Gallien verweigerte Schatzung und Aushebung: der Rhein
sank auf so ungewöhnlichen Wasserstand, daß er kaum befahren werden konnte: so
kam keine Zufuhr auf demselben herab: und auf dem ganzen Ufer mußten Wachen
aufgestellt werden, die rechtsrheinischen Germanen vom Durchwaten abzuhalten:
dadurch wuchs die Zahl der Verzehrer und der Mangel an Nahrung zugleich. Ja, bei
der ungebildeten Menge galt der Wassermangel als ein Unheilzeichen: als ob Rom
sogar von den Strömen, den alten Grenzhütern des Reiches, im Stich gelassen werde.
Schicksal und Götterzorn erblickte man in dem Naturereignis.

Man zog wieder stromabwärts nach Neuß (Novesium), wo sich die sechzehnte
Legion anschloß und Vocula der Legat *Herennius Gallus* zur Seite trat: aber sie wagten nicht, dem Feind entgegenzuziehen, schlugen zu *Gelduba* (Geldep) ein Lager
und suchten bessere Haltung in die Truppen zu bringen, indem sie dieselben durch
Einübung und Gliederung der Schlachtordnung, durch Schanzen und Graben und
andere Zuchtmittel des Krieges beschäftigten. Um auch durch Beute sie kriegslustig
zu machen, fiel Vocula in die nächstgelegenen Gaue der *Gugerner*[1], die sich Civilis
angeschlossen hatten. Herennius Gallus blieb mit anderen Truppen im Lager. Da
fuhr ein römisches Getreideschiff im seichten Rhein auf: die Germanen eilten, es auf
ihr Ufer herüberzuschleppen. Gallus wollte es nicht leiden und sandte eine Kohorte
zu Hilfe: auch die Zahl der Germanen wuchs, und so kam es, da von beiden Seiten
stets Verstärkungen zuströmten, zur Schlacht, bei deren Ausgang die Germanen,
unter sehr großen Verlusten der geschlagenen Römer, das Schiff als Siegesbeute da-
vonführten. Auch die Schuld dieser Niederlage maßen die Besiegten dem Legaten zu,
meuterten, mißhandelten Gallus auf das schmählichste und wurden nur durch den
zurückgekehrten Vocula auf kurze Zeit wieder gebändigt.

Civilis aber machte stets größere Fortschritte: ganz Germanien verstärkte ihn
durch bedeutenden Zuzug: die edelsten Geiseln bekräftigten das Bündnis. Er ließ
durch diese Völker je die nächstgelegenen Feinde angreifen: das Gebiet der *Ubier*
und *Treverer* verheeren, eine andere Schar über die Maas gehen, die *Menapier, Moriner* und den äußersten Rand Galliens zu beunruhigen. Auf beiden Schauplätzen des
Krieges wurde geplündert: aber viel feindseliger wurden die Ubier heimgesucht, weil
diese germanische Völkerschaft das Vaterland abgeschworen und den römischen Namen „Agrippinenser" angenommen hatte – mit Grund trug man ihnen Haß: hatten
sie doch zuerst unter allen Germanen das unheilvolle Beispiel des Anschlusses an
Rom gegen andere Germanen gegeben, schon zur Zeit Cäsars, dessen Rheinübergang
und Angriff unterstützend. Ihre römisch geschulten Krieger, in „Kohorten" geteilt,
lagen zu *Marcodurum* (Düren) sorglos, weil fern vom Rhein: hier wurden sie überfallen und zusammengehauen. Gleichwohl gaben die Ubier sich nicht zur Ruhe, sondern gingen ihrerseits über den Rhein und heerten im freien Germanien: anfänglich
mit Erfolg, zuletzt aber wurden sie umzingelt, wie sie in diesem ganzen Krieg, meint
Tacitus, mehr Treue gegen Rom als Glück hatten.

Der schwere gegen die Ubier geführte Schlag hob des Civilis Macht und Zuversicht: eifrig betrieb er die Belagerung der beiden Legionen zu Vetera: sorgfältig
sperrte er durch Wachen jeden Boten ab, der ihnen die Nachricht von herannahen-
dem Entsatz hätte bringen können. Seinen mehr mit römischer Kriegskunst vertrauten Batavern übertrug er Bau und Bedienung der Maschinen und die Last der Schanz-

---

1 Auf dem rechten Ufer zwischen Ubiern und Batavern Plinius, Hist. nat. IV, 16. Nach Cluver
  II, 18 die verpflanzten Sugambern. H. Grotius, Hist. belg. VII, 339 sucht sie bei Geldern (ein
  Ort Goga, Goch), vergl. Menso Alting. I, Tab. III, 80.

VIERTES KAPITEL · DIE RÖMISCHE VERTEIDIGUNG

arbeiten: die Überrheiner, wenn sie wild nach Kampf verlangten, ließ er den Wall einreißen und, wenn sie herabgeworfen waren, den Angriff erneuern: hatte er doch Überfluß an Leuten und empfand Verluste nicht schwer. Auch die Nacht setzte der Bedrängnis kein Ende: die Überrheiner häuften rings um das Lager Holzstöße und zündeten sie an: zugleich schmausten und zechten sie: und einzeln (!), wie sie gerade vom Wein erhitzt waren, stürmten sie in törichter Tollkühnheit zum Kampf gegen den Wall: – ohne anderen Erfolg als schwersten eigenen Schaden – denn ihre Geschosse, ins Dunkel der römischen Werke geschleudert, fehlten: die Römer aber sahen die Reihen der Barbaren hell vom Flammenschein beleuchtet und konnten jeden durch kühnes Vordringen oder Waffenschmuck und Führerabzeichen hervorstechenden Krieger sicher aufs Korn nehmen.[1]

Civilis erkannte das, ließ die Feuer löschen und in tiefstem Dunkel von allen Seiten her angreifen. Jetzt waltete, unter wildem Lärm, der Zufall: man konnte weder zielen noch abwehren: woher der Schlachtruf drang, dahin wandten sich, dahin schossen die Römer: Tapferkeit frommte nicht: das Ungefähr verwirrte alles: die Kühnsten fielen durch der Feigsten Geschoß: aber bei den Germanen tobte nur unverständiger Zorn: der römische Soldat, geschult, sich zu decken, schleuderte Steine und die eisenbeschlagenen Pfähle nicht ohne Erfolg auf die Stürmer. Wo der Schall der unterwühlenden Schaufeln oder die angelegten Sturmleitern den Feind andeuteten, dahin stießen sie mit dem Schildbuckel, drängten mit dem Pilum nach: vielen, die sich bereits auf die Wallkrone geschwungen, bohrten sie den Dolch in den Leib.

Als so die Nacht verstrichen war, zeigte der Tag den Römern eine neue Reihe von Angreifern. Die Bataver hatten einen Turm gebaut, zwei Stockwerke hoch: aber als er gegen das prätorische Lagertor, wo der Zugang am ebensten war, herangeschoben wurde, zerschmetterten ihn die Belagerten durch Balken und Pfähle und begruben unter seinen Trümmern viele, die darauf gestanden: und nun warf ein plötzlicher glücklicher Ausfall die Bestürzten vollends zurück.

Die alt erfahrenen, kunstfertigen Legionäre erfanden allerlei Maschinen, unter welchen die größte Furcht eine Vorrichtung verbreitete, die, zangenartig von oben herabgreifend, einen Mann oder mehrere plötzlich mitten aus der Reihe der Stürmenden hob und in der Luft, mit gewechseltem Schwerpunkt, nach hinten in das Römerlager schleuderte.

Civilis gab die Hoffnung, das Lager mit Sturm zu nehmen, auf und beschränkte sich abermals auf ruhige Einschließung, indem er durch Botschaften und Versprechungen die Treue der Legionen zu erschüttern suchte. Inzwischen war in Italien die Schlacht bei Cremona geschlagen und die Sache des Vitellius verloren: diese Nachricht ließ Civilis gern in das Lager der diesem Kaiser treu ergebenen Legionen zu Vetera und zu Gelduba gelangen: die halb widerstrebenden Truppen wurden nun für Vespasian vereidigt, Civilis aber aufgefordert, falls er wirklich nur für diesen die Waffen ergriffen habe, jetzt Friede zu machen. Er erteilte öffentlich eine ausweichende Antwort, dachte aber selbstverständlich nicht daran, sein Unternehmen aufzugeben.

---

1 Diese Züge sind höchst bezeichnend für das manchmal fast sinnlose Anstürmen germanischer Heldenschaft gegen die Kühle, unerreichbare Überlegenheit römischer Bildungsmacht in Krieg und Frieden, wie es von den Kimbern an beinahe fünf Jahrhunderte währte und bei den furchtbaren Verlusten der Angreifer, nur durch die stets wieder überströmende Überbevölkerung genährt werden konnte.

250 ZWEITER TEIL · WESTGERMANEN

Bitter klagte er über den Dank, den er für fünfundzwanzigjährige Dienste im römischen Heer geerntet: sein Bruder sei hingerichtet, er selbst in Fesseln geschlagen, von diesem (germanischen) Heer sein Tod grimmig gefordert worden: dafür heische er Rache. Die Treverer aber und die anderen Sklavenseelen würden für ihr Blut keinen anderen Lohn empfangen als den verhaßten Kriegsdienst, Schatzung sonder Ende, Ruten und Beil und die Laune der Tyrannei. Er, Führer nur *einer* Kohorte, habe mit Kanninefaten und Batavern jene Scheinbilder von Lagern vernichtet oder mit Eisen und Hunger umgürtet.

Er beschloß, nun auch gegen Vocula zum Angriff vorzugehen, behielt nur einen Teil der Truppen vor Vetera und schickte die Veteranenkohorten und die tüchtigsten Scharen der Überrheiner unter *Julius Maximus* und seinem Schwestersohn *Claudius Victor*[1] gegen Gelduba und das dortige Heer. Auf dem Marsch plünderten diese das Winterlager eines Reitergeschwaders zu *Asciburgium* (Asburg, zwischen Xanten und Neuß) und überrumpelten Voculas Lager so vollständig, daß dieser nicht mehr Zeit fand, eine Aufstellung anzuordnen: mitten im Gewirr konnte er nur noch einschärfen, ein starkes Mitteltreffen aus Legionären zu bilden; dies geschah: die Hilfstruppen umgaben dasselbe rings in zerstreuten Haufen: die römische Reiterei sprengte zum Angriff vor, wurde aber vom Feind in festgeschlossenen Reihen empfangen, abgewiesen, machte kehrt und überritt auf der Flucht das eigene Fußvolk. Von da ab war's ein Schlachten, nicht eine Schlacht zu nennen. Die Kohorten der (belgischen) *Nervier* entblößten aus Furcht oder Verrat die Flanken: so ging es über die Legionen her: schon hatten diese die Feldzeichen verloren, waren in das Lager hineingeworfen und wurden hier hinter dem eigenen Wall niedergehauen, als plötzlich durch unverhoffte Hilfe das Glück der Sieger umschlug. *Vasconische* Kohorten, noch von Galba ausgehoben und aus den Pyrenäen jetzt zu Hilfe gezogen, marschierten in der Nähe des Lagers, hörten den Lärm einer Schlacht, eilten darauf zu und griffen die eifrig vorn beschäftigten Feinde vom Rücken an: die Wirkung, welche sie so erzielten, war viel größer als ihre Zahl rechtfertigte: denn Römer und Germanen wähnten, es sei die ganze römische Macht von Neuß oder von Mainz her auf dem Schlachtfeld eingetroffen: dieser irrige Glaube gab den Legionen vollen Mut wieder: von dem Fußvolk der Bataver, das schon im engen Lager eingedrungen war und offenbar den Kampf nicht abzubrechen vermochte, fiel hier die Blüte: ihre Reiterei aber entkam und vermochte die im Anfang der Schlacht erbeuteten Feldzeichen und die Gefangenen mit sich zu nehmen. Die Römer hatten an diesem Tage mehr Leute, jedoch minder gute Truppen, die Germanen weniger, aber gerade die tapfersten Männer verloren. Civilis hatte den Fehler begangen, zu geringe Kräfte zu verwenden, Vocula, die Auskundschaftung des Feindes zu vernachlässigen: auch verwertete dieser jetzt seinen Vorteil nicht rasch genug zu einem Angriff, der den Entsatz von Vetera zur Folge gehabt haben würde: er verlor mehrere Tage, bis er sich in Bewegung setzte. Einstweilen hatte Civilis vergeblich versucht, die Belagerten durch das Vorgeben der Vernichtung Voculas, unter Vorführung der eroderten Feldzeichen und Gefangenen, zur Übergabe zu bewegen: schon verkündete der Flammenschein der angezündeten Dörfer den Anmarsch des siegreichen Römerheeres zum Entsatz. Civilis nahm – ein gefährliches Wagnis! – die Schlacht mit doppelter Stirnseite, zugleich gegen das Lager und das Entsatzheer, an: die Belagerten fielen aus: da stürzte Civilis mit dem Pferde: Freund und Feind hielt ihn für verwundet oder tot. Gewaltig hierdurch entmutigt wichen die Germanen

---

1 Lauter römische Namen der Bataver.

VIERTES KAPITEL · DIE RÖMISCHE VERTEIDIGUNG

den desto freudiger andringenden Legionen. Nach langer Bedrängnis war Vetera entsetzt, die Belagerung aufgehoben.

Jedoch nur auf kurze Zeit; Vocula wagte nicht, die Abziehenden zu verfolgen: er beeilte sich, die Befestigung des Lagers zu verstärken, baldiger Erneuerung der Einschließung entgegensehend – offenbar waren die römischen Truppen zu schwach, zum Angriff im offenen Feld gegen die Bataver in deren eigenem Land vorzugehen. Vocula wollte Vetera bei erneuter Einschließung vor Aushungerung schützen und ordnete Herbeiholung von Kornfrüchten aus Neuß an. Die erste Wagenreihe gelangte glücklich zurück, da Civilis von seinem Sturz noch nicht völlig hergestellt war. Aber die zweite, die in arger Unvorsichtigkeit daher zog, zerstreut, die Waffen der Bedeckung auf die Wagen geworfen – nur der Landweg war frei, den Strom beherrschten die Germanen – wurde von des Civilis Batavern (er hatte die Brücken und schmalen Durchgänge vorher besetzen lassen) in geschlossenen Gliedern mit Erfolg angegriffen: – nur die Nacht rettete die Römer, die nicht nach Vetera durchzubrechen vermochten, sondern nach Gelduba umkehren mußten, wo das Lager noch besetzt war. Vocula verzichtete nun, nachdem er die halbe Unmöglichkeit, Vetera ausreichend zu verpflegen, erkannt, diesen vorgeschobenen Punkt als Hauptwaffenplatz festzuhalten, zog sich vielmehr wieder nach Gelduba und von da noch weiter stromaufwärts nach Neuß zurück, indem er außer einem nach Vetera geführten Entsatzheer noch tausend Mann erlesene Leute der fünften und der fünfzehnten Legion, der ursprünglichen Besatzung von Vetera, mitnahm: die Zuchtlosigkeit war so weit vorgeschritten, daß noch mehr Mannschaft, als verstattet war, mitzog unter lauten Drohungen gegen die Führer: und die in Vetera Zurückgelassenen murrten erst recht: sie sahen sich als Hüter eines aufgegebenen Postens an: alsbald erschien auch Civilis wieder, umschloß Vetera aufs neue mit einem Teil seiner Truppen, zog mit den anderen gegen Gelduba, nahm dies Lager, suchte die Römer in ihrer letzten Stellung auf, in Neuß, und gewann vor den Toren dieses Lagers ein Reitergefecht. Da brach unter solchen wiederholten Schlägen die lange gärende Meuterei in offene blutige Frevel aus: die Empörer ermordeten, berauscht, nach einem Gelage, das mit dem von *Vitellius* geschickten Gelde in *Vespasians* Namen Hordeonius Flaccus gespendet, diesen alt verhaßten Feldherrn und erklärten sich für – den schon vernichteten – Vitellius! Vocula entkam mit Mühe in der Nacht, als Sklave verkleidet. Ein Teil der Meuterer bereute bald darauf den Frevel, ließ sich von Vocula aufs neue für Vespasian vereidigen und zum Entsatz nach Mainz führen, das ein aus *Chatten, Usipiern* und *Mattiakern* zusammengesetzter Haufen eingeschlossen hatte: diese starke Festung zu nehmen, gelang selbstverständlich den Germanen noch nicht: sie waren, nachdem sie in der Umgegend geheert hatten, bereits wieder abgezogen, wurden aber, in Sorglosigkeit auf dem Heimweg zerstreut, von den verfolgenden Legionen eingeholt und mit Erfolg angegriffen. Gleichzeitig fochten die *Treverer*, noch immer zu Rom haltend, unter beiderseitigen großen Verlusten, wider die Germanen, zu deren Abhaltung sie Brustwehr und Wall an ihren Grenzen gezogen hatten.

Als nun aber im folgenden Jahr (70 n. Chr.) die Nachricht von des Vitellius Tod nach Gallien und Germanien gelangte, verdoppelte sich die Flamme des Krieges: denn nicht nur legte jetzt Civilis die Maske ab und stürmte offen zum Kampf gegen Rom – auch Gallien erhob sich nun gegen das römische Joch.

Es ging damals der Glaube durch die lang geknechteten Völker des Nordens: das Ende der römischen Weltherrschaft sei gekommen.

Und in der Tat sah es mit der Kriegsmacht des Reiches mißlich aus; zogen doch die Legionen des getöteten Vitellius dem Sieger Vespasianus sogar einen fremden

252 ZWEITER TEIL · WESTGERMANEN

Herrscher vor: die Winterlager in Mösien und Pannonien waren – so hieß es – von Sarmaten und Daken eingeschlossen:– dasselbe wurde fälschlich über Britannien verbreitet.

Am meisten aber hatte der Brand des Kapitols den Glauben gefördert, die Zügel der Weltherrschaft seien den Händen Roms entglitten. Die geistigen Beherrscher Galliens, die *Druiden*, hatten erklärt: bei der früheren Einnahme Roms durch die Gallier sei Jupiters Haus ungeschädigt und deshalb auch die Macht der Römer erhalten geblieben: jetzt aber, predigten sie, habe in dem Brande des Jupiterheiligtums selbst das Schicksal ein göttliches Strafgericht verkündet: und sie weissagten, den Völkern auf der Nordseite der Alpen sei nun die Weltherrschaft zugefallen: – einen leeren, abergläubischen Wahn nennt Tacitus diesen Gesang der Druiden: – es war aber wirklich Weissagung: – nur um vier Jahrhunderte verfrüht.

Auch war das Gerücht ausgegangen, die gallischen Häuptlinge hätten sich, als sie Otho gegen Vitellius aufbot, vor ihrem Abschied insgeheim verpflichtet, wenn, wie es den Anschein hatte, fortwährender Bürgerkrieg und Notstand im Inneren Roms Macht verzehre, für die Befreiung des Vaterlands einzutreten.

So knüpften denn nun ein vornehmer Treverer, *Classicus*, Präfekt des treverischen Reitergeschwaders, sein Landsmann *Julius Tutor* und der Lingone *Julius Sabinus* mit Civilis verdeckte Verbindungen an, zogen in geheimer Beratung zu Köln einzelne *Ubier* und *Tungern* an sich und erklärten nicht nur, in echt keltischer Zungenhitzigkeit die üble Lage Roms übertreibend – („das in Zwietracht rase, mit zwei verlorenen Legionen, verheertem Italien, soeben erstürmter Hauptstadt, mit Heeren, deren jedes durch einen besonderen Krieg festgehalten sei") –, nicht nur die Lossagung vom römischen Reich, sondern ebenfalls mit echt keltischer Maßlosigkeit prahlten sie schon von einer schrankenlosen *Herrschaft „Galliens"*, sowie sie sich der italischen Alpenpässe versichert haben würden. – Man beschloß, die Vitellianischen Legionen in Gallien wo möglich zu gewinnen, nur die Feldherren zu töten. Vocula, gewarnt, aber von den Verschworenen getäuscht, auch seiner Truppen wenig sicher, tat nichts, sich gegen die Gallier zu sichern, betrieb vielmehr aufs neue den Kampf gegen Civilis unter vermeintlichem Beistand der Gallier.

Claudius Labeo, des Civilis Nebenbuhler, eigenmächtig von diesem gefangen zu den *Friesen* geschickt, war, nach Bestechung seiner Wächter, entsprungen und nach Köln zu Vocula geflohen: auf sein Erbieten, mit geringer Unterstützung die „besseren" Gaue der Bataver wieder für Rom zu gewinnen, wurde er dorthin mit einiger Mannschaft entsendet, wagte aber bei den Batavern, wo jetzt offenbar Civilis des unbestreitbarsten Vorzugs genoß, gar nichts zu unternehmen, brachte nur einige *Nervier* und *Betasier* unter die Waffen und machte, mehr verstohlener- als kriegerischerweise, einen Streifzug in die Gaue der Kanninefaten und *Marsaker*.[1] Inzwischen rückte Vocula, durch Verrat der Gallier getäuscht, mit seinen Legionen und deren keltischen Hilfsvölkern von Köln her gegen Civilis an, Vetera nochmals zu entsetzen. In der Nähe dieser Stadt ritten Classicus und Tutor, scheinbar auf Kundschaft, voraus und verständigten sich mit den Führern der Germanen. Darauf zu Vocula zurückgekehrt, gaben sie die ersten Zeichen des Abfalls, indem sie ihre Truppen von den Legionen trennten und ihr gallisches Lager mit einem besonderen Wall umgaben. Vocula verlor keineswegs den Mut und den Stolz eines römischen Feldherrn gegenüber den gering geschätzten Galliern: aber er mußte bei deren offen-

---

1 Friesen auf dem rechten Rheinufer, aber nicht „Meer-saten", wie Menso Alting. II, 93 Tab. meint.

VIERTES KAPITEL · DIE RÖMISCHE VERTEIDIGUNG 253

barem Abfall den Angriff und den Weitermarsch aufgeben: er kehrte um und ging nach Neuß zurück: die Gallier folgten und lagerten sich zwei römische Meilen unterhalb der Stadt: von da aus bearbeiteten sie des Vocula Heer mit solchem Erfolg, daß dasselbe von Rom abfiel und – allerdings für römische Legionen ein unerhörter Grad der Entartung! – Classicus für sein aufzurichtendes Großreich Gallien gegen Rom den Fahneneid leisteten! Vergeblich suchte Vocula in einer Ansprache, in welche Tacitus viel Römergeist und Römerstolz gelegt hat, dem schmählichen Frevel zu steuern: er wurde ermordet, die beiden anderen Legaten gefangen gesetzt. Und nun drohte der keltische Aufstand hell aufflackernd in der Tat für den Augenblick die Römerherrschaft in Gallien rasch zu verzehren: die Kölner und die Truppen des oberen Germaniens wurden, unter Ermordung der Tribunen und Verjagung des Lagerpräfekten zu Mainz, zu dem gleichen unsinnigen Eide bewogen, endlich auch die zu Vetera Belagerten, nach so langer ruhmvoller Ausdauer, in äußerster Hungersnot, gleichfalls zur Ergebung an Civilis – unter dem nämlichen Eide: „für Gallien!" – gebracht. Gleichwohl fanden diese Scharen, gegen den Vertrag, durch Grimm und Verrat der Germanen, den Untergang; und nach des Tacitus Darstellung bleibt es zweifelhaft, ob der arge Treubruch mit oder gegen Willen des Civilis erfolgte. Er hatte Plünderung des lang bestürmten Lagers, das so vielen der Seinigen das Leben gekostet, zur Bedingung gemacht und Gewährung des freien Abzugs der Besatzung mit leichter (nicht mit der vollen) Bewaffnung: seine Wachen hielten Geld, Troßknechte, Gepäck im Lager zurück: andere geleiteten den Abzug der Kapitulanten. Aber ungefähr fünf römische Meilen weiter fielen (andere) Germanen plötzlich über den arglosen Zug her: wer sich mannhaft wehrte, wurde auf dem Fleck, sehr viele Versprengte wurden im Umherirren erschlagen: der Rest floh in das Lager zurück: aber dies trafen sie nach der Ausplünderung in Brand gesteckt und in diesen Flammen fanden sie alle, die aus dem Überfall entkommen waren, den Tod.

Es ist schlimm genug, was die rohe Menge getan, die durch schmerzlich bittere Triumphe der überlegenen, kalten römischen Kriegskunst, erfochten vor eben diesem Lager, zur Rache an den hartnäckigen Verteidigern gereizten heldenkühnen Barbaren – man muß nur an die Zangenmaschinen und die furchtbaren Verluste während des Angriffs im Flammenschein denken: man muß erwägen, daß die Germanen in solch todesfreudigem Anstürmen höchstes Heldentum und in der Art der römischen Verteidigung fast feige Klugheit erblickten: man muß die scheußlichen römischen Laster jeder Art nicht vergessen, denen die „freien Bundesgenossen" waren geopfert worden: und man muß die elementaren Leidenschaften eines Volkskrieges erwägen, um jene treulose Rache bei dem an sich doch edel gearteten Germanenvolk zu verstehen.

Aber wir sind nicht genötigt, an des Civilis Mitschuld zu glauben, des zweifellos hervorragenden und von Tacitus nicht so unbefangen wie Armin gewürdigten Führers.

Er beklagte sich und schalt über die Germanen (nicht seine Bataver hatten den Überfall ausgeführt), daß sie den Ruhm ihrer Treue schmählich, frevelhaft zerstört hätten. So Tacitus selbst: und wenn er nun beifügt: „Es ist nicht zu entscheiden, ob diese Worte nur geheuchelt waren oder ob er wirklich die Wütigen nicht zu bändigen vermochte", so dürfen wir wohl das letztere annehmen, eingedenk, wie wenig sogar ein Armin sich Gehorsam hatte verschaffen können.

Daß er seinem kleinen Knaben etliche der Gefangenen als Scheiben für Pfeile und knabenhafte Wurfspeere aufgestellt habe, wird von Tacitus selbst nur als Gerücht bezeichnet.

254 ZWEITER TEIL · WESTGERMANEN

Glauben aber dürfen wir, daß er bei Eröffnung des Kampfes gegen Rom, nach stammtümlicher Sitte, das Gelübde getan, das gerötete und herabhängende Haar nicht zu scheren, bis die Legionen vernichtet seien: jetzt, nach Erfüllung des Gelübdes, schor er dasselbe wieder: die Zugehörigkeit der Bataver zu den Chatten wird hierdurch bestätigt: denn solche Sitte wird gerade den Chatten[1] zugeschrieben.

Übrigens fiel es dem stolzen, klugen und mutigen Germanen nicht ein, sich oder seine Bataver für das von den Kelten geträumte „Großreich Gallien" zu verpflichten: er bediente sich der so wichtigen Hilfe der Gallier gegen Rom: – das batavische Land konnte, war Gallien den Römern entrissen, nur etwa von der See her und zwar unter den für eine Landung schwierigsten Küstenverhältnissen angegriffen werden – aber er mochte auf den Bestand jener „keltischen Großmacht" wenig Vertrauen haben: er baute vielmehr auf das Germanentum und war voll Zuversicht, durch die überrheinischen Germanen zu siegen, wenn es, nach Vertreibung der Römer, den Kampf um die Herrschaft über Gallien gegen die Kelten galt – so weit blickte der wahrlich nicht unbedeutende Mann in die Zukunft vor!

Was ihm vorschwebte, ist später geschehen: nicht die Kelten, die Germanen sind die Nachfolger der Römer in der Herrschaft Europas nördlich der Alpen geworden. Tacitus aber ist unseres Wissens der einzige Römer, der wenigstens als Möglichkeit einen solchen Wechsel der Weltherrschaft besprochen hat: und zwar an *einer* Stelle nicht nur als Möglichkeit, sondern als düstere Zukunftsahnung.

Außer anderen Siegeszeichen und Beutestücken wurde der gefangene Legionslegat *Mumius Lupercus* der weissagenden Jungfrau *Veleda* zugeführt, dem *Brukterermädchen*[2], das, nach alter Germanensitte, weit über die Lande hin den höchsten Einfluß, wie eine Herrscherin, übte: „solche weise Frauen erlangen zuweilen mit immer steigendem Glauben an ihre Sprüche Verehrung wie Göttinnen": meint Tacitus: die Wahrheit aber ist, daß sie, solange sie lebten, und auch nach ihrem Tode, solange sie als sterbliche Frauen im Gedächtnis des Volkes standen, nur als Werkzeuge, Priesterinnen, Vertraute der Götter oder Göttinnen galten: uns ist kein Beispiel davon überliefert, daß eine germanische *Göttin* aus einer solchen Wala ihren Ursprung gewonnen hätte, obzwar ein solcher Vorgang den Gesetzen der Mythenbildung nicht widerstreiten würde. – Damals nun war der Veleda Ansehen gewaltig gestiegen: denn sie hatte der Germanen Sieg, der Legionen Verderben vorverkündet. Lupercus wurde aber schon auf dem Wege getötet. Einige Centurionen und Tribunen, geborene Gallier, behielt Civilis als Geiseln des Bündnisses. Die Winterlager der Hilfsvölker wie der Legionen, diese verhaßten Zwingburgen und Stützpunkte überlegenen Angriffs, wurden sämtlich durch Feuer zerstört, ausgenommen das zu Mainz und das zu Vindonissa (Windisch im Aargau).

Ergreifend schildert Tacitus, mit echtem Römergeist, das Gefühl unerhörter Schmach, das die Legionen ergriff, als sie nun die Lager auf Befehl ihrer „gallischen Imperatoren" zu räumen hatten, auf dem Marsch die Kaiserbilder herabgerissen, die Feldzeichen ungesäubert, dagegen die bunten gallischen Fahnen in hellstem Schmuck flattern sahen: zwei Legionen zogen so den traurigen Weg der Schande: zuerst die sechzehnte, die von Neuß nach Trier zu marschieren befehligt wurde: daran schloß sich eine andere aus dem verlassenen Lager zu Bonn: und da sich nun unter den Galliern, die so lange vor diesen unbezwinglichen Römern gebebt, das Gerücht verbreitete, wie die Legionen, gefangen und gegen Rom von gallischen

---

1 Tac. Germ. K. 3, von Sachsen Paul. Diac. III, 3.
2 Über den Ort sind nur grundlose Vermutungen möglich: bei Wesel?

VIERTES KAPITEL · DIE RÖMISCHE VERTEIDIGUNG 255

Häuptlingen vereidigt, einher zögen – da strömte alles Volk von den Feldern, aus den Häusern an die Straße zusammen, mit maßlosem, laut lärmendem Hohn des unerhörten Schauspiels sich zu weiden – es ist die echte, laut geschwätzige, zungenfrohe Keltenart, die in den Nachkommen jenes Volkes noch heute, witzig und überwitzig und mehr als maßlos übermütig, des Spottes sich kaum ersättigen mag.

Ein Geschwader römischer Reiter aus dem italischen Kernland *Picenum* ertrug den Hohn des schadenfrohen Keltenpöbels nicht: sie trennten sich auf eigene Faust von den Übergetretenen und ritten nach Mainz, unterwegs den Mörder des Vocula, auf den sie zufällig stießen, mit ihren Speeren durchbohrend.

Einstweilen beschäftigte die Führer Civilis und Classicus die schwierige Frage, welches das Schicksal der römisch-germanischen Kolonie Köln werden solle: nicht ganz unbefangen und gerecht würdigt auch hier wieder, wie oft in diesem Kriege, Tacitus die Beweggründe der Germanen, welchen er sonst in für ihn so ehrenvoller Weise gerecht zu werden versteht: wohl nicht *nur* Grausamkeit und Raubsucht sprachen in den Führern für Zerstörung der mit Recht den Germanen verhaßten Stadt: und auch die überrheinischen Völkerschaften wurden keineswegs nur von Neid und Habgier bestimmt in ihrem Verlangen, sie auszutilgen oder wenigstens zu entfestigen, sie damit allen Germanen offen zu legen und die ganz romanisierten Ubier zu zerstreuen. Der Römer muß selbst einräumen, daß die Germanen ein Ende des Krieges, d. h. der Bedrohung ihrer Freiheit, nur in der Zerstörung dieses Hauptwaffenplatzes der römischen Angriffe hofften.

Auch sind die Gründe schwerwiegend genug, die er selbst dem „höchst grimmigen Sprecher" der überrheinischen Völkerschaft der *Tenchterer*, die bis zur Vernichtung unter römischer Staatskunst, richtiger Tücke, gelitten hatten, vor dem Rat der Kölner in den Mund legt: „Wir danken den gemeinsamen Göttern und zumal dem Kriegsgott, und wir wünschen euch Glück, daß ihr zu dem Bund und Namen der Germanen zurückgekehrt und wieder freie Männer seid, wie wir. Denn bis heute hatten die Römer Fluß und Land und fast die Luft abgesperrt, uns Gespräch und Zusammenkunft verwehrt oder, was waffenfreudigen Helden noch schimpflicher, nur ohne Waffen, unter Überwachung, gegen Bezahlung (von Zöllen) verstattet. Aber zur ewigen Befestigung von Freundschaft und Bündnis fordern wir nun von euch, daß ihr die Mauern der Römerkolonie, diese Wehrschanzen der Knechtschaft, niederreißt. Auch die reißenden Tiere des Urwaldes vergessen des Mutes, wenn man sie in den Käfig sperrt. Ferner, daß ihr alle Römer in eurem Gebiet totschlagt: Freiheit und Zwingherren vertragen sich nicht nebeneinander: der Nachlaß der Erschlagenen werde Gemeingut, ohne geheime Bereicherung einzelner. Wieder, wie zur Zeit der Ahnen, soll uns und euch verstattet sein, auf beiden Ufern des Stromes zu wohnen: denn wie Licht und Tag ist die Erde allen Helden verliehen. Nehmt wieder Sitte und Tracht der Väter an und legt die Lüste ab, durch die, mehr als durch die Waffen, Rom die Unterworfenen knechtet. Gereinigt, verjüngt, der Knechtschaft vergessen stellt euch uns wieder gleich und herrscht über die Gallier."

Die „Agrippinenser", wie sie sich gern nannten, erbaten sich Bedenkzeit: konnten sie doch weder die Forderung zur Zeit offen verwerfen, noch wagten sie, aus Furcht vor der künftigen römischen Rache, sie zu gewähren. Endlich erwiderten sie: „Die erste Gelegenheit zur Befreiung haben wir, mit mehr Eifer als Klugheit, ergriffen und uns euch und den anderen stammverwandten Germanen angeschlossen. Die Wälle unserer Stadt tun wir besser, zu verstärken als niederzureißen, jetzt, da gerade römische Heere gegen uns gerüstet werden. Die Fremden aus Italien oder den anderen römischen Provinzen in unserem Land sind gefallen oder in die Heimat geflohen: die ursprünglichen römischen Kolonisten aber, die durch Ehegemeinschaft mit uns verbunden sind, sowie die hier Geborenen haben hier ihre Heimat: ihr werdet nicht so ruchlos sein, von uns Ermordung unserer Eltern, Geschwister, Kinder zu verlangen. Die Zölle und anderen Beschränkungen des Verkehrs schaffen wir ab: der Flußübergang soll ohne Bewachung stattfinden: aber nur für Unbewaffnete und nur bei Tag, bis die neuen, frischen Verhältnisse durch Gewohnheit sich eingewurzelt haben. Als Schiedsrichter schlagen wir Civilis und Veleda vor: sie sollen unseren Vertrag bekräftigen."

Schwerlich war Civilis zur Zerstörung und Plünderung der Stadt geneigt, wenn die Städter ihn als Schiedsrichter vorschlugen: auch muß Tacitus selbst neben dem Dankgefühl des Vaters – die Kölner hatten beim Ausbruch der Bewegung seinen Sohn in ihrer Stadt ergriffen, aber in ehrenvoller Haft gehalten – und der Absicht, für die neue Herrschaft den Ruhm der Großmut zu gewinnen, die Erwägung der Wichtigkeit Kölns für die Fortführung des Krieges als Grund für die Erhaltung der Stadt durch Civilis anführen.

So setzten die Kölner, nach Beschwichtigung der Tenchterer, durch ihre Gesandten bei Civilis und Veleda alle ihre Forderungen durch. Die weissagende Jungfrau selbst zu sehen und zu sprechen blieb ihnen versagt – (im Sinne der Aufklärungsphilosophie etwa erklärt dies Tacitus dahin: man habe durch solche Unnahbarkeit die Ehrfurcht steigern wollen). Sie wohnte auf hohem Turm: aus ihren Gesippen hatte sie einen Mann erkoren, der die Fragen an sie und ihre Antworten, wie der Bote einer Göttin, hin und her trug.

Verstärkt durch den Beitritt Kölns, zog Civilis die benachbarten Staaten auf seine Seite oder bekriegte sie. So hatte er die *Suniker*[1] gewonnen und ihre Wehrmannschaft in Kohorten gegliedert: seinen weiteren Fortschritten trat der alte Nebenbuhler *Claudius Labeo* abermals entgegen: er hatte rasch aus *Betasiern, Tungrern, Nerviern* Leute zusammengerafft, mit welchen er sich in offenen Kampf einließ, im Vertrauen auf seine günstige Stellung: denn es war ihm gelungen, vor Civilis die Maasbrücke (bei Mastricht?) zu besetzen. In dem engen Flußtal wogte das Gefecht unentschieden, aber die wellenfrohen Germanen drangen schwimmend über den Fluß und faßten den Feind im Rücken. Zugleich sprengte Civilis mitten unter die (ursprünglich germanischen) *Tungrer* und gewann sie durch eine kluge Ansprache: die Truppen steckten die Schwerter ein, die Häuptlinge (mit den römischen Namen *Campanus* und *Juvenalis*, wie bei allen diesen durch langen Kriegsdienst als Hilfsvölker offenbar sehr stark romanisierten Völkerschaften) übergaben ihm das ganze Volk der Tungrer. Labeo entfloh, bevor er umzingelt war. Civilis aber zog nun auch die Betasier und Nervier auf seine Seite und reihte sie seinen Scharen ein: dies war der Scheitelpunkt seiner Macht: weithin hatte er die Völkerschaften gezwungen oder gewonnen.

Aber ohne tatkräftige Mitwirkung der Gallier konnte das hohe Ziel der Vertreibung der Römer nicht erreicht werden: ihnen vor allen wäre, vermöge der Nachbarschaft, die allernächst liegende und wichtigste Aufgabe zugefallen: die Alpenpässe ihres Landes gegen die Legionen zu sperren und womöglich die Kelten in Rätien, Noricum, Spanien zum Aufstand mit fortzureißen, um den Römern den ruhigen Anmarsch bis an Rhein und Alpen unmöglich zu machen. Aber das „Großreich Gallien" blieb eine keltische Großsprecherei. An Worten und Gepränge wurde viel geleistet: die Taten stockten gleich bei dem ersten Mißerfolg. Auch war ein großer Teil

---

1 In Limburg, wo ein Ort Sunich, vgl. Menso Alting. I, Tab. V, 118.

VIERTES KAPITEL · DIE RÖMISCHE VERTEIDIGUNG   257

des Volkes nicht nur so romanisiert, sondern der römischen Herrschaft bereits so innerlich verknechtet, daß eine allgemeine Erhebung der vollen Volkskraft des Keltentums ausblieb. Und doch hätte nur diese, in einigem, planvollem Zusammenwirken der gallischen Führer untereinander und mit den Germanen, die Römer fernhalten können auf die Dauer.

Julius Sabinus hatte zwar die Denksäulen der Verträge mit Rom umstürzen lassen und ließ sich als „Cäsar" anreden – der „Befreier Galliens" mit dem Namen des römischen Unterjochers von Gallien! – als er aber die den Römern treu verbliebenen *Sequaner* mit einem großen, doch undisziplinierten Haufen seiner Landsleute angriff und geschlagen wurde, gab er alles auf, floh und verbarg sich: wie er in unbesonnenster Hitze sich in den Kampf geworfen, so haltlos wurde er nach dem ersten Schlag – man sieht, trotz seines Römernamens war er doch der echte Kelte geblieben. Dieser Sieg der Sequaner genügte, den Fortschritt der gallischen Bewegung wider Rom zu hemmen. Alsbald schlug die Stimmung in den Staaten wieder um, zuerst bei den *Remern*: diese konnten schon wieder einer gemeinsamen Beratung aller gallischen Staaten vorschlagen, ob man Freiheit oder – „Frieden" vorziehe! Und doch mußten sie seit Cäsar gelernt haben, daß „Friede" mit Rom Knechtschaft war. Wirklich trat eine solche Beratung auf remischem Gebiet zusammen, in welcher die Treverer *Julius Valentinus*, der am hitzigsten den Krieg geschürt, eine wohleingelernte Rede hervorsprudelte, voller Schmähungen und Entrüstungen wider Rom, („Vorwürfe", meint Tacitus, „wie sie große Reiche gewöhnlich treffen") zum Aufruhr hetzend, durch seine flammenden Worte die Hörer zum Beifall fortreißend. Aber seine Glut lobten sie – die kluge Mutlosigkeit des Gegners im Rate befolgten sie. Ein remischer Häuptling, *Julius Auspex*, drang bereits durch in dieser *ersten* Versammlung des „befreiten Galliens" mit dem Vorschlag zur – Unterwerfung! Er warnte vor der Macht Roms, vor den schon über ihren Nacken stehenden Legionen: er pries die Wohltaten des Friedens. Die unheilbare Eifersucht und Spaltung der gallischen Völkerschaften und Staaten hinderte jedes einmütige Handeln. Den Treverern und Lingonen schadete, daß sie sich bei einer früheren Erhebung (des Vindex) für Rom geschlagen hatten.

Vor dem Siege, ja vor dem Kampf haderten sie schon über den Vorort, die Führung, über die Hauptstadt: die einen forderten sie vermöge ihres Reichtums, andere wegen ihrer Wehrkraft, andere wegen früherer Verträge, andere wegen ihrer uralten Geschichte. So beschloß man denn, lieber die alt gewohnte Herrschaft Roms wiederaufzunehmen, und forderte die Treverer auf, die Waffen zu strecken: „man werde Fürbitte einlegen und Rom werde wohl verzeihen." Dies zwar verhinderte noch *Valentinus*: Aber seine eifrigen Reden in Volksversammlungen konnten seine Untätigkeit in der Kriegsrüstung nicht gut machen. Auch die anderen Führer, ohne einheitlichen Plan, leisteten gar nichts: *Classicus* spielte in bequemem Selbstlob den Herrscher Galliens, der er doch nicht war: Civilis mochte bereits die Hohlheit dieses gallischen Großreiches durchschaut haben: Tacitus wirft ihm vor, daß er in dem Bestreben, den alten Feind *Claudius Labeo* zu fangen oder zu vertreiben, einstweilen zwecklos durch die belgische Wildnis hin und her zog. *Tutor* aber beging das entscheidende Versäumnis, weder die Rheingrenze in Obergermanien zu decken noch die Alpenpässe zu besetzen! So leistete wahrlich dieser gallische Aufstand nichts, was erforderlich war, den Kampf mit der Weltmacht aufzunehmen. Und schon nahten mit ehernem Schritt die Legionen und die Rache Roms. Der Staat Cäsars hatte sich endlich wiedergefunden und beruhigt unter dem Sieger *Vespasian*.

Zwei vorzügliche Feldherren, *Gallus Annius* und *Petillius Cerialis*, wurden ernannt, Gallien und Germanien zum Gehorsam zurückzuzwingen: sieben Legionen wurden aufgeboten: die beiden sieghaften, die elfte und achte, die einundzwanzigste des Vitellius, die zweite der neuausgehobenen: sie sollten über die *Pöninischen* Pässe (den Großen) und über den *Grajus* (den kleinen Sankt Bernhard) eindringen: dazu drohte von den Pyrenäen her die sechste und zehnte, aus Britannien die vierzehnte Legion. Im zangengleichen Angriff also, von allen drei den Römern verfügbaren Sei-

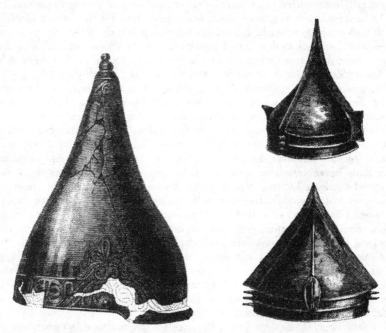

Gallische Helme. Bronze. (In Gräbern gefunden)

ten, von Norden über den Kanal, von Westen über die Pyrenäen, von Süden aus Oberitalien: wie weiland Germanien von allen Seiten angegriffen war, ausgenommen von der unzugänglichen Ostseite, so waren auch jetzt die Gallier und Batavier vom Osten her unangreifbar: dank Armin, dank der Unbezwungenheit Germaniens! – Ohne Widerstand drang durch die unbesetzten Pässe der Alpen die einundzwanzigste Legion über Windisch (Vindonissa) unter *Sextilius Felix* mit Kohorten der Hilfstruppen durch Rätien in Gallien ein: dazu kam, mit römischer Arglist als Führer erlesener Reiter erkoren, des Civilis eigener Schwestersohn, *Julius Briganticus*, ein grimmiger Feind seines Oheims: „wie ja der Haß der Nächststehenden der bitterste ist," meint Tacitus. Tutor hatte inzwischen die treverischen Truppen verstärkt durch neue Aushebungen bei *Triboken, Cärakaten*[1] und *Vangionen* und ihnen stärkeren Halt gegeben durch Fußvolk und Reiterei aus den übergetretenen römischen Veteranen: diese rieben auch zuerst eine vereinzelt vorangeschickte Kohorte des Sextilius Felix auf: als aber nun die römischen Feldherren, die römischen Waffen herannahten,

---

1 Cluver II, 12 wollte statt C. Remetes lesen, Gronovius zu d. Stelle Tabernates.

VIERTES KAPITEL · DIE RÖMISCHE VERTEIDIGUNG

als die alten Legionäre die Legionsadler sich gegenüber erblickten – da kehrten sie als „ehrenwerte Überläufer" zum römischen Dienst zurück und die Mannschaften der drei genannten Völkerschaften folgten ihrem Beispiel. Tutor mit den Treverern entwich, Mainz vermeidend nach Bingium (Bingen). Hier glaubte er sich sicher, da er die Brücke über die *Nahe* abgebrochen hatte. Aber die verfolgenden Kohorten des Sextilius entdeckten durch Verrat eine Furt und zersprengten jene Haufen. Dieser Schlag erschütterte die Treverer: die Menge warf die Waffen weg und floh, zerstreut, durch das Land: einige der Führer eilten zu den Rom treu verbliebenen Völkerschaften, um den Schein zu verbreiten, als ob sie vor anderen den Krieg aufgegeben hätten. Da kehrten auch die von Neuß und Bonn nach Trier versetzten Legionen von selbst zu ihrer Pflicht zurück: sie vereidigten sich selbst für Vespasian, welchem sie – unwillig – schon früher geschworen hatten.

Dies war in Valentinus' Abwesenheit geschehen. Als dieser sich näherte, wütend und entschlossen, alles in Verwirrung und Verderben zu stürzen, zogen diese Legionen ab zu den Rom treu verbliebenen *Mediomatrikern* (um Metz). Valentinus und Tutor ließen die beiden gefangenen Legaten *Herennius* und *Numisius* töten, die Treverer nochmals zur Ergreifung der Waffen zwingend und durch jene blutigen Taten die Hoffnung auf Versöhnung mit Rom abschneidend.

So günstig für Rom stand bereits der Krieg, als Petillius Cerialis zu Mainz eintraf und durch seine Ankunft, seine Kampfbegier, seine stolze Verachtung des Feindes, seine die Soldaten anspornenden Worte die Zuversicht noch mehr hob: er war entschlossen, so bald als nur irgend möglich zu schlagen. Ebenso vornehm und kühn als klug war es, daß er die in den treu verbliebenen Staaten ausgehobenen Mannschaften sofort, wie sie bei ihm eintrafen, nach Hause entließ, mit der Meldung: Rom genügten seine Legionen: die Bundesgenossen sollten nur die Werke des Friedens pflegen, sicher, daß ein Krieg, den Rom in die Hand genommen, so gut wie erledigt sei. Dadurch wurde der Gallier Willfährigkeit erhöht: vermöge der ihnen wieder gegebenen jungen Mannschaft konnten sie die Schatzung leichter aufbringen, und die abgelehnten Leistungen wurden desto eifriger angeboten.

Auf die Nachricht von all diesen Erfolgen der Römer zogen Civilis und Classicus eilig ihre Kräfte zusammen und warnten durch wiederholte Boten Valentinus, sich auf Entscheidendes einzulassen. Ebendeshalb aber trachtete Cerialis, die Treverer in ihrer Vereinzelung zu vernichten, bevor jene Führer ihnen Hilfe bringen konnten: er erfuhr, daß Valentinus mit einer großen Schar von Treverern bei *Rigodulum* (heute Ricol oder Réol) an der Mosel eine natürlich starke Stellung, durch den Fluß und die Berge gedeckt, eingenommen und durch Gräben und Schanzen von Felsstücken noch mehr gesichert hatte: er beschloß, hier sofort den Feind von zwei Seiten zu fassen: die zur Treue zurückgekehrten Legionen im Gebiete der Mediomatriker ließ er durch entsendete Offiziere von Süden her auf den kürzesten Weg in die rechte Flanke der Stellung von Rigodulum führen, während er alle Truppen, die er mitgebracht, und was sich zu Mainz fand, zusammenraffte und rasch in drei Eilmärschen von Osten her vor deren Stirnseite warf.

Die Bewegung war strategisch meisterhaft gedacht: der Angriff wurde taktisch mit höchster römischer Tapferkeit ausgeführt: ohne sich durch die feste Stellung aufhalten zu lassen, befahl Cerialis dem Fußvolk, sie mit Sturm zu nehmen: die Reiterei ließ er auf einem Hügel beobachtend halten: er ging dabei von großer Geringschätzung des Feindes aus, dessen Wagnis, sich an einem Orte zusammengeschart darzubieten, durch das günstige Terrain nicht vor der überlegenen römischen Tapferkeit ausreichend gedeckt schien. Das Fußvolk hielt beim Emporklimmen eine

260 ZWEITER TEIL · WESTGERMANEN

Weile an und ließ die zu weit und zu hoch gezielten Wurfgeschosse über sich hinbrausen: dann erstieg es die Höhe und warf den Feind mit der Gewalt eines Bergsturzes herunter. Auf der Verfolgung, über die mittleren Höhen hin einschwenkend, nahm die Reiterei die vornehmsten Häuptlinge, darunter den Führer, Valentinus, gefangen.

Der Sieger, moselaufwärts vordringend, zog tags darauf in *Trier* ein: er hinderte nicht ohne Mühe an Zerstörung der Vaterstadt des Classicus und Tutor die Truppen, die zur Rache für die Vernichtung so vieler Lager, Legionen und Legaten, die Beute dem Fiskus gern überlassen, aber die Rebellenstadt in Flammen sehen wollten. Und mit großer Klugheit nur gelang es ihm, die Vereinigung der reuigen Legionen im Lager mit den frisch aus Italien angelangten zu vermitteln. Darauf mahnte er Treverer und Lingonen in einer schonungslos verächtlichen Rede zur Unterwürfigkeit: sie mußten noch zufrieden sein, daß er sie nur moralisch vernichtete: und waren es denn auch.

Mag man in der ihm in den Mund gelegten Rede noch so viel auf des Tacitus Rhetorik zurückführen, sie bleibt lehrreich genug für die römische Auffassung der Verhältnisse Roms zu Gallien und Germanien: – sehr viel Wahres ist darin: das Unwahre liegt nur in der Verschweigung der *Selbstsucht*, aus welcher aus letztem Beweggrund Rom natürlich in allem gehandelt hatte.

Er sagte den Kelten: Er habe nur mit den Waffen Roms Heldentum bewährt und mit Wohlredenheit habe er sich nie befaßt: „aber weil nun einmal bei euch Worte am meisten gelten, will ich euch einiges zu Gemüt führen, was wichtiger für euch zu hören ist als für uns, nach dem Siege, zu sagen ist. Die Römer sind nach Gallien gekommen aus keinerlei Herrschsucht oder Habgier (!), sondern auf Anrufen eurer Ahnen, die innere Zwietracht bis zur Vernichtung zerissen und welche, die Unterstützten wie die Bekämpften, die zur Hilfe geholten Germanen gleichmäßig geknechtet hatten: wahrlich, nicht um Italien zu beschützen haben wir den Rhein besetzt (mittelbar, aber doch, und um Gallien für sich zu behalten, nicht den Germanen zu überlassen), sondern daß nicht abermals ein Ariovist Gallien erobere. Oder glaubt ihr denn, Civilis und seine Bataver oder die Überrheiner haben es besser mit euch vor als weiland mit euren Vorfahren deren Ahnen? Die Germanen wird immer derselbe Grund nach Gallien ziehen: Raubsucht, Habgier, *der Drang nach besserem Land*, der Drang, ihre Sümpfe und *Einöden zu verlassen und dafür euren höchst fruchtbaren Boden* – und euch dazu! – als Eigentum zu erobern. Freiheit und andere schöne Namen werden dabei vorgeschützt, wie von je getan, wer für sich die Herrschaft, für andere Verknechtung wollte – (was gerade auch von dieser Rede galt!). Gewaltherrschaften und Bürgerkrieg waren in Gallien von jeher, bis ihr in unsere Botmäßigkeit gerietet, und wir fordern für Erhaltung der Ruhe nur, was unentbehrlich: Steuern und Soldaten; guter Kaiser Regiment dringt auch zu euch; der Druck der bösen Kaiser nicht: übrigens müßt ihr Üppigkeit und Habsucht eurer Herrscher hinnehmen wie Naturereignisse, wie Wolkenbruch oder Dürre: Laster wird es geben, solange Menschen leben: und sie dauern ja nicht immerfort: sie werden unterbrochen und aufgewogen durch gute Fürsten. Oder meint ihr, ein Tutor oder Classicus werden gelinder regieren oder weniger Steuern brauchen für die Heere, die Germanen und Britannier abhalten sollen? Denn, wären wir Römer vertrieben, was anderes würde hier eintreten als unaufhörlicher Krieg aller Völker untereinander? Achthundert Jahre hat der Stern und die Zucht Roms das Reich zusammengehalten: wer daran rüttelt, tut's zu eigenem Verderben. Und euch würde es am schlimmsten ergehen, deren Gold und Reichtum stets den Krieg herbeilockt. Unser

VIERTES KAPITEL · DIE RÖMISCHE VERTEIDIGUNG   261

Sieg sollte euch lehren, statt Trotz und Verderben, Unterwerfung und Sicherheit zu wählen."

Und diese Rede „beruhigte und richtete auf", während sie doch nur sagte, daß Gallien die Freiheit für immer verloren und bloß zwischen römischer und germanischer Herrschaft die Wahl habe.

Gegen die Stellung der Legionen bei Trier rückten nun Civilis und Classicus heran: sie sandten an Cerialis ein Schreiben, in welchem sie ihm, getäuscht oder täuschend, den Tod Vespasians berichteten, anboten, sich auf ihre Landschaften zu beschränken und ihm das übrige Gallien zu überlassen, falls er bei der Auflösung des römischen Reiches sich hier eine Herrschaft gründen wolle. Cerialis befestigte statt aller Antwort die bisherige, ziemlich unvorsichtig gewählte Lagerung: man tadelte den Feldherrn, daß er nicht die Feinde vor ihrer Vereinigung einzeln vernichtet. Bei diesen stritten die Führer über den Kriegsplan: Civilis riet, den Zuzug der überrheinischen Germanen abzuwarten: ihre Furchtbarkeit werde die erschütterten Kräfte Roms vollends über den Haufen werfen. Die Gallier seien doch nur Beute des Siegers und die kräftigsten unter ihnen, die Belgen, stünden, offen oder geheim, gegen Rom. Tutor dagegen forderte sofortigen Angriff: durch Zuwarten werde der Feind verstärkt: aus Britannien, Spanien, Italien seien Veteranenlegionen im Anmarsch. Die Überrheiner, auf die man baue, wüßten nicht von Zucht und Gehorsam, handelten nur nach eigenem Kopf: Geld aber und Geschenke, durch welche allein man etwas bei ihnen ausrichte, würden sie reichlicher bei den Römern finden. Zur Zeit verfüge Cerialis nur über die heruntergekommenen Überläuferlegionen, die sich gegen ihre Besieger schlecht schlagen würden. Den dreist zufahrenden Feldherrn werde sein leichter Sieg über den Worthelden Valentin verleiten, auch die Männer von Erz und Stahl, Civilis und Classicus, zu seinem Verderben unvorsichtig anzugreifen.

Classicus entschied den Streit, indem er Tutor beitrat, und sofort wurde der Angriff ausgeführt: im Mitteltreffen *Ubier* und *Lingonen*, auf dem rechten Flügel die *batavischen* Kohorten, auf dem linken *Brukterer* und *Tenchterer*, stürmten zum Teil von dem Rheine herab, zum Teil zwischen der Mosel und der Legionenstraße heran. Der plötzliche Angriff glückte vollkommen: Cerialis, von sträflichem Leichtsinn in Unterschätzung der Feinde nicht freizusprechen, hatte die Nacht nicht im Lager zugebracht und den Sicherheitsdienst vernachlässigt: in seiner Kammer, im Bett, erhielt er zugleich die Nachricht von dem Angriff der Feinde und der Niederlage der Seinen: er schalt die Boten über ihre Schreckhaftigkeit, bis er das ganze Unheil vor Augen sah: das Lager der Legionen erstürmt, durchbrochen, die Reiterei zersprengt, die Moselbrücke, die Verbindung zwischen der Stadt Trier und dem Lager, vom Feinde besetzt. Mit todesmutiger Entschlossenheit machte er den Fehler seiner Sorglosigkeit gut: er rief die Fliehenden zurück, stürmte, ohne Helm und Harnisch, durch die Geschosse, entriß – was jedenfalls das äußerste abwendete – dem Feind die Moselbrücke, besetzte diese mit erlesener Mannschaft und eilte nun ins Lager: da fand er nun freilich die zu Neuß und Bonn gefangen gewesenen Legionen in voller Auflösung, nur noch wenige Leute bei den Feldzeichen, die Adler fast verloren. Mit flammenden Zornesworten rief er sie zur Pflicht zurück: rasch stellten sie sich wieder in Manipel und Kohorten: breitere Stirnstellung war unmöglich: Zelte und Fuhrwerk hemmten: denn man focht schon mitten im Lager: noch war der Vorteil auf Seite der Feinde, die ihre drei Führer im Handgemenge mit Wort und Rat für Freiheit, Ruhm und Beute begeisterten: da entschied den Tag abermals, wie so oft im Kampf zwischen Rom und den Barbaren, die „Reserventaktik" der Römer: die einundzwanzigste Legion erschien, konnte sich vor dem Lager mit breiterer Stirn ent-

262   ZWEITER TEIL · WESTGERMANEN

wickeln, hemmte so zuerst den blinden Ansturm der Germanen, deren keilförmigen Stoß mit Umfassung auf beiden Seiten bedrohend, und drängte sie dann zurück. Die Römer erblickten in der plötzlichen Flucht der Sieger das Eingreifen der Götter: die Germanen gaben an, der Anblick der Kohorten habe sie erschreckt, die, im ersten Anlauf geworfen, sich wieder gesammelt und auf den Höhen gezeigt hatten, so daß sie für frisch eintreffende Verstärkungen gehalten wurden. In Wahrheit aber entriß den Barbaren den Sieg die törichte Gier, mit welcher sie, vom Kampf ablassend, sich auf die Plünderung des Lagers stürzten, im Wetteifer des Raubes anderen es zuvorzutun.

Cerialis aber nützte seinen Sieg völlig aus: er verfolgte die Geschlagenen bis an ihr Lager, nahm und zerstörte es.

Seinen Truppen war nicht lange Ruhe gegönnt: die Stadt Köln rief sie um Hilfe herbei. Wie sehr die „Agrippinenser" Haß und Mißtrauen der Germanen verdient hatten, zeigte sich jetzt. Nicht nur boten sie des Civilis Gattin und Schwester und des Classicus Tochter, die man ihnen als Pfand der Freundschaft anvertraut hatte, nun den Römern als Gefangene an, sie hatten auch nach dem Umschlag des Kriegsglücks die in den Häusern ihrer Stadt als Gäste verteilten Germanen überfallen und ermordet: – zum Dank für die Schonung der Römer, die man ihnen ehedem verstattet. Ihre Angst vor der Rache der etwa wieder siegreich andringenden Germanen war also wohlbegründet: und schon hatte Civilis drohend den Blick auf die falsche Stadt geworfen, auf deren Gebiet, zu *Tolbiacum* (Zülpich), die grimmigste seiner Kohorten, aus *Chauken* und *Friesen* gebildet, mit ungeschwächten Kräften stand. Aber mit tückischer Hinterlist vernichteten die Agrippineneser diese erlesene Schar: sie bereiteten den Germanen ein üppiges Gelage: und als diese von Wein und Schlaf betäubt lagen, schlossen sie die Türen des Festhauses, warfen Feuer hinein und verbrannten ihre Gäste.

Zugleich kam ihnen Cerialis eilfertig zu Hilfe. Civilis hatte besorgt, die vierzehnte Legion mit der britannischen Flotte werde von der Seeseite her die Bataver in der Heimat angreifen. Zwar der Legat *Fabius Priscus* führte die Legion auf dem Landweg in das Gebiet der *Nervier* und *Tungern* und brachte diese Staaten zur Unterwerfung. Aber eine Schar der Nervier, Freiwillige, die auf eigene Faust nun für Rom den Kampf aufnehmen wollten, wurde von den Kanninefaten zerstreut: dies meervertraute Volk griff seinerseits die heransegelnde britannische Flotte an und nahm oder versenkte den größten Teil der Schiffe. Gleichzeitig lieferte Classicus gegen vorausgeschickte Reiter des Cerialis bei Neuß ein glückliches Gefecht. Diese, obzwar nicht großen, aber wiederholten Schlappen verringerten den Eindruck der ersten Siege des Römerfeldherrn. Civilis hatte nach dem verlorenen Treffen bei Trier sein Heer durch neue Zuzüge aus Germanien wieder ergänzt – man sieht, wie unerschöpflich immer wieder dies überquillende Volk Krieger über den Rhein sendet! – und nahm bei Vetera feste Stellung: die Erinnerung an die dort errungenen Erfolge sollte die Stimmung der Barbaren erhöhen. Cerialis folgte ihm dorthin mit jetzt verdoppeltem Heer: neue drei Legionen, die zweite, sechste und vierzehnte, waren bei ihm eingetroffen.

Fußvolk und Reiterei von Bundesgenossen, schon früher herbeschieden, beeilten nun, nach den erfochtenen Siegen, ihr Eintreffen. Keiner der beiden Heerführer war ein Zauderer: aber es hielt sie die weite Ausdehnung des Sumpflandes dort auseinander: und Civilis hatte diese Wasserfülle durch künstliche Überschwemmung vermehrt: durch einen schief in den Rhein gebauten Damm zwang er den gestauten Strom, sich über das flache Ufer zu ergießen: diese Bodenbeschaffenheit, überall

VIERTES KAPITEL · DIE RÖMISCHE VERTEIDIGUNG   263

Schwimmen oder Waten auf unsicherem Grund erheischend, war den Legionen gefährlich und nachteilig: die römischen Soldaten trugen schwer an ihren Waffen und waren furchtsame Schwimmer: die Germanen, wogenvertraut, hielten sich mit ihren leichten Waffen und hohem Wuchs im Schwimmen und Waten leichter oben. Die Bataver forderten neckend zum Kampf heraus: die eifrigsten unter den römischen Vorposten ließen sich darauf ein, gerieten aber alsbald in Verzagen, da in den tiefen Sümpfen Roß und Waffen untersanken. Die Germanen sprangen durch die ihnen wohlbekannten Furten und griffen meist von Flanken und Rücken an. Es glich das Gefecht im Fern- und Nahkampf nicht einer Landschlacht, sondern einer Seeschlacht: die Römer glitten, zerstreut, unter die Wellen oder stemmten sich mit voller Wucht an, wo sie Grund fanden: Verwundete zogen die Heilen, Nichtschwimmer die Schwimmer mit ins nasse Verderben hinab. Doch blieb der Verlust geringer als der Lärm der Flucht, da die Germanen nicht über das überschwemmte Gebiet hinaus zu verfolgen wagten, sondern in das Lager umkehrten. Dies Vorpostengefecht bewog beide Führer, die Entscheidung rasch zu suchen: Cerialis, die Scharte auszuwetzen, Civilis, das Glück auszunützen. Die Nacht wurde bei den Barbaren mit Gesang und Lärm gefeiert, die Römer verbrachten sie mit zornigem Drohen.

Am folgenden Tag stellte Cerialis sein Heer in lang gedehnter Reihe in Schlachtordnung: Reiter und Hilfstruppen vorn, im zweiten Treffen die Legionen: eine erlesene Schar hielt er als Rückhalt für unerwartete Fälle in seiner Umgebung. Civilis stellte sich nicht mit lang gedehnter Stirnseite entgegen, sondern mit mehreren Keilhaufen: die Bataver und Gugerner zur Rechten, die Überrheiner nahe dem Strom zur Linken (also das Gesicht nach Osten).

Cerialis mahnte die Seinen, darunter die vierzehnte Legion, die Bezwingerin Britanniens, an die alten und an die frischen römischen Siege, lobte die neuen Legionen, forderte die alten des germanischen Heeres (die gerade hier sich ergeben hatten) auf, ihr eigenes Lager (Vetera), ihre eigenen Rheinquartiere wieder zu erobern.

Civilis erinnerte, daß diese Stätte ihre früheren Erfolge geschaut: Sie stünden überall auf den Fußstapfen ihres Ruhms, auf Gebein und Asche der Legionen. Das Treffen bei Trier dürfe sie nicht entmutigen: dort hätten sie sich nur selbst durch Beutegier den errungenen Sieg wieder verdorben. Seither hat das Glück die Feinde überall verlassen. Was Feldherrnkunst vorzusorgen habe, sei hier geschehen: sumpfige Felder, Moräste, ihnen vertraut, den Feinden schädlich. Vor Augen liegt der Rhein und die (Grenz-?)Götter Germaniens: von ihnen begeistert sollten sie für die ihrigen um das Vaterland kämpfen.

Lärmendes Zusammenschlagen der Waffen und kriegerische Sprünge mit geschwungenen Waffen waren die freudige Antwort und der Kampf begann: zuerst Schleudersteine, Schleuderkugeln und andere Geschosse: Als diese erschöpft waren und die Versuche der Germanen, den Feind in das Sumpfgebiet zu locken, fruchtlos blieben, riß jenen die Geduld und sie begannen grimmig den Angriff: vermöge ihrer Riesenleiber und überlangen Speere stachen sie von weitem die ausgleitenden und einsinkenden, kurz gewachsenen Römer nieder: zugleich aber drohte diesen mitten aus dem Wasser heraus ein gewiß unerwarteter Angriff: vom dem Damm des Civilis aus warfen sich freudig die *Brukterer* in den vertrauten Rhein – wohnten sie doch gerade gegenüber auf dem rechten Rheinufer – und schwammen, die keilförmige Ordnung vielleicht auch hierbei, dem Wasservögeln gleich, beibehaltend, ans Land, in die rechte Flanke der Feinde. Der Doppelangriff glückte vollkommen: der Feind geriet in Verwirrung: das erste Treffen, die Kohorten der Bundesgenossen, wurde aus seiner Stellung vertrieben.

264 ZWEITER TEIL · WESTGERMANEN

Aber nun wiederholte sich im weiteren Verlauf der Schlacht, was bei den Siegen der Römer über Germanen regelmäßig den Ausschlag gab. Mit einer todesfreudigen Tapferkeit des heldenkühnen Ansturms, wie sie den Römern noch nie bei anderen Feinden entgegengetreten war, gelangten die Germanen, die ersten Glieder unaufhaltsam durchbrechend, im Stoß ihres Keils bis in das Herz der Legionsaufstellung: hier mußte die Gewalt des Angriffs für den Augenblick abnehmen: schon wegen der furchtbaren Verluste, welche die Pila der Seitenglieder von links und rechts dem dicht gedrängten Keil während seines Vorstürmens zufügten: und wenn in diesem Augenblick frische Truppen von vorn entgegengeworfen, zumal aber zugleich von einer Flanke her Verstärkungen geführt werden konnten gegen den Keil, der einer Flankendeckung und zumal jedes Rückhalts entbehrte – so war das Zurückwogen der Keilflut fast unvermeidlich: dabei blieb aber ein allmähliches Abbrechen des Gefechts und ein geordneter Rückzug ganz ausgeschlossen, abermals, weil es an jedem Rückhalt fehlte, die Geworfenen und Weichenden aufzunehmen.

So auch diesmal. Die Legionen ließen durch ihre Zwischenräume das geworfene erste Treffen hindurch zurückfluten, traten den atemlosen Verfolgern entgegen, hemmten deren unbändigen Ansturm und stellten die Schlacht. Dies war für den ausschließend auf vorstürmenden Angriff berechneten Keil an sich schon immer höchst bedenklich.

Zugleich gewährte diesmal Verrat die erwünschte Umfassungsbewegung in verderblicher Weise. Ein batavischer Überläufer erbot sich in diesem Augenblick, die Römer in den Rücken der Angreifer zu führen: am äußersten Rand des Sumpfes könne Reiterei passieren und die *Gugerner*, welche hier die Wache hätten, seien völlig sorglos. Alsbald gelangten, von dem Verräter geführt, zwei Reitergeschwader dem Keil in den Rücken: sowie lautes Geschrei die Umgehung verkündete, drängten die Legionen von vorn mit aller Macht gegen dessen Spitze: die Germanen wurden geworfen, vom rechten Flügel her aufgerollt und flohen nun gegen den Rhein. An jenem Tage, meint Tacitus, hätte der Krieg durch Vernichtung des Feindes beendet werden können, wenn die römische Rheinflotte (von deren Wiederherstellung wir erst an dieser Stelle erfahren) rascher herbeigeeilt wäre, den Fliehenden den Fluß zu versperren. Aber auch die Reiterei vermochte nicht, nachzuhauen, da plötzliche Regengüsse und der Einbruch der Dunkelheit die Verfolgung hemmten.

Am folgenden Tage sandte Cerialis die vierzehnte Legion *Gallus Amisus* zu Hilfe in die obere Provinz Germania: die aus Spanien eingetroffene Zehnte ersetzte ihm diesen Ausfall. Civilis erhielt Verstärkung durch Zuzug der *Chauten*, wagte jedoch nicht die Hauptstadt der Bataver *Noviomagus* (*Batavodurum*, Nimwegen, Durstedt?) zu halten, ließ vielmehr zusammenraffen, was fortgeschafft werden konnte, verbrannte die Häuser und wich mit der Bevölkerung auf die Rheininsel; d. h. auf das rechte Ufer der Wal (*Vahalis*): denn er wußte, daß den Römern Fahrzeuge zur Herstellung einer Schiffbrücke fehlten (also muß die erneuerte Rheinflotte noch gering gewesen sein) und daß ohne solche Sicherung des Rückzugs ein Römerheer den Übergang nicht wagen wird. Um diesen noch mehr zu erschweren, ließ er den von dem älteren Drusus gebauten Deich durchstechen und den Rhein, der in schnellem Fall Gallien zuströmt, nach Beseitigung dieses Hemmnisses, sich weit über diese Niederungen ergießen. Durch solche Ablenkung des Stromes gegen Westen blieb nur noch ein schmaler Wasserstreif zwischen der batavischen Insel und den rechtsrheinischen Germanen, so daß fast zusammenhängendes Land hergestellt, die Flucht zu den Germanen und Zuzug von den Germanen bedeutend erleichtert, dagegen die batavische Insel durch einen breiten Wassergürtel wie eine Festung gegen den römi-

VIERTES KAPITEL · DIE RÖMISCHE VERTEIDIGUNG 265

schen Angriff geschützt war.[1] Auch Tutor, Classicus und hundertunddreizehn treverische Ratsmänner flüchteten über den Rhein und suchten durch Geschenke oder Mitleid unter den kriegslustigen Völkerschaften dortselbst Mannschaften aufzubringen.

Nach Beendigung des Krieges auf dem linken Ufer des Rheinarmes war aber so wenig die Rede, daß Civilis, der nun nach Unterwerfung der Gallier wieder allein als Leiter des Feldzugs erscheint, vielmehr die Lager der Kohorten, Reiter und Legionen an *einem* Tag an vier Orten zugleich angriff: die zehnte Legion zu Arenacum (Dorf Rindern oder Cleve?) die zweite zu Batavodurum, die Kohorten und Reiter zu Grinnes und Bada (nicht nachweisbar): er teilte seine Truppen, indem er und sein Schwestersohn *Verax* Classicus und Tutor je eine Abteilung selbständig führten: nicht alle Ziele hoffte er zu erreichen, aber von so vielfachen Versuchen konnte wenigstens einer glücken: vielleicht gelang es auch, Cerialis, den wenig vorsichtigen, von mehrfachen Botschaften hierhin und dorthin zur Hilfe gerufenen, unterwegs auf dem Marsch abzufangen.

Die Schar, der das Lager der Zehnten als Ziel angewiesen war, fand den Angriff auf die Legion selbst zu schwierig, überfiel aber die zum Holzfällen ausgeschickten Truppen und tötete dabei den Lagerpräfekten, fünf der ersten Centurionen mit einigen Soldaten, der Rest erwehrte sich durch rasch angelegte Befestigungen.

In Batavodurum versuchten die Angreifer, den begonnenen Brückenbau zu zerstören. Die Nacht machte dem unentschiedenen Gefecht ein Ende.

Gefährlicher ging es her bei Grinnes, das Classicus, und Bada, das Civilis angegriffen hatte: ihr Ansturm war nicht zu hemmen: nachdem die tapfersten Verteidiger, darunter *Briganticus*, der Reiterpräfekt, des Civilis Neffe, gefallen waren.

Erst als Cerialis mit einer erlesenen Reiterschar zu Hilfe kam, wandte sich das Glück und wurden die Germanen kopfüber in den Rhein geworfen: Civilis war erkannt, da er seine Flüchtlinge hemmen wollte, und heftig beschossen: er sprang vom Roß, warf sich in den Strom und schwamm hinüber: ebenso entkam Verax: Tutor und Classicus auf Kähnen. Auch jetzt noch fehlte die befohlene Mitwirkung der Rheinflotte: Ängstlichkeit und anderweitige Beschäftigung der Ruderer hatten sie gelähmt. Freilich ließ Cerialis, rasch in seinen Entschlüssen, zu wenig Zeit zur Ausführung seiner Befehle: sein Glück ersetzte wiederholt seine Vorsicht und vermehrte so seine *eigene* und des Heeres Sorglosigkeit. Wenige Tage darauf rettete ihn dies sein Glück vor Gefangenschaft, aber nicht vor einer schimpflichen Schlappe.

Er war nach Neuß und Bonn gegangen, die daselbst im Bau begriffenen Winterlager für die Legionen zu besichtigen, und kehrt zu Schiff in der Talfahrt zurück[2], ohne Zusammenhalten der Fahrzeuge und ohne Aufmerksamkeit der Nachtwachen. Die Germanen merkten das und bereiteten einen Überfall. In der Nacht, da schwarzes Gewölk das Mond- und Sternenlicht ausschloß, kamen sie mit Sturmseile den Strom (doch den Rhein, nicht die Lippe, wie v. Veith und andere wollen) hinabgefah-

---

1 Sinn, Zweck und Örtlichkeit dieser Maßregeln sind bestritten, je nachdem man die Kanal- und Dammbauten des Drusus und den Schauplatz der letzten Kämpfe des Civilis auffaßt. Die meisten nehmen an: zerstört wurde der Damm des Drusus am clevischen Spyck, der die Wal abgeleitet hatte.

2 Es muß angenommen werden, daß die Schiffe die Nacht über im Römerlager bei Birthus? Südlicher Vorstadt von Vetera, damals hart am Rhein) vor Anker oder am Fluß angeseilt lagen: Aus des Tacitus Angaben, der überhaupt die Örtlichkeiten der Ereignisse hier oft verschweigt, geht Näheres nicht hervor.

ren und drangen, ohne Widerstand zu finden, über den Wall des Lagers. Kluge Mittel vermehrten den Verlust der Römer im Anfang: die Angreifer schnitten die Halteseile der Zelte durch und erschlugen die so von ihren eigenen Zelten bedeckten Schläfer. Eine andere Abteilung warf sich auf die Flotte, schlug Haken in die Schiffe und zog sie davon: hatten sie bisher größte Stille beobachtet, so erfüllten sie jetzt mit dem Beginn des Blutbades die Nacht mit ihrem erschreckenden Schlachtruf. Die Römer, durch Wunden geweckt, suchen erst nach ihren Waffen, stürzen durch die Lagergassen, statt des Schildes das Gewand um den linken Arm gewunden, nur den Dolch in der Rechten. Der Feldherr, halb im Schlaf und fast unbekleidet, entkam nur durch Irrtum der Feinde: sie wähnten ihn an Bord des Admiralschiffs, das, kenntlich an der Flagge, von ihnen fortgeschleppt war. Cerialis aber hatte die Nacht anderwärts verbracht: wie man insgeheim annahm, bei *Claudia Sacrata*, dem Eheweib eines *Ubiers*. Die Nachtwachen entschuldigten ihre schmähliche Pflichtvergessenheit zur Schande des Feldherrn mit dem von diesem empfangenen Befehl, stumm zu bleiben, um seinen Schlaf nicht zu stören! So seien sie selbst eingeschlafen, da kein Signal, kein Anruf erging.

Am dritten Tage fuhren die Sieger mit den erbeuteten Schiffen zu Berg und führten das Admiralschiff des Cerialis als Ehrengeschenk aus der Beute die Lippe hinauf der jungfräulichen Veleda zu.

Ungerecht, wie häufig gegen Civilis, schreib Tacitus diesem als Beweggrund, eine Schlacht auf dem Rhein anzubieten, nur eitlen Gelüsten zu: die bisherigen Erfolge im Schiffsgefecht mußten das doch nahe legen. Er bemannte alle den Römern abgenommenen Schiffe von zweifacher und einfacher Ruderreihe, dazu eine sehr große Menge ebenfalls erbeuteter Kähne, die nur dreißig bis vierzig Mann faßten: das Schiffsgerät war das bei den Liburnen (kleinen römischen Schiffen) übliche: die Segel ersetzten die Kühnen durch bunte Mäntel, ein gefälliger Anblick: zum Kampfplatz hatten die Germanen die meerähnliche Wasserfläche gewählt, mit welcher der Rhein an der Masmündung in die See tritt.

Als Beweggrund gibt Tacitus „neben der angeborenen Eitelkeit des Volkes" den sehr triftigen an, die von Gallien, also von der See her, erwartete Verpflegung den Römern abzufangen.

Cerialis zog, mehr aus Neugier als aus Besorgnis, meint Tacitus, entgegen aus seinem Geschwader, das zwar kleiner, aber durch Wucht der Schiffe, Kunst der Steuerleute, Übung der Ruderer überlegen war. Gleichwohl ist von einem Erfolg gegen die Flotte der Barbaren nicht zu melden: durch die Strömung wurden die Römer talab, die Germanen durch den Wind bergauf geführt: so fuhren sie aneinander vorüber, nur leichte Geschosse tauschend. Civilis machte keinen weiteren Versuch, vermutlich weil die Römer gezeigt hatten, daß sie Strom und See beherrschen und so die Abfangung der gallischen Transportschiffe verhindern konnten: er ging wieder über den Rhein zurück: doch befremdet, daß die überlegenen Steuerleute des Cerialis nicht versuchten, die so sehr verachtete Barbarenflotte, die vor dem Winde lief, gen Berg verfolgend anzugreifen.

Cerialis ließ bei einem Verheerungszug durch die Gaue der Bataver „nach einer bekannten List der Kriegsführung" die „Landgüter" und Besitzungen des Civilis verschonen – er zählte auf die tiefen Spaltungen in dem Volk, die ja sogar das Haus des Civilis in tödlicher Feindschaft zerrissen, auf Abfall von dem des Verrats, des geheimen Einverständnisses mit Rom bezichteten Führer. Der Erfolg hat diese Berechnung gerechtfertigt: aber daß Rom nicht einmal mehr wagt, den seit Cäsar und Drusus so oft überschrittenen Rhein zu überschreiten – ein so verwegener Haudegen wie dieser

VIERTES KAPITEL · DIE RÖMISCHE VERTEIDIGUNG 267

Cerialis – die rebellischen Bataver zu vernichten, die auf dem anderen Ufer trotzen durften, während man früher nicht hinter der Weser und kaum hinter der Elbe vor den Adlern sicher gewesen war, zeigt eine bedeutsame Veränderung.

Für jetzt freilich machte der durch herbstliche Regengüsse geschwollene Strom Angriffe unmöglich: ja er verwandelte die von den Römern besetzte morastige und flache Insel in stehendes Gewässer: die römische Rheinflotte war wieder nicht mit der Zufuhr zur Stelle und das in der Ebene gelegene Lager war von Wegschwemmung durch den Strom bedroht.

Tacitus sagt, Civilis habe sich später, da er mit Rom seinen Frieden zu machen suchte, gerühmt, er habe verräterisch die Seinen abgehalten, die Legionen, wie es möglich gewesen wäre, in jenen Tagen zu vernichten. Mag selbst diese Berühmung ausgesprochen worden sein – immerhin würde daraus nicht folgen, daß sie wahr, daß sie begründet war, daß wirklich der Held, der nach so vielen Kämpfen noch unbezwungen und sicher jenseits des Stromes stand, die Vernichtung der – ihm erreichbaren – verhaßten Feinde absichtlich abgewendet habe.

Und was wir von des *Cerialis* geheimen, nach drei Seiten ausgesponnenen Listen erfahren, läßt uns Lüge und Verrat *nicht* bei *Civilis* suchen: auch ein tollkühner Feldhauptmann von verwilderten Kriegssitten wußte nun die Künste (artes) eines Tiberius trefflich zu brauchen.

Zu gleicher Zeit forderte er durch geheime Boten Civilis unter Zusicherung der Verzeihung, zum Verrat an seinem Volk, sein Volk, unter Vorspiegelung des Friedens, zum Verrat an seinem Führer auf: ja sogar die reine Gestalt der weissagenden Jungfrau im Bruktererlande und deren Gesippen wollte er bereden, nicht mehr auf das Kriegsglück, das sich durch so viele Niederlagen gegen sie entschieden habe, zu bauen, sondern riet, ein jetzt sich darbietendes Verdienst um Rom zu erwerben: d. h. doch wohl: die Weissagung zu *fälschen* und zur Unterwerfung zu raten, Niederlagen für den Fall der Fortsetzung des Krieges zu prophezeien – daß die Wala selbst an ihre Eingebungen glaubt, kann sich der Römer gar nicht vorstellen. – Die Treverer seien vernichtet, die Ubier wieder gewonnen, den Batavern ihr Land entrissen: nichts hätten die Anhänger des Civilis gewonnen als Wunden, Flucht und Trauer: flüchtig und vertrieben lebe jener seinen Wirten zur Last: schwer genug hätten die Überrheiner gefrevelt (!), daß sie den Strom so oft überschritten: setzten sie dies weiter fort, so würden auf ihrer Seite Schuld und Unrecht (!), auf Seiten Roms Rache und die Götter stehen.

Neben solchen Drohungen wurden Versprechungen nicht gespart.

Diese „Künste" hatten Erfolg.

Die Treue, d. h. die Kriegsneigung der Überrheiner war erschüttert: und in dem seit alter Zeit tief gespaltenen Batavervolk eiferte eine starke Partei für den Frieden und gegen Civilis: der geringe Haufen murrte: „man solle das Verderben nicht noch weiter treiben: *Eine* Völkerschaft vermöge nun einmal nicht, dies auf dem ganzen Erdkreis lastende Joch Roms abzuschütteln. Was habe man erreicht durch Vernichtung der Legionen mit Feuer und Schwert, als daß mehrere, stärkere nachkämen! Habe man für Vespasian gefochten, nun wohl, Vespasian sei Herrscher. Habe man die Weltmacht Rom zum Kampf herausgefordert – der wievielte Teil der Erdbevölkerung sei denn das Völklein der Bataver? Man sehe doch nur, wie schwer Räter, Noriker und die übrigen Bundesgenossen durch Rom belastet seien: von den Batavern verlange man nur Heldentum im Kampf: solcher Dienst stehe am nächsten der Freiheit: und habe man die Wahl der Herrscher, so diene man rühmlicher dem Imperator zu Rom als germanischen Weibern" – ist diese Abneigung gegen Veleda nicht

268   ZWEITER TEIL · WESTGERMANEN

nur Rhetorik des Tacitus, so beruht sie auf sehr starker Verrömerung oder in Stammesgegensätzen.

Die Edlen aber schoben auf Civilis die Schuld, daß sie zu den Waffen fortgerissen wurden: jener habe der Zerrüttung in seiner Sippe durch diese Erhebung des Volkes abhelfen wollen, die aber des Volkes Untergang werde. Bei den scheinbar höchsten Erfolgen, der Einschließung der Legionen, der Ermordung der Legaten, als man den nur für Civilis notwendigen, dem Volke allverderblichen Krieg begonnen, habe man gerade die Götter erzürnt: man sei verloren, wenn man nicht zur Besinnung zurückkehre und durch die Tötung des Schuldigen den Römern Reue beweise.

Nicht viel anders werden die Reden bei den Cheruskern geklungen haben, die der Ermordung Armins vorhergingen: stets das gleiche Schauspiel: das Volk, sogar die Sippe des Freiheitshelden durch alte Parteiung gespalten: Ermüdung eines Teiles des Volkes in den blutigen Opfern des Kampfes: römische Kunst, welche die Spaltung und Gärung steigert: zuletzt des Helden Untergang.

Sehr begreiflich und verzeihlich ist es, daß Civilis, der diesen drohenden Abfall und Verrat im eigenen Volk erkannte, das Schicksal Armins zu vermeiden trachtete: wenn ihn Gallien, Germanien und nun selbst seine Bataver im Stich ließen, konnte er den Kampf nicht fortführen. Tacitus legt ihm freilich, außer dem Unmut über so schlimme Erfahrungen, auch den Beweggrund unter, sein Leben zu retten, „was häufig auch stolze Männer zum Nachgeben bringe".

Nun, das Leben hatte der Held oft genug im Kampfe für sein Volk eingesetzt: dem Mord aber und den anderen „Künsten" Roms beschloß er zuvorzukommen.

Er forderte Unterredung mit Cerialis: die Brücke über die *Nabalia*[1] war in der Mitte durchhauen: auf die vordersten Balken beider Seiten traten die Heerführer zur Zwiesprache, in der Civilis sich lediglich als Parteigänger des Vespasian darzustellen wagte.

Mitten in seiner Rede (V, 26) bricht des Tacitus Erzählung für uns ab: der Rest seiner „Historien" ist verloren. Doch berichtet er früher, daß bald darauf die Ergebung der Bataver (und des Civilis) erfolgt sei: – wir wissen von dem weiteren Geschick des kühnen und erfolgreichen Führers nichts: doch würde seinen Tod oder seine Aufführung im Triumph Tacitus vielleicht an früheren Stellen erwähnt haben. So dürfen wir annehmen, daß die Römer klug genug waren, scheinbar an seine Entschuldigung, daß er nur gegen Vitellius gefehdet, zu glauben: er berief sich auf vertraute Freundschaft mit Vespasian, die vielleicht in gemeinsamen Kriegsdienst in Britannien geschlossen worden war.

Die Bataver blieben in der Folge Rom treu ergeben, daß sie wie früher ehrenvoller behandelte als andere „Bundesgenossen" und sich ihres Landes als Stützpunkt für die Unternehmungen gegen Britannien, solange diese Insel behauptet wurde, bediente.

Die Niederländer aber haben *Claudius Civilis* nicht vergessen und nicht mit Unrecht diesen ihren ersten Freiheitskämpfer verglichen mit *Wilhelm von Oranien*.

Veleda, mit welcher man friedlich verhandelt hatte, scheint doch zuletzt in römische Gefangenschaft geraten zu sein. Die Worte des Statius: *Captivaeque* preces Veledae*[2] lassen, nach Abzug aller Verlogenheit, doch kaum andere Deutung zu.

---

1 Nach Cluverius, De alveis Rheni, S. 204 und Menso Altingius, S. 100, die Yssel, nach v. Veith, S. 41, die neue Wal bei Nimwegen.

2 Sylv. I, 4, 90 Rhenumque rebellem; sie wird übrigens außer von Tacitus (vidimus Veledam) und Statius von Cassius Dio, S. 761, genannt.

VIERTES KAPITEL · DIE RÖMISCHE VERTEIDIGUNG   269

Unter *Vespasian* wurde das *Aventicum* der Helvetier zur Kolonie *Pia Flavia Constans Emerita Helvetiorum, Siscia* in Pannonien zur Kolonie *Sirmium* (Mitrovic), *Scarbantia, Noviodunum* (Dernovo, bei Burckfeld an der Save), der Vicus der *Latoviker* (bei Laibach) und *Flavia Solva* (bei Lübnitz) zu Municipien erhoben.

Dürftig und abgerissen sind die Nachrichten über Kämpfe mit den Germanen unter der Regierung *Domitians* (81–96). Derselbe war schon im Jahre 70/71 während des batavischen Aufstandes nach Gallien gegangen, aber in Lyon wieder umgekehrt. Statius läßt ihn gleichwohl die Kriege des Rheines beendigen und Silius Italicus schon als Knabe dem „goldlockigen Bataver" furchtbar werden (Jam puer auricomo praeformidate Batavo, hier mit langem a),

Als Kaiser unternahm er im Jahre 83 oder 85 von Gallien aus einen Überfall in das Gebiet der *Chatten*, durch keinen Angriff veranlaßt, nur um den beabsichtigten Scheintriumph zu begründen, für welchen freilich so wenig Anlaß genommen war, daß man zusammengekaufte Sklaven in Haarfarbe, Haartracht und Haltung umgestalten mußte, um sie als gefangene Germanen aufführen zu können: ob die Dichter jener Tage, Silius Italicus und Statius, diesen Triumph feierten: – der Kaiser hatte doch selbst das Bewußtsein, daß man dessen Lächerlichkeit allgemein durchschaute.[1]

Gleichwohl wollte er den Beinamen „Germanicus", den er schon seit 81 führte, aber vielleicht wegen dieses Triumphes bestätigt erhielt, zur Erinnerung auf den Monat September übertragen.

Vor und zu der Zeit Domitians wohl geschah es, daß die *Cherusker*, die wir durch Italicus und eine römische Partei gespalten und zerrüttet sahen, gegen ihre südlichen (herminonischen) Nachbarn, die *Chatten*, sehr in den Hintergrund traten, vielleicht von diesen gedrängt wurden.

Wenigstens war damals ein König der Cherusker, *Chariomer*, von den Chatten wegen seiner Hingebung an Rom aus seinem Reiche vertrieben: derselbe gewann Verbündete (wohl unter benachbarten Völkern) und setzte es durch, sein Reich wieder zu gewinnen. Jedoch später von diesen Verbündeten aufgegeben, warf er sich völlig den Römern in die Arme, stellte Geiseln und bat flehentlich den Kaiser um Hilfe, der ihm aber nicht Waffenhilfe, sondern nur Geld sandte.[2]

So hatte sich also von 47–87 ein auf die römisch gesinnte Partei gestütztes Königtum bei den Cheruskern – doch wahrscheinlich bei den Erben des Italicus – erhalten, nur durch allzu würdelose Hingebung an Rom zuletzt die eigenen Verbündeten entfremdet, nachdem schon vorher die jetzt kräftig gegen Rom auftretenden *Chatten*, der Bataver Stammgenossen, den gefährlichen Römerfreund aus der Nachbarschaft vertrieben. Aber um solcher barbarischer Schützlinge willen sich auf Waffenhilfe einzulassen – wie weiland Germanicus, nur um einen Parteigänger wie Segest, zu retten, einen abgeschlossenen Feldzug wieder aufgenommen hatte – gelüstete Rom längst nicht mehr: bloß Geld setzte man daran, den inneren Krieg der Germanen nie erlöschen zu lassen, wie Tacitus auch über die von den Römern ge-

---

1 Es scheint ein Vertrag mit den Chatten geschlossen worden zu sein. Statius, Sylvae I, 1, 27 das Cattis Dacisque fidem III, 3, 168 haec est quae victis parcentia foedera Cattis Quaeque suum Dacis donat clementia montem. Martial (VII, 7) läßt dreimal das frevle Horn des Rheins gebrochen werden: nennt aber als Besiegte nur Geten = Daker, Odryser und Sarmaten, Peuke, den Ister und Pannonien, ep. 2, 7, 80, 84; VIII, 2, 15.

2 Siehe Könige I, S. 132. J. Grimm (Gesch. d. d. Spr. II, S. 928) hält ihn für den Sohn des Italicus; die Geschicke, welche von beiden erzählt werden, sind so sehr ähnlich, daß man fast vermuten möchte, Charioner sei der germanische Name des Italicus gewesen und Domitian sei irrtümlich für Tiberius geschrieben.

schützten Könige der Markomannen und Quaden sagt, daß sie oft durch Geld, selten mit den Waffen unterstützt wurden.

Während man das Sinken der cheruskischen Machtstellung (und das Emporsteigen der Chatten) auf jene inneren Kämpfe zurückführen möchte, schreibt Tacitus an einer anderen Stelle (Germ. 36) deren Verfall allzu langer Friedfertigkeit und erschlaffender Ruhe zu: – die Stelle erweckt in ihrer rhetorischen Haltung nicht viel Vertrauen in tatsächliche Richtigkeit und steht mit des Tacitus eigenen und Dios Worten von jenen inneren Kämpfen und Einmischung von Langobarden und Chatten im Widerspruch: man müßte denn annehmen, jene Periode der allzu großen Ruhe sei erst nach Chariomers Vertreibung eingetreten: dann aber währte sie höchstens achtzehn Jahre (von 81 bis 99, da Tacitus die Germania schrieb). Wir werden also an dem Sinken (ruina) der Cherusker nicht zweifeln, aber den Grund mehr in zu vielen als in zu wenigen Kämpfen suchen dürfen.

So tief und so dauernd war der Cherusker Machtstellung gesunken, daß das Nachbarvölklein der *Fosen* (an der Fuse?), das früher sehr untergeordnet gewesen, nun gleichgestellt erschien.

Außer mit den genannten Völkerschaften hatte Domitian Berührung mit einem König der *Semnonen*, *Masyos*, und einer Jungfrau *Ganna*, die nach Veleda in „Celtica" (d. h. Germanien) als Weisssagerin die Zukunft verkündete: beide suchten den Kaiser (doch wohl in Rom) auf und kehrten, ehrenvoll von ihm behandelt, zurück.

Münze von Kaiser Domitian. Umschrift: GERMANIA CAPTIm Felde die besiegte GermaniKupfer. Originalgröße. Berlin, königl. Münzkabinett.

Es erhellt nicht einmal bestimmt, ob beide die Reise zusammen machten, in welchem Fall vielleicht die Wala als ebenfalls dem Semnonenvolke angehörig angenommen werden dürfte.[1]

Die Semnonen mochten als Ostnachbarn der Cherusker in Chariomers Geschicke verflochten worden sein.

Gleichzeitig rührten sich damals die Germanen und andere Barbaren an der Donau: jahrhundertelang machen sie fortab gleichzeitig oder in Abwechslung den Römern an beiden Strömen – Rhein und Donau – zu schaffen.

Vielleicht aber waren die Semnonen als Stammvolk und Vorort der Sueben mit berührt worden durch Kriege von „*Sueben*" (in dem freilich weit von der Elbe entlegenen Mösien) gegen *Jazygen*, wobei Domitian letzteren auf ihr Bitten um Hilfstruppen angeblich solche in Gestalt von hundert (!) Reitern gesendet hatte, was freilich nur Form und Ehre, nicht Wesen einer Kriegshilfe gewesen wäre. Jene Sueben aber machten mit den Jazygen Frieden und Bündnis und rüsteten mit diesen zu Vergeltung für jene römische Feindseligkeit einen Einfall über die Donau.[2]

---

1 Domitian hatte zu Wahrsagungen außerordentliches Vertrauen; dies meint Maskou, S. 137, hätte die Reise der Germanin veranlassen oder doch ihr die ehrenvolle Aufnahme sichern mögen. Über den Namen Ganna siehe J. Grimm, D. Mythol. I, S. 85, 374.

2 Dies „Mysien" (statt Mösien) gab Anlaß zu der unglaublichen Ableitung der „Meißener" (!) aus einer Kolonie der asiatischen Mysier bei Melanchthon und anderen, siehe dieselben angeführt bei Maskou, S. 138, und deren Widerlegung schon durch Vorburg, Hist. Germ. II ad 215, S. 481 ff.

VIERTES KAPITEL · DIE RÖMISCHE VERTEIDIGUNG 271

Die den Jazygen in Mösien nächsten Sueben waren die *Quaden,* die später meist als Verbündete, zum Teil als Oberherren der Jazygen auftreten: aus einigen Stellen des Tacitus, die auf diese Zeit (im Jahre 84–85 oder kurz vorher) bezogen werden müssen, erhellt, daß damals, wie vorher in „Germanien" durch Civilis, auch in Mösien, Dakien, Pannonien „Heere" verloren gingen: obzwar die Worte, daß man nicht nur um die Grenzlinie und die Flußufer, sondern um die Winterlager und den Besitz des Hinterlandes zu kämpfen gehabt habe, sich zumeist auf den batavischen Aufstand beziehen.

Bei Bekämpfung des *Dekebalus,* des mächtigen Dakenkönigs, schien vorgängige Bezwingung der benachbarten und feindlich gesinnten Sueben – der *Markomannen* und *Quaden* – notwendig, um die linke römische Flanke von einem Angriff von Westen her zu sichern: aber Domitian war bei dieser vorbereitenden Unternehmung so nachdrücklich geschlagen (im Jahre 89), daß er den Zweck, zu welchem er sie als Mittel gewählt, selbst aufgab und dem Dakenkönig sogar unter Zahlung von Jahrgeldern günstigen Frieden gewährte (im Jahre 90). Die Dichter *Statius* und *Martialis* wissen freilich auch aus dem Boden dieser Niederlagen Lorbeeren für den Kaiser zu ziehen.[1]

Wie wenig die Überrheiner durch Cerialis oder gar durch Domitians Feldzug eingeschüchtert waren, wie sie immer wieder bereit waren, den Strom zu überschreiten, zeigt, daß, als der Statthalter (Praeses) von Obergermanien, *Lucius Antonius,* sich empörte (im Jahre 93), sofort die Germanen sich ihm anschließen wollten und nur durch das plötzliche Auftauen des gefrorenen Flusses an dem Zuzug abgehalten wurden. Vielleicht darauf, d. h. auf dieser Verbindung von Germanen mit dem halb vernichteten Empörer beruht es, das Statius seinen Helden den Rhein *zweimal* bezwingen läßt: das zweite Mal hatte er ihn freilich gar nicht gesehen und kein Germane hatte unseres Wissens dabei geblutet. Jedenfalls zielt es auf dieses plötzliche Auftauens des Rheines, wenn *Martial* in einem Gedichte (X, 7) dem Strom wünscht, er möge immer in solcher Weise sich seiner flüssigen Fluten freuen und niemals möge auf ihm lasten das barbarische Rad des schmählichen Rinderhirten (d. h. des Germanen).

So gering übrigens die kriegerischen Erfolge Domitians gegenüber den Chatten waren – oder vielmehr vielleicht gerade wegen der abermals erkannten Unmöglichkeit, das innere Germanien zu unterwerfen – man vermutet, daß schon unter Domitian der Anfang des *Limessystems* ins Werk gesetzt wurde, das erst unter seinen Nachfolgern Vollendung fand, übrigens auf Vorbereitungen sich stützen konnte, die, freilich zu anderem Zweck, schon unter Drusus und Tiberius waren angelegt worden (siehe darüber unten im Zusammenhang).

Domitian war schon früher zum fünften Mal als Imperator begrüßt und auf Münzen als Besieger Germaniens verherrlicht worden. An der dakisch-germanischen Grenze war jedoch keine Ruhe eingetreten: unter Domitians Nachfolger Nerva (96–98) war dort ein glücklicher Feldzug wider die *Markomannen* geführt, nach welchem der Kaiser den Beinamen Germanicus annahm und im Jahre 98 eine Siegesmünze schlagen ließ. Bei Aufhängung der (aus Pannonien) übersandten Lorbeerkrone im Tempel des Jupiter auf dem Kapitol (Ende Oktober 97) nahm Nerva den ausgezeichneten Präses von Untergermanien *Marcus Ulpius Trajanus* (seit 94 Legat von *Ober*germanien) an Sohnes statt an und gab ihm den Namen Cäsar Germanicus.

---

1 Plinius, Epist. II, S. 7.

Trajan hatte jahrelang an der Spitze einer Legion am Rhein gestanden. In Köln erfuhr er, daß Nerva am 27. Januar 98 gestorben: die Nachricht brachte ihm sein Vetter *Hadrianus*, Befehlshaber der zweiundzwanzigsten Legion in Obergermanien, wo dessen Schwager *Lucius Julius Ursus Servianus* jetzt befehligte.

Rom drang nicht mehr mit den Waffen in das endgültig aufgegebene Innere von Germanien ein: aber es setzte die schon von Tiberius so erfolgreich betriebene Staatskunst eifrig fort, bei wichtigen Völkerschaften durch Gold und andere Mittel der Bestechung eine starke römische Partei, ja wo möglich einen König oder Fürsten solcher Gesinnung am Ruder zu erhalten. So wenig das uralte germanische Königtum aus solchen Wurzeln erwachsen war: – immerhin erklärt sich zum Teil (keineswegs am meisten) das immer häufigere Aufkommen von Königen bei Völkern, bei welchen wir früher von Königen wenigstens nicht wissen, aus solchen römischen Einflüssen: Marobod-Katwalda, Vannius-Sido, Italicus, dann die Cherusker Italicus und Chariomer.

Relief von der Siegessäule Kaiser Marc Aurels in Rom.
Ein von Rindern gezogener germanischer Wagen.

So war es Rom gelungen, auch bei den *Brukterern*, die bei dem Aufstand der Bataver unter deren überrheinischen Hilfsvölkern durch Veleda und die Waffen Hervorragendes geleistet, einen König, wenn nicht einzusetzen, doch zu gewinnen, der, gewiß nicht unentgeltlich, für Frieden und „Freundschaft" mit Rom wirkte. Dieser Fürst war vertrieben: vermutlich doch eben wegen dieser Spaltung: aber Rom erzwang (ob unter Nerva oder noch unter Domitian ist zweifelhaft, jedenfalls vor Trajan) die Wiedervereinigung[1] des Vertriebenen durch die Waffen; *Vestricius Spurinna* (Statthalter von Obergermanien?) führte ihn mit Gewalt zurück: doch ließ es das „höchst wilde" Volk[2], eingeschüchtert durch die Entfaltung der römischen Heeresmacht, nicht auf kriegerische Entscheidung ankommen: es ließ sich das Aufgezwungene gefallen; dem Feldherrn erkannte der Kaiser Trajan eine Triumphstatue[3] zu.

Die Unnatur solcher römischer Einflüsse hatte die Wirkung und den Zweck, die davon betroffenen Völker tief zu spalten und mit ihren Nachbarn zu verfeinden: so war

---

1 Diese Stelle ist doch eher von *Wieder*einführung als von erstmaliger Einsetzung zu verstehen. Die Gefangennehmung der Veleda war der Erhebung dieses römerfreundlichen Königs vorhergegangen, was sich wohl zusammenfügt.

2 D. h. eben die Brukterer, nicht deren Feinde, wie v. Wietersheim I, S. 113 meinte.

3 Statius, Sylvae III, 3, 170 quae modo Marcomannos *post horrida bella* vagosque Sauromatas Latio non est *dignata* (!) triumpho. Siehe oben die Stellen bei Martial. Ein Feldzug gegen Sarmatia vom Jahre 92 Pagi ad h. ann.

VIERTES KAPITEL · DIE RÖMISCHE VERTEIDIGUNG 273

bei den Brukterern so wenig wie bei den Cheruskern durch die Herrschaft eines römisch gesinnten Königs Ruhe hergestellt: Tacitus erzählt in der im Jahre 99 geschriebenen Germanie (S. 3: in einer wegen der ausgesprochenen Ahnung des drohenden Reichsunterganges berühmten Stelle), daß die Zeitgenossen den Untergang der Brukterer mitangesehen, für römische Augen eine köstliche Weide: „neben den Tenchterern begegneten früher („olim": aber jedenfalls noch im Jahre 95) die Brukterer: jetzt sollen Chamaven und Angrivaren dort eingerückt sein, nach Vertreibung*und* (?) völliger Vernichtung der Brukterer: unter Einstimmung der benachbarten Völkerschaften: sei es aus Haß gegen die Überhebung der Brukterer (die seit dem Bataverkrieg eine leitende Stellung eingenommen hatten, die Eifersucht der Bataver gegen den Einfluß der Veleda), sei es aus der Gier nach Plünderung: sei es aus einer gewissen Gunst der Götter für uns: denn sogar an dem Schauspiel des Kampfes uns zu weiden, haben sie uns vergönnt: über sechzigtausend Brukterer sind, nicht durch Waffen und Geschoß der Römer, sondern, was viel köstlicher, nur zu unserer Ergötzung und vor unseren Augen gefallen. Möge doch, so flehe ich zu den Göttern, bei diesen Barbarenvölkern, wenn nicht Liebe zu Rom, doch der Haß von Stamm zu Stamm fort und fort dauern: da uns, nachdem nun einmal das Verhängnis gegen unser Reich von ferne heranschreitet[1], das Glück nicht Größeres mehr verleihen kann als unserer Feinde Zwietracht": – echt römisch gedacht in furchtbar großartiger Selbstsucht.

Aber wie so oft haben auch diesmal die Römer zu leicht geglaubt, was sie wünschten: die Brukterer sind nicht untergegangen, sondern weiter rheinaufwärts gezogen und später in die Frankengruppe eingetreten. Übrigens bezeichnet Tacitus die Einwanderung der Chamaven und Angrivaren in das Gebiet nur als ein Gerücht.

Trajan trat die Regierung Ende Januar 98 zu Köln an (bis 117).

Er brach keineswegs sofort nach Rom auf, sondern suchte zunächst ein Werk zu vollenden, an dem er lange vor seiner Thronbesteigung schon gearbeitet hatte: *die Sicherung der Rheingrenze*. Dazu gehörte die völlige Einverleibung des „Zehntlandes" in die „Provinz" Germania und die Ausdehnung der von Domitian begonnenen Werke südöstlich von Oberrhein. Er erweiterte und verstärkte in ihren wohl schon vorgefundenen Befestigungen die alte keltische Siedlung am Neckar, die zuerst *Lupodunum*, später *Ulpia Civitas* genannt wurde (Ladenburg). Er verlegte Abteilungen von zwei Legionen (prima adjutrix und undecima, Claudia) in neuangelegte Vesten im Schwarzwald bei der Kolonie *Aquae Aureliae* (Baden-Baden), deren Warmquellen bald von den Römern gewürdigt wurden.

In Niedergermanien legte er als Ersatz der von Civilis verbrannten Festung Vetera ein neues starkes Bollwerk an, später *Colonia Trajana* genannt.[2]

Überhaupt aber leistete Trajan, der durch langjährigen Wachtdienst am Rhein Land und Leute, Bedeutung und Gefährlichkeit der überrheinischen Nachbarn kennengelernt hatte, Außerordentliches in Erweiterung und Sicherung des gesamten sogenannten „Pfahlgrabens", des *limes transrhenanus*, Römerwalles, Teufelsgrabens, der in seinen Anfängen allerdings auf die schon von Drusus angelegten Kastelle auf dem rechten Rheinufer zurückzuführen ist.

Nachdem die Eroberung des inneren Germaniens endgültig aufgegeben war, sollte die Deckung Galliens, für die sich der Rhein als unzureichend erwiesen, durch ein großartig und kunstvoll gedachtes Netzwerk von Befestigungen gesichert werden

---

1 Urgentibus jam imperii fatis.
2 Von sehr bestrittener Lage: 1 Leuge=1 ½ Millien von Vetera, später Tricesimae? So v. Veith, S. 10: siehe unten.

das, den oberen Lauf des Rheins etwa bis Koblenz und den oberen Lauf der Donau etwa bis Regensburg, die Übergänge sperrend, beherrschte und das Land zwischen Regensburg und Koblenz (mit den Schwarzwaldpässen) einschloß: dadurch, daß dieses Vorland mit in die Verteidigung gezogen war, erhielt man an eben diesem Vorland eine im Dreieck vorspringende Schanze, geeignet, die Barbaren im eigenen Land zu beobachten, zu bedrohen, ihre Bewegungen gegen den Rhein von Flanke und Rücken zu fassen.

Entsprechend der klar erkannten Gefahr und der Ausdehnung der Verteidigungslinien verstärkte Trajan die Truppen, die fortab hier die römische Wacht am Rhein halten sollten: er schuf zwei neue Legionen, die dreißigste und zweite, welchen er bedeutsam seine eigenen Namen „Ulpia" und „Trajana" und Germanien als Standort gab.[1]

Bildnis Kaiser Trajans auf einer Münze.
Umschrift: IMP(eratori) CAES(ari) NERVAE TRAIANO AVG(usto) GER(manico) DAC(ico) P(ontifici) M(aximo) TR(ibunicia) P(otestate) CO(n)S(uli) P(atri) P(atriae). Auf der Rückseite steht der Schluß: OPTIMO PRINCIPI S.P.Q.R. Kupfer. Originalgröße. Berlin, Königl. Münzkabinett.

Neben und nach dieser großartigen Sicherung der Rheingrenze beschäftigte den Kaiser die Deckung der *Donaugrenze* – im Winter 98/99 bereiste er sie – und man darf annehmen, daß seine Tätigkeit hier durch einen der Rheinverteidigung entsprechenden Gedanken geleitet wurde: auch die Herrstraßen, die Germanien und die Donauländer verbanden, wurden gesichert.

Wir sehen, der Grenzwall sollte als vorspringende Schanze den Rhein decken, den alten cäsarischen Gedanken der Verteidigung durch den Angriff, nur in maßvoller Beschränkung, verwirklichend.

Nicht minder als der von Germanen bedrohte Rhein hatte sich die *Donaulinie*, von Germanen, Daken und Sarmaten gefährdet, in den Niederlagen Domitians als ungenügende Deckung erwiesen: auch hier sollte ein vorspringendes Werk geschaffen werden jenseits der alten bisherigen Reichsgrenze, der Donau, leicht zu verteidigen, geeignet, die drohenden Bewegungen der Barbaren früh zu erkunden, einen Vorstoß stets begünstigend, und vor allem den Schauplatz der Grenzkriege weit von dem eigentlichen Reiche – dem linken Rheinund rechten Donauufer – absteckend – es mußte schon sehr übel ergangen sein, wenn die Verteidigung der zweiten Linie, des Flußufers, notwendig werden sollte: und solange auch nur ein Teil des Vorlandes noch in römischem Besitz blieb, war jeder vorbeiziehende Angriff der Barbaren auf Rhein und Donau stets zugleich von Flanken oder Rücken her bedroht, also höchst gewagt: und im Fall einer Niederlage der Barbaren in der Stirnseite konnte deren Rückzug auf das äußerste gefährdet werden.

Aus diesem Grunde schuf Trajan eine dem rheinischen Limes ähnliche Vorwehr

---

1 Castra Ulpia, nördlich von Xanten oder Ad Tricesimam (?); nach anderen aber ist dies jedenfalls das Lager der „Dreißiger", d. h. der L. XXX. victrix, castra TrajanNach älterer Annahme sollte diese Kolonie erhalten sein in dem Namen Kellen bei Cleve; wegen der Rheinüberschwemmungen sollen sich die Kolonisten später „tiefer ins Land auf die Höhe" gezogen und so Cleve gegründet haben. Nach der jetzt herrschenden Ansicht ist aber Cleve Arenacum; vgl. Über Trajans Tätigkeit für den limes Franke, Zur Geschichte Trajans, 2. Aufl., 1840, S. 46–63 und unten.

an der Donau: er eroberte, unter Besiegung des Dekebalos, Dakien, behauptete es mit dauernder Besatzung und machte es zur Provinz.[1]

Die Maßregeln, die im Lauf und nach Abschluß der dakischen Kriege von Trajan (und seinen nächsten Nachfolgern) in jenen Donaulanden getroffen wurden, müssen, obzwar sie nicht zunächst Germanen berührten, hier kurz dargelegt werden, da die späteren Verhältnisse der Donaugermanen in Frieden und Krieg vielfach von jenen Einrichtungen beeinflußt wurden.

Nachdem schon unter Vespasian *Vindobona* und *Carnuntum* ständige Besatzung erhalten hatten, war 98/99 bei Gelegenheit der Grenzbesichtigung Trajans das ganze Pannonien besetzt und die Donau in ihrem Lauf von *Vindobona*[2] bis zur Mündung der *Save* zum Grenzstrom des Reiches gemacht worden: von der *Drave* wurden die Besatzungen bis an die Donau vorgeschoben: bei Komorn (*Brigetio*) und Ofen (Altofen), *Aquincum* (nach anderer Schreibung: Acincum), alte vorgefundene Siedlungen befestigt oder neu angelegt.

Der Angriff auf das Dakenreich geschah jedoch nicht von Westen, von Pannonien, sondern von Osten, von *Mösien*, her, das unter Vespasian in das „obere" und „untere", westlich und östlich von der Linie des *Ciabrus*flusses, gegliedert worden war: Obermösien entspricht ungefähr dem heutigen Serbien. Aber erst mit Trajan und seinen Nachfolgern „beginnt hier städtischer Anbau und Romanisierung des Landes".[3]

Der Flußgott Danuvius (Donau) auf einer Münze Kaiser Trajans. Umschrift: CO(n)SV(!) P(ater) P(atriae) S(matus) P(opulus) A(ve) R(omanus) OPTIMO PRINCI(pi). Im Abschnitt: DANVVIVS. Silber. Originalgröße. Berlin, kgl. Münzkabinett.

Viminacium (jetzt Costolaz) unterhalb der Mündung des Margus (der Morawa), Standlager der siebten Legion (Claudia), Hauptstadt von Obermösien, erhielt (aber erst von Hadrian) Bürgerrecht (*municipium Aelium*) und von Gordian III. Kolonialrecht.

Nicht weniger als acht Legionen standen nun bei Eröffnung des ersten dakischen Krieges (101) an der Donaulinie von Carnuntum bis *Troesmis* (in der Dobrudja, „Kleinskythien": aber die angeblichen Trajanswälle, vallus Trajanulus, sind spät byzantinische Werke), die X. und XIV. (geminae) zu Vindobona und Carnuntum, die XIII. (gemina) zu Pötovio (Pettau), die II. (adjutrix) zu Acincum, die VII. (Claudia) zu Viminacium, die IV. (Flavia) zu Singibunum, die I. (italica) zu *Durostorum* (Durotolum, bulgarisch Durstr, türkisch Silistria) und die V. (macedonica) zu *Troesmis* (Igliza).

Zuerst ging der Zug von *Siscia* (Sisseg) über Singidunum nach Viminacium, wo (im Jahre 101) die Donau auf einer Schiffbrücke überschritten war. In Vorbereitung des zweiten Feldzuges, der die Vernichtung des Königs Dekebalos, die Einverleibung von ganz Dakien bezweckte und erreichte, wurde 104 eine stehende Brücke über den Strom gebaut unterhalb der Stromschnellen von *Orsowa* zwischen *Turnu-Severinu*

---

1 Eutrop. VIII, 2 gibt der Provinz einen Umfang von eintausend römischen Meilen.
2 „Der scheinbar keltisch bedeutsame Name (vind=weiß, bona=Grenze) ist wahrscheinlich in der Zeit der keltischen Herrschaft nur umgeformt aus einem älteren einheimischen, da auch Viano-mina und =mana geschrieben wird und die Gleichnamigkeit des Donauzuflusses „Wien" (=Vienna im ligurischen Südgallien) einen analogen Stadtnamen wahrscheinlich macht." Kiepert, S. 364.
3 Kiepert, S. 331.

Die germanische Leibwache Trajans.
Relief an der Siegessäule Trajans zu Rom

VIERTES KAPITEL · DIE RÖMISCHE VERTEIDIGUNG

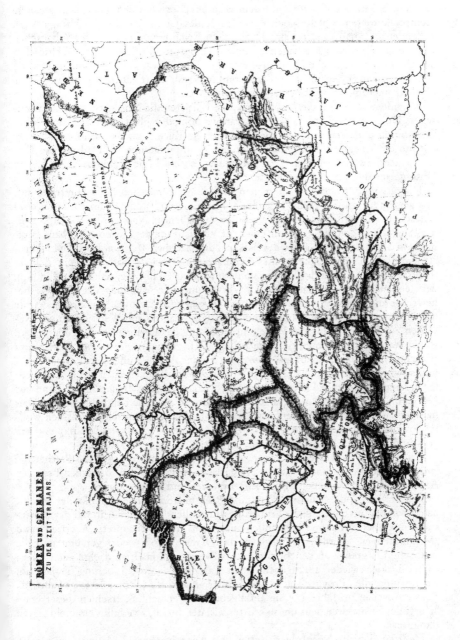

auf dem linken und *Cladova* auf dem rechten Ufer: von den gewaltigen zwanzig Steinpfeilern stehen heute noch Reste. Ende des Jahres 106 war das blutige Werk vollendet und die neue Provinz „Dacia" dem Reich erworben: es sollte (abgesehen von kleinen Grenzerweiterungen in England) die letzte Ausdehnung des Weltreiches im Abendlande sein. Die Ostgrenze Roms in Europa war jetzt der *Dniestr* (Tyras) geworden. Sofort begann in großartigstem Maßstab die friedliche Eroberung , d. h. die Verrömerung des ganzen neugewonnenen Gebietes.

Nachdem die Theiß die Nordgrenze, die Karpaten die Nordostgrenze der römischen Donaubesitzungen geworden, war Pannonien gegliedert in das *obere* (mit *Carnuntum* und *drei* Legionen, die Germanen im Rücken zu fassen) und das *untere* mit nur einer Legion zu *Acumincum* (an der Theißmündung), wo Hadrian, des Kaisers Vetter, als prätorischer Legat die neu errichtete Legio I „Minerva", früher in Untergermanien stehend, befehligte.

Die alten Städte blühten unter dem Schilde der römischen Macht kräftiger auf: neu gegründet wurden sechs: so außer Singidinium und Viminacium *Ulpia Ratiaria* (Artscher), *Descus*, jetzt *Ulpi Descensium* (Gischenn), *Novi* (Sistowa), *Nikopolis* die „Siegesstadt", vom Kaiser zur Feier der Vernichtung des Dekebalos erbaut (Ruinen von Stari-Nikup, am Fuße des Balkan), und daneben *Marcianopolis*. Die Hauptstadt des ehemaligen Dakenreiches *Sarmizegethusa* war als Kolonie *Ulpia Trajana Augusta Dacica* (heute die Ruinen von Rumänisch-Gradisztje, nahe der Mündung des „eisernen Tores") Hauptsitz der Verwaltung; die Mündung der *Tzierna* beherrschte die Kolonie italischen Rechts *Thierna* (Alt-Drsova). Außerdem wurde das ganze Bergland Siebenbürgens mit befestigten Lagern, mit Warttürmen und Kastellen zur Beherrschung der Pässe und Sicherung der Legionenstraßen überzogen: so zu *Napoka* (Klausenburg), *Hevice* (legio III. gemina), *Porolicum*, *Chermisara* (Czicmo), *Apulum* (Karlsburg), *Pons vetus* an der Aluth. Außer den Veteranenkolonien wurden nun aber aus fast allen Provinzen des Reiches, auch aus Asien, Siedler herangezogen, zumal aber aus den Nachbarländern, aus Italien selbst, dann aus Noricum, Rätien und besonders aus Dalmatien, da man die bergbaukundigen Dalmatiner die Bergschätze Siebenbürgens an Gold, Silber, Eisen schürfen lassen wollte: so entstanden Bergwerke bei *Alburnus* (Abrudh), *Ampelum* (Zalatna) und am goldsandführenden *Ampelus* (Ompoliy).

Bald darauf vermehrte der Kaiser, in glücklichen Kriegen gegen die Parther die lang aufgeschobenen Rache für alte Niederlagen nehmend, den römischen Besitz in Asien durch die zwei neuen Provinzen: *Armenien* und *Mesopotamien*.

Bei Trajans Tode (August 117) stand Rom auf dem Scheitelpunkt der Macht: damit war der unvergleichliche Eroberungsflug vollendet: von nun ab war der Besitzstand nur noch behauptet, allmählich auch nicht mehr behauptet: „Assyrien" und „Mesopotamien" wurden schon gleich nach Trajans Tod wieder geräumt und die asiatische Ostgrenze an den Euphrat zurückverlegt: ja Hadrian dachte auch schon daran, Dakien wieder aufzugeben: doch war diese letzte Eroberung Trajans im Abendlande, die „Provinz Dacia", noch über anderthalb Jahrhunderte gewahrt: da Kaiser Aurelian im Jahre 274 sie aufzugeben sich entschloß, erschien dieser erste Schritt des Zurückweichens um so ernster, als, der ihn tat, zweifellos ein Held ersten Ranges war.

Hadrian, Trajans Nachfolger, Vetter und Adoptivsohn (11. August 117 bis 10. Juli 138), führte den Beinamen „Germanicus" (auf Münzen) wohl nur als trajanische Überkommenschaft.

Er sicherte die neuen Erwerbungen Trajans nördlich der Donau, indem er Einfälle der (sarmatischen, nicht germanischen) *Roxolanen* aus den Steppen zwischen Don und Dniepr in das östliche Dakien zurückschlug und strafte (im Jahre 118). Er gliederte Dakien, entsprechend der Zweiteilung von Mösien und Pannonien, in das obere (im Westen) und das untere (im Osten).

Auf seiner Bereisung aller römischen Provinzen[1] besuchte er 121 auch Germanien[2], hielt hier Musterungen und Übungen der Heere ab und setzte vielleicht damals bei einer germanischen uns nicht genannten Völkerschaft einen König ein.

Ohne Zweifel ordnete er damals die Erweiterung des Pfahlgrabens an (siehe darüber unten im Zusammenhang).

Von Kolonien wird auf ihn zurückgeführt *Juvavia* (Juvavum), die Hauptstadt von Noricum mediterraneum, Salzburg mit hoch ragendem Kapitol, die Salzach beherrschend: dieser Teil von Noricum war damals schon stark verrömert. Abgesehen von dem alt berühmten norischen Eisen wurde in dem Land auf Gold gebaut und das Steinsalz des Nordabhangs der Norischen Alpen (wie übrigens seit grauester, vorkeltischer Vorzeit) eifrig gewonnen und sowohl nach Italien als die Salzach den Inn, die Isar abwärts in die Donau verführt, die (abgesehen von Passau) das Kastell *Lentia* (Linz) deckte. Südlicher lag Ovilava an der Traun, seit Hadrian Municipium, seit Marc Aurel Kolonie (Wels). Die Mündung der Enns (Anisus) deckte das Hauptschiffslager der Donauflotte: *Lauriacum* mit starken Werken, reich gefüllten Zeughäusern und Waffenschmieden: *Marc Aurel* hatte die Festung, wenn nicht geschaffen, doch verstärkt.

Münze von Kaiser Hadrian. Hadrian ließ zahlreiche auf seine berühmte Reise bezügliche Münzen prägen, darunter diese mit der Germania; die rechte Brust ist nackt. Silber. Originalgröße. Berlin, Königl. Münzkabinett.

Ob *Forum Hadriani* in Batavien von ihm angelegt oder nur ihm zu Ehren benannt worden, ist zweifelig: *Cleve* (das alte Arenacum?), wird ohne Beweis auf ihn zurückgeführt.

Unter Hadrian (und seinem nächsten Nachfolger?) wurde eine wichtige Veränderung des Kriegswesens durchgeführt.

Die Reiterei, die zu jeder Legion (etwa sechstausend Mann), so gut wie ein Wagentroß schwerer Wurfgeschosse und die Hilfsvölker gehörten, wurde nun darauf eingeübt, die Bewegungen ausgezeichneter feindlicher Reitervölker sich ebenfalls anzueignen. Bei den Legionen trat die Verwertung des einzelnen Legionärs mehr zurück hinter eine aufs neue eingeführte Massentaktik, wie sie bei Griechen, Makedonen und auch Römern früher üblich gewesen: die bisher zwischen den Stirnseiten der Abteilungen der Legionen eingehaltenen Lücken hatten sich gegenüber parthischer und sarmatischer Reiterei wie gegenüber dem germanischen Keil, überhaupt aber gegenüber den meist in großer Übermacht angreifenden Barbaren als gefährlich erwiesen: vielleicht trugen auch Hadrians altertümelnde Neigungen und Erforschungen der alten Kriegsgeschichte hierzu bei, wie er ja auch sonst in allen Dingen „altertümelte", d. h. alte Einrichtungen erneuern wollte. Vielleicht darf man aber auch ein Zeichen des Verfalls darin erblicken, daß der Einzeltüchtigkeit des römischen oder doch romanischen Legionärs uns seiner Ausbildung mit Pilum und Schwert nicht mehr wie früher vertraut wurde: man ballte jetzt die

---

1 Jetzt Hauptwerk hierüber und für die Zeitfolge von Hadrians Regierungshandlungen: Dürr, Die Reisen des Kaisers Hadrian, Wien 1881.
2 Ael. Spartianus, K.12: per ea tempora et alias frequenter in plurimis locis in guibus barbari non fluminibus, sed limitibus dividuntur, stipitibus magnis, in modum muralis sepis, funditus (al. fundibus) jactis atque connexis barbaros separavit.

Legionsscharen, ähnlich der makedonischen Phalanx, zu der maßlosen Tiefe von neun Gliedern zusammen, von denen die ersten vier (außer dem im Nahkampf geführten Schwert) das mörderische Pilum schleuderten, die folgenden vier aber den Ansturm der Barbaren, die nach diesem Hagel noch übrig waren und etwa gar in die Phalanx so weit eingedrungen waren, mit einem eisernen Rechen von langen Stoßspeeren *hastae (nicht* mehr Wurflanzen) auffingen: das neunte Glied, Hilfsvölker, schoß über die Vormänner im Bogen Pfeile oder faßte, rechts und links vorgezogen, unter dem Schutz der Legionsreiterei, die auf beiden Flügeln hielt, die Angreifer von den Flanken: hinter der Legion stand der Wagentroß der schweren Wurfmaschinen, gedeckt von dem niemals fehlenden, weise gesparten Rückhalt von erlesenem Fußvolk, der namentlich dem gemanischen Keil so oft den blutig erstrittenen, zu früh gesichert gewähnten Sieg wieder entriß.[1]

Von Antoninus Pius (10. Juli 138 bis 7. März 161) wird nur berichtet, da er, wie

Bogenschützen von den orientalischen Hilfsvölkern der Römer.
Aus den Reliefs an der Siegessäule Kaiser Trajans in Rom.

die Daten und andere Völker, auch „Germanen" durch seine Statthalter und Legaten mit Erfolg bekämpft habe. Die Zusammenstellung mit den Daten, dann die Bekämpfung der Tauroskythen bei Olbia am Ausfluß des Bornsthenes (und der Alanen) lassen vermuten, daß diese Germanen an der Donau zu suchen sind, wie er denn auch den Quaden einen König gab.

---

1 Diese Aufstellung behielt wenig verändert (er stellte nur die ganze Reiterei auf *einem* Flügel der germanischen entgegen) noch Julian im Jahre 357 bei: daher d. h. aus dem nun vorgezogenen Geschütztroß erklären sich auch die „balkendicken" Geschosse, welche die fliehenden Alemannen bestrichen.

Übrigens wird von ihm auch Wiederherstellung der Legionenstraße in Niedergermanien bezeugt durch eine Wegsäule.[1]
Unter Marc Aurel (7. März 161 bis 180) machten die Chatten gleich im ersten Jahr seiner Regierung, vielleicht durch die bedrohlichen Erweiterungen des Limes gereizt, einen Doppelangriff nicht nur auf Germanien, sondern sogar bis nach Rätien.

Davon scheint – wegen Verschiedenheit der römischen Feldherrn – getrennt werden zu müssen ein anderes Unternehmen der Chatten, das (der spätere Kaiser) *Didius Julianus*, der Befehlshaber der, wie wir sahen, im Zehntland verteilten zweiundzwanzigsten Legion (*primigenia pia fidelis*)[2] zurückwies. Doch scheint er, nach der Zeitfolge in der Quellenstelle, nicht an die Spitze jener Legion und nicht am „limes", sondern als *rector* von *Belgica* diesen Feldzug geführt zu haben, nachdem er vorher hier einen Einbruch der *Chauten*, „ein überrheinisches Volk" an der Elbe, durch rasch zusammengeraffte Hilfstruppen der Provinzialen abgewehrt und sich dadurch den Konsulat verdient hatte. Darauf hatte er die Statthalterschaft von Niedergermanien.

Vielleicht stehen einzelne dieser Bewegungen der Germanen des Nordwestens wenigstens insofern im Zusammenhang mit dem großen Kampf der Markomannen und Quaden im Südosten, als diese die Wehrkraft des Reiches sehr stark an der Donau in Anspruch nehmen mußten.

Bildnis des Kaiseres Antoninus Pius auf einer Münze.
Umschrift: ANTONINVS AVG(ustus) PIVS P(ater) P(atriae) TR(ibunicia) P(otestate) CO(n)S(ul) III.
Kupfer. Originalgröße. Berlin., Königl. Münzkabinett.

Die Bewegungen der Donausueben, von Domitian nicht erstickt, von Trajan vorübergehend gehemmt, begannen aufs neue mit außerordentlicher und lang andauernder Mächtigkeit: nichtgermanische Nachbarn im Osten, *Roxolanen, Jazygen* und andere Sarmaten unterstützten dabei die beiden germanischen Hauptvölker, *Markomannen*[3] (von Passau bis zur March und vom Erzgebirge bis zur Donau) – nach welchen die Römer diese Reihe von Kriegen benannten – und *Quaden*:[4] aber auch die nächst wohnenden Völker der gotischen

---

[1] Wohl unter diesem Kaiser müßte es geschehen sein, daß (vor 162) Auxiliartruppen ohne Befehl über den Donaustrom setzten, jenseits desselben breitlaufend „Sarmaten" überfielen und niederhieben: zur Strafe wurden die Centurionen dieser Kohorten durch Avidius Cassius gekreuzigt: solche Strenge der Kriegszucht habe auf die Barbaren so starken Eindruck gemacht, daß sie um Frieden für einhundert Jahre gebeten: – eine im ganzen ziemlich unglaubhafte Erzählung.

[2] vgl. Grotesend in Paulys Reallexikon IV, S. 868–900, und Noël des Bergers, S. 120. Pfitzner, Geschichte der römischen Kaiserlegionen von Augustus bis Hadrianus, Leipzig 1881, S. 89 f. und 136.

[3] Dettmer, Geschichte des markomannischen Krieges. Forschungen zur d. Geschichte XII, 1872, der aber allzu häufig „Freicorps" annimmt: so ist ihm die quellenmäßige Völkerschaft der Narisker (oben I, S. 22) nur ein Freicorps. Jacobi, Untersuchungen auf dem Gebiet der d. Urgeschichte, Hersfeld 1851. – Über die markomannischen Kriege unter Marc Aurel, Leipzig 1852.

[4] Nicht der kleine künstliche Schutzstaat vom Jahre 20, der längst wieder untergegangenen, sondern das große im Jahre 19 frei gebliebene Volk, südöstlich von den Markomannen, an dem Margus (der March).

282   ZWEITER TEIL · WESTGERMANEN

Gruppe, so die *Vandalen*, beteiligten sich und andererseits holte der Strom, der die römischen Grenzen bedrohte, so weit aus dem Westen her seine Zuflüsse bei, daß nicht nur *Narisker*, daß auch die *Hermunduren* (bis von der Altmühl her) eingriffen.

Diese große und allgemeine Bewegung, in der zu Ende des Jahrhunderts die germanischen Donauvölker über den Strom drängten, war herbeigeführt worden durch den Druck, den die von Norden, von den Ostseeküsten her, nach Südosten wandernden Stämme der *gotischen* Gruppe übten: diese Wanderung muß in jene Zeit verlegt werden, da bald darauf „Goten" und „Vandalen"[1] d. h. Goten verschiedener Stämme, an der unteren Donau erscheinen: als Ursache der gotischen Rückwanderung nach Osten wird man jedenfalls nach der allgemeinen Überlieferung der Wandersage und unserer Grundauffassung Übervölkerung[2] annehmen dürfen.

Ausdrücklich wird bezeugt[3], daß damals, da „Markomannen und Viktofalen alles in Verwirrung stürzten und beide Kaiser, Marc Aurel und Lucius Verus, im Kriegsmantel an die Donau eilten", auch andere Völkerschaften, die, *vertrieben von den mehr nördlichen Barbaren*, flüchtig aus ihren Wohnsitzen gewichen waren, unter Kriegsdrohung Aufnahme in das Reich forderten. Jene „nördlicheren Barbaren" können nur die von der Ostsee an den Karpaten hin nach Süden drängenden Goten gewesen sein.

Jedenfalls zählten die Kämpfe der Jahre 165–181, welche unter dem Namen des „Markomannenkrieges" zusammengefaßt wurden, zu den schwersten, die Rom je bestanden hat: die ganze lange Grenze des Reiches, von der Donaumündung im Südosten bis zur Rheinmündung im Nordwesten, war bedroht: und zwar – mit Ausnahme einiger Slawenstämme an der Donau – von lauter Germanenvölkern, unter welchen freilich nur zum Teil, durchaus nicht für alle Glieder[4] der großen Kette, Übereinstimmung, gemeinsamer Angriff vorher geplant war.

Von dem Verlauf dieser Kämpfe im einzelnen wissen wir sehr wenig: auch nur die verschiedenen Feldzüge richtig zu scheiden und ihre Zeit zu bestimmen, ist schwierig.[5]

Die Germanen und Slawen an der Donau mochten wissen oder spüren, daß ein

---

1 Ausdrücklich siehe I, Vandalen und v. Wietersheim-Dahn I, S. 118 f.

2 Nicht mit Schaffarik, Slav. Altert., das Drängen der von Osten heranrückenden Slawen: denn gerade nach Osten, Südosten zogen ja die Goten.

3 Jul. Capitolin., v. Marci 14: profecti itaque sunt paludati ambo imperatores Victovalis et Marcomannis cuncta turbantibus: aliis etiam gentibus, *quae, pulsae a superioribus barbaris, fugerant*, nisi reciperentur, bellum inferentibus.

4 Wie Jul. Capitolinus annimmt v. Marci 22: gentes omnes ab Illyrici limite usque in Galliam *conspiraverant*: ut Marcomanni, Narisci (Naristi will Müllenhoff in Haupts Z. IX, S.131 – Varistae liest Peter), Hermunduri et Quadi, Suevi, Sarmatae, Latringes (Lacringes Müllenhoff und Peter) et Buri: hi aliique cum Victovalis Sosibes (?), Sicobotes (cum Victualis Osi, Bessi, Saboces Müllenhoff: so auch Peter, nur Cobotes), Rhoxolani, Bastarnae, Alani, Peucini, Costoboci, Imminebat et parthicum bellum et britannicum.

5 Siehe v. Wietersheim-Dahn I, S. 118–152, 552 f. Über die Namen der Völker bei Capitolin. Müllenhoff (Victu-falen, von got. vaïhts, Opfer) O. Die Osen sind die von Tacitus genannten, die *Bessen* die Biessoi des Ptolemäus an den Karpaten, die *Saboken* und *Kostuboken* nach Schaffarik, slawische Altertümer I, S. 205, an der Save und der Kosta (dem Tyras?) wohnenden (Slawen); die Roxolanen und Alanen (siehe Dahn, Könige I, am Ende) sind Sarmaten an der Pontusküste; die Bastarnen sind die Peukinen, Dahn, Ebenda I, und Bausteine II, die Astingen die Asdingen oben I, Vandalen.

VIERTES KAPITEL · DIE RÖMISCHE VERTEIDIGUNG 283

Relief an der Siegessäule Marc Aurels zu Rom.

Der Imperator ist im Begriff die Donau zu überschreiten; die Schiffbrücke ist geschlagen und von den Kriegern bereits betreten. Am Ufer, dem Fluß zugewendet, opfert Marc Aurel auf einem Dreifuß dem Jupiter und Mars einen Stier und einen Widder, welche der Opferpriester und seine Diener herbeiführen. Vielleicht ist das Opfer ein *suovetaurilio* und der Eber im Relief nur weggelassen. – Die zweite Partie dieser Darstellung zeigt den Imperator bereits im feindlichen Gebiete. Er empfängt in seinem Lager Gesandte der Gegner, deren Anführer mit vorgestreckter Rechten, wohl aber vergeblich, Friedensbedingungen von dem Imperator zu fordern scheint.

großer Teil der römischen Macht[1] fern (in Asien durch den Partherkrieg) festgehalten war: schon seit 165 waren sie in Noricum eingedrungen: jetzt wählten sie diesen Zeitpunkt, den Grenzstrom zu überschreiten (im Jahre 166/7) und gelangten, über die Karnischen Alpen dringend, das flache Land verwüstend, über die Drave, ja bis nach Aquileja.

Italien zitterte vor germanischer Überflutung.

In diese Zeit, kurz vor Bedrohung von Aquileja, fällt die große Niederlage der Römer (Anfang des Jahres 167; im Murthal in Steier zwischen Sömmering und Graz), in welcher sie zwanzigtausend Mann verloren (doch wohl *damals* unter dem praefectus praetorio Macrinus Vindex? oder Furius Victorinus?), nachdem der Kaiser, einem Orakel gemäß, zwei Löwen über die Donau in das Land der Germanen hatte schwimmen lassen, die sie sofort als „Hunde oder fremdartige Wölfe" mit Knitteln erschlugen. (Dies vielleicht erst im Jahr 169, nach anderen im Jahr 166).[2]

Bildnis des Kaisers Lucius Verus auf einer Münze.
Umschrift: L(ucius) AVREL(ius) VERVS AVG(ustus) ARMENIACVS. Kupfer. Originalgröße. Berlin, königl. Münzkabinett.

Die Germanen waren wohl auf der Legionenstraße selbst, welche sie sich durch jenen Sieg eröffnet, über *Carnuntum, Savaria Celeja, Aemona,* dann über die Alpen gezogen; *Opitergium,* südwestlich von Aquileja, war erstürmt und zerstört.

Durch die schnelle Beendigung des Partherkrieges (Triumph schon 12. Oktober 166) und das dadurch ermöglichte überraschende Eintreffen beider Kaiser in Aquileja im Jahr 167 (nach anderen noch im Jahr 166) wurden die Eindringlinge so entmutigt, daß die meisten Könige, Verzeihung ihres Abfalls erbittend, mit ihren Volksheeren sich zurückzogen, ja in raschem Umschlag der Stimmung für Frieden und in offenbarer Spaltung, diejenigen töteten, die zu dem nunmehr gescheiterten Unternehmen getrieben hatten. Die für Rom und den Frieden Eifernden gewannen bei den Quaden nach Mißerfolgen, wobei sie ihren König eingebüßt, so sehr das Übergewicht, daß das Volk erklärte, den zum Nachfolger gewählten erst nach Genehmigung der Kaiser anerkennen zu wollen. Hierher (d. h. in die nächstfolgende Zeit) gehört die Mitteilung des Cassius Dio, daß die Quaden zuerst ihren König *Furtius* vertrieben, dann sich aus eigener Machtvollkommenheit einen anderen, *Ariogaisus,* gewählt hatten, den eben deshalb der Kaiser nicht als rechtmäßig eingesetzt habe anerkennen wollen. Wahrscheinlich war Furtius der von den Kaisern bestätigte (im Jahr 167?) Römerfreund gewesen, der bei einem der häufigen Umschläge in Krieg unter Verletzung der eben erst geschlossenen Friedensverträge weichen mußte: alsdann begreift sich, daß sein Nachfolger von dem Volk ohne Befragung der Kaiser gekoren wurde.[3] Rom legte später großes Gewicht darauf, diesen offenbar sehr gefährlichen Ariogais unschädlich zu machen (siehe unten).

Gleichwohl – denn nicht *alle* „Könige und Völkerschaften" hatten sich unterworfen – gingen beide Kaiser über die Alpen nach Pannonien und kehrten erst wieder nach Rom zurück, nachdem sie „zum Schutz Illyriens und Italiens alles Erforderliche

---

1 In Unterpannonien standen damals die legio I. adjutrix zu Brigetium, legio II. adjutrix zu Aquincum, in Oberpannonien die legiones X. und XIV. geminae.
2 Lucian, Alexandros Pseudomantis oper., hrsg. v. Reitz I, S. 775; vgl. Fritzsche I.
3 Vgl. Könige I, S. 113.

VIERTES KAPITEL · DIE RÖMISCHE VERTEIDIGUNG

angeordnet" – worunter wohl ebenso Verträge mit den Grenzvölkern als Verstärkungen der Befestigungen zu verstehen sind.

Im folgenden Jahr (168/169) wurden die Vorbereitungen der Kaiser zu Aquileja zu einem Winterfeldzug gegen die Germanen durch ansteckende Krankheiten, die von den Heeren aus Asien mitgebrachte Pest[1], gelähmt: sie traten die Rückreise an, auf welcher Lucius Verus starb (Dezbr. 168 oder Januar 169). Man nimmt jedoch an, daß es auch in diesem Jahr zu Gefechten gekommen sei, da Münzen aus dieser Zeit den Kaiser zum sechsten Mal Imperator nennen.

Zu Ende des Jahres 169 oder zu Anfang des Jahres 170 ging der Kaiser auf den Kriegsschauplatz ab, wo er, ohne nach Italien zurückkehren zu können, drei volle Jahre bis Ende 173 festgehalten wurde. Pannonien war der Stützpunkt dieser Feldzüge, sein regelmäßiges Hauptlager *Carnuntum* (Petronell bei Preßburg)[2] auf dem rechten Donauufer, an dem Einfluß des Margus (der March) gerade auf der Grenz-

Aus den Reliefs an der Siegessäule Kaiser Marc Aurels in Rom.
Darstellung eines Angriffes auf eine germanische Befestigung. Mit über den Köpfen zusammengehaltenen Schilden (testudo) rücken die Römer an. Durch darauf geschleuderte Felsblöcke und Speere suchen die Germanen das Schutzdach zu durchbrechen. Fackeln werden von den Römern gegen die aus Weidengeflecht hergestellte Brustwehr des germanischen Walles geworfen. Der Wall selbst ist, wie das Relief deutlich erkennen läßt, aus Balken oder Stämmen, die mit Ruten untereinander verbunden sind, gebaut.

scheide des Gebietes der Markomannen im Nordwesten und der Quaden im Nordosten, also zur Abwehr und Vorstoß gleich günstig gelegen. Von den einzelnen Unternehmungen und Schlachten wird fast nichts berichtet: doch steht fest, daß der Kaiser zuerst 170 bis 173 überwiegend die Markomannen und Quaden, dann 173 bis 176 überwiegend die Jazygen angriff, wobei er auf seinen Zügen nicht nur die südöstlich von den Quaden fließende *Grannua* erreichte[3], sondern viel weiter den Strom

---

1 Galenus, περὶ τῶν ἰδίων βιβλίων c. 2. Hrsg. v. Kühn, Leipzig 1821. – Vgl. Hecker, De peste Antoninian – v. Reumont, Gesch. d. Stadt Rom I, S. 485. Daß auch die Germanen von der Pest ergriffen wurden, ist möglich, aber nicht dadurch erwiesen, daß sie (aus Italien) bis Gallien drang.

2 Aber auch sehr weit gedehnte Ruinen auf dem hohen Donauufer bei Deutsch-Altenburg bei Haimburg. Von hier ist das erste Buch der „Selbstbetrachtungen" des Kaisers datiert.

3 Mitten unter diesen Kriegstaten schrieb der Stoiker im Purpur an seinen philosophischen Arbeiten. Hier verfaßte er das zweite Buch der „Selbstbetrachtungen".

286   ZWEITER TEIL · WESTGERMANEN

hinab durch das Gebiet der Jazygen bis nach *Sirmium* (hier weilte er Herbst des
Jahres 171) vordrang.

Von anderen werden erst in diese Jahre (Cassius Dio zum Jahre 172) die den
Präfektus *Julius Vindex* (oder vielmehr *Macrinus Vindex*)[1] betreffenden Angaben
verlegt, wonach dieser von den Markomannen geschlagen und getötet wurde, worauf
der Kaiser jedoch die Markomannen (im Jahre 170) und die mit ihnen über die Donau gedrungenen *Langobarden* und *Obier* überwunden habe, so daß der König der
Markomannen[2], *Ballomar*, und zehn andere Gesandte, je aus einer Völkerschaft gekoren, zu dem Statthalter von Pannonien, *Aelius Bassus*, geschickt wurden, Frieden
zu erbitten, nach dessen eidlicher Bekräftigung die Gesandten heimgekehrt seien.

Abschluß der Unruhen an der Donaugrenze war aber so wenig erzielt und die
Bedeutung dieser Kämpfe war so hoch angeschlagen, daß der Kaiser (nach anderen
schon im Jahr 169), um die durch die Pest gelichteten Legionen zu füllen, zu ganz
außerordentlichen Maßregeln griff: er bewaffnete, was seit dem hannibalischen
Schrecken nicht mehr geschehen war, Sklaven (als „volones" Freiwillige) und Gladiatoren (als „obsequentes" Willfährige), versprach den Räubern der benachbarten Provinzen *Dalmatien* und *Dardanien Begnadigung*, wenn sie die Dienste nehmen wollten, und verwandte in oft erprobter Weise gegen die Donaugermanen andere um
Geld geworbene germanische Hilfsscharen.[3]

Schon damals war durch diese Feldzüge – und wohl auch durch den Partherkrieg–
der kaiserliche Schatz so geleert, daß der Kaiser, um nicht die Provinzialen durch
Erhöhung der ohnehin großen Steuerlast noch schwerer drücken zu müssen, eine
Versteigerung[4] der Kostbarkeiten des kaiserlichen Hofhalts und der Gewande seiner
Gemahlin auf dem Trajansforum veranstalten ließ (169 oder 170), die zwei Monate
währte und so viel eintrug, daß nach Beendigung des Krieges den Käufern Rückver-
kauf gegen Ersatz des Kaufpreises angeboten werden konnte.

Die Münzen der Jahre 171–173 verherrlichen, nach einem von den Germanen
scharf bestrittenen, aber mittels Schiffbrücken (siehe die Antoninussäule) erzwungenen Donauübergang, Siege über Markomannen, Quaden (an der Gran, Winter
172/173), Vandalen und Jazygen: da sie Pannonien aus der „Knechtschaft" dieser
Barbaren befreiten, muß bis dahin dauernde Herrschaft derselben auf dem rechten
Donauufer, wenigstens seit Trajans Tod, angenommen werden.

Der große Sieg, den der Kaiser auf dem Eis der fest gefrorenen Donau gegen die
Jazygen erfocht, wird in das Jahr 172 oder 173 (von anderen in den Winter 171/172)
verlegt.

Die sarmatischen Rosse waren gewöhnt, über das glatte Eis zu sprengen. Aber die
Legionäre warfen die Schilde auf den Boden, traten mit einem Fuß darauf und rissen,
so fester stehend, die Reiter an ihren langen Lanzen herab, im Ringkampf dann leicht
sie bemeisternd.

Von „*Vernichtung*" der Markomannen und Quaden, wie Capitolinus meint, war
freilich so wenig wie von „Ausrottung" der Vandalen[5] die Rede.

---

1 Nach anderen: Furius Victorinus, keinesfalls *zwei* Vindices; vgl. Dettmer S. 183, der die Niederlage des Victorinus in das Jahr 165, die des Vindex in das Jahr 172 setzt. – 2 Vgl. Könige
  I, S. 111 f. Dettmar verlegt dies in das Jahr 165, Tillemont 170, v. Wietersheim, I. Ausg., II in
  174. – 3 Bilder dieser germanischen Söldner zeigt die Aurelsäule Taf. 52. 53. – 4 In
  geringerem Umfang war dies auch früher schon unter Nerva und Trajan geschehen (169 oder
  170). – 5 Die jetzt zuerst an der Donau begegnen, über ihre früheren Sitze I, Vandalen und
  Könige I, S. 141.

VIERTES KAPITEL · DIE RÖMISCHE VERTEIDIGUNG

Die Anstrengungen der Donauvölker erscheinen uns vereinzelt, was freilich auch in den zerrissenen Quellenangaben liegen mag, die bald nur Quaden, bald nur Jazygen als die Besiegten nennen.

In das Jahr 173 oder richtiger Hochsommer 174 verlegt man den großen Sieg über die *Quaden*, der das Heer aus äußerster Gefahr, wie Heiden und später Christen rühmten, nur durch ein Wunder des Himmels rettete. Eingeschlossen von Übermacht der Barbaren in völlig wasserlosen (oberungarischen) Bergen fürchteten die verschmachtenden Römer, der Hitze und dem Durst zu erliegen, bis der Kaiser durch sein Gebet Jupiter Pluvius, der deshalb auf der Siegessäule nicht fehlt, Gewitter und Regen abzwang, unterstützt durch die Zauberkunst des ägyptischen Magiers *Arnuphis*, der, wie eine Münze darstellt, den Luftgott Mercur (Hermes Aërios) und andere Dämonen zur Regenspende bewog.

Bildnis des Kaiser Marcus Aurelius auf einer Münze.
Ein Haufen germanischer Waffen, die aber damals den römischen schon gleich sind. Im Abschnitt: DE GERMANIS. Kupfer. Originalgröße. Berlin, königl. Münzkabinett.

Später wollten aber die Christen den Heidengöttern den Ruhm dieser Rettung nicht lassen: die Kirchenfabel[1] legte die Wunderwirkung dem Gebet der zwölften (angeblich) damals schon (!) aus Christen bestehenden Legion bei, die daher den Ehrennamen „fulminatrix", die „Blitzentlockerin"[2] erhalten habe: sie führte diesen Titel schon unter Trajan oder gar unter Nero.

Durch (das „Wunder begeistert", durch) den Regen erquickt, griff das Heer die Barbaren an, durchbrach sie und rief den Kaiser auf der Walstatt zum siebten Mal als Imperator aus.[3]

Die Quaden baten nun um Frieden und erhielten ihn (im Jahr 174). Sie mußten zahlreiche Rosse und Rinder – doch wohl erbeutete – herausgeben und alle Gefangenen: die außerordentlich hohe Zahl (nach dreizehntausend, welche *sofort* beigeschafft werden konnten, später noch fünfzigtausend), welche diese germanische Völkerschaft allein fortgeführt hatte, zeigt die Schwere dieser Kämpfe, muß auch angenommen werden, daß der weitaus größte Teil dieser Gefangenen nicht Soldaten waren, sondern römische Kolonisten, Bürger, Kaufleute, Sklaven, auch Weiber und Kinder, welche die Quaden, solange sie nicht nur das Land auf dem linken Ufer, sondern selbst Pannonien dauernd besetzt hielten und Noricum und Venetien bis Aquileja wenigstens durchzogen, fortgeschleppt hatten.

Die Quaden, zwischen Markomannen und Jazygen siedelnd, mußten schwören, keinen dieser beiden Nachbarn den Weg durch ihr Land zu verstatten, auch nicht Handel mit ihnen zu treiben: dagegen war ihnen unter Einhaltung gewisser Bedingungen der Besuch der römischen Städte zu Handelszwecken verstattet.

---

1 Der angebliche Brief des Kaisers an den Senat bei Baronius z. J. 176, § 22 ist eine Fälschung. Scaliger zu Eusebii Chronicon S. 22. Pagi z. J. 174, § 2. Tillemont, Marc Aurel. Nr. 12. Herm. Wilfius, De legione fulminatrice. Maskou I, S. 150. Graf von Stolberg, Religion Jesu VIII.

2 fulminata, fulminatrix, *Keraunofóron tágma*.

3 Zu gleicher Zeit (174), da diese Kämpfe die römischen Truppen an der unteren Donau beschäftigten, drangen überrheinische Germanen (Chatten) durch Rätien vor und bis nach Italien: der Kaiser schickte gegen sie seinen Eidam *Pompejanus* und (den späteren Kaiser) *Pertinax*, der sie (Herbst 174) zurücktrieb: unter den Erschlagenen fanden die Römer die Leichen von bewaffneten Frauen, die mitgekämpft hatten: dies läßt vielleicht vermuten, daß nicht Raubfahrer, sondern eine Ansiedelung suchende Völkerschaft den Alemannen sich nach Rätien gewen-

288 ZWEITER TEIL · WESTGERMANEN

Damals vielleicht war es, daß der Kaiser auf Auslieferung des Quadenkönigs *Ariogaisus*, offenbar des bedeutendsten Führers des Volkskampfes (an Stelle des vertriebenen Römerfreundes Furtius), den erstaunlich hohen Preis von tausend Goldstateren = sechzehntausendneunhundertundachtundneunzig Mark (die Hälfte für die Lieferung der Leiche) aussetzte: der reiche Lohn lockte einen Verräter: der König wurde Marc Aurel ausgeliefert, aber von diesem mild behandelt und nur nach Alexandrien verwiesen.

Die Markomannen, der[1] Hilfe der Quaden beraubt und durch deren Gebiet von den Jazygen abgeschnitten, boten nun ebenfalls den Frieden an, den der Kaiser „nur ungern" (?)[2] gewährte: er hatte, um die Donau endgültig zu sichern, die Verwandlung der Länder der Quaden und Markomannen in römische Provinzen, also als ein Vorland für die Donau, ähnlich dem Zehntvorland der Rheingrenze, in Aussicht genommen, dem noch viel wilderen (?) slawischen Reitervolk der Jazygen aber die Austilgung zugedacht gehabt. Allein die großen Menschenverluste durch Krieg und Pest bewogen ihn, jenen Plan der „Deckung durch den Angriff" aufzugeben: völlige Unterwerfung, wie Cassius Dio behauptet, boten die Markomannen damals keineswegs an: sonst hätten nicht, wie er selbst berichten muß, *auch die Römer* wie die Markomannen bei dem nun erfolgenden Friedensschluß *Geiseln* „ausgetauscht".

Nach dem undeutlichen Bericht des Cassius Dio kam es zu einer Teilung des bisher von den Markomannen behaupteten aber doch durchstreiften Landes: die Wahrheit scheint eine sehr beträchtliche Gebietsüberlassung von seiten der Römer gewesen zu sein: „die Hälfte des mit den Barbaren grenzenden Landes wurde ihnen zugestanden": d. h. also: die Markomannen behaupteten nicht nur ihre ursprünglichen Sitze, sondern von dem römischen Grenzland erhielten sie noch die Hälfte hinzu: Sie hatten freilich *das Ganze* vorübergehend gewonnen und sogar auf dem rechten Donauufer Fuß gefaßt. Auch bei diesem Volke muß man also den Drang, sich über das ursprüngliche Gebiet hinaus nach Süden, nicht nur in Raubfahrten, sondern zu dauernder Niederlassung und Bebauung, zu verbreiten, auf das Bedürfnis zurückführen, die über die Ertragsfähigkeit der ursprünglichen Gebiete weit hinaus gewachsene Übervölkerung durch Ansiedlung zu versorgen.

Der Kaiser gab ihrem dringenden Bedürfnis nach: – es waren wohl Teile der Eroberungen Trajans, die zu den älteren Einwohnern nun noch diese Barbaren aufnehmen sollten – aber dafür verpflichtete er die drängenden Nachbarn desto strenger, von der eigentlichen Reichsgrenze, dem Strom, fern zu bleiben: waren doch dakische Kostuboken während dieses Krieges bis nach Elateia in Griechenland vorgedrungen! – Ihre Wohnsitze und Niederlassungen sollten mindestens achtunddreißig Stadien (fast fünf römische Meilen = viertausendsiebenhundertundfünfzig Schritt = eine deutsche Meile) von dem Fluß fern bleiben müssen und auch zu Handelszwecken sollten sie nur an vertragsmäßig festgestellten Tagen und Orten, nicht, wie bisher, beliebig, das römische Gebiet betreten dürfen.[3]

---

1 Offenen: denn insgeheim durchbrachen die Quaden, soviel sie konnten, doch bald wieder die aufgenötigte Trennung von den alt befreundeten Nachbarn; auch behielten die Quaden die Vornehmeren (oder deren Verwandte) und die als Sklaven arbeittüchtigeren, also wertvolleren Gefangenen zurück.

2 Cassius Dio, epitome LXXI, Dindorf S. 181 stellt das χαλεπῶς μὲν καὶ μόλις zu προσταχθέντα, früher wurde es auf die *Gewährung* bezogen. Dahn. Urgesch. d. germ. u. röm. Völker. II. 2. Aufl.

3 Ganz ähnliche Maßregeln trafen später Karl der Große und seine Nachfolger gegenüber slawischen Nachbarn; siehe Urgeschichte III. Könige der Germanen VIII. „Verkehr".

VIERTES KAPITEL · DIE RÖMISCHE VERTEIDIGUNG 289

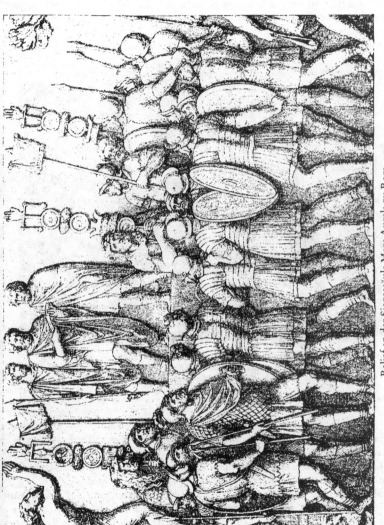

Relief an der Siegessäule Marc Aurels zu Rom.

Der Imperator hält von erhöhtem Standpunkte aus eine Ansprache an seine Truppen; neben ihm zwei Legaten. In der Gruppe der lauschend zu ihrem Kaiser aufschauenden Krieger ist die römische Rüstung in verschiedenen Arten vertreten. Der in der vorderen Reihe erste Krieger (von links) trägt den Linnenpanzer; der zweite den Schuppenpanzer (lorica squamata) und darüber den Kriegsmantel (sagum). Der Panzer des dritten Kriegers ist aus Metallstreifen gefertigt.

Jene Landabtretung (eine deutsche Meile an der ganzen Grenzlinie hin: denn früher hatte das Scheidegebiet achtundsiebzig Stadien betragen) mochte der Kaiser um so weniger als Verlust an Macht oder Ehre betrachten, als er keineswegs gewillt war, es den Ansiedlern ungeteilt und ungehütet zu überlassen: vielmehr hielt er so zahlreiche Kastelle, Türme, Befestigungen in dem den Markomannen und Quaden überwiesenen Land und hart an dessen Grenzen besetzt, daß die Zahl dieser Besatzungen nicht weniger als vierzigtausend Mann betrug, je die Hälfte bei jedem der beiden Völker.

Man sieht, der Kaiser wollte in diesem von Barbaren besiedelten und gegen andere

Eine Gerichtsszene. Aus den Reliefs der Siegessäule Kaiser Marc Aurels in Rom.
Der König der Quaden, im bis auf die Knöchel herabwallenden Kriegsmantel (in der Hand eine Pergamentrolle oder ein Szepter?), wohnt der Enthauptung mehrerer Germanen bei, die mit den Römern Bündnis eingegangen. So die übliche Deutung: vielleicht wird man aber eher umgekehrt Bestrafung von Germanen für Verletzung des von ihrem König mit Rom geschlossenene Foedus annehmen müssen.

Feinde zu hütenden Vorland, dessen Herrschaft jedoch Rom durch ein Netzwerk von Kastellen in Händen behielt, an der unteren Donau eine ganz ähnliche Grenzwehr schaffen, wie sie bei Regensburg den oberen Lauf des Stromes deckte. Das gebirgige Land der Quaden und Markomannen war durch Kastelle auf klug gewählten Höhenkronen und vor den Pässen leicht völlig zu überrschen.

Wir erfahren auch an dieser Stelle, wie schwer diese Besatzungen der römischen Zwingburgen auf das friedliche Wirtschaftsleben der Barbaren in den Grenzländern drückten: beide Völker beschweren sich, daß jene Besatzungen sie nicht in Ruhe ihre Herden weiden, ihre Felder bestellen, irgend etwas verrichten ließen – man sieht, diese Markomannen wollen nicht unstet rauben, sondern in einer ruhigen Heimat als Bauern und Hirten wirtschaften: – die Besatzungen störten offenbar durch Ausfälle, Streifzüge von kleinen Scharen, durch Raub und Gewalt beutender Einzelner die benachbarten Dörfer, nahmen entsprungene Gefangene und Überläufer in ihre Burgen auf, in denen sie, im Gegensatz zu der Not der Germanen, ein üppiges Leben

VIERTES KAPITEL · DIE RÖMISCHE VERTEIDIGUNG 291

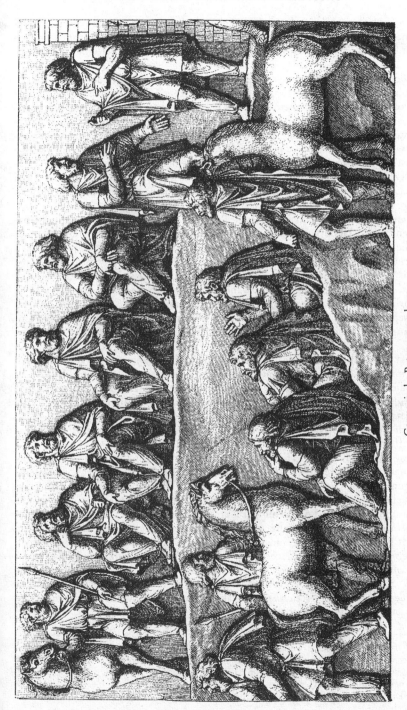

Germanische Ratsversammlung.
Relief von der Siegessäule Kaiser Marc Aurels in Rom. Eine der letzten in der Reihe der Darstellungen; daher anzunehmen, daß die Frage, welche die Versammlung beschäftigt, die der Unterwerfung unter Marc Aurel ist.

292 ZWEITER TEIL · WESTGERMANEN

führten, indem sie Überfluß an allem Lebensbedarf hatten und z. B. sogar Bäder einrichteten: ganz wie wir in den Römerkastellen Württembergs jede römische Üppigkeit und namentlich auch Badeanstalten mit aller römischen Behaglichkeit antreffen.

Ja, den Quaden wurden der von den Zwingburgen ausgeübte Druck, die Räubereien, wohl auch die Überwachung so unleidlich, daß sie es vorzogen, diese Heimat völlig zu verlassen und mit allem Volk weit nach Nordwesten zu den stammverwandten *Semnonen*, zu ziehen, in deren Nordosten damals durch Abzug gotischer Stämme Raum frei geworden sein mochte. Der Kaiser durfte darin Verletzung der geschlossenen Verträge erblicken: er erfuhr von dem Vorhaben, sperrte die Straßen und nötigte die Quaden, zu bleiben. Man sollte meinen, Rom hätte die eben erst mit Mühe gebändigten Nachbarn gern müssen abziehen sehen: daß man sie im Gegenteil festhielt, ist wohl nur daraus zu erklären, daß man die neugestaltete Grenzwehr nicht wieder auflösen lassen wollte.

Jedenfalls war auch damals dauernde Ruhe an der Donau nicht hergestellt: neben den beiden Hauptvölkern, Markomannen und Quaden, waren andere Germanen, die gotisch-vandalischen *Asdingen* und die *Narisker* (nach anderen: Narister), die sarmatischen *Jazygen* und die zweifelhaften *Burier* und *Cotinen* bald als Feinde, bald als Verbündete der Römer mit in jene Kämpfe verwickelt: mit einzelnen dieser Barbaren dauerte der Krieg fort, wann er mit anderen beigelegt war: die einzige ausführlichere Quelle, Cassius Dio, ist nur im Auszug auf uns gekommen: und dabei erscheint obenein höchst zweifelhaft, in welcher Zeitfolge, in welchem Zusammenhang die einzelnen uns erhaltenen abgerissenen Stücke aneinander zu reihen sind.

So ist es unsicher, ob gerade in diese Jahre die Verhandlungen und Kämpfe mit den *Cotinen* fallen, die sich erbieten, mit dem Feldherrn *Tarruntenius* (so Dindorf) *Paternus* gegen die Markomannen zu ziehen, statt dessen aber ihn angreifen, „furchtbar" schädigen, und darauf selbst ihren Untergang finden. (Diese Cotini sind nicht etwa Gotini, Gotones.)

Auch die *Asdingen*, der Hauptzweig der zur gotischen Gruppe gehörigen *Vandalen*, griffen damals in die Wirren des unteren Donaulandes ein.

Diese gotischen Völker geraten, offenbar aus den gleichen Gründen wie die Westgermanen, die späteren Deutschen, seit Mitte des Jahrhunderts in eine allgemeine Bewegung, weniger der Wanderung als der *Ausbreitung*: auch sie suchen Land für ihre überquellende Volkszahl: und zwar, nachdem sie von der Weichsel und Ostsee an die Donau und gegen den Pontus hin gerückt, von den *Römern*: Land und Jahrgelder oder jährliche Getreidelieferung suchen sie, Kriegsdienste bieten sie, und schon schließt Rom solche Verträge: man sieht: *die sogenannte „Völkerwanderung" hat bereits begonnen: die gleichen Erscheinungen wie hundert und zweihundert Jahre später treten uns jetzt bereits hier entgegen: nur die Abhängigkeit der aufgenommenen Barbaren, obzwar sie ihre Könige und Häuptlinge behalten, ist noch strenger und nur erst in die äußersten Ränder[1] des Reiches*, in Dakien, Pannonien, Mösien, Britannien, am Rhein *werden sie aufgenommen*.

---

1 Nach Italien nur ausnahmsweise und in kleinen Zahlen, so dreitausend *Narisker*, aus einer markomannischen Völkerschaft, bei Ravenna, welche aber anderswohin verpflanzt werden mußten, weil sie einen Handstreich von da auf die Stadt versuchten. *Zeuß* S. 117 führte den Gau der *Warasken* am Abhang des Jura zur Saône am Doubs auf die hierher verpflanzten Varisker zurück: aber man liest jetzt Narisier.

VIERTES KAPITEL · DIE RÖMISCHE VERTEIDIGUNG 293

Unter Führung zweier gleich anlautender Könige oder Herzoge, *Raus* und *Rapt*, kamen die *Asdingen* nach Dakien gezogen, in der Hoffnung, wie Quaden und Markomannen, gegen Kriegsdienste als „foederati" Land und Jahrgelder von Rom zu erhalten: mit solchem Verlangen abgewiesen, ließen sie ihre Weiber und Kinder, wohl auch in einer Art von Vergeißelung, unter der Obhut des Statthalters *Clemens* und wandten sich, unter Zustimmung Roms, gegen die tragischen Kostuboken im Nordosten Dakiens[1], um hier durch Eroberung das begehrte Land zu gewinnen. Sie schlugen auch diese Feinde, schädigten aber gleichwohl auch das römische Dakien.

Da besorgte ein benachbarter (wohl suebischer) Stamm, der mit germanischen Namen *Dakringen* oder *Lakringen* (Δ und Λ sind leicht zu verwechseln) genannt wird, der Statthalter Clemens möchte die gefährlichen Helfer, um sie abzulenken und unterzubringen, ihnen ins Land schicken: sie beschlossen, zuvorzukommen, griffen die Asdingen unvermutet an und brachten ihnen solche Verluste bei, daß diese, alle Feindseligkeiten aufgebend, den Kaiser dringend anflehten, sie durch Abschluß des foedus zu retten: sie wollten sich Land und Jahrgeld verdienen durch Bekämpfung seiner Feinde: und „sie erfüllten auch diese Versprechungen einigermaßen": – so daß man wohl Gewährung ihrer Wünsche annehmen darf.[2]

Ratlosigkeit, Not, die sich bis zu drohendem Untergang steigern konnte, bedrängte häufig genug in jener Zeit diese Germanenvölker, die in den bisherigen Sitzen nicht mehr Raum und Nahrung und, rings umgeben von Römern, Slawen und unter gleichem Bedürfnis leidenden anderen Germanen, keinen Ausweg fanden, zumal wenn sie einmal, aus der Heimat aufgestört, ins Wandern geraten waren: so trat ein Haufen von dreitausend *Nariskern*[3], der ins Elend geraten war, als Überläufer – sie hatten also wohl bisher neben ihren Stammgenossen gegen Rom gefochten – zu den Römern über und erbaten und erhielten Land in römischem Gebiet angewiesen – selbstverständlich unter der gleichen Verpflichtung zu Kriegsdiensten.

Härter als dieser vertragsmäßig Angesiedelten Geschick war natürlich das Los von wirklichen Kriegsgefangenen. Indessen wurden doch auch sie häufig als Kolonnen angesiedelt, indem sie der Staat einem „Patronus" verkaufte, der sie dann unter persönlicher Haftung für sie auf seinen Latifundien als persönlich freie, aber an die Scholle gebundene (glebae adscripti) Hintersassen verteilte.

Oft genug mußten die Kaiser in diesen Zeiten, um sich der vielgliedrigen Kette von Angreifern zu erwehren, bald mit den einen, bald mit den anderen Frieden und Bündnis machen, sie gegen die eigenen bisherigen Kampfgenossen verwertend: da suchten denn die Barbaren, durch solche Künste der sie preisgebenden römischen Staatskunst gewitzigt, vor der drohenden Rache ihrer Nachbarn sich dadurch zu schützen, daß sie Waffenhilfe leisteten, Rom verpflichteten, mit den anzugreifenden Völkern nie mehr (Sonder-)Frieden zu schließen. So taten *Jazygen* und *Buren*, bevor sie sich mit Marc Aurel gegen die Quaden verbanden: denn sie fürchteten, wenn er sich wieder mit diesen aussöhne, wie schon früher, den Krieg allein auf dem Nacken zu behalten.

Das wilde sarmatische Reitervolk der Jazygen, ein Erz-Raub- und Diebsgesindel, hatte der Kaiser ausrotten wollen, da es in unablässigem Überschweifen in das römi-

---

1 Welche von hier aus (im Jahre 173?) bis Elateia in Griechenland gestreift hatten: oben S. 179 (Pausanias X, 34).

2 Cassius Dio bis Dindorf epitome p. 179 f. liest *Dákriggoi*.

3 Naristai, Ναρίσται ein „Nebenvolk der Markomannen" f. I. S. 22: Müllenhoff und Peter lesen Narister und Varister.

294 ZWEITER TEIL · WESTGERMANEN

sche Gebiet so schweren Schaden angerichtet hatte, daß es nach einer kaum sehr
übertriebenen Angabe nicht weniger als hunderttausend Gefangene fortgeschleppt
hatte: aber die Empörung des Statthalters von Syrien, *Avidius Cassius* nötigte den
Kaiser, um nach dem Orient aufbrechen zu können, an der Donau Frieden zu machen (im Jahr 175): so war denn auch mit den Jazygen ein Vertrag geschlossen unter
ähnlichen Bedingungen wie mit ihren germanischen Nachbarn: doch sollten sie noch
einmal so weit wie diese (also sechsundsiebzig oder gar hundertundzweiundfünfzig
Stadien?) der Donau fern bleiben (hier im Flachland der Steppe konnten nicht, wie in
den Bergen der Quaden und Markomannen, Kastelle die Wege sperren), auf dieser
keine Schiffe halten, die wichtigen Inseln des Stromes nicht betreten, die Gefangenen herausgeben und achttausend Reiter stellen: dafür war ihnen später auf ihre dringenden Bitten gestattet, Handel und Verkehr mit den Roxolanen zu treiben auf einer
bestimmten Straße durch das römische Dakien hindurch: doch nur, so oft der römische Statthalter es verstatten werde.

Wie die jazygischen Reiter in Britannien, so wurden die von Markomannen und
Quaden vertragsmäßig zu stellenden Hilfsvölker in Ostasien und Afrika verwendet –
ein Jahrhundert hindurch fortgesetztes Verfahren, das die Waffenkraft der germanischen Angreifer im Abendland schwächte und zugleich dieselbe zur Erleichterung
der Wehrlast der Römer in Provinzen verwendete, wo sie, fern von den Stammgenossen, nie gefährlich werden konnte: *die Germanisierung, überhaupt Barbarisierung des
Heeres beginnt.*

Für die Dauer seiner Abwesenheit im Jahre 175/176 übertrug Marc Aurel den
Befehl in beiden Mösien und Dakien außer anderen Führern auch (dem späteren
Kaiser) *Publius Helvius Pertinax* als Präfekten von Illyricum. Dieser hatte (177–178)
zahlreiche Gefechte gegen Germanen zu liefern: vollständige Ruhe war also durch
die eben geschlossenen Verträge nicht hergestellt.

Wegen der von Pertinax erfochtenen Vorteile nahm der Kaiser 176 zum achten
Mal den Titel Imperator an: Münzen aus diesem Jahr feiern einen Sieg über Germanen und Sarmaten, aber auch Abschluß des Friedens (pax aeterna).

Der Kaiser hielt mit seinem Sohn am 23. Dezember 176 einen großartigen Triumph „über Germanen und Sarmaten".

Die ihm errichtete Siegessäule (wieder aufgerichtet durch Sixtus V.) stellt Bilder
germanischen und sarmatischen Lebens in Krieg und Frieden dar.

Aber der langwierige Krieg war noch durchaus nicht beendet: mitten im Triumph
warf ihm das Volk von Rom vor, daß er nun schon acht Jahre (169–176) von der
Stadt ferngehalten werde: der Kaiser berechnete klagend schon im Jahr 171 die verhältnismäßig lange Dauer dieser Kämpfe: der Trotz, die blinde Wut dieser Feinde
hatten ihm so tiefen Eindruck gemacht, daß er im Jahre 176, in Palästina von den
glaubenswütigen Juden und ihrem lärmenden Streit angewidert, ausrief: „ O Markomannen, Quaden und Sarmaten, endlich habe ich (hier) Leute getroffen, die an Torheit ärger als ihr (vobis inertiores)."[1]

So rief denn im Jahr 178 bald aufs neue den Kaiser die bedrohte Donaugrenze von
Rom ab, die auch bewährte Feldherren, die beiden *Quintilier: Sextus Candianus* und
Sextus Maximus, nicht ausreichend schützen zu können schienen: Vorteile, die sie
erfochten, veranlaßten zwar, daß Marc Aurel (im Jahr 177) zum neunten, sein Sohn,
Commodus, zum dritten Mal den Imperatortitel annahmen: aber am 5. August 178

---

1 Aurel. Victor K. 15. Vgl. über diese Stelle und die vorgeschlagenen Lesungen Könige I, S. 111 f.
  („regno Marcomannorum"?). Besseren Sinn gäbe: „ineptiores."

VIERTES KAPITEL · DIE RÖMISCHE VERTEIDIGUNG 295

gingen Vater und Sohn, letzterer als Konsul des Jahres, von Rom nach der Donau ab, nachdem der Kaiser in altertümlich feierlicher Weise den Krieg durch sinnbildliche Handlungen eröffnet: er schwang die im Tempel der Bellona auf dem Marsfelde verwahrte heilige Lanze, in Blut getränkt, gegen Nordosten, gegen das Gebiet der Feinde: der „Sarmaten, Quaden, Hermunduren (also soweit von Nordwesten her kam Zuzug an die Donau), Markomannen".

An der Donau angelangt, sandte er *Paternus* mit starkem Heer zur Schlacht wider die Barbaren, die – ihre Völkernamen werden nicht genannt – einen ganzen Tag lang im Kampfe das Feld hielten, endlich aber (nach dem Bericht des Cassius Dio) sämtlich auf der Walstatt fielen, worauf der Kaiser zum zehnten Mal zum Imperator ausgerufen wurde (im Jahre 179).

Bald darauf (17. März 180) starb er, neunundfünfzig Jahre alt, zu Vindobona, wohin er wohl, erkrankt (an der Pest?), aus dem Standlager zu Carnuntum gebracht worden (nach anderen minder wahrscheinlichen Angaben zu Sirmium).

Übrigens wurde die Zweiteilung Dakiens schon von den Nachfolgern Hadrians (Marc Aurel?) in eine Dreiteilung verändert: *Dacia Porolissensis*, um Porolissum, im Norden bei Mojegrad, *Dacia Apulensis*, um Apulum (bei Karlsburg oder Weißenburg, hier stand der Kern der legio XIII. gemina, die ihre zahlreichen Hilfsvölker über die drei Distrikte verteilte), *Dacia Maluensis*, um die Colonia Maluensis (im Südosten?). Doch blieb Sarmizegethusa Hauptstadt für Verwaltung und Opfer: die „Metropolis" von Dakien, mit stolzem „Kapitol" und noch in Trümmern großartigem Amphitheater, gewann solche Ausdehnung, daß heute zehn Dörfer der Wlachen die alte Stadt nicht ausfüllen: bald begegnen ein, bald drei konsularische Legaten in Dakien.

Groß war die Bedeutung der Erwerbung und Sicherung dieser Donauländer für Rom: nicht umsonst war die sehr schwere Blutarbeit des Markomannenkrieges getan. Schon Marc Aurel selbst förderte mitten in den Kämpfen die Verbreitung des Römertums in diesen gesegneten Gebieten: zahlreiche ältere Siedlungen erhob er zu Municipien, so Apulum, an andere verlieh er Kolonien (so nach *Napoca*, Klausenburg). Die Inschriften lehren, daß in all diesen Städten römisch-italische Bildungs- und Lebensweise erwuchs mit ihren Innungen (collegia) von Handwerkern: Gold-, Silber-, Waffenschmiede, Bauleute, Weber, Schiffer (auf der Donau und Marosch, *Marisus*, sowie des Samus), Kaufleute.

Besonders aber machten Dakien seine Bergschätze den Römern wertvoll: es war das „Kalifornien" der römischen Welt. Man schätzt die in der Provinz beschäftigten Bergknappen (teils fiskalische Sklaven, teils ad metalla verurteilte Verbrecher) auf fünfundzwanzigtausend: sie standen unter dem kaiserlichen procurator aurariorum zu Ampelum, wo auch das collegium aurariorum seinen Sitz hatte.

Auch *Mösien* war nun stark verrömert von den zahlreichen Donaufestungen aus, die hierin ganz ähnlich wirkten wie die Rheinfestungen von Basel bis Utrecht.

Schweren Herzens hatte der sterbende Kaiser ausgesprochen, wie die vieljährigen Kämpfe doch nur sehr teilweise die Donaugermanen durch Gewalt oder Bundesvertrag unschädlich gemacht: manche Gaue hatten sich durch „Flucht" d. h. „einstweiliges" Ausweichen in das Innere des Landes nach Norden entzogen: der Vater besorgte mit Grund, sie würden nach seinem Tod gegen den jungen neunzehnjährigen Nachfolger losbrechen: „denn bei jedem Anlaß erhebt sich das Barbarengeschlecht aufs neue!" klagte er (Herodian I, 3). Es war die Not, nicht, wie die Römer manchmal meinten, bloßer Übermut und treuloser Wankelmut.

Dieser jugendliche Nachfolger, *Commodus* (180 bis 1. Januar 193), hatte weder

296 ZWEITER TEIL · WESTGERMANEN

Macht noch Neigung, jene Kämpfe zu Ende zu führen durch das einzige denkbare Mittel: nämlich die Vernichtung all dieser Nachbarvölker. Sehr kurz währte ein Anflug kriegerischen Eifers, in welchem er die Legionen aufgefordert hatte, „das Land bis an den Ozean zu erobern". Lebhaft sehnte er sich alsbald von der mit Eis und Nebeln bedeckten Donau nach den Genüssen Roms, nach dem Himmel und den Edelfrüchten Italiens: seine Höflinge bestärkten ihn in solchen Wünschen. Vergeblich mahnte sein Schwager, Pompejanus, auszuharren, die Grenze wirklich bis an den Ozean vorzuschieben und die gefangenen Könige und Führer der Barbaren im Triumph in Rom aufzuführen. Ohne große Mühe gelangte man zum Abschluß, da der Kaiser das von den Barbaren gierig begehrte Geld mit vollen Händen verschwendete, zahlreiche Goldverträge in größerem Maßstab schloß und andererseits – was sein Vater schwerlich geopfert haben würde – einen bedeutenden Teil des bisher durch Kastelle beherrschten Landes auf dem linken Donauufer durch Preisgebung dieser den Germanen so verhaßten Zwingburgen und Abzug der Besatzung wieder aufgab. Dies Zugeständnis, empfindlich für die Ehre, bedenklich für die Verteidigung des Reiches, wog für die Germanen sehr schwer: die unerträgliche Einengung der überquellenden Bevölkerung auf ungenügendem Boden und ihre jede Freiheit bedrohende Bewachung durch die Legionen war beseitigt. Dafür versprachen die Barbaren, durch große Menschenverluste in den acht- bis neunjährigen Feldzügen für den Augenblick erschöpft, ihrerseits viele Zugeständnisse, die übrigens nicht bei allen Völkerschaften ganz die gleichen waren. Markomannen und Quaden mußten die Überläufer ausliefern und die Gefangenen (die sie also neuerdings seit 174 gemacht?) frei geben: – und zwar nicht weniger als fünfzehntausend die Burier allein – auch Getreidelieferungen wurden ihnen auferlegt (vgl. unten), wahrscheinlich als Vergelt für die wieder von den Römern geräumten Ländereien: vermutlich sollte dies nur dem Senat die peinliche Wahrheit der Abtretung verhüllen, jenes Gebiet als noch immer dem Reiche zugehörig, als „schatzungspflichtig" darstellen: bald war aber den Germanen diese Getreideabgabe erlassen. Auch Waffen mußten sie liefern: schwerlich waren diese für ernsten Gebrauch der viel besser gerüsteten Legionen, höchst wahrscheinlich nur für den beabsichtigten Triumph und rühmliche Ausschmückung der Zeughäuser bestimmt.

Sehr bezeichnend für die Verhältnisse dieser Donaugermanen[1] sind die Angaben Herodians und des Cassius Dio über diese Verträge mit Commodus. Herodian hebt hervor, wie die „Barbaren, das Gold liebend und die Gefahr verachtend, sich durch räuberische Angriffe und Einfälle *das zum Lebensunterhalt Notwendige* verschaffen oder gegen reiche Geldzahlungen Frieden anbieten": hier sind in der Tat die treibenden Kräfte erschöpfend genannt, welche die Germanen unaufhörlich über die Grenzen drängten: der kriegerische Sinn, der die Gefahr eher sucht als fürchtet, vor allem aber das Bedürfnis, „das zum Lebensunterhalt Notwendige", wie man es im eigenen Lande nicht oder nicht genügend findet, unmittelbar als Beute im Römerreich zu holen oder das Gold zu erpressen, mit welchem auf den Märkten der römischen Grenzstädte Lebensmittel zu kaufen waren, wobei freilich auch über diese hinaus Luxus- und Genußmittel, Wein, Schmuck, Gerät angestrebt wurden. Und übereinstimmend sagt Cassius Dio von den Markomannen: Sie erbaten den

---

1 Cassius Dio LXXIII, 2 hrsg. v. Dindorf IV, 195, vgl. Könige I, S. 112; daß Commodus diese „ohne Mühe hätte gänzlich vernichten können" und es nur unterließ, weil er die Anstrengungen (also doch Mühe!) scheute und sich nach den Genüssen Roms sehnte, ist die bekannte römische Selbsttäuschung.

Frieden, „da sie bei der fortwährenden Verwüstung ihres Landes nichts mehr zu leben hatten". Wenn nun beigefügt wird, die große Menge der Gefallenen habe ihnen auch die Arbeitskraft entzogen, das verödete Land wieder anzubauen, so mag dies vorübergehend richtig gewesen sein: – geben sie doch solchen Menschenverlust als Grund dafür an, daß sie als Gesandte nur zwei der „ersten" (πρώτων: wohl eher Volksadel denn Könige) und zwei der „Geringeren" (καταδεεστέρων: Gemeinfreien) zu schicken vermöchten – (was übrigens mehr Ausrede und Übertreibung als Wahrheit scheinen will). Indessen dieser Grund hat weder stark noch lange gewirkt: haben sie doch über die Arbeitskräfte sehr zahlreicher Gefangenen ([[fünfzehntausend]][1] mit den Quaden zusammen) und Überläufer zu verfügen, die sie erst nach dem Frieden ausliefern, und mutete ihnen doch der Kaiser in dem Frieden Stellung von Söldnern zu.

Ja, sehr starke Kriegerscharen wurden nun bei den kampfbewährten Völkern geworben: bei den Quaden allein dreizehntausend auf einmal; weniger bei den zur Zeit mehr geschwächten Markomannen – die Maßregel war klug, da die Starken, in ferne Länder verschickten Söldner die Kraft der Völker bedeutend schwächen mußten: Jahr für Jahr, nicht alle auf einmal, sollten sie die Mannschaften stellen dürfen: für diese Soldverträge verwendete offenbar Commodus „sehr große Geldsummen", jede Geldforderung der Barbaren gewährend, um sie zu Freunden und Verbündeten zu gewinnen, Frieden und Sicherheit zu erkaufen.

Münze v. Kaiser Commodus.
Umschrift: TR(ibunicia) P(otestate) II CO(n) S(ul) P(ater) P(atriae). Im Felde ein Troparum mit zwei Gefangenen am Fuß; im Abschnitt: DE GERM(anis). Kupfer. Originalgröße. Berlin, königl. Münzkabinett.

Schwer mußte dagegen das gesamte Rechtsleben der Germanen drücken, daß sie nicht mehr zu beliebigen Zeiten an beliebigen Orten ihres Landes Volksversammlungen sollten abhalten dürfen, sondern jeden Monat nur einmal, an bestimmter Malstätte und unter Beisein eines römischen Centurios: – seit Cäsars Tagen hatte Rom wohl erfahren, daß die Volksversammlung die Volksfreiheit dieser Stämme darstellte zugleich und schützte und als Heerversammlung den Ausgang der kriegerischen Bewegungen bildete: ihre Beschränkung und Überwachung war also für Rom höchst vorteilhaft: aber für das germanische Leben war sie so unmöglich, daß sie schwerlich lange ertragen wurde: gewiß tagten gar bald neben der gestatteten „amtlichen", vom Centurio überwachten Versammlung andere: und vielleicht war es diese Verpflichtung, deren Bruch zuerst wieder zum Krieg führte.

Endlich mußten beide Völker sich selbstverständlich der Angriffe auf Jazygen, Vandalen und Burier enthalten, die schon früher Verbündete der Römer geworden. Die ersten beiden hatten vielleicht die mit Marc Aurel geschlossenen Verträge eingehalten: mit den Buriern aber hatte auch Commodus wieder Krieg zu führen gehabt und anfangs ihre Friedensverträge zurückgewiesen, weil er besorgte, das noch ungebrochene Volk wolle nur Zeit für neue Rüstungen gewinnen. Erst als ihre Kraft durch Niederlagen erschöpft schien, schloß er auch mit ihnen Frieden: Sie mußten Geiseln stellen und ihre zahlreichen Gefangenen freigeben.

---

1 Dettmer O. S. 220 hält diese große Zahl irrig für Geiseln: es heißt aber: er nahm Geiseln *und* Gefangene, d. h. gefangene, jetzt zurückgegebene Römer; aber auch gefangene Germanen wurden als Söldner und Kolonisten verwendet.

Unter diesen Bedingungen schloß er Frieden mit Markomannen und Quaden, *indem er alle Kastelle in ihrem Land jenseits der alten römischen Grenze räumte*: Sie mußten sich aber verpflichten (ausgenommen bloß die Burier), in diesem neu eingeräumten Gebiet, vierzig Stadien von der alten Grenze von Dakien, weder Ansiedlungen zu gründen noch auch nur ihre Herden zu weiden.

Man sieht: was der Vater durch kriegerische Mittel, durch Beherrschung des Vorlandes vor der eigentlichen Grenze mittels eines Netzwerks von vorgeschobenen Befestigungen erreichen wollte – ähnlich dem Rhein- und Donau-Limes – Fernrückung der Barbaren über das Vorland hinaus in solche Weite, daß die wahre Reichsgrenze von ihnen nicht unmittelbar überraschend bedroht, daß jede ihrer Vorbewe-

Relief an der Siegessäule Kaiser Marc Aurels in Rom:
Die Markomannen den Sieger um Frieden bittend.

gungen von den Kastellen aus rasch an und über den Strom gemeldet werden konnte – das sucht der Sohn durch friedliche Mittel, durch Verträge an der Festungen Statt, zu erzielen. Aber die anschwellenden Germanen hätten jene Beschränkungen auf die Dauer nicht einhalten *können*, selbst wenn sie würden gewollt haben.

Höchst bezeichnend für die Zustände ist es, daß stets unterschieden wird zwischen der germanischen Landnahme behufs fester *Niederlassung*, Ansiedelung, Häuserbau in Hof oder Dorfsiedlung *einerseits* und behufs bloßer Gewinnung weiterer *Weidegründe* für die Herden andererseits.

Immer wieder unterschieden die Römer das eine von dem anderen: schon unter Marc Aurel hatten die Germanen geklagt, daß die Kastellbesatzungen ebenso das Weiden der Herden wie den Ackerbau hinderten.

Und jetzt müssen sie sich verpflichten, jenen Abstand einzuhalten: Sowohl 1. mit dem Hausbau als 2. sogar mit dem Herdentrieb.

Deutlich zeigt dies, daß also auch diese Donausueben, die Stammväter der späteren *Bajuwaren*, damals schon keineswegs mehr unstete Hirten und Jäger sind[2], vielmehr feste Siedlungen, Dörfer, Häuser anlegen und, neben dem Weideland für ihre Herden, Ackerland brauchen, fordern, erhalten: wie hätte man ihnen auch nur für

---

1 Dies gegen Arnold, Urzeit O.
2 Vgl. v. Wietersheim-Dahn I, S. 553, Anm. 5.

VIERTES KAPITEL · DIE RÖMISCHE VERTEIDIGUNG   299

kurze Zeit Getreidelieferung auflegen können, wenn sie nicht sogar über den eigenen Bedarf Getreide erzeugten? Die Burier verschwinden seitdem aus der Geschichte. Wahrscheinlicher als unter den Goten sind sie unter den Markomannen und Quaden aufgegangen. Eine Gelübde-Inschrift eines Angehörigen der dritten Legion für glückliche Heimkehr aus dem „burischen Feldzug" ist erhalten.

Übrigens waren die von Marc Aurel und Commodus den halbunterworfenen und angesiedelten Germanen bewilligten Bedingungen sehr verschieden abgestuft: je nach dem Erfolg der römischen Waffen, je nach der Volkszahl, daher Verwertbarkeit als Söldner, auch nach der Nachbarschaft der Stämme: einzelne Gruppen erhielten sogar das römische Bürgerrecht, andere das italische Recht (jus italicum), daher Grundsteuerfreiheit: wieder andere wenigstens Erlaß der Kopfsteuer für Zeit oder für immer: neben den regelmäßigen Getreidelieferungen und Geldzahlungen Roms (zumal unter Commodus, nicht bloß Gold, auch Jahrgelder) kommt auch neben Waffenhilfe, Schatzung der Barbaren vor in Vieh, seltener in Gretreide oder Geld.[1]

Die Ansiedlung geschah auf fiskalischem Boden, oft auch in bisher herrenlosem, erst zu rodendem Grenzland.

Ob nach diesem Frieden im Jahre 180 (schon vor dem 22. Oktober 180 war Commodus wieder in Rom) und dem Triumph von 184 nochmal gegen die Barbaren an der Grenze Dakiens gekämpft werden mußte, oder ob diese Feldzüge, in welchen sich (die beiden späteren Kaiser) *Clodius Albinus* und *Pescennius Niger* auszeichneten, vor jenen Friedensschluß fallen[1], ist zweifelhaft.

Wohl schon im Jahre 180 dämpfte der Statthalter *Sabinianus* eine neu aufflackernde Kriegsgefahr dadurch, daß er dreizehntausend Daken, die, vielleicht vor anderen Völkern aus ihrer Heimat weichend, den noch kämpfenden oder eben erst beschwichteten Donaugermanen zu Hilfe ziehen wollten, den Weg verlegte und sie durch Ansiedlung im *römischen* Dakien beruhigte.

So endete der fünfzehnjährige „Markomannenkrieg".

Groß waren die Verluste der Germanen gewesen: aber sie wurden, aus den oft erörterten Gründen, rasch ersetzt: dagegen die ungeheuren Verluste der Römer[2] wurden nicht durch quiritischen Nachwuchs ausgefüllt, sondern durch massenhafte Aufnahme von Barbaren germanischen, sarmatischen, dakischen Stammes: die Barbarisierung des Heeres und der Ackerbauer des Flachlandes macht reißende Fortschritte.

---

1 Lampridius, v. Commodi K. 13 unterscheidet die Zeiten nicht.

2 Rom hatte vor der Belagerung von Aquileja zwanzigtausend Tote in *einer* Schlacht; die Zahl der Gefangenen wird im ganzen auf dreihunderttausend geschätzt: hundertunddreiundsechzigtausend sind aufgezählt: dabei fehlen die der Markomannen, die wir, den quadischen entsprechend, auf fünfzigtausend anschlagen: die Jazygen geben fünfzehntausend zurück: mehr als noch mal so viel behielten sie: zusammen dreihundertundneunzehntausend nach *römischen* Angaben. Nach Capitolinus, v. Marci K. 22 haben die *meisten* römischen Adelsgeschlecter *mehr* als ein Familienglied in diesem Krieg als Tote verloren.

Fünftes Kapitel

Die römische Verteidigung: vom Ende des Markomannenkrieges bis auf Diokletians Reichsteilung

Unter Commodus kam es auch zum Gefecht mit den „überrheinischen" Friesen, durch deren Zerstreuung sich Albinus ebenfalls hervortat. Münzen des Commodus vom Jahre 186, welche ihn zum achten Mal Imperator nennen, werden auf diese Siege bezogen.

Unter den Gegenkaisern, die auf Commodus folgten – sein Nachfolger, Helvius Pertinax, war von *Taufius*, einem *Tungern*, ermordet – behauptete der von den Legionen des „germanischen (Donau-)Heeres" zu Carnuntum erhobene *Septimius Severus* das Reich.

Er fügte zu den dreißig vorgefundenen Legionen drei neue: die „(erste bis dritte) drei parthischen".

Seine Unternehmungen in Britannien stützten sich auf die batavische Küste: an der alten Mündung des Rheins unterhalb Leydens; die „batavischen Bürger, die Brüder und Freunde des römischen Volkes", weihten ein Gelübde für seiner beiden Söhne, *Geta* und *Caracalla*, glückliche Reise und Wiederkehr.

Auf ihn wird die Gründung oder Verstärkung von *Passau* zurückgeführt, und zahlreiche Meilensteine zeigen seine Sorgfalt für Erhaltung der Alpenstraßen und der Wege im Zehntland, in Noricum, Vindelicien (bei Augsburg), Rätien.

Es mochten wohl die Bewegungen der in jenen Gegenden unter dem Namen der *Alemannen* gleich nach seinem Tod zuerst auftretenden suebischen Völkerschaften die Merksamkeit des Kaisers auf sich gezogen haben. Aber auch die Besatzung von *Dakien* verstärkte er, indem er aus Mösien die V. Legio macedonica nach *Patavissa* (heute Tharda) verpflanzte, welchen Ort, unter Trajan noch ein offener vicus, er befestigte und zur Kolonie erhob.

Im Jahre 213 ging sein Sohn und Nachfolger *Caracalla* über die Alpen und bekämpfte das von Cassius Dio irrig den Kelten zugeteilte Volk der „*Cenni*":[1] man nimmt schon lange vielfach und doch wohl mit Recht an, daß darunter die *Chatten* zu verstehen sind, deren Namen die griechischen Abschreiber ebenso entstellt haben wie sie aus Άλαμαννοί Άλβανοί machten.

Diese Feinde fochten mit solcher Erbitterung, daß sie die Pfeile der osrhoenischen Bogenschützen mit den Zähnen aus ihren Wunden zogen, um nicht die Hände

---

1 Cassius Dio O. S. 293, 14 πρός τινας Κέννους, Κελτικόν ἔθνος. Die exc. peiresc. gewähren Χάττων. Dindorf liest aber Κέννους; zweifellos ist die Sache keineswegs, wenn auch „Kennen" sonst nicht genannt werden; die keltischen „Kennen" werden von den an dieser Lesart festhaltenden Forschern in die Berge bei St. Gallen verlegt: ohne jeden Anhalt. – Über die mutmaßliche Marschrichtung: Aquileja ers aber S. 553 f. über die nördlich von Augsburg und Regensburg, nördlich der Donau zwischen dieser und dem Limes laufenden Straßen, deren Vereinigung bei *Grinario* und Fortsetzung über *Samolucene* und *Arae Flaviae* nach *Vindonissa*, für die Vermutung „Chatten" spricht wenigstens der Umstand, daß Caracalla in diesem Feldzug die „Alemannen am Main" bekämpft, deren Nachbarn die Chatten waren: die Straßen aus dem Alemannengebiet nach Gallien führten den Kaiser in chattische Gaue.

von dem Kampfe gegen die Römer ruhen lassen zu müssen. Ihre gefangenen Frauen, vom Kaiser befragt, ob sie vorzögen, als Sklavinnen verkauft oder getötet zu werden, wählten den Tod, und als sie gleichwohl verkauft wurden, ermordeten sie sich sämtlich selbst, einige auch ihre Kinder.[1] Übrigens richtete Caracalla so wenig gegen sie aus, daß er es vielmehr mit großen Geldsummen von ihnen erkaufen mußte, daß sie ihn (über den Rhein?) nach „Germania" abziehen ließen und den Schein der Niederlage auf sich nahmen: ein freilich sehr zweifeliger Bericht.[2] Auch andere Germanen machten sich, nach der gleichen Quelle (Cassius Dio), seine Schwäche und Eitelkeit zunutze, in welcher er von Barbarenstämmen, die mit Krieg drohten, mit großen Geldsummen den Frieden erkaufte, wobei sie sich dann als Freunde oder gar als Unterworfene und Besiegte bekennen mußten, auf daß sich der Kaiser dieser Erfolge im Senat rühmen konnte.

Münze mit dem Bildnis von Kaiser Caracalla. Umschrift: M(arcus) AVREL(ius) ANTONINVS PIVS AVG(ustus) BRIT(annicus). Kupfer. Originalgröße. Berlin, königl. Münzkabinett.

Dies wird sogar von den an den Elbmündungen wohnenden Stämmen (also Chauken und Sachsen) berichtet, die damals schon die Küsten von Gallien und Britannien als gefürchtete Seeräuber bedrohten: er brauchte hochfahrende rauhe Worte, wenn sie um Frieden verhandelten: aber die Barbaren ließen sich seine Schmähungen gern gefallen, wenn sie die Fülle des Goldes sahen, die er an sie verschwendete.

Übrigens rühmte er sich nicht ohne jeden Grund, die alten römischen Künste, germanische Nachbarn untereinander zu entzweien, mit Erfolg gebraucht zu haben: so *Markomannen* und *Vandalen*, die bis dahin Freunde gewesen. An der Donau scheinen keine neuen Erhebungen der Markomannen und Quaden stattgefunden zu haben: letztere bewährten ihre Ergebenheit dadurch, daß sie ihren König *Gaiobomar* – doch wohl des geplanten Abfalls vom Bundvertrag – bei dem Kaiser verklagten[3] (und auslieferten), der ihn hinrichten ließ, oder doch der von den römischen Statthaltern von Dakien erhobenen Anklage und Verhaftung sich fügten. Von wem die Anklage ausging, wird nicht gesagt: das Wahrscheinliche bleibt doch, von den römischen Grenzbehörden, denen die geplante Empörung verraten war, worauf sie, etwa mit Hilfe der Friedenspartei, den Fürsten und seinen Anhang ergriffen: die Quaden hatten wiederholt ihre Könige nur unter kaiserlicher Bestätigung wählen dürfen (oben S. 173).

Einer der mitangeklagten und mitgefangenen Gefolgen des Königs hatte sich im Kerker erhängt: der Kaiser befahl, den Barbaren (d. h. doch wohl: den anklagenden Quaden), die Leiche mit Wunden zu zerfleischen, um den Schein zu erwecken, daß er

---

1 Man hat sehr mit Unrecht behauptet, solche „Wildheit" könne nicht germanisch sein – waren die Kelten etwa im Jahre 213 noch „wilder" als die Chatten? Ähnlich die Weiber der Kimbern.
2 Denn was ist unter Germania hier zu verstehen? Da er in dem (deutschen) Germanien stand, doch wohl die *römische* Provinz Germania; bei der Saalburg bei Homburg wurde ein römischer Votivaltar um 212 für Caracalla gefunden, *Brambach*, Inscr. Rhen. Nr. 1424.
3 So ist doch wohl die Stelle Cassius Dio 77, 300 (im Jahr 216) richtiger zu erklären. Könige I a. a. O. hatte ich angenommen, der Kaiser hätte selbst den Barbarenfürsten *bei dem Senat* verklagt und das von diesem gefällte Todesurteil vollstrecken lassen, was keineswegs, wie Quitzmann, Geschichte der Bayern, behauptet, ganz undenkbar gewesen wäre.

302 ZWEITER TEIL · WESTGERMANEN

hingerichtet worden, nicht freiwillig gestorben sei, „was bei diesem Volk als hoch rühmliches Ende gilt" und also dem treuen Mann nicht vergönnt werden sollte.

Unter diesem Kaiser wird zuerst (im Jahre 213, von Spartian) genannt der Name der „Alemannen", einer der großen Gruppen verbündeter, benachbarter, verwandter Völkerschaften, die später als „Stämme", als „Völker" erscheinen, nachdem die Sondernamen der einzelnen darunter zusammengefaßten Völkerschaften immer mehr zurücktraten hinter dem Gesamtnamen und allmählich auch die Grafen und Könige der einzelnen Gaue oder Völkerschaften beseitigt wurden von *einem* aus ihrer Mitte, der denn bei Franken, Thüringen, Burgunden und Alemannen, bei Bajuwaren als Volksherzog erscheint (wie schon viel früher bei Ost-West-Goten), während bei Sachsen und Friesen die uralte Zersplitterung in Völkerschaften und Gaue fortbesteht.

Die staatsrechtliche, verfassungsgeschichtliche Bedeutung dieser neuen Gruppen wird unten im Zusammenhang dargestellt werden: hier genügt die Bermerkung, daß diese Verbände kein Einheitsstaat, kein Bundesstaat, ja nicht einmal ein *alle* Staatszwecke *gemeinsam* verfolgender Staatenbund waren, sondern eine auf Nachbarschaft, Verwandtschaft, daher zumal gemeinsamen Götterdienst und wohl auch ausdrücklichem Vertragsschluß (siehe unten die Alemannen gegen Julian) ruhende Verbindung, die (außer zu gemeinsamen Opferversammlungen) regelmäßig zu gegenseitiger Waffenhilfe gegen Rom, aber auch gegen andere Feinde verpflichtet – wobei aber freilich oft genug einzelne Glieder der Gruppe begegnen, die, gewonnen, eingeschüchtert, gezwungen, die Waffenhilfe, die gemeinsame Kriegführung gegen Rom *nicht* leisten, sondern unbeteiligt bleiben, Sonderverträge mit dem Kaiser schließen.[1]

Die Alemannen werden gleich bei ihrem ersten Auftreten eine „volkreiche" *Nation* genannt: höchst lehrreich und sehr bedeutsam: denn die anwachsende Volksmenge eben hatte das Zusammenfließen der bisher getrennten Völkerschaften und Gaue bewirkt. Sogleich wird auch ihre wunderbar kämpfende Reiterei von den Römern gerühmt, wie später die der (alemannischen) Juthungen.[2] Gegen diese focht Caracalla glücklich in der Nähe des Mains: er nahm daher *neben* dem Titel „Germanicus" den Titel „Alamannicus" an: beide Namen wurden also damals unterschieden: unter „Germani" verstand man oft noch – wie ursprünglich – nur die Völker zwischen Rhein und Elbe: die (späteren) Sachsen (Cherusker, Chauken) und besonders (die späteren) Franken.

Den römischen *Feldherren* konnte freilich kaum entgehen, daß diese „Alemannen" nur ihre alten Feinde unter neuem Namen[3] waren und den anderen „Germanen" an Leibesart, Waffen, Kriegsweise, Verfassungs- und Wirtschaftszuständen ganz gleich. Aber nur selten erfassen die *Schriftsteller* diese Zusammengehörigkeit richtig: so glaubt Ammian im Ernst, die Burgunden seien *römischer* Abkunft.

---

1 Siehe über das Nähere meine Darstellung in v. Wietersheim I, S. 160 f., und unten: Franken im III. Band.

2 Aurelius Victor: Alemannos, gentem *populosam*, ex equo mirifice pugnantem prope Moenum amnem devicit.

3 *Baumann*, Forsch. z. d. Gesch. XVI: die hier vertretene Identität von Alemannen und Schwaben habe ich von jeher angenommen. Dagegen die Zurückführung des Namens auf „alah", „Heiligtum", und des Volkes auf die Semnonen ist gegen die viel mehr zusagende Erklärung bei Asinius Quadratus (universi, conjuncti viri) durchaus *nicht* aufrechtzuhalten.

FÜNFTES KAPITEL · DIE RÖMISCHE VERTEIDIGUNG 303

Nach den Auszügen aus Cassius Dio[1] erkaufte Caracalla den scheinbaren Sieg um Geld; aber Gefangene hatte er immerhin gemacht: denn Alemannen (doch wohl Gefangene) berühmten sich später, den Kaiser durch ihre Zauberlieder in Wahnsinn gesungen zu haben.

In dem Feldzug gegen die Alemannen ließ er sehr zahlreiche Kastelle anlegen an allen ihm geeignet scheinenden Orten: den neuen Ansiedlungen legte er dann von seinem Namen und Wesen abgeleitete Namen bei. Cassius Dio tadelt die Eitelkeit hierbei: die sehr ernste Bedeutung der Erweiterung oder Sicherung des Pfahlgrabens, die hierin aber doch auch lag, scheint er nicht zu verstehen. Und wenig treffend ist es, wenn er sagt, die Umwohnenden ließen es sich gefallen, „weil sie es nicht wußten oder meinten, er scherze". Wurden jene angeordneten Bauten *ausgeführt*, was freilich nicht gesagt wird, so konnten sie die umwohnenden Alemannen weder unbeachtet lassen noch für Scherz halten. Auch das folgende, was Cassius Dio berichtet, ist nicht leicht richtigzustellen. Da sich die Barbaren gegen jene Bauten so gleichgültig verhielten, „ergrimmte er gegen sie" und behandelte eben die, als deren *Bundesgenosse* er, zu ihrer Hilfe gekommen sein wollte, auf das feindseligste. Er berief ihre junge Mannschaft, wie zur Aufnahme in Solddienst, ließ sie auf ein Befehlswort umzingeln und auf ein Zeichen, das er den Schild erhebend, gab, sämtlich niederhauen, die „übrigen aber durch ausgeschickte Reiterei aufgreifen".

Da doch unmöglich dies Blutbad unter *römischen Ansiedlern* des Zehntlandes angerichtet wurde, muß man unter „Einheimischen" (ἐπιχώριοι), denen er als Bundesgenosse gekommen war, alemannische Gaue verstehen, die als Gränzer (sub foedere) dem Reich unterworfen waren und gegen andere Barbaren geschützt werden sollten: will man nicht des Kaisers Handlungen als die eines Wahnsinnigen unerklärt lassen, so muß man annehmen, daß er der Treue dieser alemannischen „Bundesgenossen" mißtraute.

Hielten die *Sueben* an der Donau Ruhe, so begannen gerade um diese Zeit die *gotischen* Völker, von denen *Vandalen*, zumal *Asdingen*, schon früher hier auftreten, immer mächtiger um sich zu greifen, Dakien zu beunruhigen und die Grenzen des Reiches bald auch in Asien zu bedrohen.[2] Um die Mitte des zweiten Jahrhunderts waren sie allmählich von den Ostseegegenden in langsamer Südwanderung bis an die Donaumündungen gelangt. Derselbe Kaiser, der zuerst mit *Alemannen* zu kämpfen hat, Caracalla, trifft zuerst auf seinem Zug in das Morgenland auf die Goten unter *diesem* Namen am *Pontus* (im Jahre 215).[3] Ihre Geschichte ist bereits dargestellt: doch muß hier erinnert werden, wie hoch bedeutsam auch für die westgermanischen Stämme die Bewegungen der Goten gegen das Römerreich wurden, die jahrhundertelang die Kräfte der Legionen stark in Anspruch nahmen.

Rasch, sehr rasch, schreitet seit Marc Aurel die Verwilderung der römischen Welt vor, wenn man aus den Kaisern auf das ganze Volk schließen darf: *Commodus* schon, noch viel mehr *Caracalla*, zeigen wieder Züge des Cäsarenwahnsinns, wie er seit Nero und Caligula selten geworden: neben den scheußlichen Ausschweifungen Ca-

---

1 Hrsg. v. Dindorf V, S. 213.
2 S. Könige II, S. 52 f. Oben I, S. 148. v. Wietersheim-Dahn, Geschichte der Völkerwanderung I, S. 135, 152, 158.
3 Spartianus, Caracalla K. 10. Nicht zum erstenmal *überhaupt*, nur an Pontus und Donau werden die Goten jetzt zuerst genannt: gleich von Anfang verwechselten die Römer die Goten mit den früher in denselben Ländern wohnenden Geten: siehe v. Wietersheim-Dahn I, S. 597 f.

304   ZWEITER TEIL · WESTGERMANEN

racallas begegnet uns als Anzeichen arger Entartung, daß er, Rom vermeidend – er berührte die Stadt Rom nur im Fluge manchmal – nicht nur um seiner Sicherheit willen sich mit den ihm durch Gold und Kunst, durch Annahme ihrer Gepflogenheiten gewonnenen Germanen, seinen „Löwen", umgab, sondern sich sehr gern als Germanen (wie auch in Abspielung seiner Alexanderkomödie als Makedonen) verkleidete, ja sogar die Germanen aufgefordert haben soll, wenn er ermordet werden sollte, ihn zu rächen, indem sie in Italien einbrächen und Rom, das ganz leicht zu erobernde Rom, zerstörten!

Man sieht, die Barbarisierung des Römerreiches wächst stark: schon verkleidet sich ein Kaiser als Germane: einige Jahre später besteigt vielleicht ein Germane, jedenfalls ein Barbar, der manchen als Germane galt, den Thron der Cäsaren.

„Er pflegte in den Donauländern sehr eifrig die Jagd, alle Arten wilder Tiere mit einer Hand fällend im Nahkampf (dadurch mag er der Germanen Beifall errungen haben): er soll *alle* dortigen Germanen gewonnen und sich befreundet haben, so daß sie ihm Hilfstruppen stellten und er die tapfersten und schönsten auslas und zu seinen Leibwächtern bestellte. Oft auch legte er die römischen Kleider ab und ging in germanischer Tracht, in Mänteln mit Silberzierat, und setzte auf das Haupt „blonde", nach germanischer Haartracht frisierte Perücken."[1]

„Nicht nur freie, auch unfreie (Skythen und) Germanen bewaffnete er und nahm sie in seine Umgebung auf, weil er ihnen mehr als den römischen Truppen vertraute: häufig verlieh er ihnen den Rang von Centurionen und pflegte sie seine Löwen zu nennen. Mit den Gesandten dieser Völker, so viele ihrer kamen, hielt er öfter Zwiesprache ganz allein, nur im Beisein der Dolmetscher, und schärfte ihnen ein, wenn ihm etwas zustieße, in Italien einzubrechen und das ganz leicht zu nehmende Rom zu erobern."[2]

Auch im Morgenlande trug er später germanische Kleider und Schurzfell. Darüber freuten sich die Barbaren und gewannen ihn sehr lieb. Daß sich aber auch die römischen Krieger darüber freuten[3], zeigt, wie weit wir schon von den Tagen des Germanicus entfernt sind.

Die Beruhigung der Donaustämme in den letzten Jahren war ohne Wirkung auf die Dauer[4], die Bekämpfung der Chatten und Alemannen ohne Erfolg gewesen: da die tief liegenden Ursachen, welche die Germanen über die römischen Grenzen drängten, ununterbrochen fortwirkten, konnten auch die Folgen nur auf kurze Zeit zurückgestaut, nicht unterdrückt werden.

Der dritte Nachfolger Caracallas, *Severus Alexander*, erhielt zu Antiochia, während er gegen die Perser zu Felde zog, von den Prokuratoren Illyriens die heftig bestürzende, schwere Sorgen weckende Nachricht, daß die Germanen Rhein und Donau überschritten hätten und das römische Gebiet verheerten; die Legionen würden in ihren Lagern an den Stromufern festgehalten und eingeschlossen, während die übrigen Scharen der Eingedrungenen über Dörfer und Städte sich ergössen: die *illyrischen* Stämme an der Grenze Italiens schwebten in nicht geringer Gefahr: erforderlich sei sein persönliches Erscheinen mit dem ganzen Heer, das er bei sich habe. Die

---

1 Herodian IV, 7, hrsg. von. J. Bekker. 1855.
2 Cassius Dio, hrsg. von Dindorf IV, S. 108.
3 Herodian. Das Gegenteil sagt freilich Cassius Dio.
4 Heliogabal, der zweite Nachfolger Caracallas, wollte die Markomannen bekämpfen. Lamprid. K. 9.

FÜNFTES KAPITEL · DIE RÖMISCHE VERTEIDIGUNG

Truppen versetzte diese Botschaft in Trauer, da sie hörten, wie über ihre Angehörigen durch die Germanen das Verderben kam. Der Kaiser aber und seine Freunde zitterten schon auch für Italien selbst.

Ausdrücklich bezeugt Herodian, daß man jetzt im Römerreiche die *von den Germanen drohende Gefahr als die größte erkannte*, als viel bedenklicher denn die Angriffe der Perser im fernen Osten. Freilich wird nur die größere Nähe dieser Feinde als Grund der größeren Gefahr angesehen: und zwar erkannte der Feldherrenblick der Römer richtig, von woher zunächst der Angriff der Germanen dem Reiche werde Verderben bringen: nicht im Nordwesten vom Rhein her und durch Gallien, sondern vom Südosten her aus den Donauländern, von wo auch wirklich später der Goten und Langobarden Einbruch in das Ostreich und nach Italien erfolgte: „nur die dünnen illyrischen Völkerschaften und ihr schmales, den Römern unterworfenes Land trennte im Süden Italien von den Germanen als anstoßenden Grenznachbarn."[1] Franken und Alemannen entrissen dem Reich doch nur die Außenprovinz Gallien: aber Westgoten und Ostgoten bedrohten Byzanz, gewannen Rom und Italien vorübergehend, Langobarden Italien für immer.

Münze mit dem Bildnis von Kaiser Severus Alexander.
Umschrift: IMP(erator) SEV(erus) ALEXANDER AVG(ustus). Kupfer. Originalgröße. Berlin, königl. Münzkabinett.

Bei dem Triumph über die Perser, den der Kaiser (September 233) hielt, rief ihm das Volk zu, daß es durch ihn Sieg über die Germanen erhoffe.

Er nahm in sein Heer viele Maurusier, Osrhoëner, Parther auf, treffliche leichte Truppen, zumal Bogenschützen, von denen man sich im kleinen Krieg in Überfällen, Plänklergefechten und Streitereien viel gegen die Germanen versprach, und zog (234) durch Gallien an den Rhein, dessen Verheerung durch die Überrheiner den Kaiser und den ganzen Staat schwer bedrückte. Eine Schiffsbrücke, die er schlug, sicherte den Übergang: auch von Gefechten berichtet Herodian – ohne den Ort anzugeben: vielleicht wurden nur die Eingedrungenen auf dem linken Ufer angegriffen: denn daß das Heer auf jener Schiffsbrücke wirklich übergegangen sei, wird nicht gesagt. Aber ungeachtet jener morgenländischen Truppen, die aus großer Entfernung auf die helmlosen Häupter und riesigen Leiber der Germanen, wie auf Scheiben, sicher treffend zielten, lieferten diese den Römern zahlreiche Gefechte im Nahkampf mit unentschiedenem Ausgang: ja so wenig hatte der Kaiser mit den Waffen ausgerichtet, daß er seinerseits Gesandte an sie abschickte, über den Frieden zu verhandeln: dabei versprach er, alle ihre Forderungen zu erfüllen und reichlich Geld zu spenden. „Denn der Kaiser wußte, wie geldgierig diese Barbaren immer wieder den Frieden um Gold den Römern verkauften, und wollte es versuchen, lieber die Ruhe von ihnen zu erkaufen, als sich auf das Wagnis weiterer Kriegsführung einzulassen.". Dieses Zeugnis des eifrig römisch gesinnten Herodian verrät, in wie bedenklicher Weise bereits das auch früher schon angewendete Mittel des Goldes nun schon seit geraumer Zeit gegen die Germanen gebraucht wurde: nicht mehr, Anhänger unter ihnen zu gewinnen, in inneren Kämpfen Römerfreunde zu unterstützen, auch nicht mehr in der Form von Jahrgeldern oder Naturalverpflegung oder Abtretung von Grenzländern gegen Kriegsdienste und Verteidigung dieser Marken werden ihnen römische Gelder, Güter, Länder zugewandt, sondern einfach und unverhüllt „ver-

---

1 Herodian VI, 7, hrsg. von. J. Becker S. 137.

kaufen" die Germanen, erkauft das müde Weltreich den Frieden, die Schonung durch die Waffen der Barbaren.

Das System – denn schon war es System geworden – verriet nicht nur in demütigendem Zugeständnis die Abnahme der Widerstandskraft des Reiches und erschöpfte seine sinkenden Mittel – es war deshalb vor allem verderblich, weil es geradezu eine Belohnung für jeden Raubzug versprach. Wie tief ist Rom gesunken seit den Tagen, da nur für die Auswetzung einer kriegerischen Scharte nicht weniger als acht Legionen bis an die Elbe zogen, da jeder Versuch, die Herrschaft Roms zu bestreiten, mit Ausmordung und Ausbrennung germanischer Gaue vom rechten Rheinufer bis über die Weser geahndet wurde, da kein Walddorf im innersten Germanien mehr sicher schien vor den Beilen der Liktoren.

Münze v. Kaiser Maximinus.
Umschrift: VICTORIA GERMANICA: Im Abschnitt: SC. Kupfer. Originalgröße. Berlin, königl. Münzkabinett.

Wie gefährlich das System der Jahrgelder freilich wirkte, gerade weil es Preise auf Bedrängung der Grenzen setzte, zeigt sehr treffend die Forderung der (getischen) *Carpi*, die „Jahrgelder" wie die Goten fordern, „da sie noch stärker als diese seien".[1]

Verhandlungen und Krieg am Rhein wurden aber unterbrochen durch des Kaisers Ermordung: die Soldaten – auch Unzufriedenheit mit seiner Untätigkeit gegenüber den Germanen wird neben anderen Dingen als Grund oder doch als Vorwand angeführt – erschlugen ihn[2] und erhoben (Frühjahr 235) auf den Thron den rohen, aber kriegstüchtigen Barbaren *Maximin*: er war ein Thraker.[3]

Der Barbar auf dem Thron der Cäsaren liebte und verstand den Krieg: er erfocht größere Vorteile über die Germanen, als die Römer seit geraumer Zeit gewonnen: um den Erfolg zu sichern, trat er mit der vollen Übermacht des Weltreichs auf; furchtlos überschritt er auf der von seinem Vorgänger geschlagenen Brücke den Strom, „das ganze Heer" aufbietend, eine große Truppenzahl, „ja beinahe die ganze Macht der Römer mit sich führend", darunter, noch verstärkt und geübt, die schon von Alexander verwendeten maurischen Speer- und Pfeilschützen, Osrhoëner, Armenier und Parther, leichte Truppen, geschickt zum Gefecht in aufgelösten Schwärmen.

Vor dieser erdrückenden Übermacht wichen abermals, wie schon zu Cäsars Tagen, die Germanen ohne Widerstand mit Weib und Kind aus den Dörfern und Höfen, aus dem bewohnten und urbar gemachten Land in die Wälder und Sümpfe: sehr weit, angeblich dreihundert bis vierhundert Meilen, drang der Kaiser in solcher Weise, ohne irgend auf Widerstand zu stoßen, in das Innere des Landes vor.

---

1 Und nicht immer wurden solche Forderungen der Barbaren so mannhaft abgewiesen wie damals die der Carpi durch den dux von Mösien Tullius Menophilos. Petrus Patricius exc. de legat. Bonner Ausgabe, S. 347, 348.

2 Über den Ort siehe v. Wietersheim-Dahn I, S. 185 (nicht in „Britannien", sondern: „in einem Dorfe Galliens, das vicus brittannicus hieß": Bretzenheim bei Mainz auf dem linken Rheinufer.

3 Capitolin nennt zwar seinen Vater einen Goten, seine Mutter eine Alanin: auch würde sich *Micca* auf gotisch *mikils*, groß (vgl. altn. miök, engl. much, schott. mickle, ahd. mihel) zurückführen lassen. Förstemann S. 928; aber die Beweise gotischer Abstammung sind doch allzu schwach; siehe v. Wietersheim-Dahn I, S. 185 f.

FÜNFTES KAPITEL · DIE RÖMISCHE VERTEIDIGUNG 307

Wir erfahren über die Richtung des Marsches nichts:[1] aber dreihundertundfünfzig Meilen würden ihn von Bonn in gerader Richtung nach Osten bis an das linke Elbufer nach Böhmen, in südöstlicher an die Donau bis Linz geführt haben (an einem Zug nach Nordosten, der ihn über die Elbe bis an die Oder würde gebracht haben, ist nicht zu denken).

Dieses ganze Gebiet verwüstete er: es war im Spätsommer, etwa im Juli oder im August: den das Getreide war in voller Kraft: in Germanien ist dabei nicht an Mai oder Juni zu denken, wie in Italien. Wir sehen also in großer Ausdehnung vom Rhein in das Innere das Land angebaut: im bestimmten Gegensatz zu Wald und Sumpf: also damals schon starke Rodungen[2] und zahlreiche Siedlungen: so große, so umfangreiche, daß neben dem griechischen Wort für „Dorf" auch das für „Stadt" auf sie angewendet wird: allerdings bestanden sie nur aus Holzbauten, wie sie die baumreichen Wälder in Überfluß gewährten: Herodian, der sagt, daß der Kaiser alle diese verlassenen Dörfer den Truppen zur Plünderung und Niederbrennung überwies, fügt erklärend bei: „höchst leicht zerstört nämlich das Feuer ihre Städte, die sie haben, und alle ihre Siedlungen: denn selten sind bei ihnen Steine oder gebrannte Ziegel: aber baumreich die Wälder: daher haben sie Überfülle von Holz: sie schichten und fügen es zusammen und bauen so zeltähnliche Holzhütten."

Immer weiter vordringend traf der Kaiser auf Herden in den Dörfern oder in den Waldverstecken, wo man sie verborgen: diese, wie andere Beute, auf die man stieß, ließ er durch die Truppen mit fortführen. Die Germanen aber hatten die ebenen und die „baumlosen Landstrecken" (d. h. also das gerodete Land) verlassen, hielten sich in den Wäldern verborgen und hatten ihren Aufenthalt in die Sümpfe verlegt, um dort zu schlagen und von dort aus Überfälle zu machen, wo die dichten Stämme und Gebüsche sie gegen Wurfspeere und Pfeile deckten, die gleich am Rande plötzlich tiefen Sümpfe den ortsunkundigen Römern gefährlich waren, während die Germanen, mit den Unwegsamkeiten und andererseits mit den Furten der Örtlichkeiten genau bekannt, ob sie auch bis ans Knie einsanken, leicht durchzulaufen verstanden: „haben sie doch auch große Übung im Schwimmen, da sie des Bades nur in Flüssen, nicht, wie die Römer in Wannen pflegen" (anders und gewiß richtiger als des Tacitus Germania).

„Auf solchem Boden nun wurden meist die Gefechte geliefert": – man sieht, die Germanen werden durch jeden Angriff im eigenen Lande notgedrungen auf die Waldschlachtkunst Armins, die Sumpfgefechte des Bataverkrieges hingewiesen.

Dabei war der riesige Thraker seinen Truppen ein glänzendes Vorbild der Tapferkeit. Der Bauernsohn der thrakischen Berge, der die Herden gehütet hatte, von gewaltiger Leibesgröße und Kraft, verrichtete viele Taten persönlicher Tapferkeit: sein barbarischer Heldensinn meinte, der Oberfeldherr müsse stets auch am Handgemenge teilnehmen. Einmal wichen die Germanen in einen ungeheuren Sumpf: die Römer zagten, die Verfolgung in diese verderblichen Schlupfwinkel fortzusetzen: da sprengte der Kaiser, allen voran, allein in den Sumpf und erschlug, obzwar das Pferd bis über den Bauch einsank, die widerstreitenden Barbaren, bis das Heer, in Scham, den Kaiser preiszugeben, der für seine Truppen kämpfte, Mut faßte und in

---

1 Es sind daher nur Vermutungen darüber möglich, welche Germanen – genauere Namen werden nicht genannt – getroffen wurden in den zweijährigen Zügen: man hat wohl zumeist an die Chatten und die Alemannen am Limes zu denken: bei Ohringen und Tübingen wurden Inschriften mit dem Namen Maximins aus den Jahren 237/238 gefunden.

2 Gegen Arnold.

308 ZWEITER TEIL · WESTGERMANEN

die Sümpfe nachdrang: beide Teile erlitten hier große Verluste, auch die Römer:
(eine Lücke im Text:) von den Barbaren aber blieb fast die ganze hier kämpfende
Macht auf dem Platze: der Kaiser hatte sich gewaltig hervorgetan: der Sumpf war
voller Leichen und Blut: (doch wäre er einmal in einem solchen Sumpf nahezu von
den Germanen umringt worden, nur mit Mühe klammerte er sich an sein Pferd und
wurde von den Seinen herausgehauen). Der Kampf des Landheeres in dem feuchten
Element glich fast einer Seeschlacht. Diese Schlacht und seine darin bewährte Heldenschaft verkündete er dem Senat und Volk nicht nur brieflich, sondern ließ sie in
mächtig großen Bildern verherrlichen, die vor der Kurie aufgestellt wurden, so daß
die Römer seine Taten nicht nur hören, sondern mit Augen sehen sollten. Auch in
späteren Zusammenstößen zeichnete er sich durch Tapferkeit im Handgemenge
aus: viele Gefangene und Beute (an Herden) wurden gemacht. Bei Annäherung des
Winters zog er nach Pannonien ab und verweilte in der dortigen Hauptstadt Sirmium.[1]

Schon im Jahre 235 nahm der Kaiser für sich und seinen Sohn den Beinamen
„Germanicus" an: in Pannonien erfocht er Vorteile über Sarmaten und Daken, daher
er sich und seinen Sohn „Sarmaticus" und „Dacicus" nennen ließ. Diese Unternehmungen gegen die Germanen und ihre Ostnachbarn währten vom Herbst 235 bis
Herbst 237.

Er rüstete zu Sirmium an der unteren Save (Petrovitz) zu einem neuen Feldzug
gegen die Germanen für das Frühjahr, und man schreibt ihm die drohende Berühmung zu, er werde, von der Donaulinie aus angreifend, alle Germanenstämme bis
an die Küste der Nordsee hin ausrotten oder unterwerfen: – Herodian meint, er
würde dieses Wort auch wahr gemacht haben und Capitolin fügt nur eine, freilich
verhängnisvolle, Bedingung bei: – „wenn nicht die Germanen hinter Ströme, Sümpfe
und Wälder geflohen wären": – ohne diese einzige Verbündete, die Natur ihres Landes, hätten allerdings die halbnackten Barbaren schon dreihundert Jahre früher der
Weltmacht Rom unter Julius Cäsar oder Drusus erliegen müssen.

Nachdem die alten Versuche, vom Westen und Norden her das Land zu bezwingen, aufgegeben waren, griff man also auf den Gedanken Cäsars zurück, vom Osten
her sich den Weg durch Germanien an den Rhein zu bahnen, nachdem die Donaugrenze als Ausgangsgrundlage wieder gesichert schien.

Der kriegerische Kaiser sollte aber keinen Feldzug gegen die Germanen mehr
leiten: zu Sirmium erhielt er die Nachricht von der Erhebung von Gegenkaisern, die
der Senat, dem thrakischen Barbaren von Anbeginn abgeneigt, anerkannte. In dem
nun folgenden Bürgerkrieg (im Jahr 238) zeigen die germanischen Söldner wieder
eine ähnliche schwerwiegende Bedeutung, wie schon in den Kämpfen zwischen
Otho, Vitelius und Vespasian: Maximin folgten zahlreiche Germanen, die er unterworfen oder in Freundschaft und Bündnis gewonnen – wir ersehen daraus, daß auch
dieser gewaltige Bekämpfer der Germanen sich doch keineswegs nur der Waffen,
sondern, gleich all seinen Vorgängern, auch kluger Verträge ihnen gegenüber bediente.

Zumal zahlreiche Reiter hatten ihm die Germanen gestellt: und diese warf er zuerst gegen den Feind: ihr Mut, ihre Kühnheit bei beginnender Schlacht sollte stets

---

1 Unerachtet des Ausdrucks ἐπανῆλθεν ἐς Παίονας darf man nicht annehmen, daß er von Pan-
nonien aus, muß vielmehr, abgesehen von anderen Gründen, schon wegen der erwähnten
Brücke, die nur die von Alexander hergestellte sein kann, daran festhalten, daß er über den
Rhein in Germanien eingedrungen sei.

FÜNFTES KAPITEL · DIE RÖMISCHE VERTEIDIGUNG 309

den ersten Stoß aufnehmen: „und wenn man auch dabei ein Wagnis übernahm –
leicht war der Verlust an Barbaren zu verschmerzen."

Aber auch einer seiner Gegner, *Maximus Pupienus,* der früher in Germanien befehligt und über unterworfene Germanen (am Rhein oder im Dekumatenlande oder
an der Donau) Amtsgewalt geführt hatte, verfügte über zahlreiche germanische
Hilfsvölker, die ihm von ihren Stammgenossen waren zugesendet worden, aus Wohlwollen wegen seiner tüchtigen Amtsführung.

Grausam in der Tat war das Los, das der heldenhaften Naturkraft der Germanen
auch damals durch Rom planmäßig bereitet war: die Gefahr war nicht gering, daß die
ganze überquellende Streitkraft des jugendlichen Volkes in wildem und für dieses
unfruchtbarem Landsknechttreiben von den Römern ausgenutzt wurde: man warf
ihre todverachtende Kühnheit zuerst gegen die feindlichen Lanzen und freute sich
zugleich über ihre Verluste und über ihre Erfolge.

Bei dem Eindringen in Italien – Maximin wollte dort seine Gegner aussuchen –
war Aemona (Laibach) ohne Widerstand besetzt, Aquileja jedoch leistete erfolgreich
Gegenwehr: der Gott der dortigen illyrischen Kelten *Belenus,* den Griechen und
Römer dem Apollo verglichen, ermutigte die Verteidiger.

Hier fanden gar manche germanische Reiter den Tod: unbekannt mit dem Ungestüm und reißenden Gefälle der italienischen Flüsse hatten sie sich, wie sie es an
den heimischen Strömen sanfteren Gefälles – (weshalb diese, meint Herodian, auch
leichter gefrieren!) – pflegten, samt den des Durchschwimmens gewöhnten Rossen
in den Timavus (?) geworfen und waren von seinen Strudeln fortgerissen worden.

Während der Belagerung der Stadt litt das Heer Mangel: unzufriedene Verschwo-
rene ermordeten den Kaiser samt seinem Sohn und der römische Bürgerkrieg wurde
dadurch beendet, daß auch das Heer des Erschlagenen die Gegenkaiser, *Pupienus*
und *Balbinus,* anerkannte.

Was aus den Germanen im Heer des Maximin wurde, wird nicht gesagt: wahrscheinlich zogen sie nach Hause, nachdem sie den Führer, in dessen Sold sie getreten, verloren. Wenigstens entließ Pupienus bei Aquileja, wohin er sich nach des Maximinus Tod begab, dessen Heer übernehmend, das noch übrige Heer zu den Völkerschaften (von welchen die Hilfstruppen waren gestellt worden) und in die eigenen
Lager, und nahm nach Rom nur die Prätorianer und die von Anfang ihm selbst zu
Hilfe gesendeten Germanen mit, denn er stützte sich besonders auf die Ergebenheit
dieser Söldner aus den Völkerschaften, über die er vor seiner Thronbesteigung als
Beamter mild und menschenfreundlich gewaltet hatte.

Aber gerade dies vermehrte die Erbitterung der Prätorianer gegen die vom Senat
ihnen aufgedrungenen Kaiser: eifersüchtig und argwöhnisch zugleich, wie schon die
Legionen des Vitellius gegen die Bataver, besorgten sie, daß diese Barbaren in Rom in
der Umgebung der Kaiser, so treu im Dienst als tapfer, ihnen entgegentreten würden, wenn sie offene Gewalt brauchten, und daß, wenn sie selbst durch eine List
entwaffnet werden würden, diese Germanen sofort verwendet würden, an der Prätorianer Stelle zu treten: endlich mahnte diese Meuterer, die Maximin verraten und
ermordet, im bösen Gewissen die Erinnerung, wie dereinst auch Severus jene Truppen, die seinen Vorgänger Pertinax ermordet, aufgelöst und entwaffnet hatte. Sie
suchten also günstige Gelegenheit, die Kaiser zu überraschen und zu verderben, bevor ihnen die Germanen zu Hilfe kommen könnten.

So warteten sie den Tag ab, da die kapitolinischen Spiele (Juli 238) die Bevölkerung Roms beschäftigten: plötzlich stürmten die Prätorianer gegen den Palast, beide
Kaiser zu ermorden. Diese hegten selbst Mißtrauen widereinander: jeder besorgte,

310 ZWEITER TEIL · WESTGERMANEN

der andere wolle die Alleinherrschaft an sich reißen, und dies vereitelte nun ihre Rettung und besiegelte beider Verderben. Denn als auf die Nachricht von dem Andringen der Prätorianer Pupienus in Eile die germanischen Hilfsvölker herbeirufen wollte, die, nahe in der Stadt, zur Hand und ausreichend stark waren, den Meuterern die Spitze zu bieten, hemmte ihn Balbinus halb: er witterte hierin einen listigen Streich des Pupienus, dem er die Germanen besonders ergeben wußte: er gab vor, die Prätorianer kämen nicht, sie beide zu verderben, sondern um den Pupienus zum Alleinherrscher zu machen. Während sie hierüber haderten, drangen die Meuterer ein und ergriffen ihre beiden Opfer, die sie auf die Nachricht, daß die Germanen in Waffen zu deren Schutz herbeieilten, nach den äußersten Mißhandlungen ermordeten. Auf die Kunde, daß die Fürsten, um derentwillen sie heranrückten, schon umgekommen seien, zogen sich die Germanen in ihre Lager zurück, da sie nicht für tote Männer einen zwecklosen Kampf beginnen wollten: in der Darstellung des römischen Griechen spielen diese Germanen bei dem ganzen widrigen Schauspiel die ehrenvollste Rolle.

Um diese Zeit, wohl unter der Regierung des nächsten Kaisers – der junge *Gordian*, bisher Cäsar, wurde nun zum Augustus ausgerufen – wird zum erstenmal genannt von einem Geschichtsschreiber[1] der Name der neuen Völkergruppe, die Gallien für immer den Römern entreißen und zum Gebiet eines Staates machen sollte, der, nachdem der Goten rasch verblühenden Reiche verwelkt, tatsächlich, endlich auch dem Namen nach an die Stelle des römischen Reiches im Abendland treten und der Träger der Geschichte in Europa bei ihrem Übergang aus dem Altertum in das Mittelalter werden sollte. Der Name der *„Friesen"* und *„Sachsen"* kam schon bei den ersten Berührungen der Römer mit den Germanen vor, der der *„Thuringi"* wenigstens in seiner älteren Form (*Hermunduren*), der der *Alemannen* wurde unter Caracalla gehört, die *Goten*, früher an der Ostsee, tauchen unter Marc Aurel am Schwarzen Meer auf: jetzt werden nieder- und mittelrheinische Völkerschaften (besonders Bataver, Sugambrer, Brukterer, Chamaven, Amsivarier, Chatten) als *„Franken"* zusammengefaßt: noch dauert es dreihundert Jahre, bis in den (aus den Markomannen, Quaden und anderen Donausueben hervorgegangenen) *Bajuwaren* das jüngste Glied in der Kette der großen deutschen Stämme Namen erhält.

Von dem späteren Kaiser Aurelian berichtet *Flavius Bopiscus*, daß er als Tribun der sechsten gallischen Legion die in Gallien eingebrochenen und die ganze Provinz durchschweifenden *Franken* bei Mainz – also doch wohl auf ihrem Rückweg – dermaßen getroffen habe, daß er siebenhundert tötete und dreihundert als Gefangene verkaufte, welcher Sieg, wie die früheren über Sarmaten, in Liedern seiner Soldaten gefeiert wurde.[2]

---

1 Denn die Peutingersche Tafel, welche nach Mannert, Abhandl. d. München. Akad. d. W. 1824, S. 11 f. unter Severus Alexander † 235 verlegt wird (v. Wietersheim- Dahn II, S. 334. 353, von Müllenhoff, die Weltkarte und Chorographie des Kaisers Augustus, Kiel 1856, allerdings erst nach dem Jahre 271), sagt bereits: Chamavi qui et Franci. Siehe über die Entstehung dieser neuen Gruppen einstweilen Dahn in v. Wietersheim I, S. 28, dann unten: III. Teil: „Franken".

2 Bopiscus, Aurelianus K. 7, hrsg. v. Peter II, S. 141, mille Sarmatas, mille Francos, semel et semel occidimus, mille Persas quaerimus. Andere verlegen dies Treffen schon in die Zeit von Severus Alexander 222–235, siehe v. Wietersheim-Dahn II, S. 335.

FÜNFTES KAPITEL · DIE RÖMISCHE VERTEIDIGUNG   311

Das Durchschweifen von *ganz* Gallien ist wohl Übertreibung. Der Ort der Schlacht – Mainz – bekundet in bedeutsamer Weise die Gegend, wo sie den Strom wieder überschreiten wollten, in die Heimat zu gelangen.

Dort, um Mainz nämlich, trafen die Ausbreitungsversuche der oberrheinischen und mittelmainischen Alemannen einerseits, der niederrheinischen und mittelmainischen Franken andererseits zusammen. Treffend sagt Hieronymus (Ende des vierten Jahrhunderts): das Gebiet der Franken liegt zwischen dem der Alemannen (Südosten) und der Sachsen (Nordosten).

Gordian wurde auf seinem Grabmal „Besieger der Perser, der Sarmaten, der *Goten und der Germanen*" genannt – der Sprachgebrauch, auch Goten unter dem Germanennamen zu begreifen, war noch nicht aufgekommen: „Germanen" nannte man bloß die rheinanwohnenden und vom Rhein her erreichten Völker, wie denn noch Prokop nur die Franken „Germanen" nennt.

Die nächsten Jahre hindurch waren die Kaiser wieder durch die Goten beschäftigt, die, mit nicht germanischen Völkern, den getischen[1] Carpi und den nur mit Goten oft gemischten Alanen[2], im Bund, unter dem alten weiten Gesamtnamen der „Skythen" bezeichnet, an der unteren Donau die Provinzen Dakien, Mösien und Thrakien beunruhigten: nach Maximins Tod wurde Istropolis (Istria) in Mösien von diesen „Skythen" zerstört.

Balbinus sollte gegen Goten und Sarmaten zu Felde ziehen, Pupienus gegen die Perser: ihre Ermordung hemmte die Pläne: Gordian nahm 242/243 auf dem Zug gegen die Perser den Weg durch Mösien und Thrakien, die er von Sarmaten und Goten säuberte, jedoch nicht ohne durch die Alanen bei Philippopel in Thrakien eine Schlappe zu erleiden.

Sein Nachfolger Philippus hat die über die Donau gedrungenen „Skythen" zu bekämpfen.[3]

Der König der Ostgoten, *Ostrogota,* aus dem Haus der Amaler, löste das lange Zeit[4] friedliche Verhältnis zu Rom wegen Vorenthaltung der vertragsmäßigen Jahrgelder, d. h. wohl meist *auch* Getreidelieferungen: er verheerte Mösien und Thrakien.[5]

In die Jahre 242–244 verlegt man die (von Bopiscus, Aurelian 16) berichtete Abwehr eines Einbruches der *Franken* in Gallien durch jenen nachmaligen Kaiser: *zuerst* genannt werden die Franken in der *Peutinger*schen *Tafel,* die man meist unter Severus Alexander, also vor 235, ansetzt.

Decius, der spätere Kaiser, von Philippus gegen diese Ostgoten gesendet, richtete nichts aus, und da er die Soldaten an der Grenze wegen vernachlässigter Bewachung des Stroms strafte und entließ, gingen diese erbittert zu den Barbaren über: ein be-

---

1 Zeuß S. 697.

2 Dahn, Könige I, Anhang der Vandalen.

3 Unter ihrem „König" Argunthis: vermutlich ist dieser Argunthis identisch mit dem von dem Gotenkönig Ostrogota zum Heerführer ernannten Argait: da er neben diesem einen zweiten, Guntherich, bestellt, liegt vielleicht Namenverschreibung dieser beiden vor. Dahn, Könige II, S. 54. Zu diesen „Skythen" zählen wohl auch die Carpi, welche damals die Donauufer verheerten, aber vom Kaiser zum Frieden gezwungen wurden.

4 Vgl. Dahn O.

5 Er führte in seinen beiden Feldzügen übrigens außer seinen Ostgoten auch Scharen anderer gotischer Völker: der Taifalen, der vandalischen Asdingen, dreitausend Carpi und Peukiner (von der „Fichteninsel", Peuke am Ausfluß der Donau).

312 ZWEITER TEIL · WESTGERMANEN

deutsames Anzeichen der vorschreitenden Zersetzung des Reiches: diese Soldaten an der Donaugrenze waren übrigens wohl zum großen Teil selbst Barbaren.

So verstärkt und durch die Schilderungen dieser Überläufer von den Zuständen im Reich bewogen, unternahm Ostrogota einen zweiten Feldzug mit dreißigtausend Mann unter Zuziehung von *Taifalen, Asdingen, Peukinern* und (dreitausend) *Carpi*: unter den von ihm zu Feldherrn ernannten Edlingen *Argait* und *Guntherich* verheerten diese Scharen abermals die Donauufer, dann Mösien, belagerten Marcianopel, die Hauptstadt dieser Provinz (Preslaw in Bulgarien) lange Zeit und zogen nur gegen eine Loskaufsumme der Einwohner ab.

Ostrogota hob überhaupt die Macht der Ostgoten bedeutend, auch gegenüber den umwohnenden Germanen: er schlug die Gepiden, deren König *Fastida*, nach Besiegung der *Burgunder* und anderer Nachbarn, auch von den Ostgoten Landabtretungen verlangt hatte: auch bei der Wanderung und Ausbreitung *dieses* (gotischen) Volkes – wird wie bei der Geschichte *aller* dieser Stämme in jenem Jahrhundert – *Zunahme der Bevölkerung über das Maß der ursprünglichen Sitze hinaus, Mangel an Raum und Nahrung für die wachsende Volkszahl als treibender Beweggrund ausdrücklich* angegeben: dies ist die geschichtliche Wahrheit: die durch die Sage ausgeschmückte leidenschaftlich patriotische Überlieferung der Goten kennt noch die wirklichen Gründe und verschweigt sie nicht völlig: aber sie rückt dichterisch, in volkstümlicher Verherrlichung, den Übermut des Gepidenkönigs, also den rein persönlichen Beweggrund, in den Vordergrund, die edle Mäßigung des Amalers, der nur gezwungen den pflichtwidrigen Krieg gegen die „Stammverwandten" aufnimmt, durch den Gegensatz desto günstiger zu beleuchten.

Der Gepidenkönig „sucht für sein wachsendes Volk weiteres Land zu gewinnen" (*crescenti populo dum terras coepit addere*): letzteres ist der wahre, der geschichtliche Grund, der „Übermut" nur die gotische Sage: auch klagt der Gepidenkönig nach dieser *gotischen* Überlieferung selbst, „daß rauhe Gebirge[1] und dichte Urwälder sein enges Gebiet einzwängen": d. h.: das Land ist wegen Unfruchtbarkeit und Enge ungenügend, das „wachsende Volk" zu verpflegen: er fordert Land, Raum für sein Volk, im Weigerungsfall droht er Krieg: also mit Gewalt zu nehmen, was er für sein Volk notwendig braucht.

Aus ihren alten nördlichen Heimatsitzen waren, wie die übrigen gotischen und nicht gotischen Germanen der Ostseegegenden, auch die Gepiden allmählich gegen Südost gewandert.

Erst nachdem sie die *Burgunder* und andere Völker besiegt (und, muß man hinzudenken, deren Gebiete wenigstens teilweise besetzt oder doch schatzungs-, d. h. getreidezinspflichtig gemacht), geraten die Wanderer in Nachbarschaft mit den Ostgoten.

Nur zögernd zieht nach der verherrlichenden Amalersage der König der Ostgoten das Schwert gegen die „Nahverwandten": geflissentlich bemüht sich die ostgotische Überlieferung, das erste Zerwürfnis ausschließend den Gepiden zur Schuld zu rechnen: zahlreich sind von da ab die Kämpfe zwischen beiden Vettern und Nachbarn: Ostrogota antwortet, „wie er steten Sinnes war", er verabscheue zwar solchen Krieg: hart und geradezu frevelhaft sei es, mit den Waffen Stammgenossen zu bekämpfen, die geforderten Landschaften aber trete er nicht ab.

Der Ort der Schlacht war bei der Stadt (oppidum) *Galtis* an dem Fluß *Aucha*:

---

1 Inclusum se montium queritans asperitate silvarumque densitate constrictum.

FÜNFTES KAPITEL · DIE RÖMISCHE VERTEIDIGUNG 313

lange wogte die Schlacht, bei gleicher Bewaffnung und Kampfesweise beider Parteien, unentschieden, bis die „gute Sache" und der „lebhaftere Geist" zu Gunsten der Goten den Ausschlag gegen die Gepiden gaben, deren langsame Schwerfälligkeit die Sage auch in ihrem Namen ausgedrückt finden wollte (I, S. 564): die Nacht trennte die Kämpfenden. König Fastida ließ seine Toten auf der Walstatt und eilte in die Heimat zurück: desgleichen taten die Goten, mit dem Abzug der Geschlagenen sich begnügend: die Heere waren also an einem zwischen den Gebieten beider Völker gelegenen Ort zusammengestoßen.

Auch die nächsten Ereignisse gehen von den Bewegungen der *Goten* aus, die um die Mitte des Jahrhunderts das *bosporanische* Reich sich unterworfen und so die nördliche Küste des Pontus gewonnen hatten. Von da aus überschritten sie nun nicht mehr bloß zu Land die Donau, sondern, als kühne Seefahrer, auf Schiffen der Bosporaner, erbeuteten Fahrzeugen der Römer, wie auf selbstgefertigten Segelbooten das Schwarze Meer: indem sie bald lediglich als See- und Landräuber, wie später Vikinger und Normannen, im römischen Europa und Asien Beute, bald aber auch, wie die mitgeführte große Zahl von Weibern beweist, dauernde Niederlassung unter römischer Oberhoheit suchten.[1]

König Ostrogotas Nachfolger überschritt im ersten Jahre der Regierung des neuen Kaisers Decius die, wie er wußte, übel bewachte Donau mit *zwei* Heeren: das eine sandte er zur Verheerung des flachen Landes aus, mit dem anderen von siebzig Tausendschaften – man sieht, wie die Heere der Germanen immer größer werden! – belagerte er selbst *Novi* in Untermösien: der dux des limes von Mösien, der spätere Kaiser *Trebonianus Gallus*, vertrieb ihn von da: hierauf wandte er sich gegen Trajans „Siegesstadt" *Nikopolis*: auch von hier verdrängt, überschritt er den Balkan (Haemus, Haemoniae partes), drang in Thrakien ein, zog gegen *Philippopel*, schlug Kaiser Decius bei Beröa, daß dieser über das Gebirge auf das Heer des Gallus zurückfallen mußte und eroberte nach langer Gegenwehr jene Stadt, wobei angeblich hunderttausend Menschen – Soldaten und Einwohner – den Tod fanden.

Ohne Widerstand zu finden, verheerten nun die Sieger Thrakien und drangen in Makedonien ein – im Einvernehmen mit dem Präses dieser Provinz, *Lucius Priscus*, der den Kaisertitel annahm.

Der tapfere Kaiser Decius traf gegen diese fressende Flamme umfassende, wohlberechnete Maßregeln: die Barbaren sollten nicht nur zurückgetrieben, eingeschlossen und vernichtet sollten sie werden: dem ausgezeichneten Tribun *Claudius*, dem späteren Kaiser, übertrug er, den Thermopylenpaß zu halten und so den Peloponnes zu decken: zweihundert Legionäre aus der nahen Provinz Dardanien, hundert Schuppengepanzerte, hundertundsechzig Reiter, sechzig kretische Pfeilschützen, tausend gut bewaffnete Rekruten wurden diesem als Verstärkung geschickt.

Den Rückweg sollte den Goten Gallus durch Besetzung der Donaupässe[2] (und Furten?) abschneiden: er selbst führte die Hauptmacht zum Angriff gegen die Barba-

---

1 S. oben I, S. 228. Dahn, Könige II. v. Wietersheim-Dahn I, O. Obzwar schon I, S. 228f. kurz berührt, müssen diese gotischen Bewegungen doch hier, im Zusammenhang der germanischen Gesamtbewegung, beleuchtet werden: einerseits überschritten die Donau nicht nur Goten: andererseits müssen diese Kämpfe gegen die Ostgermanen und das rasche Sinken der Widerstandskraft des Reiches an der Donau gegen Ende des dritten Jahrhunderts voll in Anschlag gebracht werden, um die Ereignisse am Rhein zu erklären. Man zählt von Valerian bis Claudius acht größere Goteneinbrüche, kleinere Unternehmungen ungerechnet.

2 Zofimus O. nennt fälschlich Tanais statt Ister.

314   ZWEITER TEIL · WESTGERMANEN

ren: ob die Erfolge, die Zofimus und die Münzen dem Kaiser über Germanen (victoria germanica) und Carpen (victoriae carpicae) zuschreiben, die Befreiung Illyricums und die Errettung Dakiens rühmend (Dacia felix, restitutor Illyrici), in diese Zeit oder nicht vielmehr in frühere fallen, ist zweifelhaft: fest steht, daß Decius, nachdem er (angeblich, nach Zofimus) die erste und zweite Schlachtreihe der Feinde geworfen und die dritte, wie man glaubte, auf verräterische Ratschläge des Gallus, mitten in Sumpf und Moor angegriffen hatte, samt seinem Sohn und dem größten Teil des Heeres Sieg und Leben verlor (im Jahre 251).[1]

Gallus schwang sich auf den leeren Thron und schloß sofort, sei es nach früherem geheimen Einvernehmen, sei es durch die Kriegslage gezwungen, einen für die Goten sehr günstigen Frieden, der ihnen nicht nur freien Rückzug über die Donau mit aller unermeßlichen Beute, zumal „mit den vielen vornehmen zu Philippopel gefangenen Römern gewährte, sondern obendrein durch Jahrgelder Schonung für die Provinzen abkaufte".[2]

Auch wenn nur Jahr„gelder" genannt werden, sind wohl meist jährliche Naturallieferungen (annonae), zumal an Getreide, mit zu verstehen: auch das Geld aber wurde von den Germanen größtenteils zum Ankauf von Getreide wie von anderen Lebensmitteln (Wein) verwendet: deshalb bedingten sie sich so oft das Recht, die römischen Handelsstädte zu besuchen, besonders aus. Vieh boten sie umgekehrt den Römern zum Ankauf an: erst später und nach bedeutender Ausbreitung der Germanen über das Zehentland bis dicht an, ja über den Rhein, wird andererseits ihnen von Rom mäßige Getreidelieferung auferlegt, behufs Verpflegung der kaiserlichen Besatzungen in den Grenzkastellen: dieser Umschwung – Getreidelieferungen an Germanen jahrhundertelang, dann erst später von Germanen – bezeichnet höchst bedeutsam das Wesen der Wandlung, die sich in diesen Zeiten der „Völkerwanderung" vollzieht: dieser Umschwung bestätigt unsere Grundauffassung von Ursachen und Wesen jener Bewegungen als „Ausbreitung" wegen Raummangels im Übergang zu immer mehr seßhaftem Ackerbau.

Der so erkaufte Friede schützte jedoch Illyricum nicht: dieselben Goten, die ihn geschlossen, oder andere „Skythen", dann Boranen, Burgunden, Carpen ergossen sich abermals über die Donau und suchten die den Römern unterworfenen Völkerschaften auf dem rechten Ufer bis an das Meer hin heim: alle nicht befestigten Städte und auch ein großer Teil der befestigten wurden von ihnen erobert und geplündert. Ja, nicht einmal das Meer hielt sie ab: sie behaupteten, was sie in Europa erobert, setzten nach Asien über und plünderten alle Landschaften bis Kappadokien, Pesinus und 262/263 Ephesus.[3]

Da brachte der dux von Pannonien, Cajus Julius Aemilianus, Hilfe: er ermutigte seine verzagten Truppen, die den Kampf mit den Barbaren scheuten, der alten Römerehre sie gemahnend: überraschend fiel er über die Feinde in Pannonien her, bedrohte so den Rückzug und die Verbindungen der weiter Vorgedrungenen, überschritt sodann die Donau, griff die Angreifer im eigenen, von Mannschaft entblößten

---

1 Bei Abrutum, Abritum: der Ort wird sonst nirgends genannt: jedenfalls in Thrakien; Ende (November) 251? Könige IIm S. 54. Daselbst Quellen und Literatur. v. Wietersheim-Dahn I, S. 199–204.

2 Und doch wurde auch dieser Friede auf Münzen und durch triumphgleichen Einzug in Rom gefeiert!

3 Letzteres aber erst 262/263

FÜNFTES KAPITEL · DIE RÖMISCHE VERTEIDIGUNG   315

Land an, befreite so die gequälten Provinzen und wurde – zu seinem und des Reiches Verderben – von seinen Truppen zum Kaiser ausgerufen. Diese Dinge an der Donau und die Zerrüttung des Reiches wirkten auch auf die Verteidigung des Rheins. Gallus sandte den späteren Kaiser Cajus Publius Licinius *Valerianus* aus Italien nach Gallien, das Rheinheer über die Alpen zu führen, zur Abwehr *Aemilians*, der mit den Donauvölkern Friede geschlossen hatte und in Italien eindrang – wie dereinst in dem Kampfe zwischen Galba und Otho, Vitellius und Vespasian die Legionen, unter Entblößung Galliens und des Rheins, nach Italien waren abgerufen worden. Aber Gallus wurde von seinen eigenen Soldaten ermordet, Aemilian (Ende Mai 253) von diesen und dem Senat anerkannt: nicht aber von Valerian und dessen starkem Heer, das diesen in Rätien, auf dem Zuge nach Italien begriffen, zum Imperator erhob.

Aemilians Ermordung durch die eigenen Truppen (August 253) machte Valerian zum unbestrittenen Herrn: der Hochbetagte übertrug seinem Sohn *Publius Licinius Valerianus Gallienus*[1] die Mitregierung (im Jahre 255) und die Sorge für das Abendland, während er in das Morgenland zog, das er nur einmal (im Jahre 259) auf kurze Zeit wieder verließ: der leise Anfang einer Teilung des Reiches, wie sie später immer durchgreifender und endlich dauernd eingerichtet wurde.

Valerian war gegen die alten Feinde im Osten, die Perser, ausgezogen: aber alsbald fand er, daß die gefürchteten Goten nicht nur in Europa, auch in Asien bekämpft werden mußten. „Skythen", d. h. gotische Völkerschaften (und Boranen) hatten sich mit den Feinden Roms verbündet, segelten auf von diesen gelieferten Schiffen quer über den ganzen Pontus und bedrohten Pithyus (im Jahre 255): der dux *Successianus* verteidigte tapfer die starke Festung und wies sie unter bedeutenden Verlusten ab: als aber dieser, vom Kaiser zum Präfectus Prätorio erhoben, zu dem Heere gegen die Perser abberufen wurde, erneuten (im Jahre 256) Goten und Boranen, wieder mit Schiffen der Bosporaner, ihren Angriff, scheiterten zwar bei einem Versuch, den Tempel der *Diana*[2] am Ausfluß des Phasis an der Grenze von Kolchis zu plündern, eroberten aber diesmal, jene Schiffe bei sich behaltend, nicht, wie das erste Mal, nach der Landung nach Hause entlassend, Pithyus, vermehrten dort die Zahl der Schiffe und fuhren bei günstigem Sommerwind nach Süden gegen *Trapezus* (Trapezunt) auf der kleinasiatischen Seite, die sekundigen Gefangenen als Ruderknechte verwendend.

In diese bedeutende und einwohnerreiche Festung hatte sich aus der ganzen Landschaft alles Volk mit Hab und Gut geflüchtet: aber die Besatzung vertraute der starken doppelten Umwallung allzusehr, schmauste und zechte und besetzte nicht einmal ordentlich den Wall, so daß die Goten, auf Baumstämmen statt der Sturmleitern, zur Nacht die Zinnen erstiegen: die überraschte Besatzung floh, von Schrecken ergriffen, zu den entgegengesetzten Toren hinaus, die Widerstand Leistenden wurden erschlagen. Die Stadt mit ihren Tempeln wurde durch Feuer schwer heimgesucht und mit unermeßlicher, kostbarer Beute und zahllosen Gefangenen[3] zogen die Sieger auf ihrer starken Flotte unbehelligt nach Hause.

---

1 Über die Zeitfolge der Ereignisse unter Valerian und Gallienus siehe v. Wietersheim- Dahn I, S. 622. 630.

2 „Diana". In Wahrheit wohl die Rhea Kybele, siehe Bernhardt, Geschichte Roms 1867. I, S. 28.

3 So wertlos die Lebensbeschreibung des Bischoffs von Neocäsarea, der Hauptstadt von Pontus, durch Gregor von Rissa († circa 390) wegen der Kirchenfabelhaftigkeit des Inhalts, die brieflichen Äußerungen des Augenzeugen und Zeigenossen (er starb circa 270) sind glaubhaft und charakteristisch. Ihn beschäftigten die Fragen über die Sünden, die seine Christen in

316 ZWEITER TEIL · WESTGERMANEN

Als andere benachbarte „Skythen" die heimgebrachten Schätze sahen, ergriff sie die Begier, Gleiches zu wagen und zu gewinnen; zuerst ließen sie sich Schiffe bauen von Kriegsgefangenen oder Überläufern, die der Mangel zu ihnen geführt. Dann aber gaben sie es auf, nach Weise der Boranen die lange, gefahrvolle Schiffahrt durch schon ausgeplünderte Landschaften zu unternehmen: sie warteten vielmehr den Winter ab (im Jahre 257 oder 258?), gingen dann über die (wohl gefrorene) Donau und zogen nun, den Pontus links westlich liegenlassend, gegen Süden auf dem Landweg stets an der Küste hin, an *Tomi* und *Anchialos* vorbei: so gelangten sie an den *„phileatinischen Busen"*, westlich von Byzanz.

Sie erfuhren, daß die anwohnenden Fischer sich und ihre Nachen in den benachbarten Seen und Meeren geborgen, bewogen sie durch Geiseln, sich und die Fahrzeuge zu stellen, bemannten diese mit ihrem Fußvolk und setzten so in kühner Fahrt nach Asien über: die weit überlegene Besatzung von *Chalkedon* zerstreute sich, von Schrecken ergriffen, in schmählicher Flucht, und die Barbaren bemächtigten sich ohne Schwertstreich der Stadt, ihrer Reichtümer, Waffen und anderen Vorräte. Von da zogen Sie gegen die große Hauptstadt von Bithynien, *Nikomedia*[1], deren vorgefundene Schätze die Barbaren mit Staunen erfüllten, obwohl die Einwohner auf die Kunde ihrer Annäherung mit aller wertvollsten Habe, welche sie fortbringen konnten, geflüchtet waren: darauf suchten sie das Gebiet von *Nikäa, Kius, Prusa, Apamea* in Bithynien heim und wandten sich westlich gegen *Kyzikos*: nur der durch Regengüsse angeschwollene Fluß *Rhyndakos*, dessen Überschreitung sie vergeblich versuchten, hielt sie ab: so nahmen sie ihren Rückweg auf der eben durchmessenen Straße, zerstörten dabei *Nikäa* und *Nikomedia* vollends durch Feuer, luden ihre Beute in Wagen und Schiffe und gelangten glücklich nach Hause (257? wohl richtiger 259).

Valerian erhielt diese Nachrichten zu *Antiochia* in Syrien: er bangte für Byzanz, wohin er eilig einen Befehlshaber sandte: er selbst kehrte mit dem Heer um, den Goten zu begegnen, und war schon nördlich bis nach Kappadokien marschiert (im Jahre 259), als er die Botschaft von deren Heimkehr empfing: er wandte sich nun wieder gegen die Perser, geriet aber (im Jahre 260) in Gefangenschaft, in welcher er bis zu seinem Tod schmachtete.

Während des Zuges Valerians nach Asien durch Illyricum und Thrakien zeichnete sich in Gefechten gegen Goten *Aurelianus* aus, der, den dux des Donaulimes vertretend, diese Mark wiederherstellte und reiche Beute unter die Soldaten und die viel geplünderten Provinzalen von Thrakien verteilen konnte: man sieht dabei, was allein man den Germanen abnehmen konnte: Rinder, Rosse, Sklaven und Freie als Gefangene. Welche stets wachsende Menschenmassen aber die Goten zu ernähren hatten, zeigt, neben ihren unaufhörlichen Feldzügen mit stets stärkeren Waffen, der hohe

---

Gefangenschaft durch Verzehrung von Opferfleisch oder den Göttern der Barbaren dargebrachte Opfer begangen; das notgedrungene Verzehren des von den Herren den Gefangenen vorgelegten Opferfleisches soll *nicht* als Sünde gelten; die Barbaren hatten Opferfeste nicht begangen. Dagegen eifert er wider jene, die ihre Habe durch „Goten und Boraden" verloren und sich nun schadlos halten wollen durch Unterschlagung und diebisches Behalten von Sachen anderer, die bei der allgemeinen Verwirrung in ihre Hände gelangt: weil Goten und Boraden ihnen Feindliches getan, wollen sie nun anderen gegenüber „Goten und Boraden spielen".

1 „Chrysogonos" hatte den Angriff auf Nikomedia geraten: wohl eher ein griechischer, mit dem Reichtum der Stadt vertrauter Überläufer, als ein Gote mit griechischem Namen.

Viehstand, den die ihnen abgenommene Beute darstellt und wobei zu erwägen ist, daß die Massen der Herden doch stets bei dem Angriff der Feinde in die Wälder und unerreichbaren Verstecke des Inneren fortgetrieben wurden: außer der erwähnten Bereicherung Thrakiens durch Beutevieh konnte Aurelian als Beuteteil des Kaisers *in eine einzige* Privatvilla abliefern: neben fünfhundert Sklaven zweitausend Kühe, tausend Stuten ins Palatium, zehntausend Schafe und, was für die *Armut* des germanischen Landes bezeichnend ist, fünfzehntausend Ziegen.

Diese Zahlen zeigen aber auch, welch ungeheuren Umfang die Großgüter (Latifundien) im Reich hatte, die nur von Sklaven, höchstens Kolonen bearbeitet, eine Hauptursache des *wirtschaftlichen* Niedergangs des Reiches waren, wie sie *gesellschaftlich* und *staatlich* dessen Untergang wie verursachen so bezeichnen: durch die schonungslose Aufzehrung des Standes freier Bauern von mittleren und kleinen Gütern: diese verderbliche Umwälzung vollzog sich in allen Provinzen fast ganz gleichmäßig an der Donau wie am Rhone und am Ebro. (Siehe oben I, Westgoten in Spanien.)

Aurelian verfügte über die dritte Legion (tertia felix) und achthundert Reiter in Schuppenpanzern (cataphracti): außerdem dienten unter ihm *germanische* Führer, die wir an der Spitze von Gefolgschaften oder Söldnern denken müssen: *Hartomund, Halidegast, Hildemund* und *Cariovisc* (Hariovisc, Chaviorist?): manche dieser Namen sind besonders bei Franken gebräuchlich: man wird daher annehmen dürfen, daß die von Aurelian in Gallien 256 bekämpften Germanen besonders Franken waren, von denen, nach Abschluß von Verträgen, manche Edle als Führer von Gefolgen, oder auch viele einzelne als Söldner unter ihrem tapferen Bekämpfer Dienste nahmen.

Münze von Gallienus.
Im Feld eine Victoria, die über die Weltkugel schreitet, unter ihr zwei Gefangene.
Umschrift:
VICT(oria)
GERMANICA.
Silber. Originalgröße.
Berlin, Königl. Münzkabinett.

Auch ein anderer nachmaliger Kaiser, *Probus*, zeichnete sich damals unter Valerian als Tribun im Kampfe gegen *Sarmaten* und *Quaden* in Illyricum aus: er zwang jene Barbaren fast ohne Kriegführung, ihre davongeschleppte Beute herauszugeben. Er hatte die Donau überschritten und, unter anderen tapferen Taten, einen Verwandten des Kaisers aus der Hand der Quaden befreit, wofür er in der Heeresversammlung, neben anderen reichen Ehrengeschenken (vier „hastae purae", ebenso viele „vexilla pura", zwei Mauerkronen, zwei goldene Armringe, eine goldene Halskette, eine fünfpfündige Opferschale), die Bürgerkrone erhielt. Auch gab ihm der Kaiser zu seinen Truppen noch die dritte Legion.

Während dieser Vorgänge im Osten war Gallienus an den Rhein geeilt, wo die germanischen Völkerschaften „heftiger als anderwärts" die Gallier bedrängten (im Jahre 256): er oder richtiger sein Feldherr *Postumus* (der volle Name lautet: Cajus Marcus Cassianus Latinius Postumus), ein Gallier von Geburt, bewachte, „soweit er es vermochte" (Zofimus), die Rheinübergänge, verwehrte den Angreifern den Übergang und stellte den Feinden, wenn sie gleichwohl herübergedrungen, die Truppen in Schlachtordnung entgegen: von einem Angriffsstoß über den Rhein hinüber ist nicht die Rede, obwohl die Münzen drei Siege unterscheiden und beide Kaiser den Titel „Germanicus Maximus" annahmen.[1] Postumus aber wurde im Jahre 255 oder 256 zum „praeses" von Gallien und dux des „limes transrhenanus" bestellt.

---

[1] Auch Eutrop. IX, 6 und Aurel. Vict. K. 33 sprechen nur von Siegen in Gallien und tapferer Fernhaltung der Germanen *von* Gallien. Man verlegt diese Kämpfe in das Moseltal, Trier,

318 ZWEITER TEIL · WESTGERMANEN

Auf die Nachricht von dem Geschick Valerians in Persien erhoben sich gegen Gallienus allmählich so viele Anmaßer und Gegenkaiser, daß man dieselben unter dem in jedem Betracht unpassenden Ausdruck der „dreißig Tyrannen" zusammengefaßt hat.[1] Zugleich benutzten die Barbaren an fast allen Grenzen des Reiches die ihnen wohlbekannte Verwirrung und Meisterlosigkeit zu verheerenden Einfällen: sie mochten – allerdings um zwei Jahrhunderte zu früh – das alte, schätzevolle Kulturreich als zerfallend, als nicht mehr verwehrbare Beute ansehen.

Den rings bedrängten Römern wenigstens machten die gleichzeitigen Angriffe der „Skythen" auf Illyricum, Italien, Gallien den irrigen Eindruck, als beruhten sie auf verabredeter Verbindung.

Gallienus eilte nach Italien, wo eingedrungene „Skythen" (Alemannen, Markomannen und andere Sueben) bis Ravenna streiften; man fürchtete, sie würden auf Rom marschieren: der Senat hatte neben der Besatzung der Stadt die wehrfähigen Bürger bewaffnet und den Barbaren entgegengeschickt: vor solcher Übermacht gaben diese zwar die Bedrohung der Hauptstadt auf, verheerten aber fast ganz (Ober- und Mittel-)Italien durch Streifzüge, wurden jedoch endlich bei Mailand von Gallienus geschlagen und aus der Halbinsel vertrieben.[2]

In Illyricum hatte Gallienus (in den Jahren 258–261) nicht nur zwei Gegenkaiser nacheinander zu unterdrücken, auch eingefallene „Skythen" zu bekämpfen: deren starkem Andrang dort zu begegnen, zog er einen Germanenkönig *Attali(iscu)us*, (wohl der Markomannen), durch Landabtretungen in Oberpannonien auf seine Seite, vermutlich den Vater jener *Pipa* (oder *Pipara*), die der Kaiser leidenschaftlich liebte: schweren Vorwurf machte ihm daraus das stolze römische Bewußtsein.[3] Dieser König kann nicht ohne Macht gewesen sein, da seit seiner Gewinnung die Gefahr sich minderte, von welcher der Kaiser bereits sehr stark bedroht gewesen war.

Aber alsbald wurde Gallienus nach Gallien zurückgerufen durch eine neue Empörung. Er hatte törichterweise das Land nicht dem verdienten Postumus, sondern seinem unmündigen Sohn *Saloninus* und dessen Hofmeister *Silvanus* übertragen: hierdurch schwer gekränkt trachtete *Postumus* nach dem Purpur (im Jahre 260). Der Knabe und sein Hofmeister verlangten die Auslieferung der Beute, die Postumus eingedrungenen Germanen auf dem Rückzug wieder abgenommen und unter seine Truppen verteilt hatte: die erbitterten Krieger verweigerten den Gehorsam und riefen ihren Feldherrn, der dies geschickt so eingeleitet, zum Kaiser aus: und der geborene Gallier behauptete in Selbständigkeit nicht nur seine Heimatprovinz, auch Britannien und Spanien bis 267: diese Länder bildeten seitdem bis auf Aurelian eine

---

Luxemburg, wo viele Münzen aus dieser Zeit gefunden werden. Bernhardt, Geschichte Roms von Valerian bis Diokletians Tod. 1867. I, 20. Auch der spätere Kaiser Aurelian scheint damals in Gallien (bei Mainz?) sich ausgezeichnet zu haben. Bopiscus, Aurelian. K. 9, wo ihn Valerian den „Befreier Illyricums, den Hersteller Galliens" nennt.

1 Weder waren es dreißig, noch empörten sie sich gleichzeitig, noch galten sie alle als „Anmaßer". Vgl. Hoyns, Geschichte der sogenannten dreißig Tyrannen.

2 Im Jahre 258–260, nicht, wie Hieronymus in seiner Chronik 261–262. Vg. v. Wietersheim-Dahn I, S. 555.

3 Trebellius Pollio, Saloninus K. 3: quam is perdite dilexerat (Peter: dilexit), Piparam nomine, barbare regis filiam. Aurelius Victor K. 33: Gallienus expositus Saloninae coniugi atque amore *flagitioso* filiae Attalisci Germanorum (epitome: Marcomannorum) regis; auch Trebellius Pollio trig. tyr. K. 3 wirft ihm die Liebe zu der barbara mulier vor. Attaliscus kann auf atta, Vater oder athal, edel zurückgeführt werden. Förstemann S. 132. Daß Pipara nicht des Kaisers *Gattin* war, siehe Tillemont S. 898. Seine Gemahlin war *Salonina*.

FÜNFTES KAPITEL · DIE RÖMISCHE VERTEIDIGUNG

getrennte Gruppe unter besonderen Kaisern: die Bewegung wurde von dem Haß der Gallier gegen den Kaiser und der Liebe zu ihrem Landsmann getragen, der als Hersteller Galliens gefeiert wurde: vorübergehend, d. h. doch auf sieben Jahre, gelang also nun die Errichtung eines selbständigen gallischen Reiches, wie es zu des Civilis Zeiten (oben S. 121 ff.) geplant wurde: und wie damals dies „Gallische Reich" die Bataver und die Überrheiner als Bundesgenossen gebraucht hatte, um sich gegen die römische Herrschermacht zu halten, so stützte sich jetzt diese gallische „Selbständigkeit" auf die Hilfe der Enkel und Nachfolger der Bataver: auf die Waffen der *Franken,* deren steigende Bedeutung gerade hieraus erhellt: ohne Zweifel waren die Germanen, mit welchen am Rhein seit dem Auftauchen des Frankennamens war gekämpft worden, (neben den Alemannen) eben die Franken gewesen: neben den gallischen Hilfsvölkern des Postumus werden ausdrücklich fränkische genannt:[1] dazu stimmt auch, daß nicht am Oberrhein gegenüber den Alemannen, sondern in der Nähe der (später sogenannten *Ufer-*)Franken[2] bei *Köln* die Erhebung des Postumus begann: er belagerte diese Stadt und erzwang die Auslieferung von Galliens Sohn, *Saloninus Gallienus,* und von dessen Hofmeister *Silvanus:* beide ließ er töten. Er verteidigte nun sein Gallien erfolgreich gegen die Germanen: seine Münzen von 262 bezeugen einen erheblichen Sieg über sie, vielleicht ebenfalls Franken, mit denen er sich nun in Soldverträgen verständigte.

Münze von Postumus. Auf der Vorderseite das Bildnis des Kaisers. Der Helm ist mit einem Widderkopf verziert. Umschrift der Rückseite: VIC(toria) GERM(anica), P(ontifex) M(aximus) TR(ibunicia) P(otestate) V. CO(n)S(ul) III. P(ater) P(atriae). Im Jahre 262 n. Chr. in Köln geprägt. Gold. Originalgröße. Berlin, Königl. Münzkabinett.

In den nächsten Jahren vermochte Postumus, von Gallienus wenig oder gar nicht behelligt, manches für Hebung der inneren Zustände Galliens zu wirken: z. B. für Sicherung und Belebung der Rheinschiffahrt: auch sein Münzwesen[3] war einigermaßen besser als des Kaisers.

Unter Gallienus (nach der Zeitfolge bei Eutrop IX, 6, wie es scheint, noch vor der Erhebung des Postumus) trugen die bis dahin selten genannten Franken ihren Namen auf kühnem Zuge von Niederrhein in die fernsten Provinzen des Reiches: sie drangen verheerend durch Gallien nach Spanien, hielten sich volle zwölf Jahre auf dieser Halbinsel (wohl 256–268), eroberten und plünderten (im Jahre 263) die Stadt *Tarraco:* ja ein Teil von ihnen setzte auf den in spanischen Höfen gefundenen Schiffen sogar nach Afrika über.[4]

---

1 Trebellius Pollio, Gallienus K. 7: quum multis auxiliis ... iuvaretur, Celticis ac Francicis.
2 Daher ließ Gallienus in seinem Scheintriumph auch angebliche Franken, nicht Alemannen, aufführen.
3 Siehe die Funde von Montroeul, Pogent, Bailleul, St. Gond bei Cohen V, s. 18–36, Eckhel VII, S. 444 f. Mommsen, Verfall des römischen Münzwesens in der Kaiserzeit, Berichte d. k. sächs. Gesellsch. d. w. Philol.-histor. Kl. 1851, S. 229–262.
4 Aurel. Victor de Caesar. K. 33: Ut Francorum gentes direpta Gallia Hispaniam possident vastato ac paene direpto Tarraconensium oppido *nactisque in tempore navigiis* pars in usque Africam permearet. Die hervorgehobenen Worte schließen die Annahme anderer aus, daß *dieser* Zug schon vom Rhein aus zu Schiff unternommen worden. – Auf *spätere* Fahrten mag vielleicht gehen Nazarius panegyricus Constantino Augusto dictus ed. Baehrens, Lipsiae 1874. Die Einnahme der Stadt bezeugt außer Eutrop. IX, 6 Orosius VII, 22.

320 ZWEITER TEIL · WESTGERMANEN

Noch im folgenden Jahrhundert erinnerten verödete Flecken und Dörfer in Spanien an diese Zerstörungen.

Gallienus erfocht zwar, zumal durch seine Feldherrn *Aureolus* und *Claudius*, vereinzelte Vorteile über Postumus: vermochte aber keineswegs ihn zu bezwingen: und da er seine Decennalien durch einen prahlerischen „Triumph" zu Rom feierte (im Jahre 263), mußte er, in Ermangelung von Gefangenen, eigene Soldaten als Goten, Sarmaten, Perser, Franken verkleidet aufführen lassen.

Nachdem jedoch Postumus durch Hilfe der Franken sich der römischen Gegner erwehrte, mußte er sein Gallien immer wieder gegen die germanischen Nachbarn verteidigen: denn wie vor zwei Jahrhunderten schon war Gallien auch jetzt unfähig, auf eigene Kraft gestützt zwischen Römern und den Germanen sich selbständig zu behaupten: es fragte sich immer nur, ob es jenen oder diesen als Beute zufallen werde: freilich war das Land nun nach sechs Menschenaltern völlig verrömert und eine Losreißung vom Imperium wurde nicht beabsichtigt: es zeigt sich nur schon jetzt die wenig später durchgeführte Neigung, richtiger Notwendigkeit, das große Weltreich in mehrere Teile unter besonderen Kaisern zu gliedern: so betrachtete man es vielmehr als „Herstellung der alten Sicherheit des Römerreiches", daß Postumus alle in Gallien eingedrungenen Germanen wieder entfernte: – also wohl auch die von ihm früher zu Hilfe gerufenen Franken: vielleicht sind aber darunter nicht die als Söldner geworbenen Franken, sondern nur solche Germanenscharen gemeint, die, um Beute oder gar um dauernde Niederlassung zu gewinnen, eingedrungen waren.

Diese Befreiung von den germanischen Drängern steigerte lebhaft die Liebe der Gallier für ihren Landsmann und Beherrscher.

Ja, Postumus legte sogar „auf barbarischem Boden", d. h. doch wohl auf dem rechten Rheinufer, einige Kastelle an: vermutlich zur Verstärkung oder Erweiterung des limes oder doch behufs Verteidigung der Rheinübergänge. Einzelne seiner Münzen und eine Inschrift legen ihm den Namen Germanicus Maximus bei.[1]

Wie beträchtlich unter Gallienus die Einbußen von Land an die Germanen gewesen, erhellt aus einem späteren Eingeständnis, das nicht um deswillen unglaubhaft wird, weil es allerdings die im Vergleich mit jener Zeit gebesserten Zustände den späteren Machthabern zum Ruhme rechnet: „unter Gallienus hatte der Staat an fast allen Gliedern Verstümmelungen erlitten ... (folgen Verluste im Orient) ...: verloren Rätien, verwüstet Noricum und die pannonischen Provinzen: selbst Italia, die Herrin der Völker, betrauerte die Zerstörung sehr vieler ihrer Städte".[2]

Durch einen neuen Angriff des Gallienus bedrängt, erhob Postumus den[3] zu ihm übertretenden kraftvollen Feldherrn *Marcus Piavonius Victorinus* zum Mitkaiser (im Jahre 265), schlug einen (im Jahre 266) zu Mainz ausgerufenen neuen Gegenkaiser *L. Aelianus*[4], wurde aber von seinen eigenen Truppen ermordet, weil er ihnen nicht nach dem Siege diese Stadt zur Plünderung überlassen wollte.

Sofort nach seinem Tod brachen die Germanen in plötzlichem Angriff ein, über-

---

1 Über den keltischen Gott Hercules *Deusonensis*, Hercules *Macusanus* auf Münzen des Postumus siehe die ältere Literatur bei Maskou S. 177.

2 Incerti panegyr. Constantio Caes. dictus K. 10, S. 139.

3 Mit nicht weniger als fünf Legionen (oder doch *Teilen* von solchen): 1. III. Flavia, X. Fetensis, XX. Valeria victrix, XXII. primigenia, XXX. Ulpia victrix, siehe Banduri I, 320. Eckhel VII, 455. Cohen V, 70.

4 Über diese Form des Namens (nicht Lollianus, Laelianus, Aemilianus und *nicht* eine *Mehrzahl* von Feinden als Träger dieser Namen) siehe Bernhardt I, 293 f.

FÜNFTES KAPITEL · DIE RÖMISCHE VERTEIDIGUNG 321

raschten die Kastelle auf dem „barbarischen Boden" und auch viele Städte Galliens, plünderten und verbrannten sie: Aelianus stellte sie alle wieder her, wurde aber ebenfalls von den eigenen Soldaten ermordet. Nachdem Victorinus und ein dritter Anmaßer, *M. Aurelius Marius*, das gleiche Ende gefunden (im Jahre 267), wurde (Anfang des Jahres 268) der Statthalter von Aquitanien, Cajus Pius Esuvius *Tetricus* zu *Burdigala* (Bordeaux), wie es scheint, halb gegen seinen Willen zum Imperator ausgerufen: er behauptete sich sechs Jahre als Herr des Westens, unterwarf sich aber 274 freiwillig Aurelian (siehe unten).

Während dieser Vorgänge in Gallien hatten nach Valerians Gefangennehmung unter anderen „Skythen" auch gotische Völker ihre Angriffe von den Donaumündungen aus auf Asien erneuert.[1]

In das Jahr 263 verlegt man die Eroberung von *Ephesus*, wobei der berühmte Tempel der Diana in Flammen aufging[2], und in das Jahr 266/267 das Unternehmen, das Syncellus nach Dexippus erzählt:

„Die ‚Skythen', in ihrer Sprache Goten genannt, setzten über den Pontus, landeten bei *Heraklea*, durchstreiften ganz Bithynien, (Klein-) Asien und Lydien, nahmen die bithynische Stadt *Nikomedia* und mehrere ionische Städte, befestigte und offene, aber auch Phrygien, Kappadokien, Galatien: bevor die endlich gegen sie anrückende Römermacht sie erreichte, schifften sie sich, wie es scheint, bei *Heraklea*, wo sie die Schiffe hatten warten lassen, dem Angriff ausweichend, ein und kehrten mit ihrer Beute über den Pontus in ihre Heimat zurück: doch fanden viele auf der See den Untergang durch Schiffbruch."[3]

Bald darauf (267) machten „Skythen", darunter Goten, neue Angriffe. „Skythen" segelten über den Pontus, liefen in die Donaumündung ein (es wird nicht gesagt, von wo sie herkamen: „Skythen", auch „Goten", wohnten ja auch an dem Nordrand des Schwarzen Meeres und ihre Flotten kreuzten sich, indem sie bald von Westen aus die asiatischen, bald von Norden aus die europäischen Küsten bedrohten), landeten, plünderten weithin auf römischem Boden, wurden aber von den Feldherren des Kaisers, *Kleodamus* und *Athenäus*, die dieser zur Befestigung und Verteidigung der Städte gesandt, zu Lande und auch in einer Seeschlacht[4] geschlagen, nachdem endlich Verstärkungen, vom Kaiser gesandt, eingetroffen waren, einmal dreitausend Mann: aber sie gelangten gleichwohl nach dem Peloponnes, wo sie *Korinth, Sparta, Argos* heimsuchten: darauf zogen sie durch ganz Achaja mit Brand und Verwüstung: von da, man sieht nicht, ob auf dem Landweg oder mittels der Schiffe, zuletzt über den Korinthischen Busen, nach Böotien: dann schweiften sie, immer weiter nach Norden dringend, durch Epirus, Böotien, Thessalien nach Makedonien, Thrakien, Illyricum und Mösien.

Ungefähr gleichzeitig (267) treten unter den Angreifern in jenen Gegenden zu-

---

1 Vgl. Gibbon I, 10, 361 bis 370. *Köpke*, S. 49, der zwischen 258 und 269 fünf Feldzüge nachweist, oben I, 229. v. Wietersheim–Dahn I, S. 208 f. 557. Dahn, Könige II, S. 54.

2 Damals oder im Jahre 258 (?) gleichzeitig andere Scharen, die sich bei der Belagerung von Anchialus (oben S. 208) der (nahen) „warmen Quellen erfreuen"? (wie schon die Teutonen bei Aquä Sextiä); gleichzeitig Angriffe auf Nikopolis, Thessalonich, Achaja?

3 Ob in einem unglücklichen Gefecht mit römischen Schiffen, ist nunmehr zweifelhaft: die Worte Trebellius Pollios O. 12, 179 (hinter „quamvis multi naufragio perierunt") „navali bello superati sint" sind eingeklammert und vielleicht später Zusatz, vgl. Peter zu dieser Stelle. Hierher bezog man die Münzen mit: Victoria Neptuni, Neptuno consul. August.

4 Eine Siegesmünze des Gallienus von 267 zeigt Neptun mit dem Dreizack auf das Vorderteil eine Schiffes tretend. Eckhel VII, 394.

322 ZWEITER TEIL · WESTGERMANEN

erst die *Heruler*[1] auf, die mit den übrigen gotischen Völkern von der Ostsee nach
Süden gezogen waren und an der *Mäotis* (dem Asowschen Meer) in den Pontus und
überraschten *Byzanz* und *Chrysopolis* auf beiden Gestaden des Bosporus.
Bald zwar wurden ihnen diese Schlüssel des Bosporus wieder entrissen (man muß also wenigstens vorübergehende Besetzung als gelungen annehmen) und sie wurden bis nach
Hieron, der Mündung des Pontus, zurückgetrieben. Aber schon am folgenden Tag
benutzten sie wieder günstigen Wind, durchsegelten den Bosporus ohne Widerstand,
landeten bei *Kyzikus* in Mysien, verheerten dies Gebiet, dann die Inseln Lemnos und
Skyros, wandten sich weiter gegen das Festland von Griechenland, landeten in Atti-
ka und bedrohten und eroberten *Athen*.[2] Zwar erlitten sie auf ungünstigem Boden,
durch Hinterhalt und Überfall der Athener unter Führung des *Dexippus*, der diesen
Feldzug beschrieb, wiederholt große Verluste: aber hier stießen sie, wohl nicht ohne
Verabredung, auf andere, von der Donau her eingedrungene Goten, die auch Illyricum bedroht hatten: daß ein solcher Weg, quer durch den ganzen Osten des Reiches,
zu Wasser und zu Land von plündernden Barbaren zurückgelegt werden konnte, ist
ein weiteres starkes Anzeichen des raschen Sinkens des Römerstaats.

Erst am Fluß *Nestus* (alias Nessus) erlitten sie durch den Kaiser, der aus Gallien
herbeigeeilt war und in Illyricum schon barbarische Haufen zerstreut hatte, eine
Niederlage: jedoch waren sie keineswegs vernichtet oder ungefährlich gemacht: vielmehr bewilligte man ihnen auch jetzt so ehrenvolle Bedingungen, daß z. B. einem
ihrer Heerführer, dem Heruler *Naulobad*[3], der mit den Seinigen sich ergab und in
römische Dienste trat, sogar die Würde des *Konsulats* verliehen wurde: seit dieser
Zeit werden Heruler besonders häufig unter den germanischen Soldvölkern des Reiches genannt.[4]

Auf diese Nachricht traten die übrigen „Schütten" den Rückzug an, durch ihre zu
einer Wagenburg zusammengeschobenen Karren sich deckend: sie nahmen über das
Gebirge *Gessakes* ihren Weg.

Eine unzweifelhafte Lücke im Text des Trebellius Pollio[5] – und zwar eine erhebliche – läßt hier den weiteren Verlauf nicht erkennen: doch steht so viel fest, daß
wenigstens ein Teil dieser „Skythen" glücklich nach Hause gelangte: vielleicht weniger durch Schuld des sie lästig verfolgenden Feldherrn *Marcian*, als deshalb, weil sein
Amtsgenosse, der spätere Kaiser *Claudius*, der ihnen den Rückweg hatte verlegen
wollen (im Jahre 267/268), vor Vollendung seines Planes von Gallienus nach Italien
abberufen wurde, ihm gegen den Anmaßer *Aureolus*, den früheren Statthalter von
Rätien, beizustehen. Während Gallienus diesen in Mailand belagerte, wurde er (März
268) ermordet. Aureolus vernichtete (im Jahre 268) *Marcus Aurelius Claudius*, der
ebenerwähnte kraftvolle Feldherr. Während dieser Wirren – übrigens nach wenig
beglaubigter Überlieferung – soll eine Schar Alemannen über die Alpen gestiegen
und bis in die Nähe des Gardasees gelangt sein: hier wurden sie angeblich von Claudius zerstreut: nur die Hälfte soll sich gerettet haben.[6]

---

1 Oben I, S. 561 und Könige II, S. 1.

2 Zweifelhaft, ob *damals* auch Korinth, Argos, Spart v. Wietersheim-Dahn I, S. 558.

3 Der Name fehlt bei Förstemann. Sollte Ναυλοβάτος verschrieben sein für Ναντοβάτος S. 717?
  vgl. nanthbad!

4 I, S. 561.

5 So jetzt Peter O. S. 85.

6 Mit Scharfsinn hat diese Nachricht aber auf eine Reihe von Verwechslungen zurückzuführen
  versucht Duncker, Claudius Goticus. Marburg 1868, S. 25 f. Anders noch Bernhardt I, S. 128.

FÜNFTES KAPITEL · DIE RÖMISCHE VERTEIDIGUNG 323

Claudius, ein Dardaner[1] (Bergvolk an den Nordhängen des Scardus [Schar Dagh], in Illyricum), eröffnet den Reigen der sogenannten „illyrischen Kaiser", d. h. der tüchtigen Männer, die, aus der noch wenig verdorbenen römischen Provinzialbevölkerung der unteren Donaulande hervorgegangen, durch kriegerische Kraft und männliche Wackerheit des Willens das sinkende Reich mit solchem Erfolg stützten, daß der unter Gallienus schon nahe scheinende Untergang noch auf zwei Jahrhunderte hinausgezögert wurde.

Nachdem Italien gesichert, mußte Claudius sofort wieder die Goten zugleich in Europa und Asien abwehren. Jene Goten, die im Jahre 267 der Verfolgung gegen Rat und Warnung des Claudius[2] entkommen waren, „hatten nach ihrer Heimkehr alle Stämme des Gotenvolkes („omnes gentes suorum" 1. c.) angespornt, römische Beute zu suchen". So brachen denn 268/269 die verschiedenen Völker der „Skythen": *Peukiner, Greutungen (d. h.* Ostgoten), *Tervingen* oder *Visi (d. h.* Visi-goti, *Westgoten), Gepiden* und *Heruler*[3], beutegierig in das römische Gebiet und verheerten es größtenteils, während der Kaiser in Italien beschäftigt war. Die Zahl der bewaffneten freien Krieger dieser eingedrungenen Völker wird auf dreihundertundfünfundzwanzigtausend Köpfe geschätzt: dabei waren aber jene Stämme genötigt, auch wenn sie nicht dauernde Sitze suchten, was bei manchen übrigens gewiß die Absicht war, Weiber, Kinder und Knechte mitzuführen: denn unbeschützt konnte diese nicht in den rings von anderen Barbaren bedrohten Sitzen belassen werden: *es verschwindet also hier, wie einst bei den Kimbern, Amsivarien und anderen, in gewissem Grade der Unterschied von wandernden Völkern und plündernden Heeren*: wir erinnern uns, daß schon unter Marc Aurel (oben S. 190) einmal ein solches Volk gerade in diesen Gegenden seine Weiber und Kinder, sogar einmal unter Obhut eines römischen Statthalters, zurückließ. So fügt denn Trebellius Pollio hier der angegebenen Zahl von Bewaffneten noch ausdrücklich bei: *„die Knechte, die Familien, den Karrenzug".* Die erstaunlich große Zahl der mitgeführten *Frauen* – und zwar *gotischer*, nicht etwa gefangener römischer – dann der Knechte, der Kinder, der Wagen steht fest:[4] sie muß irgendwie erklärt werden: die einzige sich darbietende Erklärung ist die Annahme, daß diese ohnehin für bloße Plünderer allzu ungeheuerlich starken Massen, zum großen Teil wenigstens, als *Wandervölker* gefaßt werden, welche die bisherigen Sitze

---

1 Er war bei seiner Thronbesteigung vierundfünfzig, nach anderen vierundvierzig Jahre alt und hatte schon unter fünf Kaisern gedient, 251 wurde er Tribun, 258 Befehlshaber des illyrischen Heeres; über die Quellen für die Regierung des Claudius siehe v. Wietersheim-Dahn I, S. 555 und Duncker O.

2 Trebellius Pollio, Claudius K. 6. Das Zahlwort „triginta" vor „illi Goti" ist wohl sicher zu streichen: vielleicht ist es ein freilich ungenaues Zitat: „ „sc. tyranni": nam ut superius diximus" („triginta", d. h. zur Zeit der „triginta tyranni").

3 Die Völkernamen an dieser Stelle sind stark verdorben, vgl. v. Wietersheim-Dahn I, S. 557. Bernhardt I, S. 130 f. „Peuci Trutungi" (Grutungi Müllenhoff in Haupts Z. IX, 134) „Austorgoti Virtinguisigypedes" (Tervingi, Visi, Gipedes Müllenhoff), „Celtae etiam et Eruli" („Celtae etiam" hält Müllenhoff gewiß mit Recht für Einschiebsel). Peter liest: „Virtingui (die aber sonst nicht genannt werden) Sigypedes". Ich folge M. (wie Jordan und Eyssenhardt in ihrer Ausgabe der scr. hist. aug.), obzwar Visi für Visigoti (damals) auffällt. Die Trutungi hat als Grutungi schon Salmasius richtig erkannt, aber er hält sie fälschlich für die Pruthingi des Zofimus; ebenso die Virtungi für die Vithungi des Apollinaris Sidonius und für die Juthungi; unter den Celtae wollte er die thrakischen Keletae am Hämus gemeint wissen; die Gepiden werden hier zuerst genannt. – Über Peukiner (im Donaudelta) und (*ungermanische*) *Bastarnen* (im Gebiet vom Prut und Sereth) siehe Dahn, Bausteine II „Tungern und Bastarnen".

4 „trecenta viginti millia armatorum fuerunt, adde servos, adde familias, adde carraginem."

nördlich und westlich des Schwarzen Meeres endgültig zu verlassen durch Hunger oder durch andere Völker gezwungen worden waren: sie suchten offenbar südlich, im römischen Gebiet, *Land* durch Gewalt oder Vertrag – eben *erzwungene* Verträge – zu gewinnen. Waren doch in solcher Weise seit des Decius Untergang so häufig eingedrungene Gotenscharen dauernd und seßhaft in römischem Gebiet niedergelassen, daß Aurelius Victor (K. 34) von diesen sagte: die lange Dauer habe die Goten fast zu Einwohnern des Reiches gemacht.

Wenn diese Massen auch nicht die „Flüsse leer tranken", mußten sie allerdings „die Wälder verbrauchen"; noch einmal kommt Trebellius Pollio auf den Wagenzug zu sprechen: „so ungeheuer, wie ihn eine so große Zahl von Bewaffneten herstellen konnte und mußte". Die Flotten der verschiedenen Schwärme müssen auf mehr als zweitausend Segel angeschlagen werden (obzwar die sechstausend bei Zofimus Übertreibung sind): denn zweitausend Schiffe wurden nach das Kaisers Bericht allein in Grund gebohrt: daß gar keine genommen, gar keine entkommen, ist nicht anzunehmen: Zofimus läßt die (auch ihm bekannte übertriebene Zahl) dreihundertundfünfundzwanzigtausend (oder dreihundertundzwanzigtausend) sämtlich *einschiffen*, wonach auf ein Schiff nur vierundfünfzig oder dreiundfünfzig Mann kämen: ein Teil der Angreifer kam aber offenbar nur zu Lande.

Diese Fahrzeuge hatten sie teils selbst, teils durch römische Gefangene gebaut, teils den Römern abgenommen: am Dniestr (Thras), wohl nahe seiner Mündung, war, wenn nicht die Baustätte, doch der Sammelort für Bemannung und Schiffe: es waren meist ganz leichte „Kamaren", mit zusammengezimmertem Bretterboden und mit Wänden aus bloßem Weidengeflecht; dies würde erklären, daß diese „Schiffe" etwa auch kurze Strecken auf den Wagen fortgeführt, die Weidengeflechte mit zur Wagenburg verwendet werden konnten (vgl. v. Wietersheim-Dahn I, S. 557).

Die Niederlage von 267 unter Marcian und Claudius kann also nicht so entscheidend gewesen sein, da der Erfolg der bisherigen Einfälle die übrigen Barbaren „ermutigte". Die „Skythen" neben den „Goten" und „Herulern" sind wohl meist ebenfalls (gotische) Völker, deren Zugehörigkeit zu den Goten nicht allgemein bekannt war. Man nannte die Seefahrer auch die „Mäotiden", weil einige, so z. B. besonders die Heruler, an der Mäotis wohnten: gerade sie waren auch sonst gefürchtete Seeräuber.

Sie liefen nun (269) von der Mündung des Dnjestr aus und segelten – der Dobrudscha galt der Zug – zuerst in südlicher Richtung an den Donaumündungen vorüber: von dem befestigten *Tomi* (heute Küstendsche) zurückgeschlagen, fuhren sie noch weiter südlich und liefen vermutlich in den Fluß *Panysus* ein: die Natur dieser Raub- und Wanderzüge zur See bringt es mit sich, daß damals von den Goten dasselbe Verfahren beobachtet wurde wie später von den Wikingern der Nordleute: sie liefen nämlich die Ströme hinan, landeten an geeigneter Stelle, durchzogen heerend das Flachland und kehrten, zumal wenn sie von den festen Städten abgewehrt waren, auf die harrende Flotte zurück. So landeten sie auch hier und machten einen Versuch auf *Marcianopel*, die Gründung Trajans (bei Barna) in „Mysien" (Mösien): abgewiesen, segelten sie mit günstigem Wind in die Propontis: hier erlitten sie bei der Einfahrt in dem engen Fahrwasser durch Strömung und Sturm, durch Zusammenstöße der wenig geschickten Steuerleute große Verluste an Schiffen und Menschen, wichen deshalb aus diesen gefährlichen Gewässern und wandten sich, nach vergeblichem Versuch auf *Kyzikus* (an der Stelle des alten Potidäa: die Befestigungen all dieser Städte waren schon von Trajan erneut, unter *Gallienus*, zuletzt noch im Jahre 266/267, durch hervorragende Baumeister aus Byzanz verstärkt worden), westlich durch den Hellespont, fuhren durch denselben quer bis an das Vorgebirge *Athos*, besserten

FÜNFTES KAPITEL · DIE RÖMISCHE VERTEIDIGUNG 325

dort im *Singitischen Golf* ihre geschädigten Fahrzeuge aus, drangen dann noch weiter südwestlich in den *Thermäischen* Busen, landeten und bedrohten die Städte *Thessalonika* und *Kassandria.*

Nicht geringe Ausrüstung und Kriegsfertigkeit dieser Unternehmungen beweist es, daß sie vermochten, Belagerungsmaschinen hierbei anzuwenden, durch welche sie beide Städte nahezu erobert hätten: aber auf das falsche Gerücht, daß der Kaiser zum Entsatz heranziehe[1], hoben sie die Belagerungen auf und teilten sich.[2]

Ein Haufen schiffte sich wieder ein und fuhr südlich in das Mittelmeer, dessen Inseln sie von *Kypros* und *Rhodos* im Osten bis *Kreta* im Westen heimsuchten, aber überall wurden sie zuletzt von den verstärkten Wällen der wohlvorbereiteten Städte abgewiesen: nur aus dem Flachland führten sie Gefangene fort. Seuchen und Hunger hatten sie geschwächt.

Wohin schließlich diese Flotten geraten, wie sie wieder heimgekehrt, wird wie gewöhnlich nicht berichtet.

Nach späteren ganz unglaubhaften Quellen, welche die Ereignisse von 267 hierher verlegen, hätten sie damals gleichwohl *Athen* erobert: sie wollten hier angeblich alle Bücher in der Stadt zusammentragen und verbrennen: auf den Rat eines Führers aber hätten sie den Griechen diesen gelehrten Tand gelassen, der sie von Waffenübung abziehe: letzteres weder Geschichte noch Sage, sondern unverkennbar erfundene Gelehrtenfabel.

Der Feldherr, der beauftragt gewesen, das Meer von diesen Seeräubern zu reinigen, war durch die Angriffe der *Zenobia* von *Palmyra*, der Witwe des *Odenathus*, auf Ägypten nach dem Orient abgerufen.

Ohne nennenswerte Erfolge kehrten diese Schiffe der Goten wieder um und die Bemannung erlitt, nachdem sie, wie es scheint, in Thrakien und Makedonien wieder gelandet (bis gegen Byzanz streiften einzelne Haufen), durch Seuchen fast aufreibende Verluste.

Ein anderer Teil zog, anfangs vielleicht ebenfalls noch zu Schiff, den Fluß *Axius* aufwärts, in das Innere des Landes, auf beiden Seiten des Flusses, östlich im Gebiet der Stadt *Doberus* und westlich in *Pelagonien*, alles verheerend (Zofimus O.): hier stießen sie auf die ausgezeichnete Schar der *dalmatischen* Reiter und verloren dreitausend Mann, zogen dann weiter nördlich, vielleicht immer noch auf dem Fluß Axius, durch die Landschaften *Päonien* und *Dardanien*, ferner, nun vom Fluß nach Nordosten ablenkend, nach *Obermösien*, wo ihnen endlich (269) bei *Naissus*[3] in Dardanien, der Heimat des Kaisers, dieser selbst entgegentrat. Hochherzig entschied er sich, vor allem der Gefahr zu begegnen, die das *Reich*, nicht dem Anmaßer Tetricus in Gallien, der nur den Kaiser feindlich bedrohe. Claudius wies daher den Hilferuf der von Tetricus bedrängten Stadt *Autun*, deren Besatzung sich gegen den Anmaßer

---

1 Dieser stand freilich noch fern, Rüstungen betreibend, wohl in Oberitalien an der Grenze von Illyricum: er hatte seinem Bruder *Quintillus* und dem im Kampf gegen diese Feinde schon ruhmvoll bewährten (späteren Kaiser) *Aurelian* den Befehl in Illyricum übertragen: zumal die Verteidigung der Balkanpässe gegen das Landheer der Barbaren.

2 So suche ich Zofimus mit Tebellius Pollio, Claudius K. 12 zu vereinbaren.

3 Heute *Rissa*: (unter dem Konsulat von Claudius und Paternus, also 269) in Serbien, fünfundzwanzig Meilen südlich der Donau: durch Illyricum d. h. über Bosnien und Serbien war sein Anzug wohl gegangen, an der Save, dann südöstlich (über Sophia) nach dem unteren Margus (Morama). „Seine Absicht dabei war offenbar, den Feind aus dem schwierigen Terrain des thrakisch-makedonischen Scheidegebirges hervorzulocken, um dann auf der serbischen Hochebene seiner Reiterei Gelegenheit zur Entfaltung zu geben". Duncker, Claudius S. 37.

erklärt hatte, zurück (siehe unten). Der mutvolle, aber nicht übermütige Herrscher hatte bei dem Aufbruch gegen diese Feinde ein Schreiben an den Senat gerichtet, das bezeichnend ist für den Mann und die Lage des Reiches: „Höret, versammelte Väter, die Wahrheit und staunet: dreihundertundzwanzigtausend bewaffnete Barbaren stehen auf römischem Boden: besiege ich sie, so dankt solchem Verdienst: siege ich nicht, so bedenkt, daß ich nach einem Gallienus gleichwohl zum Kampf entschlossen war. Erschöpft ist das ganze Reich. Wir haben zu kämpfen, nach einem Valerian, gegen Ingenuus, Regalian, Aelian, Postumus, Celsus und unzählige andere, die aus Verachtung gegen Gallienus sich empört hatten. Weder Schilde, noch Schwerter, noch Wurfspeere (pila) sind mehr Gallien und Spanien, die Hauptkraft des Staates, hat Tetricus, alle Pfeilschützen, schmählich zu sagen, Zenobia. Wenn wir irgend etwas ausrichten, ist es groß genug".

Münze von Kaiser Claudius Gothicus. Umschrift: VICTORIA GOTHIC(a). Kupfer. Originalgröße. Berlin, Kgl.Münzkabinett.

Diese männliche, aber durchaus nicht siegesgewisse Sprache wurde durch die Ereignisse gerechtfertigt. Bei dem ersten Angriff in offener, auf beiden Seiten sehr verlustreicher Feldschlacht wurden die Römer zur Flucht gezwungen:[1] aber bald darauf überfielen sie, auf sonst unbetretenen, kaum gangbaren, den Barbaren unbekannten Gebirgssteigen den Feind umgehend, plötzlich den schwerfälligen Zug, der fünfzigtausend Tote auf dem Platz ließ: man erkennt, bei dem Übergewicht der Germanen im Kampf, die ungewöhnlich überlegene Feldherrnkunst des kaiserlichen Siegers.

Die Überlebenden bedienten sich, wie so oft geschehen war, ihrer zu einer „Wagenburg" zusammengefahrenen Karren und Wagen, den Rücken vor den Verfolgern zu decken, wie es scheint, mit Erfolg.

Aber mit meisterhafter Kriegskunst sperrte ihnen Claudius auch die Pässe des *Hämus* (Balkan), zumal wohl die *porta Trajana*, den Paß von *Suluderbend* aus dem *Isker-* in das *Maritza-Tal*: nicht verscheucht, vernichtet sollten die Eingedrungenen werden, ihren Genossen in der Heimat zur Abschreckung. So war der Landmacht der nächste Weg in die alten Sitze, der Landweg nach Norden, abgeschnitten: sie wandten sich nun nach Süden, gegen Makedonien, wohl um die an der dortigen Küste noch ankernden Schiffe der Seefahrer zu erreichen. Schon auf diesem Wege verloren sie durch Hunger viele Leute und Gespanne.

Auf dem Marsch wurden sie von der Reiterei eingeholt, angegriffen, unter abermaligen großen Verlusten östlich abgedrängt und in das *Rhodopegebirg* (heute *Despoto-Dagh*) geworfen. Hier von mehreren Heeren eingeschlossen, büßten sie abermals, offenbar durch Hunger und Seuchen, viele Mannschaft ein. Aber ein Angriff der Römer – der Kaiser hatte in dem Wettstreit zwischen seinem Fußvolk und der Reiterei um diese Ehre für jenes entschieden – endete nach schwerer Schlacht mit solcher Niederlage der Kaiserlichen, daß nur das rechtzeitige Eingreifen der Reiterei rettete und den Schlag in einen mäßigen abschwächte: zweitausend Tote verloren die Römer hier.[2]

Endlich wurden die in den Bergschluchten Umzingelten durch Seuchen und Hunger zur Ergebung genötigt: auch die Schiffe fielen jetzt in die Hände des Kaisers: die

---

[1] Anders freilich Duncker O.
[2] So Zofimus I, 45. Ende des Jahres 269 oder Anfang des Jahres 270. Der stets in Lobesüberhebungen überschäumende Bericht des Trebellius Pollio reißt alle zusammengehörigen Tatsachen auseinander.

FÜNFTES KAPITEL · DIE RÖMISCHE VERTEIDIGUNG

meisten Führer („Könige" nennt sie Trebellius Pollio und es mögen einzelne darunter gewesen sein) wurden gefangen, ebenso edle Frauen aus verschiedenen Völkern. Die vielen Rinder, Schafe und berühmten „Keltischen" Rosse (Skythisch, Gotisch und Keltisch braucht dieser Schriftsteller gleichbedeutend) sind aber wohl *früher anderswo*, nicht diesen durch *Hunger Bezwungenen*, abgenommen worden.

Die Menge der Gefangenen war, nachdem sehr viele in das kaiserliche Heer aufgenommen worden, noch so groß, daß alle Provinzen mit Sklaven und Ackerknechten angefüllt wurden: „Es gab keine Landschaft, wo man sich nicht einen Goten wie zur Siegesfeier als Sklaven hielt". Der Lobhudler Trebellius Pollio rühmt, daß man aus den Goten Kolonen des römischen „limes barbaricus" machte: also wurden nicht alle verknechtet, viele als Kolonen zur Ansiedlung (und Bewachung) des limes verwendet. Diese Scharen waren aber auch von so zahlreichen *Frauen* begleitet[1], daß jeder römische Soldat sich zwei oder drei zuteilen konnte: das zeigt, daß diese Züge nicht nur Raubfahrten waren, daß, wenn nicht ganze Völker, doch *Teile* von Völkern sich, von Not gedrängt, aufgemacht hatten, mit Weib und Kind andere Sitze zu suchen.

Der Kaiser faßt seine Erfolge in einem Schreiben an den Befehlshaber von Illyricum zusammen, das dem vor dem Krieg an den Senat gerichteten entspricht:

„Wir haben dreihundertundzwanzigtausend Goten vernichtet, zweitausend Schiffe in Grund gebohrt: die Flüsse und alle Küsten sind bedeckt mit Schildern, Schwertern, Wurfspeeren: man sieht auf den Feldern den Boden nicht vor Leichen: kein Weg ist rein von Toten: die ungeheure Wagenburg ist verlassen".

Die Seuche ergriff aber auch das römische Heer und raffte zu Sirmium (Anfang März des Jahres 270) Kaiser Claudius mit dahin, der, mit besserem Recht als die meisten Vorgänger, den Namen „Goticus"[2] getragen hatte.

Er hatte zu Ehren des *Flavischen Hauses* auch den Namen *Flavius* angenommen: die von seiner Schwester abstammenden[3] *Constantiner* führten ihn fort: und von daher ist er, wie von späteren Kaisern, von germanischen Königen der Westgoten und Langobarden getragen worden.

Eine Abteilung der Goten, die dem Schicksal der Hauptmacht entgangen war, verheerte auf der Flucht, vielleicht auf geretteten Schiffen, das Gebiet von *Anchialus* (jetzt Akelo bei Burgas) in Thrakien, gelangte glücklich über den Balkan und bedrohte *Nikopolis*, wurde aber hier durch die Selbsthilfe der Provinzialen zertrümmert.[4]

Dies geschah (Frühjahr 270) unter der kurzen Regierung von Claudius' Bruder

---

1 Aus Jord. K. 20 kann nicht gegen dies bestimmte Zeugnis gefolgert werden, daß „nur einige Heere junger Leute diese Streifereien angestellt".
2 Daß er nach eingeholtem Bescheid der sibyllinischen Bücher sein Leben für den Sieg Roms über die Goten den Göttern als Opfer dargebracht, ist zwar späte, aber bedeutungsreiche Sage.
3

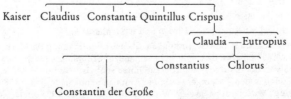

4 Doch wohl eher – auf dem versuchten Rückzug über die Donau – dieses als die gleichnamige Stadt am Restus, wie Duncker S. 40 meint, nahe dem Rhodope

328 ZWEITER TEIL · WESTGERMANEN

Quintillus, der schon sehr bald (in siebzehn Tagen?)[1] durch die Soldaten oder durch eigene Hand zu *Aquileja* den Tod fand, auf die Nachricht, daß das Heer in Illyricum den bewährten Feldherrn *Aurelian*[2] (Claudius Lucius Domitius Aurelianus) zum Kaiser ausgerufen: abermals ein Illyrier aus der Gegend von Sirmium: „Hand am Schwert" nannten ihn schon als Tribunen die Soldaten, die durch Lieder[3] und Lagergeschichten den Helden feierten, der an *einem* Tage achtundvierzig Sarmaten mit eigener Hand niedergestreckt haben soll, im Laufe einiger Zeit aber nicht weniger als neunhundertundfünfzig (!). Er ging nach Rom, Senat und Volk in Pflicht zu nehmen. Aber sofort wurde er durch neue Einfälle der Goten und anderer „Skythen" wieder an die Donau gerufen: er eilte nach Aquileja, dann nach Pannonien: die großen Massen der Angreifer, ohne jede geregelte Verpflegung, nur auf Beute angewiesen, litten bereits wieder Mangel: diesen zu steigern und durch Hunger den Rückzug zu erzwingen, befahl der Kaiser, alle Vorräte von Getreide und Vieh aus dem flachen Lande in die festen Städte zu schaffen: gleichwohl drangen die Barbaren über die Donau und lieferten dem Kaiser auf pannonischem Boden eine Schlacht, der die Nacht sonder Entscheidung ein Ende machte. Aber in der Nacht wichen die „Skythen" über den Strom zurück und eröffneten Verhandlungen.

Aurelian schloß mit ihnen desto lieber ab, als ihn ein dringender Hilferuf zum Schutz Italiens entbot.

Die *Alemannen* und ihre Nachbarvölker waren auf dem Wege nach dem Tiber: der Kaiser zitterte für Rom: er ließ in Pannonien notdürftige Deckung zurück und eilte gegen den neuen Feind, den er noch in der Nähe der Donau im limes (aber wo?) traf und so schwer schlug, daß „viele Zehntausende" fielen (man bemerke die hohen Zahlen wie bei Goten so hier bei Alemannen).

In jene Zeit, vor dem Aufbruch des Kaisers nach dem Orient, fallen auch seine siegreichen Kämpfe mit noch anderen Germanen, die Italien bedrohten: *Juthungen*[4], *Markomannen, Vandalen.*

Der Kaiser hatte diese „Skythen" d. h. die Juthungen auf dem rechten Donauufer schwer geschlagen, dann auf dem linken ihre Flucht verfolgt und viele getötet. Den Frieden, den die Geschlagenen erbitten, will er nicht gewähren, weil ihre geringen Reste entmutigt und umzingelt waren. Doch führen ihre Gesandten eine sehr stolze Sprache und fordern die Jahrgelder, die ihnen bisher bezahlt worden: Zugeständnisse, die wir nur selten und nebenbei erfahren. „Noch haben wir Männer und Mittel genug, den Krieg fortzuführen. Ein nur kleiner Teil unserer Macht genügte, die Donaustädte zu nehmen und wenig fehlte, daß wir ganz Italien erobert hätten. Dreimal hunderttausend Reiter können wir in die Schlacht führen, nicht zusammengelaufenes oder ungeübtes Volk, sondern lauter Juthungen, die als Helden der Reiterschlacht gefeiert sind. Gedeckt durch Schilde, doppelt so groß, als sonst Reiter führen, nehmen wir den Kampf mit den besten Truppen eures Heeres auf".

---

1 Vgl. v. Wietersheim-Dahn I, S. 558, nach anderen einige Monate.

2 Die Quellen über Aurelian, siehe v. Wietersheim-Dahn I, S. 558 f.

3 Histor. AugustAurel. K. 6. hrsg. von Jordan und Eyssenhardt.

4 Ältere wie Banduri O. S. 234 faßten „Juthungen" als neue Bezeichnung für Markomannen: aber schon Maskou S. 185 bemerkt, daß beide nebeneinander vorkommen. Die Juthungen waren ein Volk, das, damals an der oberen und mittleren Donau seßhaft, später in den Alemannen (vielleicht zum Teil auch in den Thüringen) aufging: Ammian nennt sie im Jahre 358 einen Teil der Alemannen – eine „Mittelgruppe"; vgl. v. Wietersheim-Dahn I, S.559. Von der Peutingerschen Tafel neben die Quaden gestellt, haben sie diese östlichen Sitze, wie die Burgunder und wie später Markomannen an der Donau, in der Nähe von Rätien, das sie nun oft heimsuchen.

FÜNFTES KAPITEL · DIE RÖMISCHE VERTEIDIGUNG   329

Sie rühmen sich weiter, vor diesem Kriege den Römern treffliche Dienste geleistet
zu haben, mit sehr lebhaftem Selbstgefühl des Heldentums, das mehr als einmal von
Germanen ausgesprochen wird: und entschuldigen den Einfall in römisches Gebiet
mit *der Not, die sie gezwungen habe, Nahrung zu suchen*: was durchaus nicht lediglich
Ausrede sein muß.

Der Kaiser verweist in seiner Antwort auf den Untergang der dreihunderttausend
Goten, die sich in wütendem Ansturm auf beide Ufer der Donau gestürzt, aber gar
bald ihre tolldreiste Verwegenheit gebüßt hätten. Er sagt ihnen, abgeschnitten von
dem Rückweg in ihre Heimat und hinter des Reiches Schloß und Riegel müßten sie
jede Bedingung annehmen. Das gesuchte Födus, zumal das Jahrgeld, wird ihnen abgeschlagen, aber die Rückkehr verstattet: wir erfahren nicht, unter welchen Bedingungen. Wahrscheinlich drängte den Kaiser der damals ihm gemeldete Einfall der
Vandalen in Pannonien (?), jetzt nach einem raschen Frieden – ohne Menschenverluste – zu trachten.

Während so die Juthungen wiederholt Rätien bedrohten und vielleicht[1] während
Aurelian an der Donau mit den Vandalen beschäftigt war, brachen *Alemannen und
Markomannen*[2] durch Noricum in Italien ein: der Kaiser hatte ihnen von vorn
nicht entgegentreten wollen oder können, er folgte ihrem Zug: so gelangten sie
ungehindert unter schweren Verwüstungen bis *Mailand*, ja bis *Piacenza*: und hier
erlitt der Kaiser, als er mit zusammengedrängtem Heere sie endlich erreichte,
durch Überfall im Abenddunkel eine Niederlage: „beinahe wurde das Römerreich
vernichtet".[3]

Der Kaiser hatte sie tags vorher zur Ergebung aufgefordert, aber die Antwort
erhalten: sie erkennen keinen Herrn über sich und er solle bald verspüren, daß er mit
freien Helden kämpfe.

Rom geriet in äußerste Bestürzung: die Stadt besorgte, die unter Gallienus kaum
noch abgewehrte Gefahr wiederkehren zu sehen: die sibyllinischen Bücher wurden
befragt (10. Januar 271) und nach deren Weisung geweihte Opfer an gewissen Orten
vergraben, welche die Barbaren dann nicht sollten überschreiten können.

In der darauf folgenden Schlacht siegten die Römer nur, „weil die Götter durch
Schreckgesichte und Wunderzeichen die Barbaren verwirrten".[4]

Endlich wurde die Gefahr abgewehrt und der Feind (auf der Ebene von *Pavia*
wurde er wohl*jetzt*, auf dem Rückzug, noch einmal geschlagen) aus Italien verdrängt:
eine sehr wichtige Wirkung dieses germanischen Schreckens wurde für Rom die Errichtung der sogenannten „Aurelianischen Mauer", die noch in den Gotenkriegen
des sechsten Jahrhunderts ihre treffliche Anlage und Festigkeit bewährte. Die bishe-

---

1 Die Chronologie (des Jahres 270) ist hier zweifelig (siehe unten).
2 *Nur* diese nennt Flavius Bopiscus.
3 Aurelius Victor, de Caesaribus K. 35 nennt statt Markomannen nur Alemannen
4 Bopiscus, Aurelian. K. 21. Da Aurel. Vict. K. 35 Aurelian bei Placentia siegen läßt, wurde diese
  zweite Schlacht vielleicht auch daselbst geschlagen: die Germanen (Markomannen, Alemannen und Juthungen) waren aber noch viel tiefer ins Land gedrungen: denn auch am Metaurus
  in Umbrien und bei Fano (v. Wietersheim-Dahn I, S. 560) hatte der Kaiser gegen sie zu
  schlagen: die hier Geschlagenen werden Alemannen genannt. Eine Inschrift bei Fano feiert
  den Sieg (Gruter 45, 2 [276 Nr. 3]. Orelli-Henzen Nr. 1031. 1535). Der Kaiser wirft dem
  Senat das schwankende Zaudern in diesen Götterbefragungen und Weihungen unmutig mit
  den Worten vor: „Man sollte meinen, ihr tagtet nicht im Tempel aller Götter, sondern in einem
  Bethaus der Christen": zwei Menschenalter später war die von Aurelian als Ungeheuerlichkeit
  hingestellte Voraussetzung eingetroffen.

330 ZWEITER TEIL · WESTGERMANEN

rige Umwallung wurde (im Jahre 271) verstärkt, später auch ausgedehnt: Probus vollendete das Werk.[1] Vielleicht waren es die *Vandalen* gewesen, die den Kaiser zu Anfang des Markomanneneinfalls festgehalten hatten. Wir erfahren, daß er dies Volk in großer Schlacht[2] geschlagen und ihre erste Friedensgesandtschaft abgewiesen hat. Auf den Wunsch seines Heeres eröffnete er dann neue Verhandlungen: es erschienen die Könige und Heerführer der Vandalen und stellten sofort die geforderten Geiseln aus den ersten ihres Volkes: die beiden Könige[3], ihre Kinder, dann die den Königen zunächst Stehenden, d. h. der Volksadel. Darauf erst wurde durch Vertrag Friede und Bündnis geschlossen: gemäß diesem Waffenbündnis haben die Vandalen den Römern zweitausend Reiter als Hilfsvölker zu stellen, von welchen einige aus dem ganzen Heer Erlesene als „Verbündete" gelten, die Mehrzahl als „freiwillige Söldner". Das übrige Heer der Vandalen erhielt nicht nur freien Rückzug, sondern das von diesen Barbaren schon seit den Tagen Marc Aurels so eifrig angestrebte Recht freien Verkehrs mit den Donaustädten, die Befugnis, sich durch den römischen limes hindurch dem Strom zu nähern: was regelmäßig den barbarischen Nachbarn, aus sehr guten Gründen, *nicht* verstattet war, da solcher Verkehr die besten Gelegenheiten gab, im Frieden für Überfall und Krieg alles auszukundschaften. Die Barbaren aber drängten sich unablässig an diese Grenzstädte römischer Kultur, deren Güter, Genüsse, Prachtwaren (wohl auch *Waffen*, wenn diese ihnen verkauft werden *durften*) gegen die Erzeugnisse ihrer Viehzucht einzutauschen oder für die Münzen der kaiserlichen Jahrgelder zu kaufen: es wurden ihnen jetzt sogar bis an die Donau zu führende Lieferungen versprochen: *auch diesen Germanen gelang es also nicht, so viel Getreide auf eigenem Boden zu bauen, wie die wachsende Volkszahl brauchte.*

Auf dem Rückzug hatte sich eine halbe Tausendschaft, den abgeschlossenen Vertrag verletzend, von der Hauptmacht weiter entfernt, um zu plündern und zu rauben: unter dem Schein der Freundschaft, im Vertrauen auf den Frieden, zogen sie ohne Ordnung dahin, machten, unter Erlaubnis ihres Anführers, gelegentlich rasche Raubzüge und hatten so viele Landschaften auf ihrem Marsch verwüstet und geschädigt. Sie wurden aber angegriffen und sämtlich erschlagen. Der schuldige Heerführer (ein Quingentenarius?) wurde von seinem König durch Wurfspeere getötet. Wir sehen hier die Strafgewalt des Königs, verschärft während der Zeit des Heerbanns, streng geübt gegen einen vom König genau unterschiedenen Heerführer, der durch seinen Vertragsbruch das ganze Volksheer der gerechten Rache der Römer aussetzt.[4]

Bevor sich Aurelian nach dem Orient begab zur Bekämpfung Zenobias von Palmyra (272), suchte er die Ruhe der Donauländer für die Dauer seiner Abwesenheit zu sichern. Er schlug gotische und sarmatische Schwärme in Illyricum und Thrakien, überschritt den Grenzstrom und tötete im Feindesland einen gotischen Heerführer (ducem) *Kannaba* (oder *Kannabauda)*[5] mit fünftausend Mann der Seinen. Auf Grund dieser Siege nahm Aurelian den Titel „Germanicus Maximus" an.

---

1 Bopiscus K. 21. Aurelius Victor O. Zofimus meint irrig, dies sei die erste Umwallung Roms gewesen.

2 Im Jahr 271, siehe Könige I, S. 141. v. Wietersheim-Dahn I, S. 360.

3 Vielleicht je der asdingischen und der silingischen Völkerschaft der Vandalen (siehe diese).

4 Vgl. Könige I, S. 141 f. Oben I, S. 149.

5 Vgl. Könige II (Ostgoten). Den Namen stellt (vgl. Leo, Ferienschriften I, S. 103) J. Grimm, Gesch. d. D. Spr. S. 539 zu gagin, in Kuhns Z. I, S. 435, wo er C. mit Genoband identifiziert, zu den Kanninefaten. Vgl. Förstemann S. 510.

FÜNFTES KAPITEL · DIE RÖMISCHE VERTEIDIGUNG 331

Auf die Dauer[1] schreckte er freilich die Barbaren so wenig dadurch von neuen Einfällen ab, daß er schon auf dem Rückweg aus Asien im Jahre 273 wieder die gewohnten Räuber, die *Carpi*, zurückzuschlagen hatte: den vom Senat ihm deshalb erteilten Titel „Carpicus" lehnte er als zu geringfügig („lächerlich") ab. Wohl aber ließ er sich „Goticus" nennen: man sieht, die Römer wußten die Feinde *dieses* Namens zu würdigen.

Nachdem durch freiwillige Unterwerfung des *Tetricus* in Gallien – er trat in der Schlacht bei Châlons an der Marne (Anfang 274) selbst aus den Reihen seines Heeres zu seinem Gegner über – die Westprovinzen sämtlich wieder an den Herrn Italiens zurückgefallen, trieb der Kaiser die über den Rhein gedrungenen Germanen aus der Provinz.

Es waren wohl vor allem die *Franken*: gegen sie hatte (der spätere Kaiser) *Probus* unter Aurelian in ihren „unermeßlichen Sümpfen" (am Niederrhein) geschlagen. Die *Alemannen* wurden von den Ufern des *Ober*rheins gedrängt: die Franken wohnten am *Nieder*rhein: wenn also die Erwähnung von „Germani" *neben* Franci und Alamanni *überhaupt* irgend einen Gedanken ausdrückt, so sind wohl, in alter römischer Bezeichnung, die Deutschen am *Mittelrhein* gemeint.[2]

Bei dem großartigen Triumph, den Aurelian nach allen diesen Erfolgen im Jahre 274 hielt, fuhr er auf einem mit vier Hirschen bespannten Wagen, der einem gotischen König gehört hatte, aufs Kapitol, wo der die Hirsche schlachtete, die er, als er sie mit dem Wagen erbeutete, dem Jupiter Optimus Maximus geweiht hatte.

Unter den Gefangenen, die aufgeführt wurden, begegnen (neben den Orientalen Zenobias) zuerst Goten, dann Alanen (Halani, Alemannen?), Roxolanen, Sarmaten, Franken, Sueben, Vandalen, dann besonders noch: „Germanen".

Nicht unverdient war es, daß man dem Kaiser nach solchen Taten den Ehrennamen „restitutor orbis", „Wiederhersteller der (römischen) Welt", beilegte.

Da nicht nur gotische Streifscharen, auch wandernde *Völker* der Goten unter den Besiegten waren, befremdet es nicht, daß unter den gotischen Kriegern auch zehn in männlicher Tracht kämpfende *Frauen* gefangen worden waren, wie deren viele ande-

---

1 Ammian XXXI, 6 faßt die „Skythen-"einfälle aus der Zeit *vor* Decius bis Aurelian zusammen: er erwähnt: die zweitausend Schiffe, den Tod der Decier, die Verheerung von Pamphilien, mehrerer Inseln, von Makedonien, Belagerung von Thessalonika und Kyzikus, Eroberung von Anchialos und (tempore eodem) Nikopolis, die Zerstörung von Philippopel, die Tötung von hunderttausend Menschen in Mösien, Durchstreifung von Epirus, Thessalonia (Thessalia), ganz Griechenland: jetzt treten auf Claudius und Aurelian, der sie, wie er irrig meint, „auf lange Jahrhunderte vertreibt". Jordanis (Cassiodor) K. 20 faßt ebenfalls die Unternehmungen seit Gallienus ohne genauere Unterscheidung zusammen, er nennt die „duces" Respa (über den Namen siehe Förstemann S. 1036 („Raspi"): vgl. aber auch alanisch Respendial), Veduco (vgl. Förstemann S. 1225 zu „wad"), Thurovar (vgl. Förstemann S. 1200, hrsg. v. Cloß, Thuro Baroque), er nennt die Zerstörung von Ephesus im Jahr 262, Chalkedon, die Fahrt durch den Hellespont, Verheerung von Troja-Ilion, Thrakien, Anchialos, dort läßt er sie sich der Thermen (zwölf Millien von der Stadt) viele Tage erfreuen und heimkehren – von ihren Niederlagen schweigt er ganz. Vgl. über die Einfälle der Goten und ihrer Nachbarn in den Jahren 261 bis 268 v. Wietersheim-Dahn I, S. 630–637.

2 Ganz ebenso, wenn Bopiscus bei dem Triumph Aurelians (Aurelian. K. 22) neben Franken, Sueben, Goten „Germanen" nennt: die also *nicht* Franken oder Sueben. Später allerdings bezeichnet „Germani" Lateinern (Eutrop IX, 6. Orosius [im Jahr 417] VII, 22, 41) und Griechen (z. B. Prokop „Γερμανοί") gerade die Germanen am *Nieder*rhein: die Franken. Eutrop IX, 6 unterscheidet: 1) Alamanni und 2) Germani = Franci. Orosius VII, 22: 1) Germani, 2) Alamanni, 3) Germani „ulteriores" = Franci.

332 ZWEITER TEIL · WESTGERMANEN

re gefallen: die Namentafel, welche diesen Gefangenen vorangetragen wurde, nannte sie den staunenden Römern als zum „Amazonenvolk gehörig": noch Jordanis zieht die Amazonen zu seinen „Geten".

Wir wissen sonst nichts von einer solchen, germanischem Wehrtum fremden Sitte und dürfen daher wohl hier wie bei den Alemannen zur Zeit Caracallas zu der einfachsten Erklärung greifen, welche die schon im Kimbernzug erwähnten, die Wagenburg verteidigenden Weiber nahe legen.

Nach seinem Triumph ging der Kaiser nach Gallien: von hier kam er den „Vindelikern", d. h. der *Provinz* Vindelicia, zu Hilfe, die von Barbaren (doch wohl Germanen: Alemannen?) „eingeschlossen" war.

In diesen Feldzug verlegt man den Sieg, den der Vater Constantins, *Constantius Chlorus,* bei Vindonissa (in campis Vindonis) erfocht.[1]

Von dort ging Aurelian nach Illyricum, einen neuen Feldzug gegen die Perser vorzubereiten. Hier, an Ort und Stelle, überzeugte er sich, daß es unmöglich oder nur mit unverhältnismäßigen Opfern erreichbar sei, die von Trajan nach Besiegung der Daken auf dem linken Donauufer eingerichtete Provinz *Dacia* zu behaupten: es waren die verschiedenen Völker der *gotischen* Gruppe, in steter Anschwellung begriffen, nicht mehr von diesem ausgesetzten Gebiet abzuhalten: *er faßte den wichtigen Entschluß,* der dem tapferen Feldherrn gewiß nicht leicht wurde, *diese Trajanische Eroberung aufzugeben:*[2] waren doch auch Illyricum und Mösien auf dem rechten Donauufer durch die unablässigen Kriege um die Behauptung Dakiens verheert und zu Grunde gerichtet: er mochte hoffen[3], durch Preisgebung jenes Vorwerks die alte Reichesgrenze, die Donaulinie, erfolgreicher decken, mehr Ruhe schaffen zu können den erwähnten beiden Provinzen, deren entvölkerte Landschaften neuer Bebauer bedurften: so zog er nicht nur das Heer, sondern auch die Provinzialen, d. h. den größten Teil[4] der dem Reich zugehörigen Bevölkerung aus den Städten und dem Flachland des aufgegebenen Gebietes und siedelte sie im Herzen von Mösien an: Mösien erhielt nun den Namen „Dakien" und zwar schon unter Aurelian oder doch vor dem Jahre 321 das Land am Strom: Dacia ripensis, Uferdakien, und das weiter südlich gelegene: Dacia mediterranea, Binnendakien (im Jahre 274)

Es war ein verhängnisreicher, bedeutungsschwerer Schritt: es war das erste Zurückweichen des Weltreiches (seit Trajan) in Europa: es war die Aufgabe jenes kühnen Grundsatzes der Deckung durch den Angriff: es war der Verlust des „Vorlandes" der Reichesgrenzen an der *Donau:* das Vorland der *Rhein*linie wurde noch fast hundert Jahre behauptet: erst zwei Jahrhunderte später räumte das kaiserlos gewordene Westreich (unter Odovakar) auch die auf dem *rechten* Donauufer gelegenen Landschaften.

Der Entschluß mag damals – nach Feldherrn- und nach Staatskunst – wohlbegründet gewesen sein: die erhoffte Wirkung des Opfers: bessere Sicherung der noch behaup-

---

1 „Incerti auctoris (nicht Eumenius) panegyr. Constantino Augusto dictus."

2 Wenn Aurel. Victor, in Caesar. K. 33 schon von *Gallienus* sagt: „Er verlor die Eroberungen Trajans jenseit des Ister", so geht dies nur auf *tatsächliche* Festsetzung der Goten in Dakien, nicht auf endgültige Räumung des Landes durch den Kaiser.

3 Sicher war der Beweggrund nicht Zwang durch die Goten und Abtretung im Frieden mit diesen; vgl. v. Wietersheim-Dahn I, S. 501.

4 *Alle* römischen Possessores und Kolonen räumten übrigens so wenig damals Dakien als später unter Odovakar Noricum: aus den Zurückgebliebenen, wohl meist Kolonisten, ging der römische Bestandteil der heutigen Rumänen hervor.

FÜNFTES KAPITEL · DIE RÖMISCHE VERTEIDIGUNG 333

teten Grenzen, hat er aber nicht erreicht: denn unaufhaltsam, wie eine Naturkraft, drängte die nachwachsende Volkszahl der Germanen in das Reich: in das alte Trajanische Dakien auf dem linken Donauufer wanderten nun (wenn nicht schon 270) die Vandalen[1] ein, wohl unter wenigstens stillschweigender, wenn nicht ausdrücklich vertragener Einräumung des Kaisers.[2]

Konnte man die Germanen nicht vernichten oder die Zunahme ihrer Bevölkerung hemmen oder sie zur Rückwanderung nach Asien nötigen – drei gleich unmögliche Mittel – , so war die Überflutung des Reiches nur etwa aufzuschieben, nicht zu verhindern: alle Siege der Legionen bekämpften nur die *Anzeichen*, trafen nicht die unablässig fortwirkenden *Ursachen* des germanischen Andrangs, der wie eine Elementargewalt auftrat.

Der Nachfolger des (im Jahre 275) ermordeten Aurelian, Cajus Marcus Claudius *Tacitus*, ein Urenkel des großen Geschichtsschreibers (25. September 275 bis April im Jahre 276), wurde nach Asien gerufen durch einen Einfall „skythischer"[3] (gotischer? vielleicht herulischer) Scharen, die unter dem Vorgeben, Aurelian habe sie als Hilfsvölker wider die Perser entboten, über die Mäotische See in Kolchis eingelaufen und von da durch Pontus bis nach Kilikien vorgedrungen waren.

Der Kaiser schlug sie, übertrug aber ihre völlige Vernichtung seinem Bruder Flavianus und starb (ermordet? im Jahre 276) auf der Rückreise. *Flavianus*, sein Nachfolger, ließ die schon im Bosporus eingeschlossenen Feinde nach halbvollendetem Sieg in ihre Heimat entkommen: er eilte nach dem Orient und Ägypten, wo die Legionen *Probus* zum Imperator ausgerufen hatten: auf diesem Zug fand er den Tod (Juli 276).

Auch Marcus Aurelius *Probus* war Illyrier (in der Nähe von Sirmium geboren): schon unter Valerian hatte er sich ausgezeichnet gegen die Quaden, unter Aurelian in Ägypten: auch in Germanien hatte er die Franken in ihre unwegsamen Sümpfe geworfen, die (Germanen und) Alemannen aber weit vom Rhein zurückgedrängt.

Probus eilte, sowie er in unbestrittener Herrschaft gesichert stand, nach Gallien und an den Rhein: die Germanen (Franken, Alemannen, Juthungen) hatten, während sein Vorgänger in Asien beschäftigt war, „den überrheinischen limes durchbrochen und starke, edle, reiche, mächtige Städte eingenommen".

Schon nach dem Tod des Postumus beunruhigt, war der größte Teil beider Gallien nach der Ermordung Aurelians von Germanen überflutet worden.[4]

Ohne Zweifel errang der tapfere Kaiser (276–282) auch jetzt am Rhein und im Zehntland erhebliche Vorteile über die Germanen.

Aber scharfsinnig hat man[5] nachgewiesen, daß für die Siege und die den limes sichernden Bauten desselben in diesen Gegenden nur die Zeit von anderthalb Jahren: Ende 276 und 277 übrigbleibt.[6]

---

1 Böcking, Notitia dignitatum I, S. 136. 153. Mommsen, Abh. d. Berlin. Akad. 1852. S. 510.

2 Andere verlegen die Aufgebung und förmliche Abtretung Dakiens an die Vandalen in das Jahr des Friedensschlusses mit diesen, d. h. im Jahr 270.

3 Bopiscus O. nennt nur Barbaren, Zofimus „Skythen": da jedoch Tacitus den Titel Goticus annahm (?) und seine Münzen einen Gotensieg feiern, waren unter jenen „Skythen" wohl auch gotische Scharen.

4 So war schon am 25. September 276 im Senat gesprochen worden. (Übertreibend sagt Bopiscus: „*Ganz* Gallien" und: „wurde in *Besitz* genommen".) Vgl. v. Wietersheim-Dahn I, S. 561.

5 W. Duncker, Beiträge zur Erforschung und Geschichte des Pfahlgrabens, Separatabdruck aus der Z. d. Vereins für hess. Gesch. und Landeskunde. Neue Folge. VIII. Kassel 1879. S. 70 ff.

6 Ja , da Florian erst Juli 276 ermordet wurde, erschien Probus wohl erst 277 am Rhein. Völlig mit Duncker O. einverstanden über die rednerischen Übertreibungen des Bopiscus – auch die

334   ZWEITER TEIL · WESTGERMANEN

Er trat mit sehr starker Macht in Gallien auf, verwehrte schon durch sein Erscheinen die bisherigen kecken Plünderungszüge der Überrheiner, ging alsbald zum Angriff über, bewog wohl schon durch sein Anrücken die Barbaren[1], zahlreichen von ihnen besetzte Siedlungen (gewiß nicht sechzig, wie Bopiscus sagt, der edelsten *Städte*, mögen auch *einzelne* größere Ortschaften darunter gewesen sein) zu räumen, ohne daß sie Belagerung abwarteten. Er nahm ihnen, ihren Rückzug verfolgend, die auf römischem Boden geraubte Beute größtenteils wieder ab, drang über den Rhein, säuberte das Zehntland, trieb die Germanen, doch wohl Alemannen, bis über den *Neckar* und die *Schwäbische Alb*[2], die hier (seit Ptolemäus II, 11 § 7) zuerst wieder genannt wird, zurück und verstärkte den limes dadurch, daß er gegenüber den römischen Städten, auf dem Gebiet der Barbaren Kastelle anlegte und diese mit ständigen Besatzungen versah.

Die dauernde Behauptung dieser vorgeschobenen Posten sicherte er dadurch, daß er Ackerland, Wohnhäuser, Scheunen und Vorratlieferungen denselben zuteilte, d. h. meist in dem (inzwischen zum Teil verödeten) Zehntland, hier und da auch wohl außerhalb des limes: zu den Vorratlieferungen wurden die Kolonisten im Zehntland angehalten, wohl auch unterworfene nächstbenachbarte Germanen: dadurch, durch die Neuanlegung solcher Kastelle, die heute noch häufig „gegenüber", d. h. auf der dem Feinde zugekehrten Seite[3] der Römerstädte angetroffen werden, und durch die Einrichtung regelmäßiger Verpflegung für diese Vorposten und Grenzwachen des limes war viel erreicht, mehr als seit Jahren.

Weiter aber erstreckte sich die Tätigkeit des Siegers für den limes nicht:[4] es ist *nicht* nachweisbar und ist durchaus *nicht* wahrscheinlich, daß er in der kurzen Zeit von allerhöchstens zwei Jahren (wohl nur einem Jahr) die Herstellung eines zweiten „äußeren" limes auch nur ins Auge fassen, geschweige ausführen konnte: die Funde,

---

angeblich authentischen Briefe sind gewiß zum Teil oratorische Übungen – halten wir doch die angeführten Tatsachen für im *Kern* richtig: die Übertreibung steckt in den *Epithetis*: „ingens", „omnis" usw. – Über die Chronologie v. Wietersheim-Dahn I, S. 562.

1 Die Zahl der in Gallien Eingedrungenen müßte eine halbe Million stark überschritten haben, wären wirklich vierhunderttausend derselben gefallen: da aber das Zahlwort verderbt scheint, darf vielleicht eine Null gestrichen werden.

2 Natürlich nicht die Elbe! wie, gleich älteren, sogar noch Arnd, Geschichte der Provinz Hanau. S. 44, 45. Richtig Duncker, Limes S. 69. (Tillemont, Gibbon, Luden schwankend.) Vgl. v. Wietersheim-Dahn I, S. 562.

3 Den Ausdruck „in solo barbarico", zumal hier im Gegensatz zu in nostra ripa gebraucht, darf man *zunächst* auf das Zehntland auf dem rechten Rheinufer beziehen, das, zu Tacitus' (Trajans) Zeit ein „zweifeliger bestrittener Besitz", eine Zeitlang freilich unbestritten zur Provincia gehört hatte, in den letzten Jahren aber wieder „barbarischer Boden" geworden war. Sofern also nicht schon früher „gegenüber" den alten Römerstädten am Rhein solche Kastelle angelegt waren, wurden sie nun erbaut. Dies schließt jedoch nicht aus, daß nicht auch gelegentlich „gegenüber römischen Orten" an der bisherigen äußersten Grenze des limes, also *jenseits* des bisher gedeckten Gebiets, auf barbarischem, d. h. bis dahin noch nie dauernd besetztem Boden einzelne (wenige und kleine) solche Kastelle errichtet wurden, zu besserem Schutz der dahinter liegenden größeren „Städte": – findet man doch auch gerade am äußersten limes, „gegenüber" den größeren Stationen, solche Wachthäuser und kleine Kastelle. So sind, soweit ich sehe, die widerstreitenden Ansichten mit den Quellen in Einklang zu bringen.

4 Vgl. besonders Duncker, Limes S. 65 f. gegen Fuchs (1771). Hanselmann, Beweis, wie weit der Römer Macht I, S. 221 (1771); vgl. auch Knapp, Röm. Denkm. d. Odenwaldes. 2. Aufl. S. 77. Wenck, Hess. Landesgesch. II, S. 35 f. (1789). Steiner, Gesch. und Topographie d. Maingebiets (1834). Ukert, Geographie d. Gr. u. R. III, 2, S. 281 (1843). Arnd, Hanau S. 44 f.

FÜNFTES KAPITEL · DIE RÖMISCHE VERTEIDIGUNG   335

die diesen neuen, zweiten „Probuswall" dartun sollen, scheinen sämtlich auf Täuschung zu beruhen.

Während dieser Bauten und Einrichtungen im Zehntland ruhten die Kämpfe mit den Barbaren nicht: daß es aber wesentlich der kleine Krieg, der Grenzkrieg, mit wechselnden Einfällen der Barbaren und Ausfällen der Römer, war, nicht ein Heereszug in Barbarenland über den limes hinaus mit großen Schlachten, geht daraus hervor, daß der Kaiser ein Goldstück auf das eingebrachte Haupt eines Germanen setzte: die Einfälle sollten ihnen verleidet, die Umgebungen der Grenzen von Feinden gesäubert, die nächsten Völkerschaften zur Unterwerfung geschreckt werden. In der Tat erschienen nicht weniger als neun „reguli", „reges" genannte Fürsten der verschiedenen umwohnenden Germanen: es waren wohl Gaukönige der Alemannen, bei welchen wir noch siebzig Jahre später (etwa in denselben Gegenden) eine noch größere Zahl von Gaukönigen nebeneinander antreffen. Sie warfen sich dem Kaiser zu Füßen und baten um Frieden, um Aufnahme in das römische foedus. Dem Kaiser konnte nichts erwünschter kommen: er suchte hier an Rhein und Maas den limes ebenso durch ein unterworfenes Vorland verbündeter Barbaren zu decken wie dies Marc Aurel am Donaulimes durch Markomannen, Quaden und Jazygen vorübergehend erreicht hatte.

Er forderte vor allem Geiseln für die Ernstlichkeit der Unterwerfung: dann legte er Lieferungen von *Getreide*, Kühen und Schafen auf.

Dies zeigt, *daß der Ackerbau, und zwar bereits längst seßhaft betrieben*, neben der Viehzucht damals bei den Alemannen schon so beträchtlich war, daß die Verpflegung der Besatzungen in den neuangelegten Kastellen wenigstens zum Teil auf dessen Erträgnis gebaut werden konnte: diese neun unterworfenen Gaue wenigstens waren seßhaft besiedelt: sonst hätte man nicht auf die Dauer berechnete Verpflegungsverhältnisse mit ihnen vertragen können.[1]

Daß in der Tat ein „Födus" geschlossen wurde, erhellt aus der Einschärfung, die Unterworfenen sollten für sich und selbständig gar nicht mehr zu den Waffen greifen, sondern, wenn sie gegen andere Barbaren des Schutzes bedürften, die Römer zu ihrer Verteidigung anrufen und deren Einschreiten abwarten: eine Zumutung, deren Unmöglichkeit die Römer selbst erkannten. Der Lobredner des Kaisers fährt fort: „Aber man sah ein, daß dies nur dann durchgeführt werden könne, wenn, unter Erweiterung des limes, das ganze Germanien zur Provinz gemacht würde" – d. h.: wenn der alte Gedanke der Julier verwirklicht würde, der aber stillschweigend als nicht mehr erreichbar anerkannt wurde.

Ganz verkehrt hat man aus diesen Worten – einem Seufzer des Verzichts! – gefolgert, daß Probus den limes *wirklich* ausgedehnt habe – in dem angegebenen, als ganz unmöglich erkannten Umfang!

Infolge des abgeschlossenen Friedens- und Bündnisvertrags mußten die Angehörigen der unterworfenen Gaue alle im römischen Gebiet gemachte Beute herausgeben: woraus zum Überfluß die Übertreibung des früheren Ausdrucks in die Augen

---

1 Soviel rednerischer Übertreibung hier vorliegt: fest steht, daß sie mindestens ebensosehr als Ackerbauer für das Reich geschätzt wurden, das infolge der tiefen wirtschaftlichen Schäden schon jahrhundertelang an Getreide Mangel litt, obwohl es die fruchtbarsten Länder dreier Erdteile umschloß. Man sieht, der Ackerbau wird jetzt im inneren Germanien so eifrig getrieben – die Not zwang die wenig Willigen – und so zahlreich, daß die Steuerpflicht der Landschaften zwischen Rhein, Main, Neckar, Donau, der Schwäbischen Alb (sogar für Rom) als ins Gewicht fallend dargestellt werden mochte. Dahn in v. Wietersheim I, S. 245.

336 ZWEITER TEIL · WESTGERMANEN

springt, der Sieger habe den Barbaren alle römische Beute *mit Gewalt* und *schon in Gallien* wieder abgenommen.

Und die neun „Könige" (hier heißen sie reges) willigten selbst in strenge Bestrafung derjenigen ihrer Gaugenossen, die etwas zurückbehielten. Endlich aber mußten, wie bei jedem „foedus", die Unterworfenen ihre junge Mannschaft zu großem Teil zum römischen Kriegsdienst stellen: eine doppelt klug erscheinende Maßregel, da sie die Verteidigungskraft der Legionen anderwärts stärkte und die Angriffskraft der Barbaren hier für den Fall des Vertragsbruchs schwächte: sechzehntausend neu Ausgehobene ließ sich der Kaiser stellen: nehmen wir an, daß eine gleich starke Zahl von Kriegern zurückblieb, so ergeben zweiunddreißigtausend Wehrfähige eine ungefähre Bevölkerung von weit über fünfhunderttausend Freien (ohne die Unfreien) für die neun unterworfenen Gaue allein.

Aber Probus erkannte, scharf blickend, die Gefahren, welche in dieser massenhaften Aufnahme von barbarischen Söldnern in Heer und Reich drohten: die Gefahren der allmählichen Barbarisierung und der plötzlichen Söldnerempörungen, deren Zusammenwirken das Weltreich dereinst in der Tat erliegen sollte.

Er verteilte daher diese sechzehntausend Alemannen über verschiedene Provinzen des Reiches, den einzelnen „numeri" oder Abteilungen der Grenzer (limitanei) höchstens je fünfzig bis sechzig einreihend. „Denn" – sprach er – „man soll es nur *spüren*, nicht *sehen*, daß der Römer durch barbarische Hilfstruppen unterstützt wird".

Diese weise Vorsicht wurde von seinem Nachfolgern mehr und mehr versäumt: freilich wurde es bei der Abnahme römischer und der Zunahme barbarischer Streitkräfte im Reich auch immer schwieriger, jenes kluge Maß und diese vorsichtige Verteilung einzuhalten.

Sollte der (von Popiscus K. 15) mitgeteilte Brief des Kaisers an den Senat echt und nicht vielmehr von dem Lobredner (aus den in K. 14 zusammengestellten Nachrichten) zusammengestellt sein, was mir aber sehr wahrscheinlich, so hat offenbar umgekehrt dieser Brief den Stoff zu K. 14 gegeben.[1]

Den Satz: „Unterworfen ist das ganze Germanien, soweit es sich ausdehnt"[2], muß man entweder, was schwer tunlich, auf die *römische Provinz* Germania beziehen, die verloren war und wieder unterworfen wurde, oder für eine fast unbegreifliche Prahlerei erklären: die Berühmung: „Für euch bereits pflügen, säen und fechten gegen die binnenländischen Völker *alle* Barbaren"[3] muß beschränkt werden auf die im Zehntland und an dessen Grenze nächst siedelnden alemannischen Gaue, die vermöge des foedus, wie wir sahen, Lieferungen von Getreide und Vieh für die Vorkastelle hatten übernehmen müssen: denn wären „*alle*" Barbaren in das foedus getreten „soweit Germanien sich erstreckt", so wären ja gar *keine* inneren Stämme zur Bekämpfung *mehr übrig*geblieben! Nun werden die Zahlenangaben wiederholt: vierhunderttausend Erschlagene, sechzehntausend Hilfstruppen, siebzig (statt sechzig) befreite Städte: die Wiedergewinnung *aller* Vorteile des Zehntlandes und der zu Lieferungen verpflichtenden Födusverträge in sehr gespreizter Weise geschildert. Immerhin erhellt daraus, daß die erbeuteten Rinder und Rosse der Germanen für wertvoll galten, daß die römische Reiterei sich Pferde von den Germanen liefern ließ, daß der Ackerbau re-

---

1 Der Kaiser berichtet, daß sich neun reges *diversarum gentium* (siehe oben: ex „diversis gentibus") „ihm zu Füßen geworfen". Vgl. Brunner, in Büdingers Untersuch. zur röm. Kaisergeschichte II, S. 88. Duncker, Limes S. 77.

2 Subacta est omnis qua tenditur late Germania.

3 „Omnes iam barbari vobis arant, vobis iam serunt et contra interiores gentes militant."

FÜNFTES KAPITEL · DIE RÖMISCHE VERTEIDIGUNG   337

gelmäßig betrieben wurde. Eine Wendung, die dem „Germania tota provincia" entspricht, sagt, der Kaiser habe daran gedacht, einen neuen „"praeses Germaniae" zu bestellen, dann aber beschlossen, hiermit doch lieber zu warten, „bis die göttliche Vorsehung die römischen Heere noch reichlicher werde unterstützt haben": ein in der Tat recht ratsamer Aufschub, dessen Bedingung freilich nie erfüllt wurde.

Diese Erfolge und Maßregeln am Grenzwall fallen in die Jahre 276 bis 278 und trafen – das ist wohl fast unzweifelhaft – die Alemannen (vielleicht auch die Juthungen). Nicht leicht ist Zeit und Ort für andere Germanenkämpfe des Kaisers zu bestimmen.

Nach der Tätigkeit am Neckar und in der Alb zog er – das war allerdings der nächste Weg – auf dem Marsch nach Illyricum durch Rätien und weilte hier lange genug, die Provinz vor jeder Besorgnis neuer Gefahr zu sichern: offenbar waren es wieder die Alemannen, gegen welche Vorkehrungen hier im Süden wie vorher im Westen getroffen wurden: in Illyricum nötigte er „Sarmaten" und „andere Stämme", „fast ohne Krieg" alle Beute herauszugeben: darauf brachte er in Thrakien die „getischen" (d. h. gotischen) Völker durch Furcht vor dem alten römischen Namen und vor den neuen Erfolgen (eine Münze bezeugt einen Gotensieg des Kaisers) zu Verträgen, teils der Unterwerfung, teils der Freundschaft.

Von Thrakien aus ging er (im Jahre 279) in das Morgenland.

In der Zeit, bevor er in Illyricum und Thrakien nach Bopiscus „Sarmaten", „andere Völker", „getische" Stämme zur Herausgabe der Beute und Abschließung von Verträgen zwang, fallen wohl die Ereignisse, die Zofimus, mit Nennung der Namen einzelner jener bei Bopiscus *unbestimmten* Völker, berichtet: er nennt *Logionen*, *Burgunden* und *Vandalen*, die der Kaiser in Person bekämpft, während gleichzeitig gegen die *Franken* die kaiserlichen Feldherren einen Sieg erfochten.

Die Logionen (Δογίωνες) wird man für die Lugier, Lygier des Tacitus halten dürfen.[1]

Aber die Gegenden jener Kämpfe sind bestritten und sehr schwer zu bestimmen. Leider hat der Abschreiber des Zofimus den ihm unverständlichen barbarischen Namen des Flusses fortgelassen, an welchem eine Hauptschlacht geschlagen wurde.[2]

Die drei Völker, ziemlich nahe Nachbarn bei ihrer frühesten Nennung, alle drei zwischen Oder und Weichsel, die Vandalen die nördlichsten, die Burgunden in der Mitte, die Lugier die südöstlichsten, treten auch hier wieder in einem Zusammenhang auf, der abermals ein räumlicher sein muß, da der Kaiser offenbar hintereinander fort die drei Völker, Logionen allein, dann Burgunden und Vandalen zusammen in *Person* bekämpft: wäre eines derselben weit abgelegen, wir würden gegen dieses wie gegen die Franken seine *Feldherren* fechten sehen.

Über die Gegenden, wo ungefähr wir damals (im Jahre 280) diese Völker zu su-

---

1 So von jeher die meisten: vgl. die Zusammenstellung bei *Jahn*, Burgundionen I, S. 25, Nr. 9; ganz unmöglich die Erklärung „Lahngauer", Gatterer S. 874. Huschberg S. 151. Mone II, S. 283, Nr. 4; vgl. (ungewiß) F. H. Müller I, S. 216. 301.

2 Zosimus I, 68 S. 58 παρ' ἑκάτερα ποταμοῦ ... nach Sylburg folgt hier eine Lücke von der Länge eines Wortes. Schon früher, Könige I (Vandalen), verlegte ich mit den meisten die Kämpfe an den Rhein, wofür der gute Grund spricht, daß der Anfang des folgenden Kapitels (69 S. 59) diese Vorgänge zusammenfaßt mit den Worten „Nachdem er diese in solcher Weise am Rhein besiegt": τούτων οὕτω περὶ τὸν Ῥῆνον διαπολεμηθέντων. und daran ist wohl festzuhalten, obzwar einzuräumen ist, daß die Vandalen wenigstens ihre Sitze viel weiter östlich hatten; die damaligen der Burgunden sind bestritten, die der Lugier unbestimmbar.

338 ZWEITER TEIL · WESTGERMANEN

chen haben, würden uns die Vandalen Aufschluß geben, deren damalige Sitze feststehen, während die gleichzeitigen der Burgunden bestritten, die der Lugier völlig unbestimmbar sind: wir hätten hiernach an die Donaulandschaften und an die Taten des Kaisers in Illyricum zu denken: allein die Erwähnung des *Rheins* am Schluß *aller* in Kapitel 68 aufgezählten Kämpfe nötigt uns wohl doch, anzunehmen, daß vandalische und lugische Streifscharen sich so weit westlich gewagt und ersteren, den Burgunden am Main[1], angeschlossen hatten.

Zuerst hatte Probus „starke Schlachten", (im Gegensatz zu anderen mühelosen Erfolgen) gegen die Logionen (allein), ein „anderes germanisches Volk"; er besiegte sie, brachte ihren Anführer *Semno*[2] und dessen Sohn in seine Gewalt, nahm deren Unterwerfung an und ließ die Feinde mit beiden abziehen, unter Auferlegung bestimmter Bedingungen, zumal der Auslieferung aller Gefangenen und Beute.

Darauf (*zweitens*) schlagen seine Feldherren die *Franken* aufs Haupt, und nun (*drittens*) wendet sich der Kaiser selbst gegen *Burgunden* und *Vandalen*. Da er die Übermacht der Feinde erkannte, suchte er sie zu trennen und geteilt zu schlagen: dies gelang; da beide Heere, durch einen Fluß getrennt, lagerten, forderten die Römer die Barbaren zum Kampf heraus: so gereizt, stürmten von letzteren die nächsten Haufen, „die es eben konnten", über den Fluß: diese vereinzelten Angreifer wurden getötet oder gefangen, der Rest (jenseits des Flusses) erbat nun Frieden, der unter der von diesem Kaiser planmäßig eingehaltenen Bedingung der Herausgabe von Gefangenen und Beute gewährt wurde.

Da sie aber, wie sich nach ihrem Abzug herausstellte, nicht alles herausgegeben, setzte ihnen Probus zornig nach, holte sie ein und strafte sie durch schwere Niederlage, wobei viele getötet und ihr Führer *Igillus*[3] gefangen wurden.

Alle Gefangenen sandte er nach Britannien, wo sie angesiedelt wurden, und später dem Kaiser im Kampf gegen Empörer gute Dienst leisteten.[4]

Aus Asien zurückgekehrt nach Thrakien, suchte er den feindlichen Andrang der Donauvölker dadurch abzuschwächen, daß er in Frieden gewährte, was jene, durch die wachsende Volkszahl gezwungen, mit den Waffen zu erlangen suchten: Land, feste Wohnsitze für Ackerbau.

Er verpflanzte große Mengen dieser Barbaren auf römischen Boden: so siedelte er nicht weniger als hunderttausend Bastarnen[5] in Thrakien an.

Diese hielten die abgeschlossenen Verträge und nahmen völlig römische Einrichtungen an.[6] Da er aber auch aus den Völkern der *gotischen* Gruppe an der Donaugrenze,

---

1 Zwischen Ingolstadt und Donauwörth, meint v. Wietersheim I, S. 244; die Schwierigkeiten sind hier fast unlösbar, vgl. gegen die Ansichten v. Wietersheims in der ersten Ausgabe Bernhardt I, S. 231.

2 Dieser gut germanische Name (Förstemann S. 1082 läßt ihn unerklärt) ist wohl identisch mit dem Volksnamen der Senmones.

3 Ob der Vandalen oder Burgunder, erhellt nicht. Eine Handschrift gewährt statt Ἰγῖλλος Ἰγγύλλος: da aber Ἰγῖλλος auf Egil, Eigill, nord. Eigl. (Förstemann S. 23, wo jedoch Ἰγῖλλος fehlt) zurückführbar, ist die Änderung in Ingildus (so ein Burgunde bei Wackernagel S. 393) bei Jahn I, S. 44, Nr. 3 unnötig und deshalb unstatthaft.

4 Zofimus O. Ältere führten Vandelsbury bei Cambridge auf die hier angesiedelten Vandalen zurück. Cambden I, S. 137. Könige I (Vandalen). Oben I, S. 149.

5 Bopiscus, Probus K. 18. Daß diese ungermanisch, wenigstens gewiß nicht reingermanisch, siehe Könige I, Bausteine II, S. 133. *Vkuqikòn ½¢qnov* sagt Zofimus I, 71. Über diese Kolonisation v. Wietersheim-Dahn I, S. 562.

6 Vielleicht soll aber das διετέλεσαν τοῖς Ῥωμαίων βιοτεύοντες „νόμοις" bei Zofimus O. nur Übersetzung von Bopiscus O. „qui omnes fidem servarunt sein".

FÜNFTES KAPITEL · DIE RÖMISCHE VERTEIDIGUNG 339

den *Gepiden, Greuthungen* (= Ostgoten)[1] und *Vandalen,* starke Haufen in gleicher
Weise übersiedelte, hielten diese die getroffenen Verabredungen nicht, sondern
schweiften, während der Kaiser mit der Bekämpfung von Anmaßern beschäftigt war,
auf dem Festland und zur See fast über das ganze Reich „den Ruhm der Römer schä-
digend": endlich unterdrückte sie Probus in mehrfachen Siegen, so daß nur wenige mit
der Berühmung, seinen Händen entgangen zu sein, in ihre Heimat zurückgelangten.

Zu diesen glücklich Entkommenen gehörten jene *Franken,* die unter Probus einen
von den Römern „unglaublich kühn" genannten Seezug gewagt hatten: fränkische
Scharen waren nach Unterwerfung ihrer Völkerschaft in der Heimat an der Rheinmündung vertragsgemäß, wohl als Söldner, dem Kaiser gestellt und als Besatzung
oder als Grenzer am Pontus angesiedelt[2] worden. Aber hier bemächtigten sich die
segelkundigen Männer zahlreicher Schiffe, verheerten die Küsten Asiens und Griechenlands, wurden zwar nach der Landung in Afrika von der Besatzung von Kartha-
go auf ihre Schiffe zurückgetrieben, eroberten aber danach Syrakus unter großem
Verlust der Einwohner, segelten durch die Meerenge von Gibraltar und gelangten,
Spanien umschiffend, durch den Biscayischen Golf und den Kanal glücklich in die
Nordsee an die Rheinmündungen, in die Heimat und in die Freiheit, so durch den
Erfolg ihrer Verwegenheit beweisend, daß seeräuberischer Tollkühnheit kein Zugang
versperrt ist, wo nur immer ein Kiel schwimmen mag.

Im Jahre 279 oder 281, gleichzeitig mit der Feier seiner fünfjährigen Herrscher-
schaft, hielt er einen Triumph zu Rom wegen Besiegung der Germanen (und der
Blemmyer in Afrika), wobei von allen besiegten Völkerschaften Haufen (drungi) bis
zu fünfhundert aufgeführt und zu den Gladiatorenspielen auch viele Germanen verwendet wurden.

Durch die Erhebung des *Proculus* in Gallien bei Köln und des *Bonosus* in Rätien zu
Gegenkaisern wurde Probus nochmals in jene Provinzen gerufen: die Anmaßer suchten, wie früher Postumus, die Westlande zunächst zu gewinnen und zu behaupten:
außer Gallien (Gallia braccata) noch Spanien und Britannien: Proculus stammte aus
den Seealpen, Bonosus aus spanischem Geschlecht, hatte aber eine gallische Mutter
und seine „origo" in Britannien. Proculus erwarb sich das Verdienst, die Alemannen,
„die damals noch Germani genannt wurden", zurückzuwerfen, indem er sich immer
nur auf den kleinen Krieg gegen sie einließ: so hatte sich seit den Tagen Armins das
Blatt gewendet: damals hatte jener dem römischen Angriff gegenüber wiederholt
seine Landsleute von der offenen Feldschlacht abmahnen und auf Waldgefecht und
Überfall der Dahinziehenden hinweisen müssen: jetzt erwehrte sich die römische
Verteidigung des limes nur durch den kleinen Krieg der angreifenden Germanen!

Sehr bezeichnend und durchaus nicht mit manchen wegen „Ungereimtheit" als
Einschiebsel eines „Laien" zu verwerfen, ist die Erläuterung, „daß die Alemannen

---

1 Bopiscus, Probus 18, 199. Peter liest jetzt ex Gipidis *Grauthungis* (früher las man *Gauthungis,*
eine Handschrift hat *gautunnis,* Salmasius Gruthungis).

2 Letzteres will Zofimus I, 71 sagen: aber er nennt den *Ort* der Ansiedlung nicht; diesen oder
doch den Ausgangspunkt der kühnen Fahrt gibt der ungenannte Panegyriker des Constantius
(früher „Eumenius") an, der die Franken nennt, was der Ansiedlung jedoch nicht widerspricht:
hrsg. v. Baehrens 18, 145. Er fügt zu Griechenland Afrika, Sizilien mit Syrakus (Zofimus),
auch Asien als Gegenstand der Plünderung. Vgl. v. Wietersheim-Dahn I, S. 562. Mit dem
Gladiatorenaufstand zu Rom, bei dem allerdings auch Germanen ausbrachen, hat diese Fran-
kenfahrt nichts zu schaffen. Ohne Grund hat man (Maskou S. 197) die Sage von der trojani-
schen Abkunft der Franken auf diese Seefahrer zurückgeführt, die allerdings aus Asien, aber
nur *zurück* in die alte Heimat kamen.

340   ZWEITER TEIL · WESTGERMANEN

damals noch Germani genannt wurden."[1] Wären solche wichtigen Bemerkungen nur häufiger! Wir würden dann das allmähliche Verschwinden älterer Namen oder den Wechsel in ihrer Bedeutung und Ausdehnung, den Sinn neuer Bezeichnungen, das Verhältnis frischer Gliederungen zu älteren klarer erkennen, zumal Bedeutung, Entstehung, Umfang der neuen Gruppennamen: Alemannen, Franken usw. Die Stelle kann nicht sagen wollen: damals sei der Name Alemannien noch gar nicht im Gebrauch gewesen, da er schon seit mehreren Jahrzehnten auch amtlich von den Römern angewendet wird, sondern nur den Sinn haben: „Jene Völkerschaften, die später *nur* mehr mit ihrem neuen Sondernamen als ‚Alemannen' bezeichnet werden, wurden damals noch häufig, ohne Sondernamen, unter der alten gemeinsamen Bezeichnung ‚Germani' angeführt: später wird dieser Ausdruck ‚Germani' von manchen Griechen (Prokop) und Lateinern auf die *Franken* angewendet: wo nicht weiter unterschieden werden *soll*, faßt man wohl auch die dem Frankenreich einverleibten *anderen* Germanen unter diesen Namen: wo es aber darauf ankommt[2], werden beide wohl unterschieden und *nur* die Franken ‚Germani' genannt".

Vom Kaiser „bis in die äußersten Landschaften" d. h. bis an die See gejagt, hoffte Proculus Hilfe bei den Franken zu finden, von denen er abzustammen behauptete: diese aber, „gewöhnt, mit Lachen die Treue zu brechen"[3], eine gerade gegen diesen Stamm oft und nicht ohne Grund erhobene Beschuldigung, verrieten ihn: er wurde besiegt und getötet.

Überhaupt lehnten alle von beiden Anmaßern zu Hilfe gerufenen Germanen die Beteiligung ab: sie zogen es vor, die mit Probus geschlossenen Verträge einzuhalten.[4]

Bonosus war zum Aufstand durch Furcht vor Strafe getrieben worden: er hatte nicht verhindert, daß römische Luftgondeln auf dem Rhein von Germanen verbrannt wurden, und hierauf, sich der Strafe zu entziehen, nach der Krone gegriffen. Besiegt, tötete er sich selbst. Seine Witwe *Hunila* wurde vom Kaiser in Ehren gehalten und mit lebenslänglicher Rente bedacht. Sie war, wie Bopiscus von seinem eigenen Großvater erfuhr, eine ausgezeichnete Frau, eine *Gotin*, aus edlem, ja königlichem Geschlecht: Aurelian hatte sie dereinst (vielleicht im Jahre 278 bei Bekämpfung des Kannabauda) mit Bonosus vermählt, „um so alles, was er wollte, von gotischen Bewegungen zu erfahren". Aus seinem Schreiben an *Gallonius Avitus*, den „legatus" von Thrakien, erhellt, daß Aurelian eine ziemlich große Anzahl solcher vornehmer Gotinnen, wahrscheinlich als Geiseln, bei Perinthus hatte unterbringen lassen: er befiehlt, das Unterhaltsgeld für dieselben nicht den einzelnen auszuzahlen, sondern je aus sieben einen Verband bilden und je einem solchen („convivium") die Leistungen aus der Staatskasse zufließen zu lassen. Zu diesen vergeiselten edlen Gotinnen hatte nun offenbar auch Hunila gehört: „da wir nun beschlossen haben, sie Bonosus zu

---

1 Bopiscus, Proculus K. 13 „nonnihilum tamen Gallis profuit. nam Alamannos, *qui tunc adhuc Germani dicebantur*, non sine gloriae splendore contrivit, numque aliter quam latrocinandi pugnans modo".

2 So in der wichtigen Stelle Prokop IV, 20 der Γερμανοί identifiziert mit Φράγγοι, z. B. II, 12, οὐ Φράγγων αὐτῶν ἀλλὰ Βουργουνδιώνων. Siehe Könige VIII, S. 2. „Francia" und „Franci".

3 Bopiscus O. „ipsis prodentibus Francis, quibus familiare est, ridendo fidem frangere".

4 Bopiscus O. Probus K. 18 „Germani omnes cum ad auxilium essent rogati a Proculo Probo servire maluerunt quam cum Bonosco et Proculo *esse*" (so ein Zusatz der gewöhnlichen Lesart: Peter schlägt statt esse vor „imperare", wegen des Gegensatzes zu *servire*: alsdann ist an eine, nach Absicht des Probus, wesentlich auf die Überrheiner zu stützende Herrschaft über Gallien zu denken.)

FÜNFTES KAPITEL · DIE RÖMISCHE VERTEIDIGUNG 341

vermählen, wirst du die Hochzeit aus Staatsmitteln ausrichten und der Braut folgende Gelder und Gewänder spenden".
Nach mehr als *einer* Richtung sind diese Angaben lehrreich.
Sie zeigen, daß immer noch, wie zur Zeit des Tacitus, durch edle Jungfrauen als Geiseln die Germanen als besonders stark gebunden galten. Die Ehegemeinschaft zwischen Römern und Germaninnen war in jener Zeit anerkannt und solche Mischehen begegnen häufig; die Gotin soll an Gewändern alles erhalten, was einer „Matrone" zukommt.
Probus hob das Verbot des Weinbaus in den Provinzen, das Domitian erlassen, für Gallien, Britannien, Spanien, Illyricum, Mösien auf. Er selbst legte Weinberge an, wie auf dem Berg*Aureus* in Obermösien, so bei seiner Heimatstadt Sirmium, auf dem Berg *Alma*.[1]
Die strenge Zucht dieses Kaisers und die Anhaltung zu Landbesserungsarbeiten erbitterte die verwilderten Soldaten Roms so sehr, daß sie den wegen seiner Siege sonst von ihnen gefeierten Helden erschlugen (September oder Oktober 282 bei Sirmium), ein lehrreiches Zeichen vorschreitenden Verfalls.
Als diese Nachricht zu den Barbaren gelangte, die er geschreckt hatte, fielen sie sofort wieder in die nächstgelegenen römischen Grenzlandschaften ein.
Sein Nachfolger, *M. Aurelius Carus* (282 Sommer bis Dezember 283), sandte seinen älteren Sohn *Carinus* mit erlesener Mannschaft zum Schutze Galliens an den Rhein.
Der Dichter*Nemesianus* schreibt ihm Siege am Rhein und an den Quellen der Saône (Araris) zu: hier waren wohl *Alemannen* abzuwehren, am Rhein vielleicht *Franken*.
Bevor der Kaiser mit seinem jüngeren Sohn *Numerian* in den Orient gegen die Perser aufbrach, schlugen sie die durch den Tod des Probus ermutigten „Sarmaten", die nicht nur Illyricum, sondern selbst Thrakien im Osten und sogar Italien bedrohten, und stellten die Ruhe in Pannonien her: vermutlich hatten sich an diesen Einfällen der „Sarmaten" (d. h. wohl der Jazygen) auch deren alte Nachbarn und Helfer, die Quaden, beteiligt: denn eine Münze Numerians rühmt einen Sieg über die *Quaden*.[2]
Der Nachfolger des Carus (ermordet oder vom Blitz getroffen bei Ktesiphon, Dezember 283) und seiner Söhne *Numerianus* (ermordet 284) und *Carinus* (ermordet 285), Cajus Valerius *Diokletianus* (17. September 284–305) nahm tiefgreifende Umgestaltungen in der ganzen Verfassung, zumal in der Ämtereinrichtung und Provinzeinteilung, des Reiches vor, die auch für die Verhältnisse der Rhein- und Donaulande von weittragender Bedeutung wurden.[3]
Die Ausdehnung des Weltreiches hatte, bei sinkender Herzkraft mit steigender Bedrohung der Grenzen[4], wiederholt dahin geführt, daß für einzelne Provinzen Gewaltherrscher sich erhoben und geraume Zeit behauptet hatten.

---

1 Bopiscus, Probus K. 78, obzwar Aurel. Victor, in Caesar. K. 37 nach Gallien Pannonien nennt, darf man doch nicht das „Britannis" *aller* Handschriften willkürlich durch „Pannonis" ersetzen. Zur Zeit Strabos war in Gallien die Rebe nur bis Lyon gedrungen, doch nennt Plinius XIV, 4 den Weinbau der Bituriker (um Bourges).
2 Außer den sechzehntausend Toten wurden zwanzigtausend Gefangene *beider* Geschlechter erwähnt: also vielleicht ein Ausbreitungsversuch (Hist. Aug. v. Cari K. 9).
3 Vg. deren Darstellung bei v. Wietersheim-Dahn I, S. 283, 570.
4 Ein Römer jener Tage spricht einmal den Gedanken aus, daß das Reich durch seine allzu große Wucht von der Höhe herabgezogen werde. „Incerti paneg. Constantio Caesari d., hrsg. v. Baehrens, K. 20 S. 147 illa, quae saepe veluti nimia mole defluxerat magnitudo, tandem (unter Diokletian) solido cohaesit imperio." Über die Quellen für die nun beginnende Periode, die

Diokletian mochte darin Zeichen wirklichen Bedürfnisses erkennen, denen er freiwillig und durch *rechtmäßige* Gliederung der Gewalt entsprechen wollte. Er nahm, eine durchgreifende Besserung der Verfassung beginnend, die dann Constantin der Große vollendete[1], den kriegstüchtigen *Maximian* zum Reichesgehilfen an und übertrug ihm zunächst Gallien. Maximian dämpfte hier einen Aufstand des niederen Volkes, zumal der maßlos ausgesogenen Bauern, der *Bagauden*, ein keltisches Wort zweifeliger Wurzel.

Aber gleich darauf hatte er an verschiedenen Grenzen der Provinz Einfälle germanischer Stämme abzuwehren, wenn auch nicht *„alle* Völker der Barbarenwelt", wie der Lobredner übertreibt. Genannt werden einmal *Burgunden* (vom Main her) und *Alemannen* (vom Oberrhein): gegen diese, die in großen Massen auftraten, unternahm der Cäsar nichts mit den Waffen: „er ließ sie gewähren", „er beschloß, nicht Gewalt, sondern List gegen sie zu brauchen". Sehr verdächtig bescheidene Wendungen des Schmeichelredners, aus welchen zum allermindesten so viel erhellt, daß Maximian sich zu schwach fühlte, Ober- und Niedergallien zugleich zu verteidigen. Er wandte sich gegen die *Chaibonen* und *Heruler*, die Gallien, offenbar in der Gegend des Niederrheins, angegriffen hatten, vielleicht von der See her: die Worte über beide Völker: „an Macht die ersten, den Wohnsitzen nach die hintersten der Barbaren" („viribus primi barbarorum, locis ultimi") sind, was das erste anlangt, nur eine des Gegensatzes und der Schmeichelei wegen gedrechselte Redensart, was die Heimatsangabe betrifft, aber richtig: der *eine* Teil der Heruler wohnte damals, wie noch zur Zeit Prokops, im Norden an der Ostsee (I. S. 566): diese waren es, nicht der an das Schwarze Meer abgezogene Teil, die damals die Rheinmündungen und Gallien, vermutlich von der See aus, bedrohten.

Die „Chaibones" werden mit dieser Bezeichnung nur hier genannt: sie sind als Nachbarn der Heruler an der Ostsee zu denken.[2]

Ungeachtet des Ausdrucks: „an Macht die ersten" der Barbaren dürfen wir annehmen, daß der Eindringlinge nicht viele waren: denn Maximian erachtete es für unnötig, sein ganzes Heer wider sie aufzubieten: mit wenigen Kohorten griff er sie offen an und vernichtete sie, angeblich so erschöpfend, daß auch nicht *ein* Mann mit der Nachricht in die Heimat gelangte. Gleichzeitig war ohne Zutun des Feldherrn die Gefahr für das obere Gallien verschwunden: die eingedrungenen Burgunder und Alemannen hatten, wie gewöhnlich, ihre Verpflegung nur aus der Plünderung des Landes gewinnen wollen: dies reichte aber für ihre *„große Zahl"* nicht aus: Hunger und, in dessen Gefolge, Seuchen rafften sie hin und nötigten die Überlebenden zur Heim-

---

Chroniken und die Panegyriker, siehe v. Wietersheim-Dahn I, S. 562 ff. – über die Chronologie S. 568.

1 Siehe darüber v. Wietersheim-Dahn I, S. 283–339, 564.

2 Bachrens O. S. 93, gewährt hier nur „Chaibonas": im Genethl. K. 7 daneben die Lesarten: Caybonas, Cayvones, Caviones, Chabiones; Zeuß erklärt „Chaviones", was so gar nicht vorkommt, für das allein Richtige und identifiziert sie mit den Χαῦβοι des Strabo VII, 291, *Aviones* (so schon Cluver) des Tacitus Germ. K. 40, Ὄβιοι des Petrus Patricius S. 129, die im Markomannenkrieg neben den Langobarden in Pannonien auftreten – kühne Annahmen, denen zu folgen ich nicht vermag. Die Avionen stellt Tacitus unter die Elbvölker: daß sie, den Obiern identisch, nach Pannonien gezogen, wird nirgends gesagt: Zeuß vermutet es wohl wegen der Nachbarschaft der Heruler: aber wir wissen, daß Heruler damals und noch viel später *im Norden* saßen, und dürfen bestimmt annehmen, daß der Einfall in Gallien von *diesen* näheren Herulern ausging, nicht von den fernen an der Grenze Asiens.

FÜNFTES KAPITEL · DIE RÖMISCHE VERTEIDIGUNG 343

kehr. Also abermals war „eine große Zahl" kriegsfähig, nach den starken Verlusten unter den drei Heldenkaisern!

Um dieselbe Zeit werden neben den Franken als kühne Seeräuber, welche die belgischen und bretagnischen Küsten heimsuchten, die Sachsen genannt. Tacitus noch unbekannt, werden diese zuerst von Ptolemäus (etwa 150 n. Chr.) erwähnt als Nachbarn der Chauken vom rechten Elbufer ab gen Norden über den „kimbrischen Chersones", Jütland, Schleswig (Holstein) hin: auch die Inseln nahe der Elbmündung hießen „Sachseninseln".

Diese Ausdehnung ihrer Sitze läßt annehmen, daß damals schon, wie später, der Name „Sachsen" nicht nur eine Völkerschaft bezeichnete, sondern eine Gruppe von Völkerschaften: eine *Mittelgruppe*, wie die der benachbarten Friesen, so daß also für diese beiden späteren Stämme Bestand und Name schon in der ältesten Zeit bezeugt ist, während Franken, Alemannen, Bajuwaren erst spät neu gebildet und benannt, Thüringen aus Hermunduren gekürzt worden sind.

Maximian übertrug dem (keltischen) Menapier *Carausius*, der früher in „Batavia" gedient, einem seekundigen Mann von niedriger Geburt, aber ausgezeichneten Leistungen, den Schutz der Küsten von Belgica und Aremorica, dann der batavischen Insel[1] gegen Franken und Sachsen. Dieser nahm ihnen auch wiederholt auf der Höhe von Boulogne (Bononia) auf ihrer Heimfahrt die zusammengeplünderte Beute ab: da er sie aber weder den Beraubten noch dem Kaiser ablieferte, sondern sich selbst damit bereicherte, geriet er in Verdacht, sie absichtlich landen zu lassen, um sie erst auf dem Rückweg aufzuhalten. Einem Hinrichtungs- oder Mordbefehl entzog er sich (im Jahre 286/287) durch die Flucht mit der ihm anvertrauten Kanalflotte nach Britannien und, dort zum Kaiser ausgerufen, behauptete er sich lange Zeit mit kräftigem Erfolg.

Der segelkundige Bretagner baute nach römischem Muster zahlreiche Schiffe und unterwies die Barbaren, welche die aus dem Provinzen geplünderten Schätze in Scharen in seinen Sold zogen, in den Künsten der Schiffahrt so vortrefflich, daß sogar der Schmeichelredner seines Feindes berichten muß, die römischen Schiffe mit ihren der See ungewohnten Landtruppen richteten nichts gegen ihn aus.[2]

Jene Barbaren waren wohl größtenteils Franken und Sachsen: damals schon, vermutlich mehr noch im Jahre 289, besetzten die Franken Teile von Batavia, die ihnen erst im Jahre 296 Constantius Chlorus wieder entriß.

Im folgenden Jahre (im Jahre 287/288) bekämpfte Maximian von Trier aus Germanen, die bis gegen diese wichtige Stadt, die er zum Herrschersitz gewählt, gestreift waren, und schlug sie an dem Tag der Übernahme des Konsulats (1. Januar 287), diese Feier behufs plötzlichen Ausfalls unterbrechend, zurück. Er überschritt darauf den Rhein, drang in Germanien ein und setzte einen verdrängten König *Gennobaud*[3] wieder ein, dessen Volk selbstverständlich sich Rom unterwarf.

Vermutlich waren die auf dem rechten Rheinufer angegriffenen Germanen Franken (denn der an einer anderen Stelle erwähnte König der Franken, der kommt, Friede zu erbitten, ist doch wohl Gennobaud): vielleicht sind dieselben aber nicht am Niederrhein zu suchen, da eine vermutlich gleichzeitige und zusammenhängende

---

1 v. Wietersheim-Dahn I, S. 569.

2 Über einen förmlichen Frieden mit Carausius unter Anerkennung des Kaisertitels? im Jahre 289, v. Wietersheim-Dahn I, S. 267.

3 Wohl derselbe Name wie der gotische Kannabaud? Ein anderer König, *Esatech*, erhielt Geschenke, v. Wietersheim-Dahn I, S. 569.

344 ZWEITER TEIL · WESTGERMANEN

Bewegung Diokletians „durch Rätien das dieser Provinz nächst liegende Germanien"
traf (deshalb vermuten andere Alemannen als die hier Betroffenen).

Die unglaublichen Schmeicheleien, die der Ruhmredner für diese durchaus nichti-
gen, dauerlosen Erfolge seinem Helden zu sagen wagt, sind höchst bezeichnend für
den rasch gesunkenen und weiter sinkenden Stand des Römertums, zumal aus den
beabsichtigten Lobeserhebungen zugleich die Furcht Galliens vor den Germanen
deutlich vernehmbar hervorflüstert.

Die angebliche „Ausdehnung des limes von Germanien und Rätien[1] bis zu den
Quellen der Donau" war weder bedeutend noch ständig. Die „Ausdehnung" geschah
„durch plötzliche Niederlage der Feinde": es glückte also ein unerwarteter Angriff
der Römer aus den bisherigen limes-Stellungen.

Der Lobpreiser spricht, als ob niemals ein Drusus und Germanicus über den
Rhein bis über die Weser und an die Elbe, ja als ob nicht vor wenigen Jahren ein
Probus noch über Rhein und Neckar gezogen wäre: „Ein neues, ein ungehörtes
Wunder folgte auf das Auspicium jenes so wundersam begonnenen Konsulatjahres.
Was Größeres konnte es geben, als deinen Übergang nach Germanien, durch wel-
chen du als der erste aller Imperatoren (!) gezeigt hast, daß es für das Römerreich
keine andere Grenze gebe als den Flug deiner Waffen! Früher schien ja vielmehr die
Natur selbst den Lauf des Rheines in der Absicht gezogen zu haben, dadurch die
Grenze der römischen Provinz von der Wildheit der Barbaren abzuschneiden. Und
welcher Herrscher vor euch hätte sich nicht Glück gewünscht, daß Gallien durch
jenen Strom geschützt werde? (!) Hat es uns nicht von jeher mit höchster Furcht
erfüllt (!), wann das Bett des Rheines bei langer Regenlosigkeit seichter wurde?
Wann stieg nicht umgekehrt mit seiner Wassermenge unsere Sicherheit? Ähnlich wie
das reiche Syrien der Euphrat deckte, bevor sich Diokletian die Reiche der Perser
ergaben. Diokletian hat dies, nach Art seines Jupiters, durch seinen väterlichen
Wink, vor dem alles erzitterte, und durch die Majestät eures Namens erreicht: du aber,
unbesiegter Imperator, du hast jene wilden, ungebändigten Völker durch Verwüstung, Treffen, Hinschlachtung, durch Schwert und Feuer gebändigt ... Seitdem sind
wir unbesorgt und sicheren Mutes. Mag der Rhein vertrocknen und in schwachem
Gewoge kaum die leichten Kiesel von der Furt wälzen: keine Furcht deshalb! Römisch ist alles, was ich jenseits des Rheines schaue". (!) Es wurden mitten im Barbarenland („media in barbaria") germanische Trophäen errichtet: was zu dem Feldzug
Maximians, nicht Diokletians gehört. Dieser war von Rätien[2] aus vorgedrungen. Maximian hatte nach Besiegung der Chaibones und Heruler *überrheinische* Siege erfochten, die Franken gebändigt, die Seeräuberkriege (Carausius mit Franken und Sachsen) „beendigt". (!)

Mit Recht klagt man darüber, daß der Stand unserer Quellen uns fast gar nicht
verstattet, die wichtigen Verschiebungen, eben meist *Vor*schiebungen, der Sitze der
deutschen Stämme im Inneren des späteren fränkischen und deutschen Reiches zu
verfolgen: während wir über die Wanderungen der gotischen Völker ziemlich genau
unterrichtet sind, wissen wir beinahe gar nichts von den nicht so große Räume
durchmessenden, aber immerhin beträchtlichen und für die deutsche wie die französische Geschichte entscheidenden Bewegungen, welche Friesen, Sachsen, Thüringer,

---

1 Mamertinus, panegyr. Maxim. K. 9 „ingressus est nuper ille eam quae Raetiae est obiecta
Germaniam similique virtute *romanum limitem* victoria *protulit*".

2 Wohl auf dem Rückweg (im Jahre 288) verwüstete er dann „Sarmatia", d. h. das Land der
Jazygen, vermutlich zur Strafe der Räubereien.

FÜNFTES KAPITEL · DIE RÖMISCHE VERTEIDIGUNG   345

Burgunder, Franken, Juthungen, Alemannen, Bayern, allmählich in die Landschaften ihrer endgültigen, bleibenden Ansiedlung geführt haben.[1] In den meisten Fällen erfahren wir nur etwa, in welchen Gegenden die später zu einer solchen Gruppe (wahrscheinlich! denn über glaubliche Vermutungen hinaus bringen wir es hierin sehr selten) zusammengewachsenen *Völkerschaften* bei ihrer ersten Erwähnung wohnten, und treffen dann im fünften Jahrhundert diese *Gruppe* in ziemlich entlegenen Landschaften bereits fest seßhaft: wann, wie, auf welchen Wegen, unter welchen Kämpfen oder Verträgen sich diese Wandlungen im Inneren Deutschlands vollzogen haben, davon vernehmen wir fast gar nichts. Sorgfältig muß man daher jede scheinbar geringfügige Angabe beachten, die wenigstens mittelbar hierfür verwertbar dünkt.

So ist es hervorzuheben, *daß um diese Zeit, zu Ende des dritten Jahrhunderts schon, das ehemalige Zehntland gar nicht mehr als solches bezeichnet wird*: vielmehr nennt der Lobredner jenes einst als Teil der Provinz behauptete Gebiet bereits „*Alemannia*": so weit also, offenbar bis dicht an den Rhein, sind damals bereits die Alemannen vorgedrungen und zwar – das ist die Hauptsache! – nicht mehr als schweifende Räuber, die in feindlichem Land Beute suchen, sondern als seßhafte Bauern, als Herren des Landes, gewillt, hier zu bleiben: nach einem strafenden Verwüstungszug der Römer – der nun das ehemals römische Gebiet traf! – beließ man sie ruhig im Besitz des Zehntlandes, begnügt damit, ihnen Getreidelieferungen aufzulegen für die noch behaupteten Kastelle, von denen das eine und andere wohl auch neu angelegt und manchmal auch etwas weiter in günstigere Lage vorgerückt wurde: anderen Sinn hat es nicht, wenn der Lobredner von einem „Vorrücken des limes" spricht: auch im Jahre 296 wird der „limes als von Germanien und Rätien bis an die Quellen der Donau vorgeschoben" gerühmt: vielmehr hat offenbar bereits im Lauf des dritten Jahrhunderts das so lange schon in der Absicht dauernder Niederlassung versuchte Vordringen der Germanen an den Rhein so starke Fortschritte erzwungen, daß auch Probus nur Unterwerfung oder Födus, aber nicht mehr Räumung des Landes erreichte: so – aber auch *nur* so – erklärt es sich ohne Sprung, daß wir wenige Jahrzehnte später – im Jahre 340 – Alemannen und Franken, unerachtet der Siege der Constantier, sogar auf dem *linken* Rheinufer und zwar nicht als Räuber, sondern als seßhafte Bauern, als Herren des Landes antreffen: langsam, allmählich, aber unaufhaltsam, wie seit dem zehnten Jahrhundert nach Osten gegen die Slawen, so drang damals nach Westen die germanische Ausbreitung vor: nicht nur mit dem Schwert, mit dem gründlicheren Eroberungswerkzeug: mit dem Pflug.[2]

Wie die *Alemannen* am Mittel- und Oberrhein, so drängten die *Sachsen* und *Franken*, zum Teil auch zu Schiff, als Seeräuber landend, aber stets begierig, sich festzusetzen, und zu Lande über den Niederrhein.

Geraume Zeit vor den Siegen, die Constantius Chlorus über sie erfocht, müssen wir die *Franken* als *seßhafte Herren von Batavien* annehmen. Das ist um so leichter erklärlich, wenn, wie unsere Überzeugung, einen Hauptbestandteil der (salischen)

---

1 Es ist ein sehr dankenswertes Verdienst des vortrefflichen Werkes von Arnold, Wanderungen und Ansiedlungen deutscher Stämme, zunächst für die Chatten aus hessischen Ortsnamen zahlreiche Aufhellungen gezogen zu haben (vgl. Dahn, Bausteine II): gleiche Verwertung der Ortsnamen anderer Landschaften und Stämme wäre sehr zu wünschen. Manch lehrreiches Material (für die Alemannen zumal) enthält Buck, Oberdeutsches Flurnamenbuch, Stuttgart 1880: aber Methode, zumal Wortdeutung, lassen doch viel zu verbessern übrig.

2 Diese ganze Auffassung und Begründung ist, soweit ich sehe, keinem Vorgänger eigen.

346 ZWEITER TEIL · WESTGERMANEN

Franken die alten Bataver selbst bildeten, die also gar nicht nötig hatten, erst mit
Gewalt den Strom zu überschreiten und sich ganz neue Gebiete zu erkämpfen: vielmehr bestand die Veränderung nur darin, daß die seit vier Jahrhunderten hier seßhaften Bataver die römische Herrschaft nun bald völlig abschüttelten, bald wenigstens
lockerten und mit Gewalt oder auch mit halb erzwungener Zustimmung der Römer
sich von hier ausbreiteten: sie traten mit freien überrheinischen Stammgenossen, die
mit Macht über den Strom drängten oder in den Strom einliefen – so namentlich als
Verbündete des Carausius, der den Kanal und die westliche Nordsee vollständig beherrschte, in die Bundesgruppe des neuen Frankennamens zusammen und, statt wie
jahrhundertelang das Land für Rom zu verteidigen, nahmen sie die alte Heimat und
deren Nachbargebiete für sich und die eindringenden Bundesgenossen in Anspruch.
Selbstverständlich gelang das in *dieser* Zeit noch nicht auf die Dauer, nicht ohne
Einschränkung, nicht ohne Rückschläge: immer wieder zwangen damals noch die
Römer die Bataver zur Unterwerfung und trieben die Überrheiner oder Seeräuber
wieder aus dem Lande: aber mehr und mehr erlahmte die Abwehr: immer lockerer
wurde die Unterordnung der germanischen Siedler in Gallien, immer schmaler wurde
das von Rom noch unmittelbar beherrschte, von Germanen freigehaltene Land in
Gallien, bis endlich nach zwei Jahrhunderten das Westreich erlosch und auch die
letzte römische Insel in Gallien – das Gebiet von Soissons bis Paris – von den Franken überflutet wurde.

Diese Betrachtung hat weit vorausgegriffen: aber sie mußte hier schon eingefügt werden: *denn hier, am Ende des dritten Jahrhunderts, liegen die Anfänge der Entwicklung,*
die zuletzt ganz Belgien, Holland, Frankreich, Lothringen, Elsaß, die Schweiz fränkisch,
burgundisch und alemannisch gemacht haben.

Die Kaiser nahmen damals, zum viertenmal als Imperatoren begrüßt, die Namen
„Francici", „Alamannici", „Gotici", „Germanici" an – zum Beweis, daß man „Germanen", wie nicht mit Goten, so auch nicht mit Franken und Alemannen für eins nahm:
letzteres, weil man nicht wußte, daß Franken und Alemannen aus den Völkerschaften
hervorgegangen waren, die jahrhundertelang waren „Germanen" genannt worden.

Unerachtet jener maßlos übertrieben dargestellten Erfolge muß der Schmeichelkünstler anerkennen, daß der Glücksstern der Imperatoren sich vor allem darin zeige, wie die germanischen Völker, „denen nie der *Segen zuteil* geworden war, unter
römische Herrschaft zu gelangen, *sich untereinander selbst zerfleischen"*: man hätte
aber nach seinen Angaben glauben müssen, solche unbezwungene Germanen, die
jenes Glückes entbehrten, hätte es gar nicht mehr geben können. *Mamertin* steht
durch Schwulst, handgreifliche Unwahrheit und eine Schmeichelei, die, ohne den
geringsten Sinn für Wahrheit, tönende Worte häuft, so verächtlich tief – weit unter
den „scriptores historiae augustae" –, daß man seinen Angaben über die Selbstzerstörung germanischer Völker untereinander sehr geringen Glauben schenken darf: um
so geringeren, als wir in einzelnen Fällen angeblich „ausgemordete" Völker später
noch in starker Macht antreffen. Richtig ist nur, daß, bei dem Drängen der Völker in
Mitteldeutschland gegen Main und Rhein und der Ausbreitung der verschiedenen
Gotenvölker in den Donauländern unter den Germanen damals Kämpfe häufig werden mußten, die aber auch in anderen Zeiten selten ruhten und damals so wenig wie
sonst mit „Vernichtung" der Überwundenen endigten – was freilich die Römer gern
glaubten, weil sie es wünschten.

„Das Glück eurer Herrschaft ist so groß, daß die Barbaren sich untereinander
zerfleischen, daß sie eure sarmatischen, rätischen, überrheinischen Kriege untereinander nachahmen: der Wahnsinn der Bürgerkriege ist durch die Götter von den Rö-

FÜNFTES KAPITEL · DIE RÖMISCHE VERTEIDIGUNG 347

mern auf die Barbaren übertragen: von der Mäotis bis in den Norden, wo die Donau ihr schäumendes Haupt erhebt und die eisige Elbe Germanien durchschneidet ... Alle diese Völker vergießen untereinander ihr Blut, denen es niemals zuteil geworden, römisch zu werden: sie zahlen nun freiwillig Buße für ihre halsstarrige Wildheit. Gegen die eigenen Eingeweide wütet das zügellose Volk der Mauren (in Afrika!): die Goten tilgen die Burgunder völlig aus (!): für die Besiegten hinwiederum greifen die Alemannen zu den Waffen, und die Thervingen, ein anderer Teil der Goten, stürmt mit einer verbündeten Schar Taifalen gegen Vandalen und Gepiden. Die (oben völlig ausgetilgten) Burgunder hatten die Länder der Alemannen (ihrer Rächer!) besetzt: aber durch eigene Niederlage erworben: die Alemannen verloren ihr Land, erlangten es aber wieder".

Der Schmeichelredner hatte die Ansicht, den Eindruck „wahnsinniger" Selbstzerfleischung hervorzubringen. Das ist ihm gelungen: „wahnsinnig" ist wenigstens die *Darstellung*, geschichtliche Wahrheit aber liegt nicht in den Worten: Burgunder und Goten waren durch weite Länder getrennt: die „ausgetilgten" Burgunder erobern die Länder ihrer Rächer.

Das schließt einzelne ihm richtig zugegangene Bemerkungen nicht aus: so daß die Thervingen ein Teil der Goten: daß auch die Taifalen ein Teil der Goten, entging ihm freilich: von einem Krieg der Taifalen gegen die Vandalen wissen wir aus anderen Quellen nichts, wohl aber von Kämpfen zwischen Vandalen und Gepiden.[1]

Die steigende Bedrängung des Reiches an vielen Grenzen zugleich bewog Diokletian, die Zahl der Regenten behufs erleichterter Abwehr zu vermehren: er verlieh Maximian den Titel „Augustus" und ernannte die beiden Pannonier („Illyriker") *Galerius* und *Constantius Chlorus* zu Cäsaren:[2] er nahm Galerius, Maximian Constantius zum Sohn an, und jeder der Cäsaren wurde (unter Scheidung von der bisherigen Frau) mit einer Tochter seines Wahlvaters vermählt: Galerius erhielt Thrakien und Illyricum, Constantius Gallien und Spanien (mit Mauritania Cingitana in Afrika): mit Gallien übernahm Constantius den (nie beendeten oder wieder erneuten) Krieg gegen Carausius und dessen germanische Verbündete. Er sperrte durch kunstvolle Linien und Dämme den feindlichen Schiffen die Näherung an Boulogne (Bononia,

---

1 Der Vorschlag, statt Alamanni zu lesen Alani, gebt die Hauptschwierigkeiten der Stelle, wie die Goten in die Nähe der Burgunden kommen sollen, nicht auf und bringt auch die Alanen viel zu weit nordöstlich. „Die Schwierigkeiten sind hier sehr groß. Wie einerseits Goten, andererseits Burgunden und Alemannen Nachbarkriege sollen haben führen können, ist unverständlich: die ‚östlichen' Burgunden (*v. Wietersheims*) sind ein bloßer Notbehelf: es gab nicht zweierlei Burgunden. Eine bloße Vermutung ist folgende Annahme, die aber den sonstigen, namentlich auch den späteren Verhältnissen (noch Valentinian hetzt die Burgenden auf ihre Westnachbarn, die Alemannen) entspricht und die Stelle erklären würde. Die Goten, welche die Burgunden besiegen, sind ein von Osten die Donau heraufgewanderter Volksteil: eine erste Bewegung der Art, die später die (gotischen) Vandalen an den Rhein führte. Nach Besiegung der Burgunden durch die von Osten andringenden Goten sehen sich der Burgunden westliche Nachbarn, die Alemannen, bedroht und waffnen gegen die angreifenden Goten, zugleich in eigenem wie in der Burgunden Interesse. Nach Abwehr der gotischen Angreifer geraten Burgunden und Alemannen selbst in einen der häufigen Kriege um Grenzland, wie sie das Ausbreitungsbedürfnis unablässig hervorrief. Diese Auffassung ist wenigstens möglich und nicht unwahrscheinlich. ‚Vertilgt' sind die Burgunden durch den gotischen Angriff so wenig, daß sie alsbald den volkreichen Almanachen ihre Grenzländer wegnehmen können". Dahn in v. Wietersheim I, S. 270.

2 1. März 293: der Tag steht fest: dieses *Jahr* nehme ich an nach Mommsen, Bericht über die Verhandl. der k. sächs. Gesellsch. d. Wissenschaften zu Leipzig III. 1851. S. 51 f.

348   ZWEITER TEIL · WESTGERMANEN

Gesoriacum) und gewann diese Stadt zurück, mußte aber den Angriff auf Britannien
aufschieben bis zur Herstellung einer genügenden Zahl von Schiffen: einstweilen
säuberte er „Batavia" (völlig?) von verschiedenen Völkerschaften der Franken, die
sich dort als Verbündete des Carausius niedergelassen, der ihnen wohl als Kaiser dies
Land gegen Kriegshilfe durch förmliches Födus abgetreten hatte und die daher wohl
mehrere Jahre hier friedlich hausten, im guten Glauben an vertragsmäßigen Erwerb
des Landes für immer.

Die Römer erblickten damals einen großen Gewinn darin, daß viele Franken aus
„Batavien" (offenbar Salier) wie bei späteren Feldzügen, „aus ihren ursprünglichen,
von den Römern nie erreichten Sitzen am äußersten Saume der See" fortgeführt und
in Belgien und Nordfrankreich angesiedelt wurden, verödete Landstriche als Kolonen für römische Herren zu bebauen: sie ahnten nicht, daß sie damit nur ihren aller-
gefährlichsten Feinden, den einstigen Erben ihrer Machtstellung im Abendland, eine
neue Seite, ja eine neue gefährliche Form des Angriffs auf Gallien gezeigt hatten.

Wie zu den Zeiten des Civilis bot das von Sümpfen, Watten, Flußarmen, Kanälen
durchzogene Land, fast mehr Wasser als Festboden, zwischen den Windungen der
Wal (Vahalis) und den Mündungen, „den krummen Hörnern" des Rheins[1], morastig
und bewaldet, den Römern mehrfache Schwierigkeiten für den Angriff: schließlich
aber wurden die Barbaren genötigt, sich mit Weibern, Kindern, dem „Zug ihrer
Habe" – es sind die mit Gerät beladenen Wagen, der Zug der Unfreien und Herden
gemeint – zu ergeben und in lange verödete Landschaften abführen zu lassen, „neu
zu bebauen, was sie selbst vielleicht in früheren Streifzügen wüst gelegt hatten".

Anschaulich wird geschildert, wie in allen Säulenhallen der Römerstädte Scharen
gefangener Barbaren sitzen: die Männer, all ihrer Wildheit durch Schrecken und
Furcht entwöhnt und zitternd, so daß die Greisinnen und Gattinnen der Söhne, der
Gatten Feigheit verachten: Knaben und Mädchen, mit Ketten aneinander gebunden, in
ihrer Sprache flüsternd: und alle diese den Provinzialen einstweilen zur Dienstleistung
zugeteilt, bis sie abgeführt würden zur Bebauung des ihnen bestimmten Ödlandes.

Frohlockend fährt der Ruhmpreiser fort: „Für mich also führt nun den Pflug
Friese und Chamave: der rasch umherschweifende Räuber müht sich, vom Schmutz
der *Ackerarbeit* bedeckt, für mich, kommt, sein Vieh feil zu bieten, auf meine Jahr-
märkte und wirft, ein *barbarischer Landmann*, den Preis auf für von ihm mir zu
verkaufende Lebensmittel. Ja sogar wenn er zur Aushebung einberufen wird, kommt
er eilig herbei, läßt sich in Zwangsdienst erschöpfen, beugt den Rücken der Rute und
preist sich glücklich, unter dem Namen der Wehrpflicht zu dienen".[2]

Unter Maximian waren solche Ansiedlungen von Franken im Gebiet der Treverer
und Nervier erfolgt: jetzt, unter Constantius, wurden diese Kolonen in die Gegenden
von Amiens, Beauvais, Troyes, Langres geführt. Besonders viele *Handwerker* wurden
nach der Stadt der Äduer verpflanzt, wobei jedoch die in Batavien gefangenen Germanen und die aus Römern, Kelten und Germanen gemischten Truppen des Carausius
zusammen die Kräfte hergaben: denn sie stellten hier Privathäuser, öffentliche Bauten
und Tempel wieder her: das werden doch gewiß Römer und Kelten, nicht Germanen
gewesen sein, die vom Steinbau wohl immer noch sehr wenig verstanden.

Diese germanischen Ansiedlungen in Gallien sollten sich bald als sehr gefährlich
erweisen: wohl pflügte der Germane hier anfangs „für den Römer": aber bald für sich

---

1 Eumenius, orat. 21, 131: „convexa Rheni cornua".
2 O. K. 9: „arat ergo nunc mihi Chamavus et Frisius et ille vagus, ille praedator exercitio squali-
  dus ruris operatur."

FÜNFTES KAPITEL · DIE RÖMISCHE VERTEIDIGUNG 349

selbst: das Land wurde von Rom selbst barbarisiert: drangen dann die Stammgenossen über den Strom, sich festzusetzen, so fanden sie in diesen germanischen Siedlern häufig Vorposten, die Rom selbst für sie ausgestellt hatte.

Die „Leten"[1], die Maximian um Trier und im heutigen Belgien, im Lande der alten Nervier, ansiedelte, waren gewiß Germanen, zumal Franken, die wohl das „schlüpfrig falsche" Volk („lubrica fallaxque": ihre fast stehende Bezeichnung) waren, das von einem Feldherrn des Kaisers 288/289 (vor April 289) an der Küste geschlagen wurde.

Nach diesen Erfolgen gegen *Friesen* und *Franken* auf dem linken Rheinufer überschritt Constantius den Strom und wandte sich gegen die *Alemannen*: vor dem Beginn des Kampfes, also vermutlich durch treulosen Vertragsbruch, wurde „der König eines höchst wilden Volkes – vermutlich doch einer alemannischen Völkerschaft – mitten unter den von ihm geplanten Tücken ergriffen" (d. h. man bemächtigte sich, ohne Kampf, vor dem Kampf, treulos eines gefährlich scheinenden Königs) und von der Rheinbrücke bis zu dem Donauübergang bei Günzburg das ganze „Alemannien" verbrannt und völlig erschöpft.[2]

Der ungenannte Lobhudler machte den Feldzug in amtlicher Stellung mit; er stellt ihn vielleicht deshalb aus schönrednerischen Gründen vor die Eroberung von Boulogne und Batavi. Man bemerke, wie bereits *Länder*namen: „Batavia", „Alamannia", von Batavi und Alamanni gebildet werden, wie früher etwa „Cheruskis", „Chaukis": dies bezeugt feste und längere Zeit schon bestehende Sitze der Alemannen zwischen Rhein und Donau.

Schon im Jahre 294 führt wegen dieser Erfolge Constantius den Beinamen „Germanicus".

Während dieser Vorgänge im Nordwesten des Reiches hatten Galerius und Diokletian die Ostgrenzen zu schützen. Im Jahre 294 wurden in „Sarmatia" (d. h. Jazygenland) gegenüber *Acincum* (Ofen) und *Bononia* (Bonmoster, oberhalb Semlin bei Neusatz) Lager geschlagen.

Größere Erfolge gegen die Sarmaten (Jazygen) bezeugen[3] der Beiname Diokletians: „Sarmaticus Maximus" und Münzen mit „Victoria Sarmatica".

In denselben Gegenden wurden *Markomannen, Bastarnen, Quaden* und *Carpen* geschlagen.

Die Entvölkerung römischer Provinzen durch Krieg und innere Ursachen, die unablässige Anschwellung der germanischen Volkszahl wird abermals bewiesen durch die auch hier angeordnete Ansiedlung „ungeheurer Massen von Gefangenen der Sarmaten, Bastarnen, Carpen".

Letzteres Volk, von dem schon Aurelian einen Teil in das Reich aufgenommen, wurde jetzt, im Jahre 295, abermals unterworfen und angeblich insgesamt in das römische Gebiet nach Pannonien und Mösien verpflanzt.

Sofern konnte man vom Untergang (ruina) der Carpen sprechen.[4]

---

1 Über diese vgl. Dahn in v. Wietersheim I, S. 324.
2 Incerti paneg. Constantio d. K. 2, 133 „captus scilicet rex ferocissimae nationis inter ipsas quas moliebatur insidias et a ponte Rheni usque ad Danuvii transitum Guntiensem deusta atque exhausta penitus *Alamannia.*"
3 Außer Eutrop IX, 25, hrsg. von Droysen S. 166: Carpis et Basternis subactis, Sarmatis victis, quarum nationum ingentes captivorum copias in Romanis finibus locaverunt.
4 Idatius versetzt die Aufnahme in das Jahr 295: „Carporum gens universa in Romania (sic) se tradidit." (Hieronymus ins Jahr 292/293.)

350 ZWEITER TEIL · WESTGERMANEN

Später, unter Valens, begegnet ein vicus Carpoum an der Donau an der Grenze zwischen Pannonien und Mösien. Es waren wohl nicht Kriegsgefangene im eigentlichen Sinne, sondern „dedititii", d. h. Völkerteile, die sich vertragsmäßig (durch foedus) unterwarfen, unter der Bedingung, Truppen zu stellen und in römischen Provinzen als Siedler und Grenzer angesiedelt zu werden. Auch gotische Völker wurden damals genötigt, Frieden zu suchen. Sie stellten Maximian (Galerius) Hilfsvölker wider die Parther (Perser). Etwas später „tempore vicennalium" d. h. im Jahre 303 war ein barbarisches, nicht genanntes Volk von den Goten vertrieben worden und hatte durch Galerius Aufnahme in römischen Dienst gefunden. *Lactantius,* des Galerius bitterer Hasser, klagt, daß dieser alle seine Leibwachen nur aus diesen Barbaren genommen, von denen umringt er den Orient mißhandelt habe: „zum Verderben der Menschheit war jene Aufnahme geschehen: sie wirkte, daß vor der Knechtung flüchtende Barbaren nun über Römer die Herren spielten". So früh beginnen die Klagen der römischen Welt über den herrschenden Einfluß aufgenommener Barbaren.

Münze von Kaiser Diokletian. Umschrift: VICTORIAE SARMATICAE. Im Feld ein Kastell. Im Abschnitt: S(acra) M(oneta) N(icomedica). X, ist das tertia officina; sacra bedeutet kaiserlich. Silber. Originalgröße. Berlin, Königl. Münzkabinett.

Erst im Jahre 296 waren die Flottenrüstungen so weit vollendet, daß Constantius den Angriff auf Britannien unternehmen konnte: an des ermordeten Carausius Stelle war getreten *Allectus.* Um einstweilen das entblößte Gallien gegen Bewegungen der Germanen zu decken – sie von solchen durch irgendwelche Waffenerfolge dauernd abzuschrecken, durfte man jetzt nicht mehr, wie in den Jahrhunderten ihrer geringeren Zahl und ihrer Zersplitterung, hoffen – erschien Maximian am Rhein. Nach dem Schmeichler hat er *allein,* ohne Fußvolk und Reiter, die Germanen von dem Strom hinweggescheucht! Ein dichter Nebel verbarg der bei der Insel Wight lauernden feindlichen Flotte die Schiffe des Constantius, der, die Seine herab über Le Hâvre in den Kanal ausgelaufen, nun ungehindert landete (bei Brighton?) und die empörten Legionen samt den Schlachthaufen ihrer barbarischen Söldner schlug: das waren meist Franken; eine römische Schar, die im Nebel sich nach London verirrt hatte, traf diese „Reste der Franken, der barbarischen Söldner", die aus der verlorenen Schlacht sich auf diese Stadt geworfen hatten, sie zu plündern und dann das Weite zu suchen.

Diese paar tausend fränkischen Soldknechte wurden nun in den Straßen Londons zur Freude der römischen Einwohner erschlagen: und abermals frohlockt der Ruhmredner, daß dabei die „Kräfte (des Volkes) der Franken völlig ausgetilgt worden (internecio Francorum)": eine Warnung, wie wir solche Angaben aufzunehmen haben.[1]

Die Wiedereroberung Britanniens nach zehnjähriger Lostrennung war übrigens sehr wichtig, weil jetzt erst den Meeren und den Küsten von Spanien und Gallien – der Lober spricht übertreibend auch von Afrika, Italien und der Mäotis – wieder Ruhe geschafft werden konnte vor den Seeräubern: Franken, Friesen, Sachsen, dann Abenteurern aller Völker, die von jener Insel aus unablässig, unabwehrbar, unverfolgbar den Seestädten und Strandgebieten solche Nachteile zugefügt hatten, daß

---

1 Inc. paneg. O. S. 144. Baehrens liest „opes" statt „vires" oder „gentes". Über die Chronologie v. Wietersheim-Dahn I, S. 570.

FÜNFTES KAPITEL · DIE RÖMISCHE VERTEIDIGUNG   351

Bildungspflege und Reichtum damals viel mehr in Britannien blühten als auf dem römischen Festland und Constantius von dort her aus den Gefangenen, außer Kolonen für das flache Land, Baumeister und Handwerker jeder Art mitführte, die zerstörten Städte Galliens wiederherzustellen.

Man hatte Britannien schmerzlicher und gründlicher verloren gegeben, wie wenn die Meerflut es verschlungen, und freute sich jetzt, „daß diese Insel *und Batavia*, wie einst Delos aus dem Ägäischen Meere, unter der rettenden Hand des Constantius das schlammige Haupt wieder aus Wald und Woge heben": also auch Batavia war an die Franken verloren gewesen.

Aus den gleichzeitigen Quellen geht hervor, daß die Zerstörung in den letzten Jahrzehnten durch Alemannen und Franken, Sachsen und Friesen, auch durch die Donaugermanen, sehr bedeutend gewesen sein müssen: nach der Wiedereroberung von Britannien geschah für Herstellung durch die Sorge der drei Herrscher Diokletian, Maximian und Constantius vieles: entlang dem ganzen Rheinlimes und Donaulimes wurden damals die festen Lager der Schwadronen und Kohorten „wiederhergestellt."[1]

Die Mauern von Winterthur (Vitodurum) bei Zürich hatten im Jahre 295 Diokletian und Maximian „von Grund auf" wieder erbaut: ohne Zweifel waren sie durch Alemannen zerstört worden.

In Gallien hatten die Franken weites Land und viele Städte, z. B. Autun, so dauernd und so völlig beherrscht, daß es in der Provinz selbst als „Barbarengebiet" erschien „und von der Wildheit der Franken gründlicher verschlungen schien, als wenn Ströme und Meer darüber hingegangen wären": erst im Jahr 296 hörte jenes Land wieder auf, „barbaria" zu sein.[2]

Die Reihenfolge der gerühmten Siege des Constantius in der Lobrede des Unbekannten auf Constantin macht wahrscheinlich – zwingend ist die Erwägung nicht – daß nach der Eroberung Britanniens der Cäsar abermals die Franken bekämpfte: dabei soll er die entlegensten Völkerschaften „*Franciens*" – diese Gebietsbezeichnungen werden nun immer häufiger – aufgesucht, die ursprünglichen Heimatsitze „nicht etwa jene Landschaften, in welche die Römer vor alters eingedrungen waren", erreicht und die Gefangenen von den äußersten Ufern des Barbarengebiets fortgeschleppt haben, „auf daß sie, in verödeten Gegenden Galliens angesiedelt, Rom *im Frieden durch Ackerbau*, im Kriege durch Waffendienst und Aushebung dienten."[3]

Man sieht, die Germanen sind jetzt für Rom nicht mehr bloß um ihrer Waffentüchtigkeit willen, auch als fleißige Ackerbesteller von Wert, während sie früher den Ackerbau anderer nur gestört hatten.

Richtig ist die römische Auffassung, welche die Wiege der Macht, den Stammsitz und Ausgang der unter dem Namen „Franken" nunmehr zusammengefaßten Völker-

---

1 Eumenius, orat. K. 18, p. 129 „alarum et cohortium castra ... toto Rheni et Histri ... limite restituta."

2 Eumenius, orat. K. 18, p. 129 „aut haec quae modo desinit esse barbaria non magis feritate Francorum velut hausta desiderat quam si eam circumfusa flumina et mare alluens operuisset". Doch scheint die Zerstörung von Autun vom Jahr 268/269 nicht durch Germanen, sondern durch Tetricus erfolgt zu sein, der hier empörte Truppen nach siebenmonatlicher Belagerung bezwang und strafte; sie hatten Claudius angerufen, der aber vorzog, den äußeren Feind, die Goten, abzuwehren, vgl. v. Wietersheim-Dahn I, S. 569.

3 S. 144 a. a. O. „quid loquar rursus *intimas Franciae nationes* iam non ab his locis quae olim Romani invaserant, sed a propriis ex origine sui sedibus atque ab ultimae barbariae litoribus avulsas, ut in desertis Galliae regionibus collocatae et pacem romani imperii cultu iuvarent et arma dilectu."

352   ZWEITER TEIL · WESTGERMANEN

schaften an die Meeresküste und die Rheinmündungen verlegt: von dort aus dehnte sich der Frankenname erst später auf die Völkerschaften des Mittelrheins, zuletzt auch auf die Chatten, aus.

Constantius, der nun das Meer beherrschte, mag von der See her oder doch durch die Flotte unterstützt auf dem Landwege jene Ursitze der Franken erreicht, aber jedenfalls mit den Gefangenen schleunig wieder verlassen haben: daß die Römer von altersher jene Küstenstriche nie erreicht, ist Übertreibung: nur hatte ihr „Einbruch" keine Dauer gehabt: so wenig als der hier gefeierte.

Denn dieser schreckte die Franken nicht einmal ab, alsbald wieder sich in das kürzlich erst gesäuberte „Batavien" zu wagen: gewiß fehlten in der „ungeheuren Menge aus verschiedenen Germanenvölkern", die das Gefrieren des Rheins verlockt hatte, ohne Schiffe über das Eis in die Rheininsel zu eilen, neben Friesen und Sachsen auch fränkische Gefolgschaften nicht. Auch hier trug die Flotte wesentlich zum Erfolg des Cäsars bei: sie versperrte auf dem plötzlich aufgetauten Strom den Eindringlingen den Rückweg und nötigte sie zur Ergebung, indem sie – nach römischer Angabe – durch das Los bestimmten, welche Köpfe sie gefangen geben mußten, für die übrigen freien Rückzug zu erkaufen.

Die zum Jahre 296 gemeldete Vorrückung des limes an die Donauquellen hat gewiß lediglich die oben erörterte Bedeutung: das *Zehntland blieb im Besitz und Anbau der Germanen*, die nur die Oberhoheit Roms anerkannten, Getreide lieferten für die noch behaupteten römischen Kastelle, von welchen einzelne zwischen Ulm und Sigmaringen (Augsburg blieb ohne Zweifel behauptet) zum Schutz der Heerstraße von der Donau nach Gallien neu vorgeschoben werden mochten.

Zwischen diese Ereignisse fällt, wenigstens nach der Darstellung eines Lobschreibers, ein neuer Kampf gegen die Alemannen, die durch den Zug in ihr Land und die „Vorrückung des limes" so wenig eingeschüchtert waren, daß sie nicht nur bei *Vindonissa* (Windisch im Bernischen) abermals zurückgeschlagen werden mußten – noch Jahre darauf bedeckten angeblich ihre Leichen jenes Schlachtfeld –, sondern in großer Zahl bis vor die Wälle von *Langres* drangen und in einer ersten Schlacht vermöge überraschenden Ansturms die Römer dermaßen in die Stadt warfen, daß, da die Fliehenden die Tore hinter sich geschlossen hatten, der verwundete Cäsar an Seilen auf die Mauerzinne gerettet werden mußte. Aber nach fünf Stunden erschien ein Ersatzheer und trieb die Alemannen mit großen Verlusten – angeblich sechzigtausend Mann Tote – zurück.[1]

Im Jahr 303 (November) begingen Diokletian und Maximian die Feier ihrer zwanzigjährigen Regierung durch einen glänzenden Triumph in Rom. Am 1. Mai 305 legten sie die Regierung nieder: bei der neuen Teilung der Gewalten und Länder erhielt Constantius die Würde des Augustus und die Provinzen Gallien, Spanien, Britannien: sein Herrschersitz war Trier; er starb am 25. Juli 306 zu *Eboracum* (York) auf einem Feldzug gegen die Picten: der Einfluß der germanischen Fürsten, die ihre Hilfsvölker selbst befehligten, äußert sich schon sehr bedeutsam darin, daß der Alemannenkönig *Krokus*, der in jener Eigenschaft im römischen Lager weilt, ganz besonders zur Erhebung *Constantins*, des Sohnes des Constantius (geboren 274 zur Naissus in Obermösien, aus seiner ersten Ehe, mit *Helena*) zum Cäsar beiträgt.[2]

---

1 (Im Jahr 297/298). Über die Chronologie v. Wietersheim-Dahn I, S. 570.

2 Aurelius Victor, epitome K. 41 „cunctis qui aderant annitentibus, sed praecipue Croco Alamannorum rege auxilii gratia Constantium comitato, imperium capit." Über die Quellen für Constantins des Großen Geschichte v. Wietersheim-Dahn I, S. 372 f.

Sechstes Kapitel

Von der Reichsteilung Diokletians bis zur Reichsteilung des Theodosius

Alsbald mußte Constantin aus Britannien zurückeilen, Gallien zu schützen (in den Jahren 307–310). Denn unablässig, so oft sie auch zurückgeschlagen wurden, drängte es die Franken über den Niederrhein, die Alemannen über den Oberrhein nach Westen und Süden. Es drängte sie, sagen wir: denn offenbar lagen Naturgesetzen vergleichbare Ursachen diesem unaufhörlichen Anfluten und Überschwellen der Germanen zu Grunde: bloße Raubgier oder Lust an Krieg und Abenteuer hätten nicht ausgereicht, immer und immer wieder diese Scharen entgegenzutreiben den Legionen, die sich innerhalb der Rheinlinie wenigsten damals beinahe stets noch als völlig unbezwingbar erwiesen und dauernde Niederlassung der Eindringlinge fast immer noch abwehrten: jene Bewegung ist nur zu vergleichen dem unablässigen Andrang der Meerflut gegen Küstenfelsen: ob alle Wellen an den Klippen sich brechen und verschäumen, immer wieder rollen neue Wogen an, nicht, weil sie wollen, weil sie *müssen*.

Und so war es in der Tat der Druck eines Naturzwanges: die unablässig steigende Übervölkerung und der Mangel an Raum und Nahrung in den alten engen Sitzen, dann der Stoß der Hintermänner auf die Vorderen, was immer wieder die Westgermanen über den Rhein, die Ostgermanen über die Donau drängte, bis endlich die Widerstandskraft, viel früher der Gesellschaft, der Wirtschaft, als des Staates und des Heeres der Römer, von innen heraus dermaßen vermorscht ist, daß die Dämme des Weltreiches dem Andrang der wilden Naturkraft nicht mehr zu wehren vermögen und die Germanen schließlich das Ziel erreichen, das sie fast ein halbes Jahrhundert lang angestrebt: viele Millionen aus ihren Völkern hatten dabei den Untergang in Tod oder Sklaverei gefunden: dauernde Sitze jenseits der alten Grenzen ihrer ersten Niederlassungen, in allen Provinzen des römischen Westreiches und den nächst erreichbaren auch des oströmischen Gebietes.

Damals nun erwehrten sich die Kaiser noch jenes Andrangs in verschiedenster Weise: sie machten die Wogen durch Teilung unschädlich: sie fühlten oder wähnten das Reich noch stark, noch römisch genug, in sehr großer Zahl Germanen, einzeln oder in Masse, in dasselbe aufzunehmen, als Söldner, als Anführer, als Beamte: bald tief im Inneren als Kolonisten, bald als Grenzer an dem Saume des Reiches: wir sahen, in welch ausgedehntem Maße dies unter den letzten Kaisern in Gallien und in Mösien, zum Schutz von Rhein und Donau geschehen war: die Barbaren, die in diesen Provinzen die Verödung geschaffen, sollten sie durch Pflug und Arbeit wieder heilen.

Constantin versuchte es mit einem anderen Mittel: es ist fast, als ob ihn eine Ahnung von der unabwendbaren für Gallien durch die Franken drohenden Gefahr erfaßt habe: es wird aber wohl vor allem der Ingrimm über die stets erneuerten „treulosen" Angriffe gewesen sein, was den Cäsar bewog, durch das furchtbare, zweischneidige Mittel der Grausamkeit, des schonungslosen Vernichtungskrieges, wie ihn schon Germanicus zur Rache für Varus geführt, durch Abschreckung zu wirken.

Wiederholt wird von den Römern hervorgehoben, wie die unaufhörlichen Märsche und Gefechte, in Germanien und gegen Germanen die Truppen erbittert und wie die Kaiser und Feldherren die Bundesbrüche, die nach allen Verträgen immer wieder erneute Grenzverletzung, die „Treulosigkeit" der Germanen empört habe. Es ist das sehr begreiflich: und die sprichwörtlich gewordene Treulosigkeit der Franken soll nicht geleugnet werden.

Indessen irrten die Römer darin, daß sie die immer erneuten Grenzverletzungen stets auf mutwilligen Treuebruch zurückführten, während es doch meist der Zwang der Not war, der die Germanen immer wieder über die römischen Grenzen drängte. Gewiß meinten sie es ehrlich, wenn sie, von der Übermacht der Legionen bedroht, Frieden zu halten versprachen: aber oft genug mochten die römischen habgierigen und betrügerischen Beamten ihrerseits die Verpflichtungen Roms nicht erfüllen und, abgesehen von Taten der Wollust und Gewalt, die Lieferungen von Geld und Getreide unterschlagen, auf welche der Unterhalt der in zu schmalem Raum eingeengten Grenzvölker verwiesen war, wenn sie nicht durch Raubfahrt oder Erweiterung ihres Gebietes auf Kosten der Provinzialen leben sollten. Druck, Gewalttat, Mordfrevel der Statthalter gegen die „Föderierten" werden oft genug bezeugt – von den Römern selbst: die andere Partei aber in diesem Streit, die Germanen, hören wir leider gar nicht.

Münze von Kaiser Konstantin d. Gr. Im Felde die trauernde gefangene ALEMANNIA - Umschrift: GAVDIVM ROMANORVM. Gold. Originalgröße. Berlin, Königl. Münzkabinett.

Die Entfernung des Constantius war von den Franken des Niederrheins, die hier stets auf der Lauer zu stehen schienen, sofort benutzt worden, wieder in „Batavia" einzudringen: gleichzeitig griffen alemannische Könige – während, wie wir sahen, einer von ihnen für die Römer focht – den Oberrhein an.

In den Wirren der nächsten Jahre, da Constantin wiederholt sich vom Rhein hinweg gegen seine Mitherrscher wenden mußte, im Jahre 308, 309, regen sich alle Völkerschaften am Rhein: ja die alten Namen der *Vangionen* (andere Lesart freilich: Chaibonen, oben S. 240) und der *Cherusker*, die so lange nicht mehr waren gehört worden, werden aufs neue genannt: allerdings in einer Verbindung mit anderen, mehr umfassenden Bezeichnungen, die deutlich zeigt, wie dem Römer das Verhältnis der Völkerschaft zum Volk, des Einzelnamens zum Gruppennamen undurchsichtig ist.

Constantin schlug die Franken in Batavien, brachte mehrere ihrer Könige in seine Gewalt und strafte ihren Friedensbruch mit den grausamsten Todesmartern: er tat dies, wie aus den Worten seiner Lobredner hervorgeht, weit weniger in zorniger Leidenschaft als mit kalter Berechnung, die auf Abschreckung zielte: genannt werden die Könige *Askarich* und *Gaiso*: Franken, da der Schmeichler nur von Franken spricht. Eutrop berichtet zusammenfassend, daß auch alemannische Könige dies Geschick getroffen: die „äußersten Qualen", die der Lobredner den Sieger über die gefangenen Könige verhängen läßt, bestanden jedenfalls zuletzt in der Zerfleischung durch reißende Tiere: ob nicht Folter und Verstümmelungen vorhergingen, ist zweifelhaft.

Sein „Christentum" konnte den Imperator von solcher Behandlung gefangener Barbaren nicht abhalten: hielt es ihn doch nicht ab, von vielen anderen Verwandten abgesehen, seinen eigenen Sohn, sein Weib und, gegen heilige Eide, seinen Schwager zu morden; auch darin sollte der blutige Merowinge Chlodovech „ein zweiter Constantin" werden: aber das Blut von Weib und Kind hat der wilde Franke doch nicht vergossen.

Solche Mittel konnten aber die Germanen nicht abschrecken, nur zu grimmiger Rache spornen. Wie es scheint, *nach* diesen Bluttaten in Batavien griffen Brukterer,

SECHSTES KAPITEL · VON DIOKLETIANS BIS ZU THEODOSIUS' REICHSTEILUNG   355

Tubanten, Chamaven, Vangionen, Alemannen zu den Waffen, vereinigten sich und drohten mit gemeinsamem Angriff. Constantinus kam ihnen zuvor: seine Anwesenheit verheimlichend, setzte er selbst (307/308) mit nur zwei Begleitern über den Rhein, die Feinde auskundschaftend, und fiel dann plötzlich über die Brukterer her, bevor sie den gewohnten Rückzug in Sumpf und Wald antreten konnten: abermals, wie vor zwei Jahrhunderten, trifft vor allem die unglücklichen Brukterer furchtbar die römische Übermacht: aber auch die Aufgebote der anderen Verbündeten wurden hier bereits vereinigt gefunden und geschlagen: der unvermutete Überfall ist jedenfalls nicht ohne römische Arglist, keinesfalls nach offen erklärtem Krieg gelungen: denn der Streich wird der „offenen" Feldschlacht, dem offenen „Kampf" sogar von dem Schmeichelkünstler entgegengestellt: wie würde wohl erst der Bericht der Germanen lauten! So wurden denn sehr viele erschlagen, alle Dörfer verbrannt, alle Herden erbeutet oder niedergestochen und von den Gefangenen nur die Kinder als Sklaven am Leben erhalten: alle Erwachsenen wurden wie früher die Könige – Constantin scheute sich, die „Treulosen" zu Soldaten, die „Grimmigen" zu Sklaven zu machen – in Zirkusspielen zu Trier den wilden Tieren zum Zerreißen vorgeworfen, „bis ihre Menge die wütenden Bestien müde gemacht hatte."

Es ist bezeichnend für das damalige Römertum, was die Rühmer des Kaisers dazu sagen: ganz leise flüstert aus den scheußlichen Redensarten, ja gerade aus der Ableugnung jedes Bangens, die *Furcht vor der Rache* des gräßlich zerfleischten Volkes: sie ist nicht ausgeblieben: an die Franken und Alemannen hat Rom Gallien endgültig verloren: „Du hast die Könige Franciens selbst" – man bemerke auch hier die immer häufiger werdenden *Landes*namen an Stelle der früher fast allein gebrauchten *Völker*namen – „für ihre Verwegenheit gestraft: du hast dich nicht gescheut, sie mit den alleräußersten Qualen zu züchtigen: du hast keine Furcht gezeigt vor dem hierdurch erweckten Haß und unsühnbaren Rachezorn jenes Volkes. Warum sollte auch der Imperator die Empörung erwägen, die seine gerechte Strenge erweckt? Kann er doch die Folgen seiner Tat auf sich nehmen! Allzu ängstliche Milde schont der Feinde und ist mehr Furcht als Verzeihung. Du aber, Constantinus, sagst: ‚Mögen mich die Feinde noch so grimmig hassen, wenn sie nur vor mir zittern.' Vorsichtiger handelt, wer Empörer durch Verzeihung sich gewinnt, kühner, wer die Zornigen niedertritt.

Du, Imperator, hast wieder erneut jenes alte Selbstvertrauen des Römertums, das an gefangenen Führern der Feinde durch die Todesstrafe Rache nahm": und nun erinnert er an die alte Triumphalsitte, die gefangenen Könige, die bis auf das Forum den Wagen des Imperators begleitet hatten, sowie dieser zum Kapitol hinauflenkte, in den Kerker zum Tode – zur Erdrosselung – zu schleppen ... „Dieser Tat verdanken wir den Frieden, dessen wir uns erfreuen: nicht mehr die Wirbel des Rheins – der Schrecken deines Namens bildet unsern Schutz: mag der Fluß gefrieren oder austrocknen – der Feind wird sich nicht über sein Eis oder seinen Sand wagen: kein natürlicher Wall ist unübersteigbar für die Kühnheit, der die Hoffnung des Versuches blieb: nur der Ruf der Kraft ist eine undurchdringbare Mauer. Die Franken wissen, sie können über den Rhein gehen, weil du sie gern herüber lässest – in ihr Verderben: aber sie hoffen weder auf Sieg noch auf Schonung. Was sie erwartet, ermessen sie aus den Qualen ihrer Könige: und so wenig trachten sie, über den Strom zu setzen, daß die von dir begonnene Brücke sie mit Verzweiflung erfüllt.

Wo ist nun jene fränkische Wildheit? wo jene treulose Beweglichkeit? Schon wagt ihr nicht einmal weitab vom Rhein euch niederzulassen: schon fühlt ihr euch nicht mehr sicher, wann ihr aus dem den Römern fernsten Teil des Flusses trinkt. Dagegen gereichen auf unserer Seite die in Zwischenräumen verteilten Kastelle dem limes

356 ZWEITER TEIL · WESTGERMANEN

mehr zur Zierde denn zum Schutz. Auf jenem einst so gefürchteten Ufer ackert jetzt unbewaffnet der Landmann und unsere Herden werden im ganzen zweihörnigen Strome getränkt. Das ist dein täglich erneuter ewiger Sieg, den du aus der Todesstrafe von Askarich und Regaisus gewonnen, Constantin, wertvoller als alle günstigen Gefechte von ehemals. Einmal nur wird die Schlacht geschlagen: jene Tat ist ein Denkmal sonder Ende.

Das *Volk* weiß bald von seiner Niederlage nichts mehr, wie viele auch gefallen: aber die *Führer* der Feinde vernichtet zu haben, das ist der Abschluß, die Besiegelung der Niederlage. Auf daß aber in jeder Weise die Wildheit der Barbaren gebrochen werde, auf daß die Feinde nicht nur ihrer Könige Hinrichtung zu betrauern haben, hast du über die Brukterer das Verderben losgelassen.

Dabei war dein erstes Bestreben darauf gerichtet, die Ahnungslosen mit dem plötzlich über den Strom gesetzten Heer zu überfallen: nicht, als ob du bei offenem Kampf am Erfolg gezweifelt hättest – du würdest ja lieber offen angegriffen haben! – sondern damit jenem Volk, das den Krieg durch Entweichen in Wälder und Sümpfe vergeblich zu machen pflegt, diesmal die Zeit zur Flucht abgeschnitten werde. So wurden denn Unzählbare geschlachtet, sehr viele gefangen usw. … Das nenne ich, Imperator, auf seine Kraft und sein Glück trotzen, nicht durch Schonung Frieden erkaufen, sondern durch Herausforderung den Sieg gewinnen.

Und darüber hinaus verhöhnst du noch die Reste des schwer getroffenen Volkes durch den Bau der Brücke zu Köln:[1] auf daß es niemals die Furcht ablege, immerdar zittere, immerdar bittend die Hände erhebe: während du dies Unternehmen doch mehr zum Ruhme des Reiches und zum Schmucke des limes ausführst, als um der Möglichkeit willen, so oft du willst, in Feindesland überzugehen: ist doch der ganze Rhein von gewaffneten Schiffen gedeckt und drohen doch, entlang seinem ganzen Lauf bis zum Meer aufgestellt, die Legionen den Übergang.

Aber schön erscheint es dir – und es ist auch wahrlich schön! – daß jener Rheinstrom nicht nur in seinem Oberlauf, wo er in der Nähe des Ursprungs noch schwach oder wegen seines breiten Rinnsals furtenreich ist, sondern auch an der Stelle von neuem Brückenbau gebändigt sei, wo er schon vollkräftig ist, wo er schon die vielen Nebenflüsse aufgenommen, die unser eingeborener Strom hier (die Mosel: die Rede wird in Trier gesprochen) und der barbarische Neckar (Nicer) und Main (Moenus) ihm zugeführt, wo er schon in ungeheurem Gewoge, grimmig und mit *Einem* Bett nicht mehr zufrieden, in zwei Arme sich zu spalten verlangt. Die Natur selbst dient dir, herrlicher Constantinus: jene tiefen Wirbel nehmen die Grundbalken solcher Lasten treu und stetig auf: dies schwierige Werk wird ewig dem Gebrauche dienen: gleich beim Beginn bewirkte es der Feinde Unterwerfung, die fußfällig um Frieden baten, edelste Geiseln anboten: sie dienen dir als Knechte schon bei Beginn des Brückenbaus: es ist zweifellos, was sie tun werden bei Vollendung."

Über die gleichen Vorgänge spricht in gleich bezeichnenden Worten *Nazarius*, ein anderer Lobredner:

„Du hast durch Gefangennehmung der wildesten Könige, des Askarich und seines Genossen, deine Kriegsführung eingeleitet mit einem Pfand unerhörter Größe: du hast in der berühmten Todesstrafe der grimmigsten Könige diese Zwillingsdrachen gleich im Anfang deiner Herrschaft erwürgt, wie Herkules in der Wiege die beiden

---

1 Über diese Brücke des Constantin bei Köln, vom Jahr 308, zu deren Deckung man Deutz angelegt glaubt, ihre bis Otto III. erhaltenen Reste und die Inschriften siehe die ältere Literatur bei Maskou I, S. 213.

SECHSTES KAPITEL · VON DIOKLETIANS BIS ZU THEODOSIUS' REICHSTEILUNG   357

Schlangen. Die Franken, trotzig vor den übrigen, hatten, da ihre Kraft im Krieg aufloderte, den Brand ihrer Wut über den Ozean hinweg mit ihren Waffen bis an die Küsten Spaniens getragen. Durch dein Schwert sind sie dermaßen niedergeworfen, daß sie von Grund auf vernichtet werden konnten, wenn du nicht – (eine echt lobrednerische Wendung!) – in der göttlichen Voraussicht, mit welcher du alles leitest, die von dir schwer Getroffenen deinem Sohn zur Ausrottung hättest aufsparen wollen. (!) Gleichwohl ist zu eurem Ruhm *das zu seinem Verderben fruchtbare Volk* (oder: *aus seinem Verderben) so rasch wieder emporgewachsen, und so stark hat es sich wieder gekräftigt*, daß es deinem Heldensohn (Crispus) als Erstlingstat einen ungeheuren Sieg ermöglichte, da es, durch Erinnerung der alten Niederlage nicht gebeugt, sondern erbittert, (abermals) kämpfte. Weshalb soll ich besonders nennen die Brukterer, weshalb die Chamaven? (daß sie Franken waren, weiß der Redner, scheint es, so wenig, als daß die von ihm *neben* den Alemannen genannten Vangionen und Tubanten Alemannen waren), weshalb die Cherusker? Vangionen (Chaibonen?), Alemannen, Tubanten? Kriegerisch klingen diese Namen, und die Wildheit des Barbarentums spricht, schreckenerregend, schon aus dem Wortlaut: Alle diese hatten sich vereinzelt, dann zusammen in der Verschwörung verbündeter Gesellung, in Waffen erhoben. Du aber, Imperator, hattest bei dem Anblick solcher Wucht des Krieges nur die *eine* Furcht, du möchtest zu sehr gefürchtet werden (so daß die Barbaren deinem Angriff nicht standhielten). Du suchst die Barbaren auf, legst jede Spur der Herrschaft ab und nahest ihnen, so still du kannst, mit nur zwei Begleitern. Du sprichst mit ihnen, hebst ihre Hoffnung, nützt ihre Leichtgläubigkeit, verleugnest deine eigene Nähe. O wahrhaft blindes Barbarentum, das in diesem Antlitz die Spur der Herrschaft nicht erschaute, das nicht des Constantinus Gegenwart erkannte, da er, heldenhaft sicher, auf Wurfspeerweite nahe stand."

Zur Feier dieser Siege wurden jährliche Spiele (vom 14.–20. Juli), „ludi francici", gestiftet.

Grausamkeit, Verrat, Menschenverlust und Brückenbau zu Köln hatten aber die Franken so wenig eingeschüchtert, daß sie wenige Jahre darauf, als Constantin nur kurz sich vom Rhein entfernt hatte, sofort wieder in Waffen standen im Jahre 310.

Der Kaiser wurde aus ihrem Gebiet, das er bereits betreten, durch Wirren zu Massalia abgerufen: als er aber unerwartet rasch zum zweiten Mal am Rhein erschien, gaben sie den Angriff auf. Gleich am folgenden Tag zerstreuten sich die Zusammengescharten wieder: Constantin dankte damals noch *Apoll* für diese Erfolge.

Bald darauf nahm er das *Labarum*, d. h. das Kreuz mit dem Monogramm Christi[1], als Feldzeichen an.

Wie wenig jedoch durch solche Bluttaten der Rhein gesichert, der Angriffsmut der Franken gebrochen war, gesteht widerwillig der Schmeichler des Kaisers selbst, indem er hervorhebt, wie Constantin, als er nach Italien gegen Maxentius zog, den ganzen Rhein entlang, den ganzen limes durch verteilte Truppen und Schiffe schützen zu müssen glaubte, so daß er drei Viertel seiner Streitmacht hier zurückließ.

Der Redner meint dann freilich: „was brauchte der Rhein der Aufstellung von Truppen und Schiffen, da ihn schon lange die Furcht vor deiner Tapferkeit dem barbarischen Volke verriegelt hatte?" Aber der Kaiser wußte das wohl besser: und

---

1 Über die Erhebung des Christentums zur Staatsreligion (aber erst unter dem Sohn Constantins, Constantius), Beweggründe und Wirkungen dieser politischen Maßregel: Dahn in v. Wietersheim I, S. 339-358; über das Labarum S. 577.

358 ZWEITER TEIL · WESTGERMANEN

der Erfolg lehrte, daß nicht einmal diese starke Bedeckung des Rheins die Germanen
vom Angriff abhielt, aus denen er doch auch viele Söldner in den Kampf gegen Maxentius mit über die Alpen führte.[1]

Römische Zeitgenossen, Schmeichler der Herrscher, müssen, während sie gern
die Ausrottung der oft geschlagenen Franken und Alemannen behaupten möchten,
staunend eingestehen, *„daß diese Barbaren nach den schwersten Verlusten in kürzester
Zeit immer wieder rasch herangewachsen und kräftig erstarkt sind."*

Abermals war es die Besorgnis fränkischer Überflutung des Niederrheins, was
Constantin wenige Jahre darauf (313) aus Italien nach Gallien abrief: „es war Nachricht eingelaufen, das bewegliche, schlüpfrig-glatte Volk habe die Treue gebrochen
und bedrohe mit Macht und Kühnheit den Rhein, unter erlesenen Führern, des Einfalls." Der Kaiser eilte herbei und stellte den törichten, „raubtiergleichen" Barbaren
eine Falle, in welche, wie so oft, die blinde, unbändige Wildheit sie lockte. Er entblößte scheinbar den Niederrhein, indem er zur Deckung des oberen limes, der
durch größere Unruhen bedroht schien, abzog: aber er hatte in verdeckten Stellungen seine Feldherren zurückgelassen, welche die sicher gemachten Eindringlinge
überfielen.

Zu gleicher Zeit erschien plötzlich der Kaiser selbst im Rücken der Angegriffenen: er war, mit der römischen Rheinflotte den ganzen Strom bedeckend, zu Tal
gefahren, sperrte den Überfallenen den Rückweg, landete auf dem rechten Ufer
Streifscharen, ließ die der Verteidiger verwaisten Äcker und die „traurigen, schmerz-
getroffenen Gehöfte" verwüsten und „brachte solche Niederlage und Verheerung
dem treulosen Volke bei, daß nach diesem Schlage – so tröstete sich der leise bangen-
de Römer abermals – kaum noch sein Name übrigbleiben wird." „Kommet nur",
fährt er fort zu frohlocken, „all ihr Barbarenvölker, wenn es euch gelüstet: stürmt in
den euch verderblichen Angriff: ihr habt das Vorbild vor Augen. Zwar läßt sich unser
Kaiser befreundeter Könige Dienste gefallen und die Furcht und Verehrung trägt
zum Lob seines Sieges bei: aber er freut sich, so oft er herausgefordert wird, den
Ruhm seines Heldentums zu mehren." Offenbar waren abermals Gefangene in großer Zahl den wilden Tieren vorgeworfen worden, und manche hatten sich gegenseitig
getötet, der Schmach und dem grausamen Tod zuvorzukommen: „denn was ist schöner als dieser Triumph, der das Abschlachten der Feinde sogar noch zu unserem
Vergnügen verwertet? Daß er die von der Niederlage übriggebliebenen Barbaren
zum Prunk öffentlicher Spiele verwendet und den reißenden Tieren eine solche Menge Gefangener vorwirft, daß die Undankbaren (!) und Treulosen mehr unter ihrer
Schmach als unter dem Tode selbst leiden? Um dieser Schande zu entgehen, suchen
sie eilig den Tod, den sie noch hinausschieben könnten, und bringen sich selbst
tödliche Wunden bei. Wie herrlich ist es doch, Männer besiegt zu haben, die so wenig
Wert auf ihr Leben legen!"

Den gleichen Gedanken, daß der Germane auf sein armseliges Leben geringen
Wert lege und deshalb so freudig in den Tod gehe, führt eine andere Wendung aus:
der Römer wußte nicht, wie sich dieses germanische Heldentum seelisch zurechtle-
gen, das jauchzend in die Schwerter und den Tod sprang: er führt auf die traurige
Armut ihrer Barbarei die Wertlosigkeit des Lebens für sie zurück, während doch die
angeborene Kampffreudigkeit, die auch den Glauben an die Freuden Walhalls gestaltet hatte, zu Grunde lag.

---

1 v. Wietersheim-Dahn I, S. 513.

SECHSTES KAPITEL · VON DIOKLETIANS BIS ZU THEODOSIUS' REICHSTEILUNG

Porta nigra in Trier: von der Stadt aus gesehen.

360 ZWEITER TEIL · WESTGERMANEN

Führt man gewöhnlich diesen Walhallglauben als Grund solcher Todesfreudigkeit an, so muß man doch erwägen, daß umgekehrt diese Bildungen des Götterglauben ihrerseits durch die angeborene Volkseigenart bedingt und diese durch das furchtlose Waldleben in höchst einfachen Bildungszuständen gestählt wurde.

Es ist aber höchst lehrreich, in den Worten dieser Redekünstler wie die leise Furcht vor den Franken – den deshalb so oft für ausgetilgt erklärten – zu vernehmen, so die ausdrückliche Anerkennung, daß unter allen Feinden Roms *diese* Barbaren am schwierigsten zu besiegen seien. Da Constantin soeben in blutigem Bürgerkrieg die Legionen des Maxentius besiegt, kann der Lobpreiser die Besiegung von Römern durch Römer als noch ruhmvoller und schwieriger daneben stellen: „Leicht ist es, furchtsame Weichlinge besiegen, wie sie das freundliche Griechenland und das üppige Morgenland erzeugen, die kaum ein leichtes Gewand oder, zum Schutz gegen die Sonne, seidene Falten vertragen und bei jeder Gefahr, der Freiheit uneingedenk, bitten, Knechte werden zu dürfen. Aber römische Soldaten zu überwinden, gefangen zu nehmen, welche die Kriegszucht in Ordnung und heilige Scheu des geschworenen Fahneneides aufrecht hält oder den grimmigen Franken, der nur vom Fleisch erbeuteten Wildes lebt und sein Leben gering anschlägt wegen der Armseligkeit seiner Genüsse: wie schwer ist das! Und doch hast du, Imperator, beides jüngst in Italien und im Angesicht der Barbarenwelt vollbracht.“[1]

Der Verfasser dieser Lobrede, ein Gallier, entschuldigt sich, daß er an Geist und Sprache den Römern weit nachstehe; diesen sei angeboren, was den Galliern nur angelernt: lateinisch und beredt zu sprechen. Wenn der Schmeichler beifügt, der Kaiser, rasch herbeigeeilt von dem tuskischen *Albula*, werde nun das Reich bis zum germanischen *Albis* (der Elbe) ausdehnen[2], das verbürge wie ein Omen die Ähnlichkeit des Namens, so hat an diese Aussicht schwerlich der Redner, aber ganz gewiß nicht der Kaiser geglaubt.

Constantin nahm nun den Namen „Francicus" an: er verbrachte den Rest des Jahres zu Trier, wo er damals, November und Dezember 313[3], mehrere Verordnungen erließ: diese Stadt an der Mosel, günstig gelegen, sowohl nach dem Ober- als nach dem Niederrhein bequem den Abzug verstattend, wurde, durch prachtvolle Bauten geschmückt, das fast regelmäßige Standlager der Kaiser in jener Zeit, wenn sie in Gallien weilten.

In das Jahr 314 fällt der erste Krieg Constantins gegen den einzigen noch übrigen Mitkaiser *Licinius*: durch den Friedensvertrag erhielt Constantin zu seinem bisherigen Gebiet noch hinzu: Noricum, Illyricum, beide Pannonien, Obermösien, Makedonien, Dardanien und Griechenland: Licinius behielt in Europa nur Kleinskythien (die Dobrudscha) und Thrakien (Bulgarien und Rumelien).

Constantins etwa achtzehnjähriger Sohn *Crispus*, seit 1. März 317 Cäsar, übernahm nun den Schutz des Rheins: den Lobreden und Lobgedichten ist nur zu entnehmen, daß der Jüngling in einem Winterfeldzug weite Entfernungen durchmaß, die *„wieder rasch zur Kraft erwachsenen"*, durch die Siege Constantins „nicht gebrochenen, nur erbitterten" Franken zuerst abgewehrt, dann seinerseits angegriffen und bezwungen habe (zirka im Jahre 320): „die Barbarenwelt liegt an der Seite Galliens

---

1 „Incerti panegyr." Constantino dictus, hrsg. von Baehrens. (S. IX) XXII ff. 209 ff.
2 „bellum auspicatus a Tiberi ad Rhenum (immo ut omen similitudo nominis ... pollicetur) a Tusco Albula ad Germanicum Albim prolaturus imperium."
3 Chronolog. Cod. Theodos. ad h. annum S. 7.

SECHSTES KAPITEL · VON DIOKLETIANS BIS ZU THEODOSIUS' REICHSTEILUNG   361

hingestreckt oder im Herzen ihres Landes auseinander gesprengt." *Optatian*[1] rühmt das den Franken auf dem rechten Ufer des Rheins angedrohte traurige Gedicht: hat die Erwähnung auch des *Rhône*ufers hierbei überhaupt Sinn und tatsächlichen Grund, so sind vielleicht Alemannen dort abgewehrt worden (es sind Münzen aus jener Zeit erhalten mit Siegen, auch über *Alemannen*); die Besiegten fochten fortan für Rom und trieben die übrigen angreifenden Barbaren zurück.

Aber der Lobpreiser besorgt doch selbst, „daß die durch eure Waffen zerschmetterte Barbarenwelt sich wieder rühre" und bittet den Vater, dem Sohn zu verbieten, sich gleich dem Vater, sein Leben aussetzend, am Kampf zu beteiligen.

Nach Crispus übernahm Constantins anderer, dem Vater gleichnamiger Sohn die Verteidigung Galliens: die seinen Namen mit einem Alemannensieg verbindenden Münzen beziehen sich aber auf die Feldzüge des Crispus, wobei *Constantinus* (II.), der bereits Cäsar war, nur miterwähnt wird.

Alsbald hatte der Kaiser die Donauvölker von seinen neuen Provinzen abzuwehren: zuerst die Sarmaten, die er in Pannonien und Mösien schlug, 319–321.[2] Ihr von Zosimus[3] genannter König *Rausimuth*, der auf dem Rückzug fiel, könnte germanischen Namen getragen haben.

Im folgenden Jahr (322) kam es wieder zu einem Krieg mit den Goten. Sehr lange Zeit, fast ein halbes Jahrhundert, hatte diese Ruhe gehalten: noch mehr als die von Rom bezahlten Jahrgelder, wohl auch Getreidelieferungen, hatte solche Friedlichkeit bewirkt die Abtretung der weiten Provinz Dakien von fast viertausend deutschen Geviertmeilen: hier hatten sie auch für stark anwachsende Volksmenge Raum gefunden: und nun hielten sie wirklich Frieden: zum deutlichen Zeichen, daß es nicht bloße Raubsucht und Kampflust war, sondern das zwingende Bedürfnis nach Getreide und Ackerboden, was zu den Grenzüberschreitungen drängte. Voll glaubhaft wird daher als Grund des neuen Unfriedens angeführt, daß Constantin die vertragsmäßigen Sold- und Jahr-Gelder (Getreidelieferungen, „annonae") – „tributa" nannte man sie bereits und das Verhältnis der Römer in den Grenzlanden eine Knechtschaft („servitus") – verweigerte.

Im übrigen ist dem knechtischen unredlichen Verherrlicher Constantins, *Eusebius*, wenig zu glauben; er muß selbst anführen, daß die Unterwerfung zum Teil nur gelang, indem „man die Feinde durch kluge Gesandtschaften besänftigte."

Während nun *Eusebius* (gestorben 337 oder 340) nur rühmt, daß der Kaiser im Vertrauen auf den Christengott das Kreuz in den Kampf getragen und nach dem Siege die Barbaren aus ihrer rohen zu einer mehr gesitteten Lebensweise herangezogen habe, ist hieraus bei *Sokrates* hundert Jahre später (zirka 440) schon das Wunderhafte, Übertriebene und ganz Bestimmte, erwachsen, dies Kreuz habe in dem Kampf solche Wundererfolge bewirkt, daß die Goten damals sich ganz (!) dem Christentum ergeben hätten, das solche Wunder und Siege verrichte.

Ist den fast sinnlosen Versen des *Optatianus* (XIX und XXII) vom Jahr 326 Tat-

---

1 Über *Optatian* (Pubilius Porfirius), seine Gedichte von „aberwitziger Künstlichkeit" (Teuffel, S. 941) und „ganz verzweifelten poetischen Luftsprüngen" (Burckhardt, Constantin, S. 314), siehe L. Müller (die von diesem angekündigte Ausgabe, Bibl. Teubner., erschien 1879), de re metrica S. 466 ff., und von Wietersheim-Dahn I, S. 574–575. Ältere Ausgaben: Meyers Anthol. lat. Nr. 236-240, Migne, Patrologie XIX, 391.

2 Über die Chronologie v. Wietersheim-Dahn I, S. 574–576.

3 Hrsg. von Becker S. 86; doch liest eine andere Handschrift Rausidom. Einige halten diese „Sarmaten" für die Goten von 322.

362 ZWEITER TEIL · WESTGERMANEN

sächliches irgend zu entnehmen, so wäre vielleicht zu vermuten, Sarmaten und Goten machten damals gemeinschaftliche Sache: er nennt, außer Franken und Medern (!), auch „Sarmaten und Geten" als Besiegte und erwähnt (XXII) die Städte *Campona* (bei Ofen), *Margus* (bei Semendria an der großen Morawa) und *Bononia* bei Neusatz als belagert, verloren und wiedergewonnen oder umstritten zwischen Römern und „Sarmaten."

Es wurden zur Feier dieser Siege (damals? oder nach den Feldzügen von 328 und 332?) gotische Spiele gestiftet (ludi Gotici, vom 4.–9. Februar) und Münzen geprägt, deren Revers einen „Gotischen Sieg" verkündete.

Da Constantin bei diesem Gotenkrieg Landschaften berührte, die zu dem Reichsanteil des Licinius gehörten, gab auch dies einen Anlaß, richtiger einen Vorwand, zum Ausbruch des lange schon in tieferen Gründen – z. B. auch der verschiedenen Stellung zum Christentum, vor allem aber in der Unfähigkeit des Constantinus, einen Mitherrscher zu ertragen – wurzelnden Gegensatzes beider Kaiser in offenen abermaligen Krieg (im Jahr 323): Licinius erlag: er ergab sich, da Constantin seiner Schwester *Constantia*, des Besiegten Gemahlin, das Leben des Schwagers zu schonen durch einen Eidschwur versichert hatte: bald darauf ließ er ihn erdrosseln.[1]

Zwei Jahre darauf ließ er seinen tapferen und beim Heer beliebten Sohn Crispus umbringen, dann seine Gemahlin *Fausta* in einem heißen Bad verbrühen oder ertränken und „zahlreiche Freunde" ermorden.

Constantin war unterstützt worden durch Soldtruppen der soeben erst durch Friedensverträge zur Waffenhilfe verpflichteten Franken und Goten: aus jenem Volk wird ein Führer *Bonitus* genannt, der sich in diesem Krieg gegen Licinius auszeichnete.

Die Goten aber, unter ihren Königen *Ararich* und *Aorich*, hatten vermöge des jüngst geschlossenen „Födus" sehr starke Soldscharen gestellt, die später auch gegen äußere Feinde verwendet wurden: auf vierzig Tausendschaften schlägt Jordanis (doch wohl zu hoch) diese Zahl an und bis auf seine Tage (553) hatte sich im Ostreich Name und Dienst gotischer „Föderati" erhalten. Er rühmt: „Schon seit geraumer Zeit vermochten die römischen Heere nur schwer ohne Hilfe der Goten wider andere Völker zu kämpfen. Es ist bekannt, wie häufig sie eingeladen wurden zur Kriegshilfe: so wurden sie auch unter Constantin gebeten und fochten gegen Licinius, den sie besiegten, der Krone beraubt, Thessalonica gefangen hielten und mit dem Schwert des Siegers Constantin töteten. Aber auch bei der Gründung der hoch berühmten Stadt, der Nebenbuhlerin Roms, auf des Kaisers Namen fehlte die Mitwirkung der Goten nicht, die ein Födus mit dem Kaiser schlossen und ihm vierzig- (früher las man elf-)tausend der Ihrigen zu Hilfe gegen verschiedene Völker stellten."

Die Hilfstruppen gegen Licinius hatte ein regalis *Aliquaka*[2] zugeführt: d. h. vielleicht ein von dem Völkerschaftskönig Ariarich abhängiger Gaukönig in dessen Auftrag.

Gleichzeitig mit diesen beiden Königen herrschte bei den *Thervingen* (Westgoten) *Rotesthes*[3] (wahrscheinlich der Vater des späteren westgotischen Königs Atha-

---

1 Über die Zeitberechnung 324–325 *Pagi* zum Jahr 318, 323-324. Tillemont, Art. 50, S. 309. Vgl. Maskou I, S. 224.

2 Vgl. Könige II, S. 55.

3 Vgl. oben I, S. 229; v. Wietersheim-Dahn I, S. 591 und Dahn, Forschungen zur D. Gesch. 1881; Könige V, S. 3. VI², S. 48.

SECHSTES KAPITEL · VON DIOKLETIANS BIS ZU THEODOSIUS' REICHSTEILUNG   363

narich): Constantin legte so großes Gewicht darauf, den Fürsten zu „besänftigen", zu gewinnen, daß er ihm in der neuen Hauptstadt eine Bildsäule hinter der Kurie errichtete, die noch in den Tagen des Themistius zu sehen war.

So erklärt es sich, daß immer häufiger hervorragende Germanen, Könige, Edle, Gefolgsherren, im Kriegs- und im Friedensdienst des Reiches, mit den höchsten Ehren und Ämtern durch den Kaiser ausgezeichnet, wichtige Rollen spielten: es mag wohl damals schon unvermeidlich, ihre Mitwirkung unentbehrlich gewesen sein: Lobredner der Herrscher erblicken darin nur die Heranziehung der Barbaren zu römischer Bildungspflege, und Geistliche freuen sich zumal ihrer Bekehrung: so Eusebius (IV, 7 Leben Constantins): die Kehrseite, nämlich die damit untrennbar verknüpfte Barbarisierung des Reiches, die zunehmende Abhängigkeit desselben von germanischen Kräften entging damals noch dem Blick der Zeitgenossen: ein Menschenalter später wird sie mit Schmerz, Scham und Zorn erkannt, aber vergeblich für die Dauer bekämpft.

Gerade unter Constantin scheint diese Aufnahme von Barbaren in das Reich in den verschiedensten Diensten und anderen Verhältnissen, obzwar natürlich nicht begonnen, doch starke Zunahme gewonnen zu haben: so warf jenem Kaiser wenigstens „der letzte Römer" Julianus (361) in heftiger Anklage vor: freilich beförderte er selbst Franken sogar zum Konsulat!

Da eine einheitliche Vertretung aller gotischen Völkerschaften nach außen auch damals keineswegs bestand, erklären sich die bald darauf erneuten Kriege mit „Goten" – nicht mit „allen" Goten – auch ohne Annahme der Wiederauflösung des Vertrages von 323: es mögen jetzt Völkerschaften sich erhoben haben, die in den Frieden von 323 nicht eingeschlossen waren.

Zum Jahr 328 wird berichtet, daß der Kaiser eine Brücke über die Donau geschlagen: Münzen, die eine Donaubrücke darstellen, und andere, die einen „gotischen Sieg" feiern, werden auf dieses Jahr bezogen.

Ein neuer Feldzug war notwendig im Jahr 332: die Macht der Goten, lange Zeit durch Einräumung Dakiens und die römischen Jahrgelder von den Reichsgrenzen ferngehalten, hatte sich inzwischen bedrohlich gegen andere Nachbarn gewendet und unter anderen ein sarmatisches Volk im Osten schwer bedrängt. Der Kaiser leistete den Angegriffenen die erbetene Hilfe: er wollte die Hebung der gotischen Macht nicht dulden: sein junger Sohn zweiter Ehe, der Cäsar (seit 317) *Constantin*, schlug die Goten im „Lande der Sarmaten" (20. April 332).

Der Kaiser weilte zwar, wie wir aus Ortsangaben von Verordnungen im Codex Theodosianus wissen, zu Marcianopel am limes von Mösia Secunda, doch überließ er die Führung der Kämpfe seinem Sohn, welcher „durch Hunger und Kälte" – von Waffensiegen wird hier nichts gerühmt – hunderttausend Goten vernichtet haben soll.[1]

Wahrscheinlich waren unter den damals bekämpften Goten auch *Taifalen*, die nach dem dem Christenkaiser sehr abgünstigen Schriftsteller (Zosimus II, 31) einmal (im Jahr 332) mit nur fünfhundert Reitern erfolgreich eindrangen und den Kaiser unter Verlust des größeren Teiles seiner „Truppen" (d. h. doch wohl nur seiner Begleitung!) und strafloser Verwüstung des Landes „bis an den Wall hin" (des Lagers oder Stadt Marcianopel?) in üble Flucht scheuchten.

---

1 Ihr König Ariarich erkaufte den Frieden durch Vergeiselung seines Sohnes, den man ohne Grund für Aorich hält; über die gleichzeitigen Wirren der sarmatischen Jazygen, Herren (limigantes) und Unfreie vgl. Könige II, S. 55 und v. Wietersheim-Dahn I, S. 386.

364 ZWEITER TEIL · WESTGERMANEN

Der Friede, durch dessen Gewährung Constantin sich „unermeßlichen Dank bei den Barbaren erworben" (Eutrop. X, 4), wurde nicht nur durch Siege, auch durch Verhandlungen und Wiedergewährung der Jahrgelder, deren Verweigerung die ursprüngliche Kriegsursache gewesen war, hergestellt, wobei allerdings, wie übrigens auch vorher schon, die Goten in den einst von Trajan eroberten, längst wieder verlorenen Ländern Dakiens die römische Oberhoheit anerkannten: gegen gute Bezahlung von Jahrgeldern, welche Leute, die nicht schmeichelten, „Tribute der Römer an die Barbaren" nannten.

Sehr mit Unrecht hat man übrigens die Errichtung einer neuen zweiten Hauptstadt des Reiches durch diesen Kaiser in Byzanz als einen den Untergang des Römerstaates befördernden Schritt aufgefaßt: seinem bitteren Feind (Zosimus II, 33) hätte man dies nicht nachsprechen sollen, nachdem der Erfolg gelehrt, daß die größte Gefahr der Römerreich gerade im Osten drohte, und nachdem das östliche Reich, nicht am wenigsten vermöge der unvergleichlichen Lage seiner Hauptstadt, den Untergang des westlichen um ein ganzes Jahrtausend überdauert hat.[1] „Die westlichen Provinzen gingen verloren, da sie ihre eigenen Kaiser hatten, die in Italien Hof hielten." (Maskou.) Übrigens war Constantin nicht der erste Herrscher, der diesen Gedanken faßte, nur der erste, der ihn ausführte: schon hundert Jahre vor ihm hatte *Pescennius Niger*, der Gegenkaiser des *Septimius Severus*, jenen Plan entworfen.

Von den durchgreifenden Verfassungsänderungen Diokletians und Constantins ist hier (siehe oben S. 240) nur hervorzuheben die Einteilung des gesamten Reiches in die Amtsgebiete von vier „praefecti praetorio": das Ostreich gliederte sich hiernach in die „praefectura praetorii Orientis" und die „praefectura praetorii Illyrici", das Westreich in die „praefectura praetorii Italiae" und die „praefectura praetorii Galliarum": erstere umfaßte außer Italien (und den zugehörigen Inseln Sizilien, Sardinien und Corsica) ein Stück von Illyricum (oben: Illyricum *occidentale*) und das römische Afrika bis Kyrene im Osten, letztere, mit dem Amtssitz Trier, außer Gallien noch Spanien und Britannien: so zerfiel jene Präfektur in die drei „Diözesen" Italien, Illyricum, Afrika, diese in die drei Hispania, Galliä, Britannia.

Unter den Praefecti praetorio standen „vicarii", unter diesen „consulares" und „praesides provinciae".

Die militärische Gerichtsbarkeit, die bisher unter Aufsicht der praefecti die duces geübt, wird den „magistri militum" (peditum und equitum) übertragen.

Endlich ist hier noch[2] die Errichtung der neuen Würde des *Patriciats* zu erwähnen, die, nach dem Konsulat die oberste Rangstufe im Reich, nur ein Namenamt war, das, ohne Amtsgewalt, wie etwa bei uns der Titel „Durchlaucht", auch Germanenfürsten, z. B. Theoderich dem Großen, den Burgundenkönigen, bald als Auszeichnung verliehen wurde.

Nach Constantins I. Tod (22. Mai 337) behielt sein Sohn Constantin II. Gallien,

---

1 So Maskou I, S. 228, der treffend bemerkt: „Es wäre für Constantins Andenken zu wünschen, daß man alles, was an ihm ausgesetzt wird, so leicht ablehnen könnte als diese Beschuldigung." Vgl. v. Wietersheim-Dahn I, S. 392–394, 577; unbegründet ist auch die Beschuldigung des Zosimus, Constantin habe den Grenzschutz vernachlässigt, siehe ebendas. I, S. 396, über die Westgrenze Roms gegen die Germanen am Rhein I, S. 578.

2 Über die Erhebung des Christentums zur Staatsreligion siehe Dahn in v. Wietersheim-Dahn I, S. 399–429. Über die Annahme dieses Glaubens einfach als der kaiserlichen Staatsreligion durch die *Germanen* (*gegen* v. Wietersheim und alle früheren Erklärungen dieser Erscheinung) Dahn ebenda I, S. 401. Vgl. oben I, S. 331. 422.

Britannien, Spanien und ein Stück von Afrika. Er schlug seinen Herrschersitz zu Trier auf (im Jahr 338), von wo eine Verfügung im Codex Theodosianus über die Dekurionen und ein Schreiben an die Alexandriner zu Gunsten des Athanasius erging (VI. Idus Ian. 339, XV. Cal. Iul. 339).

Als er bei einem Angriff auf seinen Bruder Constans bei Aquileja den Tod gefunden (340), vereinigte dieser obige Provinzen mit seinem ursprünglichen Besitz: Italien, Illyricum (occidentale), Makedonien, Achaja, beherrschte also nun das ganz Westreich, wie sein Bruder Constantius das Morgenland. Im folgenden Jahr (341) hatte Constans eingedrungene Franken[1] abzuwehren, 342 oder 343 wurde nach „wechselnden Erfolgen" (vario eventu) Friede mit ihnen geschlossen.

Aus der Lobrede des Libanius (oratio III) auf beide kaiserliche Brüder erhellt, nach Abzug herkömmlicher Übertreibung, daß die zumal auch zur See gefürchteten Franken von den Römern als ein ganz besonders gefährlicher Feind hinreichend erkannt waren.

Münze von Konstans, Sohn Konstantius des Großen. Im Felde der Kaiser, in der Hand das Labarum mit dem Monogramm Christi. Umschrift: TRIVMFATOR GENTIVN BARBARARVM. Im Abschnitt SIS, der Prägort Siscia, Essek, in Pannonien. Silber. Originalgröße. Berlin, Königl. Münzkabinett.

„Tatlosigkeit erachten sie als das größte Unheil. Kampf ist ihnen der Gipfel des Glückes, so daß sie selbst verstümmelt noch den Kampf fortsetzen mit den heil gebliebenen Gliedern. Nach dem Sieg verfolgen sie unaufhörlich, nach der Niederlage wenden sie sich nach beendeter Flucht sofort zu neuem Angriff. Rast verstatten sie ihrem Feinde nie: nur das Schwert in der Hand kann man, ihnen gegenüber, speisen, nur den Helm auf dem Haupte schlafen. Wie bei stürmischer Brandung der ersten Woge, die sich am Damme gebrochen, sofort die zweite, der zweiten die dritte nachfolgt und der Anprall nicht rastet, bis der Sturm sich gelegt (oder, hätte der Redner beifügen dürfen, *der Damm durchbrochen!*), so folgen sich Schlag auf Schlag, hat der Kriegsdurst ihre tolle Wut geweckt, die Angriffe der Franken."

Wir haben dieser treffenden Schilderung gerade fränkischen „Elans" nichts beizufügen. Es war die Kampfeswut, die Wuotan, nach der Germanen Glauben, seinen Söhnen einhauchte.

Constans wurde (18. Januar 350) ermordet: sein Mörder und Nachfolger im Abendland, *Magnentius*, bisher Befehlshaber der Jovianer und Herculianer, wird von Julian als Sohn eines „Leten" bezeichnet: er entstammte Gefangenen, die des Constans „Vorgänger" (Constantius?) nach Gallien gebracht, freigegeben und in römischen Dienst gegen die Barbaren genommen hatte. Vielleicht erst damals nahm er, vermutlich Franke (oder Sachse?[2] den römischen Namen an, unter dem er (wie sein Bruder Decentius) uns allein genannt wird: er zeichnete sich bald so sehr aus, daß er nicht nur über viele germanische, gallische, spanische Soldreiter, auch über Fußvolk der Legionen Befehl erhielt: abermals ein Beleg für die steigende Germanisierung des römischen Heeres. Um den Purpur zu behaupten, zog er seine germanischen Lands-

---

[1] Und vielleicht, wenn Ammian XXX, 7 von dieser Zeit handelt, Alemannen.
[2] Siehe v. Wietersheim-Dahn I, S. 581.

366 ZWEITER TEIL · WESTGERMANEN

leute – Franken und Sachsen werden namentlich erwähnt – in großen Haufen über den Rhein, die eifrig dem Stammesgenossen auf dem Kaiserthron als „Verwandte und Blutsfreunde" zu Hilfe eilten. Er gewann auch wirklich Italien. Aber Constantius verwarf seine Vergleichsanträge, schlug ihn bei *Siscia* (Sissek, bei der Mündung der Culpa in die Save) und bei *Mursa* (bei Essek) (28. September 351): heldenmütig auch nach verlorenem Sieg nicht weichend, fochten und fielen des Erlegenen germanische Söldner. Schwer ins Gewicht fiel, daß ein anderer Franke mit römischem Namen, *Silvanus* (der Sohn des früher schon in kaiserlichem Dienst erprobten fränkischen Führers *Bonitus*, oben S. 263), auf seine Seite übertrat.[1] Aber auch in Gallien wurde des Magnentius Anhang gebrochen durch germanische Kräfte: der Kaiser gewann durch reiche Gaben (Zosimus S. 229) die wilden, heidnischen *Alemannen*, über den Rhein zu dringen: ihr König *Chnodomar* schlug *Decentius* in offener Feldschlacht, nahm darauf, plünderte und zerstörte viele reiche Städte und „tummelte sich zügellos durch Gallien, ohne Widerstand zu finden": dies Los bereitete ein *Imperator* der wichtigen Provinz, um den Bruder eines Anmaßers zu verderben! Germanen – man sieht es überall – waren die Beschirmer des Weltreichs geworden und die Verderber zugleich.

Während die römischen Truppen in Gallien sich bekämpften, heerten die Franken am Niederrhein auf eigene Faust, obzwar vielleicht ebenfalls auf Veranlassung des Kaisers oder doch unter solchem Vorwand.

Magnentius, von den Feldherren des Kaisers auch in Gallien geschlagen, gab sich zu Lyon selbst den Tod, seinem Beispiel folgte bald sein Bruder[2] (353). Bezeichnend ist, was Zosimus von jenem Germanen – dem ersten oder (nach Maximian) zweiten auf dem Thron – berichtet: „von Barbaren entstammt, hatte er unter den Leten in Gallien gelebt und sich die römische Wissenschaft angeeignet: kühn im Glück, verzagt im Unglück, (?) verstand er es meisterhaft, seine angeborene Bosheit zu verbergen, so daß er schlicht und gutmütig allen erschien, die seine Art und sein Leben nicht näher kannten."

Nach Vernichtung der beiden Gegner mußte der Kaiser, jetzt Alleinherr des Weltreiches[3], trachten, die Alemannen, die er selbst ins Land gerufen, und die Franken, die er wenigstens nicht hatte abhalten können, wieder los zu werden: und da sie selbstverständlich freiwillig weder das in Gallien etwa behauptete Gebiet herausgaben noch die bisher geübten Rheinübergänge unterließen, mußte er zu den Waffen greifen. Er übertrug dem oben erwähnten *Silvanus* den Schutz des Niederrheins gegen dessen *eigene* fränkische Volksgenossen. Er selbst ging, als das beginnende Frühjahr (354) einen Feldzug in Germanien zu verstatten schien, von Arles nach Valence und dann in das Lager von Châlons sur Saône (apud Cabillona), um von dort aus die alemannischen Könige *Gundomad* und *Vadomar* im eigenen Land (im Schwarzwald, im Breisgau?) anzugreifen, die durch häufige Einfälle das römische Grenzland heimgesucht hatten.

Nur mit Mühe gelangte das Heer auf verschneiten Pfaden an den Rhein, wo bei *Augusta Rauricorum* (Augst bei Basel) ein Schiffsbrücke hergestellt werden sollte:

---

1 Über diese Schlachten siehe v. Wietersheim-Dahn I, S. 382.

2 Zosimus II, 59. Selbstmord nach verlorener Siegeshoffnung war ebenso römisch wie germanisch: man braucht ihn daher nicht auf ihre Abstammung zurückzuführen. Das Christentum aber, das beide Brüder, nach ihren Münzen, angenommen, war wohl auch hier nur ein Stück der nunmehr herrschenden römischen Sitte.

3 Über die Quellen für Constantius II. und seine Zeit v. Wietersheim-Dahn I, S. 378–481.

SECHSTES KAPITEL · VON DIOKLETIANS BIS ZU THEODOSIUS' REICHSTEILUNG 367

aber die hageldichten Geschosse der hier gescharten Alemannen verhinderten den Brückenschlag. Der Kaiser geriet in ratlose Verlegenheit. Da verriet ein ortskundiger Einwohner gegen reichen Lohn eine Furt: zur Nacht sollte das Heer dieselbe durchwaten und die überraschten Feinde, unter Verheerung des Landes, verderben. Allein im römischen Lager dienten zahlreiche Alemannen, einige davon in sehr hohen Stellungen: zwei von ihnen, *Agilo*, der tribunus stabuli, und *Skudilo*, der rector der Schildträger, hatten ihre germanischen Namen beibehalten, der comes domesticorum hatte wohl erst, seit er den „Lateinern" diente, den Namen *Latinus* angenommen. Der berechtigte Zorn Ammians grollt, daß man diese Barbaren so hoch in Ehren hielt, „als trügen sie allein auf ihren Schultern das Reich." Nicht ungestraft wahrlich bediente sich die Römerwelt dieser germanischen Kräfte: schon die stete Besorgnis vor Verrat war eine Strafe. So glaubte man auch diesmal, die drei germanischen Männer hätten ihre Volksgenossen drüben überm Strome durch geheime Boten vor dem drohenden Verderben gewarnt.[1] Sofort trat das Volksheer zusammen, gegenüber dieser dringenden Gefahr Beschluß zu fassen. Da auch Götterzeichen und Weissagungen vom Kampf abmahnten, entschieden die Alemannen, von dem bisherigen festen Widerstand abzulassen: beide Könige schickten ihre Edlen als Gesandte und erbaten Frieden, den Kaiser und Heer um so lieber gewährten, „als jener erfahrungsgemäß nur im Inneren, nicht in der äußeren Staatsleitung und im Kriege Glück hatte": den Kaiser zog auch die Sorge wegen drohender Empörung seines Neffens, des Cäsars *Gallus* im Morgenland, von diesen Grenzen und Germanenkriegen zwingend ab. So wurde ein förmliches „Födus" mit den Alemannen errichtet, wobei diese ihre stammtümlichen Vertrags- und Bekräftigungsformen anwandten: leider erfahren wir nicht, worin sie diesmal bestanden. (Ende 354 wurde der allerdings durchaus nicht schuldlose Gallus, zweifach mit Constantius verschwägert, von diesem mit Heimtücke und der arger Falschheit herangelockt und zu Pola hingerichtet.)

Aber schon im folgenden Jahr (355) wurden die Römer wieder zur Abwehr anderer alemannischer Völkerschaften an die Grenze gerufen: die *linzgauischen Alemannen* (Alamanni lentienses, im Linzgau, am nordöstlichen Ufer des Bodensees) waren tief in das römische Grenzgebiet eingedrungen: wohl im Aargau: *Vitodurum* (Winterthur) und *Vindonissa* (Windisch bei Baden) sowie die für Rom ganz unentbehrliche Legionenstraße aus Rätien nach Gallien südlich des Bodensees mochten bedroht sein: die Alemannen suchten nicht mehr Beute, *Land* suchten sie in Gallien, dauernde Niederlassung. So ernst war die Gefahr, daß der Kaiser, der geringer Ursache wegen Italien nicht verließ, selbst nach Rätien zog: er gelangte bis in die „campi canini" (wo? bei Bregenz?).

Von dort aus wurde der „magister equitum *Arbetio*" mit dem größeren Teil der Truppen entlang den Ufern des Bodensees zur Bekämpfung der Barbaren vorausgeschickt.[2] Unvorsichtig vordringend fiel seine Vorhut in einen Hinterhalt, aus welchem sie offenbar nur mit sehr starken Verlusten durch die Geschosse der Alemannen – denn es fielen nicht weniger als zehn Tribunen! – unter dem Schutz der Nacht sich zur Hauptmacht in das Lager zurückrettete. Alsbald erschienen die Germanen vor diesem Lager, und durch den ersten Erfolg, wie gewöhnlich, allzu kühn gemacht,

---

1 Gegen seine sonstige Genauigkeit legt Maskou I, S. 238 die Worte Ammians so aus, als ob jene alemannischen Anführer ihre Landsleute von der drohenden Erhebung des Gallus und der Friedensneigung des Kaisers verständigt hätten: sie warnen aber nur vor der Gefahr aus der verratenen Furt.

2 Von Bregenz über Rheineck (ad Rhenum) bis Arbor (arbor felix)?

368 ZWEITER TEIL · WESTGERMANEN

umschwärmten sie mit drohend geschwungenen Schwertern den Wall, zumal im Frühnebel.

Heldenhafte Kampfesfreude, Todesmut, Überhebung nach dem ersten Erfolg, Unterschätzung des Feindes und blutige Niederlage durch die überlegene kühl berechnende Römerkriegskunst des Rückhalts, furchtbar blutig unter den Halbnackten vom gepanzerten Römer mit dem mörderischen Breitschwert ausgebeutet – die alte, seit den Kimbern, seit Ariovist und Armin so oft wiederholte Wechselfolge! – trat auch hier ein. Die Alemannen geboten über zahlreiche Reiterei: ein Ausfall der römischen Schildträger wurde zurückgeworfen: die Umzingelten schienen verloren, von den feindlichen Geschwadern umschlossen, vom Lager abgeschnitten, dessen Besatzung, entmutigt durch die letzten Schläge, lange Zeit sich nicht aus den Wällen wagte: da brachen mit ihren Scharen drei Tribunen – abermals, wie ihre Namen verraten, Barbaren (*Arintheus, Seniauchus, Bappo* [dies germanisch!]), nicht Römer – aus dem Lager, jene draußen und zugleich sich selbst zu retten: es gelang, die Germanen zu werfen, daß sie in wilder Flucht, dabei vielfach durch das Gelände gehemmt, enteilten: Schwert und Speer räumten furchtbar auf unter den fast Nackten: Mann und Roß stürzten: die Reiter lagen durchbohrt auf den durchbohrten Pferden: da vollendeten auch die bisher furchtsam im Lager Zurückgebliebenen das Blutbad der Verfolgung, die großen Haufen der entrinnenden Barbaren („plebem": im Gegensatz zu den Reitern?) hinwürgend, vom Blut triefend, über Hügel von Leichen.

Der Imperator begnügte sich mit diesem Erfolg auf dem Schlachtfeld und kehrte als Sieger nach Mailand in die Winterquartiere zurück: staatliche Folgen hatte der Feldzug nicht.

Bald darauf fand der Verteidiger des Niederrheins gegen seine Volksgenossen, der Franke Silvanus, den Untergang. Der tapfere Feldherr (rector pedestris militiae) wurde von seinen römischen Neidern durch gefälschte Briefe des Hochverrats geziehen: seine Stammesgenossen, die Franken, „von denen damals eine große Zahl hohe Stellungen im Palast bekleideten", geführt von *Malarich*, dem „Oberst der fremden Truppen" (rector gentilium), und *Mallobaud*, dem „tribunus armatuarum" (Vorstand der Zeughäuser), tobten zwar, furchtbar lärmend, vor Entrüstung über die Schändlichkeit solcher Ränke gegen unschuldige, dem Reich treu ergebene Männer: und da beide Franken Leben und Ehre und ihre Sippen als Geiseln für die Unschuld des Stammgenossen einsetzten, gelang es, die Fälschung der untergeschobenen Briefe nachzuweisen. Aber inzwischen war Silvanus gewarnt und überzeugt worden, daß der Argwohn des heimtückischen Kaisers seinen Untergang dennoch beschlossen habe, den abzuwenden ihm nun nur der Schritt übrig schien, an welchen der Schuldlose nie gedacht hatte: die Fortreißung des Heeres zur Empörung: fünf Tage zuvor hatte er reiche Geldmittel pflichtgetreu dazu verwendet, den Truppen den Sold auszubezahlen, wobei er sie abermals für den Kaiser in Eid nahm. Zunächst hatte Silvanus den Ausweg wählen wollen, Reich und Dienst der Römer zu fliehen und sich der Treue seiner Stammgenossen über dem Rhein zu vertrauen: jedoch *Laniogaisus*, sein Tribun – gewiß auch ein Franke – warnte ihn: die gemeinsamen Volksgenossen würden ihn, der sie im Dienst des undankbaren Kaisers so erfolgreich bekämpft, gewiß aus Rache töten oder auch gegen Belohnung ausliefern.[1] Da griff der Germane, aus

---

1 Dies ist seltene Ausnahme: sonst wird römischer Dienst auch gegen Germanen von den Stammgenossen durchaus nicht als Frevel betrachtet. Er muß den Franken schwer geschadet haben.

SECHSTES KAPITEL · VON DIOKLETIANS BIS ZU THEODOSIUS' REICHSTEILUNG 369

Verzweiflung, nach der Krone: seine Truppen riefen ihn zu Köln zum Imperator aus: den Purpur entlehnte er einstweilen von den Drachenfahnen, Standarten und Feldzeichen: aber der Purpur der Drachen sollte ihn verderben, nicht erretten. Mit der gleichen Arglist, die vor kurzem seinen Vetter Gallus vernichtet, sandte der Kaiser, Unwissenheit des Geschehenen heuchelnd, vom Hof an ihn einen mit ehrenvollen Aufträgen versehenen Römer *Ursicinus*: dieser trieb die Tücke so weit, sich scheinbar auf die Seite des Empörers zu stellen – konnten doch beide mit vollem Recht sich über kränkende Zurücksetzung beklagen – bis er einige Soldaten bestochen hatte, die endlich bei Sonnenaufgang in den Palast drangen, die Wachen niederhieben und Silvanus, während er aus einem Versteck in eine Christenkapelle, um Schutzrecht zu gewinnen, mit letzter Kraft flüchten wollte, mit vielen Schwertstreichen niederstreckten. Der Geschichtsschreiber *Ammianus Marcellinus*, einer der besten Männer Roms jener Zeit, war im Gefolge des Ursicinus: er beklagt den Ausgang des tapferen und schuldlosen Mannes, des Opfers von ruchlosen Ränken. Das hält ihn aber nicht ab, jenem Kaiser und diesem Werkzeug Ursicinus zu dienen, für dessen Falschheit er kein Wort des Tadels hat.

Schwer sollte der verwaiste Rhein alsbald seinen Verteidiger vermissen: es gelang damals den Franken, die Hauptstütze der römischen Stromverteidigung, Köln, einzunehmen: sie begnügten sich, es halb zu verbrennen: es ernsthaft zu behaupten, fiel ihnen noch so wenig ein, als die Alemannen die gewonnenen oberrheinischen Städte festhielten. Noch immer scheuen sie das Wohnen in ummauerten *Städten*, auf deren Verteidigung sie sich auch nicht verstehen konnten. Dagegen denken sie gar nicht daran, das gewonnene fruchtbare *Bauland* wieder, wie etwa bei früheren Raubfahrten, zu verlassen: im Gegenteil: sie setzen sich fest im Land links des Rheins, behaupten es mit Erfolg und auf die Dauer, betrachten es bereits als neue Heimat („Fremdsitz", „Alisat", Elsaß). So schreibt Julian an die Athener (511. 512), daß die Barbaren, bevor er in Gallien erschien, den ganzen Lauf des Stromes entlang, von dessen Quellen bis zu dessen Mündung, bereits einen acht römische Meilen breiten Streifen Landes in festem, gesichertem Besitz behaupteten. Sehr bedeutsam ist diese im Lauf der Jahrhunderte sich verändernde Natur der germanischen Grenzüberflutungen: überall handelt es sich nunmehr regelmäßig um dauernden Landerwerb: bloße Plünderungszüge werden fortab in anderem Sinn unternommen: sie werden schon *von gallischem Boden*, von der „neuen Heimat" aus, ins Werk gesetzt, die noch römischen Gebiete tief im Inneren kennen zu lernen, auszukundschaften, vorläufig noch nur zu plündern: allmählich später, sie ebenfalls zu erobern.

Besonders stark scheint dies Einströmen von Germanen nach Gallien geflutet zu haben seit 350: Constans hatten sie, nach Ammian (XXX, 7), sehr gescheut: aber nach seinem Tod hatte Constantius selbst die Alemannen ins Land gerufen, und ungerufen kamen in Menge die Franken, nur kurze Zeit durch Silvanus gehemmt: später erzwangen Julian und Valentinian (Gratian) nochmals kurze Ruhen: jedoch abgesehen von diesen wenigen Jahren muß seit dem Jahr 350 Einfluten und Niederlassung von Germanen sehr stark und in stets wachsendem Umfang erfolgt sein.

So drangen von ihren gallischen Sitzen aus die Barbaren in Gallien verheerend vor, ohne Widerstand zu finden: bis Autun.

Der Kaiser mußte, sein Mißtrauen überwindend, wieder einen tüchtigen Schirmer Galliens bestellen: selbst Italien zu verlassen, wagte er nicht: seine Wahl fiel nach banger, langer Überlegung auf *Julian*, den Bruder des vor kurzem getöteten Gallus.

370   ZWEITER TEIL · WESTGERMANEN

Es war *Eusebia*, die Gattin[1] des Constantius, gewesen, eine ausgezeichnete Frau, deren gerechte Würdigung Julians dahin gewirkt hatte, daß dessen Verfolgung (als Mitschuldigen des Gallus) eingestellt und er, mit *Helena*, der Schwester des Kaisers, vermählt, zum Cäsar erhoben wurde (6. November 355). Ihm wurde nun Gallien übertragen und der Schutz des Rheins.[2]

Julian – später als Kaiser der Abtrünnige (Apostata) genannt – war eine geniale Natur: die seltsamen Mischungen in seinen Geistes- und Charakteranlagen erwarten noch ihren Shakespeare, d. h. die würdige seelenkundige Erklärung: ein ganz ausgezeichneter Feldherr, ein sehr tapferer Soldat, ein begeisterter Vaterlandsfreund, zugleich aber eine grüblerische Gelehrtennatur und, in widerspruchsvollem Nebeneinander, ein Schwärmer, von der Einbildungskraft beherrscht, mit starken mystischen Neigungen; jedenfalls hat dieser Cäsar, dem die Vollerneuerung der Tage Hadrians als Ziel vorschwebte, größere und dauerndere Erfolge gegen die Germanen erreicht als die meisten seiner Vorgänger und – ohne Frage – als alle seine Nachfolger. Er war der letzte Römer, der den großen Cäsarischen Gedanken der Verteidigung Galliens durch den Angriff in Germanien mit Kraft noch einmal aufgenommen hat.

„Nicht aus dem Kriegszelt, aus den stillen Schatten der Akademie plötzlich auf das Schlachtfeld gerissen, hat er Germanien niedergeworfen, den Rhein gebändigt, der mordschnaubenden Könige Blut vergossen oder sie in Ketten geschlagen", sagt der Zeitgenosse Ammianus Marcellinus, der, zum Teil als Augenzeuge, seine Taten berichtet.

Sofort (1. Dezember) ging der erst vierundzwanzig Jahre zählende Cäsar (geboren 331) nach Gallien ab. Aber schon zu Turin erfuhr er (2. Dezember), was der Kaiser genau gewußt, ihm jedoch tückisch verschwiegen hatte, daß das alte, stolze Hauptbollwerk der Römermacht am Rhein, daß Köln in die Hände der Franken gefallen sei. Da rief er aus: „Weh' mir, nichts habe ich erreicht durch meine Erhöhung, als daß mich der ohnehin sichere Untergang (das Los des Gallus war ihm in der Tat kaum vermeidlich) in schweren, unlösbaren Aufgaben trifft!"

Denn hoffnungslos allerdings sah es, vollends nach dem Verlust Kölns, (im Jahr 355) in Gallien aus. Julian schreib an die Athener: „Der Streifen Landes, den die Germanen vom Rheinufer her besetzt hatten, zog sich von den Quellen des Stromes bis an den Ozean; ihre letzten Scharen, von unseren Grenzen meist entfernt, standen dreihundert (?) Stadien (gleich dreiundvierzig und eine halbe römische Meilen) nordöstlich vom Rhein: aber die Strecken Landes, die durch ihre Einfälle und Verheerungen (in Gallien) wüst und unbebaut lagen und in welchen die Gallier nicht einmal mehr ihre Herden zur Weide zu treiben wagten, waren noch dreimal so umfangreich (hundertunddreißig und eine halbe römische Meilen). Ja, einzelne Städte fand ich von den Einwohnern verlassen, obgleich die Barbaren noch gar nicht nahe gekommen. Von solchen Leiden heimgesucht und niedergebeugt, übernahm ich Gallien." Und das ist nicht übertrieben. Ohne Widerstand zu finden, drangen die Barbaren auch in diesem Jahr tief in das Herz des Landes: so war ein Schwarm bis vor Autun (Augustodunum) gelangt; die Besatzung war von Furcht wie gelähmt; ausgediente Veteranen, alte Kolonisten, schlugen mit der Kraft der Verzweiflung zuletzt noch die Angreifer von den altersmorschen Wällen zurück.

---

1 Zweite, (352/353) nach dem Tod seiner ersten Frau, der Schwester des Gallus und Julian.
2 Über die Quellen für die Geschichte Julians v. Wietersheim-Dahn I, S. 385 f.

SECHSTES KAPITEL · VON DIOKLETIANS BIS ZU THEODOSIUS' REICHSTEILUNG 371

Zu Vienne trat der Cäsar sein Konsulat des Jahres 356 an. Das Volk begrüßte ihn wie einen rettenden Halbgott; eine blinde Greisin rief, als ihr auf die Frage nach der Ursache der festlichen Freude der Name Julians des Cäsars genannt wurde, weissagend aus: „Dieser wird die Altäre der Götter herstellen!" Und wahrlich ein Retter tat not. Die verwahrlosten Zustände der gesamten Kriegseinrichtungen der Provinz zwangen ihn, einen großen Teil des Jahres mit Rüstungen zu verbringen, „die Trümmer der Provinz zu sammeln", sagt Ammian (XVI, 1). Erst im Juni, „als die Saat schon hoch stand", brach er auf und ging zunächst nach Autun (23. Juni); wie verbreitet bereits die Germanien in Gallien sich „in ungeheurer Zahl" (Julian) verbreitet hatten, erhellt am deutlichsten daraus, daß die römischen Feldherren – wie früher Silvanus so jetzt Julian – sich auf dem Weg von Autun, Auxerre (Autosidurum, Autissidorum), Troyes (Tricasses, Augustobona) nach Rheims (Durocortorum) wiederholt erst durch die Barbaren Bahn brechen mußten.

Münze mit dem Bildnis des Julianus.
Umschrift: D(ominus) N(oster) FL(avius) CL(audius) IVLIANVS P(ius) F(elix) AVG(ustus). Kupfer. Originalgröße. Berlin, Königl. Münzkabinett.

Zu Autun empfahlen nämlich im Kriegsrat die einen den Weg über Arbor (eine Lücke im Text läßt nicht erkennen, welches der vielen „Arbor" gemeint), andere über Sedelaucus und Cor. Da jedoch der Feldherr erfuhr, daß vor kurzem Silvanus mit acht Kohorten Hilfstruppen einen anderen kürzeren, freilich höchst gefährlichen Waldweg[1], allerdings nur mit großer Mühe, zurückgelegt habe, trachtete er, das Vorbild des Helden zu erreichen, und eilte auf derselben Straße nach Auxerre, nur mit den Kataphraktariern (Schuppenpanzerten) und Ballistariern (Schleuderern), einer geringen Bedeckung. Von da zog er nach kurzer Erholung der Truppen nach Troyes. In einzelnen Schwärmen stürzten sich die Barbaren auf die gen Nordwest ziehenden Römer: der Feldherr ließ, wo er stärkerer Angriffe gewärtig sein mußte, die Angreifer nur beobachtend, mit geschlossenen Flanken weiter vorrücken, bei günstigem Gelände jedoch trieb er sie abwärts in die Niederung, überraschte auch manche, nahm die keinen Angriff Erwartenden gefangen und warf den Rest der Erschrockenen in die Flucht. Bezeichnend ist für die bisherigen Zustände in Gallien, daß, als er unvermutet an die Tore von Troyes pochte, die zitternde Bevölkerung aus Furcht vor den rings durch die Landschaft ergossenen Barbaren kaum zu öffnen wagte.

Zu Rheims vereinte er sich mit *Ursicinus, Marcellus* und deren Truppen. Da ergab sich, daß die Alemannen das ganze Obergermanien in ihre Gewalt gebracht hatten; die alten festen Burgen der römischen Herrschaft in jenen Gegenden: *Mogontiacum* (Mainz), *Borbetomagus, Wormatia* (Worms), *Noviomagus* (später, nach dem hier mündenden Speierbach, *Spira*, Speier), *Argentoratum* (Straßburg), *Breucomagus* (Brumat), beide *Tabernae* (Elsaß- und Rhein-Zabern), *Saletio* (Selz), hatten sie eingenommen, mit Plünderung und Brand heimgesucht. Zwar hatten sie diese Festungen nicht selbst zur Verteidigung, zur dauernden Beherrschung des Landes eingerichtet und behauptet: in dem alten Widerwillen der Germanen gegen ummauerte Siedlungen – „denn die Städte scheuen sie wie mit Netzen umstellte Gräber", sagt Ammian an dieser Stelle – hatten sie dieselben nach der Plünderung halb zerstört liegen lassen; aber auf dem flachen Land zerstreut („per diversa palantes", Amm.

---

1 Es scheint hiernach, daß die Germanen die große Legionenstraße beherrschten!

372   ZWEITER TEIL · WESTGERMANEN

Marc. XVI, 2), in den Dörfern, Villen, Gehöften siedelten, schwelgten und zechten
sie, unbesorgt um die Zukunft, die Wiederkehr römischer Angriffe nicht erwartend
oder übermütig verachtend. Julian zog gegen sie heran über Dieuze (Decempagi an
der Seille, bei Marsal): sein Heer war guten Mutes, vielleicht unvorsichtig. Die in der
Landschaft zerstreuten Alemannen sammelten sich rasch, führten, der Gegend, jetzt
ja ihrer Heimat, genau kundig, eine schlaue Umgehung aus und griffen ihn an feuch-
tem, grauem Tage, da jeder Blick in die Ferne verschleiert war, auf dem Marsch vom
Rücken her mit so gutem Erfolg an, daß seine Nachhut, zwei Legionen, überfallen
und beinahe zermalmt wurde, hätte nicht der Lärm des Kampfes gerade noch zur
rechten Zeit die Hilfsvölker herbeigerufen. Diese Schlappe belehrte den Cäsar, daß
er vorsichtiger gegen einen Feind sich schützen müsse, der ihn bei jedem Flußübergang und überall auf dem Marsch aus dem Hinterhalt anzugreifen vermochte. Bald
darauf besetzte er Brumat und wies einen hier von zwei Seiten versuchten Anfall
zurück.

Jedoch verfolgte er damals diese Vorteile am Oberrhein nicht, weil stärkere Bedrohung durch die *Franken* ihn rasch an den Niederrhein abrief. Köln vor allem
mußte wieder gewonnen werden. Untergermanien hatte, so unglaublich es klingt,
alle seine Städte und Kastelle in Flammen aufgehen sehen; „keine Stadt, kein Kastell
sah man mehr in diesem Landstriche", nur Koblenz, Remagen (Rigomagus) und „ein
einziger Wartturm nahe dem halbverbrannten Köln waren übrig; fünfundvierzig
Städte, die Burgen und Kastelle nicht gezählt, in Gallien", schreibt Julianus an die
Athener, „waren in die Hände der Germanen gefallen": aber von diesen nicht behauptet, müssen wir hinzudenken.

Denn ohne alle Schwierigkeit besetzte der Cäsar wieder Köln – zehn Monate war
die Stadt in den Händen der Barbaren gewesen – (Julian, ep. ad Athen.): er stellte
diese Festung zu einem mächtigen Bollwerk wieder her und zugleich die Furcht vor
dem römischen Namen, so daß die Könige der Franken von ihrer Angriffswut erschrocken abließen.[1]

Julian ging über Trier nach Gallien zurück[2], wo er zu Sens (Agedincum, Senonia,
apud Senonas oppidum) Winterlager bezog, mit vielfältigen Aufgaben belastet. Er
trachtete, in altrömischer Staatskunst, die wider Rom verbündeten Völkerschaften
zu vereinigen; zugleich mußte er Sorge tragen, die Soldaten, die, eigenmächtig
oder zersprengt, die alten Garnisonen verlassen hatten, an die so gefährdeten Orte
zurückzuschaffen und Lebensmittel in alle Städte zu bringen, die bei dem nächsten
Feldzug das Heer zu berühren haben würde: denn um die Barbaren aus allen Teilen
der Provinz zu verdrängen, waren voraussichtlich noch zahlreiche Kreuz- und Quer-
Züge erforderlich. Wie groß die Unsicherheit Galliens immer noch war, sollte Julian
rasch selbst erfahren. Plötzlich erschien vor den Toren von Sens eine starke Schar
Barbaren – wohl Franken: diese waren immerhin die Nächstwohnenden, obwohl
auch sie Rhein, Mosel und Marne – vermutlich auf dem Eise – zu überschreiten
hatten, um so weit nach Westen einzudringen. Sie hatten erfahren, daß der Cäsar
weder die Schildener bei sich hatte noch, wie sie von Überläufern aus diesen Scharen
wußten, die fremden Hilfsvölker, die der erleichterten Verpflegung willen in die

---

1 Ammian. Marc. XVI, 3: „Francorum regibus furore mitescente perterritis"; Abschluß eines
  Friedensvertrages nimmt aber Maskou I, S. 5 wohl nur aus Mißverständnis der Worte Ammians an.
2 Daß er nicht damals wieder bis Basel zog, die Alemannen im Zusammenwirken mit dem Kaiser
  zu bedrohen, darüber siehe (gegen Tillemont) v. Wietersheim-Dahn I, S. 586.

SECHSTES KAPITEL · VON DIOKLETIANS BIS ZU THEODOSIUS' REICHSTEILUNG 373

Nachbarstädte verteilt worden waren. So hofften sie, die Stadt zu erobern, den Feldherrn zu fangen. Rasch wurden die Tore gesperrt, die schwachen Stellen der Wälle ausgebessert; Tag und Nacht sah man den Cäsar auf den Zinnen, auf den Schanzen: er knirschte vor Zorn, daß die geringe Zahl der Besatzung den wiederholt versuchten Ausfall aussichtslos machte. Der General der Reiterei (magister equitum) *Marcellus* aber, „obwohl in den nächsten Stationen weilend, brachte dem Cäsar in seiner Gefahr keinen Entsatz, obgleich er", meint der wackere Soldat Ammian, „der Stadt hätte Hilfe bringen müssen, auch wenn sie nicht den Feldherrn einschloß." Endlich nach sechzig Tagen zogen die Barbaren ab, verdrießlich und murrend, daß sie die Bezwingung der Stadt mit eitler Hoffnung versucht hatten.

Im folgenden Jahr sah sich der Kaiser genötigt, während Julian am Rhein vollauf beschäftigt war, zur Deckung der Donauländer selbst von Rom aufzubrechen (29. Mai 357): denn *suebische* Scharen waren in Rätien eingefallen, *Quaden* in die Valeria und *Jazygen*, *Sarmaten*, d. h. Slawen (?), „dieses Erzraubgesindel"[1], in Obermösien und das zweite Pannonien; er ging über Trident nach Illyricum: von Erfolgen wird nichts gemeldet.

Gleichzeitig hatte Julian den Kampf gegen die Alemannen wieder aufgenommen und zwar in großem, in Cäsarischem Maßstab: sollte Gallien dauernd Ruhe verschafft werden, so mußten, wie in alten besseren Zeiten, die Germanen auf dem rechten Rheinufer wieder die römischen Adler im eigenen Land sehen und aufs neue lernen, daß die räuberischen Einfälle in Gallien furchtbare Vergeltung über die eigenen Gaue heraufbeschworen; der Gedanke, auf dem linken Rheinufer dauernd Fuß fassen zu können, sollte ihnen wieder völlig ausgetrieben werden: man war jetzt, nach vier Jahrhunderten, wieder so weit wie damals, da Julius Cäsar die germanischen Einwanderer Ariovists aus Gallien vertrieb: fast in den gleichen Worten, wie damals der Suebenkönig den Elsaß als *„sein"* Gallien, als mit dem Schwert gewonnenes rechtmäßiges Besitztum, gegen Cäsar in Anspruch nahm, machten jetzt die Alemannenkönige ihren Besitzstand in denselben Landschaften geltend: die Antwort Julians, wie damals Cäsars, war ein großer Sieg, und ganz wie Cäsar drang der Sieger wiederholt über den Rhein: für den Augenblick, ja für die ganze Dauer von Julians Befehlshaberschaft am Rhein wurde jene kecke alemannische Berühmung durch Taten widerlegt; aber kaum hatte Julian Gallien verlassen, als es dennoch den Germanen anheimfiel: und zwar bald für immer.

Der Cäsar hatte einen Doppelangriff gegen die Alemannen beschlossen, die durch die Verluste des vorigen Jahres keineswegs geschwächt, „vielmehr noch ärger als gewöhnlich tobten und in Massen sich durch die Provinz ergossen; aber auch sonst war alles mit germanischen Schrecken erfüllt."

Der Kaiser hatte als Nachfolger des Silvanus *Barbatio* zum „magister peditum" bestellt; mit fünfundzwanzigtausend Mann war dieser in das Land der *Rauriker* (bei Basel) vorgedrungen[2], die Alemannen in der Flanke zu fassen, während Julian, der zu Sens einen ruhelosen Winter verbracht, zu Rheims den Stirnangriff vorbereitete: „wie mit der Zange" (forcipis specie) sollten die Feinde von zwei Seiten gepackt, in engen Raum zusammengedrängt und hingeschlachtet werden.

Aber so keck war schon der Wagemut der Barbaren, so zerrüttet wußten sie die

---

1 Ammian XVI, 10: „latrocinandi peritissimum genus".
2 Über Barbatios Wegrichtung und die sehr zweifelige Zeitfolge dieser nur begonnenen, nicht weiter ausgeführten Unternehmung siehe v. Wietersheim-Dahn I, S. 587.

374 ZWEITER TEIL · WESTGERMANEN

Zustände Galliens, daß eine Schar von *Leten* (barbarischen Kolonisten verschiedener Abstammung), geschickt und stets eifrig, zu gelegener Zeit zu rauben und zu stehlen, sich zwischen beiden römischen Lagern heimlich hindurchschlich und so überraschend vor *Lugdunum* (Lyon) erschien, daß sie nur mit äußerster Mühe von den noch rasch zugeworfenen Toren zurückgeschlagen werden konnten, worauf sie im Flachland alles verheerte und mit reicher Beute den Rückweg antrat. Julian, eifrig bemüht, diese Scharte auszuwetzen, verlegte ihnen drei ihrer Rückzugslinien durch drei Geschwader erlesener Reiter, die auch wirklich alle Räuber töteten, die sich auf diesen drei Straßen bewegten, und alle Beute wiedergewannen; dagegen entkam derjenige Teil der Barbaren, der durch das Gebiet Barbatios zog, dank dessen verräterischen Befehlen.

Julian wollte nun die Germanen auf den Rheininseln angreifen. Die Alemannen auf dem linken Ufer hatten sich nämlich gegen das anrückende Heer durch dieselben einfachen Mittel des Waldkrieges zu decken versucht, die sie drüben im heimischen Schwarzwald so geschickt zu brauchen verstanden: durch Verhaue und Verhacke aus ungeheuren Bäumen, mit welchen sie wohl teils „die schwierigen, von Natur schon steilen Wege", d. h. die *Vogesenpässe*, teils die Zugänge zu ihren Schlupfwinkeln auf dem Strom sperrten.

Von diesen häufigen Rheinauen herüber schallten ihr „Geheul" (ululantes lugubre), ihre Schmährufe gegen die Römer und den Cäsar. Dieser wollte einige greifen lassen, offenbar mehr in der Absicht, von ihnen Kundschaft zu erpressen, als sie zu bestrafen; aber umsonst bat er Barbatio um sieben von den Schiffen, die er, als wolle er den Fluß überschreiten, für schwimmende Brücken vorbereitet hatte: eine römische Flotte beherrschte schon lange den Strom nicht mehr; Barbatio verbrannte sie lieber, um nicht dem Cäsar zu einem Erfolg zu verhelfen. Da nun dieser durch Gefangene erfuhr, daß der Fluß, in der Hitze des Hochsommers seicht geworden, an einer Furt überschritten werden konnte, schickte er leichte Hilfstruppen, vermutlich Bataver oder Franken, unter *Bainobaud*[1], dem bewährten Tribun der *Cornuti*, einem Germanen, gegen diese Schlupfwinkel ab. Teils watend durch die Watten („brevia", wie bei Tacitus), teils auf den untergebundenen Schilden schwimmend, erreichten diese die erste Insel, stiegen ans Land, „schlachteten alles Leben, was sie fanden, ohne Unterschied von Geschlecht oder Alter nieder wie das Vieh" (was Ammian mit gleicher Freude wie in ähnlichen Fällen Tacitus erzählt), fuhren auf kleinen hier vorgefundenen Nachen nach den meisten anderen Inseln und kehrten, als sie endlich des Mordens satt waren, alle unversehrt zurück, beladen mit reicher Beute, von der sie nur einen Teil aus den schwanken Fahrzeugen an den reißenden Strom verloren.

Als die noch übrigen Germanen dies erfuhren, räumten sie die Rheinauen, die sich als so unsichere Zuflucht erwiesen, und brachten Vorräte, Früchte und ihr „barbarischen Schätze" auf das rechte Ufer in Sicherheit. Julian aber wandte sich nach *Elsaß*-Zabern (Tres tabernae), um die durch hartnäckig wiederholte Angriffe der Barbaren zerstörten Wälle dieser Stadt wiederherzustellen, was ihm über Erwarten rasch gelang: die Germanen hatten ihre Angriffe auf diesen Punkt deshalb so hartnäckig immer wieder erneuert, weil die Festung den Zugang der Wege sperrte, auf welchen sie am häufigsten in das Innere Galliens drangen. Eben deshalb legte der Cäsar wieder Truppen in die neu aufgebaute Burg und versah sie mit Vorräten für ein ganzes

---

1 Siehe bei Förstemann „Baino", „Bainung" (Baino zu ahd. bain? crus); baud wird auf bud, biuta oder von J. Grimm auf bad (got. badu), pugna zurückgeführt, Kuhns Z. I, S. 434; nicht so das spätere baud, das aus bald entstanden.

SECHSTES KAPITEL · VON DIOKLETIANS BIS ZU THEODOSIUS' REICHSTEILUNG 375

Jahr: – das Getreide hierfür wurde nicht ohne große Gefahr von den Truppen *auf den von den Alemannen bestellten Feldern geerntet.*

Diese Angaben zeigen in höchst lehrreicher Weise, einmal, daß auch ein Julian, und selbst nach den bisherigen Erfolgen, sich darauf gefaßt machte, sehr geraume Zeit einem so weit im Inneren altrömischen Machtbesitzes gelegenen Kastell keinen Entsatz bringen zu können gegen germanische Einschließung! Er behandelt jetzt ein auf dem *römischen* Ufer erbautes Bollwerk, wie etwa im ersten Jahrhundert nach Christus die tief ins *Germanen*land vorgeschobenen Kastelle, Aliso oder des Drusus' Kastell, waren behandelt worden, die man freilich für Jahr und Tag hatte mit Lebensmitteln versehen müssen, bis im Sommerfeldzug die Legionen sich wieder nähern konnten. Jetzt war also die äußerste Verteidigungslinie so viele hundert Stunden weit von der Ems und Lippe in dem Sinne zurück auf das linke Rheinufer und in die Vogesen genommen worden, daß selbst das linksrheinische Land nicht mehr als dauernd behaupteter Besitz galt.

Andererseits aber sieht man, daß die Germanen, wenigstens hier die Alemannen, keineswegs nur Raubfahrten über den Strom beabsichtigten, sondern sich, durch Übervölkerung aus den bisherigen Sitzen gedrängt, über den Strom geschoben hatten mit der Absicht, *für immer sich hier niederzulassen: diese alemannischen Bauern bestellten bereits die Felder auf dem linken Rheinufer als ihr sicher gewonnenes „Neuland."*[1]

Allein auch für seine Feldtruppen versah sich Julian in gleicher Weise auf zwanzig Tage mit Vorräten: er konnte hierfür nicht auf Barbatio zählen, der vielmehr die für den Cäsar bestimmten Sendungen anhielt, einen Teil für sich nahm und das übrige abermals verbrannte, um es nur nicht an Julian gelangen zu lassen. Während nun dieser die Befestigung des Lagers rasch förderte und durch einen Teil der Mannschaften, unter großer Vorsicht gegen Überfall, Futter einholen, durch einen anderen Wachtposten im freien Feld vorschieben ließ[2], warf sich eine Schar Barbaren auf Barbatio, der mit seinem Heeresteil abgesondert hinter dem gallischen Grenzwall stand[3] (am Eckenbach, in der Gegend von Schlettstadt-Restenholz und Gemar-Bergheim?), mit solcher Raschheit, daß der plötzliche Angriff jedem Gerücht ihrer Annäherung zuvorkam: die Sieger verfolgten die Flüchtigen bis in das Gebiet der *Rauriker* und darüber hinaus, soweit sie nur nacheilen konnten, und kehrten mit dem größten Teil des Gepäcks, der Lasttiere, der Troßknechte als Beute und Gefangenen zu den Ihrigen zurück.[4]

Der geschlagene *magister peditum* aber entließ nun, als ob er seinen Feldzug erfolgreich beendigt hätte, das Heer – noch war es heißer Sommer! – in die Winterlager und eilte an den Hof des Kaisers, dort, wie gewöhnlich, Ränke zu schmieden gegen Julian.

Als diese schmähliche Flucht und Feigheit allbekannt geworden, da glaubten die Könige der Alemannen, Julian sei, wollte er sich nicht der äußersten Gefahr ausset-

---

1 Ali-sat = Fremd-sitz, neuer Sitz in der Fremde, daher Elsaß.

2 „Stationes praetendit *agrarias*" ist doch wohl so zu deuten, nicht: Wachthütten mit *Getreide.*

3 A. a. O. Barbationem: „gallico vallo discretum"; vielleicht eher in obigem Sinne zu deuten als „der in Gallien abgesondert in einem *Lager*" (vallum ist wohl nicht „Lager" allein).

4 Barbatio wird zuletzt im Land der Rauriker genannt; jetzt steht er außerhalb desselben: denn seine Flucht geht zu den Raurikern zurück; vermutlich war er also aus dem Gebiet der Rauriker weiter vorgerückt und stand hinter dem vallum, d. h. links oder hinter der gedeckten Legionenstraße! Von einem befestigten Lager (castra) ist wohl nicht die Rede bei „vallum."

zen, durch Auflösung dieses Heeresteiles ebenfalls zum Rückzug gezwungen: sieben solcher „reges" zogen die beste Kraft ihrer Scharen (fünfunddreißigtausend Mann) zu einem Heer zusammen und nahmen Stellung bei Straßburg: (diese Stadt, zwar von Julian gewonnen, war wieder den Alemannen in die Hände gefallen und wohl entfestigt worden): sie hießen Chnodomar, Vestralp, Ur, Ursicinus[1], Serapio, Suomar, Hortari.

Der Cäsar aber betrieb, nicht an Rückzug denkend, die Vollendung seiner Lagerbefestigung zu Elsaß-Zabern. Noch siegessicher erhoben die Alemannen die Häupter, als sie von einem Überläufer, einem Schildener, den Furcht vor Bestrafung eines Verbrechens zu ihnen geführt, erfuhren, daß nach dem Abzug des in die Flucht gejagten Barbatio ihm nur dreizehntausend Bewaffnete verblieben: und nicht höher belief sich wirklich damals seine Macht, als die wilde Kampfeswut der Barbaren von allen Seiten ihn umbrandete. In größter Siegeszuversicht schickten die Könige ihm durch Gesandte die Aufforderung, fast als Befehl, er möge das durch ihre Kraft und ihre Schwerter ihnen gewonnene Land räumen, auch auf briefliche Abtretung des linken Rheinufers beriefen sie sich: fast wörtlich wie Ariovist an Cäsar. Julian, der Furcht unzugänglich, wurde weder zornig noch traurig, „verlachte die Überhebung der Barbaren" und ließ steten und gleichen Mutes die Lagerbefestigung unentwegt fortführen, die Gesandten aber – gegen das Völkerrecht, wie Cäsar – bis zur Vollendung dieser Arbeit festhaltend. Es ist eine seltsame Wiederholung der Vorgänge, die vor vier Jahrhunderten hier zwischen Cäsar und Ariovist gespielt: seitdem war „Cäsar" ein Titel geworden: und Nachkommen derselben Sueben, die damals unter Ariovist Land in Gallien kraft der Eroberung als ihr eigen bezeichneten, konnten es sein, die nunmehr gegen den „Cäsar Julian" das gleiche Recht geltend machten. Daß übrigens der Feldherr die Germanen durchaus nicht gering achtet, verrät seine ängstliche Sorge, vor allem die Lagerfestung zu vollenden, um für den Fall der Niederlage sich eine Zuflucht zu sichern: so großen Wert legt er darauf, die Barbaren nichts von dem unfertigen Zustand der Lagerwerke erfahren zu lassen und Angriff und Entscheidung noch hinauszuschieben, daß er selbst den Bruch des Völkerrechts, die Festhaltung ihrer Gesandten, nicht scheut.

Erinnern diese Vorgänge an Cäsar und Ariovist, so gemahnt die Schilderung, die Ammian von Chnodomar als dem „allüberall hinbrausenden" Führer germanischen Angriffs entwirft, an die Worte des Tacitus über Armin:

„Alles setzte in Bewegung und Verwirrung, unbändig überall hinbrausend, stets der erste in kühnem Wagnis, der König Chnodomar, hoch die buschigen Brauen erhebend, in die Höhe des Stolzes getragen durch viele Erfolge. Dieser hatte den Cäsar Decentius (etwa auf der Hochebene bei Winzenheim?) in offener Feldschlacht besiegt und viele reiche Städte erobert, geplündert und zerstört und zügellos, ohne Widerstand, Gallien durchstürmt. Diese Siegeszuversicht verstärkte die Verjagung des Barbatio und seiner zahlreichen guten Truppen. Denn die verfolgenden Alemannen hatten an den Abzeichen der erbeuteten Schilde erkannt, daß hier dieselben Soldaten vor nur wenigen Raubfahrern das Feld – und das Land – geräumt hatten, welchen die nunmehrigen Sieger vor kurzem unter schweren Verlusten im Nahkampf erlegen waren." Da ist denn Ammian ehrlich genug, seine frühere Über-

---

1 Ob Ursicin einfach der römische Name – das Wahrscheinlichste – oder aus Ur oder Urso latinisiert oder die Übertragung eines alemannischen „Bär" bedeutenden Namens ist, steht dahin; über Serapio siehe unten.

SECHSTES KAPITEL · VON DIOKLETIANS BIS ZU THEODOSIUS' REICHSTEILUNG

treibung, der Cäsar habe die Überhebung der Barbaren „verlacht", durch das Geständnis zu verbessern, nur ängstlich und bekümmert sei er, gerade im Drange höchster Gefahr im Stich gelassen von Barbatio, mit seinen wenigen, obzwar tapferen Truppen den volkreichen Feinden entgegengetreten; freilich konnte ein Julian nur etwa tot, nicht lebend, Gallien den Germanen überlassen!

Weislich beschloß er, sich nicht im Lager von der Übermacht belagern zu lassen – denn gering war die Hoffnung auf Entsatz durch einen Barbatio oder selbst Constantius! –, sondern die Barbaren im offenen Feld anzugreifen. Er brach also (wohl in der dritten Woche des August) von Elsaß-Zabern auf und verfolgte die kürzere Römerstraße nach Straßburg, die über den Rochersberg[1] führte (über Wolschheim, Rüttolsheim, Hürtigheim): nach einem Mißerfolg blieb immer noch der Rückzug in das Lager und dessen Verteidigung.

Aber eben um sich diesen Rückzug zu sichern und zu kürzen (utilitati securitatique recte consulens), rief Julian die schon weit vorausgeeilte Vorhut zurück; das Lager der Barbaren war vierzehn Leugen, d. h. einundzwanzig römische Meilen entfernt: so weit von seinen mühevoll durchgeführten Lagerbefestigungen wollte der Cäsar sich nicht entfernen, so weit getrennt von der sorgfältig bereiteten Zuflucht den Angriff auf die Übermacht nicht wagen. Dies war der Beweggrund, weshalb er am Tag des Aufbruchs vom Lager die „praecursatores" zurückbefehligte.

Bei Sonnenaufgang war das Fußvolk in langsamer Bewegung aus dem Lager geführt worden, an die Flanke schlossen sich die Reitergeschwader, darunter die Ganzgepanzerten („cataphractarii", nach parthischem Muster: Schuppen deckten Mann und Roß) und die berittenen Bogenschützen – „eine furchtbare Waffe", sagt Ammian: ohne Übertreibung, wie die Ostgoten später zu ihrem Schaden erfuhren: keine zur Abwehr dieser Truppengattung ausgerüstete Waffe stand den Germanen zu Gebote: denn ihre Reiter erlitten bei dem Angriff furchtbare Verluste durch die Geschosse, ehe sie zum Einhauen gelangten – ähnlich wie heute Reiterei, die gegen Schnellfeuer ansprengt; und andererseits konnten sich diese berittenen Schützen, nachdem sie germanisches Fußvolk beschossen, dessen Ansturm stets entziehen.

Der Cäsar ließ jetzt die Truppen in Haufen, wie sie zogen, halten und erklärte ihnen, weshalb er den Plan geändert, die Vorhut zurückberufen und ohne weiteres Vorrücken hier zu schlagen beschlossen habe.

Die Sorge um den Rückzug nach verlorener Schlacht durfte er nicht aussprechen: so redete er denn von dem nahe Mittag, den schlechten Wegen, die am Ende des Tages die Marschmüden in dunkler mondloser Nacht erwarteten, von dem wasserlosen, durch die Sonnenglut versengten Boden und von dem drohenden ungleichen Kampf gegen Feinde, die ausgeruht, gespeist und getränkt angreifen würden. Des-

---

[1] In Berichtigung der früheren auf ungenügender Ortskenntnis beruhenden – in Königsberg geschriebenen! – Darstellung der Gegend der Schlacht folge ich jetzt Wiegand, Beiträge zur Landes- und Volkskunde von Elsaß-Lothringen. Straßburg III und VII. 1887.

halb sei es besser, heute hier im Schutz von Graben und Wall und von abwechselnden Nachtposten zu ruhen und nach Ruhe und Speisung bei dem nächsten Morgengrauen aufzubrechen.

Nun, die Wege waren am nächsten Tag nicht besser: aber Julian mochte wissen, daß, da die Feinde bereits in vollem Anzug waren, der Zusammenstoß am nächsten Tag dem römischen Lager viel näher erfolgen müsse.

Vielleicht auch hatte der Cäsar nur die Kampfesfreude seiner Truppen erproben wollen: wenigstens ließ er sich durch deren stürmisches Verlangen, sofort gegen den Feind geführt zu werden, mehr aber noch durch den Rat seiner Heerführer bestimmen, wieder aufzubrechen. Freilich aber mußte man nun nicht mehr weit vom Lager sich entfernen: das Heer nennt, vielleicht übertreibend, den Feind schon „in Sicht": die zurückgerufene Vorhut mußte ihn allerdings schon gesehen haben: denn nach offenbar kurzem Marsch stieß man alsbald auf die Kundschafter, dann auf das ganze Heer des Feindes.

Der Stab des Feldherrn, zumal der Präfectus Prätorio *Florentianus*, deutete sogar an, die Truppen würden leicht meutern, unter dem Vorwurf, man habe sie um den Sieg betrogen, lasse man die jetzt zusammengescharten Barbaren sich wieder zerstreuen: eine bedenkliche Begründung! Auch dachten die sieben Könige gewiß nicht daran, ihre zusammengezogenen Heerleute vor einer großen Entscheidung wieder sich verlaufen zu lassen.

Der Mut der Truppen und die Geringschätzung der Feinde ruhte wesentlich auf der Erinnerung – so sagt Ammian –, „daß im vorigen Jahre, als sich die Römer durch das rechtsrheinische Alemannenland weithin ergossen hatten, sich die Germanen gar nicht hatten blicken lassen zur Verteidigung ihres Herdes: sondern, weit ins Innere geflüchtet, hatten sie mit dichten Verhauen von Bäumen überall die schmalen Steige durch den Urwald gesperrt und so mit Mühe das Leben gefriestet": d. h. wieder einmal hatte der deutsche Wald seine Kinder geschützt, die in vier Jahrhunderten doch endlich gelernt hatten, daß sie gegen die überlegene Waffenmacht des Weltreiches in offener Schlacht die Heimat zu verteidigen nicht vermochten, wenn der Feind mit Übermacht, wie jenes Jahr zuvor, von mehreren Seiten sie umfaßte: sie hatten ja keine Städte zu verteidigen, in welchen die überlegene römische Belagerungskunst sie, wie dereinst die Gallier, sicher, wie in Mausfallen, gefangen und vernichtet haben würde: die fast wertlosen Holzhütten mochten sie räumen und vom Feind verbrennen lassen: zog dieser ab aus dem verwüsteten Land, schon vor dem Herbst pflegte er vor dem Klima den Rückzug anzutreten, so waren aus den Bäumen des schützenden Waldes auch bald die Hütten und selbst die Hallen der Könige wiederhergestellt.

Im vorigen Jahr hatte sie der Kaiser von Rätien aus bedrängt, der Cäsar jedes Ausweichen über den Rhein gesperrt, und zugleich waren andere Germanen, Nachbarn (wir erfahren nicht, welches Stammes), mit welchen die Alemannen in Streit geraten waren, den von allen Seiten Eingeschlossenen und Weichenden so scharf auf der Ferse folgend in den Rücken gefallen, daß sie ihnen „fast den Kopf von hinten zermalmten." Da hatten sie sich dem Kaiser, wie er in ihrem Land vordrang, nicht zu stellen gewagt, sondern flehentlich um Frieden gebeten.

Das alles hatte sich nun aber geändert; jenes dreifach dräuende Verderben war beseitigt: der Kaiser hatte Friede gemacht und war abgezogen: mit den germanischen Nachbarvölkern lebten sie, nach Beilegung der Streitigkeiten, in bester Eintracht, und die schmähliche Flucht Barbatios hatte die angeborene wilde Kühnheit gesteigert.

SECHSTES KAPITEL · VON DIOKLETIANS BIS ZU THEODOSIUS' REICHSTEILUNG 379

Dazu kam folgendes schwerwiegende Ereignis.

Die beiden Könige und Brüder, die im Vorjahr mit Constantius Friede geschlossen, hatten diesen Vertrag aufs treulichste gehalten, weder selbst sich erhoben noch sich mit fortreißen lassen. Da war bald darauf der „Stärkere und Treuere", *Gundomad*, meuchlerisch ermordet worden: und sofort machte sein ganzes Volk mit den Kriegsfeinden Roms gemeine Sache; nun schloß sich auch der große Haufen im Gebiet *Vadomars*, wie dieser behauptete, wider dessen Willen, den gegen die Römer ausziehenden Scharen an.

Die Stimmung der Truppen, der Rat der Anführer fanden gleichsam weissagenden Ausdruck in dem Zuruf eines Fahnenträgers, der den Cäsar zu sofortigem Schlagen aufforderte; dabei ist bezeichnend für die Mischung von Christlichem und Heidnischen in dieser Römerwelt, wie die „Gottheit" in Umschreibungen angerufen wird, welche für den *einen* Christengott und die vielen Olympier[1] gleichmäßig paßten.

Das Heer setzte sich nun wieder in Bewegung und gelangte bald, nicht weit entfernt von den Uferhöhen oder doch Uferrändern (supercilia) des Rheins, damals etwa elf Kilometer entfernt, an einen sanft aufsteigenden Hügel[2] (die Höhe von Hürtigheim), auf dessen Krone das bereits reife Korn wogte; da oben hielten Späher drei alemannische Reiter, die sofort zurückflogen zu den Ihrigen, den Anzug des Römerheeres zu melden. Ein vierter Späher, zu Fuß, hatte jenen nicht folgen können: er wurde von der raschen römischen Vorhut eingeholt und gefangen; er sagte aus, daß die Germanen drei Tage und drei Nächte gebraucht hatten – so groß war ihre Zahl – den Strom (wohl nicht nur an *einer* Stelle) zu überschreiten.

Alsbald (gegen zwei Uhr mittags) konnten sich die Heere, da beide gegeneinander vorwärts eilten, erschauen. Die Germanen bildeten ihre alt gewohnten keilförmigen Stoßhaufen: den „Eberkopf", welche Schlachtordnung Wotan selbst sie gelehrt; da befahlen die römischen Führer Halt und ließen so im ersten Treffen die „antepilani", „hastati" und überhaupt die ersten Glieder, wie sie marschiert waren, feste Stellung nehmen – „eine undurchdringbare Mauer", sagt Ammian mit Recht. Denn in der Tat, dieser letzte große Sieg der Römer über die Rheingermanen wurde zum großen Teil entschieden durch die unvergleichlich überlegenen Waffen, zumal Schutzwaffen, und durch die große Mannigfaltigkeit der Waffengattungen der Römer, die verstattete, je nach Lage des Gefechts die geeignetste zu verwenden, während der Alemanne immer nur die nackte Brust, den schlechten Latten- oder Weiden-Schild, das plumpe Schwert, den Speer, oft ohne Metallspitze, und freilich auch das germanische todesfreudige Heldentum entgegenzustellen hatte: ihr gegen überlegene Waffen blind anstürmendes Wagen sollte diesmal wieder den törichten Helden schwere Verluste und den Sieg kosten.

Auch die Barbaren machten im Anrücken halt: sie standen nun zu beiden Seiten der Römerstraße, westlich nach Ittenheim, östlich nach Oberhausbergen zu: das Schlachtfeld lag also in der südwestlichen Fortsetzung der Hausberge, und da sie, wie der Überläufer im voraus gewarnt – solche Aufstellung war also damals römische oder doch Julianische Sitte oder für diesmal im voraus beschlossen worden –, die ganze Reiterei der Römer auf deren rechtem Flügel erblickten, stellten sie alle ihre

---

1 Ammian selbst ist Heide.

2 Die Örtlichkeit der Schlacht ist schwer zur bestimmen, zumal in der *Nähe* von Straßburg Höhen, supercilia, wie sie Ammian schildert, fehlen. (Manche suchen sie in den „Hausbergen.") Julian rückte von *Elsaß-Zabern* heran, nicht von *Rheinzabern*, wie in v. Wietersheim-Dahn aus Versehen auch in der zweiten Ausgabe stehen blieb.

besten Pferde geschart auf ihren linken: unter ihre Reiter aber mischten sie, nach altgermanischer, zumal suebischer Sitte, flinke Plänkler, auf diese Kampfart eingeübte Krieger zu Fuß. Denn sie hatten längst erprobt, daß auch ein geschickter germanischer Reiter dem römischen „Kürassier", „clibanarius", der, ganz in Eisen gehüllt, ja versteckt, Zügel und Schild an sich zog und in der Rechten die Lanze schwang, nichts anhaben konnte; der Fußsoldat dagegen konnte, am Boden sich duckend und unbemerkt bleibend – „denn man wehrt nur dem Angreifer, den man ins Auge gefaßt" –, das Pferd seitwärts treffen, so den Reiter überraschend zu Fall bringen und dann ohne viel Mühe töten. Ihren rechten Flügel hielten sie in unerkennbarer verdeckter Aufstellung zurück.

„Alle diese kampffreudigen und grimmen Völkerschaften befehligten Chnodomar und Serapio, an Macht die anderen Könige überragend." Chnodomar nun, der „ruchlose Entzünder dieses ganzen Krieges" (um den Scheitel geschlungen trug er einen feuerroten Wulst: nicht einmal dieser reiche und mächtigste König deckt sein Haupt mit einem Helm: wohl nicht, weil er einen entbehrt hätte, sondern weil er in Überkühnheit, wie sie in jener Zeit als eine Art Heldenstück häufig begegnet, solche Deckung verschmähte), „sprengte dem linken Flügel voran, wo die wildeste Wut des Kampfes erwartet wurde: kühn und voll Vertrauen auf die ungeheure Kraft seiner Glieder, hoch ragend auf schnaubendem Roß, den furchtbar wuchtigen Wurfspeer auf die Erde stoßend, weithin kenntlich an dem Glanz seiner Waffen, von jeher ein gewaltiger Krieger und vor den anderen ein geschickter Heerführer."[1]

Den rechten Flügel befehligte *Serapio*, ein Jüngling, dem gerade der Flaumbart gesproßt war, aber an Heldenkraft seinen Jahren voraus: der Sohn von Chnodomars Bruder *Mederich*, „eines Mannes, der, solange er lebte, äußerste Treulosigkeit geübt hatte." Der Jüngling Serapio hatte diesen fremden Namen empfangen, indem sein Vater, lange Zeit als Geisel und Pfand in Gallien festgehalten, hier griechische (ägyptische) Geheimlehren kennengelernt und seinen mit heimischem Namen „Agenarich" geheißenen Sohn nun „Serapio" genannt hatte: man sieht, wie diese Barbaren ihren oft unfreiwilig langen Aufenthalt in römischem Gebiet verwerteten, sich außer den beiden Sprachen auch die höchsten Ergebnisse der griechisch-römischen Bildung anzueignen: die religiösen und philosophischen Geheimlehren, die selbst von Römern und Griechen nur bei höherer Anlage und regerem Wissensdrang gesucht wurden. Die Treulosigkeit – gegen Rom! – des wohl von früher Jugend auf als Geisel mit Argwohn behandelten Fürsten erklärt sich sehr wohl: diese Germanen aber, welche griechisch-ägyptische Geheimlehren erforschten, waren doch nur der Geburt, nicht der Bildungsfähigkeit nach Barbaren. Man sieht übrigens aus der Verwandtschaft dieser beiden „mächtigsten Könige", daß auch *nach* Bildung der neuen Völkergruppen innerhalb derselben die Könige unter den gleichen Verhältnissen wie *vor* Bildung der neuen Gruppen fortbestanden: Chnodomar und Agenarich sind ebenso Vatersbruder und Neffe wie vor drei Jahrhunderten Inguiomer und Armin: und beide sind Könige.

An die beiden mächtigsten Könige, die offenbar als „Herzoge", d. h. Oberfeldher-

---

1 Und doch beging dieser „geschickte Feldherr" den nur durch die blindeste Siegeszuversicht erklärbaren Fehler, die Schlacht zu schlagen mit dem Rücken gegen einen breiten, tiefen, reißenden Strom, ohne über eine Brücke oder über Schiffe zu verfügen, einen Strom, zu dessen Überschreitung man, ohne vom Feind behelligt zu sein, drei Tage und drei Nächte gebraucht hatte – und der im Fall einer Niederlage das feuchte Grab für Tausende werden mußte – und wurde.

SECHSTES KAPITEL · VON DIOKLETIANS BIS ZU THEODOSIUS' REICHSTEILUNG 381

ren, für diesen Krieg gekoren waren, schlossen sich die fünf anderen Könige, „die ihnen an Macht die nächstfolgenden waren", darauf zehn „regales", d. h. (wohl nicht „Prinzen", sondern) Gaukönige, geringer an Macht als die sieben Völkerschaftskönige, und eine dichte Reihe von Edlen (optimatum series magna): die ganze Streitmacht betrug fünfunddreißigtausend Mann, aus verschiedenen Völkern (vielleicht auch außer Alemannen), teils „gegen Sold geworben" – (wobei der Fremdling Ammian wohl auch Gefolgen für Söldner hielt, da sie, allerdings von den Gefolgsherren unterhalten, mit Beute, Waffen, Schmuck und jetzt wohl auch schon mit Geld beschenkt werden *mußten*) – *„teils verbündete, welche sich vertragsmäßig im Kriege gegenseitig zu unterstützen hatten."* Letzteres enthält die *eine* Wurzel der Entstehung der neuen Gruppen (Alemannen, Franken, Friesen, Sachsen, Thüringer, Bajuwaren): Schutz- und Trutzbündnisse, auf die Dauer geschlossen, besonders, aber nicht ausschließend, gegen Rom gerichtet, zwischen im übrigen unabhängig und selbständig verbleibenden Völkerschaften und Gauen: die zweite Wurzel aber war nahe Stammesgemeinschaft und (folgeweise) Nachbarschaft: denn jene durch hohe Eide gefestigten Bündnisse wurden nur unter Genossen des gleichen Stammes und Stammesgötterdienstes geschlossen; wenn Sachsen oder Franken ausnahmsweise für einen oder auch für mehrere Feldzüge als Verbündete von Alemannen aufgenommen wurden, so hatte ein solcher einzelner Waffenvertrag doch ganz andere Rechtseigenart als diese dauernden, unkündbaren Schutz- und Trutzbündnisse aller Alemannen untereinander, die sich zwar noch nicht einem Bundesstaat, geschweige Einheitsstaat näherten, wohl aber von einem Staatenbund sich nur noch dadurch unterschieden, daß die Zahl der gemeinsam verfolgten Zwecke sich auf zwei: *Krieg und Götterdienst*, beschränkten; richtiger gesagt: *der uralte Verband des Götterdienstes*, z. B. der suebischen Stämme, war unter den nächsten Nachbarn und Verwandten bei diesen Sueben jetzt dahin verwertet worden, die *gewohnheitsrechtliche* – darauf ist schweres Gewicht zu legen! – *Grundlage von Schutz- und Trutzbündnissen*, zumal auch gegen die römische Gefahr, zu werden.

Das erste Vorrücken des Fußvolks auf dem linken römischen Flügel kam, wie aus Ammians eigener Schilderung erhellt, sofort zu sehr unfreiwilligem Stehen. *Severus* stieß hier auf „Gräben", oder, wie man ansprechend vermutet, auf die römische Wasserleitung für Straßburg, die den schilfigen Musaubach mittels eines Hochbaus überschritt, welche die Alemannen – (die also hier die Schlacht erwartet hatten: denn schwerlich waren es zufällig von ihnen vorgefundene Vertiefungen)[1] – gezogen und mit verdeckt, im dichten Schilf, im Hinterhalt, aufgestellten Schützen ausgefüllt hatten, die, plötzlich aufspringend, den Feind verwirren sollten. Das gelang wenigstens insoweit, als Severus, „weitere unbekannte Gefahren fürchtend", stehen blieb: „unerschrocken " zwar, d. h. er wich nicht zurück: aber er wagte auch durchaus keinen Angriff. Julian bemerkte dies bedenkliche Stocken und sprengte sofort, „wie es die brennende Gefahr erheischte", mit zweihundert Reitern durch die Zwischenräume des Fußvolks vor, entlang den Geschossen der Feinde aus den Gräben, und feuerte seine stutzenden Soldaten an; er erinnerte sie, daß sie ja so ungeduldig den sofortigen Angriff verlangt hätten: er forderte sie auf, die Schmach zu rächen, die der Majestät Roms bisher angetan war durch diese Barbaren, welche ihre Wut, ihr maßloser Kampfzorn zu ihrem Verderben bis hierher geführt habe; er warnte vor zu hitziger Verfolgung, aber verbot auch, zu weichen, bevor äußerste Not sie zwinge.

---

1 Nach Libanius freilich ein Bachgrund.

382   ZWEITER TEIL · WESTGERMANEN

Solche Mahnungen wiederholend, berief er den größeren Teil der Truppen hierher gegen das erste Treffen der Barbaren: ein Zeichen von der nicht geringen Bedeutung des hier angetroffenen Hindernisses. Aber auch das alemannische Fußvolk fühlte nun, daß ihm hier ein schweres Ringen, vielleicht die Entscheidung des Tages bevorstand; so erscholl denn plötzlich aus seinen Reihen einstimmig der laute, zornig klingende Ruf: „die ‚Fürsten‘[1] sollten von den Rossen steigen und unter den Reihen des Fußvolks kämpfen, damit sie nicht im Fall eines Unglücks allzu leicht die große Masse der Gemeinfreien im Stich lassen und entweichen könnten."

Man sieht, noch ist die alte Volksfreiheit und ihre Redefreiheit – ja Redekeckheit – nicht geschwunden vor diesem alemannischen Königtum: hatten doch diese Könige noch nicht auf römischem Boden, mit der vorgefundenen Zurüstung römischer Staatsgewalt über Provinzialen herrschend, gleiche Macht auch über ihre germanischen Volksgenossen ausdehnen können; wie einst Armin muß sich Chnodomar mitten in der Schlacht vom Volksheer dessen Willen aufzwingen lassen. Denn auch Chnodomar, der „mächtigste König", der Oberfeldherr, wagt nicht, dieser recht barbarischen, törichten und trotzigen Aufforderung zu widerstreben: das Volk hält sein Blut dem königlichen gleichwertig: und eine obzwar ziemlich derb, in fast beleidigender Mahnung ausgesprochene Berufung an die Heldenehre der Könige und Edlen darf nicht abgelehnt werden: willfährig folgt der riesige König dem zornigen Ruf des mißtrauischen Volkes und springt sofort vom Roß: ohne Besinnen folgen die anderen seinem Beispiel: zweifelte doch auch keiner unter ihnen am Sieg.

Jetzt kam es, wie es scheint, auf der ganzen Linie zugleich, zum Zusammenstoß.

Die Germanen auf ihrem linken Flügel[2], die den Reitern gemischten Fußkämpfer, stürzten sich mit mehr Ungetüm als Vorsicht, d. h. mit unbesonnener Verschwendung des Atems, auf die Geschwader der Römer unter „unmenschlichem Schlachtgeschrei", Pfeile und Wurfspeere schleudernd; ihre Kampfeswut übertraf heute noch, was man sonst an Germanen gewohnt war: ihr langes Haar sträubte sich empor, aus ihren Augen sprühte der Heldenzorn. Aber unerschüttert hielt der römische Fußsoldat stand, das Haupt gegen die von oben her fallenden Hiebe der viel größeren Barbaren mit dem vortrefflichen römischen Schild deckend, mit dem breiten mörderischen Schwert im sicher gezielten Stoß die nackten Leiber der Riesen treffend oder das todbringende Pilum schwingend.

Die römischen Reiter scharten sich in diesem gefährlichen Augenblick dicht zusammen: das Fußvolk deckte seine Flanken Schild an Schild, undurchdringbar aneinander drängend; dicht stiegen die Staubwolken des heißen Augusttages empor; die Schlacht stand: keinerlei Fortschritte machten die Römer: sie behaupteten sich nur: ja hin und wieder verloren sie Boden.

Das Beste für die Römer leisteten sichtbar ihre ausgezeichneten Waffen, zumal die selbst mit höchster Anstrengung kaum zu zertrümmernden Schilde; um deren feste Mauer zu zerreißen, um Lücken, Ungleichheiten in die römischen Reihen zu bringen, warfen sich manche der kriegserfahrensten Barbaren auf ein Knie, stemmten sich gegen die vordringenden Römer und suchten sie durch die überlegene Körper-

---

1 Regales: gemeint sind *auch* die reges, wie das Folgende zeigt, nicht der Adel, die optimates; „regales" kann also auch oben nicht wohl „Prinzen", „nicht regierende Glieder der Königsgeschlechter" heißen, sondern bedeutet vielleicht eher Gaukönige neben den Völkerschaftskönigen.

2 Und wohl auch im Mitteltreffen.

SECHSTES KAPITEL · VON DIOKLETIANS BIS ZU THEODOSIUS' REICHSTEILUNG   383

kraft umzuwerfen; in unmäßigem Eifer kam es zum Ringkampf: Faust gegen Faust und Schildstoß gegen Schildstoß – ein ungleicher Kampf der alemannischen Weidengeflechte gegen den römischen Erzstachel auf dem Legionenschild! –, das laute Geschrei der Siegjauchzenden und der Getroffenen hallte gegen den Himmel.

Der linke Flügel der Römer drang jetzt vor, über die „Gräben" (den Musaubach, die Wasserleitung?), die Hügel aufwärts Raum gewinnend und die Feinde von der Höhe bereits hinabwerfend, den immer erneuten Ansturm germanischer Haufen mit überlegener Wucht der ehernen Schilde zurückwerfend und klirrend eindringend auf den Feind.

Da schien auf dem rechten römischen Flügel die Schlacht für den Cäsar verloren: plötzlich, wider Erwarten, stoben von dort, von der Ittenheimer Straße her seine Reiter in voller Auflösung zurück; diese Flucht ging aus von folgendem Schrecken. Die bereits (wohl durch die Plänkler zu Fuß) erschütterten Reihen wurden eben neu geordnet, als die Panzerreiter ihren Obersten[1] und neben ihm auch noch den nächsten Reiter über Hals und Kopf des Pferdes stürzen sahen, von der Wucht des Panzers herabgerissen. Da stoben sie auseinander, wie jeder konnte: die Flucht der Vordersten riß die Hinterglieder fort, und schon drohten sie, ihr eigenes Fußvolk niederreitend, alles in Auflösung zu bringen: aber das Fußvolk hielt stand, scharte sich eng zusammen und hielt, Mann an Mann gelehnt, den Anprall der fliehenden Reiter auf, ohne vom Platz zu weichen.

In diesem Augenblick höchster Gefahr erschien der Cäsar auf dem bedrohten Punkt, hemmte die Flucht, stellte und wendete die Schlacht.

Von ferne her – er weilte wohl noch auf dem linken Flügel, dessen Stocken er gehoben – sah er, wie seine entscharten Reiter an keine Rettung mehr dachten als an die in der Flucht; da jagte er heran, so rasch das Roß ihn trug, und warf sich selbst wie ein Riegel ihrer Flucht entgegen. Zuerst bemerkte ihn nur der Rittmeister *eines* Geschwaders: er erkannte den Cäsar an dem Purpurwimpel der hoch ragenden kaiserlichen Drachenstandarte, "der den Drachen umflatterte wie die abgestreifte Schlangenhaut"; der Offizier erbleichte vor Scham und Scheu, hielt und wandte das Pferd, seine Leute wieder zum Stehen zu bringen. Der Cäsar rief die Erschrockenen ermunternd an, und es gelang, sie aufzuhalten:[2] im Schutz der Legionen geborgen, sammelten sie sich wieder. Die Alemannen aber hatten, nachdem sie die Reiter zurückgeworfen und zerstreut, das erste Treffen des Fußvolks angegriffen, in der Hoffnung, dasselbe sei nun mutlos geworden und leichter zum Weichen zu bringen. Aber als es nun zum Handgemenge kam, standen sich gleichgewogene Kräfte gegenüber.

Denn hier, an der Römerstraße und südlich derselben, stießen die Germanen auf die erlesenen Scharen der *Cornuti* und *Braccati*, schlachtvertraute, im Kampf gehärtete Truppen, größtenteils – germanischer Abkunft: schon durch den Anblick schreckeinflößend[3], erhoben sie nun, diese *für* Rom kämpfenden Barbaren, nach *germanischer* Sitte mit Macht den Schlachtgesang „barritus", „der während des Kampfes

---

1 Zunächst nur leicht verwundet, aber er blieb tot auf dem Platze (siehe unten).

2 Zosimus erzählt freilich III, 3, eine Schar von sechshundert Mann sei, trotz Julians Befehlen, nicht wieder zur Beteiligung an der Schlacht zu bringen gewesen und deshalb nach dem Sieg zur Strafe in Weiberkleidern durch das Lager geführt worden, welche Schmach sie durch hervorragende Tapferkeit im Jahr 358 abgewaschen: allein solchen Anekdoten des Zosimus ist nicht viel Glauben zu schenken.

3 „Cornuti", Gehörnte; „braccati", Behoste. Letzteres *ursprünglich* Kelten.

384 ZWEITER TEIL · WESTGERMANEN

mit leisem Gesumme beginnt, allmählich anschwillt und zuletzt erdröhnt wie das Gebrause der Meerflut, die brandend an die Klippen schlägt." Von beiden Seiten sausten die Wurfspeer hageldicht: hoch wallte Staub empor und barg den Ausblick, so daß blindlings Waffe auf Waffe, Leib an Leib stieß. Abermals bildete für die Alemannen, bei gleicher germanischer Kraft und Tapferkeit, das ehern gefügte Dach der römischen Schilde ein kaum bezwingbares Hindernis: die ungleich größeren Verluste, welche sie erlitten, erklären sich zu gutem Teil daraus, daß der römische Soldat hinter diesem Schilddach wie hinter einer Befestigung focht und (während der nackte Germane alle Kraft darauf verwenden mußte, erst diesen ehernen Wall zu zerbrechen, um nur an den Leib seines Gegners zu gelangen) jede Blöße des Angreifers verwerten konnte, diesen sofort mühelos mit Schwert und Speer durch den dünnen Schild hindurch zu treffen.

Dieser ungleiche, verlustreiche Kampf gegen bessere Rüstung reizte den Kampfeszorn der Alemannen zu furchtbarer, zu wild aufflammender Wut: und wirklich gelang es ihren verzweifelten Anstrengungen, durch unablässig wiederholte Schwerthiebe endlich den Schildzaun zu zerhauen, einzubrechen in das erste Glied der Feinde. Da kam den schwer Bedrohten im rechten Augenblick Rettung: abermals *Germanen* waren es, die den Alemannen den blutig errungenen Vorteil entrissen! Die *Bataver* waren es, von jeher als die allervorzüglichsten germanischen Söldner von den Kaisern geschätzt, welche die Gefahr ihrer Waffenbrüder erkannten und im Sturmschritt zu Hilfe eilten, geführt von ihren Königen.[1] Diese Germanen waren eine allgefürchtete Schar: sie hatten ein Gelübde, jeden Waffengenossen aus äußerster Todesgefahr zu befreien mit Wagung des eigenen Lebens. Und dies Gelübde, sie erfüllten es auch jetzt. Sie kamen und warfen ihre frische Kraft den erschöpften Siegern entgegen.

So fochten die Römer mit bedeutend verstärkten Kräften. Aber die Alemannen waren nicht abzuschütteln: grimmig nahmen sie den Kampf auch gegen die frischen Truppen auf, schnaubend, als wollten sie in einem Anfall von *Raserei* alles Widerstrebende vernichten: wiederholt brauchen die Römer diesen Vergleich, den „furor teutonicus" zu schildern; es war der kampfwütige Wuotan, die Verkörperung dieses ihres eigenen Heldenzornes, den die Germanen in solchen Augenblicken in sich spürten.

Unablässig flogen lange Wurfspieße, kurze spitzige Wurflanzen (frameae), Rohrpfeile mit eisernen Schnäbeln von ferner stehenden Gliedern, während vorn im Handgemenge Klinge an Klinge schlug, die Panzer unter den Schwerthieben klafften; auch wer verwundet niedergesunken, sprang wieder auf, fortzukämpfen bis zum letzten Blutstropfen. Wahrlich, es war ein Kampf ebenbürtiger Gegner: waren die Alemannen größer und kräftiger, so waren die in römischem Dienst Kämpfenden

---

1 „Venere celeri cursu Batavi cum regibus"; seit Valesius ist es bei den Philologen Sitte geworden, statt der natürlichen Übertragung: „unter ihren Königen" – wir wissen, daß gerade die Bataver, wie viele germanische Söldner, unter ihren Königen als Anführern fochten – die unnatürliche zu wählen: „mit den reges", d. h. einer römischen Schar, die „reges" geheißen hätte. Man stützt sich dabei auf eine Stelle der „notitia dignitatum", die aber von *„regii"*, nicht von „reges", spricht. *Keine* Handschrift unserer Stelle gewährt „regiis" statt „regibus". Freund Ludwig Friedländer erklärt für unmöglich, daß eine Truppenschar „reges" geheißen habe. Auffallend ist die Wendung bei Ammian allerdings – aber sie ist doch möglich; die bekämpfte Auslegung ist unmöglich. Und Ammian sagt später ganz ähnlich: „inter quos et reges": was hier zweifellos „Könige" bedeutet.

SECHSTES KAPITEL · VON DIOKLETIANS BIS ZU THEODOSIUS' REICHSTEILUNG   385

besser geschult und geübt; waren jene heißgrimmig und ungestüm, so blieben diese kühl und vorsichtig; trotzten jene auf ihre Körperkraft, so waren diese an geübtem Verstand überlegen; unter welchen Verlusten hiernach die Alemannen fechten mußten, leuchtet ein.

Und doch gelang es ihnen wiederholt, die Römer durch die überlegene Wucht des Ansturms aus ihrer Stellung zu stoßen; aber immer drangen diese wieder vor: der Alemanne aber, sank er endlich vor Ermüdung zusammen, fiel nun aufs Knie und schlug noch in dieser Stellung auf den Feind los: „ein Zug der äußersten Hartnäckigkeit", meint der Grieche.

Die Schlacht stand abermals, hergestellt durch die Bataver, aber noch immer unentschieden. Da versuchte die germanische Führung – wahrscheinlich doch eben *Chnodomar* – eine letzte äußerste Anstrengung, deren Gelingen oder Scheitern den Tag entscheiden sollte.

Gewitzigt durch viele blutige Erfahrungen, schult im Kampf für oder gegen Rom, hatten die Führer diesmal den alten Haupt- und Erzfehler germanischer Kampfweise vermieden, alle Kraft bei dem ersten Anlauf zu verbrauchen. Die Könige und Edlen, deren Ehrenpflicht es war, die Gemeinfreien an Tapferkeit zu übertreffen, wie sie ihnen durch bessere Bewaffnung überlegen waren, zeigten jetzt, daß sie den Argwohn nicht verdient hatten, sich durch voreilige Flucht retten zu wollen. Eine kleine, aber auserlesene Gruppe, die Könige und die Edlen, hatte sich und ihre Gefolgschaften geschart, um durch einen todesmutigen, opferreichen Vorstoß die so lange schwankende Schlacht zu entscheiden. Plötzlich, in brausendem Anlauf, stürmten sie den Ihrigen, wie bei einem Ausfall, voraus, und wirklich durchbrachen sie das erste römische Treffen vollständig. Jauchzend folgten die Gemeinfreien den todesstolzen Führern: an solchen Taten erkannte das Volk in solchen Augenblicken das von den Göttern stammende Mark seiner Könige und Edlen, denen wahrlich ihr Adel „Pflichten auflegte." Und sich blutig Bahn brechend auch durch die nächstfolgenden Glieder der Römer, gelangt dieser Keil, wie es scheint, die Mitte und den halben linken[1] Flügel des römischen Vordertreffens völlig durcheilend, bis in die weit zurückgehaltene Mitte der römischen Aufstellung: hier aber stießen sie auf die noch ganz frischen Truppen, auf die volle Legion der „Primani."

Und abermals, wie auf so vielen Schlachtfeldern vor- und nachher, entschied diese kühle römische „Taktik der Reserven" den Sieg über germanisches Heldentum trotz todesfreudigsten Ungestüms.

Abermals wiederholte sich hier, nur erst im späteren Verlauf des Kampfes, was so oft gleich von Anfang das Los römisch-germanischer Schlachten entschieden hatte.

Nicht ohne Klugheit hatten die Germanen diesmal gehandelt, nicht dem bloßen Stirnstoß vertraut: jene Gräben oder Bachgründe oder Wasserleitungen auf ihrem rechten Flügel und die verdeckt darin aufgestellten Schützen hatten erfolgreich hier den römischen Angriff gehemmt.

Wiederholt hatten dann die „Reserven" den Römern die bedenklich schwankende Schlacht gestellt: die geschlagenen Reiter fanden Aufnahme bei den Cornuti und Braccati, diesen kam im rechten Augenblick die batavische Verstärkung zu Hilfe.

Und jetzt scheiterte der letzte Keilstoß der Germanen an der noch völlig unberührten Kernschar, die der Cäsar im Mitteltreffen (an der Straße wohl), mit weiser Aussparung der Kräfte zurückgehalten hatte.

---

1 Denn von diesem war zuletzt die Rede, und ihm gegenüber hatten von Anfang die Könige Stellung genommen.

386 ZWEITER TEIL · WESTGERMANEN

Wie sonst der germanische Angriffskeil oft und oft das erst und auch noch das zweite römische Treffen unwiderstehlich getroffen hatte, dann aber, nach furchtbaren Verlusten, atemlos und geschwächt, an dem dritten Glied der Römer anprallte, dies nicht werfen konnte, sondern hier zum Stehen kam, und, damit seine wirksamste Gewalt verlierend, alsbald auch von den Flanken und im Rücken von den wieder gesammelten Vortreffen gefaßt, völlig unfähig, zu schwenken, umzingelt wurde und nur noch auf dem Fleck sterben oder in ordnungsloser Flucht, ohne die Möglichkeit, sich nochmal zu stellen, irgendwo – keineswegs auf dem natürlichen Rückzugsweg – in Verzweiflung ausbrechen konnte: so erging es jetzt dem gegen Ende der Schlacht unternommenen rückhaltlosen Keilstoß.

Die Veteranenlegionen der Primaner in der Mitte, in dem „prätorischen Lager" (hinter einer leichten Feldverschanzung), dem festen Haltpunkt der ganzen Aufstellung, stand hier vollzählig, in dichten und zahlreichen Gliedern hintereinander, fest wie ein eherner Turm und unerschütterlich; mit größerer Zuversicht nahm sie den Kampf auf als die vorgeschobenen, jetzt durchbrochenen Treffen. Mit einem wohlgezielten Hagel der mörderischen Pila aus nächster Nähe empfing sie die atemlos vor ihr eintreffenden Anstürmer. Kein Geschoß ging fehl. Jetzt kam es zum Handgemenge. Kühl, wie im Zirkusspiel der keltische Gladiator (mirmillo) dem Gegner sich gewandt entwindet, deckten sich die Legionare gegen jede Wunde mit dem Schild; gab sich dann der Alemanne, immer hitziger und wütiger über das eherne Hemmnis, eine Blöße, so durchbohrte ihn blitzschnell der Stoß des gezückten kurzen, breiten, für solchen Nahkampf unvergleichlichen, dolchartigen Römerschwertes. Die Schar der Könige und Edlen aber wetteifert, ihr Herzblut zu verschwenden, den Sieg zu erzwingen; abermals mühen sie sich ab, wie vorher die Gemeinfreien, das eherne Schildgefüge der Primani zu lockern. Jedoch da der wütige Anstrum gestockt und damit das Gefährlichste bestanden war, streckte der Römer mit wachsender Siegeszuversicht immer den vordersten Angreifer nieder; aber über die vorderste Reihe der Erschlagenen stiegen die Nächsten im alemannischen Keil, die noch Lebenden über die dichte Schicht ihrer Toten. Längst waren die Kühnsten, Vordersten, Besten gefallen; die Gefolgen stiegen über die Leichen ihrer königlichen und edlen Gefolgsherren; schon kam die Reihe an die Gemeinfreien, die sich angeschlossen hatten. Da endlich war auch alemannisches Heldentum erschöpft: Schmerz, Verzweiflung, Jammer und die hier haufenweise erschlagen, röchelnd, sterbend liegenden Führer ergriff die noch Lebenden, lähmte sie mit Entsetzen.

Da kam der Augenblick des sicheren, des unvermeidlichen Verderbens auch für *diesen* Germanenkeil: der Augenblick, da der Sieg hoffnungslos, der fortgesetzte Ansturm unmöglich scheint; und jetzt – es gibt keinen Rückzug und keinen Rückhalt! – ist jeder Widerstand zu Ende, nur rasche Flucht kann das Leben noch retten. Aber nur einzelnen, nicht mehr Gescharten.

„Endlich, erschöpft durch so viele Verluste, hatten sie nur zur Flucht noch Atem: nach allen Richtungen stürzten sie mit höchster Eile davon, wie Steuermann und Matrosen, um nur der Wut der See zu entrinnen, sich überall hin von Wind und Welle landwärts werfen lassen. Jeder Augenzeuge wird bestätigen, daß solcher Wunsch der Rettung wenig erfüllt wurde." Und nun entwirft Ammian ein grauenhaftes Bild des Gemetzels, das die Verfolger unter den widerstandslosen Flüchtenden anrichteten: „unter Beistand eines unverkennbar auf dem Schlachtfeld waltenden Gottes." „Der Soldat säbelte die Weichenden vom Rücken her nieder; war das Schwert krumm gebogen, stieß er die Barbaren mit deren eigenen Speeren zu Boden; das Blut der Wunden stillte nicht den Zorn der Sieger; massenhaftes Morden genügte

SECHSTES KAPITEL · VON DIOKLETIANS BIS ZU THEODOSIUS' REICHSTEILUNG 387

nicht der Faust; keinem um Gnade Flehenden wurde das Leben geschenkt: in Menge lagen sie, durch und durch getroffen, zum Sterben wund, den Tod herbeisehnend als Erlösung; andere sogen verscheidend in das brechende Auge den letzten Lichtstrahl; balkendicke Geschosse (aus dem jetzt vorgezogenen Geschützlager; siehe oben S. 169) hatten manchem Fliehenden den Kopf abgerissen, daß er nur noch an der Kehlhaut mit dem Rumpf zusammenhing; andere waren auf dem kotigen, schlüpfrigen Boden im Blut der Waffenbrüder ausgeglitten und, unverwundet, von den Haufen der über sie Hinstürzenden erdrückt und erstickt. Immer eifriger verfolgte der Sieger dies Glück, auf schimmernde Helme und Schilde mit den Füßen tretend, bis die Schneiden durch die zahllosen Hiebe stumpf wurden.

Endlich sperrten den Barbaren die mauerhoch aufgetürmten Schichten ihrer eigenen Erschlagenen jeden Ausweg; in äußerster Verzweiflung flohen sie in der Richtung nach Osten und Nordosten gegen Schiltigheim-Bischheim, wo sie sich zuletzt in den Rheinstrom, der damals noch weiter westlich floß, (heute zwölf Kilometer entfernt) warfen. Rastlos in der raschen Verfolgung setzten ihnen die Römer bis in das Wasser nach, in vollen Waffen, ihrer Schwimmkunst vertrauend, in den Strom springend, bis der Feldherr mit den Tribunen und Führern laut scheltend verbot, sich den reißenden Wirbeln auszusetzen. So stellten sich denn die Römer ruhig an dem Ufersaum auf und schossen mit allen Arten von Pfeilen und Speeren auf die Germanen, wie auf schwimmende Scheiben; mancher, den seine Schnelligkeit bisher dem Tod entrissen, sank jetzt auf den Grund des Stromes durch die Wucht des (iacti?) getroffenen Körpers. Selbst ungefährdet, wie bei einer Theatervorstellung nach aufgezogenem Vorhang die Zuschauer, sahen die Sieger mit an, wie die weniger geübten sich an die besseren Schwimmer zu klammern suchten, dann, nachdem sich die Flinkeren von ihnen losgemacht, wie Blöcke auf dem Wasser trieben; wie andere, umsonst gegen die Gewalt des Stromes ankämpfend, von den Fluten verschlungen wurden; etliche aber legten sich auf ihre Schilde, brachen in schräger Richtung durch die Gewalt der gegen sie wogenden Wasser und gelangten nach vielen Gefahren ans rechte Ufer. Schäumend, gerötet vom Blut der Barbaren, staunte der Strom über den ungewohnten Zuwachs."

Ammian vergißt über seiner Freude an dem Gemetzel anzugeben, *wie* die Verfolgung, von welchen Truppen und in welchen Bewegungen sie geschah.

Wir dürfen wohl annehmen, daß zunächst, als die Anstürmer, die Hoffnung aufgebend, den Rücken wandten, die bis dahin einem heutigen Viereck, das gegen Reiterangriff gebildet war, vergleichbare, unbeweglich stehende Legion der Primani, dieser eherne Turm, sich jetzt in furchtbare Bewegung setzte, die Vorderglieder öffnete, die Hinterglieder durchließ, auch auf beiden Seiten vorzog und so mit breitester Stirn, in einer langen Linie, die Weichenden im Rücken faßte, sie wohl auch auf beiden Seiten umflügelte. Daß aber den Fliehenden jeder andere Ausweg abgeschnitten war als der Durchbruch nach dem Rhein erklärt sich doch nur durch die Annahme, daß die durchbrochenen römischen Vordertreffen sich während des Angriffs auf die Rückhaltlegionen wieder im Rücken der Angreifer gesammelt, kehrt gemacht und nun die zurückflutenden Flüchtigen aufgefangen hatten; auch wird die römische Reiterei sich wohl seither von ihrem Schreck hinreichend erholt haben, um auf die Fliehenden nachzuhauen, wenigstens auf der Hochebene mochte sie nachjagen, bis wo dieselbe jäh (supercilia) gegen den Strom abfiel.[1]

---

1 Vgl. den Plan (Nr. 14) des Generalstabswerkes über den Krieg von 1870 zur Belagerung von Straßburg.

388   ZWEITER TEIL · WESTGERMANEN

König Chnodomar hatte inzwischen, wohl durch die aufopfernde Hingebung seiner Gefolgschaft, einen Ausweg der Rettung gewonnen; über Haufen der Erschlagenen hinwegsetzend, floh er mit wenigen Begleitern[1] in der Richtung nach Selz, nach
dem Lager, das er in *tribokischem* Gebiet errichtet hatte, in der Nähe der römischen
(aber jetzt gewiß nicht mehr von Römern besetzten) Befestigungen *Tribunci* und
Concordia[2], um auf Kähnen, die schon lange für den Notfall dort bereit gehalten
waren, sich in die Heimat (ein Gau zwischen Mainz und Rastatt?) zu retten. Aber
um in Sicherheit zu gelangen[3], genügte es nicht, am Ufer hin stromabwärts zu fahren, sondern er mußte den breiten offenen Rhein überschreiten: und hierbei war
römische Verfolgung am meisten zu besorgen; er verhüllte daher sein Antlitz und
ritt am Ufer hin, langsam, vielleicht von der Mehrzahl seiner Begleiter sich trennend,
um möglichst wenig Aufsehen zu erregen. Nahe am Ufer mußte er einem Altwasser
voll sumpfigen Wassers ausweichen: er ritt am Rande hin, es zu umgehen, geriet aber
gleichwohl auf weichen Moorgrund und stürzte vom Pferd. Obwohl vom wuchtigen
Körper schwer hinabgezogen, raffte er sich sofort empor und suchte nun, die sumpfige Niederung meidend, Zuflucht auf einem nahen Hügel. Hier aber, auf dem weithin sichtbaren Anstieg, fiel er den Römern in die Augen; sie erkannten ihn gleich: die
Größe seines früheren Glückes hatte ihn nur zu bekannt gemacht. Atemlosen Laufes
machte sofort eine ganze Kohorte mit ihrem Tribun auf ihn Jagd: solchen Eindruck
hatte der Gewaltige gemacht, daß der übervorsichtige Anführer auch jetzt nicht wagte, geradezu hinaufzustürmen; denn den Hügel umgab oben dichtes Gehölz, und die
Römer, durchaus keine Freunde des Waldgefechts mit Germanen, besorgten, unter
dem Dunkel der Zweige in einen Hinterhalt zu fallen. So begnügten sie sich, den
ganzen unteren Rand des Gehölzes mit Bewaffneten zu umstellen. Als der König
jeden Ausweg mit Übermacht gesperrt sah, ergab er sich, würdevoll, ohne weiteren
Widerstand: allein schritt er aus dem Wald auf die Wachen zu. Aber seine Gefolgen,
zweihundert an der Zahl, und seine drei nächsten Freunde ertrugen die Schande
nicht, den König zu überleben oder den Vorwurf, seinen Tod nicht geteilt zu haben:
auch sie traten nun hervor und ließen sich in Fesseln schlagen. Der Grieche meint
freilich, „aus äußerster Furcht habe sich der König ergeben", und fügt bei: „Und wie
der Barbaren angeborene Art ist, unfähig, das Glück zu tragen, im Unglück demütig,
ließ er sich fortschleppen, der Sklave fremden Willens, völlig bleichen Antlitzes:
schweigend, das Schuldbewußtsein (!) seiner Taten gegen Rom band ihm die Zunge.
Unendlich verschieden von dem Bilde, das er gewährt, als er, unter furchtbaren und
trauervollen Schrecknissen, auf den Trümmern gallischer Städte wütende Drohungen wider Rom ausstieß."
    Der Grieche hat den Stolz dieses königlichen Schweigens, die heldenhafte Erge-
bung in das Schicksal, die Trauer um das hingeschlachtete Volk nicht verstanden.
    Die „Gnade des höchsten Wesens", sagt der Historiker (der weder Christ war
noch voll an die Götter seines Volkes glaubte), hatte dies alles so vollendet.
    Der Abend des langen Sommertages brach herein. Den „unbesiegbaren" Soldaten
rief die Tuba von der Verfolgung zurück: es war wohl nichts mehr zu verfolgen auf

---

1 Es waren übrigens doch mehr als zweihundert, wenn diese größere Zahl nicht erst bei der
  Schiffsstation sich ihm anschloß.
2 Siehe v. Spruners Karte atlas antiq. VIII; Concordia, Altenstadt dicht bei Weißenburg? siehe
  Kiepert S. 521, nach anderen Rochersberg oder Drusenheim.
3 Zu seinen Zelten „tentoria", oder in sein Gebiet „territoria" (Konjektur Ernestis).

SECHSTES KAPITEL · VON DIOKLETIANS BIS ZU THEODOSIUS' REICHSTEILUNG   389

dieser Seite des Stromes (aber vorsichtig stellte der Feldherr mehrfache Ketten von Wachen aus). Die Sieger lagerten auf den Uferhöhen des Rheins und labten sich an Speise und Schlaf.

Gefallen waren in dem viele Stunden währenden Kampf nur zweihundertunddreiundvierzig Römer – der beste Beweis für die Undurchdringbarkeit ihrer Schutzwaffen; aber auch viele höhere Offiziere: ein Tribun, dessen Name entfallen; dann ein Liebling Julians, ein ausgezeichneter Offizier, *Bainobaud*, der Germane, den also für die Schlächterei der Wehrlosen auf den Rheininseln hier die Vergeltung traf; dann *Laipso*, auch Germane, beide Tribunen der *Cornuti*, die wohl am schwersten gelitten hatten (S. 289); endlich *Innocentius*, der Oberst der Panzerreiter, dessen Fall die Seinigen entschart hatte.

Von den Alemannen aber lagen sechstausend tot auf dem Schlachtfeld, ungezählt und unberechenbar die Haufen, die der Fluß verschlang.

Gefangene hatten die Römer, scheint es, wenige gemacht – außer dem König und seinen Begleitern.

Julian wurde einstimmig vom ganzen Heer auf dem Schlachtfeld zum „Augustus"[1] ausgerufen – und zwar verdientermaßen: denn ohne Zweifel hat er zweimal in die Schlacht auf das verdienstlichste eingegriffen. Er wies scheltend diese – lebensgefährliche – Auszeichnung als Unfug zurück; er beteuerte eidlich, dergleichen nicht zu wünschen und zu hoffen.

Er ließ, um die Siegesfreude zu erhöhen, in der Versammlung der Feldherren Chnodomar sich vorführen; gebeugt trat dieser ein, warf sich zur Erde und bat in alemannischer Sprache um Gnade.[2] Julian hieß ihn guten Mutes sein und schickte ihn nach wenigen Tagen an den Hof des Kaisers. Von da wurde er nach Rom gebracht, wo ihn „im Lager der Fremden" auf dem Cälischen Hügel die „Schlafsucht" hinraffte: es war aber wohl nicht Schlafsucht, sondern Heimweh.[3]

Man kann den Finger der göttlichen Weltordnung, die angeblich stets der besseren Sache den Sieg verleiht, nicht eben leicht in dieser Entscheidung erkennen.

Denn werfen wir jetzt einen Blick auf die römische Regierung, welcher der Sieg zustatten kam.

Wörtlich sagt der eifrig römische, aber ehrliche Soldat Ammian:

„Ungeachtet dieser zahlreichen und schönen Erfolge fand Julian am Hofe des Kaisers Feinde genug, die, nur um dem Herrscher zu gefallen, den Cäsar ‚das Siegerlein' nannten, weil dieser, obzwar in aller Bescheidenheit, so oft er auszog, Siege über die Germanen meldete. Andererseits bliesen diese Höflinge die Eitelkeit des Kaisers immer stärker auf, indem sie mit leerem Lob, das die maßlose Übertreibung nicht verdecken konnte, alles, was auf der weiten Erde geschah, auf seine glückliche Leitung zurückführten. Aufgebläht durch solche Prahlerei, verbreitete der Kaiser in seinen amtlichen Edikten die ärgsten Lügen: *er allein* habe in Person

---

1 Schwerlich bloß zum „Imperator": – obzwar auch dies einem Constantius gegenüber den Tod bringen und daher Julians eifrige Abweisung erklären konnte.

2 Letzteres bestätigt auch Libanius: Orat. parental. in Julian. K. 29.

3 „Morbo veterni consumptus est"; „morbus" veterni heißt wörtlich „Schlafsucht", wie sie bei „alten Leuten" oft vorkommt; aber auch träumerisches vor sich hin Brüten; gewissenhaft fügen wir das bei; der alte ehrliche Maskou I, S. 250, meint schon „eine Krankheit, die man ihm zuvor wohl niemahls prophezeyhet hätte"; das schweigsame Träumen kann recht wohl ein Zug des Heimwehs gewesen sein. *Alt* war Chnodomar nicht. Der Leser mag wählen.

390 ZWEITER TEIL · WESTGERMANEN

gekämpft – er nahm aber an dem Feldzuge gar nicht teil –, *er* habe gesiegt, *er* habe die gnadeflehenden Könige der Völker von ihrem Fußfall aufgehoben. Wenn z. B., während der Kaiser in Italien weilte, ein Feldherr die Perser geschlagen hatte, schickte jener auf Kosten der Provinzialen ellenlange Siegesberichte, mit Lorbeerzweigen umwunden, aus, in welchen er, ohne den Feldherrn auch nur zu nennen, prahlte, wie er im Vordertreffen, im ersten Glied gefochten habe ... Vierzig Tagemärsche war er entfernt vom Schlachtfelde bei Straßburg; aber in seiner Beschreibung der Schlacht sagte er: *er* habe die Aufstellung geleitet, *er* sei unter den Fahnenträgern gestanden, *er* habe die Barbaren kopfüber in die Flucht geschlagen, *ihm* sei – verlogenermaßen – Chnodomar vorgeführt worden – von Julians ruhmvollen Taten aber schweigt er völlig – welche Erbärmlichkeit! – ja, er hätte sie ganz begraben: aber die Weltgeschichte läßt Großtaten nicht vergessen, wie sehr man sie zu verdunkeln trachtet."

Der Cäsar ließ alle Leichen, auch die Germanen bestatten, in frommer Scheu vor den Göttern, daß nicht Raubvögel sie verzehren möchten. Jetzt, nach der Schlacht, entließ er erst jene Gesandten, die er, die Träger hochfahrender Botschaft, festgenommen hatte. Beute und Gefangene schickte er nach Metz. „Er sah den Rhein nun wieder ungestörten Laufs sicher dahinströmen." Das ist nun freilich eine bloße Redensart Ammians: denn alsbald hatte der Sieger wieder Arbeit genug, den Strom zu schützen.

Julian wollte sich an diesem großen Erfolg nicht genügen lassen, sondern, wie Cäsar nach der Besiegung Ariovists, die römischen Waffen über den Strom in das eigene Gebiet der Barbaren tragen – lag es doch nun wieder, wie vor vier Jahrhunderten römischer Siege, hart am Rhein! – ihnen durch Furcht für die Heimat die Einfälle in das römische Gebiet zu verleiden.

Er ging von Tres tabernae (*Elsaß*-Zabern) nach Mainz und wollte dort eine Schiffsbrücke schlagen, „die Barbaren im eigenen Land aufzusuchen, nachdem er in unserem keinen mehr übriggelassen hatte", d. h. keinen Alemannen am Oberrhein: denn Franken streiften noch immer über den Niederrhein. Da ist es wahrlich ein übles Zeichen für Zucht und Geist im Römerheer jener Tage, daß der Feldherr zunächst den Plan aufgeben mußte: „weil die Truppen sich widerspenstig zeigten." Nicht befehlen kann der siegreiche und gefeierte Führer: er muß erst „durch gute Worte", durch Beredsamkeit zu seinem Willen herüberziehen, was denn schließlich gelingt: denn die Soldaten liebten den Feldherrn, der alle ihre Mühen teilte, ja sich mehr als ihnen zumutete.

So wurde der Fluß bei Mainz auf (Schiffs-?)Brücken überschritten und in das feindliche Gebiet eingerückt.

Die Barbaren hatten nicht erwartet, daß man sie aus ihrer friedlichen Ruhe aufstören werde: diese Gaue hatten sich, wenigstens von Staats wegen, nicht an dem Krieg beteiligt, mochten auch zahlreiche Freiwillige den sieben Königen sich angeschlossen haben.

Überrascht von dem Feind, der schon in ihrem Land stand, und gewarnt durch das Verderben der Genossen, wagten die Alemannen zunächst keinen offenen Widerstand, sondern suchten den ersten Ansturm der Gefahr zu beschwören, indem sie durch Gesandte die feste Einhaltung der Verträge beteuerten und um Frieden baten: offenbar hatte Julian trotz des fortbestehenden „Födus" diese Gaue überfallen, weil er sie für mitschuldig hielt.

Plötzlich aber schlug ihre Stimmung um, aus unbekannten Gründen: sie zogen in größter Eile andere Gaue zur Hilfe herbei und drohten den grimmigsten Angriff:

SECHSTES KAPITEL · VON DIOKLETIANS BIS ZU THEODOSIUS' REICHSTEILUNG   391

dem sich die Römer nur dadurch entzogen, daß sie das besetzte Gebiet wieder räumten!

Also nicht einmal die schwere Niederlage hat das Volk bis zur Unterwerfung im eigenen Land entmutigt. Und so fest wird der alemannische Waffenbund gehalten, daß die Nachbarn der Anrufung um Bundeshilfe sofort entsprechen, obschon der Römer den Strom überschritten hat und jeden Zuzug strafen kann. Mit einem Rückzug konnte aber der Sieger von Straßburg seine Unternehmung nicht abschließen.

Er schiffte daher in der ersten Ruhe der Nacht achthundert Mann auf mittelgroßen, raschen Booten ein und ließ sie mit größter Eile den Fluß (den Rhein doch wohl, nicht den erst später genannten Main) abwärts und aufwärts fahren, landen und, was sie erreichen konnten, mit Schwert und Feuer vernichten.

Von dem römischen Hauptlager aus[1] sah man bei erstem Tagesgrauen Wachen der Barbaren auf dem Kamm der Hügel: sofort wurden die Truppen, deren Eifer nun gestiegen war, hinangeführt, fanden aber die Höhen geräumt: denn die Germanen hatten den drohenden Angriff bemerkt, vielleicht auch bereits die Absendung der Streifscharen erfahren.

Denn nun sah man von den Gipfeln in weiter Ferne ungeheure Rauchwolken gen Himmel steigen: die Zeichen des Mordbrands, welchen die in die alemannischen Dörfer Eingebrochenen überall übten. Auf dem rechten Mainufer loderten diese Brände: die Germanen, von Furcht um die Ihrigen erfüllt, die dort geschlachtet wurden, räumten die verdeckten Stellungen, die sie auf dem linken Ufer in schwierigem Waldgelände eingenommen hatten, die Römer beim Anmarsch zu überfallen, und eilten über den Main, ihren schwer getroffenen Sippen wie ihrer brennenden Habe Hilfe zu bringen.[2]

Denn, „wie das in der Verwirrung zu geschehen pflegt", die Einwohner waren durch das Ansprengen der römischen Reiter von der einen Seite, durch das plötzliche Anrücken der mit den Booten gelandeten von der anderen Richtung (zu früh) aufgeschreckt worden und die meisten hatten vermöge ihrer genauen Ortskenntnis Auswege der Rettung gefunden. So drangen die Soldaten ungehindert vor und plünderten ohne Schonung die Landgüter, die sie mit Herden und dem bereits geernteten Getreide reich versehen fanden. Auch einzelne Gefangene wurden noch in Häusern gemacht; darauf wurden alle Gebäude verbrannt: mit Staunen sahen die Zerstörer, daß diese Häuser sorgfältiger, als sonst die Germanen pflegten, nach römischer Art angelegt waren: also wohl Steinbauten statt der germanischen Holzhäuser. Ob übrigens diese Häuser nicht alte römische Villen des Zehntlandes waren, deren Erbauer und Bewohner längst geflohen waren, seit nicht mehr der limes, sondern der Rhein die Grenze des Reiches, und ihre Landschaft preisgegeben war, das steht dahin; vielleicht aber hatten die Alemannen neben den vorgefundenen römischen Häusern und nach deren Vorbild auch neue erbaut: jedenfalls ist die Nachricht höchst wertvoll: sie zeigt, *hier begann die Romanisierung*, d. h. die Aneignung einzelner Stücke römischer höherer Bildung, ihrer Behaglichkeit und Pracht *früh*.

Von diesen Siedlungen zogen die Römer noch etwa zehn (römische) Meilen wei-

---

1 So muß man erklären: im Gegensatz zu jenen ausgesandten Streifpartien: über den Strom zurück waren die Römer *nicht* gewichen, wohl nur aus den zuerst besetzten Gauen bis an ihr Lager und den Brückenkopf auf dem rechten Ufer.

2 „Suis necessitudinibus" kann beides bedeuten.

392   ZWEITER TEIL · WESTGERMANEN

ter landeinwärts: da standen sie vor einem finsteren und sumpfigen Wald, der ihnen
Grauen einflößte. Lange hielten sie hier zaudernd an: hatte doch ein Überläufer aus-
gesagt, daß in verborgenen unterirdischen Gängen (solche werden allerdings auch im
Mainland häufig gefunden und waren oft Mündungen der unterirdischen Keller- und
Getreidehöhlen) und in viel verzweigten Waldgräben starke Scharen versteckt lägen,
bereit, an günstiger Stelle hervorzubrechen. Es wird als Zeichen besonderen Mutes
hervorgehoben, daß „gleichwohl alle wagten, voll Zuversicht an den Wald heran zu
rücken": da fanden sie alle die schmalen Steige, auf welchen allein der Urwald und
Sumpf durchschritten werden konnte, verrammelt durch gefällte Eichen, Eschen und
Tannen von ungeheurer Wucht.

Und abermals trat der Römer vor dem deutschen Wald den Rückzug an – abermals schützten Eichen und Tannen ihre Söhne.

„Zornig erkannten die Unseren, daß sie nicht durch den Wald, sondern nur auf
höchst langen und steilen Umwegen weiter ins Innere dringen konnten: daher traten
sie mit wacher Vorsicht den Rückzug an."

Weiteres Vordringen oder auch nur längeres Verweilen im Freien schien „bei der
grimmig kalten Luft ein höchst gefährliches, ja vergebliches Beginnen: denn schon
war die herbstliche Tag- und Nachtgleiche vorüber und dichter Schnee bedeckte in
jenem Lande bereits Berg und Tal: da wurde ein denkwürdig Werk rasch unternommen." So sagt Ammian.

Und er konnte nicht wissen, wie bedeutungsvoll seine Worte, wie denkwürdig das
unternommene Werk: war es doch einer der allerletzten Versuche, in altrömischem
Geist die Verteidigung des linken Rheinufers durch Beherrschung des rechten zu
führen.

In der Nähe lag eine Befestigung, die dereinst Trajan angelegt und mit seinem
Namen benannt hatte – auf „alemannischem" Boden, meint Ammian: er weiß nicht,
daß *damals* der Name „Alemannen" noch nicht entstanden war: aber allerdings war
es das Gebiet derselben Völkerschaften, die sich später als Alemannen zusammenfaßten. Dieses „munimentum Traiani"[1], längst von den Alemannen grimmig angegriffen und zerstört, beschloß der Cäsar mit Hast und Eifer wiederherzustellen, solange Widerstand nicht zu besorgen war, und vorläufig ausreichende Besatzung hinein zu legen, zu deren Verpflegung die im Barbarenland erbeuteten Vorräte dienten.

Da erschraken die Alemannen: wußten sie doch durch lange blutige Erfahrung,
was eine solche römische Zwingburg im Land oder hart an der Grenze bedeute, wie
schwer sie zu nehmen war, wie verderblich von diesem Stützpunkt aus die Peiniger
jederzeit einbrechen konnten. Und schon war das Kastell so weit wieder verschanzt,
daß sie nicht hoffen konnten, die völlige Herstellung und die Festsetzung der Römer
darin zu hindern: sie erkannten, daß das Werk zu ihrem Verderben schon gereift sei:
die vollendete Tat schüchterte sie ein: „eilig strömten sie zusammen und baten durch
Abgeordnete mit äußerst unterwürfiger Sprache um Frieden: der Cäsar gewährte
ihn, unter vorsichtiger Sicherung all seiner Absichten, für die Dauer von zehn Monaten": er führte allerlei Scheingründe dafür an: der wahre Grund war aber die Erwägung, daß in den nächsten zehn Herbst-, Winter- und Frühjahrsmonaten ein Feldzug
über den Rhein, der Besatzung Hilfe zu bringen, so gut wie unmöglich war und daß,
nachdem man sich zwar über aller Hoffen hinaus des Kastells bemächtigt, es nun

---

1 Mannert XVIII, S. 2 hält es für Tricesimae zwischen Mainz und Höchst (?), v. Spruner östlich
  von Mainz am linken Mainufer, wohl zu unterscheiden von *colonia* Traiana, Lager der dreißigsten Legion, Tricesimae, anderhalb Millien von Vetera.

SECHSTES KAPITEL · VON DIOKLETIANS BIS ZU THEODOSIUS' REICHSTEILUNG 393

unter dem Schutz dieser Waffenruhe erst noch mit Wallgeschützen und sonstiger Waffnung versehen werden mußte.

Im Vertrauen auf diesen Vertragsabschluß erschienen drei höchst trotzige (immanissimi) Könige[1], aus der Zahl derjenigen, die den bei Straßburg Geschlagenen Hilfsvölker gestellt hatten, jetzt endlich einmal eingeschüchtert und leisteten in feierlichen (gestabten) Schwurworten nach alemannischer Rechts- und Glaubenssitte den Eid: „sie wollten keinerlei Unruhen anrichten, vielmehr den Bundesvertrag bis zu dem vom Cäsar bestimmten Tag beachten, auch die Befestigung unberührt lassen und, falls die Besatzung Mangel an Lebensmitteln melde, solche auf den eigenen Schultern ihrer Leute herbeischaffen lassen: was sie auch beides wirklich erfüllt haben, indem sie wohl die Furcht von dem Eidbruch zurückhielt."

Ammian vergleicht diese Siege und Erfolge Julians den punischen, den Teutonenkriegen, nur daß sie mit ungleich geringeren Erfolgen erkauft seien: das ist ja übertrieben: immerhin war dieser Glanz das Abendrot der römischen Sonne am Rhein.

Und bezeichnend für die vergifteten Zustände des Hofes, der Regierung ist, daß des Cäsars Feinde ihm vorwarfen, seine Tapferkeit rühre nur daher, daß er den Tod auf dem Schlachtfeld suche, um nicht, wie sein Bruder Gallus von Henkershand zu sterben: als ob dieser Vorwurf das Opfer träfe und nicht den Kaiser!

So stand denn römische Besatzung wieder auf dem rechten Rheinufer: aber gleichzeitig heerten doch Germanen auf dem linken.

„Nachdem der Cäsar nach Lage der Dinge hier feste Ordnung geschafft, kehrte er in die Winterquartiere zurück, fand aber dabei noch genug Sorgen und Mühen übrig. Der Befehlshaber der Reiterei, Severus, stieß auf dem Weg über Köln und Jülich (Juliacum) nach Reims auf starke Haufen von Franken, sechshundert leicht Bewaffnete (oder zwei je zu sechshundert, da Libanius tausend angibt), wie sich später herausstellte, welche die von Besatzungen entblößten Plätze verheerten: solche Keckheit hatten sie gewagt, weil sie hofften, da der Cäsar im Inneren des Alemannenlandes beschäftigt war, ohne Widerstand sich reicher Beute ersättigen zu können": deutlich kann und sorgfältig muß man solche Raubfahrten einzelner Haufen, die kommen, weit vordringen und schleunig wieder heimeilen, unterscheiden von dem planmäßigen, langsamen sich Vorschieben und Ausbreiten der Völker, die das gewonnene Gebiet unter den Pflug nehmen und dauernd behaupten wollen. Aus Furcht vor dem zurückgekehrten Heer, das ihnen den Rückweg versperrte, hatten sie sich in zwei alte, längst verödete Schanzen nahe der Maas (Mosa [bei Mastrich?]) geworfen und suchten hier Schutz. Der römische Feldherr glaubte nicht vorbeiziehen zu dürfen, sondern machte halt[2] und belagerte die Eingeschlossenen. Aber die Franken hatten Fortschritte gemacht in der Verteidigung fester Plätze: vierundfünfzig Tage, den Dezember über bis Ende Januar, wehrten sie sich mit „unglaublich" hartnäckiger Entschlossenheit: wußten sie doch, daß ihnen als „Räubern" wohl noch strengeres Los als das der Kriegsgefangenschaft, d. h. der Sklaverei bevorstand. Der Cäsar sorgte eifrig, daß die kecken Eindringlinge nicht entwichen: um zu verhüten, daß sie in mondloser Nacht über die gefrorene Maas entkämen, ließ er von Sonnenuntergang bis Sonnenaufgang Boote auf dem Strom auf- und abwärts kreuzen, zu-

---

1 Man verlegt ihre Gaue in den hessischen Kreis Starkenburg mit dem Odenwald; daß sie auch auf das rechte Mainufer reichten, ist möglich, folgt aber aus der Flüchtung der Frauen und Kinder über diesen Fluß keineswegs mit Notwendigkeit. Das „munimentum Traiani" suchte man früher in Kronburg, vier Stunden oberhalb Frankfurt am rechten Mainufer.

2 Vielleicht zu lesen: „quorsum erumperent" statt „erumperet"?

394 ZWEITER TEIL · WESTGERMANEN

gleich die Eisbildung und die Flucht zu hemmen. Durch dieses Mittel brachte er die von Hunger, Nachtwachen und äußerster Verzweiflung endlich gebrochenen Barbaren dazu, sich freiwillig zu ergeben; sofort wurden sie in das Hoflager des Kaisers abgeführt. Schon hatte sich ein starker Haufen Franken aus der Heimat aufgemacht, die schwer gefährdeten Genossen heraus zu hauen: auf die Nachricht, daß diese bereits gefangen und fortgebracht seien, kehrten sie, ohne weiteres zu wagen, heim. Der Cäsar aber ging nach Paris[1], dort den Winter zu verbringen.

Keineswegs berauscht durch die bisherigen Erfolge, sondern „nüchtern" (sobrius) traf der Sieger Anstalten, dem wechselnden Glück des Krieges weislich mißtrauend, einer drohenden neuen Erhebung sehr zahlreicher Völkerschaften zu begegnen. So verwertete er die kurze Muße des Waffenstillstandes dazu, den durch den Steuerdruck der kaiserlichen Beamten schwer heimgesuchten Provinzialen in Gallien Linderung zu schaffen: nicht nur aus Menschlichkeit und aus allgemeiner Fürsorge gegen einen der schlimmsten Schäden der Reichsverwaltung, sondern gewiß auch, weil er das Land leistungsfähig erhalten mußte für seine eigenen Verteidigungszwecke: war er doch für die Verpflegung der Truppen auf die von ihnen besetzten Gebiete angewiesen. So widersetzte er sich auf das äußerste der Absicht des „praefectus praetorio" Florentius, den Ausfall an der Kopfsteuer (capitatio) durch Ausschreibung neuer Schätzung zu ergänzen: wußte er doch, daß durch solche Steuerzuschläge den Provinzen unheilbare Wunden geschlagen wurden, wie z. B. Illyricum völlig zu Grunde gerichtet worden war. So ergab sich das Seltsame, daß der Feldherr gegenüber dem Steuerverwalter erklärte, mit dem geringen Steuersatz ausreichen zu können: er warf die wiederholten Steuererhöhungsvorschläge, ohne sie zu lesen, zürnend zu Boden. Dafür erhielt er vom Kaiser einen Verweis, weil er dem Steuerbeamten nicht Folge geleistet habe. Aber er erwiderte, man müsse froh sein, wenn die von allen Seiten geplünderten Provinzialen das Hergebrachte leisteten: eine Mehrbelastung werde man auch mit der Todesstrafe nicht durchsetzen können. So verhütete seine Festigkeit allein weitere widerrechtliche Aussaugung in Gallien: ja er erreichte durch Bitten bei dem Präfekten[2] das „Unerhörte", daß ihm die durch vielfache Drangsale fast erdrückte Provinz Belgica secunda allein zur Steuerverwaltung überlassen wurde, unter der Vereinbarung, daß kein Steuerbote des Präfekten oder des Präsidenten jemanden zur Steuerentrichtung anhalten sollte. Durch solche Milde und Sorgfalt erleichtert, zahlten alle seine Schützlinge ohne Mahnung noch vor der Zeit ihre Abgaben.

Der nächste alemannische Angriff traf übrigens nicht den Rhein, sondern Rätien. Während den Kaiser persische Gefahren beschäftigten, drangen „die Juthungen, ein Teil der Alemannen, an den Grenzen Italiens wohnend, die Frieden und Bündnisse, die sie (wohl als „Alemannen") auf ihre Bitten erlangt (wohl im Jahre 351–354), vergessend, verheerend in Rätien ein, indem sie, über ihre sonstige Gepflogenheit hinaus, sogar die Städte zu belagern vesuchten" (im Jahre 357?). Barbatio, der Nachfolger des Silvanus, mit starker Macht gegen sie entsendet, verstand seine Truppen zu feurigem Angriff zu begeistern, so daß die Eingedrungenen nach blutigen Verlusten in geringer Zahl nach schwieriger Flucht nur mit Mühe in die Heimat gelangten.

---

1 „Lukotita", später „Lutetia Parasiorum", ursprünglich auf die Seineinsel (la cité) beschränkt; Überbleibsel der Warmbäder des kaiserlichen Palastes enthält noch die Abbaye de Cluny: in der Notitia dignitatum ist „Parisii" Station der Seineflottille; seitdem blieb das Stadtwappen von Paris ein Schiff; vgl. Kiepert S. 516.

2 Nicht „einem" Präfekten, wie Troß und Büchele in ihrer Übersetzung.

SECHSTES KAPITEL · VON DIOKLETIANS BIS ZU THEODOSIUS' REICHSTEILUNG 395

Unter den Römern zeichnete sich der spätere Konsul (des Jahres 362) *Revita* als Reiterführer aus (im Jahre 358).

Aber auch die rheinanwohnenden Alemannen, die zunächst der schwere Schlag bei Straßburg getroffen, waren so wenig dadurch zur Einstellung der Angriffe eingeschreckt, daß vielmehr der Sieger selbst sehr wohl erkannte, sie seien durch jenen Streich insgesamt bis zum „Wahnsinn erbittert"[1] und zu neuen Taten entflammt worden.

Solche kurze Angaben zeigen einsichtigem Urteil deutlich, welcher Art die Kämpfe Roms gegen die Germanen nunmehr geworden waren: in der Tat, auch die glänzendsten Schlachten konnten der römischen Verteidigung nichts mehr fruchten: in gewöhnlichen Kriegen wirkten solche Niederlagen, solche Menschenverluste entmutigend auf die Geschlagenen: hier vermochten sie den Ansturm nicht zu hemmen: denn es waren *Elementargewalten*, der Hunger, die Übervölkerung, der Raummangel, die immer und immer wieder diese Völkerwogen an den römischen Damm warfen: nebenbei wirkte freilich bei den Germanen jede Niederlage als unertragbare Demütigung des Heldenbewußtseins und spornte zur Rache, solange noch Rächer atmeten.

Den Sieger von Straßburg trieb während seines Winteraufenthalts zu Paris die Sorge, der „ungeheure Eifer", den kriegdrohenden Alemannen zuvorzukommen, bevor ihre, wie er sehr wohl wußte, zahlreichen Völkerschaften angehörigen Heerbannscharen durch Bundesbeschluß aufgeboten und tatsächlich zu einem Heer verbunden waren. Also Eile tat sehr not. Aber andererseits galt als feststehend, daß man vor Anfang Juli von Gallien aus keine Feldzüge beginnen könne, da die Vorräte aus Aquitanien nicht früher eintrafen, als bis Kälte und Schnee von den Wegen geschwunden.

Nach langer banger Überlegung aller Möglichkeiten überwog bei dem Feldherrn die Furcht vor der Vereinigung der Feinde: er zog es vor, die gute Jahreszeit und die Zufuhr nicht abzuwarten, um nur die Barbaren vor Vollendung ihrer Rüstungen und Vereinigung überraschen zu können.

Er faßte also seinen Entschluß, ließ die Soldaten, die guten Willen dazu zeigten, aus den festen Plätzen Mundvorrat für zwanzig Tage auf den Schultern mittragen – zumal Zwieback – und zog im Mai aus, zwei dringend notwendige Feldzüge in fünf bis sechs Monaten, wie er hoffte, zu vollenden: d. h. also vom einundzwanzigsten Tag ab ohne gesicherte Verpflegung, verließ er sich auf Plündern in Feindesland: eine Verwegenheit, die nicht ungestraft bleiben sollte.

„Vor allen Feinden wandte er sich zuerst gegen die Franken, die man die *salischen* zu nennen pflegt und die vor geraumer Zeit sich dreistverwegen unterfangen hatten, auf römischen Boden in *Toxiandria* (sic!) feste[2] Niederlassungen zu errichten. In Tongern stieß er auf eine Gesandtschaft derselben, die ihn noch im Winterlager vermutete und dort hatte aufsuchen wollten: diese beantragte Frieden unter der einzigen Bedingung, daß man sie in jenen Sitzen als ihrer anerkannten Heimat ruhig wohnen lasse, ohne Angriff oder Belästigung."

---

1 XVII, 8 „in insaniam post Argentoratum audaces omnes et saevos".

2 Amm. Marcell. XVII, 8 „petit primos omnium Francos, eos videlicet quos consuetudo Salios appellavit, ausos olim in Romano solo apud Tociandriam locum habitacula sibi figere praelicenter ... cum Tungros venisset, occurrit legatio praedictorum ... pacem sub hac lege praetendens ut quiescentes (sic) eos tamquam in suis nex lacesseret quisquam nex vexaret"; südlich der Waal, östlich der Schelde, gegen die Maas, noch im Mittelalter als Gau Tessandria bekannt: Nordbraband, Antwerpen (belgisch Limburg)?

ZWEITER TEIL · WESTGERMANEN

Solche Angaben, solche Verhältnisse sind in höchstem Grade lehrreich: deutlich zeigen sie, daß die sogenannte „Wanderung" vielmehr eine Ausbreitung der Völker war, daß keineswegs nur „Raubfahrten" der Germanen über die Reichsgrenzen flatterten, sondern daß in langsamem, oft gehemmtem, aber immer wieder erneutem Andringen Völkerteile in die notwendig bedurften Grenzlande einzogen, nicht Raum und Krieg, Ackerland und Frieden suchend. Jahrhunderte hindurch haben wir nun diese Vorgänge sich immer wiederholen sehen: die Völker, oft nur die *Namen* der Völker wechseln: die Vorgänge sind die gleichen: was bei Marius die Kimbern, unter Claudius die Friesen, unter Decius und Valens die Goten, das erbitten hier am Rhein die salischen Franken von Julian: „quietam patriam"; auf solchem Wege, durch allmähliches, langsames Eindringen und „Errichten fester Wohnsitze", das eben zuletzt nicht mehr abgewehrt werden konnte – in dieser Weise hat sich vollzogen, was von der „Völkerwanderung" dauernd blieb: auf diesem Wege geschah die allmähliche Überflutung oder Durchsickerung der Provinzen mit germanischen Siedlern, die aber freilich, je tiefer südlich und westlich sie vordrangen, je schärfer sie vom germanischen Nachschub getrennt waren, desto rascher und voller verrömert wurden.

Die Gesandtschaft der Franken behielt zwar der Cäsar nicht, wie im vorigen Jahr die alemannische, gefangen, aber er täuschte Gesandte und Volk mit schlimmer Arglist auch diesmal völkerrechtswidrig: Cäsars Beispiel abermals nachahmend. Er hielt die Boten erst lange hin, ihre Aufträge ausführlich verhandelnd und sie in Verwirrung setzend durch verwickelte Bedingungen seiner Bescheide, versetzte sie so in den vollsten Glauben, daß er in Tongern bleiben, nicht weiter vorrücken werde und entließ sie mit Geschenken. Kaum waren sie fort, als er pfeilgeschwind mit doppelter Bewegung – seinen Reiterführer *Ceverus* hatte er am Strom hin ziehen lassen: er selbst eilte wohl nordwestlich landeinwärts – ihnen folgte, das gesamte Volk angriff und „wie ein Donnerkeil im Wettersturm („tamquam fulminis turbo") zu Boden schlug."

Die treubrüchig Überraschten wagten keinen Widerstand, sondern ergaben sich mit Weib und Kind und Habe, um Schonung flehend. Der Cäsar nahm die Ergebung an: daß sie das Land hätten räumen müssen, wird aber durchaus nicht behauptet: wir finden sie denn auch später in diesen Sitzen: *nie wieder haben die salischen Franken dies Gebiet geräumt*, von dem aus sie einst ganz Gallien erobern sollten.

Auch hebt Ammian von ihren Nachbarn und Unglücksgenossen, den *Chamaven*, ausdrücklich hervor, daß *sie* zur Rückwanderung gezwungen wurden. „Desgleichen griff der Cäsar mit derselben Schnelligkeit (vielleicht auch mit derselben Arglist!) die Chamaven an, die, ähnlich wie die Salier, sich auf römischem Boden niederzulassen gewagt hatten. Einzelne ihrer Gaue leisteten grimmigen Widerstand: aus diesen wurden viele gefangen; andere Haufen, die in banger Flucht in ihre alten Sitze zurückeilten, ließ er einstweilen unverfolgt entkommen, „die Truppen nicht durch weite Märsche zu ermüden": das Eindringen in die unsicheren Sümpfe vermied er wohl gern. Als sie bald darauf durch Gesandte fußfällig um Schonung baten und sich zu sichern suchten, gewährte er ihnen Frieden unter der Bedingung freien Abzugs in die alte Heimat.

So war also ein Teil der Eingedrungenen für diesmal wieder hinaus gezwungen: ein anderer verblieb schon damals, obzwar natürlich unter Anerkennung kaiserlicher Herrschaft.

Während so alles nach Wunsch ablief, dachte der Cäsar bereits mit wachsamer Vorsorge daran, in jeder Weise das Wohl dieser Provinzen dauernd zu sichern: er beschloß deshalb, drei Befestigungen in gerader Linie hintereinander auf den Ufer-

SECHSTES KAPITEL · VON DIOKLETIANS BIS ZU THEODOSIUS' REICHSTEILUNG 397

höhen der Maas, die der hartnäckige, immer erneute Ansturm der Barbaren endlich schon vor geraumer Zeit zerstört hatte, wenigstens notdürftig herzustellen: und sofort wurde der Bau in Angriff genommen von den Soldaten, die während dieser Arbeit vom Waffendienst ein wenig entbunden wurden. Gleichwohl ruhten die Märsche im Grenzland nicht: der Cäsar verpflegte die Besatzungen der neuen Befestigungen durch Abzüge an den siebzehntägigen Wundvorräten, welche die Ausrückenden mit sich trugen: er hoffte, diesen Abgang leicht zu ersetzen aus der Ernte der unterworfenen Chamaven.

Also auch diese Franken am Niederrhein, wie die Alemannen des Oberrheins, haben sich damals auf altem römischen Boden schon so fest, also auch wohl schon so lang, als Ackerbauer niedergelassen, daß ein Heer von etwa zehntausend Mann auf Verpflegung aus ihren Ernten zählen mag: welche Veränderungen haben sich hier in den letzten Menschenaltern vollzogen, wie breit und sicher sind Germanen hier seßhaft geworden in Niederlassungen, von welchen die römischen Berichte, die nur „Raubfahrten" anführen, nicht erzählen!

Jene Erwartung des Feldherrn traf freilich nicht ein. Aber nicht etwa, weil das chamavische Korn nicht ausgereicht hätte, sondern weil es noch nicht reif war: die Römer hatten den Himmelstrich jener Sumpf- und Waldlandschaften nicht genug in Anschlag gebracht.

So fanden denn die Leute, nach Erschöpfung der mitgetragenen Vorräte nirgends Lebensmittel und sofort wandte sich – ein Zeichen argen Zuchtverfalls – ihr Unmut über allerlei Beschwerden in lauter Schmähung gegen ihren siegreichen, erfolgbegleiteten Feldherrn, der nur hierin einmal geirrt hatte.

Ausgezeichnetes leisteten immer noch diese aus den kräftigsten Barbarenvölkern der drei Erdteile gebildeten Scharen, durch römische Führung, Bewaffnung, Kriegsausrüstung ihren für die Freiheit kämpfenden Stammgenossen weit überlegen: aber „Römer" konnte man diese Landsknechte kaum mehr nennen: und römische Kriegszucht, römischer Geist pflichttreuen, schweigenden Gehorsams waren lange von ihnen gewichen.

„Da verfolgten die Soldaten Julian unter den äußersten Drohungen mit Schmähungen und Vorwürfen, schimpften ihn den ‚Asiaten', das ‚Griechlein' (Graeculum) und einen Dummkopf unter der Maske der Weisheit. Immer finden sich unter der Truppe geläufige Zungen: diese schalten denn, daß sie, nach verlorener Hoffnung, ins Ungewisse fort und fort geführt würden: nachdem sie gerade durch Frost und Eis das Härteste gelitten, sollten sie, bevor dem Feind der letzte Stoß versetzt werde, durch Hunger elendiglich umkommen. Nicht Aufruhr wollten sie erregen, nur für's liebe Leben sprächen sie. Auch Gold und Silber forderten sie nicht, das sie freilich seit unglaublicher Zeit nicht einmal mehr gesehen, geschweige denn erhalten hätten; gerade so sei ihnen jede Bezahlung vorenthalten, als hätten sie so viel Mühen und Gefahren nicht für, sondern gegen das Reich bestanden."

Letztere Beschwerde war voll begründet: denn seit Julian nach Gallien geschickt worden war, hatte der Soldat, nach solchen Erfolgen, unter solchen Gefahren und Anstrengungen, weder Geschenk (donativum) noch auch nur Gold erhalten: Julian hatte keine eigenen Mittel und der Kaiser verstattete die geschuldeten Zahlungen nicht! Solche Angaben zeigen in grellem Licht die Zerrüttung der römischen Finanzen: der Staatshaushalt, die *Staats*wirtschaft begann also damals schon, trotz unleidlichen Steuerdruckes, zu versagen: nur Folge und Anzeichen des Versinkens der *Volks*wirtschaft, deren Verfall wieder eine Wirkung der unheilbar erkrankten *Gesellschaft* der römischen Welt war: denn das Erliegen des Reiches ging von innen heraus;

398   ZWEITER TEIL · WESTGERMANEN

Gesellschaft und Wirtschaft waren verfault – eine späte Folge der Sklaverei – und erst viel später folgeweise Staat und Verfassung, und am spätesten erlosch die Widerstandskraft des – freilich barbarisierten – Heeres.

Immerhin mag der Kaiser gegen das Heer Julians nicht nur aus Geiz oder Not, zugleich, wie wenigstens Ammian behauptet, aus Arglist geknausert haben: der Cäsar *sollte* nicht beliebt werden bei dem Heer: hatte man doch den Geheimschreiber *Gaudentius* deshalb nach Gallien geschickt, alle Schritte Julians zu belauern, zumal etwaige Bewerbung um die Gunst des Heeres durch Geschenke: diese Absicht verriet sich, als der Feldherr einmal einem gemeinen Soldaten nach alter Sitte eine Kleinigkeit schenkte für das Bartabnehmen und Gaudentius sofort ihm dies mit Verleumdung und Schmähung vorhielt.

Nur nach verschiedenen Versuchen der Begütigung, ja der Schmeichelei gelang es dem Cäsar, den Geist des Aufruhrs zu beschwören: offenbar zog man nun wieder (was Ammian anzugeben unterläßt) aus dem Chamavenland zurück und sehr weit rheinaufwärts:[1] denn jetzt steht Julian, nach Ammian, plötzlich, nachdem er auf einer Schiffbrücke den Rhein überschritten, auf *alemannischem* Gebiet, das doch den Mittelrhein kaum erreichte.

Aus Julians Brief an die Athener (siehe unten) erhellt nun aber ein weiterer, ja vielleicht der wichtigste Zweck dieser Unternehmungen gegen die Franken: es galt ihm vor allem, die Verbindung mit Britannien und den Rheinmündungen wiederherzustellen: diese waren fast unentbehrlich für die Getreideversorgung der römischen Besatzungen in Niedergermanien. Solange aber die Franken, die hier zwar Getreide, wie wir sahen, bauten, aber wohl kaum ausreichend für den eigenen Bedarf, auch auf dem linken Ufer wie auf den Rheininseln, herrschten, konnten römische Schiffe nur mit deren Genehmigung auf dem Niederrhein verkehren. Deshalb hatte Florentius sich bereits entschlossen, solche Verstattung den Barbaren um zweitausend Pfund Silber abzukaufen: galten doch solche Zahlungen und Loskäufe seit lange nicht mehr als schimpflich: der Kaiser wollte den Abschluß dieses Vertrages erlauben, „wenn ihn Julian für nicht zu schimpflich halte." Julian aber hatte andere Auffassungen vom ewigen Rom und seiner Stellung zu den Barbaren: er verwarf den ebenso schmählichen wie verderblichen Handel und unternahm jene beiden Züge, vor allem die Franken zur Unterwerfung oder Landräumung, jedesfalls aber zur Achtung vor der römischen Rheinschiffahrt zu zwingen. Nicht weniger als sechshundert (diese Zahl Julians selbst ist den achthundert des Zosimus vorzuziehen) Fahrzeuge ließ er den Strom hinabsegeln, von denen er vierhundert in zehn Monaten selbst hatte bauen lassen: offenbar zum größten Teil nur kleinere Frachtschiffe. Diese von Ammian nicht erwähnte Mitwirkung der Flotte neben der Abteilung des Severus und der Hauptmacht des Cäsars trug zu dem raschen Erfolg der Unternehmungen offenbar sehr wesentlich bei.

Zu diesem Stück Selbstbiographie Julians tritt nun ergänzend ein Bericht des Zofimus, der um so höher zu werten, da wir ja fast gar keine Nachrichten haben über die so wichtigen damaligen Bewegungen und Veränderungen in Sitzen und Verhältnissen der späteren *deutschen* Stämme auf dem rechten Rheinufer: Bewegungen, die wir meist nur erraten können aus den Jahrhunderte später vorliegenden Ergebnissen. So ist es denn hoch willkommen, hier zu erfahren, daß auch das Drängen der (salischen) Franken über den Niederrhein nach Westen zu keineswegs aus Mutwillen und

---

1 Nach v. Wietersheim sogar bis in die Höhe von Heidelberg-Darmstadt I, S. 479.

SECHSTES KAPITEL · VON DIOKLETIANS BIS ZU THEODOSIUS' REICHSTEILUNG   399

Willkür geschah, sondern aus Gründen zwingender Not. Auch diese Ausbreitung wurde, abgesehen von der auch hier wirkenden Ursache starker Volkszunahme, herbeigeführt durch den Druck und Drang ihrer Nachbarn von Osten her: dies waren die später unter dem Gruppennahmen der *Sachsen* zusammengefaßten Völkerschaften: bei dem ersten Auftauchen (Ptolomäus) war der Name „Saxones" entschieden noch nicht, wie etwa der Süden, Goten, später Alemannen, Franken, Name einer Hauptgruppe, aber auch nicht einer einzelnen Völkerschaft, sondern, wie der der benachbarten „Groß- und Kleinfriesen", Bezeichnung einer *Mittelgruppe*, die mehrere aber noch bei weitem nicht alle Völkerschaften der späteren Sachsengruppe umschloß: vielmehr werden in der älteren Zeit zahlreiche, zum größten Teil nur einmal genannte Bezeichnungen in jenen Gegenden angeführt, die kleiner Völkerschaften, ja oft bloßer Gaue Sondernamen sind.

Die späteren Sachsen nun veränderten zwar im ganzen (neben den Thatten und Friesen) unter allen Germanen ihre Sitze am wenigsten: sie „wanderten"[1] auf dem Festlande gar nicht: aber abgesehen von den Fahrten zur See, die nicht immer nur als Raubzüge gemeint waren, vielmehr zum Teil wie bei den Vikingern und Normannen zu dauernder Niederlassung in der Fremde führten – auf diesem Wege haben die Sachsen ja allmählich die britannischen Eilande bevölkert – erfolgte doch auch bei ihnen eine stetig vorschreitende Ausbreitung nach Südwesten, offenbar wegen Übervölkerung zumal ihrer südwestlichen, aber auch anderer ihrer Gaue, die ursprünglich die Römer, dann, nachdem die Franken sich am Niederrhein durch Vertrag oder Gewalt festgesetzt, die Galier bedrohte und weiter nach Westen drängte.

In solchem Zusammenhang, bei solcher Auffassung gewinnt der Bericht des Zosimus neuen Wert, klares Licht. Er sagt (III, 6–9): damals (ca. 350 bis 360) schickten die *Sachsen*, die an Mut, Stärke und Heldentum hervorragendsten aller dortigen Barbaren, die einen Teil ihres Namens, ihres Verbandes ausmachenden *Chauken*[2] gegen das römische Gebiet aus.

Zu beachten ist, daß die Sachsen nicht nur an Tapferkeit, auch an Macht ($\acute{\rho}\acute{\omega}\mu\eta$) alle anderen dortigen ($\acute{\varepsilon}\varkappa\varepsilon\tilde{\iota}\sigma\varepsilon$) Barbaren übertreffen: es erhellt also große Volkszahl der zu einer umfassenden Hauptgruppe zusammengeschlossenen Völkerschaften: nicht eine bloße Mittelgruppe mehr sind die Sachsen, geschweige eine einzelne Völkerschaft, was sie wohl niemals waren: der Name, von der Waffe, dem Kurzschwert, hergenommen, weist von Anfang auf eine Gruppe von gleicher stammtümlicher Waffe. Und die Hauptgruppe schickt „einen Teil ihres Verbandes ($\mu o\tilde{\iota}\rho\alpha\nu\ \sigma\varphi\tilde{\omega}\nu$) aus:" die Bundesversammlung der Sachsen also beschließt den Auszug der Chauken, nicht die Chauken (die, selbst ursprünglich eine Mittelgruppe, die „großen" und die „kleinen" Chauken umfaßten) treffen diese Entscheidung: ist dies genau, so bestand in dem Sachsenbund bereits überraschend früh eine Bundesgewalt ausgebildet. Wenn die Chauken

---

1 Die Einwanderung der Sachsen aus Makedonien ist, wie die Abstammung der Franken von Troja, ganz späte und wertlose Gelehrtenfabel Widukinds von Corvei, die Leo, Vorlesungen. Halle 1854. I. S. 91. 103. 220 nicht durch Annahme der Verwechslung mit den „Saken" hätte sollen „retten" wollen. Wenn Adam von Bremen sie aus Britannien einwandern läßt, stellt er er freilich das Richtige auf den Kopf: doch fanden immerhin einzelne *Rück*wanderungen aus Britannien statt.

2 Übereinstimmend mit den meisten neueren Forschern halte ich $Ko\nu\acute{\alpha}\delta o\nu\varsigma$ hier verschrieben für $Ka\acute{\nu}\chi o\nu\varsigma$: die Quaden gehörten nie zu den Sachsen und waren ungezählte Meilen fern von den Sachsen und dem Rhein; v. Wietersheim-Dahn I, S. 475–478, siehe die Anmerk. Bekkers in seiner Ausgabe des Zofimus. Bonn 1837. III, 6, 131.

400 ZWEITER TEIL · WESTGERMANEN

nur einen Streifzug ins Römergebiet hätten unternehmen sollen, wäre ein Beschluß der Bundesgewalt kaum erforderlich gewesen: es ist daher zu vermuten, daß die Sachsengruppe, durch Übervölkerung Landmangel leidend, diesem Glied der *Auswanderung* auferlegte, wie dies bei den Langobarden geschah. „Dem Wanderzug verwehrten aber die an das Chaukengebiet grenzenden Frankengaue den Durchmarsch, aus Furcht, durch solche Begünstigung eines Angriffs auf römisches Gebiet dem Cäsar gerechten Grund zu einem abermaligen Einfall in ihr Land zu geben": es waren also diese Nachbarn der Chauken solche Frankengaue, die Julian bereits früher bekämpft. Geraume Zeit müssen die Chauken hier dicht am Rhein gelagert haben: denn sie haben Muße genug (wohl in den dichten Grenzwäldern), Schiffe zu bauen und – ohne jene widerstrebenden Franken mit Gewalt zur Gewährung des Durchzugs zu zwingen – fahren sie, jene Frankengaue umgehend, über den Strom, das römische Gebiet aufsuchend. Man sieht, diese Franken, dicht am Rhein, gelten doch nicht als auf *römischem* Boden wohnend: er war bereits endgültig von Rom geräumt, waren auch jene Gaue durch Julian in ein abhängiges foedus gezwungen. Neben der Furcht vor dem Cäsar mochte übrigens diese Franken auch der eigene Vorteil abhalten, die Chauken, die offenbar Land zur Ansiedlung suchten, in ihr Gebiet zu lassen.

„So landeten sie auf der batavischen Insel, die, von zwei Rheinarmen umschlossen, viel größer ist, als sonst Strominseln irgend zu sein pflegen. Hier trafen sie das Volk der Salier, einen Teil der Franken (ganz wie die Chauken ein Teil der Sachsen heißen), das vor den Sachsen aus seinem Heimatland auf diese Insel gewichen war": eine höchst bedeutsame Nachricht: sie bezeugt, daß schon seit geraumer Zeit ein solcher Druck, ein solcher Drang der Ausbreitung sächsischer Völkerschaften nach Südwesten gewirkt und sogar die kraftvollen unter der fränkischen Mittelgruppe (der Salier) zusammengefaßten Völkerschaften verdrängt hatte. Diese Insel, früher ganz den Römern gehörig, war nun von den Saliern besetzt: also galt auch die batavische Insel damals den Quellen des Zosimus (vor allem wohl Eunapius [dem trefflichen Fortsetzer des Dexippus], der, im Jahre 347 geboren, Zeitgenosse jener Vorgänge war) nicht mehr als unmittelbar römisches Gebiet. Selbstverständlich reichte Batavia nicht aus, *alle* Salier aufzunehmen: sie wohnten auch auf beiden Ufern des Doppelstromes. Offenbar waren die Salier in ihrer alten Heimat nächste Nachbarn jener Sachsen (nicht gerade der Chauken) gewesen, die sie bei einem früheren erfolgreichen Ausbreitungsversuch verdrängt hatten. Auch jetzt mußten sie wieder vor Sachsen weichen: und zwar, da der Angriffsstoß von Nordosten kam, eben weiter nach Südwesten auf römisches Gebiet.

Julian zog sofort den Chauken entgegen, die, wie es schein, den fliehenden Saliern in römisches Gebiet nachdrangen: wenigstens wird von einem Übergang des Cäsars auf die batavische Insel durchaus nichts gesagt; er befahl, keinen Salier zu töten oder von dem Übertritt auf römisches Gebiet abzuhalten, da sie nicht als Feinde kämen, sondern von den Chauken gezwungen und vertrieben. Sichtlich wollte Julian verhindert, daß die Salier, von den Römern abgewiesen, etwa mit den Chauken gemeinschaftliche Sache machten: dann fühlte er sich wohl auch verpflichtet, sich der Salier anzunehmen, die doch wohl als „foederati" Roms auf ihrer Insel gelebt hatten. Auf die Nachricht solch gütiger Aufnahme flüchtete ein Teil der Salier *mit seinem König* auf römisches Gebiet, ein anderer wich an die äußersten Grenzen der Insel nach dem linken Rheinarm zu, alle aber unterwarfen sich hilfeflehend dem Cäsar: d. h. das frühere Födus wurde nun, in der Not, in völlige Ergebung verwandelt. Aber von Kriegstaten Julians gegen die Chauken wird nichts berichtet: es scheint durchaus nicht, daß er in die Insel eindrang: vielmehr fährt Zosimus fort: „da Julian sah, daß

SECHSTES KAPITEL · VON DIOKLETIANS BIS ZU THEODOSIUS' REICHSTEILUNG   401

die Chauken nicht mehr offenen Krieg wagten, aber in heimlichen Überfällen und Räubereien das Land vielfach schädigten, begegnete er diesem listigen Verfahren mit kluger Maßregel." Und nun wird erzählt, wie er gegen die Raubscharen der Chauken „Antiguerrilleros" schuf, die ebenfalls im kleinen Krieg, in nächtlichen Überfällen die Barbaren heimsuchten. als Schauplatz dieser gegenseitigen kleinen Streifzüge haben wir uns das linke Rheinufer zu denken: das ist das Land, das Julian schützen will: er beschränkte sich wohl auf dessen Verteidigung: *seine* Streifscharen mögen dann nicht nur die nach Gallien übergesetzten Chauken, auch die auf der Insel festgesetzten angegriffen haben, da deren Ostrand (wie es scheint, wenn nicht unter den Grenzen der römische linksrheinische limes zu verstehen ist) noch von Saliern behauptet war.

Der Führer dieser Antiguerrilleros war *Charietto*, ein Germane, wohl Franke, der, riesigen Leibes und gewaltigen Heldentums, früher mit seinen Stammgenossen gar manche Raubfahrt getan, später aber die Heimat verlassen und sich in das römische Gallien begeben hatte, nach Trier. Dort, vermutlich in römischen Dienst getreten, sah er mit an, wie die überrheinischen Germanen die gallischen Städte heimsuchten – denn das spielte vor Julians Auftreten in der Provinz – und alles ungehindert plünderten. Er sann darauf, wie den Städten zu helfen sei (mit seinen Volksgenossen hatte er sich offenbar unwiderruflich entzweit). In Ermangelung jeder Macht und gesetzlicher Zuständigkeit trieb er es anfangs sehr naturwüchsig barbarisch: er versteckte sich in den dichtesten Wäldern, lauerte den Streifscharen der Barbaren auf, beschlich sie nachts, wann sie in Schlaf und Rausch versunken lagen, schnitt ihrer so vielen er konnte die Köpfe ab und wies sie – gewiß gegen gute Belohnung – in Trier vor. Indem er dies ununterbrochen trieb, schädigte er die Barbaren empfindlich, die, sie wußten nicht wie, fast allnächtlich solche Verluste erlitten. Allmählich schlossen sich andere Räuber ihm an: desgleichen tat ein zweiter Führer (nach Eunapius) *Cercius* (Kerko, Kercho?): sie wurden so ein Ganzes und jetzt suchten sie den Cäsar auf, entdeckten ihm ihr früher nur Wenigen bekanntes Treiben und boten offenbar ihre Dienste zum gleichen Kleinkriege gegen die Chauken an. Julian kam das hoch erwünscht: das rechte Ufer hatte Rom hier am Niederrhein offenbar endgültig aufgegeben, auch die Insel wieder zu unterwerfen und zu behaupten, verzichtete er: auf dem linken Ufer aber die unaufhörlichen listig zur Nacht ausgeführten Überfälle der Chauken mit der großen Masse des Heeres abzuwehren erwies sich als fast unmöglich: denn in ganz kleinen Häuflein drangen sie an sehr vielen Orten zerstreut zur Nacht ein: bei Tagesanbruch war weit und breit nichts von ihnen zu sehen: denn da lagen sie in den das offene Bauland umgebenden Wäldern versteckt, von ihrer nächtlichen Beute zehrend. Höchst lehrreich ist diese Schilderung: deutlich zeigt sie, wie Auswanderung mit dem Ziel seßhafter Niederlassung mit bloßen Raubfahrten, obwohl von diesen verschieden, sich verbindet: die ausgewanderten Chauken hatten die Rheininsel zur neuen Heimat gemacht: diese wird bebaut, nicht geplündert: aber von dem vorgeschobenen neuen Sitz wird nun das römische Nachbarland ausgekundschaftet, vorläufig geplündert bis etwa auch hier die Niederlassung gelingen mag.

Der Cäsar erkannte die Schwierigkeit, diese Feinde zu bändigen, und sah sich genötigt, sie außer durch sein Heer auch durch „Gegenräuber" anzugreifen. Er nahm also Thariettos und der Seinen Anerbieten an, gesellte ihnen zahlreiche Salier (die ja auf ihrer Insel und deren Grenzgebiet mit den Örtlichkeiten vertraut sein mußten) und schickte sie, die altgeübten Raubfahrer, aus, zur Nacht den Raubfahrten der Chauken zu begegnen, während er bei Tage mit den Truppen im offenen Felde die Wälder umstellen und alle, die vor Thariettos Freischaren ins Freie flüchten wollten,

402   ZWEITER TEIL · WESTGERMANEN

auffangen und töten ließ. Dies Verfahren führte er fort, bis die Chauken, schwer
bedrängt und aus einer großen auf eine kleine Zahl herabgesunken, sich mit ihrem
Führer (ἡγούμενος) dem Cäsar ergaben, der unter vielen anderen Gefangenen aus
den vorhergehenden Streifzügen Chariettos auch den Sohn jenes Königs (hier heißt
er βασιλεύς, offenbar ist es der ἡγούμενος) in seine Gewalt gebracht hatte. Den
kläglich Flehenden forderte er als Geiseln einige ihrer Edlen (Vornehmen,
ἐπισήμων) ab und darunter den Sohn des Königs. Nun schwur, in bitterste Wehkla-
ge ausbrechend, unter Tränen der Führer (ἡγούμενος) der Barbaren, auch sein Sohn
habe mit den anderen den Tod gefunden. Da rührten den Cäsar die Tränen des Vaters: er führte ihm den Sohn wohlbehalten zu und ließ beide sich ungestört bespre-
chen. Darauf erklärte er, er werde den Gefangenen behalten, forderte als Geiseln
auch noch einige andere Volksedle (εὖ γεγονότων) und Nebisgasts (d. h. eben des
Königssohns) Mutter, versicherte aber, Treubruch nicht an diesen Unschuldigen,
nur an den Schuldigen rächen zu wollen, und gewährte den Chauken Friede, unter
der, wie es scheint, einzigen Bedingung des Versprechens, gegen Rom nichts mehr zu
unternehmen. Jedoch wurden Salier und ein Teil der Chauken und ein Teil der Bevölkerung von Batavia den römischen Truppen einverleibt, deren Namen (d. h. Kohorten) bis auf Zofimus (circa 425) erhalten bleiben.

Diese Darstellung ist sehr bedeutsam. Nirgends wird gesagt, daß die Chauken die
besetzte batavische Insel gemäß diesem Frieden wieder räumen und sich in die Heimat zurückziehen mußten: ihre sehr geminderte Zahl blieb also offenbar auf der
Insel, doch durch Födus den Römern zu Waffenhilfe verpflichtet. Die Salier kehrten
wohl teilweise nach dem Frieden auf die Insel zurück: doch hatten wahrscheinlich
die meisten Aufnahme auf dem linken Ufer oder in den Legionen gefunden. Endlich
aber ist es von hoher Wichtigkeit, daß Zofimus neben Chauken und Saliern als eine
dritte Gruppe, aus welcher Soldaten gewonnen wurden: „die auf der Insel Batavia"
nennt. Wer waren diese? Offenbar niemand anderes als unsere alten Bekannten, die
der Insel den Namen gegeben: die Bataver, die nie völlig vor Saliern oder Chauken
aus dem Eiland gewichen, sondern sich hier und auf dem linken Ufer neben den
Saliern, ursprünglich unter römischer Hoheit, später in immer mehr gelockertem
Födus, aber immer noch waffenpflichtig, behauptet hatten und bald selbst unter den
Saliern aufgingen. Man wird annehmen dürfen, daß nicht alle Gaue der Chauken zur
Auswanderung waren angewiesen worden: auch später findet sich noch ihr Name in
den alten Sitzen. Und man wird ferner vermuten dürfen, daß die von den Sachsen auf
die batavische Insel gedrängten Salier, offenbar nicht sehr zahlreich, mit den vorgefundenen als benachbarten und verwandten Batavern zu einer Einheit verschmolzen,
in welcher zwar anfangs noch beide Namen, später aber fast nur mehr der der Salier
gehört wurde, nach deren großen Erfolgen in Gallien, während der Insel der Name
Batavia verblieb.

Es ist nun allerdings richtig, daß einzelne von Zofimus betreffs seiner „Kyaden"
d. h. Chauken erzählte Vorfälle von Julian und Ammian, die die Chauken hier gar
nicht nennen, anscheinend, von Eunapius aber bestimmt von den Chamaven berichtet werden, weshalb andere auch bei Zofimus statt Chauken Chamaven lesen wollen.[1] Allein abgesehen davon, daß aus Κουάδους leichter Καύχους als Χαμάβους
wird, waren doch die Chamaven nie „ein Teil der Sachsen", wie die Chauken, deren
Sitze in der Peutingerschen Tafel unmittelbar nordöstlich oder den Chamaven im

---

1 So Tillemont S. 833, und Huschberg S. 276.

SECHSTES KAPITEL · VON DIOKLETIANS BIS ZU THEODOSIUS' REICHSTEILUNG   403

Hamaland angegeben werden: ehemals wohnten sie viel weiter nordöstlich auf beiden Seiten der Weser: sie sind also, was ganz mit Zofimus stimmt, allmählich gegen Südwesten in die nächste Nähe der Franken, d. h. der Chamaven gezogen. Der Druck der Sachsen auf die Franken ist also (die Peutingersche Tafel wird versetzt in die Zeit von 234, spätestens 272) viel älter als diese Zeit: und schon seit geraumer Zeit waren Sachsen zur See und zu Land wie in römisch-gallisches, so in fränkisches Land eingedrungen.

Da nun aber Julian damals unzweifelhaft auch Chamaven bekämpfte, nehmen wir, Eunapius und Zofimus zu vereinigen, an, daß während einzelne fränkische Gaue aus Furcht vor Julian oder aus eigenem Interesse den Chauken den Durchzug weigerten, diese auf andere mit Julian verfeindete Franken – eben die Chamaven – stießen, mit welchen gemeinsam sie gegen Julian und die zu diesem flüchtenden Salier aus Batavia fochten. Dazu stimmt vortrefflich, daß Julian nach dem obigen Frieden drei zerstörte Kastelle gerade *an der Maas* herstellte, mit Lebensmitteln versah und besetzte: denn diese Maaskastelle sperrten die Verbindung zwischen Chauken, Batavern und Saliern einerseits im Westen und Chamaven im Osten.

Seine Vorräte sollten dem Heer ersetzt werden aus dem Getreide der eben unterworfenen Chamaven: also finden wir auch diese Franken auf dem linken Rheinufer von Xanten im Süden bis Navalia im Norden in so ergiebigem Ackerbau ansässig, daß sie neben ihrem eigenen Bedarf noch so viel abgeben können, als die dauernde Besatzung von drei Kastellen erheischt. Nicht unzureichende Menge, nur Unreife des chamavischen Getreides störte jenen Plan und bewirkte nun wegen Mangels an Lebensmitteln jene Meuterei der Truppen, die der Cäsar nur mit Mühe dämpfte, bevor er aus diesen Gegenden ab und rheinaufwärts, den Strom zu überschreiten und die Alemannen heimzusuchen, zog.

Hier gerieten die Unternehmungen ins Stocken, da der Führer Ceverus, der offenbar die Vorhut befehligte, sonst ein ausgezeichnet mutiger Soldat, von unerklärlicher Furcht befallen, die Wegweiser, die mit raschem Schritt ins Innere führten, mit Todbedrohungen zwang, übereinstimmend auszusagen, sie seien der Gegend völlig unkundig.

Während des so eingetretenen Stillstandes im Vordringen stellte sich unerwartet freiwillig der Alemannenkönig *Suomar*, der bei Straßburg mitgekämpft, mit den Seinigen: einst so wild und so grimmig auf das Verderben der Römer bedacht, erachtete er es nunmehr, da diese an seinen Marken standen, schon für ein Glück, sein Eigen behalten zu dürfen. Da er nach Miene und Haltung aufrichtig um Frieden zu flehen schien, wurde er aufgenommen, und man hieß ihn guten Mutes sein: kniefällig erbat er Frieden, ohne Vorbehalt oder Bedingung: Friede und Verzeihung des früheren Verhaltens wurde ihm denn auch gewährt unter der Verpflichtung, die Gefangenen herauszugeben und nach Bedarf die Truppen zu verpflegen, indem er wie ein gemeiner Lieferant Empfangsscheine (der Magazinverwalter) für das Entrichtete (dem Feldherrn) vorweisen mußte, bei deren Versäumnis er wieder Zwangsmaßregeln zu befahren haben solle. Diese zweckmäßige Verordnung wurde ohne Anstand befolgt.

Aber König Suomar konnte nur für seinen Gau abschließen: sein Nachbar und Kampfgenosse von Straßburg, König *Hortari*, mußte besonders angegriffen werden: man sieht, es gab damals noch keine staatliche Gewalt über den einzelnen alemannischen (wie quadischen) Königen: so wenig wie weiland über den cheruskischen Gauen. Für diesen Zug gegen Hortari fehlten – scheinbar – Wegweiser: der Cäsar befahl daher zwei kühnen Offizieren – Germanen – dem „wunderkühnen" Franken *Thari-*

404   ZWEITER TEIL · WESTGERMANEN

etto und dem Tribunen der Schildener, *Nestika*[1], mit allem Eifer einen Gefangenen aufzugreifen. Alsbald fingen sie denn auch einen ganz jungen Alemannen, der, vor den Cäsar gestellt, gegen Zusicherung des Lebens sich verpflichtete, die Wege zu weisen. Das Heer folgte ihm, sah sich aber bald durch Verhaue von riesigen Bäumen gehemmt. Erst nach Umgehung derselben, auf langen, weit verschlungenen Umwegen, gelangte man zu den Wohnstätten (ad loca) im Gau: man sieht, wie diese durch Wälder, Grenzwald und Allmende gedeckt lagen und wie solche Verhaue, auch ohne Verteidiger, für das Römerheer ein nur durch Umgehung zu überwindendes Hindernis bildeten: man fürchtete wohl, während der viele Tage heischenden Arbeit des Wegräumens angegriffen zu werden, und das *Verbrennen* mochte leicht Waldbrand anrichten oder – andernfalls – wegen der Feuchtigkeit untunlich sein.

Deutlich erkennt man, wie auch bei dieser germanischen Siedlung das eigentliche Bauland, der „Gau", wie er später manchmal im Gegensatz zu dem ungeteilten Wald genannt wird, d. h. die Dörfer, Einzelgehöfte, die sie umgebenden Anger und das gerodete „offene", d. h. korntragende Ackerland geschieden ist von dem durch Verhacke zu sperrenden Allmende– und Grenzwald: *dieser*, nicht das unhaltbare Bauland, wird allein verteidigt, dieser nimmt die Geflüchteten, Unwehrhaften, Unfreien, Herden auf, während die Männer die Eingänge in Wehrstand setzen, die Waldwege sperren: und so umfangreich sind diese Wälder, so unbezwingbar die Verhaue, daß erst nach sehr langen Märschen die Wälder umgangen, auf weiten Umwegen die Wohnstätten von anderer Seite her erreicht werden: da wir Franken und Alemannen sogar auf dem *linken* Rheinufer als voll und alt eingesessene Ackerbauer fanden, befremdet es nicht, hier auf dem *rechten* Ufer dicht am Strom im alten, so lange den Germanen versperrten Grenzland alemannische Bauerschaften seßhaft zu treffen.

Die Soldaten, erbittert wohl auch durch die Beschwerden der Waldmärsche, verbrannten die Saaten, erbeuteten Menschen und Herden, hieben ohne Schonung nieder, was Widerstand leistete.

Solche Leiden seiner Gauleute brachen den Widerstand des Königs Hortari: sah doch überall in seinem Lande Scharen von römischen Soldaten, die Dörfer ausgebrannt in Schutt liegen: da erkannte er das drohende äußerste Verderben: auch er erbat Verzeihung, beschwor, alle Befehle zu erfüllen, zumal alle Gefangenen herauszugeben: denn hierauf wurde besonders streng gehalten. Gleichwohl gab er nur wenige frei, behielt aber sehr viele zurück: Julian, hierüber mit Recht erzürnt, ließ vier von den Gefolgen des Königs, durch Treue und Macht seine stärksten Stützen, ergreifen, als er wieder einmal kam, „das gewöhnliche Geschenk in Empfang zu nehmen", und entließ sie erst, nachdem sämtliche Gefangenen herausgegeben waren.[2]

Lehrreich sind diese Angaben. Sie zeigen, daß gerade in jener Zeit die Gefolgschaften bei diesen alemannischen Königen – auch in der Schlacht bei Straßburg spielen sie eine bedeutsame Rolle – sehr wichtig sind: wie bei Chnodomar drei „Freunde", so hier vier, die offenbar in den Rangstufen der Gefolgschaft obenan

---

1 Letzterer Name fehlt bei Förstemann, ist aber wohl zu „nazd" zu stellen, Charietto zu hari?

2 Auf des Zofimus Geschichtlein ist nicht viel zu geben. Doch ist die bei diesem Anlaß erzählte nicht gerade unglaubhaft. Julian habe mit äußerster Sorgfalt Verzeichnisse aller von den Germanen in Gefangenschaft fortgeführten römischen Untertanen anfertigen lassen, danach deren Auslieferungen bei den Friedensschlüssen überwacht und die Barbaren durch genaue Angabe der Namen und früheren Wohnsitze der Fehlenden, d. h. der von ihnen Vorenthaltenen, in so abergläubisches Staunen geschüchtert, daß sie, bestürzt über solch übermenschliche Wissenschaft, alle herausgaben.

SECHSTES KAPITEL · VON DIOKLETIANS BIS ZU THEODOSIUS' REICHSTEILUNG 405

stehen: Volksedle, die selbst über zahlreiche Abhängige und, nach dem König, über den stärksten Einfluß in der Volksversammlung verfügten: auf ihrer „Treue" und „Macht" ruht daher auch des Königs Gewalt ganz besonders, so daß er, um sie zu retten, auch den verhaßtesten Befehl erfüllt.

Unklar bleibt, weshalb der König nicht selbst festgehalten wird: vielleicht hatte er nur jene Vertrauten gesendet, das Geschenk abzuholen – freilich, sagt Ammian, nachdem „er gekommen" – oder seine Entlassung schien unentbehrlich, um die Losgebung der Gefangenen zu erzwingen, die zum großen Teil im Eigentum von anderen Volksgenossen stehen mochten und deren Enteignung der König gar nicht allein, ohne Zustimmung der Volksversammlung oder doch der bisherigen Eigentümer, erlangen konnte.

Bedeutungsvoll aber ist auch, daß selbst bei solch bedingungsloser Unterwerfung, wie sie hier gerühmt wird, römische Gegenleistungen nicht völlig fehlen: ein Geschenk zwar, aber doch ein „regelmäßiges", erwartet und erhält der unterworfene König. Und geringerer Wert solch gewohnter „Geschenke" empört bald darauf das ganze Volk zu erneutem Kampf.

In der Unterredung, die dem Besiegten, „dessen Augen zitterten, überwältigt von dem Anblick des Siegers", gewährt wurde, wurde ihm die harte Verpflichtung auferlegt, für den nach solchen Erfolgen beschlossenen Wiederaufbau römischer, von den Barbaren zerstörter Städte Wagenfuhren und Bauholz aus seinen und seines Volkes Mitteln zu stellen. Nachdem er dies versprochen hatte und für jeden Treubruch mit dem Tode bedroht worden war, durfte er heimkehren. Lieferung von Lebensmitteln konnte man ihm nicht, wie Suomar, auflegen, weil in seiner bis zur Vernichtung verwüsteten Landschaft schlechterdings nichts mehr aufzutreiben war.

„So mußten jene Könige, einst unbändig aufgeblasen und gewöhnt, sich durch römischen Raub zu bereichern, jetzt endlich bezwungen vor unserer Macht den Nakken beugen und unweigerlich unsere Gebote erfüllen, als wären sie unter Tributpflichtigen geboren und erzogen."

Nach Vollendung dieser Unternehmungen verteilte der Cäsar die Truppen in ihre gewohnten Lagerstädte und bezog selbst Winterlager in Paris.

Als diese Erfolge am Hofe des Kaisers zu Sirmium bekannt wurden – und der Cäsar mußte über alles sofort, „wie ein Büttel dem Richter", Bericht erstatten – verhöhnten die Höflinge, „wahrhaft hoch gelehrte Professoren der Schmeichelwissenschaft", den Sieger und seine Taten, dem Kaiser zu gefallen, auf das schmählichste: widerwärtig werde mit seinen Siegen dieser „Ziegenbock (wegen seines langen Philosophenbartes) nicht ein Mann – dieser geschwätzige Maulwurf, dieser Affe im Purpur, dieser griechische Schulmeister, der untätige feige Weichling und Stubengelehrte, der alle seine Taten mit zierlichen Redensarten überteibend ausschmücke."

Der Kaiser wurde aus seiner Winterruhe (357/358) zu Sirmium aufgestört durch häufige und unheilvolle Botschaften aus den Donauprovinzen: zumal aus Illyricum.

Dort waren *sarmatische* Völkerschaften und die *Quaden* seit geraumer Zeit in Nachbarschaft und Bündnis, auch häufig in Ehegenossenschaft getreten: so hatten sich auch ihre Lebensweise, ihre Bewaffnung, daher auch ihre Art der Kriegführung gleichmäßig gestaltet: mehr geneigt und geeignet zu Hinterhalt, listigen Überfällen und Räubereien als zu offener Feldschlacht, waren sie (d. h. wohl meist die Sarmaten), den Grenzfluß in Einbäumen oder in Furten zu Fuß[1] überschreitend, in zerstreuten Haufen in beide pannonische Provinzen und in das eine Mösien eingebro-

---

1 XVII, 13.

chen. Sie führten ziemlich lange Lanzen und Schuppenpanzer von geglättetem Horn, auf Leinwand genäht, brauchten meist verschnittene Pferde, weil Hengste oft beim Anblick von Stuten ausbrechen oder den Hinterhalt der Reiter durch lautes Wiehern leicht verraten.

Ganz unglaubliche Strecken vermochten sie zurückzulegen, sowohl beim Verfolgen und Überfluten des feindlichen Landes, als auf der Flucht, auf ihren raschen, wohlgeschulten Gäulen: dabei führte jeder Reiter ein bis zwei Handpferde mit, um durch Abwechslung die Kräfte der Rosse zu schonen und stets auf dem frischesten zu reiten: lauter wesentlich *sarmatische* Züge, welche die Quaden eben nur von diesen angenommen hatten.

Der Kaiser brach sofort nach der Frühlingstag- und Nachgleiche mit starker Macht gegen die Donau auf: der Strom war durch die Schneeschmelze ausgetreten: aber an günstiger Stelle überschritt ihn der Kaiser auf Schiffsbrücken und warf sich unter Verheerungen auf das Land der Barbaren. Diese wurden völlig überrascht durch den Eilmarsch des Heeres, dessen Versammlung, geschweige dessen Anmarsch sie in solcher Frist nicht für möglich erachtet hatten: nun fühlten sie das Schwert an der Kehle und ergossen sich in verzweifelter Flucht. Viele holte die römische Verfolgung ein: die Geretteten schauten in Schlupfwinkeln der Bergschluchten von fern der Vernichtung ihrer Heimat. Das geschah in dem Teil Sarmatiens, der dem „zweiten Pannonien" gegenüber liegt: gleiche Verwüstung mit Brand und Plünderung traf die Nachbarschaft der Landschaft *„Valeria"* (ein Teil von Ost- oder Unter-Pannonien, benannt nach der Tochter Diokletians, Gattin des Galerius).

Solche Zerstörung ihres Landes zu hemmen, entschlossen sich die *Sarmaten*, nun gleichwohl zu fechten: sie griffen in drei Haufen an günstiger Stelle die Römer an, indem sie sich unter dem Vorgeben, um Frieden zu bitten, näherten. Sofort erschienen dabei auch die germanischen *Quaden*, wie früher oft die erfolgreichen Raubzüge, so jetzt die Gefahr der Sarmaten zu teilen. Aber auch sie rettete nicht die rasche Kühnheit vor dem Verderben: der Rest der Angreifer floh auf nur ihnen bekannten Bergpfaden. Jetzt ging es in Eilmärschen in die „Königreiche der Quaden" (Quadorum regna): denn auch in dieser Völkerschaft stand noch eine Vielzahl von Gaukönigen nebeneinander: der verschiedene Umfang ihrer Macht, je nachdem ein Gau oder mehrere, und letztenfalls größere oder kleinere Gaue unter *einem* König standen, wird von Ammian klar erfaßt und bestimmt ausgedrückt in den Bezeichnungen „rex" und „subregulus", vielleicht auch „regalis".[1] Von *staatsrechtlicher* (Agilimund ist wohl nur *völkerrechtlich*, vertragsmäßig Viduar untergeordnet, siehe unten) Unterordnung des subregulus unter den rex, wie solche Verhältnisse bei Nordgermanen begegnen, ist aber bei Quaden so wenig wie bei Alemannen eine sichere Spur zu finden: eine starke Bestätigung unserer Grundauffassung der Gaue innerhalb der Völkerschaft: *sarmatische* Khane sind zweifellos quadischen Königen untergeordnet: unter den germanischen Königen aber bestehen, abgesehen von Bundesverträgen, nur Unterschiede der Volkszahl und folgeweise der Gebietsgröße, d. h. also der Macht (ganz ebenso sind Chnodomar und Serapio nur die „mächtigsten"), nicht des Ranges oder Rechtes. Eingeschüchtert durch die erlittene Niederlage erbaten diese Quaden Frieden und erhielten ihn. Eine Lücke im Text Ammians läßt nur erraten, daß sich hieran Verhandlungen auch mit den Sarmaten knüpften.

---

1 Doch heißt so ein andermal ein Königssohn, siehe S. 319.

SECHSTES KAPITEL · VON DIOKLETIANS BIS ZU THEODOSIUS' REICHSTEILUNG   407

Ein sarmatischer Fürst, *Zizias*, noch ein junger Mann, wird genannt, der drei Unterkönige (subregulos) *Rumo* (regalis: erst später wird er vom Kaiser zum rex, freilich *anderer* Sarmaten erhoben), *Zinafer, Fragiled* und sehr viele Edle mitgebracht hatte zur gemeinsamen Unterwerfung. Man ließ sie in ihren Wohnsitzen verbleiben, forderte nur Herausgabe der Gefangenen und Stellung von Geiseln. Dieser günstige Abschluß nun bewog auch die Könige (regales) *Arahar* und *Usafer*, hervorragend unter den Häuptlingen ihrer Völker (inter optimates excellentes) und Heerführer ihrer Stammgenossen im Krieg, herbeizueilen: Arahar verkündet sein schöner Name als Germanen: er war König eines Teiles der Quaden über den Bergen (transiugitanorum Quadorum), der andere, *Usafer*, Häuptling einer Sarmatenhorde, „die den Quaden an Nachbarschaft und an Wildheit am nächsten waren" – man sieht, daß auch *diese* Germanen den Römern noch gefährlicher, „wilder" erschienen als andere Barbaren. Der Kaiser besorgte, die große versammelte Menge möchte, unter dem Vorwand des Vertragsabschlusses genaht, plötzlich mit den Waffen über die Legionen herfallen und ließ daher die Sarmaten abziehen, bis Arahars und der Quaden Sache erledigt sei. Letztere konnten ihre Feindseligkeiten nicht leugnen, erwarteten schwere Strafen und waren froh, mit Geiselstellung davonzukommen, wobei wir erfahren, daß diese Germanen bis dahin niemals sich solche Pfänder des „Födus" hatten abzwingen lassen. Und auch jetzt kommt es also, statt zur Strafe, zum Födus.

Nachdem dies glimpflich und gütlich beigelegt war, begann der Kaiser die Verhandlung mit Usafer und den Sarmaten.

Da ist es nun sehr bedeutsam und gewährt tiefen Einblick in die Verhältnisse zwischen Germanen und Slawen in jenen Donauländern, daß Arahar hartnäckig und laut lärmend sich solchem Verfahren widersetzt, vielmehr fordert, daß der ihm gewährte Friedensschluß ohne weiteres auch Usafer einschließen müsse als seinen ihm untergeordneten und seinen Befehlen nach dem Herkommen willfährigen Bundesgenossen.

Also ein abhängiges Bundesverhältnis, nach welchem der germanische König den flavischen Häuptling völkerrechtlich vertritt: und nicht darauf geht die Befürchtung Arahars, daß etwa der Slawe ausgeschlossen werde von den Vorteilen des Friedens, sondern darauf offenbar, daß bei dieser Gelegenheit die bisherige Abhängigkeit desselben wenigstens grundsätzlich gelöst erscheine.

Aber die römische Staatskunst verfolgte gerade diesen Zweck: sie wollte keine größere Germanenmacht hier an der Grenze, gestützt auf sarmatische (vielleicht slawische) „Vasallenstaaten" (wenn der verfrühte Ausdruck verstattet ist). Deshalb änderte der Kaiser dies ihm vorgetragene Verhältnis, hob die fremde Gewalt über die Sarmaten auf und befahl ihnen vielmehr, als „ewige Schutzbefohlene" (clientes) der Römer (nicht mehr der Quaden) selbständig Geiseln zu stellen als Pfänder für ihr ruhiges Verhalten. Dankbar nahmen die Sarmaten eine Verzeihung an, die sie zugleich von der Oberhoheit der germanischen Nachbarn löste und unter die des fernen Kaisers stellte.

Als bekannt wurde, daß Arahar ohne Strafe davongekommen – er war wohl der mächtigste unter den Fürsten und hatte die Macht wider Rom am kräftigsten gebraucht – da strömten in Menge Könige und Völker (offenbar Quaden und Sarmaten ohne Unterscheidung), Völker mit Königen und Grafen und Horden mit Khanen herzu und flehten, nun auch ihnen „das Schwert von der Kehle zu nehmen": und alle erlangten in gleicher Weise den erbetenen Frieden, holten über Erwarten rasch aus dem Inneren des Landes die Söhne der Vornehmen und stellten sie als Geiseln, „und

408 ZWEITER TEIL · WESTGERMANEN

ebenso lieferten sie nach dem Vertrag unsere Gefangenen aus, die sie mit nicht geringerem Schmerze verloren als die Söhne ihres eigenen Volkes." Höchst lehrreich zeigt diese Angabe, daß keineswegs die besiegten Unterworfenen getötet wurden, wenn sich die Barbaren in eroberten Ländern behufs Festsetzung ausbreiteten oder auch nach Raubzügen Gefangene einbrachten: vielmehr verwendeten sie diese an allerlei Geschicklichkeit weit Überlegenen offenbar als Handwerker, Kunsthandwerker oder zur Bearbeitung des Feldes mit der Wirtschaft höherer Kenntnisse: daher können solche Gefangene so wertvoll und schwer entbehrlich werden wie die Krieger des eigenen Stammes.

Von den nun in den sarmatischen Dingen folgenden Entscheidungen ist hier nur anzuführen, was die benachbarten Germanen mit berührt.

Sarmatische Horden hatten, angegriffen von „Skythen", ihre Knechte bewaffnet, letztere aber, nach Abwehr der „Skythen", die Waffen gegen ihre Herren erhoben und diese aus dem Lande verjagt im Jahre 334: die Vertriebenen waren von Constantin aufgenommen teils in Legionen eingereiht, teils neben ihren alten Sitzen in Thrakien, Makedonien (aber auch in Italien) angesiedelt worden.[1]

Andere der Vertriebenen hatten Zuflucht gefunden bei dem zur gotischen Gruppe zählenden ziemlich entlegenen Volk der *Viktofalen*, indem sie bei solchem Unheil doch noch lieber von fremden Besitzern abhängen als ihren eigenen früheren Knechten dienen wollten.

Man sieht, häufig sind in jenen Gegenden sarmatische (slawische?) Horden von Germanen abhängig – wie dort von südischen Quaden, so hier von gotischen Viktofalen: und überall zielt die römische Staatsleitung dahin, diese Abhängigkeit zu lösen, die germanische Oberhoheit über die Sarmaten aufzuheben oder vielmehr durch römische zu ersetzen.

Die von den Viktofalen abhängigen Sarmaten gehörten zu denjenigen, deren Raubfahren in römisches Gebiet verziehen worden waren: sie klagten, nunmehr in Gnaden aufgenommen, das von ihren Knechten erlittene Leid und da diese ehemaligen Knechte – sie heißen den Römern „Sarmatae limigantes" – ebenfalls sehr räuberische Nachbarn und noch nicht unterworfen waren, beschloß der Kaiser, sich der klagenden, vertriebenen Herren – sie heißen jetzt: „Arcaragantes" – anzunehmen.

Dabei löste er aber sofort ihre bisherige Abhängigkeit von den Viktofalen, indem er ihnen vor versammeltem Heer in gütigen Worten gebot, fortan nur ihm und seinen Feldherrn Gehorsam zu leisten.

„Und um die Herstellung ihrer Freiheit (!) mit vermehrter Ehre zu begleiten", gab er ihnen zum König den vorerwähnten Häuptling anderer sarmatischer Horden, *Zizais*, den sie selbst sich schon früher als Herrscher ausersehen hatten, „der durch Geschicklichkeit und Treue gegen Rom sich solcher Auszeichnung später würdig bewährte": d. h. also, ohne Redensart: die Herstellung der Freiheit bestand darin, daß die unterworfenen Acraganten (auch diese Schreibung begegnet) statt der germanischen Schutzhoheit einen zwar stammverwandten, aber ganz von Rom abhängigen Fürsten als unmittelbares Oberhaupt erhielten, das für ihre dauernde Unterordnung unter das römische Födus sorgte: die alte Römerkunst, in drei Erdteilen jahrhundertelang mit dem Erfolg der Welteroberung geübt.

---

1 Siehe die Kritik der Berichte Ammians über die inneren Kriege der Jazygen und über des Constantius Feldzüge gegen alle Gruppen der Jazygen und die Quaden in v. Wietersheim-Dahn I, S. 582–584.

SECHSTES KAPITEL · VON DIOKLETIANS BIS ZU THEODOSIUS' REICHSTEILUNG   409

Jedoch dürfte keiner der Erschienenen das römische Lager verlassen, bis die Auslieferung der Gefangenen völlig erledigt war. Noch waren aber nicht alle Gaue der reich gegliederten Völkerschaft der Quaden unterworfen: Arahar war König nur eines Teiles der transjugitanischen Quaden: man zog nun in die Gegend von *Bregetio*[1] (daher ex barbarico, d. h. aus dem barbarisch gewordenen Land links der Donau), „um auch die (letzten) Reste des Quadenkrieges in Tränen und Blut auszulöschen."

Als aber die Quaden das Heer im Herzen ihres Reiches und Heimatlandes stehen sahen, da erschienen *Vitrodor*, der Fürst (Prinz, regalis), Sohn des Königs *Viduar*, *Agilimund*, der untergebene Gaukönig (subregalis) und andere Große, sowie „Richter" (Grafen) der verschiedenen Gaue, unterwarfen sich, erhielten Verzeihung ihrer Grenzverletzungen, erfüllten alle Befehle, stellten namentlich ihre Kinder als Geiseln und Pfänder für Einhaltung der ihnen auferlegten Bedingungen und schworen „bei ihren gezogenen Schwertern, welche sie wie Gottheiten verehren", daß sie in Treue verharren würden. Vielfach lehrreich sind auch diese Angaben.

Selbstverständlich beteten die Quaden nicht ihre eigenen Schwerter an als Götzen oder Fetische: vielmehr waren sie eifrige Verehrer des Kriegsgottes *Tyr*, *Ziu*, bajuwarisch, d. h. markomannisch-quadisch *Eru*, dem das Schwert geweiht war, der auch wohl selbst, der Einarmige, in Gestalt eines Schwertes *sinnbildlich* dargestellt wurde: und der Eid geschah bei den Schwertern als Abzeichen[2] des Gottes, als Stellvertretern seiner Gegenwart.

Was die staatsrechtlichen Verhältnisse betrifft, zeigt sich in der großen Völkerschaft der Quaden ganz ähnliche Entwicklung wie gleichzeitig bei anderen Germanen: eine Mehrzahl von Königen nebeneinander: Arahar, Viduar; unklar ist, ob Vitrodor nun als Königs*sohn* „regalis" heißt oder bereits eine seinem Vater untergeordnete Herrschaft übt. Ohne Zweifel ist letzteres der Fall bei Agilimund, der, während Viduar eine Mehrzahl von Gauen beherrscht (– etwa eine quadische Mittelgruppe –) nur über *einen* Gau gebietet, in Abhängigkeit von Viduar, die aber wohl nur in einem (abhängigen, zu Waffenhilfe verpflichtenden) Bündnis besteht: ähnlich wie Arahar über den Sarmaten Usafer Oberhoheit übte. Außerdem werden „optimates", Volksedle, erwähnt: und durchaus nicht undenkbar ist es, daß die „iudices variis populis praesidentes" in Wahrheit waren, was ihre Benennung besagt: „Richter", d. h. Grafen einzelner königloser Gaue. Denn notwendig ist es durchaus nicht, daß die königliche Verfassung bei *allen* Gauen einer Völkerschaft bestehe: es können recht wohl Gaue, die durch Krieg das Königsgeschlecht und etwa auch ihre Adelsgeschlechter verloren haben, nun lediglich Grafen wählen, während ihre Nachbargaue das Königtum nicht eingebüßt haben.

Nachdem man nun die „freien" Sarmaten als Verbündete aufgenommen, wandte man sich gegen ihre Feinde, die „unfreien", d. h. die ehemaligen Knechte. Aus der Unternehmung wider diese mag hier nur berührt werden, was bezeichnend erscheint für die allgemeinen damaligen Verhältnisse Roms zu jenen Grenzvölkern.

Für den Kaiser gaben völkerrechtliches Recht und tatsächlichen Grund zum Bekämpfen dieser „limigantes" nur ihre räuberischen Einfälle, „das einzige, was sie mit ihren Feinden und ehemaligen Herren gemein hatten." Man wollte sie übrigens nicht weiter strafen, nur aus der Nachbarschaft des limes hinweg weiter in das Innere

---

1 Uj-Szöny gegenüber Komorn, vgl. Kiepert S. 363, siehe v. Spruner Nr. VIII, auf dem rechten Donauufer.

2 Vgl. über die Schwursinnbilder J. Grimm, R.–S. 895.

ZWEITER TEIL · WESTGERMANEN

verpflanzen, um jenen Raubfahrten ein Ende zu machen. Die Limiganten erschienen nun in großen Heeresmassen vor dem römischen Lager: wie Ammian sie beschuldigt, in der Absicht, unter dem Schein von Verhandlungen sich zu nähern und dann plötzlich über die Römer herzufallen: aber aus seiner eigenen Darstellung geht hervor, daß umgekehrt der Kaiser, obzwar vielleicht in der Überzeugung, dem geplanten Verrat zuvorkommen zu müssen, „zumal schon der Tag sich neigte" (!), während der Verhandlungen die Slawen unbemerkt umzingeln und plötzlich niederhauen ließ. Eingeschüchtert durch das römische Heer, hatten die Barbaren Unterwerfung, jährlichen Tribut, Stellung starker Hilfstruppen angeboten: nur ihre Wohnsitze erklärten sie nicht räumen zu wollen: denn diese, zwischen Theiß (Parthiscus) und Donau, gewährten vorzügliche Deckung durch diese Flüsse und zahlreiche Sümpfe gegen Angriffe von römischer oder auch von barbarischer Seite. Während der Verhandlungen nun und um der, wie die Römer behaupteten, von den Sarmaten geplanten verräterischen Überrumpelung des Kaisers zuvorzukommen, ließ dieser gegen Abend plötzlich ein scheußliches Blutbad unter den Umzingelten anrichten, dann die nächsten Niederlassungen (Holzhütten) verbrennen, auch die Weiber und Kinder hier töten oder in Sklaverei fortschleppen, am folgenden Tag, „um allen jede Hoffnung und Lebensaussicht zu nehmen", die Truppen auf Kähnen über den Fluß setzen und die Geflüchteten in ihren letzten Schlupfwinkeln in den Sümpfen aufsuchen und abschlachten. Nachdem so die „Amicenser" vernichtet waren, griff man deren (nordöstliche?) Nachbarn, die „Picenser" in ihren Bergen an, und zwar indem hierzu neben dem römischen Heer auch die soeben verbündeten „freien" Sarmaten und die der gotischen Gruppe angehörigen *Taifalen* gleichzeitig gegen die Sarmaten wirkten, die Legionen in dem an Mösien grenzenden Teil und diese beiden Bundesgenossen in den ihnen benachbarten Landschaften des angegriffenen Gebietes.

Da war auch der Widerstand der noch nicht erreichten[1] Horden der „limigantes" gebrochen: sie verließen die Hügel, auf welchen sie Rettung und Widerstand gesucht, kamen aus ihren weiten Steppen mit Weib, Kind und Habe in das römische Lager, unterwarfen sich und ließen sich jetzt sogar die so hartnäckig verweigerte Verpflanzung in andere Gebiete (wohl weiter östlich, hinweg von der Donau) gefallen, in welchen sie eine Zeit lang Ruhe hielten. Der Kaiser wurde jetzt vom Heere zum zweitenmal als „Sarmaticus" begrüßt und kehrte im Triumph nach Sirmium zurück.

Im Jahre 359 aber erfuhr Constantius, daß die „Sarmatae limigantes" die ihnen angewiesenen Wohnsitze verlassen und abermals „aus angeborener Wildheit" die römischen Grenzen beunruhigt hatten. Er zog ihnen mit dem Heer entgegen: sie erbaten eine Unterredung, ihre Unterwerfung anzubieten, machten bei dieser Zusammenkunft (diesmal *wirklich*) einen Mordanfall auf den Kaiser und wurden von den erbitterten Legionen niedergehauen.

Julian hatte inzwischen den Winter hindurch der inneren Verwaltung Galliens seine Sorge zugekehrt, zumal übermäßigen Steuerdruck von den Provinzialen abgewendet, Bereicherungen der Beamten aus den öffentlichen Mitteln verhütet, häufig in wichtigen Rechtsstreiten selbst entschieden: so die falsche Anklage gegen den früheren Rektor der Narbonensis, *Numerius*. Doch sah er einen neuen Alemannenfeldzug als unvermeidlich an, da Kundschaft einlief, einige dieser Gaue dächten auf

---

[1] So muß man wohl Amm. XVII, 13 verstehen: die Niedergemetzelten waren *auch* „limigantes"; gleichwohl beginnt er (Absatz 21), als ob von diesen *nun zuerst* die Rede wäre; er kommt aber nur nach Erwähnung der „Amicenses" und „Picenses" auf die Limigantes zurück; nicht zweifellos sind die „subacti" und „summates", wie *Eyssenhardt* liest.

SECHSTES KAPITEL · VON DIOKLETIANS BIS ZU THEODOSIUS' REICHSTEILUNG 411

Angriff und würden die äußersten Schrecknisse des Krieges verbreiten, wenn nicht auch sie ganz ebenso wie die früher Bekämpften völlig niedergeworfen würden. Lang erwog er, in welcher Weise er so schnell und plötzlich mitten in ihr Gebiet dringen könne, daß er jeder Warnung überraschend zuvorkäme.

Für jedes Unternehmen auf dem rechten Rheinufer war vorbedingend das Verhalten der im vorigen Feldzug unterworfenen Könige, durch oder dicht neben deren Land hin die Angriffsstraße gegen die noch unbezwungenen Gaue führte. Julian schickte deshalb den überzähligen Tribun *Hariobaudes*, wie sein Name zeigt, ein Germane, wahrscheinlich selbst ein Alemanne – (wenigstens begegnet alsbald der gleiche Name eines alemannischen Königs) – „der Sprache der Barbaren vollständig kundig" (was freilich wohl zur Not auch von einem Franken gelten konnte), von bewährter Kühnheit und Treue, ganz geheim an den im Vorjahr unterworfenen König Hortari unter dem Vorwand einer Gesandtschaft: von dessen Gau konnte der kluge Kundschafter leicht in die dicht benachbarten Gebiete derjenigen Könige gelangen, denen der jetzt vorbereitete Angriff galt, und erforschen, welche Pläne sie betrieben.

Nachdem Hariobaudes guten Mutes seine gefährliche Sendung angetreten, wartete der Feldherr den Eintritt der günstigen Jahreszeit ab und brach dann mit den von allen Seiten zusammengezogenen Truppen gegen den Rhein auf. Bevor er aber den Strom überschritt und den Krieg begann, machte er sich zur Aufgabe, die lange zerstört liegenden Städte aufzusuchen – völlig verlassen waren sie keineswegs – wieder aufzurichten und zu befestigen, namentlich aber an Stelle der verbrannten Getreideschuppen neue, zur Aufnahme der aus *Britannien* bezogenen Vorräte herzustellen. Denn diese wichtige Verbindung war ja durch die vorjährigen Unternehmungen gegen Sachsen und Franken wieder gesichert. Über Erwarten rasch wurden diese Zwecke erreicht: schnell wuchsen die Gebäude in die Höhe und erhielten ausreichende Vorräte: sieben „Städte" wurden wiederhergestellt: nämlich *Castra Herculis* (?), *Quadriburgium* (?), *Tricesimae*[1], *Novesium* (Neuß), *Bonna* (Bonn), *Antennacum* (Andernach) und *Bingio*, schon von Tacitus (hist. IV, 70) genannt (Bingen). Hier, in Bingen, erschien auch *Florentius*, der praefectus praetorio, mit einem Teil der Truppen und – zu freudiger Überraschung – mit einer für langen Gebrauch ausreichenden Fülle von Vorräten. Nachdem dies erreicht war, galt es, die Mauern der wieder gewonnenen Städte rasch herzustellen, bevor noch feindliche Angriffe störten. Und da zeigten die Barbaren aus Furcht, die Römer aus Liebe zu dem Feldherrn großen Eifer: die alemannischen Könige schickten, gemäß dem vorjährigen Vertrag, auf ihren eigenen Wagen viel Bauholz: selbst die Hilfsvölker, „die sonst stets von solcher Arbeit nichts wissen wollen", schleppten durch die freundlichen Worte Julians zu willfährigem Eifer gewonnen, Baumstämme von fünfzig und mehr Fuß ohne Murren auf ihren Schultern herbei und leisteten bei allen Bauarbeiten wichtigste Hilfe.

Während dies eifrig der Vollendung entgegen gefördert wurde, kehrte Hariobaudes, der Späher, zurück: alles hatte er erkundet und erstattete Bericht. Eilfertig zog man hinauf nach *Mainz* (Mogontiacum), wo die ersten Heerführer hartnäckig darauf

---

1 Die Lage der drei erstgenannten Orte ist sehr bestritten: abgesehen von älteren Deutungen ist *Castra Herculis* nach *Dederich* (Geschichte der Römer in Deutschland am Niederrhein, 1854) Doorenburg, schon auf der batavischen Insel. *Quadriburgium*, nach Dederich Qualburg bei Cleve: *Tricesimae*, Quartier der dreißigsten Legion, nach Dederich bei Xanten: anders v. *Beith*, siehe oben S. 44.

412   ZWEITER TEIL · WESTGERMANEN

drangen, auf der dortigen Brücke den Stromübergang zu vollziehen: sehr bezeichnend und lehrreich ist aber nun der Grund, aus welchem der Cäsar diesen allerdings
nächsten und bequemsten Weg mit aller Entschiedenheit verwarf: man dürfe nicht
durch das Gebiet der durch die vorjährigen Verträge zur Ruhe gebrachten Könige
ziehen: denn leicht könnten durch die Roheit der Soldaten, die alles, was ihnen in
den Weg kam, verheerten, die abgeschlossenen Bündnisse jäh gebrochen werden:
wie tief war doch die Kriegszucht dieser Legionen auch unter einem höchst beliebten Führer gesunken! Wir entnehmen hieraus ferner, daß die Gaue der Könige Hortari und Suomar gerade gegenüber Mainz auf dem rechten Rheinufer lagen. Von
Suomar wird dies noch ausdrücklich bestätigt: die sämtlichen durch den jetzigen
römischen Angriff bedrohten Gaue der Alemannen, die Nähe der Gefahr erkennend, hatten diesen König, „dessen Gaue unmittelbar an das rechte Rheinufer stießen", unter Drohungen aufgefordert, den Römern den Übergang zu wehren. Suomar war in übler Lage zwischen seinen drängenden Volksgenossen und den drohenden Römern: er wollte damals wohl aufrichtig den, obzwar aufgezwungenen,
Vertrag einhalten, schon aus Furcht vor vernichtender Bestrafung des Treubruchs.
Andererseits waren die alemannischen Nachbarn und Stammgenossen im Augenblick viel näher und viel mehr in der Lage, ihm zu schaden, als der Cäsar jenseits des
Stromes. Geschickt und klug handelte der Alemanne. Mit gutem Zug erklärte der
König seinen Landsleuten, daß er allein den Römern den Übergang nicht wehren
könne, selbst wenn er wolle. Er wollte sich von seinen Nachbarn zwingen lassen, um
dem Cäsar gegenüber den Vorwurf frei zu sein, falls dieser den Übergang erzwang:
vielleicht aber gelang es – und das war wohl dem das meist Erwünschte – diesen
Übergang *durch die anderen* völlig verhindern zu lassen. Alsbald scharte sich die
Menge der Barbaren zusammen, zog in Suomars Gebiet, ungehindert und ohne
Feindseligkeiten, und lagerte sich Mainz gegenüber, entschlossen, mit aller Macht
den Legionen den Übergang zu wehren.

So erwies sich jetzt der Gedanke Julians, hier nicht überzusetzen, doppelt gerechtfertigt: das Land der beruhigten Fürsten mußte geschont und der Brückenschlag hier vermieden werden, hier, wo er im Kampf „gegen das höchst streitbare
Volk" nur unter den größten Verlusten erzwungen werden konnte. Er beschloß, eine
andere für die Herstellung einer Schiffsbrücke geeignete Stelle aufzusuchen. Aber
die Barbaren hatten diesen Plan sehr wohl durchschaut: sie folgten auf ihrem Ufer
allen Bewegungen der Römer behutsam nach, und wo sie Legionen die Zelte auf-
schlagen sahen, da verbrachten sie, auf dem rechten Ufer, ebenfalls die Nacht ohne
Schlaf, vielmehr höchst wachsam jedem Versuch des Übergangs vorbeugend. So zogen Römer und Germanen wohl mehrere Tage lang auf beiden Ufern des Stromes hin
und her. Endlich, als Julian die ausgewählte Stelle erreicht – wir können sie nicht
bestimmen – ließ er die Truppen hinter Wall und Graben ruhen, erlesene Tribunen
aber dreihundert Mann Leichtbewaffnete ohne Gepäck, nur mit Pfählen versehen,
bereit halten: keiner wußte, was sie tun, wohin sie aufbrechen sollten. Spät in der
Nacht wurden sie versammelt und eingeschifft in vierzig für Lustfahrten bestimmte,
leichte Gondeln, die allein zur Verfügung standen: die Zeiten, da römische Kriegsflotten den Rhein beherrschten, Triremen sogar die Lippe aufwärts führen, waren
lange dahin. Sie mußten in solcher Stille stromabwärts fahren, daß sogar die Ruder
eingezogen wurden, um die Barbaren nicht durch deren Geräusch im Wasser merk-
sam zu machen: so sollten sie, während die Feinde nur die römischen Lagerfeuer im
Auge behielten, mit aller Anspannung von Geist und Körper, trachten, unbemerkt
das andere Ufer zu erreichen. Der Streich gelang vollständig.

SECHSTES KAPITEL · VON DIOKLETIANS BIS ZU THEODOSIUS' REICHSTEILUNG   413

Drüben auf dem rechten Ufer hatten es die Barbaren – wieder einmal! – am erforderlichen Vollmaß der kriegerischen Zucht und Vorsicht fehlen lassen.

König Hortari hielt zwar treu an dem im Vorjahre aufgezwungenen Vertrag: aber er verblieb auch mit seinen Nachbarn in guter Freundschaft: eine lehrreiche Tatsache. Zur Zeit Armins wäre es wohl nicht denkbar gewesen, daß ein mit den Römern verbündeter Gaukönig die im Krieg mit Rom begriffenen Nachbarfürsten zu Freunden behalten hätte: weder hätte Rom dies geduldet noch hätten die Rom feindlichen Fürsten mit einem solchen freiwillig Abgefallenen das Trinkhorn geteilt. Das hatte sich geändert. Nur ganz ausnahmsweise erschienen überhaupt noch römische Truppen auf dem rechten Rheinufer: Rom konnte seine „Verbündeten" von der Freundschaft mit den unbezwungenen Nachbarn nicht abhalten, nicht für solche Freundschaft strafen: denn es konnte sie ja auch durchaus nicht gegen die Feindseligkeiten solcher Nachbarn schützen. Die Alemannen aber wußten recht wohl, daß die Könige Suomar und Hortari nicht freiwillig, nicht bestochen, nicht verräterisch und eifersüchtig, wie weiland etwa Segest, zu den Römern hielten, sondern nur durch die äußerste Not, durch das unvermeidbar drohende Verderben gezwungen.

So hatte denn König Hortari alle Völkerschaftskönige (reges) und Gaukönige (regulos), sowie beider Söhne (regales?) zum Gelage zusammen geladen, und alle waren erschienen, d. h. die sich an dem jetzigen Kriege gegen Rom beteiligten oder doch nicht in Bund mit Rom standen: es mögen hiernach wohl überhaupt fast *alle* Fürsten des Volkes versammelt gewesen sein.

Nach Sitte der Germanen hatte er sie bis zur dritten Nachtwache bei den Trinkhörnern beisammen gehalten. Als sie nun gerade auf dem Heimweg begriffen waren, stieß auf die Ahnungslosen[1] die auf dem rechten Ufer gelandete römische Abteilung: obwohl überrascht durch den plötzlichen Angriff entkamen doch alle Fürsten dank der Dunkelheit und ihren raschen Rossen: nur der Troß der Knechte, der ihnen zu Fuß folgte, wurde erschlagen, soweit nicht auch ihnen die Finsternis die Flucht ermöglichte. Sobald der gelungene Übergang der Römer bekannt wurde („die, wie bei den früheren Feldzügen, die Hauptarbeit getan wußten, wenn sie den Feind nur endlich erreicht hatten"), ergriff die Könige und ihre Völker, die mit allem Eifer den Brückenschlag zu verhindern machten, jäher Schreck: der Kriegsungestüm verließ sie, und, nach allen Seiten auseinander flüchtend, trachteten sie nur, die Ihrigen und ihre Habe eilig tiefer ins Land zu retten. Allsbald wurde nun alle Schwierigkeit die Brücke geschlagen, und das Heer stand gegen Erwarten der bestürzten Völker auf dem Boden der Barbaren. Durch die „Königreiche" („regna", d. h. Gaue) des Königs Hortari (der also über mehr als einen Gau gebot) rückte man ohne Schädigung: als man jedoch das Gebiet der feindlichen Könige erreichte, zog der Soldat, alles mit Brand und Plünderung verheerend, „furchtlos[2] mitten durch das Land der Empörer(!)." Das Holzwerk der leicht gezimmerten Gehöfte[3] wurde verbrannt, eine Menge der Einwohner niedergemetzelt: so gelangte man durch Leichen und durch Gnade

---

1 Sehr mit Unrecht hat man Verrat Hortaris gegen seine Gäste angenommen, der sie absichtlich den Römern in die Hände geschickt habe.

2 „Inpauidi": vielleicht „pauidi", was freilich auch nur eine matte Wiederholung ist; die Übersetzung: „um sie in größerer Sicherheit umgehen zu können", wäre doch nur möglich, wenn „inpauidi" stände; *Costes* Übersetzung übergeht das Wort ganz: wie er auch von den „Grenzsteinen" nichts erwähnt; solcher Dinge Auslassung, um glatteren Fluß der Sprache herzustellen, ist das Gegenteil der Aufgabe dieser Übersetzungen.

3 „Post saepimenta fragilium penatium inflammata."

414 ZWEITER TEIL · WESTGERMANEN

Flehende hindurch in eine Gegend, die „capellatium" oder „Palas" heißt (der ehemalige römische limes), wo jetzt „Grenzsteine der Alemannen und der Burgunder Marken schieden."[1] Dort machte man Halt und schlug ein Lager, die Ergebung der beiden Könige und leiblichen Brüder *Macrian* und *Hariobaudes* entgegenzunehmen (man bemerke den *lateinischen* neben dem germanischen Namen eines noch unabhängigen Alemannenkönigs) die, erkennend, daß das Verderben gegen sie heran schreite, ängstlich Frieden zu erbitten gekommen waren.[2] Darauf kam auch König *Vadomar*, dessen Heimatsitze im Südwesten des Alemannenlandes, gegenüber den Raurikern, im badischen Oberrheinkreis, lagen: er wurde, durch Briefe des Kaisers, die er vorwies, angelegentlich empfohlen, freundlich empfangen, wie es sich gegenüber einem schon länger als Schützling des Reiches aufgenommenen Fürsten geziemte. Macrian und sein Bruder staunten, im Lager unter den Adlern und Feldzeichen umhergeführt, den mannigfaltigen Prunk der Truppen und Waffen an, die sie nun zum erstenmale erblickten und legten Fürbitte für ihr Volk ein.

Also auch ein tiefer im Lande wohnender, niemals den Römern als Geisel, Gesandter, Gefangener, Söldnerführer nahe getretener Fürst mochte damals schon lateinischen Namen erhalten.

Vadomar dagegen, als unmittelbar an dem Limes wohnend vertraut mit der römischen Welt, bewunderte zwar auch die stolze Pracht des Heerwesens, erinnerte sich aber, von der ersten Knabenzeit an solches geschaut zu haben.

Nach langer Beratung wurde einstimmig beschlossen, Macrian und Hariobaud den erbetenen Frieden zu gewähren, dagegen *Vadomar*, der nicht nur um sich und sein Volk sicher zu wahren, sondern zugleich als Gesandter und Befürworter der Könige *Ur, Ursicin* und *Vestralp* (im mittleren Baden und Württemberg, bis zu den Linzgauern und zu Vadomars Gau) erschienen war und auch für diese um Frieden bat, für letztere vorläufig nichts zu bewilligen: denn es stand zu besorgen, daß diese Könige, „mit unstäter Barbarentreue", nach dem Abmarsch der Legionen wieder ermutigt, sich an einen Vertrag wenig binden würden, den nur ein anderer für sie vermittelt hätte: man wollte sie selbst demütigen und mündlich zur Unterwerfung bringen. So wurden denn auch in ihren Gauen Getreidefelder und Gehöfte verbrannt, viele Bewohner gefangen und getötet: da schickten auch sie Gesandte und baten um Frieden und Verzeihung: „nicht anders, als ob *sie* in solcher Weise *uns* geschädigt hätten", meint Ammian: aber sie hatten eben *früher* (in der Straßburger Schlacht fehlten sie nicht!) die Römer „geschädigt." Der Friede wurde ihnen unter gleichen Bedingungen wie den anderen gewährt, wobei vor allem auf schleunige Auslieferung aller Gefangenen gedrungen wurde, die sie bei ihren häufigen Einfällen davongeführt hatten: man sieht, daß solche Raubfahrten unter anderer römischer Beute auch vermittelst der zahlreichen Gefangenen die Kenntnis der römischen Sprache, Handwerke, Bildung jeder Art tief in das Germanenland trugen.

Julian kehrte nach Paris zurück. An dauernde Einschüchterung der Alemannen durch die jüngsten Erfolge dachte er aber so wenig, daß vielmehr ausdrücklich angegeben wird, er habe deshalb nicht gewagt, Gallien zu verlassen (um die Einfälle der

---

1 Amm. Marc. XVII, 13, „ad regionem cui Capellatii vel Palas nomen est, ubi terminales lapides Alamannorum et Burgundiorum confinia distinguebant" (Grenze der Burgunder vom bayerischen Mittelfranken her: zwischen Kocher und Jagst?).

2 Man verlegt ihr Gebiet vom Osten des Odenwaldes nördlich bis an den Mittelmain, also in den heutigen Jagst- und Neckar-Kreis von Württemberg und den Unterrheinkreis von Baden; vgl. *Zeuß* S. 310, 311.

SECHSTES KAPITEL · VON DIOKLETIANS BIS ZU THEODOSIUS' REICHSTEILUNG   415

Skotten und *Picten* in das römische Britannien selbst abzuwehren), weil die Alemannen auch jetzt noch mit grimmigem Angriff und Krieg drohten: Gallien durfte also des Oberhauptes nicht entbehren. So sandte der Cäsar den Waffenmeister *Lupicin* mit den leichten Hilfstruppen der „Aeruler" (d. h. *Heruler*) und *Bataver* sowie mit zwei *mösischen* Abteilungen (numerus bedeutet bei Ammian sowohl Legion als Kohorte)[1] gegen Ende des Winters nach *Boulogne* (Bononia), wo dieser sich einschiffte: er landete bei *Rutupiae* (Richborough? Dover?) und zog zunächst nach *London*.

Im Laufe dieses Winters nun geschah es, daß Maßregeln töriger Eifersucht des Kaisers gegen seinen von Sieg und Glück gekrönten Cäsar dessen Heer zu offener Empörung trieben und dem Feldherrn wider Willen die Kaiserkrone aufnötigten.

Richtig ist und zur Entschuldigung des Imperators anzuführen, daß die Erfolge der Perser eine Verstärkung des römischen Heeres im Morgenlande notwendig machten.

Allein daß diese Verstärkung gerade durch Schwächung des *gallischen* Heeres bewirkt werden sollte, ist auf die Eifersucht des Kaisers zurückzuführen: das Wohl des Reiches verstattete, wie sich sehr bald zeigen sollte und sich nach unserer Auffassung der unablässig wirkenden Ursachen germanischen Andranges von selbst versteht, eine Entblößung des Rheines durchaus nicht. „Dem Kaiser brannten die Vorzüge Julians auf der Seele, die das Gerücht schon bei verschiedenen Völkern von Mund zu Munde trug, den erhabenen Ruhm seiner großen Gefahren und Heldentaten verbreitend: wie er mehrere Königreiche (regna) Alemanniens niedergeworfen, wie er wiedergewonnen habe die gallischen Städte, bis dahin geplündert und zerstört von den Barbaren, die nun selbst von ihm zu Tribut und Schatzung gezwungen waren."

Der Kaiser fürchtete, Julians Ruhm möchte noch wachsen: seine Höflinge und Schmeichler, des Cäsars Neider, wußten, welchen Rat der Imperator gern vernahm: sie drangen denn in ihn, zumal, wie es hieß, der Präfekt *Florentius*, dem Cäsar einen großen und ausgezeichneten Teil seiner Streitkräfte abzufordern.

Er sandte daher den Tribun und Notar (Staatssekretär) *Decentius* mit dem Auftrag an den Cäsar, sofort an Hilfstruppen abzugeben die *Héruler* und *Bátaver* – die also immer zu den vorzüglichsten Truppen zählten – die *Petulantes*, die *Kelten* und außerdem aus jeder anderen Legion dreihundert erlesene Leute: Beschleunigung wurde unter dem Vorwand befohlen, daß sie mit dem im ersten Frühling gegen die *Parther* ziehenden Heer aufbrechen müßten. Mit der raschen Zuführung der angegebenen Scharen wurde *Lupicin* beauftragt, von dessen britannischem Feldzug man am Hofe noch nichts wußte: außerdem aber sollte noch *Sintula*[2], der „tribunus stabuli" (Oberstallmeister) des Cäsars, aus den Schildenern (scutarii) und Barbaren (gentiles) die tüchtigsten Leute ausheben und dem Kaiser zubringen.

Ohne Widerrede fügte sich Julian den Befehlen seines Herrn, obwohl er die reichsverderbische Wirkung ebenso wie die gegen ihn selbst gerichtete Absicht durchschaute.

Nur eine einzige Vorstellung wagte er: sie ist für uns sehr lehrreich. Er bat, diejenigen Leute wenigstens mit der Fortschleppung nach Asien zu verschonen, die ihre

---

1 Vgl. v. Wietersheim-Dahn I, S. 588 über die mösischen Legionen und Auxiliarkohorten nach der „notitia dignitatum".

2 Wahrscheinlich ein Germane: „Sind"; „Sintula" fehlt bei Förstermann: wohl aber begegnet „Sintila" und Verwandtes.

416 ZWEITER TEIL · WESTGERMANEN

Heimat jenseits des Rheins nur unter der Bedingung verlassen, nur unter der ausdrücklichen Zusicherung unter ihm Sold genommen hatten, daß sie niemals zum
Dienst „über die Alpen" geführt würden.

Offenbar waren diese Vertragssöldner sämtlich Germanen: wohl meist Franken,
auch Alemannen, die also in großer Zahl gegen ihre Stammgenossen, engeren und
weiteren Sinnes, fochten: aber doch keineswegs für immer um deswillen in römischem Dienst auf- und unterzugehen vermeinten, sondern, nachdem sie auf römischem Boden Genuß, Erfahrung, Ruhm und Geld gewonnen, wieder an ihren Herd
zurückzukehren gedachten: denn diesen Beweggrund wird man doch, neben der
Scheu vor dem Klima des Südens oder Asiens, bei jenem Vorbehalt vermuten dürfen: nicht für immer wollten sie sich von den heimischen Zuständen trennen, nicht
ihr Leben im kaiserlichen Dienst beschließen, nicht durch die Alpen und die Meere
und die Strudel römischer Wirren den Rückweg in die heimische Volksgemeinde
sich sperren lassen. Gar manche solcher in römischem Dienst geschulter Germanen
sind, von Gannascus und Armin ab, später, in kleinen und großen Verhältnissen,
Führer ihres Volkes gegen Rom geworden – als Räuber oder als Herzoge. Und man
sieht: noch immer gilt auch in den Augen der Heimat römischer Solddienst nicht
als ein Grund, der den Abenteurer als Feind und Verräter der Heimat brandmarkt,
von der Rückkehr ausschließt: es *kann* zwar vorkommen, daß ein solcher Germane,
der in römischem Dienst die eigenen Stammgenossen schwer geschädigt, nicht wagen darf, zu ihnen zu flüchten: aber gewiß waren die Fälle viel häufiger, da der ge-
reifte Mann aus römischem Dienst und Amt wieder zu seinen Landsleuten heim-
kehrte, gegen welche zu fechten er sich nicht hatte weigern dürfen.

Vergeblich stellte der Cäsar vor, die barbarischen rechtsrheinischen Krieger, die
häufig unter jenem Vorbehalt freiwillig in römischem Dienst traten, würden dies
künftig nicht mehr tun, wenn solcher Bruch des Dienstvertrages bekannt würde. Er
sprach in den Wind: der Tribun achtete nicht auf diese Bedenken, hielt sich an den
Befehl des Kaisers und machte sich, stolzer Erwartungen voll, auf den Weg mit den
von ihm selbst ausgewählten Mannschaften: es waren die raschesten, tüchtigsten,
kräftigsten Leute.

Julian geriet in große Verlegenheit, zumal auch wegen der nach dem Befehl noch
nachzusendenden Truppen: Lupicin, der sie auswählen und abführen sollte, war
nicht zur Stelle: auf der einen Seite bedrohte den Statthalter Galliens die Wildheit der
Barbaren mit neuen Angriffen, auf der anderen forderte das Gebot des Kaisers raschen, genauen Vollzug.

Vergebens rief der Cäsar den Präfekten Florentius von *Vienne*, wohin er, unter
dem Vorwand der Sorge für die Verpflegung, gegangen, in das Lager zurück: er hatte dies in Wahrheit verlassen, den Unruhen auszuweichen, deren Ausbruch er als
Folge der von ihm betriebenen Abrufung der streitbarsten Truppen vorausgesehen.
Julian befahl auf das nachdrücklichste seine Rückkehr: im Augenblick so furchtbarer Entscheidung dürfe der Präfekt den Feldherrn nicht verlassen: ja er drohte mit
der Niederlegung der Cäsar würde: dem Tode, der ihm entweder durch den Kaiser
oder durch das empörte Heer bevorstehe, wolle er entgegengehen, aber den Untergang der ihm anvertrauten Provinz nicht in verantwortlicher Stellung mitansehen.
Waren doch diese barbarischen, meist germanischen Truppen, die man jetzt ent-
führte, gerade diejenigen gewesen, die von Alemannen und Franken gefürchtet
wurden.

Aber der Ränkeschmied ging nicht zurück zu dem Heere, dessen bevorstehende
Empörung er so klar wie Julian voraussah: *diesen* sollten die Wellen des Aufruhrs

SECHSTES KAPITEL · VON DIOKLETIANS BIS ZU THEODOSIUS' REICHSTEILUNG   417

verschlingen nach der Absicht dieser List: er selbst hielt sich, im Bewußtsein seiner Anstiftung weislich fern.

Des Rates und der Mitwirkung seiner beiden höchsten Befehlshaber entbehrend, mußte Julian seine schwierige Aufgabe allein lösen: nach langer, schwankender Überlegung befahr er allen für das Morgenland bestimmten Truppen, aus ihren Winterlagern auf den großen Heerstraßen schleunig abzuziehen. Kaum war der Befehl bekannt, da fand man bei den Fahnen der „Petulantes" eine Schmähschrift auf der Erde liegen, welche unter anderen folgendes enthielt: „So werden wir denn, wie Missetäter und Sträflinge, an die äußersten Winkel der Erde geschleppt! Unsere Weiber und Kinder aber sollen wieder den Alemannen Sklavendienste tun, aus deren Knechtschaft wir sie in mörderischen Schlachten befreit haben." Die Schrift wurde ins Hauptquartier gebracht: Julian las sie, fand die Klagen begründet und verstattete[1], daß die Mannschaften wenigstens ihre Familien in das Morgenland mitnehmen durften, zu welchem Zweck sie sich der großen Gesellschaftswagen der kaiserlichen Post bedienen sollten.

Unter den verschiedenen Wegen wurde, nach längerem Schwanken, der über Paris, wo Julian weilte, gewählt: es ist für die „Rettung" Julians gegen den höchst nahe liegenden Verdacht, daß er die ganze Erhebung künstlich selbst herbeigeführt habe[2], von entscheidender Wichtigkeit, daß die Wahl dieser Straße *nicht* von ihm ausging, sondern auf Vorschlag gerade des Decentius erfolgte: mochte nun dieser Weg aus sachlichen Gründen sich am meisten empfehlen oder der Arglistige darauf zählen, die Empörung der Truppen werde Julians Tod oder Demütigung und Abberufung zur Folge haben. Zu Paris empfing der Feldherr (in der Vorstadt) die Scharen mit seiner herzgewinnenden Leutseligkeit, mahnte sie, guten Mutes zum Kaiser zu ziehen, wo, am Sitze der höchsten Macht, jeder für seine Verdienste vollen Lohn finden werden. Er lobte die Mannschaften, die er kannte, sich ihrer tapferen Taten erinnernd, und lud die Hervorragenden („proceres", wohl nicht gerade nur Führer) zum Mahle, wo er sie aufforderte, ihm freimütig jede Bitte vorzutragen. Mit erst recht schwerem Herzen verabschiedeten sich hier die Gäste, tief betrübt, einen so gütigen Feldherrn und die Heimat verlassen zu müssen.

Gewiß hat Julian nicht gewollt, was jetzt geschah: aber man muß sagen, daß er es nicht feiner hätte angehen können, wenn er es gewollt hätte: die Leitung der Abziehenden über Paris war nicht auf seinen Vorschlag, die Entfaltung des ganzen Zaubers seiner Persönlichkeit war in bestem Glauben zum Vorteil kaiserlichen Dienstes, geschehen, die Abziehenden zum Gehorsam zu bringen, ihren Widerwillen zu bekämpfen: aber nicht zu des Kaisers Gunsten trat die beabsichtigte Wirkung ein.

Trauer und Zorn über die vertragswidrige Fortführung, Erbitterung gegen den Kaiser, dankbare Begeisterung für den Feldherrn schlugen immer höhere Wogen, so daß die Legionen in der auf das Gelage folgenden Nacht sich empörten: gegen Constantius und für Julian, diesen, sehr gegen seinen Willen, zum Kaiser ausrufend.

Eine seltsame Verkettung der Dinge!

Germanen waren es, die hier über den Thron des Römerreiches verfügten: und zwar zu Gunsten des Helden, der als „letzter Römer" Gallien mit Erfolg den Germa-

---

1 Die Übersetzung von Troß hat nicht verstanden, daß hierin ein Zugeständnis an die „begründeten Klagen" liegt.

2 Kritik der Quellen über seine Erhebung bei v. Wietersheim-Dahn I, S. 584.

418   ZWEITER TEIL · WESTGERMANEN

nen bestritt und der alsbald den letzten, tragischen Versuch machen sollte, die alten Götter Roms wieder auf die Altäre zu stellen.

Sie griffen zu den Waffen, zogen brausend durch die in nächtlicher Stille ruhenden Straßen von Paris vor den Palast (er wurde von den Normannen zerstört: an der Stelle des jetzigen Palais des Thermes), besetzten jeden Ausgang, den Cäsar zu verhindern, sich durch die Flucht ihrem Druck zu entziehen, forderten, daß er sich zeige, und riefen ihn, unter furchtbarem Lärm der Waffen und der Stimmen, zum Augustus aus.

Erst bei Tagesanbruch trat der auf das gewaltigste Überraschte aus seinen Gemächern hervor: in diesen Stunden mußte ihm klar geworden sein, daß sein Leben auf das alleräußerste bedroht war.

Niemals verzieh ihm Constantius diesen Vorgang: niemals glaubte er an seine Unschuld: ja, selbst wenn er an sie glaubte, war die Gefährlichkeit dieses Feldherrn, die vom Kaiser nicht zu ertragende Ergebenheit des Heeres so klar geworden, daß nur Julians Tod den Thron sichern zu können schien.

Andererseits war sehr denkbar, daß bei der maßlosen Aufregung der Empörer hartnäckige Weigerung die Liebe plötzlich in Wut verwandeln konnte: hielt Julian am Kaiser fest, so war er gezwungen, die Meuterer diesem zur Bestrafung einzuliefern. Dem wußten sie aber leicht zu begegnen: war er doch völlig in ihrer Gewalt: so konnte Julian sein Leben vor Constantius und vor den Empörern zugleich nur retten, wenn er den Purpur annahm und im Kampf gegen jenen behauptete.

Gleichwohl trieb Julian, als er nun bei seinem Erscheinen abermals mit überwältigendem Geschrei als Augustus begrüßt wurde, den Widerstand gegen die Empörer in festester Standhaftigkeit sehr weit: bald scheltend, bald flehend, die Hände ausstreckend, beschwor er sie, die einzelnen und die Masse, nicht nach so vielen glänzenden Siegen eine unehrenhafte Tat zu begehen, nicht durch verwegene Übereilung den Brand der Zwietracht zu entzünden: „Mäßigt euch, ich bitte euch", sprach er, „ein wenig in eurem Unmut! Ohne Bürgerkrieg, ohne Staatsumwälzung wird euer Begehren sich leicht erfüllen lassen. Wenn euch denn so zärtliche Liebe an der Heimat festhält, wenn ihr so sehr die ungewohnte Fremde scheut, wohlan, zieht in eure Standlager zurück: da es euch so sehr zuwider ist, sollt ihr nicht einen Fuß über die Alpen setzen. Ich übernehme es, dies Zugeständnis bei dem höchst einsichtigen Kaiser zu rechtfertigen: er ist Gegengründen nicht unzugängig." Aber aufs neue erhob sich auf diese Worte allgemeines stürmisches Geschrei: sie wetteiferten bereits auch in Vorwürfen und Schmähungen: da wurde der Feldherr gezwungen, nachzugeben. Man stellte ihn auf den Schild eines Fußsoldaten und hob ihn hoch, allen sichtbar, in die Höhe: ohne Zweifel waren es Germanen oder doch von germanischer Kriegssitte hierin, wie in so manchem anderen Stück, durchdrungene Scharen, die in solcher Weise in Paris ihren Feldherrn als Augustus begrüßten, wie sonst der Herzog oder – bei Berufung aus einem neuen Geschlecht – der König auf den Schild erhoben wurde. Nach römischer Sitte wollte man nun aber den Imperator auch mit dem Diadem gekrönt sehen: schon, um unwiderruflich ihn mit Constantius zu verfeinden. Aber eben deshalb scheute Julian hiervor noch immer zurück: gewiß der Wahrheit gemäß versicherte er, niemals ein Diadem in seinem Besitz gehabt zu haben: sehr glaubhaft, da der treue Feldherr nie an Empörung gedacht hatte und der bewiesene Besitz eines kaiserlichen Abzeichens mehr als genügend gewesen wäre, ihn bei Constantius zu verderben.

Da forderten sie, er solle ein Stirn- oder Hals-Band seiner Gattin beischaffen: und als er Weiberschmuck als unpassenden Ausdruck für den Antritt der Herrschaft

SECHSTES KAPITEL · VON DIOKLETIANS BIS ZU THEODOSIUS' REICHSTEILUNG 419

bezeichnete, verlangten sie einen Pferdeschmuck: sie wollten ihn um jeden Preis gekrönt und darin irgend ein Zeichen der angenommenen Kaisergewalt mit Augen sehen. Als er auch solchen Schmuck als unschicklich verwarf, schlang endlich *Maurus*, ein Fahnenträger der Petulantes, die Halskette, die er als solcher trug, mit kecker Tat um des Feldherrn Haupt. Da, in die äußerste Not gedrängt und bei fortgesetzter Weigerung den Untergang als unvermeidlich erkennend, versprach Julian jedem Soldaten ein Geldgeschenk von fünf Goldstücken und ein Pfund Silber.

Lebhaft gemahnen diese Vorgänge an die Meuterei der Legionen des Germanicus, die diesen zwingen wollten, als Gegenkaiser wider Tiberius aufzutreten: der Vergleich fällt nicht zu Ehren Julians aus, der zwar lange widerstand, aber schließlich, sein noch nicht einmal unmittelbar bedrohtes Leben zu retten, nachgab, während Germanicus, den auf seine Brust gesetzten Schwertern *nicht* nachgebend, schließlich die Empörung dämpfte. Hat aber Julian, gemessen an diesem Maß, seine Pflicht, lieber zu sterben als dem Kaiser die Treue zu brechen, nicht erfüllt, so ist doch als einigermaßen die Schuld abschwächend in Erinnerung zu bringen, daß er Constantius, dem tückischen, blutigen Mörder seines Bruders und aller seiner Verwandten, seinem arglistigen Hasser persönlich wenigstens anders gegenüber stand, als Germanicus Tiberius.

Helm. Vermutlich aus dem vierten Jahrhundert.
Bronze. In einem Arm der Seine gefunden. Paris, Museum im Louvre.

Das Geschehene nahm aber Julian die Sorgen keineswegs ab: er dachte vorschauend an die drohende Zukunft, vermied es, sich zu zeigen, trug kein Diadem, ja nahm anfangs auch noch nicht die dringendsten Regierungsgeschäfte wahr. Da er sich nun stets im Inneren des Palastes verborgen hielt, entstand plötzlich Argwohn, ja das Gerücht, er sei ermordet: und wütend ihre Waffen schwingend, stürmten die Soldaten vor den Palast, ihren Kaiser zu rächen, dessen Wächter, irrig feindliche Absichten vermutend, in feiger Flucht ihren Herrn im Stich ließen. Die Aufregung der Soldaten legte sich erst, als sie den zu Rächenden lebend und unversehrt vor sich sahen.

Alsbald kehrten auf die Kunde von diesem Vorgange die unter Sintula abgezogenen Truppen frohen Mutes nach Paris zurück, und Julian berief nun eine Versammlung des ganzen Heeres auf den campus, d. h. wohl den gewönlichen Sammelplatz. Dort bestieg er das Tribunal, stolzer als sonst gekleidet, umgeben von den Adlern, Fahnen, Standarten, aber, um der Sicherheit willen, auch von wohlbewaffneten, treu ergebenen Kohorten, und hielt eine Ansprache in welcher er zum erstenmal die oberste Gewalt als ihm übertragen anerkannte. Er erinnerte an das Band gemeinsamer Heldentaten, zumal an den Tag von Straßburg, das Feldherrn und Heer verknüpfte, und verhieß, die gemeine Mannschaft dadurch ganz begeisternd, daß jeder nur nach seinen Verdiensten aufsteigen, Begünstigungsversuche aber und Ränke ehrlos machen sollten: das war eine stillschweigende Verurteilung des Constantius, der sich

420 ZWEITER TEIL · WESTGERMANEN

durch solche Dinge besonders verhaßt gemacht hatte: jeder offenen Anklage aber enthielt sich Julian, „während sonst die Anmaßer durch maßlose Schmähungen der Kaiser sich zu rechtfertigen lieben."

Ohne Übertreibung mochte Julian rühmen, „daß, während vor seiner Ankunft der Wagemut der Barbarenvölker sich nach Zerstörung so vieler Städte über die noch halbwegs geretteten übermütig ergoß, er und sein Heer, im harten Winter, unter eisigem Himmel, wann sonst überall die Waffen ruhten die nie vorher gebändigten Alemannen unter schweren Verlusten zurückgetrieben, wie jener glückliche Tag bei Straßburg Gallien für immer (!) die Freiheit wiedergebracht, jener Tag, da der Feldherr durch den Hagel der Geschosse sprengte, das Heer aber, fest in Kraft und langer Übung, die Feinde, die wie wilde Waldbäche schäumend und alles vor sich niederwerfend heran brausten, mit dem Schwert niederschlug oder in den tiefen Strom warf."

Seinen Freunden aber vertraute der neue Kaiser, daß ihm in der Nacht vor seiner Erhebung der Genius des Staates im Traum erschienen sei: „Schon lange, Julianus", sprach er, „wohne ich im Vorhof deines Hauses, gewillt, dich zu erhöhen: wiederholt hast du mich abgewiesen: das aber wisse im innersten Herzen, daß, wenn du mich auch diesmal verschmähst, ich dich verlassen werde auf immerdar." Dieser Traum ist um so weniger Erfindung, je deutlicher er verrät, welche Bilder des (freilich sehr entschuldbaren) Ehrgeizes den Feldherrn – obzwar ohne verbrecherische Pläne – unwillkürlich heimsuchten.

Während Constantius im Morgenland durch die Perser beschäftigt war, richtete Julian ein Schreiben an ihn, in welchem er das Geschehene der Wahrheit gemäß berichtete: hervorhebend, wie er nur nach wiederholter Bedrohung mit dem Tode nachgegeben habe. Er bat Constantius, sich in die Tatsache zu finden, erkannte dessen übergeordnete Stellung tatsächlich in einer sehr wichtigen Einräumung an: Constantius sollte nämlich auch für Gallien den obersten Beamten, den „praefectus praetorio", ernennen: nur der übrigen ordentlichen Richter, Heerführer und der Leibwächter Anstellung behielt sich Julian vor. Für den persischen Krieg erbot er sich, mannigfache Hilfe dem Mitkaiser zu leisten: rasche (oder Post-)Pferde aus Spanien (equos currules, diese Provinz, seit langem zu Gallien gehörig, betrachtete also Julian wohl als ihm mit unterstellt) wollte er senden, auch Truppen: nämlich außer den Gentiles (barbarischen Hilfstruppen) und Schildträgern einige junge Leti, „einen Schlag Barbaren von diesseits des Rheins", oder „auch von solchen Unterworfenen, die freiwillig in unsere Dienste treten." In solcher Unterstützung wollte er getreulich fortfahren, solange er lebe. Dagegen müßte er als unzweifelhaft beteuern, daß seine (gallischen und germanischen?) Neuausgehobenen aus Gallien sich weder freiwillig noch gezwungen in seine Himmelsstriche schicken lassen würden, da sie Gallien, nach Verlust der jungen wehrkräftigen Mannschaft, der Verzweiflung, dem sicheren Untergang preisgegeben sähen: auch müsse er selbst als unstatthaft bezeichnen, Hilfstruppen aus Gallien gegen die Parther zu verwenden, während die Angriffe der Barbaren auf Gallien noch nicht abgestellt seien und die schwer heimgesuchte Provinz vielmehr selbst der Unterstützung aus anderen Reichsteilen bedürftig sei.

Julian wollte sich ohne Zweifel auf Gallien, Britannien, Spanien beschränken: auch unterzeichnete er dieses sehr maßvolle amtliche Schreiben nur mit dem Titel: „Cäsar" (in einem vertraulichen, nur für den Kaiser bestimmten Brief enthielt er sich freilich bitterer Vorwürfe nicht).

Aber Constantius, noch mehr gegen Julian erbittert durch den zu ihm geflüchteten Florentius, wies in heftigstem Zorn die Gesandten ab, die ihm zu *Cäsarea* in

SECHSTES KAPITEL · VON DIOKLETIANS BIS ZU THEODOSIUS' REICHSTEILUNG 421

Kappadokien diese Briefe überbrachten, erklärte, er erkenne keine dieser Neuerungen an, und forderte durch Gesandte Julian auf, wenn ihm sein und seiner Vertrauten Leben lieb sei, die Anmaßung seines Dünkels niederzulegen und sich in den Schranken seiner Cäsarenwürde zu halten: diese scheinbare Mäßigung, daß er dem Empörer die übertragene Würde beließ und nicht sofort zu seiner Bestrafung aufbrach, hatte ihren triftigen Grund darin, daß zunächst die persische Gefahr abgewehrt werden mußte: Julians Hinrichtung stand ihm gleichwohl unzweifelhaft fest.

Übrigens gab sich Constantius mit schlauer Berechnung den Anschein, als ob er gar nicht daran zweifle, der Empörer werde zum Gehorsam zurückkehren und die kaiserlichen Anordnungen befolgen, indem er mehrere Ernennungen und Beförderungen von Beamten und Heerführern Julians diesem mitteilte.

Und Julian ließ sich auch eine dieser Ernennungen gefallen: die seines *eigenen* bisherigen Quästors, *Nebridius*, zum Praefectus praetorio: anderen dieser Beförderungen war er bereits zuvorgekommen; auch für den in Britannien abwesenden magister armorum Lupicin hatte Constantius *Gumohar*, offenbar einen Germanen, ernannt. Um eine Erhebung des britannischen Heeres in England für Constantius zu verhüten, ließ Julian zu *Bononia* (Boulogne) scharfe Wache halten und kein Schiff nach England auslaufen: so kam es, daß Lupicin erst bei seiner Heimkehr von dem Geschehenen erfuhr und nun keine Unruhen mehr anstiften konnte: Julian nahm ihn übrigens neben einigen anderen Führern auf kurze Zeit in Haft. Der neue Imperator gewann allmählich günstigere Auffassung von allem Geschehenen: die Siegeszuversicht und Treue seiner Truppen hatte sich sehr erfreulich bewährt: als der Gesandte des Constantius in einer großen Versammlung des Heeres und der Bevölkerung von Paris das kaiserliche Schreiben verlas, wurde er an der Stelle, die alles Geschehene verwarf und Julian in seine Cäsarenwürde zurückwies, von dem stürmischen Ruf unterbrochen: „Julianus Augustus! Nach der Wahl der Provinz, des Heeres, des Reiches, das, durch ihn erkräftigt, doch noch die Einfälle der Barbaren zu besorgen hat!"

Um solchen Eifer nicht erkalten zu lassen, auch dem Vorwurf zu begegnen, daß er nunmehr, in der Sorge, sich als Kaiser zu behaupten, den Schutz des Reiches vernachlässige, unternahm er einen Feldzug über den Limes von Germania secunda hinaus und zog zuerst, mit aller erforderlichen Ausrüstung versehen, nach *Tricefima"* (sic!) (so benannt als Standlager der dreißigsten Legion). Von da aus ging er über den Rhein und überzog das Gebiet der *attuarischen Franken*, „der Franken, die man die Attuarier (– Chattuvarier) nennt", „einer unruhigen Völkerschaft an der Westseite des Unterrheins (in Geldern), die noch immer die Grenzstriche Galliens durchstreiften."

Er griff sie plötzlich und überraschend an – natürlich ohne Kriegserklärung: die Römer betrachteten (mit Recht) frühere Friedensverträge als gebrochen auch durch solche Räubereien, die nur durch Gefolgschaften ausgeführt worden waren, während die Germanen, wenn die römischen Statthalter und Heere fern waren, meinten, unerachtet solcher Streitereien von einzelnen noch durch die Friedensverträge geschützt zu sein, wenn nur die Volksversammlung nicht den Krieg erklärt hatte – sie besorgten auch jetzt keinen Angriff und glaubten sich überdies durch das schroffe Gestein der schmalen schwierigen Steige, die in ihr Land führten, um so mehr gedeckt, als sie noch nie einen römischen *Herrscher*[1] in ihren Gauen gesehen hatten: er überwand sie

---

1 Nicht „Heerführer" überhaupt: denn römische Truppen waren oft hier erschienen; andere verlegen wegen dieser Schilderung der Örtlichkeit die damaligen Sitze der Chattuarier in die Ruhrgebiete südlich der Lippe.

ZWEITER TEIL · WESTGERMANEN

daher mit leichter Mühe und gewährte ihnen, nachdem sehr viele gefangen und getötet waren, auf ihre Bitten einen Frieden nach seiner Willkür: denn durch Abschluß eines Friedensvertrages glaubte er die römischen Grundbesitzer des Grenzgebietes am besten zu sichern. Durch längeres Verweilen auf dem rechten Ufer die Waffen der übrigen Franken auf sich zu ziehen vermied er aber, ging vielmehr mit gleicher Raschheit über den Fluß zurück, untersuchte und verstärkte fleißig die Befestigungen und Besatzungen des ganzen Limes stromaufwärts bis zu den *Raurikern* (bei Basel): hier hatten die Germanen anders gehandelt als in der Strecke von *Straßburg* bis *Köln*: während sie, wie wir sahen, am Mittelrhein die genommenen Städte halb verbrannt hatten liegen lassen, hatten sie am Oberrhein, den Heimatsitzen ihrer Macht näher, die schon vor viel längerer Zeit eingenommenen Ortschaften als ihr dauerndes Eigentum in Besitz behalten: Julian entriß sie ihnen jetzt, legte Besatzungen hinein, verstärkte die Werke mit beflissener Sorgfalt und zog dann über *Besançon* in die Winterquartiere nach *Vienne*.

Hier beschäftigte ihn sorgenvoll die schwer zu treffende Entscheidung, ob er, mit jedem Opfer Constantius wieder versöhnend, die Eintracht herstellen oder angriffsweise vorgehen solle.

Trauen durfte er dem blutdürstigen Mann gewiß nicht; warnend stand ihm das Schicksal seines Bruders Gallus vor Augen, den man mit tückischer Freundlichkeit ins Netz gelockt. Auf seinen allem Aberglauben schwärmerisch ergebenen Sinn wirkte für die Wahl der kriegerischen Entscheidung sehr stark eine Reihe von Traumgesichten und Weissagungen, die ihm den baldigen Tod des Constantius zu bedeuten schienen. So trat er denn entschiedener auf, umgab sich mit mehr Glanz, legte jetzt erst ein kaiserliches Diadem an, verweigerte die Anerkennung der ihm von Constantius ernannten Beamten und Heerführer (mit Ausnahme des *Nebridius*, den er übrigens, da er ehrenhaft an Constantius festhielt, später ungefährdet nach Italien entließ) und beging 360 die Feier seiner fünfjährigen Regierung als „Augustus" – während er doch 355 nur zum Cäsar war ernannt worden. Durch den Tod seiner Gattin *Helena* (Winter 360/361 zu Vienne), der Schwester des Constantius, war ein wichtiges Band zerrissen: Julian sandte die Leiche nach Rom, wo sie neben ihrer Schwester, der Gattin des unglücklichen Gallus, an der nomentanischen Straße beigesetzt wurde.

So reifte allmählich der Beschluß, nachdem Gallien gesichert schien, gegen Constantius zu ziehen, um dessen Angriff zuvorzukommen. Aber die Sicherung Galliens war eben nur Schein: und Constantius scheute nicht davor zurück, abermals, wie er gegen *Decentius* und gegen *Magnentius* getan, die Alemannen – diesmal heimlich – ins Land zu rufen, um Julian in Gallien zu beschäftigen. Dieser erfuhr gegen Frühlingsanfang, daß alemannische Scharen aus dem Gau *Vadomars*, von dem man sich nach dem durch den Kaiser Constantius selbst abgeschlossenen Vertrag, keiner Feindseligkeit versah, die *Rätien* nächst gelegenen Grenzgebiete verheerten: diese Raubscharen (manus praedatoriae), weit und breit über das Land hin streifend, schreckten vor keinem Wagnis zurück. Übersehen durfte man dies nicht, um nicht den kaum erstickten Brand alemannischer Kriege neu aufflackern zu lassen: so schickte er den comes *Libino* mit leichten Truppen (*Kelten* und *Petulantes*) ab, dem Angriff zu begegnen. Dieser traf alsbald bei *Sanctio* (*Säckingen*) auf die Barbaren, die seinen Anmarsch von weitem bemerkt und, Überfall vorbereitend, sich in den Schluchten und Seitentälern versteckt aufgestellt hatten: Libino griff unvorsichtig die Übermacht an; er fiel sofort bei Beginn des Gefechts als der erste: die Germanen, frohlockend über den Fall des Führers, warfen sich mit Wucht auf die Römer, die

SECHSTES KAPITEL · VON DIOKLETIANS BIS ZU THEODOSIUS' REICHSTEILUNG

ihrerseits erbittert fochten, den Tod ihres Feldherrn zu rächen, aber nach hartnäckigem Widerstand zersprengt wurden. Vadomar und Gundomad hatten mit Constantius Frieden geschlossen. Nach des letzteren Tod hatte der Kaiser jenen in sein Vertrauen gezogen und ihm, als verschwiegenem, treuem und tatkräftigem Werkzeug, in geheimen Briefen aufgetragen, zum Schein gegen Constantius selbst den Vertrag zu brechen und die ihm nächst liegenden Grenzgebiete heimzusuchen, auf daß Julian, aus Furcht vor solchen Angriffen, dauernd in Gallien festgehalten werde. Der Alemanne hatte von früher Jugend auf große Begabung für Trug und listige Umtriebe gezeigt, wie er sie später als Statthalter von *Phönike* bewährte: eifrig ging er auf die reichsverderberischen Winke des Kaisers ein: was konnte dem Germanenkönig erwünschter sein, als seine raub- und kampfbegierige Jugend auf römisches Grenzland loslassen zu dürfen: im geheimen Einverständnis mit dem Kaiser selbst!

Da wurde von den römischen Posten ein Geheimschreiber des Königs angehalten, den er zu Constantius abgesendet hatte: bei seiner Durchsuchung fand sich ein Brief Vadomars, in welchem er unter anderem – wohl ebenfalls ihn bloßstellenden – Inhalt auch schrieb: „dein „*Cäsar*" hat keine Zucht", während er in Briefen an Julian diesen „Herr" und „Augustus" und einen „Gott" nannte. Der Beschirmer Galliens erkannte, wie bedenklich und gefährlich diese Umtriebe waren, zu welch verderblichen Folgen sie führen konnten: alle Energie des Geistes und Willens richtete er darauf, diesen Ränken zu begegnen, die Provinz und seine eigne Sache zugleich zu sichern. Er beschloß, sich des gefährlichen Fürsten mit List oder Gewalt zu bemächtigen. Zu diesem Behuf sandte er seinen Notarius (Kanzler) *Philagrius*, später comes im Orient, einen Mann von längst erprobter Klugheit, an die Vadomars Gebiet berührende Grenze und gab ihm, unter andern Aufträgen, ein versiegeltes Billet, mit der Weisung, es erst dann zu öffnen und zu lesen, wann er einmal Vadomar auf dem linken Rheinufer vor sich sehen werde. Während nun Philagrius unter den Besatzungen gegenüber Vadomars Gebiet in Erledigung von Geschäften verweilte, kam der König, wie im tiefsten Frieden – denn er tat desgleichen, als habe er von den Grenzverletzungen und Räubereien seiner Leute gar keine Kenntnis – über den Strom, sah den Offizier der Posten, wechselte mit ihm, wie er auch sonst pflegte, einige Worte und versprach von freien Stücken, zu dessen Tisch zu kommen, um so jeden Schein, als ob er ein böses Gewissen habe, jeden Argwohn, daß er für jene Feindseligkeiten verantwortlich sei, auszulöschen, bevor er in sein Land zurückkehrte. Zu dem Mahle war auch Philagrius erschienen: sobald dieser des Königs ansichtig wurde, gedachte er seines Auftrags und ging, ein wichtiges Geschäft vorschützend, in sein Quartier. Dort eröffnete und las er das versiegelte Schreiben und er sah, wie er zu handeln habe. Er kehrte zu dem Mahl zurück und nahm seinen Platz unter den Gästen ein. Nach Aufhebung der Tafel ergriff er plötzlich den König und befahl dem Kommandierenden, unter Verlesung des kaiserlichen Befehls, den Gefangenen im Lager scharf zu bewachen: den Gefolgen Vadomars, über welche er keine Weisung hatte, gebot er, in die Heimat zurückzukehren. Der König, in das Hauptquartier zu Julian gebracht, gab jede Hoffnung auf Gnade auf, als er erfuhr, daß sein Geheimschreiber aufgefangen und seine Briefe an Constantius bekannt geworden.

Aber der „Heide" Julian war nicht blutdürstig wie sein christlicher Gegner: er ließ, wie zahlreiche andere Anhänger des Constantius, (seinem nach Italien geflüchteten Hauptfeind Florentius schickte er dessen Familie auf eigne Kosten nach,) auch diesen arglistigen Barbaren, ohne ein Wort des Vorwurfs, nur nach Spanien bringen: in die Heimat konnte er ihn nicht entlassen, wollte er nicht das kaum gesicherte

424 ZWEITER TEIL · WESTGERMANEN

Gallien nach seiner bevorstehenden Entfernung neuer Beunruhigung durch diesen sehr gefährlichen Mann aussetzen. Sehr erfreut über die wider Verhoffen rasch gelungene Beseitigung des Königs, von dem er nach seinem Abzug Schlimmes für die Provinz gefürchtet hatte, beschloß der Kaiser vorher noch, den Barbaren, welche Libino vernichtet hatten, eine abschreckende Züchtigung beizubringen. Dem Gerück seines Anmarsches zuvor zu kommen, ging er in tiefer Stille der Nacht über den schweigenden Strom mit einigen Haufen der flinksten Hilfsvölker – wohl Germanen und Gallier. Es gelang, die Ahnungslosen (offenbar in eignem, nicht mehr in römischem Gebiet) von allen Seiten zu umzingeln und völlig überraschend über sie einzubrechen: sie erwachten erst durch den Lärm der auf sie eindringenden Waffen: Einige wurden getötet, andere baten um Gnade und wurden (mit den ausgelieferten Beute) gefangen genommen, den übrigen Friede gewährt, nachdem sie gelobt, Gallien unverbrüchlich in Ruhe zu lassen.

Nach diesem Erfolg beschloß Julian, endlich gegen Constantius zu ziehen. Zuvor suchte er die Gunst der *Bellona* zu gewinnen: durch *geheime* Opfer – denn offen hatte er mit der Staatskirche noch nicht gebrochen. In der Rede, in welcher er das Heer aufforderte, ihm zum Kampf um die Weltherrschaft zu folgen, konnte er ohne Übertreibung rühmen, die unaufhörlichen Einfälle der *Alemannen* und die unablässigen zügellosen Verheerungen der *Franken* gebändigt, den römischen Scharen, so oft es beliebte, den Weg über den Rhein gebahnt zu haben – das war also jetzt eine *Tat!*: Gallien aber, die Zeugin dieser Kämpfe, nach so vielen Verlusten an Menschen und so langen und schweren Schädigungen wieder zu Kräften gebracht, werde dankbar diese Erinnerung der Nachwelt übermitteln. Er schlug vor, in Illyricum einzurücken, das von allen stärkeren Besatzungen entblößt sei, und dann in ungehindertem Zug zunächst die Grenzen Dakiens zu besetzen.

Das Zusammenschlagen der Waffen, welches den lärmenden Zuruf begleitete, zeigt abermals, daß zahlreiche Germanen in dem Heere dienten oder doch, daß germanische Kriegsgebräuche in dem völlig barbarisierten Heere des Kaiserreichs längst eingedrungen waren.

Nur Nebridius weigerte in ehrenhafter Treue gegen Constantius, der ihn soeben befördert, Julian den Eid (d. h. die Mitkämpferschaft gegen den Kaiser): sofort wollten ihn die ergrimmten Soldaten erschlagen: aber Julian deckte ihn mit seinem eignen Kriegsmantel und entließ ihn in seine Heimat Tuscien.

Nun brach man das Lager ab und Julian zog an der Spitze des Heeres zunächst nach Pannonien, seinem Schicksal entgegen.[1]

Constantius schwankte inzwischen, ob er vorher den Perserkrieg vollenden oder sogleich durch Illyricum und Italien Julian entgegen eilen und ihn noch in den Anfängen seiner Erhebung „wie ein Jagdtier abfangen" solle: diesen Ausdruck brauchte er wiederholt, die Furcht seiner Umgebung zu zerstreuen.

Julian war aufgebrochen von dem Gebiet der Rauriker aus (gegenüber Basel), nachdem er die obersten Stellen neu besetzt: nach Gallien schickte er *Sallustius* als Präfekten zurück: zwei Germanen werden hier genannt *Dagalaif* als „comes domesticorum" und *Gomohar* (goth. guma, althochd. gomo, Mann) als „magister armorum", früher Führer der scutarii. Im Begriff, „durch den Schwarzwald (per marcianas silvas) und (über Rotweil?) auf den Straßen der (nördlichen) Donauufer" zu marschie-

---

1 Über den Weg, die Transportmittel, die Einschiffung auf der Donau, die Truppenzahl v. *Wietersheim-Dahn* I, 458 f. 585.

SECHSTES KAPITEL · VON DIOKLETIANS BIS ZU THEODOSIUS' REICHSTEILUNG   425

ren, teilte er seine Truppen, durch Beunruhigung mehrerer Landschaften zugleich Schein und Gerück größerer Macht als er wirklich hatte zu verbreiten: so schickte er ein Corps unter *Jovinus* und unter dem „magister equitum" *Revitta* „auf den altbekannten Straßen" (über den Mont Cenis) nach Italien, ein zweites mitten durch das innere Rätien (südlich des Bodensees, über Bregenz?).

Er befahl, rasch zu marschieren, als ginge es dem Feind unmittelbar entgegen, und nachts durch Wachen und Posten sich gegen Überfall zu decken. Er selbst rückte, auf sein Glück vertrauend, geschwind vor, wie er schon oft durch Barbarenland gezogen war; als er an eine Stelle kam, wo die Donau als schiffbar bezeichnet wurde (wohl zwischen Passau und Wien), fuhr er auf einer glücklich vorgefundenen großen Menge von Kähnen mit dem Heer flußabwärts: und zwar fast unbemerkt, da er, gewähltere Speise nicht verlangend, mit weniger und schlichter zufrieden, die Städte und Kastelle nicht aufsuchte, sondern weit ausbeugend vermied: man sieht also, daß damals noch zahlreiche römische Anlagen an der Donau (von Passau ab?) erhalten waren. Allmählich aber dran doch das Gerück seiner Annäherung ihm voraus und erfüllte mit üblicher Übertreibung ganz *Illyrien*: nach Niederwerfung einer Menge von Königen und Völkern in Gallien brause Julian mit gewaltigem Heer auf den Flügeln des Sieges heran. Vor diesem Schrecken floh der *Präfectus Prätorio Taurus* eiligst, mit stetem Wechsel der Postpferde, über die julischen Alpen und riß den Präfecten Florentius auf dieser Flucht mit sich fort: es waren die ernannten Consuln dieses Jahres. Nur der comes *Lucillianus*, der bei Sirmium stand, dachte auf die ersten leichten Meldungen von Julians Anmarsch an Widerstand und zog aus den Standquartieren Truppen zusammen, so viele in der Eile zu sammeln waren. Aber Julian „schoß wie ein feuriges Meteor seinem Schicksalsziele zu" (Ammian): bei abnehmendem Mond und daher meist finsterer Nacht gelangte er bis *Bononia* (früher *Malatis, Milata*, jetzt Banostar in Slavonien), landete, nur 19 Milliarien von Sirmium, unversehens und schickte (den Germanen) *Dagalaif* mit einer raschen Schar ab, Lucilian zu laden und nötigenfalls mit Gewalt beizuschaffen. Aus dem Schlaf wurde er in Gefangenschaft fortgerissen, der zuvor so trotzige Reitergeneral, der sich, nachdem er sich vom Schrecken erholt hatte und des Lebens versichert sah, nicht enthalten konnte, zu bemerken, unvorsichtig und verwegen habe sich Julian mit so geringer macht in fremdes Land gewagt: der Sieger hieß ihn seine klugen Warnungen für Constantius sparen und ging kühn und zuversichtlich, im Eilmarsch, auf die Stadt los, ihre Ergebung voraussetzend. Und wirklich, als er sich den weitvorgestreckten Vorstädten näherte, kamen ihm Soldaten und Bürger in Scharen mit Fackeln und Blumen entgegen und begrüßten ihn als Kaiser.

Aus seiner weiteren Geschichte ist nur hervorzuheben, was Germanien oder Germanen in römischem Dienst betrifft. So übertrug er einem Franken, dem treuen *Nevitta*[1], die Bewachtung des wichtigen Passes bei *Succi*, an dem Hämus und Rhodope, der Grenzscheide von Illyricum (Niedermösien) und Thrakien (heute Serbien und Rumelien)[2], hier an das innere *Dakien* und *Serdica* (*Sophia*) stoßend, dort nach *Thrakien* und *Philippopolis* (*Philiba*) blickend. *Sextus Aurelius Victor*, (den Geschichtschreiber,) bestellte er zum Consularpräfekten des zweiten (unteren) *Pannoniens*. Damals verfaßte Julian Rechtfertigungsschreiben und Manifeste an die Heere, an viele Provinzen und Städte des Reiches: das an „Senat und Volk der Athenäer" ist

---

1 Germanisch? fehlt bei *Förstemann*; f. aber Nevi, Nevo, Nebe daselbst.
2 *Gibbon* V, 262

426   ZWEITER TEIL · WESTGERMANEN

uns erhalten. Ruhig und einfach, zwar ohne Schonung, aber auch ohne Schmähung des Constantius, entwickelt er dessen ganzes Verhalten wider den Sieger von Straßburg, von seines Vaters und seines ganzen Hauses Ermordung an bis zu der jüngsten Verwerfung seiner billigen Anträge (S. 333, 334). Politisch geschickt verfaßt ist das Schreiben und doch wahrhaftig: es entspricht ganz Julian sonst, namentlich von Ammian, bezeugter Eigenart.[1] In einer an den Senat zu Rom gerichteten heftigen Beschwerdeschrift gegen Constantius griff er auch Constantin den Großen an, der ihm, vermutlich als Begründer der Staatskirche, verhaßt war. Bezeichnend ist es dabei für Julians antikisierenden Standpunkt, daß er jenem Kaiser als einem Neuerer den Umsturz alter Gesetze und Sitten vorwarf: er zuerst habe Barbaren zu hohen Ämtern und sogar auf den konsularischen Stuhl erhoben: mit scharfem Blick hatte also Julian erkannt, daß diese fortwährend und rasch gesteigerte Barbarisierung des Reiches im Inneren, das massenhafte Eindringen von Barbaren in alle hohen und niederen Stellen im Heer, am Hof, in der Provinzialverwaltung eine kaum geringere Gefahr für das Reich bildete als der Andrang der äußeren Feinde: konnte doch selbst Julians hohes Ansehen und eifrige Kraft den Übermut der barbarischen Hilfsvölker, wie der Petulantes und der Kelten, manchmal nicht bändigen, Amm. XX, 12 (6): aber freilich, diese barbarischen Stützen waren längst unentbehrlich geworden und es macht Ammians Gerechtigkeitssinn alle Ehre, daß er diesen Vorwurf seines Lieblings scharf tadelt: „abgeschmackt und frivol war diese Beschuldigung, da ja Julian selbst zahlreiche Barbaren, zumal Germanen, beförderte und alsbald dem Mamertinus zum Kollegen gerade im Konsulat jenen Franken *Revitta* gab, der weder an Glanz (der Geburt?) noch an Tüchtigkeit und Ruhm jenen Männern vergleichbar, welche dereinst Constantin erhöht hatte, vielmehr ungebildet, bäuerlich und, was schlimmer in seinem hohen Amt, grausam war."[2]

In *Nässus* (*Nissa*) in Serbien erfuhr der kühne Angreifer, der zwischen sich und seiner ursprünglichen Operationsbasis, Gallien, jeden Zusammenhang aufgegeben hatte, daß in seinem Rücken, in *Aquileja*, eine nicht unbedenkliche Erhebung aufgeflammt war, welche zumal deshalb gefährlich sein, weil sie bereits andere Städte Italiens angesteckt hatte.

Zwei Legionen des Constantius und eine Kohorte Pfeilschützen, welche Julian zu Sirmium getroffen und, wegen Zweifels an ihrer Verlässigkeit, unter dem Vorwand dringenden Bedürfnisses, nach Gallien beordert hatte, waren nur widerwillig abmarschiert: sie scheuten die langen Wege und die unablässigen Kämpfe mit den grimmigen Germanen: in die feste Stadt Aquileja eingerückt bemächtigten sie sich, unter Beihilfe des Pöbels, der Tore und Mauern und erklärten dem Reitergeneral *Jovinus*, der durch die Alpen bis *Noricum* marschiert war, schleunig umzukehren und die Stadt zu belagern; dieser wurde später abgelöst durch den Germanen[3] *Immo*: und abermals ein Germane (ein Alemanne), der frühere Oberstallmeister *Agilo*[4] (er hatte 354 seine Landsleute bei Angst gewarnt), später Führer der ausländischen Schildträger, seit 360 „magister peditum", war es, der als außerordentlicher Gesandter die

---

1 Vgl. v. Wietersheim-Dahn I, 459.

2 Noch einmal tadelt er diese Inkonsequenz an Julian, welcher kurz zuvor Constantius so unmäßig gescholten, weil er zuerst die „barbarica vilitas" im Reich vermehrt XXI, 12. „Nevitta" erhielt in dem Feldzug gegen die Perser ein wichtiges Kommando XXIV, 1.

3 S. *Förstemann*, wo aber dieser Beleg fehlt.

4 S. oben.

SECHSTES KAPITEL · VON DIOKLETIANS BIS ZU THEODOSIUS' REICHSTEILUNG   427

Meuterer zur Kapitulation brachte, indem er den inzwischen erfolgten Tod des Constantius verkündete.

Ein anderer *Agilo* diente gleichzeitig unter Constantius gegen die Perser[1] an der Spitze der Läten, ebenso *Gomohar*.

Es überrascht, die beiden Barbaren *Nevitta* und *Dagalaif* bei der Belagerung einer persischen Festung mit der Leitung des Minenangriffs (cuniculi) und der Herstellung der Schutzbächer (vineae) betraut zu finden: so völlig waren also jetzt auch Germanen in die schwierigste Technik römischer Belagerungskunst eingeweiht (Amm. Marc. XXIV, 4). Diese beiden Germanen nahmen im Heere so hervorragende Stellungen ein, daß sie, mit den vornehmsten Galliern zusammen, nach dem Tode Julians bei der Wahl seines Nachfolgers eine besondere, sehr wichtige Gruppe bildeten (XXV, 5). Dagalaif wurde unter Valentinian (XXVI, 1) „magister equitum": er wagte, dem Kaiser, welcher seinen Bruder Valens zum Mitkaiser erheben, aber von der Umgebung darin bestärkt sein wollte, zu sagen: „wenn du die Deinen liebst, so hast du einen Bruder, wenn den Staat, so wähle den (Würdigsten), welchem du den Purpur verleihen willst"; bei der Verteilung der Generale und Legionen unter den beiden Kaisern behielt Valentinian Dagalaif unter sich (D. 5).

Andere Führer unter Constantius waren zu gleicher Zeit die comites *Theolaif* (XXIV, 1 verschieden von Dagalaif) und *Aligild*, welche so hervorragten, daß sie nach des Kaisers Tod (5. Okt. oder 3. Nov. 361) an Julian abgeordnet wurden, ihm die Unterwerfung des verwaisten Heers anzuzeigen. Sie trafen ihn an der Grenze von Dakien: er zog nun nach Byzanz, überall von der Bevölkerung mit Jubel empfangen. *Agilo* und *Nevitta* ernannte der Sieger zu Gliedern der Untersuchungskommission, welche alsbald über die Höflinge des Constantius, zumal die Verderber des Gallus, ein strenges, manchmal sogar grausames und ungerechtes Strafgericht heraufführte. Übrigens klagt Ammian über den argen Verfall der Kriegszucht, welchen Julian in dem Heere des Verstorbenen antraf: „Verweichlichung und Üppigkeit hat in diesen Scharen Römer wie Barbaren verdorben."

Ein anderer fressender Schade war die Raubgier, mit welcher die Bischöfe und andere einflußreiche Männer der Staatskirche, aus früherer Armut und Unterdrückung seit Constantin zur herrschenden Macht im Staat erhoben, die Güter und Schätze nicht nur der alten Tempel, sondern der Provinzen plünderten. Verderblicher noch war die maßlose Verfolgungswut, mit welcher die christlichen Sekten gegeneinander tobten: „Kein Tier ist den Menschen so gefährlich als in ihrer todbringenden Wut gegeneinander die meisten Christen" sagt Ammian. Vergebens bemühte sich Julian, die wider einander tobenden Bischöfe zu beschwichtigen: sie achteten seiner vermittelnden Worte nicht: so daß er ihnen oft zurief, mit Anspielung auf ein Wort Marc Aurels: „Höret doch auf mich, auf den selbst Franken und Alemannen gehört."

Auch sonst wird für jene Zeit in den wichtigsten Dingen rasch fortschreitendes Verderben bezeugt.

Man darf es als nur wenig rhetorisch übertrieben ansehen, was Julian von dem Verfall der Reichsfinanzen klagt: „von unermeßlichen Reichtümern ist der römische Staat in höchst Dürftigkeit herabgesunken, durch Schuld von Ratgebern, welche, um

---

1 Die hier XXI, 13 und XXXI, 13 erwähnten „mattiarii" wurden nach einem Geschoß „mattium", gallisch mattaris Strabo IV, 4 (p. 195) benannt; – ist Mattium, das chattische, ganz ausgeschlossen?

den eigenen Reichtum zu mehren, die Kaiser kehrten, mit Gold von den Barbaren den Frieden zu erkaufen und so von den Feldzügen heimzukehren: das Aerar ist leer: die Städte sind erschöpft, die Provinzen verheert: ich selbst habe gar kein Vermögen": die Soldaten waren unzufrieden, weil ihnen ein Geschenk von nur 100 Denaren (ca. 60 Mark) geboten wurde.

Das Reich erlag vor allem infolge seiner unheilbar erkrankten Finanzen: diese litten unter den uralten Gebrechen der römischen Gesellschaft und Volkswirtschaft: der Ruin der Finanzen zerstörte dann auch die Wehrkraft und die normale Funktion der Zivilbeamtungen.

Während der Kaiser den Feldzug gegen die Perser vorbereitete und im Inneren Reformen betrieb, namentlich die Beamtungen reinigte, versäumte er nicht, gleichzeitig für den Schutz der *Donaugrenze* Sorge zu tragen. Die Städte Thrakiens, zumal die Grenzfesten, wurden verstärkt, die auf den Uferhöhen (supercilia) der Donau als Posten gegen die Barbaren verteilten Truppen, welche nach den eingehenden Berichten deren Einfälle wachsam und kräftig abwehrten, wurden mit Waffen, Kleidung, Gold, Lebensmitteln ausreichend versehen. Seine Vertrauten rieten, die benachbarten *Goten* anzugreifen, welche sich oft als treulos und trügerisch erwiesen hätten: aber der Kaiser meinte: „er suche sich würdigere, wichtigere Feinde: für die Goten genügten, sie zu verderben, die galatischen Kaufleute, von welchen Goten jedes Standes allerorten als Sklaven verkauft würden." Diese Stelle ist in mehr als einer Richtung bedeutsam: sie zeigt, sie bekräftigt, daß damals, abgesehen von kleinen Grenzverletzungen und Räubereien gegen das abgeschlossene foedus, die Goten Ruhe hielten, nicht mit Macht, wie früher und bald nach Julian wieder, die Donaumündungen beunruhigten: der Kaiser spricht mit großer Geringschätzung von ihnen. Die große Zahl von Goten, welche aller Orten von den kleinasiatischen Sklavenhändlern feil geboten werden, erweist, daß die Bevölkerung sehr stark anwachsen mußte, da trotz solcher fortwährenden Minderung alsbald die gotischen Völkerschaften in erstaunlichen Massen auftreten. Wie kamen aber diese zahlreichen Goten jedes Standes in die Hände der Sklavenhändler? Man wird zunächst an Kriegsgefangene denken müssen, welche bei jenen „treulosen" Einfällen von den Römern ergriffen wurden. Allein sehr groß kann diese Zahl schwerlich gewesen sein, da bedeutende gotische Heerzüge gegen Rom damals nicht vorkamen. Daher wird man zur Ergänzung der „großen Menge" annehmen müssen, daß jene Händler von andern Nachbarn der Goten, mit welchen diese damals sehr häufig Kriege führten, gotische Gefangene aufkauften. Und vielleicht ist die Möglichkeit nicht ausgeschlossen, daß damals, wie wenige Jahre später, durch Hunger und Not gedrängt, viele Goten sich freiwillig in Sklaverei verkauften: wenigstens würde die Bezeichnung der *Händler* (nicht der Kriegsfeinde), als der *eigentlichen Volksverderber* am meisten hierzu stimmen. Zweifellos verkauften Goten z. B. die Ostgoten des Ermanarich, welche damals zahlreiche andere Völker der gotischen Gruppe besiegten, solche Gefangene nicht minder als nichtgotische Gefangene.

Julian erfreute sich während seiner kurzen Regierung einer nur selten vorkommenden Ruhe an den Grenzen: vorübergehend wenigstens ließen die Barbaren in ihrem gierigen Eindringen nach: sie hatten erkannt, daß unter einem solchen Verteidiger die Verletzungen der römischen Grenzen ihnen selbst zu Schaden und Verderben gediehen.

So weit darf man Ammian (XXII, [1]) glauben: aber schwerlich „wurden sie von wunderbarem Eifer entzündet, ihn zu loben" (vgl. XXV, 4). Seit seinem Abmarsch aus dem Westen hielten alle Völker bis an seinen Tod unbewegliche Ruhe, als ob der

SECHSTES KAPITEL · VON DIOKLETIANS BIS ZU THEODOSIUS' REICHSTEILUNG   429

Friedensstab des Merkur über der Weltgeschichte schwebe (!)." Am stärksten hatte Julians Auftreten natürlich in Gallien selbst gewirkt, hier auf Alemannen und Franken mächtigen Eindruck gemacht. – Ammian verteidigt ihn gegen den Vorwurf, die Stürme des Krieges neu entfesselt zu haben: er erinnert, daß den Kampf gegen die *Parther* Constantius herbeigeführt habe. „In Gallien aber war (vor Julian) ein Krieg aus dem andern entglommen, hatten sich die Germanen weit über unser Gebiet ergossen: schon drohten sie, über die Alpen zu brechen und Italien zu verwüsten: der Bevölkerung war aber nach vielen unsäglichen Leiden nichts übrig geblieben, als Tränen und Schrecken, bittere Erinnerung an die Vergangenheit und noch traurigere Erwartung für die Zukunft: da kam dieser junge Mann, mit der Scheinmacht eines Cäsars nach der Westgrenze entsendet; und alsbald brachte er für alles mit fast wunderbar zu nennender Schnelligkeit Abhilfe, Könige wie schlechte Sklaven vor sich hertreibend: persönlich schlug er, furchtbare Kälte und Hitze ertragend, in kühnem Kampf die grimmen Feinde nieder, warf seine Brust als einzigen Riegel unsern weichenden Scharen entgegen und zerstörte die Königreiche kampfeswütiger Germanen; ja er erreichte es durch eine einfache Ansprache, daß ihm das gallische Heer, an den Reif und Frost des Rheins gewöhnt, durch die weite Welt in das heiße Assyrien und an die Grenze der Meder folgte."

Dies Lob ist um so glaubhafter, als es erst gespendet wurde, nachdem der tapfere Kaiser im Gefecht gegen die Perser den Heldentod gefunden hatte und da Ammian auch scharfen Tadel nicht unterdrückt.

Diese merkwürdige Gestalt ist nicht eben leicht zu zergliedern. Des Kaisers Versuch, die alten Götter wieder zur Herrschaft zu bringen, war ein edler Wahn, nicht wegen der Unmöglichkeit, dem erst wenige Jahrzehnte herrschenden Christentum die Bedeutung einer Staatskirche wieder zu entziehen, sondern weil er selbst und alle Gebildeten seiner Zeit an jene Götter längst nicht mehr recht glaubten: die halb mystischen Philosopheme Julians konnten aber nie Volksreligion werden. Der einzige Fehler, der ihn entstellt, ist eine maßlose Eitelkeit, nicht auf seine Taten als Feldherr oder Herrscher, sondern auf seine Belesenheit, Bildung, griechische Gewandtheit des Geistes: griechische Leichtbeweglichkeit war sein Vorzug und Fehler. Römisch aber war sein Heldentum und seine Erfassung der „Roma aeterna" gegenüber dem Christentum, dessen Todfeindschaft gegen alles Antike, zumal Römische[1], er klar erkannt hatte, in diesem Sinn war er der „letzte Römer." Er zählt zu jenen ewigen Jünglingen, welche, wie Achilleus und Alexandros, die Götter früh und im Sieg abrufen, auf daß ihre Gestalt nicht der Prosa verfasse, sondern in Jugendschöne im Gedächtnis lebe der Menschen.[2]

Auf dem viel bedrohten Rückzug aus dem Perserreich machte die römische Methode wieder von den Germanen im Heer in alter Weise Gebrauch: die Soldaten wollten aus Furcht vor den nachdrängenden Feinden halsüberkopf, ohne Brücken

---

1 „Den Abscheu der Menschheit" hatte Tacitus die vaterlandslosen und scheinbar gottlosen Christen genannt, welche, ohne *nationalen* Gott, den Untergang des sündhaften Staates erwarteten und ersehnten.

2 Treffend seine Charakteristik bei dem eifrig christlichen *Prudentius*:
... Tapferster Führer der Heere!
Hoch als Gesetzbegründer berühmt; mit dem Arm und dem Rate
Treuester Wahrer des Vaterlands: nicht aber des Glaubens.
Ungezählte verehrend vermeinter göttlicher Wesen:
Abgefallen von Gott, doch getreu bis zum Tod dem Reiche.

430   ZWEITER TEIL · WESTGERMANEN

oder Schiffe, über den tiefen, reißenden *Tigris* setzen: endlich befahl man den Germanen des Nordens („arctois Germanis": es waren wohl Friesen, Chauken, Bataver und Franken) mit Galliern zuerst vor allen anderen das Schwimmen zu versuchen: damit, wenn sie fortgerissen würden, ihr Untergang die anderen von ihrem wilden Drängen abschrecken solle – man brauchte sie also wieder einmal als Versuchsgegenstand! – oder ihr gelungener Übergang die übrigen ermutige. Man wählte die zu solchem Wagnis geschicktesten aus: „Leute, welche in ihrer Heimat angeleitet werden, von der Knabenzeit an über die breitesten Ströme zu schwimmen." In der Stille der Nacht glitten sie unvermerkt alle auf einmal, wie auf einen Schlag, ins Wasser, erreichten rascher als man hoffte das jenseitige Ufer, hieben die persischen Wachen nieder, welche, allzu sorglos, sich dem Schlaf überlassen hatten, und gaben durch die emporgereckten Hände und auf Speeren zusammengedrehten Kriegsmäntel der Hauptmacht das Zeichen, daß ihr kühnes Wagnis gelungen.

Sehr stark war um diese Zeit bereits der Einfluß der Germanen in römischem Dienst auf die wichtigsten Entscheidungen: so stark, daß Eifersucht und römischer Nationalstolz längst dem gegenüber eine antibarbarische antigermanische Partei am Hof, im Heer, in den Zivilämtern hervorgerufen hatte, deren Trachten, die Barbaren aus solcher Machtstellung zu verdrängen, an sich ganz berechtigt, aber deshalb ein arger Anachronismus war, weil, wie gerade die Führer dieser Römerpartei dar taten, römische Kraft zur Leitung und Verteidigung des Reiches schon lange nicht mehr genügend und die Mitwirkung der Barbaren ganz unentbehrlich war.

So waren auch bei der Wahl des Nachfolgers Julians die „römische" Partei unter *Victor* und *Arintheus* und die „Fremdenpartei" unter den Germanen *Nevitta* und *Dagalaif* (oben S. 341) gegeneinander aufgetreten und zuletzt nur durch die Not zu einem Kompromiß gedrängt worden.

Dieser Nachfolger Julians, *Jovian*, der bald nach seiner Erhebung (27. Juni 363) starb (16./17. Februar 364), ernannte den Franken *Malarich*[1] zum „magister armorum" für Gallien: er hoffte, durch diese Beförderung sich einen treuen Anhänger in wichtiger Stellung zu sichern: und wiederholt hatten sich Franken[2] in römischem Dienst als gute Verteidiger des Rheins, zumal gegen ihre eigenen Stammgenossen, bewährt. Malarich weigerte sich aber, die Stellung anzunehmen. Darauf entstanden Unruhen in Gallien: auf das falsche Gerücht, daß Julian noch lebe, erhoben sich die Truppen, in dem Glauben, man wolle sie durch Betrug gegen den geliebten Kaiser für Jovian gewinnen: sie erschlugen mehrere Offiziere: mit Mühe rettete sich Valentinian, der spätere Kaiser, zu Reims.

Unter *Valentinian*, einem Pannonier niederer Abkunft, der sich durch Kraft und kriegerische Tüchtigkeit zum Heerbefehl in Afrika und Britannien emporgearbeitet hatte, drangen die Barbaren wieder im Westen und Osten in das Reich: *Alemannen* gleichzeitig in Gallien und Rätien, *Sarmaten* und *Quaden* in Pannonien, in Thrakien *Goten*, in Britannien *Picten* und *Scoten* von Nordengland und Schottland, *Sachsen* vom Festland her. Die Kaiser – Valentinian hatte schon am 29. März 364 seinen Bruder *Valens* zum Mitkaiser erhoben – nahmen zu *Mediana*, der Vorstadt von *Naissus* (s. oben), eine Verteilung der Generale und Legionen vor, wobei ihre pannonischen Landsleute vielfach bevorzugt wurden. Valentinian behielt für sich die

---

1 XV, 5 s. oben bei Silvans Untergang.
2 Auch herulische Scharen standen damals unter deinem römischen Offizier, Bitalian, in Gallien (XXV, 10).

SECHSTES KAPITEL · VON DIOKLETIANS BIS ZU THEODOSIUS' REICHSTEILUNG   431

Präfekturen: Gallien (mit Spanien und Britannien) und Italien (mit Illyricum und
Afrika): unter ihm standen die magistri militum *Dagalaif* und *Jovinus: Valens* übernahm den Orient mit Ägypten und Thrakien unter den magistri militum *Victor* (mit
Arintheus) und *Lupicinus.* Dann ging Valentinian nach *Mailand*, Valens nach *Byzanz.* Unter jenem verwaltete Italien, Afrika und Illyricum *Mamertinus*, die gallischen Provinzen *Germanianus.* Das Jahr 365 brachte schwere Gefährdung über das
Reich. Die Alemannen durchbrachen die limes-Linien von (römisch-) Germanien,
„zu noch wilderem Grimm als gewöhnlich entflammt durch folgende Ursache."
Und nun deckt Ammian wieder einmal auf, was so gelegentlich zur Sprache kommt,
bei den Friedens- und „Unterwerfungsverträgen" aber übergangen wird: daß nämlich das Reich sich bei solchen Verträgen zu „Geschenken" an die Barbaren verpflichtete, welche herkömmlich und genau im voraus durch Vertrag festgestellt waren (XXVI, 5).

„Während ihren an den Hof abgeordneten Gesandten bestimmte und vorher festgestellten Geschenke nach der Sitte des Herkommens gereicht werden mußten, bot
man ihnen wenigere und schlechtere: die Gesandten aber hatten sie kaum besehen,
als sie dieselben wütend, wie höchst unwürdig, zur Erde schleuderten. Der Oberhof-
meister (magister officiorum) *Urfacius* aber, ein zornmütiger Mann, behandelte sie
mit Rauhheit: nach Hause zurückgekehrt übertrieben sie den Vorfall und reizten als
vom Hofe schimpflich und verächtlich behandelt die höchst wilden Völkerschaften
auf."

Der Vorgang zeigt, wie diese Barbaren bereits Geschenke als Tribut, als festes
Recht, Anspruch nehmen und ihrem Zorn über Herabsetzung derselben auch am
Hofe des Kaisers den schroffsten Ausdruck geben.

Dagalaif erhielt zwar den Befehl, den Alemannen schleunig entgegen zu rücken:
aber diese hatten sich, nachdem sie das ihnen benachbarte Grenzgebiet weithin verwüstet, ohne Verlust wieder zurückgezogen. Der Kaiser wollte Gallien sich nun
selbst überlassen, um einem Anmaßer, *Prokopius* nach *Illyricum* entgegen zu eilen:
aber seine Umgebung und Gesandtschaften der edlen Städte Galliens geschworen
ihn, doch nicht diese Provinz, die starker Hilfe bedürfe, den Tod und Verderben
drohenden Barbaren Preis zu geben: bleibe er, so werde schon der kaiserliche Name
den Germanen Furcht einflößen. Valentinian entschloß sich, zu bleiben, da der Empörer nur sein und seines Bruders Valens Gegner, die Alemannen aber des ganzen
römischen Weltreiches Feinde seien. Er rückte bis *Reims* vor, beschloß aber, nicht
die Grenze zu überschreiten (365).

Während *Valens* dem Anmaßer nach Syrien entgegenzog, erfuhr er durch Berichte
seiner Heerführer, „daß das Volk der *Goten*, seit langer Zeit unbehelligt und deshalb
zu hohem Mut empor gewachsen, in seinen verschiedenen Teilen übereinstimmend
den Plan verfolge, in das thrakische Grenzgebiet einzudringen" (Ammian Marc.
XXVI, 6).

Seit Constantin der Große ihnen reiche Jahrgelder verwilligt, hatten sich die Goten gegen Rom ruhig verhalten. Aber gerade damals hatten sie sich auf Kosten ihrer
germanischen und flavischen Nachbarn ausgebreitet, so daß diese Ruhe gegen Rom
sich auch bei andauernder Mehrung der Bevölkerung sehr wohl erklärt: die römischen Jahrzahlungen gewährten Getreide oder Geld, solches zu kaufen: so bedurfte
man nicht der Ausbreitung in so hohem Maß wie früher ohne Jahrgelder: und die
besiegten Nachbarn mußten ebenfalls Zins in Naturalien (tributa) leisten oder Land
abtreten oder beides gewähren. Jetzt war ein Teil von ihnen von dem Gegenkaiser
Prokopius gewonnen, welchen sie, da er Münzen prägte und die anderen Hoheits-

432 ZWEITER TEIL · WESTGERMANEN

recht übte, für den rechtmäßigen Kaiser hielten – so erklärten sie wenigstens später: ferner waren sie durch Vorenthaltung der Jahrgelder erbittert und, sofern sie dieselben zum Getreidekauf brauchten, wirklich in die Not versetzt, sich Nahrung, da sie diese nicht kaufen konnten, zu rauben. Zunächst war Valens vollauf beschäftigt, den Empörer Prokopius niederzuwerfen, bei dessen Erhebung und Bekämpfung wieder Germanen im römischen Dienst sehr wesentlich mitwirkten: sie waren bereits so häufig und so einflußreich im Staat, daß kaum noch wichtige Vorgänge ohne ihre Beteiligung geschahen. So spielten die beiden Germanen *Gomohar* und *Agilo* im Lager des Prokopius eine wichtige Rolle[1]: letzterer war der Eidam des *Araxius*, des Präfectus Prätorio des Empörers – also kamen Ehen zwischen diesen germanischen Abenteurern und den ersten Familien des Reiches vor: der „barritus" wird von dem Heer des Rebellen *und* den Kaiserlichen angestimmt. Denn auch für Kaiser Valens wurden Germanen in wichtigen Aufträgen verwendet: jener Alemannenkönig *Vadomar*, welchen Julian gefangen (oben S. 338), war zunächst dux in Phönikien geworden: jetzt heißt er „ex duce et rege Alamannorum" (wobei das ex als von Ammian auch auf rex bezogen[2] zu lassen ist). Jetzt, 365, belagerte er im Auftrag des Kaisers Valens Nikä (später, im J. 371 befehligt er mit einem comes *Traianus* ein römisches Heer und schlägt den Perserkönig *Sapor* bei *Vagabanta* in *Mesepotamien*). Aber gleichzeitig wurde die feste Stadt *Kyzikus* den Kaiserlichen entrissen durch die Belagerungskunst eines Tribuns im Dienst des Prokopius, welchen sein Name *Aliso* wohl auch als Germanen bekundet: er erzwang den Eingang in den mit starken Ketten gesperrten Hafen durch drei aneinander gebundene Schiffe, auf welchen die Bemannung in einer nach hinten schwibbogenartigen Überhöhung aufgestellt war, um die Geschosse der Verteidiger auf dem abschüssigen Dach der dicht aneinander gefügten Schilde, wie Regen von einem Giebeldach, unschädlich abgleiten zu lassen.[3] Allerdings hatte der Germane diese Einrichtung nicht erfunden, aber doch vor anderen Mitteln anzuwenden beschlossen. Man sieht, diese Germanen in römischem Dienst waren gelehrige Schüler der römischen Kriegskunst. Der mehrerwähnte *Dagalaif* wurde mit dem späteren Kaiser *Gratian* Konsul des Jahres 366 (XXVI, 9). In diesem Jahr wurde Prokopius wesentlich dadurch vernichtet, daß, als es bei *Nakolia* in Lybien zur Schlacht kam, jener *Agilo* plötzlich zu Valens übertrat, wobei ihm eine große Zahl anderer – vielleicht auch meist Germanen – folgte: „die eben noch Speere und Schwerter getragen hatten, gingen mit ihren Fahnen über, die Schilde umkehrend, was das deutlichste Zeichen des Abfalls" (O.).

Der flüchtige Empörer wurde von seinen Begleitern[4] dem Kaiser ausgeliefert.

Wohl zum Lohne für solchen Übertritt wurde *Agilos* Verwendung für seinen Schwiegervater *Araxius* willfahrt und dieser zur Deportation auf eine Insel begnadigt, während sonst Valens grausam gegen die Anhänger des Vernichteten wütete.

Schon vorher hatte *Gomohar* sich ebenfalls dem Kaiser unterworfen. Lange Zeit hatte er mit Erfolg in Lykien Widerstand geleistet, zumal durch moralische Einwirkung auf die dem Hause des Constantin ergebenen Truppen: er führte des Constantius Witwe *Faustina* und deren gleichnamige, nach dem Tode des Vaters geborene kleine Tochter überall, sogar in der Schlacht in der Sänfte mit sich und rührte und

---

1 XXVI, 7.

2 Wie XXIX, 1 beweist, wo er nur ex rex heißt.

3 Vgl. *Rast*, griech. Kriegsaltertümer S. 125.

4 Erst Sozomenos (X c450) VI, 8 nennt als diese Agilo und Gomohar, anders Ammian O.

SECHSTES KAPITEL · VON DIOKLETIANS BIS ZU THEODOSIUS' REICHSTEILUNG   433

begeisterte so seine Anhänger zum Kampfe für das „kaiserliche Geschlecht." Erst als der altconstantinische Feldherr *Arbetio*, als Gegengewicht in der Wagschale des Valens verwertet, in dessen Lager geführt die Truppen des Rebellen aufforderte, sich ihm anzuschließen, den „Räuber" Prokopius zu verlassen, erfolgten zahlreiche Übertritte. *Gomohar* hätte nun leicht entkommen können, zog es aber vor, unter dem Scheine der Gefangenschaft in das Lager des Kaisers überzutreten.

Die Könige der *Goten*, welche sich offenbar bereits wegen der verweigerten Jahrgelder drohend erhoben hatten, waren von Prokop besänftigt und, da er sich als Verwandten Constantins auswies, bewogen worden, ihm 3000 Mann Hilfstruppen zu schicken, welche ein Parteigänger des Anmaßers für geringen Lohn auch zu sich herüber ziehen zu können glaubte: man sieht, welche Bedeutung für die Germanen die Zugehörigkeit zu dem Geschlecht desjenigen Kaisers hatte, mit welchem sie günstigen Vertrag geschlossen: sie übertrugen ihre eigenen germanischen Anschauungen auf das römische Staatswesen, auf Erblichkeit, Geblüt, Sippeverband auch für die Kaiserkrone ein Gewicht legend, das im römischen Staatsleben durchaus nicht gleich wog. Übrigens begreift sich, daß die Goten um so bereitwilliger Hilfstruppen stellten, als sie einerseits hierzu wohl durch das constantinische Bündnis verpflichtet waren und andererseits Prokop die Wiederaufnahme der Jahrgelderzahlung begann oder doch versprach.

Einstweilen waren die *Alemannen* wieder in Gallien eingedrungen (366). Die Erbitterung über Verkürzung der Geschenke und über die grobe Behandlung ihrer Gesandten mag die ohnehin nie erloschene Neigung zur Ausbreitung über den Rhein gesteigert haben: offenbar wirkte das Bedürfnis der Ausbreitung unablässig fort und die Nachricht von dem Tod des Siegers von Straßburg, des kräftigen Bewachers des Rheinstroms, mußte zu neuen Versuchen ermutigen. Sie hatten sich von den schweren Verlusten und Wunden, welche ihnen Julian beigebracht, erholt, „obwohl noch nicht völlig die alte Kraft wieder erlangt", sagt Ammian: gewiß der Wahrheit gemäß, da in nur neun Jahren die Verluste von Straßburg und bei den Heerzügen des Cäsars auf dem rechten Rheinufer allerdings noch nicht durch Nachwuchs ausgeglichen sein konnten. Einen Winterfeldzug in dem milderen Frankreich scheuten die Söhne des Schwarzwaldes durchaus nicht: überbrückte ihnen doch das Eis vielleicht den Strom. Gleich zu Anfang Januar, „wann in jenen eisigen Gegenden noch furchtbar das Gestirn des Winters herrscht", sagt Ammian, überschritten sie den gallischen limes und verbreiteten sich, in mehrere Schlachthaufen (Keile, eunei) geteilt, weithin ungehemmt streifend. Um ihrem ersten Schwarm entgegen zu treten zog *Charietto*, der einstweilen zum comes für beide Germanien aufgestiegen war, mit sehr kriegstüchtigen Truppen aus: seine Kollege *Severianus*, ebenfalls comes, aber altersschwach, der bei *Cabello* (Chalons sur Saone) stand als Befehlshaber der *tungricanischen* und *devitensischen* Kohorten, wurde zur Teilnahme an dem Marsch entboten. Die vereinigten Truppen überschritten in einer Kolonne einen kleinen Fluß auf einer Brücke rasch und sicher und griffen die Barbaren, sowie sie in der Ferne sichtbar wurden, mit Pfeilen und anderen leichten Geschossen an was sich kräftig erwiderten. „Als es aber zum Zusammenstoß mit den Schwertern kam, wurde unsere Aufstellung durch den heftigeren Anprall erschüttert und kam nicht mehr zum festen Widerstand: und als sie Severian, von einem Wurfgeschoß durchbohrt, vom Pferde stürzen sahen, ergriffen alle furchtsam die Flucht." Vergebens warf sich der tapfere Charietto den Weichenden mit seinem Leib entgegen, vergebens wollte er sie mit lautem Scheltruf aufhalten, vergebens die schimpfliche Schmach lange Zeit durch eigenes zuversichtliches Standhalten auslöschen: auch er fiel von tödlichem Geschoß. Nach seinem Fall war den *Herulern* und *Batavern* in römischem Dienst ihre Fahne entrissen: laut aufjauchzten die Alemannen über diese den tapfersten Hilfsvölkern entrissene Trophäe: mit Hohngeschrei und Freudensprüngen warten sie sie einmal über das andere hoch empor und trugen sie zur Schau, bis die Fahne, nach großen Kämpfen, wieder gewonnen wurde."

Wieder ist hier ein Germane die Seele der römischen Kriegführung gegen die Germanen: er hält, nach dem Fall des weniger geschätzten römischen Kollegen, mit germanischem Trotz Stand und mit germanischem Ehrgefühl. Germanische Söldner sind es, auserlesene, die er führt: besonders verhaßt mochten diese den freien Alemannen sein: in ein übermütiges und racheschnaubendes Ringen *germanischer* Scharen auf beiden Seiten um ein Feldzeichen dieser Söldner verläuft zuletzt die Schlacht, welche doch für *Rom* und den *römischen* Besitz in Gallien geschlagen wird. Man sieht: rasch schreitet die Germanisierung des römischen Weltreichs vor.

Auf die „höchst betrübende" Nachricht von dieser Niederlage[1] wurde *Dagalaif* aus Paris abgesendet, Abhilfe zu schaffen. Dieser zögerte aber lange, schützte vor, die überall hin verbreiteten Barbaren nicht angreifen zu können, bis er abberufen wurde, zusammen mit Gratian, dem Sohne des Kaisers, das Konsulat anzutreten.

Nun wurde der magister equitum *Jovinus* mit der Bekämpfung der Eingedrungenen betraut: dieser traf alle Vorbereitungen und Rüstungen, deckte sehr sorgfältig bei seinem Marsch beide Flanken gegen Überfälle und überraschte seinerseits bei *Scarponna* (Charpeigne an der Mosel) eine größere Schar von Barbaren so völlig, daß sie, bevor sie nur die Waffen ergreifen konnte, bis zur Vernichtung aufgerieben wurde: Vorsicht in Feindesland hatten die Unbedachten noch immer nicht gelernt, die doch ihrerseits in ihrem heimischen Wäldern den kleinen Krieg der Überfälle mit der Meisterschaft des Naturvolkes verstanden. Der ausgezeichnete Feldherr führte die über den Ruhm eines so verlustlosen Treffens frohlockenden Truppen weiter zur Vernichtung des zweiten Haufens. Behutsam vorrückend erfuhr er durch zuverlässige Kundschaft, daß eine auf Plünderung ausgezogene Schar nach Ausraubung der nächsten Landhäuser sich am Fluß (der Mosel doch wohl) zur Ruhe gelagert habe. Vorsichtig und langsam näher rückend, den Feinden verborgen durch ein von dichtem Gebüsch dem Überblick entzogenes Tal, sahen die Römer die einen baden[2], die anderen nach ihrer Sitte[3] die Haare, um ihnen rötlichen Glanz zu geben, salben, andere zechen.

Diesen ausnehmend günstigen Augenblick benützend gab er plötzlich das Trompetenzeichen zum Angriff und brach in das Lager der Raubfahrer ein. Die Germanen hatten nur ohnmächtige Drohungen des Trotzes und Wutgeschrei entgegenzuwerfen, denn der hart eindrängende Sieger ließ ihnen gar nicht mehr Zeit, die zerstreuten Waffen zu erheben, sich in Schlachtordnung zu stellen und zum Widerstand zu ermannen, so fielen sie denn zahlreich, von Pilum und Schwert durchbohrt, die übrigen entkamen auf verschlungenen und schmalen Steigen.

---

1 Nach Zofimus IV, 9 wollte der höchst zornmütige Pannonier – er sollte an seinem Jähzorn sterben – die Bataver zur Strafe für diese Niederlage als Sklaven verkaufen lassen und wurde nur schwer durch ihr (bald eingelöstes) Versprechen, die Scharte durch hervorragende Bravour demnächst auszuwetzen, zur Verzeihung bewogen. Daß der Kaiser dieser Schlacht selbst beigewohnt, ist ein Irrtum *Huschbergs*, s. v. *Wietersheim-Dahn* I, 351. 352. 591.

2 Also war es einstweilen doch wohl April oder Mai geworden, der gleich darauf erwähnte Nachtfrost verbietet, noch spätere Jahreszeit anzunehmen.

3 Vgl. Sueton, Caligula S. 47. Balerimus Marimus II, 1, 5. Diodor. Sicul. V, 28. Band I, 32.

SECHSTES KAPITEL · VON DIOKLETIANS BIS ZU THEODOSIUS' REICHSTEILUNG   435

Durch diese von Mut und Glück bewirkten günstigen Erfolge in der Zuversicht gehoben führte Fodinus das Heer gegen den dritten Haufen, der nun allein noch übrig war. Sorgfältige Auskundschafter waren vorausgesendet, alsbald traf man, in beschleunigtem Marsch folgend, bei *Chalons sur Marne* (Catelauni – in dieser Zeit werden auch für die *Städte* die Namen der umwohnenden *Völkerschaften* gebraucht) den Feind geschart und kampfbereit. Der Feldherr schlug an günstiger Stelle Lager und labte seine Leute nach Kräften durch Speisung und Schlaf. Am anderen Tag bei Sonnenaufgang stellte er sein Heer in Schlachtordnung in der offenen Ebene, mit sorgfältiger Kunst seine Linie auf beiden Flanken so weit ausdehnend, daß die Römer, an Zahl (obwohl nicht an kriegerischer Kraft) schwächer, auch an Menge den Feinden gleichzukommen schienen.

Als die römischen Trompeten da Zeichen zum Angriff gaben und der Rachekampf begann, standen die Germanen bei dem wohlbekannten Anblick der schimmernden Fahnen einen Augenblick erschrocken und wie gelähmt. Aber alsbald ermannten sie sich und nun währte der Kampf bis der Tag sich neigte.

Die kraftvoll eindringenden Legionen würden die Flucht ihrer glücklichen Anstrengungen ohne erheblichen Nachteil gepflückt haben, wäre nicht *Balchobaud*[1], Tribun der armaturae[2], bei dem sich Großsprecherei mit Unverstand paarte, gegen Abend in Unordnung gewichen. Die Gefahr wurde nun so groß, daß, hätten die übrigen Kohorten, seinem Beispiel folgend, ebenfalls ihre Stellungen geräumt, die Schlacht so schlimm ausgegangen wäre, daß nicht einmal ein Bote von dem Untergang des Heeres davon gekommen wäre. Aber die lange Waffenübung, die Disziplin, die gute Aufstellung und gewiß nicht am wenigsten abermals die weit überlegene Bewaffnung, zumal an Schußwaffen, wirkten dahin zusammen, daß die Römer mit tapferem Mut und mit Anstrengung aller Kraft ihre Stellungen behaupten – ohne freilich irgend die Alemannen von dem Schlachtfeld verdrängen zu können. Dieser *römische* Bericht läßt erkennen, daß die Schlacht, durch jenen in Verwirrung angetretenen Rückzug auf einem Teil des Schlachtfeldes verloren, durch die Bradour der Ausharrenden so weit wieder hergestellt worden war, daß sie als unentschieden gelten konnte. Die einbrechende Nacht machte dem Kampf ein Ende. Beide Heere behaupteten ihre am Morgen innegehabten Stellungen. Aber freilich – abermals hatte die Überlegenheit der römischen Waffen furchtbar unter den halbnackten Germanen gewütet, nur durch heldenmütigste Verschwendung des Lebens hatten die deutschen Männer das Ergebnis des Tages errungen, bloß 1200 Römer waren gefallen, 200 verwundet, während die Alemannen 6000 Tote, 4000 Verwundete zählten. Die geringere Zahl der Letzteren im Verhältnis zu den Toten zeigt im Vergleich mit der Statistik modernerer Schlachten die mörderische Wirkung des Nahkampfes, zumal mit *römischen* Waffen.

Während der Nacht kräftigten Nahrung und Schlaf im sicheren Lager das römische Heer. Bei Tagesgrauen führte der unermüdliche Feldherr die Truppen in geschlossenem Viereck wieder zur Aufnahme des Kampfes hervor. Da merkte man, daß die Barbaren im Schutz der dunkeln Nacht entwichen waren – nach solchen Verlusten sehr begreiflich. Aber der Niederlage oder gar Vernichtung hatten sie sich entzogen, zwar folgte Jodinus durch die offene Ebene, die keinerlei Hindernis und

---

1 Ein Germane, vgl. *Förstemann* S. 211 „belgan, tumere, irasci" und „baud" O. S. 216. 217. 434 von bud, binta oder bad goth. badu, pugna; vgl. F. Grimm in Stuhns Z. I.

2 Rüstungen, leichte Truppen?

436 ZWEITER TEIL · WESTGERMANEN

keine Möglichkeit eines Angriff aus dem Hinterhalt bot, eifrig nach, wobei man über halbtote oder starr gefrorene Leichen schritt – „deren Wunden die Kälte zu tötlichem Schmerz zusammengezogen" –, aber nach langem Verfolgen kehrte er um, ohne einen Feind eingeholt zu haben.

Er erfuhr, daß die *Askarier* (Hoftruppen, neben Herulern und Batadern erwähnt), welche er auf einem anderen Wege entsendet hatte, die Zelte der Alemannen zu plündern, einen König der feindlichen Scharen mit wenigen Begleitern gefangen und auf einem Galgen aufgehängt hatten! Das – d. h. von einem bloßen Offizier verfügt – ging doch sogar über römisches Kriegsrecht. Der fromme Kaiser Constantin hatte freilich mit gefangenen Frankenkönigen die Bestien des Zirkus füttern dürfen. Zornig beschloß Jovinus, den Tribunen zu strafen, der ohne Befragung des Oberkommandos solches zu tun gewagt, aber er unterließ die Befragung, „weil schlagende Beweise dataten, daß die frevle Tat nur in kriegerischer Hitze geschehen war." Der germanische Held aber, der götterentflammte König, war dem schimpflichsten Verbrechertod geweiht worden, nur weil er im ehrlichen Krieg die Erbfeinde seines Stammes bekämpft hatte. Kein Wunder, daß die Wut der Germanen, durch solchen Mißbrauch des Kriegsglücks immer mehr gesteigert, grimme Vergeltung übte. Die Barbaren waren übrigens damit keineswegs aus Gallien vertrieben. Ammian selbst meldet, daß hiernach noch viele andere Treffen in verschiedenen Landschaften Galliens geliefert wurden, „welche der Erzählung weniger wert sind, da ihre Ergebnisse nicht der Mühe wert waren (und man die Geschichtsdarstellung nicht durch geringfügiges Detail in die Länge ziehen soll)", d. h. also jene Gefechte hatten nicht den Erfolg, die Germanen aus Gallien zu vertreiben.

Als übrigens Jovinus von der Mosel siegreich nach Paris zurückkehrte mit dem Ruhm dieser Taten, ging ihm der Kaiser freudig entgegen und designierte ihn zum Konsul des kommenden Jahres (368). Der Kaiser war damals um so mehr in froher Stimmung, als der von Valens eingesendete Kopf des Prokopius den Untergang dieses Anmaßers bezeugte.

An diese Erhebung knüpfen sich die Kämpfe der nächsten Jahre an der Donaugrenze mit den *Goten*.[1]

Nach Vernichtung des Prokopius führte Valens, unter Zustimmung Valentinians, dessen Rat er in allen Dingen befragte und befolgte, Beschwerde gegen die Goten wegen der dem Empörer geleisteten Hilfe, er schickte den Magister equitum *Victor* an diese Nachbarn, Erklärungen zu fordern, weshalb ein den Römern befreundetes und durch vollgültigen Frieden und Bündnisverträge verpflichtetes Volk Waffenhilfe geleistet habe einen Rebellen, der seine rechtmäßigen Herrscher bekämpfte? Die Goten legten, ihre Handlungsweise mit bündiger Verteidigung zu rechtfertigen, die Briefe des Prokopius vor, in welchen er ausführte, daß er als Verwandter des Constantinischen Hauses nur den ihm gebührenden Thron in Anspruch genommen – man erinnere sich, daß dies germanischer Vorstellung von Anrecht auf die Krone ganz entsprach – und sie behaupteten mit vollem Recht, in sehr verzeihlichem Irrtum gehandelt zu haben.

Der Erfolg sollte lehren, daß es töricht war, diese Entschuldigungen „als ganz eitel" (so Ammian O.) zurückzuweisen und durch einen zwecklosen Strafkrieg die furchtbaren Waffen der gotischen Truppen aus ihrer so lange gewohnten Ruhe feindselig aufzustören.

---

1 Zosimus IV, 10. 11; vgl. Band I, 333. Dahn V, 1 f. v. Wittersheim, Dahn I, 35 f.

Valens zog mit Beginn des Frühjahrs 376 die Truppen zusammen und rückte gegen die Donau, bei dem Castell *Daphne,* in *Moesia secunda,* der einst von Constantin gegen die Goten errichtet, daher zum Unterschied von anderen gleichnamigen Anlagen „*Constantiniana*" zubenannt, schlug er ein Lager und überschritt von dort aus auf einer Schiffsbrücke den Strom ohne Widerstand. In gehobener Zuver-

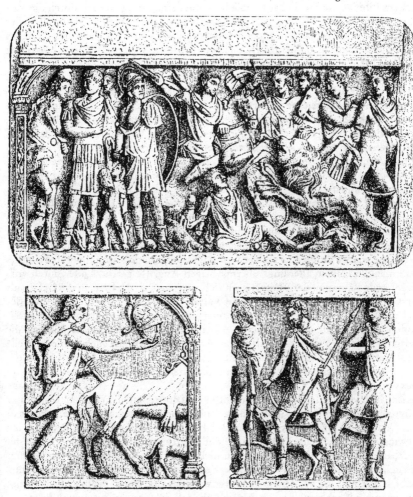

Reliefs vom Grabe des Jovinus zu Reims

sicht zog er nun auf dem linken Ufer hin und her, fand aber keinen Feind zu schlagen oder zu scheuchen, in dem alle in Furcht vor den mit prunkender Ausrüstung anrückenden Legionen in die steilen und nur dem völlig Landvertrauten zugänglichen der *Serrer* geflüchtet waren. Um nun nach Ablauf des ganzen Sommers nicht völlig unverrichteter Dinge heimkehren zu müssen, schickte er den General des Fußvolkes („magister peditum") *Arinthäus* mit Streifscharen aus, das Land zu verheeren, dieser hob einige Familien auf, welche gefangen werden konnten, weil sie

438 ZWEITER TEIL · WESTGERMANEN

durch die Steppe irrten und nicht die zerrissenen, viel gewundenen Bergschluchten gewonnen hatten.

Begnügt mit diesem vom Zufall gewährten Erfolge kehrte Valens unversehrt zurück, ohne schweren Schaden angerichtet oder erlitten zu haben.

Gleich erfolglos blieb der Feldzug des folgenden Jahres, in welchem er zwar mit gleichem Eifer versuchte, in das feindliche Gebiet einzudringen, aber, durch die weit verbreiteten Überschwemmungen der Donau gehemmt, nahe einem Flecken der *Carper*[1] ein Standlager beziehen und hier regungslos bis zum Ausgange des Herbstes stehen bleiben mußte. So kehrte er, nachdem der hohe Waffenstand jede Bewegung behindert hatte, nach Marcianopel in die Winterquartiere zurück.

Mit gleicher Beharrlichkeit überschritt er im dritten Jahre von *Novidunum* (Nivors in Bulgarien) aus auf verkoppelten Schiffen den Strom, drang in das Barbarenland ein und erreichte in fortgesetzten Märschen das fernab wohnende kriegerische Volk der *Greuthungen*, nach leichteren Gefechten stellte sich *Athanarich*, der damals mächtigste „Richter" (übrigens nicht der Greuthungen, sondern der *Thervingen*), mit einer, wie er meinte, überflüssig ausreichenden Macht zum Widerstand, wurde aber zur Flucht genötigt, sich der Vernichtung zu entziehen. Der Kaiser bezog die Winterquartiere in *Marcianopel*, für jenes Klima und Land verhältnismäßig günstig.

Nach drei Feldzügen stellte sich, wie Ammian sagt, bei den Goten, wie der Erfolg zeigt, auch bei den Römern, der Wunsch nach Frieden ein. Die Barbaren an allen Grenzen zählten regelmäßig mit Grund darauf, daß ein Kaiser mit einer Hauptarmee nie längere Zeit auf Bekämpfung derselben Feinde verwenden konnte, meistens nach einem Jahr wieder durch eine andere Not des Reiches anders wohin gerufen wurde. Hatte man also einem allerdings übermächtigen Angriffe getrotzt oder durch vorübergehende Räumung der Wohnstätten sich entzogen, so durfte man die Gefahr als überstanden ansehen. Doch nun weilte Valens schon länger als drei Jahre an der gleichen Stelle der Donaugrenze, daß er auch diesmal wieder hier überwinterte, stellte einen vierten Feldzug in bestimmte Aussicht. Aber viel zwingender noch als die Besorgnis vor einem neuen Angriff wirkte eine andere Not, die auch an dieser Stelle zu konstatieren von höchster Wichtigkeit für unsere Gesamtauffassung ist, *„da der Handelsverkehr gehemmt war, wurden die Barbaren durch den äußersten Mangel an Lebensmitteln bedrängt."*[2]

Also auch die weit gedehnten, furchtbaren Länder auf dem linken Donauufer genügten den Goten für das „Notwendige" nicht mehr, sie waren für ihren *Unterhalt* – nicht etwa bloß für Luxuswaren – auf den Handel mit den römischen Provinzialen angewiesen, d. h. Getreide tauschten sie und kauften sie vor allem, also reichte der Ackerbau in diesen weiten Landschaften nicht mehr aus, wie er doch früher genügt hatte. Die Zunahme der Bevölkerung war der alleinige Grund dieser Erscheinung, beliebige Ausbreitung auf dem linken Ufer war gehemmt durch die in gleicher Weise anwachsenden Nachbarvölker. So erklärt sich, daß die Germanen sich von Rom, auf Kosten Roms, auf dem rechten Ufer den Unterhalt verschaffen *mußten* – (an Kriegen um Land, um geforderte und verweigerte Gebietsabtretungen unter den Germanen selbst fehlte es, wie wir sahen, natürlich auch nicht): deshalb forderten, erbaten, erzwangen sie entweder Landanweisungen auf römischem Boden unter verschiede-

---

1 Ursprünglich auf den Karpathen? Von Diokletian nach Mösia secunda verpflanzt.

2 Ammian Marc. XVII, 5 „commerciis vetitis ultima necessariorum inopia barbari stringebantur."

SECHSTES KAPITEL · VON DIOKLETIANS BIS ZU THEODOSIUS' REICHSTEILUNG

nen Formen und Bedingungen, unter Anerkennung der römischen Oberheit, gegen Waffendienst, als Förderatgrenzer – oder, falls Rom dies nicht gewährte, jährliche Spenden, „annoae", ganz besonders von Getreide, oder auch in Geld, um Getreide zu kaufen.

So völlig hatten sich die römischen Jahresspenden als Vergelt für Kriegsdienst in die Vorstellungen des Volkes eingebürgert, daß damals bereits (wohl schon seit Constantin die regelmäßigen Spenden durch Vertrag gewährt hatte) das lateinische Wort dafür: „annoae" in den gotischen Sprachschatz aufgenommen war: Wulfia überträgt „μίσϑος", „Lohn", „Vergelt" mit anno.

Daraus erklärt sich nun auch der Charakter der räuberischen Einfälle der Germanen in die Grenzgebiete, sie sollten den Unterhalt, welchen Rom als Vertragsleistung weigerte, als Beute schaffen, und zugleich Rom schaffen, und zugleich Rom zwingen, durch Vertrag, durch Abkaufung solcher Brandschatzung zu dem Unterhalt beizutragen. Dabei soll nicht geleugnet werden, daß das Land auch für die wachsende Bevölkerung noch reichlich genügt haben würde bei größerer Kunst des Ackerbaus oder größerer Neigung, undankbarem Land mühevoll die Frucht abzuzwingen, die Neigung, durch Raubfahrt und Krieg den Unterhalt zu erbeuten oder Rom zu Zahlung von Fahrgeldern zu zwingen, war freilich, vermöge des Nationalcharakters und der Kulturstufe, größer als die Neigung zu mühevollem Ackerbau.

So sehr bedrängte die Germanen der Mangel, daß sie wiederholt Gesandte schickten, Frieden und Verzeihung zu erbitten.

Der Kaiser, damals zwar noch ungewandt, aber auch noch unverdorben durch Schmeichler, und klaren Blicks in die Lage der Dinge, glaubte, alle Umstände erwogen, den Frieden gewähren zu sollen. Das heißt, die Römer gaben die Hoffnung auf wirklichen Sieg auf. *Victor* und *Arinthäus* verhandelten mit den Goten. Als sie deren Zustimmung zu den römischen Bedingungen meldeten, wurde ein Ort festgestellt, an welchem der Friede ratifiziert werden sollte. Wie sehr auch der Kaiser wünschen mußte, diesen Frieden abzuschließen und dadurch die Hände für andere Aufgaben frei zu halten, geht daraus hervor, daß er in der Wahl des Ortes den Forderungen des Barbaren *Athanarich* in einer Weise entgegenkam, welche die kaiserliche Würde fast verletzte.

Athanarich erklärte, er sei durch Verbot seines Vaters und furchtbaren Eidschwur, mit Selbstverfluchung für den Fall des Eidbruchs, verhindert, jedesmal römischen Boden zu betreten, war dies richtig, so hat ihn doch die Hunnennot später gezwungen, jenen Eid zu brechen. Da er nun nicht nachgab, andererseits aber es unschicklich und erniedrigend für den Kaiser gewesen wäre, ihm auf dem anderen Ufer, im Barbarengebiet, aufzusuchen, fand man den verständigen Ausweg, daß von der einen Seite der Kaiser mit Bewaffneten, von der anderen der „Richter" der Goten mit Gefolge, beide auf Ruderschiffen, sich in die Mitte des Stromes begaben und hier den Frieden nach den festgestellten Bedingungen abschlossen. Als dies so beigelegt war, ging Valens mit gotischen Geiseln nach Byzanz zurück, wohin später Athanarich von einer Partei in seinem Volk aus der Heimat vertrieben, sich begab, als er dort gestorben, wurde er nach römischer Sitte durch ein prachtvolles Begräbnis geehrt (I, 336).

Im Jahre 367 erhob Valentinian seinen jungen Sohn *Gratian* zum Augustus (nicht bloß zum „Cäsar"), daß die Verteidigung des Rheins und der Donau als die heldenhafteste Leistung der Kaiser galt, erhellt aus der Rede, welche Ammian der Vater bei dieser Gelegenheit in den Mund legt, der Jüngling möge sich gewöhnen, unerschrocken mit seinem Fußvolk über das Eis beider Ströme vorzudringen.

Bald darauf lief die Nachricht ein – der Kaiser erhielt sie auf dem Marsch von *Amiens* nach *Trier*, daß Britannien durch gemeinsame Erhebung der Barbaren in die

440   ZWEITER TEIL · WESTGERMANEN

äußerste Bedrängnis gestürzt, der comes des Küstengebiets (maritimi tractus) getötet, der dux Fullofaudes[1] in einen Hinterhalt gefallen sei.

Es waren die Picten, gegliedert in zwei Völkershaften, die (nördlicheren) *Dicalhdonen*[2] und die (südlicheren) *Berturionen* (and. *Becturionen*) im Flachlande von Nordengland[3], das kriegerische Volk der *Attacotten* und die *Scotten* (im Hochlande), welche weite Strecken (doch wohl eben von Nordengland) plündernd durchzogen.

Aber wie die alten keltischen Einwohner den römischen Besitz von Norden der bedrohten, so drangen damals bereits, von Gallien und Belgien aus, *germanische* Angreifer in den Süden der Insel, *Franken* und ihre Nachbarn, *sächsische* Schwärme, landeten, wo sich irgend Gelegenheit bot, auf den „gallicanischen" Küstenstrichen Englands, heerten und brannten, erschlugen und fingen die römischen Colonisten.

Der tatkräftige und im Kriege bewährte Feldherr *Theodosius* eilte, vom Kaiser gesendet, nach der Küste von *Boulonge*, setzte über die schmale Meerenge, „welche halb die furchtbarsten Fluten empor hebt, bald als glatteste Fläche ohne alle Gefahr die Schiffe trägt", und landete in dem sicheren Hafen von *Rutupiä* (Richborouh? Dover?). Dorthin folgten ihm auserlesene Scharen, außer den *Jovii* und den *Victores* die vielbewährten germanischen *Bataver* und *Heruler*, welche jene schon vom I., diese von Mitte des IV. Jahrhunderts ab bis zum Ende des Westreiches fast ununterbrochen Söldnerscharen stellten.

Mit diesen kraftbewußten Truppen zog er auf *London*, „das alte *Lundinum* (keltisch Longwinium?), später Augusta genannt", in dem er seine Macht in mehrere Corps verteilte, diese griffen die umherziehenden Raubscharen der Feinde an, zerstreuten sofort die Bedeckung der gebundenen Gefangenen und der Herden und gewannen so die Beute wieder, welche die Barbaren den elenden Steuerpflichtigen entrissen hatten. Alles wurde diesen zurückgegeben, bis auf einen kleinen für die Soldaten verwendeten Teil. Und nun hielt Theodosius freudig und wie im Triumph seinen Einzug in die Stadt, welche kurz vorher fast in ihren Bedrängnissen untergegangen und jetzt rascher, als sie irgend hätte hoffen können, erlöst worden war. Dieser Erfolg ermutigte zwar den Feldherrn zu kühnerem Wagen, aber gleichwohl mußte er seine Pläne mit großer Vorsicht anlegen, denn er erfuhr durch Gefangene und Überläufer, daß er es *mit einer ganz außerordentlichen Übermacht,* aus den verschiedenen Völkerschaften zusammengeströmt und von wildester Kriegsmut beseelt, zu tun habe, die nur durch List und Überfälle besiegt werden könne. Er forderte nun vor allem, seine dünnen Reihen zu füllen, durch öffentliche Verkündigungen unter Zusage der Straflosigkeit die Ausreißer und die zahlreichen anderen, welche sich mit unbestimmtem Urlaub verlaufen hatten, zur Rückkehr zu den Fahnen auf, was in der Tat die meisten wieder heranzog.

Eine so zahlreiche Desertion verrät üble Zustände unter den gemeinen Soldaten. Es erklärt sich hiernach sehr wohl, daß Valentinian mit blutiger Strenge die Mannszucht unter ihnen herzustellen sucht, Ammian (XVII, 9) macht ihm dies freilich zum Vorwurf, zum schwereren aber, daß er, gegenüber solcher Schärfe wider die Gemeinen, die höheren Offiziere allzu sehr schonte, ja verdarb, indem er ihrer Willkür und Überhebung jeden Frevel hingehen ließ, man sieht aus solchen Andeutungen den immer tiefer sinkenden Verfall, die Kaiser schonten und hätschelten die Generale offenbar deshalb,

---

1 Der Name fehlt zwar bei *Förstemann*, ist aber zweifellos germanisch.
2 So Ammian:Tacitus, Cassius Dio u. stets nur Caledonier.
3 *Gibbon VI. Mannert*, Britannien S. 89. 91.

SECHSTES KAPITEL · VON DIOKLETIANS BIS ZU THEODOSIUS' REICHSTEILUNG   441

weil aus unzufriedenen Generalen meist die Anmaßer hervorgingen, Strenge gegen die Gemeinen erweist sich aber aus Ammians eigener Darstellung als sehr geboten.

Im Jahre 368 kam es auch mit den Alemannen wieder zu Kämpfen. Valentinian war, wie er meinte, in aller Vorsicht gegen sie ausgezogen, da schlich sich unvermerkt *Rando*, ein Gaukönig (?: regalis: Königssohn?) der Alemannen, in Ausführung eines lange vorbereiteten Anschlags in das von Besatzung entblößte *Mainz* mit einer raschen Raubschaar ein. Es muß sehr auffallen, daß in einem Augenblick, da die Kaiser sich gerade mit einem Rheinübergang beschäftigte, diese wichtige Brückenfestung völlig festgesetzt war – dies läßt schließen, wie unvollständig erst die Besatzungen der Grenzstädte zu solchen Zeiten waren, da die Kaiser nicht ausdrücklich mit der Verteidigung dieser Gebiete sich beschäftigten. Da gerade damals ein „Fest der Christlichen" kirchlich gefeiert wurde – wobei, müssen wir hinzudenken, eine große Menge von Menschen aus dem flachen Land und den kleinen Ortschaften in die Stadt einer großen Kirche zusammenströmte –, gelang es Rondo, Männer und Frauen jeder Vermögensklasse mit nicht geringer Beute an Hausrat ungehindert und ohne Widerstand fortzuführen.

Das war wohl ein Handstreich, für welchen die Gefolgschaft eines Gaukönigs (oder Königssohnes) ausreichen mochte, dauernde Behauptung des Kastells wird gar nicht angestrebt, nur Überfall, Plünderung, rasche oberflächliche Zerstörung, in gleicher Weise waren auch von Julian die Rheinburgen oft heimgesucht worden.

Das Kirchenfest war wohl Ostern, wahrscheinlicher als Pfingsten, wenigstens „beginnt die warme Jahreszeit" bald darauf, es wirft Licht auf die uns so wenig bekannten Lebenszustände in jenen Gegenden, daß damals bereits – wie im Mittelalter – ein solches Kirchenfest aus der Nachbarschaft viele Leute in die (Bischofs-?) Stadt zog – und zwar so viele, daß dadurch die Stadt viel mehr Gefangene gewährte, als sie sonst geliefert haben würde, wohl nur sehr schwach darf man sich die ständige Zivilbevölkerung dieser Rheinstädte in jener Zeit denken, wenn die Ostergäste, welche doch höchstens auf ein paar Tausende geschätzt werden dürfen, die normale Bevölkerung so nennenswert erhöhen können.

„Bald darauf ging für Rom eine unvermutete Hoffnung des Glückes auf", fährt Ammian fort, und dieses Glück war die meuchelmörderische Beseitigung eines alemannischen Königs! Es ist bezeichnend für die skrupellose Anschauung auch eines so tüchtigen Mannes im Dienste Roms, daß Ammian den politischen Mord – wie ihn Rom freilich oft genug hatte (die Entrüstung des Tiberius über die angebotene Vergiftung Armins war wohl nur eine vorbereitete Komödie) als ein selbstverständliches Mittel betrachtet, bei dem nur das *späte* Gelingen zu beklagen sei. Auf jenen von Julian gefangenen König Badomar war in seinem Gau dessen Sohn Vithikab (Vith – amplus, weit, cab – gab?) gefolgt, also auch hier nahm die Wahl des Volkes auf des Geschlecht Rücksicht und berief nach dem Vater den Sohn, und zwar obgleich dieser bei des Vaters Tode noch sehr jung gewesen sein muß, denn noch bei seinem eigenen Tode nennt ihn Ammian[1] einen Jüngling in dem ersten Flaum der Wangen, und obgleich er dem Aussehen nach weichlich und kränklich schien: er war aber kühn und tapfer und schürte unablässig die Glut des Kampfes gegen Rom. Daher gab man sich schon lange sorgfältige Mühe, ihn durch irgend einen Schlag zu vernichten.

---

1 XXX, 7 „adolescentem in flore primo genarum nationes ad tumultus cientem etnbella clam, quia non potuit aperte, confodit". Ammian weiß also, daß der Gesammtname: „Alemannen" eine Mehrzahl von „nationes" umschließt.

442   ZWEITER TEIL · WESTGERMANEN

Wiederholt hatte man Versuche gegen ihn unternommen, aber man konnte ihm weder durch Gewalt noch durch Verrat beikommen. Endlich gelang es, einen ihm nahe vertrauten Diener aus seiner nächsten Umgebung zu gewinnen, ihn zu ermorden. Nach seinem Untergange ruhten in der Tat eine Zeitlang die feindlichen Streifzüge – von solcher Bedeutung als politischer und militärischer Führer war ein solcher König. Der Mörder aber entwich schleunig auf römischen Boden, aus Furcht vor der Strafe, welche ihn bei Überführung getroffen hätte. Darauf wurde, mit langsamem Bedacht und unter Heranziehung der verschiedensten Waffengattungen – ein Vorteil, dem sie Germanen nichts entgegen zu stellen hatten als neben dem Fußvolke wenige Reiter – ein ungewöhnlich ernster Feldzug gegen die Alemannen vorbereitet, „die Sicherheit des Staats forderte dies gegenüber den stets zu besorgenden treulosen Bewegungen des Volkes, das aller Menschen Verluste so rasch immer wieder ausfüllte."[1]

Die Stelle ist hochwichtig, sie beweist, wie den Römern diese Eigenschaft ihrer germanischen Feinde in ihrer Gefährlichkeit nicht verborgen blieb, es war in der Tat, neben dem national angeborenen Heldentum, die für Rom verderblichste, während in dem überreifen Kulturstaat schon seit Augustus die Kinderlosigkeit ein gefährliches[2] Übel geworden, scheinen die germanischen Wälder unerschöpflich an immer aufs neue anschwellenden Germanen, die Keuschheit[3] und die Kraft des unverdorbenen Naturvolkes bewirkten, zumal seit der seßhafte Ackerbau regelmäßige und gesicherte Lebensmittel in höherem Maße gewährte, diese stete Zunahme der Volkszahl, welche alle durch die römischen Waffen gerissenen Lücken immer wieder mehr als ausfüllte, so daß in der Tat die Römer in dem jetzt schon halbtausendjährigen Kampf mit den Germanen das Grauen überkommen mochte, stets neue Häupter dieser Hydra der Wälder erwachsen zu sehen.

Dabei mußte den Römern dies (nach allen durch die überlegenen kaiserlichen Waffen erzwungenen Friedensschlüssen, Verträgen, Versprechungen künftigen Ruhigverhaltens) immer wieder erneute Überfluten der Grenzen als arge Treulosigkeit des Volkes erscheinen, während es doch in Wahrheit nur elementare, naturnotwendige Bewegungen der Germanen im Kampf um das Dasein waren, gewiß fehlte den Besiegten, durch überlegene Macht in den eigenen Gauen mit Vernichtung bedrohten, im Augenblick, da sie den Frieden erbaten und Ruhe gelobten, sehr oft nicht die ehrliche Absicht, Wort zu halten, aber die Not, das Bedürfnis der Ausbreitung nach Süden und Westen, des Ausweichens vor anderen Germanen, dann allerdings auch der Reiz des reicheren römischen Landes und seiner durch Waffen zu gewinnenden Genüsse waren halt immer wieder mächtiger als die im Augenblick der Furcht gegebenen Versprechungen. „Die Truppen waren erbittert gegen das unzuverlässige, gefährliche Volk, das bald demütig flehte, bald wieder Tod und Verderben verbreitete und so die Soldaten nie zur Ruhe kommen ließ" (Amm. XVII, 10).

Es wurde daher von allen Seiten eine sehr große Truppenmacht zusammengezogen, die Waffenrüstung und die Verpflegung derselben sorgfältig vorgesehen, der „comes" *Sebastianus* (vgl. XXVI, 6) mit seinem *illyrischen* und *italischen* Schaaren

---

1 *reparabilis* gentis sagt Ammian treffend XVII, 10.
2 Vergeblich durch künstliche Mittel (Belohnungen der Eheschließung und der ehelichen Geburten, Bestrafung der Ehe- und Kinderlosigkeit durch allerlei zivilrechtliche, zumal erbrechtliche Nachteile: „leges Julia et Papia Pappaea".
3 Tacitus: „sera iuvenum venus et inde inexhausta pubertas."

SECHSTES KAPITEL · VON DIOKLETIANS BIS ZU THEODOSIUS' REICHSTEILUNG   443

entboten und bei Beginn der warmen Jahreszeit überschritt *Valentinian* mit *Gratian* den *Main*. Kein Feind zeigte sich, die Späher hatten diesesmal den drohenden Angriff rechtzeitig in den Gauen gemeldet, gleichwohl zog der Kaiser in fest geschlossener Schlachtbereitschaft in der Mitte, beide Flanken des Vormarsches durch die beiden Lagermeister (magistri rei castrensis) deckend, unerwartetem Angriff vorzubeugen. Eine gute Strecke rückte man so landeinwärts, wegkundige Führer an der Spitze, die Umgegend vor jedem Vormarsch vorsichtig aufklärend. Die Soldaten aber wurden immer kampfbegieriger und stießen Drohungen gegen die Barbaren aus, als ob man sie schon erreicht hätte. Noch immer stieß man in einigen weiteren Tagen auf keinen Widerstand, wohl aber auf bestellte Felder und unversehrte Gehöfte, diese verbrannten die Cohorten, ausgenommen die vorgefundenen Lebensmittel, welche man bei der Ungewißheit des Erfolges diese Marsches wohlweislich sammelte und aufsparte.

Von da ab rückte der Kaiser langsamer vor – nachdem man das jüngste noch von den Alemannen bewohnte Gebiet erreicht hatte, sie also in der Nähe verborgen vermuten mußte – und machte an einem *Solicinium* genannten Ort[1] wie vor einem Riegel halt, weil der Vortrupp mit Bestimmtheit meldete, daß er die Barbaren von Weitem erblickt habe. Die Germanen waren, wie gewöhnlich, zurückgewichen aus dem offenen Kulturland, das für ihre Fechtart ungünstig, für die geschlossenen Legionen vorteilhaft war, noch weiter auszuweichen schien ihnen, wie Ammian meint, nicht tunlich, vielleicht nicht notwendig, sie beschlossen die Verteidigung durch raschen Angriff an günstiger Stelle und besetzten, ortsvertraut, mit einstimmiger Entscheidung, einen steilen Berg, von zerklüfteten Hügeln rings umgeben, abschüssig und unzugänglich, ausgenommen von der Nordseite her, wo er in sanftem Abhang leicht ersteigbar ist. Man streitet, ob der Angriff auf dem nächsten Weg von Mainz aus erfolgte, bei dieser Annahme deutet man *Solicinium* auf *Schwetzingen* und den geschilderten Berg bei *Heidelberg*.

Sofort machten die Römer halt, und schlugen nach ihrem Kriegsbrauch Lager, die Truppen wurden überall in die Waffen gerufen und standen, des Kommandos des Kaisers und der Feldherrn gewärtig, nur harrend auf die Erhebung des Hauptpaniers, was das Zeichen für den günstigen Augenblick des Angriffs war. Für Beratung eines Schlachtplanes blieb kleine oder gar keine Frist, hier drängte drohend die Ungeduld der Legionen, dort erscholl furchtbar der Schlachtruf der Alemannen, nur den Beschluß faßte man in der Eile, den sanftabfallenden Nordabhang des Berges durch *Sebastianus* mit seinem Corps besetzen zu lassen, hier die Germanen auf ihrer Flucht, wenn es zu dieser kam, ohne Mühe niederzuhauen. Dies wurde schleunig ausgeführt, Gratian, dessen Jugend noch Gefecht und Gefahren nicht gewachsen war, in das Lager der *Jovianer* zurück in Sicherheit gebracht, Valentian, als vorsichtiger und auf Sicherung bedachter Feldherr, musterte die Centurien und Manipeln. Dann aber eilte er plötzlich, obwohl unbehelmten Hauptes, ohne einen der hohen Offiziere in das Vertrauen seines Vorhabens zu ziehen, nachdem er seine Trabanten fortschickt hatte, mit nur wenigen Begleitern von bewährt eifriger Treue aus dem Lager auf Kundschaft an den Fuß der Berghöhen, in dem er beteuerte, (wie er denn von seiner Einsicht eine starke Meinung hegte,) es müsse sich außer dem von den Vorposten eingesehenen noch ein anderer Zugang zu den steilen Höhen finden lassen. So eilte

---

1 so auch XXX, 7 und: „prope Solicinium locum". Eine andere Ansicht (*Huschberg*) findet in „Solicinium Sumlocene" oder Sülchen bei Samulocena (Rotenburg), eine dritte Sulz, zwischen Rotenburg und Rotweil (area Flaviae).

444 ZWEITER TEIL · WESTGERMANEN

er durch unbekannte Strecken, ohne Pfad, durch Sumpf und Moor, da wäre er dem plötzlichen Überfall einer im Hinterhalt lauernden Schar von der Flanke her um ein Haar erlegen, nur mit äußerster Not entkam er, das Roß durch den schlüpfrigen Moorgrund sporend, und erreichte den rettenden Schoß der Legionen, die jähe Gefahr war so nahe gewese, daß sein Kämmerer, der seinen mit Edelsteinen geschmückten Goldhelm trug, mit diesem spurlos verschwand und weder lebend noch tot mehr aufgefunden wurde, der Helm des Imperators leuchtete wohl fortan als kostbarstes Beutestück in der Holzhalle eines Alemannen.

Darauf gewährte man Ruhe zur Erholung, erst später wurde das Zeichen aufgesteckt, welches zum Angriff mahnte und unter dem drohenden Tubageschmetter drangen die Schlachtreihen in zuversichtlichem Ansturm vor, zwei junge Krieger voran, ein *Scutarier* und ein *Gentile*, es fällt beinahe schon auf, daß beide römischen Namen, *Salvius* und *Lupicinus*, tragen – gleichwohl können sie Barbaren gewesen sein, zumal der Gentile. Mit geschwungenen Lanzen stiegen diese die steilen Felsen empor, während sie die Alemannen herabzustoßen trachteten, da erreichte auch die ganze Wucht der Legionen den Berg und stieg mit großer Anstrengung, durch Dorngestrüpp und Gestein, die Höhen hinauf. Es kam zu erbittertem Handgemenge, abermals kam dem Legionar die Schulung im Gefecht zu statten gegen den Heldenmut der ungestüm und unvorsichtig sich entblößenden Barbaren, dazu kam, daß sie wahrscheinlich übermächtigen Legionen, in breitester Ausdehnung auseinandergezogen, die alemannische Aufstellung auf beiden Flanken überflügelnd umfaßten und hart bedrängten. Gleichwohl hielten die Germanen mit erneuter Zuversicht stand, ja stellten das Gleichgewicht der Schlacht wieder her. Endlich, nachdem der Kampf unter großen Verlusten auf beiden Seiten lange Zeit fortgedauert, werden die Verteidiger durch den Stoß der Römer zersprengt, sofort wieder – wie bei Straßburg und so oft – völlige Auflösung, alle Reihen durcheinander gewirrt ergreifen die Flucht und erleiden jetzt große Verluste durch das Pilum und andere Wurfgeschosse, welche auf Rücken und Beine der vor Ermüdung nur langsam und atemlos entrinnenden Zielen.

So fielen sie zahlreich auf der Flucht den Berg hinab, der Teil der Entronnenen, welcher den bequemsten Weg, den nach Norden, wählte, stieß auf die verdeckt in der Flanke aufgestellten Römer des Sebastianus, wurde umzingelt und niedergehauen, der Rest zerstreute sich in die rettenden Tiefen der Wälder[1]. Unter den hervorragenden Führern, welche die Römer in diesem blutigen Gefecht verloren, werden genannt der erste Offizier aller Haustruppen *Valerian* und ein Schildner, ein so ausgezeichneter Krieger, daß er dem alten Sicinius und dem Sergius verglichen wurde, er war ein Barbar, *Natuspardo!*

Weiter drang man nicht vor, vielmehr kehrten die Kaiser nach *Trier*, die Truppen ins Winterquartier zurück (368). Der Dichter Ausonius, dessen „Mosella" wir einzelne interessante Andeutungen über Kultur und Anbau in den Rheinlanden jener Tage verdanken, begleitete als Erzieher (Hofmeister) den jungen Gratian auf diesem Feldzuge. Wenn derselbe zuerst bei dieser Gelegenheit die Römer die Quellen der Donau entdecken läßt (Mosella V. 424), so vergißt oder ignoriert diese arge Schmeichelei, daß die fraglichen Schwarzwaldstrecken Jahrhunderte hindurch römisches Gebiet gewesen. Ammian spricht dabei nur von „verschiedenartigen" Geschehnissen. Sehr klar erkannte der Kaiser, daß solche Streifzüge, auch wenn mit siegreichem

---

1 Vielleicht war schon das Abenddunkel eingebrochen XXX, 7 „ni paucos effugium tenebris amendasset".

SECHSTES KAPITEL · VON DIOKLETIANS BIS ZU THEODOSIUS' REICHSTEILUNG 445

Gefecht abgeschlossen, Gallien nicht dauernde Ruhe schaffen konnten. Einsichtig und vorsichtig wandte er sich der großen heilsamen Aufgabe zu, die Provinz in den Kanal, *durch bedeutende Werke zu befestigen:* schon bestehende feste Lager wurden höher aufgedämmt, Kastelle und Türme mit geringen Zwischenräumen an geeigneten Stellen entlang der ganzen Ausdehnung Galliens verstärkt oder neu errichtet. Das aber darin durchaus nicht, wie man häufig annimmt, eine Erneuerung des alten limes versucht, vielmehr, unter prinzipiellem Verzicht auf den alten limes, nur das linke Ufer durch diese von neuen Anlagen und Neubefestigung von alten Werken geschützt wurde, erhellt aus dem ganz übersehenen Zusatz, *„manchmal* errichtete er auch jenseits des Flusses Gebäude und streifte so das Gebiet der Barbaren."

Diese wichtige Stelle zeigt, daß *auch Valentinian den Rhein als Grenze des Reiches anerkannte,* die alte Verteidigung durch den Angriff, das Glacis auf dem rechten Ufer, endgültig aufgegeben war, wenn hier und da, an besonders günstiger oder wichtiger Stelle auch noch ein Turm auf dem rechten Ufer neu angelegt (?) oder neu befestigt und behauptet wurde, so hatte das doch nur die gleiche Bedeutung, wie wenn ehemals aus besonderen Gründen noch *jenseits* des alten limes ein Turm vorgebaut wurde.

Endlich, da er besorgte, daß eine hohe und sichere Befestigung, die er selbst von Grund auf angelegt hatte, durch den vorüberströmenden Fluß, namens *Nicer* (Nekkar), allmählich vermöge des ungeheuren Wellenschlags unterspült werden könnte, beschloß er, dessen Lauf abzulenken und unternahm dies schwierige Werk mit beigezogenen wasserbauverständigen Ingenieuren und einer starken Truppenmacht. Viele Tage hindurch wurden aus Eichenholz Bretterverschläge gefertigt und in das Bette gesenkt, befestigt, manchmal zweifach dicht beieinander, mit ungeheuren Pfählen, gleichwohl wurden sie durch die aufgestauten Fluten fortgerissen und gingen verloren, fortgeschwemmt im Wirbel des Stroms. Doch siegte der leidenschaftliche Eifer des Kaisers und der willfährigen Soldaten Anstrengungen, die oft während der Arbeit bis ans Kinn im Wasser standen. Endlich wurde das Schanzbollwerk, nicht ohne Gefahr einige Leute, dem Ungestüm des andrängenden Stromes entrückt und ist jetzt (ca. im Jahre 390) im tüchtigen Stande. Hocherfreut hierüber zog er die gemäß der Jahreszeit bereits zerstreuten Truppen zusammmen, der Herrscherpflicht gemäß für das Reich zu sorgen. Er beschloß, als dienstsamstes Mittel für seinen Plan, jenseits des Rheins auf dem Berge *Pirus* (XXVII, 10), was eine barbarische Ortschaft (angeblich Heidelberg) ist, in aller Eile eine Befestigung zu erbauen.[1]

Und auf das Beschleunigung die Vollendung des Unternehmens sichere, wies er den dux *Arator* durch den damaligen Kanzler (notarius), späteren Präfekt und Konsul, *Syagrius,* an das Werk in Eile anzugreifen, so lange noch überall tiefe Ruhe herrsche. Der dux ging sofort nach dem Befehl mit dem notarius über den Fluß, erhielt aber, so wie er durch seine Truppen hatte die Fundamente graben lassen, *Hermogenes* zum Nachfolger. Gleichzeitig erschienen mehrere alemannische Edle („optimates", wie in der Schlacht bei Straßburg), die Vater von Geiseln, welche sie nach dem Vertrag als nicht gering anzuschlagende Pfänder für die längere Einhaltung des Friedens gestellt hatten. Kniefällig baten sie, man möchte doch nicht, unvorsichtig die Sicherheit Roms gefährdend, „dessen Glück gerade die niemals verletzte Treue bis zu den Sternen erhöht habe", (!) in frivoler Verirrung mutwillig die Verträge mit Füßen treten und eine Roms unwürdige Tat versuchen. Diese Stelle ist von höchster Wichtigkeit.

---

1 Die Lage dieser Bauten ist sehr bestritten.

446 ZWEITER TEIL · WESTGERMANEN

Das Lob der „römischen Treue" werden die Väter der Geiseln zwar wohl gar nicht oder nur in der Todesfurcht für ihre Söhne gefeiert haben. Aber höchst bedeutsam ist, was bei dieser Gelegenheit Ammian zu erkennen gibt, und was er früher mit seiner Silbe erwähnt, daß nämlich Valentinian den Frieden von den Alemannen, trotz der geschilderten Erfolge, nur gegen *die wichtige Gegenverpflichtung erkauft hatte, wenigstens an dieser Stelle keine Befestigung anzulegen, dies Gebiet als alemannisches anzuerkennen.* Da dies überhaupt nur erschlossen werden kann aus der Forderung der Edlen, und dem Schweigen der Römer, vermögen wir nicht festzustellen, wie diese Verpflichtung des Kaisers im einzelnen gefaßt war, vertragsmäßige Räumung des ganzen rechten Rheinufers, auch nur etwa des alemannischen, ist nicht anzunehmen, schon deshalb, weil die Verträge offenbar nicht mit einem (abgesehen von einer sakralen Bundesversammlung) gar nicht existierenden Organ der alemannischen Gesamtheit geschlossen wurden, fordern nur mit je einem oder mehreren ihrer Könige, da aber Valentinian die neue Grenzverteidigung fast ausschließlich auf das linke Ufer verlegte, nur hier und da das Barbarengebiet streifte (subradens) durch einzelne Türme auf dem rechten Ufer, wird man annehmen dürfen, daß er für *einzelne Strecken* sich allerdings verpflichtet hatte, Befestigungen auf dem rechten Ufer gar nicht oder nur in bestimmten Abstand von dem Strom (hier vielleicht in Bezug auf den Neckar, nicht auf den Rhein) zu errichten.

Also gab man Unternehmungen, wie sie Julian noch im Jahre 357 ausgeführt, auf. Solche nur mittelbar den römischen Quellen abzugewinnende Zugeständnisse sind von hoher präjudizieller Bedeutung, wie Ammian von Geschenken als fester vertragsmäßiger Gegenleistung an die Alemannen bei den Friedensabschlüssen geschwiegen, die Verträge als einseitig, auf vieles Bitten der Besiegten angenommene Unterwerfungsverträge dargestellt und nur gelegentlich später diese römische Gegenverpflichtung erwähnt hatte, so hier die noch viel wichtiger Landräumungsklausel. Wir dürfen daher vermuten, daß auch in anderen Fällen die Waffenruhen, Bündnisse, Friedensschlüsse mit den Rhein- und Donaugermanen wie Jahrgelder, Getreide- und Geldlieferungen so auch solche *territoriale* Opfer von Römern auflegten, daß also insbesondere das Zehntland von den Germanen nicht lediglich erobert, sondern strichweise in förmlichen Verträgen allmählich abgetreten wurde.

Dies gewährt ganz neue Gesichtspunkte.

Es erklärt nicht nur die Erhaltung römischer Kulturreste auf dem rechten Rheinufer in dem Gebiet von Augsburg und Regensburg und rheinabwärts, auch die Erhaltung starker dunkelhaariger und dunkeläugiger Bevölkerungsteile. Endlich aber überdrückt diese Auffassung die Kluft, welche zwischen den späteren vertagsmäßigen Ansiedlungen von Germanen auf römischem Boden und den früheren Vorgängen auf dem rechten Ufer ohne Vermittlung zu klaffen schien, die Wirkungen der „Völkerwanderung", richtiger der Völkerausbreitung, die vertragsmäßige Einräumung römischen Reichsbodens an Germanen, unter Vergeiselung von Germanen und (vielleicht) Anerkennung römischer Oberhoheit, beginnt also nicht erst im 5. Jahrhundert und nicht nur auf dem linken Rhein- und dem rechten Donauufer, sondern schon im 4. und zwar auf den germanischen Ufern dieser Ströme. Es beseitigt diese Erkenntnis bisher aufgestellte schroff einander entgegenstehende „Perioden", welche überhaupt niemals in Wirklichkeit bestehen, immer nur ein Ausdruck für Lücken unserer Kenntnis sind.[1]

---

1 Dieser Erörterung und ihren Ergebnissen scheint große Bedeutung zuzukommen.

SECHSTES KAPITEL · VON DIOKLETIANS BIS ZU THEODOSIUS' REICHSTEILUNG 447

Die Alemannen zögerten denn auch nicht, den Vertragsbruch, der in der begonnenen Befestigung lag, mit Gewalt abzuwehren, in diesem Zusammenhang gewinnt es erst von Sinn, daß der Kaiser, des Vertragsbruchs sich klar bewußt, so sehr auf Beschleunigung drang, „so lang noch alles ruhig wäre.", er wollte die Barbaren durch die vollendete Tatsache überraschen, bevor sie das vertragswidrige Unternehmen deutlich erfahren hatten und hindern mochten.

Nachdem die Edlen die und Ähnliches *ohne Erfolg* vorgebracht und nicht einmal Gehör gefunden, geschweige friedlichen und freundlichen Bescheid erhalten hatten, schieden sie, den sicheren Untergang ihrer vergeiselten Söhne beklagend, und alsbald nach ihrer Entfernung stürmte aus dem Versteck hinter den Waldhügeln das barbarische Volksherr, das, wie man nun erkannte, lediglich auf die zurückzubringende Antwort gewartet hatte, hervor, griff die halbnackten, noch mit Herantragen von Erde beschäftigten Soldaten an und hieb sie mit raschen Schwerterschlägen nieder, darunter auch beide Führer, d. h. *Arator*, der noch nicht abgereist war, mit *Hermogenes*. Ja nicht einer blieb übrig, Kunde zu bringen, außer Syagrius, welcher nach dem Tod aller an das Hoflager zurückkehrte, von dem erzürnten Kaiser aber des Dienstes entsetzt wurde, zur zornigen Strafe dafür, daß er allein sich gerettet hatte.

Bemerkenswert ist das Verhalten der Alemannen, auch nicht um das Leben der vergeiselten Edelinge zu retten, kann das Volk die gefährdende Vertragsverletzung, die Errichtung einer neuen Zwingburg, dulden aber so viel Ehre und Rücksicht erweist das Volk seinen Edlen, daß es nicht sofort Gewalt braucht, vielmehr den Vätern den Versuch gestattet, durch Mahnung an die Vertragspflicht die Römer zum Abstehen zu bewegen und so den Ausbruch des Krieges und die Ermordung der Geiseln zu verhüten. Andererseits aber gehören die Edlen so fest zu ihrem Volk, daß sie nicht etwa, die Kinder zu retten, zu den Römern übergehen oder diese vor dem drohenden Angriff warnen, sondern den Tod der Söhne zwar beklagen, aber als notwendig hinnehmen und den Angriff des Volksheeres, das sie nicht hindern können, vermutlich teilen. Schonten die Römer die Geiseln – Ammian schweigt –, so geschah es gewiß nicht deshalb, weil sie sich sagen mußten, daß Rom den Vertrag zuerst gebrochen.

Der Verfall des Reiches äußert sich gleichzeitig auch darin, daß tief im Innern einer so altgesicherten, völlig romanifizierten Provinz wie Gallien der Straßenraub derart überhand nimmt, daß die höchsten Reichsbeamten darunter ein Verschwägerter des Kaisers, auf ihren Dienstreisen von Wegelagerern aufgehoben werden.

Dagegen war es dem tüchtigen Theodosius gelungen, in dem schwer von Picten und Scoten heimgesuchten Britannien von „Augusta" „ehemals Londinium" aus, die Ruhe herzustellen, obgleich er auch Verschwörungen der Unterfeldherren und verräterische Einverständnisse der „Areaner" mit den Barbaren zu bekämpfen hatte, diese, Postbediente und Kundschafter des Reiches, hatten vielmehr umgekehrt den Feinden alle Bewerbungen der kaiserlichen Truppen verraten! Er entriß den Barbaren durch Anlegung und Wiederherstellung von Kastellen bereits lange verlorenes oder von Anfang bestrittenes Gebiet und zu Ehren des Kaisers erhielt dieser Landstrich[1] als fünfte Provinz in Britannien den Namen *Valentia* (im Jahre 369).

Schon war es eine Gelegenheit geworden, was bei dem Abschied des Theodosius von der Provinz geschah, daß ihm nämlich die Bevölkerung mit aufrichtigem, wohl-

---

1 XXVIII, 3 vgl. *Mannert*, Britanien S. 115. *Kiepert* S. 529 „zwischen dem Wall Hadrians und dem von Antonius Pius."

448 ZWEITER TEIL · WESTGERMANEN

verdientem Danke weithin das Geleit gab, er ging an den Hof des Kaisers, von wo er
bald nach Afrika gesendet wurde, eine gefährliche Empörung zu dämpfen.

Alemannen und Franken waren nicht die einzigen Verdränger Galliens, von der
See her kamen, wie seit langer Zeit so auch jetzt, Feinde, welche wohl weniger, wie
jene binnenländischen Angreifer, Festsetzung im Lande, vielmehr Raub und Beute
suchten. Es waren die *Sachsen*, „die sich bereits zu furchtbarer Wut erhoben, unablässig an einem von dem Heer des Küstenschutzes nicht erratenen Punkt landend, tief
in das Innere des Landes zu dringen und beutebeladen zu ihren Raubschiffen und
dann in die Heimat zurückzueilen pflegten, bevor die römischen Truppen in genü-
gender Zahl sie zu erreichen vermochten" (XXX, 7).

Im folgenden Jahre, dem des dritten Konsulats der beiden Kaiser, wurde zwar ein
solcher in Gallien eingedrungener Haufe von Sachsen vernichtet, aber nur durch
treulosen Verrat, sie waren zu Schiff auf ihrer Heimat, wohl östlich von den Rheinmündungen, aufgebrochen[1] und bedrohten jetzt, mit Blutvergießen sich Bahn brechend, den römischen limes an der gallischen Küste. Dem ersten Ansturm begegnete
der in der Nähe kommandierende comes *Nannenus*, ein kriegserfahrener Führer.
Aber in dem Kampf mit dem Todeskühnen („ad mortem destinatae plebi congres-
sus") verlor er viele Leute, selbst verwundet, erkannte er sich unfähig zur Abwehr. Er
erlangte von Kaiser, daß der magister peditum *Severus* mit ausreichender Truppenmacht abgesendet wurde. Als dieser eingetroffen war, setzte er offenbar durch seine
überwältigende Übermacht, mit der er kriegskundig die Barbaren umzingelte, diese
noch von dem Gefecht in solchen Schrecken, daß sie um Frieden baten, „geblendet
von der Feldzeichen und von der Adler leuchtendem Glanz." Nach lange schwankender Beratung wurde als dem Reich nützlich erachtet, Vertrag mit den Sachsen zu
schließen, wonach zahlreiche für den Kriegsdienst taugliche junge Mannschaft von
ihnen gegen Sold eingereiht, dem Rest aber ohne Hindernis freier Anzug in ihre
Heimat gewährt wurde. So rüsteten sie sich denn, jeder Besorgnis enthoben, die Heimkehr. Aber die Römer schickten heimlich Fußvolk in ein abgelegenes Tal, wo die
Barbaren, wann sie an dem Hinterhalt vorbeizogen, leicht angegriffen und vernichtet
werden konnten. Doch fiel der Plan anders aus, als man gehofft. Denn einzelne Römer sprangen bei dem Lärm der heranziehenden Germanen vor der Zeit heraus, sofort gewahrten die Sachsen den drohenden Verrat und schlugen die Angreifer, welche sich vergeblich zu halten suchten, unter „furchtbarem Schlachtgeheul" – wohl
mochte es dem schlechten Gewissen der Angreifer furchtbar tönen – in die Flucht.
Bald machten die Römer wieder Halt, scharten sich zusammen und leisteten mit
Anspannung aller freilich bereits geschwächten Kräfte in äußerster Bedrängnis Widerstand, wären aber doch, noch schon starken Verlusten, bis auf den letzten Mann
niedergehauen worden, wenn nicht ein Geschwader Panzerreiter, nahe der Gabelung
des Weges in ähnlicher Weise in Hinterhalt gelegt, die Barbaren beim Vorbeimarsch
zu überfallen, das klägliche Geschrei vernommen hätte und schleunig zur Hilfe her-
angesprengt wäre. Jetzt entbrannte der Kampf noch grimmiger, die Römer erfaßten
mit erneutem Mut die umzingelten Feinde von allen Seiten und hieben sie nieder, so
daß keiner die Heimat wiedersah, ja nicht einer verschont wurde. „Und wird gleich
ein gerechter Beurteiler der Dinge der Tat treulos und häßlich schelten, wird er doch
in Erwägung des Ganzen es nicht (mit Unwillen aufnehmen) für unverdient vernichtet wurde."[2]

---

1 „oceani difficultatibus permeatis."
2 Ähnlich XXX, 7 malefido quidem sed utili conmento.

SECHSTES KAPITEL · VON DIOKLETIANS BIS ZU THEODOSIUS' REICHSTEILUNG 449

So Ammian, ohne Zweifel der trefflichsten einer seiner Zeit. Man fühlt sich versucht, in den schon unter Constantin und Julian beginnenden, unter Valentian stark gehäuften Treulosigkeit Symptome der rasch wachsenden römischen Fäulnis zu erblicken. Aber es wäre ein Irrtum. Wir sind nur zufällig über dieses Detail besser unterrichtet als über die Vorgänge früherer Jahrhunderte, die Politik eines Tiberius (artes et consilia) war gewiß ebenso arglistig, wenn auch nicht so brutal treulos, und das Muster schnödesten Verrates gegen Germanen hat schon Cäsar aufgestellt.

„Nachdem dies so glücklich vollendet war[1], erwog Valentinian, von ängstlicher Sorge gedrängt, nach allen Seiten ausblickend und Vielerlei bedeutend, verschiedene Mittel und Wege, die Überhebung der Alemannen und des Königs *Macrian* zu brechen, die ohne Maß und Schranke die römische Macht durch ihre unruhigen Bewegungen in Verwirrung stürzten. Diese unbändige Nation, zwar schon seit ihrer ersten Bildung durch manchfaltige Schläge an Zahl verringert, war immer wieder zu solcher Volkszahl heranzuwachsen, daß man sie für seit Jahrhunderten unversehrt hätte halten mögen."

Solche Äußerungen der römischen und griechischen Zeitgenossen jener Geschikke sind von höchster Bedeutung, klar zeigen sie, in welchem Umstand Rom selbst mit heller Einsicht die Gefährlichkeit der Germanen begründet fand, auf welche Ursache man die fruchtbare Erscheinung zurückführte, daß man jetzt bald vier Jahrhunderte hindurch mit diesen Nachbarn einen beinahe immer siegreichen und doch niemals zu beendenden Kampf der Abwehr zu führen hatte, es war, wie auch hier Ammian wieder richtig hervorhebt, die unerschöpflich quillende Volksmenge, welche das gesunde Naturvolk im Schutz seiner Wälder seit dem Übergang zu seßhaftem Ackerbau erzeugte und immer wieder an und über die Grenzen des Reiches warf. So war es in der Tat die furchtbar regelmäßig und unabwendbar wirkende Notwendigkeit eines Naturgesetzes, welche dem alternden Römerreich einen tödliche ermüdenden, weil unablässigen Kampf gegen stets wieder vermehrt anwachsende Drachenhäuser aufzwangen, es war, wie wenn die Hunderte, welche die Legionen niedergestreckt, als so viel Tausende wieder lebendig würden.

Nachdem er einen Entwurf nach dem anderen geprüft, blieb der Kaiser bei dem Plane stehen, zum Verderben der Alemannen die *Burgunder* aufzuhetzen, ein kriegerisches und „durch die Kraft *unermeßlicher junger Mannschaft gewaltig anwachsendes Volk*" – sagt Ammian: zum deutlichen Beweise, daß nicht etwa besondere Verhältnisse nur die Alemannen, Goten und andere *Völkerbündnisse* so stark vermehrten, sondern dies die allgemeine Wirkung allgemeiner Ursachen war und daher natürlich auch bei *einzelnen Völkerschaften* z. B. Burgundern, ebenso eintraf, wie bei den *Gruppen* der Alemannen und Goten, welche ja selbst nur aus solchen anwachsenden Völkerschaften bestanden. „Daher waren sie allen ihren Nachbarn furchtbar", aus dem gleichen Grund also, wie die Germanen überhaupt ihren Süd-Westnachbarn. Er forderte häufig ihre Könige schriftlich durch verschwiegene und verlässige Boten auf, zu vorbestimmter Zeit über die Alemannen herzufallen unter der Zusagen, daß auch er mit den römischen Truppen alsdann den Rhein überschreiten und die Erschrockenen

---

1 Diese Niederlage der Sachsen „bei Deuso" (schwerlich Deutz) setzt Hieronymus in das Jahr 374. Cassiodor 373 (hiernach Drosius VII, 32). Beide verlegen die Schlacht auf fränkisches Gebiet, Tocrandria, aber auch andere Teile Nordwestgalliens waren damals, unter mehr oder minder formalen Anerkennungen römischer Oberheit, von Franken bewohnt. Ganz irrig mein *Trotz*, die Sachsen würden zuerst unter Diokletian genannt. Über ihre Heimat (aber nicht bloß in „Hofstein") *Mannert*, Germanien S. 326. Obern I, 23. II, 241. *Dahn* in v. *Wietersheim* I, 515.

450 ZWEITER TEIL · WESTGERMANEN

abfangen wolle, wann sie vor der Wucht des unverhofften Angriffs ausweichen würden. An „*die Könige* der Burgunder" schreibt der Kaiser, demnach war auch die Völkerschaft der Burgunder damals noch in *mehrere* Gaue unter *besonderen Gaukönigen*
gegliedert, hundert Jahre später treffen wir bei ihnen, wie bei Franken und Alemannen, nunmehr ein Königshaus, das freilich wieder mehrere Glieder für Teilreiche
abgeben kann. Es erhellt, daß die Burgunder *von Osten her* ihre Westnachbarn, die
Alemannen, bedrohten und diese voraussichtlich gegen den Rhein, nach Westen,
drängen würden. Daß der Angriff der Burgunder vor allem Macrians Gaue treffen
sollte (und traf), erhellt nicht nur aus dem ganzen Zusammenhange dieser Stelle,
wird außerdem noch ausdrücklich gesagt (XXX, 7).

Die Briefe des Kaisers wurden aus zwei Gründen günstig aufgenommen, zuerst,
„weil die Burgunder seit alter Zeit wissen, daß sie Nachkommen von Römern sind",
dann, weil sie oft Fehde hatten mit den Alemannen, wegen Salzquellen und wegen
Grenzen.[1]

Die erste Angabe ist ein Irrtum[2], dessen Entstehungsgeschichte sehr interessant
sein würde – wenn sie nicht unerforschlich wäre. Schwerlich darf man für jene Zeit
schon für die Burgunder eine gleiche Gelehrtenfabel annehmen, wie sie für Franken
und ihre trojanische, für Sachsen und ihre makedonische Abstammung in späterer
Zeit entstand. Vielleicht ist das Ganze darauf zurückzuführen, daß die Burgunder
eine Zeit lang im alten römischen Decumatenland oder doch dicht daneben unter
römischer Oberheit und Nachbarschaft und Ehegenossenschaft mit den römischen
Kolonisten gelebt, unter den römischen Adlern als „foederati" und Grenzer wider
andere Barbaren gedient hatten.

Die Erwähnung der Salzquellen – man glaubt die von Schwäbisch-Hall im Rocher-
tal gemeint – bestätigt die Annahme, daß die Burgunder als (Nord-) Ostnachbarn
der Alemannen zu denken find.

So schickten sie denn höchst auserlesene Scharen, welche durch das Alemannengebiet nördlich des Mains bis an die Ufer des Rheins vordrangen, bevor die Legionen
versammelt waren, indem der Kaiser noch durch die Anlegung von Befestigungen
fern gehalten war, und unter den römischen Bewohnern der Grenzlande den furchtbarsten Schrecken verbreiteten – da ja diese nichts davon wußten, daß die Barbaren
im geheimen Einverständnis mit dem Kaiser heranzogen. Aber aus unbekannten
Gründen führte dieser das geplante Zusammenwirken mit den Burgundern gegen die
Alemannen nicht aus, vielleicht schien es ihm, nachdem einmal die Burgunder zum
Angriff vorgegangen waren, vorteilhafter, die Barbaren, untereinander allein kämpfen zu lassen, unter Sparung der römischen Kräfte.

Die Burgunder warteten nun eine Weile, da aber weder Valentinian in Person an
dem vorbestimmten Tage wie er zugesagt hatte, erschien, noch sie sonst etwas von
den römischen Versprechungen erfüllt sahen, schickten sie Gesandte an das kaiserliche Hoflager und forderten Unterstützung für den Rückzug in die Heimat, um
nicht völlig (von Nahrungsmitteln und Deckung) entblößt, die gereizten Alemannen im Rücken, abziehen zu müssen. Da sie aber an den Umschweifen und Ver-
schleppungen des Hofes die beabsichtigte Weigerung erkannten, schieden die Gesandten traurig und entrüstet. Diese Könige, welche die ins Feld gezogenen Scharen

---

1 Ammian Marc. XXVIII, 5 „quod iam inde temporibus priscis subolem se esse romanam Bur-
gundii sciunt, dein quod slinarum finiumque causa Alamannis saepe iugabant."
2 Über die geringe Wissenschaft Ammians von *inneren* germanischen Dingen und seine Quellen
hierfür s. v. *Wietersheim-Dahn* I, 590.

SECHSTES KAPITEL · VON DIOKLETIANS BIS ZU THEODOSIUS' REICHSTEILUNG   451

geführt, sahen nun ein, daß man nur ein Spiel mit ihnen getrieben, in Zorn hierüber töteten sie alle Gefangenen und zogen in ihre Heimat ab. Diese Gefangenen waren offenbar nicht (nur) Alemanen, an denen die Könige doch nicht wohl ihre Wut gegen den Kaiser auslassen konnten, sondern wohl auch Römer, welche man jetzt erst als „Gefangene" behandelte, es konnte an Römern auf dem rechten Ufer nicht ganz fehlen.

Hier fügt nun Ammian die wichtige Nachricht über burgundische Verfassung bei, welche man durchaus nicht für irrig halten darf, sie wird durch Analogien mit nordgermanischen Einrichtungen bestätigt und die mitgeteilten beiden burgundischen Wörter sind richtig, sie bilden wahre Kronjuwelen in dem nicht umfangreichen Hort der uns überlieferten Bruchstücke des burgundischen Sprachschatzes.

Nachdem er bezeugt, daß eine Mehrzahl von Königen innerhalb der burgundischen Völkerschaft nicht nur bestand, sondern auch, daß eine Mehrzahl in diesem Unternehmen mit ins Feld gezogen war, fährt er fort, bei ihnen (d. h. den Burgundern) heißt der König mit allgemeiner Bezeichnung: „*Hendinos*" er wird nach alter Sitte der Gewalt entsetzt und beseitigt, wenn unter ihm das Glück des Krieges geschwankt oder die Erde die ausreichende Ernte nicht gewährt hat, wie auch die Ägypter die Schuld solcher Anfälle ihren Herrschern zuzuschreiben pflegen. Dagegen der oberste aller Priester bei den Burgundern heißt *Sinistus*, und er ist unabsetzbar, nicht solchen Gefahren der Verantwortung ausgesetzt wie die Könige.[1]

Diese Angaben widerlegen keineswegs, sie bestätigen vielmehr, richtig verstanden, unsere Darstellung von der geringen Bedeutung der Priester in der altgermanischen Verfassung auf das Kräftigste. Der Priester ist gerade deshalb unverantwortlich für Zorn der Götter und Mißgeschick des Volkes, weil nicht er das Volk vertritt gegenüber den Göttern, sondern der König, dieser, das wahre Haupt des Volkes, wird abgesetzt, getötet d. h. den Göttern geopfert, falls dunkle Schuld den Zorn der Himmlischen gereizt hat, Schuld, welche er durchaus nicht selbst begangen zu haben braucht, es genügt, daß sie überhaupt von einem Glied des Volkes begangen ist, bleibt der Täter, weil unbekannt, unbestraft, so halten sich die Götter an die Gesamtheit und diese hält sich an ihren Vertreter nach oben, den König. Idealer noch wird derselbe Gedanke ausgeführt in der Form, daß in solchem Falle, seine Königspflicht erfüllend, sich der König freiwillig selbst opfert, nicht zwangsweise geopfert wird. Gerade deshalb kann von solcher Verantwortung, Bestrafung, Opferung des Oberpriesters nicht die Rede sein, weil er durchaus *nicht* Haupt des Volkes oder Vertreter desselben gegen die Götter ist.

Die den Priestern zugeschriebene Strafgewalt beschränkt sich auf Schutz des Ting- vielleicht auch des Heerfriedens, weil die Götter an der Gerichts- d. h. Opferstätte anwesend und ebenso im Heereszuge gegenwärtig sind, sowie auf den *Vollzug*[2] der von der Volksversammlung (oder dem König oder Herzog im Heerbann) gefundenen Todes-, Verstümmelungs-, Leibesstrafen.

---

1 Ammian Marc XXVIII, 5 „hocque conperto reges ut ludibro habiti saevientes captivis omnibus interfectis genitales repetunt terras. apud hos generali nomine rex appellatur: „Hendinos", et ritu veteri potestate deposita removetur, si sub eo fortuna titubaverit belli vel segetum copiam vegaverit terra, ut solent Aegyptii casus eius modi suis adsignare rectoribus. nam sacerdos apud Burgundios amnium maximus vocatur: „Sinistus" et est perpetuus, obnoxius discriminibus nullis ut reges."

2 Vgl. Dahn in *v. Wietersheim* I, 547. Über die Ethmologie von „hendinos" und „sinistus" s. *Wackernagel* bei Binding.

452 ZWEITER TEIL · WESTGERMANEN

Die Alemannen hatten sich aus Furcht vor dem burgundischen Angriffe zerstreut (d. h. wohl das bewohnte Land geräumt), ihre Macht in mehrere Haufen geteilt, dabei, weil einen Angriff von Nordosten erwartend, ihre Süd- und Südwestgrenze ungedeckt gelassen, diese sehr günstige Gelegenheit erfaßte Theodosius, damals magister equitum in Gallien, griff sie, von Räftien her in ihr Gebiet eindringend, an, tötete mehrere, nahm einige Gefangenen und schickte sie auf Befehl des Kaisers nach Italien, wo sie fruchtbare Ländereien am Po erhielten, welche sie nun (d. h. ca. 390) als tributpflichtige Colonisten bebauen (XXVIII, 5). Auch diese Angaben sind lehrreich. Sie zeigen, daß man in der Überzahl der alemannischen Bevölkerung den Grund der unablässigen Angriffe erkannte, man suchte daher der Überschwemmung durch Minderung des Andrangs zu begegnen, zugleich hatte man längst erkannt, daß der Germane nicht lediglich „Raubfahrer", sondern, auf gutem Boden, ein vortrefflicher Bauer war, hatte man vor bald vier Jahrhunderten die *Sugambern* durch Teilung und Verpflanzung unschädlich zu machen und zugleich für Gallien tüchtigen Bauern und Grenzhüter an ihnen zu gewinnen gesucht, so tat man jetzt desgleichen mit gefangenen Alemannen. Aber welcher Unterschied! Nicht mehr Holland und Belgien galt es jetzt zu bevölkern und zugleich zu decken, die Entvölkerung, die Abnahme des freien mittleren Bauernstandes hatte in Italien so zugenommen, daß man die reichen Po-Ebenen bereits den Barbaren zum Anbau und zu der gerade gegen ihre Landsleute, die Alemannen, bald auch gegen Goten, erforderlichen Verteidigung überwies.

Valentinian war aber, wenn er auch, aus unbekannten Gründen, den gemeinsamen Angriff mit den Burgundern aufgegeben, immer wieder auf Verteidigung der Rheingrenze bedacht. Eine halb verlorene Stelle Ammians (XXIX, 4) spricht von Warttürmen (speculis), von denen aus, wenn sich ein Feind in die Nähe wagte, er sofort niedergeschossen wurde. Diese Warttürme wurden wohl am Rhein angelegt oder neu befestigt, da gleich darauf von den Plänen wider die Alemannen die Rede ist. Freilich ist es ein bedeutsames Zeichen der Herabminderung römischer Ansprüche, daß Ammian hier meint, es sei vielleicht preiswürdiger, die Barbaren in Ordnung zu halten als sie zu vertreiben, dies darf, im Zusammenhang mit den folgenden Germanen, nach welchen ihnen, unter Anerkennung römischer Hoheit, Grenzland eingeräumt wurde.

Inzwischen ließ aber den Herrn der römischen Welt ein kleiner alemannischer Fürst nicht ruhig schlafen. Es war *Macrian*, jedenfalls eine hervorragende Persönlichkeit, wir würden gewiß aus dem römischen Namen längeren Aufenthalt auf römischem Boden und daher Steigerung seiner „Gefährlichkeit" durch römische Schulung zu folgern versucht sein, wüßten wir nicht bestimmt das Gegenteil. Also auch ohne römische Schulung erwies sich das Talent solcher Germanenfürsten als gefährlich. Unter häufigem Wechsel seines Verhaltens gegen Rom war seine Macht immer gestiegen, so daß den Kaiser unter seinen manchfaltigen Sorgen am Ersten und Stärksten die beschäftigte, den Alemannen, der sich „*mit überschwellend angewachsener Kraft*" bereits drohend gegen die römischen Grenzen wendete, unschädlich zu machen, vielleicht darf man, nach Analogie wenig spätere Vorgänge bei den Franken annehmen, daß die „zunehmende, wachsende Macht" des ursprünglichen Gaukönigs darin bestand, daß seine überragende Persönlichkeit, getragen von der allgemeinen zentripetalen Bewegung unter den Germanen dieser Zeit, allmählich eine Mehrzahl von Gauen, vielleicht seine ganze Völkerschaft bewogen hatte, sich ihnen anzuschließen. Als wie bedeutend dieser Feind Roms und die von ihm drohende Gefährdung Galliens angesehen wurde, erhellt daraus, daß Ammian bei dem kurzen Rückblick auf

SECHSTES KAPITEL · VON DIOKLETIANS BIS ZU THEODOSIUS' REICHSTEILUNG   453

Valentinians Regierung (XXX, 7) nochmal hervorhebt, dieser Kaiser habe selbst Hand angelegt bei dem höchst eifrigen Versuche, den damals furchtbaren König lebendig zu fangen. Valentinian schwebte vor, wie weiland Julian den Alemannenkönig Badomar gefangen hatte, in ähnlicher Weise wollte er sich, durch Gewalt oder List, Macrians bemächtigen. Er traf Anstalten hierzu, wie sie Zweck und Gelegenheit an die Hand gaben. Da er durch Aussage von Überläufern (an denen es also auch einem mächtig aufstrebenden und erfolgreichen Germanenkönig nie fehlte, so stark lockte der römische Dienst) erfahren, an welchem Orte der Bedrohte, nichts Feindliches erwartend, überrascht werden könne, schlug der Kaiser ganz geheim eine fliegende Schiffsbrücke über den Rhein, die Herstellung einer festen wäre jedenfalls bemerkt, vielleicht verhindert worden. Natürlich konnte nur eine kleine Schar unbemerkt übergesetzt werden, *Severus* eilte mit dem Fußvolke voraus bis gegenüber den „aquae mattiacae", Wiesbaden, wo (oder etwa in Soden?) vielleicht der kränkliche König die Quellen gebrauchte, hier machte Severus ängstlich halt, er besorgte, mit seiner Handvoll Leute von der ungeheueren Übermacht der Barbaren bemerkt und dann ohne Widerstand erdrückt zu werden. Er stieß in der Nähe zufällig auf Gaukler (scurras), welche Sklaven zum Verkauf mit sich führten, er besorgte, diese möchten, rasch entwischend, im Lande erzählen, was sie gesehen, daher ließ er sie – echt römisch! – sämtlich töten und ihre Waren plündern.

Daß diese ruchlos Gemordeten nicht kaiserliche Haustruppen waren, von denen eine Abteilung allerdings „scurrae" hieß, wie man für möglich gehalten hat, leuchtet ein; gewiß waren es auch nicht, wie Andere meinen, Germanen in römischem Dienst, welche unter ihren Landsleuten Sklaven für den Kaiser aufkauften, vielmehr wohl wirkliche römische Gaukler, welche an den Höfen der Germanenkönige für ihre Kunststücke reiche Bezahlung erhielten und zugleich dabei gelegentlich Handel trieben, indem sie Sklaven und andere Waren tauschten. Nur wenn man die Geopferten als bloße – und zwar verächtliche – Private denkt, von jedem Zusammenhang mit dem Kaiser und dem Heere gelöst, erklärt sich die Hinschlachtung. Diese Auffassung stimmt auch am Besten zu der Besorgnis, diese Kaufleute, Lustigmacher, Sklaven würden alsbald, über das Land verbreitet, die Germanen, ihre besten Abnehmer und Kunden, warnen, sie waren vielleicht auf dem Wege von oder zu Macrian oder der Halle des nächsten Gaukönigs, als dessen Gast etwa Macrian in Wiesbaden (oder Soden?) weilte. Die Sklaven können die Gaukler und Kaufleute von den Germanen gegen andere Waren eingetauscht oder als Lohngeschenk für ihre Künste empfangen haben, da Unfreie ein Ausfuhrartikel der Germanen waren, indessen ist auch nicht ausgeschlossen, daß die Kaufleute römisch geschulte, geschickte Sklaven und Sklavinnen den Germanen verkaufen wollten. Trotz dieser grausamen Vorsichtsmaßregel sollte der Überfall mißglücken.

Ermutigt durch das Nachrücken weiterer Truppen schlugen die Führer[1] ein Lager, freilich nur sehr ungenügend, denn es fehlte völlig an Lasttieren, das Gepäck nachzutragen, niemand hatte ein Zelt, ausgenommen in gewissem Sinne der Kaiser, dem aber ebenfalls Vorhänge und Decken das Zelt ersetzen mußten. So machte man wegen des nächtigen Dunkels eine Zeitlang halt, alsbald aber setzte sich der Zug wieder in Bewegung und drang, *Theodosius* mit der Reiterei an der Spitze, geführt von kundigen Wegweisern weiter vor. Nach einer Lücke von drei Zeilen (zu je 54 Buchstaben) im

---

1 „iudices" nennt sie Ammian auffallender Weise, vgl. hierüber Dahn, in den Forschungen zur D. Gesch. 1881 und Bausteine IV.

454 ZWEITER TEIL · WESTGERMANEN

Text fährt Ammian fort, „der Überfall mißlang wegen des weithin sich verbreitenden Lärmens der Truppen, unablässig hatte ihnen der Kaiser eingeschärft, sich der Plünderung und des Landbrands zu enthalten, vermochte es aber nicht zu erreichen! Durch des Geprassel der Flammen (also war es nun Tag, nicht mehr Nacht) und mißtöniges Geschrei aufgeschreckt argwöhnten die Gefolgen des Königs, was geschehen war, hoben ihn auf ein rasches Gefährt (zu reiten war er also wohl durch Krankheit verhindert) und bargen ihn hinter zerklüfteten, nur mit schmalem Aufstieg zugänglichen Hügeln. So wurde Valentinian dieser Ruhm entzogen, nicht durch sein oder der Führer Verschulden, nur durch die Zuchtlosigkeit der Truppen, welche schon oft schwere Verluste über Rom gebracht. Er verheerte nun das Land mit Feuer fünfzig Milien weit und kehrte nach Trier zurück, betrübt wie der Löwe, dem ein Hirsch, eine Gemse entkommen, das leere Gebiß zusammenschlägt."

Allerdings ist es für die Disziplin im römischen Heere ein sehr schlimmes Zeichen, daß nicht einmal die Anwesenheit, die persönliche Einwirkung eines tüchtigen Kaisers eine kleine, erlesene Anwesenheit, die persönlicher Einwirkung eines tüchtigen Kaisers eine kleine, erlesene Streifschar von Raub und Brand auf dem Einmarsch durch Feindesland abzuhalten vermag! Übrigens erlaubte Valentinian den Alemannen gleichwohl durch diesen Überfall so viel Furcht eingejagt zu haben, um erfolgreich durch alte, Jahrhunderte lang bewährte Mittel römischer Politik in ihre inneren Verhältnisse greifen, Uneinigkeit unter den Nachbarn, Schwächung der Gesamtheit, Zuneigung eines Teiles des Volkes zu Rom bewirken zu können. „Es bestellte den *Bukinobanten*, welches eine alemannische Völkerschaft gegenüber Mainz ist, an Stelle des Macrian *Fraomar* zum König.

Dies stimmt zu unserer Annahme, daß Macrian eine Mehrzahl von Gauen beherrschte, wenn nicht von Anfang, eben doch später in „Zunahme seiner Macht", denn ohne Zweifel war Macrian nicht bloß König der Bukinobanten, wie aus dem gleich folgenden erhellt, behielt vielmehr Mittel und Macht, den durch Furcht zum Abfall und zum Anschluß an Rom gebrachten Gau alsbald zu züchtigen, obwohl Ammian das Wort „gens" doch wohl nicht eine ganze Völkerschaft, nur einen Gau vorzustellen.[1]

Die Zeiten des Tiberius waren aber vorüber, es schlug nicht mehr an, das alte Mittel aufgedrängter Könige, in der Alemannengruppe war der Gegensatz wider Rom zu leidenschaftlich, die Furcht vor *dauerndem* römischen Einschreiten auf dem rechten Rheinufer zu gering, man glaubte nicht mehr daran, daß die kaiserlichen Waffen, einen von ihnen aufgezwungenen germanischen König zu schützen und zu halten, dauernd oder immer wiederholt im Gau erscheinen würden, „bald darauf erfolgte ein Einfall in diesen Gau, wobei derselbe vollständig verwüstet wurde", wir werden doch annehmen müssen, daß es eben Macrian und die übrigen den Kampf gegen Rom fortführenden Könige waren, welche durch diesen Einfall den vom Kaiser eingesetzten König vertreiben, dessen und Roms Anhänger in diesem Gau strafen, vielleicht die Widerstrebenden befreien, jedenfalls die mittelbare Festsetzung

---

1 „In Macriani locum Bucinibantibus, quae contra Mogontiacum est gens Alamanna, regem Fraomarium ordinavit, quem paulo postea, quoniam recens excursus eundem penitus vastaverat pagum, in Brittauniam tranlatum potestate tribuni Alamannorum praefecerat numero, multitudine viribusque ea tempestate florenti, Bitheridum vero et Hortarium nationis eiusdem primates item regere milites iussit: e quibus Hortarius proditus relatione Florenti Germaniae ducis contra rem publicam quaedem ad Macrianum scripsisse barbarosque optimates veritate tormentis expressa conflagravit flamma poenali."

SECHSTES KAPITEL · VON DIOKLETIANS BIS ZU THEODOSIUS' REICHSTEILUNG 455

der Römer auf dem rechten Ufer beseitigen wollten. So vollständig gelang dies, daß Valentinian seinen Plan aufgab und den zu ihm geflüchteten Fraomar nach Britannien versetzte, dort stellte er ihn an die Spitze einer damals durch Zahl und Tüchtigkeit glänzenden alemannischen Abteilung.

Wir entnehmen, daß, unerachtet des erbitterten Kampfes um den Rhein, zahlreiche alemannische Reisläufer immer noch in den römischen Dienst traten, so groß war die Kriegslust und die überquellende Jugend der Volkszahl. Daß man diese Söldner nicht gegen die eigenen Stammgenossen verwendete, sondern in Britannien gegen Kelten oder Sachsen, war Sache der Klugheit, vielleicht des Vertrags, bei den Friedens- und Unterwerfungsverträgen verpflichteten sich wohl auch die alemannischen Gaue, wie gotische und andere, zur Stellung einer Anzahl von Söldnern. Immer noch, wie von jeher und wie bald in noch großartigerem Umfang, standen als Offiziere an der Spitze solcher germanischer Söldnerregimenter nationale Könige.[1]

Ammian fährt fort, „auch *Bitherid* und *Hortari*, Häuptlinge (primates) derselben Nation, machte er zu Offizieren von Truppenabteilungen." Wahrscheinlich (aber freilich nicht notwendig) ist doch dieser Hortani, der hier nur zu den „primates" zählt, der oben (S. 280, 324) genannte König[2], in diesen beiden *letzteren* Fällen wird aber nicht (wenigstens nicht ausdrücklich) gesagt, daß die Truppen Alemannen waren.

Hortari wurde später von *Florentius*, dem dux von Germanien, besichtigt, in reichsfeindlichem Sinn an Macrian und die Vornehmen („optimates") der Barbaren geschrieben zu haben, bekannte die „Wahrheit" auf der Folter (!) und wurde zur Strafe verbannt.

Und doch zog es diese germanischen Abenteurer immer wieder aus ihren Gehöften, von ihrem Volk, aus dem Boden der Heimat und ihrer Machtstellung innerhalb der nationalen Verfassung sogar als Könige, hinweg in die glänzende, aber verderbliche römische Welt, in der sie, wenn sie sich wieder als Germanen fühlten, als Verräter gelten mußten.

Das von jeher von den Römern angewendete Mittel, sich unbequemer feindlicher Fürsten, die man nicht durch Krieg zu vernichten vermochte, durch Meuchelmord zu entledigen, das auch Valentinian erst kürzlich wieder gebraucht, schlug doch manchmal auch zu ihrem Schaden aus, indem das Volk der Gemordeten blutige Rache nahm.

Geraume Zeit hatten die *Quaden* an der Donau sich, wie es scheint, ruhig verhalten, des Tonstantius Siege, mehr noch seine klugen Maßregeln, durch welche er ihre Verbindungen mit den *Sarmaten* zu lösen und einzelne Horden der letzteren gegen jene zu gewinnen verstanden, gewicht *gotischer* Völker an der unteren Donau, durch welche die Donausueben überhaupt eingeengt, nach Nordwesten gedrängt werden mußten. Ammian sagt von jenen:

„Damals (373) wurde das Volk der Quaden durch plötzliche Erschütterung aufgeschreckt, jetzt nur wenig mehr zu fürchten, aber ehemals unermeßlich kriegerisch und mächtig, wie ihre einst so raschen, alles vor sich niederwerfenden Überfälle bewiesen, die von ihnen und den Markomannen unternommene Belagerung von *Aquileja*, Zerstörung von *Opitergium* und andere blutige Taten mehr ihres raschen

---

1 Vgl. die Schlacht bei Straßburg, „venere Batavi cum regibus".

2 Man hat an Vertreibung durch Macrian gedacht, der Anschluß Hortaris an Rom konnte dann ebenso gut Ursache als Folge gewesen sein.

456 ZWEITER TEIL · WESTGERMANEN

Heerbanns, so daß sie die Julischen Alpen durchbrachen und der, wie wir gezeigt, so tüchtige Kaiser Marcus (Aurelius) ihnen kaum zu widerstehen vermochte. Für Barbaren, meint er naiv, hätten sie jetzt allerdings Grund zu Klagen und Streit."

Valentinian hatte von Anfang seiner Regierung an „mit ruhmwürdigem, aber allzu ungestümen Feuereifer" – urteilt Ammian – die Deckung der limites durch Befestigungen betrieben, man hat in diesen Worten ein sehr günstiges Zeugnis für die Voraussicht dieses Kaisers und den Schlüssel für seine Kriege, seine Verhandlungen, freilich auch seine Treulosigkeiten gegenüber den Alemannen. Auch erkannte der tüchtige Feldherr, daß man nicht, wie seit langer Zeit geschehen war, ausnahmlos die Grenze auf der *inneren* Linie bedecken konnte, vielmehr hin und wieder durch das Terrain gezwungen war, auf der barbarischen Seite an Rhein und Donau die Werke auszuführen, welche dem Übergang wehren sollten, es war die alte römische Verteidigung durch vorgeschobene Bastionen vor der eigentlichen Grenzlinie, welche, seit Cäsar die Ubier sich verbündet, Jahrhunderte hindurch war angewendet worden, die Kastelle vor dem limes, der limes selbst, das Zehntland waren nur verschiedene Anwendungen des gleichen Gedankens gewesen.

Es war ein Anzeichen der sinkenden Kraft, daß an Rhein und Donau diese aktive Verteidigung immer mehr war aufgegeben, die Abwehr auf die *römischen* Ufer war beschränkt worden, die Folgen waren jene häufigen Überflutungen der Provinzen bis in die Mitte dieses Jahrhunderts, die in Gallien erst Julian gehhemmt hatte, er wagte wieder, alte Befestigungen auf dem feindlichen Ufer herzustellen. Desgleichen befahl nun der kraftvolle Valentinian, jenseits der Donau in dem Lande der Quaden selbst, das er, obzwar längst diesen Nachbarn abgetreten, nun gleichsam wieder als römisches Gebiet in Anspruch nahm, befestigte Lager und Schanzen zur Sicherung zu erbauen, die quadischen Bauernschaften in der Nähe wollten das, entrüstet über die anmaßende Verletzung alter Verträge und mit Recht um ihre Sicherheit besorgt, selbstverständlich nicht dulden und suchten es durch Gesandte und durch Murren des Volkes zu hindern. Aber der Präfekt *Maximin*, nach jedem Frevel begierig und unfähig, seinen angeborenen, durch die hohe Würde gesteigerten Übermut in Schranken zu halten, schalt auf *Equitius*, der damals Waffenmeister (magister armorum) in Illyricum war, als ungehorsam und lästig, indem er nicht die Befestigungen, deren Beschleunigung befohlen, mit straffer Arbeit zu Ende führe. Und er fügte bei, wenn man seinem jungen Sohn *Marcellian* die Würde des dux für die Provinz *Valeria* anvertrauen wollte, würde die Befestigung ohne Schwierigkeit bald emporragen. Und er erreichte wirklich beides. Marcellian, befördert und in der Landschaft eingetroffen, voll unzeitiger Überhebung als Sohn des Präfekten, nahm ohne weiteres das kurz vorher begonnene Bauwerk wieder in Angriff, das man ausgesetzt hatte, weil den Quaden verstattet worden war, dagegen bei dem Kaiser einzukommen, der neue dux unterließ sogar, durch gute Worte diese Grenznachbarn zu beschwichtigen, welche man aus ihren Landschaften verdrängt hatte unter der bloßen Andichtung nie von ihnen beabsichtigter Übergriffe in das römische Gebiet. Endlich ließ er den Quadenkönig *Gabinius*, der bescheiden forderte, man möge von vertragswidrigen Änderungen des Bestehenden ablassen, unter dem Schein der Gewährung mit geheuchelter Freundlichkeit mit anderen zum Gastmahl laden und auf dem Rückwege von dem Gelage in schändlicher Verletzung der heiligen Pflicht des Gastrechts den Arglosen ermorden (374).

Das Gerücht dieser Schandtat verbreitete sich sofort nach allen Seiten und erbitterte die Quaden und deren Nachbarn, sie scharten sich zusammen und schickten Mannschaften zur Heerung aus, welche die Donau überschritten, das keine Feindse-

SECHSTES KAPITEL · VON DIOKLETIANS BIS ZU THEODOSIUS' REICHSTEILUNG 457

ligkeit erwartende, mit der Ernte beschäftigte Landvolk angriffen, und dessen größeren Teil erschlugen. Die Übrigen mit einer Menge verschiedenen Viehes führten sie mit sich in die Heimat. „Und damals wäre beinahe eine unauslösliche Schmach, unter die schlimmsten Scharten des römischen Namens zu zählen, auf das Reich gefallen, denn wenig fehlte, daß dabei die Tochter des Constantinus, Cratian als Braut bestimmt, welche gerade auf dem Wege zur Hochzeit sich befand, während sie in einer fiscalischen Billa, *Pistrensis*, speiste, von den Quaden gefangen worden wäre, wenn Provinz sie auf seinen (raschen, leichten) Amtswagen (*iudiciale carpentum*) gehoben und in höchster Eile die 26 Meilen bis Sirmium gefahren hätte. Durch diesen glücklichen Zufall wurde die kaiserliche (königliche, sagt Ammian) Jungfrau (sie war aber erst 11 Jahre alt) der Gefahr elender Gefangenschaft entrissen, welche, wenn die Auslösung abgeschlagen wurde, den Staat mit einem argen Mal der Schande würde gebrandmarkt haben."

Nun verbreiteten sich Sarmaten und Quaden, welche wir also jetzt, wie vor zwei Jahrhunderten, benachbart und verbündet antreffen, weiterhin über das römische Gebiet. Diese Völker, zu Raub und Plünderung höchst geschickt, führten Männer, Frauen und Herden als Beute davon, frohlockten auf der Asche der verbrannten Landhäuser, welche sie unerwartet überfielen und ohne Schonung samt ihren Bewohnern mit Feuer und Schwert niederstreckten. Durch alle Nachbargebiete drang die Furcht vor gleicher Heimsuchung, der prätorische Präfect von Illyricum, *Probus*, der zu Sirmium weilte, an die Schrecken des Krieges nicht gewöhnt, geriet bei dem traurigen Anblick solcher ihm neuen Bilder in solche Bestürzung, daß er nicht die Augen aufzuschlagen wagte „und lange Zeit ratlos blieb". Schon hatte er die nächste Nacht zur Flucht mit beigeschafften raschen Pferden bestimmt, als er, besserem Rate folgend, unentwegt auszuharren beschloß. Denn er hatte erfahren, daß seiner Flucht alle Bewohner der Stadt eilfertig folgen würden, sich in geeigneten Schlupfwinkeln zu verbergen, so wäre die Hauptstadt der Provinz unverteidigt in die Hand der Feinde gefallen. Er bemeisterte nun ein wenig seine Furcht und wandte sich eifrig dazu, die dringendsten Vorkehrungen zu treffen, er ließ die verschütteten halb ausgefüllten Wallgräben ausräumen, die Mauern, welche größtenteils in dem langen Frieden vernachlässigt und eingestürzt waren, bis zu der Höhe der drohenden (Belagerungs-) Türme herstellen, in seinem Baueifer erwärmend. Diese Arbeiten konnten deshalb rasch vollendet werden, weil er seit langem vorbereitete Mittel für den Bau eines Theaters vorfand, welche für diese dringenden Bedürfnisse ausreichten.

Es ist ein schlimmes Zeichen, aber höchst charakteristisch für die Römerwelt dieser Zeit, daß in einer Hauptfestung der Ostgrenze die Mauern eingestürzt, die Gräben verschüttet bleiben, während seit langer Zeit reichlich Geld vorrätig liegt für einen Theaterbau!

Zu dieser löblichen Maßregel fügte er eine zweite, indem er, der drohenden Belagerung zu wehren, eine Kohorte Pfeilschützen aus dem nächsten Standlager in die Stadt zog.

Dadurch war den Barbaren gleichsam ein Riegel wieder die Bestürmung der Stadt entgegen geworfen, sie hatten zu solch schwieriger Kriegführung wenig Geschick, waren überdies durch die große Gepäcklast ihrer Beute behindert, ließen daher von der Stadt und beschlossen, der Spur des Equitius zu folgen. Und als sie durch Aussagen der Gefangenen erfuhren, daß dieser in die weit dorthin nach, auf sein Blut deshalb erpicht, weil sie glaubten, daß er den König in das Garn des Verderbens gelockt habe. Ihrem drohenden raschen Ansturm entgegen rückten zwei Legionen,

458   ZWEITER TEIL · WESTGERMANEN

die *pannonische* und die *mösische*, ausgezeichnet kriegstüchtige Truppen, welche bei
einträchtigem Zusammenwirken ohne Zweifel den Sieg würden errungen haben.
Aber die beiden Legionen haderten untereinander, jede wollte für sich die Plünderer
angreifen, durch Zwietracht gehemmt stritten sie über Ehre und Vorrang. Das merkten die schlauen Sarmaten und stürzten sich, bevor ein förmliches Signal zur Schlacht
gegeben wurde, auf die ihnen nächste mösische Legion, bevor noch die Soldaten in
der Verwirrung ihre Waffen in Stand gesetzt, hatten die Angreifer schon die Meisten
erschlagen, jetzt, mit gehobener Zuversicht, durchbrachen sie auch die Aufstellung
der pannonischen Legion, trennten die Gesamtheit der römischen Macht in zwei
Teile und würden im Doppelangriff fast alle vernichtet haben, wenn nicht rascheste
Flucht einige gerettet hätte.

Den bedrohten Donauprovinzen brachte damals ein noch sehr junger Mann „im
ersten Flaumbart" Hilfe, *Theodosius*, der Sohn des gleichnamigen Retters von Britannien.

Dieser Jüngling, damals dux von Mösien, der später das Ostreich von der unvergleichlich großartigeren westgotischen Überflutung befreien sollte, hatte einstweilen einen anderen Angriff erfolgreich abgewehrt. Die im Unterschiede von ihren
durch Empörung befreiten ehemaligen Knechten also genannten „freien Sarmaten",
die *Limigantes* (XVII, 13. XIX, 11), alte Waffengenossen und Raubgesellen der Quaden, waren gleichzeitig mit diesen von anderer Seite her in das Grenzgebiet gedrungen, Theodosius trieb sie in häufigen Gefechten mit empfindlichen Schlägen hinaus
und als sie, durch neu zusammenströmende Scharen verstärkt, sich abermals zum
Widerstand gestellt hatten, schlug er sie so entscheidend, daß er „nach ihrem Verdienst die Raubtiere des Himmels und der Erde mit ihren Leichen sättigte".

Den Übriggebliebenen war der Übermut verlodert, sie fürchteten, ein Feldheer
von so schneidiger und rascher Tatkraft würde bei dem ersten Schritt über die Grenze die andringenden Waffen abermals vernichten oder zerstreuen und ihnen im
Waldverstecke Hinterhalte legen. Daher gaben sie, nach vielen vergeblichen Durch-
bruchsversuchen, das Vertrauen auf die Waffenentscheidung ganz auf, erbaten und
erhielten nachsichtige Verzeihung des Geschehenen und erklärten sich als besiegt,
gleichwohl kam, wie es scheint, nur ein Waffenstillstand auf Zeit zustande, welchen
sie auch getreulich einhielten, zumal, wie Ammian beifügt, dadurch in Furcht eingeschüchtert, daß eine starke Streitmacht des gallischen Heeres zum Schutze Illyricums eingetroffen war. (Im Jahre 374. Ammian XXIX, 6.)

Valentinian hatte diese Truppen vom Rhein hinweggenommen. Er hatte (im Jahre
374 unter dem Consulat von Gratian und Equitius) einige Gaue „Alemanniens"[1]
verwüstet, es ist bedeutsam, daß die Römer wie früher für das Landgebiet einzelner
Völkerschaften Roms Namen gebildet hatten, z. B. Cheruskis, so jetzt bereits geraume Zeit für das Gebiet der *Völkergruppen* solche schufen.

Er war eben beschäftigt bei Basel eine Befestigung anzulegen, „welche nun (390)
die Anwohner „Robur"[2] nennen", als ihm der Bericht des Präfekten Probus mit der
Meldung der Niederlage in Illyricum überbracht wurde. Er prüfte ihn sorgfältig, wie
bedachtsamen Feldherrn ziemt, und schickte den Notarius *Paternian* zu genauer Un-

---

1 XXX, 3 „post vastatos aliquuos Alamannia pagos munimentum aedificanti prope Basiliam,
   quod appellant accolae Robur."

2 Man kann den Namen doch wohl nur auf die Befestigung, nicht, wie Trotz meint, als zweite
   Benennung, auf Basel beziehen, nach *Mannert*, Gallien S. 278, Thuringen.

SECHSTES KAPITEL · VON DIOKLETIANS BIS ZU THEODOSIUS' REICHSTEILUNG   459

tersuchung der Sachlage ab, auf dessen glaubhafte Mitteilungen hin wollte er sogleich in die gefährdete Provinz eilen, die Barbaren, welche den limes zu verletzen gewagt, wie er sich vorstellte, schon durch das erste Geräusch seiner nahenden Waffen zu vernichten.

Aber der Herbst war schon im Begriff, dem Winter zu weichen, viele und große Schwierigkeiten drängten sich auf, alle Vornehmen des Hofes bemühten, durch Vorstellungen und Bitten ihn bis zum Beginn des Frühjahres aufzuhalten, sie warnten, die Straßen seien mit Frost und Eis überzogen, weder ein Grashalm für das Pferdefutter noch sonst der Bedarf für das Heer werde aufzutreiben sein, sie erinnerten an die Wildheit der Gallien benachbarten Könige, zumal des damals vor allen gefürchteten Macrian, der sicher, wenn man ihn in Feindschaft hier zurücklasse, sich sogar an die Mauern der Städte wagen werde, (man sieht hieraus, wie aus der früheren Angabe Ammians von den in Rätien eingedrungenen Alemannen, daß diese regelmäßige die Berennung fester Plätze mieden, sich auf Ausraubung oder, wo es gelingen möchte, wie im Elsaß, auf Besitzergreifung des flachen Landes beschränkten). Durch diese und ähnliche ersprießliche Vorstellungen wurde der Kaiser zu besserem Entschluß bewogen und sofort, wie es der Wohlfahrt des Reiches offenbar entsprach, jener König sehr freundlich in die Nähe von Mainz entboten. Macrian schien auch seinerseit dem Abschluß eines Übereinkommens wohl geneigt, er kam „unmenschlich aufgeblasen von Übermut, als der Überlegene, der die Bedingungen des Friedens vorzuschreiben haben werde". Und er stand an dem für die Unterredung bestimmten Tage hart am Ufer des Rheins, hoch das Haupt erhebend, nach allen Seiten hin erdröhnte der Schildlärm seiner Volksgenossen.

Der Alemanne weigerte sich offenbar – und er hatte alle Ursache! – dem römischen Ufer und der römischen Treue sich anzuvertrauen, da nun der Kaiser, um den Rhein von Truppen entblößen zu können, welche dringend die Donau verlangte, des Friedens viel mehr bedurfte als Macrian, mußte sich der Herr des Weltreichs wohl oder übel bequemen, den Barbaren auf dessen Gebiet aufzusuchen, nicht einmal der Mittelweg, welchen Valens und der Westgote Athanarich eingeschlagen, wurde von den Alemannen angenommen. So fuhr denn der Augustus mit starker Bedeutung von Lagertruppen in Stromkähnen hinüber und betrat vorsichtig das rechte Ufer, weithin sichtbar durch den Glanz der schimmernden Feldzeichen. Endlich beruhigte sich das unbändige Gebahren und das Gedröhne der Barbaren, die beiden Fürsten sprechen und hörten und schlossen Freundschaft unter eidlicher Bekräftigung. „So schied der König, der langjährige Unruhstifter (turbarum artifex), endlich zur Ruhe gebracht, als unser Verbündeter für die Zukunft, und wahrlich, er gab bis zu seinem letzten Augenblick ein Beispiel treuer Friedensgesinnung in schöner Betätigung. Er fand später den Untergang im Gebiet der Franken. (Hier begegnet zum ersten Mal die Bezeichnung *Francia* für das von dieser Gruppe eingenommene Gebiet, wie kurz vorher *Alamannia*.) Als er hier allzu hitzig in vernichtender Verwüstung vordrang (vermutlich hatte Rom den Alemannen durch große Geld-, Getreide-, vielleicht auch Landbewährungen gewonnen und seine Kriegslust auf die Franken ablenkt, wie früher die Burgunder auf ihn und sein Volk, nach altrömischer Politik) fiel er, umstickt durch einen Hinterhalt des kriegerischen Frankenkönigs Mellobaudes. *Valentinian* ging nach feierlichem Abschluß des foedus nach Trier in die Winterquatiere" (Ammian XXX, 3).

Bei Beginn des Frühjahrs 375 brach er von da auf und zog raschen Schrittes auf den bekannten Straßen in die Donauländer, schon bevor er das Gebiet der Samaten und Quaden erreicht, kam ihm eine Gesandtschaft der Ersteren entgegen, warf sich ihm zu Füßen und erbat in besänftigendem Flehen, er möge gnädig und mild ihr

Land betreten, da er ihre Stammgenossen keiner Schuld gegen Rom teilhaftig und bewußt finden werde. Nachdem sie dies oft und oft wiederholt, erwiderte er nach einiger Erwägung vorläufig, er werde an Ort und Stelle, wo diese Ereignisse stattgefunden, nach sorgfältiger Untersuchung einschreiten. Darauf ging er nach *Carnuntum*, „einer Stadt der Illyrier, zur Zeit zwar verödet und schmutzig verwahrlost", aber für den Feldherrn günstig gelegen, von nächster Aufstellung aus die Gelüste und Bewegungen der Barbaren, wie Zufall oder Berechnung gewährte, abzuwehren. Die römischen Zivil- und Militärbeamten in jenen Landschaften zitterten vor der strengen Untersuchung und Ahndung des gefürchteten Herrschers. Aber wie es seine Art war, gegen die gemeinen Soldaten und untergeordneten Beamten scharf vorzugehen, dagegen höher Gestellte allzu gelind zu behandeln, so unterließ er es jetzt sogar, die Ermordung des Königs Gabinius zu untersuchen und die Schuld der Beamten, die treulos oder feig Pannonien im Stich gelassen, die Grenze der Provinz entblößt und durch Tat wie Unterlassung diese schweren Wunden dem Reich verschuldet hatten.

Bei diesem Anlaß gewährt Ammians Bericht über des Kaisers Charakter lehrreiche Einblicke in die tiefe Verderbnis der römischen Verwaltung und deren schädliche Wirkung auf den Wohlstand des Volkes, diese Fäulnis der Beamtenwelt ist einerseits ein erschreckendes *Symptom* der Entartung des Nationalcharakters auch in den altedeln Familien, aus welchen die höheren Beamten gewöhnlich hervorgingen, andererseits mußte sie als *Ursache* verheerend auf Volkswirtschaft und Gesellschaft des Reiches wirken. Der Kaiser entdeckte die Mißverwaltung des Präfecten *Probus*, eines Sprößlings des altedeln Haufes der *Anicier*, der, in unwürdigster Weise seiner Abstammung vergessend, nur danach trachtete, sich bei dem Kaiser einzuschmeicheln. „Valentinian aber litt an unersättlicher Geldgier, er forschte unablässig nach Wegen, von allen Seiten Geld zu erwerben, ohne zwischen gerechten und ungerechten Mitteln zu unterscheiden." Zum Teil ist freilich jeder Kaiser dieser Zeit gegenüber solcher Anklage zu entschuldigen, denn die notwendigen Ausgaben des Reiches wuchsen mit dem steigenden Andrang der Barbaren in allen drei Erdteilen (schon Limes-Bauten in so großem Maßstab, wie sie Valentinian unternahm, mußten enorme Summen verschlingen) und die Einnahmen flossen immer spärlicher aus dem erschöpften Volksvermögen. Freilich war es ein verhängnisvoller Zirkel, daß sie unweisen, ungerechten, unmäßigen Finanzmaßregeln des Kaisers und seiner Beamten in dem Bestreben, die Einnahmen zu erhöhen, die Steuerkraft noch ärger minderten. Statthalter, wie Probus, strebten, statt den Kaiser zu warnen, nur nach seiner Gunst durch Befriedigung seiner Wünsche, daher schwere Not der Untertanen, erdrückende Steuerforderungen, welche gleichmäßig Reiche und Geringe zu Grunde richteten, indem die langjährige Gewöhnung der Bedrückung immer wirksamere Mittel und bessere Vorwände erfand. Endlich kam dies so weit, daß die erhöhten Lasten der stets vervielfältigten Steuern und Abgaben auch mehrere vornehme Familien (Pannoniens) aus Furcht vor völligem Untergang zur Auswanderung nötigten, andere, ausgesogen von der Härte der unerbittlich heischenden Steuerbeamten, wurden, da, was sie auch zahlten, nicht ausreichte, dauernd eingekehrt, so daß manche, dessen Lebens und des Tageslichts überdrüssig, nach dem Strick griffen, als ersehntem Heilmittel ihres Elends. Unablässig klagte des Gerücht, daß man immer gieriger, immer unmenschlicher verfahre, Valentinian jedoch ignorierte alles, „wie wenn er sich die Ohren mit Wachs verstopft hätte", begierig, ohne alle Unterscheidung, auch aus dem Geringfügigsten Gewinn zu ziehen, nur auf die Summen denkend, welche eingingen.

SECHSTES KAPITEL · VON DIOKLETIANS BIS ZU THEODOSIUS' REICHSTEILUNG   461

Vielleicht würde er jedoch Pannonien – seine Heimat – schonender behandelt haben, hätte er die beklagenswerten Mißstände rechtzeitig kennen gelernt, anstatt allzuspät und durch einen bloßen Zufall.

Nach dem Beispiel der übrigen Provinzialien waren nämlich auch die *Epiroten* von dem Präfekten Probus gezwungen worden, eine Deputation an den Kaiser abzuordnen, diesem ihren Dank auszusprechen für die segensreiche, wohltätige Verwaltung des Mannes, welchen er ihnen zum Präfekten bestellt. Dieser Unfug war seit mehreren Regierungen eingerissen. Sehr gegen seinen Willen brachten die Epiroten endlich einen freimütigen tüchtigen Mann, den Philosophen *Iphikles*[1] – er war bei Cibalä geboren, nahe dem Flecken Mikanofzi – (ein Ryniker, Julian dereinst wohlbekannt) dahin, dies schlimme Geschäft zu übernehmen. Als aber dieser von dem Kaiser als Bekannter begrüßt und befragt wurde, ob denn die Epiroten auch wirklich und aufrichtig von dem Präfekten so gut dächten, antwortete der Mann „als Philosoph ein Bekenner der Wahrheit, nur seufzend und wider Willen". Der Kaiser, „durch dies Wort wie von einem Geschoß getroffen, spürte nun wie ein Jagdhund allen Schritten des Präfekten nach", indem er bei dem Philosophen vorsichtig in dessen griechischer, den Umstehenden wohl meist nicht geläufiger Sprache, sich bald nach dem einen oder anderen, den er aus früherer Zeit kannte, erkundigte, und als er auf diese Fragen z. B. was aus jenem geworden, der an Glanz und Ruf alle überstrahlt hatte, oder aus jenem anderen Reichen, oder jener Persönlichkeit ersten Ranges, erfuhr, der eine habe sich erhängt, der zweite eine andere Todesart gewählt, der dritte sei über Meer geflohen, der vierte auf der Folter unter der Bleikugelpeitsche verendet, da entbrannte endlich der Kaiser in unendlichem Zorn, den ein anderer Beamter, der magister officium *Leo*, aus selbstischen Beweggründen noch schürte. – Von solchen Zufällen hing die Bestrafung der Verderber ganzer Provinzen ab, und Valentinian zählte zu den kräftigen Kaisern.

Drei Sommermonate lang rüstete er zu *Carnuntum* Waffen und Vorräte, bei guter Gelegenheit die Quaden, die Urheber des furchtbaren Aufstandes, anzugreifen. Dann schickte er *Merobaudes* mit seinem Fußvolk und den *comes Sebastianus* voraus, die Gaue der Barbaren zu verheeren und zu verbrennen: er selbst rückte nach *Acincum* (Ofen), schlug dort eine notdürftig dem Bedürfnis genügende Schiffsbrücke und drang hier, von einer anderen Seite her, in das Gebiet der Quaden. Diese hatten, vorsichtig den drohenden Ereignissen zuvorkommend, zum größten Teil sich und die Ihrigen auf die steil abfallenden Berge geflüchtet, von denen Höhen sie nun den Anmarsch der Römer betrachteten, von Schreck gelähmt, als sie wider Erwarten den Kaiser selbst mitten in ihrem Lande erblickten. Dieser beschleunigte das Vordringen, so sehr es nur die Umstände verstatteten, überraschte durch diesen Überfall noch manche Flüchtlinge, erwürgte alle ohne Unterschied des Alters, verbrannte die Häuser – „*und führte das Heer ohne irgendwelchen Verlust zurück*": d. h. wieder einmal wurde nur das geräumte Bauland (die „*pagi*") verwüstet, der Angriff auf das in Berg und Wald geflüchtete Volk nicht gewagt. In Acincum wurde er durch den außerordentlich früh eintretenden Herbst überrascht und suchte in dem von Eis und Kälte regelmäßig bedeckten Land nach angemessenen Winterquartieren, fand aber kein geeignetes, außer in *Sabaria* (Stein am Anger), obwohl auch diese Stadt damals sehr schlecht daran und von unablässigen Unglücksfällen heimgesucht war. So wichtig die Erholung der Truppen gewesen wäre, er brach doch alsbald rastlos wieder auf, zog

---

1 Amm. XXX, 7. *Mannert* S. 470

462 ZWEITER TEIL · WESTGERMANEN

am Stromufer auf und nieder, und begab sich, nachdem er das Lager und die Kastelle am „limes" durch hinreichende Besatzung gesichert, nach *Bregetio*[1], wo alsbald zahlreiche Omina seinen baldigen Tod verkündeten.

Hier erschienen Gesandte der Quaden, Frieden und Vergessen des Vorgefallenen erbittend. Um jenen leichter zu erlangen, versprachen sie Stellung von Mannschaft und andere Vorteile für Rom. Man beschloß, sie vorzulassen und, unter Bewilligung der erbetenen Waffenruhe, umzukehren, da der Mangel an Vorräten und die Ungunst der Jahreszeit nicht verstatteten, sie weiter zu bedrängen: d. h. wieder einmal war nur Verwüstung des preisgegebenen Landes erreicht, das Volk durch sein Ausweichen und das Klima gerettet worden. Gebeugt und gefesselt von Furcht trugen sie nun vor, ihre gewöhnlichen Ausreden eidlich bekräftigend: nicht unter Zustimmung ihrer Fürsten (*ex gentis communis mente procerum*) sei gegen Rom gefehlt worden, sondern jene Verletzungen rührten her von Räubern, die am äußersten Rand ihres Gebietes hausten, zunächst dem Strom (*per extimos quosdam latrones amnique confines*). Und sie fügten bei – bescheiden und wahrlich mit bestem Grund, aber doch den Kaiser durch solche *Geltendmachung ihres Vertragsrechts gegen Rom* auf das furchtbarste erbitternd: es genüge wohl, das Geschehene zu entschuldigen, daß der gegen das Recht und zur Unzeit begonnene Bau jener Befestigung die ungestümen Männer zur Wut habe entflammen müssen.

Jähzorn war ein herrschender Zug in Valentinian: er geriet schon bei Beginn ihrer Antwort in heftigsten Grimm: wie er vollends diese Verteidigung vernahm, schalt er mit lautem Vorwurf das ganze Volk uneingedenk empfangener Wohltaten und undankbar. Er schien sich damit beruhigt zu haben: aber plötzlich fiel er, wie vom Blitz getroffen, vom Schlage gerührt, verstummend und einen Blutstrom ergießend seiner Umgebung in die Arme (17. Nov. 375).

Der ganze Vorgang ist bezeichnend: wieder einmal lehnt, was so oft geschah, der Staat die Verantwortung ab für Grenzverletzungen, welche, wie so häufig, von Gefolgschaften, Abenteurern, vielleicht wirklichen „Räubern", gewiß oft „Waldgängern", d. h. Verbannten, welche im Grenzwald hausten, ohne Willen der Fürsten, d. h. der Könige und Volksbeamten verübt wurden. – Gelang der Streich, blieb die römische Vergeltung aus, so ließ man solche Taten gern hingehen. Drohte die römische Rache, so berief man sich, mit Recht und mit Unrecht, auf den nur privaten oder gar verbrecherischen Charakter der Unternehmung.

Daß aber in diesem Fall das Volk der Quaden berechtigt war, gegen die vertragswidrig errichtete Zwingburg sich zu erheben und die Ermordung des Königs zu rächen, ist unzweifelhaft. Gerade diese Erinnerung an einen politischen Meuchelmord, wie er ihn ja selbst liebte, und an dem Barbarenvolk vertragsmäßig eingeräumte und dann verletzte Rechte, reizte den tödlichen Zorn des Despoten, dessen wilde Hitze auch gegen seine Diener zügellos zu entlodern pflegte.

Zu seinem Nachfolger wurde in aller Eile Valentinian (II.) gewählt (23. November 375), sein erst vier Jahre alter Knabe, der ihn ins Feld begleitet[2] hatte. Doch hatte man weislich seinen Tod einige Tage geheimgehalten, bis *Merobaudes*, der noch im Quadenland stand, scheinbar noch von Valentinian den Befehl, umzukehren und die Schiffsbrücke hinter sich abzubrechen, erhalten und vollzogen hatte: man bangte für diesen vorgeschobenen Posten und für den beschlossenen Rückzug

---

1 Szöny unweit Comorn. *Mannert* S. 542, nach andern Gran.
2 Er weilte mit seiner Mutter in einem Landhause hundert römische Meilen von Bregetio.

SECHSTES KAPITEL · VON DIOKLETIANS BIS ZU THEODOSIUS' REICHSTEILUNG   463

des ganzen Heeres, wenn die Quaden den Tod des gefürchteten Herrschers vor der Zeit erführen. Gratian, damals sechzehn bis siebzehn Jahre alt, erkannte willig seinen Bruder als Mitkaiser an: man hatte gefürchtet, er werde das eigenmächtige Vorgehen des Donauheeres übel aufnehmen: auch an dem Gehorsam der gallicanischen, leicht zu Meutereien geneigten Legionen und einzelner Generale hatte man gezweifelt: ob ein ausdrücklicher Friede mit Quaden und Sarmaten geschlossen wurde, erhellt nicht. Gratian übernahm die *Präfektur Gallien*, d. h. das gefährdete Land diesseits der Alpen, dem Kinde Valentinian wurde die *Präfektur Italien* zugewiesen, unter Oberleitung des älteren Bruders.

Bei dem Rückblick, welchen Ammian, wie er nach dem Tode jedes Kaisers pflegt, auf Valentinians Regierung wirft, hebt er nochmal hervor, wie er sofort nach seiner Thronbesteigung sich den an den Flüssen gelegenen Burgen und Städten und Landschaften Galliens zugewendet habe, die dem Einbruch der Alemannen offenlagen, welche wieder drohender sich erhoben, als sie den Tod Julians erfuhren, den allein von allen römischen Feldherren und Kaisern seit Constans sie gefürchtet hatten. Aber bald erhielten sie Grund, auch Valentinian zu scheuen, weil er sowohl die Heere mit kraftvoller Ergänzung verstärkte als den Rhein auf beiden Ufern sicherte durch ragende, feste Lager und Kastelle, „so daß der Feind nicht mehr unbeobachtet sich auf unser Gebiet werfen konnte". (Noch einmal an späterer Stelle wird von ihm gerühmt, er habe geschickt, d. h. am rechten Ort, zu rechter Zeit „Städte und Schanzen" angelegt. XXX, 9.)

Hieraus erhellt abermals Erneuerung des Rheinschutzes, aber durchaus nicht gerade des alten „limes": da vielmehr auch auf dem linken Ufer die neue Befestigungslinie hinlief, darf vermutet werden, daß wenigstens streckenweise der Schutz des rechten Ufers aufgegeben wurde – wie dies ja auch aus den Verhandlungen über die Schanze am Berg Pirus hervorgeht.

Bezeichnend für die unvermeidlichen Widersprüche in den Handlungen der Regierung, welche die unheilbar gewordenen Krankheiten des Reiches, d. h. der Gesellschaft, der Volkswirtschaft und zum Teil deshalb der Staatswirtschaft hervorriefen, ist, daß Ammian in einem Atem Valentinians Habgier tadelt (XXX, 8.), welche, ohne Unterscheidung von schlechten und rechten Mitteln, unersättliche Bereicherung anstrebte, auch durch den Ruin anderer, und ihn dafür lobt (XXX, 9.), daß er, sehr schonend gegen die Provinzialen, überall die Last der Steuern gemindert habe. Beides schließt sich keineswegs aus: die Regierung mußte erkennen, daß sie durch die erdrückenden Steuern die Steuerkraft der Menge, der großen Masse der Provinzialen für immer vernichte: daher wurden Steuerherabsetzungen bewilligt: andererseits erwiesen sich aber die Staatseinnahmen als durchaus ungenügend, zumal nach den ungeheuren Ausgaben, welche die parthischen Kriege erheischt hatten, die zur Verteidigung der Grenzen unerläßliche Verstärkung und Erhaltung der Truppen zu bestreiten, wie ausdrücklich als Motiv jener verwerflichen Schritte angegeben wird, durch welche der Kaiser scheulos einzelne reiche Häuser beraubte, ja zu Grunde richtete: es ist wohl besonders an rechtlose Konfiskationen in unbegründeten Hochverratsprozessen zu denken (XXX, 8.). Man rügte an dem Kaiser, daß er, gegen die gemeinen Soldaten überaus streng, auch grobe Widerrechtlichkeiten der Befehlshaber unbemerkt oder unbestraft hingehen ließ, worauf die Verwüstung Illyricums durch die schwer gereizten Quaden zurückzuführen war. Wie ernst übrigens die Gefährdung des Reiches durch die Barbaren war, zeigt, daß man einen so mutigen Krieger wie Valentinian sofort in Furcht zu setzen vermochte, wenn man von den

464 ZWEITER TEIL · WESTGERMANEN

drohenden Bewegungen der Barbaren – wohl zumeist der Germanen – vor ihm sprach (XXX, 8).

Wie wohl begründet solche Auffassung war, sollten die nächsten Jahre der römischen Welt furchtbar klar machen: es erfolgte nun (375) das *Vordringen der Hunnen nach Europa*, vor welchen weichend die Westgoten und große Massen anderer gotischer Scharen in das Ostreich aufgenommen wurden (376). Durch Schuld der römischen Statthalter wurden diese hungernden Barbaren zum Krieg gezwungen, in welchem, unter starken Verheerungen der Donauländer und der Nachbarprovinzen, Kaiser Valens in der Schlacht bei Adrianopel (9. August 378) Sieg, Leben und zwei Drittel des Heeres verlor: „ein zweites Cannae" nennt Ammian (XXXI, 12.13) den Tag.

Diese gotischen Geschichten beschäftigen uns hier nicht mehr[1]: es genügt, zu bemerken, daß ein großer Teil der Kräfte des Reiches von nun an vollauf beschäftigt war, West- und andere Goten, bald die Hunnen und deren Untertanen im Osten abzuwehren: erst *Theodosius dem Großen* (Januar 379) gelang es, durch Mittel weiser Politik friedlichere Verhältnisse zu den in das Reich Aufgenommenen wieder herzustellen.

Es ist bei den damaligen Verkehrsverhältnissen und dem Mangel an Zusammenhang zwischen Donaugermanen und Rheingermanen, Völkern, die sich wohl oft kaum dem Namen nach kannten, nicht statthaft, *für die Regel* Bewegungen gegen den Rhein mit gleichzeitigen oder kurz vorhergegangenen in den Donauprovinzen in der Weise zu kombinieren, daß man verabredetes Zusammenwirken oder auch nur Kenntnis römischer Gefährdung im Osten als Ursache für Angriffe im Westen annimmt, wie freilich nur allzu oft geschieht. Aber *manchmal*, ausnahmsweise, bezeugen die Quellen ausdrücklich solche Verknüpfung: begreiflicherweise am ehesten dann, wenn eine große Katastrophe die Römer getroffen hatte oder sichtbar bedrohte. So geschah es auch jetzt, als die in das Reich aufgenommenen Goten die Führer und Truppen in den bedrohten Landschaften vollauf beschäftigten. Aber es ist sehr lehrreich, zu sehen, wie auch diesmal nur ein reiner Zufall die Nachricht von jenen Vorgängen zu den Alemannen trug. „*Die Linzgauer*, ein alemannisches Volk (*alamannicus populus*), der rätischen Grenze benachbart, beunruhigten in treulosen Einbrüchen, unter Verletzung des früher (354, XV, 4) geschlossenen Bündnisvertrages, unsere Grenzlandschaften: den Anfall gab folgender Zufall. Ein Angehöriger dieses Volkes (*natio*) diente unter den Waffenträgern des Kaisers (*armigeri*), kehrte wegen eines Geschäftes in seine Heimat zurück und, redselig wie er war, erzählte er, da ihn viele fragten, was es an dem Hofe dermalen gebe: Gratian, von Valens zu Hilfe gerufen, werde bald mit dem Heer nach dem Orient aufbrechen, mit verdoppelten Kräften die Anwohner an den Grenzen zurückzuwerfen, die sich wahrhaft zum Verderben der Römer verschworen". Die Linzgauer hörten das mit gieriger Freude, eingedenk, selbst Grenznachbarn zu sein: und, rasch und räuberisch wie sie sind, scharten sie sich zu heerenden Haufen zusammen, überschritten in der Kälte des Februars den Rhein auf seiner Eisdecke (wo? unterhalb Schaffhausen?), wurden aber von der Übermacht des herbeieilenden *Petulantes* und *Celtae*, obzwar unter Verlust der Sieger, schwer getroffen und abgewiesen.

Die Germanen, zum Rückzug gezwungen, erfuhren aber nun, daß der größere Teil des Heeres wirklich schon nach Illyricum vorausmarschiert sei und bald vom Kaiser eingeholt werden müsse. Da entbrannten sie noch heller in Kriegseifer; sie faßten nun noch weitergehende Pläne, zogen die Wehrmannschaft („Einwohner", sagt Ammian) aller Gaue zusammen und brachen, 40 000 oder, wie andere, den Ruhm des Kaisers noch zu erhöhen, angeben, 70 000 Bewaffnete zählend, voll stolzer Überhe-

---

1 Vgl. Könige V, 12 f. oben I, 335 f. v. *Wietersheim-Dahn* II, 1–50.

SECHSTES KAPITEL · VON DIOKLETIANS BIS ZU THEODOSIUS' REICHSTEILUNG   465

bung in römisches Land (wo? in Thurgau, gegenüber dem Aargau?). Wir dürfen bezweifeln, daß *alle* alemannischen Gaue zusammen nur 40 000 Bewaffnete stellen konnten: in der Straßburger Schlacht fochten 35 000, obgleich mehrere bedeutende Gaue damals fehlten: außer Gefolgschaften fochten als Ganze wohl nur die Heerbanne solcher Gaue, welche als nächste Nachbarn an Landgewinnung oder auch an Schwächung der Römer das stärkste Interesse hatten: die von Ammian als übertrieben angesehene Zahl mochte der wahren Macht der Alemannen viel näherkommen, ohne doch sie zu erschöpfen.

Es waren, wenn nur 40 000, wohl bloß die Linzgauer und ihre Nachbargaue beteiligt.

Gratian[1] erfuhr dies mit großer Besorgnis, rief die Kohorten, welche er nach Pannonien vorausgeschickt, zurück, vereinigte die anderen, welche er mit vorsichtiger Verfügung in Gallien zurückgehalten hatte und übergab deren Leitung dem *Nannienus*, einem Feldherrn von nüchterner Tatkraft (wohl Nannenus genannt): er gesellte ihm, in gleicher Stellung des Kommandos, den *comes domesticorum Mellobaudes*, einen kriegerischen tapferen Mann – und *König der Franken*.

Dies ist sehr bedeutsam.

Es galt also auch damals schon durchaus nicht als unvereinbar mit dem Königtum über einen fränkischen Gau, eine Militärcharge im römischen Dienst zu bekleiden, wenn auch schon damals natürlich nicht mit der Wirkung, daß der Germanenkönig, wie ein anderer römischer Offizier, auf Befehl des Kaisers zu marschieren hat: er war Haupt eines „föderierten" Volkes und führte dessen Heerbann oder doch Söldner unter römischem Oberbefehl. Ist dieser Zusammenhang gelöst wie bei Badomar oder Hortari, so sind sie eben *nicht mehr* Könige (*„ex rege"*). Aber zwingendere Bedeutung hatte damals doch solch ein römischer Titel, als wenn ein Jahrhundert später der salische oder burgundische König *„patricius"* oder *„consul"* heißt: das ist ein leerer Name, welcher nur den Provinzialen von den Barbaren als einen vom Kaiser bestellten oder doch anerkannten Gewalthaber darstellen soll: da kein oder doch kein gebietendes Römerheer mehr Gallien, bald sogar in Rom kein Kaiserthron mehr steht, und einzige Scheingebieter des Barbarenkönigs im fernen Byzanz lebt, folgt aus dem römischen Titel im V. Jahrhundert keinerlei reale Verpflichtung für dessen Träger: soll der „*consul*" gegen Feinde des Kaisers fechten, so muß er erst durch Geldgeschenke, Subsidien, dazu gewonnen werden: oft behält er diese ohne Gegenleistung. Anders aber unter Gratian: noch standen damals römische Truppen in Gallien, stark genug, einen fränkischen Gaukönig leicht zu erdrücken: lag etwa gar dessen Gebiet auf dem *linken* Rheinufer, so konnte sich der König dort nur durch abhängiges *foedus* überhaupt halten.

Ganz grundfalsch aber und wohl von ihren ehemaligen Vertretern jetzt stillschweigend aufgegeben oder doch erheblich modifiziert ist die Meinung, welche aus solcher Verbindung von germanischer Königswürde und römischer Heerführerschaft gefolgert hatte, das *germanische Königtum sei überhaupt erst aus solch römischem Dienst erwachsen*: „sie haben mit dem Kaiser den Dienstvertrag geschlossen: *dadurch* sind sie Könige ihrer Heerscharen geworden," sagte man ehemals. Es ist aber gezeigt worden seitdem[2], daß das germanische Königtum, ein Urbesitz unseres

---

1 Die Geschichte von Gratians Regierung seit November d. J. 375–378 ist uns in Ammian verloren: sie bildete wohl das XXXI. Buch: das jetzige XXXI. war das XXXII.; vgl. v. *Wietersheim-Dahn* II, 49.

2 Könige I, 25 f.

466 ZWEITER TEIL · WESTGERMANEN

Volkes, viel älter ist als jede Berührung mit Rom. Könige der Sugambrer, später der Franken, begegnen bevor und ohne daß sie römische Heerführer werden, und auch in dieser Periode ist solche Kombination nicht Regel, sondern Ausnahme.

Aber auch bei solcher Kombination darf man doch volle Wahrung der Volksinteressen[1] gerade durch solchen römischen Militärdienst des Königs annehmen: er war vor allem *Voraussetzung der gesicherten Niederlassung im Lande*. Und ferner: der Krieg gegen die Alemannen war zugleich fränkischer Nationalkrieg: denn der ruhige Besitz der Rheinufer, zunächst noch unter römischer Oberhoheit, mußte gegen die alemannische Bedrohung verteidigt werden: und, tiefer erfaßt und im Gedanken an die Zukunft betrachtet, erwies sich das Rheinland beider Ufer als die zwischen den beiden germanischen Völkergruppen, Franken und Alemannen, nur durch das Schwert zu teilende Erbschaft Roms: es war damals durchaus noch nicht vorherzusagen, wie weit stromabwärts und wie weit westlich landeinwärts die Alemannen Gallien den Römern schließlich entreißen, den Franken vorwegnehmen würden: erst mehr als hundert Jahre später hat Chlodovechs Sieg die Alemannen auf den Oberlauf des Flusses und – im wesentlichen – auf das rechte Ufer beschränkt.

Von den beiden kaiserlichen Feldherren riet *Nannienus*, das schwankende Kriegsglück scheuend, eine zuwartende Haltung an, während *Mellobaudes*, von hoher Kampfbegierde hingerissen, „wie seine Gewohnheit war, den Aufschub des Angriffs wie eine Qual empfand".

Bei Argentaria[2] kam es zum Kampf: furchtbar dröhnte der Kriegsruf der Alemannen: die römischen Hornbläser gaben das Zeichen zum Angriff: Pfeile und Wurfspeere streckten auf beiden Seiten sehr viele nieder. Die Römer erkannten erst mitten im Gefecht die große Zahl der Feinde: sie erkannten, daß sie sich im offenen Felde nicht halten konnten und wichen, in schon beginnender Auflösung, zerstreut auf engen Waldpfaden (aber nicht bis auf die Vogesen), in eine mehr gesicherte Aufstellung: hier hielten sie nun mit besserer Zuversicht stand. Jetzt glaubten die Barbaren, da sie in der Ferne – eben der jetzt eingenommenen Stellung – ganz gleichen Waffenschimmer erblickten, wie vorher dicht vor ihren Augen, der Kaiser selbst ziehe mit einem zweiten, sie vom Rücken her umfassenden Heere heran: von Furcht ergriffen machten sie kehrt, stellten sich zwar manchmal wieder, auch das Äußerste noch zu versuchen, wurden aber auf der Verfolgung so zusammengehauen, daß von der angegebenen Zahl nur 5.000 in die dichten Wälder sich retteten. Neben mehreren anderen kühnen Helden fiel hier auch König *Priarius*, „der Anschürer verderblicher Kämpfe".

Den Kaiser rief die Gefahr des Reiches in die Ostprovinzen[3]: aber zu freudiger Siegeszuversicht durch diesen Erfolg erhoben, wandte er sich von dem angetrete-

---

1 Äußersten Falles, d. h. vor die Wahl gestellt zwischen Gehorsam gegen Rom und einem tiefen Lebensinteresse, gab eben der König den Dienst und das Volk das foedus auf: so geschah es oft genug auf dem rechten Rheinufer, wenn das Ausbreitungsbedürfnis zum Bruch der Unterwerfungs- und Bündnisverträge drängte: so geschah es im V. Jahrhundert oft genug von West- und Ostgoten in Gallien, Spanien, an der Donau: gewiß geschah Ähnliches auch in ähnlichen Fällen im IV. Jahrhundert von den Franken in Gallien.

2 Colmar nach den älteren Annahmen, nach *Schöpflin* und *Mannert Horburg* gegenüber Colmar, nach einer dritten Ansicht Neubreisach.

3 Daß Gratian nach dem Sieg bei Argentaria nach Rom gegangen sei und dort triumphiert habe, ist eine irrige Auslegung von Themistius' Worten orat. XIII, 179, welche schon *Pagi* ad 377 N. 17 und *Maskou* I, 295 widerlegt haben; Mitte September dieses Jahres war er in Trier: Cod. Theod. c. 3 „tributa in ipsis speciebus".

SECHSTES KAPITEL · VON DIOKLETIANS BIS ZU THEODOSIUS' REICHSTEILUNG 467

nen Marsch links ab, überschritt unvermerkt den Rhein und beschloß den Versuch, ob man nicht jetzt, vom Glück begünstigt, mit dem „ganzen treulosen und stets zur Grenzbeunruhigung eifrigen Alemannenvolkes ein Ende machen könne". Da nun Bote auf Bote den Linzgauern diese heranschreitende Bedrohung meldete, gerieten sie, durch die schweren Menschenverluste fast bis zur Vernichtung geschwächt und durch den plötzlichen Anmarsch des Kaisers wie gelähmt, in arge Ratlosigkeit. Und da sie kein Mittel des Widerstandes oder irgend anderen Ausweg auch nur für die nächsten Augenblicke fanden, griffen sie nach der altbewährten letzten Hilfe der Bergbewohner: sie eilten mit den Wehrlosen und der Habe rasch auf die nur auf unwegsamen Felssteigen zugänglichen Höhen, besetzten rings die steilabschüssigen Felsspitzen und beschlossen, sich hier bis zum Äußersten zu wehren.

In Erwägung dieser schwierigen Aufgabe ließ der Kaiser aus jeder Legion 500 kriegserfahrene, vorsichtig-kluge Krieger erlesen, sich an diesen Felswällen zu versuchen. Deren Mut wurde dadurch gehoben, daß sie den Kaiser selbst in der ersten Reihe eifrig tätig sahen. So trachteten sie denn, die Berge zu ersteigen, gewiß, wenn sie nur die Gipfel erklommen, sofort ohne Kampf die Barbaren wie Jagdwild greifen zu können. Aber das Gefecht, das mittags begonnen, währte bis ins Dunkel der Nacht mit starken Verlusten auf beiden Seiten: besonders litten die kaiserlichen Garden, deren von Gold und bunten Farben strahlende Rüstungen ein weithin leuchtendes Ziel boten und durch schwere Wurfgeschosse, wohl auch Felsstücke, vielfach zerschmettert wurden.

Die Berge hatten ihr Volk gerettet: der Sturm auf die Felshöhen war abgeschlagen, unerachtet der tapferen Bemühung der erlesensten Krieger Roms.

In dem Kriegsrat des Kaisers und seiner Großen wurde anerkannt, verderblich und aussichtslos sei es, gegen steile Felswände mit ungeschickter Hartnäckigkeit anzurennen: man beschloß nach mancherlei Vorschläge, wie sie in solchen Fällen gehäuft werden, die durch die Örtlichkeit geschützten Barbaren durch Schanzwerke überall abzusperren und ohne Anstrengung der Legionen auszuhungern.

Aber die Alemannen gaben nicht nach: der Hartnäckigkeit des Angriffs entsprach die Verteidigung: der Berge genau kundig räumten sie die zuerst besetzten Höhen und zogen sich auf noch steiler ragende Gipfel hinauf. Zwar folgte der Kaiser auch hierher nach und begann die Absperrung abermals: auch suchten die Bedrängten, welche sahen, daß man geradezu ihre Vernichtung wollte und das Messer an der Kehle spürten, jetzt flehentlich den Frieden: aber auch der Kaiser mochte erkannt haben, daß ihm die Ausrottung des Bergvolkes, die dem Sturm mißglückt war, durch Hunger mehr Zeit kosten würde, als er dem bedrängten Ostreich entziehen durfte: er bestand *nicht* auf bedingungsloser Unterwerfung und (folgeweise) Vernichtung der Linzgauer, gewährte ihnen vielmehr gegen eine ganz gewöhnliche Bedingung: Einreihung junger Mannschaft in die Legionen, Friede und sogar die Rückkehr in die bisherigen Sitze. Damit war also verzichtet auf die so eifrig verfolgte Absicht, die gefährlichen Grenznachbarn für immer zu beseitigen. Nach diesem Erfolg, welcher wenigstens für die nächste Zeit die Westvölker, d. h. die an der Rheingrenze einschüchterte (*hebetavit*, sagt Ammian), brach der Kaiser nach Bestrafung des treulosen Schilderers, der den Barbaren den bevorstehenden Abzug nach Illyricum verraten hatte, auf und marschierte über *arbor felix* (Arbon am Bodensee) nach Lauriacum (Lorch), den bedrängten Ostprovinzen Hilfe zu bringen.

Für die nächsten hundert Jahre, d. h. für die Zeit von diesen Zügen Gratians gegen die Alemannen bis zu dem Auftreten Chlodovechs an der Spitze der Franken sind die uns erhaltenen Nachrichten über die Westgermanen ganz besonders spärlich, selten,

468   ZWEITER TEIL · WESTGERMANEN

einsilbig, dunkel. Während wir von den Wanderungen gotischer Völker sehr viel vernehmen, erfahren wir von Alemannen, Burgundern, Franken, Sachsen sehr wenig, von Hermunduren (Thüringen) und Markomannen sowie von den anderen suebischen Völkerschaften im Inneren des Landes gar nichts. Das ist um so lebhafter zu beklagen, als gerade in jenem Jahrhundert zahlreiche Bewegungen, Ausbreitungen der Wohnsitze und Umwandlungen in den Verfassungszuständen eingetreten sein müssen: fast nur die Namen der Völker werden gelegentlich römischer oder hunnischer Kämpfe genannt.

Von Gratians Marsch erfahren wir nur, daß er, Gepäck und Troß vorausschikkend, mit raschen beweglichen Truppen die Donau überschritt und über *Bononia* (nach Ptolemäus in Oberpannonien, heute Bonmünster) nach *Sirmium* ging. Nach viertägigem Aufenthalt in dieser Stadt zog er, obwohl vom Wechselfieber befallen, den Strom hinab nach *Castra Martis* in Dacia ripensis, in welcher Landschaft er durch plötzlichen Überfall der *Alanen* einige Leute verlor (Amm. Marc: XXXI, 11).

Aber Valens schlug und verlor, bevor Gratian ihn verstärken konnte, gegen die Westgoten die Schlacht bei Adrianopel.[1]

Unter den Gründen, welche ihn bewogen hatten, allein zu schlagen, wird auch Eifersucht auf die frischen Lorbeeren seines jugendlichen Vetters genannt: *Richomer* hatte das baldige Eintreffen Gratians angekündigt.

Zersprengte retteten sich aus der Niederlage zu diesem, den man schon bis nach *Sardica*, dreiundvierzig Meilen von Adrianopel, vorgerückt, annimmt: möglich ist, daß die Nähe seines Heeres die Sieger abhielt, in dieser Richtung, also gegen West-Nord-West, sich zu verbreiten: aber was man aus des *Ausonius* Worten[2] für Waffentaten Gratians abgeleitet hat, ist nicht stichhaltig. Er wäre wohl viel zu schwach gewesen, mit seinem Heer allein den Goten entgegenzutreten.

Die hochernste Lage des Staates erkennend, faßte der noch nicht zwanzigjährige Jüngling (geboren 18. April oder 23. Mai 359) den weisen Entschluß, dem furchtbar leidenden Ostreich, „in welchem Thrakien und Dakien Goten, Taifalen und, grauenvoller als jedes Verderben, Hunnen und Alanen wie festen Heimatbesitz beherrschten" (Aurel. Vict., *epit.* C. 47), einen besonderen Kaiser als Retter zu geben, und erwarb sich das hohe Verdienst, *Theodosius*, als den hierfür Tüchtigsten zu erkennen: am 19. Januar 379 wurde dieser zu *Sirmium* mit dem Purpur bekleidet und ihm außer dem Orient die Präfektur *Illyricum* mit den Diözesen *Makedonien* und *Thrakien*, dem späteren *Ost-Illyricum*, übertragen.

Wie der große Kaiser, weit mehr durch Weisheit als durch Waffen, die Goten aus Bedrängern zu Stützen seines Reiches zu machen verstand, ist bereits anderwärts[3] dargestellt.

Als im folgenden Jahr (380) Theodosius an schwerer Krankheit darnieder lag und die Goten, hierdurch ermutigt, sich wieder drohender regten, schickte Gratian, der im Sommer 379, vielleicht wegen eines Einfalls der Alemannen[4], über Aquileja nach

---

1 Oben I, 335. Ammian Marc. XXXI, 13; wieder fochten hier für Rom, als erlesene Reserve aufgestellt, Bataver.

2 Idyll. VIII, 378, 31. Dezember: Hostibus edomitis qua Francia mixta Suevis | Certat ad obsequium, Latiis ut militet armis | Qua vaga Sauromatas sibi iunxerat agmina Chuni (I. Chunus?) | Quaque *Getis sociis* Histrum adsultabat Alanus. | Hoc mihi praepetibus victoria nuntiat alis.

3 Könige V, 14. Oben I, 336.

4 *Socrates* V, 6.

SECHSTES KAPITEL · VON DIOKLETIANS BIS ZU THEODOSIUS' REICHSTEILUNG   469

Gallien zurückgekehrt war[1], zwei tüchtige Feldherren zu Hilfe, *Bauto* und *Arbogast*, beide Franken, sehr eifrig im römischen Dienst, frei von Habsucht und Gier nach Geschenken, durch Klugheit und Heldentum im Krieg hervorragend, bei deren Annäherung die Barbaren sich wieder zurückzogen: vielleicht kam in der Folge auch Gratian selbst in diese Landschaften und schloß, nach kleinen Erfolgen, mit einzelnen Gotenführern Verträge, in welche Theodosius nach seiner Genesung eintrat.[2]

Im Jahre 383 wurde von den in ihrer abgeschlossenen Lage leicht zu Meutereien neigenden Truppen in Britannien deren Anführer *Maximus* zum Kaiser ausgerufen: zu dem in Belgica an den Rheinmündungen Gelandeten trat ein großer Teil von Gratians Heer über, der nach ungünstigem Treffen auf der Flucht bei *Lyon* eingeholt und getötet wurde (25. August 383).

Auch der Consul des Jahres, *Merobaud*, (ein Franke?) und der Feldherr *Valio* (wohl Germane) wurden bald darauf ermordet.

Gratian hatte nur vierundzwanzig Jahre erreicht: vom Vater hatte er kriegerische Tüchtigkeit geerbt und gelernt: man warf ihm ähnliche Jagdliebhabereien wie Commodus vor: schädlicher war seine Bevorzugung *alanischer* Söldner, deren Waffentracht er oft anlegte: sie erbitterte die römischen Truppen, welche dann rasch von ihm abfielen. Für seinen (zwölfjährigen) Bruder *Valentinian II.* führte *Bauto* hunnische und alanische Söldner aus Westillyricum nach Rätien, dem Anmaßer die Wege des Angriffs zu verlegen: dabei werden wieder einmal die *Juthungen* genannt, welche hier, wie früher schon, eingedrungen waren und nun von Bauto hinausgetrieben wurden.

Es kam aber damals zu Vertrag und Reichsteilung zwischen Maximus einerseits, Theodosius und Valentinian II. andererseits: erst 387 griff jener den jungen Kaiser an, vorgeblich als Vorkämpfer der Katholiken, welche durch dessen eifrig dem Arianismus ergebene Mutter, die Regentin *Justina*, sich bedrückt fühlten. Aus dem Krieg zwischen Theodosius, dem Beschirmer des zu ihm geflüchteten jungen Valentinian, und Maximus (dieser wurde bei *Siscia, Siffek,* geschlagen, in *Aquileja* gefangen und getötet, 27. Juli oder August 388), heben wir nur hervor, daß der Franke *Arbogast* ein besonderes Heer auf der Donaustraße durch *Noricum* und *Rätien* nach *Gallien* geführt hatte: im Heer des Maximus hatten wilde Germanen als Söldner gedient: auch Tribut soll er von den Barbaren am Rhein erzwungen haben (Drosius 35).

Kurz vor seinem Tode waren die *Franken* „mit Durchbrechung des „limes" *(limite inrupto)* unter starkem Verlust der Römer über den Niederrhein in Gallien eingedrungen": die Entblößung der Grenzen durch den Abzug nach Pannonien genügt vollauf, dies zu erklären: man braucht durchaus *nicht* anzunehmen, Maximus habe sie ins Land gerufen, was ihm für die Entscheidung an der Donau nichts nützen konnte.

Drei Fürsten[3] der Uferfranken, *Genobaud, Markomer und Sunno,* werden als die Führer genannt: wohl Gaukönige, vielleicht auch Völkerschaftskönige: denn diese Mittelgruppe war stark menschenreich und ihr Landgebiet weit genug (später wenigstens), noch viel mehr als drei Völkerschaften zu umfassen: sie verheerten die fruchtbarsten Landschaften – dem bedrohten Hauptwaffenplatz *Köln* brachten von Trier her die Feldherren *Nannienus* und *Quintinus,* von Maximus zur Deckung Galliens zurückgelassen, Entsatz: die Franken gingen über den Strom zurück mit ihrer sehr

---

1 *Tillemont* V, ad. a 379. Sozomen, VII, 4, aber nicht der Vandalen, wie Jord. C. 27.

2 So wäre Jord. C. 38 und Prosper Aquit. zu vereinen.

3 Gregor Tur. II, 9 hält sich an das Wort dux und findet darin den Gegensatz von rex: aber bei Sulpicius Alexander will das Wort nur sagen „unter Anführung", was Könige wie Grafen meinen kann; s. unten.

470 ZWEITER TEIL · WESTGERMANEN

reichen Beute beladen: nur ein Teil ihrer Scharen drang heerend noch tiefer in das Land, wurde aber von den beiden Feldherren im „Kohlenwald"[1] geschlagen.

Hierauf beschloß Quintinus, die Franken wieder einmal, wie in besseren Zeiten Roms, auf dem rechten Ufer heimzusuchen, gegen des Nannienus Warnung, der voraussagte, man werde sie nicht unvorbereitet und im eigenen Land stärker (als den Angreifer? oder als in Gallien?) finden. Er überschritt den unverteidigten Strom bei dem castrum Novaesium[2] und drang, ohne Widerstand, ja ohne nur einen Bewohner zu finden, zwei Tagesmärsche in das Land: hier stieß er auf von den Bewohnern verlassene Höfe und sehr große (ingentes) geräumte Dörfer. „Denn die Franken, Furcht vorgebend," – es war aber die alte Praxis der Germanen gegenüber dem übermächtigen Angriff und die „Furcht" nach langer Erfahrung weder unbegründet noch bloß simuliert – hatten sich in die entlegenen Waldberge (des „cäsischen Waldes"? Tacitus, annal. I, 50) zurückgezogen, den Eingang in die Wälder durch Verhaue sperrend. So wurden nur alle Häuser verbrannt, gegen welche zu wüten die feige Dummheit (so sagt wörtlich Sulpicius Alexander) als die Krönung des Sieges ansah, worauf die Truppen eine bange Nacht unter der Wucht der Waffen verbrachten. Bei Tagesgrauen drangen sie, unter Führung des Quintinus, in die Waldhöhen, verirrten sich aber in den Steigen und zogen bis gegen Mittag kreuz und quer im Dickicht umher. Alle Eingänge in das Innere fanden sie durch ungeheure Verhacke und Zäune gründlich gesperrt: endlich zogen sie heraus aus dem Dickicht in sumpfige Niederung hart an den Wäldern.

Den schwer (im Sumpf) Ringenden zeigten sich anfangs nur wenige Feinde, welche hoch auf den einander geschichteten Baumstämmen oder den Verhacken stehend, wie von Türmen herab, Pfeile mit solcher Kraft, wie wenn sie von Wurfgeschützen geschnellt wären, schossen: sie waren mit Pflanzengift bestrichen, so daß sie, wenn sie auch an nicht bedenklichen Körperteilen, nur die oberste Haut ritzend, Wunden beigebracht hatten, unvermeidlich töteten.[3]

Von da hinweg drängte sich begierig das Heer, bereits von größeren Mengen von Feinden umschwärmt, in offenes Feld, das die Franken unbesetzt gelassen hatten: aber da versanken im Moor zuerst die Reiter, Mann und Roß vermengt, sich gegenseitig erdrückend. Auch das Fußvolk, sofern es nicht die Hufe der Rosse der eigenen Reiter nieder getreten, blieb im Sumpf stecken, zog nur mit Anstrengung die Füße wieder heraus und barg sich verzagend abermals in den kaum verlassenen Wäldern: „da lösten sich in Verwirrung die Glieder und niedergehauen sanken die Legionen"[4]: – ein sehr viel bedeutender, starker Ausdruck, der fast an die Varusschlacht erinnert: doch war hier die Zahl der Truppen ganz unvergleichlich geringer als damals. Heraclius, Tribun der Jovinianer, und fast alle Offiziere fielen: nur wenige Mannschaften entkamen im Schutz der Nacht und der Waldverstecke.

Derselbe Schriftsteller berichtet, daß bald darauf, um die Zeit, da Victor, der Sohn des Maximus, den Tod fand, Charietto und Syrus (von dem Sieger Theodosius) an Stelle des Nannienus gesetzt, in Germanien weilten und mit dem Heere gegen die

---

1 Silvia carbonaria: von der Sambre im Hennegau in der Richtung der Grenze von Frankreich und Belgien nach der oberen Schelde in Westflandern, wo er Tournai nicht mehr erreicht zu haben scheint. Waitz, das alte Recht. S. 59. Vgl. v. Wietersheim-Dahn II, 81. v. Spruner (= Menke), Atlas, Frankreich Nr. I.

2 So Guadet und Taranne: Nivisium, Neuß bei Köln, nach anderen Todd.

3 Vgl. das salische Recht XVII, 2 (Ausg. v. Merkel: hiernach ist das verdruckte Zitat bei v. W.-D. II, 81 zu korrgieren).

4 Perturbatis ergo ordinibus caesae legiones.

SECHSTES KAPITEL · VON DIOKLETIANS BIS ZU THEODOSIUS' REICHSTEILUNG   471

Franken ausgerückt seien. Es scheint also, daß nach jener Niederlage des Quintinus die Franken abermals über den Rhein gedrungen und mit Beute heimgekehrt waren.

Tatsächlich herrschte damals an Stelle des jungen Kaisers in Gallien *Arbogast*, der Franke: *so hält denn ein Germane bereits das Schwert, wenn nicht das Szepter, des römischen Westreiches in Händen:* bald löst ihn der Vandale *Stiliko*, diesen der Suebe *Rikimer* ab: der Skire *Odovakar*, endlich der Gote *Theoderich* besteigt dann den Thron zu Ravenna.

Arbogast nun mahnte, die Franken zu züchtigen, wenn sie nicht sofort alles herausgäben, was sie im vorigen Jahr nach der Niederlage der Legionen (oder diesen selbst?) geraubt, und die Anstifter des Krieges zur Sühne des treulosen Friedensbruches auslieferten.

Es kam damals nicht zum Kampf: die fränkischen Gaukönige *(regales) Markomer und Sunno* hielten ein Gespräch mit dem Kaiser und stellten, wie üblich, Geiseln: darauf kehrte der Kaiser nach *Trier*, dort zu überwintern, zurück: von den Forderungen Arbogasts wird nichts weiter gesagt: der früher genannte dritte König, *Genobaud*, nicht mehr erwähnt.

Es ist sehr löblich und dem wackeren *Gregor von Tours* hoch anzurechnen, daß er sich ernstlich bemüht, festzustellen, von wann ab die *Franken*, die früher, wie er annimmt, nur „*duces*" d. h. Herzöge für gemeinsamen Krieg mehrerer Gaue (im Frieden aber, müssen wir hinzufügen, nur Grafen) gehabt hatten, Gaukönige *(regales, subregalos)*, von wann ab einen (einzigen Volks-) König erhoben hätten: der gute, obzwar sehr naive Bischof von Tours ist unseres Wissens der erste, der diese Frage der deutschen Verfassungsgeschichte untersucht hat, die noch heute, nach dreizehn Jahrhunderten, nicht entschieden und, falls nicht verlorene Quellen wiederentdeckt werden, wohl unentscheidbar ist. Gregor verfährt freilich sehr kindlich: er folgert, daß die Franken zuerst nur *duces* hatten, (nicht *regulos, regales* oder gar *reges*) aus den Worten des Sulpicius Alexander, daß sie „*Genobaude, Markomere et Sunnone ducibus*" in das römische Gebiet 388 eindrangen: er erkennt nicht, daß dies nicht heißen soll: unter diesen drei „*Herzögen*", sondern unter *Anführung* dieser drei: ob diese Anführer Könige oder Grafen oder was sonst, will die Stelle gar nicht sagen. Wenn nun *Sulpicius Alexander* Markomer und Sunno ein Jahr später „*regales*" nennt, so zieht Gregor hieraus nicht die einzig richtige Folgerung, daß sie auch in der ersten Stelle, die sie nur als „Führer im Feldzug" nennt, als „*regales*" zu denken sind, sondern mit einer Verkehrtheit, welche an viel modernere Kommentatoren erinnert, sagt er: „Jenes (388) war geschehen, da sie nur erst *Herzöge* waren: jetzt aber berichtet Sulpicius Alexander (usw.)". Und Gregor fährt fort, „da er sie aber *regales* nennt, wissen wir nicht, ob sie *reges waren* oder nur der Könige Stelle *versahen*".[1] Diese Worte zeigen nur, was sich *Gregor* unter einem *regalis* dachte – also einen Nichtkönig (des Gesamtvolkes), vielmehr einen *Ersatz* für einen solchen: man sieht nicht, ob Gregor dabei an geringere *Volkzahl* dachte oder an geringere *Rechte* oder an andere *Erwerbsart* der Gewalt dachte. In der nächsten Stelle werden beide (es ist nicht ganz deutlich, ob nur von Gregor oder von Sulpicius Alexander selbst, ersteres aber viel wahrscheinlicher) *subreglis*, d. h. „Kleinkönige" (nicht Unterkönige, wie der Wortlaut besagt: denn ein *Ober*könig wird noch ausdrücklich *ausgeschlossen*) genannt, was eben auch *regalis* offenbar bedeuten soll, ebensoviel wie *regulus*: wir werden daher wohl auch bei anderen Schriftstellern dieser Jahrhunderte, namentlich Ammian, *regalis* so und nicht mit „Prinz" („zum Königsgeschlecht gehöriges, aber nicht Krone tragendes Glied") über-

---

1 Cum autem eos regales vocet, nescimus, utrum reges fuetrint an vices tenuerint regum.

472   ZWEITER TEIL · WESTGERMANEN

setzen und, wenn überhaupt, in regalis eine Nuance zu regulus, nur den Sinn noch geringerer Macht (Ein Gau) finden müssen.

Wie falsch es war, „ducibus" in der ersten Stelle als „Herzöge" den regalibus (subregulis) entgegenzustellen, hätte Gregor diese zweite Stelle zeigen müssen: wo diesmal unzweifelhaft derselbe Sulpicius Alexander, welcher Markomer einen „regalis" nannte, denselben (im gleichen Sinn der Feldherrschaft) einen dux nennt: er sagt: wenige amsivarische und chattische Krieger zeigten sich „unter Führung des regalis Markomer".[1] Aber Gregor ist nun einmal darauf erpicht, aus seiner Quelle darzutun, daß die Franken damals einen König hatten, zu dem sich ihm die regales nur als „subreguli", als „Stellvertreter" (regum vices), und Feldherrn, „duces", verhalten: er fährt fort: „Abermals aber zeigt Sulpicius Alexander, sowohl duces als regales zur Seite lassend[2], deutlich, daß die Franken einen rex haben: nur dessen Namen nicht angebend berichtet er: Eugenius, der Anmaßer, zog an den Rhein = „limes" mit den Königen der Alemannen und Franken die alten Verträge zu erneuern (ut cum Alamannorum et Francorum regibus etc.)".

Aber so weit, wie der gute Gregor meint, wird in diesen schwierigsten Forschungen dem Sucher die Wahrheit nicht entgegen getragen: Gregor setzt voraus, nur zwei reges seien hier gemeint: einer aller Alemannen und einer aller Franken: aber das ist durchaus nicht notwendig: es ist das vielmehr nicht die Meinung Alexanders: er will nicht sagen :„mit dem König der Alemannen und mit dem König der Franken", sondern er will sagen: „mit den Königen der Alemannen und mit den Königen der Franken".

Genobaud, Markomer und Sunno (und wohl noch zahlreiche andere), welche er oben als „regales" bezeichnet, nennt er hier reges: von einer Über- und Unterordnung von rex und regalis, letzterer als subregulus, wie sie wohl bei Nordgermanen begegnet, auch bei quadischen Königen über sarmatische, unterworfene Häuptlinge, ist bei Westgermanen nirgend eine Spur: nicht Ober- und Unterkönige, sondern Volks- (oder Völkerschafts-) und Gaukönige kommen nebeneinander vor, Könige größerer und kleinerer Verbände, wobei jedoch nicht immer streng der Sprachgebrauch eingehalten wird, da der Unterschied nur ein quantitativer (nicht qualitativer) ist und daher ein flüssiger sein kann: daher nennt Sulpicius Alexander Markomer und Sunno bald regales, bald reges.

Einen Volkskönig aller Franken, den Gregor annimmt, gab es damals noch nicht: vielmehr hat Chlodovech ein Jahrhundert später harte Blutarbeit, unter Wegräumung der übrigen salischen und ripuarischen Völkerschafts- und Gaukönige sich zum Volkskönig aller Franken, aller Völkerschaften und Gaue beider Mittelgruppen, zu machen.

Valentinian, allmählich an Jahren gereifter (er war 392 ungefähr einundzwanzig bis zweiundzwanzig Jahre), empfand die Gewalt, welche der Franke Arbogast über ihn übte, immer ungeduldiger: dieser Held, ein Hüne an Wuchs, voll kriegerischer Kraft, aber auch für die Regierung des Staates reich an Begabung wie an Eifer, dabei uneigennützig, hierin sehr von römisch-byzantinischer Art verschieden, beherrschte tatsächlich das Weltreich: der junge Kaiser führte zu Vienne, in seinem Palast eingeschlossen, ein fast sogar für einen Privatmann allzu beschränktes Dasein. „Das ganze Kriegswesen war in die Hand der fränkischen Landsknechte (Francorum satellitibus: so zuerst Sulpicius Alexander) übergegangen; auch die nächste Machtstufe unter oder neben Arbogast war von einem tüchtigen begabten Franken, Bauto, bis zu des-

---

1 Pauci ex Amsivariis et Chattis Marcomere duce ... apparuere.
2 Hiernach ist v. Wietersheim-Dahn II, 102 zu berichtigen, wie übrigens bereits II, 406 jenes Werkes verbessert wurde.

SECHSTES KAPITEL · VON DIOKLETIANS BIS ZU THEODOSIUS' REICHSTEILUNG   473

sen Tod eingenommen worden; aber auch die Verwaltung des Staates stand bei dem verschworenen Anhang Arbogasts (*in coniurationem Arbogastis*). Keiner von all den eidlich verpflichteten Beamten des Heeres und des Zivildienstes wagte mehr, dem Befehl des Kaisers – ohne Arbogasts Genehmigung – zu folgen." Man darf vermuten, daß, wie bei Stilikos[1] Sturz, die römische Partei den schwachen Kaiser gegen die Macht des Germanen aufhetzte, der allerdings die Eifersucht des heranwachsenden Herrschers, wie es scheint, auch in den Formen schonungslos herausforderte. Dafür spricht wenigstens sehr stark die Weise, wie der hochfahrende Franke, den eine Quelle (Eunapius) „ein fressendes Feuer" nennt, den Versuch des Herrschers aufnahm, sich des gewaltigen Ministers zu entledigen. Als Valentinian in feierlicher allgemeiner Audienz ihm vom Thron herab die Entlassungsurkunde überreichte, durchflog sie Arbogast und warf sie ihm zerrissen vor die Füße mit den Worten: „was du mir nicht gegeben, kannst du mir nicht nehmen". Daß er nach dieser Tat noch leben und alsbald den jungen Kaiser vernichten konnte, beweist am besten seine dem Thron gefährliche Übermacht. Bald darauf (15. Mai 392) ließ ihn Arbogast, den Anschein eines Selbstmordes veranstaltend, erwürgen. Aber er dachte nicht daran, sich selbst auf den Thron des Westreiches zu erheben – kein Germane vor Karl dem Großen hat dies geplant, so oft es Männer wie er, wie Stiliko, Rikimer, Alarich, Ataulf, Eurich, Odovakar, Theoderich tatsächlich hätten erzwingen können.[2]

Vielmehr erhob er einen noch von *Richomer*, ebenfalls einem Franken, empfohlenen Rhetor *Eugenius* zum Kaiser, der auf das Verlangen der Anerkennung von Theodosius eine höflich hinhaltende Antwort erhielt: dieser vorsichtige Herrscher, der ja auch den Anmaßer Maximus eine Weile anerkannt, das heißt geduldet hatte[3], wollte erst nach sorgfältig vollendeten Rüstungen den Mörder und den Nachfolger seines Schwagers strafen. So konnten Arbogast und Eugenius im Winter 392 einen Feldzug gegen die Franken unternehmen.

Mag alter Haß gegen die Gaukönige (*„subreguli"*) *Markomer* und *Sunno* aus Gründen einer inneren stammestümlichen Verfeindung *(gentilibus odiis)* Arbogast beseelt haben – gewiß zog er, der den großen Entscheidungskampf mit Theodosius doch wohl als drohend voraussah in so ernster Zeit und Lage nicht lediglich zur Kühlung solchen privaten Hasses über den Rhein: es galt wohl auch größeren Zwecken: einmal, (Sulpicius Alexander bei Greg. Tur. II,9) durch Sieg oder Vertrag die Grenze gegen die Franken zu schützen, wenn man demnächst alle Kräfte vom „limes" hinweg gegen Theodosius führen mußte: dann aber wohl auch, diese Kräfte durch germanische Söldner zu vermehren: damit war Bekämpfung gerade jener beiden Könige durchaus nicht unvereinbar.

Hatten ehedem die römischen Feldherren den Sommer für germanische Feldzüge gewählt, den Winter, ja schon den Herbst sorgfältig vermieden, so zog Arbogast bei starrster Eiseskälte des Winters bei Köln über den Rhein: der kluge Franke kannte die stärkste Schutzwehr seiner Heimat: die den Römern schon so oft verderblich erwiesenen Sümpfe: auch wußte er, daß im Winter viel schwerer als im Sommer das Volk in die Wälder flüchten, wochenlang im Waldversteck sein Leben fristen konnte: wegsam wurden jetzt die gefrorenen[4] Sümpfe, jene Waldverstecke, nach Entlau-

---

1 v. *Wietersheim-Dahn* II, 151.
2 Vgl. Könige V. 49; oben 342, 345, 354, 361, 241, 550. v. *Wietersheim-Dahn* II, 145, 150.
3 v. *Wietersheim-Dahn* II, 73.
4 Aus ganz gleichem Grunde führten die deutschen Herren ihre „Reisen", d. h. Kriegszüge in dem alten Preußen, einem noch viel wasser- und sumpfreicheren Lande, fast nur im Winter

474   ZWEITER TEIL · WESTGERMANEN

bung der Bäume, leichter zu durchschauen wie zu durchschreiten: sicher mochte
man jetzt in alle Schlupfwinkel Frankiens dringen.

Er verheerte das *Bruktererland*, das dem Ufer zunächst liegt, auch einen Gau der
Chamaven: kein Mensch ließ sich irgendwo blicken: nur auf den Kämmen der entlege-
neren Hügel zeigten sich wenige Krieger der *Amsivarier* und *Chatten* unter Führung
des *Markomer*. Wohl ohne weiteren Erfolg als das Verbrennen der geräumten Höfe
kehrte man um. Im folgenden Jahr schloß aber *Eugenius* in Person an den Rheinlimes
mit Heeresmacht rückend, mit alemannischen und fränkischen Königen nach Sitte des
Reiches die altüblichen „Födera", um ein ungeheuer starkes Heer den wilden (feindlichen?) Völkern zu zeigen. Der Text ist jedenfalls verderbt: der Sinn ist wohl: er
schloß die Verträge, um, durch Söldner aus diesen Völkern verstärkt, allen Feinden,
d. h. den noch nicht befreundeten Germanen (und vielleicht auch Theodosius dienen-
den „grimmen Völkern"?) eine abschreckende Macht drohend zeigen zu können.

Diese Nachrichten sind wichtig nach mancherlei Richtung. Wir erfahren, daß die
Brukterer durchaus nicht, wie Tacitus glaubte, vernichtet waren: dreihundert Jahre
nach ihm finden wir sie hier in ihren alten Sitzen, nur mehr nach Westen gegen den
Strom hin ausgebreitet oder gedrängt, was unsere Gesamtanschauung mit einem neuen
Beleg stützt. Es ist reine grund- und bodenlose Willkür, hier den Namen Brukterer für
archaisierende Erfindung auszugeben: Sulpicius Alexander ist kein Dichter, der, wie
etwa Claudian, aus ästhetischen, ja metrischen Gründen gestorbene Völkernamen
auferweckt oder lebende beliebig über die Länder verteilt. So nüchtern wie möglich
zählt er, in voller Übereinstimmung mit allem, was wir sonst wissen, „auch geogra-
phisch richtig, Brukterer, Amsivarier, Chamaven, Chatten als Teile der Frankengruppe auf. Von den *Amsivariern* gilt das Gleiche wie von den Brukterern: Tacitus wähnt
sie (im Jahre 95 n. Chr.) vernichtet: hier erscheinen sie noch als fortbestehend: welches Interesse hätte der Verfasser gehabt, Tacitus Lügen zu strafen, diese Namen zu
erfinden? Daß dabei auch die ziemlich fern von den Chatten wohnenden Amsivaren
genannt werden, ist sehr bedeutsam. Durchaus nicht ist man genötigt anzunehmen,
dieselben seien aus ihren alten Sitzen an der mittleren Ems so weit südöstlich gewandert oder gedrängt worden, daß sie nun mit den Chatten grenzten, wenn auch diese
ihrerseits durch Einengung und Verdrängung der Cherusker ihnen entgegen weiter
nach Nordwesten gerückt waren: *nicht* als zu der *chattischen*, sondern wie ihre Nachbarn, die Chamaven, als zur *salischen* Mittelgruppe gehörig traten offenbar die Emsmänner in den Frankennamen ein. Daß aber zur Abwehr eines römischen Angriffs,
der, von Köln aus nordwärts gerichtet, zuerst die Brukterer traf an der Grenze von
Uferfranken und von Saliern, so fern wohnende Glieder wie die Amsivaren von Nordosten und die Chatten von Südosten ihre Kontingente des Bundesheerbannes schickten, beweist, daß damals auch bei den Franken wie früher schon bei Alemannen (357)
wenigstens die Kriegshilfe der Bundesglieder scharf und zuverlässig organisiert war –
wie Ammian das von den Alemannen bezeugte. Darauf, d. h. auf die Kriegshilfe, und
im Frieden etwa noch auf seltene „ungebotene" (periodische) und „gebotene" (außerordentliche) im Falle der Not berufene Versammlungen (unter Opferfesten) der
Könige und Grafen der Völkerschaften und Gaue zu Beratung gemeinsamer Interessen mag sich aber die ganze Bundesverfassung beschränkt haben: Beratungen eben vor
allem wieder über Fragen der äußeren Politik: z. B. über Krieg oder Abschluß der
Verträge mit Rom, Erneuerung des Födus, Stellung von Söldnern, wie sie im Jahre 390

---

aus; daß aber im Winter die Wälder leichter zu verbrennen seien als im Sommer, ist wohl nur
bei völligem Schneemangel richtig.

SECHSTES KAPITEL · VON DIOKLETIANS BIS ZU THEODOSIUS' REICHSTEILUNG   475

gleich nach jenem Einfall Arbogasts, wieder mit Eugenius verabredet wurden, wobei freilich oft auch nur ein oder der andere Gau, der gerade unter der Gewalt der Kaiserlichen lag, für sich allein handelte, handeln mußte, ohne, stand der römische Zwang fest, wegen Bundesbruchs gestraft oder verhaßt zu werden.

Von den Chamaven wird nur der nächstliegende Gau erwähnt. Sehr wichtig ist, daß damals schon die starke Mittelgruppe der Chatten mit zu den Franken gezählt wurde, als welche doch offenbar zuerst nur die unmittelbaren Rheinanwohner sich zusammengeschlossen hatten. Erst später zogen sie auch die mehr im Inland Wohnenden heran. Es wäre ja möglich, daß die Quelle der Chatten als noch nicht zu den Franken gehörig, nur ihnen bei diesem Feldzug verbündet, denkt: indessen, ungleich wahrscheinlicher ist die Annahme, daß Sulpicius Alexander die Chatten als Teil der Franken verstanden wissen will: von den „Königen der *Franken*" handelt das ganze Kapitel: die Könige der *„Franken"*, Markomer und Sunno, greift Arbogast an, alle Schlupfwinkel *„Franciens"* will er durchdringen – zu diesem Zwecke geht er über den Rhein: und wenn nun in solchem Zusammenhang, nach Erwähnung der zweifellos fränkischen Brukterer und Chamaven, der zweifellos *fränkische* König Markomer mit zweifellos fränkischen Amsivariern und mit – Chatten die Höhen besetzt, so werden doch wohl auch diese Chatten als Teile, nicht als bloße Verbündete, der angegriffenen Franken zu fassen sein: gerade damals, wohl kaum viel früher, war die Heranziehung der chattischen Gaue zu der fränkischen Gruppe vollzogen worden: anfangs vielleicht allerdings nur in Gestalt einer bloßen Allianz gegen Rom, bis aus dem Kriegsbündnis allmählich ein auch im Frieden einige Wirkungen (gemeinschaftliche Opferversammlungen?) äußernder Bund hervorwuchs. Man wird neben der *salischen* und der *ripuarischen* die *chattische* als eine dritte Mittelgruppe von Gauen bezeichnen dürfen, deren Hinzutritt sehr wichtig wurde für die spätere Geschichte der Franken: da die chattischen Gaue der Frankenmacht eine Brücke gewährten für die Einwirkung einerseits auf die Thüringer, andererseits auf die Alemannen: dadurch wurde verhütet, daß Gallien und der nächste rechte Uferstrich des Rhein allein das Machtgebiet der Franken blieben, wobei Romanisierung ihr ganzes Reich ergriffen haben würde: durch diese chattische Brücke wurde die Ausbreitung des Frankenreichs auch über Süd- und Ostdeutschland und so die Herstellung des *späteren deutschen* Reiches, gelöst vom französischen, ermöglicht und vorbereitet.

Man ahnt, gerade in jener uns so stummen Zeit vollzogen sich rechts vom Rhein in den undurchblickbaren Wäldern Veränderungen von weit nachwirkender weltgeschichtlicher Bedeutung.

Im Jahre 394 (Anfang Juni) schritt Theodosius, nach Vollendung seiner Rüstungen, zum Angriffe gegen Eugenius und Arbogast: in der Blutarbeit am *Frigidus* (jetzt Wipach in der Grafschaft Görz), 7½ Meilen vor *Aquileia*, taten (5. September) *gotische* Hilfsvölker unter *Gaina* und *Saulus* wieder das Beste: der Kaiser sah ihre furchtbaren Verluste vielleicht nicht ungern: wenigstens ohne ihnen Unterstützung zu senden; den zweiten Schlachttag (6. September) entschied Verrat. Eugenius wurde gefangen und getötet, Arbogast entrann auf die höchsten Berge: hier umringt stürzte sich der Germane in das eigene Schwert.

Als bald darauf (15./16. Januar 395) Theodosius, erst fünfzig Jahre alt, gestorben war, übernahmen seine beiden unreifen Söhne *Arkadius*, acht Jahre, das Ost-, und *Honorius*, zehn Jahre alt, das Westreich.

Siebentes Kapitel

Von der Reichsteilung des Theodosius bis zum Untergang des Westreichs und der Errichtung des Frankenreiches (395–500 n. Chr.)

Das römische Ostreich und die Ostgermanen bleiben hier außer Betracht (I, 337 f.). Von den Westgermanen erfahren wir für diese ganze Zeit sehr wenig: am Rhein breiteten sich die *Alemannen*, wohl auch von den *Burgundern* geschoben, nach Südwesten, die Franken, letztere wohl auch von *Sachsen* und *Friesen* von Osten her gedrängt, nach Nordwesten aus, bis an und über den Strom. Die nächsten Nachrichten bieten sehr vorsichtig, ja argwöhnisch aufzunehmende Angaben *Claudians*, der schildert, wie *Stiliko*, der kriegs- und staatsverständige, gewaltige Vandale, welcher als Feldherr und Minister für den Knaben Honorius das Westreich schützte[1], mit wenigen Begleitern den Rhein hinab die Grenzen bereiste, die Befestigungen besichtigend.

Gegenüber Claudian[2] ist es am Platze, ganz anders als bei Sulpicius Alexander, zum Teil die Völkernamen auf Archaismen, auf Willkür, richtiger auf ästhetische, metrische Bedürfnisse zurückzuführen.

Eine Weile – aber gar nicht lange Zeit – hatten wenigstens in einigen Grenzstrichen die von den Germanen neu durch Vertrag oder Gewalt oder beide gewonnenen Landschaften an Rhein und Donau, breit, ausgezeichnet fruchtbar, von Kelten und Römern Jahrhunderte hindurch vortrefflich gepflegt, dazu reiche Getreide- und Geldlieferungen das Bedürfnis der Barbaren befriedigt: auch hatten kräftige Kaiser und Feldherren, letztere meist selbst Germanen, beide Grenzgebiete Roms erfolgreich verteidigt gegen neuen Andrang: aber lange hielten weder jene Abtretungen und Leistungen noch diese Abwehr vor: völlige Ruhe war nie und nirgends eingetreten: daß *Salier* und *Alemannen* unter Anerkennung römischer Oberhoheit waren aufgenommen und vorläufig beschwichtigt worden, erschien ein zweifelhafter, jedenfalls kurzatmiger Gewinn. Die immer häufigere Verbreitung, räumliche Ausdehnung und innerliche Erstarkung der königlichen statt der früher weit überwiegenden erblosen gräflichen Gewalt steigerte sich in diesen Jahrzehnten und drohte Rom eine neue verderbenbringende Gefahr. Sehr wenig verwertbar ist eine dunkle Nachricht des heiligen *Ambrosius*[3] über *Juthungen*[4] und über *Alemannen*. Jene fielen, von Maximus gerufen, im Jahre 383/384 in Rätien ein, wurden aber von *Bauto* hinausgeschlagen. Im Jahre 392, kurz vor Valentinians II. Untergang, waren alemannische Scharen, diesmal nicht in Gallien oder Rätien, sondern in Helvetien eingedrungen: in Gefechten, in welchen die Römer viele Leute, zumal viele Gefangene verloren, erzwangen die Germanen von hier den Übergang über die Alpen (Splügen, kleinen Bernhard)

---

1 Oben I, 340. v. Wietersheim-Dahn II, 111f.
2 *Claudian*, de consul. Stilichonis I, hrsg. v. *Jeep*. Leipz. 1876, V. 189–245, S. 220–222. de III consul. Stil., V. 13–25, S. 251.
3 Vergl. darüber *Wietersheim-Dahn* II, 104–105.
4 De obitu Valentiniani 4 u. 22. Epist. 24 de sec. legat. ad Maximum, Paris 1661, Tom. IV epist. VII, 6.

SIEBENTES KAPITEL · VON CA. 395–500 N. CHR. 477

und stiegen in der Richtung von Mailand bereits die Südabhänge herab: die bedrohten Einwohner dachten an Aufführung von Schutzwerken. „Aber aus Wohlwollen gegen Valentinian gaben die Alemannen die aus Italien stammenden Gefangenen frei und beschränkten ihre Heerungen auf die Gebirge." Der Versuch der Alemannen, sich noch mehr über Helvetien zu verbreiten, hat nichts Auffallendes: saßen sie doch seit langem am Bodensee und wohl bis in die Schweiz hinein: Bedrängung durch die Burgunder[1] braucht man hier nicht als Grund anzunehmen, ebenso wenig, daß die Germanen nur Arbogast, nicht Valentinian als Feind betrachtet hätten: die ganze deklamatorische und tendenziöse Angabe hat geringe Bedeutung: sie läßt weder die Vorgänge noch die Motive klar erkennen. Diese Bodensee-Alemannen mochten durch die zuletzt geschlossenen Verträge Gratians nicht gebunden sein oder sie zu brechen nach Gratians Untergang sich berechtigt glauben: oder sie brachen sie, wie so oft, ohne anderen Grund als Not oder Kriegslust.

Daß in jener Zeit das Christentum nicht nur zu Goten, auch zu andern Donaugermanen drang, beweist eine *Markomannenkönigin Fritigil*, welche, durch einen Römer bekehrt (doch wohl zum Katholizismus, nicht zum Arianismus) an den heiligen Ambrosius eine Gesandtschaft anordnete. Auf Ermahnung des Bischofs bewog sie ihren Gemahl, mit Rom Friede zu halten: als sie den Heiligen aufsuchte, fand sie ihn nicht mehr am Leben: er starb 398. Von Anfang sehen wir königliche *Frauen*, vor ihren Männern, für die neue Lehre gewonnen, welche germanischem Heldentum weniger als weiblichem Sinne zusagte und welche zuerst im Gegensatz zu antikem wie germanischem Heidentum die Stellung des Weibes in der Ehe ganz wesentlich emporhob, durch Unlösbarkeit des Bundes sie gegen Verstoßung mehr als bisher schützte und ihr zum ersten Mal das wenigstens kirchliche, bald auch westliche *Recht* auf die eheliche Treue des Mannes zuerkannte.[2]

Selten mochte der Krieg an der Grenze ruhen: Ambrosius nennt in seinem klagendem Brief (I. ep. 3) die Namen gerade der Ostprovinzen und der östlichen Germanen: man wird diesmal nicht nur Deklamation annehmen dürfen: er spricht von der Zeit der Schlacht bei Adrianopel und den ihr folgenden etwa zwanzig Jahren: „Skythien, Thrakien, Makedonien, Dardanien, Dakien, Griechenland, Dalmatien und die beiden Pannonien werden verwüstet von Goten, Sarmaten, *Quaden*, Alanen, Hunnen, Vandalen und *Markomannen*": so systemlos die Aufzählung der Provinzen wie ihrer Verwüster ist – man wird die Volksnamen, auch der *Quaden* und *Markomannen*, nicht als willkürlich genannt ansehen dürfen.

Furchtbar begann für das alternde Westreich das neue Jahrhundert. Selbst in solchen Provinzen, wohin Krieg und Raubfahrt nicht gedrungen waren, herrschten Verödung und Verarmung.

In dem sonst so reichen und volkreichen Campanien wurden durch ein Gesetz vom Jahre 401 (Cod. Th. XI, 28[3],) 528042 Jucharte, gegen vierundzwanzig Quadratmeilen, wüsten Landes den benachbarten Grundbesitzern steuerfrei zugeteilt. In Gallien, das seit mehr als vierzig Jahren von erheblichen feindlichen Einbrüchen verschont war, verfielen selbst die Städte, weil die gewerbetreibenden Bewohner vor den Beamten in abgelegene Wildnis flüchteten, weshalb deren zwangsweise Zurückführung durch ein Gesetz vom Jahre 400 (Cod. Th. XII, 19, 3) verordnet wurde.

Das war die Folge zunächst von Steuerdruck und Beamtenwillkür: nach tieferer

---

1 Wie v. *Wietersheim* erste Ausgabe II. 105.
2 Paulinus (von Mailand) vita s. Ambrosii C. 36.

478 ZWEITER TEIL · WESTGERMANEN

Ergründung: das Ergebnis der Sklavenwirtschaft, des Verfalls der Gesellschaft, des Verschwindens eines freien wohlhabenden Mittelstandes von Bauern und Bürgern, der verderblichen volkswirtschaftlichen Zustände, die schon vor Julius *Cäsar* begonnen hatten. Immer mehr wuchs auch damals die Zahl der Hörigen, da sich viele, um Nahrung und Schutz zu erlangen, freiwillig reicheren und angeseheneren Herren unterwarfen. Aber auch die der Läten mehrte sich bedeutend, da mit der Bevölkerung der Germanen überhaupt auch die Neigung der Besitzlosen, in römischem Dienst auf römischem Boden ihr Glück zu versuchen, zunahm (f. Cod. Th. XIII, 11,9 und Huschberg S. 408 und 409).[1]

Wie wenig dauernd waren die Erfolge der Anstrengungen von Helden wie Julian und Valentinian gewesen: ein halbes Jahrhundert nach ihren Siegen sah den Rhein dennoch überschritten von Germanen, welche für immer in Gallien und Spanien sich festsetzten. Scham, Weh und böse Ahnung mußte echte Römer ergreifen, nannten sie den Namen, der allein noch kurze Zeit wenigstens Italien gegen *Alarich* und *Radagais* verteidigte: *Stiliko* war Vandale.

Westrom sollte das Ende dieses Jahrhunderts nicht mehr erleben.

Was Tacitus schon vor drei Jahrhunderten als fernher schreitendes Verderben geahnt hatte („urgentibus iam imperii fatis"), sah Sankt Ambrosius schrecklich nahen: „das Reich stürzt in Trümmer, aber der Kirche starker Nacken bleibt ungebeugt" (Epist. I, 3): prophetisch war das Wort: in zwei Menschenaltern war es erfüllt für das Reich: und aufrecht steht heute noch das großartige Gebäude jener Kirche, das den Römerstaat überdauert hat und noch nach anderthalb Jahrtausenden jenes stolze Wort bestätigt.

Im Jahre 400/401 waren Feinde, vermutlich doch *Alemannen*, wieder in Rätien eingebrochen: denn Alarich, der im Winter 401 in Italien eindrang, wußte die römischen Truppen in Verteidigung Rätiens festgehalten.[2]

Stiliko erschien in Rätien (oder Gallien?), zog die dort stehenden Truppen an sich, und entblößte also den limes, alle Kräfte zur Verteidigung Italiens und des Kaisers selbst zu verwerten: nicht mehr den Rhein und Köln, den Tiber und Rom galt es bereits vor den Germanen zu beschützen. Ob er etwa *Alemannen* und *Franken* durch die Waffen oder durch Verträge, durch Geld und andere Zugeständnisse bewog, Ruhe zu halten, wissen wir nicht.

Nach den ersten Erfolgen Alarichs in Italien flog durch die Provinzen des Weltreichs das Gerücht, Rom selbst sei in der Germanen Hand gefallen[3] – nur um wenige Jahre verfrüht: bald sollte kein Stiliko mehr den Schild über Italien halten.

Erst nach einigen Jahren fällt wieder helleres Licht auf die Völker des rechten Rheinufers. Dem Zug der *Vandalen* und *Alanen* aus Pannonien hatten sich auch *suebische* Gaue (oder Völkerschaften) angeschlossen: mehrere: wenigstens haben sich noch fast ein Menschenalter später in ihrer neuen Heimat *Gallaecien* auf der pyrenäischen Halbinsel zwei selbständige Könige nebeneinander behauptet. Welchem suebischen Volk jene Wanderer angehörten, ist nicht zu bestimmen: man hat an die *Semnonen* gedacht, durch oder an deren Gebiet vorbei der Weg aus Ungarn an den Rhein führen konnte: doch waren dem Ausgangspunkt der Vandalen andere suebische Völ-

---

1 Vergl. v. *Wietersheim-Dahn II.* 123.

2 Claudian, de bello gall. V, 279; Ausg. v. *Jeep* II, 14: Irrupere Getae (d. h. Alarich), nostras dum Raetia vires, Occupat atque alio desudant Marte cohortes, vgl. *Dahn*, Könige V. , 39, Urgesch. I, 340. v. *Wietersheim-Dahn* II, 126.

3 Claudian, Vic. V. 201–269.

SIEBENTES KAPITEL · VON CA. 395–500 N. CHR. 479

ker, *Quaden* und *Markomannen*, nahe genug, sich als Genossen schon des Aufbruches anschließen zu können: deshalb konnten doch die Markomannen (und Quaden) später als „*Bajuwaren*" nach Bayern wandern: denn der spanischen Sueben waren es nicht viele, und die Volkszahl von Markomannen (und Quaden) war sehr groß. Sueben waren von den Ostgoten gerade in *jenen Gegenden* bedrängt worden, mochten sich also gern den Vandalen anschließen.

Der *Hermunduren* wird weder unter diesem ihrem alten noch nach ihrem jüngeren Namen „*Turingi*" dabei gedacht, obwohl der Weg der Wanderer (schwerlich hatten alle die gleiche Straße eingehalten), wohl auch ihr Land nicht vermeiden konnte: waren die Wandergenossen der Vandalen etwa Hermunduren?

Aber auf heftigsten Widerstand stießen die Vandalen (die Sueben werden hierbei gar nicht genannt), als sie sich dem Rhein näherten, im Lande der *Franken*.

Es kam, wie die Langobardische Wandersage und die Geschichte (Tacitus) von den Amsivaren berichtet, bei solchen Wanderungen sehr oft zu Kämpfen zwischen den Wandervölkern und den Seßhaften, deren Gebiet sie zu durchziehen verlangten. Sehr begreiflich! Standen doch die *Ziele* der Wanderer keineswegs ihnen selbst immer fest, immer klar vor Augen, wie heute uns, die wir die zuletzt erreichten Sitze kennen. Gern blieben sie, wo es ihnen gefiel, wo sie sich behaupten konnten, froh, die weitere Wanderung aufgeben zu dürfen. Wenn sogar – was durchaus nicht fest steht – die Wanderer von 405 Gallien von Anfang als Ziel ins Auge gefaßt hatten – mußten die Franken ihnen dies glauben? Und konnten sie nicht, einmal durch die Grenzwehren eingedrungen, östlich des Rheins zu bleiben vorziehen? Endlich: hatten doch die Franken selbst seit langem Gallien als Neuland für ihre überquellende Volkszahl zu gewinnen getrachtet: nicht gern konnten sie diese neuen Bewerber um die Rom zu entreißende schöne Provinz über den Rhein dringen sehen. Diese Gründe eigenen Interesses genügten vollauf – man hat nicht nötig, den Widerstand der Franken auf die von *Stiliko* (etwa 401?) erneuerten Verträge zurückzuführen. Schwerlich für die Römer, für sich selbst kämpften sie, diese Ostleute von ihren jetzigen Sitzen und zugleich von der erhofften Beute jenseits des Rheins fern zu halten.

Die bestrittene Frage, wiefern damals die Rheinfestungen noch von den Römern behauptet waren, wird man dahin beantworten dürfen, daß sie keinesfalls schon von den Germanen besetzt waren: manche kleinere mögen verfallen, von den Bewohnern verlassen, auch die großen, seit Stiliko die Truppen (gegen Alarich) hinweg führte, sehr schwach besetzt gewesen sein: aber die Franken hausten noch nicht darin.[1]

Auf verschiedenen Straßen zogen die Wanderer heran.

Schon hatten die *Alanen* den Rhein erreicht: einer ihrer Könige, *Goar*, trat hier in römischen Dienst: den anderen, *Respendial*, ereilte die Nachricht, daß die Vandalen, von den Franken geschlagen, zwanzig Tausendschaften und ihren König *Godigiskel* auf dem Schlachtfeld gelassen: sofort kehrte er um (convertit agmen) und rettete den Rest der Vandalen vor der Vernichtung.[2] Gewiß waren die Franken, nach Aufgebot aller Kontingente ihres Bundes, dem Wandervolk der Vandalen, das einen Teil der seinen in Pannonien gelassen, an Zahl sehr überlegen.

---

1 Vgl. v. *Wietersheim-Dahn* II, 106 gegen *Huschberg* S. 394–7.
2 Renatus Profuturus Frigeridus bei Gregor Tur. II, 9. *Dahn*, Könige I, 262. v. *Wietersheim-Dahn* II, 136.

480	ZWEITER TEIL · WESTGERMANEN

Jetzt überschritten, in der Neujahrsnacht von 405 auf 406[1], *Alanen* und *Vandalen* (und *Sueben:* diese werden in der Schlacht nicht genannt) den vielleicht gefrorenen Rhein. Die dünnen römischen Besatzungen konnten den Übergang nicht wehren: viel zu schwach, das offene Feld zu halten, konnten sie sogar eine Reihe der wichtigsten Festungen nicht mit Erfolg verteidigen: es fielen damals *Straßburg* und *Speier* sofort, *Worms* nach langer Einschließung, *Mainz* unter starker Zerstörung und argem Blutvergießen: die arianischen Vandalen, die wohl zum Teil noch heidnischen Alanen (und Sueben) achteten das Asyl der katholischen Basiliken nicht (Hieronymus ep. a. a. O.).

Die Besatzungen waren überall offenbar sehr gering: und die Einwohner, in Wohlleben versunken, erleichterten durch Verzagtheit die Erfolge der Barbaren (Salvian, de gubernatione Dei).

Wir haben die weitere Geschichte dieser Wanderer bereits dargestellt.[2] Nur um den Zustand Galliens zu erklären und die Hilflosigkeit, die Not, welche jeden Retter willkommen hieß, erinnern wir, daß damals der verheerende Zug durch Belgien sich wälzte, wo *Rheims, Amiens, Arras, Terruana (Tournai)* heimgesucht wurden, dann über Warne, Seine und Loire nach *Aquitanien* bis an die Pyrenäen. Hier zurückgeworfen überflutete er die zuerst verschonten Gebiete. Fast alle angegriffenen Städte fielen durch Hunger oder Gewalt: *Toulouse* wurde durch Mut und Klugheit seines Bischofs *Exuperius* gerettet: aber nur mit Tränen kann Hieronymus des Elends auch dieser *verschonten* Stadt gedenken (Hieronymus a. a. O.)

Die Not des Landes muß, alle Übertreibungen der Theologen abgezogen, sehr groß gewesen sein: abermals, wie zur Zeit Maximians, waren die Berge voll der verzweifelten, geflüchteten, rebellischen Tolonen, der *Bagauden:* so stark waren diese, daß ein kaiserlicher Feldherr sich den Rückzug durch die Alpenpässe nach Italien mit Überlassung aller anderen Feinden abgenommenen Beute erkaufen mußte (Zosimus VI, 2).

Diese anderen Feinde waren – römische Soldaten! Anhänger eines Gegenkaisers, *Constantin*, der 406 in Britannien erhoben, bald darauf bei *Boulogne* gelandet war: fast ganz Gallien fiel ihm zu als dem einzigen Retter in der Not, da Stiliko, zuerst durch *Alarich* und *Radagais* in Italien festgehalten, am 22. August 408 ermordet wurde. Der Anmaßer raffte an sich, was von römischen Truppen noch im Lande verstreut war, gewann, wie es scheint, fränkische Söldner – wenigstens hat er einen zweifellosen Franken, *Edobich*, und einen zweifellosen Germanen, wohl auch Franken, *Rebisgast*, zu Heerführern – zog den Barbaren nach Südgallien nach und schlug sie (408). Im folgenden Jahre gelang es diesen, durch die Pyrenäenpässe in Spanien einzudringen (18. September oder 13. Oktober 409): nur eine Abteilung von Alanen blieb in Gallien zurück.[3]

Constantin stand jetzt so mächtig da, daß er von *Honorius* wenigstens Übersendung des Purpurs, also Anerkennung als Mitkaiser erreichte (409): er sollte dafür Hilfe leisten gegen *Alarich,* der Rom und Ravenna bedrängte.

Nun erhob sich aber gegen Constantin sein Feldherr *Gerontius*, der seinen Sohn (oder Klienten) *Maximus* zum Kaiser ausrief (410): neuer Bürgerkrieg in Gallien! Beide Parteien verstärkten sich durch germanische Söldner: *Constantins Sohn, Con-*

---

1 Über die Chronologie v. *Wietersheim-Dahn* II, 137. 373–9.

2 Vgl. *Dahn,* Könige I, 143. VI, 559, oben Urgeschichte I, 551. v. *Wietersheim-Dahn* II, 159.

3 *Dahn,* Könige I, 263. V, 62, 359. Urgeschichte I, 353. *v. Wietersheim-Dahn* II, 164.

SIEBENTES KAPITEL · VON CA. 395–500 N. CHR. 481

stans, vom Vater zum Mitkaiser erhoben, wurde zu *Vienne* gefangen und getötet, Constantin zu *Arles* von Gerontius belagert (411). Einstweilen war Honorius, durch *Alarichs* Tod und des Nachfolgers *Ataulf* friedliche Gesinnung aus ärgster Bedrängnis erlöst. Er schickte einen tüchtigen Feldherrn *Constantius,* aus Naissus in Illyricum stammend, nach Gallien, die Provinz beiden sich bekämpfenden Parteien zu entreißen (Anfang 411). In jener Zeit konnten offenbar die *Franken* am Niederrhein, die *Burgunder* um Worms und die *Alemannen* am Oberrhein, ungehemmt von den römischen Waffen, sich mehr und mehr auf dem linken Rheinufer dauernd als Herren des Landes, als Bauern festsetzen, allmählich auch die Städte, statt sie zu plündern und dann wieder zu räumen, behauptend. Aber Constantius räumte rasch unter den Anmaßern auf.

Zuerst fiel *Gerontius* bei Arles: diese Stadt kapitulierte nach viermonatlicher Belagerung, nachdem *Edobich* der Franke, Constantins Feldherr, der in seiner Heimat Stammgenossen (Franken und Alemannen) geworben und zum Entsatz herangeführt hatte, geschlagen und getötet war: *Wulfila,* doch gewiß ein Gote, Befehlshaber der Reiterei, entschied durch eine Attacke von Flanke und Rücken her diesen Sieg der Römer über die Franken – immer wieder sind es Germanen, welche das Beste tun für Rom in römischen inneren Kriegen sowie gegen Germanen. Constantin wurde gefangen, an Honorius gesandt und hingerichtet, *Maximus* floh zu den Barbaren. Aber Ruhe wurde noch nicht in Gallien: ein neuer Anmaßer *Jovinus* (oder *Jovianus*) erhob sich bei *Mainz,* unterstützt von dem *Burgunderkönig Gunthari* und jenem *Alanenhäuptling Goar,* der seit 406 in römischem Födus stand und wohl dort mit seinem Haufen angesiedelt worden war. Es ist möglich, daß diese Fürsten (ähnlich wie *Alarich* und *Ataulf Attalus* und später *Theoderich II. Avitus)* einen Kaiser deshalb erhoben, um den Provinzialen gegenüber eine legitime römische Anerkennung ihres Besitzes geltend machen zu können, welche der Sohn des Thedodosius versagte.

Ausdrücklich sagt Zosimus (VI, 5), daß während des Gerontius Erhebung und der Beschäftigung des größeren Teils der Truppen des Constantius in Spanien, „*die überrheinischen Barbaren alles nach Belieben ungehemmt überfluteten":* auf der Insel *Britannien* erwehrten sich die Städte, von Truppen entblößt, der Barbaren nur aus eigener Macht; aber auch in *Aremorica* vertrieben die Kelten die römischen Beamten (welche, ohne Truppen, sie weder gegen die Germanen verteidigen noch in Gehorsam halten konnten) und machten sich unabhängig von Rom, sich selbst gegen Römer wie Barbaren schützend – zum ersten Mal wieder eine keltische Erhebung gegen Rom seit mehreren Jahrhunderten.

Es handelte sich für Rom jetzt nicht nur um Verhinderung der *Ausplünderung,* sondern um Verhütung der endgültigen *Losreißung* Galliens: denn fast alle diese über den Rhein dringenden Germanen hatten es nicht auf bloße Beute – auf *bleibende* Festsetzung auf römischem Boden hatten sie es abgesehen: wie Vandalen, Alanen und Sueben so Alemannen am Oberrhein, Burgunder um Worms, Franken um Köln und am Niederrhein bis an die See.

Und es ist auch *möglich,* daß Honorius, ähnlich wie später Byzanz Theodorich den Großen von sich ab nach Italien lenkte, dort ihn oder Odovakar zu verderben, Ataulf nach Gallien, das Rom doch verloren war (*Constantius* war, scheint es, nach Italien zurückgerufen), schickte, dort den Westgoten selbst oder den neuen Anmaßer und seine barbarischen Stützen zu verderben: aber es ist auch *ebenso* möglich, daß lediglich Sold, Getreide, Landanweisung von jenen Barbarenfürsten (auch Alemannen und Franken fochten für Jovinus) angestrebt wurden

482   ZWEITER TEIL · WESTGERMANEN

und daß Ataulf, ohne Auftrag des Kaisers, auf eigene Faust nach Gallien abzog[1] (412).

Nach einigem Schwanken trat Ataulf gegen Jovinus für Honorius auf: mit dessen Präfekten *Dardanus* im Bund vernichtete er den Anmaßer und dessen Bruder (413): bald wurde er aber von dem jetzigen Beherrscher des Kaisers, jenem *Constantius*, aus Gallien nach Spanien verdrängt[2] (414).

Inzwischen hatten die *Burgunder*, wohl von Jovinus zum Lohne begünstigt und eingewiesen, sich 413[3] (Prosper Aquitan) weiter in Gallien ausgebreitet: Orosius (VII, 32, 41), der 417 seine Darstellung schließt, rühmt, daß sie (teilweise katholisch) die Provinzialen nicht wie Unterworfene, sondern wie Brüder behandeln: die tendenziöse Übertreibung ist zweifellos: doch mag die teilweise Glaubensgemeinschaft manches erleichtert, besonders aber die geringe Zahl milde Behandlung der Römer empfohlen haben.

Rom erkannte, daß, so gefährlich diese Versuche von fernen Provinzen, sich selbständig zu machen, werden konnten, man gleichwohl den Landschaften das Recht einräumen mußte, sich selbst zu retten und zu beraten, wenn von Italien jede Hilfe ausblieb: klüger schien es, solche Autonomie zu gewähren, als sie angemaßt sehen zu müssen: so wurde durch Gesetz vom 16. April 418, in Erneuerung und Ausdehnung früher Einrichtungen, eine jährliche Notabelnversammlung zu *Arles* mit ziemlich weitgehender Zuständigkeit im Finanzgebiet angeordnet.[4]

Im nächsten Jahr (419) kehrten die Westgoten aus Spanien zurück und erhielten durch Vertrag Land in Aquitanica secunda mit der Hauptstadt Toulouse (Reich von Toulouse bis 507).[5]

Nachdem so alle Anmaßer in Gallien vernichtet, drei Barbarenvölker nach Spanien abgezogen, die Westgoten auf Aquitanien beschränkt waren, erstarkte wieder des Kaisers Gewalt in jener Provinz: gleichzeitig (417–420) wurden auch die Kelten in Aremorica wieder zur Unterwerfung gebracht. Alemannen und Franken sowie den eben erst angesiedelten Burgundern konnten freilich ihre Gebiete nicht entrissen werden: doch unternahm der „comes domesticorum Castinus" (nach Renatus Profuturus Frigeridus bei Greg. Tur. II, 9) einen Feldzug gegen die Franken.[6]

Im Jahre 423 starb Honorius (26. August): nur weniges, Stückhaftes, gewähren uns die Quellen von da ab bis zum Auftreten Chlodovechs über die Geschichte der Westgermanen: was die Völker der gotischen Gruppe angeht, Vandalen (Alanen), Ostgoten, Westgoten, spanische Sueben, Gepiden, Heruler, Rugier, Odovakar, wurde bereits dargestellt: was *Franken, Burgunder, Langobarden* betrifft, wird in der Geschichte dieser Völker zu erörtern sein: so kann hier, außer einer allgemeinen, meist an die *hunnische Invasion* knüpfenden Übersicht, nur das äußerst Dürftige zusammengestellt werden, was von anderen Westgermanen gelegentlich erwähnt wird.

Es ist nicht zu bestimmen, wie weit nordwestlich von Ungarn die dauernde, regel-

---

1 Vgl. die Quellen und Literatur bei *Dahn* Könige V, 56. v. *Wietersheim-Dahn* II, 168.

2 *Dahn* Könige V, 62; oben I, 353.

3 In dies Jahr 413 fällt auch vielleicht die II. oder III. Einnahme Triers durch die Franken.

4 *Hänel*, corp. leg. I, 238; für die „sieben Provinzen" (zwischen Loire, Mittelmeer, Ozean und Seealpen).

5 *Dahn*, Könige V, 68 f., oben I, 356 f.

6 Gegen die Verwechslung des Castinus mit Stiliko bei Fredigar s. *Dahn* bei *v. Wietersheim* II, 180a, über die Zeit 417 oder 420 *Tillemont* V, 3, Nr. 44.

SIEBENTES KAPITEL · VON CA. 395–500 N. CHR. 483

mäßige Herrschaft von Hunnenchane reichte: zweifellos umfaßte sie, außer den *sar-matischen* und *gotischen*, auch die *suebischen* Donauvölker: *Quaden, Markomannen,* „*Suaven*" (also vielleicht sogar auch die östlichsten Gaue der *Alemannen* noch? schwerlich!): und gegen Norden die *Slawen* bis gegen die Ostsee hin: dagegen sind *Semnonen* und *Hermunduren* wohl nicht dauernd unterworfen gewesen; was letztere betrifft, würde der Weg, den Attila 451 einschlug, manches aufklären: aber wir kennen leider nur den Ausgangspunkt und das Ziel, nicht die Wege dieser Völkerwoge.

Überwältigend groß muß die Zahl der Hunnen gewesen sein, welche allein es erklärt, daß sie so viele und heldenhafte Völker von Passau oder Wien bis an die Mäotis fast ein Jahrhundert hindurch (78 Jahre: von 375 bis 453) unterworfen halten konnten, war auch die Unterwerfung meist durch Belassung nationaler Könige, die nur Tribut und Waffenhilfe dem Khan schuldeten, gemildert und erträglicher gemacht.

Diese große Zahl der Hunnen erklärt es auch, daß sich von ihrem Einbruch an bis über den Untergang ihres Reiches hinaus Söldner aus diesem Volke unter allen Fahnen finden: *für* Rom in bedeutenden Haufen, *gegen* Rom im Anschluß an germanische Völker, die das Westreich oder das Ostreich bekämpfen, als Landsknechte von römischen, byzantinischen, germanischen Abenteurern, Feldherrn, Condottieri, welche, auch in römischem Dienste, sich mit starken Scharen solcher ihnen persönlich, nicht Rom, verpflichteten Leibwächter umgaben, für den Kaiser, aber auch gegen ihn, zu morden oder zu fechten, zumal aber Feldherrn, die sich auf den Thron schwangen, zu unterstützen. So erklärt sich das Auffallende, daß der letzte römische Held, der die Hunnenmacht auf dem Felde bei Châlons mit schwerstem Schlage traf, daß ein Mann wie *Aetius* die vertrautesten Beziehungen zu diesen Mongolenhorden unterhielt.

Die *Hunnen* einerseits, deren Abwehr durch *Aetius* andererseits sind die bewegenden Kräfte dieser Jahrzehnte für die Geschichte auch der Westgermanen.

Geboren zu *Dorostolum (Silistria)* in *Untermösien* als der Sohn des „magister militum" *Claudentius* und einer vornehmen Italienerin, schon als Knabe mit prätorischem Range bekleidet, war Aetius bereits in früher Jugend von Rom den Hunnen als Geisel gegeben worden. Man darf vermuten: wie der Amaler *Theoderich* als Geisel zu Byzanz Vorzüge und Schwächen der römischen Macht schon als Knabe kennenlernte, so hat der junge Aetius die furchtbare Gefährlichkeit, aber auch die Blößen und die jeder inneren Überlegenheit entbehrende Äußerlichkeit, Gewalttätigkeit der hunnischen Weltherrschaft durchschaut. Nach Ravenna zurückgekehrt, gewann er alsbald unter den Domestici einen hervorragenden Rang, trat, als sich der Anmaßer *Johannes* gegen den siebenjährigen Knaben *Valentinian III.* (den Sohn der *Placidia* und des *Constantius* oben I, 355) erhob, auf Seite des Empörers und eilte zu seinen Jugendgenossen, den Hunnen, Söldner zu werben: so völlig fehlt es diesem „letzten Römer" an wahren, römischem Patriotismus.

Erst nach dem Untergange des Johannes, eintreffend 424, suchte und fand er die Vergebung Pacidias, der Regentin, für die er 425 erfolgreich gegen die Westgoten focht (oben I, 357). In den Jahren 427–430 besiegte er die *Juthungen*, doch wohl in Noricum, da gleichzeitig (luthungi … et Nori) die Besiegung einer Erhebung der Norer (Nori, Noriker) d. h. der römisch-keltischen *Provinzialen* (oder germanischer Kolonisten?) in diesem Gebirgslande berichtet wird. Darauf brachte er einen von den *Franken* besetzten Teil Galliens wieder an das Reich und diese Franken zum Frieden. Es ist vielleicht dabei eher an die *Unterfranken* bei dem jüngst wieder von ihnen eingenommenen *Trier*, als an die *salischen* am *Niederrhein* zu denken. Den stückhaften, unklaren

484 ZWEITER TEIL · WESTGERMANEN

und zumal sicherer Zeitbestimmung meist entratenden Quellen ist nicht zu entnehmen, ob ein gegen letztere gerichteter Feldzug, der das Land der *Atrebaten* (zwischen der oberen Schelde und Lys, Tournai und Arras) von ihnen säuberte, und die Vertreibung der *Burgunder* aus *Belgien* mit jener früher erwähnten Besiegung der Franken zusammenhängt. Einen großen Teil Galliens hatte so Aetius für Placidia wieder gesichert: sie ernannte ihn 429 zum „magister militum", 432 zum Konsul.

Aber obwohl wahrlich nicht unbedeutenden Geistes mußte die Frau, welche das Westreich regieren sollte, doch erleben, daß ihre Feldherren und Statthalter den Wettstreit um die vorherrschende Macht nicht nur durch Ränke, durch Mord, sogar durch offene Feldschlachten entschieden. *Bonifacius*, der Statthalter von Afrika, hatte, vielleicht durch des Aetius Arglist zur Empörung verleitet (I, 156), die *Vandalen* nach Afrika gerufen und sich dann doch mit der Regentin wieder vertragen: *Aetius* konnte ungehemmt und ungestraft einen Günstling der Regentin, den sie, wohl als Gegengewicht wider ihn, emporhob, den Patricius *Felix*, ermorden und dann *Bonifacius*, nach dessen Aussöhnung mit Placidia, in Italien mit Heeresmacht bekämpfen. In der Schlacht besiegt, wandte er sich abermals zu den Hunnen nach Dalmatien (432). Jedoch schon das Jahr darauf (433) finden wir ihn wieder am Hofe zu Ravenna: Bonifacius war seinen in jener Schlacht empfangenen Wunden erlegen. In den Jahren 434 bis 436 schlug Aetius einen *Bagauden*aufstand im nordwestlichen Gallien nieder. Auch gegen Burgunder und Westgoten, hatte er 435–439 in Gallien zu kämpfen.

Für die folgenden zwölf Jahre gebricht es an jeder Nachricht über die Westgermanen.

Wir dürfen nur annehmen, daß *Attila* (mit seinem Bruder Bleda seit 433, seit 455 Alleinherrscher) die Macht der Hunnen wie nach Norden und Osten über „skythische", d. h. wohl meist slawische und finnische Stämme, und nach Süden gegen das Ostreich über die Donaugrenze, so auch nach Westen über die Germanen am Mittellauf des Stromes weiter ausdehnte, d. h. außer über Ostgoten, Sepiden, die Reste der Vandalen, über Heruler, Rugier, Turkilingen und Skiren, auch über die Donausueben: Markomannen, Quaden, vielleicht östlichste Alemannen. In Vorbereitung des großen Zuges gegen Gallien waren wohl durch Drohungen, welche kaum der Anwendung von Waffengewalt bedurften, die sämtlichen Germanen, durch deren Länder das Heer sich wälzen sollte, zu vertragsmäßiger Verstattung des Durchzugs, wohl meist auch zu Waffenhilfe gezwungen worden: so vor allem die an Völkerschaften und Gauen reiche Gruppe der bei diesem Anlaß zum ersten Male mit diesem ihrem neuen Namen (von Sidonius Appollinaris) genannten *Thüringer*, die alten Hermunduren, welche ganz Mitteldeutschland erfüllten, von Böhmen im Osten durch Sachsen, Vogtland, Thüringen und das heutige bayerische Franken bis an und über den Main reichend: der Dichter nennt folgende Völker in folgender Reihe: Rugen, *Gelonen*, Sepiden, *Sarer*, *(Serer?)*, Burgunder, Hunnen, *Neurer*, Bastarnen, Toringe, Brukterer, Franken: von diesen sind die kursiv gedruckten wohl nur archaistisch-poetisch oder aus Versnot genannt. Großen Wert hat die Aufzählung nicht: denn das herrschende und zahlreiche Volk, die Hunnen, steht nicht an der Spitze, sondern zwischen dem kleinen Reste gezwungener Burgunder und den hier fabelhaften Neurern: das germanische Hauptvolk, die Ostgoten, fehlt ganz, ebenso Markomannen, Quaden, andere Sueben, Skiren, Heruler.

Dagegen sind die „Brukterer", weil noch im Jahre 392 von Sulpicius Alexander bezeugt nicht bloß als „Archaismus" anzusehen und die „Franken" sind die rechtsrheinischen ripuarischen, die aber allerdings wohl nicht bis an den Neckar reichten.

SIEBENTES KAPITEL · VON CA. 395–500 N. CHR. 485

Die „historia miscella" dagegen nennt außer den Hunnen: Sepiden, Goten, Markomannen, Quaden, Heruler, Turkilinger, Rugier und die finnischen und slawischen Stämme.

Auf Seite der Römer und Westgoten fochten die Alanen, die keltischen Aremoricaner, die salischen und ein Teil der Unterfranken, auch Sachsen, wahrscheinlich Söldner.

Man nimmt an, Attila habe seine ungezählten Scharen in zwei Kolonnen gegen Westen geschoben: die eine auf dem rechten Donauufer, auf der alten römischen Legionenstraße über Augst nach dem Oberrhein, über Straßburg nach Metz (gleichwohl werden die Alemannen bei diesem Zuge gar nicht genannt: sie wichen wohl südwärts aus), die andere von der nördlichen Donaustraße, den Odenwald umgehend, auf Mainz, dann über Trier nach Belgien: diese konnte dann Thüringer (Sachsen bleiben ungenannt als zu weit nördlich) und Franken an sich ziehen, durch deren Gebiet sie sich wälzte. Der Rhein wurde von den Gäulen der Hunnen, welche noch breitere Ströme zu durchschwimmen gewöhnt waren, wohl ohne weiteres überschritten: die nahen Wälder gewährten Holz für den Floßbau der anderen Haufen.

Fest steht aber nur der Marsch über Metz, dessen starke Mauern lange Widerstand leisteten: Attila leitete gleichzeitig die Belagerung von *Scarpona*, eilte aber auf die Nachricht, daß in den Wall von Metz Bresche gestoßen, zu dieser Stadt zurück: in der Nacht vor Ostern (8. April) wurde sie gestürmt und in Brand gesteckt: viele Einwohner fanden den Tod, andere wurden mit ihrem Bischof gefangen fortgeführt. Gleiches Los traf bald darauf *Rheims*: von da ging der Zug über *Chalons, Troyes, Sens – Paris* blieb unberührt von den Hunnen – nach *Orleans*, das wohl im Mai erreicht wurde: erst hier, an der Loirelinie, stieß der Angriff auf die verbündeten Römer, Westgoten und Alanen. Bischof *Anianus* war selbst nach Arles geeilt, sich von Aetius rechtzeitigen Ersatz zusichern zu lassen: er ermutigte die wackere Verteidigung: schon hatten gleichwohl die Angreifer Teile der Stadt bezwungen und zu plündern begonnen, vielleicht war auch schon eine Kapitulation für den Rest aufgesetzt, als das Entsatzheer vom linken Loireufer her eindrang und die Hunnen vertrieb. Attila trat den Rückzug nach der Warne an. Erst auf den *mauriacensischen* Feldern, fünf (römische) Meilen von Troyes, kam es zur Entscheidungsschlacht.[1] Von dem Rückmarsch der Hunnen nach ihrer Niederlage wissen wir gar nichts: denn allzu spät ist die Nachricht bei *Fredigar* (ca. 660!), Aetius habe sie durch die *Franken* bis nach *Thüringen* verfolgen lassen, wenn man auch annehmen darf, daß es eben die Franken *(Chatten)* waren, welche dem weichenden Feind, der ihr Gebiet durchziehen mußte, so weit sie Feindseligkeiten wagen konnten, am meisten Abbruch taten.

In der Schlacht am *Netad*, welche nach Attilas Tod das Hunnenjoch zerbrach (I, 233), werden neben Sepiden, Ostgoten und Rugiern auch *Sueben* unter den Völkern genannt, welche ihre Freiheit hier erkämpften: es waren gewiß *Markomannen*, Quaden, Thüringer.

Weit nach dem Osten wichen die überlebenden Söhne Attilas zurück: die Sepiden erhielten damals Dakien, die Ostgoten *Pannonien* vom Kaiser eingeräumt.

Das wenige, was wir von den Germanen des Binnenlandes aus dem Ende dieses Jahrhunderts, ja bis zur Unterwerfung durch die Franken wissen, ist zum größten Teil bereits eingeflochten bei Darstellung der Geschichte der Ostgoten, dann der

---

1 S. I, 359; die Literatur über die Örtlichkeit ausführlich Könige V, 79; vgl. *v. Wietersheim-Dahn* II, 399.

486 ZWEITER TEIL · WESTGERMANEN

Rugier und Odovakars. Seit die Ostgoten, nach Abschüttelung des hunnischen Joches unter den drei amalischen Brüdern mächtig erstarkt, mit Byzanz gegen reiche Jahrgelder gutes Vernehmen hielten, warf sich ihre überquellende Kraft, verpflichtet, die römischen Gebiete an ihren Südgrenzen zu schonen, auf ihre Nachbarn im Norden und Westen: dieser Druck und Andrang der übermächtigen Goten war wohl die Hauptursache, daß sich *Quaden* und *Markomannen* allmählich immer mehr nach Nordwesten zurückzogen, so daß sie gegen Ende des Jahrhunderts und zu Anfang des folgenden allmählich im Süden der *Hermunduren* in dem jetzigen Südbayern: Oberpfalz, Regensburg, (Oberfranken?), Niederbayern, Oberbayern einrücken: inwieweit sie damals auch schon Deutsch-Österreich einnahmen, inwiefern dieses geschah im Wege späterer Wiederausbreitung nach Osten durch Kolonisation von Bayern aus, ist im einzelnen schwer, oft unmöglich zu sagen.

In jenen Landschaften der mittleren Donau um Passau drängten sich zu Ende des 5. Jahrhunderts zahlreiche Völkerschaften durcheinander, wie das Leben des heiligen Severin deutlich spiegelt: sogar *Thüringer* reichen manchmal so weit südöstlich, *Rugier* und *Skiren* herrschen in der Gegend von Wien, Donau-Heruler streifen bis Salzburg, *Sueben,* von den Thüringern wie von *Markomannen* und *Quaden* unterschieden, also doch wohl Schwaben, Nordschwaben, Ost-Alemannen greifen von Südwesten hier ein.

Die wenigen Römer in den Städten, fast nur Zivilbevölkerung, Veteranen, Kolonisten, bilden kleine, ringsum von heidnischen oder arianischen Barbaren umbrandete, hilf- und wehrlose Inseln: nur die geistige und sittliche Autorität des seltenen Mannes schützt sie gegen die raubgierigen Könige. Da war es eine weise und wohltätige Maßregel, daß *Odovakar,* seine Unfähigkeit, Noricum und Rätien zu verteidigen, erkennend, den Abzug der letzten kleinen römischen Besatzungen aus diesen Städten befahl, dem sich die Zivilbevölkerung anschließen durfte und regelmäßig anschloß: doch blieben auch manche Römer und romanische Provinzialen zurück. Als zu Ende des Jahrhunderts an Stelle Odovakars *Theoderich* trat, befestigte dieser die Grenzen seines Reiches in den Alpen gegen die nördlichen Barbaren: aber wie hier die ostgotische Grenze lief – wir wissen es nicht: den Brennerpaß beherrschten wohl noch seine äußersten Vorposten und das unmittelbar davor liegende *Veldidena*: Wilten bei Innsbruck. Dagegen hatte *Augsburg* wohl nie ostgotische Besatzung: bis gegen den Brenner hin erstreckte sich damals wohl schon das südliche Gebiet der *Bajuwaren*, die westlich am Lech mit den *Alemannen* grenzten, während sie im Norden Regensburg als Hauptstadt besaßen und nordwestlich dieser Stadt mit den Thüringern grenzten: (über ihre zweifelige Südostgrenze oben). Theoderich schützte die „müden Reste" der Alemannen nach der Schlacht bei Tolpiacum vor der Unterwerfung durch die Franken und siedelte diese nach Südosten weichenden Gaue in Rätien unter seinem Schutz an. Schutz gegen *Chlodovech* den *Merovinger,* bis auf welchen wir hiermit die Geschichte der binnenländischen Westgermanen verfolgt haben.

Es übrigt nur noch die Entwicklung in Gallien, sofern sie nicht die bereits erledigten Westgoten oder die Burgunder (Band III) betrifft, bis zur gleichen Epoche, dem Auftreten Chlodovechs, herabzuführen.

Aus den nächsten Jahren erfahren wir über Gallien nur, daß auf die Nachricht von Valentinians III. Tod (16. März 435) *Sachsen, Alemannen* und *Franken* in Gallien sich regten, aber alsbald wieder wichen, nachdem der tüchtige Avitus, der spätere Kaiser, zum „magister equitum et peditum" für diese Provinz ernannt worden, eine Nachricht von höchst zweifeliger Glaubhaftigkeit, da sie *Apollinaris Sidonius* lediglich zum Lobe seines Schwiegervaters Avitus in Versen mitteilt. Es war, was die Romanen betrifft,

SIEBENTES KAPITEL · VON CA. 395–500 N. CHR.   487

eine wesentlich *gallische* Bewegung, welche bald darauf diesen Avitus zum Kaiser des Westreiches erhob: allerdings waren es vor allem Theoderich II. und seine Westgoten, welche diesen Schritt herbeigeführt hatten.

Allein je weniger Rom und Italien, wo in rascher Folge von Ermordungen ein Namenkaiser den anderen ablöse, für die Provinzen tun konnten, desto mehr waren diese auf Selbsthilfe angewiesen: das alte Weltreich des Abendlandes zerfällt jetzt in seine großen geographischen Gruppen: Spanien, Britannien, Gallien verteidigen und verwalten sich selbst: gerade Gallien hatte ja schon früher wiederholt ähnliche Neigungen bewährt und einige Zeit durchgeführt. Nach des Avitus Untergang erschien *Majorian,* der neue Kaiser, im Winter 438 in Gallien, wo er sich die Anerkennung erst erzwingen mußte: der Hauptsitz der gallischen Opposition war Lyon, von westgotischen Besatzungen verteidigt. Doch kam es zur Verständigung: die Westgoten zogen ab, die gallisch-römischen Vornehmen unterwarfen sich und erhielten Amnestie. Als aber Majorian 461 den Tod gefunden, erneuerte sich das Schauspiel einer spezifisch gallischen Erhebung: wie früher Avitus in Südgallien auf die Westgoten gestützt, so trat jetzt in Nordgallien Aegidius auf, von Majorian oder vielleicht schon von Avitus zum „magister militum" bestellt, auf die *salischen Franken* gestützt: diese Germanen, bis dahin unter eigenen Königen in oft verletztem Födus die formale Oberhoheit Roms anerkennend, scheinen damals – soviel mag an Geschichte unter der verhüllenden Sage geborgen liegen – in Folge innerer Kämpfe vorübergehend ohne nationalen König gewesen sein, der als vertrieben, als landflüchtig bezeichnet wird: sie erkannten also nun ohne Vermittlung durch eigene Könige die Herrschaft Roms, richtiger das Födus mit Rom an: und der einzige Vertreter Roms und des Födus in Nordgallien war eben damals Aegidius, der in *Soissons* die feste Burg seiner und der römischen Macht hatte: daher konnte Aegidius „König der Franken" heißen, wie sein Sohn und Nachfolger in jener eigenartigen Stellung von den Barbaren auch etwa „König der Römer" genannt wurde: man sieht, aus dem zerfallenden Weltreich tritt in jenen Tagen *bereits der künftige Staat Frankreich* hervor: ungewiß ist nur noch, ob zu den „Römern", d. h. den romanisierten Provinzialen als Hauptelement des Germanischen in Gallien Westgoten oder Franken hinzutreten werden.

Aber Aegidius beschränkte seine Sorge nicht auf den Nordosten: den ganzen noch von Rom behaupteten Besitzstand in Gallien suchte er zu halten: so wehrte er von Arles aus den Ausbreitungsversuchen der Westgoten.

Sein Tod (463) erleichterte gar sehr dem gewaltigen Eurich (460–485) die Eroberung Galliens bis an die Loire im Nordosten, bis an den Rhone im Südosten und die beiden Meere im Norden und Süden: der Rhone schied die Westgoten (später die Ostgoten) von dem kleinen Reich der Burgunder.

Syagrius, der seines Vaters Aegidius Aufgabe aufgenommen hatte, sah sich alsbald auf das rechte Ufer der Loire beschränkt, nachdem die Westgoten noch bei Aegidius' Lebzeiten Stadt und Landschaft *Narbonne* (460), dann aber (470?) *Bourges* und andere Besitzungen der römischen (Bundesuntertanen, der Kelten in Aremorica, die *Auvergne* (475), *Arles* (480?), Marseille (481) und die *ganze Provence* bis an die Seealpen gewannen (I, 365).

Als nun im Jahre 476 das weströmische Kaisertum erlosch, hätte dies nach der Theorie des römischen Staatsrechts die Wirkung haben sollen, daß Syagrius sich als Untertan des byzantinischen Kaisers betrachtet hätte, zumal seit *Julius Nepos,* der von Byzanz allein als rechtmäßiger Kaiser des Abendlandes betrachtet worden, im Jahre 480 gestorben war.

Allein tatsächlich und praktisch gestalteten sich diese Dinge ganz anders. In Wirk-

488   ZWEITER TEIL · WESTGERMANEN

lichkeit hatte die Absetzung des *Romulus Augustulus* und der Tod des Julius Nepos gar
keinen Einfluß auf die Stellung des Avitus, fast jeder Zusammenhang des noch römischen Galliens mit Ravenna, Rom, Italien unterbrochen: war doch Aegidius *gegen*
Rikimer, gegen *Severus*, den Namenkaiser des Westens, aufgetreten. Ja, die Selbständigkeit des werdenden Frankreich, das „regnum Galliarum", gegenüber der versinken-
den Zentralregierung des Westreiches, zeigte sich höchst bedeutsam in folgendem
Vorgang: die gallischen Landschaften waren längst auf Selbsthilfe gegen die Barbaren
angewiesen und übten diese in sehr anerkennungswürdiger Weise: so erwehrte sich
lange Zeit die *Auvergne* rühmlich des gewaltigen Eurich unter Leitung des *Edicius*, der
in dieser Landschaft eine ähnliche Stellung einnahm, wie zu Soissons Syagrius. Und als
der weströmische Kaiser *Glycerius*, sich an den Seealpen Ruhe zu erkaufen, die Auvergne förmlich den Westgoten abtrat, kehrten sich Edicius und der Provinzadel nicht an
die Urkunde eines Kaisers, der sie nicht beschützt hatte und jetzt preisgab, und setzten
den Widerstand noch mutig fort. Wie hätte unter solchen Verhältnissen nicht, nachdem im Westreich auch ein Namenkaiser nicht mehr lebte, Syagrius sich kraft eigenen
Rechts, wie Kraft eigener Macht, als selbständigen letzten Vertreter der Römerherrschaft betrachten sollen, entschlossen in (wohl nur schwacher) Hoffnung auf Wiederkehr besserer Zeiten, einstweilen gegen die Barbaren zu verteidigen, was noch nicht
von ihnen besetzt war. Mit Byzanz hatte er, so weit wir sehen, gar keine Fühlung: nicht
einmal ein Gesandter, geschweige ein Heer, konnte ihn aus dem Ostreich aufsuchen,
ohne Erlaubnis der Barbaren, welche ihn vom Mittelmeer absperrten, oder ohne
Umschiffung von Europa: so stand und focht er denn für sich selbst in dem winzigen
Stück gallischen Landes, zwischen dem Kanal im Norden, der Loire im Westen, der
Sambre im Osten, Verdun und Toul im Süden: mit den Städten Soissons, Rheims,
Paris, Verdun, Orleans, Tours, Angers.

Auf diese paar Städte war nun aber der Besitz des ehemaligen Weltreichs beschränkt, nicht nur in Gallien, nein, in ganz Europa – mit einziger Ausnahme der Asien
zugekehrten äußersten südöstlichen Ecke des Erdteils Epirus, Griechenland, ein Stück
von Thrakien mit Byzanz, dessen unvergleichliche Lage allerdings noch sieben Jahrhunderte sich und das Ostreich aufrechthielt.

Das also war der Ausgang der langen, langen Kämpfe zwischen Rom und den
Germanen: gerade sechs Jahrhunderte füllen sie von der Zeit, da zuerst Kimbern und
Teutonen vergeblich Land von den Römern erbitten, bis zu dem Jahr, da das letzte
Stück Land der Römer in Gallien an Germanen verlorengeht: eine Zeitlang hatte es
ganz den Anschein, daß auch die Germanen wie die Gallier gewaltsam in den Verband
des Weltreichs aufgenommen und, in demselben romanisiert, ihre Nationalität einbü-
ßen würden: „Germanien bis zur Elbe römischer Provinz" – sehr wenig schien an
Verwirklichung dieser Idee des Augustus zu fehlen: und alsbald würde dann der
schmale Streif Landes zwischen Elbe und Donau von letzterem Strom her bezwungen
worden sein.

Und nun: wie war nach sechs Jahrhunderten Europa unter den Germanen, welche
erst nur bittend, kämpfend nur, wenn gezwungen, Land für ihre Existenz gesucht
hatten, und der Weltbeherrscherin der Boden verteilt?

Nicht nur fast ganz Europa, zwei Erdteile waren von Rom auf die Germanen
übergegangen.

Germanen, die *Vandalen*, herrschten nun im ganzen ehemals römischen Afrika, von
den Säulen des Herkules im Westen bis an die große Syrte im Osten, soweit das
Binnenland nicht von freien Mauren behauptet blieb: den Römern war in Afrika nur
Ägypten (mit der *Pentapolis*) geblieben: vandalisch waren auch alle Inseln des tyrrhe-

SIEBENTES KAPITEL · VON CA. 395–500 N. CHR. 489

nischen Meeres geworden: die *Pithusen*, die *Balearen, Korsika, Sadinien* und *Sizilien*, soweit es nicht Odovakar gehörte.

Germanen herrschten auf der ganzen pyrenäischen Halbinsel: Sueben in der Nordwestecke, Westgoten im übrigen Spanien.

Germanen herrschten in Italien, der Wiege des Weltreichs: Ravenna, Rom selbst war in den Händen gotischer Söldner, an deren Stelle später Ostgoten traten: auch deren Untergang gab Italien nur auf dreizehn Jahre den Kaisern zurück: die *Langobarden* gewannen alsbald fast ganz Italien: nur der äußerste Süden der Halbinsel verblieb den Byzantinern: in Rom herrschte der Bischof mehr als der ferne Kaiser, bis Rom, das Langobardenreich und fast die ganze Halbinsel den *Karolingern* zufiel: Byzanz erhielt das Land nie mehr zurück.

England hatten die Legionen schon lange geräumt: bald wurde es wie *Schottland* von *Sachsen, Angeln, Jüten* den *Kelten* größtenteils entrissen.

Wenden wir uns nun vom äußersten Nordwesten zum tiefsten Südosten des Erdteils, so finden wir sogar hier in der Nähe der Hauptstadt Byzanz germanische Vorposten: nur Griechenland und Epirus blieb, abgesehen von vorübergehenden Besetzungen, frei von Germanen: aber *Theoderich Strabo* mit seinen Goten saß um *Philippopel* am Hebrus, *Theoderich* der *Amaler* nördlich in *Ufer-Dakien* und *Nieder-Mösien:* beide erschienen wiederholt drohend vor Byzanz: Ostgoten hatten auch beide Ufer des Margus und *ganz Pannonien* erfüllt: nach ihrem Abzug rückten hier die *Langobarden* ein: der Donaulimes bestand längst nicht mehr: vielmehr saßen die Germanen auch auf dem rechten Ufer des Stromes seinem ganzen Lauf entlang von *Passau* bis *Novae.*

Auf dem linken Donauufer füllten, nachdem die *Hunnen* auf das Ostufer des *Dniepr* zurückgewichen, *slawische* Völker den ganzen Nordosten von der Aluta im Westen bis an und über den *Tanais* (Don) im Osten.

Westlich der Aluta am Nordufer der Donau lehnte sich bis an die Tisia (Theiß) das Reich der *Gepiden,* die im Norden mit den *Herulern* grenzten, wie diese nördlich an die *Langobarden* stießen: westlich von den Herulern herrschten die Rugier an der Donau gegen Passau hin, bis Odovakar ihre Macht brach, wie er Noricum, Rätien und, nach des Nepos Tod, auch *Dalmatien* beherrschte. Nordwestlich von der Donau erstreckte sich bis an die Elbe das Land der *Thüringer,* jenseits der Elbe wohnten die *Warnen* und auf der kimbrischen Halbinsel *Angeln* und *Jüten; Sachsen* von der Elbmündung im Osten bis an die Lippe im Westen, *Friesen* von der Wesermündung bis an die Rheinarme bei ihrer Mündung. Tiefer südlich stießen an die Thüringer die *Alemannen,* von der Jagst im Osten über den so lang bedrängten und endlich gewonnenen Limes und über den Rhein hinüber durch das Elsaß bis Besançon: südwestlich erreichten sie hier die *Burgunder,* welche ihrerseits im Süden an den Alpen mit *Odovakar* grenzten, im Westen mit den *Westgoten,* welche unter Eurich nicht nur fast ganz Spanien, auch Gallien bis zu Rhone und Loire erwarben und von letzterem *Kelten* in *Aremorica* bedrohten, sondern das letzte kleine römische Gebiet, das des *Syagrius* selbst.

Aber nicht den Westgoten, einem anderen Germanenstamm sollte das letzte Römergebiet in Gallien, ja zuletzt ganz Gallien bis an die Pyrenäen, bis an den Rhein und beide Meere zufallen: dem Stamm der Franken, welche in zwei Gruppen gegliedert auftreten: die *ripuarischen* oder *Ufer*-Franken zu beiden Seiten des Rheins an seinem Mittellauf von Mainz bis unterhalb Köln, dann von Trier und Verdun im Westen bis an die Grenzen der Alemannen, Thüringer und Sachsen im Osten: und die *salischen* Franken von den Rheinmündungen, wo sie mit den Friesen grenzten, im Osten zunächst bis an die Somme-Mündung, die ungefähre Ostgrenze von Syagrius' Gebiet: so weit westlich reichte das Gebiet ihrer ganz unabhängigen Gaue: aber in großer Zahl wohnten fränkische Gaue auch weit westlich jener Linie, an beiden Ufern der Seine, an deren Unterlauf westlich bis an die Orne bei Caën, welche Syagrius gegenüber in einem abhängigen Födus standen, zweitweilig ohne Könige, also ihn selbst *gewissermaßen* als ihren König anerkennend.

Von diesen *salischen* Franken nun, die zumeist aus den alten *Batavern* und *Sugambrern*, hochgerühmter Heldenschaft, erwachsen waren, gingen die großen Eroberungen aus, welche das gewaltige Frankenreich begründeten: der *salische Gaukönig Chlodovech* aus *merovingischem* Geschlecht beseitigte durch alle Mittel von List und Gewalt die übrigen salischen und ripuarischen Gaukönige, meist seine Gesippen, machte sich so zum *Volkskönig der Franken,* alle Völkerschaften und Gaue der salischen und der ripuarischen Mittelgruppe unter sich vereinend, entriß den *Römern* mit dem Reiche des *Syagrius* ihren letzten Besitz in Westeuropa, entriß den *Westgoten* den weitesten Teil ihres gallischen Gebiets und unterwarf den größten Teil der *Alemannen.* Seine Nachfolger vollendeten das genial und gewaltig begonnene Werk: sie gewannen den West- und *Ostgoten* alles Land bis an die Pyrenäen ab und verleibten sich das Reich der *Burgunder* ein: damit war ganz Gallien fränkisch. Auf dem rechten Rheinufer wurden die Reiche der *Thüringer* und der *Bayern* unterworfen sowie die Reste der *Alemannen* und die *Friesen* an den Rheinmündungen: Karl der Große fügte hoch im Norden das Land der *Sachsen,* im Süden das Reich der *Langobarden,* im Osten *byzantinisches* Gebiet hinzu und wurde so, von Hamburg bis Benevent, von den Pyrenäen bis nach Ungarn herrschend, tatsächlich, bald durch *Erneuerung des weströmischen Kaisertums* auch formell, der *Erbe Roms* im *Abendland.*

Bis auf Chlodovech haben wir hiermit herabgeführt die sechshundertjährigen Kämpfe der Römer und Germanen.

Der *Untergang des Römerreichs* – das war das Endergebnis des römischen, zumal cäsarischen Prinzips der „*Verteidigung durch den Angriff.*"

Denn werfen wir einen Blick rückwärts auf den pragmatischen Zusammenhang dieser Kämpfe. Die Eroberung *Germaniens* bis zur Elbe hatte der Angriff zur Verteidigung *Galliens* sein sollen: die Eroberung *Galliens* war der Angriff zur Verteidigung *Spaniens,* zur Sicherung des Landwegs nach Spanien gewesen: die Eroberung *Spaniens* war der Angriff zur Verteidigung *Italiens* und zur Zerstörung der karthagischen Macht gewesen.

So wurden die Söhne der Wölfin durch jeden Sieg zu neuen Kämpfen fortgezogen durch jenes großartige dämonische Prinzip, das unter dem Schein der Verteidigung zur Welteroberung drängen mußte.

Hätte Rom sich im Abendlande mit den Grenzen begnügt, welche es vor Cäsar hatte, hätte es Dakien, Pannonien, Deutschland, Noricum, Vindelikien, Rätien, Gallien, Britannien den Germanen überlassen – für unabsehbare Jahrhunderte hätte deren Ausbreitungsbedürfnis in diesen Ländern Raumgenüge gefunden. Aber die „Verteidigung durch den Angriff", welche nicht ruhen wollte, bis ganz Europa unschädlich gemacht war, welche die Germanen an Rhein und Donau zurückwies, zwang – zu Roms Verderben – die noch halb nomadischen Stämme zu seßhaftem Ackerbau, bewirkte damit starke Vermehrung, Zusammenschluß der kleinen Gaue zu immer größeren Verbänden und das naturnotwendige Überquellen der Volkskraft über die allzu eng von Rom gezogenen Schranken, welche sich zuletzt nur mit Überflutung des ganzen Erdteils beruhigte.

Bis über die Elbe hinaus hatte die Verteidigung durch den Angriff die Germanen unterwerfen oder zurückwerfen wollen: der Erfolg war, daß die Germanen den Tiber überschritten, das Westreich zerstörten und dessen Kaiserherrschaft erbten.

ACHTES KAPITEL · DIE RÖMER IN DEUTSCHLAND   491

Achtes Kapitel

Die Römer und ihre Spuren im späteren Deutschland[1]

Die Römer nannten im Gegensatz zu ihren gallo-germanischen Provinzen[2] (und später dem Zehntland) das freie Germanien: „Germania magna", das große Germanien. Es reichte ihnen im Westen bis an den Rhein (später bis an den Rhein-Limes), im Süden bis an die Donau (später bis an den Donau-Limes), im Norden zählten sie bald (das irrig für Inseln gehaltene) Skandinavien noch dazu, bald ließen sie Germanien an der Nordsee, dem „germanischen Meer", enden: als Ostgrenze wurde (ungenau) die Weichsel angesehen. Wann zuerst Germanen über den Rhein drangen – jedenfalls lange vor Cäsar – ist unbestimmbar: die Donau haben sie erst spät überschritten: zwischen Thüringer Wald und Donau, in dem Maingebiet, erhielten sich sogar keltische Orte, obzwar von Germanen überherrscht, bis auf Ptolemäus: *Locoritum, Segodunum, Devona* (seiner Karte) werden nicht ohne Wahrscheinlichkeit auf Lohr, Würzburg, Bambert gedeutet: „Mediolanum", „Mittelfeld" wird im Marchfeld gesucht.

Im übrigen ist es jedoch ein hoffnungsloses, gleichwohl vielfach beliebtes Unternehmen, die etwa achtzig Positionen des Ptolomäus, welche er „Städte" nennt, die aber nur überhaupt mit Namen bezeichnete *Örtlichkeiten* sind, auf der heutigen Karte identifizieren zu wollen. Jene Örtlichkeiten sind gar nicht notwendig alle bewohnt: z. B. die zahlreichen auf –furdum endenden, welche eine Furt bezeichnen, wie etwa Lup-furdum, Furt der Luppe, Zufluß der Saale bei Halle, fast in der Mitte der Karte Germaniens, der Wirklichkeit entsprechend. Jene Namen, von römischen Offizieren oder Kaufleuten nicht ohne Mißverständnisse angewendet, sind irrig aufgefaßt und obenein in den Handschriften verdorben. „Vielleicht die einzige brauchbare Linie von Stationen der Ptolomäischen Karte oder vielmehr ihrer verlorenen Quellen ist die gegen die Wirklichkeit nur um etwa ein Drittel verlängerte, von der Donau bei Carnuntum nach der Mündung der Vistula, (ihre Quelle ist wahrscheinlich die Reise jenes römischen Ritters unter Nero nach der Bernsteinküste oben I, 64): eine dieser Stationen: *„Kalisia"* würde in der Tat approximativ auf den Ort treffen, der den entsprechenden Namen Kalisch noch heute führt und sehr wohl seit alter Zeit bewahrt haben kann."[3]

---

1 Die Rheinlande werden genauer bei Darstellung der Franken berücksichtigt. Über die Schweiz s. jetzt Th. Mommsen, Schweizer Nachstudien, Hermes XVI. 1881.

2 Es ist zweifelhaft, zu welcher das „Zehentland" später geschlagen wurde: die Legionen hatten ihr Standlager, ihr Hauptquartiert zu Mainz in Germania superior: aber die Meilenzeiger rechnen nicht nach Stadien (resp. Millien), sondern, wie in Gallien, nach keltischen „Leugen."

3 So völlig ich vorstehenden, *Kiepert*, S. 537, entnommenen Ausführungen über Ptolomäus beistimme, so wenig kann ich die Ansicht dieses hochverdienten Mannes teilen, daß erst in Augustus' Zeit die Germanen den herkynischen Wald (das deutsche Mittelgebirge) überschritten hätten: *Cäsar* findet sie ja wie in Gallien, so am Rhein: und dicht hinter den Sugambren stehen ihm die Sueben, d. h. die Chatten; die von Kiepert angeführten keltischen Reste: Volcae Tectosages an der March, Bojer in Böhmen, Helvetier am Main (aber doch schon zu Cäsars, ja wohl der Kimbern Zeit in der Schweiz!) sind lediglich vereinzelte keltische, freie oder unterworfene Enklaven, wie sie ja noch viel später östlicher, jenseits Böhmens vorkommen, ohne daß man doch die Anwesenheit und Herrschaft der Germanen um deswillen bezweifeln kann (vgl. I, 9).

492 ZWEITER TEIL · WESTGERMANEN

Wir haben oben verfolgt, wie seit den Tagen des Drusus und Tiberius schon die
Römer durch Befestigungen und Straßen allmählich von Nordsee, Rhein und Donau
her in diesem Gebiet sich einrichteten und befestigten und wie die Anhänge des Rhein-
und des Donau-Limes bis in das erste Jahrhundert zurückreichen. Wie haben nun
eingehender jene limites[1] und die römischen Niederlassungen und Straßenzüge zu
erörtern.

Das ungeheuere Werk beider limites[2] konnte selbstverständlich nur sehr allmäh-

---

[1] Es ist erklecklich müheschwer, am Pregel den Rhein-, Neckar- und Donau-Limes zu studieren.
Die folgende Skizze beruht leider nicht überall auf ausreichender Autopsie. Ich verdanke hier
sehr viel der liebenswürdigen und sachkundigen Unterstützung meines Freundes, Landesbibliothekar *Dr. Duncker* in Kassel, dessen wertvolle Mitteilungen ich (mit Angabe seines Namens in Klammern) wörtlich aufgenommen habe. Außerdem hat er mir die auf seinen Wanderungen benutzten Karten mit vielfachen Einzeichnungen zur Verfügung gestellt und die neuere weit verstreute Literatur sammeln und nach Königsberg schaffen helfen. Für allen diesen
Beistand spreche ich ihm herzlichsten Dank aus. Ebenso sage ich dem Herrn Oberst *von
Cohausen* in Wiesbaden, Professor Dr. *Ohlenschlager* in München und Professor *Herzog* in
Tübingen besten Dank für ihre höchst wertvollen Unterstützungen für die Gebiete von Nas-
sau-Hessen, Bayern und Württemberg, Staatsrat *von Becker* in Karlsruhe für Baden.

[2] *Aventinus*, annales Boiorum. 1554. S. 109. 114. – *Crusius*, annales Suevici. 1595. S. 78. – Pre-
scher, historische Blätter I. Stuttgart 1818. – *Buchner*, Andreas, Reisen auf der Teufelsmauer I.
II. Regensburg 1818. 1821. – Mayer, Anton, Denkschriften der k. bayer. Akad. d. W. 1821.
1822. 1835. 1838. – *v.* Paulus, die Römerstraßen mit besonderer Rücksicht auf das Zehntland.
Stuttgart 1857. – *v. Paulus*, der römische Grenzwall. Stuttgart 1863. – *v. Paulus*, Erklärung der
Peutingerschen Tafel. Stuttgart 1866. – *v. Paulus*, archäologische Karte von Württemberg I.,
Württemb. Jahrb. 1875. II. – Stälin, wirtemberg. Geschichte I. S. 8f. – *Brambach*, Denkmäler
der Kunst und Geschichte Badens. Karlsruhe 1867. – *Mommsen*, Ber. d. sächs. Gesellsch. d. W.
1852. S. 201. – *O. Keller*, vicus Aurelii, Winkelmann-Programm. 1871. – *Hanselmann*, Beweis,
wie weit der Römer Macht ... in die ostfränkischen Lande eingedrungen. Schwäb.–Hall 1708. –
Fortsetzung des Beweises. 1773. – *W. Arnold*, Deutsche Urzeit. S. 81–114. Gotha 1879. (3.
Aufl. 1881.) – *Duncker*, Beiträge zur Erforschung und Geschichte des Pfahlgrabens im unteren
Maingebiete und der Wetterau. Mit 1 Kartenskizze und 2 Kartons. Kassel 1879. (Separatabdruck aus der Zeitschr. des Vereins f. hess. Gesch. u. Landeskunde. N. F. VIII.) Vgl. dazu *E.
Hübner* in Jenaer Liter.-Zeit. 1875, Artikel 756 und Zum römischen Grenzwall in Deutsch-
land. 1. Nachtrag. (Bonner Jahrbücher, Heft 66. S. 13–25.) Bonn 1879 und die Entgegnung
Dunckers: Die rechtsmainische Limesforschung (Nassauer Annalen 15, S. 295–304). Wiesbaden 1879, ferner Dunker: Der römische Mainübergang zwischen Hanau und Kesselstadt. Mit
zwei Situationsskizzen (nass. Analen 15, S. 281–294 und 376 f.). – *J.* Schneider, Der römische
Pfahlgraben von der Wetter bis zum Main. Mit 1 Karte. (12. Folge der „Neuen Beiträge zur
alten Geschichte und Geographie der Rheinlande"). Düsseldorf 1879. Dazu die Rezension
Dunckers in „Mitteilungen des Vereins f. hess. Gesch. u. Landeskunde." Jahrg. 1880. II. Vier-
teljahrsheft. S. 17–21. – *Jahrb. d. Vereins v. Alterth.–Freunden im Rheinland LIX, 1876. – E.
Herzog*, Die Vermessung des römischen Grenzwalls in seinem Lauf durch Württemberg.
(Württemb. Jahrbücher für Statistik und Landeskunde. Jahrg. 1880. II. Band. 1. Hälfte. S. 81-
123.) – *Lotz-Schneider*, Die Baudenkmäler im Regierungsbezirk Wiesbaden, u. d. W. Pfahlgraben S. 360–364 mit Angabe der Literatur bis 1878. – *V. Cohausen*, von der Use bis zur Sayn
(Anlage I der Lotz–Schneiderschen Baudenkmäler des Regierungsbezirks Wiesbaden. S.
446–461). Berlin 1880. – *F. W. Schmidt* in den Nassau. Annalen VI, 1. – *Karl Christ*, Die röm.
Grenzlinien im Odenwald (1–3) in Kettlers Z. f. wissensch. Geogr. II. – *F. Ohlenschlager*, Der
römische Grenzwall in Bayern. Korrespondenzblatt der deutschen Geschichts– und Alter-
tumsvereine. XXVIII. Jahrgang. Nr. 3 u. 4. (Dessen Vortrag auf der allgemeinen Versammlung
der deutschen anthropologischen Gesellschaft zu Regensburg, August 1881, im Korrespondenzblatt dieser Gesellschaft. XII. Jahrgang. Nr. 10. – Dazu *Ohlenschlagers* Karten, das prähi-
storische Bayern. München 1881. Bis jetzt 6 Blätter.) – (Ältere Literatur bei Lotz–Schneider,
u. d. W. Pfahlgraben.) – *v. Cohausen*, der Pfahlgraben vom Main zur Wetter. Darmstädter
Zeitung vom 16. August 1881. Nr. 225. – K. v. Becker, Geschichte des badischen Landes zur

ACHTES KAPITEL · DIE RÖMER IN DEUTSCHLAND 493

lich ausgeführt werden: deshalb entzog sich sein langsames Wachsen fast jeder Angabe der römischen Schriftsteller: es ist auch nicht nach einem einheitlichen im Voraus festgestellten Plan hergestellt worden.

Der „limes transrhenanus", Pfahlgraben, lief über 60 Meilen lang vom rechten Rheinufer bei *Hönningen* (zwischen Andernach und Linz) bis an die Mündung der Altmühl in die Donau, ein großes Stück von Oberdeutschland zum Gebiet des Reiches schlagend, fast zwei Jahrhunderte beschirmend, und noch heute in seinen besser erhaltenen Teilen die Großartigkeit römischer Weltbezwingung bezeugend.

Der Wall von der Donau bis an den Main hatte eine Ausdehnung von nicht weniger als 34–35, der vom Main bis zur Lahn von etwas 24–25, zusammen etwa 69–70 Meilen.

Von Koblenz und von Regensburg ab galt die Breite der Ströme Rhein und Donau, gedeckt durch Kastelle an wichtigen Übergangspunkten, für ausreichend, als Festungsgräben des Reichs zu dienen.

Das so eingefriedigte Vorland hat die Gestalt eines unregelmäßigen Dreiecks, dessen breite Basis vom Rhein zwischen Koblenz und Bonn im Nordwesten zur Altmühlmündung im Südosten sich zieht, jedoch keineswegs so, daß auf kürzestem Weg vom Taunus ab nach Osten über Saale (Locoritum) und Main (Segodunum) hinweg die Altmühl angestrebt worden wäre.

Vielmehr wurden die Linien mit großer Einsicht so gezogen, daß durch Flüsse, Gebirge möglichst die Wallarbeit ersetzt, der künstliche Limes durch natürliche Grenzen erspart wurde.

So führte der Limes im äußersten Westen nur bis an einen Punkt, der etwa in der Mitte zwischen der Lahn- und Siegmündung liegt, überschreitet bei Ems, dessen warme Quellen er noch dem Römerreich sicherte[1], die Lahn, zieht anfangs nun in südöstlicher Richtung nach dem Nordabhang des Taunus hin, wendet sich darauf nordöstlich und zieht dann, schroff nach Süden abfallend, leise nach Westen zurück, überschreitet die Nidda und Kinzig und erreicht bei Groß-Krotzenburg[2] den Main. Von hier wird er auf einige Meilen nach Süden hin ersetzt durch den Main, dessen Weg von Süd nach Nord geht.

Auf dem linken Ufer des Mains läuft er vom Kastell „Altstadt" bei Mildenberg in fast gerader Richtung von Norden nach Süden unter dem Namen capellatium, Palas, über Augusta nova bis nach ad lunam, von hier ab, ein Knie bildend, wendet er sich als vallum Hadriani über septimiaca castra von Südwesten hinsteigend nach Nordosten über Rhiusiava.

Von da ab senkt er sich, die Altmühl überschreitend, südöstlich gegen die Donau, welche er zwischen *Celeusum* und *Artobriga* erreicht: von dort bis nach Regensburg im Norden ersetzten den Wall jener Strom.

Über die allmähliche Entstehung beider Linien sind nur Vermutungen möglich:

Zeit der Römer. I. Karlsruhe 1876. – Von dem für diese Untersuchungen wichtigsten Quellenwerk, der Sammlung der lateinischen Inschriften von Mommsen, sind die Germaniae noch nicht erschienen: es liegen aber vor: Illyricum III 1. III 2. Berlin 1873, und hieraus sind besonders zu beachten die bei aller Kürze so reichen Vorbemerkungen von *Theodor Mommsen* im Corp. Inscr. III. II. 1 und III. II. 2: nämlich Illyricum: I. Dacia S. 153–161. II. Moesia superior S. 263. III. Dalmatia S. 271–280. IV. Pannonia inferior S. 413. V. Pannonia superior S. 477. VI. Noricum S. 587 f. VII. Raetia S. 105 f.

1 *v. Cohausen* in Lotz–Schneider S. 459.

2 Hier wurde 1881 ein Mithräum gefunden, s. unten; in jüngster Zeit (November 1881) hat man auch bei Friedberg ein solches entdeckt.

494   ZWEITER TEIL · WESTGERMANEN

die schriftlichen Quellen versagen fast völlig: nur die Steine reden davon: d. h. der Augenschein des bis heute Erhaltenen, Inschriften und wenige Münzen. Die allerfrühesten Anfänge dieser Anlagen gehen bis auf Drusus und Germanicus zurück. Das von Drusus (11 v. Chr.: daher beginnen die hier gefundenen Münzen mit Augustus) auf dem Taunus angelegte, bald darauf zerstörte, von Germanicus (15 n. Chr.) wieder hergestellte Kastell wird in der in neuerer Zeit (1853–1857, dann seit 1870) ausgegrabenen *Saalburg bei Humburg*[1] erblickt: es versperrte den Chatten den tiefen Einschnitt des Taunus, durch welchen nach der Befestigung von Kastel bei Mainz sie hauptsächlich in die Rheingegend vorstoßen konnten, und bedrohte das Gebiet der Angreifer. Bei der Ausgrabung hat sich gezeigt, daß es noch mehrmals zerstört und wieder aufgebaut worden ist.

Die Saalburg liegt auf einem breiten Sattel nordöstlich vom Feldberg, an einer von Mainz her besonders für größere Truppenmassen zu benützenden Übergangsstelle über den Taunus. Zu Ende des 3. Jahrhunderts war sie noch (oder besser wohl: wieder) im Besitz der Römer. Die Münzen reichen bis Claudius 270. Das Kastell, 300 Schritt lang, 200 Schritt breit, 1000 Schritt Umfang, für 1200 Mann, 3 Kohorten berechnet, ein Rechteck mit Mauern von mehr als 1 1/2 m Dicke, über 2 m Höhe, aus Bruchsteinen, zeigt die vier mit je zwei viereckigen Türmen verwehrten Tore: p. praetoria, (dies, dem Feinde zugekehrt, war das schmalste, und wurde beim Angriff mit Rasen zugesetzt und barrikadiert,) decumana, principalis dextra und sinistra: diese dienten besonders zu Ausfällen: dann vestibulum, praetorium, atrium mit ringsum laufenden Säulenreihen, einen Weihraum (sacellum) für das Bild des Kaisers, Götterbilder, zumal auch den genius loci, und die Feldzeichen. Innerhalb des Kastells fanden sich außerdem neuerdings die Reste mehrerer kleinerer und größerer Gebäude, über deren genaue Bestimmung noch Zweifel herrscht. Die Backsteine und Dachziegel gehören der VIII. und XXII. Legion, der II. rätischen, der IV. vindelischen und der ersten römischen Bürger-Kohorte. Jenseits der nur 3 m tiefen, 8 m breiten zwei Gräben des Kastells, die es 25 Schritt, die Wurfweite des Pilums von der Mauer entfernt, umzogen, ruhte, vom Feind abgewendet, im Süden, eine Lagerstadt, welche durch Pfahlwerk (Gebälk) vor dem ersten Anlauf geschützt war, aber, wohl weil doch zu ausgesetzt, später nach dem 8 Kilometer entfernten „novus vicus" verlegt wurde.[2]

Einundeinhalb Kilometer nordwestlich von der Saalburg liegt der Drususkopf, „Drususkippel", Ruine eines Rundturms von 32 Schritt Durchmesser, umher Graben und Wall.

Das Lager zerfällt in drei ungefähr gleiche Teile: Vorderlager, praetentura, zunächst der Angriffsseite, Mittellage, latera praetorii, und Rücklager, retentura: letzteres beide scheidet die via principalis, nach beiden principal-Toren führend. Die Wallstraße, via angularis, umzieht das Lager am Fuße der Wallböschung. Die Soldaten ruhten in runden, mit Rasen oder Stroh bedeckten Hütten von 5–6 m Durchmesser

---

1 *Anm. v. Duncker:* Die neueste Abhandlung darüber lieferten *v. Cohausen* und *L. Jacobi* „Das Römerkastell Saalburg." Homburg v. d. Höhe 1878, welche wegen der Lokalkenntnis beider Verfasser, die sich um die Ausgrabung bez. Wiederherstellung des Kastells besonders verdient gemacht haben, weit mehr Beachtung verdient als die früher über denselben Gegenstand erschienenen Arbeiten. Vgl. auch *Lotz–Schneider* u. d. W. Saalsburg S. 393 f.

2 Vgl. Lotz–Schneider S. 394 und die Literatur daselbst. *v. Cohausen* S. 452. – Vielfach berichtigt wird durch *v. Cohausen* und *Jacobi* die Schrift von *Rossel,* die römische Grenzwehr im Taunus. Wiesbaden 1876.

Die Überreste des Römerkastells, Saalburg, bei Homburg. Von J. R. Schulz-Marienburg im Juni 1880 nach der Natur gezeichnet. Die Umwallung schließt eine Fläche von 300 Schritt Länge und 200 Schritt Breite ein. a) porta decumanb) Quaestorium. C) Magazin, 24 Meter lang, 20 Meter breit. d) Heibares Gemach. e) Brunnen. ff) Exerzierhäuser. gg) Cubicula, dahinter ein heizbares Gemach; die Seitenlänge dieser Gebäudepartie ist 60 Meter. h) Sacellum. i) Porta princ. dexrk) Porta princ. sinistrl) Via principalis. m) Atrium. n) Peristyl. o) Oecus. p) porta praetoriq) Ziehbrunnen. r) Bad (etwas unterhalb der Linie q s im Gebüsch). s) Latrina.

496 ZWEITER TEIL · WESTGERMANEN

auf breiten Schlafbänken, je zehn Mann, ein contubernium, unter einem decanus: mächtige Feuer brannten in der Mitte zwischen Steinblöcken. – Das Praetorium entspricht ganz dem römischen Wohnhaus z. B. in Pompeji: dann ein Exerzierhaus, etwa einen Pilenwurf (21 Schritt) lang, 15 Schritt breit, im Atrium ein Impluvium. Unter dem Atrium ein Peristyl mit Trümmern einer übermenschlich großen Bronzefigur mit Palme (Victoria?): hinter dem Peristyl Küche, Stallungen. In der Mitte der Oecus mit dem Speisesaal und einer turmartigen Erhöhung mit Gallerie behufs Rundschau. Im Rücklager waren das Quästorium und Magazine, nach den eisernen Fleischhaken zu schließen auch für Rauch- und Pökel-Fleisch.[1]

Die Lagerstadt bestand aus einer sehr großen Villa, dann einem Langbau, und einer Reihe nach einem Plan gebauter Häuser; in den Kellern fanden sich Hypokausten, ein Schürloch aus Schmiedeeisen (alten Ambossen: in der Nähe lag eine römische Schmiede); die Villa ist nicht wie das pompejanische Haus gebaut, sondern wie die zahlreichen römischen Villen im Rheinland mit großen und kleinen rechtwinkligen Sälen und Stuben und halbkreisförmigen Triclinien. Die Villa vor der Saalburg war nach fast symmetrischem Plan und mit einem gewissen Luxus gebaut; dem die zahlreichen Stücke des sonst nur selten verwendeten Fensterglases entsprechen: fünf erwärmte Räume mit um eine Stufe erhöhten Triclinien: wohl nach diesem großartigen Bau – der größte Saal war 8 m lang, 12 m breit – nannten die Alemannen die ganze Niederlassung eine „Sala" (Halle) und das Kastell die „Sala-burg."

Die kleineren Häuser waren von Wirten und Krämern bewohnt, canabenses, daher eine solche Lagerstadt canabae hieß. An diese Barackenvorstadt stoßen die einfachen Gräber aus Waldsteinen: sie enthalten nur Topfschalen, Krüglein, hie und da eine Lampe, eine Spange, eine Münze.[2]

Westlich von der Saalburg zieht sich der Limes nach dem Kastell „Heidenstock" (nach 1400 Schritt Kastell Jagdhaus), dann hoch am großen Feldberg hin, an dessen südwestlichem Abhang an der Nordseite des kleinen Feldbergs wieder ein Kastell lag (bei zwei Quellen, abgerundetes Rechteck, 4 Tore, Reste von 2 Seitentürmen). Er zieht weiter nach dem kleinen Kastell am Meisel, dann nach dem größeren „Altenburg" bei Heftrich und durchschneidet das Dorf Eschenhahn. Am Zugmantel auf der Liebbacher Haide liegt wieder unweit der Aarquelle[3] ein größeres Kastell. Dann zieht er nördlich Borns her und überschreitet die Aar unterhalb Adolphseck; hierauf wendet er sich hinauf über das „Pohlfeld" nach Kemel (Kastell?) und von dort nach dem Kastell bei Holzhausen d. Haide, 10 000 Schritt von Kemel entfernt. Von Dorf Pohl (Kastell?) nach Becheln (Kastell), dann schnurgerade zur Lahn hinab, wo „auf der Schanze" ein Kastell den Übergang deckt[4]; dann durch die „Pohl-Schlucht" nach

---

1 v. Cohausen a. a. O. S. 452.

2 v. Cohausen S. 452 und das Saalburg–Museum zu Homburg. – Eine der Saalburgischen in der Anlage ähnliche Villa mit Hypokausten sah ich (Dahn) im Sommer 1880 in Jettenhausen bei Friedrichshafen aufdecken: Archiv der Bodenseevereine 1880.

3 „Dies war maßgebend für die Wahl der Stelle nächst der Straße und trotz des nach dem Feinde hin ansteigenden Geländers." v. Cohausen a. a. O. S. 457.

4 „Nachdem der Pfahlgraben 800 Schritte gerade und nordwestwärts gezogen und man erwarten sollte, daß er diese Richtung auf der Wasserscheide beibehielte, wendet er sich rechtwinklig ab nach Norden, um die warmen Quellen von Ems dem Römerreich zu sichern. Von den Türmen überwacht – auf den Fundamenten des letzten hat man einen neuen genau den Vorbildern der Trajanssäule aufgebaut – fällt er ins Lahntal hinab. Bei Kemmenau auf der First ein Speculum, bei Augst ein Kastell mit Ziegeln der Leg. XXII., der IV. cohors Vindelicorum und I. civium Romanorum." v. Cohausen S. 459.

ACHTES KAPITEL · DIE RÖMER IN DEUTSCHLAND   497

Kemmenau und Kastell Augst zur Altenburg (große specula): dann bildet er die heutige Grenze des Regierungsbezirkes Wiesbaden gegen die Rheinprovinz. Eine ältere Linie verband vielleicht Wiesbaden einerseits mit der Höhe bei Kemel, andererseits mit den Vorbergen des Taunus, gedeckt durch Kastelle bei *Wiesbaden* und *Hofheim*, wo eine große 700 Schritt lange und fast ebenso breite römische Ansiedlung lag, gebaut aus Backsteinen der XXII. Legion.[1]

Die Saalburg war aber auch Hauptpunkt der Linie von der Use bis zur Sayn.[2]

In gleich frühe Zeit verlegt man die Befestigung auch einiger Punkte an der Donau, nachdem das Land südlich des Stromes unterworfen war: man vermutet dies für *Regensburg*[3] an der Mündung des Regens in die Donau, wo dieselbe, von ihrem höchsten Nordlauf nach Südosten fließend, eine Biegung macht wie der Rhein an der Mündung des Mains: eine hier (wie am entsprechenden Punkte am Rhein: in Mainz) angelegte Festung beherrscht den Stromübergang und die Straßen längs dem Regen und der weiter westlich mündenden Rab.

Von der Donau[4] bis zum Fahrweg Altmannstein-Grashausen läuft hier der Limes in gerader Linie: dann, nach einer unklaren Strecke von einer Stunde, schnurgerade nördlich vom Verbindungswege Wegmannsdorf-Steindorf bis Kipfenberg: von hier bis Hernstetten sind die Abweichungen von der geraden Linie gering, eine kleine, aber gerade Abbiegung bis Kahldorf (fast west-östlich), von Kahldorf stark nördlich und fast gerade bis Fügenstall: von hier bis zum Burgstall nach Gunzenhausen zählt man acht leichte Abbiegungen, von Gunzenhausen über Kleinlellenfeld bis zur starken Wendung nach Süden bei Düren, in gerader Linie bis zur roten Furt in der Wörnitz westlich bei Weilringen und mehr südwestlich gerade bis zur württembergischen Grenze. – Die etwa 10 längeren Abbiegungen des Limes in Bayern von der geraden Linie werden erklärt aus den zwei verschiedenen Zwecken, denen das Werk im Frieden und im Krieg zu dienen hatte; einerseits empfahl sich die kürzeste Linie für die Straße, welche längs dem Limes zu laufen pflegte, andererseits erheischte die

---

1 Vgl. *Lotz–Schneider* S. 234. 360.

2 *v. Cohausen* S. 448. Von der Use an finden sich die Kastelle Burg, Kaisergrube, 5200 Schritt bis nach Kastell Langenhain, Signaltürme in Abstand von 300, 1400, 3500 Schritten, Kastell Ockstadt, nach 1000 Schritten Kastell Capersburg, 90 Schritt hinter dem Limes mit Villa und Quelle, dann Kastell Lochmühle, dann Saalburg. „Als Repli für die Saalburg diente die stark befestigte Stadt Novus Vicus bei Heddernheim" (Dr. Duncker). Vgl. Nassauer Annalen I. II. XV. S. 293. *Lotz-Schneider* a. a. O. „Heddernheim" S. 218 (ein ungefähres Rechteck, 900 m lang, 500 m breit, Ringmauern von Bruchstein mit Kalkmörtel, über 2 m dick, Zinnen über 1 m breit, vorspringende Türme, 8 Tore, jedes flankiert von viereckigen Türmen, zwei Hauptmehrere Nebenstraßen, zwei Mithrastempel mit bemalten (?) Flachreliefs, zahlreichen Brand-Altären. Zahlreiche Inschriften, eine Votivhand usw.), daselbst die Literatur bis 1878. Nicht identisch mit der Saalburg ist des Ptolomäus Ἄρταυνον, nicht „Arx Tauni", vielmehr keltisch Artaunum, eine nahe gelegene altkeltische Stadt, an deren Stelle wohl Novus Vicus angelegt wurde. Vgl. Dunckers Besprechung *v. Wietersheim-Dahn* I in der histor. Z. v. Sybel 1881.

3 Für den Limes innerhalb Bayerns sind jetzt die Hauptarbeiten die trefflichen Untersuchungen von *H. Ohlenschlager*, „Der römische Grenzwall in Bayern", Korrespondenzblatt der D. Geschichts- u. Altertums-Vereine XXVIII, Nr. 3. Nr. 4, und Korrespondenzblatt der deutschen Gesellschaft für Anthropologie, Ethnologie und Urgeschichte, XII. Jahrg. Nr. 9 u. 10: „Das römische Bayern", dem hier oft wörtlich gefolgt wird. Die Literatur über den Limes in Österreich bei *Krones*, (s. Marchland), Grundriß der österr. Geschichte I. 1881. S. 113 f.

4 Die ältere Literatur über den Limes in Bayern bei *Ohlenschlager* S. 14 f., die angebliche „Doppellinie" des Walles von Sandersdorf bis Dunsdorf (noch von *Hübner*, Grenzwall, angeführt), ist nicht vorhanden.

Verteidigung die Einbeziehung der beherrschenden Höhen, welche auch die Warttürme verlangten: wo letzteres Motiv nicht wirkte, folgte man der geraden Linie *(absolut* folgte man ihr, alle Schluchten und andere Schwierigkeiten überwindend„ wo auch die Verteidigung die gerade Linie erheischte, so in Württemberg: von Hergenstadt bei Haaghof): der Verteidigung wegen z. B. wurde die Richtung des Limes durch die Altmühlalp über die Höhen nach Lorch in Württemberg gewählt, in Bayern die beherrschenden *Höhen* von Wülzburg, Gunzenhausen, den Hefelberg einzu-

Planskizze des römischen Regensburg im Vergleich mit dem heutigen Stadtplan.

schließen. Auch in Bayern finden sich einzelne vorspringende Schanzen *vor* dem Wall, auf der *germanischen* Seite, wo das strategische Bedürfnis sie verlangte.

Übrigens hat die Auffindung von Mörtel, ja von ganzen Mauerstücken in neuerer Zeit (durch Ohlenschlager) dargetan, daß auch der Donau-Limes keineswegs, wie man früher meinte, des Mauerwerks ganz entbehrte. Für Wasserwege wurden Durchläufe verstattet: Hügel, oft mit Gräben umzogen, auf oder neben dem Limes,

ACHTES KAPITEL · DIE RÖMER IN DEUTSCHLAND   499

in unregelmäßigen, manchmal aber je 600 Schritt einhaltenden Zwischenräumen, trugen wohl Wachthäuser oder Warttürme.

Ein Hauptgraben vor dem Limes von der Donau bis Lorch findet sich nur auf der kurzen Strecke von der Donau bis Kipfenberg, anders auf der schnurgeraden Linie von der Donau zum Main. Standlager (castra stativa) in Bayern, weit hinter dem Limes, sind anzunehmen in der *Biburg* bei Pföring, in Pfinz, im Markt Kösching, in der „Bürg" bei Irnsing, südlich vom Heselberg, und an den Donaufurten bei Irnsing und Eining: hier wurde ein Stein gefunden der Juno und dem Genius der III. britischen Kohorte gewidmet (Inser. Lat. Nr. 5935); in Pföring und in Regensburg lag die cohors prima (Flavia?) Carrathenorum und die ala (Reitergeschwader) prima singularium Thracuum (sic!) civium Romanorum (über diese Singulares s. v. Wietersheim-Dahn I, 105), in Kösching unter Marc Aurel die ala prima Flavia civium Romanorum.

Besonders bedeutend war das Lager bei Irnsing, auf hohem Hügel trefflich gewählt: hier sind auch Wallteile (12 Fuß hoch) und ein 16 Fuß tiefer Graben erhalten.

Weiter stromabwärts lag, schon von den Kelten vor der Annäherung der Römer gegründet, am Einfluß des Ilzflusses und des Inns (Aenus) in die Donau *Bojodurum:* vielleicht wurde schon von Drusus hier die *römische* Befestigung angelegt, welche später von ihrer batavischen Besatzung den Namen: „Bátava castra" (Passau) empfing.

Germanicus fand nach Tacitus bereits einen von Tiberius begonnenen „Limes", das heißt eine durch Mauer- oder Erdwerk hergestellte künstliche Grenze vor: man sucht diesen am Niederrhein, wo auch auf dem rechten Ufer Verschanzungen zur Deckung der Brücken, Schiffslager, Flotten Castra Vetera gegenüber früh angelegt wurden.

Doch bestanden bis Ende des I. Jahrhunderts nur vereinzelte Befestigungen auf dem rechten Rhein- und linken Donauufer: das Dreieck zwischen beiden Strömen, das spätere Decumatenland, ursprünglich von den Helvetiern bewohnt, war seit deren Abzug nach der Schweiz, lange vor Cäsar, verödet: Ptolomäus kennt hier das „Ödland der Helvetier." Später hatten die Markomannen hier wenigstens einen Teil des Landes, die oberen Maingegenden besetzt: seit deren Auswanderung nach Böhmen siedelten sich hier unter Schutz und Oberhoheit der Römer keltische Kolonisten an: ein „Vorland" war so gewonnen: diese Kolonisten konnten germanische Bewegungen, wenn nicht eine Weile aufhalten, doch jedenfalls den nahen römischen Besatzungen in ihrem Rücken frühzeitig anzeigen.

Ich irre wohl kaum mit der, soweit ich sehe, neuen Vermutung, daß *dies Verhältnis* zuerst den Gedanken nahe legte, das Vorland dadurch viel wertvoller zu machen, seine Bevölkerung nicht nur zu Beobachtungen und rascher Meldung, sondern auch zu vorläufiger *Abwehr* der Germanen dadurch tüchtig zu machen, daß man das ganze Gebiet durch Befestigungen einfriedigte und diese Befestigungen nicht nur keltischen Kolonisten, sondern römischen Truppen als dauernder Besatzung zur Verteidigung übertrug.[1]

---

1 Hierin weiche ich von *Ohlenschlager* ab, dem ich sonst für Bayern ganz folge: er meint, die Bewachung im Frieden zur Absperrung der unterworfenen von den noch freien Germanen habe jene kürzeste Linie verlangt. Ich glaube: zwar sollte die Überschreitung des Limes durch die freien Barbaren zu *Handelszwecken* unter die Kontrolle der Grenzwachen gestellt sein (s. oben), aber den Germanen *innerhalb* des Limes das Überschreiten desselben im Verkehr mit den jenseitigen zu verbieten – das versuchte man nicht, weil es auf 70 Meilen Länge unmöglich durchgeführt werden konnte: die einzige hieraus drohende Gefahr – Einverständnisse mit den Barbaren – konnte doch nicht ausgeschlossen werden.

500 ZWEITER TEIL · WESTGERMANEN

Die beiden Zwecke – Allarmlinie[1] und Verteidigungslinie[2] – können nicht nur, sie *müssen* wohl verbunden angenommen werden. Kleinere Streif- und Raubscharen der Angreifer konnten von der äußersten Vorpostenlinie allein recht wohl zurückgewiesen werden, natürlich unter Alarmierung der nur etwa 3–4, höchstens 5 Stunden weiter rückwärts liegenden größeren Besatzungsstädte.[3]

Die Linie des Limes war meist schnurgerade – was erfordert wurde gerade auch durch den Zweck raschester *Alarmierung* der Postenreihe von den Warttürmen (speculae) aus[4], durch Feuer der Nacht, bei Tag durch Rauch, aber auch durch bewegliche Balken und Stangen, unsern mechanischen Telegraphen bei Eisenbahnen ähnlich[5], währen die Straße (auch die Wallstraße) doch oft die gerade kürzeste Linie auch wohl verläßt[6], um Terrainschwierigkeiten, namentlich Defilés und tief eingeschnittene Senkungen zu meiden und auf den Höhen und Wasserscheiden hin dominierend, vor überhöhendem Angriff geschützt, hinzuziehen.

Man nimmt an, daß der Plan, beide Ströme durch zusammenhängende Werke zu verbinden, zuerst unter Domitian, vielleicht bei Gelegenheit seines erfolglosen Feldzuges wider die Chatten, gefaßt und die Ausführung desselben wenigstens begonnen worden sei.

Frontinus, der Tacitus Zeitgenosse, berichtet, da die Germanen fortwährend aus ihren Schlupfwinkeln vorbrechend das Reich beunruhigt und sich dann wieder rasch in ihre Urwälder geflüchtet, habe Domitian einen Limes von 120 römischen Schrittmeilen errichtet, der zwar den Frieden nicht völlig gesichert, aber doch den Feind so weit unterworfen habe, als jene Schlupfwinkel dadurch bloßgelegt seien.

Man hat nun berechnet, daß jene Entfernung von 120 römischen = 24 deutschen Meilen einer Linie vom Odenwald quer durch die Wetterau bis Kemel in Nassau entsprechen würde, wo sie an ältere Werke des Tiberius stieß: die spätere Erweiterung dieser Befestigung Domitians nach Norden hin, wodurch der größte Teil der

---

1 *Paulus* S. 8.

2 Und wirksame Grenzmarkierung auch in Friedenszeiten *(Duncker).*

3 Daß dieser Abstand an manchen Teilen des Limes mit großer Regelmäßigkeit eingehalten wurde, hat *Paulus* a. a. O. nachgewiesen in den Strecken: von Lorch nach Welzheim 13 km, von Welzheim nach Murrhardt 13 km, von Murrhardt nach Mainhardt 13 km, von Mainhardt nach Oehringen (vicus aurelius) 14 km, von Oehringen nach Jagsthausen 12 km, von Jagsthausen nach Osterburken 14 km, von Osterburken nach Walldürn 18 km, von Walldürn bis an den Main 18 km – In England sind diese Abstände so genau eingehalten, daß die Kastelle dort deshalb Meilenkastelle heißen; am Rhein-Limes ist dies nicht der Fall; aber es wirkte die Rücksicht auf zu deckende Furten (bei Jagst, Kocher) und auf die Lage auf Höhen doch auch wohl mit.

4 Auch die Distanzen dieser Türme sind sehr ungleich: während sie zwischen Hergenstadt und Haag auf alle 500 (Paulus), bei Idstein den 300 Schritt ragen, findet sich von der Use bis zur Sayn kaum alle 8000 Schritt einer *(v. Cohausen* S. 447): – sehr natürlich: je nach dem örtlichen Bedürfnis: ziemlich regelmäßig finden sich Türme bei aus- oder einspringenden Winkeln, auf dominierenden Aussichtshöhen und zur Deckung der Durchlässe; für die Kastelle wie für die Türme und den ganzen Pfahlgraben gilt, daß nirgend ein Gebäude gewählt ist, das dem Feind den Angriff oder der Besatzung den Ausfall erschwerte: nur darf das Gebäude das Kastell X nicht unmittelbar überhöht, muß ringsum offen (für die Wurfgeschosse) und gangbar sein. Einsicht in das Kastell aus der Ferne schadete nicht: Wurfgeschütze fehlten ja den Barbaren (das Vorstehende nach *v. Cohausen* S. 449).

5 Vegetius, de re militari III, 5.

6 Vgl. über diesen Gegensatz *Paulus* S. 9 gegen *Yates* S. 35. 37.

ACHTES KAPITEL · DIE RÖMER IN DEUTSCHLAND   501

Wetterau[1] mit einbeschlossen wurde, wurde erst unter Hadrian oder seinem Nachfolger vollendet.

Es lief aber der Limes hier von dem Kastell von *Rückingen* zuerst nördlich über Langendiebach nach dem Kastell „Burg" bei *Marköbel*, ferner, Höchst und Oberau links lassend nach dem Kastell bei *Altenstadt*, dann immer nordwestlich nach dem Kastell bei Staden (von Marköbel bis hierher fast schnurgerade), endlich von hier steil nördlich bis zum Kastell „auf der Burg" zwischen *Unter-Widdersheim* und *Echzell.* Darauf zog er über Inheiden (Kastell) und Birklar nördlich Grüningens über Pohlgöns nach der Use hin, um dort den Taunuslimes zu erreichen. Aus der Richtung von Echzell führte eine Legionenstraße südwestlich in das Innere des römischen Gebiets über *Schwalheim* (römische Ansiedlung) und das *Kastell Friedberg* (hier ein Mithräum 1881 aufgedeckt), von da südlich über Niederroßbach nach Holzhausen vor die Höhe. Fast parallel ging östlicher eine andere Straße über Niedererlenbach nach Okarben, von da aber nordöstlich über Kaichen nach Kastell *Altenstadt:* dieser ziemlich parallel ging südlicher von Kastell „Burg" bei Marköbel eine dritte Straße, Ostheim und Kilianstädten rechts lassend, nach dem Kastell (?) *Bergen:* hier gabelte sie sich und führte in ihrem nördlicheren Zweig nach Novus Vicus, in ihrem südlicheren über Seckbach nach Mainz hin. Außer den genannten Straßen zog eine solche vom Kastell bei Rückingen im Bogen um die Kinzigmündung nach einem (von *Duncker* nachgewiesenen) Mainübergang zwischen Hanua und Kesselstadt. Zwischen Rückingen und dem Kastell Groß-Krotzenburg am Main diente des teilweise sumpfigen Terrains halber der Limes selbst als Verbindungsweg. Zerstreute römische Ansiedlungen finden sich noch u. nördlich von Hanau, dann westlich von Hanau auf dem Säulingsberg, auf der ehemaligen Insel des alten Mains nördlich von Steinheim[2], dann bei Bornheim, südlich von Bilbel, in Nauheim und Schwalheim.

Man führt aber irrig auch die meisten Anlagen in Schwaben auf Domitian zurück, (so noch Arnold S. 87): „arae Flaviae", Rotweil, weist allerdings auf das Haus der Flavier: man vermutet, daß daselbst die nun unterworfenen Völkerschaften des Zwischenlandes dem Kaiser (Domitian) gehuldigt hätten. Das geht nun wohl in der *Bestimmtheit* der Vermutung zu weit: man wird nicht mehr annehmen dürfen, als daß eine Anlage dortselbst durch einen Flavier erfolgte.

Entscheidend wurde vielmehr hier erst die Tätigkeit *Trajans.*[3]

Mit einer eben erst vollendeten Besitzergreifung und Erweiterung des „Limes" stimmen auch die Worte des Tacitus in der 98/99 geschriebenen Germania: „die Bewohner des Decumatenlands könne man kaum zu den Germanen zählen, obwohl sie jenseits des Rheins und der Donau wohnten. Abenteuernde, aus Not verwegene Gallier haben sich in diesem Grenzgebiet zweifeligen Besitzes niedergelassen: doch gilt es nach Vollendung des Limes und Vorschiebung der Besatzungen als ein vorspringender Busen des Reichs und als Teil der Provinz (Obergermanien)."

Man unterscheidet zwei (oder drei) selbständig entstandene, erst später miteinan-

---

1 Über den Limes und die Römerstraßen in der Wetterau Hauptarbeiten: Duncker „Pfahlgraben" S. 46. 48. 55, und Nassauer Annalen XV, S. 10 f. 11. Anm. 1, besonders aber S. 291–294; das Folgende entnehme ich den gütig mitgeteilten Einzeichnungen in die Karten *Dunckers.*

2 Vgl. dazu die Aufsätze von *R. Suchier* und *G. Wolff* in den „Mitteilungen" des Hanauer Geschichtsvereins. Nr. 5 und 6. Hanau 1876 und 1880.

3 Dies hat sehr verdienstlich dargetan *Herzog* a. a. O. S. 113, dessen alle Vorgänger berichtigenden Darstellungen für Württemberg ich folge.

502 ZWEITER TEIL · WESTGERMANEN

der verbundene Systeme dieser Anlagen: den *Donau-Limes* (limes raeticus, transdanubianus und den *Rhein-Limes* (limes transrhenanus).

Der erstere zieht sich von Kehlheim an der Donau bis nach Pfahlbronn in der Nähe des Hohenstaufens: er besteht wenigstens streckenweise nur aus einer gemauerten und befestigten Legionenstraße, wie der Hadrianswall in Britannien: er heißt daher „Teufelsmauer" oder „Hochstraße"[1], unterscheidet sich aber von gewöhnlichen Römerstraßen sehr wesentlich dadurch, daß er, wo er die so streng wie irgend möglich eingehaltene gerade Linie aufgeben muß, nicht, wie jene, in Bogen, sondern unter zurück- oder vorspringenden Winkeln abweicht.[2]

Gleich gewöhnlichen Römerstraßen war der Donau-Limes dammartig aus der Niederung emporgebaut, 2–5 Fuß hoch, die Fahrbahn 12 Fuß breit, die Pflastersteine reichlich mit (dem ausgezeichneten römischen) Mörtel verbunden.

Übrigens finden sich streckenweise auch bei dem Donau-Limes vorliegende Gräben (meist 10 Fuß breit) und Wälle: so gleich bei dem östlichen Anfang zwischen Altmühl und Kipfenberg nördlich von Eichstädt. Der Vermutung aber, daß sie wie bei dem rheinischen durchgängig bestanden hätten, und daß die gemauerte, befestigte Heerstraße erst in der letzten Zeit der Römerherrschaft entstanden sei[3], wird doch dadurch der Boden entzogen, daß in solchem Fall hier diese Anlagen noch ebenso sich würden erhalten haben wie bei dem rheinischen.

In wechselnden Zwischenräumen begegnen auch hier zunächst der Umschau, dann der Verteidigung dienende Wachhügel, mit Gräben umzogen (sogenannte Burstel, Bürstel, d. h. Burgställe).[4]

Während bei bloßem Durchzug die Truppen unter Zelten und Bretterhütten ruhten, wurden die Limes-Bauten aus festem Pfahlwerk und aus Ziegeln, seltener aus Bruchstein hergestellt. Die Anlage der Kastelle ist die gleiche wie in allen Ländern der Römerwelt: viereckig oder länglich, die Ecken abgerundet, um den Geschossen der Verteidiger freien Flugraum zu gewähren: zwei Hauptstraßen, die sich kreuzen: an diesem Kreuzungspunkt das praetorium des Befehlshabers und das sacrum für Adler und Vexilla: vier Tore an den vier Enden der beiden Straßen.

An Flußübergängen wie über die Altmühl bei Kipfenberg und Gunzenhausen fehlten nicht Vor- und Rückschanzen, Brückenköpfe, auf beiden Ufern, wie sie bei dem rheinischen Limes wiederholt begegnen.[5]

Wir sahen, wie die Römer wiederholt in Friedensverträgen mit den Germanen an Rhein (vgl. die Beschwerden der Tenchterer gegenüber den Ubiern in Köln zur Zeit des Civilis) und Donau (Markomannen, Quaden, Marc Aurel, Commodus) diesen zwar verstatteten, den Limes zu Zwecken des Handels zu überschreiten, auch etwa über den Strom zu setzen: aber immer nur *an ganz bestimmten Stellen,* auf genau vorgezeichneten Durchlässen, um so das allgemeine Einfluten unter

---

1 *Buchner, Graf v. Hundt,* jetzt aber besonders *Paulus* und *Ohlenschlager.*
2 *Paulus* S. 31. *Ohlenschlager* a. a. O.
3 *Arnold* S. 101, anders *Paulus* S. 31.
4 *Paulus* S. 31.
5 Übrigens hatte der Limes zahlreiche *kleine* (schmale) Durchlässe, von welchen sich an den gut erhaltenen Strecken noch zahlreiche Beispiele finden. An diesen Stellen pflegten Türme zu stehen *(v. Cohausen* a. a. O. S. 447). *Duncker* deckte im Bulauerwalde 1879 solche Turmreste auf, „die sich unmittelbar hinter einem kleinen alten Weg vorfanden, der den noch wohl erhaltenen Pfahl durchschnitt" *(Dr. Duncker).*

ACHTES KAPITEL · DIE RÖMER IN DEUTSCHLAND

friedlichen Vorwänden und darauf folgende Feindseligkeiten *hinter* dem passierten Limes oder Strom zu verhüten, um die vertragsmäßigen Beschränkungen: Überschreiten nur bei Tag, ohne Waffen, in kleinen Trupps, unter Geleit römischer Truppen aufrecht halten zu können. Diesen Zwecken diente offenbar ganz besonders der „Limes" *und seine seltenen, stets stark geschützten Durchlässe.*[1]

Der Donau-Limes verläßt den Strom oberhalb der Einmündung der Altmühl[2] und läuft über Kipfenberg und Weißenburg westnordwestlich bis Gunzenhausen. Bei Kipfenberg zwischen Eichstädt und Beilngries überschreitet er die Altmühl und bleibt bis Gunzenhausen auf deren linken Ufer, den Bogen des Flusses durch eine Sehne absperrend.

Von dem durch ein Kastell gedeckten Gunzenhausen senkt er sich westsüdwest-

Römisches Silbergefäß mit Relief: Pyrrhos nach der Eroberung von Troja.
Gefunden bei Eichstädt oder Ingolstadt. (königl. Antiquarium zu München.) Höhe 6 1/2 Ctm., Durchmesser der Öffnung 12 Ctm.

lich, bei Dinkelsbühl die bei Donauwörth in die Donau mündende Wörnitz überschreitend, südlich von Ellwangen die Jagst und den Kocher in ihrem oberen Lauf und die Wasserscheide zwischen Donau und Rhein, bis er bei Pfahlbronn auf den Vorbergen der schwäbischen Alp den rheinischen Limes erreicht.

Auch die Donaugrenze war also durch drei Linien hintereinander gedeckt: Limes, die vielfach verschanzte schwäbische Alp, endlich der Strom.[3]

Pfahlgraben: Höhe. – Parallelstraßen.

Der rheinische Limes erstreckt sich vom Hohenstaufen[4] nach Norden, dann nach Westen bis Hönningen, er besteht aus einem starken Erdwall mit vorliegen-

---

[1] *Cohausen* bei Lotz-Schneider a. a. O., richtig auch *Herzog* S. 110: „zugleich Demarkation und Befestigung."
[2] Vgl. *Ohlenschlager.*
[3] Hauptarbeit über den Limes in Württemberg *Herzog* in den Württemberg. Jahrbüchern 1880.
[4] *Paulus* S. 9, *Herzog* a. a. O.

504   ZWEITER TEIL · WESTGERMANEN

dem Graben östlich vom Wall, ist durch eingerammte Pfähle befestigt und heißt
daher insbesondere „Pfahlgraben"[1], obzwar dieser Ausdruck auch das Gesamtwerk
bezeichnet.

Da der Wall heute noch hier und da 10–12 Fuß hoch, auf der Krone 4–6 Fuß, an der
Grundfläche 40–50 Fuß breit, der Graben 5–6 Fuß tief, oben 15–20, an der Sohle 4–5
Fuß breit ist, darf man, in Erwägung der Abschwemmung des Walles und der Ausfüllung
des Grabens durch siebzehn Jahrhunderte, annehmen, daß der Wall ursprünglich
eine Höhe von 16, der Graben eine Tiefe von 10–12 Fuß hatte.

Parallel dem Wall lief regelmäßig eine Heerstraße, ein „gedeckter Weg": aber
nicht immer konnte sie, was freilich die Regel bildete, des Terrains wegen längs der
(westlichen) Innenseite geführt, oft mußte sie außerhalb des Walles gezogen werden[2]: da sie hier dem Feind bloßgestellt war, wurden auf der feindlichen Seite derselben Vorschanzen angelegt, welche sich in ihren Gräben über Bergrücken hingezogen, oft bis heute erhalten haben, wie auch hinter dem Wall auf wichtigen, über-
schauenden Punkten Rückschanzen errichtet wurden. Diese Vor- und Rückschanzen,
bald nur Wall und Graben, bald viereckige Kastelle[3] wie die Wallstraße haben häufig
die Forscher über die Richtung des Limes selbst getäuscht.

Um den einschließenden Barbaren das Abschneiden des Wassers unmöglich zu
machen, wurden die Kastelle gern am Oberlauf einer Quelle angelegt. Die Straße
geht stets neben den Kastellen, nie durch die Kastelle, deren Tore vielmehr von der
Seite her auf die Straße münden.

Innerhalb des Walles, oft an der Wallstraße, standen zumeist je 500 (oder auch
1000) Schritt auf beherrschenden Überschauorten Wachhäuschen: viereckig, neun
Fuß breit in der lichten Weite mit mehr als 2 Fuß dicken Mauern, der Eingang aus
nicht behauenen, nur zugerichteten, stark mit Mörtel verbundenen Steinen: dem
Wall gegenüber an wichtigen Orten waren sie stärker und umfangreicher angelegt.[4]

Im Innern fand man häufig bei der Ausgrabung Scherben römischer Tongefäße
und durch Kohlen und Asche die Herdstelle bezeichnet: die Soldaten konnten also
darin kochen und im Winter sich wärmen.

Das Pfahlwerk lief zwischen Wall und Graben, am Fuß des Walles, etwa in gleicher Höhe der natürlichen Bodenerhebung, nicht so hoch wie der Wall, etwa neun
Fuß hoch, so daß die Besatzung von der Krone des Walles aus über den Zaun hinweg
den Graben mit den Augen und mit den Geschossen erreichen konnte, sowie den
Raum zwischen Graben und Zaun: denn nach dem Graben sollte der Zaun ein zweites sehr erhebliches Hindernis bilden, bevor der Angreifer, über und hinter den Zaun
gelangt, gegen den Wall selbst stürmen konnte. Die Pfähle waren nämlich nicht, wie
unsere Pallisaden, waagerecht in den Wall gerammt, sondern wie eine Mauer oder ein
Zaun senkrecht vor ihm in die Erde gesenkt[5]: erhalten ist das Pfahlwerk nirgends,
daher die Höhe nur vermutet.

---

1 „palas" schon im 4. Jahrhundert (Ammian. Marc.) unter Julian s. oben zum Jahre 359: S. 325
   „poll", dann pal, pfal-rein – Pfahlrain.
2 Vgl. das lehrreiche Beispiel des Laufes der Straße südlich und nördlich von Welzheim: erst
   hinter, dann vor dem Wall, *Paulus* S. 16.
3 *Paulus* S. 7.
4 Ebend S. 7.
5 Spartian: stipitibus magnis in modum muralis sepis funditus iactis atque connexis.

ACHTES KAPITEL · DIE RÖMER IN DEUTSCHLAND 505

War der Limes von Wald umgeben, was die Regel gewesen sein muß, so wurden Bäume und Gebüsch vor dem Graben soweit wenigstens befestigt, daß, soweit das Vorterrain von dem Wall aus mit Geschossen bestrichen werden konnte, keine Dekkung zu finden war. Deshalb sieht man die Soldaten auf der Trajanssäule, welche an dem Limes arbeiten, so eifrig mit Fällung der Bäume beschäftigt: sie dienten zugleich zur Herstellung der Pfähle, zu anderem Bauholz, dann zur Verfertigung der Geschütze und als Brennholz.

Im einzelnen den Lauf des Limes zu bestimmen[1], gewähren wertvolle Anhaltspunkte Namen der Orte, welche sehr häufig an das großartige bequeme und sichere Werk sich herandrängten, auch sofern sie nicht von den Römern als Befestigungen des Limes angelegt waren; auch Bezeichnungen für Flurteile oder Forstorte wurden noch in später Zeit lange nach Verfall der Werke von dem *Pfahl*, dem *Wall*, dem *Damm*, dem *Teufelsgraben*, der *Heidemauer* hergenommen: einfach Pfahl, dann Pfahl-tannen, einfach Pohl, dann Pfahl-dorf, -heim, -bronn, -bach, Pohl-heim, -wald, -wiese, -bach, -feld, -gönz, Damm, Dambach, Oster-Burken (die „Ost-Burg": an der Eisenbahn zwischen Würzburg und Heidelberg), Welz-heim d. i. Walls-heim (manchmal aber von Wala d. i. Fremder, Wälscher), auch Lei-gestern an der „ohne Zweifel am stärksten befestigten" Nordspitze des Limes vom ahd. Leiti (ductus) und castrum-Burg des Limes. Als Feld-, Wald- und Flur-Namen gehören hierher: Pfahlhecke, -graben, -damm, Land-graben, -hecke; Graben, „Grab", Hag, Hag-hof, Heer-Hag; Heer-hecke, -berg, -mühle, Straßenäcker, Teufels-mauer, -graben, Schweine[2]-graben; Pfahl, langer, kurzer, -äcker, -wiesen, -rain, -wald, -bach, -wasser, -brunnen. Auch die Orte, wo die Wachhäuschen standen, heute Trümmerhausen über den Grundmauern, heißen Kapelle, Haus, Wacht, Wachthaus, Schildwache, Bürge, Burg.[3]

Es stand nun der rheinische Limes in seinem nördlichsten Strich im Zusammenhang mit den wichtigsten Gewässern und Höhenzügen im Rücken des Walles, zumal parallel mit dem durch römische Schanzen und Uferorte wehrhaft verteidigten Nekkar, weiter westlich mit dem Rhein -: also eine dreifache Verteidigungslinie.[4]

Der Limes transrhenanus lief westlich von dem Abhang des Hohenstaufen, nicht von diesem selbst aus, dessen Wachtturm nur Hauptrichtpunkt war (so Herzog gegen Paulus) steil nördlich nach Lorch[5], von da nach „Pfahlbronn" (wo der Donau-Limes anschloß), hier westlich bis „Hag-hof", dann wieder schnurgerade nordwest-

---

1 Vgl. *Herzog* a. a. O. S. 82 f.

2 Schweinegraben, -ader, -wiesen: deshalb, weil bei der hier gebrauchten Variation der bekannten Riesen- (auf diese führten die Germanen das gewaltige und ihnen verderbliche Werk zurück) oder später Teufels–Sage der Riese (oder Teufel), welcher mit Gott wettet, ein wie großes Stück Landes er binnen kurzer Frist mit einem Graben umhegen könne, sich zum Erwühlen eines Schweines bedient; von der Hahnenkraht vor Erwarten überrascht, zerstört der Teufel im Zorn sein eigenes halbfertiges Werk: so erklärte man sich später die Spuren gewaltsamer Vernichtung.

3 *Paulus* S. 11 Bur-lauch-halde. Bürgig, Tempel-fürst (-first?).

4 *Paulus* S. 9. *Herzog* a. a. O. Es ist hier nicht der Ort, im Detail der Fülle und den Reichtum der römischen Denkmäler im ganzen Zehntland nachzuweisen; aber eine ungefähre Vorstellung hiervon sollte doch dem Leser nicht fehlen. Deshalb wird hier, wenigstens für eine kurze Strecke des Limes, ein (obzwar unvollständiges Inventar) der Funde (meist nach *Paulus*, *Herzog* und *Lotz-Schneider*) beigefügt.

5 Römische Gebäude-Inschrift, *Brambach* Nr. 1556: negotiatori artis cretariae ... parenti, in der Nähe „Götzenbach", Flur: „Pfahl", Pfahlbronn, Heerberg, Heerweg, langer Pfahl, Pfahlwasen.

506 ZWEITER TEIL · WESTGERMANEN

lich über Welzheim[1], Wallsheim auf der Alp, Murrhardt an der Murr[2] (hier Furt) über den „Heidenbühl" nach Meinhardt[3] („Haus", „Saugraben"), von da nach Öhringen[4], von Öhringen nach Sindringen[5] mit Überschreitung des Kocher, dann nach Jagsthausen mit Überschreitung der Jagst[6], nach Osterburken[7], castra orienta-

1 Welzheim im Remstal, oberhalb Lorch, nicht weit vom Hohenstaufen, etwa die alte Grenze von Raetiae und Germania superior (nach einer Inschrift Garnison (von Teilen) der legio XXII. pia fidelis, die zwischen 60 u. 70 n. Chr. nach Germanien kam), in der Nähe „Kapellenteile" (Kapelle = Wachthaus), „Schweinegraben", „Kapelle" oder „Schilderhaus", Flur: „Burg", „Grab"; daneben hin läuft die Grenzstraße hinter und vor dem Wall.

2 Zu Murrhardt eine Viertelstunde im Rücken des Walls außer einer Wasserleitung Spuren anderer Gebäude, Münzen von Antonin, Hadrian und Inschriften: Soli merito (invicto?) Mithrae von einem Tribun der 23. Kohorte freiwilliger römischer Bürger nach Herstellung des Tempels von Grund auf, von einem Soldaten der gleichen Kohorte im 40. Jahr eine Inschrift den Manen. *Paulus* S. 20, württemb. Jahrb. 1833. I. S. 3. – Hier Übergang über die Murr. *Herzog* a. a. O. S. 94

3 Mainhardt. Hier ein castrum, im Viereck, in der Mitte Spur des praetoriums, jede Seite 470 Fuß lang, (Graben) Wall 12 Fuß hoch, dahinter eine Steinmauer 5 Fuß hoch, 2 1/2 Fuß breit, mit sehr zahlreichen Monumenten jeder Art; nach der Sage liegt hier eine Stadt versunken, so seicht, daß ein Hahn die Kirchturmspitze hervorscharren möchte. Inschriften: mensori cohortis Asturum ... stipendiorum XVIII annorum cohors dalmata ex municipio Magab (?), dann der 22. Legion; ein halbe Viertelstunde entfernt: das „Römer-Bad" mit Inschriften und Münzen; drei Straßen mündeten in Mainhardt, darunter eine: „alter Kutschweg" über „Streithag" und Pfedelsbach (Pfadbach) „Heerhag", Flur: „Mauer", „Steinäcker" Wachholder (= Wachhälter?), obere, untere Burg nach Oehringen (Vicus Aurelii).

4 *Hanselmann*, Beweis, wie weit der Römer Macht vorgedrungen. Halle 1768. *O. Keller*, Vicus Aurelii oder Oehringen zur Zeit der Römer. Bonn 1871: zahlreiche Inschriften der Caledoniorum (sie führten nach ihrer hiesigen Garnison den Beinamen aurelianenses), der cohors prima Helvetiorum, der numeri Brittonum, der leg. XXII mit dem Capricorn, ihrem Feldzeichen. Ein centurio der leg. VIII augusta, württemb. Jahrb. 1835. Heft I, S. 91. Münzen von Vespasian 69 bis Severus Alexander 255. Minervenkopf, zwei Minervenstatuen: die eine 232 vom Quästor Faustius Faventinus den vicanis von vicus Aurelius auf seine Kosten wieder hergestellt, eine andere aus dem Jahre 169, eine Epona (keltische Pferdegöttin) mit zwei Rossen, ein Genius mit Füllhorn. *Paulus* S. 33. *v. Stälin*, württemb. Jahrb. 1860. I. S. 272. Es mündeten hier mehrere Straßen.

5 Von Oehringen nach Sindringen fährt der Limes über den Hügel „Schildwache" (hier ein Turm), die „Pfahläcker", das Herrenfeld (= Heerfeld?), den Wald „Pfahldöbel", das „Pfahlbacher Feld", die „Burgwiesen" nach Dorf Pfahlbach, den Bergrücken Eisenhut: oberhalb Sindringen wurde der Kocher (auf einer Furt: keine Brückenspuren) überschritten. Zwischen Eindringen und Jagsthausen abermals „Pfahläcker": die Grenzstraße, richtiger nach *Herzog* der Limes selbst, führte von Sindringen über den Stolzenhof nach Jagsthausen.

6 In Jagsthausen: das castrum, andere Gebäude, darunter eine Töpferwerkstatt, eine 20 Minuten lange Wasserleitung bis zu den Neuwiesenquellen, Münzen bis auf Severus Alexander, eine bronzene Minerva, Inschriften mit dem Namen von Antonin 138–161; ein durch den Kaiser erneuertes Bad (balneum) der ersten Kohorte der Germanen, vor Alter verfallen, besorgt von einem Legatus augustorum und einem Tribun jener Kohorte; eine Kohorte der Legio XXII; ein Denkstein des signifer Junius Juvenis vom J. 221: magnae Junoni reginae, Marti et Herculi, diis patriis, diis deabusque omnibus; 1772 gefunden ein runder Altar 32 Fuß unter der Erde, mit den Gottheiten der sieben Wochentage. *v. Stälin*, württemb. Jahrb. I. Heft v. 1835; ebenso reich an Inschriften Olnhausen, 1 ½ Stunde flußabwärts.

7 Zwischen Jagsthausen und Osterburken zwei oder drei Türme: „Heu-birken" (Hoch-bürgen??), auch „Götzenschanze", Sauhaus, „wälscher Buckel", „Schweinegraben", „Schänzel", „Römerschanze", „Römerberg", „Hag-äcker" (Hageracker). Die Grenzstraße von Jagsthausen nach Osterburken führt über Olnhausen und Widdern (an beiden römische Niederlassungen) in die große Legionenstraße. *Paulus* S. 42.

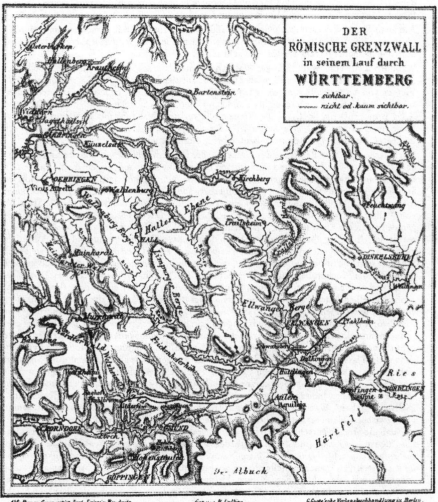

508 ZWEITER TEIL · WESTGERMANEN

lia[1], dann, den Odenwald durchziehend[2], nach Walldürn[3] (Wald-Turm): bei Miltenberg erreicht er den Main, beim kürzlich aufgedeckten Kastell „Altstadt.“[4] Hier endet der schwäbische oder Neckar-Limes. Man nahm früher[5] statt dessen als Endpunkt an Burgstadt, an der Mündung der Ersa in den Main und einen Mainübergang

1 Osterburken. Hier ein Hypokaustum, Ziegelplatten der leg. XXII (ein Stein mit dem Namen der VIII), ein Gebäude mit Halbrund und schönem Estrich, ein wohlerhaltenes sehr gut ausgeführtes Mithras–Monument: Münzen bis auf Claudius 270.

2 Auf dem Wege von Osterburken nach Walldürn „Götzingen“ mit Sarkophag und Münzen (Antonius Pius), Hönhaus (eine Anhöhe: Hoh- oder Hünenhaus?), Lausenberg (= Lauschenberg d. i. Späheberg?), ein zerstörtes Wachhaus, das „Hünenhaus.“

3 Walldürn nicht vom Wall, richtiger Wald-Dürn (mhd. durne), in der Nähe eine Quelle, der „Morschbrunnen“; dabei ein römisches castrum auf der „Altenburg“ 1828, ein ummauertes Viereck von 4 württemb. Morgen = 384 Quadratruthen; in demselben (außer anderen Bruchstücken von Gefäßen aus terra sigillata und von Heizröhren) Siegel mit dem Stempel der Legio XXII primigenia pia fidelis. – Die Grenzstraße verband Walldürn mit Osterburken: in der Nähe ein „Hunnenberg“, „Heidengärten“, „Schweingraben“, „Heerhecke“, „Pfahlbach“ (Bach und Ort). *Paulus* S. 43. (Römische Bauten bei Mümlingsbach?)

4 Nach der sorgfältigen Bereisung des Limes und der musterhaften Bewertung der Ergebnisse in der Darstellung von *Herzog* sind alle früheren Darstellungen zu berichtigen: die Resultate sind kurz zusammengefaßt die folgenden, wobei wir die nicht mehr oder kaum noch sichtbaren Strecken einklammern: Im Osten (von Schlierberg südlich bis Dorfkemnathen) von Dorfkemnathen südlich bis Russenhofen (folgt eine zweifelige die Wörnitz überschreitende Strecke): von Welburgstetten schnurgerade südwestlich bis Weiler (kleines Kastell): von Weiler schnurgerade in gleicher Richtung über „Pfahlheim“ und Röhlingen bis östlich von Schwabsberg: hier wurde der Übergang über die Jägst zwischen dem rechten Ufer der Sechta und dem Auerbach, durch zwei Türme gedeckt, gewonnen: so kam man mit einer Überbrückung ab: nun steil nach Westen (statt wie bisher südsüdwestlich), von Schwabsberg wieder pfeilgerade südsüdwestlich bis Sixen: der Kocherübergang in tiefer Schlucht bei Rühlingen war durch zwei Türme gedeckt: östlich bleibt, unberührt, hinter dem Limes (ein kleines Kastell bei Kaiserberg und) das große Kastell zu Aalen (Aquileja): von Sixen scharf westlich, anfangs ganz grad bis Brankofen: von da in leisen Hebungen und Senkungen über Iggingen und Alfdorf bis Pfahlbronn: von Pfahlbronn senkt sich ein kurzer Südzweig bis Lorch: von diesem Kastell an überschreitet eine kaum mehr sichtbare Fortsetzung (vielleicht nur Straße nicht Wall) den Fluß, die Rems, und geht schnurgerade südlich über „Wächterhof“ (Kastell) bis Hohrein, den Hohenstaufen, aber ganz östlich lassend, der fast ganz allgemein auf der ganzen Linie als Richtpunkt und Signalort sichtbar blieb, der aber selbst nur ein Speculum trug. In anderer Richtung steigt von dem Knie zu „*Pfahlbronn*“ der Limes nach kurzer westlicher Richtung bis „*Haghof*“ (bei Mühläcker Inschrift der 22. Leg., Jupiteraltar) schnurgerade auf: über *Welsheim* (Kastell, „den Heidenbühl“, „Schweinegraben“, Wachtturm), *Murrhardt* (Kastell, Damm), *Meinhardt* (darauf zwei Türme). Hier zwischen Mainhart und Oehringen wurden alle Schluchten so rücksichtslos überschritten, daß die Strecke entscheidend ist für den Charakter des ganzen Werks: für einen so geführten Zug ist die Gerade (mit der Magnetnadel von *Herzog*, S. 96, gemessen) absolutes Prinzip. *Oehringen* (Kastell), *Jagsthausen* (Kastell) nun bis zu seinem nördlichsten Endpunkt: *Hergenstadt* (Kastell), an manchen Stellen kaum noch sichtbar, auf den meisten Strecken aber völlig zweifellos mit sehr zahlreichen Türmen, kleinen Schanzen, Siedlungen meist hart hinter der westlichen also gedeckten Seite. Auch Parallellinien finden sich manchmal auf kurzen Strekken. Außerdem zog sich nun aber von Lorch nach Nordosten bis zum Grubenholz (Brackwangerhof) zur Verbindung Lorchs mit Aalen eine Heerstraße (nicht, wie Paulus annahm, ein zweiter innerer Limes), die freilich auf der ganzen Strecke nur schwach noch sichtbar ist, über Herlikofen und Unterböbingen: beim Brackwangerhof erreicht sie den Limes westlich von Sixen, überschreitet ihn hier und läuft, von hier nördlich, außerhalb des Limes in einem Bogen bis Vogelsang, wo sie in den Limes wieder einmündet, so daß hier, nördlich von Sixen eine kleine Ellipse von Straße und Limes wie eine Insel eingeschlossen war.

5 Auch noch bei *Paulus* a. a. O. S. 47.

ACHTES KAPITEL · DIE RÖMER IN DEUTSCHLAND

bei Freudenberg: „allein Conradys ganz neue, zum Teil noch nicht publizierte Untersuchungen zeigen, daß das angebliche Kastrum bei Freudenberg nur ein mittelalterlicher Zollturm war. Der Limes zog gar nicht nach Freudenberg, sondern nach der „Altstadt" bei Miltenberg[1], in dessen Nähe kürzlich der interessante Grenzstein der „Toutonen"[2] gefunden wurde, der so seine passende Erklärung erhält. Auf dem Greinberge bei Miltenberg war wohl eine specula" (Duncker).
Wie die Geraden, über 20 Schluchten rücksichtslos überschreitend, z. B. von Hergenstätt bis Haghof, vom Main bis auf die schwäbische Alp von den Römern ohne

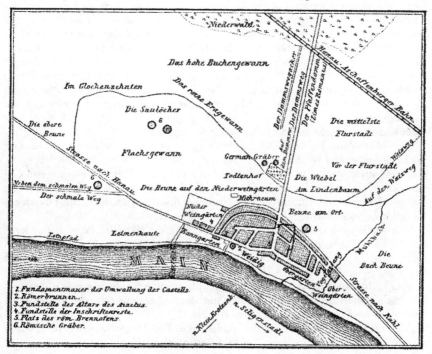

Situationskarte der Umgegend von Groß-Krotzenburg.

die Magnetnadel hergestellt werden konnten, hat Herzog überzeugend dargewiesen. Für den Süden war der Hohenstaufen Haupttrichtpunkt; es wurde diese Strecke zuerst von Norden nach Süden gebaut, ausgehend von den älteren Anlagen auf dem Taunus und dem Mainübergang: so allein erklärt sich die ungünstige Anlage bei

---

1 Miltenberg. Auf dem Greinberg bis Miltenberg ein römischer Grenzstein, bei der sogen. Altstadt westlich Miltenbergs das Kastell, ferner Denksteine zu Ehren des kaiserlichen Hauses dem Merkur von einem Centurio der 22. Leg., desgleichen von einem Centurio der Cohors I. der Sequaner und Rauriker, eine dritte dem Merkur; eine dem Juppiter optimus maximus von Leuten der gleichen Kohorte errichtet. *Paulus* S. 47 f. Vgl. *Conrady*, Nass. Ann. XIV, 341 ff., über die Inschriften, ausgedehnte römische Grundmauern, Münzen, Bronzefiguren, Lampen, Gefäße. *Paulus* S. 14. *Conrady*, Nass. Ann. XIV, 441 ff.
2 Eine sonst nie genannte, keinesfalls mit den „Teutonen" identische Völkerschaft vielleicht nur ein keltischer Gauname *(Dahn).*

510 ZWEITER TEIL · WESTGERMANEN

Haaghof in der Mulde, statt auf der Höhe: sie war der unvermeidliche Endpunkt der geraden vom Main her gezogenen Linie. Gerade hier, bei den Strecken Lorch-Pfahl-bronn und Lorch-Hohrein und in bezug auf den Hohenstaufen, sind aber jetzt die älteren Annahmen beseitigt und ganz neue entscheidend aufgestellt. Man hat einmal den Zusammenhang von Stadt und Kloster Lorch (1139 „Laureacus") an der Ver-kehrsstraße des Rems-Tales mit Pfahlbronn nachgewiesen: die Burg steht wohl an der Stelle eines römischen Kastells. Die Namen „Götzenbach", „Götzental", „Göt-zenmühle", „Venusberg", „Tempelfirst" weisen auf einen römischen Tempel, der hier stand: ihm gehört wohl an der Architravbalken, auf welchem nach dem Sieg des Christentums über die heidnische Inschrift in „honorem domus divinae" ein Kreuz gemeißelt wurde, jenen Sieg zu verherrlichen: der gesagte Balken wurde dann, nicht aus Mangel an Steinen, sondern jenes Symbols wegen, in eine Kirche eingemauert: ein „Marienberg", eine „Marienkirche" wurde nun dem „Venusberg" gegenüberge-stellt: auf dem „Heerweg", Pfahl von Lorch bis Pfahlbronn sind noch zwei Türme nachweisbar. Dagegen ist nun dargetan, daß eine fortlaufende Linie von Pfahlbronn nach dem Hohenstaufen nicht vorhanden war, sondern höchstens einzelne kleinere Befestigungen zwischen Lorch und dem Berg, dessen Höhe aber doch wohl eine *specula* trug: römische Gefäße *sollen* hier gefunden sein.

Von Miltenberg bis Groß-Krotzenburg bildet der Main die Reichsgrenze. Der Wall beginnt wieder bei dem starken Kastell Groß-Krotzenburg, das den Übergang über den Strom deckte und neuerdings (durch Dunckers Untersuchungen und den kürzlich erfolgten Fund eines Mithräums) näher bekannt wurde, und zieht sich von hier gen Norden nach Rückingen bis Hanau, wo der Übergang der Kinzig durch ein Kastell beherrscht wurde.[1]

Von Rückingen zieht er nordnordwestlich über die Kastelle „Burg" bei „Alten-stadt" an der Nidda, Staden (statio) an der Nidda, Bingenheim und gegenüber Echzel (beide keltisch) an der Horlof, Birklar, wo sein Profil noch sehr gut erhalten ist, und Arnsburg an der Wetter[2] nach Leihgestern bei Gießen.

Von Leihgestern senkt er sich, wie schon oben erwähnt, scharf gegen Süden über Butzbach, Oberroßbach bei Friedberg mit der Capersburg bis zur Saalburg bei Homburg, wo er die Höhe des Taunus ersteigt.

Alle diese Orte, wie zum Teil die Namen, zum Teil Ausgrabungen dartun, waren größere oder kleinere „Stationen" an Fluß- oder Gebirgsübergängen.[3]

---

1 *Duncker*, Das Römerkastell und das Totenfeld in der Kinzigniederung bei Rückingen. Hanau 1873 und Zeitschr. f. hess. Gesch. u. Ldsk. N. F. VIII. 124 ff.

2 Hierüber das Neueste bei *v. Cohausen*, Darmst. Zeit. vom 16. August 1881, Nr. 225 (wo die Annahmen Dunckers vollständig bekräftigt werden): „Von Groß-Krotzenburg bis Marköbel zieht der meist sehr stattlich profilierte Pfahlgraben in schnurgerader Linie 20 000 Schritt lang mit zwei Turmstellen, einem Kastell: dann abermals in schnurgerader Linie und abermals über 20 000 Schritte lang von Marköbel nach Stammheim mit Turmhügeln, zahlreichen römischen Scherben, an den Westenden von Marköbel und Altenstadt Spuren von Kastellen. – Zwischen Leidhecken und Bingenheim ein stumpfer Winkel. Das Kastell „auf der Burg" und das Tor „auf der Mauer", ebenfalls Kastell, zeigen zahlreiche Scherbenreste: 400 Schritte nördlich von dem-selben zieht der Limes, in der Nähe Funde einer Reibschale, eines Mühlsteins von LavDie Strecke von Birklar nach dem roten Tor der Klostermauer von Arnsburg ist von einem Turm-rest überwacht, dann fällt der Limes zu den Wiesen an der Wetter herab. So ist die ganze Linie von Großkrotzenburg am Main bis Rheinbrohl am Rhein dargewiesen."

3 Die Linie von Altenstadt bis Oberroßbach, welche noch *Arnold* S. 103, Arnd folgend, an-nimmt, ist zu streichen („war dort überhaupt etwas, so war es eine Straße, aber kein Wall." *Duncker* brieflich).

ACHTES KAPITEL · DIE RÖMER IN DEUTSCHLAND 511

Nördlich des Lahnübergangs bei Ems[1], wo wohl Obergermanien seine Nordgrenze hatte[2], schlossen sich auf dem rechten Rheinufer Befestigungen an, welche, wie man vermutet, aber nicht genauer dartun kann[3], durch das Siebengebirge gingen und sich vielleicht bis Deutz und zum Niederrhein erstreckten.

Die schon unter Domitian begonnenen Arbeiten[4] wurden von Trajan, welcher vor seiner Thronbesteigung lange Zeit in Germanien kommandierte (oben S. 161), in großem Stil fortgeführt: man schreibt ihm die Fortsetzung des Limes gegen die Chatten gegen Südosten, vom Main und Neckar gegen die Hohenstaufen hin, zu: auf ihn werden zurückgeführt die Gründung oder Erweiterung der Kastelle von Rückingen und Groß-Krotzenburg bei Hanau, der „Altstadt" bei Miltenberg, der Orte Baden, Ladenburg, Xanten, auch Befestigungen auf dem rechten Donauufer. Auf das eifrigste wurde unter seiner Regierung an dem Werk gearbeitet: die Germania 98/99 sollte, vermutet man, durch die veranschaulichte Wichtigkeit der germanischen Dinge die lange Abwesenheit des Kaisers nach Nervas Tod rechtfertigen: er verweilte damals in Germanien bei den Limes-Arbeiten. Die Trajanssäule, aus den letzten Jahren des Kaisers, erachtet diesen Bau für wichtig genug, ihn mit aufzunehmen unter die Reihe der Abbildungen seiner Großtaten: sie zeigt einen Erdwall, dahinter in Zwischenräumen viereckige Türme, jene Zwischenräume und die Sohle des Walles mit Soldaten besetzt.

Die Vollendung des Werkes geschah unter Hadrian 117–138[5], nach welchem es

----

1 Römische Inschrift in Ems. Nassauer Ann. VI. 347.

2 Über den Zug nach Hönningen um das Neuwieder Becker, zu dem das große Kastell Viktoria bei Niederbiber gehört, kann hier verwiesen werden auf *v. Cohausen* in den „Baudenkmälern des Regierungsb. Wiesbaden" und J. Beckers und *v. Cohausens* Untersuchungen in den Bonner Jahrbüchern.

3 Daher nimmt *v. Cohausen* S. 446 mit besserem Fug an, daß der Limes auf der Höhe von Rheinbrohl aufhörte, bevor er das Siebengebirge erreichte.

4 So auch *Herzog*, Jahrb. LIX, 54: „man hat sicher von Domitian bis ins dritte Jahrhundert daran gebaut."

5 Über die bis dahin in Germanien stehenden Legionen s. *Brambach*, Inscr. Rhenan. S. IX, *Grotefend* in Paulys Realenzyklopädie, dann *Pfitzner*, Geschichte der römischen Kaiserlegionen von Augustus bis Hadrianus, Leipzig 1881: hiernach ergibt sich folgendes Schema:

27 vor Chr. bis 9 nach Chr. Germania inferior L. VIII. AugustXXII Primig.
          Germania superior V. AlaudXIV. Gemina.

9 n. Chr. bis 43 n. Chr. Germ. inf. I. V. AlaudXX. Victrix. XXI.
         Germ. sup. II. Aug. XIII. GeminXIV. Gem. XVI.

43–47.   G. inf. I. V. Alauda XXI.
         G. sup. IV. Macedon. XIII. GeminXVI. XXII. Primig.

47–58.   G. inf. I. IV. Seyth. V. AlaudXVI.
         G. sup. IV. Maced. XIII. Gem. XXI. XXII. Primig.

58–68.   G. inf. I. V. AlaudX. GeminXVI.
         G. sup. IV. Maced. XIII. Gem. XXI. XXII. Primig.

68.   G. inf. I. V. AlaudXVI.
         G. sup. IV. Mac. XXI. XXII. Prim.

69 Januar.   G. inf. I. V. AlaudXVI.
         G. sup. IV. Mac. XXI. XXII. Primig.

512 ZWEITER TEIL · WESTGERMANEN

„vallum, Limes Hadriani" benannt wurde: seine Nachfolger (Antoninus Pius 138–161
und Marc Aurel 161–180) haben nur noch, wie bei dem Hadrianswall in England[1],
Erweiterungen und Bestärkungen im einzelnen hinzugefügt: die Arbeiten an demselben ruhten auch später nie, so lange er behauptet wurde: noch unter Probus 276–282
erfolgten Verstärkungen (aber keine oder doch nur ganz einzelne Verlängerungen).[2]
– Hadrian ist auch der Urheber der Donaulinie, der „Teufelsmauer", die zum Teil nur
aus einer aufgemauerten Legionenstraße („Hochstraße") besteht, ganz wie der Hadrianswall in England: der unter Antonin im Jahre 140 errichtete kaledonische Wall
zwischen Forth und Clyde gleicht dagegen mehr dem Pfahlgraben.[3]
    Eifrige Tätigkeit Hadrians für Abwehr der Barbaren durch Pfahlwerke von den
offenen, nicht durch Ströme gedeckten Grenzen bezeugt sein Biograph Spartian.[4]

69 Februar. folg.	G. inf. I. XV. Prim. XVI. } vexilla leg. V. Alaud. XXII. Prim.
	G. sup. IV. Mac.
70–84.	G. inf. II. Adiutrix VI. Victrix. X. Gem. XXI. Rapax.
	G. sup. I. Adiutrix. VIII. AugustXI. ClaudiXIV. Gem.
84–86	G. inf. I. MinervVI. Victrix. X. Gem. XXI. Rapax.
	G. sup. I. Adiutrix. VIII. Aug. XI. GlaudiXIV. Gem.
86–92.	G. inf. I. Min. VI. Victrix. X. Gem. XXI. Rapax.
	G. sup. VIII. Aug. XIV. Gem.
92–101.	G. inf. I. Min. VI. Victrix. X. Gem. XXI: Rapax.
	G. sup. I. Diutrix. VIII. Aug. XI. ClaudiXXII. Primig.
101–105.	G. inf. I. Min. VI. Victrix X. Gem. XXX. Ulpia.
	G. sup. I.Adiutrix. VIII. Aug. XI. Claud. XXII. Primig.
105–107.	G. inf. VI. Victrix. XXX. Ulp.
	G. sup. VIII. Aug. XXII. Prim.
107–120.	G. inf. I. Min. VI. Victrix. XXX. Ulp.
	G. sup. VIII. Aug. XXII. Prim.
120.	G. inf. I. Min. XXX. Ulp.
	G. sup. VIII. Aug. XXII. Prim.
120-150.	G. inf. I. Min. XXX. Ulp.
	G. sup. VIII. Aug. XXII. Prim.

1 Über diesen außer Yates: lapidarium septentrionale des antiquar. Vereins zu Newcastle am
  Tyne. London 1875, *Hübner* in der D. Rundschau 1879. *Hübner*, Jenaer Lit.–Zeit. 1875, Artikel 756.
2 „D. h. Probus hat gewiß den südmainischen Wall und die Teufelsmauer hergestellt und verstärkt, ob er aber je über den Main hinausgekommen ist, scheint mir mehr als zweifelhaft. Ich
  möchte darauf aufmerksam machen, daß die Münzen der Saalburg, des Punktes, welcher im
  Taunus gewiß zuletzt aufgegeben wurde, schon mit *Claudius Gothicus* abschließen, dem Zeitgenossen des *Postumus*, der (sc. Postumus) diese Gegenden sicher nochmals den Barbaren
  abgewann. Vergl. die interessante Saalburgmünztabelle bei *v. Cohausen* und *Jacobi*." (*Duncker*
  brieflich.)
3 *Yates* O. *Arnold* S. 90.
4 Per ea tempora et alias frequenter in plurimis locis, in quibus barbaris non fluminibus, sed
  limitibus dividuntur, stipitibus magnis, in modum muralis sepis funditus iactis atque connexis
  barbaros separavit. Vgl. *Herzog*, Jahrb. LIX, 54: „auf *Hadrian* wird die Palissadenausstattung
  zurückgeführt; andere, wie Caracalla, wendeten den Kastellen und Türmen ihre Sorgfalt zu";
  vgl. oben II, 191 f.

ACHTES KAPITEL · DIE RÖMER IN DEUTSCHLAND   513

Die Verbindung aber des „Pfahlgrabens" (Rhein-Main-Neckar) mit der „Teufelsmauer" (Donau-Altmühl) verlegt man erst in die Zeit Antonius.

Das Detail all der verwickelten Befestigungen wird nicht mehr überall festzustellen sein: doch hat die Kenntnis derselben in jüngster Zeit durch Resultate der Lokal-
untersuchungen viele Fortschritte gemacht; in manchen Gegenden waren mehrere
Linien hintereinander gezogen: einzelne Vorschanzen, oder einzelne Rückschanzen,
Kastelle zur Beherrschung von Fluß- oder Gebirgsübergängen verstärkten die Anlage: eine hinter dem Limes diesem parallel laufende Legionenstraße verband die einzelnen Türme und Wachthäuser (specula): in diese Hauptlinie mündeten zahlreiche
Straßen, welche von den im Innern gelegenen Städten der beiden Provinzen Germaniens, Galliens, Italiens rasche Verstärkungen den ausgesetzten ständigen Verteidigern zuführten.

Die sehr allmähliche Ausführung des Werkes erklärt nicht nur die Abweichungen
von früheren Plänen, auch die Verschiedenartigkeit der Arbeit an verschiedenen
Stücken, namentlich die Art der Anschlüsse und Verbindungen, welche oft anders
erfolgt als bei einheitlicher Durchführung zu erwarten war.

Besonders zeigt sich dies bei der Anfügung des Donau-Limes an den rheinischen;
dies geschieht nicht an der Südspitze des Walles, dem westlichen Ausläufer des Hohenstaufens, sondern einige Stunden weiter nördlich bei dem Dorf Pfahlbronn auf
der Wasserscheide des Lein- und Rems-Tales. Hier bildet der Wall nicht eine Linie,
sondern einen Haken, was man daraus erklärt, daß die Verknüpfung beider Linien
erst beschlossen wurde, als beide im wesentlichen fertig gebaut waren.[1]

Der Anschlußpunkt fällt jedoch nicht auf die Kuppe des Hohenstaufens selbst,
sondern an den westlichen Fuß desselben, auf einen schmalen, weithin sichtbaren
Bergrücken. Hierdurch war die Überwachung des Grenzwalles von dem Hohenstaufen aus sehr erleichtert.[2]

Die nördliche Verlängerung des Pfahlgrabens in der Wetterau über Butzbach,
Grüningen, Staden und Altenstadt wird auf Hadrian oder Antonin zurückgeführt;
die Spuren der über ein Jahrhundert die Wetterau durchdringenden Römerherrschaft
erlöschen erst 250.

Man hat mit Recht darauf hingewiesen, daß der außerordentlich lang gestreckte
Wall zur Deckung des Rheins ebenso sicher durch eine kürzere Linie, etwa von
Mainz oder Straßburg nach Ulm oder Augsburg, hätte ersetzt werden können, wenn
auch der Donau-Limes zur Abhaltung der Barbaren von dem nächsten Weg über die
Alpen unentbehrlich war. Man vermutet daher, daß die Anlegung der beiden Ab-
schnitte, in welche der rheinische Limes zerfällt, nämlich der Main-Limes und der
Neckar-Limes, zunächst je für sich, ohne Rücksicht aufeinander und auf den Donau-
Limes angelegt wurden. Und zwar zunächst um der Ausbreitung der beiden nächsten
und gefährlichsten Völkergruppen entgegenzutreten: den Chatten und später den
Alemannen. Die Chatten reichten schon zu Cäsars Zeit bis an die Mainspitze, im

---

1 *Paulus*, der römische Grenzwall. Stuttgart 1862. S. 3. S. 52 gegen *Buchner*, der Lorch als Endpunkt angenommen hatte. Paulus folgt noch *Arnold*. Vgl. *Stälin*, württemberg. Gesch. I., 588.
Beschreibung des Oberamtes Welzheim S. 235. Das Richtige aber, vielfach abweichend von
den Vorgenannten, bei Herzog in den Württemb. Jahrb. 1880.

2 *Paulus* S. 4. 5; vgl. die „Heidenlöcher" auf der gegen den Limes gekehrten Seite (Heiden-,
Römer-, Heidenstraße-, Heiden-Mauer, Römer-Münze). „Heidenfeld heißt heute noch der
Ort im Westen des Berges, wo der Limes endete und wendete: eine Legionenstraße aus dem
Decumatenland kommend, mündete hier und führte weiter über Heidenheim nach Lauingen
an der Donau." Vgl. aber hiergegen mit Recht zum Teil *Herzog* a. a. O.

514   ZWEITER TEIL · WESTGERMANEN

Osten bis an die Werra: gegen sie richteten sich wiederholt die ersten Anlagen auf
dem rechten Rheinufer seit Drusus und Germanicus; der Limes in der Wetterau und
im Taunus war gegen die Chatten erbaut.

Gegen die 213 zuerst genannten Alemannen war der schwäbische, der Neckar-
Limes gerichtet (vom Hohenstaufen bis zum Main): wenn auch noch nicht unter
jenem Gesamtnamen, bedrohten doch diese Völkerschaften, vom Mittelrhein in die
durch die Markomannen geräumten Landschaften am Ober-Main und von da später
südlicher eingewandert, schon hundert Jahre früher den Rhein; die Gegenwehr wider
sie wird auf Trajan zurückgeführt.

Die Bedeutung und Wirkung des großartigen Werkes war einmal für das Römerreich die Erhaltung des Besitzstandes, welche für fast zwei Jahrhunderte dadurch in
der Tat erreicht wurde, entsprechend der weise erkannten Aufgabe der besten Kaiserzeit [Trajan (98–117), Hadrian (117–138), Antonin (138–161), Marc Aurel
(161–180), die Grenzen des fast unübersehbar gewordenen Staatsgebietes nicht mehr
auszudehnen, sondern nur festzuhalten und zu schützen. Eroberungen zur Gebiets-
erweiterung werden nicht mehr angestrebt: Trajan eroberte Dakien nur zum Behuf
der besseren Verteidigung der Donau und Aurelian gab die Provinz wieder auf; überall suchte man, wo natürliche sichernde Grenzen fehlten, künstliche herzustellen; so
entstanden die beiden Wälle in England, die Befestigungen der Donaumündungen in
der heutigen Dobrudscha, wie in Afrika an der Südgrenze von Ägypten; nur ein
Glied in dieser Kette, nur ein Teil dieser systematischen, künstlichen Defensive waren die Deckungen an Rhein und Donau durch die beiden limites.

Diesen ihren Zweck haben beide Linien fast zweihundert Jahre hindurch vortrefflich erfüllt; obzwar selbstverständlich die lange Kette hie und da von den Germanen
durchbrochen wurde – dauernd konnten sich die Eindringlinge weder im Zehentland
noch gar jenseits der beiden Ströme behaupten, so lang der Limes und die Uferlinien
in römischen Händen blieben. Erst um 250 wurde der Rhein-Limes von Franken und
Alemannen, der Donau-Limes von Goten endgültig durchbrochen und seit dem Anfang des V. Jahrhunderts auch Rhein und Donau selbst dauernd überschritten; noch
Ende des III. Jahrhunderts und sogar Mitte des IV. leistet der rheinische Limes Probus und Julian vortreffliche Dienste zur Abwehr und selbst zum Angriff.

Neben dieser militärischen war aber die politische Wirkung des gesicherten Vorlandes, der stark romanisierten Landschaft in dem umfriedeten Dreieck sehr hoch
anzuschlagen; war die Eroberung des inneren Germaniens aufgegeben, so mußte die
friedliche Romanisierung des Landes, die Verbreitung römischer Kultur, römischen
Einflusses, die Gewinnung für römische Interessen von hohem Wert sein. Diese
Romanisierung geschah aber leichter durch ganz- oder halbromanische Barbaren –
Germanen und Kelten des Vorlandes – als durch Römer unmittelbar. Wie vielfach aber
auch nach der Varusschlacht noch römischer Einfluß auf die freien Germanenstämme: Hermunduren, Therusker, Chatten, Markomannen, wirkt, haben wir gesehen; es
gab eine römisch-gesinnte Partei in vielen dieser Völkerschaften. Und das Bild der
reichen römischen Kultur, welche rasch in dem „Decumaten"-Land aufblühte, konnte
nicht ohne Wirkung auf die Barbaren bleiben; in Ackerbau, Gartenbau, Handwerk,
Tracht, Lebenssitte, Genuß und Luxus nahmen die Nachbarn des Limes mancherlei
auf: so Wein und Edelfrüchte. Das Decumatenland aber wurde auf 2 Jahrhunderte
ganz römisch – eine Zeitdauer, an welche man zu wenig zu denken pflegt.

Außer den Militäranlagen: dem Pfahl selbst, den Kastellen, Türmen, Brücken,
Straßen, entstanden um die Kastelle und Winterlager zahlreiche Städte, welche, an
Flußmündungen oder wegen sonstiger Terrainvorzüge angelegt, sich, obzwar im IV.

ACHTES KAPITEL · DIE RÖMER IN DEUTSCHLAND

und V. Jahrhundert wiederholt geplündert und verbrannt, immer wieder aus dem Schutt erhoben: und so sind die ältesten deutschen Städte zwar keineswegs, z. B. in Verfassung, Handwerk, Kunst, ununterbrochene Fortsetzungen der römischen, aber doch an deren Stelle und nur vermöge der Vorgängerschaft der römischen entstanden; der Handel einzelner Rheinstädte hatte nie aufgehört; viele römische Städte haben sich aus der römischen Zeit als Bischofssitze oder Kirchenorte, Klöster, königliche Pfalzen erhalten oder sind wenigstens heute noch kleine Flecken; manche dieser Orte hatten die Römer bereits als keltische Niederlassungen vorgefunden und sie nur erweitert und

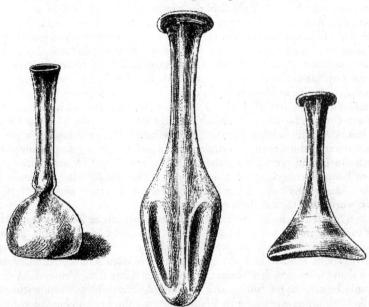

Zu Regensburg gefundene römische Glasflaschen; 1/2 der natürl. Größe.
(Sammlung des historischen Vereins für die Oberpfalz zu Regensburg.)

befestigt, so daß in wunderbarem Wechsel eine Stätte Trägerin oder doch Schauplatz keltischer, römischer, germanischer Kultur hintereinander wurde.

So im Rheingebiet Wesel, Köln (Colonia Agrippina), Andernach, Koblenz, Bingen, Mainz[1], Worms, Speier, Altrip (alta ripa), Zabern (tabernae) in der Pfalz und im Elsaß, Selz, Straßburg, Brumat, Breisach, dann im Donaugebiet, Augsburg (Augusta Vindelicorum), Regensburg (Reginum), Passau (Bojudurum, Batava castra), Linz, Salzburg.[2] In diesen Garnison-[3], Industrie-[4] und Handelsstädten war nun das römi-

---

1 Hier stand von Claudius bis 69 die XXI. Legion, die von dort auch Teile nach Heidelberg abgab.
2 Über Württemberg s. oben S. 438 und S. 439; außer den dort genannten erwähnt eine „civitas Alisinensis", Bonfeld, „vicus Murrensis" in Benningen am Einfluß der Murr in den Neckar, Sitz einer Schifferzunft: *Brambach*, Inscr. Rhenan. Nr. 1561. 1595. 1601, vicus Aurelianensis von Caracalla so benannt, mit einem Quästor. Vgl. *Herzog*, Jahrb. LIX, 58.
3 Daher die Blüte der Bau- und Waffengewerke, die meisten Ziegel tragen den Stempel der legio XXII primigenia pia fidelis, oft auch das Zeichen der Kohorte der „Bindelicier".
4 Daher auch Weberei, Gerberei, Töpferei.

516   ZWEITER TEIL · WESTGERMANEN

sche Kulturleben in ziemlicher Vollständigkeit entwickelt, wenn auch natürlich lange
nicht so reich wie in Gallien und in Italien selbst.[1] Aber die Bedürnisse des römischen
Luxus verlangten überall, auch hart gegenüber dem Urwald der Barbaren, Befriedigung. Das weltbeherrschende Volk hat dies Vorland so gut wie Gallien oder Spanien
als für ewig erworben betrachtet; unübersehbar zahlreiche Inschriften[2] und Monumente jeder Art führen uns das heute noch vor die staunenden Augen. So finden sich
denn in dem Vorland vor allem römische Legionen- und Handelsstraßen nach einem
großartig angelegten System (s. unten).

Außerordentlich ist auch die Zahl der römischen Münzen, welche hier gefunden
worden: von Augustus bis Tetricus (zwischen Unterpeißenberg und Otterding in
Oberbayern, nahe der Amper, wurde 1831 eine Bronzeurne mit 2000 Kupfermünzen
von Gallienus, Claudius, Victorinus, Postumus, Tetricus gefunden), bis Gallienus,
bis Constantius II. (bei Cannstadt, Clarenna), ja bis Valentinian (in Niedernau):
denn der Geldhandel hatte selbst unter den Barbaren außerhalb des Limes schon zu
Tacitus' Zeit den Tauschhandel allmählich zu ersetzen begonnen.

Seit Gallienus war freilich das Land zwischen Donau, Main und Rhein ein „debatable ground" und *Herrschaft*, dauernde Staatsgewalt der Römer in jenen Gegenden
folgt keineswegs aus solchen Münzen, welche Beute, Kaufpreis und gesuchte Wert-
zeichen unter verbliebenen Kolonisten und den Germanen selbst waren. Die be-
stimmbaren Inschriften in Württemberg gehen vom J. 140 bis auf Gallienus, dem
zweiten Jahrhundert gehören nur sieben an; die Zeit von 200 bis 270 war die Blütezeit des Römertums hier; so stark und früh wie z. B. gleich nach der Eroberung
Dakien wurde dies Land nicht romanisiert.[3]

In den Städten auch des Vorlandes fehlte es aber nicht an Tempeln und Altären:
und zwar nicht nur der altrömischen Götter, von denen Jupiter, Mars, zumal aber
Hercules und Mercur, dann Juno und Minerva[4], später unter den Constantinen Sol
(Helios) verehrt wurden, auch der einheimischen lokalen Schutzgeister und der ferner aus dem Orient von den Römern importierten Kulte (Isis, Mithras).

Amphitheater, Bäder finden sich manchmal, Heizrohre, Wasserleitungsrohre
überall. Als Beispiel einer solchen Römerstadt und ihres reich blühenden Kulturle-
bens mag Wiesbaden dienen.[5] Die römischen Bäder waren mit Sandsteinplatten belegt; Hypokaust und Wasserbehälter, die Bleirohre, Kapitäle jonischer Säulen, eine
Sonnenuhr haben sich erhalten. Das Kastell auf dem „Heidenberg" war von der XIV.
Legion zwischen 15 vor und 43 nach Chr. erbaut (später 62 n. Chr. standen hier Teile
der legio XIV gemina martia victrix), ebenfalls ein Rechteck mit stark abgerundeten
Ecken: es hatte vier durch Türme geschützte Tore und außerdem noch 24 oder 28
Mauertürme. Wege von mehr als 5 Meter Breite, teils gepflastert, teils aus Kieseln
und Sand festgestampft (via principalis und via angularis), durchschnitten recht-

---

1 So mit Recht warnend gegen Übertreibung *Herzog*, Jahrb. LIX, 57 f., der erinnert, daß die
  Veteranen der hier angestellten Truppen: Asturier, Hispanier, Britten, Helvetier selbst von der
  römischen Kultur nur das im Kriegsdienst Angeeignete besaßen. Erst im Laufe der Geschlechter konnte die Romanisierung erstarken.

2 *Brambach*, Corpus inscriptionum Rhenanarum. Elberfeld 1867. Mommsen, oben S. 423, An-
  merkung.

3 Vgl. *Herzog*, Jahrb. LIX, 50.

4 Z. B. Relief von Kleinschwalbach, Nassauer Annalen III, 2. S. 223.

5 *Lotz-Schneider* S. 442 u. d. Lit. daselbst.

ACHTES KAPITEL · DIE RÖMER IN DEUTSCHLAND

Römischer Altar mit Darstellung einer Opferszene; gefunden 1507 zu Eining.
(München, Bayrisches Nationalmuseum.)

Inschrift: Dominis nostris M. Aurelio Antonino et. P. Septimio Getae Augustis et Juliae AVGustae MATRI AVGustorum Et KASTRorum Iovi Optimo maximo et IVNoni REginae ET MINERvae SACrum GENIO COHortis III BRITannorum ARAM Titus FLavius FELIX PRAEFectus EX VOTO POSVIT Liberis Merito DEDICAVIT · KALendis DECembribus · GENTIANO ET BASSO · COnSulibus. Das Monument wurde am 1. Dezember d. J. 211 errichtet: auf der rechten Seite desselben befindet sich eine Frauengestalt mit Füllhorn und Ruder (Fortuna), auf der linken ein Mann mit einem Füllhorn, der an einem brennenden Altar opfert (genius).

518   ZWEITER TEIL · WESTGERMANEN

winklig das Areal, das 2 Kohorten, 800–1200 Mann, aufnehmen konnte. Das Prätorium war von der I. Legion erbaut. Säulenhallen schmückten Hof und Bad; ein Gehege
für Wild und Vieh (vivarium) diente dem Vergnügen wie dem Unterhalt. Eine 5 m
breite Fahrstraße führte vom Kastell nach der Bäderstadt, dann nach Kastel, welches
sie, den Rhein überbrückend, mit Mainz verband. Eine zweite Straße ging nach einer
großen Jagdvilla am Neroberg, eine dritte nach Hofheim. Im III.–V. Jahrhundert
erst, als der Limes längst durchbrochen war, wurde hier, vielleicht von Julian oder
Valentinian, die „Heidenmauer" angelegt: wohl um die Stadt gegen die Alemannen
zu schützen; das Werk wurde nicht mehr vollendet, obwohl man, um es rascher zu
fördern, die Trümmer der bereits halb zerstörten Bauten aus besserer Zeit: Säulen,
Gesimse, sogar Altarstücke mit Inschriften als Bausteine verwendet hatte: in stum-
mer Beredsamkeit erzählt dieser Bau die Geschichte der sinkenden Verteidigungskraft der Römer, der nicht mehr abzuwehrenden Angriffskraft der Alemannen.

Von größter Bedeutung für die Geschichte der Germanen[1] wurde aber der Pfahlgraben dadurch, daß er sie nötigte, Halt und dem nomadischen Vorwärtsschweifen
ein Ende zu machen: zu Cäsars Zeit waren sie als unstete Jäger- und Hirtenstämme
im Begriff, Rhein und Donau zu überschreiten und die über diese Ströme getriebenen Kelten weiter und weiter zu drängen: sie hatten nicht entfernt daran gedacht, aus
dem jetzigen Deutschland ihre dauernde Heimat zu machen: das römische Schwert
hemmte sie zuerst an Rhein und Donau, später dauernd schon an den beiden „limites": drei Jahrhunderte lang konnten sie nicht mehr nach Westen oder Süden vorwärts: den Rückweg sperrten Goten, Slawen, Hunnen. So mußte Halt gemacht werden: anstelle der alten unsteten Wanderungen trat Seßhaftigkeit: der früher unbedeutende und unstetige Ackerbau gewann jetzt, selbst seßhaft geworden, höhere
Bedeutung für die Volksernährung als die früher weit überwiegende Jagd und Viehzucht. Die schweifenden Hirten und Jäger wurden seßhafte Bauern. Die Folge war
freilich bald so starke Zunahme der Bevölkerung, daß eine neue Wanderung, richtiger gesagt Ausbreitung, unvermeidlich wurde, welche sich bei abnehmender Widerstandskraft Roms gewaltsam über die „limites" und die Ströme der Grenzen ergoß.

So hatte der limes Jahrhunderte hindurch großen Einfluß auf unser Volk geübt:

---

1 „Bezüglich der *Wirkungen* des Pfahls auf die Germanen bin ich mit Ihnen einverstanden,
möchte nur seine militärische Festigkeit nicht ganz so hoch stellen. Mir ist er mehr feste
Grenze, die größere Ähnlichkeit mit den Landwehren des Mittelalters besitzt, als man gemei-
niglich annimmt. Dem Handel und Verkehr sollte trotz des Walles möglichst Spielraum gelassen werden." *(Duncker,* brieflich.) Ähnlich *Becker,* a. a. O. S. 14: „Ich denke mir den Limes
ähnlich den Landwehren der mittelalterlichen Städte: die seltenen Wege wurden durch Kastelle
gesperrt und der übrige weglose Raum durch Gräben, Wälle und Hecken noch schwerer zugänglich gemacht für Wagen und Vieh". – Längere Beschäftigung mit dem Gegenstand hat
mich dieser Auffassung Dunckers und Beckers von Jahr zu Jahr immer näher geführt: ich habe
daher die „Festigkeit", die militärische Defensiv-Bedeutung in der hier vorliegenden Darstellung immer mehr abgeschwächt: schon die allzu lange Ausdehnung machte für die verfügbaren
Besatzungskräfte Verteidigung gegen Angriffe *größerer* Massen ganz unmöglich, nur zur Abwehr sehr kleiner Haufen genügte das Sytsem. Vor allem war wohl *Beobachtung* und *Alarmierung* bezweckt; dann auch *Verhütung,* daß die Germanen, *auch friedlich,* auf *anderen* als den
vertragsmäßig ihnen angewiesenen Punkten in die Provinzen eintraten oder bewaffnet oder in
zu großen Truppen oder öfters als ihnen verstattet war oder ohne Zoll: – kurz, abweichend von
den Vertragsbestimmungen über friedlichen Verkehr, auf welche Römer und Germanen wiederholt schwerstes Gewicht legen. – An meinem Wohnort, nahe der russischen Grenze, lernt
man die Bedeutung der sogenannten Grenz-„Lucken" (niederdeutsch) würdigen: es sind die
obrigkeitlich angewiesenen und allein verstatteten Grenzübergänge.

ACHTES KAPITEL · DIE RÖMER IN DEUTSCHLAND   519

als Schranke, als zornig bekämpftes Hemmnis, aber auch als Nötigung zu Seßhaftigkeit, zu Ackerbau, zu Steigerung der eigenen Kultur und als Verbreiter der römischen Kultur.

Auch nachdem aber die Germanen das ehemals römische Germanien für immer
gewonnen hatten, sind die Nachwirkungen der von ihnen in der Vorzeit an dem
limes den Römern abgelernten Kultur keineswegs ganz erloschen: es blieben Sklaven,
Freigelassene, Colonen, Gefangene im Lande auch nach der germanischen Eroberung: das beweisen die zahlreichen auf „wal, walah, walch" zurückgehenden Ortsnamen, die starke Menge Dunkelfarbiger oft gerade in solchen Landschaften[1]: und daß
auch die Überlieferungen des römischen Ackerbaus nicht spurlos untergingen, beweist, daß die (in Württemberg) heute noch vorherrschende Getreideart, der Dinkel
(*triticum, spelta*, bei den Römern *far*), auf die Römer zurückgeht.[2]

In Geschichte, Sprache und Sage hat denn auch die „Heidenmauer", „Teufelsmauer" unser Volk lang und lebhaft beschäftigt: schon im IV. Jahrhundert bildete es
Ortsnamen von dem „Pfahl" (*palas*, Amm. Marc.).

Mit Recht hat man[3] also hervorgehoben, wie das großartige Werk, auch nachdem
es durchbrochen war, doch immer wieder eine Rolle spielte: so wurde es für Alemannen und Burgunder Grenze[4]: und Jahrhunderte hindurch diente es zur Grenzbe-
zeichnung für Fluren, Dörfer, Gaue, Staaten, fort und fort die sagenbildende[5] Phan-
tasie des Volkes beschäftigend.

Die große Zahl der römischen Wohnplätze in dem Zehentland ergibt sich daraus,
daß allein im Württemberg über sechshundert nachgewiesen sind.[6]

Werfen wir noch einen Blick auf einzelne besonders wichtige *Legionenstraßen* der
Römer.[7]

Wenn Römerheerstraßen, die stets auf beherrschendem Terrain, auf Wasserscheiden, unter möglichster Vermeidung der Herabsenkung in die Talebene und der
Durchschneidung der Talsohle, gezogen wurde, sehr große Bogen beschreiben mußten, suchte man durch eine möglichst kurze, gerade Sehne beiden Senkungen des
Bogens zu verbinden, eine Straße, welche regelmäßig nicht für die Heere, sondern
für den Handel, für eilende Boten (daher „Rennweg") und nur im Notfall für Truppen bestimmt war: die Donaustraße bildet eine solche großartige Sehne zwischen
dem weit nach Norden ausbiegenden Bogen der Straße von Windisch nach Regensburg: an dieser Straße selbst finden sich in kleinerem Maßstab solcher Sehnen mehre-

---

1 Vgl. v. *Hölder* a. a. O.

2 *Herzog*, Jahrb. LIX, 64.

3 *Herzog*, württ. Jahrb. 1880. S. 81.

4 *Amm. Marc.* XVIII, 2 359, vgl. XXVIII, 5.

5 Hierüber *Simrock*, D. Mythologie 4. Aufl. S. 341. Nach der Sage umzieht der „limes" die ganze
Erde; über die Sage vom Eber, vom Hahn, vom Teufel, die in einer Nacht das Werk geschaffen,
die „Teufelsmauer" *J.* Grimm, D. M. II, 972.

6 *Paulus*, Peutinger Tafel S. 13. Vgl. *Herzog* a. a. O. Im Regierungsbezirk Wiesbaden allein fin-
den sich römische Altertümer jeder Art in Altenburg, Augst, Aulhausen, Bierstatt, Dotzheim,
Ems, Flörsheim, Frankfurt, Trausnheim, Heddernheim, Hofheim, Homburg vor der Höhe,
Kleinschwalbach, Kronberg, Liederbach, Rambach, Wiesbaden.

7 Vgl. *Paulus*, die Römerstraßen mit besonderer Rücksicht auf das römische Zehentland. Stuttgart 1857. – Der römische Grenzwall vom Hohenstaufen bis zum Main. Stuttgart 1863. –
Erklärung der Peutinger Tafel. Stuttgart 1866. – Archäologische Karte von Württemberg, 3.
Auflage. Stuttgart 1876. – Die Altertümer in Württemberg (Oberämter Aalen, Gmund, Welzheim, Backnang, Oehringen). Stuttgart 1877.

520 ZWEITER TEIL · WESTGERMANEN

re von Rottweil nach Rottenburg, zwei von Sindelfingen nach Canstatt, eine von Bopfingen nach Itzing.

Eine wichtigste Römerstraße führte von Vindonissa nach Reginum: auf dem rechten Donauufer Bragodurum, Mengen, Dracunia, Rißtissen, Viaca, Steinberg an der Weihung, Übergang der Iller bei Unter-Kirchberg, Phaeniana, Finningen, Steinheim, „Straß", Günzburg, Guntia (mit „transitus").

Ob jedoch die Hauptstraße von Vindonissa (Windisch in der Schweiz: die Vereinigung von drei Wasserläufen: Aar, Reuß und Limmat, machte diesen Punkt sehr wichtig) nach Reginum (Regensburg) auf dem rechten[1] oder auf dem linken Donauufer ging, ist bestritten. Man[2] hat das letztere neuerdings wahrscheinlich gemacht[3]: die Erklärung der Haken auf der Peutinger'schen Tafel als *Zeichen der Terrainschwierigkeiten* würde wohl viele Zweifel beseitigen, ist aber doch selbst noch sehr zweifelig, auch dann noch, wenn man zugesteht, daß die Tafel bald nach Leugen, bald nach römischen Meilen rechne. (1 Leuge = 1 ½ Meilen, 1 Meile = 1000 Römerschritt, 1 Römerschritt = 5 Fuß. 3 Meilen = 1 Reisestunde).

Vermutlich wird man außer der älteren (?) Hauptstraße auf dem linken auch minder großartige, minder einheitliche Straßenanlagen auf dem rechten Ufer annehmen müssen.

Auf dem linken Donauufer lief die Straße von:

Vindonissa (Windisch, hier stand nach 70 die XXI. Legion) VIII Leugen nach *Tenedone*[4] = Heidenschlößchen bei Geislingen (hier 200 Münzen, „Cohors III. Hispanorum").[5] „Der aufwärts gehende Haken bedeutet die Terrainschwierigkeit des Rheinübergangs(?)."[6]

Tenedone (bei Geißlingen) XIV (in Wahrheit aber XVI) Leugen nach *Juliomago (Hüfingen)*.[7]

Unter den drei von Rottenburg nach Regensburg führenden Straßen erscheint als die Hauptstraße, die nach 22 Meilen nach Sindelfingen führende: *Grinnarione*: „auf das Altinger Feld (bei Sindelfingen), wo 5 Römerstraßen zusammentreffen, verlegt die Sage eine alte Stadt Altingen". Zahlreiche Funde hier (Victoria, Mercur „der Oerlacher Mann" (bei Oerlach) und bei „Burg").

Unter den 5 Römerstraßen Sindelfingens führt nur eine in der Richtung nach Regensburg von Grinnarione in XII Meilen nach *Clarenna* (Canstatt).[8]

Unter den 7 Römerstraßen führt von hier wieder nur eine in der Richtung nach Reginum, die „Hochstraße" von Clarenna in XXII Meilen nach „ad lunam" „an der Lein" (Pfahlbronn (hierher auch Welzheim) hart am limes; Knoten von vier Römerstraßen; Anschluß des Rheins- und des Donaulimes. Reste eines großartigen für einen Tempel erklärten Gebäudes). Die beiden namenlosen Hacken zwischen Cla-

---

1 So *Cluverius, Mannert, Wilhelm, v. Jaumann, Oken, Schmidt.*

2 *Paulus*, Peutinger T.

3 Vor ihm nahmen den Weg auf dem linken Ufer: *v. Westenrieder, v. Stichaner*, Graf *v. Reisach, v. Kaiser, Buchner, Reinhard, Leichtlin, v. Pauly.*

4 Nach *Paulus*, Peutinger T. S. 18.

5 Nach *Leichtlin*, „Tenedone" = Zurzach am Rheinübergang.

6 *Paulus* S. 18.

7 Nach *Leichtlin* = Stühlingen; nach Wanner = Schleitheim.

8 So schon v. *Kaiser. Paulus* S. 27.

ACHTES KAPITEL · DIE RÖMER IN DEUTSCHLAND

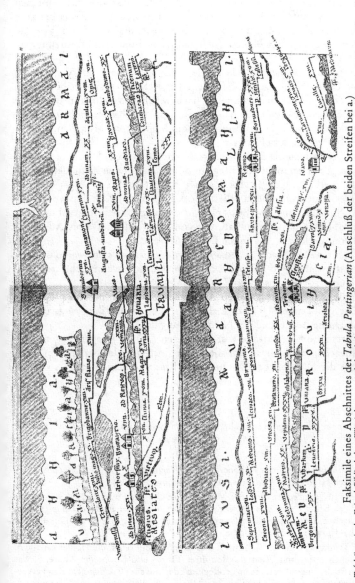

Faksimile eines Abschnittes der *Tabula Peutingeriana* (Anschluß der beiden Streifen bei a.)

Die Peutingersche Tafel (jetzt in der Kaiserl. Bibliothek zu Wien), benannt nach dem bekannten Ratsherrn von Augsburg, *Konrad Peutinger*, an welchen sie durch den Entdecker *Konrad Celtes*, der sie 1507 zu Worms fand, gelangte, ist eine 1265 von einem Mönch zu Colmar gemalte Kopie des alten, c 280 n. Chr. gefertigten Originals einer Landkarte. Dieselbe, auf zwölf breite Pergamentstreifen (mit späteren Zusätzen) gezeichnet, sollte wohl zunächst als Reisekarte dienen. Sie umfaßt den ganzen „orbis terrarum", d. h. die ganze Erde, soweit sie damals den Römern gekannt geworden: nur im Westen fehlt ein Strich Landes. Sie ist von Norden nach Süden sehr stark zusammengedrückt, d. h. sie stellt die Länder in dieser Richtung sehr schmal, verkürzt, dar, während sie sich von Osten nach Westen unverhältnismäßig weit auseinanderzieht, so daß das Verhältnis der Breite zur Höhe 21 ¼ zu 1 beträgt. Hier ist jener Teil dargestellt, welcher bei Verfolgung der Römerstraßen von „Vindonissa" nach „Reginum" und von „ad fines" bis Augusta Vindelicorum erörtert wurde; daselbst sind alle wichtigeren Namen resp. Orte besprochen. Noch unerklärt ist die Bedeutung der aufund absteigenden Hakenlinien (vgl. auf dem Faksimile z. B. bei „Vindonissa"); nach Paulus sollen sie die Terrainschwierigkeiten z. B. beim Überschreiten von Flüssen, Bergen, Schluchten bezeichnen. – Vgl. *Pauly*, d. Straßenzug d. T.P. von „Vindonissa" nach „Sumlocenis" S. 452 f. St. 1836. – *Paulus*, Erkl. d. T. P. St. 1867. – *Seefried*, Beitr. z. Kenntnis d. T. P. Oberbaier. Archiv f. vaterl. Gesch. XXX. München 1869. – *Maury*, „revue archéologique" I. (Gallien), Paris 1864. – *H. Schmidt*, Verhandl. d. preuß. Gewerbever., Berl. 1833 (Rhein u. Mosel). – *W. Schmidt*, Berl 1844 (obere Donau). – *v. Gök*, St. 1846 (schwäb. Alp u. Bodensee); *Rein*, Crefelder Progr. 1857 (zwisch. „Agrippina" u. „Burginatium". – *Dahn*, von Wietersheim-Dahn. I. S. 594 Leipzig 1880. – Ausgaben: *von Scheyb*, Wien 1753, *Mannert*, „Lipsiae" 1824, *Katancsich*, Budapest 1845, *Desjardins*, Paris 1868 (unvollständig).

522 ZWEITER TEIL · WESTGERMANEN

renna und „ad lunam" sollen (?) bedeuten[1] die Terrainschwierigkeiten bei Überschreitung des Remsthals und des Wieslaufthals. Von „ad lunam" führt eine Straße nach XL Meilen nach Pomone = Lauingen.[2] Von Pfahlbronn ab ist die Hauptheerstraße zugleich Grenzstraße: das heißt hier „limes transdanubianus" auf der Wasserscheide zwischen Lein und Rems bis zum Sixenhof: hier trennt sie sich vom „limes" und zieht selbständig nach *Aalen.* Von „ad lunam" nach Aalen = *Aquileja* XX Meilen; (hier zahlreiche Funde und Kreuzung von vier Römerstraßen).

Von Aalen steigt die „Heerstraße" die steile, hohe Alb hinauf und dann hinab nach Bopfingen = *Opie,* das sie nach XVIII Meilen erreicht: zwar sind es horizontal nur XIV Meilen, doch die Römer rechneten nach wirklichen Schritten und nach Hinzuzählung der Schwierigkeiten des Alb-Übergangs, „welche durch die mächtigsten Hacken angedeutet sind". (?) Bei Bopfingen ein Meilenstein, München. Die Kuppe des Ipf war stark befestigt.

Von *Juliomago*[3] XI Leugen bis *Brigobanne* = (nicht Rott-Weil).[4]

Von *Brigobanne,* „das man nicht von Brega und Brigach trennen kann, den Quellflüssen der Donau"[5], XIV Leugen bis *Arae Flaviae* = Rottweil.[6]

Von *Arae Flaviae* (Rottweil[7]), βωμοὶ Φλαονίου, Ptolemäus) XIV Leugen bis *Samulocennis* (oder „Sumalocenne") = Rottenburg (von hier ab nach Regensburg tritt statt des Leugenmaßes ein das Meilenmaß, wie von Pfin („ad fines") bis Augsburg Leugen, dagegen von „ad lunam" bis an die Donau Meilen.

Die Sage läßt hier eine alte Stadt, „Lands*kron*" untergegangen sein: – eine Bestätigung der auch sonst zweifellosen Tatsache, daß Sumalocenne, wenn nicht *die* (Paulus), doch *eine* Hauptstadt des gesamten Zehentlandes war.

Nicht weniger als acht Straßen strahlten von hier aus: darunter drei nach Regensburg führende. Die großartigen Überreste aller Art[8], auch von Villen rings um die Stadt her, legen die hohe Bedeutung der Niederlassung dar.[9]

Die weitere Fortsetzung der Straße von Bopfingen („Opie") gegen Regensburg hin vermied die Riesebene, weil diese von allen Seiten Angriffe der Barbaren erleichterte, und lief über die Höhenzüge zwischen dem Ries und dem „limes", so selbst

---

1 Nach *Paulus* S. 29.

2 *v. Kaiser. Paulus* S. 28.

3 Nicht schon von einem Julier angelegt: so überzeugend *Herzog,* a. a. O. S. 57.

4 Wie *Paulus* S. 19.

5 *Herzog* S. 62.

6 So *Mannert, Leichtlin* und neuerdings voll überzeugend *Herzog* S. 62. Die Flurnamen bei Unteriflingen, angeblich Hinter- und Vode*rara,* hat *Herzog* hinwegerklärt.

7 Das hier gefundene ausgezeichnete Orpheus-Mosaik ist an Ort und Stelle aus den Steinen der dortigen Gegend gearbeitet – also von *mitgebrachten* oder angesiedelten Kunsthandwerkern: Sklaven, Freigelassenen. Der *„Flavier"* ist Domitian, dessen Feldzug von 84 die Okkupation hier begann, die bald Trajan vor 98 vollendete.

8 Die Niedernauer Trinkquelle mit c350 Münzen und einem Apollorelief, die Heidenkapelle in Belsen mit trefflichen Stier- und Widderköpfen ihrer Tauro- und Kriobolien-Altäre. S. war eine „civitas", mit Stadtgemeinderat, einem „collegium" der „iuvenes", d. h. einem Kriegerverein, einer Landsturmgruppe; freilich hieß sie auch *Wald*stadt, *Wald*gau: „saltus". *Brambach,* „corp. inscr. rhenan". Nr. 1633. *Mommsen,* Ber. d. sächs. Gesellsch. 1852. S. 200 ff.

9 *v. Jaumann,* Beschreibung der „colonia Sumlocenne", welcher aber lange Zeit beharrlich die Stadt auf das rechte Donauufer in die Gegend von Mößkich verlegte und zuletzt zwei Städte dieses Namens, dort *und* bei Rottenburg, annahm. Dagegen *Paulus,* Peutinger T. S. 25.

ACHTES KAPITEL · DIE RÖMER IN DEUTSCHLAND   523

gesichert und zugleich das fruchtbare Ries als eine zweite Grenzlinie gegen Einfälle
der Germanen von Norden her schirmend.[1]

Von	Bopfingen (Opie) nach Maihingen (Septem-Miaci)	VII	Meilen
von	Maihingen nach Oettingen (Losodica)	VII	„
von	Oettingen nach Markhof bei Heroldingen (Medianis)	VIII	„
von	Markhof nach Itzing (Iciniacum)	VIII	Meilen
von	Itzing nach Burgmarshofen (Biricianis)	VII	„
von	Burgmarshofen nach Nassenfels (Vetonianis)	XVIII	„
von	Nassenfels nach Kösching (Germanico)	XII	„
von	Kösching nach der Kels (bei Ettling, Celeuso)	IX	„
von	Ettling nach Abensberg (Abusena)	III	„
von	Abensberg nach Regensburg (Regino)	XXII	„

Die Straße von Pfin (*ad fines*) nach Augsburg führte
von Pfin in   XXI   Leugen nach Arbon (arbor felix),
von Arbon in   X   Leugen nach Bregenz (Brigantium),
von Bregenz in   IX   Leugen nach Wangen (ad Rhenum) d. h. die Station
                               „zum Rhein hin" (??),
von Wangen in   XV   Leugen nach *Vemania* (Ferthofen),
   (hierher auch eine Straße von Kellmünz, Coelius mons)
von Wangen in   XXIII   Leugen nach Krumbach (? Viaca),
von Krumbach in   XX   Leugen nach Augsburg.

Wahre Knotenpunkte für eine Mehrzahl von Straßen bildeten die größeren Festungen: so z. B. für das System des „limes" in Nassau „novus vicus", wo nicht weniger als fünf Legionenstraßen zusammentrafen: nach Castel bei Mainz, nach dem
Castrum auf dem Feldberg, nach dem Haupttor der Saalburg, nach dem Castell Hu-
nenburg bei Butzbach, endlich von der „porta principalis" mit einer Brücke über die
Ried nach dem oberen Mainland.

Wie so ganz sich die Glanz- und Blütezeit der Römerherrschaft in diesen Provinzen auf den Anfang des III. Jahrhunderts zusammendrängt, das zeigen in höchst
augenfälliger Deutlichkeit die *datierbaren* Inschriften der drei Landschaften: Vindelicien, Rätien, Noricum, welche ich hier zusammenstelle.

98–99 (Mommsen) N. 5728 }
101–102   } Celeja nach Poetovio N. 5732.

132 ebenda N. 5733.

140–144 N. 5634 („Traismauer, Hadriano ala I augusta Thracum"),
5734 von Celeja nach Poetovio.

141 N. 5906. 5912.

Antonius Pius, Cambodunum, N. 5770.

161–169 N. 5711 (Virunum nach Celeja).

163 N. 5973.

182 an der Pest (oben II, 173 unter Marc Aurel) gestorben fünf Glieder Einer
Familie in Mauerkirchen bei Aschau 5567.

195 (Juvavo–Lauriacum). 215 N. 5980. 5745.

195–201 (Aquileja nach Virunum über Saifnitz).

200 N. 5733 (Celeja nach Poetovio).

---

1 *Paulus*, Peutinger T. S. 31, von hier ab *von Stichaner*.

201 N. 5987. 5992. 5981. 5982. 5983. 8984. 5987. 5992. 5996. 5746. 5750. 5714.
5722 (5714 von Teurnia nach Juvavum, Klagenfurt nach Böcklamarkt, 5712): von
5720 auf den Radstadter Tauren: 5721 im Alpenschutt des Johanniswassersturzes.
204 N. 5943. 5578.
206 N. 5945.
Vor 208 N. 5816.
211 N. 5935. 5773 (Epfach, dem Mercur).
213 N. 5745.
213. 214 Nr. 5735 (Celeja nach Poetovio).
215 N. 5980.
218 von Virunum nach OvilavN. 5728–5730. 218 (von Celeja nach Poetovio). 218
(von Aguontum nach Rätien).
219 Nr. 5581.
226 N. 5572. 5573 Stottham.
229 N. 5587.
234 N. 5598 (?) bei Bruck.
236 N. 5985.
237 N. 5572. 5573 (in Chieming).
238–244 N. 5768 (Bregenz).
244 N. 5728–5730 (von Virunum nach Ovilava).
250 N. 5988. 5989.
251–253 N. 5728–5730 (Virunum nach Ovilava). Sehr zahlreich sind die Funde
aus dieser Zeit in der Landschaft zwischen Salzburg und dem Nordufer des Chiemsees, wo dessen Ausfluß, die Alz, bei Seebruck überschritten wurde: auf engstem
Raum verteilt finden sich hier 5565 in Seeon, 5568 Bernau, 5570 Grabenstädt, 5569
Kloster Frauenchiemsee, 5588 Kloster Baumburg, Irsing 5589 Burckhausen[1], 5586
Obing, 5587 Rabenden bei Trostberg, 5580 Pidenhart, 5583–85 Seeon, 5578, 5579
Kornberg bei Wasserburg, 5572, 5573 Chieming, 5591 Titlmoos bei Wasserburg
(Aedil von Salzburg).
290 N. 5810.
308–313 N. 5784 (Juvavo nach „pons Aeni").
310 27. Juni N. 5565.
311 N. 5312 (dem Galerius Maximianus Jovius).
322–326 N. 5725. 5726.
323–337 Nr. 5208 (Cilli).
323–327 Nr. 5207 Constantin III. „Norici mediterranei devoti."
338–350 N. 5209 Constans Victor Augustus.
370 zu Ips 5670.[2]

---

1 Burckhausen, Oberbaiern, nahe der Alz.
         L. Belliciv · L · F · Quar
         Tioni · Decurioni
         Iuvavensium · Il viro
         Iuris · Dicundi · vixit · an LVIII
         Sapliae · Belatumarae
         Coniugi · an · LXII · Bellicus
         Seccio et Bellicius Achilles
         Cum Coniugibus · Ex · testam
         Ento Faciendum · Curaverunt ·
2 5670[a] aus Ips nach Wien gebracht; aus dem Jahre 370:

ACHTES KAPITEL · DIE RÖMER IN DEUTSCHLAND 525

Auch *diese* stummen Zahlen verkünden, daß unter Gallienus das Reich in den Westprovinzen Erschütterungen und Einbußen erlitt, von denen es sich nie wieder völlig und auf die Dauer erholte.

Sehr begreiflich ist, daß germanische Namen so gut wie gar nicht auf den Inschriften begegnen: zweifellos ist fast nur *Aistomod* (*Hasto–Mut*), König der *Sueben*.

Die zahlreichen Namen auf -mar, -mara sind wohl ausnahmslos nicht germanisch, sondern keltisch: so das wiederholt begegnende *Jantumar* Nr. 5361. 5496; auch der C. Alventius „Jutumari filius", der eine *coniux Jantumara* hat, 5522, ist also keltisch. 5583 Valeria Jantemara, noch mal 5637 Jantumar. Oft *Adnama* 5420. 5477, *Adnamates* 5496. Die Eltern, Geschwister, Gatten, Kinder solcher keltisch Benannter führen meist zweifellos römische Namen, die Mischung bezeugend.

Keltisch sind *Boius* 5417, 5422: *Paixunes* „Quarti filius"; Uttu (so Nominativ: „Elvissonis filia"): ferner die in ganz später schlechter Schrift erhaltenen Coudoma (wohl zu ergänzen -ris), Neptomar 5131 (doch ist wichtig, in spätester Zeit in Celovniki bei Lak noch keltische Personennamen zu konstatieren), 5144 Diastumar, 5255 Magena Magemari, 5263 Leukmari, 5272 Secundus Magimari, 5287 Trogimarus, Trogimara Auctomari Atevorti 5272, 5289 Riistumar, 5290 noch mal Jantumar, 5291 Assedomar, 5585 Dagodnad Belatumara, 5589 Gintussa, „Bricosticis filius", Rissicus. Ario, Vetvus, Baeno 5697 (trotz germanischer Anklänge bei Ario und Baeno).

Germanisch könnte sein Suadra, ist es aber wohl nicht, da der Vollname lautet: M. Turbonius et Turbonia Suadra 5391, derselbe Frauenname N. 5023 und 5031; germanisch ist Vannius 5421: (aber Suaduc ebenda?), germanisch könnte sein Velleco (aber Cacurdae et Deusa Jtulfi!), germanisch könnten sein: 5465 Satto (aber Togiani filius), germanisch ist Bussula (vgl. die Bissula des Ausonius), „Saggonis filia" 5473, aber ungermanisch Saturio Talionis et Vanona (vgl. 5474 und 5542 Banona, „Agisi filia"), Bardi (Bardus für Langobardus später); vgl. 5480 Samicantuni „Goutonis filio"; (Atitto?), germanisch ist Manno 4908ᵃ; ferner Gouruna 4925; dagegen Crouta und Eliomar 4959 sind keltisch.

Von germanischen Hilfstruppen lagen Bataver in Passau: ein Geschwader batavischer Reiter („ala I Batavorum") begegnet in Seckau bei Leibnitz; außerdem werden genannt keltische Breuci 5613. 5918. Die „legio III italica" hat in ihrem Standlager Regensburg die meisten Spuren hinterlassen, vgl. aber auch 5816–23. 5942–45. 5947–58 („signifer 1.III et."). 5974–76, dann häufig Ziegeln der leg. XXII „primigenia pia fidelis", der „leg. I. Noricorum, II Italica", der leg. VII 5579. Außer Soldaten, z. B. dem Adlerträger der „leg. III italica" (N. 5816), dem Tribun der „cohors Breucorum" (5613), dem Tribun der „leg. tertia Augusta" (5630), der „cohors I Aelia sagittariorum miliaria equitata" mit ihrem Anführer Aelius Herculius 5645 in Lösung eines Gelübdes, nennen uns die Inschriften manchmal hohe Provinzial-Beamte, so N. 5776 „Claudius Paternus Clementianus, procurator Augusti"; 5209 „Martinianus prases provinciae Norici mediterranei" 5211–15, römische Bürger aus Italien und anderen Provinzen, den Titus Varius Clemens, zugleich Procurator von Belgica, beider Germanien, Rätien, auch von Mauretanie Casareenfis, Lusitanien und Cilicien. Aber auch einen Zollcontroleur, „contrascriptor", der „Statio Atrantina" 5121, einen „vili-

---

D(ominicorum) n(ostrum) Valentiniani, Valentis et Gratiani perennium Augustorum saluberrima iussion(e) hunc burgum a (f)undamentis, ordinante viro clarissimo Equitio comite et utriusque militiae magistro, insistente etiam Leonti p(rae)p(osito), milites auxiliares Lauriacenses cure (sic) eius commissi, consulatus eorundem dominorum principumque nostrorum tertii, ad summam manum perduxerunt perfection(is).

cus" („sic" statt „villicus") der „Statio Esc ..." (Ischl), oder städtische Beamte: so (N. 5826) einen „decemvir municeps", der alle Ehrenämter in einer Stadtgemeinde (Augsburg) bekleidet hatte, einen „sexvir augustalis" (5824. 5825), „duoviri iuri dicondo" von Salzburg (5589. 5607. 5625), einen Aedilen ebendaher (5527. 5591), einen „duumvir" ebendaher? zu Bedaium? (C. Catius Secundianus 5581. vgl. 5587, wohl von Salzburg), einen „duumvir"von Aguontum (5583), einen Aedilen von Salzburg (5591), einen „decurio" und „duumvir iurisdicundi" von Salzburg, Bellicius, mit der keltischen Ehefrau Saplia Belatumara (5589), ebenso einen „decurio iuvavensis" und „duumvir iuri dicundo" 52625, „decurio" und „aedilis" von Ovilava (Wels) 506; d. h. der „Colonia Aurelia Antoniniana Ovilava", einen „decurio, duumvir, pontifex" 5630. Dann Kaufleute und Handwerker verschiedener Zweige: Kleider-, Leinwand-, sogar Purpurhändler, Töpfer und Metallgießer, aber auch den Pächter der norischen Eisengruben zu Freisach N. 5036. N. 5800 „negotiatores artis vestiariae et lintiariae", 5816 dem Julius Victor, weiland „vestiarius", errichtet ein Denkmal gemäß dem Testament, sein Bruder Julius Clemens, Adlerträger der „leg. III Italica"; einen „purpurariae negotiator" 5824; „negotiator artis cretariae et flaturariae" 5833, alle diese zu Ausburg, einen Getreidelieferanten der VII. Legion 5579, desgleichen für das Heil eines „frumentarius" M. Lollius Prixcus eine Inschrift für Mithras 5592; Schmiede ein „collegium fabrum" zu Göttveig 5639. Oft waren Inschriften, Altäre, „signa" in Ausführung testamentarischen Auftrags errichtet Nr. 5780, „ut testamento praeceperat" 5816.

Eherner Lorbeerkranz;
in einem Grabe bei Lichtenberg am Lech um 1597 gefunden; 38 cm im Durchmesser. Ehemals in der Sammlung des Herzogs Maximilian I. von Bayern.

Aus allen Provinzen des weiten Reiches kamen als Soldaten nicht nur, auch als Colonen oder Händler Fremdlinge in diese Donaulandschaften: Gallier aus Lyon (5832) oder Bourges (5831) in Augsburg; zu Möderndorf bei Mariasaal liegt ein punisches Mädchen bestattet.[1] Die Inschriften nennen am häufigsten folgende Götter: den *Jupiter Optimus Maximus* als obersten römischen Gott, allein 5894. 5919. 5903. 5786. 5532. 5161 f. 5580. 5582. (5690 zu Bojodurum Innstadt bei Passau), auch mit keltischen Lokalzusätzen (5580 J. D. M. Ambiano: oder zusammen mit *Juno* der Königin (und *Minerva*: so 5935. 211) oder mit allen Göttern und Göttinnen 5787.

Stets von Angriffen der Barbaren bedroht, verehrten die Römer besonders den in die Schlacht eingreifenden Jupiter, der die wankende Schlachtreihe rettend zum Stehen bringt, den Jupiter *Stator*: so für einen unbekannten Feldzug gegen die Burier 5937 I.O.M. „Statori Flavius Vertulenus legionis III. Italica reversus ab expeditione Burica ex voto" zu Abusina: oder den Jupiter, der die Feinde nach abgeschlagnem Angriff zerstreut, den „Iupiter" *Depulsor*, oder wie er barbarisch geschrieben wird, den *Debulsor* (234 bei Bruck): auch der Genius des schützenden bergenden Lagers wird gefeiert, der „Genius" *Castrorum* 5618[b]: „Genio castrorum Titus Flavius Romanus Ulpia Noviomagi Bataus (Batavus?) decurio alae I Flaviae praepositus I cohortis Breucorum", oder der Genius der eignen Kohorte: „Genio cohortis III Britannorum aram F. Flavius Felix praefectus ex voto" 211. Nr. 5935.

---

1 Nr. 4910 non gravis hic texit tumulus te, punica virgo,
 Musarum amor et Charitum, Erasina, voluptas!

Die zahlreichen, dem *Merkur*, mit und ohne keltische Nebenbezeichnungen, geweihten Inschriften rühren zum Teil von Geschäftsleuten her, welche im Gefolge der Truppen diese Provinzen in großer Zahl dauernd bewohnten oder bereisten: andrerseits war aber Merkur ein Gott der Wege und der Reise und endlich bezeichneten die Römer den obersten keltischen Gott *Teutates* regelmäßig (wie später den germanischen Luftgott Wotan) als Merkur: (5791–5794), „Mercurio" (5899. 5926, eine „ara" zu Weißenburg 5931. 5904, „templum" 5877 „ex voto" bei Ingolstadt, zu Abudiacum, Epfach 5773. 211), 5533 „aedem et signum" 5722 (zu Obergünzburg) M. Cimiacino. Auch den Parcen (5795) und der Glücksgöttin sich zu empfehlen, hatten Handelsleute wie Soldaten in diesem Land alle Ursache (5893), daher manchmal Mercur und Fortuna zusammen (5938).

Den Göttern der Wege, der Drei- und vierwege („Triviis", „Quadiviis" 5790) und der dauernden Sicherheit („perpetuae securitati" 5078) gelobte man gern ein Weihtum

Genius mit Füllhorn und Opferschale; gefunden in Kösching.
18 Zentimeter hoch. (München, königl. Antiquarium).

(5824. 5825); sehr bezeichnend am Fuß des Radstädter-Tauern (5524) *I. Q. M. et viis semitibusque*, „den Wegen und Stegen", „pro salute sua Quintus Sabinus Asclepiades". Aber auch dem *Hercules*, dem Vorbild der siegreichen Abenteuer, Kämpfe, gefahrvollen Wanderfahrten (5785. 5530. 5531. 5193); ein „collegium" des Hercules und der Diana (5627). Der Hekate, ebenfalls einer Wegegöttin (5119). Der keltischen Pferdegöttin *Epona* (N. 5312. 5176). Dem *Mars* 5645 (eine Kohorte berittener Pfeilschützen), „Marti et Victoriae" (5898. 5899. 5789. 5790 M) „et contubernium

528   ZWEITER TEIL · WESTGERMANEN

Marti (sic) Marti, Herculi, Victoriae, Noraiae cultorum" (Cilli). Oft aber einem *keltischen* Mars d. h. dem Kriegsgott mit keltischen lokalen, stammtümlichen oder anderen Nebenbezeichnungen, so *Marti Latobio, Harmogio, Toutati* N. 5320 (Seckau); dem Harmogius allein 5672. Dem keltischen *Apollo Grannus* 5870. 5871. 5873. 5874. 5876 („M. Ulpius Secundus legionis III italicae"), dem Apollo Grannus und der Rona (so: Göttin mit Ähren und Trauben 5588), „Apollini Augusto" (5629). Dem Gannus und der heiligen Gesundheitsgöttin: *Sanctae Hygieae* nach Mommsen die „Mater Deum", Mutter der Götter 5873, dem Apollo Grannus und den Nymphen 5861. Es begreift sich, daß dem *Sonnengott*, „Soli invicto comiti", dem „unbesiegbaren Begleiter", in dem nebeligen und dunkeln Barbarenland die Südländer besonders eifrig dienten. 5862: „Deo invicto Silo templum a solo restituit Valerius Venustus vir perfectissimus praeses provinciae Raetiae"; in der waldigen, wasserreichen Landschaft erklärt sich auch die häufige Verehrung der *Nymphen* 5861. 5678 (Lorch). 5602 (Tittmaning) und des Waldgottes *Silvanus* 5797 (ein „civis Trever, vir augustalis") dem Silvanus Saxanus (5093: aber zweifelige Lesung). Der mächtige *Donaustrom* spielte in Krieg und Frieden, als Schutzmittel und als Verkehrsstraße, eine so bedeutsame Rolle im Leben der Anwohner, daß sich die Verehrung des Stromgottes sogar neben dem höchsten Jupiter wohl erklärt: „Iovi O. M. et Danuvio ex voto" 5863 201: daher wurde auch dem *Neptun* bei dem Flußübergang zu Günzburg von den Mühlgewerken eine Inschrift geweiht N. 5866.

Von orientalischen Gottheiten werden *Dolichenus* (5973 163 bei Straubing) und besonders *Mithras*, der Jüngling, der dem Stier das Opfermesser in den Hals stößt, auf häufigen Mithräen gefeiert: 5121 von einem „contrascriptor" der „statio Atrantina" (Atrans), 5592 Höglwörth bei Reichenhall, 5620 Ischl, die *große Idäische* Göttin, die *Mutter der Götter* N. 5021 identisch mit der *Noreia = Isis = Regina* N. 5300, Noreia Augusta 5613 = Isis.

Sehr häufig werden nach altrömischer Sitte die lokalen Götter, Geister, Genien verehrt: so das „numen Atrans" vom Ort Atrans (5118 zu Trajaniberg), der Genius der „civitas" (Cilli 5193), daher der Gott oder „Genius Bedaio Augusto et Alounis sacrum" (Seebruck bei Seeon am Chiemsee), die Göttinnen der Salzquellen N. 5581. 219. 5580 „I. O. M. Ambiano et Bedaio Sancto".

Bei den schon von den Römern geschätzten Heilquellen zu *Tüffer* finden sich die Nymphen (der Quellen) und die „Gesundheit" häufig angerufen und gefeiert (5146–49) „Nymphis et Valetudini").

In dem heutigen Königreich Bayern verteilen sich, abgesehen von dem bayerischen Anteil am „limes" (s. oben) die Spuren der Römer folgendermaßen.[1]

Die hier beteiligten Landschaften waren seit der Eroberung gegliedert in die römischen Provinzen *Rätia* und *Noricum*: jenes umfaßte den größten Teil des heutigen Bayern: stets Vindelikien (zeitweise auch den oberen Lauf der Rhône): seine Nord-

---

[1] Vgl. *Mommsen*, corpus inscriptionum latinorum III. „Illyricum" p. 588 seq.; additamenta p. 1046 seq. „Noricum" p. „Raetia" additam. p. 1050 seq. – v. *Hefner*, das römische Bayern. 3. Aufl. München 1852. – *Rockinger* in Bavaria I. München 1860. – *Jung*, Römer und Romanen in den Donauländern. Wien 1877. – *Riezler*, Geschichte Bayerns I. Gotha 1878. – *Erhard*, Kriegsgeschichte von Bayern I, 30 f. München 1870. – *Kämel*, die Anfänge deutschen Lebens in Österreich. Leipzig 1879.

ACHTES KAPITEL · DIE RÖMER IN DEUTSCHLAND   529

grenze bildete die Donau[1]: seine Westgrenze zog bei Pfin („ad fines") im Thurgau und den Donauquellen im Schwarzwald[2] („Abnoba", „silva marciana"): seine Ostgrenze bildete der Inn, so daß von der letztgenannten Provinz bloß das Gebiet zwischen Inn, Salzach und Salach zum bayerischen Anteil gehört, seine Südgrenze Etsch („Atheesis") und Eisack („Isarcus") bei Meran und Clausen. Bei Partschins und Seben standen Zollstätten (heute noch die „Töll" [„telonia"] bei Meran. „Auf bairischem Boden aber befand sich in Rätien keine bedeutende Stadt und überhaupt war Rätien, wie es scheint, weniger bevölkert als Noricum. Schuld daran trug wohl nicht nur die höhere, also auch rauhere Lage, sondern vielleicht auch der Umstand, daß die Bevölkerung hier durch einen nach Römerart grausam geführten Krieg ... zum Teil ausgerottet worden war."[3]

Noricum hatte zur Westgrenze den Inn, zur Nordgrenze die Donau, zur Ostgrenze die Alpen, im Süden reichte es über die Alpen und überschritt sogar noch im Südosten die Drave (westlich von Pötovium). „Zollstätten begegnen wir in *Bojodurum* (Innstadt von Passau), *Trajana* (Atrans bei St. Oswald in Krain) und in der *statio Escensis* (Ischl). Ihrer vertragsmäßigen Unterwerfung verdankte diese Provinz eine glücklichere Lage ...: sie hatte zahlreichere Städte und nahm früher die lateinische Sprache und italienische Kultur an."[4] So lange beide Provinzen unter dem Kaiser

---

1 Von Kelheim bis Passau; von Kelheim aufwärts anfangs ebenfalls eine Zeitlang die Donau, später der Grenzwall („limes Raetiae", oder „Raeticus", die sogenannte Teufelsmauer), welcher, wahrscheinlich von Domitian angelegt (Frontin. strat. 1, 3, 10; *Stälin* S. 14 5), etwa gegen Ende des 3. Jahrhunderts aufgegeben wurde, vielleicht gleichzeitig mit dem Aufgeben der überrheinischen Besitzungen, welche nach dem um 297 aufgesetzten Verzeichnis römischer Provinzen (herausgegeben von *Mommsen*, Abh. d. Berl. Akad. 1862. S. 493 „istae civitates sub Gallieno imperatore a barbaris occupatae sunt") unter Gallienus um 268 von den Germanen besetzt wurde. Die jüngste zwischen Donau und Vallum bis jetzt vorhandene Urkunde ist eine kürzlich (von Ohlenschlager) zu Pfünz unter den Steintrümmern des Südtores der dortigen „castra stativa" aufgefundene Inschrift des M. Aurelius Antoninus Pius, also des Caracalla der Elagabal 211–217, auf welcher leider der Anlaß zur Setzung der Inschrift fehlt, die möglicherweise mit dem im Jahre 213 stattgehabten oder nur geplanten Einfall des Caracalla über den „limes Raetiae ad hostes exstirpandos" zusammenhängt. (Vielleicht bezieht sich auf diesen Antonin auch die Inschrift von Emetzheim C. I. L. 5924. *Hefner* N. 59. S. 6.) Für die übrige Zeit sind wir auf die Münzen angewiesen: aber gerade von den beiden Plätzen, welche als sicher erkannte Standlager am besten Aufschluß geben könnten, liegen über die Münzen nur sehr dürftige Nachrichten vor. Von Pfünz, wo Hunderte von Münzen sollen gefunden worden sein, sind bis jetzt nur wenige zur öffentlichen Kenntnis gelangt. Die jüngste ist von Constantin M. Die Münzen von Pföring gehen von Germanicus bis Constantin M. In Nassenfels reichen dieselben von Germanicus bis Maxentius † 312. Zu Gnotzheim bis Valerianus † 263. Zu Kösching fanden sich Münzen von Vespasian bis Valentinianus. Die Münzen also gestatten uns die Besetzung des linken Donauufers bis in die Zeit Constantins, ja noch etwas darüber auszudehnen. Die Nordgrenze hat nicht nur bei dem Verluste des Landes jenseits der Donau, sondern auch später noch manche Veränderung erlitten, als die Römer von der Donau weg nach Süden gedrängt wurden; nur Passau und Künzau waren bis zum Ende des 5. Jahrhunderts in den Händen der Römer (*Ohlenschlager*).

2 Nach Westen zu gehörte das obere Rheintal zu Rätien. Vom Bodensee an lief die Grenzlinie wahrscheinlich zur Iller und längs derselben bis zur Donau. Die Fortsetzung von da bis zum „limes" steht nicht fest, lag aber offenbar in der Nähe der heutigen bayerisch-württembergischen Grenze, weil schon zu Aalen untrügliche Zeugen der Anwesenheit germanischer Legionen, nämlich deren gestempelte Ziegel, gefunden wurden, während die Steininschriften der „leg. III Ital.", die nur in Rätien lag, noch in Lauingen vorfanden (*Ohlenschlager*).

3 *Riezler* I. 36.

4 *Riezler* I, 37.

530 ZWEITER TEIL · WESTGERMANEN

unmittelbar standen, der sie durch „Procuratoren" verwalten ließ (der von Rätien hieß: „procurator et pro legato provinciae Raetiae et Vindeliciae et vallis Poeninae"): so lang dies Verhältnis dauerte, standen in beiden Provinzen nur Hilfstruppen, die, von den Untertanen gestellt, nach heimischer Sitte unter den Waffen dienten: aus den Rätiern wurden mindestens acht, aus den Vindelikern vier Kohorten ausgehoben, die zu den geschätztesten Truppen des Reiches gehörten, während die Noriker weniger Mannschaft stellten. Anstelle der alten keltischen Gaue trat nun die römische Einteilung des Landes in Städte mit zugeteiltem Landgebiet.

Das Straßennetz war folgendermaßen über beide Provinzen gespannt.[1]

Soweit die römischen Straßen mit Sicherheit oder großer Wahrscheinlichkeit erkannt sind, wurden sie in die bisher erschienenen Blätter der prähistorischen Karte[2] aufgenommen, doch sind damit die vorhandenen Spuren noch lange nicht erschöpft (*Ohlenschlager*).

Die Hauptstraße aus Italien nach Rätien, von Drusus begonnen, von Claudius vollendet (daher „Claudia Augusta") ging über den *Brenner* längs der Sill durch das Gebiet der *Breones*: von Trient (Tridentum) über *Endidae* (Egna, Neumarkt), *Pons Drusi* (bei Bozen im Eisackthal), *Sublavio* (Seben), *Vipitenum* (daher „Wipp"thal: Matrei) nach *Veldidena* (Wilten, Vorstadt von Innsbruck). Hier gabelte die Straße in drei Äste: die eine zog westlich über Lermos, Reute, Immenstadt nach Bregenz (Brigantium) am Bodensee. Eine zweite ging nordwestlich über *Zirl, Scarbia* (Scharnitz?), *Mittenwald, Partanum* (Partenkirchen), Ammergau nach Augsburg in zwei Richtungen: östlich über *pontes Tesseninos* (am Staffelsee? oder Diessen am Ammersee?), *Ambra* (jedenfalls an der Amper: wohl Schöngeising bei Bruck), wo die von Salzburg her nach Augsburg führende Straße einmündete: westlich über *Coveliacä* (unbestimmbar: Berg, „Kofel" bei Oberammergau?),*Abodiacum* (Epfach, wo die Straße von *Pons Aeni* [Pfunzen am Inn] einschnitt) und *„ad Novas"* (unbestimmbar).

Eine dritte Hauptstraße zog von Veldidena nordöstlich stets dem Laufe des Inn (Aenus) folgend nach *Pons Aeni* (Pfunzen), *Masciacum* (Matzen) nach *Albianum* (wo?).

Durch das Vinstgau (nicht „vallis venusta", sondern von den Venones) ging eine Straße von *Teriolis* (Burg Tirol) über *Telonia* (Töll bei Meran), Rabland ins Inntal über Mals bis Landeck, dann über Bludenz und Feldkirch an den Bodensee: durch das Pustertal eine von *Vipitenum* abgezweigte über *Sebatum* (St. Lorenz), *Littamum* (Innichen), Aguontom (bei Lienz, nicht Innichen) und *Loancium* (bei Mauthen).

Die Straße von Salzburg nach Augsburg ist heute noch deutlich verfolgbar (s. unten): von Althegnenberg nach Gauting, bei Baierbrunn überschreitet sie die Isar, geht dann (s. unten) nach Hofolding: bis zum Inn folgen die Stationen *Ambra, Bratanianum* (der Karlsberg oberhalb Gauting?), *Isunisca* bei Helfendorf? oder „die Birg" an der Mangfall bei Vallei?). Nach Pfunzen folgt *Bedaium* (Seebruck am Ausfluß der Alz aus dem Chiemsee: hier auf dem erhöhten Kirchhof und auf dem beherrschenden Hügel von *Ising*, zahlreiche Münzfunde), *Ariobriga* zwischen Teisendorf und Traunstein.[3]

Salzburg, wie andere norische Städte, von Claudius zur Stadt (seine Duumvirn und Aedilen werden erwähnt) erhoben, hieß daher *Juvavum Claudium* (daher ablativisch Juvavo; spät ist Juvavia, daraus barbarisiert Juba = Juva).

---

1 Ich folge im wesentlichen *Riezler* I, 38 f. und *Ohlenschlager*.

2 Siehe am Ende der Abteilung dieselben.

3 Vgl. W. *Schmidt*, römische Straßenzüge bei Traunstein. München 1875.

ACHTES KAPITEL · DIE RÖMER IN DEUTSCHLAND 531

Von Pfünz zweigte eine Straße über Erding, Moosburg und Gammelsdorf nach Regensburg ab, eine zweite eben dahin ging über *Turum* (Oetting?) und *Jovisura* (wo?).

Regensburg, *Reginum* (von dem Flusse Regen), heißt auch „castra Regina" oder, seit Marc Aurel eine Legion dahin verlegte, auch bloß „legio" oder „castra" (sc. „legionis"):[1] an dem nördlichsten Punkt des Donaulaufs gelegen war, zumal seit nahe südwestlich der Donaulimes bei *Celeusum* (Pföring) einsetzte, der Ort von höchster Bedeutung und blieb es im ganzen Mittelalter (Regensburg wurde die Hauptstadt der bayerischen Herzöge). Von hier ging eine Straße über *Abusina* (Eining), *Vallatum* (Mänching?), *Summontorium* (Hohenwart?) nach Augsburg, von da über *Guntia* (Günzburg: wichtiger Donauübergang) und *Celiomonte* (wo?) nach *Cambodunum* (Kempten).[2]

Von Abusina ging eine Straße zwischen „limes" und Donau nach Westen über *Celeusum*, *Germanicum* (wo?), *Betoniana* (Nassenfels?), *Biriciana* (wo?), *Iciniacum* (Itzing).[3]

Römische Lampe; zu Regensburg gefunden. Obere und Seitenansicht. (Regensburg, Sammlung des historischen Vereins für die Oberpfalz.) ½ der natürl. Größe.

Auf den Gebirgsstrecken war der Weg durch die Natur derart vorgezeichnet, daß auch ohne bedeutende sichtbare Überreste der Straßenzug an diese Stellen verlegt werden mußte, die Straßen sind aber zudem durch Inschriften, Meilensteine, Münzen usw. sichergestellt.

Schwieriger gestaltet sich die Aufsuchung der Straßen im Flachland.

Im allgemeinen können wir annehmen, daß längs jedes größeren Zuflusses der Donau rechts oder links, manchmal auf beiden Ufern, Straßen gebaut waren, und daß die bedeutenderen Plätze, besonders die militärisch wichtigen durch Querstraßen miteinander in Verbindung standen.

Die wichtigsten derselben sind die Straßen längs der Donau, dann die mit dem „limes" lange gleichlaufende Straße von *Irnsing* über die Biburg bei *Pföring, Teissing, Kösching,* Heppweg (Höheberg), Bemfeld, Hofstetten, Pfünz, Preit nach Weißenburg, von wo sich dieselbe noch bis zur Altmühl nördlich von Trommezheim verfolgen läßt.

Vor allem aber ist hervorzuheben jene große Verbindungslinie zwischen Salzburg und Augsburg, deren Auffindung im vorigen Jahrhundert den Anstoß zu fast allen neueren Straßenforschungen gegeben hat.

---

1 Doch muß auch der alte keltische Name Radasbona, Ratispona noch fortgelebt haben. *Riezler* I, 40.

2 Vgl. *Baumann*, Geschichte des Allgäus I. Kempten 1881.

3 So *Mommsen*, aber Graf *Hundt*, die Römerstraßen des linken Donauufers in Baiern, Sitzber. d. Münchener Akad. d. W. 1861, macht sehr wahrscheinlich, daß *Abusina*, Abensberg an der südlichen, und *Arusena*, das Kastell Irnsing bei Eining an der nördlichen Donaustraße zu scheiden seien: er findet deren nächstes Kastell in der Biburg bei Pföring, Celeusum am Kelsbach, Germanicum in Kösching, Betoniana in Pfünz.

532 ZWEITER TEIL · WESTGERMANEN

Die Mittel, das Vorhandensein alter Straßen in und außerhalb der Flußtäler zu erkennen, sind mannigfacher Art.

Vor allem geben uns die in frühester Zeit erwähnten Ortsnamen Fingerzeige, da zuerst gewiß nur die leicht zugänglichen Orte besiedelt wurden, sodann die Flurnamen, welche jetzt als „Straßäcker", an der Straße, Hochstraße, Steinweg, Grasweg, Hochweg die Stellen andeuten, wo ehemals eine Straße lief, die häufig zum Feldweg herabgesunken, manchmal ganz verschwunden ist.

Ferner das Auffinden alter Steinkreuze, die zwar nicht als *römische* Straßenzeichen anzusehen sind, immer aber den Beweis liefern, daß an der Stelle, wo dieselben stehen, ein vielgebrauchter Weg vorüberging, da die Kreuze, aus welchem Grund auch immer gesetzt, ein Erinnerungszeichen für die Vorübergehenden bilden sollten.

Nicht zu übersehen sind auch die Fundstellen der römischen Münzen. Diese Fundorte liegen nämlich nicht willkürlich zerstreut, sondern ziehen sich strahlenartig von den Hauptorten nach anderen bekannten Römerorten, wie sich bei dem Versuch eine römische Münzkarte zusammenzustellen in ganz auffallender Weise ergab, und wie es auch die von P. *Orgler* verfaßte Münzkarte von Tirol deutlich zeigt.

Die besten Beweise liefern die noch vorhandenen Reste alter Straßen, die in Wäldern mit Bäumen überwachsen, oder in Feldern überackert liegen und dort, wenn auch der obere Straßenkörper verschwunden ist, sich durch andern Stand der Frucht, frühere Reife usw. kenntlich machen (*Ohlenschlager*).

„In Kösching, Nassenfels, Pfünz, Emmetzheim lagen Besatzungen: Inschriften finden sich (Alkofen bei Abbach) in dieser Gegend ebenso wie um den Chiemsee und im Salzburgischen ziemlich zahlreich, während das Gebiet zwischen Inn und Lech an solchen sehr arm ist."[1] Sehr begreiflich, da in dem rauhen Isartal nur *eine* Straße (durch die Scharnitz) zog.

Von Regensburg folgte eine Straße dem Laufe der Donau über *Augusta* (oberhalb Straubing, Ast? noch 1384 Awsten) und *Sorvidodurum* (bei Straubing: Haindling?), *Quintana* (Isarübergang bei Plattling? oder Künzing?), *Pons Rensibus* (Vilsübergang bei Vilshofen über P. Rensibus = Perensibus, Pöring an der Isar?) nach *Castellum Bojodurum* (Innstadt bei Passau, auch „Batava castra" nach seiner Besatzung, einer Kohorte Bataver). Von da zog die Donaustraße über *Stanagum* (bei Engelhardszell?), *Joviacum* (bei Schlögen) und *Lentia* (Linz) nach *Lauriacum* (Lorch), einer bedeutenden Anlage: seit Marc Aurel Standort einer Legion: verstärkt durch barbarische Lanzenträger („lanciarii"): eine Schildfabrik versorgte die Truppen dieser Landschaften, eine Flotte ankerte hier in der völlig beherrschten Donau. Südwestlich deckte die Traun die Colonia Aurelia Antoninana *Ovilava* (Wels), deren Duumvirn, Aedilen, Pontifices bezeugt sind. Von Wels ging eine Zweigstraße nach Salzburg in der gleichen Richtung wie heute noch: über *Tergolasse* (Schwannstadt), *Laciaca* (Frankenmarkt) und *Tarnanto* (Neumarkt am Wallersee).

Eine zweite Route führte von Ovilava über *Virunum* (Maria Saal), *Vettoniana* (bei Kremsmünster), *Tutatione* (Kirchdorf), *Ernolatia* (Sankt Pankraz) nach *Gabromagus* (Windisch-garsten).

Von Virunum nach Salzburg wanderte man, die Taurach überschreitend, bei *Immurio*, die Radstädter Tauern bei *In Alpe*, über *Anisum* (Radstadt an der Enns), *Vocarium* (Pfarrwerfen) und *Cucullis* (das man früher in Kuchl forttönen hören wollte, neuerdings in Feistelan bei Figaun sucht).

---

1 *Riezler* I, 41.

ACHTES KAPITEL · DIE RÖMER IN DEUTSCHLAND   533

Wie zahlreiche Nebenstraßen außer diesen Hauptlinien bestanden, darf man daraus folgern, daß sogar über die Krontauern ein Weg von *Teurnia* (Tiburnia? Sankt Peter im Holz) nach Gastein führte (heute noch die „Heidenstraße" bei Malnitz).

Marc Aurel verlegte nach Ratien die „legio III Concordia oder Italica", nach Noricum die „legio II Italica" (früher Pia): die Legaten führten als „legati pro praetore" neben dem Kommando die höchste Zivilgewalt.

„Zur Sicherung der ziemlich ausgedehnten Grenzlinie gegen die nördlichen germanischen Nachbarn, sowie zur Aufrechterhaltung der Verbindung zwischen der Grenze und dem italischen Stammlande hatten die Römer anfangs in den ersten zwei Jahrhunderten nur Hilfstruppen verwendet. Legionen kamen nur im Kriegsfall und nur vorübergehend in das Land.

Die Stärke der verwendeten Truppen ergibt sich aus den aufgefundenen Militärdiplomen und betrug im Jahre 107 nach dem Diplom von Weißenburg 4 Alen (Reiterabteilungen), darunter 1 Miliaria und 11 Kohorten, darunter 1 Mil. Rechnen wir die Ala zu rund 500 (eigentlich 480), die Miliaria rund zu 1000 (eigentlich 960), die Kohorte zu rund 500, die Miliaria zu 1000 Mann, so erhalten wir 2500 Reiter und 6000 schlagfertige Truppen zu Fuß; 166 zählte die Besatzung nach dem Regensburger Diplom 3 Alen zu Pferd und 13 Kohorten, darunter zwei Miliariä: also nach obiger Berechnung 1800 Reiter und 7500 Mann zu Fuß, also nahezu dieselbe Anzahl wie 107: angenommen, daß in den Militärdiplomen die gesamte Stärke des römischen Heeres in der Provinz genannt ist, was aus der ziemlich gleichen Anzahl der in beiden Diplomen genannten Abteilungen geschlossen werden darf: dazu kamen eine unbestimmte Anzahl von solchen ausgedienten Leuten, denen man unter der Bedingung der Landesverteidigung Grundbesitz angewiesen hatte, „milites limitanei", wahrscheinlich identisch mit den in der „Notitia" genannten „gentes": nehmen wir diese zusammen, ziemlich hoch auf das Doppelte des stehenden Heeres, so erhalten wir die Summe von etwa 20 000 Mann im ganzen.

Um das Jahr 170 trat dann wegen der andrängenden Germanen gleichzeitig mit einer Verstärkung und Erneuerung der Grenzbefestigungen, welche uns auch durch die Regensburger Torinschrift bezeugt ist, eine Vermehrung der Truppen an der Donaulinie ein, indem für Rätien und Noricum je eine Legion, die II. und III. italische, errichtet wurden, welche von da bis zur Vernichtung der römischen Herrschaft die Hauptlast der Grenzwache zu tragen hatten.

Ob neben der Legion, die in der kriegerischen Zeit wohl nahezu 6000 Mann gezählt haben mag, die gleiche Anzahl Hilfsvölker wie früher beibehalten wurde, wissen wir nicht: doch können wir aus der „Notitia dignitatum", die um 400 verfaßt ist und unter anderem auch den Heeresstand in den Provinzen enthält, als wahrscheinlich annehmen, daß dies der Fall gewesen sei: denn hier erscheinen neben der „legio III Italica" noch 5 Alen Reiter, 8 Kohorten zu Fuß, eine Abteilung („numerus barcariorum") Pontonniers und ein „tribunus gentis per Retias deputatae", die eine Art Landwehr (Grenzer) gewesen zu sein scheinen, bestehend aus Nichtrömern, die gegen Kriegsdienstleistung im Lande angesiedelt waren.

Auch werden in Inschriften der späteren Zeit die „leg. III Ital." und Auxiliarabteilungen zusammen genannt.

Wir haben es also im Ganzen mit höchstens 10–12 000 Mann ständiger Truppen zu tun, die in der ziemlich großen Provinz, besonders aber an der Nordgrenze, standen und sich auf diese lange Linie verteilten.

Wenn wir ins Auge fassen, daß diese Grenzlinie vom Heselberg an bis nach Passau über dreißig deutsche Meilen betrug, daß ein Teil der Mannschaft im Lande und an

Militär-Diplom; reichlich ⁶/₇ der natürlichen Größe. (München, im königl. Antiquarium.)
Gefunden 1867 im Bahnhof von Weißenburg.

Die Inschrift lautet: *IMPerator CAESAR DIVI NERVAE Filius NERVA TRAIANVS AVGustus GERMANICus DACICVS PONTIFex MAXIMVS TRIBVNICia POTESTate XI IMPerator VI COnSul V Pater Patriae EQVITIBVS ET PEDITIBVS QVI MILITAVERVNT IN ALIS QVATVOR ET COHORTIBVS DECEM ET VNAM QVAE APPELLANTVR I HISPANORVM AVRIANA · ET I AVGVSTA THRACVM ET I · SINGVLARIVM - Civium Romanorum Pia Fidelis ET II FLAVIA Pia Fidelis Milliaria ET I BREVCORVM ET I ET II RAETORVM ET III BRACAR AVGVSTANORVM ET III THRACVM ET III THRACVM Civium Romanorum ET III BRITTANINORVM ET III BATAVORVM Milliaria ET IIII GALLORVM ET V BRACAR AVGVSTANORVM ET VII. LVSITANORVM ET SVNT IN RAETIA SVB TIberio IVLIO AQVILINO QVINIS ET VICENIS PLVRIBVSVE STIPENDIIS EMERITIS DIMISSIS HONESTA MISSIONE QVORVM NOMINA SVBSCRIPTA*

der West- und Südgrenze verwendet war, so wird man diese Besatzung keine so gar dichte nennen können und sicher mit denen *nicht* übereinstimmen, welche meinen, das ganze Land habe das Aussehen eines Heerlagers gehabt.

Die genannten Truppen lagen in getrennten „castra stativa" und zwar die „legio III" zu Regensburg (Reginum), später zu Vallatum (vielleicht Manching), Augsburg, Kempten. Von den Standlagern der übrigen Abteilungen erfahren wir zum Teil die Namen aus der „Notitia", ohne daß wir für alle deren jetzige Lage kennen: andrerseits kennen wir mit Gewißheit einige römische Lager, für welche der römische Name uns unbekannt ist. Zu den ersteren zählen „castra Batava" (Passau), um

ACHTES KAPITEL · DIE RÖMER IN DEUTSCHLAND

SUNT IPSIS LIBERIS POSTERISQVE EORVM CIVITATEM DEDIT ET CONVBIVM
CVM VXORIBVS QVAS TVNC HABVISSENT CVM EST CIVITAS IIS DATA AVT SI QVI
CAELIBES ESSENT CVM IIS QVAS POSTEA DVXISSENT DVMTAXAT SINGVLI
SINGVLAS PRidie Kalendas IVLias Caio MINICIO FVNDANO Caio VETTENIO SEVERO
COnSulibus ALAE I · HISPANORVM AVRIANF. CVI PRAEest Marcus INSTEIVS Marci filius
PALatina (tribu) COELENVS EX GREGALE MOGETISSAE COMATVLLI Filia BOIO ET
VERECVNDAE CASATI FILiae VXORI EIVS SEQVANae ET MATRVLLAE FILIAE EIVS
DESCRIPTVM ET RECOGNITUM EX TABVLA AENEA QVAE FIXA EST ROMAE. Die-
ses Diplom wurde von der am 29. Juni des Jahres 107 erlassenen und zu Rom aufbewahrten
Originalurkunde für den Mogetissa, den Sohn des Comatullus, einen Boier, der in der „ala prima
Hispanorum auriana" als gemeiner Ritter gedient hatte, für seine Gemahlin Verecunda, die Toch-
ter des Casatus, eine Sequanerin und ihre Tochter Matrulla in Abschrift ausgefertigt und diente
als Zeugnis für ehrenvollen Abschied und zugleich als Beleg für das Bürgerrecht des Genannten
und seiner Familie.

400 das Standlager der „cohors nova Batavorum", und „Quintana" (jetzt Künzing?), um 400 das Lager der „ala I Flavia Raetorum": andrerseits wissen wir mit
Sicherheit daß im Lager zu Eining, wahrscheinlich dem Abusina der Itinerars und
der „Notitia die „cohors III Britannorum" lag.

Zu Pföring stand um 141 die „ala Singularium Pia fidelis civium Romanorum" und
mit dieser oder zu anderer Zeit noch eine Abteilung, deren Ziegel mit C I F C
bezeichnet sind und wahrscheinlich der im Regensburger Diplom genannten „cohors
I flavia Carr(n)athenorum" angehören, welche auch in Regensburg eine Zeitlang und
deren Ziegel am Ostertor (beim jetzigen Karmeliterbräu) zutage kamen.

Zu Kösching lag im Jahre 141 die „ala I Flavia Civium Romanorum", während in Pfünz zwei Widmungssteine der „cohors I Breucorum" gefunden wurden.

In der Umgebung von Weißenburg, Emetzheim war wohl ein Standplatz (Stein zu Ehren des Merkur für das Wohl des Kaisers Antonius gesetzt von einem „optio" der „ala Auriana"): in Augsburg fanden sich zwei Steine der „ala II Flavia" („Singularium").

Höchst wahrscheinlich „Castra stativa", von denen wir aber weder die Namen noch die Besatzung kennen, waren die *Wischelburg (Rosenburg)* an der Donau zwischen Straubing und Deggendorf (Münzen von Geta), die Schanze bei *Irsingen* südlich vom Heselberg, das *Burgfeld* bei Ried, ½ St. südlich von Monheim, die Stelle der heutigen Stadt *Günzburg* und die sogenannten *geschlossenen Äcker bei Aislingen*.

Um nun diese zerstreut liegenden Truppen zu verbinden, zu schützen und im

Überreste römischer Gebäude im Walde bei Kulbing, ½ Meile von Laufen in Oberbayern.
Länge des ganzes Baues 29 Fuß, Breite 12 Fuß.

gegebenen Fall an einem oder einzelnen Punkten verwendbar zu machen, waren sie untereinander und mit den Hauptstraßen durch wohlgebaute Wege, sowie durch zwischenliegende von kleinen Abteilungen besetzte, befestigte Beobachtungspunkte verbunden, welche durch ein ausgebildetes Zeichensystem die nötigen Nachrichten rasch vermitteln konnten.

So liegen zwischen der Donaustation Pföring und der Teufelsmauer die beiden Schanzen von Imbad und Schwabstetten. Zwischen Kösching und Pföring die Castra Hepperg, Echenzell und Böhmfeld.

Auch entfernt von den „castra stativa", besonders in der Nähe der Straßen, finden sich Befestigungen, die man ihrer Form wegen für römische Arbeiten hält; dieselben waren vielleicht weniger zur Deckung der Straßen bestimmt, als zur Aufnahme von

ACHTES KAPITEL · DIE RÖMER IN DEUTSCHLAND 537

Mosaikfußboden aus dem Atrium der Römervilla zu Westenhofen (München, Bayerisches Nationalmuseum).
(Zu Gunsten größerer und deutlicherer Wiedergabe ist das untere Stück, in welchem die Zeichnung zwischen dem Mittelpunkt und der Grundlinie des Halbrundes sich nur wiederholt – überdies ist ein ansehnlicher Teil dieser Partie auch zerstört – weggelassen worden.) Flächeninhalt 833 Quadratfuß. Die Mosaiksteinchen sind naturfarbig und mit der Säge geschnitten bis auf eine Art roter, die gebrannt zu sein scheint. Alle Steinchen haben Würfelform von ½ bis 1/12 Zoll im Quadrat; sie sind in weißem Kitt auf roten Peton eingesetzt, und unter diesem befand sich eine Schicht gelblichen Mörtels als Unterlage.

Abteilungen während des Marsches, oder wenn sie beim Bau oder Ausbesserung der Straßen die sicher nicht freiwillig arbeitenden Landesbewohner im Zaume zu halten hatten, wie z. B. die Schanze von Buchendorf bei Gauting.

Viele Befestigungen derselben sind mittelalterlich, manche aber haben wahrscheinlich schon den Einmarsch der Römer erlebt und vielleicht auch den später wieder Abziehenden Schutz geboten; so die große Schanze bei Manching, bei Schäftlarn, bei Hohendilching, Fendbach, sowie bei Kelheim und viele andere" (*Ohlenschlager*).

538   ZWEITER TEIL · WESTGERMANEN

Ungefähr ein Jahrhundert bestanden die Einrichtungen Marc Aurels: Diokletian teilte 297 Rätien in zwei Provinzen „R. prima" und „R. secunda" mit den Hauptstädten Cur (?) und Augsburg und ebenso Noricum in zwei Provinzen: Ufernoricum, „Noricum ripense", das nördliche Land an der Donau, und Binnennoricum, „Noricum mediteranneum", der südlichere Rest (beide Norica gehörten fortan zur Diözese *Illyricum*; beide Rätien blieben bei der Diözese Italia). Die Truppen dieser Grenzlande wurden nun von „duces" befehligt.

Im Laufe dieser Jahrhunderte vollzog sich nun eine vollständige Romanisierung der Rätier und Noriker. „Der Legionssoldat wurde auch mit Friedensarbeiten beschäftigt: errichtete Gebäude, zu denen er sich selbst die nötigen Ziegel brannte, baute Straßen, grub Kanäle, trocknete Sümpfe aus. Er verheiratete sich häufig in der Provinz und ließ sich beim Abschied, mit Grundbesitz ausgestattet, in seiner zweiten Heimat nieder ... Die Stempel der römischen Töpferei in Westendorf bei Rosenheim zeigen noch keltische neben römischen Töpfernamen. In den Steininschriften der späteren Kaiserzeit aber finden sich fast nur römische Namen und ausschließlich solche tragen die im Leben Severins (Ende des 5. Jahrhunderts) genannten Bewohner dieser Gegend[1]" (soweit sie nicht Germanen sind). Auch die keltischen Gottheiten werden mit den keltischen Einwohnern romanisiert, wie umgekehrt die hier sich niederlassenden Römer, nach allgemeiner römischer Gepflogenheit, auch den vorgefundenen Landesgöttern und örtlichen Genien durch fromme Verehrung gern sich empfahlen: so entstanden aus keltischem und römischem gemischte Gottheiten: der keltische Sonnengott *Grannus* wurde als Apollo verehrt, der keltische *Bid* zum Jupiter *Bedaius*, der keltische Gott der Saaten zum Jupiter Felvensis und zum Saturnus, der oberste keltische Gott, *Teutates*, zum Merkur. Aber andere einheimische Gottheiten werden unter ihrem keltischen Namen[2] und zwar auch von den römischen Kolonisten verehrt: *Custanus, Belenus, Arrubianus, Epona* (Pferdegöttin), die *Alounen* (bei Chieming und Seeon): Salzgottheiten. Dazu wanderten mit den aus orientalischen Provinzen kommenden Soldaten und Siedlern asiatische, syrische, z. B. der Gott Azizos[3] und ägyptische Gottheiten ein: Mithras (vgl. die zahlreichen Mithräen oben), Isis, Serapis, auch Jupiter Dolichenus[4].

„Außer den eben genannten Resten eines großen Verkehrs finden wir an verschiedenen Stellen in der Nähe oder entfernt von den militärischen Standorten auch die Zeugen einer friedlichen Niederlassung; eine Menge Gebäuderuinen zu Augsburg, Regensburg, Erlstätt, Nassenfels, Tacherting, bei Pföring, am Steinbrunnen zwischen Pappenheim und Rothenstein, Epfach, Pfünz, zu Steppberg, bei Neuburg, Alkhofen und anderen Orten belehren uns, wie die Römer sich den Aufenthalt im Lande erträglich zu machen wußten: sie bewahren noch eine Menge kleiner Geräte in ihrem Schutt und einige Funde, z. B. der Mosaikboden in Westerhofen, beweisen zur Genüge, daß auch mancher bedürfnisreiche oder kunstsinnige Römer ein längeres Verweilen nicht zu den unerträglichen Dingen rechnete.

Und auch nach dem Tode fanden viele Tausende ihre Ruhestätte in deutschem Boden (die Gräberfelder am Rosenauberg bei Augsburg und bei Regensburg).

Die Gräber der Römer mit denen der Provinzialen abwechselnd bieten uns reichli-

---

1 *Riezler* I, 43.
2 So im ganzen ursprünglich keltischen Gebiet die „Mütter", „matres, matronae", in sehr zahlreichen Lokalbezeichnungen s. *Brambach, inscript.*
3 *Mommsen* III, 1. Dacia Nr. 875.
4 *Mommsen* II, 1. Nr. 881. 882.

ACHTES KAPITEL · DIE RÖMER IN DEUTSCHLAND

che Aufschlüsse und unversieglichen Stoff zur Forschung über die Lebens- und Bevölkerungsverhältnisse des Landes in den ersten Jahrhunderten unserer Zeitrechnung. In den Grabhügeln, die früher allgemein für römische angesehen wurden, finden sich nur selten Grabstätten mit den Kennzeichen der römischen Herkunft: Lampe, Münze und Nagel in der Urne, wie sie in Grabhügeln bei Pfünz in der Nähe des dortigen Lagers und zu Deckingen am Hanenkam zutage kamen.

Von den im Lande betriebenen Gewerbszweigen hat besonders einer, dessen Abfälle besonders dauerhaft sind, die Aufmerksamkeit auf sich gelenkt: nämlich die *Töpferei*, deren Betriebsorte sich heute noch durch die massenhafte Ablagerung von Scherben kennzeichnen; der feine Ton, welcher an vielen Stellen die Kieslager der Oberfläche überdeckt, scheint zur Herstellung jener roten, mit matter Glasur überzogenen Gefäße sehr geeignet, welche wir vielleicht mit Unrecht als samische Gefäße zu bezeichnen pflegen und deren Schönheit und Dauerhaftigkeit unsere Aufmerksamkeit erregt. Die in großer Zahl denselben aufgedrückten keltischen Namen, die nicht nur in unseren einheimischen Töpfereistellen zu Westerndorf bei Rosenheim, Westheim bei Augsburg, Nassenfels, Alkofen und Abbach in der Nähe von Regensburg, sondern auch in anderen römischen Provinzen zutage kommen, berechtigen uns zu dem Schluß, daß die Kelten hierin eine besondere Fertigkeit besaßen und, ähnlich wie die heutigen Italiener, zu Ziegel- und Zementarbeiten gesucht und verwendet wurden.

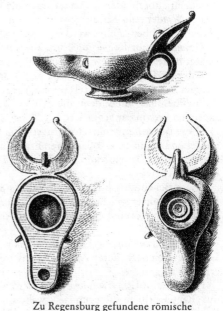

Zu Regensburg gefundene römische Bronzelampe.
Ansichten von der Seite, von oben und unten. ½ der natürl. Größe. (Regensburg, Sammlung des historischen Vereins für die Oberpfalz.)

Ob auch andere Erzeugnisse fabrik- oder handwerksmäßig im Lande hergestellt wurden und welche, darüber lassen uns sowohl die Funde als auch die Inschriften im Stich: auf letzteren wird auch nicht eines Handwerkers Erwähnung getan und aus den Fundstücken läßt sich zwar schließen, daß auch inländische Meister sich mit der Herstellung der nötigen Metall- und Holzarbeiten beschäftigen, daß z. B. die ziemlich rohen kleinen Götterbilder nicht erst weit hergebracht sein mußten: aber mit Sicherheit läßt sich weder die Zeit noch der Ort ihrer Entstehung angeben.

Dagegen erwähnen einige, leider wenige, Inschriften in Augsburg einiger Handelsleute, welche, wie es scheint, den Vertrieb italischer Erzeugnisse im Lande vermittelten, wir finden einen „negotiator vestiariae et lintiariae" C. I. L. 5800, einen „negotiator quondam vestiarius" (C. I. L. III 5816), einen ehemaligen Kleiderhändler, ferner einen „negotiator artis purpuiae" (C. I. L. III 5824), einen Purpurhändler und endlich einen „negotiator artis cretariae et flaturariae": vielleicht einen Händler mit Kreide- und Gipsfiguren und Erzfigürchen.

Dabei dürfen wir nicht übersehen, daß der schon zu Strabos Zeit (etwa 30 Jahre

540 ZWEITER TEIL · WESTGERMANEN

nach Rätiens Eroberung) bestandene Handel mit Landeserzeugnissen nach Italien, besonders mit Harz, Pech, Kienholz, Wachs, Käse und Honig auch in späterer Zeit noch fortgedauert haben wird: des rätischen Weines aus den südlichen Tälern der Alpen tun schon Vergil und dann Plinius rühmende Erwähnung mit dem Zusatz, daß dort, entgegen der italischen Gewohnheit, der Wein in hölzernen mit Reifen gebundenen Fässern aufbewahrt werde: eine Bemerkung, die durch ein Basrelief von Augsburg ihre Bestätigung findet, auf welchem ein Wagen mit einem derartigen Fasse deutlich zu sehen ist.

Daß auch der Getreidebau im Lande blühte, vor und während der Römerherrschaft, bezeugen außer anderen Funden auch die jetzt verlassenen Kulturen, über welchen unsere Wälder zum Teil aufgewachsen sind und die ihrer Gestalt wegen vom Volke als „Hochäcker" bezeichnet werden.

Gehen wir zur Regierungsform über, welche Rom in der rätischen Provinz eingerichtet hatte, so finden wir anfangs (abgesehen von den Einrichtungen, welche es mit den übrigen Provinzen gemeinsam hatte), an der Spitze einen kaiserlichen Statthalter, welcher mit dem vollen Titel „procurator Augusti et pro legato Raetiae Vindeliciae et Vallis Poeninae" hieß: denn die „Vallis Poenina", das heutige Walliserland, war der rätischen Provinz angegliedert.

Diese Benennung führten die Statthalter wahrscheinlich bis zur Errichtung der III. italischen Legion ca. 170. Seit deren Errichtung war der Legionskommandeur zugleich Statthalter der Provinz und hieß in dieser Eigenschaft „legatus Augusti pro praetore legionis III Italicae".

Diese Benennung blieb bis zur Umgestaltung der Provinzialeinrichtungen durch Diokletian, unter welchem sich schon 290 ein „praeses provinciae Raetiae vir perfectissimus" findet; seit dieser Zeit war die Provinz mit der Diözese des „vicarius Italiae" vereinigt.

Unser Verzeichnis weist etwa 28 Beamte dieser verschiedenen Benennungen im Laufe der Zeit nach, deren Andenken uns größtenteils durch aufgefundene Inschriften erhalten ist.

Nach der Notitia stand um 400 die Provinz militärisch unter einem „vir spectabilis dux Raetia primae et secundae", während die bürgerliche Verwaltung unter zwei Beamte, den „praeses Raetiae primae" und „praeses Raetiae secundae", geteilt war, welchem der Titel „vir perfectissimus" zukam. Diese Teilung hat vielleicht zur Zeit der diokletianischen Neugestaltung der Provinzen, sicher nicht viel später stattgefunden.

Von den untergegebenen Zivilbeamten erfahren wir aus unseren Inschriften nichts, während die Zahl der militärischen Chargen und Beamten, deren Andenken durch Inschriften überliefert wird, nicht gering erscheint vom Präfekten und Tribunen abwärts bis zu den niederen Stellen der „duplarii".

Dieses Zurücktreten der zivilen Verwaltung hat seinen Grund in der vorwiegend militärischen Bedeutung der Provinz, die lange Zeit in dem Legionskommandanten auch ihren höchsten bürgerlichen Beamten sah, dessen Untergebene ebenfalls Offiziere oder Militärbeamte auch die Zivilverwaltungsgeschäfte mit besorgten.

Dieser militärische Charakter der Provinz zeigt sich auch dadurch ausgeprägt, daß wir fast keine städtischen Gemeinwesen in unserer Provinz besitzen.

Mit Sicherheit können wir von einem geordneten bürgerlichen Gemeinwesen reden bei *Augsburg*, Augusta Vindelicorum.

Man wollte aus Worten des Tacitus schließen, Augsburg sei römische Kolonie gewesen, und *Welser* hat sich die größte Mühe gegeben, dies zu beweisen: allein die übrigen Quellen über Augsburgs bürgerliche Stellung, nämlich die Augsburger In-

ACHTES KAPITEL · DIE RÖMER IN DEUTSCHLAND 541

schriften im „Corpus Inscript. Lat. III" 5826 nennen den Platz „municipium", Nr. 5800 „municipium Aelium Augustum", 5825 einen „decurio municipii quatuorviralis". Auch das Verzeichnis der Provinzen, in welchen Augustus Kolonien anlegte, nennt Rätien nicht.

Danach war also Augsburg ein „municipium", welches, wie die späteren Municipalstädte regelmäßig durch eine Oberbehörde von vier Personen, zwei höchsten richterlichen Beamten und zwei Aedilen verwaltet wurde. Diese bildeten entweder zwei Kollegien von Zweimännern: „duoviri iuri dicundo" und „duoviri aediles" („aedilicia potestate") oder *ein* Kollegium von Viermännern, von denen zwei „quatuorviri iuri dicundo", die beiden anderen „quatuorviri aediles" genannt werden. Die „quatuorviri" sind den Municipien, die „duoviri" den Kolonien eigentümlich, ein Unterschied, der besonders in den Städten hervortritt, welche zuerst Municipien waren und später Kolonien wurden, und daher zuerst IIIIviri und dann IIviri haben.

Demnach steht auch die Bezeichnung der Beamten als „quatuorviri" dem Charakter des Platzes als Kolonie entgegen.

Die in Nr. 5825 erwähnten Decurionen

Eherne Bacchusfigur; gefunden bei Obelfing in Oberbayern.
(München, königl. Antiquarium.) 19 Zentimeter hoch.

bildeten einen nach dem Vorbild des römischen Senats aus einer bestimmten Anzahl (meist 100) lebenslänglicher Mitglieder zusammengesetzten Rat, der nach der „lex Iulia municipalis" alle 5 Jahre durch eine von den „quinquennales" vorgenommene Wahl ergänzt wurde und ähnlich wie in Rom beratende und beschließende Gewalt hatte, während in den Händen der Magistrate die Ausführung lag; auch nahm er Appellationen gegen die von Duovirn und Aedilen verhängten Geldstrafen an.

Außer dem Stande der Decurionen, welcher wie in Rom der Senatorenstand gegen Ende der Kaiserzeit erblich wurde, gab es unter den Kaisern vor Constantin in den meisten Municipien und nach den Inschriften Nr. 5797 und 5824 auch in Augsburg einen zweiten Stand, nämlich die „augustales" und zwar „seviri Augustales", wahrscheinlich eine Nachbildung des Priesterkollegiums der „sodales Augusti", welches, aus Mitgliedern der kaiserlichen Familie gebildet, dem Kult der „gens Iulia" gewidmet war.

Diese Augustalen werden „decreto decurionum" gewählt, stehen an Rang den Decurionen zunächst und bilden ein Kollegium, welches, ursprünglich dem Kult der „gens Iulia" gewidmet, später seine priesterlichen Funktionen auch auf den Kult der übrigen Kaiser ausgedehnt zu haben scheint.

Auf diese geringen Notizen muß sich unser Wissen über die Beamten von Augusta Vindelicorum bis jetzt beschränken, und das Wort

Eherner Pferdekopf
(wahrscheinlich von einer römischen Meisterstatue), in der Wertach bei Augsburg 1769 gefunden. $^4/_{13}$ der natürl. Größe. (Augsburg, Maximiliansmuseum.)

„colonia" ist bei Tacitus wohl nicht im Sinne von *römischer* Kolonie, sondern überhaupt als Ansiedlung, bebauter Platz, aufzufassen.[1]

Regensburg hat mit drei Ausnahmen keine religiösen und mit Ausnahme der Torinschriften bis jetzt keine öffentliche Inschrift aufzuweisen: alle anderen sind Grabinschriften: und auch unter diesen ist nur eine, welche vielleicht einem Zivilbeamten angehört hat. Es ist die Inschrift (Nr. 5946):

D · M ·
CL GEMELL
CLAVDIAN
PRAEF · I · I

vielleicht einem „praefectus iuri dicundo" angehörig, d. h. dem Stellvertreter eines „duovir iuri dicundo": aber es ist nicht ratsam, aufgrund einer einzigen, dazu noch unvollständigen Inschrift eine derartige Feststellung vorzunehmen.

---

1 Was *Planta* über Biberach als „municipium" beibringt, wird dadurch hinfällig, daß eben nicht, wie er als bekannt annimmt, in Augsburg „duoviri iuri dicundo" sich vorfindet, vielmehr der auf dem Biberacher Monument Nr. 5825 genannte C. Julianius Julius *nicht* zu Biberach, sondern in dem benachbarten Augsburg sein Amt als „decurio municipii quatuorviralis" bekleidete.

ACHTES KAPITEL · DIE RÖMER IN DEUTSCHLAND 543

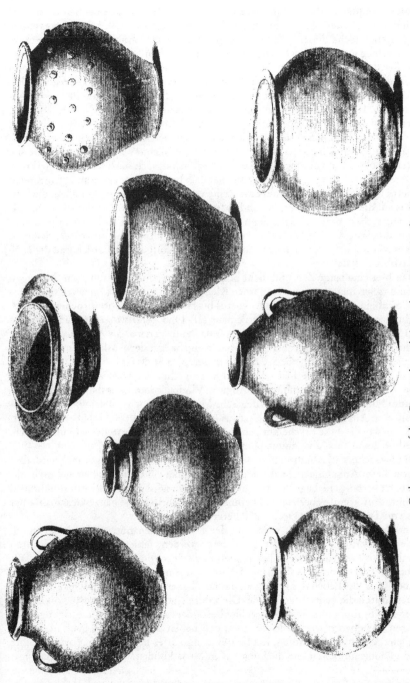

Graburnen, auf dem Rosenauberge bei Augsburg 1844–45 gefunden. Darunter (in den beiden unteren Ecken) zwei seltene Urnen von Glas, deren größere 8 Zoll hoch ist und in der Öffnung 5 ½ Zoll, in der Bauchung 8 ¾ Zoll Durchmesser hat. (Augsburg, Maximilians-Museum).

544 ZWEITER TEIL · WESTGERMANEN

Auch zu Epfach, Abodiacum (wo einst eine römische Brücke über den Lech ging, deren Pfähle man noch fand), sind in der Umfassungsmauer des St. Lorenzbergs einige Inschriften, welche diesem Platze die Eigenschaft eines „municipium" zusprechen, falls dieselben auf dort verwendete Beamte sich beziehen.

Außer drei Inschriften des Claudius Paternus Clementianus, welcher neben und nach anderen hohen Ämtern auch die Stelle eines „procurator Augusti Retiae" bekleide C.I.L. III 5775–77 erscheint noch ein (Ceionius) „Sercialis Aelianus decurio municipii" C.I.L. III 5780 und ein „Serotinius Secundus Secundi ordinis" C.I.L. III 5779, wahrscheinlich einer der oben erwähnten „seviri Augustales", die später, als diese Würden in den Familien erblich wurden, einen eigenen Stand bildeten.

Das heutige Epfach ist so unbedeutend, daß man an eine Verschleppung der Steine denken möchte, wenn nur nicht der Lech von Epfach*ab*wärts nach Augsburg zu flösse. In älterer Zeit aber war Epfach sicher ein ziemlich bedeutender Platz und große, reich verzierte Quaderstücke lassen auf eine Reihe von schönen Bauten schließen, die freilich bis auf die letzte Spur verschwunden sind und von denen nicht einmal der Standplatz angegeben werden kann, denn die Werkstücke kamen nicht an ihrer ersten Verwendungsstelle zutag, sondern in einer starken Schutzmauer, die später, vielleicht noch in römischer Zeit, um den St. Lorenzhügel war aufgeführt worden und die 1830 zum Abbruch kam.

Daß hier eine lange Zeit und dicht bewohnte Römerniederlassung war, bezeugen auch die vielen metallenen und tönernen Kleinfunde, sowie viele Hunderte von Münzen (350 allein im Jahre 1830) von Augustus bis Honorius in ununterbrochener Reihe.

Abudiacum wird genannt von Ptolemäus (II, 13, 3 'Αβουδίακος 46° 15' n. Breite und 33° 30 ' östl. Länge), ebenso in der „tabula Peutingeriana" als Avodiaco zwischen „ad novas" und Coveliacas, aber ohne Meilenangabe, auf der Ausburg-Tiroler Straße und als Abuzacum im Itinerar S. 275 und in der „vita St. Magni" S. 28.

(Die Form Abuzaco verhält sich sprachlich zu Abudiaco wie Zabern zu *tabernae*.)

Im Itinerar ist die Entfernung von Augusta Vindelicorum (Augsburg) auf 36 „milia passuum" angegeben, also auf 7 ⁴/₅ deutsche Meilen, was auch mit der wirklichen Entfernung von Augsburg nach Epfach (etwas über vierzehn Postsäulen) übereinstimmt.

Fassen wir alle diese Erscheinungen ins Auge, so ist es wenigstens nicht unmöglich, daß Abudiacum einst ein „municipium" gewesen sei.

Die Tatsache, daß Abudiacum in der alten Literatur nur dreimal genannt wird, darf uns von dieser Annahme nicht abschrecken: denn, um ein ähnliches Beispiel anzuführen, auch die römische Lagerstadt Apulum in Dacien wird in der Literatur nur dreimal erwähnt: dort konnte aber aus 320 gefundenen Inschriften die ganze Geschichte der Stadt von Trajan bis unter Decius 250 hergestellt werden.[1]

An allen übrigen Plätzen, welche in der Literatur genannt werden, oder durch Funde als römische Wohnstellen bezeichnet werden, fehlen uns die Mittel, ihren Charakter als Gemeinwesen zu bestimmen und selbst von Kempten und Passau läßt sich bis jetzt nichts anderes sagen, als daß sie einst römische Besatzung in sich bargen.

Auch über das Leben der Römer an diesen Plätzen selbst erhalten wir reiche Aufschlüsse durch die gemachten Funde. Die zahlreichen Grundmauerreste von Privatbauten in Augsburg und Regensburg, hier besonders außerhalb der Befestigungslinie, belehren uns ebenso wie die Inschriften, daß neben der Besatzung auch noch eine ziemliche Anzahl von Beamten, Kaufleuten u. dgl. ihres Berufes oder Vorteils halber sich im Lande aufhielten und die kunstvollen Mosaikböden von Westerhofen, Augs-

---

1 Wie es von Karl *Goos* mit so schönem Erfolge versucht worden ist.

burg und Tacherting beweisen, daß sie sich diesen Aufenthalt möglichst angenehm zu machen suchten.

Von „düstern Wäldern" (Tacitus) konnte man gerade in der Gegend des Vallum sprechen, das auch heute noch auf große Strecken durch düstre Wäldern hinführt und hinter welchem der Heinheimer und Köschinger Forst, der Eichstätter, Raitenbucher und Weißenburger Forst, die schönen Wälder des Hanenkams und der Oettinger Forst auch jetzt noch eine zusammenhängende Kette von Wäldern bilden, so daß man,

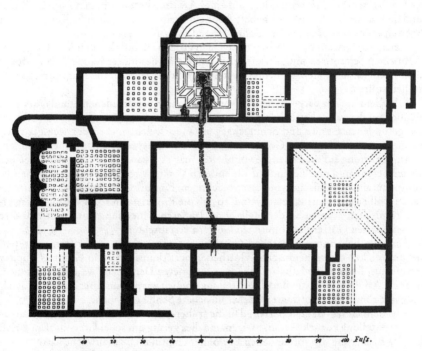

Grundriß der Römervilla in Westenhofen bei Ingolstadt, aufgefunden 1856.

wenige freie Übergänge abgerechnet, im Wald von Kelheim aus bis zur württembergischen Grenze gehen kann.

Gegen die Einflüsse der Kälte wußten sich die Römer zu schützen, indem sie die erprobten Einrichtungen ihrer römischen Bäder auf die Wohnhäuser übertrugen und durch eine Art Luftheizung sich warme behagliche Räume verschafften. Man glaubte deshalb im vorigen Jahrhundert überall Dampfbadeeinrichtungen gefunden zu haben, wo man die auf kleinen Säulchen ruhenden Böden solcher Gemächer gefunden hatte. Doch fanden sich auch wirkliche Bäder, z. B. zu Miltenberg.

Die Häuser selbst waren meist aus Ziegelsteinen erbaut, hatten verhältnismäßig kleine Zimmerräume; Wände und Boden waren mit Mörtel glatt überzogen, der Boden betonartig und manchmal noch mit Mosaikwürfeln belegt, die Wände mit ganzen Farben bemalt, gelb, rot, blau, grün, weiß[1], bloß gestreift und gefaßt oder auch mit künstlerisch gemalten Figuren belebt; über den Bau und die Einrichtung oberer Stock-

---

1 So in dem 1880 ausgegrabenen Hause zu Jettenhausen bei Friedrichshafen (Dahn).

546   ZWEITER TEIL · WESTGERMANEN

werke läßt sich bei dem Mangel jeden vorhandenen Objektes natürlich keine Angabe
machen, doch dürfte sich dieselbe von dem, was wir von römischen Bauten anderer
Gegenden wissen, nicht wesentlich unterschieden haben.

Auch die Einrichtung und die Geräte zeigen in den vorhandenen Skulpturen und
Gefäßfunden gleiche Gestalt mit denen, welche überall die römischen Wohnstätten
begleiten, und es sind namentlich einzelne Grabmäler in Augsburg und Regensburg,
welche uns in stereotyper Darstellung die Einrichtung eines Speisezimmers darstellen.

Der Verstorbene sitzt oder liegt auf einer Art Ruhebett mit hohen Füßen-, Rück-
und Seitenlehnen, vor dem Ruhebett steht ein dreifüßiger Tisch zum Vorsetzen der
Speisen und ein Diener mit der Kanne scheint ihn zu bedienen.

Reichere Darstellungen weisen noch einen großen alleinstehenden Mischkrug auf,
dann einen Seitentisch mit allerlei verziertem Gerät, besonders Kannen, sowie außer
dem Diener noch andere stehende Gestalten, welche vielleicht die Angehörigen darstellen sollten.

Die Kleidung der dargestellten Personen läßt ihren verschiedenen Stand erkennen,
ist aber mit der aus Italien bekannten römischen Gewandung völlig gleich, ebenso auch
die gefundenen Geräte und Schmuckgegenstände, welche mehr oder weniger reich
verziert dem verschiedenen Geschmack oder Vermögensstande entsprechen konnten.

In Beziehung auf die Lebensgewohnheiten mag es ja kaum ein Volk geben, welches
so zersetzend und nivellierend auf alle anderen Völker wirkte, mit denen es in Berührung kam, als das römische, vor dessen mächtigem Einfluß die Eigenheit der unterworfenen Völker fast spurlos verschwand, so daß die Provinzialen sogar die nichtssagen-
den römischen Namen an der Stelle ihrer früheren Benennung vorzogen und ihre
einheimischen Götter mit römischen Göttern vertauschten.

Fast alle bekannten römischen Gottheiten finden wir in Inschriften vertreten,
neben welchen die einheimischen Gottheiten der Alounae, Apollo Grannus, Jupiter
Arubianus, Bedaius, Sedatus an Zahl der gewidmeten Denkmäler weit zurückstehen:
über die Art ihres Dienstes und ihrer Stellung können wir nur aus ihrer Zusammenstellung mit römischen Gottheiten höchst unsichere Schlüsse ziehen.

Aus dem Gesagten geht hervor, daß die früheren Einwohner in eine sehr untergeordnete Stellung zurückgedrängt waren und dies gelang um so leichter, als man gleich
bei der Eroberung die vorhandenen Bewohner empfindlich geschwächt hatte.

Ein großer Teil der waffenfähigen Leute war in dem verzweifelten Kampf um die
Freiheit gefallen, von den Überlebenden wurden nur so viele im Lande gelassen, als zur
Bebauung des Landes nötig waren. Die jungen und kräftigen Leute wurden ins Ausland
geführt. Auf diese Weise wurden auch die alten Stammes- und Ortsüberlieferungen
größtenteils verwischt und so am leichtesten das Land in Unterwürfigkeit gehalten, da
schon die nächste Generation kaum mehr ein selbständiges Bewußtsein früherer Freiheit hatte; sie romanisierten sich schnell: ihre Sprache wurde vergessen, weil bei allen
amtlichen und militärischen Tätigkeiten, sowie im Verkehr mit den Siegern nur die
römische Sprache zulässig war: sie nahmen Kleidung und Sitte von den Überwindern
an und vertauschten selbst ihre Namen größtenteils gegen römische Benennung: nur
wenige Formen wie Addo, Anno, Atto, Bato, Belatumara, Belatulla, Billiceddis, Ca-
cusso, Callo, Cambo, Cattaus, Cobnerdus und ähnliche wecken die Erinnerung an eine
Zeit, da keltische Völker die Herren des Landes waren.

Daß später unter den Römern die Bevölkerung wieder stark angewachsen war, geht
aus der Tatsache hervor, daß sich VIII „cohortes Raetorum" und daneben IV „cohortes Vindelicorum" finden, vielleicht nach *Beckers* Vermutung eine aus jedem Stamme.
Diese Abteilungen wurden nach römischer Weise meist außerhalb ihrer Heimat ver-

ACHTES KAPITEL · DIE RÖMER IN DEUTSCHLAND 547

wendet. Die „cohors I Raetorum" stand um 107 und 166 und nach der Notitia um 400 in Rätien, ebenso stand die „cohors II" 107 in Rätien, 116 in Germania superior, 166 wieder in Rätien und hat, wie es scheint, eine Zeitlang zu Wiesbaden und auf der Saalburg bei Homburg gelegen. Das Standlager dieser beiden Abteilungen in Rätien ist bis jetzt unbekannt, ebenso der Garnisonsort der „cohors" III und IV und V. Die

Römisches Bronzegefäß; 1867 gefunden im Burgauer Torfstich.
Durchmesser der Öffnung 20 Zentimeter; Höhe 6 ½ Zentimeter. (Augsburg, Maximiliansmuseum.)

„cohors" IV lag nach der Notitia um 400 zu Benaxamoduro, also ebenfalls in Rätien.
Die VII „equitata" stand im Jahre 74 und 116 in Germania superior, die „cohors" VIII aber lag 80 und 85 in Pannonia und 110 in Daci
Die Rätischen Abteilungen wurden von Aurelian auf dem Zuge gegen Palmyra im innersten Asien verwendet und von Zosimus als keltische Völker bezeichnet.
Die „cohors I Vindelicourm miliaria" stand 157 in Dacia: Ziegel mit dem Stempel der II „Vindelicorum" sollen bei Butzbach in Oberhessen, mit dem der III bei Homburg und Wiesbaden gefunden worden sein.

Die „cohors IV Vindelicorum" stand 74 in Germania, und ihre Ziegel fanden sich zu Niederbiber, Mainz, auf der Saalburg bei Homburg, Wiesbaden, Großkrotzenburg bei Hanau, zu Heftrich bei Idstein und zu Miltenberg: außer diesen genannten Kohorten scheint es nach einer Wormser und einer Mainzer Inschrift auch noch eine zusammengesetzte „cohors Raetorum et Vindelicorum" gegeben zu haben.

Die Soldaten aus Rätien waren sehr geschätzt, wurden in entscheidenden Augenblicken öfter verwendet und wohl ihrer (auch auf den Denkmalen ersichtlichen) großen stattlichen und kräftigen Gestalten willen auch als „equites singulares Augu-

Römisches Denkmal, Ansichten der vorderen und der beiden Seitenflächen, zu Ehren der Kaiser Maximinus, Constantinus und Licinius; gefunden, 1848, bei Erweiterung der Pfarrkirche zu Prutting und in derselben jetzt eingemauert. Höhe 5 ¹/₃ Fuß. Inschrift: VICTORIAE AVGVSTAE sacRVM PRO SALVTEM dominorum NN(nostrorum) MAXIMINI ET conSTANTINI ET LICINE semPER AVGustorum AVRelius SENECIO vir perfectissimus DVX TEMPLVM NVMINI eiVS EX VOTO A NOVO FIERI IVSSIT PER INSTANTIAM VALerii SAMBARRAE PraePositi EQuitivus DALMatis AQVESIANIS COMITatensibus Laetus Libens Merito OB VICTORIA FACTA V · Kalendas IVLIAS ANDRONICO ET PROBO COnSulibus. Der auf dem Denkmal genannte Tag des Sieges ist der 27. Juni 310. Dasselbe ist aber erst nach dem 311 erfolgten Tode des Galerius errichtet, sonst müßte auch dieser hier genannt sein.

sti", d. h. als kaiserliche Kuriere oder Feldjäger verwendet. Mehr als ein Dutzend Grabsteine solcher „equites" haben den sicherlich ehrenden Beisatz „natione Raetus".

Auch die Provinz *Noricum* wurde von Tiberius ein Jahr vor Rätien 16 zu einem Teil des römischen Reichs gemacht, behielt aber in öffentlichen Inschriften noch die Benennung „regnum Noricum" bei und wurde, wie das Nachbarland, von einem „procurator Augusti" verwaltet. Bis zum Jahre 170 standen nur Hilfstruppen im Lande, erst unter M. Aurelius, der die für Noricum bestimmte „legio II", die zuerst Pia, dann Italica hieß, in diese Provinz verlegte, erhielt sie eine andere Einrichtung und der „legatus" der Legion nahm die höchste Stelle unter den Beamten ein.

ACHTES KAPITEL · DIE RÖMER IN DEUTSCHLAND

Unter Diokletian ist auch Noricum in zwei Teile geteilt worden, Noricum ripense und Noricum mediterraneum, deren jeder unter einem „praeses" stand. Es gehörte aber zu Noricum alles bayerische Land, welches rechts vom Inn, links der Salach und Salzach liegt, reich an vielen einzelnen Funden: denn dieses schöne, fruchtbare Land war auch damals eine gesuchte Wohnstätte, aber auffallenderweise von sehr untergeordneter Bedeutung in der Geschichte von Noricum.

Wohl befindet sich eine ziemliche Anzahl von Befestigungen in diesem Landstriche, auch einige, die man für römisch halten darf: aber auf dem ganzen ziemlich umfassenden Gebiet keine „castra stativa" mit Ausnahme des in der Notitia erwähnten Bojodurum, d. h. der Innstadt bei Passau, wo ein „tribunus cohortis" lag: welcher Kohorte, ist nicht angegeben: ebensowenig ist anzugeben, wo die auf einem Steine von Weihmörting erwähnte „cohors II Breucorum" lag.

Vom Jahre 310 aber besitzen wir ein Denkmal, welches die sonst nicht erwähnten „equites Dalmatae Aequesiane" der Victoria Augusta für das Wohlbefinden der Kaiser Maximinus Constantinus und Licinius setzten, offenbar wegen eines unter dem ebenfalls genannten Dux Aurelius Senecio erfochtenen Sieges („C. I. Lat. III", 5565).

Von bedeutenden *Straßen* ist in diesem Landesteile zu erwähnen die Straße von Augsburg nach Salzburg, welche nach ihrem Übergang über den Inn bei Langenpfunzen den norischen Boden betritt und vom Chiemsee bis gegen Erlstätt hin und ebenso wieder bei ihrem Übergang über die Salach bei Schäfmaning ganz deutlich sichtbar erscheint.

Römische Münzen werden in großer Menge in der Umgegend von Seebruck am Chiemseeufer gefunden, wo auch täglich Geschirrtrümmer aus roter Erde zum Vorschein kommen: die Verteilung der römischen Münzfundstellen rechtfertigt *Weißhaupts* Meinung über den Zug der Römerstraße am *Nord*ufer des Chiemsees vollkommen[1]: am Südufer ist zwischen Rosenheim und Grabenstätt kein Münzfund zur öffentlichen Kenntnis gelangt, obwohl sich zu Bernau eine römische Inschrift fand.

Bedeutende Gebäudereste fanden sich bei Ising (Seebruck), Niesgau, Tacherting und Erlstädt, an letzten beiden Orten wurden auch hübsche Mosaikböden gefunden.

Von der Gemeindeverfassung oder deren Beamten ist uns von keinem norischen Orte auf bayerischen Boden etwas bekannt. Dagegen finden sich mehrfach Beamte des benachbarten Salzburg (Juvavum) und des in Kärnten liegenden Teurnia.

In dieser glücklichen Gegend, die, wie im dreißigjährigen Krieg, so auch schon früher von den verheerenden Kriegen wenig zu leiden hatte, erhielt sich auch nach dem Sturz der Römerherrschaft, welcher durch Einwanderung der Markomannen = Bay-

---

[1] Seit mehr als 25 Jahren, durch zum Teil monatelangen Aufenthalt, mit jener Landschaft vertraut, hege ich vollste Gewißheit der Richtigkeit dieser Annahme; die Südseite muß zur Römerzeit undurchdringbarer Sumpf gewesen sein (Dahn).

550 ZWEITER TEIL · WESTGERMANEN

ern zwischen 476 und 520 erfolgte, lange Zeit ein Rest romanischer Bevölkerung und nicht mit Unrecht werden eine Anzahl von Plätzen, welche wie Katzwalchen, Traunwalchen, Walchensee, einen mit Walchen (Welsche, d. i. Romanen) zusammengesetzten Namen tragen, auf solche zurückgebliebene Romanen als Begründer oder langjährige Besitzer[1] zurückgeführt.

Wie nach Südosten ein Stück von Noricum in das heutige Bayern hereinfällt, so gehört im Nordwesten ein Stück der römischen Germania dazu, allerdings ebenfalls ein sehr kleines Stück links des Maines und westlich von der Teufelsmauer[2], die auf bayerischem Boden den Main berührt.

In diesem kleinen Stückchen sind wieder eine Anzahl von wichtigen Fundstellen: nämlich Stockstadt, Obernburg, Trennfurt und Miltenberg, die sich durch Inschriftenfunde auszeichnen, während in fast allen zwischenliegenden Ortschaften des linken Ufers kleine Altertümer römischer Abkunft und Münzen zutage kommen. Vom rechten Ufer ist bis jetzt kein entschieden römischer Fund bekannt: denn die als Römergräber eingetragenen Stellen sind meistens germanische Grabhügel.

Bei weitem den wichtigsten Punkt aber bildet Miltenberg.

Hier wurde ein Kastrum bloßgelegt und dann gänzlich aufgegraben. Außerhalb desselben fanden sich, wie vielleicht bei allen Lagern, eine Anzahl von Gebäuden, deren Grundmauern ebenfalls aufgedeckt wurden, so daß man ein klares Bild von der ganzen Anlage erhielt. Die gefundenen Münzen umfassen ohne Lücken den Zeitraum von Nero bis Decius (54–251), aus der folgenden Zeit bis Magnus Maximus, † 383, fanden sich noch 31 Stück.

Aus den noch vorhandenen Inschriften erkennen wir, daß das Lager von der „Coh. IV Vindelicourm", von den „exploratores Triputienses" und der „cohors Sequanorum et Rauricorum" besetzt war, eine Zeitlang auch von einer Abteilung der „legio VIII Aug(usta)".

Zu Obernburg, etwa 4 Stunden nördlich von Miltenberg, fanden sich Inschriften der „cohors III Aquitanorum" (Hefner S. 32 und 73) und der „legio XXII Primigenia Pia fidelis", sowie der „cohors III voluntariorum" (Hefner S. 289), endlich zu Stockstadt, wieder 4 Stunden nördlich von Obernburg, Ziegel der „legio XXII Primigenia Pia Fidelis" (Hefner 289), von Stockstadt etwa 3 Stunden nördlich beginnt dann der (von *Duncker* entdeckte) Anfang des überrheinischen Grenzwalles.

Fassen wir nochmals alles, was über den Zustand Bayerns zur Römerzeit bekannt ist, kurz zusammen, so finden wir das Land von den Römern vorwiegend militärisch und finanziell ausgenützt.

Der Zahl nach stehen die wenigen bürgerlichen Gemeinwesen mit den zahlreichen militärisch besetzten Plätzen in einem schreienden Gegensatz, und scheinen, wenn wir aus den keltischen Namen schließen dürfen, meist schon vor Ankunft der Römer bestanden zu haben.

Wir dürfen ferner aus der geringen Anzahl von Städten und dem Mangel der Erwähnung von Gewerben auf eine dem Landbau zugewendete Bevölkerung schließen: und dieser Zustand hat sich auch während der Besetzung durch die Römer nicht geändert.

Fragen wir darnach, was die Bewohner des Landes den Römern zu verdanken hatten, so wird sich bei genauer Betrachtung die herkömmliche Ansicht, daß die

---

1 In solchen Gegenden, z. B. um Walchensee und Partenkirchen, ist die Menge der Dunkelhaarigen und Dunkeläugigen nicht Zufall, sondern Vererbung (Dahn).

2 Über deren Lauf von Lorch an stimmt *Ohlenschlager* den neuen Aufstellungen von *Duncker* und *Conrady* völlig bei.

ACHTES KAPITEL · DIE RÖMER IN DEUTSCHLAND

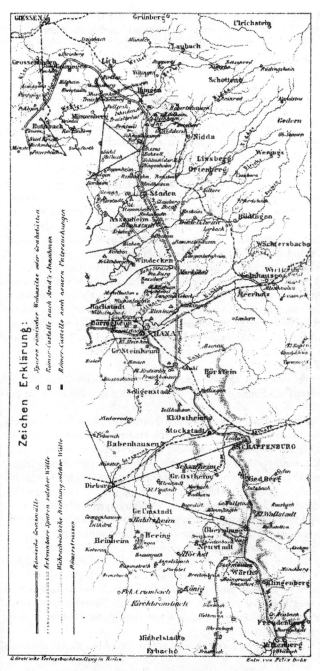

Römische Spuren von Diessen bis Miltenberg.
(Mit Verwertung der Einzeichnungen Dr. A. Dunckers.)

Ureinwohner wie Wilde gewesen und die Römer dem Lande erst *alle* Zivilisation gebracht hätten, ungefähr ebenso ausnehmen, wie dieselbe Behauptung der Franzosen Algier oder der Engländer Indien gegenüber. Der Handel lag freilich ganz in den Händen römischer Negotiatoren: und wenn auch künstlerisch schöne Erzeugnisse in die Provinz eingeführt und in derselben geschaffen wurden, so zeigen doch anderseits die außerordentlich rohen Darstellungen auf Grabsteinen, wie wenig Einfluß die römische Kunst, selbst an den großen Plätzen wie Augsburg und Regensburg, auf die Masse der Bewohner ausgeübt hat.

Dieser ganzen römischen Herrschaft mit allen ihren guten und schlimmen Seiten machten die Germanen, welche schon um 300 die Römer nördlich von der Donau verdrängt hatten, um 500 ein gewaltsames Ende und eroberten das Land südlich der Donau

552 ZWEITER TEIL · WESTGERMANEN

für die Germanen: ein neues, reges Leben begann auf den Trümmern des Römertums und der kräftige Stamm, der das Land besetzt hatte, wurde und blieb während der ganzen Folgezeit einer der Hauptträger des deutschen Geistes" (*Ohlenschlager*). Dem Vorstehenden fügen wir eine genauere Übersicht der feststehenden *Römer-Straßen in Bayern* bei.[1]

Der „limes" in Württemberg läuft, wie oben angegeben, von der Jagst (Jagsthausen) nach Süden schnurgerade über Eindringen, Oehringen, Mainhardt, Murrhardt, Welzheim und Breitenfürst, von da, als *Straße*, regelmäßig nicht mehr, nur manchmal noch, als „limes" über Pfahlbronn, dann nach Osten über Alfdorf bis Hammerstadt; von da nördlich über Schwabsberg, hier die Sechta überschreitend, dann erst östlich, später nordöstlich über Röblingen, Pfahlheim, Dambach, Mönchsroth, Willburgstetten nach Weiltingen; von da steil nördlich nach Düren: hier wird sie – sehr merkwürdig – von Grabhügeln (mit Eisenfunden) durchbrochen: nach der Unterbrechung zieht sie schnurgerade nach Gunzenhausen. (Über die Fortsetzung nach Osten s. unten.) Südlich dieser großen Linie hat sich in dieser Gegend erhalten: eine kleine pfeilgerade von Westen nach Osten laufende Strecke von Zipplingen über Markt Offingen nach Munningen: dieselbe hatte natürlich Fortsetzungen nach beiden Richtungen, welche aber nicht aufgefunden sind. Südwestlich von dieser aber zieht eine lange Straße von Nord nach Südost von Dehlingen über Frikingen und Dunstelkingen. Dann bei Karlsbronnen schnurgerade über Dattenhausen, Wittislingen, Lauingen ein wenig östlich lassend, nach Faihingen: dieser Ort (Übergang über die Donau) war Knotenpunkt von drei Straßen: die eben verfolgte setzte sich, mit geringem Ausbug gegen Osten, alsbald wieder nach Süden fort bis Baumgarten, wo sie jetzt spurlos endet: aber nur die kleine Strecke zwischen Baumgarten und Aislingen fehlt: von Aislingen läuft gerade nach Osten eine Straße bis Holzheim und von da gen Nord-Nordost nach Binswangen. (Über deren östliche Fortsetzung s. unten).

Von Faihingen ging aber eine zweite Straße schnurgerade (nördlich von Gundelfingen) nach Westen bis Brenz, als Sehne des vielgewundenen Bogens, den der Lauf der Brenz beschreibt.

Eine dritte Straße zog von Faihingen steil nach Nord-Nordwest, westlich von Haunsheim, östlich von Sachsenhausen, von hier bis Hohen-Memmingen, wo sie abbricht, heute mit der Grenze zwischen Bayern und Württemberg zusammenfallend. Offenbar zog sich die Straße von Binswangen nach Aislingen (resp. Baumgarten) weiter nach Westen: es fehlt bis jetzt nur das Stück von letzteren beiden Orten bis Günzburg: von diesem wichtigen Donau-Übergang lief in gleicher Richtung von Ost nach West die Straße, die Biber überschreitend, nach dem (vielsagenden) Ort „Straß", dann über Steinheim und Finningen gegen Südwest, südlich von Ulm zwischen Ludwigsfeld und Gerlenhofen (nach Überschreitung der Eisenbahn) abbrechend.

Außerdem beginnt hier in der Landschaft im Südosten die lange Straße nach Lindau am Bodensee: anfangs entlang der Wertach von Simnach im Norden (über deren Anschluß nach Osten s. unten) über Türkheim, Irrsingen, Wörishofen, Frankenhofen bis Schlingen gegen Süden verlaufend: hier verläßt sie die Wertach und wendet sich in weitem Bogen westsüdwestlich über Boisweil, Eggenthal nach Obergünzburg, dann über Waitzenried nach Kempten (Gambodunum), wo die heutige Burghalde ein „speculum" mit weit beherrschender Aussicht trug.

Bei dieser alten Keltensiedlung gabelten sich zwei Straßen: denn gleich oberhalb

---

1 Aufgrund der ausgezeichneten *Ohlenschlager*'schen Karten, soweit letztere bisher erschienen sind.

ACHTES KAPITEL · DIE RÖMER IN DEUTSCHLAND 553

Kempten bei Leyholz mündete die von Oberdorf im Osten (über deren Fortsetzung nach Osten s. unten) kommende Nebenstraße ein, welche, bei Thalhofen die Wertach überschreitend, über Unterthingen und Wildpolzried, von hier ab der Hauptstraße parallel laufend bis Bezigau, mittelst einer Querlinie von diesem Ort auf die Hauptlinie Leyholz-Kempten stieß.

Bei Kempten die Iller überschreitend zog diese nun westlich über Buchenberg, Nellenbruck nach Isny, von da über Isnyberg nach Wangen.

Hier in Wangen abermals Gabelung: denn hier mündete eine zweite ungefähr parallel laufende Straße von Nord nach Süd: von Memmingen (Fortsetzung nach Osten s. unten) über Ferthofen (wohl Furthofen?), hier die Iller an ihrem Unterlauf überschreitend, dann südwestlich über Leutkirch, Geratshofen, Waltershofen, Ofling

Römische Bronzemaske; gefunden 1841 im Kirchhof zu Weißenburg am Sand.
Breite 14 Zentim., Höhe 10 Zentimeter. (Ansbach, Sammlung des historischen Vereins für Mittelfranken.)

Wangen erreichend: so daß die Linie Wangen-Kempten als Verbindung der beiden Nord-Süd-Straßen erscheint.

Von Wangen eilte nun die Straße fast gerade über Schwarzenbach, Roggenzell, Schönebühl nach Aeschach, gerade gegenüber der Insel Lindau, zwischen der und dem Nordufer in grauer Vorzeit ein Pfahlbau gezimmert war.

Kehren wir nun zur Fortsetzung des „limes" und der Straßen von Gunzenhausen in östlicher Richtung zurück. Von dem Altmühlübergang bei Gunzenhausen geht der „limes" eine Strecke weit fast parallel der Eisenbahn nach Pleinfeld (südlich derselben), überschreitet zwischen Tiefenbach und Ottmannsfelden die schwäbische Rezat (und die Bahn von Treuchtlingen nach Pleinfeld), geht dann südsüdöstlich von Fügenstall schnurgerade bis westlich von Petersbuch, von da aber nur mehr als *Straße* quergerade östlich bis Brunneck, von hier mit sehr kleinen Unterbrechungen südsüdöstlich über Pfahldorf, Kipfenberg, Zandt nach Sandesdorf: zwischen Sandesdorf und Hagenhill ist nur ein ganz kleines Stück erhalten: endlich läuft sie von Hagenhill östlich nach Laimerstadt und darüber hinaus, hier wieder deutlich als „limes".

554 ZWEITER TEIL · WESTGERMANEN

Ganz nahe zum Teil dieser „limes"- und Straßenlinie zog, streckenweise parallel, eine zweite Linie von Weißenburg auf dem rechten Ufer der schwäbischen Rezat im Westen bis Irnsing, im Osten über Preith bei Pfünz die Altmühl überschreitend, über Hofstetten, Böhmfeld, Echenzell, Hepberg nach Kösching, von da über Straßenhaufen, Teissing, Ettling, nördlich von Irnsing: hier erlischt ihre Spur: gewiß fehlte es aber nicht an einer Verbindung mit dem ganz nahen nördlicheren Zug bei Laimerstadt: da wo die südliche Linie ein Knie gegen Norden hebt, nähern sich beide Straßen einander bis auf geringste Entfernung: von Petersbuch (an der Nordlinie) an gehen sie weit auseinander, um sich an ihren Ostenden abermals stark einander zu nähern.

Aber diese Gegend war militärisch so wichtig, den Marsch vom Nordlauf der Donau nach Süden und Westen zu decken, vielleicht auch so stark besiedelt, daß eine dritte (ungefähre) Parallelstraße hier von West nach Osten zieht, an einem besonders bedeutenden Punkt sogar durch eine Querlinie mit der zweiten verknüpft: ihr Westende liegt in der Nähe von Treuchtlingen, fast senkrecht unter dem Westende der zweiten Linie (bei Weißenburg): sie zieht zuerst gen Osten bis Göhrn, dann südöstlich über Bieswang und Schönau, biegt dann nach Westen aus bis Dollnstein und fällt hier südöstlich ab bis Meilenhofen an der Schutter (hier fehlt ein kleines Stück): der Übergang über die Schutter wird vermieden: die Straße läuft nördlich derselben von Zell an der Speck nach Nassenfels: hier ging die Querstraße nach Norden ab zur Verbindung mit der Mittelstraße, welche sie über Möckenlohe, nahe bei Adelschlag die Eisenbahn nach Ingolstadt kreuzend, auf dem Südufer der Altmühl erreichte.

Von Nassenfels setzte sich die Hauptlinie gen Osten südlich Buxheim bei Galmersheim jene Bahn überschreitend, nördlich von Ingolstadt über diese Festung hinaus östlich bis Meiling fort: eine Verbindung mit dem nahen Kösching der zweiten Linie fehlte wohl nicht, ist aber noch nicht aufgefunden.

Aber damit sind die Verbindungen dieser Gegend noch nicht erschöpft.

Von Nassenfels ging offenbar eine Querstraße wie gen Norden nach Pfünz, so gen Süden zur Erreichung einer *vierten* freilich nur ganz kurzen West-Ost-Linie: denn sehr nahe südlich von Nassenfels setzt bei Attenfeld eine solche Nord-Süd-Linie ein (nur die kurze Strecke von Attenfeld bis Nassenfels fehlt), welche über Hiedesheim bei „Straß" jene vierte West-Ost-Linie erreicht: diese beginnt im Osten östlich von Feldkirchen, zieht pfeilgerad nach Oberhausen, von da in allmählicher Südsenkung nach „Straß", „Burgheim", Staudheim, Überacker und Sallach östlich lassend, sich plötzlich nach Westen wendend, bei Oberpeiching den Lech zu erreichen: hier überschritt die Straße den Fluß: denn gleich unterhalb dieses Punktes zieht sie auf dem Westufer schnurgerade vom Ufer hinweg nach Westen, die Schutter überschreitend, auf Mertingen, wo sie wohl nur deshalb abbricht, weil sie hier in die heutige Landstraße von Mertingen nach Lauterbach überging: eine nicht eben lange Strecke fehlt hier von Mertingen über Wertingen und den Übergang über die Zusamm: bald stoßen wir hier etwas weiter westlich auf die schon besprochene Fortsetzung der Ostweststraße bei Binswang über Aislingen nach Günzburg bis Ludwigsfeld bei Ulm usw.

Aber fehlt uns die Fortsetzung der Westgabelung von Mertingen, so ist dagegen die Nord-Südlinie von diesem Ort bis Augsburg, ja mit wenigen Unterbrechungen bis Burken im Osten, dann bis Lindau im Südwesten, bis Welringen, ja mit einer längeren Unterbrechung abermals bis Lindau im Südwesten uns erhalten.

Von Mertingen fiel die Straße in fast gerader Linie gen Süden nach Augusta Vindelicorum, stets auf der Westseite des Flusses bleibend, die Eisenbahn bei Nordendorf (mit seinen berühmten Reihengräbern) kreuzend, über Waltershofen, Meitingen, Herbertshofen, hier und mehr noch bei Landweid (mit Reihengräbern) dem Fluß sich

ACHTES KAPITEL · DIE RÖMER IN DEUTSCHLAND   555

stark nähernd, über Stelthofen und Gersthofen (hart am Fluß) Augsburg erreichend.
Von dieser hochwichtigen Stadt ging eine westlichere Straße, aber doch auf dem
Ostufer der Wertach, diesem Fluß parallel, gen Süden über Göggingen, Inningen,
Bobingen, Wehringen: hier klafft eine Lücke, aber keine allzu große: es fehlt nur der
Übergang über die Wertach: der ungefähr in der Umgegend von Schwabmünchen zu
suchen ist: denn ziemlich nahe südwestlich von diesem Ort finden wir das abgerissene
Ende dieser Straße links der Wertach bei Simnach, von wo wir die Linie über Wöris-
hofen-Kempten bis Lindau verfolgt haben.
    Eine zweite Nordsüdstraße ging mehr östlich, parallel der eben geschilderten (die
Eisenbahn von Augsburg nach Kempten läuft heute eine Strecke lang zwischen den
beiden Römerstraßen, dann gabelt sie sich bei Bobingen: die nach Buchloe bleibt
östlich der Wertach und der Römerstraße, erst bei Loch nahe bei Lindau letztere
überschreitend, während die Bahn Bobingen-Landsberg die römische östlichere Straße bei Ottmarshausen schneidet) über Haunstetten, Königsbrunn, Ottmarshausen,
Meitingen, Hurlach, Igling, nach Erpfding: von hier, schwächer, aber doch voll kenntlich, schnurgerade südlich über Elligkofen und Seesthal (hier hart am Lech vorbei),
dann aber östlich ausbiegend nach *Oepfach* (Reihengrab). Oepfach war Kreuzung
zweier Straßen, einer in Fortsetzung der südlichen Richtung von Kinsau (aber das
Stück Oepfach-Kinsau fehlt) über Schönach, Altenstadt, Schongau westlich bis Burken: von hier ging sie westlich nach Oberdorf (dies Stück fehlt aber) und erreichte hier
die oben besprochene Linie von Ost nach West: Oberdorf-Thalhofen (Reihengrab),
Unterthingen, Wildpoldsried, Bezigau, Leyholz, Kempten, Isny, Wangen, Lindau (s.
oben).
    Aber von Oepfach aus ging eine Linie nach Osten über Reichling (die Strecke
Opfach [Reihengrab]-Reichling fehlt), Rott (Reihengrab), Schettschwang (Rott-
Schettschwang fehlt), Stillern, Raesting gegen den Ammersee hin.
    Bevor wir jedoch diese südlichen Landschaften betrachten, haben wir noch aus dem
Norden rechts vom Lech einiges nachzuholen.
    Wie trümmerhaft und abgerissen unsere Kenntnisse der römischen Straßen in
diesen Provinzen sind, wie sehr weit wir von Einsicht in das ganze System derselben
entfernt sind, lehren uns warnend kleine zweifellose Strecken mitten im Land, denen
auf weiteste Entfernungen hin jede Anknüpfung fehlt: – das heißt jetzt für unsere
Augen. So findet sich nordöstlich von dem verbindungsbedürftigen Augsburg gar
keine Spur einer Straße bis in die große Entfernung von Neuburg und Ingolstadt
(Feldkirchen und Meiling, oben). Östlich aber von Augsburg stoßen wir nach langem Zwischenraum auf eine rätselhafte kleine, jeder Anknüpfung entratende, aber
zweifellose Straße von Kümerzhofen südöstlich über Irchenbrunn und Langengern
hinaus in der Richtung von Sittenbach, wo keltische Münzen, leere Grabhügel und
Reihengräber gehäuft vorliegen.
    Abermals eine lange nur durch wenige leere Grabhügel und künstliche Gänge
unterbrochene Lücke trennt dieses Fragment von einer ähnlichen kleinen Straßen-
strecke von Müntraching bis Achering an der Isar: da sie beide ungefähr in gleicher
nördlicher Breite liegen, darf vielleicht die Vermutung einer Ostweststraße nach
Augsburg von dem Isarübergang (?) Achering über Kümerzhofen gedacht werden,
von welcher langen Kette nur diese winzigen Glieder noch übrig sind.
    Reicher werden die erhaltenen Verbindungen südlich dieser (kühn von uns ver-
muteten) Ostwestlinie, südlich der Bahnen Passau, München, Augsburg.
    Weit auf dem rechten Isarufer beginnt plötzlich bei Peiß eine Straße, welche pfeil-
gerad von Südost nach Nordwest über Hofolding, Lanzenhaar, Deisenhofen, Lauf-

zorn auf die Isar zueilt: (ihre Verlängerung in gerader Linie nach Südosten würde gerade bei Rosenheim den Inn erreichen: zwar versagt in dieser Richtung ihre Spur): sehr zahlreiche leere Grabhügel, aber auch ein solcher mit Bronzefunden, einzelne Bronzefunde und eine überraschend große Zahl von Reihengräbern umgeben die Stelle, wo die Straße südlich von Grünwald auf dem rechten, nördlich von Baierbrunn auf dem linken Ufer den Fluß erreicht und überschreitet: sichtbar war diese ganze Umgebung vor München von Peiß im Südosten bis zum Ammersee im Südwesten, von Hohenlinden im Osten bis Erding im Nordosten, Müntraching im Norden, in geringerem Maße im Nordwesten, aber im Westen bis gegen Adlzhofen der

Die Römerschanze am Gleisental bei Deisenhofen.
Ansicht von der Nordostseite. Gesamtareal 183 377 Quadradfuß: Höchster Punkt 85 Fuß über der Talsohle.
Ganze Länge der Doppelschanze 560 Fuß; Breite am schmalen Ende 260, am breiten 400 Fuß.

Schauplatz uralter Siedelungen und folgeweise wohl auch Kämpfe: in dem Würmsee bezeugt ein Pfahlbau vielleicht schon vorkeltische, jedenfalls keltische Siedlung, die auch von Römern benutzt war: keltische und germanische Grabhügel, leer, manchmal sogar noch mit Stein-, meist schon mit Bronze- oder Eisen-, auch mit Bronze- und Eisenfunden, Reihengräber, künstliche Gänge, keltische Regenbogenschüsselchen, römische Münzen wetteifern, hier Spuren aus vorkeltischer, keltischer, römischer, germanischer Zeit zu bezeugen.

Es erklärt sich aber all dies, d. h. die Häufung keltischer, römischer, germanischer Reste: *denn dies war die große römische Heerstraße von Salzburg* (über Traunstein und das Nordufer des Chiemsees[1] an den Inn bei Rosenheim und) *nach Augsburg*:

---

[1] Hier wehrte noch zu Anfang des IV. Jahrhunderts ein Dux Senecio eingedrungene Barbaren ab. Bedaium (Seebruck Nr. 5566). 27. Juni noch 310 in Prutting bei Rosenheim große viereckige „ala Victoriae Augustae sacrum pro salutem (sic) dominorum Maximi et Constantini et Licini semper Augustorum Aurelius Senecio vir perfectissimus dux templum numini eius ex voto a novo fieri iussit per instantiam Valerii Sambarrae praepositi equitibus Dalmatis Aquesianis comitantibus laetus libens merito ob victoria (sic) facta V. Kal. Iulias Andronico et Probo consulibus." – Wie *Mommsen* hierzu treffend bemerkt: nicht ein Sieg über ferne

ACHTES KAPITEL · DIE RÖMER IN DEUTSCHLAND   557

Vom linken Isarufer zieht die Straße ziemlich quer durch den Forstenrieder Park über Gauting durch den Brunner Forst, über Schöngeising[1] (mit recht zahlreichen Gräbern und künstlichen Trichtergruben) durch den Schöngeisinger Forst bis Adlzhofen im Westen: hier erlischt sie: ihre Verlängerung mußte sie bald, etwa oberhalb Königsbrunn, auf die große östliche Nordsüd-Straße nach Augsburg (und Lindau) geführt haben.

Sehr merkwürdig ist nun aber, daß, falls wir (mit allerdings kühner Hypothese) aus jenen kurzen Enden eine erste nördlichste Ostweststraße von der Isar zum Lech folgern, sich uns für diese Landschaft ebenso drei Parallelstraßen von Ost nach West ergeben, wie sie zweifellos zwischen Donau und Altmühl bestanden: nämlich zwischen der von uns vermuteten nördlichsten und der eben erörterten südlichsten Peiß-Adlzhofen ist von einer mittleren Ostwestlinie ein sehr beträchtliches Stück zweifelfrei erhalten, das von Kreut östlich von München (nur gleich *benannt* wie das bekannte Bad: es ist das „Gereut", „Rütli" und daher sehr häufig) anfangs gerade gegen Westen über Anzing, Neufahrn, Parsdorf bis Feldkirchen läuft, dann aber nordwestlich steigt (über Dornach und Daglfing), so daß es die Isar etwas oberhalb Münchens bei Oberföhring erreicht: nicht weniger als sechs Reihengräber liegen hier um den Auslauf dieser Straße gruppiert, in gerade Linie verlängert (aber es fehlt jeder Nachweis) würde diese Straße (von Feldkirchen aufhörend jener parallel zu laufen) in das Endchen Langengern-Kümerzhofen eingemündet haben.

Im südlichen Bayern zieht die große Hauptstraße von Oberitalien (über den Brenner) nach Noricum: von Innsbruck über Zirl, Seefeld, und die Scharnitz kommend überschritt sie die Isar dicht (südlich) bei Mittenwald, verließ deren Lauf nördlich dieses Ortes, wandte sich westlich über Klais und Kaltenbrunn nach Partenkirchen (*Partanum*), folgte dann wieder, östlich gedreht, dem Lauf der Loisach stets auf deren linken Ufer über Farchant, Oberau, Eschenlohe, wandte sich bei Hohendorf nordwestlich von dem Flusse ab und erlischt für uns in Murnau (zwischen zwei Reihengräbern, deren eines auf einer Insel des Staffelsees): in gerader Linie verlängert nach Norden (diese Verlängerung fehlt uns aber) würde sie über Weilheim senkrecht auf das kleine Stück der Ostweststraße von Oepfach nach dem Ammersee gestoßen sein.

Außer dieser großen Südnordstraße von Innsbruck nach Murnau ist ein nicht eben langes Stück westlich von jener erhalten, das zuerst von Nassereut im Süden nach Lermoos, im Norden in mancherlei Windungen aufsteigt, von hier aber sich

Brukterer u. Chamaven (Nazar. „paneg." 18), sondern über hier eingedrungene von Senicio abgewehrte Barbaren.

1 Im höchsten Grade merkwürdig ist die „archäologische Karte der Umgebung von Bruck" an der Amper: wir sehen hier vor allem die große Römerstraße von Salzburg nach Augsburg ziehen, im Bernrieder Wald flankiert von vier Römerschanzen: zahlreich sind hier die vorgermanischen Hochäcker (daß die Hochäcker vorgermanisch, steht mir aus zahlreichen Gründen schon lange fest: s. Bausteine VI gegen von *Inama-Sternegg:* neuerdings hat *Ohlenschlager,* Bericht über die 50. Versammlung deutscher Naturforscher und Ärzte zu München 1877, dargetan, daß die Hochäcker im Grünwalder und Deisenhofer Forst zweifellos älter sind als die dortigen Römerstraßen von 201: aber die Baiern sind erst drei Jahrhunderte später eingewandert, die Römer fanden die Hochäcker vor: ob diese keltisch oder vorkeltisch, ist noch nicht zu entscheiden), oft mitten in denselben, (also zweifellos von späterer Anlage, d. h. zuerst als die Hochäcker an den fraglichen Stellen keinen Wert mehr hatten,) Grabhügel, wohl hier an Ort und Stelle Gefallener: dicht daneben befinden sich oft die noch nicht genügend erklärten Trichtergruben, zweifeligen Zwecks. Zahlreich sind auch die Fundstätten von römischen Münzen, von barbarischen Bronze- und Eisensachen sowie Schanzen unbestimmbarer Erbauer.

558   ZWEITER TEIL · WESTGERMANEN

westlich wendet und über Reichelbach, Heiterwang, die Ehrenberger Clause bei Reute den Lech erreicht.

Von der Geschichte der Landschaften in dem Gebiet des jetzigen Großherzogtums Baden[1] wissen wir leider sehr wenig: fest steht, daß die ursprüngliche keltische Bevölkerung hier von Germanen vor dem Zusammenstoße mit Rom verdrängt oder unterworfen war: aber wann die Boier (von hier? die „boische Wüste", d. h. das von den Boiern geräumte Land, Strabo ca. 30 n. Chr.), in das nach ihnen benannte Böhmen, wann die Helvetier vom Main (die „helvetische Wüste", d. h. das von den Helvetiern geräumte Land, Ptolemäus C. 140) nach der Schweiz zogen, ist nicht zu bestimmen. Die Markomannen, welche hier die Kelten verdrängten, wanderten um den Anfang unserer Zeitrechnung von hier nach Böhmen. Was endlich die Ausbreitung der Alemannen über diese Landschaften betrifft, zum Teil auch der (später fränkischen) Chatten, so liegt es in der Natur der ausführlich geschilderten Kämpfe um dieses Grenzland, daß sich eine Jahrzahl für diese endgültige Niederlassung nicht angeben läßt.

Es hatten also schon vor Cäsar die Germanen wahre Ausbreitungsversuche gegen Westen bis an und über den Rhein begonnen: nachdem sie dann notgedrungen, d. h. von Cäsars Nachfolgern gehemmt, zurückgeworfen, mit Unterjochung tief im Innern bedroht, solche Versuche gegen die furchtbare Überlegenheit des Weltreichs hatten aufgeben müssen, überschritten sie lange nur in Verteidigung oder auch in kleineren Raubzügen das römische Gebiet auf beiden Ufern der Ströme: allmählich aber, mit dem sinkenden Macht Roms und der an Volkszahl und durch Zusammenschließung zu großen Verbänden steigenden Kraft der Germanen, verändert sich abermals die Natur dieser Kämpfe: wieder, wie vor Cäsar gegen die Kelten, dringen nun Alemannen und Franken in der Absicht dauernder Niederlassung und Beherrschung nach Westen vor: lange Zeit ist der römische Besitz nur gestört, unterbrochen, aber nicht durch endgültigen Verzicht aufgegeben: aber schon unter Gallienus ca. 270 waren Teile jenes Gebiets von Germanen besetzt, welche nie wieder völlig vertrieben, wenn auch von kraftvolleren Nachfolgern ganz oder halb unterworfen wurden. Es wird nie mehr auszumachen sein, wann die einzelnen Teile jener Gebiete von Germanen endgültig gewonnen waren: sehr oft haben ursprünglich als Besiegte, halb Unterworfene, als Grenzer, als Föderati geduldete Germanen später die Unterordnung immer mehr gemindert und endlich ganz abgeworfen: auch hier muß man eine sehr langsame, mit kleinen Schattierungen sich vollziehende Entwicklung annehmen.

Dazu kommt, daß ein sehr großer Teil des Landes noch immer Urwald und Sumpf war, in Sondereigen weder von Römern noch von Germanen verteilt, nur etwa vom

---

1 Hierüber ist zu verweisen auf die ausgezeichnete, obzwar sehr kurze Arbeit von Staatsrat K. v. Becker, Geschichte des badischen Landes zur Zeit der Römer. Karlsruhe 1876. Sie zerstört in scharfer, aber wohlverdienter Kritik für immer die Theorien Mones, „Urgeschichte des badischen Landes" I. II. Karlsruhe 1845; dazu Zeitschrift für die Geschichte des Oberrheins I–XXI. 1850–1860 (vgl. von Becker: über das Munimentum Trajani in Picks Monatsschrift für die Geschichte Westdeutschlands VI, 10; badische Landeszeitung vom 10. Dezember 1881), welche nur zu lange in Baden geherrscht haben: auch manche Jüngere, Anhänger dieser Schule, werden schlagend widerlegt; ich folge im wesentlichen Beckers Darstellung, welche stets heranzuziehen ist zur Kritik ihrer Vorgänger: nämlich General von Peucker, dann Heunisch und Bader, das Großherzogtum Baden 1857. – General Krieg von Hochfelden, Geschichte der Militärarchitektur 1859. – Pflüger, Geschichte der Stadt Pforzheim 1862. – Vierordt, badische Geschichte 1865. – Vetter, römische Ansiedelung und Befestigung 1868. – Fecht, Geschichte der Stadt Durlach 1872. – Vgl. auch Planta, das alte Rätien. Cur 1872. – Besonders verständig Brambach, Baden unter römischer Herrschaft, in: Denkmale des badischen Altertumsvereins. Karlsruhe 1867.

ACHTES KAPITEL · DIE RÖMER IN DEUTSCHLAND

römischen Fiskus für Militärzwecke vorbehalten und völkerrechtlich von Rom als „Vorland" oder als Teil der Provinz behandelt: auch wenn Germanen eindrangen, blieben weite Strecken Grenzwald oder Allmännde des Glacis, das seine Marken nach Bedürfnis erweiterte oder, vom Feind gezwungen, einengte: dadurch wurde das Unstete in den Besitzverhältnissen gemehrt.

Erst die *Landeskultur*, welche fest abgegrenztes Sondereigen neben genau geschiedener Allmende schuf, konnte hier mehr Klarheit und Sicherheit bewirken.

Bacchantenkopf; gefunden (1870) zu Rott bei Weilheim. (München, königl. Antiquarium.)

Es ist aber schwer zu bestimmen, wann und in welchem Grade die einzelnen hier in Frage kommenden Gebiete kultiviert wurden.

Nach Mitte des 4. Jahrhunderts noch sind die Ufer des Bodensees von Sumpf und Urwald bedeckt. *Eine* (Ammian Marcellin) *einzige Straße ersten Ranges*, die von Vindonissa nach Regensburg, durchmaß das Land: nur sie wird auf der Peutingerschen Tafel verzeichnet[1], und doch fällt jene Karte ungefähr in die höchste Blütezeit der

---

[1] Und zwar auf dem rechten Donauufer. Über die Wahrscheinlichkeit des Laufes auf dem linken s. oben: es waren offenbar zwei Straßen: aber welche die ältere? welche die Hauptstraße?

ACHTES KAPITEL · DIE RÖMER IN DEUTSCHLAND

Karte archäologischer Funde in Süd-Baiern. Nördl.Blatt.

Alfr. Runge, Geogr. artist. Inst., Leipzig Reudnitz.

G. Grote'sche Verlagsh

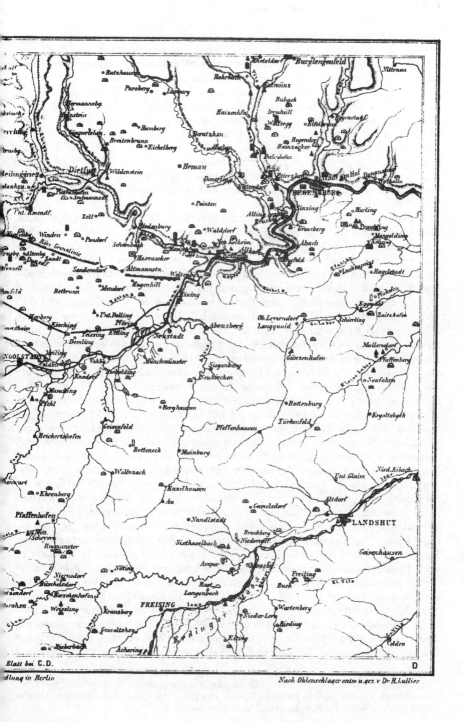

562   ZWEITER TEIL · WESTGERMANEN

römischen Kultur in Germanien: ca. 250, nachdem sie fast zwei Jahrhunderte bestanden: wenige Jahrzehnte später beginnt ihr rasches Zurückweichen oder doch ihre Überflutung. Das sogenannte Itinerarium Antonins, etwa hundert Jahre jünger, nennt schon diese Heerstraße nicht mehr: weil das Land, das sie durchzog, längst von den Barbaren gewonnen war, was freilich nicht ausschloß, daß *große* Truppenmassen sich noch hindurch wagen konnten (so eines der drei Heere Julians? im Jahre 361).

Ja, mehr als hundert Jahre später nennt die *Notitia dignitatum* zwar zahlreiche Ortsnamen in Rätien, aber im Zehntland keine. In diesem hat es eine „Kolonie" wie in Vindelicien Augsburg nicht gegeben: die einzelnen Teile waren durchaus nicht gleich früh und nicht gleich stark romanisiert: viel früher das Neckartal als der Oberrhein: im heutigen Baden gab es nur zwei „Städte": Baden und Ladenburg, daneben bloß kleinere Ortschaften keltischer Anlage und Namen und keine Kolonie wie in Württemberg Sumlocenne (Rottenburg am Neckar).

Die Inschriften beginnen hier erst mit der Mitte des 2. Jahrhunderts: geschichtliche Nachrichten erst mit dem Anfang des dritten. Ganz falsch ist die Annahme eines „Ostrheins" zwischen Kaiserstuhl und Tuniberg in keltisch-römischer Zeit und bodenlos sind alle hierauf gestützten Hypothesen[1] (Mones): schon 1867 nahm der Tag der Altertumsforscher zu Freiburg im Breisgau mit Fug die Resolution in sein Schlußprotokoll auf, daß in Südwestdeutschland nichts *„über* dem Boden" (abgesehen vom „limes", der nicht über dem *jetzigen* Boden) römisch sei: der angebliche „Ostrhein" konnte nicht zu einem Überschwemmungsgebiet und einer Verteidigungslinie der Römer benutzt werden, weil er – nicht vorhanden war. Eine Römerstraße am Westufer dieses angeblichen Ostrheins von Ettlingen nach Speyer mit den acht behaupteten Kastellen hat nie bestanden, ebensowenig die Ableitung der Murg, Alb und Pfinz durch die Römer. Die von Ammian bezeugte Ableitung des Neckar geschah nicht bei Lupodunum (Ladenburg): dies ist nicht erst von Valentinian im Jahre 138 gegründet, bestand vielmehr schon zur Zeit Trajans und wurde von einem Severus (Septimius oder Alexander) mit Rechten erhöht: denn es heißt *Ulpia Septimia* oder *Severiana Nemetum*, ungewiß, ob es später „civitas" wurde oder, wie Neuenheim bei Heidelberg, ein zur „civitas Nementum" gehöriger „vicus" blieb: vielmehr ist das „munimentum" Valentinians bei Altripp („alta ripa") zu suchen, dem gegenüber heute noch ein alter Neckararm wahrzunehmen. Das *badische* Zehntland hatte ursprünglich für die Römer keine militärische Wichtigkeit, erhielt diese vielmehr erst mit dem Vordringen der Germanen im 3. Jahrhundert. Erst sehr allmählich füllte sich das Land mit gallischen Ansiedlern und römischen Kolonisten: der „limes" wurde hier erst im Jahre 84 von Domitian begonnen, von Trajan vollendet und umschloß *damals* einen ganz friedlichen Besitz. Die hier gefundenen Münzen des Augustus beweisen so wenig, daß Augustus dies Land bereits beherrscht, wie die hier gefundenen des Honorius, daß unter Honorius die Römer noch das Zehntland behauptet hätten: *Juliomagus* (Hüfingen?) heißt nicht nach Augustus, sondern etwa nach Claudius. Die Römer besetzten das Zehntland erst im Jahre 84 (*Stälin* I, 12–14): die Inschriften bezeugen nur für 140–250 (wie in Bayern und Württemberg) allgemeinere römische Kultur, die Leugenzeiger stammen alle aus der kurzen Zeit von 200–223: 276 hat Probus neun alemannische Könige hier zu bekämpfen und Constantinus Chlorus verwüstet von Rhein bis Günzburg: „Alamannia". Wahrscheinlich 270 besetzten die Alemannen das Zehntland

---

1 *v. Becker* weist dann S. 40 f. überzeugend den unrömischen Ursprung der von Mone und Krieg von Hochfelden für römisch erklärten Burgen: Eberstein, Hohenbaden, Badenweiler, Liebenzell, Durlach, Windeck, Besigheim und Steinsberg bei Sinsheim nach.

ACHTES KAPITEL · DIE RÖMER IN DEUTSCHLAND   563

(*Keller-Becker* S. 16, „vicus Aurelii"), weshalb die Römer bald darauf (294) die helvetische Rheingrenze befestigten (Befestigung von Vitodurum, Oberwinterthur, nach einer am Dom zu Konstanz eingemauerten Inschrift). Das Zehntland war also kein „Straßenbezirk" (Mone): unter den Kriegsstraßen, welche das Zentrum der römischen Macht mit den Grenzen verbanden, wurde es nur von der Straße Windisch-Regensburg durchschnitten. Die *peripherische* Verbindung geschah durch den „limes" und die Straße am Main sowie durch die Landwege im Neckartal (und Kinzigtal?) und die durch das Hügelland zwischen Oder- und Schwarzwald. Die gallo-romanische Kultur in Baden beschränkte sich auf die Linien Alta ripa-Ladenburg-Osterburken, dann Weinheim, Baden, Badenweiler, Robur (Basel), endlich Windisch-Rottweil, Rottenburg, auf das Hügelland des Kraich- und Elsenzgaues sowie sehr wenige kleine Orte am Rhein: die Romanisierung, zumal im Süden stets schwächer als im Neckargebiet mit seiner Landeshauptstadt Sumlocenne, war einigermaßen allgemein nur von 140–270. Außer *Konstanz* gab es nur zwei „civitates" mit einem Landbezirk: *Aquae Aureliae* (Baden) und vielleicht *Lopodunum*: keine Kolonie. An keltischen Ortschaften werden genannt: *Tarodunum* (Zarten), *Tenedo* (Geißlingen), *Juliomagus* (Hüfingen), *vicus Bibiensis* (Sandweier), *vicus Senotensis* (Remchingerhof) und *vicus Aliensis* (Neckar-Elz). *Mons Bresiacus* (Breisach) lag am linken Rheinufer. Daß die erste Hälfte des 3. Jahrhunderts die Blütezeit des Römertums auch im Zehntlande war, ergeben die auffallend übereinstimmenden Jahrzahlen der hier gefundenen Inschriften (von denen freilich leider nur sehr wenige selbst datiert oder anderweitig datierbar sind): vom Jahre 117 Aquä Aureliä (Baden), 140 Jagsthausen, 141 Kösching, 144 Isny, 179 und 186 Olnhausen, 193 Offenburg, Gegenbach, Harmersbach, Mühlenbach im Kinzigtal, 197 Aquä Aureliä, 199 Bürg und Rottenburg, 200 Rottenburg, 201 Botvar und Ristissen, 204 Rottenburg, 209 Rottenburg, 213 Aquä Aureliä, 215 Meinßheim, 217 Rottenburg, Pforzheim, Sinzheim, Elmendingen, 223 Möllingen, Steinbach, Cannstadt, 222 Au, 221 Jagsthausen, 225 Rottenburg, 226 Oehringen, 237 Oehringen und Tübingen, 247 und 250 Rottenburg, 256 Hausen.

(Ich entnehme diese Zusammenstellung *Becker*, S. 21, 22, der im Folgenden vortrefflich die Annahmen Mones widerlegt, zahlreiche Ritterburgen des Mittelalters seien aus römischen Kastellen hervorgewachsen: er sagt und beweist: die Römer bauten im Zehntland keine „Burgen", weder im Gebirge noch in der Rheinebene, sondern nur „castra" und „castella", vorzüglich am „limes". Keine Burg ist römischen Ursprungs, auch nicht in ihren Fundamenten: also konnten die Alemannen sie nicht zerstören und später wieder aufbauen. Burgfriede und Donjons sind Erfindungen des Mittelalters: ihre Entstehungszeit läßt sich durch ihre Technik und meistens durch Urkunden bis auf wenige Jahrzehnte sicher bestimmen: dem älteren Mittelalter gehören die wichtigeren Burgen der deutschen Fürsten und Landesherren („Dynasten") sowie wahrscheinlich die ersten Entwässerungsbauten an; die Ritterburgen sind noch jüngeren Ursprungs.)

Römische „castella" und germanische „Burgen"[1] sind eben, dem Namen und dem

---

1 In *allen* germanischen Sprachen: gotisch baurgs, althochd. puruc, mittelhochd. burc, altsächsisch burug, neuniederl. borg, angelsächsisch byrig, engl. borough, altnord., schwedisch, dänisch borg; baurgs stammt von bairgan, bergen (verwandt griechisch πύργος, Turm): „die Burg ist also die bergende, schützende Stätte, wie arx von arcere gebildet, auf der Höhe, die freien Blick in das Land gewährte und gegen ersten Anlauf schirmte, gebaut." *Jakob Grimm*, Deutsches Wörterbuch II, 534. Ortsbezeichnungen mit -burg in diesem Sinne begegnen schon bei Tacitus: Asciburg, teutoburgiensis saltus, bei Ptolemäus: Askiburg, Lakiburg, Tuliburg, bei Ammian Quadriburg, bei Prokop mehrere Orte auf -burgos.

564   ZWEITER TEIL · WESTGERMANEN

Wesen nach, ganz verschiedene Sachen. Wenn Vegetius (IV, 10) sagt: „ein kleines Kastell, was man „burgus" nennt" („castellum parvulum quod (al. quem) burgus vocant"), so konnten die Römer freilich zu Ende des 4. Jahrhunderts (Vegetius schrieb seine „epitoma rei militaris" zwischen 384 und 385) ihre kleinsten Kastelle am „limes" füglich mit dem germanischen „burg" bezeichnen, wie die Germanen wohl diese Kastelle nannten, und wie ja so viele andere Wörter und Gebräuche in das ganz barbarisierte, gerade auch germanisierte Heerwesen eingedrungen waren.

Andrerseits konnten die Römer das germanische Wort für die germanischen Befestigungen, die Ringwälle aus Rasen, Erde, Holz, auch Steinen, aber kyklopisch, ohne Mörtel, zusammengefügten Felsstücken (wie die Grotenburg im Teutoburger Walde, die Anlagen bei Miltenberg, Wertheim und andere): „burgus" nicht wohl anders übersetzen als mit „castellum": sagt doch Orosius (VII, 32):

„Die Burgunder haben ihren Namen daher, daß man die längs der „limes"-Linie häufigen (befestigten) Siedelungen „burgos" nennt"; (wodurch unsere Erklärung der Fabel römischer Abstammung der Burgunder willkommene Stützung erhält. Dahn).

Aber keine mittelalterliche Burg zeigt die römische Kastellform: namentlich stehen die römischen Türme nur an den Toren, also in der Mauer, nicht, wie Mone unbegreiflicherweise sagt, in der Mitte: „in der Mitte" stehen gerade die mittelalterlichen „Burgfriede", welche Festungen in der Festung sind.[1]

Alle römischen Schriftsteller stimmen miteinander überein, und Vegetius natürlich auch, daß ein Kastrum ein großes Rechteck, gewöhnlich mit abgerundeten Ecken war, womöglich auf einer beherrschenden Erdanschwellung angelegt, mit Erdwall und Graben, oft auch mit Palissaden, und ein Castellum eine kleinere Verschanzung ganz derselben Art. Der innere Raum war durch zwei Straßen in vier Teile geteilt, die auf die vier Tore zuführen, ein breiter Weg trennte den Lagerraum von dem Walle, und in der Mitte lag das feste Prätorium. Bei Standlagern wurde der Erdwall mit Mauern bekleidet, oft durch äußere Strebepfeiler verstärkt, die vier Tore wurden durch je zwei Türme flankiert, oder durch eine Traverse davor geschützt, bei stehenden Befestigungen auch wohl durch ein „propugnaculum" gedeckt. Die Tore waren breit zum Behuf der Ausfälle, das Ganze war zur akitven[2] Defensive eingerichtet, während die Burgen des zwölften und dreizehnten Jahrhunderts ganz unregelmäßig der zufälligen Gestaltung des Felsplateaus folgten und nur der passiven Defensive dienten. Oft waren die Kastelle nur Erdwerke (Cäs. II, 8); ein Lager hatte 23 derselben (Cäs. VII, 69). So führte Cäsar im Sommer 58 in etwa vier Wochen einen sieben Stunden langen Murus, Erdwall, bei Genf auf und versah denselben mit Castellis, Erdwerken, vielleicht durch Palissaden verstärkt. Auch die Circumvallationslinien der Belagerer hatten solche Erdkastelle („Vallo crebrisque castellis circummuniti", Cäs. b. g. VI, 30). So zeigt uns noch heute der „limes" oder Pfahlhag des Zehntlandes einen Wall und Graben mit zahlreichen Kastellen daran, der wohl erst unter Hadrian an den gefährdeten Stellen mit Mauerwerk verstärkt wurde. Das Kastell bei Würzberg im Odenwald ist ein Rechteck von 287' Länge und 259' Breite mit Graben und Erdwall, der mit Trockenmauern eingefaßt

---

1 Vgl. außer *v. Becker* S. 24 jetzt die ausgezeichnete Darstellung von *Alwin Schulz*, Das höfische Leben im Mittelalter I, 1880; völlig unbegründet ist was *Mone* und *Krieg von Hochfelden* über die dreifache Befestigungslinie der Römer erzählen und über die Verlegung römische Kastelle auf „unzugängliche Bergspitzen", vgl. v. *Becker* S. 24. 31 (S. 32). „Seit der limes aufgegeben war (unter Diokletian), wurden Rhein und Donau wieder die Grenze, wie unter Augustus, und ihre Besatzungen lagen in den westrheinischen Städten und Kastellen, und nicht in den Burgen des Schwarzwaldes" (die gar nicht existierten).

2 *Vegetius III*, 8: „ne sit in abrupits et diviis, et ... difficilis praestetur egressus."

ACHTES KAPITEL · DIE RÖMER IN DEUTSCHLAND   565

und auf der feindlichen Seite mit Zinnen versehen war. Das Kastell bei Eulbach ebendaselbst ist ein Rechteck von 156' und 140' mit abgerundeten Ecken, mit Mauern und
Zinnen. Das Kastell bei Oehringen ist ein abgerundetes Rechteck von 216' und 192',
mit einer Ringmauer und einem doppelten Graben. Ganz ähnlich sind die größeren
Castra bei Neuwied und Homburg am „limes“, ersteres ein Rechteck mit abgerundeten Ecken, 800' auf 600', umgeben von einer Ringmauer mit Pfeilern, letzteres ein
Rechteck von 700' und 450' mit einer Mauer aus unregelmäßigen Bruchsteinen. Dieselben Kastelle finden wir in Britannien am Pictenwalle. Alle diese Kastelle sind noch
mehr oder weniger erhalten: aber nie ist eins von ihnen zur Grundlage einer Ritterburg
oder sonst einer Festung benutzt worden. Ihre Profilierung war dazu viel zu schwach,
ihre Lage viel zu exponiert und nur auf aktive Defensive im Kriege berechnet. Als es
den späteren Dynasten darauf ankam, ihren Besitz nicht für vorübergehende Kriege zu
sichern, sondern das Land und seine Beherrschung dauernd festzuhalten, da zogen sie
sich auf die Bergspitzen zurück, die auf den Verlauf eines Krieges wenig Einfluß
ausübten, aber bei weitem größere Sicherheit darboten.[1]

Auch in der heutigen *bayerischen Rheinpfalz*[2] waren die Anlagen der Römerstraßen
durch die örtliche und natürliche Beschaffenheit des Bodens bedingt: wir müssen
daher unterscheiden Haupt- und Verbindungsstraßen; jene zogen, da ja die Römer
über die Alpen nach Gallien kamen, von Süden nach Norden und zwar in zwei, durch
das Terrain gebotenen Linien längs des Rheinufers und des Gebirgszuges, also eine
Rhein- und eine Bergstraße; diese aber liefen von Osten nach Westen und verbanden
jene Hauptstraßen mit dem Innern durch Talstraßen: daher ist es gewiß, daß die
genannten zwei Hauptstraßenzüge als die notwendigsten auch die ältesten waren und
also die Verbindungswege erst nach und nach später angelegt wurden.

Argentoratum (Straßburg) und Moguntiacum (Mainz) waren am Oberrhein die
wichtigsten Städte und militärischen Niederlassungen der Römer; von ersterer gingen
drei Straßen abwärts aus, die eine über Tres Tabernae (Elsaßzabern), Pons Saravi
(Saarburg) und Decempagi (Dieuze) nach Divodurum (Metz) usw., die andere über
Triburci, Saletio (Selz), Lauterburg, Tabernae (Rheinzabern) usw. dem Laufe des
Rheins folgend, nach Speyer, Worms und Mainz: die dritte zog ebenfalls abwärts durch
Brocomagus (Brumat), Concordia (bei Weißenburg), Tabernae (Bergzabern) usw.
längs des vogesischen Gebirges hinab. Lauterburg wird in dem Tribunci der Römer
gesucht: aber in Lauterburg scheint nur eine geringe Station und keine bedeutende
römische Wohnstätte gewesen zu sein: denn man hat bisher daselbst wohl Münzen,

---

1 Vgl. *v. Becker* S. 22.

2 Hier liegen großenteils frühere Mitteilungen eines der eifrigsten Forscher jener Landschaften
zugrunde, des Pfarrers *Lehmann* zu Nußdorf. Mit dem Dank für dieselben muß ich gleichfalls
zwei Bemerkungen verknüpfen: einmal wurden früher aufgrund bloßer Münz- und Gerätefun-
de häufig Straßenstationen angenommen, was ohne Nachweis von Wegbau unstatthaft; und
zweitens ist es unmöglich, in dem engen Gebiet der Pfalz so zahlreiche *Römer*straßen anzusetzen: sehr viele der „Neben“- oder Verbindungsstraßen waren zwar Wege, aber alte, *keltische*,
deren sich natürlich auch die Römer bedienten. Sehr richtig (über Baden, aber das Gleiche gilt
von der Pfalz) *v. Becker* a.a.O.: „Die keltischen Landwege (von den Römern neben ihren
Kriegsstraßen zumal für den Privatverkehr benutzt) bildeten oft noch die Grundlage der seltenen Straßen des Mittelalters … Eine besonnene Geschichtsforschung wird von den hier und da
auf dem Grat der Berge in dichten Wäldern vorkommenden Steinwegen nur die für römisch
halten, welche wirklich die bekannte römische Art zu pflastern zeigen … Ehe die Flußläufe in
den Tälern reguliert waren, konnten die Straßen nur der Wasserscheide folgen, wie jetzt noch
in allen unzivilisierten Ländern: später aber wurden diese verlassen und neue Wege angelegt
zwischen den neu entstandenen Ansiedelungen“.

566 ZWEITER TEIL · WESTGERMANEN

aber noch keine Denksteine oder Reste von Gebäuden aus der Römerzeit gefunden. Von hier aus zog die Straße in ziemlich gerader Linie durch den Bienwald nach *Tabernae* (Rheinzabern), einer ansehnlichen Niederlassung der Römer, wo auch der Präfectus militum Menapiorum, welcher unter dem Befehle des Dux in Mainz stand, seinen Sitz gehabt haben soll.

Diese Straße (Tümel geheißen, vielleicht von „tumulus") ist noch gut erhalten und ihrer ganzen Länge nach sichtbar: sie erhebt sich größtenteils einen Meter hoch über den Boden und ist mehr oder weniger mit Holz bewachsen.

Im Jahre 1824 fand man auf derselben, nahe bei Rheinzabern, einen Anfang des vierten Jahrhunderts errichteten Meilenstein, welcher die Entfernung von Speyer zu dreizehn gallischen Leugen oder Milliarien ganz richtig angibt (bei Langencandel römische Überreste). Rheinzabern ist bis auf diese Stunde die ergiebigste Fundgrube römischer Altertümer in der Pfalz und zwar in allen Zweigen derselben: es fanden sich früher und werden immer noch daselbst entdeckt: Denkmäler mit Götterfiguren und Inschriften, sonstige Bildwerke in Stein und Ton, Reliefbilder, auch ein merkwürdiger Legionsadler von Erz mit Vergoldung, Statuetten und Bronzefiguren, Spangen, Haften und Ringe, Schalen, Gefäße aller Art, und Lampen usw., von roter und anderer Erde, Münzen in Silber und Erz aus den Zeiten des Augustus bis zum vierten Jahrhundert: ferner drei Begräbnisstätten, Särge, Glasgefäße, Urnen, Grablampen usw.; zugleich Töpferwerkstätten mit wohlerhaltenen Brennofen, gebrannte Steine, Ziegel usw. (letztere oft mit Legionsnummern) in Menge in der Nähe: auch die Fundamente eines Tempels, die noch nicht untersucht sind, aus welchem die Wichtigkeit dieser Stätte deutlich hervorgeht.

Von hier nahm die Straße ihre Richtung nach Westen (Stücke von einer Säule von Porphyr, sieben Zoll im Durchmesser haltend, eine Juno oder Vesta, ein aus Glas gebildeter kleiner Hahn: nahe die „Heidengärten").

An der nahen Dietrichskirche bei Rülzheim finden sich zwei Altarsteine, mit Fortuna und Minerva, Apollo und Herkules, der andere mit den drei genannten Gottheiten und statt der Fortuna mit der Juno. Die Straße wendet sich von da längs des Rheins nach der Stadt und Festung Germersheim, wo früher bei der Ausmündung der Queich in den Rhein das Kastell Vicus Julius stand, dessen Besatzung unter der Aufsicht des „Praefectus militum Anderecianorum" gewesen sein soll; für die Lage des Kastells, das die römischen Itinerarien ausdrücklich zwischen Rheinzabern und Speyer setzen, zeugen die in neuerer Zeit daselbst gefundene Monumente: ein der Juno geweihter Stein, mit den Brustbildern der Gottheiten, welche die sieben Wochentage vorstellen, als Saturn, Mars, Merkur, Jupiter und Venus, dann ein der Göttin Maia gewidmetes Steindenkmal, nebst römischen Gefäßen und Münzen. – Von hier bis Noviomagus (keltisch), Nemetes oder Civitas Nemetum (Speyer) lief die Straße an Lingenfeld, Mechtersheim, Heiligenstein und Berghausen vorüber: in der Nähe fand man in Gräbern Särge mit Inschriften, Urnen und Lanzen, wie ja die Römer ihre Toten nahe bei den Heerstraßen, oder, nach Maßgabe des Terrains, in einiger Entfernung von demselben, zu beerdigen pflegten.

Dritthalb Stunden von Speyer lag Alta ripa (Altripp), man vermutet, dies sei das von Valentinian 368 hergestellte „munimentum" an der damaligen Neckarmündung gewesen sen.

In diesem Kastelle befehligte der Praefectus militum Martensium – es wird durch die Alemannen wohl im Beginn des fünften Jahrhunderts gänzlich zerstört – die bei niedrigem Wasserstande noch manchmal sichtbaren Grundmauern können nicht die des Kastells sein, sondern trugen entweder einen Brückenpfeiler oder einen Turm, um

ACHTES KAPITEL · DIE RÖMER IN DEUTSCHLAND

die Verbindung mit dem rechten Ufer, hauptsächlich mit der wichtigen Römersiedlung Lopodunum (Ladenburg) am Neckar zu unterhalten.

Die zu Altripp ausgegrabenen sieben Leugen- oder Meilensteine nebst noch elf anderen, mitunter sehr interessanten Altar-, Votiv- und Grabsteinen teils mit, teils ohne Inschriften sind angeblich erst später von den an der Hauptheerstraße gelegenen Städten und anderen Niederlassungen der Römer an ihren jetzigen Fundort verbracht worden.

Von Speyer ging die römische Heerstraße in gerade Linie über den *Limburger Hof* nach Oggersheim, wo man 1528 einen Stein mit dem Bilde des Merkur entdeckte, dessen Verehrung überhaupt in dem äußerst fruchtbaren und zum Handel und Verkehr sehr vorteilhaft gelegenen Rheinlande weit verbreitet war, wie die häufig gefundenen demselben geweihten Monumente bezeugen; auch förderten die unweit dieser Straßenlinie befindlichen Orte Schifferstadt und Rheingönheim römische Münzen, sowie *Mutterstadt* außer solchen auch noch Spuren von Gräbern mit Urnen usw. ans Tageslicht, Igelheim aber zwei Altäre mit Göttergebilden und Inschriften, welche die Vermutung begründen, es sei daselbst ein Verbindungsweg von Dürkheim aus über Meckenheim nach der Hauptstadt der Nemeter vorbeigezogen. Von *Oggersheim* aus führte die Straße an der Westseite der jetzigen Stadt Frankenthal vorüber (Gräber mit Urnen und Knochen mit Bronzeringen): aber sie beugte hier links ab, weil das

Merkur, kleine Bronzefigur; gefunden in der Nähe des Heselberges. (München, königl. Antiquarium). 14 ½ Zentim. hoch.

niedrige Land zur Rechten durch die Überschwemmungen des Rheins ganz versumpft war, nach Heßheim (mit Gräberspuren) an Heuchelheim vorbei, auf der Anhöhe durch Groß- und Kleinniedesheim (Fundorte vieler römischer Münzen vom ersten bis zum Ende des vierten Jahrhunderts) und weiter durch Weinsheim nach Borbetomagus (keltisch) oder Civitas Vangionum, dem heutigen Worms, von wo sie, über Banconica (Oppenheim) nach Moguntiacum (Mainz), nebst Straßburg Mittelpunkt der römi-

568 ZWEITER TEIL · WESTGERMANEN

schen Militärkräfte am Oberrheine, leitete. Die bisher geschilderte Rheinstraße der Römer von Lauterburg bis zu bei Worms ist teilweise noch deutlich sichtbar, auch deuten die noch jetzt gebräuchlichen und in den Flurbüchern aufbewahrten Namen: Heerweg, Heer- oder Hochstraße usw. den Zug genau an.

Die Erforschung der Römerwege von Concordia (Altenstadt? bei Weißenburg) an, längs des vogesischen und Hardtgebirges bis nach Dürkheim, bietet mehr Schwierigkeiten, weil wir hier nicht so viele deutliche, benannte und bestimmte Anhaltspunkte wie Rheinzabern, Germersheim, Speyer und Altripp, sondern nur einen römischen Namen (Tabernae) Bergzabern finden, woraus zugleich hervorgeht, diese Gebirgslinie sei von den Römern für minder wichtig als die von den Barbaren so oft bedrohte und überschrittene rheinische Grenzlinie gehalten worden: wir sind bei Ausmittlung derselben größtenteils auf Funde an Denksteinen, Gefäßen, Gräbern und Münzen, sowie auf die Namen der alten Wege und Straßen angewiesen.

Von Altenstadt, dem Concordia der Römer (viele römische Altertümer), ging die Straße, heute noch „der Heerweg" geheißen, in gerader Linie nach Tabernae, dem jetzigen Bergzabern: in der Nähe der „Heidenkirchhof", wo Särge ausgegraben wurden, bei Rechtenbach die „Heidenäcker".

Von hier wandte sich die Heerstraße, weil gegen das Gebirge hin das Land von zu vielen Anhöhen durchschnitten ist, rechts über Drusweiler (von Drusus: Münzen von Augustus bis Antonius, Überreste eines Bades), an Billingheim vorüber (römische Waffen) nach Impflingen (Fragment eines dem Merkur gewidmeten Denkmals mit einer Inschrift). Von hier aus mußte sich die Straße, weil das Terrain, auf welchem im dreizehnten Jahrhundert die Stadt Landau ins Leben gerufen wurde, damals zu versumpft war, westlich an Mörzheim vorbei (am „Heidenbrunnen") nach Arzheim wenden (Denkstein mit dem Bilde des Herkules), von wo aus die alte Heerstraße beginnt, die über Godramstein und Nußdorf nach Edesheim und von da nach Neustadt leitet.

Ersteres Dorf ist eine bedeutende Niederlassung der Römer und ergiebige Fundgrube von Altertümern aller Art, hauptsächlich von ausgezeichneten Altarsteinen, Gefäßen und Münzen, letztere von dem Beginne der Römerherrschaft in Gallien bis zum Schluß des vierten christlichen Jahrhunderts; in Frankweiler ein Stein mit Brustbildern und vielen Römergräben. Die an der Landauer Zitadelle (ganze Lager von römischen Urnen) vorüber und nach Nußdorf ziehende Heerstraße nimmt jetzt den Namen „Heidenweg" (Altar mit Figuren) an bis Edesheim; zwei kleine Votivsteine mit Inschriften, mehrere Gräber und Särge mit köstlichen Glasgefäßen, vornehmlich aber sehr interessante Münzen in Gold, Silber und Gußerz vom ersten bis zum dritten Jahrhundert lassen schließen, da hier eine ansehnliche Station gewesen sein müsse.

Von diesem wichtigen Punkte aus muß auch ein Verbindungsweg mit der Hauptstadt Speyer bestanden haben: die Steindenkmale, nebst Gräbern und Münzen, deuten uns die Linie desselben ganz genau an von Edesheim bis nach Neustadt „Heidengasse", „Heidengraben", „römische Waiden", „Heidenweg und „Heidenstock").

Die in Neustadt und nahe dabei bisher entdeckten Steindenkmäler, Statuen, Gefäße und Münzen der Römer, aus den ersten bis zu den letzten Tagen der Herrschaft am Rheine, beurkunden ebenfalls eine bedeutende Niederlassung an diesem, zum Handel, sowie zur Wehr äußerst bequem und günstig gelegenen Orte, an welchem man Noviomagus zu finden glaubte: wahrscheinlich ist vielmehr hier oder bei dem nahen Rubertsburg, das im Gebiet der Nemeter belegene Rufiana zu suchen.

Schwerlich kann die in dem Walde des Dorfes Hardt auf einem hohen Berge befindliche, alte Burg, oder das „Heidenschloß", als römisches Kastell nachgewiesen werden,

ACHTES KAPITEL · DIE RÖMER IN DEUTSCHLAND 569

indem die Heerstraße von hier aus nicht über das von da an beginnende, steile Hardtgebirge hin ging, sondern ihren Zug nach Dürkheim über Musbach und Deidesheim nahm (zwischen Neustadt und jenem Dorf ein Denkstein mit Inschrift, römische Waffen und Werkzeuge von Bronze, auch liegt hier das „Heidenfeld").

Von Musbach lief die Straße direkt nach Deidesheim oder vielmehr nach Rupertsburg, zwischen welchen beiden Orten, auf der sogenannten Hohenburg, ein fester Verteidigungspunkt lag.

Bei Deidesheim auf dem nahen Martenberge ragte ein dem Mars gewidmeter Denkstein.

Auf jener Hohenburg fanden sich 1821 in ziemlicher Tiefe, in Mauern und Gewölben, sieben, größtenteils wohlerhaltene, römische Denkmäler, bestehend in drei Altar- und vier Leichensteinen mit Aufschriften, ebenso viele Sarkophage mit Glasurnen und Tränengefäßen, nebst häufigen Römermünzen. Von dieser wichtigen Stelle aus nahm die Heerstraße (Salinenweg) ihre Richtung über das im Dürkheimer Gemark befindliche „Heidenfeld" nach Pfeffingen (römische Inschriften). Dies war die erste Station in dem Lande der Vangionen: darum wurde auch der Hauptzug dieser Straße vorerst nach der Hauptstadt dieses Volksstammes, nach Borbetomagus (keltisch), „Civitas Vangionum" oder Worms, geleitet, und zwar über Freinsheim (römische Gefäße) und Weissenheim am Sand (mit einem die sieben Wochentage oder Götter vorstellenden Denkmale, sowie mit einigen gläsernen und tönernen Gefäßen) nach Lambsheim (römische Monumente und viele Münzen: in den Gemarkungen dieser zwei Orte gewahrt man noch in den Fruchtfluren die Linie der Römerstraße, auf deren steinigem Boden das Getreide eher reif wird) und von da über das „Heidenfeld" und der Heerstraße folgend nach Heßheim, wo sie, in die Rheinstraße einmündend, rechts, an Heuchelheim vorbei, über Groß- und Kleinniedesheim (zahlreiche Münzen der Römer, aus ihrer Blütezeit bis zu ihrer Verdrängung vom Rheine) nach Worms, links aber über Pfeddersheim nach Alzey führte. Von der vorerwähnten Station Pfeffingen aus lief auch geraden Weges die Fortsetzung der Bergstraße längs des Gebirges, deren Zug in der größtenteils noch vorhandenen, alten Heerstraße verfolgt werden kann (durch die Gemarken folgender Dörfer, die gleichfalls sämtlich römische Altertümer an Sarkophagen, Bronzen, Münzen usw., Kirchheim an der Eck sogar einen dem Jupiter geheiligten Altar lieferten: nämlich Ungstein, Kallstadt, Herxheim, Kirchheim, Sausenheim, Grünstadt, Albsheim, Groß- und Kleinbockenheim), und von da schon entweder bei Pfeddersheim, oder zu Niederflörsheim, mit der Straße des Primmer Tales und dem Donnersberge in Verbindung getreten war.

Die Straßen, die von Osten nach Westen liefen und den Rhein mit dem Innern Galliens sowie mit den Hauptniederlassungen der Römer daselbst in Verbindung setzten, vermögen wir wohl vom Rhein an bis zur ebengenannten Gebirgskette genau anzugeben, von da an aber weiter westlich nur anzudeuten: weil die damals gegen Westen gedehnten undurchdringlichen Urwälder hauptsächlich durch die Römer erst nach und nach zugänglich gemacht wurden und demnach nicht so angebaut und bevölkert sein konnten, wie die milde fruchtbare Rheinebene; dann auch, weil eben deshalb in diesen westlichen gebirgigen Gegenden und Tälern sich nicht so viele Denkmäler und Spuren der Römer vorfinden und endlich, weil der westliche Strich überhaupt noch nicht so sorgfältig durchforscht ist und bisher nur in einigen milderen Gegenden, z. B. im Blies- und Glantale, bedeutendere römische Antiquitäten zutage getreten sind. Doch dürfen wir annehmen, daß die Römer, teils zu militärischen Zwecken, teils auch aus Handels- und anderen Kulturrücksichten, alle Täler der Vogesen und des Hardtwaldes, die meistens von Osten nach Westen ziehen,

570 ZWEITER TEIL · WESTGERMANEN

durch angelegte Straßen zugänglich machten und die Eingänge zu denselben mittelst Kastellen, Türmen und Schanzen befestigten und verwahrten.

So mag Lanterburg durch eine Straße auf dem rechten oder dem linken Ufer der Weiß- oder Wieslauter, mit Concordia (Altenstadt) und so auch dieses Kastell das Lautertal hinein, über Dahn, wo der Talweg von Bergzabern einmündete, mit Pirmasens und so fort, mit Zweibrücken und dem Bliestale im Zusammenhang gestanden haben, wiewohl, außer der Umgebung von Pirmasens, bisher noch gar keine oder höchstens schwache Spuren, in der Regel nur Grabhügel, in jener Gebirgsgegend von der Anwesenheit der Römer in den drei genannten Tälern sichtbar geworden sind.

Zur Annahme einer Verbindungsstraße von Vicus Julius, oder Germersheim, längs der Queich nach Dodramstein und das Annweiler Tal hindurch nach Pirmasens, sind uns durch Fundorte römischer Fragmente noch keine Anhaltspunkte gegeben, wiewohl eine solche von Godramstein aus und in dem Annweiler Tale bis zur Kaltenbach, durch gefundene Münzen, vorhandene Grabhügel und dergl. als wahrscheinlich gemacht ist. Der zwischen der Hauptstadt der Nemeter und Neustadt, dem Gestade des Speierbachs entlangführende Weg wird durch die Funde bei Dudenhofen, Hanhofen und vieler römischen Münzen bei Speierdorff mehr als wahrscheinlich gemacht: er ging durch das Tal nach Frankenstein, vereinigte sich daselbst mit dem von Dürkheim kommenden und zog dann nach Kaiserslautern (Urnen, Gefäße und Münzen, sogar aus dem ersten Jahrhundert des Kaiserreichs).

Zugleich bestand ein Verbindungsweg zwischen Neustadt und dem Kastell Altaripa über Musbach, Meckenheim und Dannstadt (ansehnliche Antiquitäten, zwei römische Altäre mit Götterbildern und Waffenmodelle, ein Stein mit acht Götterfiguren) und von da weiter durch die Umgebung von Mutterstadt und Rheingönheim (Münzen, Aschenkrüge usw.).

Oggersheim, das, gleich dem jetzigen Frankental, vermöge des veränderten Rheinlaufes unterhalb Altripp, damals dicht an diesem Strome lag (indem ja Oppau und Edigheim noch unter Kaiser Karl dem Großen, als auf dem rechten Ufer gelegen, zum alten Lobdengaue zählten), stand durch eine Straße über Buchheim (römische Gräber) an Ellerstadt vorbei (Gräber, Sarkophage, viele Gefäße, Waffen und Münzen) im Zusammenhang mit dem Dürkheimer Tale, in unmittelbarer Nähe der vorhin bemerkten Mansio Pfeffingen, von Dürkheim aus (dessen von Osten nach Westen laufende Hauptgasse heute noch die Römerstraße heißt und in dessen Markung sich Spuren eines Amphitheaters (?) zeigen) führte der Heerweg durch das westliche Tal (viele römische Aschenkrüge und Münzen in der Umgebung des Tales) nach Frankenstein und von dort, vereint mit dem von Neustadt kommenden, nach dem heutigen Kaiserslautern. Hier (obgleich außer vielen römischen Grabhügeln in den nahen Wäldern sich sonst noch keine anderen Denkmale ergaben, weil der Platz, den diese Stadt gegenwärtig einnimmt, zu damaliger Zeit noch sehr sumpfig war) auf der Schneeschmelze des Gebirges war damals, so wie auch noch jetzt, in der Nähe der jetzigen Stadt, eine für den Verkehr äußerst wichtige Stätte, indem daselbst sieben Talstraßen ihren Vereinigungspunkt hatten: die beiden ersten aus den Tälern von Neustadt und Dürkheim, die sich zu Frankenstein aneinander schlossen, zu Alsenborn und Enkenbach (römische Altertümer besonders Grabhügel) verbanden sich ebenfalls zwei Römerwege und zogen von da vereint nach Kaiserslautern: nämlich der eine durch das Leininger Tal, der seinen Ausgangspunkt zu Heßheim hatte und über die Gegenden von Großkarlbach, Kirchheim an der Eckbach und Neuleiningen durch Altleiningen (silberne und bronzene Münzen von Imperatoren des ersten und zweiten Jahrhunderts) nach Alsenborn; der andere aber, welcher sich zu Albsheim bei Grünstadt der Bergstraße anschloß,

ACHTES KAPITEL · DIE RÖMER IN DEUTSCHLAND

nahm seine Richtung längs der Eisbach ins Eisenberger Tal, in welchem, als in einem mit Anhöhen umschlossenen und gegen die rauhen Winde geschützten Raume, sich ein großes Winterlager der Römer befand (Überreste eines Tempels, Steindenkmale mit Figuren und Inschriften, alle Arten von Gefäßen in großer Menge, Werkzeuge und Münzen, letztere hauptsächlich in Fülle seit Antoninus), während an den Hügeln ringsum, bei Lautersheim die fette weiße, sowie gegen Hettenheim hin die graue Erde (mit welchen, den Fabriken unentbehrlichen Gegenständen heute noch ein bedeutender Handel getrieben wird) sowohl den Soldaten als auch den sonstigen Bewohnern dieser Niederlassung, Gelegenheit und Material zur Bereitung von Gefäßen darbot: daher man auch, in Eisenbergs Nähe, noch Spuren und Namen von Töpferwerkstätten wahrnimmt. Von hier führte also die Straße das Tal hinein gegen Westen durch die Eishöhle (ein dem Silvan geweihter Denkstein) gleichfalls über Alsenborn nach Kaiserslautern. Von da aus bestand auch, gleichlaufend mit der heutigen Kaiserchaussee (viele Römerspuren), eine Straße nördlich bis zur jetzigen Langmeil, wo sich dieselbe teilte und rechts gegen Osten hin dem Primmbache folgend, über Marnheim, Albisheim usw., dann über die Höhe von Cell und Mölsheim nach Niederflörsheim reichte, um die Verbindung mit Alzey und Worms herzustellen: es kann aber nicht nachgewiesen werden, ob z. B. von Marnheim aus ein Heerweg nach dem nahen Donnersberge, Mons Jovis, leitete,

Zwei Formen zum Gießen von Lanzenspitzen; gefunden (1857) zu St. Margarethenberg bei Burghausen. (München, bayerisches Nationalmuseum.) Länge 22 Zentim.; Breite 9 Zentim.

wiewohl die Römer auf dieser ansehnlichen Höhe eine Befestigung hatten (auch am östlichen Abhange dieses Berges zu Dannenfels und Jacobsweiler römische Altertümer), an der Südseite bis Innsbach (Münzen aus der Zeit der Constantine; im Jahre 1846 aber fand man daselbst ein großes irdenes Gefäß mit über tausend Stück Kupfermünzen, welche eine Reihenfolge der Kaiser von Diocletianus bis Constantinus II. bilden).

Nähere und sicherere Anhaltspunkte bieten sich uns bei Erforschung des Römerweges dar, welcher, von der Langmeil aus links um den Donnersberg herum, dem Laufe der Alsenz nach, durch das sogenannte Alsenzer Tal, bis zu deren Einfluß in die Nahe folgte und von da über Kreuznach, längs der Nahe, nach Bingen an den Rhein zog (in Rockenhausen zwei mit Inschriften versehene Denkmäler, zu Dielkirchen ein Altar mit Göttergebilden, viele Münzen, im Jahre 1723 bei Mannweiler aufgegrabener römischer Denkstein). Von jenem Rockenhausen aus muß auch nordwestlich, an Schönborn, Ransweiler, Becherbach, Gangloff und Adenbach vorüber, eine Straße nach Lauterecken, am Einflusse der Lauter in den Glan, abgezweigt ha-

572   ZWEITER TEIL · WESTGERMANEN

ben (in den Gemarken dieser sämtlichen Ortschaften römische Monumente): von
Kaiserslautern führte zugleich ein Römerweg längs der Waldlauter hinunter nach
dem eben genannten Lauterecken, bei Otterbach (unweit dieser Straße ein römisches
Grab mit Urne, Bronzeringen usw.) und weiter talabwärts bei Kreimbach die „Heidenburg", mit den Grundmauern eines römischen Kastelles, manches Monument mit
Figuren und ebenso auch das unfern davon gelegene Roßbach und Wolfstein.
    Zu Aschbach, Ruckweiler und Heinzenhausen unterhalb Wolfstein liegen gleich-
falls Spuren der Römer, besonders bei jenem ersten Dorf.
    Die nächste, westlich von Kaiserslautern gelegene Niederlassung war bei Land-
stuhl (indem auf der rechten Seite von Lautern an die Berge nördlich zurücktreten
und die Gegend ein flaches Moorland bildet, viele mit Aufschriften versehene und
mit Bildwerken gezierte Denkmäler): von hier aus ging eine Straße über die südliche
Sickinger Höhe, an Martinshöhe, einem römischen Fundorte, vorüber nach Zweibrücken, die Verbindung mit Bitsch herzustellen, während die zu Steinwänden, Rei-
chenbach, vorzugsweise jedoch bei Oberstauffenbach in der „Heidenburg", sowie zu
Rosenbach und Friedelhausen entdeckten Altertümer uns den Weg andeuten, der
von Landstuhl aus bei Altenglan in die Glanstraße mündete.
    Die Fortsetzung dieser Westlinie der Römer von Landstuhl aus geht nach Vogel-
bach, wo von Meisau kommend längs des Glan sich eine Straße anschloß.
    Die ersten Spuren von der Anwesenheit der Römer am Glan zeigen sich bei
Quirnbach und Rehweiler (Denkmäler mit Aufschriften, nebst anderen römischen
Überresten verschiedener Gattung; unweit des Glans, zu Kusel, ein Denkstein mit
einer Inschrift, Urnen), auch in dem nahen Horschbach und Hinzweiler, Glanoden-
bach (Fundort mehrerer merkwürdiger antiker Gegenstände).
    Von Vogelbach aus führte der oben berührte Haupttheerweg in westlicher Richtung
weiter nach *Divodurum* (Metz): bei dem jetzigen Homburg (römische Goldmünze)
löste sich gegen Süden eine Zweigstraße ab und bildete den Übergang zum Bliestale.
Hier wird, im Gegensatz zu den seither durchwanderten Wäldern, die Gegend milder
und fruchtbarer, daher auch, am sogenannten Schwazenacker, mit der gesteigerten
Bodenkultur, eine ansehnliche Niederlassung daselbst auf dem „Heidenhübel", ein
römisches Bad (zahlreiche Bronzegefäße, Geschirre und Münzen der Kaiser Roms aus
dem zweiten und den folgenden Jahrhunderten gegraben, sonstige Funde). Links von
Schwarzenacker verband sich die Straße, in östlicher Richtung, bei Zweibrücken mit
dem über Pirmasens vom Rheine kommenden Römerwege, während die Bliesstraße
das Tal hinab zog bis zur Einmündung der Blies in die Saar bei Saargemünd. Unterhalb
des Schwarzenackers rechts an der Höhe Blieskastell, „Castellum ad Blesam". Viele
Monumente von Geschmack und Kunstfertigkeit zeigen, in welchem Maß die Römer
auch hier festen Fuß gefaßt hatten. Weiter talabwärts und nicht weit von der Ausmündung der Blies in die Saar liegt das Dorf Reinheim, nebst dem nahen Bliesbrücken,
zwischen beiden grub man in „Allermannsland" einen verschütteten Tempel der Venus aus und die bronzene Statue dieser Göttin.
    Daselbst auf dem sogenannten „steinichten Felde" soll früher eine Römerstadt
gewesen sein (noch sichtbare Fundamente der Wohnungen und Umfassungsmauern,
zahlreiche Gerätschaften und Kaisermünzen aus dem dritten und vierten Jahrhundert).[1]

---

1 Erst nach völligem Abschluß des Druckes kommt mir zu eine sehr eingehende Abhandlung
   von *Thomas Hodgkin*, the „Pfahlgraben". Newcastle on Tyne 1882. (Sonderabdruck aus der
   „Archaeologia Aeliana".)

Drittes Buch

Die im fränkischen Reich
versammelten Germanen

Erstes Kapitel

Die Alemannen

Am frühsten von allen nichtfränkischen Germanen auf dem rechten Rheinufer – den späteren „Deutschen" – wurden von den Franken unterworfen die *Alemannen*[1]. Wenn man bei diesen *Gruppen* – Franken und Alemannen – das Verhältnis eines Bundes völlig bestreitet[2], *(Bundesstaat* wird nicht behauptet) so ist das Gegenteil zweifellos nachweisbar : *Ammian*[3] sagt ausdrücklich, daß 357 zum Teil gegen Gold, „zum Teil aber gemäß dem zu gegenseitiger Hilfe verpflichtenden Vertrag" (pakto vicissitudinis reddenae) Waffenhilfe gewährt wurde.

Das dieses Bündnis nicht stets „dauernd" alle alemannischen Völkerschaften umfaßt habe, ist selbstverständlich, erst allmälich traten die Nachbarn in die „Gruppe" ein und selbstverständlich ist auch, daß die Bundespflicht nicht immer eingehalten wurde (bei Straßburg kämpften nur 7 von den etwa 18 Königen), eingehalten werden *konnte*, aber wiederholt setzt die Erzählung der Römer voraus, daß die gemeinsam gegen Rom kämpfenden Könige und Gaue sich zu diesem Zweck *verbündet* haben.

Alemannen und Schwaben sind nicht verschieden[4], erst ganz spät hat man wohl Alemannen im weiteren Sinne unterschieden – in 1.) Alemannen im weitern Sinne: im Westen und Süden (Elsaß, Baden, Schweiz und Baden), im Osten (Würtemberg, bayerisch Schwaben) und Norden. Eine Unterabteilung der Alemannen sind die *Juthungen* im Nordosten. Die Alemannen als Alah(= Weihturm)mannen für die Semnonen zu erklären, besteht kein Grund. Andere[5] wollen wenigstens bei den Juthungen diese Möglichkeit annehmen, aber sowenig wie bei den Franken ist eine Herzuwanderung *neuer* Völker in diese Landschaften nötig oder auch nur irgend wahrscheinlich, die Juthungen werden als treffliche Reiter gerühmt, man hat darin etwas „Neues" finden wollen, aber ganz dasselbe wird von Cäsar und Tacitus schon von den *Tenchterern* berichtet, die einen starken Bestandteil der Alemannen abgaben und in diesen Gegenden von jeher saßen, so daß hier gerade umgekehrt erfreulich überraschende Übereinstimmung nachweisbar ist, meines Wissens noch unbeachtet.

Aus ihren ursprünglichen Sitzen dringen die Alemannen allmählich weiter bis Süden an die Schweiz und nach Westen bis an die Vogesen. Was man sonst nur vermu-

---

1 Über die Entstehung dieser Gruppe und dieses Namens vgl. Urgeschichte II, 192 Deutsche Geschichte Ia, 449 *Stälin* (Christoph Friedrich von), wirtembergische Geschichte I. Stuttgart 1841, „das Muster einer Stammes– und Landesgeschichte" – Paul (Friedrich) Stälin, Geschichte Wirtembergs IGotha 1882.

2 Waitz II, 3.Aufl., S. 11. „es ist auch bei den Alemannen eine dauernde, alle umfassende, wirklich politische Verbindung nicht nachzuweisen".

3 *Ammian Marc.* XVI, 12

4 So habe ich von jeher angenommen (und vorgetragen), schon lange vor *Baumanns*(übrigens ganz vortrefflicher) Ausführung. Forschungen XVI.

5 So Waitz, II, 3, S. 10.

576　DRITTES BUCH · DIE IM FRÄNKISCHEN REICH VERSAMMELTEN GERMANEN

ten kann, daß diese Völkerbewegungen nicht ganz freiwillig, daß sie häufig durch das Drängen und Schieben anderer herbeigeführt waren – hier wird es durch mehrfache, von einander unabhängige Quellenzeugnisse und für verschiedene Male bewiesen: wiederholt sind es die *Burgunder* gewesen, welche von Nordosten her auf die Alemannen drückten: so ca. 290[1], mögen die Versuche einigemale scheitern[2], schließlich dringen Burgunder wenigstens durch Alemannen und Franken an den Rhein, im Jahre 359 grenzen Burgunder und Alemannen bereits am römischen Grenzwall[3] und im Jahre 371 verwendet sie Rom gegen die Alemannen von Nordosten her[4]. Diese Nachbarn bekämpften sich um der Salzquellen willen bei *Schwäbisch-Hall* im *Kochertal*, soweit also sind die Burgunder einstweilen südwestlich vorgedrungen aus den Gegenden am Ursprung des Mains.

Das Wenige, was uns von der Geschichte der Alemannen bis auf die Unterwerfung durch die Franken bekannt ist, wurde im II., was uns seit dieser Unterwerfung bis zum Tode Karls überliefert ist, im III. Bande dieses Werkes dargestellt, fast ausschließlich aus Anlaß ihrer Kämpfe mit den Römern und dann ihrer Erhebung gegen die fränkische Herrschaft erfahren wir von ihnen.

Auf jene bereits erörterten Dinge greifen wir hier nicht zurück.

Übrigens wurden später gar manche Striche, welcher seit 496 von fränkischen Ansiedlern waren besetzt worden, durch die überwiegende Menge alemannischer Nachbarn wieder dem alemannischen Stamme zurückgewonnen.

Die seit dem Sinken der merovingischen Krone ziemlich unabhängig gewordenen Alemannen wurden erst von den arnulfingischen Hausmeiern wieder zu straffer Abhängigkeit herangezogen .

Von den alemannischen Herzögen erwähnen wir außer *Leuthari* und *Butilin*, ca. 555 (III, S. 99) *Leudfrid* unter *Childibert II.*, *Uncilen* 588–607, legendenhaft ist der christliche „Herzog" *Cunzo* (613) und dessen von *St. Gall* aus Besessenheit d. h. wohl aus dem Heidentum erlöste Tochter *Fridiburg* (Braut Sigiberts II.), ca. 630 *Chrodibert* (gegen die Wenden), 642 *Leuthari*, eifriger Anhänger *Grimoalds* unter Sigibert III., ca. 700 *Gotfrid* (der ca. 700 St. Gallen beschenkt zu „Cannstadt am Neckar") † ca. 708, *Willehari* 709–712, von Pippin bekämpft (legendenhaft sind Herzog *Rebin* ca. 720 und dessen Bruder *Berchthold*, der ca. 724 *St. Pirmin*, den Stifter von *Reichenau*, *Karl Martell* empfohlen habe), 725–730 Herzog *Lantfrid* (ob dessen Bruder *Theutbald* auch Herzog war, steht dahin, der letzte sicher nachweisbare Stammherzog, denn der Rebell Theutbald hat sich das Herzogtum wohl nur angemaßt), fortab erscheinen nur noch Grafen, ob jener Lantfrid, welcher sich *Crifo* anschloß.[5]

Was die Einführung des Christentum anlangt, so begegnen uns in dem Rheintal allerdings schon im 4. Jahrhundert einzelne Christen. Allein die Menge des Volkes war noch Mitte des 6. Jahrhunderts heidnisch, heidnische Opfer bringen sie in Italien (555) dar und nur die Hoffnung spricht *Agasthias* aus, allmählich werde der Einfluß der Franken d. h. vor allem der Merovingen die Einsichtigen unter ihnen dem Christentum zuführen. Zu Anfang des 7. Jahrhunderts erscheint zwar ein Bischhof *Gau-*

---

1 *Wietersheim/Dahn*, S. 270, 537.
2 „Burgundiones Alamannorum terras ocupant, Alamanni repetunt." *Mamertin* II, 7.
3 *Ammian Marc.* XVIII, 2, 15.
4 XXVIII, 5.
5 Ich folge hier wesentlich *F. Stälin* I a, 78.

ERSTES KAPITEL · DIE ALEMANNEN   577

dentius von *Constanz* († 613?), aber gleichzeitig wird die Kapelle der *h. Aurelia* zu *Bregenz* wieder in ein heidnisches Weihtum verwandelt, darin die Bilder von Göttern aufgestellt werden. *Gregor der Große* dachte (ca. 600) an die Bekehrung auch dieses Germanenstammes wie der fernen *Angelsachsen* in *Brittanien*, aber zunächst griff hier nicht Rom ein, sondern die vielfach Rom gegenübertretende Arbeit der *irischen* Bekehrer: *Columba* und *Gallus*[1]. Die Lebensbeschreibung des Letztern († 627? Zwischen 626 und 650) ist erst entstanden, als die sehr bescheidene Stiftung des Jahres 613/614 bereits größere Bedeutung erlangt hatte, daher recht reich an Übertreibung, noch mehr gilt dies von den viel jüngeren Lebensbeschreibungen der heiligen *Trudpert* im *Breisgau* und *Landolin* in der *Ortenau*, mit gleicher Vorsicht sind auch die Berichte über *St. Pirmin*, der 724 Kloster *Reichenau* auf der „Au des *Sintlaz*" gegründet haben soll, und noch mißtrauischer die Legenden von *Sankt Magnus* (aus St. Gallen) aufzunehmen. In den Grenzgebieten von Alemannen und Franken wirkte der Ire *St. Kyllena*, der gegen Ende des 7. Jahrhunderts in der Nähe von Wirzburg den Tod des Bekenners fand. Die alemannischen Gesetze aus der ersten Hälfte des 7. Jahrhunderts setzen überall nicht nur das Christentum, auch kanonisch geordnete kirchliche Einrichtungen voraus.

Die für die Kirchengeschichte Alemanniens wichtigen Bistümer werden vor allem *Konstanz*, dann *Augsburg*, auch *Wirzburg* seit 741. *Bonifatius*, seit 746 Erzbischof von *Mainz*, dem wie *Worms* und *Speer*, *Wirzburg* unterstellt war – erst später, wie es scheint, *Augsburg* mit *Konstanz* – wurde wie den bayerischen so den alemannischen Bischofen von Rom als Stellvertreter des Papstes empfohlen.

Für die Rechts-, Wirtschafts- und Bildungsstände der Alemannen sind die ergiebigsten Quellen die Aufzeichnungen und Änderungen des alemannischen Stammesrechts: der *paktus* und die *Lex Alamannorum*, ersterer ist wahrscheinlich zu Anfang des 7. Jahrhunderts verfaßt, er setzt das Christentum überall voraus und *salische* Rechtsausdrücke in dem lateinischen Text lassen annehmen, daß die Aufzeichnung unter fränkischem Einfluß geschah, also bevor seit etwa 640 das Land sich von den merovingischen Krone fast völlig gelöst hatte. Die *Lex* ist jünger: sie gehört dem Anfang des 8. Jahrhunderts an, sie wurde auf einer Stammesversammlung[2] unter Herzog Lantfrid beschlossen, jenes Sohnes des ca. 709 gestorbenen Herzog Gotfrid, welcher 730 im Kampfe gegen Karl den Hammer fiel. Diese Aufzeichnung benützt Beschlüsse fränkischer Kirchenversammlungen aus der zweiten Hälfte des 7. Jahrhunderts und das Beichtbuch des Erzbischofs *Theodor von Canterbury* (Verbot der Sonntagsarbeit), sie setzt das entwickelte *Beneficialwesen* und freie Versallen des Herzogs voraus, wie denn der Herzog, dessen der *pactus* geschwieg, hier überall als Träger der Staatsgewalt, als Haupt des Stammes erscheint, während dem König nur eine gewisse Oberhoheit eingeräumt wird. Dies entspricht den Zuständen zu Anfang des 8. Jahrhunderts, nicht der Zeit *Clothachars II.*, in welche man früher die Abfassung verlegte[3]. Die *Lex* behandelt zuerst das Kirchenwesen (1–23), dann die Stellung des Herzogs (24–44), endlich in zusammenhangsloser Folge manigfaltige Dinge, „welche häufig vorzukommen pflegen im Volke": „causae qui (sic) saepe solent con-

---

1 Die Legende des *hl. Fridolin*, der unter Chlodovech schon c500 das Frauenkloster Säkingen gegründet haben soll, beruht auf einem Machwerk des 11. Jahrhunderts.

2 c. 37. „Conventum nostrum quod conplacuit cunctis Alamanis" c. 41 „sic convenit duci et omni populo (Alamanorum) in publico concilio."

3 Gegen *Merkel* hat dies scharfsinnig dargewiesen *Brunner*, Sitz.–Ber. d. Berliner Akad. 1885, S. 150 f. und deutsche Rechtsgeschichte I, 308. Leipzig 1887.

tingere in populo" – ein wertvoller Zusatz! Er belehrt uns, wie sich auch in anderen Rechtsaufzeichnungen jener Jahrhunderte z. B. in den Edikten der Gotenkönige[1] die Zusammenstellung höchst verschiedenartiger Gegenstände erklärt: – einfach aus dem Bedürfnis des täglichen Lebens und Verkehrs. Jüngere Handschriften fügen

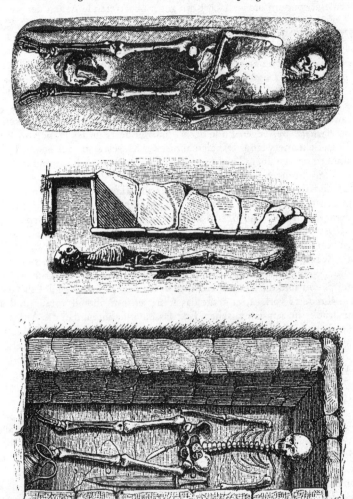

1. Bestattung in freiem Boden; vom Friedhof zu Selzen. 2. Plattenkammer aus den Reihengräbern auf den Heuerfelde in Rheinhessen 3. Steinkammer aus dem Friedhof von Bel–Air in der Schweiz.

Zusätze bei, Fortbildungen des Rechts unter den Karolingern. Wir übergehen in dem Gesetz jene Einrichtungen, welche gemein germanisch sind, und heben nur das für die Alemannen Eigenartige hervor.

---

1 Könige IV. Würzburg 1867. S. 25.

ERSTES KAPITEL · DIE ALEMANNEN

Der *Römer* und des *römischen* Rechts geschweigt das Gesetz völlig, offenbar, weil einerseits nicht viele *freie* Römer im größten Teil des Landes verblieben waren, und weil andererseits für die allerdings im Süden Alemanniens *(Churrätien, Graubünden)* nicht dünn gesäten Provincialen – spricht man doch daselbst heute noch romanisch –

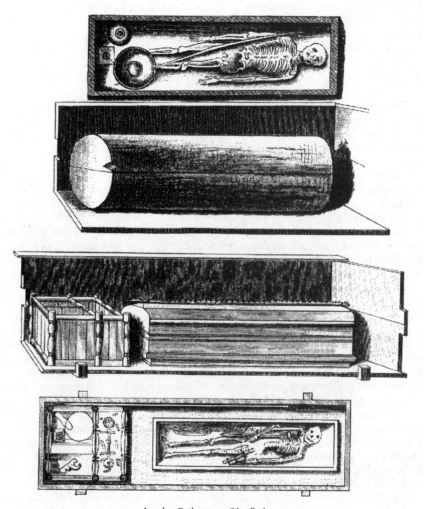

Aus den Gräbern von Oberflacht
Bestattung im Totenbaum, innere Ansicht, darunter der geschlossene Totenbaum. – Holzsarg in einem Außensarg aus dicken Eichenbohlen; in demselben, zu Füßen des Bestatteten, zwei Verschläge mit Beigaben.

die Geltung des römischen Rechts nach dem Grundsatz des „persönlichen Rechts" sich von selbst verstand: für diese Römer in Churrätien wurde um die Mitte des 9. Jahrhunderts ein Auszug aus der *Lex Romana Visigothorum* mit zahlreichen Änderungen und fränkisch rechtlichen Einflüssen verfaßt: die *Lex Romana Curiensis*, während die sogenannten *Capitula Remedii* zu Anfang des 9. Jahrhunderts kurze

580   DRITTES BUCH · DIE IM FRÄNKISCHEN REICH VERSAMMELTEN GERMANEN

Satzungen, zumal strafrechtlichen Inhalts, für die Immunitätsleute des Bischofs von *Chur* – Germanen und Römer – enthalten.[1] In der *Lex Alamannorum* tritt die Gewalt des Herzogs überall auf das kräftigste hervor: er hat alle Banne, Heer-, Gerichtsbann, Verwaltungshoheit.

Schon der Plan des Mordes gegen ihn wird mit dem Tode, andere Verletzungen seiner Person oder auch nur seiner Gesandten und Vertreter dreifacher, Diebstahl an herzoglichem Gut mit siebenundzwanzigfacher Buße bedroht; seine Gewalt ist – vorbehaltlich der Anerkennung durch den König – in dem Geschlecht erblich; in dem *Elsaß* besteht ein besonderes Herzogtum. Der Herzog kann alle Freien des Landes zu einer Versammlung berufen – so eben bei der Gutheißung der „Lex"; die Regel aber bilden die Hundertschaftsversammlungen (alle 14 oder 7 Nächte).

Großgrundbesitz wird erst allmählich häufiger; der kleine und mittlere Gemeindefreie bearbeitet das Land selbst mit Weib und Kindern und wenigen Unfreien; während solche auf den Gütern des Herzogs, der Kirchen und der reichen „meliorissimi" in dichter Menge begegnen; sowohl auf einer Scholle fest angesiedelt (servi casati) – wie in dem Haupthof des Herrn zu mannigfachen Diensten als Huf-, Grob-, Waffen- und Goldschmiede, Hirten, aber auch als Wundärzte, Bäcker und Köche, die Mägde als Weberinnen in besonderen Weiberhäusern (genecia) – auch wohl unter der Erde – verwendet. Sogar öffentliche Prüfung dieser meist unfreien Handwerker wird erwähnt.

Der *Ackerbau* wurde noch immer in der alten, höchst einfachen Weise betrieben, welche aus dem Übergang zu dauernder Seßhaftigkeit aus dem starken Überwiegen der Viehzucht sich von selbst als unentbehrlich ergeben hatte: Feldgraswirtschaft, höchst ausgedehnte Weidegebiete. Noch immer spielt die Viehzucht die wichtigste Rolle in dem Wirtschaftsleben: der Hirt hat höhere Bußsätze denn andere Unfreie (was sich aber freilich zum Teil wohl auch daraus erklärt, daß der mit dem Schafhund einsam draußen auf der Flur und Waldweide, z. B. in den Notställen („puriae"), in dichten Wäldern lebende ähnlich wie unbehütetes Ackergeräte oder unbewohnte Wassermühlen eines höheren Friedensschutzes zu bedürfen schien); die verschiedenen Arten der Verletzungen von Tieren werden fast ebenso genau wie die an Menschen aufgezählt und abgestuft; Ziegen, Schafe, Schweine sind häufig, dagegen das Sreitroß, der Streithengst wie der Zuchtbulle sind auf 12 Solidi gewertet – ebensohoch ein gewöhnlicher Knecht ! – das Rind auf 4–5 Tremissen.

Eifrig wurde die *Jagd* betrieben: ein guter Jagdhund, Leithund[2] galt so viel wie das Streitroß, 12 Solidi (der Schafhund nur 3): man jagte Bären, Wölfe, Auerochsen, Wisent (Bisons), Schwarzwild[3], Hirsche: – diese auch mittels zahmer, abgerichteter Hirsche (behufs Anlockung ?)und baizte Vogelwild mit dem Habicht; auch zahme Rehe werden erwähnt; Tauben und Störche flattern um das Holzdach, Singvögel, auch Krähen, Kraniche und Raben werden gehalten.

Das Haus ist im wesentlichen noch das altgermanische Holzgezimmer, jedoch ist römischer Einfluß bereits deutlich wahrnehmbar, wie er ja schon zum Jahre 358 für die Alemannen nah am rechten Rheinufer bezeugt ist. Den wichtigsten Raum bildet die Halle, der Saal (sala), welcher ohne Zwischenquerbalken und ohne Rauchfang, in dem Dache ausläuft : durch Vorhänge oder Holzverschläge kann dieser Raum geglie-

---

1 *Brunner*, Deutsche Rechtsgeschichte I, 361 f.

2 „primum cursalem id est qui primus currit" (83)

3 Mit Bären– und Eber– und Auerhunden: „canis ursaritius, porcaritius, vel qui taurum...capit."

ERSTES KAPITEL · DIE ALEMANNEN

dert, durch seitliche Anbauten erweitert werden: solche Anbauten heißen „stubae", wenn sie heizbar sind (vgl. Neuenglisch „stove", Ofen); unter dem Estrich aus gestampften Lehm liegen Keller, oft mit Fluchtgängen, auch wohl Gemächer für die Arbeit der Mägde; der Kornboden („grania") ist auf dem Dache angebracht, Scheuern („scuriae") und Ställe liegen bei größeren Besitzungen neben dem Herrenhof beim Kleinbauern unter dem Dache des Wohnhauses selbst. Die sämtlichen, zusammengehörigen Gebäude des Gehöfts („curtile") waren durch einen Holzzaun, „die Wehre", „die Hofwehre", umhegt und umfriedet. Neben der Hofsiedlung („villa") begegnen auch Dörfer („vici"), aber mit Namen werden uns nur wenige genannt : so *Heilbronn* und *Lauffen am Neckar*, welche Herzog Gotfrid ca. 700 dem Kloster *Sankt Gallen* schenkte.

Die *Bestattung der Toten* geschieht nur durch Beerdigung: das „Hügelalter" ist an die Stelle des „Brennalters" getreten. Jedoch auch die Hügelgräber sind bereits größtenteils ersetzt durch die „Reihengräber", welche man in großer Häufigkeit bei Alemannen und Bayern findet: sie bilden für diese Zeit das Gewöhnliche, sind die regelmäßigen Begräbnisstätten der Einwohner, nicht Spuren von Schlachtfeldern, wie die zahlreichen Frauen– und Kindergerippe beweisen. Die Toten wurden mit dem Antlitz gen Osten bestattet, meist ausgestreckt, manchmal sitzend; häufig, aber nicht immer, ist das Grab durch rohe aufeinander geschichtete Steine umlegt, auch wohl mit Steinplatten bedeckt. Särge, Holzverkleidungen fehlen, könnten freilich auch vermodert sein. Die Beigaben sind Speisen, mitbegrabene Tiere (Roß, Hund, Habicht), Waffen, Schmuck, Gerät aus Gold, Silber, Bronze, Elfenbein, Bernstein, Halbedelsteinen, Glasfluß, Ton; jünger sind die „Totenbäume", „Einbäume", Särge aus einem Eichen– oder Birnbaumstamm, welche der Länge nach gespalten wurden: der eine Teil wurde muldenförmig ausgehöhlt und nahm die auf dem Rücken liegende Leiche auf, der andere wurde als Deckel darüber gelegt und mit hölzernen Zapfen darein gefestigt; die Beigaben sind hier oft aus Messing oder einer stärker als in den Reihengräbern mit Zinn versetzter Bronze.

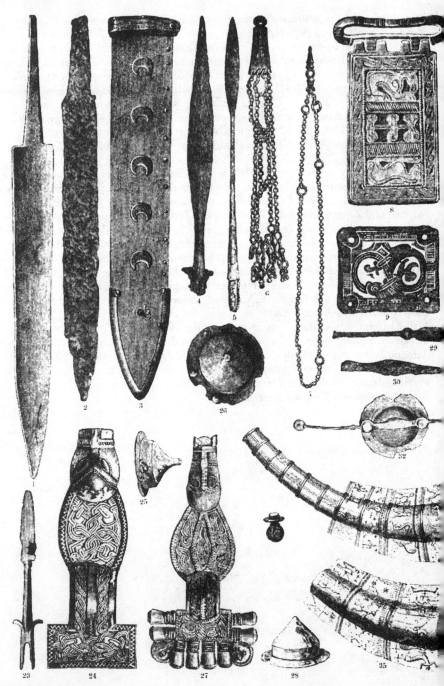

Waffen und Ziergerät aus germanisch

räbern der Völkerwanderungszeit

Erläuterungsblatt zu der Tafel:

Waffen und Ziergerät aus germanischen Gräbern der Völkerwanderungszeit

1. Scramasax, zu der unter Nr. 3 abgebildeten Scheibe gehörig. (Nach Lindenschmit, Altertümer.)
2. Scramasax, München.
3. Scheibe eines Scramasax; von Holz, mit Leder bezogen, das Ortband ist von einem Streifen Erzblech und mit vier starken Erznägeln befestigt. In den Gräbern von Sprendlingen gefunden. (Nach Lindenschmit, Altertümer.)
4. Lanzenspitze. München.
5. Lanzenspitze mit Schaftteil, München.
6. Gürtelgehänge von Bronze, München.
7. Gürtelgehänge von Bronze, München.
8. Mit Tierfiguren verzierte Schnalle von Erz. Aus den burgundischen Gräbern bei Echadans im Waadt. (Nach Lindenschmit.)
9. Gürtelbeschlag aus Eisen, in der Mitte verschlungene drachenähnliche Tiergestalten, deren innere Körperlinien, die äußeren Fußkrallen und die kreisförmigen Augen von Messingeinlage, alle übrigen Verzierungen von Silbereinlage gebildet sind. Aus fränkischen Gräbern bei Trier. Museum in Trier. (Ebd.)
10. Francisca, München.
11. Francisca, München.
12. Streitaxt, München.
13. Speereisen, 52 ½ cm lang. Aus den Gräbern von Darmstadt.
14. Scramasaxartiges Messer. München.
15. Messer mit Horngriff. München.
16. 18. Scramasax, Vorder- und Rückseite. Die Klinge ist mit einem Streifen eingravierter, aber durch den Rost zerstörter Ornamente verziert. Von der Scheibe ist der Beschlag, aus drei gerippten Bronzeblechstreifen von gleicher Länge bestehend, erhalten. In einem Totenbaum der Gräber bei Oberflacht gefunden. Museum zu Stuttgart. (Nach Lindenschmit, Altertümer.)
17. Speereisen, 1 Meter lang. Aus den Gräbern bei Selzen.
19. Scramasax, München.
20. Spatha; Knopf, Griff und Bügel aus Bein. Mus. zu Regensburg. (Nach Lindenschmit, Handbuch.)
21. Scramasax, aus den Gräbern von Oberolm. Mus. zu Mainz. (Nach Lindenschmit, Altertümer.)
22. Spatha; Knopf (22a) und Bügel (22b) aus Erz. Mus. zu Stuttgart. (Nach Lindenschmit, Handbuch.)
23. Speereisen, 38 ½ cm lang. Aus den Gräbern bei Oestrich im Rheingau.
24. Silberne Gewandnadel aus den Gräbern von Dürkheim, Rheinpfalz. (Nach Lindenschmit.)
25. Schildbuckel aus den Gräbern bei Bierstadt (bei Wiesbaden). Mus. zu Wiesbaden. (Ebd.)
26. Schildbuckel, München.
27. Gewandnadel aus Erz; in einem Steinplattengrab in der Rehbacher Steige bei Nierstein gefunden. Museum zu Mainz. (Nach Lindenschmit, Altertümer.)
28. Schildbuckel aus den Gräbern bei Sendling (bei München). Museum zu Mainz. (Ebd.)
29. Schildgespänge. München.
30. Framea. München.
31. Messer. München.
32. Schildbuckel mit Gespänge, aus den Gräbern bei Darmstadt, zeigt deutliche Spuren einer Holzfütterung der Eisenbeschläge. Museum zu Mainz.
33. Rundes Beschläg von Eisen; mit Einlagen aus Messing und Silber. In Bayern gefunden. Nationalmuseum, München. (Nach Lindenschmit, Altertümer.)
34. 35. Goldene Trinkhörner; Nr. 35 mit Runeninschrift um die Mündung; in Schleswig gefunden.
36. Schildbuckel aus der Umgebung von Mainz. (Nach Lindenschmit, Altertümer.)
37. Schildbuckel aus den Gräbern bei Flomborn, Rheinhessen. Museum zu Mainz. (Ebd.)
38. Schnalle von Erz; verziert mit Tierköpfen und Bandgeflecht. Aus den alemannischen Gräbern von Nestenbach, Kanton Zürich. Museum zu Zürich. (Ebd.)
39. Silberne Gewandnadel; die innen reich verzierten Felder vergoldet. Die Bänder am Rande, in der Mitte des Bügels und an dem Tierkopf von Silber mit niellirter Zickzackverzierung. Bügel und Augen des Kopfes waren mit Granaten besetzt. Gefunden in den Gräbern von Nordendorf. Maximiliansmuseum zu Augsburg. (Ebd.)
40. Schnalle aus versilbertem Erz. Aus den fränkischen Gräbern in der Umgebung von Lyon. (Ebd.)

Zweites Kapitel

Die Thüringer

Die nächsten Nachbarn der Alemannen im Norden waren die Thüringer, und die Thüringer waren der erste nach den Alemannen von den Franken unterworfene Stamm diesseit des Rheines.

Mag man die von Chlodovech bekämpften auch für die mitteldeutschen Thüringer, nicht für linksrheinische Thüringer halten – unterworfen, dauernd unterworfen wurden jene jedenfalls erst 534[1].

Die Thüringer aber sind die alten Hermunduren, Sprache und Geschichte beweisen es, man hätte nicht ganz grund- und bodenlose Zweifel erheben sollen.[2]

Sie nehmen auch unter dem ungeänderten Namen im wesentlichen die Alten, nur nach Südwesten erheblich ausgedehnten Sitze ein, die volkreiche suebische – herminonische Mittelgruppe reichte jetzt von *Böhmens* Westgrenze im Osten bis an und über den *Main* im Westen[3], im Süden bis gegen die *Donau* hin, im Norden grenzten sie mit den *Sachsen.* Als „*Mittelgruppe*" – keineswegs bloße Einzelvölker – mochte der Gesamtname der Thüringer recht wohl Gliederungen, leise ethnographische und sprachliche Unterschiede in sich begreifen und insofern – aber auch nur insofern – mag der „*Rennstieg*" von jeher eine ethnographische Scheide gebildet, Nordthüringer von Südthüringern getrennt haben[4]. Soviel kann man zugeben, aber das südlich vom „Thüringer Wald" nie „Thüringer" gewohnt, geht viel zu weit, es ist doch zu erinnern, daß im Süden die späte fränkische Kolonisation viel stärker war als im Norden, also Volksart, Sprache, auch Ortsnamen[5] viel stärker färbte als im Norden des Waldes. Der Name erstreckt sich also *viel* weiter als im späten Mittelalter[6]. Doch verloren die Thüringer später im Osten den größten Teil des alten Hermundurenlandes an die *Slawen*, welchen von *Böhmen* (das *Markomannen, Naristen* und *Quaden*, nach Bayern wandernd, geräumt hatten) aus das ganze dermalige Königreich *Sachsen* erfüllten, ebenso in einzelne vorgeschobene Posten Ostthüringens (bis an die *Werra*) und das jetzige bayerische (sogenannte) Franken bis an den Main wie zahlreiche Fluß- und Ortsnamen heute noch beweisen: *Pegnitz, Rednitz, Redwitz* usw..

---

1 III, 48.

2 Vgl. *J. Grimm*, Gesch. der deutschen Sprache, nicht überzeugend hingegen *Müllenhoff*, Zeitschr. XXIII. Waitz II[3], 14; die alte Zusammenzwängung des Namens mit den räumlich und stammtümlichen und sprachlich weit abstehenden gotischen *Thervingen* hätte *Gloël*, de antiquis Thuringis Halis Saxon. 1862 nicht wieder versuchen sollen. *Knochenhauer*, Geschichte Thüringens in der karolingischen und sächsischen Zeit, Gotha 1863.

3 Bis *Wirzburg, Arnold*, Ansiedelungen S. 221; der *Marienberg* auf dem linken Mainufer trug hier eine Burg.

4 *Brückner*, Henneberger histor.Verein III, 250.

5 S. aber *Arnolds* Belege thüringischer Ortsnamen bis an den Main.

6 *v. Ledeburs*, (die alten Thüringer) maßlose Übertreibung hierin hat freilich Waitz schon vor 45 Jahren zurückgewiesen. Jenaer Lit.-Zeit. 1843, Nr. 272. Über die Warnen-Nordschwaben Greg. Tur.V 15. Fred. c. 15; sehr mit Unrecht denkt Waitz II, 1, S. 67 an linksrheinische Thüringer.

586   DRITTES BUCH · DIE IM FRÄNKISCHEN REICH VERSAMMELTEN GERMANEN

Die Geschicke des Volkes unter dem Hermunduren-Namen wurden bereits ausführlich erörtert.[1] am Markomannenkrieg (160 n. Chr.) nehmen sie noch unter ihrem alten Namen Teil und noch für die ersten Jahrzehnte des 4. Jahrhunderts bezeugt *Jordanis*, daß die „Hermunduren" nördlich von der Donau wohnen, durch die *Vandalen* (in Siebenbürgen) von dem Strome geschieden.[2]

Von da ab wird der Name „Hermunduren „nicht mehr genannt, an ihrer Stelle erscheint in denselben Sitzen und mit dem gleichen Namen nur der erste Teil der Zusammensetzung, Ermin = „groß" „gesamt", ist weggefallen – die „Duri", „Duringi", zuerst genannt ca. 420 von einem Tierarzt Publius Vegetius[3] bei Anlaß des Lobes ihrer trefflichen Pferde welche auch *Jordanis* (c. 5) zu rühmen weiß.

Als ein Menschenalter später *Attila* seine Massen gegen den Rhein wälzte (451), führte ihn sein Weg gerade durch das alte Hermundurenland, es ist daher voll begreiflich, daß er nun hier „Thüringer" traf und sie wie deren Nachbarn mit sich fortriß.[4] Im Osten reichten sie zur Zeit des heiligen *Severin* (Ende des 5. Jahrhunderts) bis nah an die *Donau*.

Das tiefe Dunkel, welches die rechtsrheinischen Germanen seit dem Ende des vierten Jahrhunderts bedeckt, verbirgt uns auch fast völlig die Geschichte der Thüringer bis zu ihrer Unterwerfung durch die Franken. Geschichtlich, nicht sagenhaft ist der Name der Mutter Chlodovechs, *Basina*, und geschichtlich ist ein König der Thüringer, *Bisin*, um ca. 460. Zu Anfang des 6. Jahrhunderts vermählte *Theoderich* der Große sein Nichte *Amalaberga* mit dem Thüringenkönig *Herminfrid* und suchte auch die Thüringer gegen die um sich greifende Frankenmacht zum Bündnis heranzuziehen. Neben Herminfrid werden aber auch noch zwei andere Thüringische Gaukönige seine Brüder *Baderich* und *Berthar* genannt, es ist nicht nötig, hierbei Überordnung Herminfrids anzunehmen, mag er auch tatsächlich der mächtigste der Gaukönige gewesen sein. Herminfrid tötete seine Bruder Berthar (über dessen Tochter die heilige *Radegundis*), verbündet sich mit *Theuderich* von *Austrasien* gegen Baderich, schlug und tötete diesen (516), geriet aber dann um die Beute in Streit mit dem Merovingen, der sich später, als Theoderich der Große († 526) nicht mehr den Schild über die schwächeren Germanenstaaten hielt, mit den Sachsen gegen Herminfrid verband (531) und nach dessen Niederlage (an der *Unstrut?*) und Flucht den größten Teil des Thüringerreiches Austrasien einverleibte, während die Sachsen im Norden zwischen *Unstrut* und *Bode* sich ausbreiteten. Herminfrid wurde später von Theuderich zur Verhandlung nach *Zülpich* gelockt und daselbst von der Stadtmauer herabgestürzt. Alsbald wurden auch die nächsten sächsischen Gaue von der fränkischen Übermacht, wenn nicht zu voller Unterwerfung, doch zur Schatzungspflicht gezwungen, eine gemeinsame Erhebung von Sachsen und Thüringen 533 wurde von Chlothachar I. niedergeworfen.

Die Enkel der einst so weithin herrschenden Hermunduren wurden nun von allen Seiten her eingeengt, weniger noch im Norden von den Sachsen, als im Osten von den Slawen, deren weidenden Horden, nachdem Markomannen und Quaden etwa um 500 Böhmen und Mähren geräumt hatten, (s. unten Bayern), nun massenhaft von

---

1 II, 53 f., eine hermundurische Auswanderung ins *Markomannenland* hinein bezeugt Cassius Dio fragm. ed *Morellius* 1798, S. 33.

2 *Getica* c. 22.

3 de arte veterinaria sive mulomedicina IV, 6. *Schneider scriptores rei rusticae*, nicht zu verwechseln mit dem einige Jahrzehnte älteren Kriegsschriftsteller *Flavius* Vegetius *Renatus*.

4 Apollinaris Sidonius VII. v. 323. Vgl. Könige V, 78.

ZWEITES KAPITEL · DIE THÜRINGER 587

Ost nach West in urgermanisches Land hineinfluteten, bald die Elbe überschritten und, sei es mit den Thüringern gemischt, sei es diese verdrängend, das alte Hermundurenland bis gegen den Main hin erfüllten, so daß später die deutschen Könige, Ritter und Bauern seit Anfang des 10. Jahrhunderts viele Menschenalter hindurch schwere Arbeit mit Schwert und Pflug hatten, bis sie diese räuberischen Nachbarn wenigstens zum Teil wieder weiter gen Osten geschoben oder, sofern sie im Lande blieben, unterworfen und – stellenweise – verdeutscht hatten.

Aber auch im Westen verloren die Thüringer weite Strecken hermundurischen Gebiets durch die wohl schon damals beginnende, jedoch in arnulfingischer und karolingischer Zeit ganz gewaltig gesteigerte Einwanderung und Niederlassung von *Franken*. Die Maingegenden – zumal von Würzburg nach Osten hin – die heute sogenannten „fränkischen" Kreise des Königreichs Bayern erhielten damals ihre starke fränkische Bevölkerung, was selbstverständlich nicht ausschließt, daß sehr zahlreiche Thüringer im Lande blieben, so daß eine Mischung von Franken und Thüringern entstand, bei welcher das Fränkische im Südwesten, das Thüringische im Nordosten überwog und noch heute überwiegt.

Im Norden bildete wie weiland zwischen „*Sueben*" und *Cherusken* der *Harz* noch immer die Grenze zwischen *Thüringern* (d. h. Hermunduren und diese waren Sueben gewesen) und „*Sachsen*" d. h. den unter der Sachsengruppe nun einbegriffenen *Cherusken*. Nur auf dem Westabhang des Harzes zur *Weser* hin sind die Sachsen über das Waldgebirge hinab in die Ebene vorgedrungen. „Die äußersten thüringischen Gaue zwischen *Werra* und *Oberharz*, das *Eichsfeld*, das *Onefeld* reichten nur wenig über die Wasserscheide der *Unstrut* und *Leine* hinüber. Deutlicher sind noch thüringisch der *Zore-Go* an der *Zore* und der *Helme-Go* an der *Helme*".[1]

Im Jahre 568 zogen *Sachsen* aus den den Thüringern nächst benachbarten Gauen mit den *Langobarden* nach *Italien*, in diese leer gewohnten Landschaften wanderten Sueben, *Nord-Sueben*, später *Nord-Schwaben* genannt, ein und ließen sich hier mit Genehmigung des austrasischen Königs *Sigibert I.* nieder (569). Noch später hieß die Landschaft um *Quedlinburg* an der Bode „*Schwabengau*", damals vielleicht siedelten sich auch um *Merseburg* im „*Hassegau*" Hessen, östlich von diesem im *Frisonofeld Friesen* an. Da nun aber jene Sachsen sich in Italien mit den Langobarden nicht vertrugen, sondern mit Erlaubnis desselben Königs Sigibert in ihre alte Heimat zurückwanderten (572), kam es daselbst zu blutigen (sagenhaft ausgeschmückten) Kämpfen mit den Nordschwaben, in welchen die Sachsen, wenn nicht völlig ausgerottet, doch dermaßen geschwächt wurden, daß sie spurlos in den umwohnenden Thüringern aufgingen. Ganz das gleiche Schicksal hatten diese Nordschwaben (oder *Warnen*) selbst, als sie sich gegen *Childibert II* empört hatten und von diesem mit sehr starken Verlusten geschlagen worden waren (595; III, 530). Damals vielleicht wanderten Thüringer in die Landschaften nördlich von den thüringischen Schwaben (=Warnen)-Gau um *Magdeburg* von der *Bode* und untersten *Saale* und von der *Elbe* bis über die Quellen der *Aller*, welche später unter dem Namen *Nordthüringer* von den eigentlichen *Südthüringern* unterschieden wurden. Vermutlich war der Grund des Ausweichens dieser Thüringer nach Norden das gerade um diese Zeit beginnende Vordringen der *Slawen* nach Westen, welche allmählich alles Land von der Elbe bis

1 *Zeuß* S. 358.

588 DRITTES BUCH · DIE IM FRÄNKISCHEN REICH VERSAMMELTEN GERMANEN

gegen den Main hin überfluteten, schwerlich jedoch konnten alle Thüringer nach Westen und Süden ausweichen. Diese Nordthüringer, ja sogar auch die Nordschwaben = Warnen, schlossen sich später an die *Sachsen*. Als *Pippin* 748 gegen die Sachsen kämpft, heißt es: „er zog (zuerst) durch *Thüringen* und erreichte (dann) das Gebiet derjenigen Sachsen, welche man Nordschwaben nennt". Übrigens erhielt sich ungeachtet dieses Anschlusses bei den Nordschwaben gegenüber dem Sachsenrecht ihrer Nachbarn ihr schwäbisches Sonderrecht, so daß noch der Sachsenspiegel (c1230) desselben ausdrücklich erwähnt. Die enge Verbindung der Thüringer, Nordschwaben (Warnen) und Sachsen in jenen Landschaften wurde vermutlich befördert das Bedürfnis gemeinsamer Abwehr der Slawen, welche (unter *Samo* seit 623) nicht nur Raubzüge gen Westen unternahmen (630, 631), sondern sich im Lande dauernd festsetzten. Wir sahen, wie die Versuche der *Sachsen*, aus eigener Kraft den Slawen zu wehren und sie ohne Hilfe der Franken von Thüringen abzuhalten – sie hatten dies gegen Erlaß einer Jahresschätzung von 500 Kühen übernommen (631) – scheiterten (632). Erst *Radulf*, der Sohn Charmars, vielleicht aus thüringischem Adelsgeschlecht, den König Dagobert I. zum Herzog des Landes erhob, erzielte Erfolge wider die Wenden, aber nun erhob er sich alsbald so selbständig gegen die Franken, daß er (640) „die Unbotmäßigkeit bis zu offener Empörung steigerte". Der fränkische Versuch, ihn zu unterwerfen, mißlang kläglich, es wurde ein Vertrag geschlossen, in welchem Radulf zwar dem Namen nach die fränkische Oberhoheit wieder anerkannte, in Wahrheit „schaltete er aber in Thüringen wie ein König", ja er verband sich – offenbar gegen die Franken – mit den bisher bekämpften Wenden und mit anderen Völkern seiner Nachbarschaft. Angebliche Erfolge *Pippins* des Mittleren vor 687 über die Thüringer sind lediglich Erfindungen der lobpreisenden Lebensbeschreiber. Vielmehr brachte wohl erst *Karl der Hammer* die Thüringer wieder in straffe Abhängigkeit, seine wiederholten Feldzüge gegen die *Sachsen* (718, 721) [722?], bei denen er bis an die *Weser* vordringt (718), setzen doch offenbar voraus, daß Thüringen in seinem Rücken ruhig und sicher war. Damals (723) begann auch *Wynfrith-Bonifatius* sein Bekehrungswerk wie in *Hessen* so in *Thüringen*, was ebenfalls Anerkennung der fränkischen Staatsgewalt und tatsächliche Befolgung ihrer Gebote annehmen läßt: *Frisland* zu bekehren gibt derselbe doch wahrlich todesmutige Mann sofort auf, sobald er erfährt, die Frankenherrschaft ist dort abgeschüttelt, 723 stiftet er wie in den Maingegenden die Nonnenklöster *Ritzingen, Bischofsheim, Ochsenfurth* so in *„Thyringea"* das Mönchskloster zu *Ordruf* (Ordrop südlich von *Gotha*): Bei der Reichsteilung von 741 kam Thüringen wie Alemannien an *Karlmann I.*, bei der von 768 an *Karlmann II.* Unter *Karl dem Großen* wird das Land selten erwähnt, 782 fielen wieder einmal Slawen – diesmal *Sorben*, „Sorabi Sclavi, welche zwischen *Elbe* und *Saale* wohnen", soviel altthüringisches Land war an die Slawen verloren worden! – plündernd in Thüringen ein, 784 zog Karl durch Thüringen gegen die *Ostfalen* bis an die *Elbe*. Im Jahre 786 gelang es dem (thüringischen) Grafen *Hadrad* „fast alle Thüringer" zu Verschwörung gegen den König zu verlocken. Der Plan der Reichsteilung von 806 hatte Thüringen König *Karl* zugedacht.

Von der *inneren* Geschichte der Thüringer wissen wir sehr wenig.

Am meisten gewährt noch die Rechtsaufzeichnung Aufschlüsse, welche unter dem Namen *„Lex Angliorum et Warinorum* hoc est *Thuringorum"* bekannt ist, sie bezieht sich auf jene Teile des Landes, welche von den *Angeln* besiedelt waren – südlich der *Unstrut* lag der *Angeln-Gau*, „Engle-Heim", „pagus *Engili"* und östlich von diesen von den *Warnen* zwischen *Saale* und *Elster*, dem *„Werinofeld"*. *Theoderich der Große* schreibt noch (vor 507) an einen selbständigen König der *„Guarnen"* ne-

ZWEITES KAPITEL · DIE THÜRINGER

589

ben den thüringischen Königen, aber noch vor 531 scheinen die warnischen Sonderkönige verdrängt worden zu sein, die Warnen von den thüringischen Königen *Hermenfrid* und dessen Brüdern mit beherrscht.

Eine große Schwierigkeit macht es, daß *Prokop* sonder Zweifel Warnen an den Rheinmündungen, *England* gegenüber, kennt, während der Bericht Theoderichs ebenso gewiß an Warnen neben den mitteldeutschen Thüringern gerichtet und die Lex Angliorum et Warinorum ebenso bestimmt (was freilich heute noch bestritten wird) in Mitteldeutschland ihr Geltungsgebiet hat. Das wird zweifellos durch die althochdeutschen Wortformen *Adaling, Nuska* (Nusche, Spange) bewiesen, während die in der *Lex* begegnenden niederdeutschen aus der *Lex Saxonum* und der der *Unterfranken* entlehnt sind.

Andererseits begegnen[1] linksrheinische „*Thoringe*", die man doch nicht einfach aus der Welt schaffen kann. So sei denn die Vermutung gewagt, daß vielleicht zu Anfang des 5. Jahrhunderts, als so zahlreiche Germanen in *Gallien* eindrangen und sich dort niederließen, auch ein Splitter von Thüringern – eben warnische Thüringer – rheinabwärts zogen, den Strom überschritten und dort einen Gaukönig (denn *Könige* der Warnen erwähnt Prokop) sich selbständig behaupteten, bis diese Thoringe (Gregors) = linksrheinische, meeranwohnende Warnen (Prokop) *Chlodovech* unterworfen wurden und nun mit den umwohnenden *Saliern* verschmolzen. Diese Annahme, welche selbst keine Schwierigkeiten enthält, würde die vorhandenen einfach lösen.

Die Gebiete der mitteldeutschen Warnen sehen wir von *Slawen*, zuletzt *sorbischen* überwuchert, der Name auch dieser Warnen wird nicht mehr genannt, soweit sie nicht im Lande blieben und slawisiert wurden, sind sie unter den übrigen Thüringern unterscheidungslos auf- und untergegangen.

Die Lex ist, was die Reihenfolge der Gegenstände betrifft, der der *Unterfranken* nachgebildet, sie ist wahrscheinlich unter *Karl dem Großen* zu Anfang des 9. Jahrhunderts aufgezeichnet und zwar „indem Weistümer des anglowarnischen Rechts in Anlehnung an die Stoffverteilung in der *Lex Ribuariorum* abgefragt wurden".[2] Einzelnes ist geradezu aus dem Recht der Uferfranken entlehnt, so das Wehrgeld von 200 solidi, während ursprünglich dasselbe wohl nur 160 sol. betragen hatte (dazu das Friedensgeld von 40 sol.); aber auch mit dem *Sachsenrecht* berührt sich die *Lex: Adel; Gemeinfreie, Unfreie* kennt sie, aber nicht (wie Sachsen und Uferfranken) *Liten*. Im Erbrecht begegnen die ersten Spuren von *Heergewäte* und *Gerade* (Deutsche Geschichte I a, S. 265).[3]

---

1 Bei *Gregor Tur.* II, 9.

2 *Brunner* I, 351.

3 *Wersebe*, Beschreibung der Gaue zwischen Elbe, Saale usw. 1829. – vgl. *Gaupp*, Das alte Gesetz der Thüringer, Breslau 1834. – *Zeuß*, Die deutschen und die Nachbarstämme. München 1837. S. 102, 104, 353. – *J. Grimm* Geschichte der deutschen Sprache. II. Aufl. Leipzig 1853. I, 414, 421, 447, 539. – *Böttger*, Versuch einer Rekonstruktion der Genzen der Germanischen Völkerschaften der Urzeit. Stuttgart 1877. – *Mehlis*, Hermunduren und Thüringer, „Ausland" 1881, Nr. 28, 29. – *H. Müller*, Der *L. Salica* und der *L. Angl. War*. Alter und Heimat. 1840 – *v. Richthofen*, Zur lex Saxonum. 1868. Derselbe in dem Vorwort zu seiner Ausgabe der L.Sax. in den Monum. Germ. Hist. Legg. V, 103 – *v. Amira* in v. Sybels historischer Zeitschr. Neue Folge. IV, 310. – *Schröder*, Zur Kunde D. Volksrechte, Z. für Rechtsgesch. Neue Folge. VII, 19.

Drittes Kapitel

Die Burgunder[1]

Schon ein Jahr nach der Einverleibung des Thüringerlandes erlag das Reich der *Burgunder* den wiederholten Angriffen der *Merovinger* (532). Die Vorgeschichte der Burgunder – vor ihrer Niederlassung in Gallien – ist im wesentlichen bereits dargestellt worden. Wir erinnern, daß die Völkerschaft, der Sprache nach den *Oberdeutschen* zugehörig, aber den *Goten* näherstehend denn anderen Oberdeutschen, ursprünglich östlich von den *Semnonen* von der *Oder* bis zur *Weichsel*, also an *Retze* und *Warthe* lag.[2] Ihr Name geht zweifellos auf *burgs, baurgs* (vgl. griechisch πύργος) zurück, daß sie römischen Ursprungs, ist eine lächerliche Fabel. Wie ihre gotischen Nachbarvölker setzen auch sie sich in Bewegung gen Süden, wir wissen freilich nicht, wann diese Wanderung begann, wahrscheinlich doch zur gleichen Zeit, also kurz vor dem durch diesen Druck der *„Nordvölker"* herbeigeführten sogenannten *„Markomannenkrieg"*, d. h. das Überfluten der Donausueben auf das rechte Ufer des Stroms zu Ende des 2. Jahrhunderts. Dementsprechend finden wir die Burgunder zu Anfang des 3. Jahrhunderts viel tiefer südlich als Nachbarn der *Gepiden*, welche unter König *Fastida* (ca. 230) = von den Waldhöhen der *Karpathen* aus ihrer Macht bedeutend ausbreiteten und auch den Burgundern eine schwere Niederlage beibrachten, mag auch des *Jordanis*[3] Angabe „fast bis zur Vernichtung" Übertreibung enthalten. Immerhin scheint das Volk so geschwächt worden zu sein, daß es sich in diesen von Gepiden, *Vandalen* und anderen *Goten* in Anspruch genommenen Ostlanden zu behaupten nicht mehr vermochte, sie bogen nach Westen aus, fest steht, das sie später am *Main* wohnen, als Ostnachbarn der Alemannen, und es ist vermutlich anzunehmen[4], daß diese Wanderung nach Westen schon vollzogen war, als Kaiser *Probus* (278) neben *Franken* auch Burgunder bekämpft, wenigstens spricht vieles – so die Nachbarschaft (?) der *Franken* – dafür, diese Gefechte nicht an die *Donau*, sondern in die *Maingegenden* zu verlegen. Die nächste Erwähnung der Burgunder im Jahre 291 enthält auch wieder recht erhebliche Schwierigkeiten: das wahrscheinlichste ist, die Burgunder am Main, durch einen Vorstoß *gotischer* Völker bedroht von Osten her, erwehren sich dieser Gefahr durch Bündnis mit ihren eben-

---

1 *Zeuß*, Die deutschen und die Nachbarstämme. München 1837 S.133. – *J.Grimm* Geschichte der deutschen Sprache. II. Aufl. Leipzig 1853. I, S. 474, 485, 695 *Jahn*, Die Geschichte der Burgundionen I. II. Halle 1874. – *Binding*, Das burgundisch-romanische Königreich I. Leipzig 1868; daselbst I, S. XVII sehr reiche Literaturangaben; zu beiden Werken *Dahn* : Bausteine V. und Literar. Centralbl. 1875. – *Wackernagel*, Sprache und Sprachdenkmäler der Burgunden, bei *Binding*. – *Blume*, Das westburgundische Reich und Recht, in: Jahrbuch des gemeinen deutschen Rechts I, 1. Leipzig 1857. Derselbe, Der burgundische Reichstag zu Ambérieux, ebenda V, 2. 1861. Derselbe: Lex Burgundionum und Lex Romana Burgundionum, in Monumenta Germana Historika Legg. III. Hannover 1863. – *Derichsweiler*, Geschichten der Burgunden. Münster 1863.

2 I, 22. Deutsche Geschichte I a, 98.

3 *Getica* c. 17.

4 Obwohl die Auslegung der Verstümmelten Stelle des Zoimus I., 68 sehr Erhebliche Schwierigkeiten macht, f. v. *Wietersheim-Dahn I 258*. Urgeschichte II, 235 Deutsche Geschichte Ia, 481.

DRITTES KAPITEL · DIE BURGUNDER

falls bedrohten Westnachbarn, den *Alemannen*, mit welchen sie nachträglich in einen der häufigen Kriege um Grenzland geraten.[1] Daß diese Deutung die richtige und an Burgunder im fernen Osten nicht zu denken, also auch nicht „*Alanen*" statt „*Alemannen*" zu setzen ist in dieser Stelle *Mamertins*, geht schon daraus schlagend hervor, daß auch zwei Jahre früher derselbe Mamertin (289, Rede von *Maximian*) die Burgunder neben den *Alemannen* als in *Gallien* eingebrochen nennt. Von den *Karpathen* her konnten sie unmöglich mit Alemannen in Gallien einbrechen, es gab also nicht „Ostburgunder" neben den allein damals bezeugten (West-)Burgundern am Main. Hier blieben sie nun über ein Jahrhundert: im Westen (gegen *Jagst* und *Kocher*) von den *Alemannen* begrenzt, im Süden (gegen *Donauwörth* hin) von den *Juthungen*, hier traf sie ca. 360 *Julian*. Längst erholt von der alten Schwächung von 230 nennt sie *Ammian* (XXVIII, 5) kriegerisch, überströmend an Kraft ungezählter junger Mannschaft, daher allen Nachbarn furchtbar. Sie gliedern sich keineswegs den doch noch unvergleichlich volkreicheren Alemannen an, von denen sie in Stamm, Götterdienst, Sprache beträchtlich abstehen mochten, vielmehr ringen sie häufig mit diesen übermächtigen Nachbarn um das Grenzland, zumal um den Besitz von Salzquellen – wie weiland *Chatten* und *Hermunduren*[2] –, welche, da die Burgunder ebenso am *Obermain* und der *Saale*, wie gegen Jagst und Kocher hin wohnten, ebensowohl bei *Kissingen* wie bei *Schwäbisch Hall* gesucht werden mögen. Diese Kämpfe beider Germanenstämme um die Grenze benutzte *Valentinian* dazu, die Burgunder zu einem Angriff auf die Alemannen zu bereden, der scheiterte, weil die versprochene römische Mitwirkung ausblieb[3]. Wenn *Drosius* bei diesem Anlaß von den Burgunder sagt: „ein neuer Name neuer Feinde", so zeigt er nur seine Unwissenheit. Durch die gewaltige Bewegung, welche 405/6 *Vandalen, Alanen, Sueben* über den Rhein führte, wurden wie die Alemannen in das *Elsaß*, so auch die Burgunder aus ihren Sitzen am Obermain weit gen Südwesten getragen, *Mainz* wird nun ihr Hauptort, hier erhebt König *Gundahar* (mit dem *Alanen Goar*) 412 *Jovinus* zum Imperator[4]. Ein Jahr später 413 finden wir das Volk auch auf dem linken Rheinufer weiter ausgebreitet[5], jedoch in den folgenden Jahrzehnten von der Ausbreitung in das Innere Frankreichs durch *Aëtius* abgewehrt (412, Niederlage von 435). In dieser Zeit ihrer Siedelung am Rhein wurden sie mit dem Christentum vertraut und dem selben und zwar in dem katholischen Bekenntnis gewonnen – wenigstens zum Teil – wodurch – mochte auch der größte Teil des Volkes arianisch geworden sein – das Verhältnis zu den Romanen günstiger als in der Heidenzeit des Volkes gestaltet wurde. Jedoch im Jahre 437/438 traf das Volk ein schwerer Schlag: *Hunnen* im römischen Dienst, oder gerade aus demselben scheidend, brachten, vielleicht nicht ohne Anstiftung des Aëtius, den Burgundern eine furchtbare Niederlage bei, deren König *Gundahar* fiel mit dem größten Teil seines Heervolkes.

Dies ist die *geschichtliche* Grundlage der letzten Gesänge der *Nibelungensage*. Bekanntlich ist dieser Sagenkreis aus Göttersage und (geschichtlicher) Heldensage zusammengewachsen: *Siegfried* ist *Baldur, Hagen Hödur*. Die Sage hat aber auch an den

---

1 II, 246. *v. Wietersheim-Dahn I, 270* gegen *v. Wietersheims* Annahme zugleich östlicher und westlicher Burgunden.

2 II, 119.

3 II, 371.

4 *Frigeridus* bei Gregor.Tur.II, 9.

5 Anon. Prosperi, Aquitani. *Bonnell* I, 647.

592   DRITTES BUCH · DIE IM FRÄNKISCHEN REICH VERSAMMELTEN GERMANEN

geschichtlichen Tatsachen erhebliche Umgestaltungen vorgenommen, sie hat zum
Führer der Hunnen *Attila* gemacht, der erst 445 die Alleinherrschaft gewann und den
Untergang der Burgunder nach Hunnenland verlegt, während die Schlacht am Rhein
geschlagen wurde.

Leider ist uns völlig in Dunkel gehüllt, in welchem Zusammenhang fünf Jahre
später (443) die Übersiedlung des größten Teils der Überbleibsel (reliquiae) des
Volkes nach *Savoien* erfolgte.

Von gewaltsamem eroberndem Eindringen kann bei der bedeutenden Schwächung der Völkerschaft nicht die Rede sein, vielmehr ist anzunehmen, daß die Burgunder nach solchen Verlusten die lebhaft bestrittenen, gerade damals von *Uferfranken*, *Chatten* und *Alemannen* um die Wette begehrten Landschaften um *Mainz* und
Worms zu behaupten nicht mehr vermochten und daher eine vertragsmäßige friedliche Übersiedlung in andere römische Gebiete entweder – was wahrscheinlicher –
selbst suchten oder, wenn von Rom angeboten, gern annahmen.

In aller Form rechtens war damals den Burgundern *Savoien* (Sabaudia, Sapaudia)
zur Übersiedelung überwiesen, selbstverständlich unter Anerkennung der Oberhoheit Roms und höchstwahrscheinlich unter Verpflichtung zu Kriegsdienst, vor allem
zur Verteidigung des Landes gegen andere Barbaren: Alemannen, Franken, Alanen,
Westgoten. In welcher Weise die Burgunder von Worms durch Franken oder Alemannen hindurch an den Westabhang der Alpen gelangt sind, das erfahren wir nicht,
vielleicht bedang und sicherte Rom ihnen den friedlichen Durchzug, denn daß das
geschwächte Volk gegen den Willen der übermächtigen Franken oder Alemannen
diesen Durchzug mit den Waffen ertrotzte, ist wenig wahrscheinlich. Und Franken
und Alemannen sahen die Gegend um Mainz und Worms gewiß gern geräumt.

Allmählich erstarkte in jenen schönen fruchtreichen Landschaften wieder die
Zahl der Einwanderer, später sind aus den alten Sitzen Nachzügler gefolgt. Nun
breiteten sich die Burgunder aus dem ursprünglich allein geräumten Savoinen über
das *Rhônetal* aus, sowie über das Gebiet am Fuß der Alpen, bis sie im Süden das
Mittelmeer, im Osten die Vogesen, im Westen die Sevennen erreichten.

König Gundahar und seine Vorfahren *Gislahar* und *Gundomar* führten ihr Geschlecht auf *Giebich* zurück, was einer der Namen *Odin-Wotans* ist: Sie hießen die
Giebichungen. Gundahars Untergang scheint dessen ganzer Mannsstamm geteilt zu
haben – was ja auch die Sage berichtet – die beiden Brüder *Gundiok* und *Hilperik*,
welche Gaukönige nebeneinander in den neuen Sitzen die Eingewanderten beherrschen, sind nicht Giebichungen, wahrscheinlich von dem Volk nach dem Untergang
dieses Geschlechts aus einer der edelsten Volksadelssippen erkoren, die angebliche
Verwandschaft mit dem Westgotenkönig *Athanarich* ist sehr zweifelhaft und höchstens für die Spindelseite anzunehmen.

Acht Jahre nach dieser Einwanderung wurde die *Hunnenschlacht* zu *Châlons* geschlagen, die auf der Seite *Attilas* kämpfenden Burgunder sind keineswegs die savoischen, sondern wohl die Reste, die noch um *Worms* verblieben waren und nun,
wie die rechtsrheinischen *Franken* fortgerissen und gezwungen, dem Hunnen folgten, auf seiten seiner Gegner wurden Burgunder nicht genannt, indes ist es schwer
denkbar, daß *Aëtius* und die *Westgoten* den savoischen Burgundern sollten Nichtbe-
teiligung verstattet haben; so fochten denn wohl zu *Châlons* wie *Goten* und Franken,
so Burgunder auf beiden Seiten.

Die Schlacht wurde für die savoischen Burgunder so denkwürdig, daß ihr Gesetz
dasselbe als Abschluß, als Verjährungsgrenze von Streithändeln älteren Ursprungs
aufstellte.

DRITTES KAPITEL · DIE BURGUNDER   593

Im Jahre 453 drangen die Burgunder unter Verletzung des Bundesvertrages in römisches Gebiet, ihr König Gundiok vermählte sich mit einer Schwester des Kaisermachers *Rikimer;* darin lag aber (wieder? oben) eine Verschwägerung mit einem *westgotischen* Königshaus, denn Rikimer war ein Sohn der Tochter König *Waljas.* Dem entspricht es, daß die beiden Burgunderkönige Gundiok und Hilperik 457 mit den *Westgoten* für den von diesen erhobenen Kaiser *Avitus* die *Sueben* in *Spanien* bekämpften. Nach der Absetzung des Avitus durch Rikimer kehrten die Verbündeten nach *Gallien* zurück, und nun breiteten sich die Burgunder zu beiden Seiten der Rhône weiter aus, König Gundiok führte seine Gauleute aus Savoien gen Norden, während Hilperik fortfuhr, zu Genf Hof zu halten, wo er auf Verwendung des heiligen *Lupicinus,* Abt von *St. Claude* († etwa 640) kleinen Gemeinfreien, welche einer der Großen zur Aufgebung der Freiheit gedrängt hatte – also auch hier schon so früh die gleiche Erscheinung des wirtschaftlichen Drucks des Adels auf die Kleinbauern! – die Freiheit wiedergab, die beiden Könige hatten (von Rikimer?) die Würde eines *patricius* (Gundiok) und *magister militum* (Hilperik) erhalten. Da nach Gundioks Tod (nach dem 5. März 473) dessen Söhne das ganze Reich, auch die Gaue Hilperiks, erben, war dieser vermutlich schon vor Gundiok erblos gestorben. Von jenen vier Söhnen *Gundobad, Godigisel, Hilperik* und *Godomar,* wird der letztere nicht weiter erwähnt: aus dem einmal (von *Apollinaris Sidonius!*) für den einen Bruder Hilperik gebauchten Ausdruck „tetrarcha" darf kaum gefolgert werden, daß eine Vierteilung stattgefunden und auch Godomar eine Zeitlang als Gaukönig geherrscht habe, vielmehr sind nur Hilperik (zu *Lyon*), Godigisel (zu *Genf*) Gundobad (zu *Vienne*) als gleichzeitige Gaukönige nachweisbar. Das Reich war also seit 457 abermals durch Ausbreitung über römische Gebiete beträchtlich erweitert worden.

Noch vor seiner Thronbesteigung weilte Gundobad in *Italien* und wurde von Kaiser *Olybrius* nach dem Tod Rikimers – war er doch dessen Neffe – zum *Patricius* erhoben (vor 23. Oktober 472). Nach des Olybrius Tod (23. Oktober 472) wurde unter Mitwirkung Gundobads *Glycerius* zu *Ravenna* auf den Kaiserthron gesetzt .Wahrscheinlich im folgenden Jahre (473) verließ Gundobar Italien, um nach dessen Vaters Tod sich in Burgund mit den Brüdern zu teilen.

Glycerius aber verlieh den Namen eines *magister militum,* den Gundiok geführt, auch dessen Sohn und Teilfolger Hilperik und gewann ihn, in dem Kampf gegen den *Westgotenkönig Eurich* um die *Auvergne* (Könige V, 94; Urgeschichte I, 365) Hilfsscharen zu senden. Bei diesen Anlaß schrieb Apollinaris Sidonius, der „erste Franzose" (Könige V, 96) die drolligen Verse, welche das Entsetzen schildern des künstelnden, aber witzigen Romanen über die siebenfüßigen Schutzherren (patroni), welche die sechsfüßigen Verse verscheuchen. Rom und seine Verbündeten erlagen in diesem Kampfe: die Auvergne wurde den Goten preisgegeben (475: im folgenden Jahr 476) erlosch das Westreich. In diese Zeit fällt ein Einbruch Gundobars in *Italien, Sankt Epiphanius von Pavia* bittet ihn später (494) um Freigebung der damals aus *Lignurien* fortgeführten Gefangenen. Damals gewannen übrigens die Burgunder ihren Ostnachbarn, den Alemannen, erhebliche Städte und deren Landgebiete ab, wie *Langres* (Bischof *Aprunculus*), *Besançon, Mandeure* und *Windisch.* Der Nachfolger Odovakars in Italien, *Theoderich* der Große, suchte wie die Königsgeschlechter der *Vandalen, Westgoten, Thüringer* auch die Burgunder durch die Bande der Verschwägerung näher an sich heran und unter seinen herrschenden Einfluß zu ziehen: er vermählte seine Tochter *Ostrogotho* Gundobads ältestem Sohn *Sigismund* (494).

Bei diesem Anlaß schickte Theoderich jene Gefangenschaft – Sankt *Epiphanius*

594   DRITTES BUCH · DIE IM FRÄNKISCHEN REICH VERSAMMELTEN GERMANEN

von *Pavia;* Bischof *Victorius* von *Turin* (mit *Ennodius*) – an Gundobad, welcher die Freilassung der gefangenen Italiener erwirken sollte und erwirkte, teils ohne, teils mit Lösegeld. (daß der König seinen Burgunder hätte befehlen können, die in ihr Eigentum übergegangenen Unfreien sonder Entgelt frei zu geben, ist undenkbar.) Godigisel zu Genf folgte dem milden Vorgang Gundobads – also hatte auch jener sich an dem Einfall in Ligurien beteiligt. Ungefähr gleichzeitig hatten die Burgundenkönige ihre katholische Nichte *Hrôthehildis* die Tochter des wohl kurz vorher verstorbenen Hilperik II., dem heidnischen *Meroving Chlodovech* verlobt, mit dessen Schwester Theoderich sich vermählte (I, 244). Allein all diese Verschwägerungen und die Bemühungen des Großen Friedesfürsten zu *Ravenna,* die anderen Germanenkönige zu einem Bund wider die merovingische Gefahr zu versammeln, blieben erfolglos.

Die Geschichte jener Verlobung und die gesamte an Hrôthehildis geknüpfte Familiengeschichte hat sehr frühe die Sage, später dann auch die Kunstdichtung mit üppiger Umrankung geschmückt zugleich und verhüllt.[1] Schon *Gregor* von *Tours,* nur ein Jahrhundert jünger, erzählt Gundobad habe Hiperik mit dem Schwerte Getötet, dessen Witwe mit einem Stein um den Hals ins Wasser werfen lassen, die beiden Töchter verbannt, von denen die Ältere, *Caedeleuba Herona,* in das Kloster getreten, die jüngere Hrôthehildis mit Chlodovech vermählt worden sei, welche dann ihre Söhne zu später Rache wider Gundobad gespornt habe. Allein diese ganze Mordgeschichte ist wohl lediglich Sage, derselbe Gregor bringt über den Tot *Almalaswinthens,* der nur etwa vierzig Jahre bevor er schrieb, sich ereignet hatte, ebenfalls eitel Fabelei, die Witwe Hilperiks starb wahrscheinlich erst im Jahre 506 und ist die in der Basilika des heiligen *Michael* zu *Lyon* bestattete katholische 50jährige Burgundenkönigin *Charetene.* Jedoch scheint Gundobad nach Hilperiks söhnelosem Tode einen größeren Teil von dessen Reich an sich gerissen zu haben, als ihm nach burgundischen Erbrecht gebührte, nämlich mehr als die Hälfte, Godigisel zu Genf wird von ihm erheblich in den Hintergrund gedrängt. Dieser verband sich gegen den mächtigen Bruder mit Chlodovech, der im Jahre 496 das katholische Bekenntnis gewählt hatte (III, 53 f.)

In dem Volk und an den Höfen der Burgunderkönige bekämpften sich das ursprünglich fast allein herrschende arianische Bekenntnis und die sehr eifrige Bekehrungsarbeit des Katholizismus, der Arianer Hilperik hatte seiner katholischen Gattin Caretene verstattet, die Kinder katholisch zu erziehen (ebenso wie der Heide Chlodovech seiner Gemahlin), die katholischen Bischöfe, zumal der geistig hoch bedeutende *Avitus* von *Vienne,* den wir auch mit Chlodovech in wichtigem Briefwechsel fanden (III, 57), betrieben unablässig ihre Bemühungen, Gundobad zu ihrem Glauben herüber zu ziehen. Diese mochte wohl erkennen, daß er durch den Übertritt der drohenden Staatskunst des Merovingen die gefährlichste Waffe würde aus der Hand gewunden haben. Er schwankte, nach einer Versammlung der katholischen Bischöfe zu *Lyon* (August 499) berief er Vertreter beider Bekenntnisse zu einem großen Religionsgespräch in seinen Palast (2. und 3. September). Er erklärte den Ausgang für unentschieden. Während sein Sohn *Sigismund* bereits völlig dem Katholizismus zuneigte.

Im nächsten Jahr (500) erfolgte der schon 499 angekündigte Angriff *Chlodovechs,* mit welchem Godigisel sich verbündet hatte, Gundobad erlag in der Schlacht bei *Dijon* den weit übermächtigen Gegnern, er floh aus dem äußersten Norden in den

---

1 *S. Dahn, Gundobad,* in der Allgemeinen Deutschen Biographie X. Leipzig 1879, S. 131

DRITTES KAPITEL · DIE BURGUNDER 595

äußersten Süden seines Reiches nach *Avignon.* Die Belagerung daselbst durch ein fränkisches Heer ist zwar nicht ganz undenkbar, aber doch sehr unwahrscheinlich und jedesfalls sagenhaft ausgeschmückt die vertragsmäßige Beendung derselben durch die Listen des klugen Ratgebers Gundobads *Aredius.*

Chlodovech zog mit der fränkischen Hauptmacht nach Hause, wahrscheinlich in Erwartung der alsbaldigen Teilung des eroberten Gebietes mit Godigisel. Aber blitzschnell griff nun Gundobad den feindlichen Bruder zu *Vienne* an, eroberte die Stadt durch Hilfe des wegen der Nahrungsnot mit der gesamten ärmeren Bevölkerung ausgetriebenen Baumeisters der Wasserleitung – ein Zug, der keineswegs notwendig sagenhaft sein muß – tötete Godigisel sowie die auf Chlodovechs Seite getretenen römischen und burgundischen Großen und schickte eine zu Vienne mitgefangene fränkische Hilfsschar zu dem Westgotenkönig *Alarich II.*, dem Schwager seines Sohnes *Sigismund,* nach *Toulouse,* vielleicht als Geiseln für friedliches Verhalten Chlodovechs. Nach solchen Erfolgen näherte sich nun der König gleichwohl der katholischen Partei, schwerlich doch ohne seine Zustimmung konnte es geschehen, daß seine beiden Söhne *Sigismund* und *Godomar* nun offen zum Katholizismus übertraten. Zugleich aber schloß sich Gundobad nun statt an den großen Theoderich und die Westgoten an Chlodovech, mit welchem er zwischen 501 und 506 bei *Auxerre,* also auf burgundischem Gebiet, an der Mündung des kleinen Flusses *La Cure* in die *Yonne* eine Zusammenkunft hatte. Diese, wie der Erfolg bald lehren sollte, höchst törige Staatskunst des sonst vielfach als nicht unbedeutend bewährten Herrschers ist vielleicht dadurch einigermaßen zu erklären, daß der schwache Alarich II., sein nächster natürlicher (– arianischer –) Verbündeter gegen den (katholischen) Franken, der Mahnung zu kräftigem Widerstand gegen diesen, welche in der Zusendung der fränkischen Gefangenen liegen soll – man wird daran erinnert, wie weiland *Armin* das Haupt des *Varus* als Siegeszeichen und zugleich als stumme Mahnung an Marobod gesendet! – nicht entsprochen hatte, vielmehr Alarich II. sich Chlodovech zu nähern getrachtet, er „bat" den Merowinger um eine Zusammenkunft, welche dann auch auf einer Aue der *Loire* bei *Amboise* (heute Île-de-St.-Jean) erfolgte, zwischen 500 und 506, vielleicht vor der Zwiesprache zwischen Chlodovech und Gundobad, die letzterer nun etwa als Gegenschritt herbeiführte (freilich kann es sich auch gerade umgekehrt verhalten haben). Wie dem sei, Gundobad beging den schwer begreiflichen Fehler, sich bei dem Angriff Chlodovechs gegen die Westgoten sich auf Seite des Merovinger zu stellen; noch viel mehr als der gegenseitige Arianismus mußte die Erkenntnis der allen kleineren Nachbarreichen von den Franken drohenden Gefahr, welche der große Theoderich zu allem Überfluß denselben recht klar gemacht hatte, an dessen Friedensbündnis auch den Burgunderkönig reihen.

Staat dessen zog das Burgunderheer unter den beiden katholischen Königssöhnen (507, nach Pfingsten) gegen Alarich, während Chlodovech von Norden her über die *Loire* drang, fielen sie von Osten her, durch die *Auvergne* auf *Limoges* ziehend, den Goten in die rechte Flanke und nahmen (damals?) die Burg *Idunum.* Ob Gundobad mitzog und ob das burgundische Heer den Sieg Chlodovechs bei *Boulon* „auf den *vocladischen Feldern"* am *Clain* mit erfechten half, steht nicht zu sagen. Im folgenden Jahre (508) zog Gundobad auf *Narbonne,* belagerte und eroberte die Stadt und vertrieb *Gesalich,* den Bastard des bei Boulon gefallenen Alarich II., der von einer Partei zum König erhoben worden war. Darauf belagerten Burgunder und Franken gemeinschaftlich *Arles,* jedoch vergeblich, die feste Stadt widerstand länger als ein Jahr (von Juli 508 bis Ende 509 oder Anfang 510), bis endlich die spät ein-

596　DRITTES BUCH · DIE IM FRÄNKISCHEN REICH VERSAMMELTEN GERMANEN

treffende Hilfe der *Ostgoten* sie befreite, Theoderichs Waffen waren 507 in Italien festgehalten worden durch einen Angriff der byzantinischen Flotte, welcher gewiß nicht so gleichzeitig ohne Einvernehmen mit Franken und Burgunder erfolgt war. Erst zur Sommersonnenwende 508 brach der ostgotische Heerbann auf, Herzog *Ibba*, Theoderichs tapferer Feldherr, schlug die verbündeten Belagerer von Arles vor dieser Stadt entscheidend aufs Haupt und entriß den Burgundern nicht nur alle ihre neueren Eroberungen, zumal Narbonne, auch altburgundischer Besitz, namentlich das wichtige *Avignon*, ging an die Ostgoten verloren, das Bündnis mit den Franken war Gundobad recht übel gediehen, man hat dessen staatsmännische Begabung doch gewaltig überschätzt, überhaupt ist es allzu geist- und phantasiereich, auf Grund der paar Worte, welche die Quellen über Hilperik, Godigisel, Gundobad gewähren, gleich ein Bild des „Charakters" oder der „Persönlichkeit" dieser – Namen zu entwerfen. Aus den letzten sechs Regierungsjahren Gundobads (er starb 516, vor dem 8. März) ist Erhebliches nicht überliefert (über seine Gesetzgebung s. unten). Daß er insgeheim zum Katholizismus übergetreten sei, ist eine wenig glaubhafte Nachricht *Gregors* von *Tours*, tat er diesen Schritt, so ließ er sich die Vorteile der Veröffentlichung schwerlich entgehen. Gemäß dem Wunsche Gundobads wurde nach dessen Tot Sigismund unter Ausschluß Godomars zum Einkönig von Burgund erhoben (auf der königlichen Villa *Quatruvium* bei *Genf*). Daß jener schon zu Lebzeiten des Vaters rex genannt wird, beweist bei der Sprachsitte der Zeit durchaus nicht, daß er schon vor 516 Mit- oder Teilkönig gewesen. Der eifrig katholische Herrscher berief gleich im nächsten Jahr (517) eine Versammlung seiner Bischöfe nach Yenne (*Epoanense* concilium), auf welchem unter dem Einfluß des Avitus von Vienne ein starkes Selbstgefühl des Katholizismus gegenüber dem Arianismus hervortritt und als einer der höchsten Hof– und Reichsbeamten, der Oberverwalter des königlichen Fiskus, *Stephanus*, gegen einen Kirchenbeschluß die Schwester seiner verstorbenen Frau heiratet, verhängen die Bischöfe in zwei neuen Versammlungen (519) über ihn die Ausschließung aus der Kirche, der König fügt sich, nachdem er heftig erkrankt und durch Überspreitung des Mantels des Bischofs *Apollinaris* von *Valence* geheilt ist, die Königin hatte den Mantel erbeten. Dementsprechend nennt der König Papst *Symmachus* den Oberherren der gesamten Kirche und dementsprechend schreibt er den Kaisern zu *Byzanz*, *Anastasius* und *Justin*, gar demütige Briefe, so daß Theoderich der Große, der an dem Gaubenswechsel seines Eidmans und dessen Abhängigkeit von den katholischen Bischöfen schwerlich große Freude erlebte, dieser Verkehr zwischen Burgunderkönig und dem Kaiser durch Festhaltung burgundischer Gesandter hemmte, worüber Sigismund sich bitter in Byzanz beklagte. Freilich Theoderichs Tochter Ostrogotho war gestorben, und der Witwer hatte eine katholische Burgunderin zu ihrer Nachfolgerin erhoben, mit welcher sich der Stiefsohn *Sigerich*, der Sohn Ostrogothos, schlecht vertrug, er grollte, sie mit dem Schmucke seiner Mutter, „ihrer Herrin weiland", geziert zu sehen. Nach dem stark sagenhaft verfärbten Bericht verleugnete ihn die Stiefmutter bei dem König, er trachte diesem nach Thron und Leben und läßt der Vater den Sohn, nachdem er ihm geraten, einen Rausch nach Mittag zu verschlafen, im Schlummer durch zwei Knechte erdrosseln (522). Reuig zog sich deshalb der König in das von ihm gestiftete Kloster *Agaunum* zurück und stiftete hier einen ständigen Chor von Psalmensängen unter dem Lobe des Avitus. Aber nun vollendeten sich doch rasch die Geschicke des Mörders. Im Jahre 523 griffen die Söhne Hrôthehildens Burgund an, Sigismund und sein Bruder Godomar wurden geschlagen, Godomar entkam, Sigismund, der nach Agaunum floh, wurde von den Burgunder selbst dem Merovin-

DRITTES KAPITEL · DIE BURGUNDER 597

gen *Chlodomer* ausgeliefert, der schon vorher Frau und Kinder desselben gefangen hatte. Jedoch nach dem Abzug der Franken tauchte – ähnlich wie 500 Gundobad – Godomar plötzlich wieder auf und übernahm die Verteidigung des Reiches. Da ließ Chlodomer seine Gefangenen – Sigismund, dessen Gattin und beide Söhne, *Giskla-had* und *Gundobad* – zu *Belsa* oder zu *Columna* (*Coulmiers* oder *Coloumelle*) bei Orléans in einen Ziehbrunnen werfen, obwohl er mit ihnen verschwägert war, sein Halbbruder *Theuderich* hatte eine Tochter Sigismunds, *Suabegotho*, zur Gemahlin genommen. Nun wurde Godomar auch dem Namen nach König der Burgunder, gegen ihn zogen *Chlodomer* und *Theuderich* (524) zu Felde, aber Chlodomer fiel in der Schlacht bei *Visorontia* (*Veséronce* im Gebiet von *Vienne),* und die entmutigten Franken wurden geschlagen – Gregors Bericht von einem fränkischen Sieg ist völlig unglaubhaft.

Vielleicht versprach Theuderich, fortab Frieden zu halten, wenigstens beteiligte er sich nicht an dem abermaligen – nun dem dritten in 30 Jahren – merovingischen Angriff auf das Burgunderreich von 532. Godomar hielt noch im Jahre 524 – ungewiß, ob vor oder nach seinem Sieg – einen Reichstag zu *Ambaracum* (*Ambérieux*)[1], auf welchem die durch den Krieg zerrütteten Verhältnisse des Reiches geordnet wurden. Zumal die Ansiedlung von Einwanderern beschäftigte den König, so von Goten, aber auch von Burgunder, welche aus burgundischen 508 oder 523 ostgotich gewordenen Landesteilen in das burgundisch gebliebene Gebiet einwanderten, ferner aus der Verschollenheit zurückkehrende, für tot erachtete Heerleute, endlich Unfreie, welche in das Ausland verkauft, aber in das Reich zurück geflüchtet waren. Die neuen Ansiedlungen in dem durch die Kriege entvölkerten Lande geschehen teils durch hospitalitas d. h. Landteilung mit römischen Grundeignern, teils durch Landleihe des Königs. Auf die Fürsorge des Königs, solcher Entvölkerung zu steuern, die im Kriege fortgeschleppten Gefangenen dem Lande zurückzugewinnen, bezieht sich offenbar eine zu *Saint Offange* am *Genfer See* zwischen *Erian* und *Tour Ronde* gefundene Inschrift: der König kaufte Angehörige der *keltischen* Völkerschaft der *Brandobrigi*[2], welche die Franken 523 gefangen fortgeführt, aus der Knechtschaft los. Auch die Verhältnisse zwischen Arianern und Katholiken wurden auf dem Reichstag berührt. Gegenüber der verschobenen fränkischen Gefahr suchte sich Godomar verständigerweise auf die Ostgoten zu stützen, welche Gundobad und Sigismund so schwer und törig gereizt hatten, im Jahre 523 hatte Theoderich – ohne Kampf – durch seinen tüchtigen Feldherren *Tulum* ein erhebliches Gebiet des Burgunderreiches westlich der *Durance* besetzt, entweder indem Godomar zur Rächung seines Enkels Sigerich einschritt oder indem Godomar nach Sigmunds Tod die ostgotische Bedrohung durch solche Landabtretungen beschwichtigte. Jetzt nach dem Tod Theoderichs (526) gab dessen Enkel *Athalarich* oder vielmehr die Regentin *Amalasvintha* einen Teil des damals besetzten Gebietes im Wege des Vertrages an Godomar zurück gegen das Versprechen „ergebener Dienstwilligkeit". Allein das schwache Burgunderreich war auf die Dauer nicht zu halten gegen die damals gerade am gewaltigsten um sich greifende Frankenmacht. Im Jahr 532 fielen *Chlothachar I.* und *Childibert I.* den südöstlichen Nachbarstaat an – Theuderich I. weigerte die Mitwirkung – sie belagerten *Autun* (Augustodunum), Godomar, vermutlich zum Entsatz herbeigeeilt, wurde in der Nähe dieser Stadt geschlagen, er

1 Den *Binding* jedoch von Gundobad 501 abgehalten werden läßt.

2 = den Aulerci Brannovices III, S. 36?? Der Brannovices Sitze waren „zwischen Saône und Loire im *Briennois, Diözese Maçon,* im Grenzstrich gegen die fränkische *Auvergne* hin".

598   DRITTES BUCH · DIE IM FRÄNKISCHEN REICH VERSAMMELTEN GERMANEN

entkam, aber sein Name wird nicht mehr genannt, er ist seither verschollen und die Frankenkönige teilten sich in das Land.[1]

Die Schicksale Burgunds unter den *Merovingen, Arnulfingen und Karolingen* bis 814 wurden bereits dargestellt, das Land bildete ein Teilreich, halb wurde es allein, bald mit Neustrien zusammen von einem König beherrscht oder von einem Hausmeier.

Bei der Reichsteilung von 561 fiel es an *Guntchramn*, nach dessen Tod (593) gemäß dem Vertrag von *Andelot* an *Childibert II.*, bei dessen Tod (596) an *Theuderich II.*, als dieser stirbt und ein Sohn *Sigibert II.* vernichtet ist (613), beherrscht *Chlothachar II.* Burgund durch einen besonderen Hausmeier, *Warnachar*, aber nach dessen Tod (626) wird auf Wunsch der burgundischen Großen kein besonderer Major domus für Burgund bestellt, Burgund wird dann meist mit Neustrien zusammen von einem König (so von *Dagobert I.* 628–638) und einem Hausmeier beherrscht. Der Gegensatz des stark romanisierten Landes zu dem germanischen *Austrasien* tritt immer schärfer hervor. Es folgte 638 auf *Dagobert I.* in *Neustrien* und *Burgund Chlodovech II.* 638–656 (Major domus *A.e.g.a* für beide Länder 638–640, 641–642 ein besonderer Major domus *Flaochat*, 656 *Erchinoald* Hausmeier in allen drei Reichen). Nach Chlodovechs Tod beherrscht dessen Knäblein *Chlothachar III.* (636–666) alle drei Reiche unter Regentschaft *Balthildens* und *Ebroins* als Nachfolger Erchinoalds. Als 660 *Childerich II.* zum König von Austrasien erhoben wird (Hausmeier *Wulfoald*), walteten in Burgund allein Balthild (bis 664) und *Ebroin* bis 670. Bei Childerichs II. Tod (670) erhob Ebroin dessen Bruder *Theuderich III.*, wurde aber (670) samt diesem durch Bischof *Leodega* ins Kloster gesteckt, Childerich II. von Austrasien hieß nun König in allen drei Teilreichen. Leodega beherrschte Neustrien und Burgund, Wulfoald Austrasien, bis 673 Childerich III. ermordet, Wulfoald vertrieben wird. Nun wird Theuderich III., aus dem Kloster geholt, König von Neustrien und Burgund, sein Major domus *Leudesius,* neben dem waltet, ebenfalls aus dem Kloster befreit, Leodeg. Aber auch Ebroin ist dem Kloster entronnen, vertreibt 674 Leudesius, nötigt Theuderich III., ihn als *Major domus* anzuerkennen und zwingt (678) die Austrasier ebenfalls Theuderich als König, sich selbst ihnen als Major domus auf. Nach Ebroins Ermordung vereinen *Waratto, Gislemar, Berthar* Neustrien und Burgund unter einem Major domus, bis *Pippin* der Mittlere 688 alle drei Reiche als Hausmeier beherrscht. *Chlodovech II* (691–695), *Childibert III.* (695–711), *Dagobert III.* (711–715) sind König des ganzen Frankenreiches. Aber nachdem schon *Grimoald* Major domus nur für Neuster und Burgund gewesen (695–714), erheben beide Reiche mit Gewalt einen besonderen Major domus in *Raginfred* (715) und einem besonderen König *Chilperich II.*, während *Karl der Hammer Chlothachar IV.* (717–719) zum König von Austrasien macht. Erst nach dessen Tod (719) erkennt Karl Chilperich als König des Gesamtreiches an, worin dann 720 *Theuderich IV.* (720–737) folgt. Nach dessen Tod regiert Karl bis zu seinem Tode ohne König alle drei Reiche, nicht ohne burgundischen Widerstand. Die Reichsteilung von 741 gab Burgund an *Pippin, Childerich III.* wurde 743 als König über das ganze Reich bestellt. Bei der Reichsteilung von 768 erhielt *Karlmann* Burgund, bei der von 806 war es *Ludwig* und *Karl* je zur Hälfte zugedacht.

---

1 Vgl. *Dahn, Godomar,* Allgemeine Deutsche Biographie IX. Leipzig 1879. S. 321.

DRITTES KAPITEL · DIE BURGUNDER

Die innere, zumal auch die Verfassungsgeschichte der Burgunder hat von der savoischen Zeit auszugehen, das äußerst Dürftige, was uns hiervon aus der früheren Zeit berichtet wird, ist dem Königtum anzuführen. Während bei den Franken nie eine Landteilung mit den Römern stattfand, ist eine solche für die Burgundern nicht nur bei der ersten Niederlassung (456) in Savoien, auch später noch unter Gundobad (ca. 473) bezeugt. In der Zwischenzeit und wohl auch noch nach 473 fanden gar viele Burgunder eine Heimstätte auf Königsland, das ehemals dem kaiserlichen Fiskus

Burgundische Münzen, Originalmünzen
1. Nachahmung eines Goldsolidus von Leo I (457–474), in Ravenna geprägt. 2. Nachahmung einer Silbermünze von Theodosius I. (379–395), in Trier geprägt. 3. Nachahmung einer Silbermünze von Valentinian II. (375–395), in Trier geprägt. 4. Nachahmung eines Goldsolidus von Anastasius I. (491–518) mit dem Monogramm Sigismunds (516–523). 5. Kleine Silbermünze von Gundobad 6. Nachahmung eines Goldsolidus von Anastasius I. (491–518) mit dem Monogramm Gundobad (500–516) (Berlin, kgl. Münzkabinett) 7. Nachahmung eines Goldtriens von Justin I. (518–527) mit dem Monogramm Sigismunds (516–523). 8. Anastasius I. (kgl. Münz-Kabinett in Berlin.)

gehört hatte oder (nach den Kriegen, oben) als verödetes, herrenloses Land an die Krone gefallen oder wegen infidelitas des Eigner eingezogen worden war. Jedes Haupt einer burgundischen fara (= Sippe), jeder faramannus wurde als „hospes" einem römischen „possessor" zugeteilt, auf Grund dieser auf römischer Seite recht unfreiwilligen „hospitalitas" (– ein Vorkaufsrecht wurde dem Römer gewährt, falls der Burgunder später wieder seine sors wieder veräußern wollte –) erhielt der Burgunde von Haus und Garten ½, vom Ackerland ⅔, von den zugehörigen Unfreien ⅓; Wald und Weide wurden entweder zur Hälfte geteilt oder ungeteilt zur Hälfte in Nutzung genommen. Groß war die Zahl der schon vom König mit Land und Zubehörde versehender Burgunder, denn besonders bestimmt das Gesetz, daß solche an Acker und Knechten nichts mehr zu fordern haben, erst später vom *Rhein* her nachgewanderte Burgunder erhielten nur ½ des Ackerlandes ohne Unfreie, Freigelassene ⅓ des Maßes der Freige-

600 DRITTES BUCH · DIE IM FRÄNKISCHEN REICH VERSAMMELTEN GERMANEN

borenen. Was das Volk anbelangt, so finden wir auch hier wie bei den *Westgoten*, Römer und Germanen gleichermaßen gegliedert in die drei Stände der Reichsten (*majores, potentiores*), Mittelreichen (*mediani, mediocres*), und Armen (*viles = pauperes*). Anstelle des kaum noch wahrnehmbaren *Volksadels* tritt der auf Königslandschenkung und Königsamt, vor allem aber eben auf Reichtum beruhende *Dienstadel*. Zu diesen gehören selbstverständlich die *Richter* (*judices*) und Grafen (*comites*), welche (übrigens aus beiden Völkern) vom König ernannt wurden.

Der König hat den Heer- und Gerichtsbann, die Verwaltungs- und Finanz-, und Kirchenhoheit (über beide Kirchen): Gesetze erläßt er unter Zustimmung der *optimates* auf dem Reichstag. In seinem palatium begegnen – außer den *comites* – ein *Major domus, cancellarius, consiliarius, domestici*. Entstanden ist das Königtum über die ganze Völkerschaft der Burgunder höchstwahrscheinlich – „beweisen" läßt es sich nicht – wie das der anderen Germanen aus dem Gaukönigtum, sehr früh nachdem der Name der Burgunder auftaucht, werden auch *Könige* der Burgunder genannt. Die merkwürdige Angabe bei *Ammian* wurde bereits erörtert, sie zeigt gerade, daß *nicht* der Oberpriester (*sinistos*), sondern der König *(hendin)* das wichtigste, das staatsrechtliche Haupt des Volkes war, deshalb war er und nicht der Oberpriester, verantwortlich und absetzbar.[1]

Daß wir auch später im südgallischen Reich mehrere Könige nebeneinander zu *Lyon, Genf, Vienne* antreffen, ist zwar zunächst wohl Folge der privatrechtlichen Auffassung der Thronfolge, wonach das Reich wie ein erbrechtlicher Nachlaß unter die gleich nahen Erben geteilt wird. Aber sicher wirkte doch hierbei noch die uralte Gliederung des Volkes in Gaue und die Erinnerung an eine Mehrheit von Gaukönigen nebeneinander, den bei den Merovingern finden wir solche verbrüderte und vervetterte Gaukönige nebeneinander *lange bevor* ein einheitliches Reich der Franken und eine auf jener erbrechtlichen Vorstellung beruhende Erbteilung des Reiches bestand, die Gliederungen der Mittelgruppe in Völkerschaften, der Völkerschaft in Gaue ist dort viel älter als das Königtum über die ganze Mittelgruppe und die später neu erfolgte Teilung unter Erben des Einkönigs.

Die Romanisierung des Volkes vollzog sich rasch und früh, selbstverständlich mehr in den südlichen als in den nördlichen Landschaften des kleinen Reiches, die Gründe waren das vertragsmäßige, nicht erobernde Eintreten dieser Germanen in die neue Sitze, deren geringe Zahl im Vergleich mit den Römern, die alte und tiefgedrungene römische Kultur in diesem Land, die Anschließung jenes burgundischen Nachschubs, während zu dem *Frankenreich Austrasier* von Anfang gehörten und leicht Zugang fanden.

Die Gesetzgebung bei den Burgundern ist der starke Ausdruck dieser starken, auch von der Krone begünstigten Romanisierung, sie geht zum größten Teil zurück auf *Gundobad* (474–516). Nach dem Vorwort der *Lex Burgundionum*[2] hat Gundobad dieselbe aus den Gesetzen seiner Vorfahren und seinen eigenen zusammenstellen lassen (zwischen 481 und ca. 495), sie hieß daher noch ganz spät *Lex Gundobada, loi Gambette*, die Burgunder hießen *Gundbadingi*. Sonder Erfolg verlangte unter *Ludwig dem Frommen* Bischof *Agobard* von *Lyon* die Aufhebung der von dem Ketzer Gundobad herrührenden *Lex*, welche gemäß dem Grundsatz der

---

1 Über die Namen *Wackernagel* a. a. O. S.*Grimm* a. a. O.

2 Vgl. außer den obengenannten jetzt besonders *Brunner* I, 332 und die daselbst angeführten Sonderabhandlungen.

DRITTES KAPITEL · DIE BURGUNDER   601

persönlichen Rechte nach der Einverleibung des Burgunderreiches für die Burgunder fortgegolten hatten und noch in 11. Jahrhundert für sie galt. Strenge Rechtspflege wird eingeschärft, 31 burgundische Grafen haben durch Unterschrift oder Handzeichen ihre Zustimmung erklärt, 31 Grafschaften zählte nun aber das schmale Königreich sicher nicht, es sind wohl die Namen später Amtsnachfolger nachgetragen worden. Denn die ursprüngliche Sammlung ist uns nicht erhalten, nur eine durch jüngere Gesetze Gundobads selbst und seiner Nachfolger Sigismund und Godomar vielfach veränderte und vermehrte.

Die neueren Gesetze wurden in den Abschriften des Gesetzbuches anstelle der alten, aufgehobenen eingerückt. Aber eine nochmalige Gesamtveröffentlichung der alten Aufzeichnungen hat man ohne Grund Gundobad und Sigismund zugeschrieben. Das Gesetz will nicht nur auf rein burgundische, auch auf gemischte Fälle Anwendung finden, ja, während im allgemeinen nach dem Grundsatz der persönlichen Rechte die Römer im burgundischen Reich nach römischen Recht lebten (s. unter Lex Romana Burgundionum), wurden doch einige Vorschriften in die Sammlung aufgenommen, welche auch in rein römischen Fällen gelten sollten – wie die *Edikte der Ostgotenkönige* und seit zirka 642 das *Westgotenrecht* – den Landrechtsgrundsatz anstelle der persönlichen Rechte setzten und burgundisches Reichsrecht enthielten. Die Romanisierung des Rechts ist sehr stark, und doch waren noch nicht zwei Menschenalter hingegangen seit der Einwanderung in Savoien, oft ist das römische Recht einfach abgeschrieben nicht nur im Privatrecht – z. B. Zulassung von Testamenten, Klagen, Verjährung – und in Formfragen (römische Testamentsform, das ganze Urkundenwesen), sogar der römische Strafprozeß – das *„Inskriptionsverfahren"* – was doch schroff gegen germanische Grundanschauungen verstieß. Mit Recht hat man bemerkt[1], wie viel weniger romanisiert das Recht der doch weit südlicher gewanderten *Langobarden* noch um anderthalb Jahrhunderte später in dem Mutterland des römischen Rechts uns entgegen tritt. Daher denn auch die Auslegungsschriften zu römischen Quellen, welche im 5. Jahrhundert zahlreich entstanden, verwertet sind, ebenso übrigens wohl auch westgotische Gesetze König *Eurichs*.

Die Mischung beider Völker und die reichliche Aufnahme römischen Rechts in das Burgunderrecht zeigt sich fast überall, die Ortsgemeinden sind aus Römern und Burgunder zusammengesetzt – Folge der hospitalitas – die Gemeindelasten beschweren beide gleichmäßig, auch dem Römer wird ein Wehrgeld beigelegt, auf das allein bei fahrlässiger Tötung geklagt werden kann (anders bei Mord und Totschlag), das römische Dotalrecht wird auch auf burgundische Witwen angewendet, Schenkungen und Testamente macht der Burgunder (auch) nach römischem Recht. Nur selten begegnet eine Spur des Gefühls der Überlegenheit der Germanen, doch gehört dahin, daß der Römer die Forderung gegen einen Römer nicht einem Burgunder abtreten darf, weil dadurch wohl die Lage des Schuldners als verschlechtert galt (römisches Verbot der cessio in potentiorem) und die auffallende Bestimmung, daß der Unfreie burgundischer Abkunft höher geachtet wird als der römischer Servus, der doch gewiß oft brauchbarer war in allen Arbeiten von Kunst und Handwerk.

Aus den gleichen Gründen, aus welchen die Römer im *westgotischen* Reich eine Zusammenstellung wichtiger römischer Rechtsquellen wünschenswert geworden war, erfolgte eine solche auch für die Römer im Burgunderreich. Gundobad versprach die Veröffentlichung seines Burgunderrechts den Römern eine solche, diese

---

1 Brunner I, 339.

602 DRITTES BUCH · DIE IM FRÄNKISCHEN REICH VERSAMMELTEN GERMANEN

Lex Romana Burgundionum[1] bildete Gundobad in der Folgereihe der behandelten Gegenstände dem Burgundergesetz nach, „man suchte zu dem Inhalt der Lex Gundobada passende ähnliche Stellen aus römischen Rechtsquellen, die in jener für Burgunder (und für gemischte Fälle) entschiedenen Rechtsfälle sollten hier für römische Fälle entschieden werden, indem man jener einen Auszug aus den römischen Rechtsquellen zur Seite stellte, abgesehen von Bestimmungen des Burgunderrechts, welche auch für die Römer gelten sollten (oben) oder welchen entsprechende römische Sätze fehlten. Da ja das römische Recht für die Römer ohnehin galt und die „Lex Romana" im wesentlichen nur das alte Recht aussprechen, nicht ändern will, hat sie mehr von der Art einer Rechtsweisung als eines Gesetzbefehls. Wesentlich nun ist die Gewährung eines Wehrgeldes auch für Römer, der Totschläger, der, weil er die Zuflucht der Kirche gewonnen, nicht nach römischem Inscriptionsverfahren mit dem Tode bestraft werden kann, wird (mit der Hälfte) seines Vermögens den Erben des Getöteten verknechtet.

Die Lex Romana wurde noch von Gundobad selbst erlassen, nach der Gundobada, aber *vor* der Lex Romana *Wisigothorum* von 506, weil diese sonst doch wohl von Gundobad benützt worden. Doch wurden beide Leges Romanae vielfach in derselben Handschrift hintereinander abgeschrieben, sehr begreiflich, da es derselbe Leserkreis war, für welche die Sammlung von römischen Recht für zwei südgallische Reiche von Wichtigkeit war. Der Umstand, daß die Lex Romana Wisigothorum mit einer Stelle von dem römischen Juristen *Papinianus* schließt „incipit Papian liber I" (abgekürzt aus Papinianus), verleitete Abschreiber zu dem Irrtum, die nun folgende *Lex* Romana Burgundionum heiße „Papianus", ein Verstoß nach welchem letztere vom 9. Jahrhundert bis ins 19. Jahrhundert den sinnlosen Nebennamen „Papianus" erhielt und behielt.

Was die *Sprache* der Burgunder betrifft, hat man[2] mit Fug bemerkt, daß die Feststellung des rein und richtig Burgundischen erheblich erschwert wird durch die frühen und starken Einflüsse des *Gotischen* – schon an der Oder, nicht erst an der Rhône hatten ja Burgunder mit Goten verschiedener Völkerschaften gegrenzt! – des *Fränkischen* und selbstverständlich des *Vulgär-Latein* der Römer, sowie durch die Sprach- und Schreibfehler der des Burgundischen gar nicht oder ungenügend kundigen römischen Abschreiber des Gesetzbuches und der übrigen spärlichen Handschriften, welche burgundische Wörter – meist nur Eigennamen – enthalten. So wurden gewiß viele Wörter entstellt, romanisiert. Aber Namen wie *Silvanus* und *Aredius* aus dem Burgundischen erklären, darf man deshalb doch nicht !³ Begegnet doch schon im 4. Jahrhundert ein zweifelloser *Franke* mit Namen *Silvanus*, und römische Namen von Burgundern sind gewiß sehr häufig gewesen, auch Doppelnamen kommen vor, z. B. heißt 543 eine Burgunderin *Remila* zugleich *Eugenia*.

---

1 Ebenda S. *354; Ginoulhiac*, revue historique de droit français et étranger I. Paris 1856. S. 540 f.

2 *Wackernagel* a. a. O. 332.

3 Wie *Wackernagel* a. a. O.

Viertes Kapitel

Die Bayern[1]

Die Herkunft dieses starken deutschen Stammes von *Markomannen* und *Quaden*[2] und die Wanderung aus *Böhmen* und *Mähren* um die Wende des 5. und 6. Jahrhunderts ist das später nach ihnen, den *Baju-varen*, d. h. Männern aus *Baja*, *Bajuhemum*, benannte Land *Baju-Varia* wurde bereits erörtert, ebenso die seltsame Laune der Geschichte, daß das Land *Böhmen*, nach den keltischen *Boiern* benannt, diesen Namen nun fast zwei Jahrtausende behalten hat, seitdem die Boier daraus verschwunden und germanische *Markomannen*, dann wieder *Bajuwaren* und *Thüringer*, zuletzt slawische *Czechen* darin wohnen und die weitere Seltsamkeit, daß diese keltischen Boier dem durchaus germanischen Bayern ihren Namen bis heute aufgedrückt haben – durch Vermittlung der Markomannen–Bajuwaren, ohne das doch je Boier in Bayern gewohnt hatten.

Genannt wird der Name der Markomannen und Quaden in den alten Sitzen zuletzt 451, unter den Völkern, welche *Attila* zwang ihm bei seinem Zug nach Gallien Heerfolge zu leisten. Gewiß fehlten Markomannen und Quaden nicht unter jenen „Sueben", welche in der Befreiungsschlacht am *Retad* in *Panonnien* 454 das Joch der Söhne *Attilas* abwarfen. Sie sind aber auch wohl jene „Sueben", welche später 467–472 von den *Ostgoten*, den Amalern *Theodemer* und *Wildemer*, geschlagen und wahrscheinlich seit jener Zeit weiter nach Westen gedrängt werden oder ausweichen, sie sind wohl auch jene Barbaren, welche gleichzeitig in den Tagen *Sankt Severins* († 482) *Passau* bedrohen. Dagegen die vielgeplagten Sueben des *Vannius*, ein kleines Häuflein von zwei Gefolgschaften, sollte man nicht ein halbes Jahrtausend als selbstständiges „Volk" fortbestehen lassen.

Die Einwanderung in Bayern geschah also wohl um das Jahr 500. Die uralte Grenze, noch heute die Sprachgrenze, zwischen *Bajuwaren* und *Alemannen* im Westen bildet, von *Venantius Fortunatas* (gest. ca. 600) bis auf *Eginhard* 787 herab bezeugt, der *Lech*. Im Süden überschritten die Bayern die *Alpen*, *Bozen* war bayerisch, hier wechselte wiederholt die Grenze mit den *Langobarden*, denen trotzdem immer

---

1 Gegen die geschichtlich und sprachlich gleich unmögliche Ableitung der Bayern (Beid = Männer!) von den „beiden" Gefolgschaften *Marobods* und *Katwaldas* bei *Quitzmann* in dessen verschiedenen Schriften (leider auch von dem vielfach so vortrefflichen Buch über die Quaden von *Kirchmeyer* [Brünn1888] aufgenommen), s. Dahn, Bausteine I, 316. 1879.

2 Leider hält Waitz II[3], 19 daran fest, daß die Bayern auch gotische Reste in sich aufgenommen hätten (so schon *Mannert*),was die *Geschichte* keineswegs verlangt – es kämen nur etwa dünne Splitter der *Rugier*, *Skiren*, *Heruler* in Frage – und die *Mundart* auf das schärfste ausschließt, auch gotische *Sage* ist nicht ursprünglich bayerisch, nur *nach* Theoderich dem Großen vermöge der Nachbarschaft von Südtirol her in Bayern eingedrungen. Für die Herkunft von den Markomannen (und Quaden, füge ich bei) *Zeuß*: Herkunft der Bayern von den Markomannen. *Wittmann*: Die Herkunft der Bayern von den Markomannen. *Grimm*: Gesch. d. D. Spr. I, 504. *Riezler*, Bayerische Geschichte I, 16 (neben *Stälins wirtemberg*. Gesch. ohne Frage die vortrefflichste Geschichte, deren sich ein deutscher Stamm erfreut, vgl. *Dahn*: Bausteine I, Liter. Centralblatt). *Bachmann*: Wiener Akad. XCI, 828 f., Vgl. Paul von *Roth*: Zur Geschichte des bayerischen Volksrechts. *Riezler*, Über die Entstehungszeit der Lex Bajuvariorum. Forsch. z. D. Gesch. XVI, 409. *Brunner* I, 313. *Schröder* I. 234.

604 DRITTES BUCH · DIE IM FRÄNKISCHEN REICH VERSAMMELTEN GERMANEN

Trient, aber später auch *Mais* (Magies) bis *Meran* gehörte. Im Osten grenzten sie mit den *slawischen (slowenischen) Karantanen* in *Steiermark, Kärnten* (slawisch *Goratan*) und *Krain* (Slaw. Granitza, Grenze), welche bis an die Quellen der *Drave* gen Westen gedrungen waren und zu Anfang des 7. Jahrhunderts den Bayern *Aguntum (Lienz,* nicht *Innichen)* bestritten. Die Ostgrenze gegen die *Avaren* bildet die *Enns* unter Herzog *Theodo* (ca. 690) bis auf *Karl den Großen,* der seit 791 östlich des Flusses eine Mark errichtete, welche von den Bayern besiedelt wurde unter Bedeutschung und Unterwerfung der Slawen, welche hier unter avarischer Herrschaft gelebt hatten und nach deren Vertreibung im Lande blieben. Weil die Bayern „Sueben" und weil dieser Name viel älter als der Name Bayern, nennen die Nichtgermanen in *Pannonien* alle deutschen Westnachbarn „Swab", die *Niederlausitzer Slawen* jeden Deutschen *Vawarski.*[1] Schwieriger ist die Grenze im Norden zu bestimmen. Offenbar sind keineswegs alle Gaue, welche später Bajuwaren hießen, über die *Donau* nach Süden gezogen. Es blieben vielmehr in dem Land zwischen *Donau* und *Regensburg,* der *Eger* und dem oberen Lauf des *Main* seßhaft die alten Westnachbarn der Markomannen, die *Narisken* oder *Varisken* – zumal in der *Oberpfalz* am *Regen,* Teile von ihnen waren nach Burgund ausgewandert, wurden dort 430 von *Aëtius* geschlagen, wußten aber noch im 8. Jahrhundert zu erzählen, daß ihre Ahnen am *Regen* in einem Gau *Stadevanga* gewohnt hatten, man hat „Norinberg" mit den *Narisken* zusammen gebracht, aber ohne Recht, sie hingen südlich gen *Eichstädt* hin mit der Hauptmasse des Stammes zusammen, während sie westlich am Unterlauf des *Mains* mit den *Thüringern* in dem heutigen sogenannten Mittelfranken grenzten. Dieser bayerische „Nordgau" am „Nordwald", d. h. *Fichtelgebirge* und *Böhmischer Wald,* wurde später (von Karl 780 oder 787) von dem Stammesherzogtum abgerissen, daher nennt *Paulus Diaconus* unter Karl dem Großen die Donau die Nordgrenze Bayerns.

Die oberpfälzische Mundart unterscheidet sich recht erheblich von dem sonstigen Bayerischem, was auch darauf hindeutet, daß hier am Regen eine eigenartige Gruppe innerhalb des gemeinsamen Stammes saß.

Bald nach Unterwerfung der *Thüringer* wandte sich die *fränkische* Macht gegen Südosten, gegen die Bayern, deren Land nun zugleich vom Norden her, von *Donau, Main* und *Altmühl,* und seit auch die *rätischen Alemannen* (536) aus *ostgotischer* in fränkische Herrschaft getreten waren, vom Westen, vom Lech aus, von den jetzt unmittelbare Nachbarn gewordenen Franken bedroht war, ziemlich bald nach dieser Umklafterung trat – so will es scheinen – auch deren natürliche Folge ein, die Unterwerfung durch die Übermacht. Daher mochte der Stamm der Franken, zu deren Reich sie nun gehörten, verdeckt werden.

Es scheint der Anschluß an das in Bildung wie Macht weit überlegene Reich ohne sehr heftige, lange während Kämpfe erfolgt zu sein, sonst würde doch bei *Gregor,* der Zeitgenosse der Einverleibung war, irgend etwas darüber berichtet sein, auch die Zeitgenossen *Jordanis* und *Prokop* wissen nichts dergleichen. Wir finden um das Jahr 555 den ersten geschichtlichen Herzog des Stammes, *Garibald I.,* bereits in Abhängigkeit von *Chlothachar I.,* der damals *Austrasien* erbte.[2] Zuerst ge-

---

1 Riezler I, 19.

2 Es ist ein bedauernswerter Irrtum, daß (nach Vorgang *Baumanns) Riezler* die fragliche Stelle für eine späte Einschiebung erklärt, mit bestem Fug hat *Mommsen* in seiner Ausgabe sie beibehalten.

VIERTES KAPITEL · DIE BAYERN 605

nannt wird der Name von Völkertafeln von 520[1], dann von *Jordanis*[2] und *Fortunatus Venantius*.[3]

Bald nachdem Jordanis geschrieben (551/552), reiste Venantius (565) auf dem weg aus *Italien* nach *Gallien* durch ihr Gebiet, er sagt: „Ich kam über die *Drave* in *Noricum,* über den *Inn* im Lande der *Breonen* (Brenneranwohner), über den *Lech* nach Bayern (Liccam Bojoarie transies), über die *Donau* in *Alemannien,* über den *Rhein* aus *Germanien"*, umgekehrt schickt er sein Buch über das Leben des heiligen *Martinus* auf dem selben Wege aus Gallien nach Italien, er redet zu der Handschrift: „Du gehst nach *Augsburg,* das *Wertach* und *Lech* bespülen – dann, wenn dir der Weg frei bleibt und nicht der Bayer sich auf demselben dir entgegenwirft, geh über die Alpen, dort wo die Ortschaften der *Breonen* liegen" (d. h. über den Brenner)[4]. Sie waren offenbar die „grimmen Völkerschaften" (ferae gentes) gewesen, gegen deren Andringen *Theoderich* der Große die *Etschlinie* befestigen ließ, also standen sie 510–520 schon jenseits des *Brenners*, sonst wäre doch wohl *dieser* leicht zu sperrende Paß befestigt worden, denn die (rätischen, nicht keltischen) *Breonen* waren nicht stark genug, sich mit den Goten zu messen, sie wurden alsbald spurlos – bis auf die Ortsnamen[5] – teils im Süden von den Romanen, teils im Norden von den *Alemannen* aufgesogen, im Osten drangen auch *Slawen (Slowenen, Karantanen,* oben) ein, so in das *Pustertal.* Nach dem Sinken der ostgotischen Macht breiteten sich die Bayern südlich des *Brenners* bis gegen *Trient* hin aus, dies wurde 569 langobardisch, aber die Grenze zog bei (dem jetzt auch verwälschten) *Deutsch-Metz,* und da die Langobarden der Verrömerung nicht widerstanden, während die Bayern die unter ihnen sitzenden Romanen größtenteils verdeutschten, gestalteten sie sich später zur Grenze zwischen deutschem und wälschem Volkstum. Jetzt ist bekanntlich die deutsche Sprachgrenze etwas zurückgewichen, sie läuft auf den Wasserscheiden zwischen *Noce* und *Etsch,* dann zwischen *Etsch* und *Avisio,* in dem sie bei *Salurns,* dem südlichsten deutschen Ort, die Etsch überschreitet[6]. In den letzten beiden Menschenaltern wurde absichtlich von der k. u. K. Regierung der *Habsburger* das Vordringen der Wälschen begünstigt. –

Den Bayern fiel nun also die schwere Aufgabe zu, an ihrer Südostgrenze nicht nur die *Slawen* abzuwehren, welche bis an die Höhen der Alpen und stellenweise über diese gedrungen waren, auch die *Avaren,* welche zumal seit dem Abzug der *Langobarden* aus *Pannonien* nach *Italien* sich mächtig nach Westen ausgebreitet und zum Teil als Beherrscher von *Bulgaren* und *Slawen (Slowenen, Karantanen),* die *Enns* erreicht hatten.

1 *Müllenhof,* Abhandl. der Berliner Akademie von 1862 S. 538.

2 Getica c. 55.

3 Denn eine frühere Erwähnung des Namens *Byzanz, Dethier,* Augsb. Allg. Zeit. 1876. Nr. 302 S. 4603, ist doch wahrlich allzu schwach gestützt und zu nebelhaft.

4   Pergis ad Agustam, quam Virdo et Licca fluentant,

    . . . .

    si vacat ire viam *nec te Bajoarius obstat,*

    qua vicina sedent Breonum loca, perge per Alpem.

Vita S. Martini IV. („gerauft" haben sie offenbar schon damals gern, wie seit Ariovists, Marabods und Marc Aurels Tagen bis 1870!)

5 Hier müssen wir *Ludwig Steubs* ehrenvoll gedenken, der die *nicht keltische,* sondern *rätisch-tuskische* Sprachzugehörigkeit der *nichtromanischen* und *nichtgermanischen* Ortsnamen in *Tirol* nachgewiesen hat, Rätische Ethnologie 1854.

6 Riezler I, 74.

606 DRITTES BUCH · DIE IM FRÄNKISCHEN REICH VERSAMMELTEN GERMANEN

Es ist gar nicht undenkbar, daß schon *Theuderich I.* (511–533) gleich nach Unterwerfung der *Thüringer* (531) die Anfänge zur Heranziehung auch der Bayern eingeleitet hat, wie das Vorwort zum Bayernrecht besagt, daß „er bereits das Recht habe aufzeichnen lassen der *Franken, Alemannen* und *Bajuwaren* nach deren Rechtsgewohnheit", auch gewiß die uns erhaltene Lex Bajuvariorum *nicht* diese Aufzeichnung ist. Sein Sohn Theudibert (5333–548) aber hat gewiß auch über das Bayernland bereits Oberhoheit ausgeübt, da er dem Kaiser schreiben kann, er habe seine Gewalt längs der *Donau* bis *Pannonien* ausgedehnt. Zu jener Zeit (555) steht an der Spitze des Stammes unter Oberhoheit des *austrasischen* Königs nur ein Fürst aus dem Geschlecht der *Agilolfingen*, er ist bereits Christ und katholisch – ebenso seine Tochter – nicht Arianer. Man darf vielleicht vermuten, das die fünf Geschlechter alten bajuvanischen Volksadels, die *Huosi, Drozza, Fagina, Hahilinger, Anniona*, welche noch im 7. Jahrhundert dem herzoglichen sehr nahe stehen – ihr Wehrgeld beträgt das Zweifache, das des Herzogs das Vierfache des Wehrgelds der Gemeinfreien – später unterworfene Geschlechter alter *markomanischer* und *quadischer Gaukönige* waren. Denn daß nach Auflösung der verfrühten Einherrschaft *Marobods* Markomannen und Quaden jahrhundertelang nicht unter je einem Volkskönig, sondern unter einer Mehrzahl von gleichzeitigen Königen – standen, ist zweifellos. Die Entwicklung aus dem Gaukönigtum des Stammes hat sich hier wohl allmählich wie bei den *Westgoten, Alemannen, Franken, Angelsachsen, Nordgermanen* vollzogen. Das nämlich jene fünf Geschlechter – nicht Dienstadel, sondern alter Volksadel – nicht erst unter dem Herzog oder dem Frankenkönig und durch diese emporgekommen sind, geht gerade aus ihrer geringen Zahl, bei einem Volk das von *Bonzen* bis *Eger*, von *Eichstädt* bis nach *Ungarn* hinein siedelte, also Millionen zählte, schlagend hervor, dienstdle Geschlechter in Bayern gab es später viel zahlreicher.

Ob aber die Agilolfingen selbst eines dieser alten bajuvarischen Gaukönigsgeschlechter waren oder erst bei der Unterwerfung durch die *Merovinger* aus einem fränkischen oder einem *langobardischen* – der Name begegnet sonst nicht bei Bayern, nur häufig bei Langobarden und selten bei Franken[1] – zur Beherrschung des Stammes im fränkischen Sinne eingesetzt wurden, das entzieht sich der Entscheidung. Ebenso, ob die fünf königlichen Geschlechter erst durch die königliche Oberhoheit und durch Einführung der fremden Agilolfingen als Herzöge beseitigt wurden, oder ob die bajuvarischen Agilolfingen bereits das Einkönigtum errichtet und jene fünf Geschlechter unterworfen hatten, als sie ihrerseits von den Merovingern unterworfen wurden, oder endlich ob die Merovinger die Agilolfingen als eines der sechs gauköniglichen Geschlechter vorfanden, alle sechs unterwarfen, aber den Agilolfingen als Herzögen Überordnung über den anderen fünf gewährten.

Das *Paulus Diaconus* Garibald und dessen Nachfolger *Tassilo I.* den Königstitel beigelegt, beweist durchaus nicht, daß sie ihn führten, drückt nur aus: Paulus wußte, diese Bajuwarenfürsten hatten früher eine fast königliche Machtstellung. Die Nachfolger *Chlothachars I.*, zumal *Childibert II.*, sollen nach späten, also wenig verbürgten Nachrichten minder günstig zu Garibald I. sich gestellt haben. Indessen, der Sohn *Tassilos* (I.) hieß *Garibald* (II.), war also wohl der Enkel Garibalds I. und die Aufeinanderfolge der drei Agilolfingen wurde also nicht unterbrochen. Tassilo I. erfocht

---

1 Die Namen *Agilulf, Garibald, Chrodoald, Grimoald, Fara* begegnen uns sonst nie bei Bayern, *Grimoald, Fara* bei *Langobarden, Agilulf, Chrodoald, Faroald* auch bei *Franken*.

VIERTES KAPITEL · DIE BAYERN 607

(592) einen großen Sieg über die Slawen, während ein späterer Feldzug scheiterte (die törigen Helden hatten wohl wieder einmal keine Vorposten aufgestellt!) Im Jahre 630 fochten Bayern sieghaft gegen die Slawen *Samos*, bald darauf erfolgt die auf fränkischen Befehl vollzogene Ermordung der aufgenommenen *Bulgaren*[1]. Nun hören wir erst 680 wieder von den Bayern, Herzog *Alahis* von *Trient* schlägt den Bayerischen Grafen von *Bozen*. Gegen Ende des 7. Jahrhunderts begegnet uns nun ein agilolfingischer Bayernherzog *Theodo*, daß er einen gleichnamigen Vorgänger gehabt habe, ist nicht genügend bezeugt, ebensowenig, daß dessen Gattin jene *Renigunde* gewesen, die in einer sehr späten Urkunde (erst aus dem Jahre 1116!) als Schenkerin von *Tittmoning* an *Nonnberg* genannt und als „Königin" bezeichnet wird, wodurch die Glaubhaftigkeit wahrlich nicht steigt. Theodo wirkte für Bereitung des Christentums im Lande, das freilich gleich von Anfang als Bekenntnis seines Hauses erscheint.

Die privatrechtlicher Auffassung der Staatsgewalt ist die gleiche bei den *Agilolfingern* wie bei den *Merovingern*, auch Theodo I. teilt sein Herzogtum vor seinem Tod unter seinen Söhnen *Theodebert* (den er früher während einer Krankheit zum Mit-Herzog bestellt), *Grimoald* und *Tassilo II.*, vielleicht auch wurde der bald verstorbene vierte Sohn bedacht. Aber schon bei Lebzeiten des Vaters, der erst ca. 718 starb, wurde die Herrschaft den Söhnen verliehen, während Theodo, der Vater, die alte wichtige Römerstadt an dem nördlichen Punkt der *Donau*, *Regensburg*, für Jahrhunderte die Hauptstadt des Herzogtums, als Herrschersitz festhielt, wurde Theodebert *Salzburg* Grimoald *Freising* als Hauptstadt zugeteilt.

Wir sahen bereits und werden noch genauer sehen (unten *Langobarden*), wie Theodebert, der also Südbayern beherrschte und mit den *Langobarden* grenzte, in die Thronkämpfe dieses Volkes verflochten wurde, mit welchen übrigens alte Beziehungen bestanden, nicht nur verwandtschaftliche der Agilolfinger mit einem langobardischen Königshaus, viel ältere und tiefere. Der Ruhm *Alboins* lebte in bayerischer Heldensage fort, man hat auch noch nicht bedacht, daß Bayern und Langobarden, beide suebisch (später) *oberdeutsch*, Nachbarn waren schon seit die Langobarden gen Südosten gezogen und in *Pannonien* neben den *Quaden* und *Markomannen* = Bayern siedelten und abermals Nachbarn wurden, seit 568 im *Etschgebiet* bei *Trient-Bozen*, und diese Nachbarschaft war doch regelmäßig eine freundliche, nur ausnahmsweise vernehmen wir von Gefechten an der Grenze, wie sie jenen Verhältnissen gar nicht fehlen konnten. Ja, Bayern und Langobarden hätten noch dringenderen Grund zum Zusammenhalten gehabt als die alte suebische Gemeinschaft, waren sie doch natürliche Verbündete gegen den gemeinsamen Feind ihrer Selbständigkeit, den *Franken*, wie ja auch unter *Karl dem Großen* ein Bündnis zwischen *Desiderius* und dessen Eidam *Tassilo* zu drohen schien. Gerade deshalb durften die fränkischen Machthaber nicht dulden, daß Wirren in dem bayerischen Herzogshaus durch langobardisches statt durch fränkisches Einschreiten geschlichtet würden.

Als bei den Langobarden zu Anfang des 8. Jahrhunderts in dem Kampf um die Krone *Ansprand* von *Aribert* geschagen wurde (s. unten Langobarden), floh ersterer mit seinem Sohn *Liutprand* über *Chiavenna* und *Chur* nach Südbayern, wo Theode-

---

1 Ich finde soeben mit Freude, daß auch *Riezler* I, 78 die Agilolfinger *Chrodoald* und dessen Sohn *Fara* nicht für Herzoge der Bayern hält. Ersterer ist vielleicht der mit einer Schwester Childiberts II. vermählte gleichnamige in vita St. *Columbani* c. 24, nach *Riezler* lebte schon Chrodoald nicht in Bayern, sondern in Francien, sehr möglich, ich nahm dasselbe bestimmt nur für Fara an.

608 DRITTES BUCH · DIE IM FRÄNKISCHEN REICH VERSAMMELTEN GERMANEN

bert waltete, und lebte neun Jahre an dessen Hofe zu *Salzburg*. Im 10. Jahr, etwa 712, versuchte Ansprand mit bayerischer Waffenhilfe seine Wiedereinsetzung: eine Schlacht bei *Pavia* blieb zwar unentschieden – nach dem Langobarden *Paulus* siegte sogar Aribert – allein dieser wich nach Pavia zurück und fand den Tod (s. unten Langobarden): Ansprand gewann die Krone also durch bayerische Waffen, und als er nach drei Monaten starb, folgte ihm *Liutprand*, welcher sich alsbald mit Theodeberts Tochter *Guntrud* vermählte, nachdem deren Bruder *Hugbert* dem Vater Theodebert gefolgt war. Zwischen *Hugbert* von *Salzburg* und *Grimoald* von *Freising* (oben) scheint aber Feindschaft bestanden zu haben: sonst würde doch schwerlich Liutprand Besitzungen Grimoalds im *Etschtal*, zumal Meran (über Verbindung zwischen Freising und Meran s. das Leben Sankt *Corbinians* unten) dem Oheim seines Schwagers entrissen haben. Da schritt aber *Karl der Hammer* in Bayern ein: nicht aus Feindschaft gegen Liutprand, mit welchem er vielmehr in guter Freundschaft stand: – trat er doch wie Liutprand gegen Grimoald, nicht gegen Hugbert auf! – allein nachdem die Frankenmacht aus merovingischen Verfall durch die *Arnulfinger* wieder emporgehoben war, konnte deren Träger nicht dulden, daß ein anderer als er die Streitigkeiten in dem Hause Agilolfinger entscheide: Bayern sollte, wie *Alemannien*, zum Reiche wieder herangezogen, nicht fremdem Einfluß überlassen werden. In zwei Feldzügen wurde Grimoald von Karl besiegt: wir erfahren nicht, ob die nächste Veranlassung des fränkischen Angriffs die Weigerung Grimoalds war, Karls Oberhoheit anzuerkennen oder sich dessen Entscheidung in einem Streit mit Hugbert (und worüber? über die Teilung des Herzogtums?) zu fügen: im Jahre 724 führte er *Biltrud*, Grimoalds Gemahlin, und deren Nichte *Swanahild* aus Bayern mit fort, welche ihm im folgenden Jahre jenen *Grifo* gebar, der dereinst seinen Halbbrüdern noch viele Mühen schaffen sollte.[1]

In einem zweiten Feldzug (728) wurde Grimoald ermordet, seine Söhne ließ Karl nicht in des Vaters Erbe folgen: sie fanden den Untergang. Hugbert scheint nun wieder das ganze Herzogtum, Karl treu ergeben, beherrscht zu haben bis 737: ohne Zweifel gehörten seine Bayern zu den „Nordvölkern", welche die Araberschlacht bei *Cenon* entschieden: es ist eine ansprechende Vermutung[2], daß die Verleihung von Kirchengütern bei *Auxerre* (748) an sechs bayerische Edle zur Belohnung für Kriegsdienste erfolgt ist. Hugberts Nachfolger (ca. 737) *Oatilo (Odilo)* war nicht dessen Sohn, jedenfalls aber ein Agilolfinger, vielleicht Sohn *Tassilos II*. Sehr bald tritt dieser so selbständig auf, daß Karl bei der Reichsteilung von 741 über Bayern sowenig wie über *Aquitanien* verfügt;[3] auf der großen *austrasischen* Reichs- und Kirchenversammlung vom 21. April 742 (Ort ungenannt) fehlen die Bayern. Denn schon 741 (oder Anfang 742) gleich nach Karls Tod (21. Oktober 741) war dessen Tochter *Hiltrud* auf Anstiften Swanahilds[4] nach Bayern entflohen und hatte sich, gegen den Willen ihrer beiden Brüder *Pippin* und *Karlmann*, mit ihrem Gesippen Oatilo vermählt, welchem sie im folgenden Jahr – es ist das Geburtsjahr auch *Karls des Großen* – jenen *Tassilo III*. gebar, der der letzte agilolfingische Herzog werden sollte. Im Jahre 743 zog *Pippin* aus, den unerbetenen Schwager zu unterwerfen, der, mit seinen Nachbarn, den *alemannischen* Herzog *Theudibald* im Westen und den *Slawen* im

---

1 III, 785 f.; s. daselbst auch über die Verwandschaftsverhältnisse. Über das Jahr 724 gegen 725 wie *Riezler* I, 80 ebenda S. 784.

2 *Riezler* I, 80.

3 III, 828.

4 Über diese und Grifos Erhebung III, 828, 839.

VIERTES KAPITEL · DIE BAYERN

609

Osten, aber auch mit den *Sachsen* und sogar mit den fernen *Aquitaniern* im Bund, sich der fränkischen Oberhoheit zu entziehen gerüstet war. Dem von Westen heranziehenden Feind trat Oatilo an der alten Westgrenze des Bayernlandes, dem *Lech*, entgegen, in wohl verschanzter Stellung. Geraume Zeit – 15 Tage lang – standen sich die beiden Heere hier am Grenzfluß gegenüber; die Franken hörten deutlich die Hohn- und Scheltworte, welche ihnen die Bayern vom Ostufer aus zuriefen. Vielleicht sagenhaft, wenn Sage, aber gute, echte Sage ist, was von *Sergius*, einem im Lager der Bayern weilenden Legatus des Papstes *Zacharias* an Oatilo, berichtet wird. Derselbe gebot Pippin unter Berufung auf einen – wohl erfundenen – päpstlichen Auftrag, von dem Angriff auf die Bayern abzusehen. Pippin kehrte sich begreiflichermaßen nicht daran, setzte in der folgenden Nacht an einer von beiden Lagern abgelegenen Stelle, wo der Gebirgsfluß breiter und daher untiefer oder ungleicher dahin zog, unvermerkt über, teilte seine Haufen und griff das Lager zugleich in Rükken und Flanke an. Grimmig wehrten sich die überraschten Bayern, viele Franken fielen, aber das Heer Oatilos wurde nahezu vernichtet: mit wenigen Gefolge entkam der Herzog bis über die zweite Hauptverteidigungslinie seines Landes, über den *Inn* zurück. Unter den Gefangenen befanden sich Bischof *Gavibald* (so, nicht Garibald) von *Regensburg* und jener Legat *Sergius*, dem der Sieger nun mit geistvoller Überlegenheit zurief: „Ei, Herr Sergius! Nun haben wir es erkannt, daß Ihr nicht Sankt Petri Stellvertreter seid. Haben wir Euch nicht gesagt, weder Sankt Peter noch der Herr Papst verbieten uns, unser Recht an den Bayern zu nehmen? Nun hat Sankt Peter *uns* geholfen, und nach dem Urteil Gottes gehören die Bayern und ihr Land zu der Herrschaft der Franken!" Zweiundfünfzig Tage heerten nun die Sieger, wohl auf der Verfolgung gegen den Inn, also nach Osten, in dem Lande; der Herzog selbst wurde gefangen und über den *Rhein* abgeführt, kehrte jedoch nach Vertrag mit beiden Hausmeiern im folgenden Jahre wieder als Herzog in sein Land zurück, von dem aber (damals?) der *Nordgau* (nördlich der *Donau*, westlich von *Regensburg*) abgetrennt wurde betreffs Verbindung mit *Ostfranken*: dadurch wurde der Weg für den Aufmarsch der Franken bei einem etwaigen neuen Aufstand erheblich abgekürzt: Tassilo III. sollte das spüren. Oatilo hielt nun Treue, bis er starb.[1] Wir sahen bereits, wie *Pippin* durch Grifos Flucht und Anmaßung des Herzogtums – er hatte Hiltrud und den jungen Tassilo III. gefangen – genötigt wurde, 749 wieder nach Bayern zu ziehen: diesmal wurde aber kein Widerstand geleistet: Grifo, der, obwohl Graf *Suidger* vom *Nordgau* und der Alemannenherzog *Lantfrid* zu ihm hielten, wenig Anhang gefunden zu haben scheint, floh gleich bis über den *Inn*, und als Pippin sich anschickte, diesen Fluß auf Schiffen zu überschreiten, unterwarfen sich unter Geschenken und Geiselstellung die mit Weib und Kind auf das Ostufer Geflüchteten;[2] Pippin setzte nun den siebenjährigen Tassilo, seinen Neffen zum Herzog ein, unter Obhut seiner Mutter (bis diese 754 starb). Wahrscheinlich wurde Tassilo schon damals genötigt, in das Verhältnis der Vasallität zu treten. Er zog in Person, 14 Jahre alt, also wohl gerade als waffenfähig anerkannt, 756 unter Pippin gegen die *Langobarden*;[3] im folgenden Jahre mündig geworden, leistete er auf dem Reichstag zu *Compiègne*, feierlich, auf die Heiligen (d. h. Reliquien), und die zusammengefalteten Hände in die des Königs legend, den Vasalleneid und gelobte wie Pippin so

---

1 18. Januar 748. III, 853; anders *Riezler* I, 83.

2 Über Grifos Ausgang III, 865.

3 III, 902 sein Heerbann wohl schon 754.

610 DRITTES BUCH · DIE IM FRÄNKISCHEN REICH VERSAMMELTEN GERMANEN

dessen Söhnen *Karl* und *Karlmann* Treue. Das Gleiche taten viele bayerische Große. Pippin überließ ihm nun die innere Regierung des Herzogtums: selbstverständlich verfügte er aber über das bayerische Aufgebot als Teil des fränkischen Reichsheeres: gewiß fochten die Bayern mit gegen *Sachsen* 758 und in *Aquitanien* (760, 762), wenn auch Tassilos Anwesenheit im fränkischen Lager nur für 763 bezeugt ist. Wir sahen, daß er dies Lager damals plötzlich verließ, nach Bayern eilte und erklärte, er werde Pippins Antlitz nie wieder schauen: wir kennen die Beweggründe des wankelmütigen, von widerstreitenden Eindrücken hin und her gezogenen Jünglings von 21 Jahren nicht.[1] Bald reute ihn des kecken Schrittes: er wollte des Papstes *Paul I.* Vermittlung anrufen: aber der *Langobardenkönig Desiderius*, der sehr mit Recht in einem den Franken feindlichen Bayern einen höchst wertvollen Verbündeten erblickte, verwehrte den vom Papst behufs der Vermittlung abgeschickten Gesandten die Durchreise durch sein Gebiet, und es gelang ihm nun in der Tat solche Annäherung an den Agilolfinger, daß er diesem seine Tochter *Liutberga* vermählte (zwischen 765 und 769). Eine Zeitlang – aber freilich nicht auf die Dauer – schien es sogar, als ob gerade diese Heirat den Agilolfinger und die fränkische Krone einander näher bringen solle. Pippin, der in Person durch jenen Abfall gekränkt worden, war gestorben: zwischen *Karl*, dem als *austrasischem* Herrscher Bayern würde zugehört haben, und seinem Vetter Tassilo III. vermittelte mit Erfolg der wackere Bayer *Sturm*, Abt von *Fulda*, (der in den letzten Jahren Pippins, vielleicht auch wegen der Haltung seines Heimatlandes, in Abgunst geraten war), so daß es ihm gelang, zwischen beiden „auf mehrere Jahre Freundschaft herzustellen". Vielleicht trug dazu bei, daß Karl auf Betreiben seiner Mutter damals des Herzogs Schwager zu werden gedachte. Vielleicht auch steht Tassilos Reise nach *Italien* (769) hiermit in Zusammenhang. Als nun aber (771) Karl Liutbergas Schwester verstoßen und die Freundschaft mit Desiderius sich in bittere Feindschaft verkehrt hatte, da mußte selbstverständlich Tassilos Verschwägerung mit dem Langobarden das Verhältnis des Agilolfingers zu Karl sehr übel gestalten. Als jedoch 773/4 der längst vorauszusehende fränkisch-langobardische Krieg ausbrach, blieb Tassilo unbeteiligt. Das heißt, er hatte nicht die Einsicht zu begreifen (oder den Mut nach solcher Einsicht zu handeln), daß jetzt die letzte Möglichkeit winkte, im Bund mit Desiderius sich der Franken zu erwehren oder andererseits in treuer Erfüllung der Vasallenpflicht auch gegen den Schwiegervater sich Karl tief und dauernd zu verpflichten. Karl schonte klug des Schwachen: er bot den bayerischen Heerbann nicht auf; war das Langobardenreich einverleibt, war Widerstand des alsdann von drei Seiten angreifbaren Bayernlandes nicht mehr möglich. In dem spanischen Feldzug von 778 werden dann auch die Bayern sofort aufgeboten einfach nach der Untertanen- und Heerbannpflicht:[2] Ganz ebenso untätig wie seines Schwiegervaters Untergang sah Tassilo 787 seines Schwagers *Arichis* von *Benevent* Unterwerfung zu: ja, er bemühte sich abermals, den Papst als Vermittler gegenüber Karl zu gewinnen, nachdem ein Gefecht zwischen Franken und Bayern bei *Bozen* (784) das Grollen zwischen beiden vielleicht mehr aufgedeckt als erst herbeigeführt hatte. Wir haben die Schritte, welche von da ab den letzten Agilolfinger rasch bergab führten, bereits betrachtet: Tassilo brachte es weder über sich, die so oft beschworene Treue zu halten, noch als Vorkämpfer der Freiheit seines Stammes, Schwert in Faust, an der Spitze seines Heerbannes zu fallen: folgerichtig endete er im Kloster. Man hat, das widerstandslose Erliegen von 787 zu erklären, wohl mit Recht auf die

---

1 Vermutungen III, 934.
2 Anders *Riezler* I, 163.

VIERTES KAPITEL · DIE BAYERN

Parteinahme des Papstes, der den Eidbrüchigen bannte, Gewicht gelegt – daher seine eignen Bischöfe, wie *Arbeo* von *Freising*, gegen Tassilo standen:[1] „er war schon früher", sagt Tassilo, „dem König Karl und den Franken treuer als mir selbst und nahm ihm reiche Güter, die er teils *Frauenchiemsee*, teils, wie *Innichen*, Salzburg gab". Es wurde auch hervorgehoben, daß gar manche bajuvarische Edelinge lieber den fernen König als den nahen Herzog zum Herrscher haben mochten, wie jener *Poapo*, der in der Zeit des Trotzes Tassilos wider Pippin gleichwohl nach dessen Königsjahren urkundet, während sonst bayerische Urkunden jener Zeit Pippins gar nicht erwähnen.[2] Diese kamen aber aus dem Regen in die Traufe, da sie nach Tassilos Absetzung den kraftvollen Schwäher des Königs, *Gerold*, als „Präfect" auf den Nacken gesetzt erhielten. Das Entscheidende war 787 offenbar gewesen das erdrückende strategische Auftreten des großen *Feldherrn* Karl gegenüber einem Tassilo, der offenbar nichts weniger als ein Held war.[3] Nicht ohne Bedeutung sind die Vorgänge bei der vorletzten Unterwerfung Tassilos auf dem Lechfeld (30. Oktober 787): er überreicht dem König einen Stab, dessen oberes Ende in eine Mannesgestalt auslief (homo, homagium), ließ ihm damit das weiland von Pippin empfangene Herzogtum auf und erhielt es nun zurück, jedoch indem auch der ganze Bayernstamm nun den Treueeid leistete; Tassilo stellte 12 Geiseln und als 13. seinen Sohn *Theodo*, den er schon 777, obwohl höchstens 11 Jahre alt, als Mitherzog bestellt hatte. Zweifelhaft bleibt doch, ob *damals* jene Bestimmung in das Bayernrecht von Karl eingefügt wurde, wonach der vom König eingesetzte Herzog das Geschenk der herzoglichen Würden verwirken soll, wenn er so keck, hartnäckig, frech, aufgeblasen, übermütig und rebellisch sein sollte, einen Befehl des Königs zu mißachten. Auch soll er erwägen, daß er dadurch jede Hoffnung auf den Himmel und die Frucht von Christi Erlösungstat verliere. Daß trotz Tassilo's zweifellosen Bruches auch dieser Versprechungen von 787 das Todesurteil von 788 nicht zu Recht begründet war, wurde bereits gezeigt. Sehr schlimm aber spricht gegen ihn, daß seine Bayern selbst als Ankläger wider in auftreten zu *Ingelheim*, also nicht einmal als Held und Opfer des Stammestrotzes gegen die „Fremdherrschaft" des Reiches fällt er.[4] Er starb an einem 11. Dezember ungewissen Jahres; die späte Klosterlegende, dankbar dem Wohltäter so vieler Klöster, läßt den Helden erst nach heldenhaftem Kampfe geschlagen, gefangen, von dem grausamen Karl (wie, ebenfalls erfunden, Desiderius) geblendet, aber dann von Engeln zu dem Altar geleitet werden. Die Wahrheit aber ist, daß der in Abwehr und Bekehrung der Slawen und vielfach in der inneren Verwaltung seines Landes – wie schon mancher Agilolfinger – verdienstvolle Fürst durch seine Schwäche, seine Willenskleinheit von dem Maß eines tragischen Helden ausgeschlossen bleibt; Agilofingern begegnen noch im XI. Jahrhundert in Bayern.[5]

Die weiteren Schicksale Bayerns von 788–814, auch die Bedeutung der nochmaligen Vorführung Tassilo's auf einem *Reichstag* (794) haben wir bereits dargestellt. Wir sahen, wie Karl das Stammesherzogtum mit der Absetzung Tassilo's eingehen ließ, wie dann der alemannische Graf *Gerold* von der *Bertholdsbaar*, der „praefectus Bavariae", bis zu seinem Heldentod (1. Sept. 799) das Land schützte, erweiterte (sein Nachfolger

---

1 *Riezler* I, 16.

2 *Riezler* I, 166.

3 Wenn er sich auch auf einem Kelche dux fortis nannte; *Riezler* I, 168.

4 Über das Schicksal seiner Sippe; die dort nicht genannten Töchter hießen *Cotani* und *Hrotrut*.

5 *Riezler* I, 171.

612 DRITTES BUCH · DIE IM FRÄNKISCHEN REICH VERSAMMELTEN GERMANEN

wurde der ebenfalls tüchtige Seniskalk *Audulf*, Graf des *ostfränkischen Taubergaues*, †
818), wie es Karl bei den *Avarenkriegen* zum Ausgangs- und Stützpunkt seiner Bewegungen diente, wie es bei der Reichsteilung von 806 König *Pippin* zugedacht war,
abgesehen von dem als Teil Ostfrankens König Karl zugesprochenen *Nordgau* mit den
Höfen *Ingolstadt* und *Lauterhofen*.

Man darf beklagen, daß äußere, von dem kernstarken Stamme nicht verschuldete
Umstände seit dem 11. Jahrhundert etwa dessen Machtentfaltung gehemmt haben.
Ja, schon früher war die Abscheidung des Nordgaues von dem Herzogtum Bayern
ein schwerer Nachteil: damit wurde der Zusammenhang mit dem Norden und We-
sten völlig abgeschnitten. Kraftvoll hat darauf die Kraft der Bayern sich nach Süd und
Ost gewendet: allein nun traf das Herzogtum der schwere Schlag, daß im Süden, wo
es bis *Bozen* gereicht hatte, *Tirol*, der noch viel schwerere, daß seine alten Marken
Österreich und *Kärnten* von dem Herzogtum losgerissen wurden: so wurde der
Stamm – als *politische* Einheit – zwischen *Inn, Lech* und *Donau* eingezwängt. Was er
gleichwohl geschichtlich geleistet hat, ist die Verdeutschung all seiner von *Avaren,*
Slawen, Magyaren mehr verwüsteten als bebauten Ostgrenzlande. Daß diese Gebiete
in unseren Tagen durch eine selbstmörderische, staatzertrümmernde Staatskunst
wieder entdeutscht werden, ist nicht Schuld des Bayernstammes in Bayern und
Österreich. Im übrigen sei nur daran erinnert, daß die vornehmsten Träger unserer
ersten klassischen Dichtungszeit, der mittelhochdeutschen, *Wolfram* und *Walther*,
Bayern sind, und daß das Hochdeutsch, das alle Stämme heute vereint, die Sprache
der Kaiserurkunden Ludwigs des Bayern ist, welche, seither die Sprache der kaiserlichen Kanzlei, von Luther in der Bibelübersetzung angenommen wurde.

Die inneren Zustände des Landes, das später *„Baju-varien"*, „Bayern" hieß, in der
keltisch-rätisch-römischen Zeit wurden bereits ausführlich dargestellt; ebenso das
Wenige, was wir von der Verfassung der *Markomannen* und *Quaden* wissen bis zu
ihrer Westwanderung (ca. 500) unter dem Namen „Bajuwaren". Es sei in Kürze daran
erinnert, daß auch diese beiden (suebischen) Völkerschaften je in eine Mehrzahl von
Gauen gegliedert waren: König eines solchen Gaues – jedenfalls Markomanne[1] – war
vielleicht ursprünglich *Ariovist* gewesen, schon bevor er wegen der in *Gallien* durch
Eroberung begründeten Machtstellung von dem römischen Senat des Königstitels
gewürdigt wurde. Wir sahen, wie dann *Marobod*, der nicht König, nicht einmal Graf
gewesen war, aber einem der ersten volksedlen Geschlechter angehörte, sich zum
König der ganzen von ihm nach *Böhmen* geführten Völkerschaft aufschwang, ja, eine
Einherrschaft auch über andere benachbarte Völker errang, welche, vielfach nach
römischem Vorbild gestaltet, eine kurzlebige Verfrühung war. Wir wissen bestimmt,
daß diese Einherrschaft wieder zerfiel und daß in dem *„Markomannenkrieg"*
(166–180) eine Mehrzahl von markomannischen und quadischen Gaukönigen nebeneinander stand, auch über benachbarte *Jazygen* herrschen solche. Noch in der
alten Heimat wird eine Markomannenkönigin *Fritigil* zur Zeit des heiligen *Ambrosius*
(gest. 397) bezeugt, welche bereits ihren Gemahl für das Römer-, vielleicht auch für
das Christentum gewonnen hat. Außer den königlichen Geschlechtern werden auch
damals Volksedle bezeugt. Soviel aus der Vorgeschichte der Bayern als *„Markoman-*
nen" und *„Quaden"*.

---

1 Das glaube ich, Die Landnot der Germanen (Festschrift für *Windscheid*), Leipzig 1888, S. 14,
dargewiesen zu haben. – Über jene Vorgeschichte der Bayern vgl. *Kirchmayer*, Die Quaden.
Brünn 1888.

VIERTES KAPITEL · DIE BAYERN

Wir sahen bereits (oben), welche Vermutungen – mehr sollen es nicht sein – über das Verhältnis des herzoglichen Hauses der Agilolfinger zu den fünf volksedlen Geschlechtern möglich sind.

Die Einwanderung erfolgte höchst wahrscheinlich nicht im Norden durch den *Böhmerwald*, sondern im Süden die *Donau* aufwärts[1], also zunächst in das alte *Noricum*, erst später nach *Rätien*: zuerst nach Österreich ob der *Enns, Niederbayern, Oberbayern*, dann im Norden in die Gebiete von *Oberpfalz* und *Regensburg*, endlich nach *Salzburg* und *Deutsch-Tirol*. Wahrscheinlich kam es nicht viel zu Kämpfen: die vornehmen und reichen Römer hatten schon vorher das viel bestürmte Land verlassen, *Odovakar* hatte (488) die letzten römischen Besatzungen aus den Donaustädten abgeführt, denen sich von den römischen Einwohner anschließen durfte, wer wollte, und gewiß sehr viele anschlossen. Die Zurückbleibenden waren Sklaven, Colonen: nur ganz vereinzelt und ausnahmsweise wird sogar so tief südlich, wie der *Brenner* liegt, ein edler Romane *Dominicus*, ein reicher *Quartinus* von dem Volk der *Noriker* und *Pregnarier* (ein Clan-Name; über Römer in *Regensburg* unten) erwähnt.[2] Was über Kämpfe bei der Einwanderung berichtet wird, gehört der Sage an, aus der geschichtlichen Kern zu schälen nicht mehr möglich ist.

Der Tassilokelch; im Stift zu Kremsmünster

Man darf auch hier nicht, wie es früher so allgemein geschehen und noch zu häufig geschieht, durch die Phrase „Stürme der Völkerwanderung" die Vorstellung pflegen, daß jene langsamen Bewegungen plötzlich wie ein Bergsturz alles Alte, Vorgefundene vernichtet, ausgetilgt hätten. Wir wiesen bereits darauf hin, daß die zahlreichen, heute noch fortlebenden keltischen und römischen Namen von Flüssen, Gebirgen, Wäldern dartun, wie die Germanen sie von der im Lande vorgefundenen keltisch-römischen Bevölkerung vernommen haben mußten, aber aufgenommen – dauernd – in die Sprache der Einwanderer konnten jene ihnen nichts bedeutenden Fremdwörter doch nur dann werden, wenn sie dieselben nicht von den davon Flüchtenden zum Abschied zugerufen erhielten – die dazu gewiß keinen Grund hatten – sondern wenn sie die Flüsse und Berge wie die im *Lande Bleibenden* nennen mußten, um sich

---

1 *Riezler* I, 47.
2 *Riezler* I, 55.

614 DRITTES BUCH · DIE IM FRÄNKISCHEN REICH VERSAMMELTEN GERMANEN

mit diesen zu verständigen. In Bayern sind nun keltisch-römisch (zuweilen auch rätisch-römisch) *Donau, Regen, Enss, Inn, Isar, Amper, Lech*, die beiden *Glon*, die *Partnach*, der *Kelsbach*, der *Kinzingbach*, zweifelhaft ob auch die *Wirm* und die *Abens*.[1] Dazu kommen die Städte- und Ortsnamen *Lorch, Wels, Linz, Ischl, Kuchl, Hallstadt*, (Reichen-)*Hall, Passau, Künzing, Regensburg, Pfünz, Pfunzen, Partenkirchen, Valley, Scharnitz*. Dazu zahlreiche Bergnamen mit *Kar (Karwendel)*. Sehr häufig sind im Gebirge – selten im Flachlande – die mit *Walch, Wälsch, Wal, Waller, Walchen* zusammengesetzten Ortsnamen, was alles den „*Walah*" = Fremdsprachigen[2] bezeichnet. Und in erfreulicher Übereinstimmung hiermit steht es, daß wir in solchen Gegenden, z, B, am *Walchensee*, aber auch in anderen, deren römische Besiedlung wir bestimmt kennen, wie z. B. in *Partenkirchen*, eine starke dunkelhaarige und dunkeläugige Bevölkerung heute noch antreffen.

Gegen Süden hin geschah übrigens das Vordringen der Bayern langsamer: das lag in der Natur der Sache, d. h. der Bege, welche einerseits den Widerstand erleichterten, andererseits weniger zur Ansiedlung lockten (daher finden wir an den *Bergseen* so zähe Namen und Volksart der Walchen haften); die Täler wurden zuerst germanisiert, weil und sofern sie bereits urbar gemacht waren. Während so die Einwanderer bald von *Enns* im Osten bis *Lech* im Westen und *Fichtelgebirge* im Norden reichten, scheint der „*Südgau*" lange nur bis zum *Zillerbach* gereicht zu haben. Der *Inn* entspringt noch nach *Fortunatus* (565) nicht im Lande der ihm wohl bekannten Bayern, sondern der *Breonen*.[3] Jedoch das ist Unkenntnis: noch während *Theoderichs* des Großen Regierung überschritten die Bajuwaren nicht nur den Inn, wo sie im Westen zweifellos[4] bereits auf *Alemannen* von dem *Engadin* her stießen, auch den *Brenner*: denn nicht den *Brennerpaß*, die *Etschlinie* bei *Trient* befestigt und verteidigt Dietrich von Bern gegen die „grimmen Völker der Barbaren", d. h. eben gegen die Bayern.

Dagegen ist nicht[5] anzunehmen, daß *damals* schon die Bajuwaren im Pustertal *Slawen* angetroffen hätten, nannten auch später diese das Tal das „öde" (Pustrissa), d. h. (durch Kämpfe?) verödete. Erst gegen Ende des 6. Jahrhunderts können Slawen soweit vorgedrungen sein, wurden aber bei *Lienz*, dem alten *Aguntum*, von den längst vor ihnen angelangten Bayern zurückgeworfen. Die Grenze Bayerns mit ihnen wurde (im Südosten) „die Wasserscheide zwischen *Rienz* und *Drau*, die mit den *Langobarden* aber der Abfall des *Nonsbergs* in das *Etschtal*".[6] Erinnerung an feindliche und an friedliche Beziehungen zu *Theoderich* dem Großen hat die bayerische Sage bewahrt, welche lange von Dietrich von Bern zu erzählen wußte; vielleicht sind auch in den „*Römern*", welche bei *Brixen* von dem Bajuwarenkönig *Adalger* und dessen Bannerwart *Volkvin* besiegt wurden, *Ostgoten* zu suchen: allein diese Sagen[7] haben sehr früh so üble Zutat von Gelehrtenfabeln erdulden müssen, daß sie für die Geschichte kaum verwertbar sind.

Über Mischung und Verhältnis der beiden Volkstümlichkeiten erfahren wir sehr wenig: der „*edle Dominicus*, Angehöriger des *Breonenvolkes*" auf dem castrum *Wipitna* bei *Sterzing* bezeugt, daß nur staatsrechtliche Unterwerfung, nicht Verknechtung, der *reiche Quartinus*, daß nicht Beraubung der Romanen stattgefunden hatte; auch

---

1 *Riezler* I, 50.

2 Von *Volci* umgestellt, wie *Müllenhoff*, Alterstumskunde, scharfsinnig nachgewiesen.

3 Über all dies trefflich *Riezler* I, 52, dem ich hier nur dankbar folgen kann.

4 Zweifelnd *Riezler* I, 52. – 5 Mit *Riezler* I, 52. – 6 *Riezler* I, 53. – 7 Ebenda, S. 49.

VIERTES KAPITEL · DIE BAYERN

im *Salzburgischen* begegnen nicht nur Vollfreie[1], sondern edle Römer, *Milo* nobilis, *Dignolus* nobilis. Von Landteilung erscheint keine Spur. Wenn es nicht Zufall ist, daß bei Aufzählung der Zeugen in der Urkunde die Germanen *Paldink, Volkhardt, Oadalker, Wolfkrim, Mahtun, Liutold* voranstehen den Romanen *Secundo, Lupo, Urso, Johannes, Seviro, Orilius, Dominicus, Passivus, Currentius,* so erhellt daraus, daß sogar in des Romanen Urkunde den Eroberern ein Vorzug eingeräumt wurde.[2] Höchstwahrscheinlich doch ließ man nach dem Grundsatz des persönlichen Rechts auch hier die – wenig zahlreichen – freien Römer nach römischem Recht fortleben: daß auch die römischen Zeugen in jener Urkunde als in gesetzlich vorgeschriebener Weise (nach bayerischem Recht) „am Ohre gezupft" bezeichnet werden[3], beweist nicht das Gegenteil:[4] gerade im Urkundenwesen ist wohl einzelnes Germanische in Römisches – wie so oft umgekehrt – herübergenommen worden. Die Namen der von Quartin verschenkten Unfreien sind römisch: *Urso, Secundina, Mora, Marcellina,* ausgenommen *Tata.*[5]

Daß später gar keine Spur mehr von römischem Recht hier begegnet, abgesehen von der Kirche, erklärt sich daraus, daß die wenigen *freien* Römer bald aufgesogen wurden von den Bayern: wie ja in ganz Südgallien umgekehrt aus dem gleichen Grunde die germanischen Stammesrechte, das *burgundische, westgotische,* die beiden *fränkischen,* die doch ohne Zweifel hier anfangs gegolten hatten, verdrängt wurden durch das römische Recht, weil hier die Germanen von den Romanen aufgesogen wurden. Helles Licht wirft auf diese Dinge das benachbarte *Alemannien*: hier waren im Norden wohl gar keine (freien) Römer im Lande geblieben bei der höchst gewaltsamen Durchbrechung des limes schon unter *Gallienus* ca. 250, daher hier keine Spur von Rücksichtnahme auf Römer, dagegen im Süden – in *Graubünden, Currätien,* wo Römer so massenhaft sitzen blieben, und wenige Alemannen (später mehr Burgunder) eindrangen, daß heute noch dort romanisch gesprochen wird – sehen wir nicht nur die römischen Beamtungen fortbestehen, es lebte dort auch selbstverständlich das romanische Recht fort, so daß noch ca. 850 dasselbe in der *Lex romana Curiensis* (aus der Lex Romana *Wisigothorum* geschöpft) besonders aufgezeichnet wurde. Wenn nun noch im 12. Jahrhundert „*Latini*" im *Oberinntal* und in *Absam* bei *Hall* im *Unterinntal* auftreten, obzwar die römischen Namen immer seltener werden, während im *Vinstgau* noch im 16. Jahrhundet die „*Romansche*" Sprache überwog und bis heute noch im *Enneberg, Grödnertal, Ampezzo, Buchenstein* und *Fassa* zusammen etwa noch 20 000 „Ladiner" leben[6], wird man in jenen Landschaften für die Zeit des ersten Eindringens der Bayern gewiß Fortbestand des römischen Rechts (in rein römischen Fällen) annehmen müssen.

Mit Recht hat man[7] darauf hingewiesen, daß, während die *Langobarden* in *Italien* romanisiert wurden (doch übrigens auch nur langsam!), die Bayern jenseits der Al-

---

1 So *Riezler* I, 55.

2 So *Riezler,* I, 54, aber in anderen Urkunden stehen die Germanen im Anfang und am Ende, die Romanen in der Mitte.

3 „Testes legitime per aures fracti." Über diese Rechtssitte, die Merksamkeit zu wecken und festzustellen *J. Grimm,* R.-S. 857.

4 Wie *Riezler* I, 55 meint.

5 Anders *Riezler,* I, 54, aber vergl. Den *Langobardenkönig Tatto* und zahlreiche *Tato, Tata* bei *Förstemann* Spalte 1143.

6 *Riezler,* I, 55.

7 Ebenda S. 56.

616　DRITTES BUCH · DIE IM FRÄNKISCHEN REICH VERSAMMELTEN GERMANEN

pen nicht nur ihr Volkstum wahrten, sogar die Romanen größtenteils germanisierten, und scharfsinnig hat man die Ursachen des Unterschieds darin gefunden, daß die Bildung des viehzüchtenden Bergvolks der *Rhäto-Romanen* zwar wohl der der Bajuwaren überlegen war, aber doch nicht so gewaltig wie die römische in den Städten und Ebenen *Italiens* der der Langobarden, sowie vor allem darin, daß die Langobarden keinerlei germanischen Nachschub mehr erhielten, während die Bayern südlich der Alpen, äußerste Vorhut ihres Stammes, fortwährend Verstärkung und Erfrischung vom Norden her empfingen.[1]

Die Einwirkung der römischen Kultur auf die Einwanderer darf nicht unterschätzt werden. Wer Jahrzehnte lang südlich und westlich von *Main* und *Elbe*, dann nördlich und östlich dieser Flüsse gelebt hat, nimmt an unzähligen kleinen und großen Dingen wahr, wie von Italien aus ein breiter, mächtiger Strom südlicher, romanischer Kultur im weitesten Sinn höchst wohltätig sich fühlbar macht, der zwischen *Main*, *Weser* und *Elbe* schwächer wird und Weser und Elbe nicht mehr zu überschreiten vermag. Dieser italische Einfluß ist zwar zum Teil, aber doch nur zum Teil, erst später durch den *lombardischen* Einfuhrhandel und den innigen, etwa sechshundertjährigen Zusammenhang Deutschlands, vor allem aber Süddeutschlands mit Italien (vom 962–1550 etwa) herübergetragen worden: aber auch früher schon ist solche Einwirkung wahrnehmbar in Hausbau, Hausschmuck, Hauseinrichtung, Kunst, Kunsthandwerk, Handwerk, Waffen, Gerät, Kleidung, in Ackerbau, Weinbau, Obstbau und später Gemüsebau, in den Arten der Herdentiere und deren Zucht, vor allem aber drückt sich der romanische Einfluß in den sehr zahlreichen *vulgär-lateinisch-italienischen* Wörtern aus, welche in der bayerisch-österreichischen Mundart, und zwar nicht etwa in die Schreibweise der Gebildeten, sondern in die Redeweise des ungeschulten Volkes, den Norddeutschen unverständlich, übergangen sind. Auch diese Aufnahme ist zum Teil wenigstens schon in der Zeit der ersten Berührung der Einwanderer mit den im Lande gebliebenen und den nahe benachbarten Romanen erfolgt; auch haben die Bayern ja bereits als Markomanen und Quaden in ihren alten Sitzen jahrhundertelang einen durch Verträge geregelten Grenzverkehr und Handel gepflegt.

So begreift sich daß, da der Hausbau der Germanen ursprünglich ausschließlich *Holzbau* gewesen war, die Ausdrücke für die erste von den Romanen erlernten *Stein*bauten namentlich aus dem Latein entlehnt wurden, übrigens selbstverständlich nicht bloß bei den Bayern, sondern aus der gleichen Ursache bei allen Germanen: so Mauer, Turm Fenster, Söller (solarium), Kemenate (caminata sc. camera), Kalk, Ziegel, Mörtel.[2] Regensburg, das im 8. Jahrhundert geschildert wird[3] als „gar nicht zu erobern, von Quadersteinen erbaut, überragt von Türmen, reich an Brunnen", ist von den Bayern so vorgefunden[4], höchstens noch nachgebessert worden. Auch das Netz der *Römerstraßen*, welches Bayern durchzog und das heute noch so vielfach wahrnehmbar, ist damals gewiß noch zum großen Teil beschritten und befahren worden, sonst wäre nicht von ihnen das Wort „Straße" (strata sc. via) in unsere Sprache übergegangen.[5] Den *Weinbau* lernten die Bayern erst jenseits des *Brenners*, daher die zahlreichen romanischen Kunstausdrücke in diesem Betrieb (wie die *slawischen* im

---

1　*Riezler*, I, 56, ganz ebenso waren Franken vor Goten hierin bevorzugt.
2　*Hehn*, Kulturpflanzen und Haustiere II. Ausgabe 1874 S. 121. Ich füge bei „Pforte".
3　Von *Aribo* irtas Emeramni Acta 55 ed. *Bolland*. Scpt. V, p. 475. I, 6.
4　*Riezler* I, 57.
5　*Riezler* a. a. O.

VIERTES KAPITEL · DIE BAYERN 617

Bergbau), desgleichen mit derselben Wirkung die *Almenwirtschaft* erst im bayerischen Vor- und Hochgebirge: *Alm* ist doch wohl aus *Alpe* entstanden[1], *Senn* aber wohl nicht aus lateinische *senior*, sondern aus althochdeutsch *senn* (vgl. seni = skalk, aber gewiß nicht aus der nur ingwäonischen „*Sahne*"" der Berliner! *Kaser* dagegen aus Vulgärlatein *casa*, nicht wohl[2] von Käse, bayerisch allerdings *Kas*, aber auch in diesem Fall wär' es entlehnt, den richtiger Ansicht nach ist althochdeutsch chasi aus lateinische caeseus entlehnt.[3] Ebenso sind romanisch „*Schotten*" und die Alpenkräuter *Speik, Marbl* und *Madaun*.[4] Selbstverständlich folgt aus der Entlehnung von caseus nicht, daß die Germanen nicht schon vor der Berührung mit den Römern Käse gekannt (und *germanisch* benannt; nordgermanisch: „ost") hätten – als ob sie auch die Rosse erst von den Kelten oder Römen überkommen hätten, weil sie dieselben keltisch „Pferd" (von paraveredus) und vulgärlateinisch „Gaul" (von cavallus) nannten! – nur die kunstvolle *Art* der Käsebereitung, eben des *römischen* Käse, wie sie aus lateinisch pistor „Pfister" aufnahmen[5], obwohl sie doch gewiß nicht erst von den Römern das Backen gelernt haben; ebenso verdrängt „Pfeil" von lateinisch „pilum" altgermanische Namen für diese Art von Geschossen. Ähnlich haben die Einwanderer gewiß in anderen Wirtschaftszweigen viel von den Römern gelernt; daß sie in der Ackerwirtschaft das römische Colonatwesen vielfach fortbestehen ließen, haben wir gesehen.[6]

Unerheblich sind die Mischungen der Bayern mit anderen Volksstämmen, nur die *Alemannen* sind vom Westen her tief in den Süden vorgedrungen; man[7] nimmt an, die vor Chlodovech weichenden Alemannen seien von Theoderich im heutigen bayerischen *Schwaben* angesiedelt worden, aber schwerlich erstreckte sich der Ostgoten Macht so weit nordöstlich der Alpen! Dagegen haben sich Alemannen *von selbst* im *Süden* bis an eine Linie im Osten vorgedrängt, welche man[8] wohl richtig von *Augsburg* nach dem *Ammersee*, über den *Kochelsee, Lermoos, Telfs, Oetztal, Finstermünz* bis zur *Malserheide* zieht. Die wenigen mit „*Sachs*-" zusammengesetzten Ortsnamen[9] mögen zum Teil auf von Karl angepflanzte *Sachsen* deuten, aber der Volksname „*Sachs*" wurde oft *Personen*-Name und von *Personen*-Namen sind viele Ortsnamen abgeleitet. Das gilt auch von den mit *Frank*- zusammengesetzten Ortsnahmen, die sich aber bezeichnenderweise nördlich der *Donau* finden.

Die von uns bestimmt zurückgewiesene Beimischung von *Goten* kann man daher gewiß nicht auf Ortsnamen stützen, welche den Namen „*Skir*-" enthalten: „Skir" bedeutet einfach heiter, hell, und *Skiro* kann Personenname gewesen sein, ohne jeden Bezug auf die gotischen Skiren. Dagegen scheint noch immer nicht die Vermutung[10] – mehr soll es nicht sein – widerlegt, daß die Bewohner des Burggrafenamtes *Tirol*

---

1 S. *Schmeller*, bayer. Wörterbuch II. Ausgabe durch *Fromman*.
2 Wie *Riezler* anheimstellt I, 58.
3 *Grimm*, Wörterbuch V. Spalte 248.
4 *Riezler* I, 58. *Schmeller*.
5 *Riezler* I, 58.
6 Deutsche Geschichte I b, 65.
7 *Riezler* I, 6. 61.
8 Ebenda.
9 Nach *Riezler* c. 17 in dem Ortsverzeichnis der *Bavaria*.
10 Zuerst von uns (1861) aufgestellt, dann vielfach von *Steub, Zingerle, Busson* und anderen angenommen. Auch nicht von *Riezler*, I, 62.

618   DRITTES BUCH · DIE IM FRÄNKISCHEN REICH VERSAMMELTEN GERMANEN

bei *Meran* und in *Passeier* Überbleibsel der *Ostgoten* sind, welche nach der letzten
Schlacht am *Vesuv* vertragsgemäß über die Alpen zu anderen Barbaren abziehen
durften, auch wirklich abzogen und am Brenner die letzten Erhebungen versuchten.
Körperbeschaffenheit, Sage (vom *Rosengarten*, von *Dierich von Bern*), Mundart unterscheiden sie von den umwohnenden Bajuwaren, Schwaben und Romanen, sollte
auch *Gossensaß* am *Brenner* nur auf einen Personennahmen *Gozzo* zurückgehen.[1]

Die zahlreichen Ortsnamen auf „-reut (kreut, gereut), -ried, -schwend, -brand
-schlag, -hau, -metz" zeigen, wie die Bajuwaren das von Wald überzogene Land (daher die vielen Namen auf „-loh (loch), -hardt (har), -holz, -wald") mit Axt und Feuer
urbar gemacht haben. Es ist zu erinnern, daß die Römer nach der Eroberung das
Land entvölkert und durch ihre Kolonisten wohl nicht im alten Umfange wieder
bevölkert hatten; jedesfalls ist auch in Bayern wie sonst rechts vom Rhein die Rho-
dung in umfassender Weise erst unter *Agilolfingern* und *Karolingern* vollzogen worden. *Arebo* von *Freising* weiß freilich seine Heimat im 8. Jahrhundert schon hoch zu
preisen, während den Römern die Großartigkeit der Alpenwelt einfach „grauenvoll"
erschienen war.[2]

Nahezu die Hälfte des alten bayerischen Stammgebietes ist Alpenhochland:[3] das
erklärt die von jeher nachweisbare geringe Dichtigkeit der Bevölkerung, abgesehen
von den Städten, das erschwerte die wirtschaftlichen Fortschritte, hielt das Landvolk
großenteils in Armut fest. „Da ist es ein günstiges Zeugnis für die Begabung des
Stammes, wenn er trotz dieser Hindernisse[4] vielleicht schon am Ausgang der Karo-
lingerzeit, dann aber, durch die *Ungarnnot* nochmal zurückgeworfen, jedesfalls seit
dem Beginne des 11. Jahrhunderts seine (günstiger gelegenen) deutschen Nachbarn
in der geistigen Kultur einholt, ja im 12. Jahrhundert in einigen Richtungen derselben an ihre Spitze tritt."[5] Wenn in dem 17. Jahrhundert schon eine dumpfe geister-
stickende Nebelschicht auf den begabten Stamm sich niederläßt und bis zu Anfang
unseres Jahrhunderts das Land verfinstert hält, so ist dies wahrlich nicht der Geist
des *Katholizismus*, es ist der *Jesuitismus*, der wie ein giftiger Nebeltau seit dem Siege
der *Gegenreformation* in Bayern – im Zusammenhang mit einer oft viel mehr französischen als deutschen Staatskunst seiner Fürsten – das Land künstlich und gewaltsam
von dem Geistesleben in West-, Mittel- und Norddeutschland absperrte und zumal
die Schule für Mädchen wie Knaben – von der Dorfschule bis hinauf zur Hochschule
– unter seiner Zuchtrute und Verdumpfung hielt.[6]

---

1 Über slawische Einsprengsel im Süden, abgesehen von den *„Main-Wenden"*, s. *Riezler* I, 60;
   Tölz ist aber nicht slawisch, sondern rätisch, auch nicht der *Wendel*-stein (er heißt nicht Wen-
   den-stein). *Vandil* ist ein altgermanischer *Personen*-Name.
2 horrida; vgl. über das Naturgefühl der Antike *Ludwig Friedländer*, Sittengeschichte Roms V.
   Aufl. II. (Leipzig 1881), S. 179 f. und eine ganze ziemlich umfangreiche an jene Ausführungen
   sich knüpfende Literatur.
3 *Riezler*, I, 66.
4 Die Nähe Italiens wirkte freilich günstig, aber die Alpen bildeten doch eine gewaltige Scheidewand.
5 *Riezler* I.
6 Wir können uns nicht versagen, aus der vorzüglichen Darstellung *Riezlers* I, 67 von dem Leumund des Stammes einiges wörtlich anzufügen:
   „Überblicken wir seine ganze Geschichte, so dürfen wir wohl sagen, daß aus ihm weniger
   Forscher und Denker als Dichter und Künstler, weniger erleuchtete Staatsmänner als tapfere
   Kriegsführer und fromme Helden der Kirche hervorgegangen sind. Ausgezeichnet durch kör-

VIERTES KAPITEL · DIE BAYERN 619

Wir haben nun die Einflüsse der fränkischen Oberherrschaft auf das Land darzustellen; mit Recht hat man bemerkt, daß diese Oberherrschaft unvergleichlich mehr an Vorteilen als an Nachteilen mit sich brachte. Sie brachte die ganze römisch-gallisch-fränkische Kultur, auch das dazu gehörige Christentum, aber das wurde hier nicht mit Gewalt aufgezwungen. Der Verlust der staatlichen Selbständigkeit scheint nicht allzu schmerzlich empfunden worden zu sein; wir hören von Aufständen erst, als *alle* rechtsrheinischen Stämme sich vom Frankenreiche lösen, und zwar scheint die Erhebung mehr von dem Herzogsgeschlecht als von dem Stamme selbst auszugehen, der wiederholt dem Franken bereits vor dem Herzog sich unterwirft, ja zuletzt für den Frankenkönig gegen den eigenen Herzog Partei ergreift.

Vor allem das Christentum brachte den Bayern die Frankenherrschaft, oder doch die Kirche, denn die *Lehre* war schon den Markomannen des 4. Jahrhunderts be-

---

perliche Kraft, läßt der körnige Menschenschlag auch den inneren Gehalt nicht vermissen. Ein lebensfroher, heiterer Sinn, biedere Geradheit, Gutmütigkeit und Einfachheit bilden sein glückliches Erbe. Fremd und verhaßt sind ihm knechtische Unterwürfigkeit, Vielrednerei, süßliches und schmeichlerisches Wesen; doch die Rauhheit der eigenen Sitten artet leicht zur Rohheit aus. Als hochgewachsen und kräftig, liebreich und menschlich rühmt Bischof *Arbeo* seine Landsleute. *Nithard* von *Neuental* und *Wolfram* von *Eschenbach* bezeichnen ihre eigenen Landsleute als die „toerschen" Bayern.

Darf man das Beiwort, das damals sogar als stehendes erscheint, wohl auffassen als Ausdruck für jenen Mangel an Gewandtheit und Weltklugheit, für jene Unfähigkeit oder Ungeneigtheit, die eigene Kraft zur verwerten, oder doch die eigenen Vorzüge geltend zu machen, welche fremde Beobachter auch heute als weit verbreitete Anlagen bei den Bayern erkennen wollen? Auch in sittlicher Beziehung erscheint der Leumund des Volkes schon im Mittelalter nicht ungetrübt: doch entfällt zumal bei diesen Zeugnissen großer Anteil auf humoristische Spottsucht oder nachbarliche Reibereien. Heben wir immerhin aus der reichen Blumenlese, die sich bietet, die Vorwürfe der Ungastlichkeit, Trunksucht und Völlerei hervor. Die Sprache des bayerischen Stammes galt den Nachbarn als besonders rauh. Um so heller erklingt das einmütige Lob seines tapferen und kriegslustigen Sinnes.

„Chuoner Volk newart nimêre," rühmt das Rolandslied;
„Peiere vurin je ei wige gerno," das Annolied.

Gern deutet der Sänger des letzteren den Noricus ensis des Horaz auf „ein suert beierisch"; er meint, daß keine anderen besser bissen und daß dem Volke diese Stärke von jeher gut war.

„Ein pris, den wir Beier tragen," singt Wolfram von Eschenbach, „muoz ich von Wâleisen sagen; die sind toerscher denne beierisch her und doch bî manclîcher wer." Und im Gedicht von Biterolf und Dietleib heißt es von Bayern: „Von Streit redet da mehr ein Knecht denn dreißig Ritter anderswo."

Am Ausgang des Mittelalters begegnet dann die derbe, aber klassische Charakteristik Aventins, klassisch, weil ihre Übereinstimmung mit der heutigen Wirklichkeit die Richtigkeit und Schärfe der Beobachtung verbürgt. Anderseits deutet sie auf die Unvertilgbarkeit der Stammesnatur, indem sie den Wahrscheinlichkeitsschluß gestattet, daß Züge, die sich seit vierthalbhundert Jahren nicht verändert haben, auch vor tausend nicht viel anders waren. „Das bayerische Volk," sagt sein eigener Sohn und Geschichtsschreiber, „ist geistlich, schlecht (d. h. schlicht) und gerecht; es geht und läuft gern auf Kirchfahrten, zu denen es auch reichlich Gelegenheit hat, und legt sich mehr auf den Ackerbau und das Vieh als auf den Krieg, dem es nicht viel nachläuft. Es trinkt sehr, erzeugt viel Kinder, ist etwas unfreundlich und eigensinnig, weil es nicht oft hinaus kommt, sich gern daheim hält, wenig Hantierung treibt und fremde Länder ungern aufsucht. Die Kaufmannschaft achtet es nicht, und wie Kaufleute selten zu ihm kommen, sind im Lande selbst wenige, die großen Handel treiben. Tag und Nacht sitzt der gemeine Mann beim Trunk, schreit, singt, tanzt, kartet, spielt, hält große und überflüssige Hochzeit, Totenmahl und Kirchtag. Aber er ist ehrlich und unsträflich, gereicht keinem zum Nachteil, kommt keinem zum Übel."

620 DRITTES BUCH · DIE IM FRÄNKISCHEN REICH VERSAMMELTEN GERMANEN

kannt, und die in der neuen Heimat angetroffenen und beibehaltenen Romanen waren ja Christen seit ca. 350, daher sich die Verehrung christlicher Orts- und Landschaftsheiliger aus der Römerzeit in die heidnische hinein und durch diese hindurch bis auf die Gegenwart erhalten hat: der heiligen *Afra* in *Augsburg*, des heiligen *Valentinian in Tirol* (ca. 430), des von den *Herulern* (ca. 470) getöteten Priesters *Maximus* im *Salzburgischen*, der heiligen *Maximilian* und *Florian* in *Noricum*[1], wobei es für unsere Auffassung unerheblich ist, ob diese Heiligen auf Geschichte oder auf Legende beruhen. Sehr zweifelhaft ist aber freilich, wiefern die unter dem Römerreich gegründete kirchliche Einteilung des Landes fortbestand. *Rätien* und *Noricum* hatten zu dem Metropolitansprengel von *Aquilea* gehört mit den Bistümern *Augsburg* und *Lorch, Seben, Tiburnia* an der *Drave* und *Cilli*; letztere gingen unter, wenn nicht schon unter germanischem, sicher unter avarischem und slawischem Heidentum; *unterbrochen* war die Bischofsfolge wohl auch in *Augsburg, Lorch* und *Seben* durch die Germanen worden, obzwar nicht auf lange. Selbstverständlich war das rätisch-keltisch-römische Heidentum, das sich hier so seltsam gemischt hatte, nicht völlig von dem Christentum verdrängt worden, zumal auf dem Lande, in dem pagus (daher pagani, payen, paynim = Heiden) lebten Überbleibsel fort; die Heiden im *Salzburgischen*, welche *Sankt Severin* dafür straft, opferten nicht *Wotan*, sondern *Jupiter* (oder wahrscheinlicher jenen Misch-Göttern), denn Bayern saßen vor 482 gewiß nicht an der *Salzach*. Mit bestem Fug hat man aber bemerkt[2], von den unter ihnen als unterworfen lebenden romanischen Colonen und Unfreien würden die Eroberer das Christentum sicher nicht angenommen haben, sie habe es angenommen seit ca. 350, weil es die herrschende und unduldsam andere Religionen unterdrückende[3] *Staatsreligion* ihrer fränkischen Oberherren war; sie haben es angenommen als ein Stück der römisch-gallisch-fränkischen Kultur- und Staatswelt, in die sie eintraten, wie weiland die *Goten* und die *Franken* es als ein Stück der römisch-byzantinischen und römisch-gallischen Kultur- und Staatswelt angenommen hatten. Bevor wir aber die Siegesschritte des neuen Glaubens begleiten, müssen wir einen kurzen Blick werfen auf den besiegten und zertretenen alten Glauben.

Sonder Zweifel waren die Grundzüge des bajuvarischen Heidentums die gemeingermanischen, was durchaus nicht ausschließt, daß gemein-suebische oder markomannisch-quadische Eigenart dabei waltete in der Bevorzugung gewisser Götter oder der besonderen Ausgestaltung einzelner Götterwesen. So erfahren wir von den *Quaden*, daß sie zwar gewiß nicht ihre eigenen Schwerter anbeteten (1), wohl aber den Kriegsgott besonders verehrten und bei seinem Wahrzeichen, der gezückten Klinge, die feierlichsten Eide eideten. Der Name des Kriegsgottes (nordisch *Tyr*, althochdeutsch, zumal auch alemannisch *Ziu*) hieß den Bayern *Eru*, daher der Dienst-tag (Zius-tag, alemannisch noch Ziestag) ihnen heute noch Erchtag heißt. Die in christlichen Basiliken eingemauerten angeblich heidnisch-germanischen Götzen und mythologischen Skulpturen an Säulen in *Freising* und *Regensburg* läßt man vorsichtiger außer Betracht; sie sind wohl erst von Christen mit mancherlei Verunstaltungen geschaffen und als besiegte Dämonen, welche den Bau der Kirche tragen müssen, hineingemauert oder gehauen worden.

---

1 *Riezler* I, 89. *Huber*, Geschichte der Einführung und Verbreitung des Christentums in Südostdeutschland I, 1874.

2 *Riezler*, I. a. a. O.

3 S. den Beweis gegen die falsche Meinung D. Gesch. I. b., 731.

VIERTES KAPITEL · DIE BAYERN   621

Der schöne Runenspruch auf der Spange von *Nordendorf*: „mit teuerem Lohne
lohn *Wuotan* treue Freundschaft" (s. nächste Seite) ist zwar wohl eher alemannisch
denn bayerisch. Die (ohnehin selbstverständliche) Verehrung Wotans ist sicher bezeugt durch die reich entwickelte und heute noch viel im Lande verbreitete Sage vom
„*wilden Gejaid*"[1]. Besonders aber wurden die drei „*Nornen*", die „*drei saligen (seli-
gen) Fräulein*", gefeiert. *Frikka* heißt den Bayern die Berchtfrau, Frau *Berahta*, den
Thüringern die *Hollefrau* Frau *Holle*; sie ist nicht von Frikk zu scheiden[2], die *Isa* ist
wohl mehr alemannisch.

Die Bayern sind *Herminonen*, daher von ihrem göttlichen Stammvater *Ermin* so
viele bayerische mit Ermin zusammengesetzte Personennamen abgeleitet sind. Als
sie im Kreuzzug von 1101 „*Armenien*" kennenlernten, entstand aus gelehrtem Mißverständnis die Fabel ihrer Abstammung aus *Armenien* = *Ermenland*. Aber auch *Fro*
und *Paltar* erscheinen in Personennamen, dagegen *hadu* ist einfach Kampf, nicht
Hödur. Reicher als die Hauptgötter haben sich die elbischen und riesischen Mittelwesen in Aberglaube, Sage, Sitte, Spruch, Orts- und Personennamen erhalten:[3] also
Elben (Alb, Alp. Skrat, Wichtel), Riesen, Thrus, Riso, Fasolt, Witolt, aber der Orc,
franz. Ogr ist romanisch Orco, lat. Orcus; auch die Heldensage hat ihre Namen wie
Wate, Wiland, Wittich, Eigil, Orendil, Sigmund, Sigfrid hinterlassen. Die Formen der
Götterverehrung, Opfer, feierliche Umzüge mit Roß und Wagen (die St. *Leonhards-
ritte*), Gelübde, waren die gemein germanischen.[4]

Das *Christentum* wurde nun von den *Franken* verbreitet, wohin immer sie kamen.
König *Theudibert* schreibt mit Fug und Recht dem Kaiser, die Ausdehnung seines
Reiches bis an *Panonniens* Grenze sei ein „Fortschritt der Katholiken" d. h. des Katholizismus. Daher duldeten sie, wie wir sahen, nicht, daß Bischofssprengel ihres Reiches
außerfränkischen Metropoliten unterstellt blieben; daher klagt das Konzil von *Aquilea*
(591), daß unter *Theudibert* bereits die *norischen Bistümer von Aquilea* losgerissen und
mit Franken besetzt worden seien. Die *Agilolfinger* treten bereits als Katholiken in die
Geschichte ein. *Garibald I.* würde sonst nicht die katholische Frankenkönigin zur Ehe
erhalten haben, von der sich *Chlothachar* aus kirchlichen Rücksichten getrennt hatte[5],
und seine Tochter *Theudelindis* erwarb sich ja hohes Verdienst um Katholisierung der
Langobarden (s. unten). Allein mochte der Hof, fränkischem Einfluß meist zugänglich, früh den neuen Glauben angenommen haben, in die Masse des niederen Volkes
drang er noch lange nicht ein. Noch am Ausgange des *Pustertales* (wohin sie doch wohl
erst Ende des 6. Jahrhunderts gelangten) haben die Bayern bei *Meransen* hoch auf dem
Berg drei Gottheiten (den Nornen? Oder Wuotan, Donar, Eru?) ein Weihtum gegründet.[6]

Die Erfolge der Bekehrer im 6. Jahrhundert, *Eustasius*, Abt von *Luxeuil*, *Agilus*,
Agrestinus, ebenfalls aus Luxeuil, aber abweichend von *St. Columban*, und im 7. *Sankt
Amandus* unter *Dagobert I.* (ca. 630) können nach Ausweis der späteren Zustände
nicht so bedeutend gewesen sein, als die Lebensbeschreibungen sie preisen. Wie so

---

1 *Dahn* in der Bavaria I, 366. München 1860.

2 Wie *Riezler* I, 86.

3 *Dahn*, altgermanisches Heidentum im deutschen Volksleben der Gegenwart. Bausteine. I.
   S. 193. Berlin 1879 und Deutsche Gesch. I a, 298 f.

4 S. Bavaria I, 383.

5 Sehr treffend *Riezler* I, 90.

6 Ebenda.

oft, z. B. auch in *Skandinavien*, ließ das duldsame Heidentum die Bekehrer wohl predigen, gesellte auch etwa Gottvater, Christus, den heiligen Geist, die Erzengel, Engel und Heiligen seinen bisher verehrten Göttern bei, fuhr aber um so mehr fort, auch an diese zu glauben, als ja die Christenpriester selbst deren Vorhandensein nicht bestritten, nur daß sie nicht wohltätige, sondern schädliche Geister sein sollten. Es lief zuletzt – wie bei den Erwägungen *Chlodovechs* – darauf hinaus, ob man

Die Nordendorfer Spange. Silber. $^2/_3$ der Originalgröße

Dieses Schmuckstück ist, der mit einem niellierten Zickzack verzierte Streifen ausgenommen, vergoldet. Auf der Rückseite befinden sich an dem breiten viereckigen Teil noch die verrosteten Überreste des eisernen Drahtgewindes, durch welches die Nadel, von der das Gewand gehalten wurde, ihre Federkraft erhielt. Der hohle Bügel der Spange nahm die Gewandfalte auf und ein vorstehender gekrümmter Haken hielt die Nadelspitze fest. Die Nadel wurde wahrscheinlich, wie aus der Stellung der auf der Rückseite eingeritzten Runenzeichen zu schließen sein dürfte, mit dem breiten Teile nach *unten* getragen. Gefunden in dem großen Gräberfeld von Nordendorf bei Augsburg. – Die Deutung der beiden ersten Zeilen der Runenschrift ist nach F. Dietrich: lônâ thiorê (statt diorê) Vodân vinuth lônâth, d. h. mit *teuerem Lohne lohnt Wodan Freundschaft*. Nachschrift: athal oder abal Leubvinis, d. h. *Besitz*? oder etwa *Arbeit des Leubvnini*. Doch ist diese Deutung sehr zweifelhaft. – Im Besitz des histor. Vereins für Schwaben und Neuburg in Augsburg.

die christlichen oder die heidnischen Götter für mächtiger hielt, worüber die Meinung füglich leicht wechseln mochte. Es entstand besten Falls oft eine Mischung von Christentum und Heidentum, wie sie noch *Bonifatius* mit Entsetzen vorfindet. Bei der Lösung Bayerns von den Merovingern (650–690) konnte die königlich-fränkische Staatsreligion nicht wohl Fortschritte machen; erst gegen Ende dieses Jahrhunderts wurde auch in Bayern das Christentum herzoglich-agilolfingische Staatsreligion, und da nun gleichzeitig die arnulfingischen Hausmeier das Land wieder an das Frankenreich heranrissen und bald darauf wie im gesamten inneren Deutschland

VIERTES KAPITEL · DIE BAYERN   623

auch in Bayern die Bekehrungstätigkeit durch die ganze Macht des Frankenreiches gefördert wurde, traten denn nun ganz andere Erfolge ein.

Der „Apostel der Bayern" wurde Bischof *Ruprecht* (Hruotpert) von *Worms*, ein Gesippe der Merovinger.[1] Eingeladen von Herzog *Theodo* kam er (ca. 690) nach *Regensburg*, ging dann über *Lorch*, wo er zahlreiche Christen vorfand, an den *Walersee* (d. h. *Walen*, d. h. wohl auch *Christen*) bei Salzburg, baute hier die *Peterskirche* zu *Seekirchen*, wandte sich aber dann nach *Salzburg* selbst, dessen stolze Römerbauten großenteils seit der Zerstörung durch die *Heruler* von Wald überwachsen waren: die umwohnenden Romanen aber waren Christen. Der Herzog schenkte ihm hier alles Land zwei Meilen in der Runde, und der Bischof baute ein Mönchskloster und eine Kirche zu Ehren des hl. *Petrus*, des Schutzheiligen von *Worms*.

Bald wurde gegenüber den Mönchen auch ein Nonnenkloster gegründet. Ruprecht holte selbst seine Schwester *Arintrud* und zwölf Geistliche aus Worms und bestellte jene zur Äbtissin. Von Salzburg aus wurde nun das Land bekehrt, indem Ruprecht unermüdlich bis an seinen Tod ca. 712 umherzog; er wurde in seiner Peterskirche bestattet. Selbstverständlich konnte die Bekehrung nur gelingen, indem man die vorgefundenen heidnischen Gebräuche möglichst schonte und nur in christliche Formen kleidete. Der große Papst *Gregor* ging darin so weit, daß er sogar Roßopfer zu Ehren Christi duldete, was von unserem heutigen bayerischen Klerus wohl schwerlich gebilligt würde. Aber von dem geliebten Pferdefleisch ließen sie nun einmal nicht, die Heiden, und dem klugen Papst schien es besser, sie verzehrten es zu Ehren Christi als, wie sie es bei dem Verbot unzweifelhaft würden getan haben, abermals zu Ehren *Wotans* und *Donars*. Papst *Gregor II.* bezeichnet dann später 716 auch nur solche Speise als unrein, welche den Göttern war geopfert worden. So tranken auch die Bekehrten Ruprechts gar oft noch aus demselben Becher Christi und er Asengötter „Minne" (d. h. Ehren-Gedächtnis). Das Werk Ruprechts führte fort *Sankt Heimraban (Emeramn)*, angeblich Bischof von *Poitiers*; auf dem Wege zu den *Avaren* wurde er zu *Regensburg* von Herzog *Theodo* bewogen, statt dessen in Bayern zu bleiben (712–715). Der stattlich schöne Romane, der Frauen wie Männer gewann, mußte sich, des Deutschen (oder doch des Bayerischen) unkundig, eines Dolmetschs bedienen. Sein Untergang wird von der Legende in einer Weise berichtet, die auffallend, aber nicht unglaubhaft ist. Des Herzogs Tochter *Uta* war von *Sigbert*, dem Sohn eines Richters, verführt worden. Das Paar ruft des Bischofs Vermittlung bei dem Vater an, jener aber empfiehlt ihnen, die Tat ihm, dem Bekehrer selbst, Schuld zu geben. Darauf verläßt er Regensburg, angeblich nach Rom zu reisen. *Lantbert*, der Bruder Utas, eilt nun dem vermeintlichen Verführer nach, holt ihn bei *Grub* an der *Mangfall* ein: „halt da, Herr Bischof und Schwager!" schreit ihn der grimme Rächer an, und läßt ihn verstümmeln; sterbend wird er nach dem herzoglichen Hofgut *Aschheim* gebracht. Man hat an dem Bericht – ein einziger Priester, *Wolflek*, war von dem Heiligen eingeweiht – Anstoß genommen, allein wir sahen, daß diese heilige Sittenlehre die *Selbsterniedrigung* bis zur *Lüge* trieb, und hier wirkte noch der Beweggrund der Selbstaufopferung für fremde Schuld.

Der Herzog verbannte Lantbert und nahm Uta nach Italien mit (?), wohin er 715/ 16 sich begab, Papst *Gregor II.* zu Rom aufzusuchen, der dann drei Geistliche nach Bayern sandte, welche nach einer päpstlichen Anweisung vom 15. März 716 die Kir-

---

1 Daß er nicht früher, etwa gar schon in die Mitte des 6. Jahrhunderts hinaufzurücken ist, wie die *Salzburger* Überlieferung tut, ist nun dargewiesen, s. die Literatur für und wider bei *Riezler* I, 92.

624   DRITTES BUCH · DIE IM FRÄNKISCHEN REICH VERSAMMELTEN GERMANEN

che in diesem Lande einrichten sollten. Obwohl der Plan unausgeführt blieb, ist er wichtig: er deckt die Absichten Roms auf. Denn vor allem befremdet, daß darin von Sankt *Ruprechts* und von Sankt *Emeramns* bahnbrechender Vorarbeit völlig geschwiegen wird! Liegt darin auch nicht eine Verwerfung jener Männer, so doch die Absicht, die in Bayern herzustellende Landeskirche ohne jede Vermittlung von Franken als unmittelbar von Rom aus gegründet und daher auch nur von Rom zu beherrschen darzustellen. Eine große Landesversammlung soll vom Herzog berufen werden aller Priester, Richter und Vornehmen, auf welcher die Legaten des Papstes Willen verkünden: nur kanonisch beförderte Priester sollen fortab geduldet, die hiernach zulässigen nach Wandel und Wissen geprüft werden. Ein Erzbistum soll errichtet, diesem ein Bistum in jeder „provincia" unterstellt, die Bischöfe sollen von den Legaten vorgeschlagen, aber vom Papst bestätigt werden, ebenso der künftige Erzbischof. Leute, die nicht lesen und schreiben können, oder zum zweiten Mal, oder zwar zum ersten Mal, aber nicht mit einer Jungfrau verheiratet sind, dürfen nicht die Priesterweihe empfangen: (ein paar Jahrzehnte später duldet aber Bonifatius, d. h. Rom, verheiratete Priester gar nicht mehr, ebensowenig manichäische Ketzer („*Afri*"). Die Bischöfe werden gemahnt, das Kirchenvermögen tunlichst zu vergrößern, die Einkünfte werden in der bekannten kanonischen Weise geviertelt: für Bischof, Geistliche, Arme (dazu auch fremde Reisende) und das Kirchengebäude. Im übrigen werden heidnische Gebräuche bekämpft, die Unsterblichkeit auch des Fleisches und die ewige Verdammnis des Teufels und seiner Engel in die Hölle eingeschärft. Es ist wohl allzu kühn, die entgegenstehende Meinung, Satan werde nach dem Weltuntergang in seine frühere Engelswürde im Himmel zurückkehren, auf die heidnischen Vorstellung der Widerkehr der in dem Weltenbrand geläuterten Götter in das neue Walhall zurückzuführen; immerhin waren ja aber dem Volke die geliebten Götter längst als Teufel vor die Seele geführt, deren Erlösbarkeit nun etwa gehofft, weil gewünscht wurde.

Bald darauf kam an den Agilolfinger-Hof ein weiterer Bekehrer, Sankt *Corbinian* aus *Chartrettes* bei *Melun*, Sohn des Franken *Waltkiso* und der Romanin *Corbini*. Er errang den Ruf hoher Frömmigkeit schon zu Melun, *Pippin* ehrte ihn durch Erwähnung seiner Fürbitten und schenkte ihm ein Prachtkleid, das der Hausmeier sonst nur auf dem Märzfeld getragen. Auf der Reise nach Rom schon wurde er von Herzog *Theodo* und dessen Sohn *Grimoald* reich beschenkt – sie wollten ihn, wie Sankt *Emeramn*, festhalten – auf der Rückreise, er war von *Gregor II.* 715–735 zum Wanderbischof geweiht (?), wurde er zu *Meran* von Grimoald (dessen Vater 716? gestorben) wirklich aufgehalten und zog an dessen Hof nach *Freising*. Für dies Bistum erwarb er mit dem Gelde Pippins reiche Güter im *Vinstgau (Kortsch* bei *Schlanders)* und *Kains (Canina)* bei *Meran*. Er war ein heißblütiger Heiliger, wie etwa St. *Columban*. Er stößt mit dem Fuß die herzogliche Tafel um, daß die Silberschalen auf den Estrich klirren, weil der Herzog ein von dem Bischof bereits bekreuztes Stück Brot seinem Lieblingshunde gereicht; er springt auf und schreit, er wolle nichts mehr mit dem des Segens Unwürdigen gemein haben. Der Herzog hat alle Mühe, ihn durch Bitten und Geschenke zu versöhnen.[1] Eine „Doktorbäuerin", die durch Zaubersprüche des Herzogs krankes Söhnlein geheilt, züchtigt er, vom Gaule springend, mit Faustschlägen und schenkt, was sie vom Herzog zum Lohn erhalten – eine Kuh – den Armen. Er setzte auch durch, daß der Herzog seine schöne Gattin *Biltrud* verstieß, die Witwe seines Bruders *Theudibald*, weil die Kirche neuerdings solche Ehe verbot

---

1 *Riezler*, I, 101.

VIERTES KAPITEL · DIE BAYERN 625

(Konzil zu Rom V. April 721). Angeblich wollte in Biltrud dafür ermorden lassen, er floh auf Warnung seines Bruders *Erimbert* „vor dieser zweiten *Herodias*" nach *Meran* (721) und kehrte erst nach Grimoalds Ermordnung und Bildtrudens Gefangennehmung nach Nordbayern zu Herzog *Hugbert* zurück (den er aber doch wohl nicht erst jetzt getauft hat); er starb gleichwohl zu Meran (8. September 730), wurde aber von seinem Schüler und Nachfolger *Arbeo*, der sein Leben beschrieben hat, nach *Freising* überführt (769).

Einstweilen hatte bereits *Wynfrith-Bonifatius* auch für Bayern seine großartige Tätigkeit begonnen; es heißt einseitig protestantische Anschauungen des 16. oder 19. Jahrhunderts höchst widergeschichtlich in jene Zeit hinauf zu tragen, erhebt man gegen diesen wahrhaft großen Mann die Anklage, die „deutsche" Kirche Rom unterworfen zu haben. Die „deutsche" Kirche, d. h. die christliche in den den Franken unterworfenen, *später* „deutschen" Ländern, mußte römisch werden oder sie wurde gar nicht. Rückfall ins Heidentum, Zerfall in wüsteste Sektiererei, äußerste Roheit und Unbildung der Priester wäre die Folge des Versuchs einer „deutschen" (soll heißen fränkischen) Nationalkirche, getrennt von Rom, gewesen.[1] Seit 15. Mai 719 von Papst *Gregor II.* mit der Bekehrung der heidnischen Deutschen beauftragt und 30. Nov. 722 unter dem Namen Bonifatius zum Bischof geweiht, bekämpfte er (unter *Hugbert* 735) einen Ketzer *Eremwulf*, der bedenktlichen Zulauf in Bayern gefunden hatte. Auch sonst aber waren die Zustände der bayerischen Kirche nichts weniger als befriedigend, auch wenn man nicht den strengen römischen Maßstab eines Bonifatius anlegte. Von allen Bischöfen des Landes war nur *Burlo* von *Lorch-Passau* kanonisch geweiht, übrigend auch keineswegs nach römischen Ansprüchen geschult. Auf der Rückreise von Rom folgte er Herzog *Oatilos* Einladung, gliederte unter dessen und einer Landesversammlung Zustimmung Bayern in vier Bistümer, indem er Burlo bestätigte, und *Gawibald* (nicht Garibald) für *Regensburg*, *Erimbert* für *Freising*, *Johannes* für *Salzburg* weihte; das Konzil von *Reisbach* von 799 zeigt die Durchführung der Pfarreien in allen diesen Bistümern. Als aber (743–747) der *Nordgau* von Bayern getrennt wurde, gründete Bonifatius das Bistum *Eichstädt* (erster Bischof wurde sein Stammgenosse *Sankt Wilibald*), dem von *Regensburg* der Westen des Nordgaus, von *Augsburg* das *Sualafeld* zugeteilt wurde. Eichstädt wurde unter *Mainz* gestellt und auch nach Errichtung des bayerischen Erzbistums zu *Salzburg* belassen; es sollte der Nordgau wie staatlich so kirchlich völlig von Bayern getrennt werden und bleiben. Gleichzeitig wurde, wie es scheint, auch die von Bayern und Alemannen gemischt bewohnte Landschaft östlich von Lech durch *Pippin* von dem Bistum Augsburg gelöst und zu einem eigenen Bistum *Neuburg* erhoben, aber von Karl dem Großen (800) wieder Augsburg unterstellt, unter einem Bischof *Sintbert* (von *Staffelsee?* wohl nur Abt dieses Inselklosters).

Der größte Teil von *Tirol* gehörte zu dem Bistum *Seben*, damals (739) *langobardisch*, unter *Tassilo III.* wieder bayerisch, der *Vinstgau* gehörte von je zu dem Bistum *Chur*.

Der Kampf des Bonifatius gegen die heidnischen Vorstellungen und Gebräuche dauerte selbstverständlich fort, der wackre Herr hätte ihn noch heute zu führen. Dagegen überwandt allmählich, obzwar nicht ohne harten Kampf, die römische Zucht den Widerstand, welchen die in Bayern ältere, von Rom unabhängige, Rom vielfach widerstreitende *schottisch-irische Schule* leistete, geführt von dem Schotten

---

1 Das Richtige sowohl gegen die einseitig römische Auffassung *Hubers* als gegen die einseitig protestantische *Werners* Bonifatius 1875 bei *Riezler* I, 102.

626 DRITTES BUCH · DIE IM FRÄNKISCHEN REICH VERSAMMELTEN GERMANEN

Vergilius vom *Kloster Hy*, der nach des Johannes Tod das *Salzburger* Bistum verwaltete und mit Bonifatius vor Herzog und Papst heftig haderte; so bitter war der Groll der Salzburger gegen Bonifatius, daß in den Salzburger *Kirchenannalen* wie in dem *Verbrüderungsbuch* von *St. Peter* dessen Name nicht einmal erwähnt wird.

Für Verbreitung des Christentums in Bayern wurden wichtigste Burgen die zahlreichen Klöster: *St. Peter* und *Liebfrauenkloster* in *Salzburg, Maximilianszell* im *Pongau, St. Emeramn* in *Regensburg, St. Marien* zu *Freising*, dann *Willibalds* Kloster zu *Eichstädt*, das von dessen Bruder Wunibald und Schwester *Walburga* zu *Heidenheim*, für Mönche und Nonnen, des Britten *Sola* zu *Solnhofen, Weltenburg* durch *Wisund* von *Montecasino; Oatilo* stiftete *Niederburg* in *Passau* und *Niederaltaich, Pfaffenmünster* und *Osterhofen*, auch *Mondsee*. Unter König *Pippin* wurde *Tegernsee* gegründet von zwei Brüdern (vielleicht *Agilolfinger) Adalbert* (erster Abt) und *Otgar*, gleichzeitig *Ilmmünster, Isen* und *Altomünster*. Besonders zahlreich waren die Klöster in dem westlichen Vorlande der Berge, das zu *Augsburg* gehört; eine einzige Sippe, zwei Brüder *Waldramn* (Waltraban) und *Eliland* und ihre Schwester *Gaileswintha* (derselbe Name wie von *Brunichildens* Schwester), Verwandte Karls, daher vielleicht ebenfalls Agilolfinger, gründeten hier nicht weniger als acht: *Schlehdorf, Kochel, Staffelsee, Solling, Wessobrunn, Thierhaupten, Sandau* und *Silverstadt*; sie überragte *Benedictbeuren* 740 von Bonifaz geweiht: „hier gewahrt man, was diese Stätten der Frömmigkeit auch für die materielle Hebung des Landes bedeuteten; gleich bei der Gründung des Klosters wurde die *Loisach* überbrückt und durch das sumpfige Tal eine Straße geführt."[1] Der Vorgang ist geradezu artzeichnend: die Klöster wurden zugleich Ausstrahlungsorte der Landespflege und der Volksbildung wie des Christentums, zumal seit sie alle mit *Benediktinern* besetzt wurden, welchen ihres Meisters weise Regel wirtschaftliche Arbeit (neben geistiger und neben religiösen Pflichten) auferlegte.

Die ergiebigste Quelle für die *weltlichen* Zustände in dem Herzogtum ist auch hier die mannigfach ändernde und neuernde Aufzeichnung des alten Stammesrechts, der *Lex Bajuvariorum*. Während man früher mehrfache Redaktionen unterschied, ist durch neuere Untersuchungen dargewiesen gegenüber den älteren[2] Darstellungen, daß die drei allerdings deutlich unterschiedbaren Bestandteile der Lex nicht zu verschiedenen Zeiten geschaffen, sondern gleichzeitig zu einem Ganzen verbunden worden sind. Das Gesetz enthält I. Vorschriften über die Stellung des Herzogs und der Kirche: Titel I–III; diese, starken Einfluß des Frankentums bekundend, sind selbstverständlich in einer Zeit straffer Zugehörigkeit des Stammes zum Frankenreich entstanden, aber die Gegner schwanken von 510–683 bezüglich der Entstehungszeit. Geistliche wurden gewiß bei dem Kirchenrecht, die fränkische Oberregierung bei dem Herzogsrecht zugezogen. Tit. III spricht im Namen des Königs; Straf-

---

1 *Riezler*, I, 113, der mit Recht bemerkt, daß die Ungareinfälle des 9. und 10. Jahrhunderts gar manche Klöster, deren Spuren nur noch Ortsnamen auf -zell und -münster andeuten, zerstörten.

2 Von (Paul v.) *Roth*, über Entstehung der L. B. München (1848); derselbe zur Geschichte des bayerischen Volksrechts (1869). *Merkel*, d. bayer. Volks-R. in *Pertz* Arch. XI (1858). Von *Merkel* stammt auch die (ungenügende) Ausgabe in den Mon. Germ. Hist., Legg. III. *Quitzmann*, die älteste Rechtsverfassung der Bajuwaren, 1856, dazu aber *Dahn*, Bausteine II, 188. S. *Mutzl*, d. L. B. 1859. Waitz, in d. Nachrichten d. Götting. Gesellsch. d. W. (1869) und D. Verfass.-Gesch. II, 1. v. *Muth*, d. bayr. Volksrecht (1870). *Riezler*, Forsch. zur d. Gesch. XVI. Es scheint mir in vielen – obzwar nicht in *allen* – Stücken das Richtige gefunden, von *Brunner* I, 313 f. Dieser Teil (über die Rechtsquellen) ist der trefflichste des trefflichen Buches.

VIERTES KAPITEL · DIE BAYERN

recht, Privatrecht und Prozeß wurden verzeichnet unter Mitwirkung heimischer Rechtskundiger (judices). In II. ist das Alemannenrecht benutzt und zwar auf der Stufe *Lantfrids*; wörtliche Entlehnung und die Reihenfolge der Gegenstände zeigen, daß nicht etwa – sonder Entlehnung – Übereinstimmung der beiden Stammesrechte vermöge Urgemeinschaft vorliegt, sondern einfach Abschreiben, was freilich nur vermöge großer Ähnlichkeit des alten Rechts (und der neuen, Änderungen erheischenden Zustände) möglich war. III. Endlich ist das *Westgotenrecht* benutzt und zwar gleichfalls in wörtlichem Abschreiben, so daß nicht etwa eine (durchaus unwirkliche) gotische Beimischung bei Entstehung des Bayernstammes zur Grunde liegt. Überzeugend und scharfsinnig hat man nun die Entstehungszeit der ganzen Lex – *keine* Handschrift ist älter als ca. 780 – auf die letzten Regierungsjahre *Oatilos* festgestellt: sie ist jünger als Lantfrids († 730) Lex Alamannorum, sie ist älter als Tassilos Regierungsantritt (749), jünger als 739, indem sie mehr als einen Bischof in Bayern voraussetzt; sie ist entstanden unter einem merovingischen König, also nicht zwischen 737–743, da ein solcher fehlt. Die strenge Abhängigkeit Bayerns vom Frankenreich, welche die Lex voraussetzt, fand nun aber gerade zwischen 744 und 748 statt[1], da der gefangene Oatilo wieder zurückkehren und die Herrschaft übernehmen durfte. Nun ist allerdings auffallend, daß das in der Lex benutzte *Westgotenrecht* nicht das fortgebildete *Kindasvinths* oder *Rkisvinths* ist, sondern das der „antiqua“. Allein dies ist nicht so befremdend, wenn man die „antiqua“, richtiger Ansicht nach, auf *Rekared I.* (Ende des 6. Jahrhunderts) zurückführt, statt[2] auf *Eurich* (Ende des fünften). Das Rekaredsche Recht von ca. 590 war wahrscheinlich bei dem Beutezug *Dagoberts* in *Spanien* ca. 632[3] neben anderen nachweisbar davongeschleppten Handschriften nach Gallien gebracht und so im Frankenreich bekannt geworden. In den letzten 50 Jahren des Gotenreiches seit Rekisvinths Rechtsneuerung (660–711) hatte unseres Wissens keine Beziehung zwischen Franken und Goten mehr stattgefunden, diese Rechtsneuerung blieb also vollbegreiflichermaßen diesseits der *Pyrenäen* unbeachtet.

Ist es nun auch für unsere heutige Anschauung so gar befremdlich, daß bei der Neugestaltung eines Landrechts Stücke des Rechts eines fremden Volkes aufgenommen werden, und zwar in einer schon seit vielen Jahrhunderten veralteten Fassung? War doch das Corpis Juris Justinians, als es in Deutschland im 15. Jahrhundert als Rechtsquelle für die Deutschen aufgenommen wurde, ein Jahrtausend alt und galt es doch in seiner nun aufgenommenen Fassung längst auch in seiner Heimat nicht mehr. Gilt doch das französische Recht auf dem linken Rheinufer und in Baden nicht in seiner heutigen Fassung, sondern in der in Frankreich selbst längst veralteten von 1806. Die Herübernahme der antiqua (von 590) um 744 (statt um 632: – an Theude-

---

1 Wir können daher hier *Riezler* I, 115 nicht beipflichten, auch ist es nicht „ein Fortschritt der Kultur“, daß die Normen der Rechtsprechung den Richtern in lateinischer Sprache vorgelegt werden konnten. Im Gegenteil: es ist ein Zeichen, daß man von 500–740 noch nicht gelernt hatte, die doch feststehenden germanischen Rechtssatzungen auch in der Muttersprache zu schreiben: die bayerischen Grafen und judices verstanden gewiß nicht genug Latein – daher auch die vielen bajuvarischen Erklärungswörter – das Gesetz ohne Hilfe eines Dolmetschers, oft gewiß Geistlichen, zu verstehen und anzuwenden, der des Latein kundige Geschichtsschreiber war schon deshalb unentbehrlich. Einfluß des Bonifatius – wenigstens mittelbar – auf die das Kirchliche betreffenden Sätze, *Riezler* I, 117, it auch mit der von uns angenommenen Entstehungzeit voll vereinbar.

2 Wie *Brunner* I, 323 will.

3 III, 635.

628   DRITTES BUCH · DIE IM FRÄNKISCHEN REICH VERSAMMELTEN GERMANEN

rich I. 532 ist gar nicht zu denken) – ist nicht soviel unwahrscheinlicher, als sie unmöglich würde.[1]

Unter *Tassilo III.* wird die Lex, wie sie uns vorliegt, vorausgesetzt und angeführt (Synode von *Aschheim* v. 756 s. unten Urkunde und v. 772). Nicht in verwirrsamer Weise eingeschaltet, wie sonst wohl mit Neuerungen an den Stammesrechten geschah, sondern als Anhang jüngerer Handschriften der Lex angefügt werden Rechtserlasse aus der Zeit Tassilos III. und *Karls*: so die Beschlüsse einer 772 zu *Dingolfing* unter Tassilos Vorsitz abgehaltenen Landesversammlung, welche die Rechte von Kirche, Adel und Volk gegenüber dem Herzog wahrt, und die Beschlüsse einer ähnlichen Versammlung zu *Reuching* von 774 oder 775. Dazu kommen zwei Kapitularien Karls von 810 und von 810–813.

Von der *Verfassung* und den *Rechtszuständen* bleibt das gemein-germanische auch hier (wie oben) ausgeschlossen von Wiederholung.

Scharf tritt die Stellung des *Herzogs* an der Spitze des Stammes hervor: der Anspruch auf die Würde haftet an dem Mannesstamm der Agilolfinger, jedoch fehlt es – wie bei dem Königtum – einer bestimmten Folgeordnung. Das Volk wählt (offenbar auf einer hierfür zu berufenden Stammesversammlung) unter den mehreren Schwertmagen, aber der Frankenkönig hat das Recht der Einsetzung, d. h. der Bestätigung oder Verwerfung der Wahl. Waffenreife ist zwar für die Wählbarkeit nicht erforderlich (s. oben, Tassilo III.), allein persönliche Regierungsfähigkeit wird doch insofern verlangt, als die Bestimmung des Gesetzes, welche dem Sohn des Herzogs verbietet, den Vater zu verdrängen, vorausgesetzt, der Vater sei noch fähig, ein Urteil zu fällen, im Heerbann mit auszuziehen, mannhaft zu Roß zu steigen, die Waffen heldenhaft zu führen, daß er weder blind noch taub sei und dem Bann des Königs allerwege gehorsamen könne. Fehlt es also hieran, darf der Sohn den Versuch machen, an des Vaters Stelle die Herrschaft zu führen, selbstverständlich in gesetzlicher Weise, also wohl unter Befragung der Stammesversammlung und des Königs. Während der Lösung von den Merovingern haben herzogliche Brüder geteilt, *Theodo* und *Tassilo III.* haben jeder den ältesten Sohn zum Mitherzog erhoben. Der Herzog schuldet dem König Treue: Vasallentreue sogar seit 749, 781 und 787. Abgesehen von dieser Unterordnung übt der Herzog in eigenem Namen, nicht in des Königs Namen, wohl aber kraft dessen Auftrags, den *Heerbann*, den *Gerichtsbann*, den *Amtsbann*, den *Finanzbann*, unter Mitwirkung der Stammesversammlung die *Gesetzgebungshoheit*, die *Kirchhoheit*, ja auch die *Vertretungshoheit* gegenüber *Langobarden, Slawen, Avaren*. Er übt das *Bannrecht* mit so zwingender Wirkung, daß sein Befehl sogar die Tötung eines Menschen straflos macht (ähnlich die Merowinger), er urkundet mit seinem Sigel. Er – sein Wehrgeld ist mehr als fünfmal so hoch als des Gemeinfreien –, sein Palatium, sein Gut erfreuen sich erhöhten Friedens, Streit im Palatium, der zu Waffenzücken führt, wird, abgesehen vom Schadensersatz, mit dem großen Friedensgeld (= 40 Solidi) bedroht; Diebstahl hier wird 3x9 gebüßt. Aufruhr („carmula") gegen den Herzog büßen die Rädelsführer – bezeichnend ist, daß als solche Edelinge oder große Grundeigner *vorausgesetzt* werden – mit 600, denselben gleichstehende Anhänger mit 200, kleine Freie mit nur 40 Solidi; man sieht, diese gelten als viel (fünfmal) ärmer und entschuldbarer, weil abhängig. Später wird schon der entfernte Versuch des Herzogenmordes mit dem Tode bedräut; die übrigen Agilolfinger – es scheint viele Zweige des Geschlechts gegeben zu haben – haben das vierfache Wehrgeld der Gemeinfreien. Der Herzog eignet sonder

---

[1] Nach *Brunner* soll der Zwischenraum ja noch viel größer sein 481–744.

VIERTES KAPITEL · DIE BAYERN 629

Unterscheidung von privatem und (herzöglich-)fiskalischem Gut (wie bei den Franken) außer der großen ursprünglich erworbenen sors die ehemaligen Güter des römischen Fiskus mit den darauf verbliebenden Sklaven und Colonen: daß aber *alle* (z. B. Quintinius?) im Lande verbliebenen Römer dem Herzog (privatrechtlich) zinspflichtig geworden, läßt sich nicht erweisen. Dem Fiskus gehört auch alles herrenlose Land und erblose Gut, Strafgelder, eingezogene Güter, Schatzung der Slawen mehren seine Einnahmen; als Beamte begegnen *Kämmerer, Kanzler, Capellan*.

Die fünf *Adelsgeschlechter*, wahrscheinlich ursprünglich gaukönigliche (oben), der *Huosi, Drozza, Fagana, Hahilinga, Anniona* leben zum Teil wenigstens in Ortsnamen lange fort. „Die Huosi, noch im 9. Jahrhundert auch aus Urkunden bekannt, saßen in den Tälern der *Amper, Glon, Ilm* und *Saar* und haben dem *Huosigau* den erkennbaren Namen gegeben." Zwischen *Isar* und *Inn* scheinen die Besitzungen der *Fagana* gelegen zu sein (Fagen an der Mangfall, bis ins 13. Jahrhundert Herren von Fagen, aber ungewiß, ob von jenen entstammt);[1] ihr Wehrgeld beträgt das Zweifache des Wehrgeldes der Gemeinfreien.

Jene Edelfreien bilden aber doch nur die oberste Schicht dieser gemeinfreien *Freigeborenen* (ingenui); es folgen die *Freigelassenen* (frilaz) mit einem Wergeld von ¼ des Wehrgeldes der Freien und die *Unfreien*, letztere können kein Wergeld haben, außer ihrem Wert ist dem Herrn ⅛ des Wergeldes der Freien als Buße zu entrichten, höher gewertet sind die servi fiscalici und ecclesiastici. Die Vollgrundeigner allein haben die Gerichtsrechte: *Waffenrecht* (und -Pflicht) und das unverschorene Haar kommen allen Freien zu.[2] Das fränkische *Vasallitäts-* und *Beneficialwesen* drang auch in Bayern ein.

Das Land war gegliedert in *Gaue*, ursprünglich vielleicht nur vier, nach der Himmelsgegenden Süd- (Sunder-), Nord-, West und nur vermutet, nicht bezeugt, Ostgau: später werden diese alten großen Gaue in mehrere kleinere zerlegt. Hundertschaften sind in Bayern durchaus nicht vorhanden.[3]

Der bayerische Graf (Grafschaft = Gau) nimmt gegenüber dem Herzog etwa dieselbe Stellung ein wie der fränkische gegenüber dem König, doch behält er nur ⅑ (nicht ⅓) der Wetten- und Banngelder. Unter dem Grafen steht der *Schuldheisch*; eigenartig ist den Bayern der *judex*, ein Rechtskundiger, den der Graf – wie das Gesetzbuch – zum Gericht mitzubringen hat. Der judex findet zuerst das Urteil, der Umstand stimmt, ausdrücklich oder stillschweigend, bei, kann aber auch – und damit ist der Grundsatz des Genossengerichts voll gewahrt – widersprechen und ein anderes Urteil finden; der judex entspricht dem friesischen *Aseg*. *Wissentliches* Falschurteil muß der Richter mit Doppelersatz an den Verletzten und dem Friedensgeld (40 Solidi) an den Fiskus büßen.

Außerordentliche von dem Herzog entsendete Beauftragte unter Tassilo III. ähneln den fränkischen *Königsboten*. Die *ungebotenen Dinge* treten alle 28, später alle 14 Nächte zusammen: gerichtspflichtige Freie, auch *Vassen* des Königs oder Herzogs, die ausbleiben, zahlen 15 Solidi. Die Gerichtsstätte heißt placitum (schwerlich doch

---

1 *Riezler* I, 122

2 Nicht deutlich unterscheiden sich die persönlich freien, aber zinspflichtigen – Frauen heißen „bar-wip" – „*barskalken*" (Schmeller, baier. Wörterbuch 2. Aufl. Sp. 253) von den hierin ihnen gleichstehenden römischen, auf der Scholle verbliebenen coloni; über aldiones s. *Langobarden;* der *Hilti-skalk* (= *Adal-skalk*) ist ein unfreier Kampf-Knecht, d. h. der geschickt ist, in den Fehden des Herrn die Waffen zu führen.

3 Die entgegengesetzte Ansicht wird *Riezler* nun wohl aufgeben, vgl. D. Gesch. I b, 431.

630 DRITTES BUCH · DIE IM FRÄNKISCHEN REICH VERSAMMELTEN GERMANEN

der Ort „Urteil!"), es gab deren mehrere in jedem Gau; wie die Gliederung des Gaues hierfür hieß, wissen wir nicht. Hundertschaft hieß sie nicht, „centena" wird ausdrücklich als ein Bayern *fremder* Ausdruck bezeichnet. Wahrscheinlich fehlte es an solcher Benennung ganz, sie war neben der von Dorf, Höferschaft und Mark überflüssig. Der Gau zerfiel also wohl ohne weitere Mittelstufe[1] in Gemeinden, Marken[2], Dörfer, Höfe. Die Gerichtsstätte – die alte Stätte der Volks-, also auch Opferversammlung – war im Freien, unter alten Bäumen[3], später in Basiliken, zuletzt wohl in den palatia und villae.[4]

Das große *Friedensgeld*, das (neben Wergeld oder Buße an den Verletzten z. B. für Diebstahl neunfacher Ersatz) an den Herzog zu zahlen ist, beträgt 40 Solidi bei Aufstand, Raub und Diebstahl im Heerbann, Menschenraub, Brand und Verletzung des Haus-, zumal des Kirchenfriedens, das kleinere 12 Solidi für Ungehorsam gegen den Bann, zumal Gerichtsbann, des Herzogs, Hehlerei u. Todesstrafe (mit Vermögenseinziehung) bedroht Hoch- oder Landesverrat, vorbehaltlich der Begnadigung durch den Herzog, Prügelstrafe sogar Freie wegen Verletzung der Heereszucht; Verknechtung trifft Geschlechtsverbrechen und wiederholte Sonntagsentheiligung – ein Zeichen, mit wie scharfen Mitteln der Staat seiner Staatskirche Gehorsam erzwang! Gemeingermanisch ist die Verknechtung wegen Zahlungsunfähigkeit, ebenso die Prügelstrafe für den Unfreien, wo der Freie wettet und büßt.

Die *Fehde* – ein in den Hof geschossener Pfeil verkündet sie, andere Bedeutung hat der nordische Heerpfeil – (Herireita, wenn 42, Heimzucht, (Heimsuchung) wenn weniger Schilde) – ist zwar bei hohem Friedensgeld im Allgemeinen verboten, jedoch für Mord eines Gesippten ist sie den Gesippten und Nachbarn bei Beschränkung auf die Blutrache an dem Mörder insofern freigegeben, als die Rächer sich lediglich durch Pfand verpflichten müssen, später dem Richter sich zu stellen.

Das ursprünglich dem Freien zugeteilte „Los" (hluz) hatte zum Einheitsmaß die *Hufe* (hopa = mansus, hier = 45 Joch). Das Holz-Gehöft ist von dem Holzzaun *(Ezzistun)* umhegt, dieser durch die waagerechte *Ettergerten (Etor-Karten)* zusammengehalten. Steinbauten werden, (abgesehen von den wenigen Städten) zuerst und Kirchen und Klöstern aufgeführt und deren Colonen zu Frohnden hierbei – Stein- und Kalk-Fuhren – eifrig angehalten;[5] die einzelnen Bestandteile des Hauses haben ihre besondere Wertung bei Schädigung.

Der *Hausfriede* wird auch sonst gewahrt: zwar darf der Bestohlene die Deube (d. h. die Stehlsache) in fremdem Hause suchen (seli-sohan, Salsuchen) – der Hausherr, der sich widersetzt, verwirkt das große Friedensgeld – aber wer gewaltsam eindringt und sucht, ohne zu finden, büßt 6 Solidi.

---

1 Damit löst sich auch die Schwierigkeit der Stelle L. Baj. II, 14, der Gerichtspflichtige wußte – das war volkskundig – an *welchem* placitum des Gaues er zu erscheinen hatte; unmöglich hätte er alle 14 Nächte an allen placita des Gaues teilnehmen können. Placita des ganzen Gaues gab es nicht. *Riezler* I, 136 muß daher einräumen: „es fehlt an jedem Anhalt zur Entscheidung der Frage, wie sich die Markgenossenschaft örtlich zur Hundertschaft verhält!" Sehr begreiflich, da es keine Hundertschaft gab!

2 Der Gemeindegenoß Kalasneo ist wohl am besten von Riezler I, 136 erklärt. Ka = ge, la =lack = Grenze, also Mit-grenzer, wie Ge-selle, Ge-noß.

3 Vgl. *J. Grimm*, Rechtsalterthümer.

4 Über die Zuständigkeit der Gerichte für Personen, Sachen, Grundstücke, Vergehen s. D. Gesch. I b, 639 f.; über den testis aure tractus s. oben; über den gerichtlichen Kampf Wehading = wik-ding Bausteine II, er war ursprünglich nicht Gottesurteil; anders *Riezler* I, 131.

5 Treffend *Riezler* I, 137.

VIERTES KAPITEL · DIE BAYERN 631

Die *Almwirtschaft* wird auch nach der Einwanderung der Markomannen in der bisherigen Weise und zwar gewiß meist von den vorgefundenen Unfreien und Colonen, welche, wie in Gallien, nur den Herrn wechselten, fortgeführt, daher die vielen romanischen Namen der Unfreien in den Urkunden, daher die vielen lateinischen Kunstausdrücke in der Almwirtschaft. Dasselbe gilt vom *Weinbau* im *Etschtal* und an der *Donau*; man pflegte im Mittelalter die Rebe freilich noch viel weiter nördlich (ja sogar – schrecklich vorzustellen! – bei *Marienburg in Preußen!*), indem man den Wein durch Honig und Gewürz genießbar machte. Übrigens ist „Win" in Flurnamen[1] meist nicht „Wein", sondern Wunn = Weide.

Von *Obst* werden nur *Äpfel* und *Birnen* erwähnt. Die *Bienenzucht* der *Zeidler*, Imker war altgermanisch, nicht erst von den Römern zu erlernen. Ein *Strohwisch* (wiffa, vgl. neuenglisch waif) warnt unter Androhung der Pfändung vor Beschreiten der Flur, Entfernung wird mit 1 Solidus gebüßt. *Grenzzeichen* sind in Bäume gehauen, aber auch Marksteine finden sich. Die uralten, sogar vorkeltischen, dann keltisch-römischen *Bergwerke* zu *Hallstatt*, aber auch andere[2] werden ebenfalls von den im Lande verbliebenen Arbeitern für Rechnung der neuen Herren fortbetrieben.

Bezüglich des *Ackerbaues*, der *Viehzucht* und *Jagd* gilt das oben bei den *Alemannen* Erörterte fast ganz ebenso von deren Nachbarn:[3] das Streitroß heißt *Marach* (Mähre, damals durchaus nicht in abschätzigem Sinn), das Zugpferd *Wilz*, das zum Kriegsgebrauch untaugliche *„angar-nago"* ; eine volle Schweineherde zählt 72 Stück, von den *Jagdhunden und Jagdvögeln* mancherlei Art (Leit-Hund, Treib-Hund, Spür-Hund, Biber-Hund, Hapi-hunt, Howa-wart, Krano-hari, Gans-hapuch, Antha-hapuch, Sparvar) handeln zwei Titel des Gesetzes; man jagte auch den *Steinbock*; das *Elch* lebt in Ortsnamen fort.

Auf die *Auflassung* der Grundstücke folgt die *Einlagerung* (drei Tage und drei Nächte bewirtet der neue Eigentümer den alten); die *Investitur* ist wohl erst aus dem Frankenrecht herübergewandert, doch kannte man eine andere Weise, dem Erwerber Frieden zu sichern: *firmare, suiron*). Ausdrücklich verstattet das Gesetz, gleich am Eingang, dem Eigner, auch Grundstücke der Kirche zu schenken, nachdem er mit seinen Söhnen geteilt, also diesen eine Art Pflichtteil gewährt hat.

Verboten wird der Gebrauch vergifteter[4] Pfeile gegen *Menschen*: auch sonst findet sich, bei aller Rauheit der Sitten und Zustände – wegen Straßenraubes waren die bayerischen Wege gefürchtet![5] – mancher ideale, feinere Zug: so erhält das Weib, weil es sich nicht selbst mit den Waffen schützen kann, als idealen Schild des Rechts das doppelte Wergeld des Mannes, während andre Stammesrechte ihm nur das halbe

---

1 Was Riezler I, 137 hervorhebt.

2 Salz, Eisen, Silber, im *Pongau* Gold, Riezler I, 137.

3 Verboten wird das Schädigen fremder Ernte durch Zaubermittel „aranskarti" – heute noch lebt im Volksglauben der *„Bilwisschneider"*. *Dahn*, Bavaria I, 1860. 374.

4 Selbstverständlich kannten schon die alten Germanen die Gifte der Pflanzen und Schlangen ihrer Wälder; daß ein Chattenfürst Gift von Tiberius habe erbitten lassen, da er Armin töten wollte, ist täppisch gelogen von dem Imperator. *Gifttränke* werden bestraft.

5 *Riezler* I, 40, dem ich aber nicht beipflichten kann in Auslegung von XVIII, 4; das *repererint* beweißt, daß das Raubgevögel *zufällig* die Leichen gefunden hat, nicht absichtlich mit diesen geködert wurde. Der ganze Titel handelt ja von frommer Pflege der Leichen, der uralt heidnischen Sittenpflicht (auch *Dahn*, *Walhall*, Kreuznach, 9. Aufl. 1889. S. 181), die nun vom Christentum eingeschärft war; der Zusammenhang des letzten Absatzes von den Schiffen mit den Leichen beruht offenbar auf der oft wahrnehmbaren Gleichstellung von *Sarg* und *Schiff*; der Einbaum diente beiden Zwecken. Über die Totenbestattung vergl. oben, noch heute

632   DRITTES BUCH · DIE IM FRÄNKISCHEN REICH VERSAMMELTEN GERMANEN

des Mannes oder während der Gebärfähigkeit ein höheres gönnen. Überhaupt ist die
weibliche Ehre hoch gewertet: wer einer Jungfrau auch nur die Flechte des Haares
löst, wird ebenso hart gestraft wie wer einen freien Mann vergiftet! Wer seine Braut
verläßt, muß ihren Gesippen 24 Solidi zahlen und mit 12 Eidhelfern schwören, daß er
es – nur aus Liebe zu einer anderen getan! Wodurch nämlich jeder Vorwurf von der
Verlassenen feierlich abgewehrt wird.

Bildung und *Wissenschaft*, auch *Dichtung* waren nun fast ausschließend christlich,
kirchlich:[1] das Schönste freilich an dem schönen *Wessobruner Gebet* (ca. 814) und an
den *Muspilli* ist nicht das Christliche, sondern das vorgefundene Heidnische, das nur
wenig durch die christliche Überlieferung verdeckt ist. Die noch in der Heidenzeit
entstandenen Sagen von *Dietrich von Bern*, von seinem *Rosengarten*, von *Alboin*, die
lebhaft in Bayern im Schwange gingen, sie sind verschollen.[2]

Die Stellung der fränkisch-agilolfingischen *Staatskirche* tritt uns in dem Gesetzbuch als eine allherrschende entgegen: Heidentum und Ketzerei werden vom Staat mit
allen Zwangsmitteln bekämpft. Das Vermögen der Kirche, auf dessen unablässige
Mehrung der Papst drängte, wird streng befriedet, 27facher Ersatz für Diebstahl in
(d. h. aus) der Kirche (ebenso wie im Palast des Herzogs, in der allzeit offenen Mühle
und Werkstatt), neunfacher Ersatz jeder der Kirche entwendeten Deube, doppeltes
Wergeld der (niederen) Geistlichen, dreifaches der Priester, Entführung einer Nonne
(Braut Christi) doppelt so schwer gebüßt wie der Braut eines andern: bei Tötung eines
Bischofs muß der Töter ein nach dem Maße des Getöteten hergestellte Blei-Tunica
mit Gold aufwiegen – übrigens ein *altheidnisches Strafmaß*[3] – und falls er es nicht kann
– und er konnte es nie![4] – wird er (mit Weib und Kind!) der Bischofskirche verknech-
tet. Diese furchtbare Strenge wurde verhüllt durch die scheinbare Möglichkeit der
Lösung durch Gold. Offenbar in Erinnerung an Emeramn wird eingeschärft, einen
Bischof wegen vermutlichen Unrechts doch nicht gleich totzuschlagen, sondern vor
König oder Herzog oder Landesversammlung zu verklagen, wobei wegen Mordes,
Landesverrats oder *Geschlechtsverbrechen* Absetzung und Verbannung des Bischofs,
aber nicht Todesstrafe[5], versprochen wird.

Das *Zufluchtsrecht* der Kirche wird durch das große Friedensgeld und den gleichen
Betrag als Buße geschützt; die Sonntagsentheiligung wird mit Prügel und *Verknechtung* geahndet, auch Reisende in Schiff oder Wagen müssen sonntags rasten bei Mei-
dung des kleinen Friedensgeldes; die Ehelosigkeit der Priester und Diakone ist jetzt
(anders noch 716) durchgesetzt; nur Mutter, Tochter, Schwester des Priesters darf
bei diesem hausen.

---

verwendet man im Lande die Totenbretter: Rech= (von reh = Leiche) bretter (*Dahn*, Bavaria
I, 413) wie in der Lex (XIX, 6) geschildert: heidnischer Brauch und Glaube verlangte auch, daß
der Eigner des Unfreien oder nächste Schwertmag des Freien bei der Bestattung zuerst Erde
auf den Toten werfe, vorgreifende andere machen sich sittlich-religiös schuldig. Dies Stück
Heidentum „falscher Richter" wird bekämpft XIX, 6, 2.

1 Über Runen in Bayern s. W. *Grimm*, Deutsche Runen S. 111.

2 *Holland*, Geschichte der altdeutschen Dichtkunst in Baiern. *Müllenhoff* und *Scherer*, Denkmäler Deutscher Poesie und Prosa S. 163–243.

3 Deutsche Geschichte I a, 236. *J.Grimm*, D. Rechtsalterthümer S. 672.

4 Mit Recht *Riezler* I, 119.

5 Vgl. D. Gesch. I b, 631.

VIERTES KAPITEL · DIE BAYERN   633

Die Bischofskirchen und Klöster wurden aber auch wirklich die „Herdstätten der höheren Cultur".[1] Schon St. Ruprecht bildete junge Bayern zu Salzburg in den Wissenschaften aus. Die weise Regel St. Benedikts gebot Abwechslung von Handarbeit mit wissenschaftlicher Forschung, gebot Anlegung von Büchereien. Auch ein Agilolfinger, Bischof Wikterp († 756) von Augsburg war ein Gelehrter, er richtet (754) an einen Fürsten Ermahnungen: es war gewiß Tassilo III., der des Schreibens kundig und in der Bibel bewandert war. Ein hervorragender Bayer (edler Geburt) war Sturmi, des Bonifatius Schüler und seit 744 Abt von Fulda (aber Tutti, „der Grieche" , Abt von Chiemsee, war weder Grieche noch Bayer, sondern Schotte). Arbeo, 763 Abt von Scharnitz, 764 Bischof von Freising († 4. Mai 784), war als Kind von St. Corbinian aus der Passer (bei Meran)gerettet, dann von Corbinian und dessen Bruder Erimbert erzogen worden: „seine Lebensbeschreibungen von St. Emeramn und St. Corbinian weisen ihm den Ehrenrang des ältesten bayerischen Schriftstellers zu."[2] Letztere Schrift widmete er dem gelehrten Vergil von Salzburg, dem Widersacher des Bonifatius, dem wir die Schrift „über die Behehrung der Bayern und Kärnthner" , sowie das Verbrüderungsbuch von St. Peter zu Salzburg (Verzeichnis hervorragender oder für das Kloster wichtiger Personen) verdanken und der die Lehre von der Kugelgestalt der Erde und den Gegenfüßlern verfocht (wofür ihm Papst Zacharias ganz folgerichtig mit Absetzung und Kirchenbann droht), übrigens ein Schotte war. Aus karolingischer Zeit sind zu nennen: Arn, Diakon am Hofe Karls (nach 778 unten „Literatur") 782 Abt von St. Amand, 785 Bischof, 798 Erzbischof von Salzburg († 821).[3] Leidrad, 782 noch in Bayern, dann Königsbote Karls, 799–813 Bischof von Lyon, bis er in das St. Medarduskloster trat († 28. Dez. 816) und Eigil, der Schüler und Gesippe Sturmis, schon als Kind in das Kloster Fulda gebracht, dort 20 Jahre von Sturmi erzogen, dessen Leben er auf Bitten Angiltrudens, vielleicht einer Nonne von Bischofsheim, schrieb; er war ein Freund Eginhards, sein Leben († 15. Juni 822) schrieb Bruun (Candidus), Eginhards Schüler; er preist Eigils Bauten, zumal das noch heute stehende Achteck der St. Michaeliskirche zu Fulda.[4]

Von Tassilo ist übrigens hervorzuheben, daß er bei der Verdeutschung von Kärnthen und Steiermark zugleich eifrig für Verbreitung des Christentums sorgte: wie früher die Römer gegenüber den Goten, die Franken gegenüber den Sachsen, Friesen, Thüringen, Alemannen, Bayern, so erkannten nun die Bayern gegenüber den Slawen, daß die staatliche Unterwerfung Hand in Hand gehen müsse mit der zwangsweisen Einführung der Staatsreligion, der Staatskirche anstelle der alten volkstümlichen Götter.

Die slawischen Karantanen waren im 6. Jahrhundert von Kärnten und Steiermark aus allmählich weiter gen Westen vorgedrungen, plündernde Fahrten – zugleich Erkundungsritte – gingen voraus, dann folgte das Eindringen zu dauernder Besitznahme des Landes. So hatten sie Anfang des 8. Jahrhunderts in Pongau gebrannt, auch die Cella Sankt Maximilians, Sankt Ruprechts fromme Stiftung, verheert. Um das Jahr 740 aber riefen sie die Hilfe der Bayern an wider die avarischen Dränger im Osten. Der bayerische Heerbann erschien alsbald in Kärnten, wehrte die Avaren ab, unterwarf aber das Land den Franken und nahm Kakaz, den Sohn, und Chotimir, den Neffen des Häuptlings Boruth, als Geiseln mit. Kakaz – er war Christ geworden –

---

1 Riezler I, 117.
2 Ebenda S. 148.
3 S. sein Lob bei Wattenbach I, 149; mehr als 150 Bücher ließ er schreiben.
4 Wattenbach I, 218–220.

634   DRITTES BUCH · DIE IM FRÄNKISCHEN REICH VERSAMMELTEN GERMANEN

wurde auf Befehl *Pippins* in der Folge entlassen, seinem Vater in der Herrschaft zu folgen. *Chotimir* war auf Herrenchiemsee von dem Priester *Lupo* als Christ erzogen worden; als er des Kakaz Nachfolger wurde, nahm er *Lupos Neffen*, den Priester *Majoranus* mit; schon unterwegs suchte er das Heiligtum *Sankt Ruprechts zu Salzburg* auf, beugte dort demütig sein Haupt vor Sankt Peter und gelobte ihm jährliche Schatzung. Von Salzburg aus erfolgte dann unter Chotimirs eifrigem Schutz die Bekehrung des Volkes, aber nach dessen Tod (ca. 770) siegten die heidnisch und volkstümlich Gesinnten im Land, die Priester wurden vertrieben, die bayerische Herrschaft abgeschüttelt. Jedoch Tassilo unterwarf das Land 772 aufs neue und ihr Häuptling (duces nennen die Quellen auch diese Khane) *Waltunk* (was doch wohl germanisch ist) forderte Bischof *Vergil von Salzburg* zur Wiederaufnahme des Bekehrungswerkes auf, das nun eifrig gefördert wurde. Gleichzeitig erwarb die Kirche gewaltigen Grundbesitz, zumal durch Schenkungen Tassilos, der auch eine ganze Reihe von Klöstern gründete. Vor allen sind zu nennen „als kühn vorgeschobene Posten zur (Bekehrung und) Germanisierung der Slawen"[1] das *Münster* an der *Krems*, mit seinem Sohn *Theodo*, dem er (777) die Mitherrschaft eingeräumt hatte. *Fatir* aus *Nieder-Altaich* wurde als erster Abt berufen; unter den der Stiftung geschenkten Gütern ist ein Salzwerk (am *Sulzbach*): viele Unfreie, Fischer, Imker, Winzer, Schmiede werden mit geschenkt, außerdem vierzig neu angesiedelte Sippen aus der Fremde; die benachbarten Slawen sollen die bisher dem Herzog entrichtete Schatzung fortab dem Kloster leisten unter genauer Verzeichnung und Begrenzung ihrer Ländereien durch den Abt und den herzöglichen Grafen auf Grund eidlicher Angaben des Häuptlings (*Zupan*) *Fysso (Fisço?)*. Im Jahre 763 hatte ein Edeling *Reginprecht* in der öden *Idar-Wildnis* am *Karwendel* das Kloster *Scharnitz* gegründet (unter Zustimmung des Herzogs und der Vornehmen). Im Jahre 769 schenkte *Tassilo zu Bozen* diesem Kloster Scharnitz *Innichen* (nicht Aguntum) auf der eisigen (daher campus gelatus, verdeutscht: „Feld Gelau") Hochebene des *Pustertals* unter der Auflage, dort ein Kloster behufs Bekehrung der umwohnenden Slawen zu errichten, was erst später Bischof *Atto von Freising*: Arbeos (764–784) Nachfolger (784–810), ausführte. Schon früher hatte Arbeo das Mutterkloster aus der rauhen Felswildnis der Scharnitz nach *Schlehdorf am Kochelsee* verpflanzt, wo schon unter *Datilo* eine Cella errichtet worden war. Wohl mehr der Legende als der Geschichte gehört es an, wenn noch zahlreiche andere Klöster sich auf Tassilo zurückführen.[2]

Sehr merkwürdig sind die drei von Tassilo abgehaltenen Versammlungen von geistlichen und weltlichen Großen zu *Aschheim* (nach 755, da die Beschlüsse der Kirchenversammlung zu *Verneuil* (755) benutzt werden), zu *Dingolfing* (769/770) und zu *Neuching* (bei Erding 14. Okt. 771): nicht ein Wort ihrer Beschlüsse deutet irgendwie Zugehörigkeit Bayerns zu dem Frankenreiche an. Tassilos Land und Herrschaft hießen „regnum".

Dagegen ist es nicht richtig[3], eine Abweichung dieser Versammlungen von den fränkischen darin zu finden, daß in Bayern weltliche Große auch über rein kirchliche Fragen wie Geistliche beschlossen hätten; zur Beratung wurden sie allerdings zuge-

---

1 *Riezler* I, 156.

2 So nach *Riezler* I, 157 Mattsee, die beiden Klöster auf den „*Auen*" im Chiemsee, *Wessobrunn* nahe dem *Ammersee*, *Schäftlaru* (762), *Schliersee*, *Gars* (*Karoz*), St. *Castaulus* in *Moosburg*, in der Zeit Tassilos entstanden die *Cella Au* am *Inn*, *Waging* im *Chiemgau*, St. *Peter zu Wärth* bei *Regensburg*.

3 Mit *Riezler* I, 158.

Eigils Bau in der St. Michaeliskirche zu Fulda; im jetzigen (restaurierten und etwas veränderten) Zustande

zogen, aber ihre Unterschriften unter den Akten fehlen, welche allein doch das beweisen würden, wie freilich auch die der Geistlichen. Es war vielmehr wie im Frankenreich: über weltliche Dinge berieten und beschlossen Geistliche wie Laien, über kirchliche *berieten* beide, beschlossen aber nur Geistliche. Zu *Aschheim* werden nicht Gesetze erlassen, nur Forderungen an den noch sehr jungen Herzog (aetate tenerulum) gerichtet. Wohl im Hinblick auf die eigenmächtige Verfügung *Karl Matells* und seiner Söhne über das Kirchengut wird dem Jüngling Scheu und Schutz vor und für Kirchengut eingeschärft. Verwandtehen sollen getrennt und mit Vermögenseinzie-

636 DRITTES BUCH · DIE IM FRÄNKISCHEN REICH VERSAMMELTEN GERMANEN

hung – sonst nur bei schwersten Verbrechen – geahndet werden, wie schon früher zu Aschheim beschlossen worden.[1] Der Herzog soll jeden Samstag oder doch jeden Monat selbst Gericht halten, dabei stets einen Priester zur Seite haben, auch seinem weltlichen Sendboten stets einen Geistlichen zugesellen (vgl. oben). Dagegen Beschlüsse, nicht bloß Forderungen, Gesetze sind die Erlasse von *Dingolfing*: schwere Strafen für Sonntagsentweihung, für Heirat einer Nonne, Recht auch des *Adels*, an die Kirche Grundstücke zu schenken; wer einen homo des Herzogs tötet, verwirkt Einziehung des Vermögens; (Fürsorge für adelige Frauen.) Landschenkungen des Herzogs sollen nicht im Thronfall erlöschen, auch im Lehenfall vererben, nur wegen infidelitas eingezogen werden.[2] Das Wergeld des *Adalschalken* soll nicht geringer sein als zur Zeit der Vorgänger.[3] Die 18 Volksgesetze (leges populares) von Reuching behandeln, außer einigen kirchlichen Fragen, (– die Eingriffe der Mönche in die Tätigkeit der ordentlichen Pfarrer werden abgewiesen. vgl. oben gegen die Iren –) Diebstahl, Unfreie, gerichtliches Verfahren, zumal gerichtlichen Zweikampf (wechadink, champfwik), wobei Zaubermittel ausgeschlossen werden, und das Verbot heidnischer Worte bei dem „stap-saken".[4]

Wir haben die bayerischen Dinge ausführlicher als die Geschichte und Zustände der anderen Stämme dargestellt, einmal, weil für jene die Quellen reichlicher fließen als Burgunder, Thüringer, Friesen, Sachsen – dann weil manches Bajuvarische ähnlich auch für die Alemannen gilt, und endlich, weil eine gleich ausführliche Verwertung der Angaben bei allen Stämmen einen zu großen Raum in Anspruch genommen haben würde.

---

1 L.B. VII, 1–3.
2 Vgl. Deutsche Geschichte I b, 693.
3 Was aber sicher nicht, wie *Riezler* I, 161 meint, heißen kann: „als bevor sie dem Herzog geeignet hätten".
4 Ein Gottesurteil, nach Art der Kreuzprobe, nur daß in heidnischer Zeit das Kreuz nicht vorkam, die Entscheidung lediglich in dem längeren Ausgestreckthalten des Armes lag. *Dahn*, Gottesurteile, Bausteine II, Berlin 1880, S. 42.

Fünftes Kapitel

Die Friesen[1]

Der Name der Friesen ist einer der allerältesten unter den germanischen Völker-
bezeichnungen: schon *Drusus* der ältere gewann sie für Rom. Sie gehören mit den
Sachsen zu den *Ingwäonen*: gleich von Anfang bedeutet der Name nicht eine Einzelvölkerschaft, sondern eine *Mittelgruppe* innerhalb der großen *ingwäonischen* (später
niederdeutschen) Hauptgruppe: denn sie gliedern sich in *Groß-Friesen* (östlich) und
Klein-Friesen (westlich der *Yssel*)[2], was bei einer Einzelvölkerschaft nie begegnet[3],
stets größeren, mehrere Teile umfassenden Verband voraussetzt. Um diese Gliederungen zu verstehen, sind wir auf den Sprachgebrauch des Mittelalters angewiesen:
solches Verfahren ist mißlich und auch hier mit Vorsicht anzuwenden: nur mit Vorbehalt ziehen wir also die spätere Einteilung heran.

Im Mittelalter verstand man unter Friesland das ganze Küstengebiet von der *Weser* im Osten bis zu dem *Sinkfala* im Westen: dies war ein Fluß und Hafen nördlich
von *Brügge*, südwestlich von *Walchern*, jetzt das Flüßchen *'t Zwin*, das nördlich von
Sluis in die See geht. Dies gesamte Friesland gliedert sich in drei Hauptlandschaften:
1) *Ostfriesland* von der *Weser* bis *Laubachi*, de *Lauwers*, welche, die heutigen Provinzen *Groningen* und *Friesland* scheidend, in den „*Lauwers Zee*" genannten Busen
mündet: es umfaßte die Provinz *Groningen*, das *preußische Ostfriesland* und das
nördliche *Oldenburg*. 2) *Mittelfriesland* von der *Lauwers* im Osten bis zur *Fli* im
Westen: dies war damals ein Fluß, der aus dem heutigen *Zuidersee* kam und zwischen
den heutigen Inseln *ter Schelling* und *Vlieland*, wohl längs der heutigen „*Vlie-straat*",
mündete: denn der *Zuidersee* war damals ein Binnensee, der *Flevus* oder *Flevo* der
Römer, die *Ael-mere* des Mittelaltes: es war also die damalige holländische Provinz
Friesland. 3) *Westfriesland*: von *Fli* bis *Sinkfala*, umfassend das heutige *Seeland*, *Süd-*
und *Nordholland* und *Westutrecht*. Das Südufer des Zuidersee zwischen *Noorden* und
Kuinder und das Flußgebiet von *Elm*, *Yssel* und *Vechte* waren nicht friesisch, sondern
teils fränkisch (im Südwesten), teils *sächsisch* (im Nordosten).[4]

Wie das Recht war auch die Sprache der Friesen dreifach gegliedert: die Mundart

---

1 Karl Freiherr von *Richthofen*, Friesische Rechtsquellen, Berlin 1840. *Derselbe*, Friesisches
Wörterbuch, Göttingen (1840). *Derselbe*, „Friesen", im Staatswörterbuch von *Bluntschli* und
Brater. IV. Stuttgart 1859. *Derselbe* Lex Frisiorum, Monum. Germ. histor. Legg. III. Hanno-
verae 1863. *Derselbe*, Friesische Rechtsgeschichte I. II. 1882. *Zeuß*, Die Deutschen und die
Nachbarstämme, München 1837. S. 136, 397. *J. Grimm*, Geschichte der deutschen Sprache I.
II. 2. Aufl. 1853. S. 464. *Gaupp*, Vorrede zu seiner Ausgabe der Lex Frisionum 1832.

2 *Tacitus*, Germania c. 34; Plinius unterscheidet Frisii und seine Frisiabones (= vones).

3 Vortrefflich würde hierzu stimmen *J. Grimms* a. a. O. S. 471 geniale Vermutung, „Kleine
Friesen, Chauken, Brukterer" habe man genannt solche Teile (Gaue) einer Völkerschaft, welche zuerst einen Wasserlauf oder ähnliches vordringend überschritten und, ohne den (gottesdienstlichen und kriegsbündnerischen) Zusammenhang mit der Hauptmenge des Volkes – also
den „großen" Friesen, Chauken usw. – völlig aufzugeben, als verhältnismäßig selbstständige
Staaten (oder Gemeinden) auftraten.

4 Ich folge *v. Richthofen*, Zur Lex Fris. Monum. Germ. hist. Leg. III. Hannoverae 1863. p. 633.
Vgl. *Spruner-Menke* Nr. 29. *Droysen*, Histor. Handatlas, Bielefeld und Leipzig 1886. Nr. 20. 21.

638 DRITTES BUCH · DIE IM FRÄNKISCHEN REICH VERSAMMELTEN GERMANEN

zwischen *Weser* und *Laubach* wich von der zwischen *Laubach* und *Fli* ab, das *Ostfriesi-*
sche steht dem *Angelsächsischen*, das *Mittelfriesische* dem *Westfälisch-Sächsischen* näher:
beiden steht das *Westfriesische* gegenüber, das dem *Brabantischen* verwandt ist.[1]

„Einen schmalen Uferstrich bewohnt das Volk, der etwa 80 geographische Meilen lang, nirgend breiter als 10, von dänischem und fränkischem Lande in die See
gedrängt wird, die ihn in ihren Fluten zu begraben droht. Scharf unterscheidet Sprache, Recht und Sinnesart den Friesen von seinem Nachbarn; ein Jahrtausend hat
nicht vermocht, seine eigentümliche starre Kraft zu brechen, noch heute ist sie den
Nachkommen der alten Friesen geblieben, unerachtet das uralte friesische Stammes-
recht fast spurlos verschwunden ist und nur noch geringe Überreste der friesischen
Sprache fortklingen. In einzelnen Gemeinden der niederländischen Provinz Friesland, auf der *oldenburgischen* Insel *Wangeroge* und in dem jetzt ebenfalls zum Großherzogtum Oldenburg gehörenden *Saterlande* wird noch ein aus dem älteren Friesisch der Gegend hervorgegangener, in neuester Zeit mehrfach im Verschwinden
begriffener Dialekt als eine besondere Sprache neben dem Holländischen und Platt-
deutschen gesprochen; die andern friesischen Gegenden hat die Sprache der Umwohner überflutet, und wenn auch in ihre jetzigen Dialekte mehr oder weniger friesische Worte und Laute übergegangen sind, so zeigt doch eine nähere Betrachtung,
daß dieselben nicht für Fortentwicklungen der älteren friesischen Sprache der einzelnen Gegend, d. i. für neufriesische Dialekte gelten können. In einem Teil des Landes,
welcher bis zur gegenwärtigen Stunde von Friesen bewohnt wird, in der jetzt niederländischen Provinz Friesland, deren Mittelpunkt *Leuwarden* bildet, kennen wir keinen Volksstamm, der vor den Friesen dort gesessen hat; und wenn wir auch annehmen müssen, daß vor ihnen dort andere Menschen gewohnt haben, so hat doch keine
deutsche Bevölkerung irgendeiner andern Gegend größere Ansprüche, für Ureinwohner ihrer Heimat zu gelten, als die jenes merkwürdigen Küstenstriches zwischen
dem Fli, d. i. der Mündung des *Zuidersee*, und dem alten *Laubach*, der im Osten die
Provinz *Friesland* von der Provinz *Groningen* scheidet. Mit Fug und Recht nennen
wir dieses Land für den Forscher ältester deutscher Volksart einen heiligen Boden.“[2]

Das sehr wenige, Stückhafte, Abgerissene, was wir aus der Urzeit von der Geschichte der Friesen wissen, wurde bereits dargestellt: meist als Verbündete Roms,
nur ausnahmsweise im Kampfe und Aufstand wider Rom[3] treten sie hervor. Seitdem
die Römerkriege aufhören, verschwinden die Friesen auf Jahrhunderte fast völlig aus
der Geschichte: in einer Stelle bei *Capitolinus* aus der Zeit des *Commodus* (180–193)
ist der Name der Friesen nur durch Mißverständnis gefunden worden.[4] Vielmehr
wird des Volkes erst wieder gedacht (seit 69) im Jahre 292, da *Constantius Chlorus*
die *Franken* auf der *batavischen Insel* besiegt: hier werden als in Gallien angesiedelte
Gefangene neben den *Chamaven* auch Friesen genannt.[5]

Daß unter den *Angeln, Sachsen und Jüten*, welche seit der Mitte des 5. Jahrhunderts in *Britannien* sich niederlassen, auch Friesen vorkamen, wie *Prokop*[6] berichtet,

---

1 *v. Richthofen*, Praefatio Leg. Fris. p. 639.

2 *v. Richthofen*, im Staatswörterbuch S. 2.

3 So 28–37 nach Chr. II, 107, 116 und unter Civilis 68 II, 125 f.

4 Auch *Peter* script. hist. Aug. Lipsiae 1865 p. 158 liest (*Clodius* Albinus c. 6) *fusis* gentibus
Transrhenanis, nicht fusis Frisiis.

5 Von Eum. paneg. Const. dictus c. 9. II, 248. *v. Wietersheim-Dahn* I, 273.

6 B. Goth. IV, 20.

FÜNFTES KAPITEL · DIE FRIESEN   639

ist doch durchaus nicht[1] unmöglich: das Angelsächsische und das Altfriesische ist auf
das Innigste verwandt. Bei den ersten Ausbreitungen *Chlodovechs* und seiner Söhne
werden die Friesen noch nicht erwähnt.

Die Erfolge *Chilperichs* über die Friesen sind bloß von *Venantius Fortunatus*[2], also
herzlich schlecht, bezeugt; nur der Flußname *"Bordoa"* fällt ins Gewicht[3] und der
Umstand, daß selbst der Schmeichelsänger doch nicht wagt, *Siege* Chilperichs zu
preisen: er meint, "ohne Kampf" haben Friesen (und Sueben) die Herrschaft Chilperichs gesucht. Immerhin mögen die nächstbenachbarten friesischen Gaue Ende des
VI. Jahrhunderts in eine gewisse Abhängigkeit gezogen worden sein, von der sie sich
aber bei dem Sinken der Merovinger wieder so völlig lösten, daß sie plündernd, ja
wahrscheinlich sogar erobernd sich im fränkisches Gebiet verbreiteten.

So hatte zwar *Dagobert I.* (622–638) in der Grenzveste *Utrecht* – auf friesischem
Boden – eine Kirche gegründet (636) und *Sankt Eligius*, Bischof von *Royon* (Novio-
mensis) † 658[4], predigte vom Kreuz, aber die Friesen eroberten die Burg und zerstörten die Kirche.[5] Bei einem Teil der Friesen unter dem Häuptling – er wird von *Beda*[6]
"rex" genannt – *Aldgisl*[7] fand unter *Dagobert II.* (674–678) Sankt *Wilfrid* freundliche
Aufnahme (ca. 677) und Verstattung der Predigt[8], allein Aldgisls Nachfolger (und
Sohn?[9]) *Radbod* (679? oder 688–719) ist ein so eifriger Vorkämpfer des Heidentums,
daß die Sage diesen Zug ansprechend verewigt hat. Schon ist er zur Taufe gewonnen
und hat den einen Fuß in den Taufbrunnen gesetzt, als er den Bischof fragt, wie es wohl
seinen ungetauften Ahnen ergehe, und auf die selbstverständliche Antwort, daß sie in
der Hölle brennen, zieht der Friese den Fuß zurück und erklärt, dann wolle er lieber
mit seinen Ahnen brennen als mit den Heiligen selig sein. Jedenfalls war er *geschichtlich*
ein so entschlossener Heide, daß sogar ein *St. Bonifatius* auf die Nachricht von seiner
Herrschaft in *Dorstaat* und *Utrecht* (717) sofort alle Bekehrungsgedanken aufgibt, um
nach dessen Tod (719) sie sofort aufs neue aufzunehmen (719–722).[10] Mit dem Eifer
für die alten Götter war der für die alte Freiheit und der Gegensatz zu dem Frankentum
gegeben: ob der Kampf mit *Pippin* (689) herbeigeführt wurde, weil die Franken Raub
oder gar Ausbreitung strafen und wehren oder weil sie früher schatzungspflichtige
Friesen wieder heranzwingen wollten, erfahren wir nicht. Der Sieg Pippins bei *Wyk-
de-Duerstede* (südöstlich von *Utrecht*) hatte zur Folge die Abtretung *Westfrieslands* an
das Frankenreich. Sofort eilte nun *St. Willibrord* in den fränkisch gewordenen Teil von
Friesland und predigte das Kreuz unter Pippins Schutz; er wurde vom Papst *Sergius* auf
Pippins Verlangen zum *Erzbischof* für Friesland geweiht: sein Begleiter *St. Adalbert*

---

1 Wie Zeuß meint.

2 VII, 1. IX, 1 terror et extremis Frisonibus atque Suevis qui neque bella parant, sed tua frena
   rogant.

3 *De Geer*, de strijd der Friêzen en Franken, p. 11. *Sueben* westlich der *Schelde*, neben den
   Friesen? allerdings auch in der vita St. Eligii II, 3.

4 vita, scripsit St. *Audoen*, *(Dado)* Bischof von Rouen † 683 ed. *Bouquet* III, 523.

5 Brief 97 des *Bonifatius* an Papst *Stephan*.

6 Historia ecclesiastica *Anglorum* ed. *Giles* V c. 19. vgl. III, 701; ebenda 702 über Ebroins Versuch, den Friesen gegen Wilfrid zu gewinnen; auch *Eddius Stephanus* (677), der Genosse *Wilfrids*, nennt Aldgisl "rex" vita St. *Wilfridi* c. 26.

7 Sohn *Beroalds??* seit 530? † 679? 688? Hauptort *Medenblick*? oder *Stavern*?

8 Des Häuptlings Taufe wird aber nicht gemeldet.

9 Unentschieden auch v. *Richthofen*, praef. p. 642.

10 vita St. *Bonifacii* c. 11. Mon. Germ. hist. Scr. II, 338.

640   DRITTES BUCH · DIE IM FRÄNKISCHEN REICH VERSAMMELTEN GERMANEN

hielt sich bis zu seinem Tod in *Ekmund*[1] *(Nordholland)*; ungeschützt durch die fränkischen Schilde Friesen zu bekehren, hatte der Priester *Wikbert* zwei Jahre lang vergeblich versucht.[2] Es kam nun zu einer Annäherung zwischen Radbod und Pippin: ersterer
vermählte eine Tochter Pippins Sohn *Grimoald*. Allein nach Pippins Tod (714) greift
Radbod kraftvoll in die fränkischen Wirren ein – schwerlich nur, weil *Karl der Hammer*
der Gegner *Plektrudens*, der Schwägerin des Friesen war – er erfaßt die Gelegenheit, im
Bund mit den *Neustriern* das 689 verlorene Westfriesland von den Austrasiern zurückzugewinnen (715), schlägt mit einer Flotte den Rhein herauffahrend Karl bei Köln
(716) und kehrt nun, weil er *seinen* Zweck erreicht hat, zurück. Auch gelang es Karl
erst nach des tapferen Heiden Tod (719) Westfriesland wiederzugewinnen: auf diese
Kunde eilt *St. Bonifatius* sofort wieder herbei „und läßt das Heerhorn des himmlischen
Wortes erschallen". Alsbald (1. Jan. 722) bestätigt nun Karl *St. Willibrord*, den Apostel
der Friesen, als Bischof von *Utrecht*. Allein noch zweimal muß Karl das Schwert
ziehen, bevor die Einverleibung des Landes, die Bekehrung des Stammes gesichert
scheinen mochte: *Radbods*[3] Nachfolger *Bobo (Popo)* (719–734)[4] empörte sich (733):
Karl zog in diesem Jahr in den *Westragau* (von *Stavoren* über *Franeker* nach Norden).
Dieser Feldzug blieb ohne Entscheidung: aber im Jahre 734 kam er wieder mit starker
Schiffsmacht nach *Wistrachia* und *Austrachia*, schlug Lager an dem Fluß *Burdine* und
verwüstete das Land dermaßen „bis zur Vernichtung" – der Herzog fiel in der verlorenen Schlacht – „überall die heidnischen Weihtümer zertrümmernd und verbren-
nend" , daß das erschrockene Volk ein halbes Jahrhundert Ruhe hielt.[5] Pippin hatte
zum Grafen des *Ostergaus Abba*[6] bestellt. Erst der große Freiheits- und Glaubens-
kampf der heldenmütigen Sachsen riß sie 784 zu einer letzten Erhebung fort, welche
Karl der Große in Feuer und Blut erstickte.

Bei der Reichsteilung von 741 kam Friesland an *Karlmann* (I.); 753 beschenkte
Pippin reich die Missionsschule zu *Utrecht*: aber das Heidentum blieb doch noch so
stark, daß es *St. Bonifatius* den Bekennertod bereitete (im Ostergau bei Dokkum
6. Juni 754).

Sein Schüler und Nachfolger *Gregor* leitete die Kirche von *Utrecht* bis an seinem
Tod (775): aber dessen Schüler, *St. Liudger*, bezeugt, daß während all dieser Zeit und
während der ganzen Herrschaft *Pippins* (also 741–768 und dann unter Karl bis 775)
der *Laubach* die Grenze bildete zwischen den getauften und unterworfnen und den
heidnischen und freien Friesen.[7] In *Derkingen* war zum Angedenken des Bekenners
eine Kirche gebaut worden: dort wohnte und wirkte für das Kreuz unter Gregor

---

1 Annales *Xantenses* 694. Monum, Germ. hist. Scr. II, 220.

2 *Beda* l. c.

3 Sohn? und.

4 Nach unbeglaubigter Überlieferung als Mundwalt von Radbods waffenunreifem Sohn *Aldgisl*
   II. (734–737?).

5 Nach sehr wenig beglaubigter Überlieferung soll damals Karl Radbods Sohn *Aldgisl* II
   (734–737??) unter der Bedingung der Taufe und voller Unterwerfung als König der Friesen
   anerkannt haben; als „König" gewiß nicht und als Herzog *aller* Friesen auch nicht. Als nächster
   Nachfolger Aldgisl II. nennen nennen ganz unkritische Meinungen zuerst dessen älteren Sohn
   Gundobald, dann den jüngeren *Radbod* II., abermals einen eifrigen Heiden, von dem die obige
   Sage ebenfalls erzählt wird: er soll 784 von Karl verbannt worden sein, der nun keinen Gesamt-
   herzog („König") von Frisland mehr geduldet habe, allein es hatte wohl niemals einer geherrscht.

6 vit *St. Bonif* l. c. p. 383, aber nicht einen *Abt*.

7 *Liudger*, v. beati *Gregorii* c. 10. Acta S. Ordin. S. *Bened.* saec. III, 295.

FÜNFTES KAPITEL · DIE FRIESEN 641

(775) *St. Willihad*: als aber dieser versuchte, (ca. 779) den *Laubach* zu überschreiten und die *freien* Friesen zu bekehren, wurde er durch Bedrohung mit dem Tod – es scheint ein Urteil über ihn gefunden zu sein – gezwungen, wieder über den *Laubach*, die fränkische Grenze, zurück zu fliehen.[1] Von 775–782 waltete *St. Liudger* zu „Dokin-Kirika" *(in pago Ostrache)*.[2]

Im Jahre 768 kam Friesland an Karl: wir sahen, wie er sich wiederholt der segelkundigen Friesen in seinen Feldzügen auf den mit Vorliebe verwehrten Wasserstraßen bediente. *Ostfriesland* (zwischen *Laubach* und *Weser*) war bis 781 heidnisch und den Franken nicht unterworfen: 781 sandte Karl *St. Willibrord* aus dem sächsischen Gau *Wigmodia* zur Bekehrung der Friesen an der Wesermündung in dem Gau *Riustri*: aber gleich im folgenden Jahr 782 warfen die Friesen zwischen *Weser* und *Fli* im Bund mit *Widukind* das Frankenjoch und den mit aufgejochten Glauben ab, vertrieben und töteten mehrere Priester;[3] erst im Jahre 785 verleibte Karl auch Ostfriesland dem Frankenreich ein und verteilte dessen Gaue an die Bischöfe von *Münster* und *Bremen*.[4] Im gleichen Jahre (785) bestellte Karl *St. Luidger* zum Lehrer des Friesenvolkes östlich von *Laubach* über die fünf Gaue: *Hugmerchi, Hunus-ga, Fivil-ga, Emis-ga, Fedrit-ga*, und die Insel *Bant*.[5] Der Teilungsplan von 806 hatte das Land König *Karl* zugedacht.

Von der *inneren* Geschichte der Friesen bis zu ihrer Unterwerfung und Bekehrung der Franken wissen wir so gut wie nichts.

Die gemeingermanische Gauverfassung gliederte auch hier die Mittelgruppe der großen wie der kleinen Friesen. Könige sind nur ganz ungenügend bezeugt: Tacitus allerdings scheint die Friesenhäuptlinge *Verrit* und *Malorich* für Gaukönige gehalten zu haben[6], ungewiß, ob mit Recht, obwohl es ja nicht unerhört und also auch hier denkbar[7] ist, daß bei einer Völkerschaft Gaukönige vorkommen, dann wegfallen (*Cherusker, Bataver*), ja sogar nach langem Zwischenraum wieder erhoben werden (*Bataver*). Außerdem wird nur noch – 600 Jahre später – jener Aldgisl einmal von fremden Quellen „rex" genannt, dann auch wohl *Radbod*, nie *Popo*: nur principes und duces heißen diese meist in *gleichzeitigen* Quellen.[8] Letzteres schwerlich in dem Sinne von „Stammesherzog" wie die *bayerischen, alemannischen*: über alle Gaue Frieslands walteten sie sicher nicht:[9] „duces" waren sie aber freilich in dem Sinn *Armins, Brinnos, Widukinds*, d. h. für den einzelnen Feldzug gekorene Oberfeldher-

---

1 *St. Anskar* v. St. *Willehadi* Mon. Germ. hist. II, 380.

2 *Altfrid* v. St. Liudgeri, l. c. p. 409.

3 v. St. *Liudgeri* I. 18 p. 410 l. c. v. St. *Willehadi* p. 382 l. c.

4 l. c. p. 410. p. 383.

5 Altfrid † 849. v. St. Liudgeri I, 19. Monum. Germ. hist. Scr. II, 410.

6 Annalen XIII, 54; was dafür sricht, daß Tacitus so glaubte, s. Könige I, 136: er sagt: qui gentem eam regebant, in quantum Germani *regnantur*: regnari braucht er sonst gerade nachdrucksam von *Königs*herrschaft; s. die Belege Könige I, 120 f.

7 Der Klassiker des Friesenrechts und der Friesensprache, Karl Freiherr von *Richthofen*, hat den Königsnamen bei Aldgisl und Radbod angewandt und das Zeugnis des *Begleiters* St. Wilfrids wiegt nicht leicht.

8 Spätere friesische Überlieferungen nennen freilich zumal Radbod gern rex.

9 Mit Recht nehmen Waitz, Verfass.-Gesch. III, 158. V, 36 und *Brunner* I, 343 gegen v. *Richthofen*, praefatio p. 649, an, daß unter Karl dem Großen friesische Herzoge überall nicht mehr vorkamen: *Regino* von *Prüm*, der ein Jahrhundert nach Karl starb (915), ist doch allzuspäter Zeuge.

642 DRITTES BUCH · DIE IM FRÄNKISCHEN REICH VERSAMMELTEN GERMANEN

ren der für diesen Feldzug verbündeten Gaue. Abgesehen von dieser vorübergehenden Verrichtung waren sie wohl ohne Zweifel *Edelinge* alten Volksadels und Grafen eines Gaues oder mehrerer Gaue. Radbod beherrschte Westfriesland (bis 689 und dann 715–719) und einzelne östlichere Gaue, aber nicht alle friesischen Gaue.

Zwar haben schon unter allen westgermanischen Völkern die Friesen (neben *Chatten, Hessen und Sachsen*) ihre alten Sitze am wenigsten verändert – heute noch siedeln sie, wo sie *Drusus* der ältere vorfand – aber einige Verschiebungen und Ausbreitungen haben doch nicht gefehlt. *Ptolemäus* (140 v. Chr.) nennt die Ems die Ostgrenze gegen die *Chauken* (später ein Hauptbestandteil der *Sachsen*), im Süden schwankte die Grenze mit den *Brukterern* wohl häufig, auch bevor hier Brukterer von *Chamaven*, Chamaven von *Chauken* abgedrängt wurden.

In der Römerzeit wohnen die Friesen[1] längs der Nordsee von *Tondern* in *Schleswig* bis *Brügge* in *Flandern*: ihr Hauptland ist die heutige *holländische* Provinz *Friesland*, außerdem aber wohnten damals Friesen weiter westwärts an der Nordseeküste bis zur Mündung des südlichsten *Rhein*armes, der sich, mit der *Maas* verbunden, in das Meer ergießt; auch auf den Westufern der *Yssel* und ihrer Altwasser. Dieses westliche Land weiß *Plinius* außer von Friesen und „Frisiabonen" bewohnt von *Chauken, Marsaken, Sturiern*, die er alle mit zu den Friesen zählt, was die *Chauken* anlangt, wohl nicht mit Recht; von diesen Gesamt-Friesen unterscheidet er die (*chattischen*) *Bataver* und *Kannenefaten*; nach *Ptolemäus* reichen die Friesen bis an die Ems, also auch noch bis an die Provinz *Groningen* hin. Die „kleinen" Chauken wohnen nach ihm östlich von den Friesen bis zur *Weser*, die „großen" von Weser bis Elbe, also in dem *hannöverschen Ostfriesland* und dem *oldenburgischen* Friesland.

Nach der Völkerwanderung aber, vom 7. bis 11. Jahrhundert, erscheinen die Friesen (nach dem Abzug der Römer) ausgebreitet: westlich längs der Küste von der *Maasmündung* bis zu der nach dem alten Meerbusen *Sinkfal* nordöstlich von *Brügge* gebildeten Grenze *Flanderns*, also über die *holländische* Provinz *Seeland*, aber im Westen des *Hama*landes die Gaue *Feluwe* und *Fleithi* bis an den Mittel*rhein*, der sie vom Gaue *Batawa*, Ober- und Nieder-Betuve, von der Trennung des Rheins bis zur Stadt *Buuren*, schied, aber der Gau *Batua*, auch die Osthälfte der Insel blieb fränkisch[2], östlich haben sie sich vorgeschoben in das Land der *Chauken* hinein und zwar bewohnen sie nun auch *Ostfriesland* zwischen *Ems* und *Weser* und die nördlichen Striche von *Oldenburg*, ferner einige Küstenstrecken zwischen *Weser* und *Elbe*, insbesondere das Land *Wursten*, und außerdem an der Westküste der kimbrischen Halbinsel „*Nordfriesland*" südlich von *Tondern*.[3]

Das Verhältnis der Friesen zu den *Chauken* in der letzteren alten Sitzen ist schwer zu erklären;[4] am wahrscheinlichsten ist: der größte Teil der Chauken war ausgewandert gen Südosten und in den *Sachsenverband* getreten: die zurückgebliebenen Chau-

---

1 *v. Richthofen*, im Staatswörterbuch S. 2.

2 Oben S. 162. *Zeuß* S. 397. „Der Geograph von *Ravenna* führt die Orte an der alten Römerstraße, welche die *Peutingersche* Tafel an das Südufer des „*Rheines*" (d. h. des mittleren Rheinarmes) zeichnet, selbst noch *Dorostate*, 164 die in den westlicheren Teilen der Insel in „*Francia Rhenensis*" auf, *Dorstat* am nördlichen Ufer dagegen nennt er *Frigonum patria* IV, 24. *Frixonum patria* I, 11.

3 *v. Richthofen* a. a. O. S. 2.

4 Nach *v. Richthofen*, praef. p. 640 waren von Anfang an die Ostfrisen = den *kleinen* Chauken: das ist aber doch wohl deshalb zu bezweifeln, weil sie *zugleich* = den *großen* Friesen gewesen sein sollen. Eine Volksgruppe soll „kleine Chauken" und „große Friesen" geheißen haben?

FÜNFTES KAPITEL · DIE FRIESEN   643

ken gingen unter den eindringenden Friesen auf, jedoch nicht unterscheidungslos.[1] Denn ohne Zweifel sind diese zurückgebliebenen Chauken die von den *angelsächsischen* Quellen erwähnten *Hugas* und nach diesen Hugen (= Chauken) hieß das Grenzgebiet der Chauken gegen die Friesen an dem *Laubach* in *Groningen „Hug-Merke"* d. h. die Mark der Hugen (= Chauken). Danach ist nicht mehr, wie zur Zeit des *Ptolemäus*, die *Ems*, sondern der *Laubach* die Grenze zwischen Friesen und Chauken: sehr begreiflich, da die Chauken während der Ausbreitung der Friesen gen Westen hin, über *Seeland*, diesen folgend, sich zwischen Ems und Laubach eingeschoben haben werden, wenn auch in der Folge um den Preis des (staatlichen) Anschlusses an die Friesen statt an die Sachsen. Später ist sondern Zweifel nicht die Ems, sondern der *Laubach* wichtige Scheide in Gesamt-Friesland: als *St. Willihad* dort wirkte (ca. 778), war der *Laubach* die Grenze fränkischer Herrschaft: erst nach 785 wurde das Land östlich vom *Laubach* unterworfen, während dies für die Gebiete westlich vom *Laubach* schon ca. 726 erfolgt war: daher scheidet noch zur Zeit *Karls* (ca. 803) das Friesenrecht *„Ostfriesland, Mittelfriesland* (zwischen *Laubach* und *Fli*) und *Westfriesland"*.

„Das bündigste Zeugnis dafür, daß die Bewohner des Landes zwischen *Laubach* und *Ems* demselben Stamm angehören mit denen des Landes zwischen *Ems* und *Weser*, liefert aber ihre mittelalterliche Mundart: die friesische Sprache in den Rechtsaufzeichnungen des 13. und 14. Jahrhunderts aus jenem Landesteile (*Hunse-Go*, *Fivel-Go*) stimmt unleugbar überein mit der in gleichzeitigen Rechtsaufzeichnungen aus diesem (*Ems-Go*, *Brokmerland*), während beide gemeinsam sich nicht unerheblich unterscheiden von der friesischen Sprache in gleichzeitigen Rechtsaufzeichnungen aus dem Lande zwischen *Laubach* und *Fli*."[2]

Wie im Westen – über den westlichen Teil der *batavischen* Insel hin – dehnten sich seit der Römerzeit die Friesen auch im Süden aus: an den Ufern der *Maas* unterhalb der Vereinigung mit der *Waal*, bis dahin reichten Friesen in dem Gau *Testerbant* (*Destarbenzon*): hier grenzten sie mit dem uraltfränkischen *Toxandrien*, aber auch die Mündungen der *Schelde* (*Schaltheim villa*) waren friesisch, die *„Flandrenses et Andoverpenses"*, während freilich auch wohl „Frisia" als „anstoßend" (*„confinis"*) an *„Flandria"* bezeichnet wird; während die Franken das Uferland östlich am Unterlauf des Stromes erfüllten, hatten sich die Friesen am Meeresstrand ausgedehnt.[3]

Die Verbreitung der Friesen im Osten über die Ems meldet zuerst der Gothe *Markomer*[4], denn *Nocdac* ist doch wohl *Nordac = Norden*. Nicht *Bonifatius*, erst *Luidger* († 26. März 809) trug die Taufe zu diesen Friesen über die Ems: Luidgers Lebensbeschreiber *Altfrid* († 12. April 849) nennt *Leer* (*Hleri*) an dem *Lade*-Fluß einen Ort der Friesen.

„Helgoland", *Fositesland*, d. h. das Land des Rechtsgottes *Forsete*[5], war als ein Haupttheiligtum der Friesen schon von *St. Willibrord* († 739) besucht worden zu Zwecken der Bekehrung der Heiden[6]. Im Mittelalter fand man die Grenze zwischen *Sachsen* (über die Zweiteilung der *Chauken* in Sachsen und Friesen oben) und *Friesen* in dem Sumpf *Walpingen*, dann in der Mündung der *Wirrah*. Noch nicht völlig zweifelsfrei ist auch die Herkunft der *Nordfriesen*, *Eiderfriesen*: nach *Saxo Grammaticus* (p. 260) Frisia minor, nach *Hamsfort* (Chronologia Frisia Eydorensis) beweist „Namen und Sprache" den friesischen Ursprung, und dabei wird es wohl bewenden, auch

---

1 S. *Ettmüller*, Skopes Vidsidh, Zürich 1839 S. 6. *J. Grimm* O. S. 674. *J. Grimm*, Gesch. d. D. Spr. I, 468. – 2 *v. Richthofen* a. a. O. S. 3. – 3 *Zeuß* S. 398. – 4 Geograph. Rav. IV, 23. – 5 *Dahn*, Walhall, 9. Auflage, Kreuznach 1889. – 6 *Alcuin*, v. St. *Willibr.* c. 10. *Mabillon*, Acta Sanctorum ordinis S. Benedicti saec. III, 1. p. 603–630.

644   DRITTES BUCH · DIE IM FRÄNKISCHEN REICH VERSAMMELTEN GERMANEN

wenn *Nordstrand, Föhr und Sylt* die drei „*Sachseninseln*" des *Ptolemäus* sein sollten. Dies Nordfriesland umfaßte auf dem Festland den schmalen Streifen zwischen *Widau, Tondern* und *Eider* und neben kleineren Inseln auch *Helgoland.* Diese Insel wird dann Grenzscheide zwischen *Dänen* und *Friesen* genannt.[1]

Eindringen friesischer Ansiedler zur See und Mischung mit der vielleicht älteren sächsischen Bevölkerung (auf den Inseln), allmähliche Verdrängung des sächsischen Namens durch den friesischen Namen ist doch recht wohl denkbar.[2]

Hauptquelle unserer wohl dürftigen Kenntnis von den Rechts- und Wirtschafts- und Bildungszuständen der Friesen ist das friesische Volksrecht, von dem wenigstens soviel feststeht, daß es, wie es uns überliefert vorliegt, aus verschiedenen, nicht gleichaltrigen Bestandteilen erwachsen ist. Im einzelnen gehen aber die Meinungen ziemlich weit auseinander. Eine Ansicht[3] unterscheidet den ältesten Teil für Mittelfriesland nach 734 unter *Karl Martell* oder *Pippin* (und zwar noch vor 751, Pippin oder sein Vater heißen noch „dux" , das heißt dux *Francorum,* nicht *Frisiorum*)[4] aufgezeichnet, einen zweiten für ganz Friesland nach 785 und die „Additio" , sowie Zusätze zum ersten Titel nach 801, und diese Meinung scheint noch immer besser begründet als die Annahme[5], wonach die Zusammenstellung erst im 9. oder 10. Jahrhundert, die Additio vollends erst im 11. entstanden sei.

Zu der ursprünglichen Lex tritt allerdings erst viel später die „Additio", zu der auch die Urteile des *Wulemar* und *Sachsmund* gehören, die man irrig der *Lex Angliorum et Werinorum* zugeteilt hat. Da Westfriesland als „cis Fli" bezeichnet wird, erfolgte die Aufzeichnung westlich von Fli: Abweichungen des Rechts in den beiden Seitenlanden werden besonders hervorgehoben. Die Ungleichheit des Münzfußes und, damit zusammenhängend, des Wergelds der Stände weist ebenfalls auf Ungleichzeitigkeit der Aufzeichnung hin. Außer aus alten friesischen Volksgesetzen, dann königlichen (d. h. fränkischen) Edikten besteht die Sammlung aus aufgezeichneten *Weistümern* (Deutsche Geschichte I a, 200 f.) und aus Privataufzeichnungen. Die Abschreiber haben so gedankenlos in christlicher Zeit längst veraltetes heidnisches Recht neben die christlichen Satzungen gestellt, daß neben dem Gebot der Sonntagsfeier, dem Eid auf die Heiligen, dem Verbot, Unfreie an Heiden zu verkaufen die Satzung steht: den „Weihtumschänder" darf (als Friedlosen) jeder töten: und daß das hier (Tit. V) genannte fanum nicht etwa eine *christliche* Kirche ist, geht schlagend daraus hervor, daß noch die „Additio" als ostfriesisches Recht verzeichnet: wer ein Weihtum erbricht und dort etwas von den Weihdingen davonträgt, wird an die See geführt, im Sand innerhalb des Flutgebiets eingegraben, entmannt und mit geschlitzten Ohren denjenigen *Göttern* (Diis) geopfert, deren Tempelfrieden er erbrochen hat (tit. XII). Das ist doch schwerlich christlich.[6]

---

1 *Egilssaga* p. 260. Mir im Augenblick nur nach der Angabe Jakob Grimms a. a. O. S. 466 zugänglich, dem ich aber hier in der von Anbeginn bestehen sollenden Einheit von Friesen und Chauken (S. 470) durchaus nicht beipflichten kann; ebensowenig hat das Frisia minor des Saxo noch mit des Tacitus Scheidung zu schaffen. – 2 Anders *Zeuß* S. 399. – 3 v. *Richthofen,* praefatio und zur Lex Saxonum S. 343. – 4 Allerdings macht Bedenken, daß die Bestimmung aus Lex Alam. entlehnt ist, wo sie den Stammesherzog meint. – 5 *de Geers,* Zusammensetzung der LF. LH. RG. VIII, welcher *Brunner* I, 343 zuneigt. – 6 In den Aushängebogen durfte ich an dieser Stelle einsehen die vortreffliche Arbeit meines Amtsgenossen Dr. *Siebs,* zur Geschichte der englischfriesischen Sprache I. (Halle 1889). Dieselbe versetzt S. 8 die Fr. minores zwischen Fli und Rhein; danach ist auch das S. 162 über die Sprachgliederung Gesagte zu berichtigen; er macht sehr wahrscheinlich, daß ein erheblicher Teil der nach England ausgewanderten Sachsen Chauken waren.

Sechstes Kapitel

Die Sachsen[1]

Die Sachsen sind der letzte von dem Frankenreich – erst unter Karl dem Großen – herangezwungene germanische Stamm.

Der Name „Saxones" begegnet zuerst bei *Ptolemäus* (138–161 n. Chr.).[2] *Tacitus* – etwa zwei Menschenalter früher – hat ihn noch nicht vernommen, während er den der ihnen in Verwandtschaft, Siedlung und Geschicken so nahestehenden *Angeln* anführt[3].

Ohne Zweifel sind die Sachsen benannt nach ihrer Waffe (– welche aber nicht ausschließlich sächsisch war –): wie die *Suardonen* vom „Schwert, ebenso die *Heruler* von gothisch hairu = Schwert, so die Sachsen von dem sahs[4], dem Kurzschwert oder Langmesser, das ursprünglich von Stein war (sahs, lateinisch saxum, Fels) wie der Hammer auch.

Dieser Name bezeichnete wohl schon ursprünglich nicht nur eine Einzelvölkerschaft, sondern eine Mehrzahl von kleineren Völkerschaften oder auch von größeren Gauen:[5] gleichwohl ist glaublich, daß erst allmählich eine erheblichere Reihe Völkerschaften unter jenem Namen zusammengeschlossen wurde im Zusammenhang mit der Ausbreitung und Vorschiebung der Sachsen von der *Kimbrischen Halbinsel* her nach Süden. Es sind „Ingwäonen".[6] Eine Zeitlang werden auch die *Friesen* zu den Sachsen im weitesten Sinne gezählt. Ohne jede Waffengewalt vollzog sich wohl jene Vorschiebung der Sachsen nach Süden sowenig wie andere Bewegungen dieser Art in jenen Jahrhunderten.[7] Dabei ist doch durchaus nicht anzunehmen, daß alles Land südlich der Elbe von den *nordalbingischen* Sachsen erst und nur durch förmliche Eroberung und Unterwerfung sei bezwungen worden.[8]

Die Behauptung[9], der Name „Sachsen" habe bei Ptolemäus nur eine Völkerschaft bezeichnet, sei erst später die Bezeichnung eines ganzen Verbandes vieler Völker-

---

1 *Bolze*, die Sachsen vor Karl dem Großen (1861). – *Hockenbeck*, de Saxonum origine. Monasterii (1868). – *Keferstein*, die Bildung des Staates der Sachsen (1882). – *Zeuß*, die Deutschen und die Nachbarstämme (1837). S. 150 f. 380 f. – *Gaupp*, Recht und Verfassung der alten Sachsen (1837). – Jakob *Grimm*, Geschichte der Deutschen Sprache. II. Aufl. 1853. S. 440. – *Merkel*, Lex Saxonum (1853). – *Rockinger*, Sachsen, im Staatswörterbuch von *Bluntschli* und *Brater*. IX. (1865.) – *Waitz*, Verfassungsgeschichte III. S. 207 f. – *Dahn*, Deutsche Geschichte I a, 110. – *Lex Saxonum*, ed. v. *Richthofen*, Mon. Germ. hist. Legg. V. p. 1–102. – Dazu *Boretius* in v. *Sybels* histor. Ztschr. (1860). – *v. Amira* ebendNeue Folge. IV, 305. – *Usinger*, Forschungen zur Lex Saxonum (1867) (sehr schwach!). – *v. Richthofen*, zur Lex Saxonum (1868) (sehr gut).

2 II, 11, ed. *Müllenhoff*, in: Germania antiqua, Berolini 1873, p. 126.

3 Germania, c. 40, ebenda p. 37.

4 Deutsche Geschichte I a, 110.

5 So wurde I, 110 vermutet.

6 I, 16.

7 Vgl. die *Chamaven*, die *Salier*.

8 So richtig auch *Waitz* II³, S. 8.

9 von *Zeuß*, a. a. O.

646 DRITTES BUCH · DIE IM FRÄNKISCHEN REICH VERSAMMELTEN GERMANEN

schaften geworden, laßt sich nicht erweisen. Sie hat keine Ähnlichkeit für sich bei Entstehung der Namen der anderen Verbände: *Bayern, Alemannen, Franken, Thüringer, Friesen*: nirgends ist der Name einer einzelnen Völkerschaft Name eines Verbands von Völkerschaften geworden: warum sollte es hier geschehen sein?

Daß Tacitus den Namen Sachsen nicht kennt, wohl aber Ptolemäus, kann doch nicht beweisen, daß er zur Zeit des Tacitus nur eine Völkerschaft bezeichnete: daß solche Gesamtnamen schon lange vor Tacitus vorkamen, beweisen gerade *Friesen*, dann *Sueben, Goten, Lugier*. Nichts verbietet, anzunehmen, schon zu des Tacitus Zeit seien die zahlreichen kleinen Völkerschaften und Gaue, deren Sondernamen allein ihm genannt wurden, daheim zusammengefaßt worden unter dem Namen Sachsen, der nur zufällig nicht an sein Ohr schlug; Ptolemäus weiß, daß die Sachsen wohnen „auf dem Nacken der *Kimbrischen* Halbinsel", außerdem nennt er vor der Elbemündung „die drei Inseln der Sachsen": man nimmt an: *Nordstrand, Föhr und Sylt*: die sieben Namen bei Tacitus *Reudigni, Aviones, Anglii* (gewiß Teile der späteren Sachsen im weiteren Sinn!), *Varini, Eudoses, Suardones, Nuithones können* – bei dem engen für sie verfügbaren Raum – nur kleine Völkerschaften, zum Teil wohl nur Gaue bezeichnet haben, während Ptolemäus den zusammenfassenden Gruppennamen vernahm. Indessen insofern hat allerdings eine Ausdehnung der Bedeutung des Sachsen-Namens stattgefunden, als derselbe zweifellos erst in späterer Zeit auch auf die andern, tiefer südlich wohnenden *ingwäonischen* Völkerschaften erstreckt wurde: die *Chauken, Angrivaren und Cherusker*, welche in der Folge den „nordalbingischen" Sachsen als *Ostfalen, Engern, Westfalen* sich gesellten.[1]

Die Nord-Sachsen hatten zur Westgrenze mit den *Cheruskern die Elbe*, zur Ostgrenze mit den *Suardonen* die *Triave*, den „*Chalus*" des Ptolemäus, nach welchem vielleicht eines der kleineren Völkchen im Norden der Sachsen benannt war, die sonst nirgends erwähnten „*Chalen*": auch der *Sabalingen* im Norden[2] und der *Sigulonen* im Nordwesten wird sonst nie gedacht: sie gehörten gewiß als Gaue zu dem Gesamtverband der Nord-Sachsen, welchem ja auch die ihnen am fernsten wohnenden (*Nord-*)*Angeln* (oberhalb *Schleswigs* liegt heute noch die Landschaft *Angeln*) dem Stamme nach so nahe stehen wie die Sprache darweist: Ptolemäus aber weiß von diesen Nord-Angeln gar nicht: er kennt nur die vom Norden nach Süden gewanderten *Angeln* an der *thüringischen Saale*, die Nachbarn der *Hermunduren*. Allerdings steht zu erwägen, daß man allgemein germanisch „im Angel" d. h. „im Winkel" gelegene Landschaften Angel-land nannte; so begegnet auch ein *Aungull* (= Angull) in *Hálogaland*: es wäre also nicht undenkbar, daß das nordsächsische Anglia und der thüringische Gau *Englide*, sowie die Bewohner beider Landschaften diese Namen *ohne* Stammeseinheit und Auswanderung erhalten hätten. Die *Nord*angeln aber sind jedenfalls – nach Zeugnis der *Sprache* – allernächste Stammesgenossen der Nordsachsen, mit denen sie nach *Britannien* wanderten, dem jene, nicht diese, seinen germanischen Namen gegeben haben. Weiter zählt Ptolemäus auf die *Fundusen*, welche man für gleichbedeutend hält mit den *Eudosen* des Tacitus[3] und den *Sedusen*, von denen Scharen zu *Ariovist* gestoßen waren. Seine *Kobanden* will man[4] – ziemlich kühn –

---

1 II, 308); daß die Nord-Sachsen die alten *Ambronen*, die Wandergenossen der Kimbern gewesen, ist eine unbegründete Vermutung von *Zeuß*. 150. vgl. *Siebs*, S 14.

2 S. den germanischen (gotischen) Mannesnamen *Saba, Dahn*, Könige. VI. 2. Aufl. 44.

3 Germania c. 40.

4 *Zeuß* S. 152.

SECHSTES KAPITEL · DIE SACHSEN   647

wiederfinden in den *Chauben* des *Strabo*;[1] eher sind diese die Aviones des Tacitus (l.
c.) und zweifellos sind die Avionen die *Chavionen*, *Chaibonen* des *Mamertinus*[2], welcher diese (285) mit *Herulern* zusammen in *Gallien* heeren läßt. Ohne Zweifel waren
diese Heruler nicht die vom Schwarzen Meer, sondern die aus *Thule* (Prokops) d. h.
an der *Nordsee* und auf den *dänischen* Inseln; zu Schiff waren sie gekommen, mit
ihnen die Chaibonen, Avionen, ihre Nachbarn an der Ostküste der Kimbrischen
Halbinsel. Dies ist höchst bedeutsam: wir sehen hier die erste der Seeraubfahrten,
welche die Nord-Sachsen später so häufig an die gallischen Küsten führten: und die
Chaibonen, Avionen erweisen sich uns gerade dadurch als Teil der Nord-Sachsen.

Daß aber wesenseins mit diesen Chabonen auch die „*Obier*" gewesen seien, welche im *Markomannenkrieg* (170) neben *Langobarden* in *Pannonien* auftreten[3], ist
nicht[4] anzunehmen; die Gleichung Kobanden = Chauben = Chavionen = Avionen
= Obier ist im ersten und im letzten Glied allzu kühn.

Nachdem Ptolemäus ca. 140 zuerst den Namen der Sachsen ausgesprochen, ist er
auf anderthalb Jahrhundert wieder verschollen: erst zum Jahre 286 werden sie wieder
genannt zunächst als Seeräuber an den Küsten von *Belgien* und der *Bretagne*.[5] Dies
läßt die Frage nicht beantworten, ob damals bereits der Name Sachsen außer den
Nord-Sachsen auch die *Chauken, Angrivaren und Cherusker* umfaßt hatte; sonder
Zweifel war aber diese neue weitere Bedeutung bereits eingewurzelt, als *Julian* ca.
360 die Sachsen unmittelbar das hinter den Franken dem Rheine nächste Volk bis an
das Weltmeer hin nennt; er hatte es selbst erfahren und gesehen, sagt er nachdrucksam, nicht nur vom Hörensagen, als unsicher Gerücht vernommen, daß Franken und
Sachsen die streitbarsten, schwerst zu bekämpfenden, stärksten der Barbarenvölker
zwischen Rhein und Meer sind.[6] Selbstverständlich schließt dies nicht aus, daß innerhalb des Gesamtnamens auch die alten Völkerschaftsnamen: Chauken, Angrivaren,
Cherusker noch forttönten, wie später innerhalb der Hauptgruppe „Sachsen" die
neuen Mittelgruppen Nordelbische, Ostfalen, Engern, Westfalen unterschieden
wurden, ganz wie bei den Franken die alten Völkerschaftsnamen: Batäver, Chamaven, Sugambern, Chattuvaren, Brukterer, Chatten, später innerhalb der Hauptgruppe Franken die Mittelgruppen: Salier, Uferfranken, Hessen unterschieden werden.
Auch der *Chauken* wie der *Sachsen* gedenkt zuletzt ca. 140 Ptolemäus; nach langer
Verschollenheit tauchen sie wieder auf zur Zeit des *Didius Julianus* ca. 220, der noch
als Statthalter von *Belgien* die „von der Elbe her" vordringenden abwehrt.[7] Also etwa
zwei Menschenalter später als die *Goten* gegen Südosten aufgebrochen waren, begann-
nen die Chauken (und andere Sachsen) gegen Südosten zu drängen; sie überschritten
nun ihre alte Grenze, die *Ems*, und schoben (Überbleibsel der *Amsivaren?*) die *Brukterer* aus ihren alten Sitzen an der Ems und bis in die Gegenden der *Lippe* und an den

---

1 *Müllenhoff*, l. c.
2 *Paneg.* l., c. 5 II. ed *Jäger* – vgl. Genethl. (Caviones) II, c. 1. – v. *Wietersheim-Dahn* I, 265.
3 S. unten Langobarden; und v. *Wietersheim-Dahn, Petrus Patricius*, ed. Bonn S. 124.
4 Mit *Zeuß* S. 152.
5 S. die Belege in D. Gesch. I a, 13.
6 Opera et *Spanheim* p. 34. 56. Φράγγοι καί Σάξονες τῶν ὑπὲρ τὸν Ῥῆνον καί τὴν ἑσπερίαν
θάλατταν ἐθνῶν τὰ μαχιμώτατα … ἄλκιμοι … Γερμανῶν … οἳ πρόσοικοι τῷ Ῥήνῳ καί τῇ
θαλάττῃ τῇ πρὸς ἑσπέραν … αὐτῇ προσοικεῖ δύσμαχα καί ῥώμῃ διαφέροντα τῶν ἄλλων
ἐθνῶν γένη βαρβάρωωυ οὐκ ἀκοῇ μόνῃ, ἥπερ δὴ τυγχάνει πίστις οὐκ ἀσφαλής, ἀλλ᾽ αὐτῇ
πείρᾳ τοῦτο ἐκμαθὼν οἶδα.
7 *Aelius Spartianus*, Didius Julianus c. 1 ed. Peters.

648 DRITTES BUCH · DIE IM FRÄNKISCHEN REICH VERSAMMELTEN GERMANEN

Rhein, während die *Chamaven*, früher im Norden (und Osten?) der *Brukterer*, nunmehr als nördlichste rechtsrheinische Franken zwischen Ems und Rhein stehen. Man sieht, die südlichen Sachsen = Chauken haben sich in diesen achtzig Jahren erheblich weiter nach Süden ausgebreitet; allein die Bewegung kam damit nicht zur Ruhe; 130 Jahre später, unter Julian, sind die Chamaven noch viel südlicher gerückt in die Sitze der rechtsrheinischen Sugambern und diese, mit den Batavern auf der batavischen zu Saliern geworden, sind nicht einmal sicher vor den vordringenden *Chauken* (nicht *Quaden*!), welche an dieser Stelle, in höchst erwünschter Bekräftigung unserer Annahmen, ausdrücklich *„ein Teil der Sachsen* genannt werden".[1] Zuletzt wird der Name der *Chauken* genannt zur Zeit des *Stilicho* von *Claudian*, der sie als unmittelbare Nachbarn von *Belgica* hart am Ostufer des *Rheines* kennt.[2] Denn kaum geht es doch an, bei *Apollinaris Sidonius* (430–488) die *„Chatten"* an dem sumpfigen Wasser der *„Elbe"*, durch die *„Chauken"* zu ersetzen; freilich würde letzterer besser passen und daß er neben den *„Sachsen"* erscheint, durchaus nicht im Wege stehen; aber was wußte der Bischof von *Clermont-Ferrand* von den Sitzen der Völkerschaften zwischen *Lahn* und *Elbe*![3] Seit Anfang des fünften Jahrhunderts wird also der Name der Chauken von dem Gesamtnamen „Sachsen" zugedeckt.

Die *Angrivaren* werden in dieser alten Bezeichnung zuletzt genannt von der *Peutingerschen* Tafel (230–270): aber in geringer Änderung, nur mit Weglassung des Auslautes auf „Wehren", werden sie in den alten Sitzen, den „Angern" der Weser, als „Engern" fort und fort erwähnt.

Das dritte Hauptvolk der Süd-Sachsen, die *Cherusker*, wird nach *Ptolemäus* in verderbter Schrift („Chrepstini") von der *Peutingerschen* Tafel verzeichnet, sie sind in ihren alten Sitzen nordöstlich vom *Harz* im wesentlichen verblieben. Hier kennt sie noch zu Anfang des vierten Jahrhunderts *Nazarius* als gegen Constantin verbündet mit *Brukterern, Chamaven, Alemannen, Tubanten*. Die *Vangionen* können freilich nur durch einen Schreibfehler von Worms hierher verschlagen sein[4], da aber eine Handschrift neben dem sinnlosen Lancionas, Laucionas das ganz richtige *Logionas* gewährt[5], sind wohl diese in den text zu stellen; sie kämpfen 276–278 neben den *Burgundern* am oberen *Main*[6], würden also auch 30 Jahre später füglich neben *Alemannen und Tubanten* fechten können. Ganz spät[7] gedenkt der Cherusker – wie der Chauken – *Claudian* zum Jahre 398[8] neben den *Brukterern* und wenige Jahre darauf, 40?, als *Stilicho* die Rheinbesatzungen zum Schutz Italiens abführt, neben *Sugam-*

1 Von Zosimus III, 6. vgl. v. *Wietersheim-Dahn* I, 477, 519. D. G. I a, 550 und oben II, 308.
2 de laude Stilichonis I, v. 225 ed. *Jeep*. I, Lipsiae 1876 p. 221. ut jam trans fluvium non indignate *Cauco* pascat *Belga* pecus.
3 Carm. VII. v. 390 ed. *Grégoire et Columbet I.* (Lyon 1836):
    Saxonis incursus cessat Chattumque palustri
    Alligat Albis aqua.
4 Allzukühn wollte *Zeuß* S. 383 Saxones lesen.
5 *S. Baehrens* p. 227 paneg. Const. Aug. dict. c. 18.
6 D. Geschichte I a, 481.
7 Mit Fug hob Zeuß S. 283 hervor, daß die Römer wie Chauken und Cherusker noch neben Sachsen, so Sugambern neben Franken, Tubanten (ich füge bei Tenchterer, Juthungen, Suaben) neben Alemannen anführen, wissend oder nicht wissend, daß jene Teile dieser.
8 IV. Consulat des *Honorius* ed. *Jeep* l. c. V. 450:
    venit accola sylvae
    Bructerus Hercyniae latisque paludibus exit
    Cimper et ingentes Albin liquere Cherusci.

SECHSTES KAPITEL · DIE SACHSEN   649

bern und Chatten.[1] Ja, ein merkwürdiger Zufall hat uns überliefert, daß jene Sachsen, welche in der *Bretagne* sich niedergelassen hatten, noch zu Ende des 6. Jahrhunderts den Romano-Franken vielleicht als „Cherusker" bekannt waren.

Venantius Fortunatus schreibt an Bischof *Felix von Nantes:* „Ich würde die Symplegaden sogar durchfahren: „te mihi *Canobocherucis* adcersientibus myoparonem"; man wußte keinen Rat, diesen Namen zu deuten. Er ist aber offenbar zu trennen; te mihi *Canobo,* Cherucis (= Cheruscis) adcersientibus, d. h. „wenn du mein Canobus warest (– *Canobus* war der Steuermann des *Menelaos* –) und die Cherusken mir den raschen Kahn beschafften": also waren die Sachsen um *Nantes* um ca. 579 als Cherusken bekannt: das ist doch schwerlich nur Altertümelei des Bischofs von Poitiers.

Unter ihrem neuen Gesamtnamen „Saxones" wurden diese raschen[2] Räuber zu Wasser und zu Land[3] schon seit ca. 350 ein Schrecken Galliens. *Valentinian* schlug einen ihrer Streifzüge zu Land bei Deutz gegenüber *Köln* zurück; hier werden sie genannt ein Volk an den Küsten, in den Sümpfen der See, durch Heldentum furchtbar und Raschheit.[4] Im Jahre 370 wurde ein Schiffszug derselben durch echt römische Treulosigkeit, welche jedoch sogar ein *Ammian* (XXVIII, 5) billigt, vernichtet. Im 5. Jahrhundert haben sie sich an den Nordküsten Galliens bereits so eingenistet, daß dies Gestade das Sächsische heißt; alsbald nach dem Weiterdringen der Franken gen Westen besetzen sie auch die Inseln vor der *Loire*mündung; ihre Ausbreitung in das Festland hinein wurde eine Zeitlang noch von *Römern* und *Salfranken* unter *Childerich* abgewehrt. Aber in der Folge setzten sie sich doch fest um *Bayeux* wie bei *Nantes.*[5] Jene Sachsen, welche mit den *Langobarden* nach *Italien,* dann wieder in die Heimat an *Bode* und *Sale* zurückzogen, waren die südöstlichsten, den *Thüringern* nächsten gewesen, sie waren daher auch – ein erwünschter Zusammenschluß! – den *Langobarden* in deren Sitzen an der *Donau* von allen Sachsen am nächsten und hatten zum Anschluß an deren Südwanderung den kürzesten Weg gehabt.

Wann und wo zuerst sächsische Gaue dem *Merovingenreich* schatzungspflichtig – an strengere Unterwerfung ist nicht zu denken – wurden, wissen wir nicht; es scheint aber früher – von den eroberten *Thüringern* aus – die östlichen als die westlichen Sachsen jenseits der *Lippe* getroffen zu haben, aus späteren Vorkommnissen zu schließen; denn jene Sachsen, welche sich unter *Dagobert* erbieten, die *Wenden* allein ohne fränkische Hilfe von Thüringen abzuwehren, falls man ihnen die schon von Chlothachar I. auferlegte Schatzung erlasse, waren doch sonder Zweifel nächste Nachbarn der *Thüringer;* dazu bestimmt auch, das *Chlothachar I.*, 553 einen „Aufstand" (rebellantibus) von Sachsen niederschlägt, welchen *Thüringer* unterstützten. Allerdings aber berühmt sich auch bereits *Theudibert I.* 534–548 in seinem hochmerkwürdigen Brief an den Kaiser, daß er bis an die Küste der Nordsee herr-

---

1 de bello Getico v. 419:
   agmina quin etiam flavis objecta Sicambris
   quaeque domant Chattos immansuetosque Cheruscos
   huc omnes vertere minas tutumque remotis
   excubiis Rhenum solo terrore relinquunt.
2 Prae caeteris hostibus Saxones timentur *ut repentini* Ammianus Marcellinus XXVIII. 2.
3 Franci et Saxones quoquis erumpere potuit terra vel mari.
4 *Orosius* ed. *Mörner* VII, 32.
5 III, 478 *Venantius Fort.* III, 9 rühmt, *Felix* von *Nantes* habe sie gesänftigt:
      aspera gens Saxo veniens quasi more ferino
      te medicante, sacer, bellua reddit ovem.

650 DRITTES BUCH · DIE IM FRÄNKISCHEN REICH VERSAMMELTEN GERMANEN

sche nach Unterwerfung von *Sachsen* und *Jüten* (Eutiis), wobei in diesem Zusammenhang nur an *nordwestliche* Sachsen gedacht sein kann. Gleichwohl scheinen die schatzungspflichtigen und schatzungsweigernde Sachsen, welche nun 555, 556, 632, 743 wiederholt genannt werden, überwiegend die Nachbarn der *Thüringer* gewesen zu sein, während die Grenzwirren, welche *Karl dem Großen* einen äußeren Anlaß zu dem inneren theokratischen Drange der Sachsenunterwerfung fügten, auch an der *Lippe* ihren Schauplatz hatten. Die neue Gliederung in *Nordalbinger, Ostfalen, Engern, Westfalen* tritt erst nach 750 auf, also 130 Jahre nachdem der *Cherusker*, 350 Jahre später (oder 270?) Jahre, nachdem der *Chauken* Name zuletzt vernommen worden.

Das alte Gebiet der *Angrivaren* war bedeutend erweitert; Engern wohnen im *Leine*-Gau, *Nithe*-Gau, *Leri*-Gau, *Bucki*-Gau (West-Gau?); *Cherusker* mögen sich mit Angrivaren wie mit Chauken gemischt haben.

„Von da aufwärts trennten *Weser* und *Werra* den ostengrischen Gau *Logne* vom pagus Hessi *Franconicus* bis zur Grenze der Thüringer" ... von diesen schied die Sachsen die Wasserscheide zwischen *Leine* und *Unstrut*; die Gaue *Logne* und *Hlisko* sind hier die äußersten sächsischen. Weiter östlich ... hatten die Sachsen noch das eigentliche *Harzland*, die Thüringer nur das Flußgebiet der *Unstrut* in Besitz."[1]

Auch die *Chasuaren* an der *Hase, Fosi* an der *Fuse*, die im *Bardengau* zurückgebliebenen *Langobarden*, sind in den Sachsen aufgegangen.[2]

An die Seite der *Hessen* und *Unterfranken* sind Sachsen bis an den Oberlauf der *Ruhr* und in Nordhessen an der *Diemel* vorgedrungen.[3]

Von der *Wesermündung* und den *Ostfriesen* bis zur *Saalemündung* umschlossen das Land der Sachsen das Meer und die *Elbe*.[4] Auch die *Nordalbingischen Sachsen* erscheinen unter diesem Namen erst gegen Ende des 8. Jahrhunderts; im Norden grenzen sie an der *Eider* mit den *Dänen*, im Osten mit den *Slawen*; sie sind jene Gaue der (Angeln und) Sachsen des Ptolemäus, welche *nicht* (wie so viele von ihnen) im 5. Jahrhundert nach Britannien hinübersegelten, mit starker *friesischer* Beimischung.[5] Die Gliederung der Nordelbischen in *Thiedmarsen* (Thiodmars-gowe) am Meere, mit der Kirche *Mildinthorp, Holtsaten* (d. h. im Holz = Walde sitzende, daraus später durch mißverstehende Volkswurzeldeutung „*Holstein*" geworden) mit der Kirche *Skonenfeld*, und *Stormaren* mit der Mutterkirche *Hammaburg* (und den Grenzflüssen *Eider (Egidora)* im Norden gegen die *Dänen*, der *Bille (Bilena)* im Südosten und der *Schwale (Suala)* im Osten gegen die *Slawen*) werden zwar von *Adam von Bremen* († ca. 1076)[6] angeführt, reicht sicher in ältere Zeit hinauf. Wie zahlreiche Nordelbinger von *Karl* ausgewurzelt und über sein ganzes Reich zerstreut angesiedelt wurden, haben wir gesehen.[7] Den *Obodriten* schenkte der Sieger großenteils das entvölkerte

---

1 *Zeuß* S. 394 über die Grenze mit den *Warnen, Nordthüringern, Nordschwaben* oben S. 100.

2 *Zeuß* S. 393, aber die *Chamaven* im *Hamaland*, sind, wenn auch vorübergehend von Sachsen bewältigt, Franken.

3 Pagus Hessi Saxonicus heißt aber nicht nach Hessen = Chatten, sondern nach dem Mannes-Namen Hessi.

4 *Zeuß* S. 395.

5 *Rudolf* von *Fulda*, Translatio St. *Alexandri*, ed. Pertz Mon. Germ. hist. Scr. II, 175: gens ... Saxonum scilicet et Fresonum commixta in confinibus *Nordmannorum* et *Obodritorum*.

6 Gesta *Hammenburgensis* ecclesiae pontificum ed. *Pertz* Mon. Germ. hist. Scr. II. VII, 280 c. 61.

7 III, 1043 f. ; z. B. in Ostfranken bei *Würzburg* s. *Zeuß* S. 397.

SECHSTES KAPITEL · DIE SACHSEN   651

Land. Seit der Einwanderung der Angeln und Sachsen in Britannien werden – zumal
eben von diesen – die auf dem Festland verbliebenen *„Altsachsen"* *(antiqui Saxones,*
„Eald-Seaxe") genannt.

Wir erfahren von der Geschichte der Sachsen in den Jahrhunderten von Ptolemäus (150 n. Chr.) bis zum Aufsteigen der *Merovinger* (ca. 450) nur bei Gelegenheit
ihrer Kämpfe mit den *Römern* (seit 286), ihrer Einfälle zu Wasser und zu Lande in
den römischen Provinzen.[1] Von dem Aufsteigen der Merovinger ab (ca. 450) vernehmen wir ebenso von den Sachsen fast nur aus Anlaß ihrer Kämpfe mit den *Franken*
bis auf die Zeit *Karls des Großen* und – sehr spät – durch die Lebensbeschreibungen
einzelner Bekehrer.

In langen Zwischenräumen hören wir daher gar nichts von ihnen; so von 572–631,
dann von 631–715.

Während der argen Zerrüttung im Merovingerreich gegen Ende des 7. Jahrhunderts haben die Sachsen gewiß jede etwa noch bestehende Schatzungspflicht abgeschüttelt; 713 vertrieben sie die Christenpriester aus dem *Bruktererlande.* 715 fallen
sie heerend in den Gau der fränkischen *Hattuvaren* ein in *Geldern,* zwischen *Rhein*
und *Maas,* am *Niers,* so daß *Karl der Hammer,* sobald er des Reiches Gewalt gewonnen, wiederholt gegen sie zieht bis an die *Weser,* sie zu züchtigen und zu schrek-
ken.[2]

Mehr Erfolg scheint ein Zug von 738 gehabt zu haben; Karl überschritt den Rhein
an der *Lippe*mündung bei *Wesel* und unterwarf „einen Teil" des Volkes unter Geiselstellung; doch gelten diese unterworfenen Sachsengaue nicht voll als Teile des Reiches; sie werden bei der Reichsteilung von 741 nicht erwähnt; gleich 742 greifen sie
wieder zu den Waffen; ebenso 745; *Karlmann* gewann damals oder 743? durch Vertrag die Burg *Hoohseoburg (Seeburg* im *Mansfeldischen,* oder die *Sachsenburg?);* ebenso durch Verhandlung einen mächtigen Landherren dortselbst, *Theuderich,* und viele
Sachsen zur Taufe, aber nur in den allernächsten Gauen.[3]

Allein schon 747 muß *Pippin* nach Sachsen ziehen, wo *Grifo* Zuflucht und Waffen
gefunden hatte; er drang von *Thüringen* her bis *Schöningen (Skahaningi)* am Bach
Meißau (Missaho) in *Braunschweig.*

Grifo lagerte mit den Sachsen zu *Ohrum* an der *Ocker,* auch aus *Frisonovelt* und
Winidengo waren *Slawen* (und Friesen?) zu ihnen gestoßen; nach, oder nach anderen
Angaben ohne, Blutvergießen unterwarfen sie sich wieder den Franken, „wie es von
alters her Sitte gewesen", und versprachen die einst von *Chlothachar I.* auferlegte
(von *Dagobert I,* erlassene) Schatzung wieder zu entrichten; auch die Taufe gelobten
manche.[4] Aber schon 753 erhoben sie sich wieder, und gerade während König Pippin
in ihrem Lande stand – scheint es – glückte es ihnen, die Burg *Iuberg (Iburg* bei
Osnabrück) zu erstürmen, wo sie Bischof *Hildegar von Köln* fanden und erschlugen;

---

1 S. darüber II, 241, 307–311, 346, 357, 367, 415, zuletzt im Jahre 435.
2 715 (S. 772) und 720 (S. 780), 723? 729 *rüstet* er nur gegen die Sachsen (S. 788).
3 *Fredig.* contin. p. 113; Annal Laur. 743; *Einh.* annal.
4 III, 852 *Fredig.* cont. 117.

652   DRITTES BUCH · DIE IM FRÄNKISCHEN REICH VERSAMMELTEN GERMANEN

der König drang aber bis *Rehme* oberhalb *Minden* an die *Weser* und erzwang die Unterwerfung.[1]

Im folgenden Jahre (754) nahm des *Bonifatius* Nachfolger in der Bekehrungsarbeit, *Gregor von Utrecht*, das Werk auch bei den Sachsen auf, 758 erschien *Pippin* zum dritten Mal in Sachsen, erzwang durch Gefecht den Eingang in ihre Verhacke und drang bis *Sithen* (Sithnia) Reg.-Bez. *Münster* südwestlich von *Dülmen*, die Besiegten versprachen eine Jahresschatzung von 300 Rossen und gewiß Duldung der Taufpredigt (l. c., zwischen Ostern und Anfang September).

Im Jahre 772 beginnen die Sachsenkriege Karls; wir haben deren Gesamtbedeutung, die wahren Ursachen und die in Selbsttäuschung gern geglaubten Vorwände eingehend gewürdigt, daher ist hier nur der Verlauf in Kürze darzustellen.

Im Sommer 772 zog Karl zum ersten Mal – es wird durchaus *nicht* berichtet, daß er durch irgendeinen Angriff der Sachsen gereizt worden – gegen die *Engern* mit großer Heeresmacht und vielen Priestern. Nach Erstürmung von *Eresburg (Stadtbergen an der Dimel)* erreichte er, sechs Stunden weiter nördlich, in einem heiligen Hain eines der gefeiertesten Weihtümer des Volkes: die *Irmin-Sul*, eine dem Gott Irmin geweihte baumähnliche Säule, ein Sinnbild der Weltesche:[2] die Säule wurde umgestürzt, der Hain zerstört, das – wohl als Weihgeschenke, Gelübdegaben – in Holz-Gebäuden geborgene Gold und Silber unter die Krieger verteilt.[3] Karl drang noch über die *Weser*, die *Engern* unterwarfen sich ohne Kampf. Während seiner Abwesenheit in *Italien* (774) fielen sie aber in *Hessen* ein und verbrannten das von *Bonifatius* gestiftete *Fritzlar (Fridislar)*, während *Westfalen* die Kirche zu *Deventer* an der *Yssel* zerstörten: schwache Vergeltung für Irminsul! Nun wurde nach Karls Rückkunft auf den Reichstag zu *Quierzy* (774) der furchtbare Beschluß gefaßt: Bekehrung und Unterwerfung oder Ausrottung des ganzen Sachsenvolkes! Und furchtbar hat er es durchgeführt, der „eiserne Karl". Noch 774 waren die abziehenden Sachsen von drei Scharen verfolgt worden. Im August 775 zog Karl von *Düren* aus gegen die *Westfalen*, eroberte die *Sigiburg (Hohen-Syburg an der Ruhr)*, erbaute aufs neue und besetzte die *Eresburg*, erzwang dann durch Gefecht den Übergang über die *Weser* am *Brunsberg* bei *Höxter*, durchzog das ganze Land der *Engern*, überschritt die *Leine*, deren *Grenze* mit den *Ostfalen*, und zog auch noch durch Ostfalen bis an die *Ocker*; hier und auf den Rückweg im *Buckigau* (zwischen *Weser* und *Deistergebirg*) unterwarfen sich viele Ostfalen und Engern nach Vorgang und unter Einfluß mächtiger Adelsgeschlechter.[4] Denn bei den Sachsen hatte sich der altgermanische Volksadel in seiner vollen Machtstellung erhalten; diese Sippen waren in Ermangelung von Königen die eigentlichen Leiter des Volks und seiner Geschicke. Sie geboten auch über zahlreiche *Liten* (offenbar alte, meist *hermundurische* Einwohner des von den aus Norden vordringenden Sachsen eroberten Landes, in Halbfreiheit gegen Zins auf der Scholle belassen) sowie über eigene Freigelassene. Sie standen auch bei den kleinen Gemeinfreien in höchstem Ansehen: ihr Wort entschied im Ding. Deshalb bemühte sich Karl unablässig durch Geschenke an Gold und Land und durch freundlichste Behandlung, diese Edlen für sich zu gewinnen; wo es gelang – und es gelang gar oft – war auch die Menge des Volkes mitgewonnen oder doch der gewohnten Führer be-

---

1 Ann. *Lauriss.* maj. 753; Fred. cont. 118.

2 Universalis columna, quasi sustinens omnia, translato St. Alexandri, Pertz Scr. II, 676. c. 3.

3 Über das Wunder am „*Bullerborn*" s. D. Gesch. I b, 296.

4 Hessis und Brunos; letzterer (*angeblich*) Stammvater des sächsischen Kaiserhauses (??).

SECHSTES KAPITEL · DIE SACHSEN   653

raubt, unfähig oder ungeschickt, zu widerstehen. So planmäßig wurde die Bestechung des Adels betrieben, daß ein besonderes Capitular (802?) über das sächsischen Großen geschenkte Königsland erlassen werden mußte und ein Zeitgenosse meint: „mehr Sachsen hat die Bestechung als das Schwert gewonnen". Allerdings wurden solche Abtrünnige von denen, die den Göttern und der Freiheit treu geblieben, so bitter gehaßt, daß sie auch im Frankenlande keine Sicherheit fanden, falls ausgewurzelte Sachsen in ihrer Nähe angesiedelt wurden.

Karls Rückendeckung an der *Weser* war einstweilen von *Westfalen* nicht ohne Erfolg überfallen worden; auf der Heimkehr schlug er auch dieses Aufgebot bei *Lidbach (Hlidbeki)* an der Weser. Als aber Karl im folgenden Jahr (776) in *Friaul* weilte, erhoben sich die nämlichen Gaue – unter Preisgebung ihrer Geiseln! – und zerstörten die Eresburg; Sigiburg rettete ein Wunder. Nach seiner Rückkehr drang Karl mit solcher Raschheit von *Worms* aus durch alle Verhacke (caesas) in das Land, daß die Erschrockenen sich sofort zu *Lippspring* (ubi Lippia consurgit) unterwarfen, die Taufe gelobten und für den Fall des Treuebruchs ihr Grundeigen an Karl verwirken zu wollen erklärten; man sieht, Karl wollte freie Verfügung über das Land behufs Ansiedelung von Franken gewinnen. Die Eresburg wurde wieder befestigt, eine neue Zwingveste, *Karlsstadt*, an der *Lippe*, erbaut; im Jahre 777 hielt Karl bereits den fränkischen Reichstag mitten im Sachsenland, in *Paderborn (Padrabrun)*; dies sollte aller Welt zeigen – wie weiland *Pippin* in *Aquitanien* tat – wie so ganz die neue Eroberung schon ein Teil des Reiches geworden, und zugleich sollte solche Zuversicht des Siegers von Erneuerung des Widerstandes abschrecken. Viele Edelinge erschienen und unterwarfen sich, nicht aber *Widukind*, der hier zuerst genannt wird, aber wohl schon früher ein Führer der Erhebung gewesen: er war zu dem Dänenkönig *Sigfrid* in *Nordmannia* geflohen. Als aber Karl 778 zu Felde lag, erhoben sich die Sachsen (an der *Lippe?*) aufs neue, verbrannten die *Karlsstadt*, streiften heerend bis *Deutz* gegenüber *Köln* und rheinaufwärts bis *Ehrenbreitstein*, zumal die Kirchen zerstörend, „denn nicht um zu rauben, Rache zu nehmen waren sie ausgezogen", Rache vor allem für die zerstörten und geschändeten Heiligtümer der Götter. Die Mönche flüchteten die Leiche des *Bonifatius* aus dem bedrohten *Fulda*; auf dem Rückzug wurden die Sachsen durch eine rasch von Karl vorausgesandte Schar zu *Leisa* bei Überschreitung der *Eder* eingeholt und geschlagen. Im Jahre 779 zog Karl von dem Reichstag zu *Düren* gegen die *Westfalen* und drang bis an die *Weser* (bis *Medofulli: Uffeln?*), wo auch *Ostfalen* und *Engern* sich unterwarfen.

So hielt Karl auch im folgenden Jahre (780) die Reichsversammlung in Sachsen ab, zu *Lippspringe*, und richtete bereits die Bekehrung mit solcher Zuversicht ins Werk, daß er das Land hierfür in Sprengel teilte, so z. B. den Gau *Wigmodia Willehad*, *Paderborn Megingoz* von *Würzburg* zuwies. Auch 782 tagte die Reichsversammlung zu *Lippspringe*; Karl unterschätzte – wie *Napoléon I.* – die Widerstandskraft eines für den Augenblick überwältigten Volkstums; er glaubte bereits die fränkische *Grafschaftsverfassung*, „zugleich das am meisten artzeichnende Stück und das wirksamste Herrschaftsmittel fränkischen Staatswesens"[1] einführen zu können; damals auch erließ er (782) jene mit Blut geschriebene „capitulatio de partibus Saxoniae", welche mit fürchterlicher Eintönigkeit das: „der soll des Todes sterben" wiederholt, sogar für bloße Verletzung des kirchlichen Fastengebots; auch wird von jetzt ab jeder Sachse, der Heide bleibt, sich selbst oder sein Kind nicht in Jahresfrist taufen läßt, mit dem Tode bestraft: auch die unerbittliche Eintreibung der Zehnten für die Kir-

---

1 Deutsche Geschichte I b, 304.

654   DRITTES BUCH · DIE IM FRÄNKISCHEN REICH VERSAMMELTEN GERMANEN

chen, d. h. die Zwangsbethäuser, erbitterte das nicht reiche Sachsenvolk, zumal darin auch eine Schatzung gesehen wurde, welche sonst nur von Unfreien oder von Zinsbauern auf fremder Scholle erhoben wurde. Zu den neu errichteten Grafenbeamten berief Karl außer verlässigen Franken auch häufig jene abtrünnigen Edelinge.

In allzukühner Zuversicht bot Karl (782) sogar bereits den sächsischen Heerbann auf, neben Franken in *Thüringen* und *Sachsen* selbst eingedrungene *sorbische* Plünderer zu vertreiben: Waffenbrüderschaft von Sachsen und Franken behufs Schirmung des Landes wider gemeinsame, stammfremde Feinde und ein sicher vorauszusetzender Erfolg hierbei mußte Sieger und Besiegte noch näher bringen. Allein Karl wußte nicht, als er diese Anordnungen traf, daß *Widukind*, aus *Dänemark* zurückgekehrt, einen neuen Aufstand, zumal im Gau *Wigmodia*, ins Werk gesetzt hatte. Die gegen die Sorben ausgesandten Scharen wandten sich nun wider die sächsischen Empörer, wurden aber am *Süntelgebirg* unter Verlust von 27 Führern und Edlen vernichtet. Rasch und fürchterlich war Karls Rache, sehr bald stand er an der Weser, die erschrockenen Führer der Sachsen schoben alle Schuld auf den wieder nach Nordmannia entflohenen Widukind, stellten aber 4500 Männer, welche an dem Aufstand als Verführte teilgenommen. Karl ließ sie alle 4500 an einem Tag enthaupten zu *Verden* an der *Aller*.

Die scheußliche Tat hatte wohl schrecken sollen, aber sie ergrimmte. Zum ersten Mal erfolgt nun 783 eine „allgemeine" Erhebung der Sachsen, zum ersten Mal stellten sie sich dem großen Feldherrn Karl selbst zu mehr als einer offenen Schlacht.

Er siegte in der ersten bei *Detmold*, aber unter solchen Verlusten, daß er bis *Paderborn* zurückweichen mußte, Verstärkungen heranzuziehen, und wenige Tage darauf traten ihm die Sachsen wieder zu offenem Kampf entgegen an der *Hase*: abermals geschlagen, verloren sie „unzählige Mengen", der Sieger zog würgend an die Elbe. Aber schon im folgenden Jahr (784) rief ihn eine neue Erhebung, der sich auch die *Friesen*, von Widukind aufgereizt, angeschlossen hatten, nach Sachsen; wieder zog er durch Westfalen bis an die Weser, dann östlich durch *Thüringen* gegen die *Ostfalen*, während sein Sohn die *Westfalen* im *Draingau* in einem Reitergefecht zerstreute. Vater und Sohn überwinterten in Sachsen, neue Erhebung zu entmutigen oder rasch zu ersticken. Im folgenden Jahre (785) zog er bis an die Mündung der *Werra* in die *Weser*. Streifscharen, von der *Eresburg* ausgesandt, zerstörten die Verhacke der Sachsen; die Reichsversammlung tagte im Juni zu *Paderborn*; Großes wurde erreicht durch die Unterwerfung Widukinds (und eines anderen Edelings *Abbio*). Karl hatte das Glück, daß seine Gegner, die Vorkämpfer langobardischer, sächsischer, bajuvarischer Stammesfreiheit, nichts weniger als todentschlossene Helden waren; folgerecht endeten Desiderius und Tassilo im Kloster, Widukind als königlich fränkischer Staatspensionär, nachdem er in *Attigny* die Taufe genommen – Karl selbst wurde sein Pate und schrieb dem Papst das Geschehnis mit der Aufforderung, dreitägige Dank- und Loblieder anzuordnen – erhielt er seine eingezogenen Güter zurück (und vermutlich fränkisches Königsland dazu). „Ganz Sachsen wurde damals unterjocht" – und zwar für immer, wähnten die fränkischen Jahrbücher; in der Tat konnte nun Karl die Sachsen wider *Slawen* und *Avaren* aufbieten; allein am 6. Juni 792 wurde doch wieder eine Schar Franken, die auf der *Elbe* hinsegelte, überfallen und erschlagen, und noch bevor diese Tat gestraft war, eine zweite in *Friesland* im *Rüstringergau* (aber von Sachsen). Im Jahre 794 erzwang ein Doppelangriff, wie ihn Karl liebte und meisterhaft verstand, die Unterwerfung; doch im Jahre 793 erhoben sich die gleichen Gaue wieder. Karl zog in den *Bardengau* nach *Bardewick* und *Lüne* gegenüber *Lüneburg* und lagerte hier, seinen Verbündeten, den

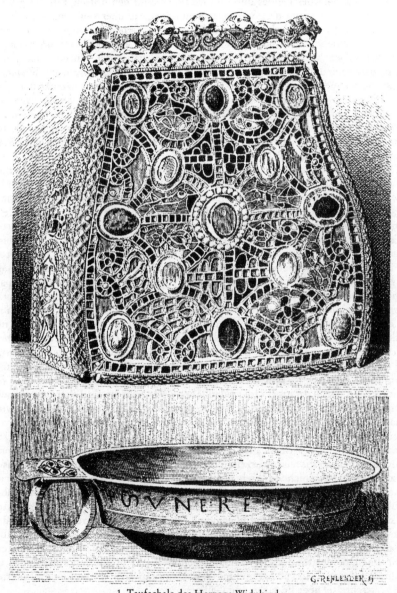

1. Taufschale des Herzogs Widukind.
Afrikanischer Jaspis in vergoldeter Bronzefassung; Inschrift, nielliert: Munere tam claro nos ditat Africa raro. Soll im Grabe Widukinds gefunden sein. 2. Reliquiar, in Taschenform, mit Email und Zellenverglasung in Goldfassung. Karolingische Arbeit des 8. Jahrh. – Beide Stücke sind nach der Tradition Taufgeschenk Karls des Großen an Herzog Widukind und von diesem dem von ihm gegründeten Sift des heil. Dionysius in Enger bei Herford (Westfalen) vermacht. (Jetzt im Kunstgewerbe-Museum zu Berlin.)

656   DRITTES BUCH · DIE IM FRÄNKISCHEN REICH VERSAMMELTEN GERMANEN

Abodritenhäuptling *Wilzin* erwartend. Auf die Nachricht, daß dieser beim Über-schreiten der *Elbe* von den Sachsen erschlagen worden, schleppte Karl nach grauen-voller Verwüstung des Landes durch Mord und Brand den dritten Teil der ganzen männlichen Bevölkerung des *Bardengaues* mit fort, sie über sein weites Reich zu verstreuen und durch fränkische Ansiedler in dem verödeten Lande zu ersetzen. Allein der Widerstand in den „*Elbesümpfen*" und in *Wigmodia* war noch immer nicht gebrochen; in den Jahren 796 und 797 kam daher der Würger wieder und führte abermals, unter furchtbarster Verwüstung, aus dem *Draingau*, aus *Wigmodi-en*, aus dem Lande *Hadeln* „eine unzählige Menge", diesmal auch Weiber und Kin-der. Allmählich fruchtete das scheußliche Verfahren: „da kamen die Sachsen von allen Ecken und Enden ihres Landes und ließen sich taufen": – das geschah jetzt in größerem Umfang als je zuvor – „und abermals führte Herr Karl jeden dritten Mann mit den zugehörigen Weibern und Kindern davon und siedelte an ihrer Statt Franken an" (September 797).

Der Reichstag zu *Aachen* (28. Oktober 798), den auch die Sachsen beschickten, erließ das *Capitulare Saxonum*, das einzelne Milderungen von 782 gewährte, die fränki-schen *Banngrundsätze* auch in Sachsen einführte und den König ermächtigte, Sach-sen, welche das Leben verwirkt, samt deren Gesippen außer Landes anzusiedeln, womit sie ihren Stammesgenossen für tot zu gelten hatten. Karl überwinterte mitten in Sachsen, sein Heerlager aufschlagend an der Mündung der *Dimel* in die *Weser*; *Heerstelle* hieß und heißt der Ort seither. Und noch immer war er nicht ausgetreten, der Funke der Freiheitsliebe und der Sehnsucht nach den alten Göttern in dem maß-los gepeinigten Stamme. Zu Ostern, 8. April 798, erschlugen *Nordalbinger* ein paar Königsboten, sofort standen auch *Ostfalen* und *Engern* wieder auf. Karl eilte von *Heerstelle* nach *Minden*, überschritt die *Weser*, verwüstete alles Land bis zur *Elbe* und schleppte Edelinge (angeblich 1600) und andere „Geiseln" mit fort „soviel er nur wollte". Gleichzeitig hatte er gegen die *Nordelbinger* seine slawische Meute, die *Abo-driten* losgelassen; unter der Feldherrschaft eines fränkischen Königsboten, *Eburis*, und mit fränkischen Hilfsscharen schlug der Häuptling *Drosuch* die Nordsachsen in der blutigen Schlacht bei *Sventifeld* an der *Sventine*, 4000 (al. 2901) Tote ließen die Besiegten auf der Walstatt. Im folgenden Jahre (799) erschien Karl abermals in Sach-sen mit Entfaltung überwältigender Macht; sein Sohn *Ludwig* mußte seine *Aquitani-er* nach *Paderborn* führen, sein Sohn *Karl* nahm im *Bardengau* die Unterwerfung von Nordalbingern entgegen. Nun war's zu Ende. Zwar zweifelte noch im Jahre 799 *Alcuin*, ob denn Gott wirklich auch das Sachsen*land* dem Christentume vorbestimmt habe; da bisher nur die ausgewurzelten, nicht die in der Heimat verbliebenen Sachsen die alten Götter wirklich aufgegeben hatten. Aber er irrte: auch das *Land* war – auf diese Weise – der Religion der Liebe „gewonnen" worden: es lag die Ruhe des Grabes darüber. Nur einmal noch, im Jahre 804, flackerte eine Erhebung des zerstampften Volkes auf in *Nordalbingien* und *Wigmodien* (?). Sofort war Karl zur Stelle, hielt den Reichstag zu *Lippspringe*, lagerte bei *Hollenstedt* und machte nun rasch ein furchtbar Ende. Er schenkte ganz *Nordalbingen* – uralt Germanenland – dem Abodriten-Häuptling Drosuch für dessen Horden, schleppte alle Sachsen „ohne Ausnahme" auf das linke *Elbe*ufer – 10 000 Männer mit den dazu gehörigen Weibern und Kindern – und verstreute sie über Francien und Gallien.

Das scheußliche Werk war vollendet.

Jetzt konnten die Bischofssitze in dem Lande eingerichtet werden: zu *Bremen* unter *Willerich* (806–838), zu *Münster* (Mimigerneford) unter *St. Liudger* (805–809), zu *Paderborn* unter (dem Sachsen) *Hathumar* (806–815).

SECHSTES KAPITEL · DIE SACHSEN 657

Wir sahen, daß Karl unter die gewaltsame Hereinzwängung der Sachsen in sein Reich ganz wesentlich zu dessen Auflösung beigetragen hat: erst durch die Sachsen wurde der *austrasische* Bestandteil desselben so stark, daß er sich von dem *neustrisch-romanischen* und *italisch-romanischen* losreißen konnte.

Von den inneren Zuständen des Sachsenvolkes in Recht, Verfassung und Bildung vor dem Eingreifen der Franken wissen wir so gut wie nichts; nur Rückschlüsse aus dem in der Frankenzeit Berichteten sind möglich, aber oft gewagt; die beiden *Capitularien* Karls, und die *Lex Saxonum* sind unsre Hauptquellen neben den fast nur die Kriegführung beachtenden fränkischen Reichs-Jahrbüchern; die Zeit der Entstehung dieser drei Rechtsquellen ist vor allem festzustellen; ganz unstatthaft ist es, späte Quellen aus dem 11. und 12. Jahrhundert zu Rückschlüssen auf die vorfränkische Zeit, wie leider noch immer geschieht, zu mißbrauchen; unter wesentlich umgestalteten Verhältnissen und Voraussetzungen sind sie entstanden, ferner unter sagenhaften und manchmal – schlimmer noch! – unter absichtlich für gewisse Zwecke berechneten Zutaten.

Nach der richtigen[1] Ansicht ist die *Lex Saxonum* nach der „capitulatio" von 782, *nach* dem Capitular von 797 und nach der Veröffentlichung des *Uferfrankenrechts* von 802/803 verfaßt worden: dies gilt auch für die *Wortfassung* der ersten 20 Kapitel, was aber nicht ausschließt, daß diese *inhaltlich ursprünglich altsächsisches* und *vor* der fränkischen Eroberung bereits geltendes Recht enthielten; sie setzen diese nirgend voraus.[2]

Die Abschnitte 21–65 (Eherecht, Erbrecht, Recht der Unfreien, Todesstrafen) heben manchmal die Abweichungen im Recht der drei südelbischen Mittelgruppen hervor; 51–33 sind offensichtlich ein Zusatz zum Recht der Uferfranken aus dem Jahre 803 angepaßt.[3]

Wir sahen bereits, bei den Sachsen hatte sich die alte mittefliehende *Gauverfassung* erhalten, wie sie zur Zeit *Armins* bei den *Cheruskern* bestanden; jeder Gau bildete einen Staat für sich, der mit den Nachbargauen derselben Mittelgruppe nur durch Opfergemeinschaft, durch die gemeinsamen Bedürfnisse der Nachbarschaft, durch

----

1 Im wesentlichen schon von *Waitz*, Verfassgs.-Gesch. III, 157. 207 aufgestellt, von *Brunner* I, 345 f. noch genauer begründet.

2 *Waitz* a. a. O. und anders, wie es scheint, *Brunner* I, 347; allein die Einwände von *Waitz*, daß die Sachsen vor der fränkischen Zeit ihr Recht wie die *Angelsachsen* in der sächsischen Sprache würden verzeichnet haben und daß die Lex Rib. benutzt sei, erledigen sich durch unsere Annahme, daß ein altsächsisches, gar nie aufgezeichnet gewesenes Weistum 804 unter Benutzung der L. Rib. lateinisch aufgezeichnet wurde; der Eid auf die Waffe ist allerdings nicht ausschließlich heidnisch, auch von *Boretius*, in von *Sybels* histor. Z. XXII, 148 weiche ich daher hierin ab; wie man je die L. Sax. für eine Privatarbeit hat halten können – so *Usinger*, Forschungen zur Lex Saxonum 1867 – ist freilich unfaßbar; s. dagegen v. *Richthofen*, zur Lex Saxonum 1868, der aber (wie *Brunner*) die ganze Lex auf einmal entstanden sein läßt; ganz haltlos ist *Merkels* Lex Saxonum (1853) Annahme eines dritten Teils c. 61–66 (weil eine Handschrift ihre *Inhaltsübersicht* mit c. 60 abschließt!) *de Geer*, nieuwe Bijdragen voor Rechtsgeleerdheid II, 3 will vollends 5 Teile unterscheiden.

3 Gegen v. *Richthofen*, der die Lex vor das „Capitulare" von 797 etwa in 785 setzt, s. *Brunners* schöne Beweisführung aus der Bestrafung der *Brandstiftung*, welche in der Lex auch in dem vom älteren Recht noch geduldeten Fall des Fehdebrandes gestraft wird.

658 DRITTES BUCH · DIE IM FRÄNKISCHEN REICH VERSAMMELTEN GERMANEN

Verträge – völkerrechtlich – verbunden war; aber nicht nur ein „Bundesstaat" der Westfalen, Engern, Ostfalen, Nordalbinger hat *nicht* bestanden – es scheint auch durchaus nicht ein „Staatenbund" alle Gaue einer solchen Mittelgruppe, also z. B. der Westfalen *dauernd* zu gegenseitiger Waffenhilfe verpflichtet zu haben: wenigstens sehen wir oft einen oder einzelne Gaue einer Mittelgruppe allein kämpfen; andrerseits schließen freilich auch auch wohl mehrere Gaue verschiedener Mittelgruppen für einen Feldzug ein Bündnis, aber daß alle Gaue aller vier Mittelgruppen gemeinsame Sache gemacht hätten, das kam sogar in dem Verzweiflungskampf gegen Karl – wenn überhaupt – nur einmal, höchstens zweimal vor.

Dies schließt nicht aus, daß die sämtlichen Gaue einer Mittelgruppe schon wegen der Opfergemeinschaft ein gemeinsam beschicktes *Ding* – nach Mond-Zeiten – abhielten, wo dann auch andre als götterdienstliche Dinge gemeinsam verhandelt werden mochten; ja ein Heiligtum wie die *Irminsul* war gewiß von allen Sachsen (auch von den Nordelbischen?) gefeiert und besucht, und so mag denn auch in den im übrigen mit wachstem Mißtrauen aufzunehmenden Nachrichten einer späten Quelle von dem *Gesamt-Ding* aller Sachsen zu *Markloh* an der *Weser* ein Körnchen geschichtlicher Wahrheit vergraben sein: Opfergemeinschaft und bei solcher Zusammenkunft *Beratung* über andere, mehr als eine Mittelgruppe betreffende Sorgen, aber daß etwa die Nordelbischen durch Mehrheitsbeschlüsse der drei anderen Gruppen rechtlich zu einer bundesmäßigen Leistung hätten verpflichtet werden mögen, daran ist nicht zu denken; auch im Verhältnis der drei südelbischen Gruppen untereinander fand solche Vermehrheitlichung nicht statt.

Gaukönige waren bei den *Cheruskern* vorgekommen, das Königtum über die ganze Völkerschaft hatten sie aber sogar einem Armin nicht gegönnt! Bei den *Angrivaren* werden Gaukönige *nie* erwähnt. Bei den *Chauken* nennt *Zosimus*[1] einen „König", zur Zeit *Julians*: doch begegnet sonst vom Königtum bei den Völkerschaften, welche später als Sachsen bezeichnet werden, keine Spur; es fällt dies sehr auf, da bei den nach *Britannien* gewanderten Angelsachsen das Gaukönigtum alteingewurzelt scheint.

So darf wohl die Vermutung gewagt werden, daß auch bei den Nordalbingern und den Südsachsen das Gaukönigtum nicht immer ganz gefehlt hatte – bei den Cheruskern war das kurzlebige Königtum über die ganze Völkerschaft mit der Vertreibung des *Italicus* gestürzt worden: unter den so oft genannten und als so machtvoll geschilderten volksedlen Geschlechtern mochten ursprünglich und vielleicht bis gegen die fränkische Zeit einzelne königliche bestanden haben: aber die Franken gaben diesen Häuptlingen sowenig wie den friesischen den Königsnamen: – einheimische Quellen, sächsische Namen außer „Edeling" fehlen. Allein *alle* diese Adelsgeschlechter für Gaukönigliche zu nehmen, ist völlig unstatthaft – schon ihre große Zahl verbietet das – und leider verstattet uns die Dürftigkeit der Quellen auch nicht, etwa *einzelne* dieser *„capitanei"* als Könige über die Edlen zu stellen. So scheint also – mehr als Vermutung soll das nicht sein – bei den Sachsen (und vielleicht auch bei den Friesen?) die Verfassungsentwicklung gerade den entgegengesetzten Verlauf genommen zu haben wie bei den *Franken* und *Alemannen*, auch *Goten*: (– so wenig sind wir geneigt, um jeden Preis einheitliche Entwicklung zu „konstruieren", d. h. gegen die Tatsachen zu ersinnen –) während bei diesen das Gaukönigtum zum Königtum der Völkerschaft, dann der Mittelgruppe (Salier), zuletzt der ganzen Gruppe (Franken) aufsteigt und den alten Volksadel, die ursprünglich fast ebenso mächtigen Geschlechter, die eifersüchtigen Wächter der alten Volksfreiheit, vernichtet oder in den

---

1 III, 7; vgl. *Eunapius* p. 41.

SECHSTES KAPITEL · DIE SACHSEN 659

neuen Dienstadel mitaufnimmt, verschwinden die alten zweifellos bezeugten Gaukönige der *Cherusker* – auch der *Chauken* – unter den volksedlen Geschlechter, aus
welchen durch Wahl der sämtlichen Freien die Gaugrafen, Gaurichter (hier, wie es
scheint, auf Lebenszeit gekoren) hervorgehen, welche in der Gauversammlung, getragen von ihren Gesippen und den verschwägerten andern Adelssippen, von dem
Ruhm des alten götterentstammten Blutes, von großem Grundbesitz, von zahlreichen halbfreien Hintersassen und Schutzhörigen (Läten), tatsächlich so gut wie immer ihren Willen durchsetzen und die Geschicke des Volkes – jetzt also Erhebung
oder Unterwerfung, Treue den Göttern oder Taufe, Freiheit oder Frankendienst –
entscheiden. Von den Rechtszuständen innerhalb der einzelnen Gaue soll hier nur
das Eigenartige in dem *Stände*wesen hervorgehoben werden.

Außer dem mehrfach erörterten *Volksadel*, in welchen auch die ehemals gauköniglichen Geschlechter, sofern sie nicht, wie wahrscheinlich das Armins, gewaltsam untergingen, eintraten, dann den *Gemeinfreien*, den selbstverständlichen Trägern der
ganzen Verfassung, der „Volksfreiheit", und den unentbehrlichen *Unfreien* begegnet
hier, wie übrigens auch unter Franken und Friesen, der Stand der *Läten* oder *Liten*.
Dieselben sind persönlich *frei*, nicht Unfreie, aber sie sitzen auf fremder Scholle, sind
schatzungspflichtig gegenüber ihrem Brotherrn, Grundherren und haben ein geringe-
res *Wergeld* als die Gemeinfreien.

Wir erinnern an die mannigfaltigen gewaltsamen Vorschiebungen der *Chauken*,
Agrivaren, *Cherusker* auf Kosten der *Thüringer, Hessen, Franken, (Friesen?)*. Die bei
den Sachsen in so dichter Zahl bezeugten Liten sind keineswegs aus gewöhnlichen
Freigelassenen zu erklären, sondern aus den Bewohnern der von den Sachsen allmählich überfluteten Länder im Süden, welche nicht kriegsgefangen und verknechtet,
sondern persönlich frei auf ihrer Scholle belassen, aber mit Zins (und Fron?) gegenüber dem sächsischen Schutzherrn belastet wurden.

Selbstverständlich erhielten nicht kleine Gemeinfreie, sondern die volksedlen Geschlechter bei der Eroberung, Einwanderung, Ansiedelung die Ländereien und die
Schatzungspflicht dieser Belassenen zugeteilt.

Auf diesen beruhte daher vorab die Macht des Adels: dessen Einnahmen an Grund-
zins und dessen waffenpflichtige Abhängige. Aber eben deshalb wurde dieser Adel in
seinen Grundfesten erschüttert, falls es gelang, die Läten, die doch wohl oft über
Druck zu klagen hatten, gegen ihre bisherigen Schutzherren aufzuwiegeln, aus den
Stützern die Untergrabenden des Adels zu machen; es war also eine furchtbar richtige
Rechnung, als *Lothar I.*, um seinem Bruder *Ludwig* die schwerwiegende Hilfe des
Sachsenadels zu entkräften, die Läten, den Bund der *Stellinga*, aufrief wider ihre bishe-
rigen Herren, ihnen die Wiederherstellung der alten Zustände, also das Land ihrer
Ahnen verhieß; es war die Entfesselung der „gesellschaftlichen, wirtschaftlichen,
bauerländlichen (agrarischen)" Umwälzung im wildesten Sinne des Wortes.

Mit dieser auf Eroberung, auf dem Gegensatz *sächsischer* Sieger und *thüringischer*
Unterworfener – nicht nur die Sage des 10. und 11. Jahrhunderts, noch Herr *Eicke*
von *Repgowe* weiß (1230) davon zu erzählen! – beruhenden schroffen Scheidung der
Stände bei den Sachsen hängt zusammen die verworrene Überlieferung, welche in
ganz unglaubhafter Weise auf das Verhältnis zwischen Adel und Gemeinfreie übertrug, was nur für das Verhältnis zwischen Adel und Läten – vielleicht auch zwischen
Gemeinfreien und Läten und selbstverständlich – wie bei allen Germanen – zwischen
Adel und Gemeinfreien einerseits und Unfreien andererseits galt: z. B. das unbeding-
te, mit schweren Strafen eingeschärfte Eheverbot zwischen – angeblich, aber fälschlich – Edelingen und Gemeinfreien.

660 DRITTES BUCH · DIE IM FRÄNKISCHEN REICH VERSAMMELTEN GERMANEN

Siebentes Kapitel

Die Langobarden[1]

Gegen Ende des 8. Jahrhunderts wurde mit der Krone des Frankenreichs die des *langobardischen* Königtums in Italien vereint: Vor der Unterwerfung der *Sachsen* die letzte Erweiterung jenes Reiches durch einen germanischen Stamm.

Wir fanden[2] die ursprünglichen Sitze der Langobarden auf beiden Ufern der *Elbe* an deren unterem Lauf. Nordwestlich grenzten sie mit den *Ost-Chauken* (s. oben *Friesen*), östlich auf dem rechten Elbufer mit den *Teutonen* (in *Holstein*); im Süden an der Mittel-Elbe mit den *Semnonen*, südwestlich reichten sie wohl nah an die *Cherusker*: im *Barden-Gau* um *Bardon-wick* bei *Lüneburg* will man ihren Namen noch fortklingen hören. Wir sahen die Völkerschaft in den Kämpfen mit Rom und in den Kriegen der Germanen untereinander im ersten Jahrhundert nach Christus hervortreten.[3]

Zur Zeit des sogenannten *Markomannenkrieges* ca. 170 stehen Langobarden plötzlich an der Grenze von *Pannonien*, während sie zur Zeit des Tacitus (100 n. Chr.) noch in den alten Sitzen an der Elbe nahe den *Semnonen* weilten. Während dieses halben Jahrhunderts also hat die Südwanderung begonnen: in derselben Zeit, und wohl auch aus ähnlichen Ursachen, da auch die andern „Nordvölker", d. h. die Goten verschiedener Mittelgruppen, die gleiche Bewegung von der Ostsee an die Donau führte. Während wir aber von dieser Wanderung bei den anderen Völkern nichts erfahren, hat für die Langobarden die Lücke der Geschichte die *Wandersage* ausgefüllt, wie sie uns, auch geschichtlich wertvoller Angaben keineswegs ermangelnd, die höchst wertvolle Überlieferung bei *Paulus Diaconus*, des *Warnefrid* Sohn, erhalten hat.

Und ähnlich, wie wir die Geschichte der *Franken*, soweit es anging, in der treuherzigen Redeweise ihres eignen Geschichtsschreibers erzählten, dadurch dem Leser den unverfälschten Ausdruck der Denkart jener Jahrhunderte vorzuführen, wollen wir auch Sage und Geschichte der Langobarden in der Darstellung ihres volkstümli-

---

1 *Türk*, die Langobarden und ihr Volksrecht. Forschungen auf dem Gebiete der Geschichte IV (1835). – *Troja*, storia d'Italia I.–IV. Napoli 1841 f. – della condizione vinti dai Langobardi (Milano 1844). – *Bethmann-Hollweg*, Ursprung der lombardischen Städtefreiheit (Bonn 1846). – *Hegel*, Geschichte der Städteverfassung in Italien I. II. (Leipzig 1847 f.) – *Flegler*, das Königreich der Langobarden in Italien (Leipzig 1851). – *Pabst*, Geschichte des langobardischen Herzogtums. Forsch. z. D. Gesch. II, 2 (1862). – *Hirsch*, das Herzogtum Benevent (Leipzig 1870). – *Bethmann*, Arch. f. D. Geschichtskunde X. – *Bluhme*, die gens Langobardorum und ihre Herkunft. – *v. Hammerstein*, der Bardengau. – *Jacobi*, die Quellen der Langobardengeschichte des Paulus (Halle 1877). – *Weise*, die älteste Geschichte der Langobarden (Jena 1877). – *Holder-Egger*, langob. Regesten. Neues Archiv III (Hannover 1878). – *Mommsen*, die Quellen der langobardischen Geschichte des P. D. Neues Archiv V (1880). – *Ludwig Schmidt*, zur Geschichte der Langobarden (Leipzig 1885). – *Weise*, Italien und die Langobardenherrscher von 568–628 (Halle 1887). – (Karl) *Meyer*, die Sprache der Langobarden (Paderborn 1877). Weitere Angaben s. unten: *Edictus;* besonders aber in *Dahn*, langobardische Studien I (Leipzig 1876) p. I–LVI, auf welche hiermit verwiesen wird.

2 I, 21. Deutsche Geschichte I a, 76.

3 II, 56, 98, mit Unrecht wollte *Zeuß* S. 109 Langobarden und Lakkobarden unterscheiden.

SIEBENTES KAPITEL · DIE LANGOBARDEN 661

chen Erzählers, des trefflichen Sohnes des *Warnefrid*[1], sprechen lassen. Nur zwingt hier die Rücksicht auf den Raum zu vielfachen Kürzungen: auch sind die gelehrten Einschaltungen, welche nicht die Langobarden betreffen, bei Paulus viel häufiger und umfangreicher als die unfränkischen Dinge bei *Gregor von Tours*.

„Je weiter der nördliche Himmelstrich von der Gluthitze der Sonne entfernt und von Schnee und Eis kalt ist, um so zuträglicher ist er für die Körper der Menschen und günstig für die Vermehrung der Völker, wie umgekehrt alles mittägliche Land, je näher die Glut der Sonne desto mehr voll Krankheiten und für die Aufzucht der Sterblichen weniger geeignet ist. Daher geschieht es, daß so große Mengen von Völkern im Norden geboren werden, und nicht mit Unrecht wird all jenes Land vom *Tanais (Don)* bis zum Sonnenuntergang mit dem allgemeinen Namen „Germania" bezeichnet"[2], Diese ersten Worte der Langobardengeschichte bestätigen auf das Erfreulichste eine unserer wichtigsten Aufstellungen, daß nämlich die *Landnot*[3], der Mangel an Ackerland es gewesen ist, was die unablässig anschwellende Bevölkerung zur Ausbreitung und, falls diese nicht möglich, zur Wanderung in andere Sitze gezwungen hat. Es war dem Gedächtnis des Volkes jene Not als treibende Kraft so tief eingeprägt, daß die bestimmteste Erinnerung daran noch sechs Jahrhunderte später in Sage und Geschichte haftete. Die sprachunkundige Sprachdeutung jener Zeit fand sogar in dem Namen des Mutterlandes „Germania" den entsprechenden Sinn: es sollte das (völker-)*sprossende*, unablässig *keimende* Land bedeuten: Germania = Germaninia von germinare. Paulus hat diese kindliche, aber sehr bezeichnende Weisheit bei *Isidor* von *Sevilla* aufgelesen[4] und sich vollgläubig angeeignet.

„Aus diesem volkreichen Germanien nun werden gar oft zahllose Scharen von Gefangenen fortgeführt und an die mittäglichen Völker verkauft, gar oft sind auch viele Völkerschaften aus diesem Land ausgezogen, weil es so viel Menschen hervorbringt (germinat, Germ(in)ania), als es kaum zu ernähren vermag, diese haben dann zwar wohl auch Teile von *Asien*, vorzugsweise aber das ihnen näher liegende *Europa* heimgesucht. Das bezeugen allenthalben zerstörte Städte in ganz *Illyrien* und *Gallien*, besonders aber in dem unglücklichen Italien, das die Wildheit fast aller jener Völker erfahren hat. *Goten, Vandalen, Rugier, Heruler, Turkilingen* und noch andere grimme und barbarische Völkerschaften sind aus Germanien gekommen. Gleichermaßen ist auch das Volk der *Winniler*, das heißt der *Langobarden*, das nachmals glücklich in Italien herrschte, von germanischen Völkern herstammend, von der Insel *Skadinavia* hergekommen, obwohl auch noch andere Ursachen ihres Auszuges angegeben werden.

Wie uns nun Leute erzählt haben, die dieselbe mit Augen gesehen, so liegt diese Insel nicht eigentlich im Meere, sondern sie wird von den Fluten des Meeres umspült, welche die flachen Ufer umgeben.[5] Als nun die Bevölkerung dieser Insel so

---

1 Er war Zeitgenosse *Karls* des *Großen*, an dessen Hof er von 782 bis 786 weilte. Über sein Leben und seine Schriften *Dahn*, Langobardische Studien I, Leipzig 1876: er schrieb die Langobardengeschichte um das Jahr 790 als *Benediktinerm*önch zu *Monte Casino*.

2 Historia Langobardorum ed. *Waitz* (Hannoverae) 1878. I. – Ich folge meist der Übersetzung von *Abel-Jakobi* (2. Aufl.), Leipzig 1878.

3 Vergl. *Dahn*, die Landnot der Germanen (in Festschrift der Juristenfakultät zu *Breslau* für *Windscheid*), Leipzig 1888.

4 Etymologiarum liber XIV. 4: unde et *propter fecunditatem gignendorum populorum* „Germania" dicta est.

5 Eine Halbinsel also; man verstand darunter die Küsten der Nordsee und die Inseln und Schweden und Norwegen.

662　DRITTES BUCH · DIE IM FRÄNKISCHEN REICH VERSAMMELTEN GERMANEN

angewachsen war, daß sie nicht mehr zusammen dort wohnen konnte, so teilte man, wie erzählt wird, die ganze Masse in drei Teile und erforschte durch Los, welcher von der Heimat ausziehen und neue Sitze suchen solle.

Die nun, welchen durch das Los auferlegt wurde, den väterlichen Boden zu verlassen und fremde Gefilde aufzusuchen, wählten sich zwei Brüder zu Führern, *Ibor* und *Ajo*, die in der Blüte des Mannesalters standen und sich vor allen auszeichneten, dann sagten sie den Ihrigen und der Heimat Lebewohl und machten sich auf den Weg, ein Land zu suchen, *daß sie bebauen und wo sie feste Sitze einnehmen könnten.* Die Mutter der beiden Anführer, *Gambara* mit Namen, war eine Frau, die unter ihren Volksgenossen durch scharfen Verstand und vorsichtigen Rat hervorragte, auf deren Klugheit sie in bedenklichen Lagen nicht geringes Vertrauen setzten (c. 3).

Die Winniler zogen also aus von Skandinavien, kamen unter der Führung von Ibor und Ajo in das Land, das *Skoringa*[1] heißt, und blieben hier einige Jahre sitzen. Zu der Zeit nun bedrängten *Ambri* und *Assi*, die Heerführer der *Vandalen*, alle benachbarten Länder mit Krieg. Aufgeblasen bereits durch viele Siege, schickten sie zu den Winnilern Boten, sie sollten den Vandalen entweder schatzen oder sich zu Krieg und Kampf rüsten. Da sprachen Ibor und Ajo, mit Zustimmung ihrer Mutter Gambara, es sei besser die Freiheit mit den Waffen zu schützen als sie durch Schatzung zu schänden, und ließen den Vandalen durch Gesandte sagen, sie wollten lieber kämpfen als dienen. Es standen nun damals zwar alle Winniler in der Blüte des Mannesalters, *aber sie waren wenig an Zahl, da sie nur den dritten Teil der Bevölkerung einer nicht gerade sehr großen Insel ausmachten*[2] (c. 7).

Es berichtet an dieser Stelle die alte Sage ein lächerliches Märchen: die Vandalen seien vor G(u)odan getreten und haben bei ihm um Sieg über die Winniler gefleht: der habe geantwortet, er werde den Sieg verleihen denen, die er zuerst bei Sonnenaufgang erblicken werde. Darauf sei Gambara vor *Frea*, Godans Gemahlin, getreten und habe bei ihr um den Sieg für die Winniler gefleht. Frea habe den Rat erteilt, die Weiber der Winniler sollten ihr aufgelöstes Haar wie einen Bart um das Gesicht schmiegen, dann in aller Frühe mit ihren Männern auf dem Platze sein und sich zusammen so aufstellen, daß Godan sie sehen müsse, wann er, wie gewöhnlich, aus dem Fenster gen Morgen schaue. Und so sei es auch geschehen. Als sie Godan bei Sonnenaufgang erblickte, habe er gerufen: „Wer sind diese Langbärte („qui sunt isti longibarbi")?" Da sei Frea eingefallen, er solle denen auch den Sieg verleihen, welchen er den Namen gegeben.[3] Und so habe Godan den Winnilern den Sieg verliehen. Das ist aber lächerlich und für nichts zu erachten: denn der Sieg liegt nicht in der Gewalt der Menschen, sondern wird vielmehr vom Himmel herunter gesendet[4] (c. 8).

Gewiß ist jedoch, daß die Langobarden, während sie ursprünglich Winniler hießen, von der Länge ihres Bartes, an den nie das Scheereisen rührte, nachmals so genannt wurden. Denn in ihrer Sprache bedeutet das (lateinische) Wort longus „lang", und barba „Bart". Wotan aber, den sie mit Beifügung eines Buchstabens[5] G(u)odan nannten, ist der nämliche, der bei den Römern *Mercurius* heißt und von allen Völkern Germaniens als Gott verehrt wird, aber nicht in jener Zeit, sondern

---

1 Keineswegs nur Sage oder gar Erfindung: „Skoringa" ist „Uferland" (*Müllenhoff*, nordalbingische Studien I, 142. – 2 Und von Anfang an war die Zahl der Langobarden nicht groß gewesen. L., quos paucitas nobilitat, sagt *Tacitus*, Germ. – 3 Es war nämlich Sitte, daß wer einem Kinde den Namen gab, die Namengebung mit einem Geschenk begleitete. – 4 Als ob nicht gerade dies die Sage melde, freilich vom *heidnischen* Himmel herunter! – 5 D. h. eines G. vor dem als Selbstlaut, nicht als *Mit*-Lauter stehenden w = u.

SIEBENTES KAPITEL · DIE LANGOBARDEN 663

weit früher, und nicht in Germanien, sondern in *Griechenland* gewesen sein soll" (c. 9) (es war also damals schon eine Art von Euphemerismus oder eine Art Vermenschlichung Odin-Wotans unter den christlichen Gelehrten verbreitet, wie sie später bei *Saxo Grammaticus* (ca. 1180) waltet.)

„In der Schlacht mit den Vandalen kämpften die Winniler oder Langobarden tapfer – galt es doch den Ruhm der Freiheit – und gewannen den Sieg. Nachher aber erlitten sie in derselben Landschaft Skoringen eine schwere Hungersnot[1] und wurden dadurch sehr niedergeschlagen (c. 10).

Wie sie von hier auszogen und nach *Mauringa*[2] hinübergehen wollten, stellten sich ihnen die *Assipitter* in den Weg und verwehrten ihnen durchaus den Zug durch ihre Marken. Als die Langobarden die gewaltigen Mengen der Feinde erblickten und wegen der geringen Zahl" (– diese wird immer wieder hervorgehoben –) „ihres Volksheeres den Kampf nicht wagten und zweifelten, was sie tun sollten, fand die Not endlich Rat. Sie gaben vor, sie hätten in ihrem Lager „*Kynokephaler*" , das heißt Menschen mit Hundsköpfen, und verbreiteten bei den Feinden, diese kämpfen gar hartnäckig, trinken Menschenblut und, wenn sie eines Feindes nicht habhaft werden können, ihr eigenes. Und um dieser Versicherung Glauben zu verschaffen, dehnten sie ihre Zelte weit aus und zündeten sehr viele Feuer im Lager an. Als die das sahen und hörten, glaubten sie jenes Gerücht und wagten die Schlacht nicht mehr, welche sie angedroht hatten (c. 11).

Sie hatten jedoch unter sich einen gewaltigen Helden, durch dessen Kraft sie, was sie wollten, sicher zu errichten glaubten: den allein stellten sie für alle in den Kampf. Den Langobarden ließen sie sagen, sie sollten einen von den Ihrigen, welchen sie wollten, stellen, daß er mit jenem zum Zweikampf hinaus schreite und zwar unter der Beredung, daß, wenn der Assipitter Kämpfer den Sieg gewinne, die Langobarden auf dem Wege, den sie gekommen, wieder umkehrten; sollte er dagegen von den andern überwunden werden, so wollten sie den Langobarden den Zug durch ihr Gebiet nicht mehr wehren. Als nun die Langobarden zweifelten, wen von den ihrigen sie jenem gewaltigen Helden entgegenstellen sollten, da erbot sich hierzu einer aus dem Knechtstande von freien Stücken; er versprach, mit dem herausfordernden Feinde zu kämpfen unter der Bedingung, daß sie, im Fall er Sieger bliebe, ihm und seinen Nachkommen die Flecken der Unfreiheit abnehmen. Gerne versprachen sie zu tun, wie er begehrte. Er zog hinaus gegen den Feind, kämpfte und siegte. So erwirkte er den Langobarden die Verstattung des Durchzugs, sich aber und den Seinigen, wie er gewünscht hatte, die Rechte der Freiheit (c. 12).

Als die Langobarden nun endlich nach Mauringa kamen, so entrissen sie noch mehrere Unfreie dem Joche der Knechtschaft und erhoben sie in den Stand der Freiheit, um die Zahl ihrer Streiter zu vergrößern; und auf daß ihre Vollfreiheit anerkannt werden müsse, bekräftigten sie ihnen dieselbe in herkömmlicher Weise vermittelst eines Pfeils und murmelten dazu einige Worte in ihrer Sprache, um der Sache Festigkeit zu verleihen."

Diese Angaben sind sehr lehrreich. Sie zeigen, aus welchen Gründen und auf wel-

---

1 *S. Dahn*, die Landnot S. 9, 11.

2 Auch dies keineswegs erfunden; nach dem Geographen von *Ravenna* I, 11 heißt das *Elbe-Land*, d. h. dessen Bewohner „Maurungani" , bei den *Angelsachsen „Myrgingas"* , *Müllenhoff*, a. a. O. S 140. Dagegen ist zu wenig begründet, wenn Bluhme, die gens Langobardorum und ihre Herkunft, Maurungania in Moringau und vollends die Assipitti um den Berg *Asse* bei Wolfenbüttel finden wollte.

664 DRITTES BUCH · DIE IM FRÄNKISCHEN REICH VERSAMMELTEN GERMANEN

chen Wege die Freigelassenen, welche durch die Freilassung ursprünglich nur die Rechtsfähigkeit für das Sipprecht und das Vermögensrecht (zusammen also Privatrecht), aber keineswegs die Gleichstellung mit den Freigelassenen auch in staatsbürgerlichen Rechten erlangt hatten, auch letzteres erhielten. Das Bedürfnis, den Heerbann zu stärken, hat, wie die von jeher schwachen Langobarden, so gewiß oft auch andere Völkerschaften genötigt, die Unfreien zu bewaffnen: die Waffenpflicht gab aber auch das Waffenrecht, und nun konnte man die zu Heerleuten gewordenen Freigelassenen auch von der Volks-, d. h. Heeresversammlung nicht mehr ausschließen; damit aber war das formale Hindernis weggefallen, welches sie bisher von der Übung der Gerichtsrechte, vom Recht, auch über Krieg und Frieden abzustimmen, ausgeschlossen hatte. Zweifellos hat bei den Langobarden aus solchem Grund eine umfassende Freilassung von Knechten durch Volksbeschluß stattgefunden und dies außerordentliche Ereignis hatte der Volksseele solchen Eindruck gemacht, daß die Wandersage es in nicht weniger als drei verschiedenen Gestaltungen darstellte.

Die Freilassung mittels eines Pfeiles begegnet nicht mehr in den Freilassungsformen des späteren Langobardenrechts, war aber wohl alt- und gemein-germanisch; der vom Bogen frei in die Lüfte entsendete Pfeil bedeutete die Entlassung des bisherigen Knechtes aus der Gewalt des Herren, selbstverständlich wurden dazu gestabte Worte, d. h. stabreimende Spruchformeln (*nicht* unter Vorhaltung des Richterstabes) gesprochen. Daß Pfeil hier = Waffe überhaupt[1], also nur das langobardische „*Gairethinx*" gemeint sei, ist weniger wahrscheinlich.

„Die Langobarden zogen nun aus Mauringa und gelangten nach *Golanda*, wo sie längere Zeit verweilten[2], und nachdem sollen sie mehrere Jahre lang *Anthab*, *Banthaib* und gleichermaßen auch *Burgundaib*[3] besessen haben, was wir für Gaunamen oder irgendwelche Ortsnamen halten mögen (c. 13).

Mittlerweile starben die Anführer (Herzöge?) Ibor und Ajo, welche die Langobarden aus Skadinavien hergeführt und bis dahin beherrscht hatten. Jetzt wollten aber die Langobarden nicht länger unter (bloßen Anführern) „Herzögen" stehen, sondern sie setzten sich einen *König*[4] nach dem Vorbild der übrigen Völker. Es wal-

---

1 *J. Grimm*, Rechtsaltertümer S. 162.

2 Man sieht, wie langsam, mit welchen Unterbrechungen diese Bewegungen sich vollzogen; gar oft meinen wohl die Wanderer, nun sei die Wanderung zur Ruhe gekommen, aber neue Ursachen drängten sie wieder weiter.

3 Über die Landschaftsnamen s. *J. Grimm*, Geschichte der Deutschen Sprache I, 476. Nach der ganz späten, durch Kunstdichtung entstellten Überlieferung bei *Saxo Grammaticus* ed. Erasmus Müller. Havniae. (1839) ziehen die Wanderer zur See an *Blekingen* und *Maringen* vorüber und gelangen so zu Schiff nach „*Gutland*". Ohne Zweifel das Richtige hat die Wandersage bei Paulus, welche eine Wanderung nur zu Lande kennt. Die von *Grimm* bevorzugte Lesung Rugilanda statt Go-Landa (Gode-Landa) ist handschriftlich zu wenig gestützt. Viel zu spät setzte *Grimm* die Wanderung in das 4. Jahrhundert: im Markomannenkrieg ca. 179 stehen bereits Langobarden an der Donau, und im 4. Jahrhundert waren Goten oder Rugen nicht mehr in der Nähe der Elbemündung; haib = aib = eib ist dasselbe „Landschaft" bedeutende Wort, das in Wetter eiba, Wingart-eiba erhalten ist. Vgl. Rechtsalterthümer S. 496. Burgund-eib erklärt sich von selbst: die Anten sind die Slawen gleichen Namens, das Banta in Bant-eib kann unmöglich, wie grimm meint, das -bant in Brak-bant, Teister-bant sein. Denn Land-Land oder Gau-gau ist kein name. Bant = Wand = Venedi ist wohl unmöglich.

4 *Schmidt*, S. 76 will diesen Bericht als aus der Bibel entlehnt (Könige I, 8, 5 soll vielmehr heißen: Samuelis I, 8, 5) verwerfen: es kann aber höchstens im *Ausdrucke* eine Anlehnung gefunden werden: wie sollte auch der Übergang von der königlosen Verfassung anders geschehen sein als gemäß dem Willen des Volkes?

SIEBENTES KAPITEL · DIE LANGOBARDEN   665

tete des Königtums über sie zuerst *Agelmund,* der Sohn *Ajos,* der seinen Namen
herleitete von dem Geschlecht der *Gungingen,* das bei ihnen für besonders edel galt.[1]
Er war, wie von Voreltern überliefert wird, dreiunddreißig Jahre lang König der Langobarden (c. 14).

In diesen Tagen gebar eine Dirne auf einmal sieben Knaben: die Mutter, grausamer denn jedes wilde Tier, warf sie in einen Fischteich, um sie zu töten. Es traf sich
nun, das König Agelmund, wie er des Weges zog, an den nämlichen Fischteich kam;
er sah staunend die armen Kindlein, hielt das Roß an, und wie er sie mit dem Speer,
den er in der Hand trug, hin und herwandte, da griff eines derselben mit der Hand
den Speer des Königs. Der, von Mitleid bewegt und hoch verwundert, sprach, das
werde ein großer Held werden. Sofort befahl er das Knäblein aus den Fischteich zu
ziehen, einer Amme zu übergeben und es auf das sorgsamste aufzuziehen; und weil
er es aus einem Teich, der in ihrer Sprache *Lama* (Lehm, Schlamm) heißt, gezogen
hatte, so gab er ihm den Namen *Lamissio.*"

Selbstverständlich ist die Mehrgeburt, die Abstammung des Helden von niedriger
und schlimmer Mutter, die Errettung des einzigen der sieben Brüder durch eine
Regung stärkerer Lebenskraft Sage – und zwar echteste Sage. Da der *Prolog* des
Edicts Lamissio einen *Gunging* nennt, ist derselbe wohl als Sohn, Neffe oder Vetter
Agelmunds zu denken und die Sage im Anschluß an Volksetymologie des Namens
Lamissio (von „Lehm", Sumpf) entstanden.

„Als er herangewachsen, wurde er ein so wackrer Jüngling, daß er als der tapferste
Held erschien und nach Agelmunds Tode als König herrschte. Es geht die Sage, als
die Langobarden auf ihrem Zug" (– sie sind also aus Burgundenland wieder aufgebro-
chen –) „unter ihrem König an einen Fluß kamen und ihnen von den *Amazonen* der
Übergang verwehrt wurde, kämpfte er mit der tapfersten derselben schwimmend im
Flusse, tötete sie und erstritt so sich hohen Ruhmes Lob, den Langobarden aber den
Übergang. Denn zuvor sei zwischen beiden Schlachtreihen ausgemacht worden[2],
daß, wenn die Amazone Lamissio überwinde, die Langobarden von dem Fluß zurückweichen, wenn dieselbe aber, wie es geschah, von Lamissio besiegt werde, freien
Übergang über dies Gewässer haben sollten. Es ist nun aber offenbar" – meint Paulus
treuherzig – „daß diese ganze Erzählung auf geringer Wahrscheinlichkeit beruht[3]
Denn alle, welchen die alte Geschichte bekannt ist, wissen, daß das Volk der Amazonen schon lange, bevor dies hätte geschehen können, vernichtet worden war. Wenn
es nicht etwa[4] bis auf diese Zeit ein derartiges Weibervolk daselbst gegeben hat, weil
die Gegenden, in welchen sich dies ereignet haben soll, den Geschichtsschreibern
nicht hinlänglich bekannt waren und kaum von einem derselben beschrieben worden

---

1 Also waren (der Sage nach) auch Ibor und Ajo Abkömmlinge des *Gungo;* das Königsgeschlecht ist auch hier (der Sage nach) das edelste Adelsgeschlecht.

2 *Waitz* meint, diese Art, Kriege zu entscheiden, sei damals nicht ungebräuchlich gewesen, und
beruft sich auf *Gregor Tur.* II, 2, allein der dort berichtete Zweikampf zwischen einem Vertreter der *Vandalen* und einem der *Alemannen* ist ohne Zweifel ebenso sagenhaft wie der hier
erzählte. Ist aber ein *Ganzes sagenhaft* – wie hier doch die *Amazonen* dartun – darf nicht nach
einzelnen geschichtlichen Zügen gesucht werden, während umgekehrt in ein *geschichtliches*
Ganzes einzelne sagenhafte Züge gar oft sich einflechten: – eine Unterscheidung, deren Ver-
nachlässigung schon viel Verwirrung angerichtet hat.

3 Denn – abgesehen von der Amazone – echt sagenhaft wiederholt sie: vgl. oben S. 193, wie auch
die Freilassung der Knechte für tapfere Taten wiederholt wird.

4 Und nun begeht der Geschichtsschreiber des 8. Jahrhunderts einen ähnlichen Fehler wie der
des 19. Jahrhunderts, Waitz!

666   DRITTES BUCH · DIE IM FRÄNKISCHEN REICH VERSAMMELTEN GERMANEN

sind. Denn auch ich habe von etlichen gehört, daß bis heute im hintersten Germanien das Volk dieser Weiber noch bestehe[1] (c. 15).

Die Langobarden überschritten also diesen Fluß, von dem wir sprachen, und als sie in das jenseitige Land gekommen waren, verweilten sie längere Zeit daselbst."

(Es wiederholen sich also die langen Unterbrechungen der „Wanderung" – sie wanderten nur, wenn sie mußten.) „Als sie sich aber nichts Widrigen versahen und durch die lange Ruhe weniger achtsam[2] geworden waren, schuf die Sorglosigkeit, immer die Mutter der Schädigungen, ihnen nicht geringes Unheil. Denn als sie, in Nachlässigkeit versunken, einstmals in der Nacht allesamt sich dem Schlafe überlassen hatten, fielen plötzlich die *Bulgaren* über sie her, erschlugen viele von ihnen, verwundeten noch mehr und wüteten so furchtbar in ihrem Lager, daß sie sogar König Agelmund töteten und seine einzige Tochter in die Gefangenschaft fortschleppten (c. 16).

Nachdem jedoch die Langobarden von diesem Unfall sich wieder erkräftigt hatten, machten sie Lamissio, von dem wir oben gesprochen, zu ihrem König. Dieser, im Jugendfeuer, gar frohgemut zum Kampfe, wandte die Waffen wider die Bulgaren, denn ihn verlangte, den Tod seines Nährvaters Agelmund zu rächen. Aber gleich im ersten Treffen flohen die Langobarden vor dem Feind ins Lager[3] zurück. Wie dies König Lamissio sah, erhob er laut die Stimme und rief dem ganzen Volksheere zu, sie möchten doch der erlittenen Schmach gedenken und sich vor Augen zurückrufen die schimpfliche Schau, wie ihren König die Feinde erwürgt, wie sie seine Tochter, die sie sich zur Königin gewünscht, jammervoll in die Gefangenschaft fortgeschleppt hätten. Zum Schluß mahnte er sie, sich und die Ihren mit den Waffen zu schützen, besser sei es, das Leben im Kriege zu wagen, denn als schlechte Knechte unter der Feinde Hohntaten zu liegen. Indem er dies und ähnliches ihnen zurief und ihren Mut bald mit Drohungen, bald mit Versprechungen kräftigte, dem Kampf zu stehen, wo er einen Knecht mitkämpfen sah[4], ihm Freiheit[5] und Belohnung bewilligte, da stürzten sie sich endlich, angefeuert durch das Beispiel ihres Fürsten, der als der erste in den Kampf vorsprang, auf die Feinde, kämpften grimmig und schlugen den Gegner mit schwerer Niederlage. Indem sie endlich über die (früheren) Sieger den Sieg da-

---

1 Gewiß mit Recht dachte *Zeuß* S. 686 dabei an die *„Kvenen"* , d. h. finnisch *„Kainulaiset"*, Niederländer, von *„Kainu"*, Niederung, auf der Westseite des *botnischen* Meerbusens, welchen später, diese Finnen verdrängend, die Schweden besetzten und *Helsing-Land* nannten. Germanische volkstümliche Deutung des unverstandenen Fremdnamens machte nach germanisch quinô, quena aus Kvenen ein Volk von Weibern, und darauf baute die Sage fort. Daß aber schon bei Tacitus Germ. c. 45 die Königin der *Suionen* hierauf beruhte, ist doch kaum (mit *Zeuß* S. 157) anzunehmen. Die Kvenen sind die *Vino-vilôs* des Jordanes c. 3. *Müllenhoff* liest willkürlich *„Vinguli"* (von Vingul = mörk), und läßt die an jenen Gegenden noch zur Zeit *Adams* von *Bremen* festhaftende Sage von einem Weibervolk unbeachtet. Paul hatte diese Nordlandssage offenbar am Hofe Karls vernommen, er weilte, während die Gesandtschaften zwischen dem Dänenkönig *Sigfrid* und Karl hin und her gingen. *Dahn*, Langobard. Studien I, 40.
2 Als beim Umherziehen sich von selbst ergab.
3 Diese von der Wandersage stets vorausgesetzten Lager von Karren (carrago) und Holzhütten schließen doch bei jahrelangem Verweilen den Ackerbau keineswegs aus.
4 Man sieht hier deutlich – es wurde anderwärts bereits darauf hingewiesen – , wie das Verbot der Beteiligung der Unfreien am Kampfe gar nicht durchzuführen war; die Notwehr konnte man den mit bedrohten Knechten doch nicht versagen.
5 Zum dritten Mal bringt hier die Sage diese in die Volksgeschichte allerdings tief eingreifende, ganz außerordentliche Maßregel.

SIEBENTES KAPITEL · DIE LANGOBARDEN   667

von trugen, rächten sie ihres Königs Fall wie ihre eigene Schmach. Damals trugen sie große Beute von den Waffenrüstungen der Feinde davon, und seit der Zeit[1] wurden sie kühner zur Unternehmung von Kriegszügen (c. 17).

Nach dem Tode Lamissios erhielt als der dritte *Lethu* die Königswürde. Nachdem dieser ungefähr vierzig Jahre gewaltet hatte, hinterließ er seinem Sohn *Hildeoc*, dieser aber als dem fünften *Gudeoc* die Herrschaft."

Diesen Gudeoc denkt Paulus als Zeitgenosse *Odovakars*: seine Zeitrechnung ist nicht seine Stärke und sein „his temporibus" sehr unbestimmt: allein diesmal setzt er voraus, daß Odovakar das *Rugenreich* bereits gebrochen und, abgesehen von den gefangen fortgeführten Rugen, auch die Römer aus jenem Donaulanden hat abziehen lassen; denn in das so genannte Rugenland wandern jetzt die Langobarden unter Gudeoc aus ihren bisherigen Landschaften, welche wir nur als nahe den Bulgaren, genauer aber gar nicht ansetzen können, und verweilten hier einige Jahre, „weil es fruchtbaren Boden hatte" . Die Wandersage der Langobarden, in diesen Zügen voll glaubhaft, ersetzt uns vielfach die *geschichtliche* Überlieferung von diesen Bewegungen; in ähnlicher Weise hat sich offenbar die ganze sogenannte „Völkerwanderung" vollzogen.[2]

Auf Gudeoc folgte sein Sohn *Claffo*, auf diesen dessen Sohn *Tato* als der siebente König. „Die Langobarden zogen jetzt auch aus *Rugiland* und wohnten in den weiten Ebenen, welche in ihrer Sprache „*Feld*" genannt werden.[3] Nachdem sie hier drei Jahre zugebracht hatten, entstand Krieg zwischen Tato und *Rodulf*, dem *Herulerkönig*.[4] (Über den Sieg der Langobarden hierbei s. oben.) „Und seit der Zeit (495) war die Kraft der Heruler gebrochen, so daß sie von da an keinen eigenen König mehr über sich hatten" (man sieht, geschwächte Völkerschaften geben das Königstum auf, erstarkte nehmen es an) „Die Langobarden aber wurden seitdem gewaltiger" (– wir sehen, die eigene Sage des Volkes räumt die bescheidenen Anfänge ein –) „ihr Volksheer wurde durch die verschiedenen Völkerschaften, die sie besiegt hatten, gemehrt und sie fingen jetzt an, auch ohne Anlaß zu Kriegen auszuziehen und den Ruhm ihrer Heldenschaft allenthalben zu verbreiten" (c. 20).

Es ist dabei wieder hervorzuheben, daß die Langobarden *abermals*, um ihre geringe Streiterzahl zu mehren, die Kriegsgefangenen, also verknechteter Feinde, freiließen. Aber auch daran ist zu denken, daß manchmal besiegte Völkerschaften durch Vertrag in ein Abhängigkeitsverhältnis traten, nach welchem die Grundeigner auf der bisherigen Scholle schatzungspflichtig, aber persönlich frei und daher waffenpflichtig und waffenrechtig blieben; wir sehen hier die Entstehung der *Laeten* (Laten, Leten, Liten) an geschichtlichen Beispielen vor Augen, wenn auch nicht gerade an den –

---

1 Mit großer Wahrhaftigkeit und sonder Ruhmrede räumt hier die Sage ausdrücklich ein, was ohnehin aus ihren früheren Einzelangaben erhellt, daß „bis dahin" die Lage der Wanderer eine glänzende durchaus nicht, vielmehr oft fast verzweifelt war, fast wie weiland die der *Amsivaren*, s. *Dahn*, Landnot S. 26.

2 Vgl. *Dahn*, Landnot S. 27 f.

3 Barbarico sermone, sagt Paul, übrigens (wie weiland *Gregor*) nicht in abgünstigem Sinne: war er doch selbst ein „Barbar".

4 Paulus berichtet hier die langobardische Überlieferung, großenteils Sage, sie wurde bereits oben angeführt; die geschichtliche bei *Prokop*, bellum Gothicum II, 14 und Könige II, 7 f. Es ist sehr auffallend, daß die langobardische selbst den Langobarden, die andere den Herulern die Schuld beimißt: sagenhafte Züge sind in das deutsche Volksmärchen (*Grimm*, Stück 149), ja manche noch in dem Schwank von den sieben Schwaben übergegangen; bezüglich der Zeit halte ich an der Könige II, S. 9 ausgeführten Annahme fest.

668 DRITTES BUCH · DIE IM FRÄNKISCHEN REICH VERSAMMELTEN GERMANEN

ausweichenden – Herulern, aber wohl an andern der „verschiednen" überwundenen fortab die Streitmacht der Langobarden mehrenden Völkerschaften.

„Jedoch Tato freute sich seines Sieges nicht lange: *Wacho*, der Sohn seines Bruders *Zuchilo*, überfiel und ermordete ihn. Tatos Sohn *Hildechis* bekämpfte nun Wacho, wurde aber von diesem besiegt und floh zu den *Gepiden*.[1] In der nämlichen Zeit fiel Wacho über die *Sueben*[2] her und unterwarf sie seiner Herrschaft. Sollte das jemand für Lüge und nicht für wahre Tatsache halten, so lese er das Vorwort nach, welches König *Rothari* zu den Gesetzen der Langobarden verfaßt hat, und er wird es fast in allen Handschriften, so wie ich es in diesen kleinen Geschichtsabriß aufgenommen habe, geschrieben finden. Es hatte aber Wacho drei Gattinnen, zuerst nämlich *Ranikunda*, die Tochter eines Königs der *Thüringer*. Sodann heiratete er die *Austrigusa*, die Tochter des *Gepidenkönigs*, von der er zwei Töchter hatte, *Wisegarda* hieß die eine, die er dem Frankenkönig *Theudibert* (534–548) zur Ehe gab, die zweite hieß *Walderada*, diese wurde mit *Cusupald*[3], einem anderen König der Franken, vermählt, der sie aber, da sie ihm zuwider war, einem seiner Leute namens *Garipald*[4] (d. h. dem Bayernherzog) zur Ehe gab. Die dritte Gemahlin Wachos war die Tochter des Königs der *Heruler* und hieß *Saling*. Diese gebahr ihm einen Sohn, den er *Walthari* nannte, und der nach Wachos Tod als der achte[5] König über die Langobarden herrschte. Diese alle, d. h. von Lethu, dem Nachfolger Lamissos, ab, waren *Lithinge*, so hieß nämlich bei ihnen ein Adelsgeschlecht (c. 21).

Nachdem nun Walthari sieben Jahre lang als König gewaltet hatte, starb er (an einer Krankheit[6]). Nach ihm wurde als der neunte *Audoin* König, der bald darauf die Langobarden nach *Pannonien* führte.

---

1 Die hieran sich knüpfenden Ereignisse sind bereits dargestellt. *Paulus* ist durch *Prokop*, b. Goth. III 35, IV 27 zu ergänzen und zum Teil zu berichtigen. Der Anmaßer Wacho wird weder von dem einen *origo gentis Langobardorum* (ed. Bluhme, Mon. Germ. hist. Legg. IV), noch von dem Vorwort des Edicts *Rotharis* (s. unten), noch von Paulus als König aufgezählt. Auf Tato den siebenten König lassen sie gleich Walthari als achten folgen. Nach Prokop III, 35 war Wachos Neffe *Risiulf* durch das Gesetz zur Thronfolge berufen, in Wahrheit wohl nur durch die Vorliebe des Volkes. Wacho, seinem Sohne die Krone zu vererben, treibt Risiulf durch falsche Anklagen in Verbannung zu den Warnen und besticht diese, ihn zu ermorden; von Risiulfs beiden Söhnen stirbt einer an Krankheit, der andere Ildisgos = Hildechis entflicht zu den Gepiden.

2 Suabi, sagt *Paulus* I c. 31; an Schwaben = Alemannen ist an der unteren Donau nicht zu denken, es sind Sueben, d. h. die Markomannen und Quaden = Bayern, welche hier bis an die *Donau* reichten und Westnachbarn der ehemaligen *Rugier* in *Rugiland* und der daran stoßenden campi patentes, d. h. Donau-Ebene waren. Dieselben sind auch die im Leben *Severins* und *Jordanes* erwähnten Suaben = Sueben um *Passau* und die von den *Amalern* nach Westen zurückgedrängten Ende des 5. Jahrhunderts.

3 D. h. *Theudibald* 538–555, es ist auffällig, daß 14 Handschriften die falsche, nur 3 die richtige Schreibung haben.

4 S. oben, nicht Theudibert verstieß sie, sondern nach dessen Tod heiratete sie Chlothachar I., der sie aber auf Andringen der Priester (wegen der Ehe mit der Schwägerin) Garipald vermählte. Greg. Tur IV, 9, oben.

5 *Walthari* wird zum König Rothari und Paulus als (8.) König aufgeführt, während sein Vater Wacho nicht in die Königsreihe aufgenommen wird, weil dieser Knabe unter Audoins Mundschaft wenn auch nur kurze Zeit eine vom Volk anerkannte Herrschaft führte. So gewiß richtig *Waitz*.

6 Für das Knäblein hatte *Audoin* – wohl durch Volksbeschluß, welcher so (obwohl Hildechis noch lebte) die Unrechtmäßigkeit heilte – die Regentschaft geführt.

SIEBENTES KAPITEL · DIE LANGOBARDEN   669

Zwischen Gepiden und Langobarden kam jetzt der schon lange genährte Streit endlich zum Ausbruch[1] und beide Teile rüsteten sich zum Krieg. Als nun in dem begonnenen Treffen beide Schlachtreihen tapfer kämpften und keine der anderen wich, da geschah es, daß mitten im Getümmel *Alboin*, Audoins Sohn, und *Turismod*, Turisinds Sohn, aufeinander stießen und Alboin diesen mit dem Langschwert (spata) durchbohrte, also daß er tot vom Rosse stürzte. Wie die Gepiden sahen, daß ihres Königs Sohn, der hauptsächlich den Krieg getragen hatte, gefallen sei, wandten sie sich entmutigt zur Flucht. Die Langobarden verfolgten sie scharf und kehrten, nachdem sie eine große Anzahl erschlagen, zurück, um den Getöteten die Rüstung auszuziehen. Als die Langobarden nach erfochtenem Siege wieder heimgekehrt waren, drangen sie in ihren König Audoin, er möge Alboin, durch dessen Heldenschaft sie in der Schlacht den Sieg gewonnen hätten, zu seinem Tischgenossen (conviva) machen, auf daß er seinem Vater wie in der Gefahr, so auch beim Gelage Genosse sei. Audoin antwortete, er könne das durchaus nicht tun, um nicht die Volkssitte zu brechen. „Ihr wißt," sprach er, „wie es bei uns nicht Brauch, daß der Sohn des Königs mit seinem Vater tafele, bevor er von dem König eines fremden Volks die Waffen erhalten hat." Wie das Alboin von seinem Vater gehört hatte, machte er sich mit bloß vierzig Jünglingen auf[2] zu *Turisind*, dem *Gepiden*könig, mit dem er erst vor kurzem gekriegt hatte, und eröffnete ihm, warum er gekommen sei. Dieser nahm ihn gütig auf, lud ihm zu seinem Gelage und setzte ihn zu seiner Rechten, wo sein Sohn Turismod weiland zu sitzen gepflegt hatte. Während sie nun die Speisen mannigfaltiger Zurichtung einnahmen, da seufzte Turisind, der schon lang über den Sitz seines Sohnes brütete und sich dessen Tod zu Herzen nahm, wie er an dessen Platz dessen Erleger sitzen sah, laut auf und konnte sich nicht halten, sondern sein Schmerz brach aus in dem Ruf: „teuer ist mir jener Platz, aber gar schwer ist es mir, den Mann, der darauf sitzt, zu schauen." Da hob, durch des Vaters Rede aufgestachelt, des Königs andrer Sohn, der mit zugegen war, an, die Langobarden mit Schmähungen zu reizen: er meinte, sie seien, weil sie von den Waden abwärts die Beine mit weißen Binden umwickelt trugen, Stuten zu vergleichen, die bis zum Beine weiße Füße haben, und rief: „Stuten sind es mit weissen Fesseln[3] (Unterfüßen), denen ihr gleicht!" Darauf erwiderte einer der Langobarden: „Geh hinaus auf das Asfeld (in campum Asfeld), dort wirst du sonder Zweifel erkennen, wie kräftig die, welche du Stuten nennst, auszuschlagen vermögen: wo die Gebeine deines Bruders so zerstreut mitten auf der Heide umherliegen, wie die von schlechtem Vieh." Wie das die Gepiden hörten, konnten sie ihre Beschämung nicht ertragen, heftig ergrimmten sie in Zornmut und wollten die offenbaren Schmähungen rächen. Die Langobarden alle auf der anderen Seite fuhren zum Kampf bereit mit der Faust an den Schwertgriff. Da sprang der König von dem Tisch auf, warf sich in die Mitte, und hielt die Seinen von Zorn und Kampf zurück und drohte den sofort zu strafen, der zuerst im Gefecht losschlagen würde. „Es ist", sprach er, „kein Gott wohlgefälliger Sieg, wenn man im eigenen Hause den Gastfreund erschlägt." Als so endlich der Zank unterdrückt war, führten sie das Gelage fröhlichen Sinnes zu Ende. Turisind ergriff die Waffen seines Sohnes Turismod, übergab sie Alboin und sandte ihn in Frieden unversehrt in seines Vaters Reich. Zurückgekehrt wurde Alboin fortab vom Vater als Tischgenosse angenom-

---

1 Vergleiche Könige II, 20. Prokop, b. G. III, 33, IV, 18, der drei Feldzüge unterscheidet.

2 So groß etwa also – nicht stärker –, war die Gefolgschaft sogar eines Königssohnes; denn vermutlich waren diese 40 doch wohl seine Gefolgen.

3 Daß fetilae so zu verstehen, nicht fetidae zu lesen, hat *Waitz* I, 24 überzeugend dargetan.

670   DRITTES BUCH · DIE IM FRÄNKISCHEN REICH VERSAMMELTEN GERMANEN

men. Und wie er jetzt frohen Mutes die Leckerbissen des Königstisches kostete, erzählte er der Reihe nach alles, was ihm bei den Gepiden in Turisinds Königshalle begegnet war. Da bewunderten und lobten alle Anwesenden Alboins Kühnheit, nicht minder aber rühmten sie Turisinds hohe Treue (c. 24).

Audoin starb nun, und jetzt erhielt *Alboin* (seine Mutter hieß *Rodelinda*) als der zehnte König nach dem Wunsche aller die Herrschaft. Da er allenthalben einen hoch gefeierten und ob seines Heldentums berühmten Namen hatte, gab ihm *Chlothachar I.*, der Frankenkönig, seine Tochter *Chlotsuinda* zur Ehe, von der ihm nur eine Tochter, mit Namen *Alpsuinda*, geboren wurde. Unterdessen starb Turisind, der Gepidenkönig, ihm folgte *Kunimund* in der Herrschaft, der, die alten Kränkungen der Gepiden zu rächen begehrend, den Vertrag mit den Langobarden brach und Krieg statt Frieden erwählte. Alboin aber schloß mit den *Avaren*[1] einen ewigen Bund. Hierauf zog er in den von den Gepiden gerüsteten Krieg. Als diese ihm entgegeneilten, fielen die Avaren, wie sie es mit Alboin beredet, in deren Land. Traurig kam ein Bote zu Kunimund und verkündete, die Avaren seien in seine Marken gebrochen. Obwohl niedergeschlagen und von zwei Seiten bedrängt, mahnte er doch die Seinen, zuerst mit den Langobarden zu schlagen, vermochten sie diese zu überwinden, dann wollten sie das Heer der Hunnen (= Avaren) aus dem Lande jagen. Es kam also zur Schlacht. Auf beiden Seiten wurde mit aller Macht gestritten.[2] Die Langobarden aber blieben Sieger und wüteten so grimmig gegen die Gepiden, daß sie diese fast bis zur Vernichtung trafen und von der großen Menge kaum ein Bote der Niederlage am Leben blieb. In dieser Schlacht tötete Alboin Kunimund, schlug ihm das Haupt ab und machte sich daraus einen Becher zum Trinken. Diese Art Becher heißt bei ihnen „Skala", lateinisch aber pater Kunimunds Tochter mit Namen *Rosimunda* führte er mit seiner großen Menge verschiedenen Alters und Geschlechts gefangen mit sich fort und erhob sie, da Chlotsuinda gestorben war, wie sich nachmals zeigte, zu seinem Verderben, zu seiner Gemahlin. Damals machten die Langobarden solche Beute, daß sie zum größten Reichtum gelangten: das Volk der Gepiden aber war so geschwächt, daß sie seitdem nicht mehr einen König hatten. Sondern alle, die den Krieg zu überleben vermochten, unterwarfen sich entweder den Langobarden, oder sie seufzen bis auf den heutigen Tag in harter Knechtschaft, den Hunnen, die ihr Land in Besitz nahmen, unterworfen. Alboins Name aber war weit und breit so gefeiert, daß bis heute seine Gabenmilde und sein Ruhm, sein Glück im Kriege und seine Heldenschaft bei den Stämmen der *Bayern* und *Sachsen* und anderen Völkern dieser Sprache in Liedern gepriesen werden. Auch ganz vorzügliche Waffen wurden unter ihm geschmiedet, wie noch jetzt von vielen erzählt wird (c. 27).

Da nun ringsum das Gerücht von den häufigen Siegen der Langobarden erscholl, sandte *Narses,* der kaiserliche Geheimschreiber (chartolarius), der damals *Italien* unter sich hatte und den Krieg gegen *Totila,* den *Gotenkönig,* rüstete, Gesandte an *Alboin*[3] – wie er denn auch schon vorher mit den Langobarden verbündet war – und ersuchte ihn, ihm in seinem Kampf gegen die Goten Hilfe zu leisten. Da schickte ihm

---

1 Die ursprünglich *„Hunnen",* nachmals nach ihrem König Avaren genannt wurden, sagt Paulus irrig.

2 In Wahrheit war Alboin der Angreifer (Menander, Legat. ed. *Bonn*), welcher Rosimunda geraubt habe; nach *Theophylactus Simocatta* (ἱστορία οἰκουμενιχή VI, 10. ca. 629) erlag Kunimund in einem ersten Feldzug (566?); als Kaiser *Justinus* nun rüstete, den Gepiden zu helfen, bot Alboin Frieden und Vermählung mit Rosimunda, Kunimund schlug das aus, erneuerte den Kampf und fiel (567).

3 Vielmehr noch *Audoin* (Prokop, b. Goth. IV, 26. 33.) im Jahre 550.

SIEBENTES KAPITEL · DIE LANGOBARDEN 671

Alboin einer auserlesene Schar, den Römern wider die Goten zu helfen. Sie segelten über den Busen des *adriatischen* Meeres nach Italien, begannen mit den Römern verbündet den Kampf wider die Goten, schlugen sie samt ihrem König Totila bis zur Vernichtung und kehrten, durch viele Geschenke geehrt, als Sieger nach Hause zurück (552). Und die ganze Zeit, da sie Pannonien in Besitz hatten, unterstützten die Langobarden das Römische Reich gegen seine Feinde. –

Nachdem nun Narses das ganze Volk der Goten überwunden oder vernichtet, dazu eine große Masse Gold und Silber nebst anderen reichen Schätzen aufgehäuft hatte, mußte er von den Römern, für die er doch so viel wider ihre Feinde gerungen hatte, große Gehässigkeit erdulden. Sie verklagten ihn bei Kaiser *Justinus II.*[1] und dessen Gemahlin *Sophia* und sprachen diese Worte: „Besser wäre es für die Römer, den Goten dienstbar zu sein, als den Griechen, wo der Eunuch Narses befiehlt und uns in Knechtschaft bedrückt. Unser höchst frommer Fürst weiß das nicht; befreie uns aus seiner Hand, oder wahrlich, wir überliefern die Stadt Rom und uns selbst den Heidenvölkern." Als das Narses hörte, erwiderte er kurz: „Wenn ich an den Römern Übles getan haben soll, so soll es mir auch schlecht ergehen." Da wurde der Kaiser so sehr wider Narses aufgebracht, daß er augenblicklich Longinus als Präfekten nach Italien schickte, des Narses Stelle anzunehmen. Narses erschrak über diese Nachricht gewaltig und fürchtete sich besonders vor der Kaiserin Sophia so sehr, daß er nicht nach Konstantinopel zurückzukehren sich getraute. Unter anderem habe sie ihm, wie erzählt wird, weil er ein Eunuch war, sagen lassen, sie werde ihn den Mägden im Weibergemach das Maß Wolle zum Weben zuteilen lassen. Darauf soll Narses zur Antwort gegeben haben, er wolle ihr ein Gespinst anfangen, das sie ihr Lebtag nicht mehr werde endigen können.[2] Hierauf zog er sich, von Haß und Furcht getrieben, nach der Stadt *Neapel* in *Campania* zurück und schickte bald nachher Boten an das Volk der Langobarden mit der Aufforderung, sie sollten doch ihre ärmlichen Felder in Pannonien verlassen und nach Italien kommen, das reich an allen Schätzen sei, und es in Besitz nehmen. Zugleich schickte er verschiedene Arten von Obst und andere Erzeugnisse, an denen Italien fruchtbar ist, mit, um dadurch ihre Gemüter noch mehr anzureizen, zu kommen. Die Langobarden nahmen gar freudig die frohe und erwünschte Botschaft auf und machten sich große Gedanken über ihr künftiges Glück. Sofort wurden in Italien nachts schreckliche Zeichen sichtbar, feurige Schlachtreihen erschienen am Himmel, das Blut, das nachher vergossen wurde, vorbedeutend in rotem Glanze" (c. 5).

Der Hauptgrund für die Veränderung war wohl – abgesehen von dem Reichtum Italiens, welchen die 552 Heimgekehrten ausreichend kennengelernt hatten, und der Entvölkerung des Landes durch den zwanzigjährigen Krieg und durch die Pest von 566 – die Erwägung, daß das offene Pannonien, von den *Avaren, Slawen* und *Byzantinern* bedroht, wenig Sicherheit zu gewähren schien.[3]

„Wie aber Alboin mit den Langobarden gen Italien ziehen wollte, erbat er von seinen alten Freunden, den *Sachsen*[4], Verstärkung, um mit größerer Anzahl das geräumige Land Italien in Besitz zu nehmen": (– noch immer also sind die Langobarden nicht so zahlreich, wie bislang die *Ostgoten*, welche die ganze Halbinsel erfüllten,

---

1 Nicht *Justinian*, wie Paulus aus den gesta pontificum abschrieb.

2 All' das ist Sage, so richtig auch *Weise* S 6 f.; abberufen wurde aber Narses allerdings.

3 Treffend *Weise* S. 3.

4 Durchaus nicht Erfindung Pauls; waren doch beide Völker an der *Niederelbe* Nachbarn gewesen. Gar viel Gemeinsames haben beide in Recht und Sitte.

672   DRITTES BUCH · DIE IM FRÄNKISCHEN REICH VERSAMMELTEN GERMANEN

obwohl viele in *Thrakien* zurückgeblieben waren.) „Es kamen denn also auf seinen
Wunsch mehr als 20 000 sächsische Männer mit Weib und Kind zu ihm, um mit ihm
nach Italien zu ziehen. Jetzt überließ Alboin die eigenen Sitze, nämlich Pannonien, seinen Freunden, den
Hunnen, d. h. den Avaren, unter der Bedingung jedoch, daß, wenn die Langobarden
irgend einmals wieder heimzukehren genötigt würden, sie ihr altes Land wieder begehren könnten.[1] Die Langobarden verließen also Pannonien und zogen mit Weib
und Kind und aller Habe Italien zu, um es in Besitz zu nehmen. Sie hatten aber 42
Jahre in Pannonien gewohnt, und zogen aus im Monat April, in der ersten Indiction,
am Tage nach dem heiligen Osterfest, das der Berechnung gemäß in jenem Jahre
gerade auf den ersten April fiel, nachdem seit der Menschwerdung des Herrn 568
Jahre verflossen waren.

Wie nun König Alboin mit all seinem Heer und einer großen Menge allerlei Volkes an die äußersten Marken Italiens gelangt war" (– er zog die *Save* zu Berg bis
Aemona (Laibach), dann über die *Julischen Alpen:* von Widerstand der Slawen verlautet nichts –), „da stieg er auf den Berg, der jene Gegend überragt, und beschaute da,
so viel er von Italien übersehen konnte. Darum, wie man sagt, heißt seit der Zeit
dieser Berg der „Königsberg."[2] Man sagt, auf diesem Berge leben wilde *Wisente* (bi-
sontes): kein Wunder, da er bis nach Pannonien hin sich erstreckt, welches an diesen
Tieren reich ist. Hat mir doch ein höchst wahrhaftiger Greis erzählt, er habe das Fell
eines auf diesem Berg erlegten Wisent gesehen, auf welchem, wie er sagte, 15 Männer, einer neben dem anderen, liegen mochten.

Nachdem jetzt Alboin *Venetia,* das die erste Provinz Italiens ist, ohne irgend ein
Hindernis" (– so wenig verstand Byzanz zu verteidigen, was es den Goten entrissen)
„erreicht (schon Mai 568) und das Gebiet der Stadt oder vielmehr der *forojulianischen*
Burg[3] betreten hatte, so überlegte er, wem er wohl diese erste eroberte Provinz anvertrauen solle, wen er zum Herzog (ducem) in diesen Landen bestellen solle. Da entschloß er sich, wie erzählt wird, seinen Neffen *Gisulf*[4], einen durchaus tüchtigen
Mann, der zugleich sein Stallmeister (strator) war, den sie in ihrer Sprache „*Marpahis*"[5]
nennen, über die Stadt Forojuli und jene ganze Gegend zu setzen. Dieser Gisulf aber
erklärte, er werde hier nicht eher die Herrschaft über Stadt und Volk übernehmen, als
bis ihm diejenigen langobardischen „*Faren*" (das heißt Geschlechter oder Stämme,
generationes vel lineas) überlassen würden, die er sich selbst auslesen wolle. Und so
geschah es unter Genehmigung des Königs. Er erhielt demnach die hervorragenden[6]

---

1 Ganz wie einst die Vandalen I, 150.

2 Nach *Bethmann* der *monte maggiore, monte del re,* bei *Friaul,* von dem aus man die ganze
   Landschaft Friaul überschauen kann. (Sage: wohl erst aus dem Namen „Königsberg" entstanden)

3 Nach *Bethmann* war dies castrum Julium die alte colonia *Julia Carnica,* ein wenig oberhalb der
   venetischen Marktflecken *Osopo* und *Ragogna* gegen den Kamm der Julischen Alpen. 40 römische Meilen weiter östlich liegt am *Ratiso* die *civitas* Forojulii, heute *Cividale del Friuli,* 568
   eine unbedeutende villa, die erst später, als castrum Julii zerstört war, wuchs und die Hauptstadt des Herzogtums wurde. Die Einwohner wollen freilich in Cividale selbst das „castrum"
   und die „colonia" finden.

4 Vielmehr wahrscheinlich Gisulfs Vater, *Grasulf,* s. *Muratori,* Annales Ital. 590.

5 *mari–paizo,* entsprechend dem „*mari–skalk.*" paizan heißt das Gebiß anlegen, machen, daß das
   Pferd (in das Gebiß) beißt *J. Grimm,* Gesch. d. D. Spr. I, 481.

6 Nicht etwa „volksedle": so viele *Adels*geschlechter gab es nicht; fälschlich hat man aus dieser
   Stelle gefolgert, auch Pauls allerdings in Friaul angesiedelte Sippe sei eine edle gewesen.

SIEBENTES KAPITEL · DIE LANGOBARDEN   673

(praecipuas) langobardischen Geschlechter, welche er sich gewünscht hatte, daß sie mit ihm wohnten, und jetzt erst übernahm er das Ehrenamt eines Herzogs (doctoris = ductoris = ducis). Er forderte sodann noch von dem König eine Zucht edler Stuten[1] und auch hierin willfahrte ihm der König freigiebig[2].

Als nun Alboin (569) an den Fluß *Piave* (Plabes) kam, zog ihm Bischof *Felix* von *Tarvisium* (Treviso) entgegen. Der König ließ ihm, wie er denn höchst freigebigen Sinnes war, auf seine Bitte das sämtliche Vermögen seiner Kirche und bekräftigte das durch eine eigens darüber ausgestellte Urkunde (pracmaticum).[3]

Alboin gewann nun *Vincencia* (Vicenza), *Verona* und die übrigen Städte *Venetiens*, ausgenommen *Patavium*, *Monssilicis*[4] und *Mantua* (das fiel Frühjahr 569).

Alboin erreichte also *Liguria* und zog im Anfang der dritten Indiction (1. September 569) am (3.?) fünften September zur Zeit des Erzbischofs *Honoratus* in *Mailand* ein. Von da aus eroberte er sämtliche Städte Liguriens, außer den am Meer gelegenen.[5] Erzbischof *Honoratus* verließ jedoch Mailand und floh nach *Genua*.

Die Stadt *Ticinus* (Pavia) bestand damals eine mehr als dreijährige Belagerung und hielt sich tapfer, während das Heer der Langobarden sich in nicht großer Entfernung westlich von der Stadt gelagert hatte. Unterdessen überzog Alboin, nachdem er die kaiserlichen Besatzungen ausgetrieben, alles Land bis nach *Tuscien* hin, ausgenommen *Rom*, *Ravenna* und noch einige *Burgen* an der *Meeresküste*.[6] Die Römer waren nicht stark genug, Widerstand zu leisten, da die zu Narses' Zeit wütende Pest in *Liguria* und *Venetia* sehr viele weggerafft und eine große Hungersnot ganz Italien entvölkert[7] hatte. Gewiß ist übrigens, daß Alboin damals Leute aus den verschiedenen Völkerschaften, die er selbst oder frühere Könige unterworfen hatten, nach Itali-

---

1 Das muß doch durchaus *nicht* Sage sein, wie *Waitz* meint; füglich mochte der *Stallmeister* sich solche Zucht vorbehalten.

2 Hier schaltet Paulus einige unrichtige Angaben ein: nicht *Benedict I.* (574–578), sondern *Johannes III.*, genannt *Bonosus* (560–573), war Papst, als die Langobarden einwanderten, erst bei der weiteren *Ausdehnung* über Italien (574) war Benedict Papst; und der Patriarch von Aquileja, welcher mit dem Kirchenschatz aus Furcht vor der Wildheit (barbaries) der Langobarden auf die Insel *Gradus* floh (sicher, daß die törigen Helden ohne Flotte ihm dort nichts anhaben mochten!), hieß nicht *Paulus*, sondern *Paulinus* (567–569). S. *Bethmann* bei Waitz II, 10.

3 Man sieht, die langobardische Wildheit wütete also doch nicht unterschiedslos gegen die katholische Kirche. Daß man sehr mit Unrecht die Urkunde Alboins bestritt – weil die Langobarden nicht hätten schreiben können! – hat Waitz II, 12 gezeigt; wahrscheinlich hat Paulus Alboins Handzeichen auf der vom bischöflichen Schreiber gefertigten Urkunde selbst gesehen; über *Felix* von *Treviso* s. *Fortunatus Venantius'* vita s. Martini ed. *Leo* (Berol. 1881) IV, v. 666; über diesen Bischof von Poitiers schaltet hier Paulus einiges ein: er war geboren zu *Duplabilis* (*San Salvadore*) nahe der Burg *Ceneta* bei *Treviso*.

4 *Monselice* in den Eugenischen Bergen bei Este, südlich von *Padua*.

5 Weil er sich keine Flotte schuf!

6 Wie oben! Damals schon vor dem Fall von Pavia, wurden wohl langobardisch *Parma*, *Reggio*, *Modena*, *Bologna*; vielleicht wurde auch damals schon der Anfang zur Gründung der späteren Herzogtümer *Spoleto* und *Benevent* gemacht.

7 Daß die Italier allein sich der Langobarden zu erwehren nicht vermochten, ist begreiflich: daß aber der Kaiser von Byzanz keine „militis" sandte, das in so schweren Kämpfen wiedergewonnene Mutterland zu verteidigen, ist (auch wenn man die Kämpfe in *Asien* in Anschlag bringt) ein Zeichen arger Schwäche. Es ist nicht eine offene Feldschlacht aus jenen Jahren zwischen Byzantinern und Langobarden berichtet. Die „militis *ejecti*" sind die Besatzungen der befestigten Städte. Der Exarch *Longinus* beschränkte sich auf die Verstärkung seiner Verteidigung von *Ravenna* und *Classe*.

674 DRITTES BUCH · DIE IM FRÄNKISCHEN REICH VERSAMMELTEN GERMANEN

en brachte" (vgl. oben, das waren offenbar nicht verknechtete Kriegsgefangene, sondern den Laeten gleichstehende), „daher nennen wir die Ortschaften, in denen sie wohnten, bis auf den heutigen Tag nach ihnen *gepidische, bulgarische, sarmatische, pannonische, suebische, norische*[1] und so fort (c. 26).

Nachdem aber die Stadt Ticinus eine Belagerung von drei Jahren und etlichen Monaten ausgehalten, ergab sie sich endlich Alboin und dessen Langobarden. Als nun Alboin von Osten her (auffallend, da das Lager im Westen stand) durch das *St. Johannistor* in die Stadt einritt, stürzte sein Roß mitten im Tor und konnte, obwohl es durch die Sporen angetrieben und von allen Seiten mit den Lanzen geschlagen wurde, nicht wieder in die Höhe gebracht werden. Da sprach ein Langobarde: „Erinnere dich, Herr König, welch ein Gelübde du gelobt hast! Brich dieses harte Gelübde, und du wirst einziehen in die Stadt; denn wahrhaft christlich ist das Volk in diesen Mauern." Alboin hatte nämlich gelobt, die gesamte Bevölkerung, weil sie sich nicht hatte ergeben wollen, mit dem Schwert auszutilgen. Als er nun aber jetzt sein Gelübde brach und den Bürgern Verzeihung versprach, da erhob sich sein Pferd sogleich, und als er in die Stadt eingezogen war, hielt er sein Versprechen und tat niemandem etwas zuleide. Da eilte alles Volk zu ihm in den Palast, den einst König *Theoderich* (der Große) erbaut, und faßte nach so großem Elend wieder frohe Hoffnung für die Zukunft.[2]

Nachdem Alboin drei Jahre und sechs Monate in Italien regiert hatte, fiel er durch die Hinterlist seiner Gemahlin (also im Frühjahr 573). Die Ursache seiner Ermordung aber war folgende. Als er in *Verona* länger, als er hätte tun sollen, fröhlich beim Gelage saß, den Becher vor sich, den er aus dem Schädel seines Schwiegervaters, des Königs *Kunimund,* hatte fertigen lassen, befahl er, auch der Königin Wein zu reichen, und forderte sie selbst auf, lustig mit ihrem Vater zu trinken.[3] Möge dies keiner für unmöglich halten, ich rede die Wahrheit in Christo, und ich selbst habe diesen Becher gesehen[4], wie ihn der König *Ratchis* bei einer festlichen Gelegenheit einst in Händen hielt und seinen Gästen zeigte. Wie nun Rosimunda solches vernahm, ergriff sie im Herzen tiefes Weh, das sie nicht zu unterdrücken vermochte; sie glühte alsbald von dem Verlangen, durch die Ermordung des Gemahls den Tod des Vaters zu rächen, und verschwor sich gar bald darauf mit *Helmichis,* der des Königs *Skilpor,* das ist Schildträger, und Milchbruder war, zur Ermordung Alboins. Helmichis riet der Königin, *Peredeo,* der ein ungemein starker Mann war, zu dem Anschlag beizuziehen. Als aber Peredeo sich nicht zu so schwerer Tat verstehen wollte, legte sie sich nachts

---

1 Welch abermalige bunte Zumischung von nicht–italischen Völkerschaften zu den zahlreichen Mischungen auf der Halbinsel seit der ersten Einwanderung der Italiker, Etrusker, Griechen, Kelten, Ligurer!

2 Gewiß richtig führt *Waitz* dies auf *pavesische* Kirchenlegende zurück, welche aber gut zum Ausdruck bringt, wie das im allgemeinen wilde Auftreten der Langobarden zumal gegen die katholische Kirche doch wiederholt von Ausnahmen – gerade durch den König selbst – gemildert und unterbrochen wurde; schlimmer erging es – nach nicht unglaubhafter Überlieferung – den Italiern, zumal auch den Kirchen, in der königlosen Zeit, da die Herzöge jeder auf eigene Faust erobernd und raubend vorgingen. s. unten S. 209.

3 Nicht gerade notwendig, wenn auch wahrscheinlich Sage; das Naive, Sinnlich-Anschauliche und Poetische berechtigt nicht ohne weiteres Sage anzunehmen: wir vergessen zu leicht, daß in jenen Zeiten das *Leben* selbst naiv und reich an Poetischem, sinnlich Anschaulichem war. – Es kann aber auch die germanische Pflicht der Blutrache in dieser schauspielhaften Steigerung sagenhaft ausgedrückt sein; ähnliches gilt von „Autharis Brautfahrt" unten.

4 Dieser Zug ist recht bezeichnend für Paulus, vgl. Langob. Studien I, 9.

in das Bett ihrer Ankleidezofe (vestaria), mit welcher Peredeo der Buhlschaft pflegte, und als nur Peredeo kam, so schlief er, ohne es zu wissen, bei der Königin (concubuit). Als aber das Verbrechen zu Ende getan war, fragte sie ihn, für wen er sie halte? Er nannte nun den Namen seiner Freundin, für welche er sie hielt. Da fiel aber die Königin ein und sprach: „Es ist keineswegs so, wie du glaubst. Sondern ich bin Rosimund. Jetzt aber hast du, o Peredeo, eine solche Tat getan, daß du entweder Alboin töten mußt, oder er wird dich mit dem Schwert aus dem Leben tilgen." Jetzt erkannte jener, welch Unheil er angerichtet, und gab so gezwungen zu des Königs Ermordung seine Einwilligung, welche er aus freien Stücken nicht gewollt hatte. Rosimunda gebot nun, als sich Alboin um Mittag dem Schlummer hingegeben hatte, daß große Stille im Palast walte, schaffte alle Waffen beiseite bis auf des Königs Schwert, das sie zu Häupten seines Ruhebettes so fest anband, daß er es weder erheben, noch aus der Scheide ziehen konnte, und dann ließ das Weib, grausamer als alle reißenden Tiere, nach dem Rate Peredeos den Mörder Helmichis[1] herein. Alboin, plötzlich aus seinem Schlummer auffahrend, erkannte die Gefahr, die ihm drohte, und griff schnell nach seinem Schwert, aber es war so fest angebunden, daß er es nicht losmachen konnte, da nahm er einen Fußschemel (scabellum subpedaneum) und wehrte sich damit einige Zeit. Aber ach! der heldenhafteste und kühnste Mann vermochte nichts gegen seinen Feind und wurde wie ein Schwächling umgebracht; er, der durch die Besiegung so vieler Feinde so hoch berühmt geworden, fiel durch die Arglist eines Weibes. Sein Leichnam wurde unter lautem Weinen und Klagen der Langobarden unter den Stufen einer zum Palast hinaufführenden Treppe bestattet. Er war hochragend von Gestalt und sein ganzer Körper trefflich zum Kampf. Sein Grab hat in unseren Tagen *Gisilbert*, der vormalige Herzog von *Verona*, öffnen lassen, und daraus das Schwert und was sich von Schmuck darin fand fortgenommen, und dann mit seiner gewöhnlichen Eitelkeit bei ungebildeten Leuten geprahlt, er habe Alboin gesehen (c. 28).

Helmichis suchte nun nach Alboins Ermordung dessen Reich an sich zu reißen; aber durchaus vermochte er das nicht, da die Langobarden, voll Schmerz über den Tod ihres Königs, ihn umzubringen trachteten. Rosimunda schickte daher alsbald (wohl von *Pavia* aus, wohin sie von Verona zunächst gegangen) zu *Longinus,* dem Präfekten (= exarcha) von *Ravenna* und ließ ihn bitten, ihr so schnell als möglich ein Schiff (aus dem Po in den *Tessin*) zu schicken, das sie beide aufnehmen könnte. Longinus freute sich über diese Kunde und sandte eiligst ein Schiff ab, welches Helmichis und Rosimunda, die bereits sein Weib geworden war, bestiegen; und bei Nacht entflohen sie. Sie nahmen *Alpsuinda*, des Königs Tochter, und den ganzen langobardischen Schatz mit sich fort und gelangten schnell nach Ravenna (August 573). Da begann der Präfekt Longinus, in Rosimunda zu dringen, Helmichis zu töten und sich mit ihm zu vermäh-

---

1 Man hat längst bemerkt, daß diese Wendung der Erzählung, wonach Helmichis die Tat ausführt, in vollem Widerspruche steht mit des Paulus eignen obigen Worten über den Beweggrund der Beziehung Peredeos. Paulus folgte der *Origo. Agnellus* kennt Peredeo gar nicht, teilt alles, was hier von diesem erzählt wird, Helmichis zu. Die Gestalt des Peredeo ist wahrscheinlich, wie das folgende Abenteuer in Byzanz zeigt, lediglich sagenhaft. (Viel zu subjektiv willkürlich (wie leider oft) hier *Weise* S. 25, dessen sonst verdienstliche Arbeit nur an allzu großer Zuversicht in Dingen leidet, über die wir höchstens ziemlich wertlose Vermutungen wagen können.) Aber auch von der übrigen Erzählung ist als Geschichte wohl nur festzuhalten, daß Alboin durch Helmichis, der nach der Krone trachtete – dieser Beweggrund tritt in der Sage nach deren Eigenart sehr zurück – auf Anstiften Rosimundas (ob aus später Rache?) ermordet wurde und diese dann nach Ravenna und Byzanz ging.

676 DRITTES BUCH · DIE IM FRÄNKISCHEN REICH VERSAMMELTEN GERMANEN

len. Sie, wie sie denn zu jeder Schändlichkeit gern bereit und zugleich begierig war, Herrscherin (domina) von Ravenna zu werden, erklärte sich einverstanden, und als Helmichis einst ein Bad nahm, reichte sie ihm, wie er aus der Wanne stieg, einen Becher mit einem Gifttrank, den sie für gar gesund ausgab. Wie jener aber merkte, daß er den Becher des Todes getrunken, zog er das Schwert gegen Rosimunda und zwang sie, die Neige leer zu trinken. Und also starben durch das Gericht des allmächtigen Gottes[1] die ruchlosen Mörder in einem Augenblick (c. 29).

Als diese so umgekommen waren, schickte der Stadthalter Longinus Alpsuinda samt den Schätzen der Langobarden nach Konstantinopel dem Kaiser. Einige versichern auch, Peredeo sei mit Helmichis und Rosimunda nach Ravenna gekommen und von da mit Alpsuinda nach Konstantinopel geschickt worden, dort habe er in einem Kampfspiele vor dem Volk und dem Kaiser einen Löwen von wunderbarer Größe getötet. Damit er aber nicht, weil er ein so starker Held war, in der königlichen Stadt etwas Schlimmes anstelle, wurden ihm, wie erzählt wird, auf Befehl des Kaisers die Augen ausgerissen. Nach einiger Zeit verschaffte er sich zwei Messer, verbarg diese unter seine Ärmel und ging in den Palast, wo er versprach, dem Kaiser, wenn er vor ihn gelassen werde, wichtiges mitzuteilen. Der Kaiser sandte zwei *Patrizier*, seine Vertrauten, zu ihm, seine Worte entgegenzunehmen. Als diese zu Peredeo gekommen waren, ging er näher auf sie zu, als wolle er ihnen etwas im Geheimen sagen, und brachte ihnen, in beiden Händen die Messer, die er verborgen gehalten hatte, so schwere Wunden bei, daß sie sofort zu Boden stürzten und den Geist aufgaben. Also rächte er, dem starken Samson in gewissem Sinne nicht unähnlich, das ihm zugefügte Weh und tötete für den Verlust seiner beiden Augenlichter zwei dem Kaiser besonders nützliche Männer.[2]

In Italien aber wählten die sämtlichen Langobarden nach gemeinsamer Beratung Klef (den Sohn *Beleos*), den adligsten Mann unter ihnen, bisher Herzog von *Bergamo*, in der Stadt *Ticinus* zu ihrem König (573).[3] Dieser ließ viele Römer mit dem Schwerte umbringen, andere vertrieb er aus Italien. Nachdem er aber mit seiner Gemahlin Masane ein Jahr und sechs Monate auf dem Thron gesessen war, wurde er (575) von einem seiner Knechte mit dem Schwert erschlagen (c. 31).

Die Langobarden blieben nach seinem Tode zehn Jahre (al. 12) ohne König (sein Söhnlein *Authari* schien zu jung) und standen unter Herzogen. Jeder Herzog nämlich herrschte in seiner Stadt: *Zaban* in *Ticinus*, *Wallari* in *Bergamus*, *Alachis* in *Brixia*, *Evin* in *Tridentum*, *Gisulf* in *Forojuli*. Außer diesen gab es noch *dreißig* Herzoge in verschiedenen Städten. Zu jener Zeit wurden viele vornehme Römer aus Habgier ermordet, die übrigen wurden zinspflichtig gemacht und den langobardischen Fremdlingen in der Art zugeteilt, daß sie den *dritten* Teil ihrer Früchte an sie zu entrichten hatten. Unter diesen langobardischen Herzogen und im siebenten Jahr seit dem Einbruch Alboins und des ganzen Volkes geschah es, daß die Kirchen geplündert, die Priester erschlagen, die Städte zerstört, die Einwohner, die den Saaten gleich aufgeschossen waren[4], umgebracht und der größte Teil Italiens von den Lan-

---

1 Über diesen Ausdruck, der hier *nicht* ein „Gottesurteil" bedeutet, s. Bausteine II, Berlin 1880, S. 21.

2 Ganz in der Weise später Sagen-, auch Kunstdichtung über Taten und Leiden germanischer Helden am Hofe zu Byzanz.

3 Offenbar weil Alboin keinen Sohn hinterlassen. Gleichwohl lebte noch Ariulf, sein Vetter oder Neffe.

4 Um die Beseitigung der vorher erwähnten Entvölkerung zu erklären.

SIEBENTES KAPITEL · DIE LANGOBARDEN

gobarden erobert und unterjocht wurde, ausgenommen die schon von Alboin gewonnenen Landschaften"; d. h. hier kamen solche Gewalttätigkeiten jetzt nicht mehr vor.

Mit Unrecht hält man obige Zahl von Herzogen für übertrieben: es handelt sich nicht um ducatus und provinciae, wie z. B. im Frankenreich und in den beiden Gotenreichen: vielmehr entsprechen die langobardischen duces in der Regel den fränkischen, gotischen comites, je eine Stadt und ihr Weichbild bildete das Gebiet eines langobardischen dux: 35 (größere) Städte aber zählte das Langobardenreich gewiß; nur die vier Grenzherzoge von *Trient, Friaul, Spoleto, Benevent* entsprechen fränkischen Herzogen, und nur sie oder andere größere ducatus haben dann auch – ausnahmsweise – comites unter sich: regelmäßig begegnen bei Langobarden keine comites, da ihre duces den comites entsprechen. Im übrigen ist dem ganzen Bericht wohl zu entnehmen, daß die in den letzten Jahren Alboins eingetretene friedlichere und schonendere Behandlung der Römer schon unter Klef, dann unter den Herzogen wieder durch eine mehr gewalttätige verdrängt wurde. Daß das Königtum 10 Jahre völlig ruhte, ist ein arger Rückfall in längst überwundene Zustände: es war offenbar das reichsverderberische Trachten[1] der großen Herzoge, welches (die Wehrunfähigkeit des Königssohnes ausnützend) diesen Erfolg feierte. Die „Herzoge" entsprechen darin dem Dienstadel der Franken, doch tritt bei den mächtigsten auch ein Streben hervor: nicht am Hof und durch den König, sondern gestützt auf ihre weiten Landschaften, fern von und im Gegensatz zum Hof, eine Stellung einzunehmen schon nach Alboins Tod, wie sie im Frankenreich die Herzoge der *Alemannen, Bayern, Thüringer* doch erst nach dem Niedergang der *Merovinger* ertrotzen seit ca. 650: die Wahrheit ist, daß mit Ausnahme der drei Jahre von Alboins italischer Herrschaft überhaupt noch kein Königtum bei den Langobarden aufgekommen war von der eindringenden Mächtigkeit, wie es *Chlodovech* und seine Söhne und Enkel aufgerichtet hatten. Indessen ist abgesehen von den in den erneuten Kriegen getöteten, vertriebenen, kriegsgefangenen Römern – immer nur einzelnen – auch in diesen Kämpfen an *allgemeine Verknechtung* der Römer und Wegnahme all' ihres Landes gar nicht zu denken: vielmehr wurde gerade seit Alboins Tod jene hospitalitas eingeführt, wonach dem langobardischen hospes nur $^{1}/_{3}$ der Früchte oder der Colonatverhältnisse abgetreten wurde (s. unten Verfassung). Servitus also, Knechtschaft, Sklaverei, volle persönliche Unfreiheit, traf die Römer, abgesehen von den Kriegsgefangenen, nicht: allein den Halbfreien, Aldionen, Laeten traten sie doch nach germanischer Anschauung durch diese Schatzungs- und Zinspflicht sehr nahe oder gleich.

Übrigens verbot man ihnen nicht, in rein römischen Fällen nach römischem Recht zu leben, während sonst allerdings die Langobarden die Nicht-Langobarden, z. B.

---

1 Ganz anders *Weise*, S. 34, der die „Königstreue" der Langobarden, zumal ihrer Herzoge, dieser fast ununterbrochen empörten Trotzfürsten, das einheitliche Trachten langobardischer Staatskunst, überhaupt die Leistungen dieser Staatskunst nach außen gewaltig überschätzt: diese Könige sind weder mit ihren Herzögen noch mit den Päpsten noch mit den Byzantinern noch gar mit den aus bloßer Raubgier gereizten Franken fertig geworden. Alboins früher Tod und die Königlosigkeit von 575–585 haben das Königtum gleich Anfang des italischen Reiches gegenüber den Mitte-fliehenden Gewalten der Herzöge nicht recht aufkommen lassen: bestand es doch überhaupt erst seit Agelmund. – Daß *Zaban* von Pavia einstweilen als „Reichsverweser" für den damals schon als König ins Auge gefaßten Authari gewaltet habe, ist reine Einbildung *Weises*. Warum haben sie dann den Knaben nicht gleich gekrönt, wie die Franken so oft taten? – Richtig aber läßt er die langobardische Härte zumeist 568–570, dann unter Klef 575 und den Herzögen 575–585 auf die Römer drücken.

678 DRITTES BUCH · DIE IM FRÄNKISCHEN REICH VERSAMMELTEN GERMANEN

auch die *Sachsen* bis zu deren vielleicht hierdurch mit veranlaßtem Abzug, ferner *Gepiden, Bulgaren, Slawen* dem Langobardenrecht unterwarfen, falls nicht (später) ausnahmsweise der König solchem wargangus (z. B. Franken) gestattete, nach seinem angeborenen Recht zu leben.

Der Grund solcher Zurückhaltung war gewiß nicht mildes Erbarmen, sondern die geringe Zahl der Neuanzusiedelnden: man hatte gar nicht Hände genug, durch sie allein die neugewonnen Äcker bebauen zu lassen: in diesen neuen Erwerbungen wurden wohl großenteils Vornehme weiter bedacht, welche bereits unter Alboin mit Land versorgt worden waren. Vor jeder Verallgemeinerung muß man sich übrigens hüten: die Urkunden zeigen später Langobarden bis tief in den Süden verstreut, freilich wohl oft auf geliehener Scholle.[1]

In der königlosen Zeit wurden denn nun (zum Teil) auch die höchst törigen Einfälle in das *Frankenreich,* die allerdings schon unter Alboin (569, 570, 572, unter *Klef* 573, 574) – wir wissen nicht, wie weit von ihm befohlen oder nur nicht verhinderbar – begonnen hatten, von den Herzogen an der fränkischen Grenze gesteigert (576 fränkische Vergeltungszüge, auch im Solde von Byzanz, 581 und 584) und oft wiederholt: Schritte, welche auf einem Ausbreitungsbedürfnis durchaus nicht beruhten – die wichtigsten Burgen, ganz nahe langobardischen Herzogsitzen, blieben dabei in den Händen der Byzantiner! –, vielmehr lediglich von mutwilliger Raubgier eingegeben, schlimm verderbliche Herausforderungen des übermächtigen Nachbars waren: wir haben diese Dinge ausführlich dargestellt.[2]

In den nächsten Jahren besserte sich zwar das Verhältnis zwischen Langobarden und Franken: 580 klagt Pabst *Pelagius* über beider Freundschaft. Aber schon 581 und 584 greifen nun die Franken an. Die Herzoge breiteten sich damals erfolgreich auf Kosten der Byzantiner aus, zumal *Faroald* von *Spoleto* und *Zotto* von *Benevent,* welche jedesfalls erst jetzt zu bedeutenderer Macht gelangten. 573–574 bedrängten sie Rom: der Nachfolger *Johannes' III.* († 13. Juli 573), *Benedict I.,* war von Byzanz abgesperrt, erst Juni 574 erhielt er nach der kaiserlichen Bestätigung die Weihe: bezwingen konnten die Herzoge die Stadt nicht, da sie aus Mangel an Schiffen, den Tiber zu sperren, zusehen mußten, wie Kaiser *Justin ägyptisches* Getreide den Belagerten zuführte. Im offenen Felde wurde freilich 576 ein Heer der Kaiserlichen unter Justins Eidam *Baduarios* von Zotto geschlagen.

577 verheerte Zotto *Campanien,* 578 belagerten er und Faroald abermals Rom, am 31. Juli starb Benedict I. während der Einschließung. Die Bürger hatten 577 bei Übersendung von 5000 Pfund Goldes Steuern nach Byzanz dortselbst um Waffenhilfe gebeten, aber der Kaiser, ganz vom *Perserkrieg* in Anspruch genommen, hatte nur Gold zur Bestechung der Barbaren gesandt, was wirklich die beiden Herzoge 579 nach dem *Exarchat* und *Unteritalien* abgelenkt zu haben scheint. Befreit baten Papst Pelagius und die Römer sofort wieder um Hilfe zu Byzanz, aber auch der neue Kaiser *Tiberius II.* sandte außer Geld nur wenige Soldaten. Nun (579) gelang Faroald sogar die Einnahme von *Classe,* der Hafenstadt von Ravenna, und von da aus wurden alle Städte zwischen *Rom* und *Perugia, Perugia* und *Classe* von ihm bezwungen, *Longinus* in Ravenna selbst bedrängt (579/580). 581 belagerte er wieder Rom, während Zotto *Neapel* bedrängte, beides vergeblich, während gleichzeitig die Kräfte der *oberitalischen* Langobarden nutzlos in den törigen Räubereien in *Gallien* vergeudet wurden."

---

1 Vgl. *Hegel,* Geschichte der Städteverfassung in Italien I, 354.
2 Paulus entnimmt sie einfach Gregor III, 1–9 (IV, 42, VI, 6).

SIEBENTES KAPITEL · DIE LANGOBARDEN 679

Hier erweist sich das Verderbliche der Zerspaltung in die Herzogsgewalten besonders klar: hätte ein König der Langobarden die ganze Kriegskraft des Volkes in fester Hand zusammengefaßt gehalten und einen so wichtigen Erfolg wie die Eroberung von Classe war, erzielt, er würde diese ganze Kraft daran gesetzt haben, ihn zur Bezwingung Ravennas, zur Vertreibung der Byzantiner aus dem ganzen Exarchat zu erweitern. Ein einzelner Herzog, nur noch von seinem Nachbar gelegentlich unterstützt, war auf die Dauer den Kaiserlichen nicht gewachsen: die wichtige Eroberung ging bald wieder verloren.

„In diesen Tagen (581) ergab sich die Burg *Anagnis (Nano,* im *Val die Non,* am rechten Ufer des *Noce),* oberhalb von *Tridentum*[1]) auf der Grenze Italiens gelegen, den heranrückenden Franken. Deswegen zog der langobardische Graf von *Lagore (Lägertal),* mit Namen *Ragilo,* nach Anagnis und heerte dort. Als er aber mit seiner Beute zurückkehrte, stieß *Chramnichis,* der Frankenfeldherr, im *rotalianischen* Felde (zwischen Salurn und Anagnis auf dem rechten Ufer des Noce) auf ihn und erschlug ihn und viele von seinen Leuten. Nicht lange nachher kam Chramnichis heerend bis nach Trident. Jedoch Evin, der Herzog von Trident, verfolgte ihn, erschlug ihn samt den Seinen bei dem Orte *Salurnis,* nahm ihm alle Beute, die er gemacht hatte, wieder ab, verjagte die Franken und gewann das ganze Gebiet von Trident zurück."

Von diesem Mißerfolg der fränkischen Feldzüge im Langobardischen schweigt *Gregor. Gregors* und *Fredigars* Angaben, die Langobarden (auch die gar nicht beteiligten mittel- und süditalischen Herzöge?) hätten sich damals den Franken unter Schatzungspflicht förmlich als Untertanen unterworfen, verdienen – mag der Abzug hie und da durch Zahlungen erkauft worden sein – durchaus keinen Glauben: daher ebensowenig, daß die Langobarden vor Wiederaufrichtung ihres Königtums *Childibert* und *Guntchramn* um Erlaubnis gebeten hätten! Diese wäre wohl schwerlich erteilt worden. Dieser Evin, Herzog von Trident, nahm eine Tochter *Karibalds,* des „Königs" der *Bajuwaren* (sagt Paulus), zur Gemahlin.

„Zu der Zeit rückte *Faroald* (?–591, ihm folgte 592 *Ariulf),* der erste Herzog von *Spoletum,* mit einem langobardischen Heere gegen *Classis,* plünderte die reiche Stadt gänzlich aus und zog dann wieder ab." Man sieht, es fehlt an jeder zielbewußten Leitung der langobardischen Streitkräfte: ein einzelner Herzog gewinnt die wichtigste Stätte in Italien, die Hafenstadt von Ravenna! Ihre dauernde Behauptung hätte die Aushungerung und Bezwingung der Hauptstadt des Exarchats, der wichtigsten Trutzburg der Byzantiner auf der Halbinsel, zur Folge haben müssen, und unter einem König oder im Bund mit anderen Herzögen hätte dieser Versuch doch wenigstens gewagt werden können: aber der Herzog von Spoleto plündert und zieht ab! Etwa wie *Alemannen* im 5. Jahrhundert *rheinischen* Städten gegenüber verfuhren. Planmäßiges Trachten, ganz Italien zu unterwerfen, darf wohl nur sehr wenigen langobardischen Führern zugetraut werden.

„Die Langobarden aber erhoben, nachdem sie zehn Jahre lang (575–584) unter Herzogen gestanden hatten, nach gemeinsamem Beschluß (584/85) Authari, den Sohn des oben erwähnten Fürsten Klef, zu ihrem König. Sie gaben ihm um der Ehrung willen[2] den Beinamen *„Flavius"*[3], den von nun an alle langobardischen Könige mit Glück geführt haben. In dieser Zeit gaben zur Wiederherstellung des Königtums

---

1 Wohl aus *Secundus* von *Trient,* s. unten S. 237, 348.

2 Sagt *Paulus*: In Wahrheit war es der Ausdruck dafür, daß er auch seinen römischen Untertanen als rechtmäßiger Nachfolger der weströmischen Kaiser und als Schirmherr erscheinen wollte.

3 S. Westgoten I, 533, Könige VI, 2. Aufl. S. 509.

680 DRITTES BUCH · DIE IM FRÄNKISCHEN REICH VERSAMMELTEN GERMANEN

alle damaligen Herzöge die Hälfte ihres Besitzes[1] für die Bedürfnisse des Königs her, damit hiervon der König selbst, sein Gefolge und alle, welche ihm in verschiedenen Ämtern dienten, unterhalten würden. Die bedrückten Völker aber wurden verteilt unter die langobardischen hospites.[2] Und das war in der Tat wunderbar im Reiche der Langobarden: keine Gewalttätigkeit wurde jetzt begangen, keine geheimen Ränke wurden geschmiedet, niemand wurde ungerechterweise zur Fron gezwungen, niemand plünderte, Diebstahl und Räubereien fielen nicht vor, jeder konnte, wohin es ihm gefiel, ohne Furcht und Sorge gehen."[3]

Diese Überlieferung ist der sagenhafte – und daher sehr übertreibende – Ausdruck dafür, daß der königlose Zustand zugleich ein in hohem Grade zucht- und friedeloser, daß zumal die Willkür der Großen gegen die Kleinen, wohl auch der Langobarden gegen die Römer in den damals neu erworbenen Landschaften, sehr hart gewesen war. In jene Zeit der Schwäche der Staatsgewalt, der mangelnden Sorge für die Gesamtheit fällt auch sehr bezeichnend das Zerwürfnis mit den Sachsen und deren Abzug aus Italien – wahrscheinlich, weil die Herzoge ihnen das vertragene Maß von Selbständigkeit nicht gönnten: eine erhebliche Einbuße der ohnehin geringen germanischen Macht in Italien. Mag immerhin das hier gezeichnete Bild der Zustände unter Authari – wie ja zum Teil Pauls eigene Darstellung der Empörung der Herzoge beweist – allzuschön gefärbt sein,[4] immerhin spiegelt die Sage treu die Erstarkung des Rechtsschutzes durch die Wiederaufrichtung des Königtums. Welche Gründe jedoch die sonst reichsverderberischen Herzoge zu diesem weisen und vaterlandliebenden Schritte drängten – unter Darbringung solcher Opfer an Vermögen d. h. Macht –, das entzieht sich unserer Kenntnis. Plötzliche Begeisterung für das Wohl der Gesamtheit ist wohl am wenigsten anzunehmen, auch gewiß nicht das Verlangen der führerlosen und wenig hervortretenden kleinen Freien[5]: eher die Gefährdung durch die jetzt verbündeten *Franken* und *Byzantiner*[6]: denn bei Vernichtung der langobardischen Selbständigkeit hatten am meisten diese fast königgleichen Herzöge zu verlieren.

Daß aber keineswegs alle Herzoge mit jenem Schritt einverstanden waren, weist gleich das folgende dar: König Authari und sein Nachfolger sollten gar viel echte Königsarbeit gegen die Herzoge finden: traten doch einzelne jener Großen geradezu auf Seite der äußeren Feinde des Reiches. In dem nächsten Fall war es freilich nicht ein geborener Langobarde.

„Hierauf zog König Authari vor die Stadt *Brexillus* (Brescella, nördlich von *Parma*), die am Ufer des *Padus* liegt, und belagerte sie; es hatte sich nämlich Herzog

---

1 Der alte Schatz war ja nach Byzanz gewandert, Klef ein König ohne Hort gewesen, oben S. 208.

2 Nicht Fremdlinge, wie *Jacobi*: es ist das feste Rechtsverhältnis der hospitalitas gemeint, d. h. die schon früher oben erwähnte Maßregel wurde bekräftigt und erweitert auf neue Gebiete.

3 Über die Kämpfe zwischen *Authari* und *Childibert*, welche Gregor für die Franken im Endergebnis zu günstig, Paulus zu ungünstig darstellt.

4 Vgl. *Papst*, Forsch. z. D. Gesch. II, 425.

5 So meint *Hirsch* S. 4.

6 So, wie ich nachträglich finde, auch *Weise*, S. 66: aber gewiß nicht aus „angestammter Treue zum Herrscherhaus", S. 69: von der leider wenig zu spüren, wie stimmt dazu S. 70: „seine Abstammung war dabei doch nur nebensächlich?" Bei allen langobardischen Königen folgte nur selten der Sohn dem Vater, und von *„ritterlich* erzogen" und „Rittergefolgschaft" sollte man doch fast ein halb Jahrtausend zu früh (580) nicht reden.

SIEBENTES KAPITEL · DIE LANGOBARDEN 681

Droctulft von den Langobarden dahin geflüchtet[1], sich auf die Seite des Kaisers geschlagen und leistete nun, mit den kaiserlichen Soldaten[2] verbunden, dem Heere der Langobarden tapferen Widerstand. Er stammte aus dem Volk der *Schwaben* d. h. der *Alemannen*[3], war unter den Langobarden aufgewachsen und hatte, weil er von trefflicher Gestalt war, das Ehrenamt eines Herzogs erlangt: aber als er Gelegenheit fand, sich für seine Gefangenschaft[4] zu rächen, erhob er sofort die Waffen wider die Langobarden. Diese hatten schwere Kämpfe gegen ihn zu führen, endlich aber überwältigten sie ihn samt den Kaisersoldaten, die er unterstützte, und zwangen ihn, (wieder) nach *Ravenna* zu weichen. Brexillus wurde erobert und seine Mauern bis auf den Grund gebrochen. Hierauf schloß König Authari mit dem Patricius *Smaragdus*, der damals seit 574/85 als Nachfolger des unkräftigen *Longinus* in Ravenna befehligte, auf drei Jahre Frieden.[5] (c. 18.)

Mit Hilfe des genannten Droctulft[6] kämpften die Kaisersoldaten (milites) von Ravenna häufig gegen die Langobarden: sie rüsteten eine Flotte und vertrieben unter seiner Mithilfe die Langobarden aus der Stadt Classis.[7] Nach seinem Tode wurde er ehrenvoll vor der Kirche des heiligen Märtyrers Vitalis (in Ravenna) bestattet und ihm eine rühmende Grabschrift gesetzt."[8]

---

1 Er scheint vielmehr, nachdem er zuerst nach Ravenna gegangen und bei der Wiedereroberung von Classe beteiligt gewesen war, Brexillum den Langobarden entrissen zu haben.

2 „militis" ist bei Paul und auch in älteren Quellen, stehende Bezeichnung der kaiserlichen Soldaten, wie republica für das Kaiserreich, aber nie heißen barbarische Krieger milites schlechthin.

3 Sagt Paulus sehr richtig; gegen die falsche Unterscheidung beider s. oben S. 89.

4 Von der uns Paulus nichts gesagt hat.

5 Ob sich dieser Waffenstillstand auf alle noch byzantinischen Gebiete der Halbinsel oder nur auf den *Exarchat* bezog, ist zweifelhaft –, letzteres aber sehr wohl denkbar, so daß Autharis Angriffe auf Istrien (587) unter *Herzog Evin* von *Trient* und auf den *magister militum* (Francio) *Francilio* im *Comersee* (586/7) sich hieraus erklären würden. Übrigens brachen auch um *Classe* die Kämpfe schon vor Ablauf des dritten Jahres (587) wieder aus.

6 Vgl. über Droctulft *Theophylactus Simocatta* (c. 629), ed. *Bekker* (Bonn 1834) II, 17. Papst *Gregor der Große* (590–604), Briefe, Reg. I, 85, X, 44 empfiehlt den von den Feinden, d. h. den Langobarden zur republica übertretenden Droctulft *Gennadius*, dem Patricius der Provinz *Afrik*Der Friede mit Smaragdus fällt vor 586, vgl. Brief des Papstes *Pelagius* II (578–590) an die Bischöfe von *Istrien*, *Mansi* IX, 892. Ohne ausreichenden Grund vermutet Waitz III, 18, die Nachricht der Einnahme von Brexillum durch *Authari* beruhe auf Verwechslung mit der in der Grabschrift Droctulft erwähnten Einnahme dieser Stadt durch *Droctulft*. Aber derselbe Paulus, welcher *zuerst* von Droctulfts Eintreffen in Brexillum und der Verteidigung der Stadt durch ihn meldet, berichtet später die Einnahme durch Authari und fügt ja die Grabschrift bei.

7 Der Angriff geschah also von der Seeseite, welche die Langobarden in Ermangelung von Schiffen nicht decken konnten.

8 Paulus teilt sie mit: sie enthält nicht unwichtige Angaben, aber auch das schlimme Wortspiel

cum *Bardis* fuit ipse quidem, nam gente *Suavus*
omnibus et populis inde *suavis* erat. (!)

Sein langer Bart auf starker Brust, sein grimmiges Antlitz werden geschildert. Die „*publica*" signa sind = „*Romana*" signVgl. oben. Wortspiele begegnen auch sonst darin:

inde etiam retinet dum Classem fraude Faroaldus
vindicet ut Classem classibus arma parat.

Wir erfahren, daß die wenig zahlreichen Schiffe auf dem *Badrinus* (Padoreno), einem Arm des Po, die „*Barden*" angriffen; später focht er für den Kaiser auch im *Avarenland*; sein Schutzheiliger war *Vitalis*. Als Suabe war er nicht Arianer, sondern Heide oder Katholik, jedesfalls aber wohl seit dem Übertritt zu Byzanz katholisch geworden.

682   DRITTES BUCH · DIE IM FRÄNKISCHEN REICH VERSAMMELTEN GERMANEN

Nach Papst *Benedict (I)* (574–578) wurde *Pelagius (II)* ohne Erlaubnis des Kaisers (578–590) erwählt, da die Langobarden Rom ringsum belagerten[1], so daß niemand aus der Stadt herauskommen konnte. Damals wurde die Widerstandskraft des kräftigen Smaragdus, Exarchen zu Ravenna, gegen die Langobarden geschwächt durch den sogenannten *Drei-Kapitelstreit*[2] und die daran sich knüpfende Kirchenspaltung, wobei der Patricius Smaragdus gegen den Patriarchen *Severus* von *Aquileja* (578) gewaltsam vorging;[3] es ergab sich also die für die Langobarden günstigste Verschiebung, welche später in dem „*Bilderstreit*" wiederkehrte, daß die Macht der Kaiserlichen mit der katholischen Kirche Italiens in Streit geriet. Das kriegerische und erfolgreiche Vorgehen Autharis hängt wohl mit jener Verhinderung des Exarchen zusammen. Smaragdus wurde im Frühjahr 589 abgerufen[4] und durch *Romanus* ersetzt. Kaiser *Mauritius* schreibt an Papst *Gregor* ausdrücklich, er wünsche die Beilegung jenes Streites „im Hinblick auf die dermaligen Wirrnisse in Italien", wozu wohl auch die Angriffe Autharis gehörten. Schon früher hatte er Smaragdus bedeutet, er möge den Patriarchen in Ruhe lassen, bis nach Vertreibung der Langobarden alle Bischöfe unter dem Kaisertum vereint seien. Ein gleichzeitiger Angriff *Childiberts* (585) mißlang sehr schlimm vermöge der Uneinigkeit der *Franken* und *Alemannen* im merovingischen Heere.

„In dieser Zeit schickte König Authari ein Heer nach *Istrien*, welches Herzog *Evin* von *Trident*[5] befehligte. Dieser schloß nach Raub und Landbrand Frieden auf ein Jahr und brachte dem König viel Geld heim. Andere Langobarden belagerten den magister militum *Francio* (Francilio) auf der *Insel Comacina*[6], der noch von des *Narses* Zeit her war und sich bereits zwanzig Jahre gehalten hatte. Nach sechsmonatlicher Belagerung übergab Francio die Insel den Langobarden, er selbst erhielt nach seinem Wunsche mit seiner Frau und Habe freien Abzug vom Könige und ging nach *Ravenn*. Es fanden sich auf der Insel große Schätze, die von einzelnen geborgen worden waren" (c. 27). Diese Angaben sind sehr lehrreich: wie *Susa* in nächster Nähe von *Turin*, so ist die winzige Insel im *Comersee* in nächster Nähe von *Bergamo* – beides langobardischer Herzoge Sitz – noch nach zwanzig Jahren in den Händen der Byzantiner.[7] So wenig planmäßig war die Eroberung des Landes betrieben worden!

Die Verlobung Autharis mit Childiberts Schwester *Chlodosvintha* wurde von dem Merovingen aufgehoben, um das Mädchen dem einstweilen katholisch ge-

---

1 Von dieser Belagerung Roms im Jahre 578 erfahren wir hier nur ganz gelegentlich: Paulus hält durchaus keine strenge Zeitfolge ein, er greift hier von 584 auf 578 zurück; es gehört dieser Zug (welches Herzogs?) in die von ihm geschilderten Kämpfe.

2 v. *Hefele*, Conciliengeschichte II, 798–924.

3 *Paulus* III, 22.

4 Vorher hatte er aber, durch *Droctulft* besonders, *Classe* wieder gewonnen.

5 Wohl aus Secundus von Trient.

6 Im *Comersee*, daher die Schreibung Almacina auf Versehen beruht.

7 Nicht einmal diese kleine Wasserfläche vermochten sie durch Schiffe zu beherrschen. Herr *Weise* nennt es „ganz verkehrt", daß ich S. 86 (v. *Wietersheim*[2] S. 15) als Grund der Enthaltung der Langobarden vom Seewesen die geringe Zahl der Einwanderer anführe. Zur höflichen Antwort diene: da sie nicht einmal ausreichten, die dringendsten Aufgaben durch ihre *Land*macht zu lösen, würden sie eine Kriegsflotte nur haben bemannen können durch massenhafte Heranziehung von Römern, welche sie nicht wollten und – wohl mit Recht – nicht wagten. *Herr Weise* meint, in ihren früheren Sitzen hätten die Langobarden die Schiffahrt nicht lernen können; sie saßen Jahrhunderte an der *Unter*elbe, dann viele Jahrzehnte Jahre an der *Donau*, beide sind schiffbar; am *Comersee* handelt es sich nicht um Meerfahrt.

SIEBENTES KAPITEL · DIE LANGOBARDEN   683

wordenen *Westgoten*-König Rekared zu geben. Darauf kam es (Sommer 588) zu dem neuen Feldzug der Franken in Italien, der mit ihrer schweren Niederlage endete.[1]

Nach Auflösung der Verlobung mit Chlodosvintha tat Authari einen höchst einsichtsvollen Schritt. Die Treulosigkeit der (von byzantinischem Golde gewonnen) Merovingen erkennend und die Unmöglichkeit, mit den Franken dauernd Freundschaft zu halten, wandte er sich den natürlichen Bundesgenossen der Langobarden gegen die Frankenherrschaft zu: seinen Nachbarn im Norden, den Bayern. Daß diese Staatskunst für beide Völker die richtige gewesen wäre, wurde oben gezeigt. Authari hat das Verdienst, dies zuerst erkannt und mit Erfolg ins Werk gesetzt zu haben. Die Annäherung hatte guten Erfolg. Schon vorher hatte Herzog *Evin* von *Trient* eine (ältere) Tochter des Bayernherzogs *Garibald I.* sich vermählt.[2] Jetzt schickte Authari Gesandte nach *Bayern* (588) und ließ durch sie um die Tochter „König" (sagt Paulus) Garibalds für sich werben. „Der nahm sie freundlich auf und versprach Authari seine Tochter *Theudelinda*[3] zu geben.[4] Als die Gesandten mit dieser Nachricht zu Authari zurückkehrten, kam ihm das Verlangen, seine Braut mit eigenen Augen zu sehen. Er gesellte sich wenige, aber gewandte Langobarden, darunter einen ihm ganz treu ergebenen Mann, gleichsam als Führer (seniorem) und zog mit ihnen flugs gen Bayern. Als sie nach Gesandtenbrauch vor König Garibald geführt worden waren und jener, der als Führer der mit Authari gekommenen Gesandtschaft auftrat, nach der Begrüßung die üblichen Worte gesprochen hatte, trat Authari, der von keinem der Bayern gekannt wurde, näher auf König Garibald zu und sprach: „Mein Herr, König Authari, hat mich eigens deshalb hergesandt, auf daß ich Eure Tochter, seine Braut, die künftig unsere Herrin sein wird, sehen soll, damit ich meinem Herrn sicherer berichten kann, wie sie aussieht." Wie das der König hörte, ließ er seine Tochter kommen. Und als nun Authari sie mit schweigendem Nicken angeschaut hatte, wie sie gar aus der Maßen schön war, und sie ihm in allen Stücken sehr wohl gefiel, sprach er zu dem Könige: „Da wir das Wesen deiner Tochter so finden, daß wir sie mit allem Grund zu unserer Königin wünschen, möchten wir, falls es eurer Herrlichkeit beliebt, einen Becher Weins aus ihrer Hand entgegennehmen, wie sie ihn uns später reichen wird."[5] Da der König einwilligte, daß es so geschehe, nahm Theudelinda zuerst den Becher mit Wein und überreichte ihn zunächst dem, der der Führer zu sein schien, und hierauf Authari, von dem sie nicht wußte, daß es ihr Bräutigam sei. Als dieser getrunken hatte und ihr nun den Becher zurückgab, berührte er, ohne daß es jemand bemerkte, ihre Hand mit dem Finger und strich ihr mit seiner Rechten von der Stirn über Nase und Wangen herab. Von Schamröte übergossen erzählte das Theudelinda ihrer Amme; da sagte diese zu ihr: „Wäre das nicht der König selbst und dein Bräutigam, er hätte es nimmer gewagt, dich zu berühren. Laß uns aber einstweilen stille sein, damit dein Vater nichts davon erfährt. Denn wahrlich es ist ein Mann,

---

1 *Gregor. Tur.* XI, 25, es ist gar hübsch, wie sich Paulus wundert, daß, während der fränkische Bischof dies erzählt, der langobardische *Secundus* von *Trient* nichts davon weiß.

2 *Paulus* III, 10.

3 Über eine frühere Verlobung derselben mit *Childibert* II. (585) *Fredigar* c. 34.

4 Das derselbe auf der Spindelseite von dem Langobardenkönig *Wacho*, also dem altberühmten Geschlechte der *Lethinge* stammt (s. die Stammbäume im Anhang), mochte für Authari auch ins Gewicht fallen.

5 Also noch immer wie in den Tagen *Beowulfs* reicht die Königin selbst den vornehmsten Gefolgen des Gemahls in der Halle den Becher.

684   DRITTES BUCH · DIE IM FRÄNKISCHEN REICH VERSAMMELTEN GERMANEN

wohl würdig, unter Krone zu gehen und dein Gemahl zu werden." Es stand aber damals Authari in voller jugendlicher Blüte, war von edler Gestalt, umwogt von lichtem Haar und gar schön gebildetem Antlitz. Bald nachher machten sie sich mit königlichem Geleite wieder auf den Weg zurück nach ihrer Heimat und zogen eilig aus dem Gebiet[1] der *Noriker.* Die Provinz Noricum, welche das Volk der Bayern bewohnt, grenzt aber gegen Morgen an *Pannonien,* gegen Abend an *Schwaben* (Suavia), gegen Mittag an *Italien,* gegen Mitternacht an die *Donau.*[2] Als nun Authari in die Nähe der Grenze von Italien gekommen war und die Bayern, die ihm das Geleite gaben, noch um sich hatte, erhob er sich, so sehr als er konnte, auf dem Pferd, das ihn trug, schlug mit aller Macht die kleine Streitaxt (securiculam), die er in der Hand trug, in einen nahe stehenden Baum und ließ sie darin stecken mit den Worten: „Solche Hiebe führt Authari." Wie er das gesprochen hatte, da erkannten die Bayern, die ihm das Geleit gaben, daß er der König Authari selber sei.[3] Als nun nach einiger Zeit Garibald durch den Anzug der Franken in Bedrängnis kam,[4] floh seine Tochter Theudelinda mit ihrem Bruder, der *Gundoald* hieß, nach Italien[5] und ließ ihrem Verlobten Authari ihre Ankunft melden. Der ging ihr sogleich in stattlichem Aufzuge zur Hochzeit entgegen und traf sie auf dem *Sardisfeld* oberhalb Verona, wo am fünfzehnten Tage des Wonnemonats unter allgemeiner Freude das Beilager vollzogen wurde. Es war aber damals neben anderen langobardischen Herzögen auch *Agilulf* zugegen, der Herzog von *Turin.* Wie nun daselbst bei einem Gewitter ein Stück Holz, das im königlichen Hofe (in septis regiis) lag, unter gewaltigem Krachen des Donners von einem Blitzstrahl getroffen wurde, sprach einer seiner Knechte (puer), der ein Wahrsager (aruspex) war und vermöge teuflischer Kunst wußte, welche künftige Ereignisse die Blitzschläge bedeuteten, heimlich zu Agilulf, als diesen ein natürliches Bedürfnis bei Seite zu gehen zwang: „Dieses Weib, das sich soeben mit unserem König vermählt hat, wird nach nicht gar langer Zeit deine Gemahlin werden." Als dies Agilulf hörte, drohte er, ihm den Kopf herunterzuschlagen, wenn er hierüber noch ein Wort spreche. Jener aber versetzte: „Ich mag wohl getötet werden, aber (nam!) gewiß ist, daß diese Frau dazu in unser Land gekommen ist, dir anvertraut zu werden." Und so geschah es auch in der Folge. – Zu der Zeit wurde, aus welcher Ursache ist ungewiß, Ansul, ein Anverwandter des Königs Authari, zu Verona getötet (c. 31).

Um diese Zeit, glaubt man, sei es geschehen, was von König Authari erzählt wird.[6] Die Sage geht nämlich, der König sei damals nach *Spoletum* und *Benevent* gekommen und habe diese Gegend erobert[7] und sogar bis nach *Regium,* der äußersten und nahe bei *Sizilien* liegenden Stadt Italiens, sei er gezogen. Und hier sei er auf seinem Pferde bis zu einer Säule geritten, die daselbst im Meere stehen soll, habe sie mit seiner Lanze berührt und dabei die Worte gesprochen: „Bis hierher soll das Gebiet der

---

1 Nicht durch das Gebiet, wie *Abel-Jacobi,* denn Bayern ist Paulus = Noricum.

2 Da der *Nordgau* damals, d. h. da *Paulus* schrieb, bereits abgetrennt war.

3 Wenn diese Brautwerbung des Unerkannten nicht volle Sage ist, ist sie jedesfalls sagenhaft sehr stark ausgeschmückt.

4 Ein solcher Angriff Childiberts 588/9? auf Bayern ist sonst nicht bezeugt, indessen bei dieser Verbindung mit den Langobarden nicht unwahrscheinlich.

5 Offenbar über *Trient.*

6 Lediglich Sage.

7 War längst geschehen.

Langobarden reichen." Und diese Säule stehe, so sagt man, noch bis auf den heutigen Tag und werde die Säule des Authari genannt"[1] (c. 32).

Damals (588/9) hatte *Childibert* den langobardischen Herzog *Grasulf* in *Istrien* unter Vermittlung von kaiserlichen Gesandten zu gemeinsamem Angriff auf Authari gewonnen. Doch scheint Grasulf sich wieder dem König genähert zu haben, wenigstens wird später sein offen zu Byzanz übertretender Sohn *Gisulf* „besser als sein Vater" genannt.[2] Doch war Authari nicht ausreichend gerüstet, als im Sommer 589 abermals ein Heer Childiberts in Italien einbrach: er bat um Frieden, erbot sich zu Geldzahlungen und Waffenhilfe, unmöglich aber zu voller Unterwerfung oder auch nur dauernder Schatzung.[3] Es gelang ihm auch dadurch, die Franken zur Umkehr zu

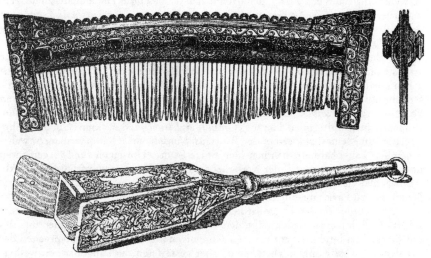

Kamm und Fächerkapsel der Königin Theudelinda.
Im Domschatz zu Monza.

bringen; gehalten wurden die Versprechungen von Autharis Nachfolgern nicht. In das Jahr 589 fällt die große Überschwemmung wie *Roms* so *Veronas*, Mitte Januar 590 brach die Beulenpest aus, welche Papst *Pelagius II.* 6. Febr. hinraffte; ihm folgte *Gregor der Große* (3. Sept. 590 bis März 604).

In diesem Jahre (590) sollte das schwache Langobardenreich verspüren, welche toddrohende Gefahr ein ernsthaftes Zusammenwirken seiner beiden Hauptfeinde, der kaiserlichen und der fränkischen Macht, bedeutete. In der Tat, wenn jene von Südosten, diese von Nordwesten gleichzeitig kraftvoll vorgingen, mochten sie die Langobarden in der Mitte zangengleich zerknirschten. Und diesmal machten die Byzantiner ausnahmsweise Ernst in wohlgeplantem Angriff. Der kraftvolle neue Exarch Romanus hatte das Zusammenwirken mit den fränkischen Heeren geplant und führte es tüchtig und tapfer durch. Die Bewegungen – mit anfänglichem Erfolge – des fränkischen Ostheeres an der Etsch und des Westheeres am *Comersee* haben wir bereits dargestellt. Die Langobarden wichen in die Festungen zurück, Authari selbst

---

[1] Ähnlich die Sage vom *Ottensund*.
[2] Troja, IV, 1 codice diplomatico N. 42. 46.
[3] Von *Gregor* berichtet IX, 29.

686   DRITTES BUCH · DIE IM FRÄNKISCHEN REICH VERSAMMELTEN GERMANEN

nach *Pavia:* sie wurden vom Schlagen im offenen Felde wohl vor allem abgehalten durch das drohende Vordringen der Byzantiner in ihrem Rücken; schon bevor die Franken die Alpen überschritten, hatte Romanus, von *Ravenna* vorbrechend, *Modena, Altinum, Mantua* erobert. Da beeilten sich aufs äußerste (cum omni festinatione) die[1] „Herzoge von Reggio, Parma und Piacenza, in Mantua zu erscheinen, (von ihrem König verräterisch abzufallen) und sich der heiligen Republik, d. h. dem Kaisertum zu unterwerfen." Solche Vorgänge decken es doch klar auf, wo die Schwäche dieses Staates lag! Das ist die „Königstreue" dieser Herzoge! Schon bedrohte Romanus *Mailand* und *Pavia* selbst, mit einem Teile seiner Truppen dem fränkischen Westheer die Hand entgegenstreckend. Die Langobarden hatten wieder nicht einmal so viele Schiffe, um den *Tessin,* den natürlichen Graben ihrer Hauptstadt, zu decken; kaiserliche Schnellsegler fuhren ungehindert aus dem Po in den Tessin und schnitten den Belagerten die Zufuhr auch auf dem Wasserweg ab. Romanus selbst zog dem fränkischen Ostheer nach *Verona* entgegen.

Das Reich der Langobarden wäre mit dem Fall Pavias und der Gefangennahme seines Königs – 590 wie 774 – verloren gewesen. Da rettete es die Torheit der fränkischen Heerführer, welche, allerdings auch von Hunger und Seuchen bedrängt, Waffenruhe auf 10 Monate schlossen und heimzogen. Fünf gewonnene Grenzburgen an der *Etsch* gab *Childibert* damals dem ihm gefügigen neuen Bayernherzog *Tassilo.* Romanus bekämpfte noch Herzog *Grasulf* in *Istrien,* dessen Sohn *Gisulf* zu ihm übertrat, und seine Feldherren, der Patricius *Nordulf* und *Osso* (Germanen, wahrscheinlich Langobarden), nahmen hier einige Städte. Um einen für 591 geplanten nochmaligen Doppelangriff der Kaiserlichen und der Franken zu verhüten, schickte Authari 590 Gesandte an die Merovinger; bevor diese heimkehrten, starb er am 5. September zu Pavia angeblich an Gift.[2]

Sofort wurde von den Langobarden (d. h. wohl Theudelinda) eine neue Gesandtschaft an Childibert geschickt, ihm den Tod des Königs Authari zu melden und ihn um Frieden zu bitten. Er entließ sie nach einigen Tagen mit dem Versprechen des Friedens. – „Der Königin Theudelinda aber gestatteten die Langobarden, weil sie ihnen so ausnehmend gefiel, ihre königliche Würde zu behalten, und rieten ihr, sich aus sämtlichen Langobarden einen Mann auszuwählen, welchen sie wollte, nur aber einen solchen, der das Reich wacker leiten könne. Sie ging nun mit verständigen Männern zu Rat und wählte *Agilulf*[3], den Herzog von *Turin,* sich zum Gemahl, dem Volk der Langobarden zum König. Es war dieser Agilulf ein kraftvoller Held, und an Leib und Seele zur Führung der Herrschaft wohl geeignet.[4] Die Königin entbot ihn sogleich zu sich und eilte ihm selbst bis nach der Stadt *Laumellum* (Lumello) entgegen. Als er zu ihr gekommen war, ließ sie sich, nachdem sie einige Worte gewechselt,

---

1 Nach Herrn *Weise* so „königstreuen".

2 Das man keineswegs, wie Herr *Weise,* ohne weiteres von den katholischen Geistlichen mischen lassen darf, bloß weil Authari Ostern 590 verboten hatte, langobardische Kinder katholisch zu taufen. Papst Gregor nennt allerdings deshalb Authari nefandissimum. Daß er sich aber, wie Herr *Weise* will, über die Stiftung einer *arianischen* Kirche durch diesen zu *Fara* bei *Bergamo* hätte freuen sollen, ist zuviel verlangt von Herrn Dr. *Weise* S. 144.

3 Ohne hinreichenden Grund behauptet *Waitz* III, 35, Agilulf habe die Krone und die Hand Theudelindens mit Gewalt an sich gerissen; auch die *Origo* und *Prosper* sagen das nicht, wird auch *exire de* (Turin) oft von kriegerischem Auszug gebraucht. Die sagenhafte Ausschmückung hebt den geschichtlichen Kern nicht auf.

4 Von Abstamm ein *Thüringer,* aus dem Geschlecht *Anava:* so hatten nun die Langobarden einen Thüringer zum König, eine Bayerin zur Königin.

SIEBENTES KAPITEL · DIE LANGOBARDEN

Wein bringen, trank zuerst und reichte das Übrige Agilulf hin. Wie dieser den Becher von ihr entgegennahm und dann ehrerbietig ihre Hand küßte, sprach die Königin lächelnd und errötend, der dürfe ihr nicht die Hand küssen, der ihr einen Kuß auf den Mund drücken sollte. Darauf hieß sie ihn sich erheben und sie küssen und eröffnete ihm alles von Hochzeit und Königtum. Was weiter? Unter großer Freude wurde die Vermählung gefeiert, und Agilulf, von der Spindelseite[1] ein Verwandter des Königs Authari, erhielt Anfangs November die königliche Würde. Erst später jedoch wurde er in einer Versammlung der Langobarden im Monat Mai zu *Mailand* auf den königlichen Thron erhoben.

Um jene Zeit folgte in *Spoleto* auf Faroald *Ariulf*, in *Benevent* auf Zotto *Arichis*, welchen König *Agilulf* von *Friaul* dorthin versetzte.[2]

Um die von nun ab immer verwickelter werdenden Beziehungen zu erklären, muß eine gedrängte Übersicht vorausgeschickt werden des Entwicklungsganges der Dinge und der wechselnden Gruppierung der auf der apenninischen Halbinsel gegeneinander ringenden Kräfte seit der langobardischen Einwanderung.

Dieses Eindringen geschah (568), wie wir gesehen, von Nordosten her: die damalige Provinz *Venetien*, dann *Istrien*, *Friaul* und die *Lombardei* wurden zuerst überströmt, *Pavia* (Ticinum) zur Hauptstadt des Reiches erkoren. Von hier aus breiteten sich die Einwanderer erst allmählich über den Süden und Westen der Halbinsel aus. Niemals aber gelang es ihnen, ganz Italien in ihre Gewalt zu bringen: im Süden sowie in dem „*Exarchat* von *Ravenna*" behaupteten sich die Byzantiner: diese für die damaligen Belagerungsmittel durch Sturm unbezwingbare Festung der Sümpfe hätte nur durch Hunger überwältigt werden mögen: aber dies war unmöglich, solange sie durch die Hafenstadt *Classis* die freie Verbindung mit dem Meere hatte: und die Langobarden begingen den schwer begreiflichen Unterlassungsfehler, niemals eine irgend nennenswerte Kriegsflotte herzustellen: sie wurden nie eine Seemacht: die Halbinsel der *Apenninen* kann aber durch eine Landmacht allein weder völlig erobert noch behauptet werden. Dazu kam, daß die großen Grenzherzogtümer des Langobardenreiches: *Trient* im Norden, *Friaul* im Nordosten, *Spoleto* und namentlich *Benevent* im Süden von der Krone fast unabhängige kleine Sonderstaaten bildeten: in weit höherem Maße noch als von den drei anderen galt dies von *Benevent*, dessen Verhältnisse wir alsbald zu betrachten haben

Votivkrone der Königin Theudelinda und Kreuz des Königs Agilulf.
Im Domschatz zu Monza.

---

1 Das wog wohl die thüringische Schwertmagenseite auf.

2 Dies wurde wichtig für unsere Kenntnis gerade *friaulischer* und *beneventanischer* Dinge, da der Friauler Paulus gerade über sie besonders unterrichtet wurde.

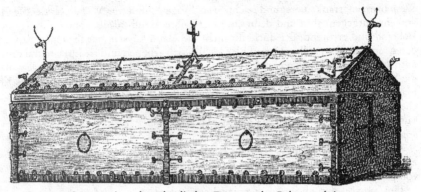

Sarg aus einem langobardischen Fürstengrabe. Rekonstruktion.
Gefunden 1885 in dem Reihengräberfelde bei dem Dorfe Civezzano östlich von Trient. Die Eisenbeschläge fanden sich vollständig erhalten; die Holzteile waren vermodert, aus Resten hat sich ergeben, daß der Sarg aus *Lärchenholz* war. Länge (bedingt durch die des Speers) 236 Zentimeter, Breite am oberen Ende (bedingt durch die des Schildes) 80 Zentimeter, Firsthöhe 80 Zentimeter, Höhe des Sargkastens 51 Zentimeter. Das in dem Grabe gefundene, gut erhaltene Skelett lag mit dem Gesicht nach Osten; rechts neben ihm ein zweischneidiges Langschwert, drei Pfeilspitzen und am Kopf eine blattförmige Lanzenspitze. Zur linken Seite des Skeletts lag ein einschneidiger *Skramasax* (Kurzschwert), ein reich verzierter Schildbuckel, ein eiserner Armring und eine eiserne Schere. Auf der Brust ein Kreuz aus gepreßtem Goldblech, in der Beckengegend zwei pyramidale Bronzeknöpfe und verschlungene Goldfäden, auf den Unterschenkeln ein großes Becken von Bronze. Außerdem Schnallen, eiserne Reife und Beschläge. Über alledem lagen die Eisenbeschläge des Sarges, welche auf den sechs Ecken des Deckels zwei Hirsch- und vier Widderköpfe nachahmen. (Nach Wieser, in der Zeitschr. d. Ferdinandeums f. *Tirol* u. *Vorarlberg*.)

werden: oft genug mußten die Könige die Waffen gegen diese Herzöge wenden. Endlich aber war eine weitere selbständige Macht in Italien der *römische Bischof*. Für die großartige Entfaltung der katholischen Hierarchie und ihrer Weltherrschaft im Mittelalter war es von wichtigster Bedeutung gewesen, daß seit dem Untergang des Ostgotenreiches der Papst keinen weltlichen Herrn in *Rom*, in *Ravenna*, auf der ganzen Halbinsel über sich hatte. Seit 555 war der oströmische Kaiser wieder sein einziges und unmittelbares Staatsoberhaupt: aber dieses saß fern in Byzanz und nur einmal in den dritthalb Jahrhunderten bis auf Karl den Großen ist ein Imperator von dort her zu kurzem Besuch nach Italien gekommen. Zwar saß ein Stadthalter zu Ravenna, aber eben – zu größtem Vorteil für den Papst – nicht in Rom. Und seit der Einwanderung der Langobarden hatte

Eiserner Schildbuckel mit vergoldeten Bronzebeschlägen.
Aus dem langobardischen Fürstengrabe von Civezzano.

SIEBENTES KAPITEL · DIE LANGOBARDEN

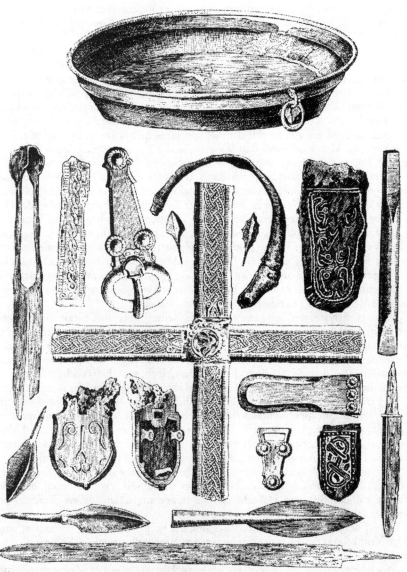

Waffen, Gerät und Schmuck aus dem bei Civezzano aufgedeckten langobardischen Fürstengrabe. 1. Goldkreuz, auf der Brust des Beigesetzten gefunden; die Kreuzbalken sind 14 Zentimeter lang und 1 ¾ Zentimeter breit; aus Goldblech mit eingepreßten Ornamenten, Gewicht 8,6 Gramm. 2. Mundstück der Scheide des Langschwertes; Bronze. 4. Riemenzunge mit Tauschirarbeit; Eisen. 5–6. Riemenbeschlag; Bronze. Vorder- und Hinteransicht. 8. Riemenzunge mit Tauschirarbeit; Eisen. 10. Armring; Eisen. 11. Schere; Eisen. 13. Langschwert (Spatha); Eisen; einschließlich der Griffzunge 102 ½ Zentimeter lang, 6 Zentimeter breit. 14. Kurzschwert (Skramasax); Eisen; 27 ½ Zentimeter lang, 4 ½ Zentimeter breit; Griff 16 Zentimeter lang. 15. Lanzenspitze; Eisen; 27 ½ Zentimeter lang, größte Breite 5 Zentimeter. 18. 19. Pfeilspitzen, dreilappig; bei 19 sind die Schneiden der drei Lappen geflammt. 20. Becken, mit zwei Henkeln; Bronze, 43 Zentimeter Durchmesser, 9 ½ Zentimeter tief. – *Einige Gegenstände aus anderen Gräbern von Civezzano*: 3. Gürtelschnalle; Bronze. 7. Riemenbeschlag; Bronze. 9. Riemenzunge; Bronze. 12. Meißel; Bronze. 16. 17. Pfeilspitzen; Eisen.

690   DRITTES BUCH · DIE IM FRÄNKISCHEN REICH VERSAMMELTEN GERMANEN

der Exarch soviel mit diesen zu schaffen, daß er nicht daran denken konnte, das
Bestreben niederzudrücken, mit welchem der Bischof von Rom sich in dieser Stadt
und ihrer Umgebung eine, weltlicher Staatsgewalt immer ähnlicher sich gestaltende,
Machtstellung kühn und klug und beharrlich emporbaute. Männer von hervorragen-
dem Geist und Charakter schmückten damals wiederholt den päpstlichen Stuhl und
aus sehr unscheinbaren Anfängen erwarben sie sich allmählich eine von Byzanz, von
Ravenna und von dem Senat von Rom immer mehr unabhängige, auch in weltlichen
Dingen entscheidende Stellung. Sehr viel trug hierzu bei, daß gegen die langobardische Bedrängung Kaiser und Exarch selten Beistand, ausgiebige Hilfe fast nie leisteten, daß dagegen die Päpste mit den Mitteln ihres geistlichen Ansehens wie durch
Klugheit und Mut wiederholt den Widerstand der Bürger geleitet, oder die bedrohenden Fürsten abgelenkt hatten. Die Langobarden mußten nach dem Besitz von
Rom trachten: daran wurde durch ihren Übertritt zum Katholizismus durchaus
nichts geändert, wenn sie jetzt auch nicht mehr, wie sie als Arianer getan, auf ihren
Kriegszügen Kirchen, Geistliche, Mönche der Katholiken mit besonders wilder Härte (– die man aber sehr übertrieben hat –) behandelten, vielmehr dem römischen
Bischof, auch wenn sie die Stadt bedrängten, höchste Ehrfurcht erwiesen. Die natürlichen Verbündeten der Päpste gegen die Langobarden waren nun aber die *Franken*:
anfangs schon deshalb, weil diese im ganzen Abendland die einzigen katholischen
Germanen waren. Aber auch nachdem die Langobarden das rechtgläubige Bekenntnis angenommen, blieb es für die Regel bei jener Gruppierung, da ja Franken und
Langobarden fast stets feindselige Nachbarschaft hielten.

Die ungünstigste, weil fast ganz vereinzelte Stellung unter den miteinander ringenden italischen Mächten, war hiernach die der *langobardischen Könige*, welche, abgesehen von der Abwehr äußerer Feinde: *Avaren, Slawen* und *Franken*, zugleich *Byzanz*
(Ravenna), den *Papst*, die *Stadt Rom* und oft die eigenen empörten *Grenzherzoge* wider
sich und nur an den *Bayern* fern, jenseits der Alpen, eine befreundete Anlehnung
hatten, die aber sehr selten in gemeinsamer Handlung gegen die Franken auftrat.

Viel früher, als es wirklich (774) geschah, hätte das langobardische Königtum
dieser Übermacht erliegen müssen, hätten sich nicht unter seinen Feinden manchmal
Spannungen, ja Kämpfe eingestellt: *Byzantiner* und *Franken* hielten zwar meist, doch
nicht immer zusammen: die Stadt Rom, d. h. die *Adelsparteien*, der dux des ducatus
Romanus, und der „*Senat*" waren nicht mit jedem *Papst* in gutem Vernehmen.

Von höchstem Vorteil aber für die Könige zu *Pavia* war es, daß zwischen dem
Kaiser zu Byzanz und dem römischen Bischof wiederholt Streit ausbrach, der beide
Mächte auf das Bitterste verfeindete: zuerst der sogenannte „*Drei-Kapitelstreit*",
dann der „*Bilderstreit*."

Das ist der Boden, auf welchem, das sind die vorgefundenen Verhältnisse, unter
deren Voraussetzung die nun zu schildernden Verhandlungen und Kämpfe sich bewegten.

„Nachdem nun Agilulf (oder Ago, wie er auch heißt) in seiner königlichen Würde
bestätigt war, schickte er wegen derer, welche aus den *tridentinischen* Burgen von den
Franken abgeführt worden, Bischof *Agnellus* von *Trident* ins Frankenland. Dieser
kam mit einer ziemlichen Anzahl von Gefangenen zurück, welche *Brunichilda*, die
Frankenkönigin, mit ihrem eigenen Gelde losgekauft hatte. Auch *Evin*, der Herzog
von *Trident* (der Königin Schwager), war nach *Gallien* abgegangen, Frieden abzuschließen;[1] als ihm dies gelungen war, kehrte er wieder heim."

---

1 Gewiß nicht unter Schatzungspflicht der Langobarden, wie *Fredigar* c. 45, III, 468.

SIEBENTES KAPITEL · DIE LANGOBARDEN   691

Wenn der tatkräftige König gegen Byzanz und Rom nicht viel ausrichtete, trugen daran vor allem die Herzoge Schuld, welche nicht die erforderliche Hilfe leisteten, ja sehr oft selbst des Königs Waffen von den äußeren Feinden ab und auf sich zogen.

„In diesen Tagen ließ König Agilulf *Mimulf*, den Herzog von der Insel des heiligen *Julian*[1], töten, weil er sich jüngst verräterisch den Heerführern der *Franken* ergeben hatte. *Gaidulf*, der Herzog von *Bergamo* (angeblich ein Gesippe Autharis), empörte sich und verschanzte sich hinter den Mauern seiner Stadt gegen den König, gab jedoch dann Geiseln und schloß Frieden mit dem König. Bald darauf (591) stand Gaidulf abermals auf und zog sich auf die Insel *Commacina* zurück. König Agilulf aber landete auf der Insel, vertrieb Gaidulfs Leute daraus und ließ den Schatz, den er daselbst gefunden und der noch von den *Römern* niedergelegt war, nach *Ticinus* bringen. Gaidulf war nach *Pergamus* (Bergamo) entronnen, wurde daselbst von König Agilulf gefangen, dann aber wieder zu Gnaden angenommen. Auch Herzog *Ulfari* von *Tarvisium* (Treviso) empörte sich gegen König Ago, wurde aber von ihm belagert und gefangengenommen.

Zu der Zeit auch schloß König Agilulf einen Frieden mit den *Avaren* ab, die fortwährend in das Byzantinische einbrachen."

Die zusammenhanglose und in der Zeitfolge sehr ungenaue Darstellung Pauls von den Beziehungen des Reiches zu Rom und Byzanz muß nun aber durch folgendes ersetzt werden.

Nicht der König, dessen Macht in Oberitalien lag, die beiden Herzöge von *Benevent* und *Spoleto* führten im wesentlichen die Kämpfe und die Verhandlungen mit dem Papst und dem *Exarchen*, *Benevent* auch mit *Neapel* und den *Byzantinern* in *Unteritalien*. Die Seele des Widerstandes der Katholischen und Kaiserlichen war der große *Papst Gregor*, dessen Briefe eine Hauptquelle für die Zeitgeschichte bilden. Er entfaltete eine wahrhaft bewundernswerte Tätigkeit; er bat unablässig um Hilfe zu Byzanz, er besserte die alten Mauern *Aurelians* und *Belisars* aus und erteilte den römischen Befehlshabern im offenen Felde, in *Tuscien* Ratschläge (591), er suchte[2] (590/592) Agilulf durch seine katholische Königin friedlich zu stimmen; er rief den Beistand der Merowinger an, er schickte Geld, Soldaten, Befehlshaber in die von den Langobarden bedrohten Burgen (*Repi* 591), er warnte die Städte (*Belletri*), aber auch die Inseln *Sizilien*, *Sardinien*, *Corsica* vor deren Überfällen.[3]

---

1 *San Giulio* im *Lago d'Orta*, westlich vom *Lago Maggiore*.

2 Um diese Zeit (aber wann? s. Waitz IV, 17 gegen *Bethmann*. Paulus folgt *Gregors* des Großen Dial. II, 17) wurde das Kloster des h. *Benedict* auf *Monte Casino* zur Nacht von den Langobarden eingenommen. „Alles wurde von ihnen geplündert, aber nicht einen einzigen von den Mönchen konnten sie ergreifen, auf daß des ehrwürdigen Vaters Benedict Wort, das er lange zuvor gesprochen hatte, in Erfüllung ginge: „Mit Mühe habe ich es von Gott erhalten können, daß er mir die Seelen von diesem Ort überließ." Die Mönche flohen von Casinum nach *Rom* und nahmen dabei das Buch, das die von dem genannten Vater aufgestellte heilige Regel enthielt, sodann einige andere Schriften, ein Pfund Brot, ein Maß Wein, und was sie noch von ihrem Hausrat auffraffen konnten, mit sich." Es hatte übrigens nach dem heiligen Benedict *Konstantin*, nach diesem *Simplicius*, nach diesem *Vitalis*, zuletzt *Bonitus* die Gemeinschaft geleitet; unter diesem letzten begab sich die Zerstörung.

3 Aber echt christlich nahm er sich auch gefangener Feinde an. Es war die Burg von *Cumä* von den *Langobarden* aus *Benevent* eingenommen, jedoch unter Anführung des kaiserlichen Stadthalters von *Neapel* in nächtlichem Überfall die Burg selbst wieder erobert, einen Teil der Langobarden gefangengenommen, ein anderer getötet worden. Für die Befreiung derselben schenkte der Papst siebzig Pfund Gold, wie er versprochen hatte.

692 DRITTES BUCH · DIE IM FRÄNKISCHEN REICH VERSAMMELTEN GERMANEN

592 zog *Ariulf* von *Spoleto* gegen Rom, wurde aber in einer Unterredung mit dem geistgewaltigen Gregor zur Aufhebung der Belagerung bewogen, selbstverständlich gegen reiche Geschenke. Der Patricius *Romanus*, in den Friedensvertrag nicht eingeschlossen, zog von *Ravenna* heran und gewann durch Verrat des langobardischen Herzogs *Maurisio Perugia* und die Städte bis gegen Rom hin (Herbst 592), im Frühjahr 593 noch andere Städte: *Sutrium, Polimarcium* (Bomarzo), *Horta* (Orte), *Tuder* (Todi), *Ameria* (Amelia), *Luceoli*. Als König Agilulf davon Nachricht bekam, zog er mit einem starken Heer von Ticinus aus und griff die Stadt *Perusium* an, den Verräter *Maurisio* nahm er gefangen und ließ ihn ohne Verzug hinrichten. Das einzig Richtige wäre gewesen, alle durch Tod erledigten oder durch Hochverrat verwirkten Herzogtümer nicht mehr zu besetzen, sondern durch königliche *Gastalden* (s. unten Verfassung) und Richter verwalten zu lassen: allein dies war gegen den Adel, welcher gierig auf erledigte Herzogtümer wartete, wie es scheint, auch von dem kräftigsten Könige nicht durchzuführen, denn auf den guten Willen dieser noch nicht zu herzoglichen gewordenen zweitmächtigsten Geschlechter war die Krone offenbar am meisten gegen die Herzoge angewiesen.

Nun zog er auf Rom (Sommer 593). „Bei dem Anzug des Königs erschrak der heilige Papst *Gregor* so sehr, daß er die Erklärung des Tempels, von dem man bei *Ezechiel* liest, abbrach, wie er selbst in seinen Homilien berichtet." Die Stadt geriet in sehr harte Bedrängnis. Gleichwohl hob Agilulf die Belagerung unverrichteterdinge auf! Weniger wohl die Geldzahlungen Gregors, der eine Jahresschatzung von 5 Zentnern Gold übernahm, und die Seuchen in seinem Lager, als die Empörungen von drei Herzögen in seinem Rücken bewogen ihn zum Abzug. Es waren die Herzöge *Zangrulf* von *Verona*, *Warnegauz* von des Königs eigener Hauptstadt *Ticinus* und der unverbesserliche *Gaidulf* von *Bergamo*. Der König brachte sie rasch in seine Gewalt und ließ alle drei sehr ersprießlichermaßen hinrichten (593/4). Aber die Gewinnung Roms war wieder einmal vereitelt!

„Nicht lange nachher (in Wahrheit aber erst 599) schloß er, vornehmlich auf Betreiben seiner Gemahlin, der Königin Theudelinda (wie sie der heilige Vater Gregor öfters in Briefen ermahnt hatte, die Erzbischof *Konstantin* von *Mailand* vermittelte), mit eben diesem und mit den Römern einen festen Frieden."[1]

Ganz unabhängig von Krieg oder Frieden ihres Königs verfuhren einstweilen die Herzöge von *Spoleto* und *Benevent*. Ariulf gab sogar *Perugia*, des Königs höchst wichtige Eroberung von 593, 594 den Römern wieder heraus; dabei war dieser Ariulf Heide, aber freilich hatten auf ihn Gregor und der Katholizismus größten Eindruck gemacht (s. unten).

„Damals starb auch Herzog *Evin* von *Trient*, zum Nachfolger wurde ihm *Gaidvald* gegeben, ein guter Mann und von katholischem Glauben."

In *Benevent* war noch nach dem Tode des ersten Herzogs *Zotto*, *Arichis* an dessen Stelle getreten, von König Agilulf gesandt. Dieser stammte aus *Friaul*, hatte die Söhne des Herzogs *Gisulf* von *Friaul* ermordet und war selbst ein Gesippe Gisulfs.

Auch dieser Herzog hielt 594/5 Friede mit dem Papst und dem Exarchen, aber 596 eroberte er (im Bund mit Spoleto) *Capua* in *Campanien*, *Meria*, *Kroton*, *Locri* in *Lucanien* und *Bruttien* und heerte im Gebiet von *Neapel*. Im Jahre 598 (April) starb der Exarch Romanus, mit welchem Papst Gregor gar manchen Hader gehabt; sein Nachfolger *Kallinikos* schloß dann (599) für Byzanz und den Papst einen allgemeinen Frieden mit Agilulf, welchem jedoch die Herzöge von Spoleto und Benevent nur

---

1 Die Dankbriefe des Papstes an das Königspaar schaltet Paulus 9 u. 10 ein.

Innenansicht der S. Clemens-Basilika zu Rom. Stammt aus dem Anfange des 5. Jahrh. – Gregor der Große hielt 592 hier Bußprozessionen zur Anrufung Gottes um Gnade und um Zeichen der Milde für Rom. – Seit Papst Johannes VIII. bis auf Clemens XI. mehrfach restauriert.

694   DRITTES BUCH · DIE IM FRÄNKISCHEN REICH VERSAMMELTEN GERMANEN

bedingt beitraten. Man sieht, dieselben üben die Vertretungshoheit ihrer Fürstentümer unabhängig vom König, der also nicht einmal für das ganze Reich Frieden schließen kann.

Die Herzöge *Gaidoald* von *Trient* und *Gisulf* von *Friaul* suchten – nicht ohne Erfolg eine Zeitlang (wohl 500–602) – sich ebenfalls vom König unabhängig zu machen, dem dann nach Abzug jener vier großen Grenzherzogtümer nur *Ticinus, Mailand* und *Tuscien* verblieben wäre! Aber diese nördlichen und östlichen Gebiete lagen doch den Grundlagen seiner Macht noch näher als jene südlichen, daß er sie (602) wieder zu vollem Gehorsam zurückzwang, freilich unter Verzicht auf ihre Bestrafung.[1]

Damals näherten sich nun Langobarden und *Avaren*, wohl weniger in Erinnerung alter Bündnisse, als wegen der gemeinsamen Feindschaft gegen *Byzanz*.[2] Gesandte gingen zwischen Agilulf und dem Chacan hin und her, ja der König schickte den Avaren Handwerker zur Erbauung von (Kriegs-)schiffen, mit welchen der Chacan wirklich eine *thrakische* Insel eroberte[3], anstatt alle Kraft daran zu wenden, durch solche italische Schiffsbaumeister eine *langobardische* Kriegsflotte zu bauen und *Rom, Ravenna, Neapel* dadurch zu bezwingen.

Im Jahre 601 ging die Waffenruhe von 599 zu Ende. *Kallinikos* gelang es, *Parma* zu überfallen, wo, wie er wußte, Herzog *Godikalk* mit einer Tochter Agilulfs aus früherer Ehe weilte, er nahm beide gefangen und ließ sie nach Ravenna bringen. Der König aber eroberte durch Feuerbrände *Padua*, das, obwohl Pavia so nahe, noch nie den Byzantinern entrissen worden war; er schleifte die Mauern (statt sie zu besetzen, offenbar aus Mangel an Mannschaft); die Besatzung ließ er, wie das sehr oft geschah, frei nach Ravenna abziehen. Bald darauf (602) heerten langobardische Scharen in *Istrien*, vermöge des Bündnisvertrages von 599 zusammen mit *Avaren* und diesen unterworfenen *Slawen*. Schon vorher aber (noch 601?) schlug Ariulf von Spoleto die Kaiserlichen bei *Camerinum*, woran sich eine bezeichnende Kirchensage (= Legende) knüpft.

„Im nachfolgenden Jahre (601/2) starb Herzog *Ariulf*, der *Faroald* in *Spoletum* gefolgt war. Als dieser Ariulf bei Camerinum mit den Römern gekämpft hatte und Sieger geblieben war, erforschte er von seinen Leuten, was das für ein Mann gewesen, den er in der Schlacht so tapfer habe streiten sehen? Wie ihm darauf seine Heermänner zur Antwort gaben, sie hätten keinen heldenhafter schaffen sehen, als ihn, den Herzog selber, so sprach er: „Nein, ganz gewiß! Ich habe einen gesehen, der in allem Besseres leistete denn ich. Und so oft mich jemand von der feindlichen Seite treffen wollte, hat mich dieser Held mit seinem Schild beschützt." Als nun der Herzog nach Spoletum kam, wo die Kirche des heiligen Martyrs, des Bischofs *Sabinus*, liegt, in welcher dessen ehrwürdiger Leichnam ruht, fragte er, wem dieses so stattliche Haus angehöre? Da wurde ihm von den Gläubigen geantwortet, hier ruhe der Martyr Sabinus, den die Christen zu ihrem Beistand anzurufen pflegen, so oft sie gegen Feinde in den Krieg ziehen. Ariulf aber, der ja noch Heide war, antwortete: „Und mag es denn geschehen, daß ein Toter einem noch Lebenden irgend Hilfe bringe?" Nachdem er dies gesprochen hatte, sprang er vom Roß und trat in die Kirche, um sie zu beschauen, und fing nun, während die anderen beteten, die Gemälde der Basilika zu bewun-

---

1 Paulus IV, 27.

2 Nicht auch Franken; mit diesen hatten seit Autharis Tod die Langobarden keine Händel gehabt, wenn auch dann später die Avaren bei einem Frieden mit den Merovingern die Langobarden ausdrücklich als in diesen eingeschlossen anzusehen verlangten.

3 Paulus IV, 20.

SIEBENTES KAPITEL · DIE LANGOBARDEN   695

dern an. Wie er das Bild des heiligen Martyrs Sabinus erblickte, rief er und beteuerte alsbald mit einem Schwur, ganz so an Gestalt und Kleidung sei der Mann gewesen, der ihn in der Schlacht beschützt habe. Da wurde denn erkannt, daß der heilige Martyr Sabinus ihm[1] in der Schlacht Hilfe gebracht hatte. Nach dem Tode dieses Ariulfs nun stritten sich die zwei Söhne Faroalds, des früheren Herzogs, um das Herzogtum, der eine von ihnen, mit Namen *Teudelap*, wurde mit Sieg gekrönt und erhielt das Herzogtum. Derselbe hielt nun Friede mit Rom.“

Arichis von *Benevent* soll damals Sizilien bedroht, muß also doch wenigstens einige Schiffe gerüstet[2] haben: aber Gregor bewog ihn zum Frieden, ja vielleicht – es ist zweifelhaft – sogar zur Annahme des Katholizismus.

Im November 602 folgte zu Byzanz auf *Mauritius Phokas* als Kaiser, der Anfang 603 den Kallinikos durch *Smaragdus* ersetzte, welcher schon früher als Exarch zu *Ravenna* gewaltet hatte.

König *Agilulf* wurde damals (Ende 602) im Palast zu *Modicia* von der Königin Theudelinda ein Sohn geboren, der den Namen *Adaloald* erhielt. In der folgenden Zeit eroberte er – die Herzöge von *Friaul* und *Trient* waren wieder zum Gehorsam gebracht – die Burg von *Monssilicis*. Darauf (Ostern 7. April 603) ließ er seinen Knaben Adaloald zu *St. Johann* in *Modicia katholisch* taufen (*Secundus* von *Trient* war Pate) – ein zukunftreicher Schritt, ein großer Erfolg Gregors und Theudelindens. Mit Smaragdus wurde Waffenruhe auf einen Monat geschlossen, nach dessen Ablauf zog Agilulf im Juli aus *Mailand* und belagerte *Cremona* in Verbindung mit den *Slawen*, die ihm (gemäß dem Bündnisvertrag) der *Khakan* der *Avaren* zur Hilfe geschickt hatte, eroberte die Stadt am 21. August und zerstörte sie bis auf den Grund. Gleichermaßen eroberte er auch *Mantua*; er durchbrach die Mauern mit Sturmböcken, ließ die Besatzung – wie gewöhnlich – frei nach *Ravenna* abziehen und rückte am 13. September in die Stadt ein. Damals ergab sich auch die Burg *Bultumia* (Valdoria) an die Langobarden, die Kaisersoldaten aber brannten auf ihrer Flucht noch das Städtchen *Brexillus* nieder. Auf diese Erfolge hin – schon drangen die Langobarden über den *Po* gegen *Ravenna* – suchte Smaragdus Waffenstillstand nach: er wurde (September 603) bis 1. April 605 bewilligt, die Tochter des Königs samt ihrem Gemahl, ihren Kindern und ihrem ganzen Vermögen wurde herausgegeben. Diese kehrte von Ravenna nach *Parma* zurück, starb aber an einer schweren Niederkunft alsbald. Während dieser Waffenruhe noch (Anfang März 604) starb der gewaltige *Gregor*; sein Nachfolger wurde *Sabinianus* (604–606).

Im Monat Julius nun des folgenden Sommers (605) wurde das zweijährige Knäblein Adaloald zu *Mailand* im *Circus* auf den Thron der Langobarden gesetzt in Gegenwart seines Vaters, des Königs Agilulf, und der Gesandten *Theudiberts*, des Frankenkönigs. Und es wurde die Tochter König Theudiberts mit dem königlichen Knaben verlobt und ewiger Friede mit den Franken geschlossen. Weislich suchte Agilulf dem verderblichen Krieg um die Krone für den Fall seines Todes vorzubeugen.

Am ersten April 605 begann wieder der Krieg: es wurden die *tuscischen* Städte Balneus regis (*Bagnorea*) und Urbs vetus (*Orvieto*) von den Langobarden erobert.

---

1 Dem Heiden! gegen die Katholischen!

2 Um diese Zeit sieht es wirklich einmal danach aus, als solle auch zur See den Römern und Byzantinern entgegengetreten werden: aber nicht der König, überhaupt nicht Langobarden, die *Pisaner* sind es, welche, um den Kaiserlichen nicht ausreichend geschützt, auf die Seite des Königs getreten, „Dromonen“ (Schnellsegler) ausrüsten wollten, aber nicht zur Kriegführung, sondern lediglich behufs Seeraubs; allein es verlautet nichts von der *Ausführung* des Planes.

Im November 605 erkaufte Smaragdus Waffenruhe auf ein Jahr um 12 000 solidi und nach deren Ablauf abermals auf drei Jahre (bis November 609): der Exarch verhielt sich nur verteidigend, so befestigte der *Argenta* und *Ferrari*Agilulf hatte die Angriffe der Kaiserlichen erfolgreich abgewehrt: er übte nun auch in seinem Reiche kräftig die Kirchenhoheit: nach dem Tode des Patriarchen *Severus* (607?) wurde an dessen Stelle der Abt *Johannes* zum Patriarchen von *Alt-Aquileja* gemacht *unter Beistimmung des Königs* und des Herzogs Gisulf.[1]

Im Herbst 609 (vor Ablauf der Waffenruhe) sandte König Agilulf seinen Notar *Stabilicianus* nach Byzanz zu Kaiser *Phokas*. Er kam, nachdem er Waffenstillstand auf ein Jahr abgeschlossen hatte, mit den Gesandten des Kaisers zurück, die König Agilulf kaiserliche Geschenke darbrachten: Phokas wurde 5. Oktober 610 durch *Heraklius* gestürzt, der durch *Smaragdus* die Waffenruhe von 610 bis 611, von dessen Nachfolger *Johannes Lemigius Thrax* bis 612 verlängern ließ.

Byzantiner und *Langobarden* hatten nämlich jetzt viel dringendere Sorgen als die Kämpfe an *Po* und *Tiber*: jene waren durch die *Perser* vollauf in *Asien* beschäftigt, und Agilulf sollte nun erfahren, welch schlimme Bundesgenossen jene *Avaren* und *Slawen* waren, mit denen er in *Istrien* gemeinsame Sache gemacht. Zuerst brachen die unter avarischer Hoheit stehenden Slawen den Frieden mit Byzanz und verwüsteten das noch kaiserliche Istrien, gleich darauf (611) aber fiel der Khakan der Avaren selbst in das langobardische Istrien ein, dann in *Venetien* und *Friaul*. Paul, über friaulische Dinge besonders gut unterrichtet und warm dabei empfindend, erzählt:

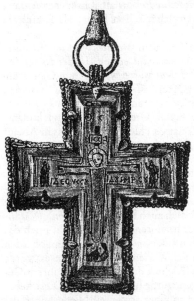

Brustkreuz des Königs Adaloald.
Im Domschatz zu Monza.

„Um diese Zeit (611) rückte der König der *Avaren*, den diese in ihrer Sprache *Khakan* nennen, mit zahllosen Horden in das *venetianische* Gebiet ein. Ihm warf sich *Gisulf*, der Herzog von *Friaul*, mit den Langobarden, die er an sich ziehen konnte, kühn entgegen, aber so tapfergemut er auch mit seiner geringen Schar gegen die ungeheure Übermacht stritt, wurde er dennoch auf allen Seiten umringt und fast mit seiner gesamten Mannschaft erschlagen. Die Gemahlin dieses Gisulf aber, namens *Romilda*, barg sich mit den Langobarden, die entkommen waren, und mit den Weibern und Kindern der in der Schlacht Gefallenen hinter den Mauern von *Forojuli*. Sie hatte zwei schon erwachsene Söhne, *Taso* und *Kakko*, *Radoald* dagegen und *Grimoald* standen noch im Knabenalter. Auch vier Töchter hatte sie, von welchen die eine *Appa*, eine zweite *Gaila* hieß, die Namen der beiden übrigen haben sich nicht erhalten. Auch in den benachbarten Burgen verteidigten sich die Langobarden, in *Cormone* (Cormons), *Nemas* (Nimis), *Osopus* (Ossopo am Tagliamento), *Artenia* (Artegna in Kärnten), *Reunia* (Ragogna), *Glemonia* (Gemona), *Ibligis* (Iplis), das

---

1 Über das nicht zur Ausführung gelangte Bündnis Agilulfs gegen Theuderich II. s. oben.

SIEBENTES KAPITEL · DIE LANGOBARDEN   697

durch seine Lage ganz uneinnehmbar ist. In gleicher Weise verschanzten sie sich
auch in den übrigen Burgen, damit sie nicht den Hunnen, d. h. Avaren, zur Beute
würden. Die Avaren aber überfluteten das ganze Land *Friaul*, verheerten alles mit
Feuer und Schwert, belagerten die Stadt *Forojuli* und trachteten mit aller Macht, sie
zu erobern. Als nun ihr König oder Khakan gewappnet und mit großem Reitergefol-
ge um die Mauern herumritt, auszukunden, von welcher Seite her er die Stadt am
leichtesten einnehmen könne, erblickte ihn Romilda von der Mauer herab, und als sie
sah, wie er in schönster Mannesjugend stehe, da erwachte das Verlangen des ruchlosen Weibes und sie ließ ihm alsbald durch einen Boten sagen, sie wolle ihm, wenn er
sie zur Ehe nehme, die ganze Stadt mit allen, die darin seien, übergeben. Als das der
Barbarenkönig vernahm, versprach er mit hinterlistiger Bosheit, nach ihrem Vorschlag zu tun und sie zum Weibe zu nehmen. Unverweilt öffnete sie nun die Tore
von Forojuli und ließ, zu ihrem und aller Einwohner Verderben, den Feind herein.
Die Avaren drangen mit ihrem König in Forojuli ein, plünderten alles, was sie fanden, verbrannten die Stadt mit Feuer und schleppten alle, die sie aufgriffen, in die
Gefangenschaft fort unter dem trügerischen Versprechen, sie in *Pannonien* anzusiedeln, von wo sie einst ausgezogen waren. Aber als die Avaren auf ihrem Heimzuge
nach dem sogenannten „*heiligen Feld*" gekommen waren, beschlossen sie, alle erwachsenen Langobarden mit dem Schwert umzubringen; die Weiber aber und Kinder
verteilten sie unter sich als Kriegsbeute. Sobald indes Taso, Kakko und Radoald, die
Söhne Gisulfs und Romildas, diesen argen Anschlag der Avaren merkten, sprangen
sie auf ihre Rosse und ergriffen die Flucht. Einer von ihnen glaubte, ihr jüngster
Bruder Grimoald sei noch zu jung, sich auf einem Roß im vollen Laufe halten zu
können, und hielt es daher für besser, ihn mit dem Schwert umzubringen, als im
Joche der Knechtschaft zurückzulassen, und wollte ihn töten. Wie er aber den Speer
erhob, ihn zu durchbohren, weinte der Knabe und rief: „Durchstoße mich nicht,
denn ich kann mich auf einem Roß halten!" Da ergriff ihn sein Bruder am Arm und
setzte ihn auf den glatten Rücken des Pferdes und mahnte ihn, sie darauf zu halten,
wenn er könne. Aber der Knabe faßte den Zügel an und ritt seinen fliehenden Brüdern nach. Bei dieser Nachricht bestiegen die Avaren alsbald ihre Pferde und verfolgten sie, und während die drei anderen in rascher Flucht entkamen, wurde der Knabe
Grimoald von einem Avaren, der schneller geritten kam, eingeholt; aber ob seines
zarten Alters mochte er den Knaben nicht töten, sondern bewahrte ihn lieber zu
seinem Dienst auf. Er kehrte also, Grimoalds Roß am Zügel führend, nach dem Lager
um und war hoch erfreut über seine edle Beute, denn der Knabe war von schöner
Gestalt, glänzenden Augen, und von langem, milchweißem Haar umwogt. Grimoald
aber voll Schmerz, gefangen so dahingeschleppt zu werden, und

„Große Gedanken im kleinen Busen bewegend"

zog sein kurzes Schwert, wie er es in seinem Alter führen konnte, aus der Scheide
und schlug den Avaren, der ihn mit sich führte, mit aller Macht auf den Kopf: der
Hieb ging bis auf das Gehirn, so daß der Feind alsbald vom Pferde sank. Der Knabe
Grimoald aber wandte sein Roß um, floh fröhlich von dannen, bis er seine Brüder
wieder eingeholt hatte, und erfreute diese höchst durch die Erzählung von dem Tode
des Feindes.
    Die Avaren aber brachten wirklich alle Langobarden, die schon im Mannesalter
standen, mit dem Schwert um, Weiber und Kinder schleppten sie in die Gefangenschaft. Jedoch Romilda, welche alles Unheil verursacht hatte, behandelte der König
der Avaren um seines Eides willen in einer Nacht als sein Eheweib, wie er ihr verspro-

698 DRITTES BUCH · DIE IM FRÄNKISCHEN REICH VERSAMMELTEN GERMANEN

chen hatte, dann aber übergab er sie zwölf Avaren, die sie die ganze Nacht hindurch, sich einander ablösend, durch die Befriedigung ihrer Lust marterten, hierauf ließ er in offenem Felde einen Pfahl aufrichten und sie darauf spießen, wobei er noch zum Hohn die Worte sprach: „Das ist der Mann, den du verdienst." Auf solche Weise fand die verruchte Vaterlandsverräterin, die mehr ihrer Wollust als dem Wohl ihrer Mitbürger und Gesippen hatte dienen wollen, den Tod. Ihre Töchter aber folgten nicht der Sinnengier ihrer Mutter nach, sondern aus Liebe zur Keuschheit sorgten sie, daß sie nicht von den Barbaren befleckt würden, und legten sich rohes Hühnerfleisch unter die Brustbinden zwischen die Brüste, das dann in der Wärme verweste und einen stinkenden Geruch aushauchte. Als nun die Avaren sie berühren wollten, konnten sie den Gestank nicht aushalten, meinten, sie stänken so von Natur, wichen fluchend weit von ihnen zurück und sprachen: „Alle langobardischen Weiber stinken!" Durch diese List retteten sich die edlen Mädchen vor den Begierden der Avaren, bewahrten ihre Keuschheit und hinterließen ein nützliches Beispiel für Erhaltung der Keuschheit denjenigen Frauen, denen etwas Ähnliches widerfahren sollte. Sie wurden später nach verschiedenen Ländern verkauft und auf eine ihrer edlen Geburt (nobilitatem) würdige Weise vermählt: denn eine heiratete, wie erzählt wird, den König (Paulus meint Herzog) der *Alemannen*, eine andere den Fürsten der *Bayern*."[1]

Hier schaltet Paulus Züge aus der Geschichte seiner Ahnen ein, welche so bezeichnend sind für die Zustände und für den wackeren Sohn des Warnefrid selbst, daß sie nicht übergangen werden sollen.

„Es verlangt mich, an dieser Stelle die allgemeine Geschichte zu unterbrechen und Weniges über mein, des Schreibers, Sippe einzuflechten, dabei aber, weil die Sache es also erheischt, in dem Verlauf der Erzählung ein wenig zurückzugreifen. Zu der Zeit, da das Volk der Langobarden aus Pannonien nach Italien kam, war auch mein Ururgroßvater *Leupichis*, ebenfalls Langobarde von Geburt, mit ihnen eingewandert. Nachdem er noch etliche Jahre in Italien gelebt hatte, starb er mit Hinterlassung von fünf noch ganz jungen Söhnen, die nun zu der Zeit, von der wir eben sprachen, alle in Gefangenschaft gerieten und aus der Burg Forojuli in die Fremde nach dem Avarenland fortgeschleppt wurden. Nachdem sie daselbst viele Jahre lang das Elend der Gefangenschaft erduldet und bereits das Mannesalter erreicht hatten, blieben vier von ihnen, deren Namen wir nicht behalten haben, in der Not der Knechtschaft zurück, der fünfte aber von den Brüdern, mit Namen *Leupichis*, der nachmals mein Urgroßvater wurde, beschloß, wie ich glaube, auf Eingebung des Herrn der Barmherzigkeit, das Joch der Gefangenschaft abzuschütteln, nach Italien, wo er sich noch erinnerte, daß dort das Volk der Langobarden sitze, zurückzukehren und seine Freiheit wiederzuerlangen. Wie er seine Flucht anhob, nahm er bloß einen Bogen mit dem Köcher und etwas Speise zur Wegzehrung mit, wußte aber gar nicht, wo hinaus er ziehen sollte: da kam ein Wolf und wurde ihm Führer und Begleiter auf der Reise.[2] Wie der Wolf vor ihm hertrabte, sich häufig nach ihm umsah, wenn er Halt machte, auch stille stand, wann er aufbrach, wieder vorausging, da merkte er, daß ihm das Tier von Gott[3] zugeschickt sei, damit es ihm den Weg weise, den er nicht kannte. Als sie auf diese Weise mehrere Tage durch die öden Berge hingezogen waren, ging dem Wanderer das wenige Brot, das er hatte, ganz aus. Mit leerem Magen schritt er wei-

---

1 Über die hier eingeschaltete Geschichte der Vorfahren Pauls s. Langob. Studien I, 2.
2 Über den von Wotan gesendeten glücklichen *„Angang"* dieses Tieres s. *Dahn*, Bausteine II (Berlin 1879) S. 81.
3 D. h. ursprünglich wohl von Wotan.

SIEBENTES KAPITEL · DIE LANGOBARDEN   699

ter, wie er aber, von Hunger gänzlich erschöpft, zu erliegen drohte, spannte er den Bogen und wollte den Wolf mit einem Pfeile töten, ihn zu verzehren. Aber der Wolf wich dem Schuß aus und verschwand aus seinen Augen. Leupichis wußte, als der Wolf ihn verlassen, nicht, wohin er den Schritt richten solle; dazu war er durch den Hunger gar schwach geworden; schon am Leben verzweifelnd warf er sich zur Erde und schlief ein; da sah er im Traum einen Mann[1], der folgende Worte zu ihm sprach: „Steh auf! Was schläfst du? Nimm den Weg nach der Seite zu, wohin deine Füße gerichtet sind: denn dort liegt Italien, nach dem du trachtest." Sogleich sprang er auf und wanderte nach der Seite hin, von der er im Traum gehört hatte, und alsbald kam er zu einer Hausung von Menschen. Es waren aber in jenen Gegenden *Slawen* ansässig. Eine bereits ältliche Frau merkte, wie sie ihn erblickte, alsbald, er sei ein Flüchtling und leide Hunger. Sie wurde von Mitleiden mit ihm ergriffen, versteckte ihn in ihrem Hause und reichte ihm insgeheim und ganz allmählich Speise, auf daß er nicht, wenn er auf einmal bis zur Sättigung Nahrung zu sich nähme, sein Leben verlöre. In angemessener Weise gab sie ihm so zu essen, bis er wieder völlig zu Kräften gekommen war; und als sie ihn nun wieder zur Fortsetzung der Reise tüchtig sah, gab sie ihm noch Speise auf den Weg mit und wies ihm die Richtung, welche er einschlagen müsse. Nach einigen Tagen erreichte er Italien und kam zu dem Hause, in dem er geboren war. Es lag so verödet, daß es nicht allein kein Dach mehr hatte, sondern auch von Buschwerk und Dornen vollgewachsen war. Er hieb sie nieder, an einem gewaltigen Eschenstamm[2] aber, den er innerhalb der Wände vorfand, hing er seinen Köcher auf. Von seinen Gesippen und Freunden mit Gaben beschenkt baute er das Haus wieder auf und nahm ein Weib; aber von der Fahrhabe, die sein Vater besessen, konnte er nichts mehr wiederbekommen; er blieb durch diejenigen, die sich durch langjährigen Besitz dieselbe angeeignet hatten, davon ausgeschlossen. Dieser nun wurde, wie ich schon oben angab, mein Urgroßvater. Er erzeugte meinen Großvater *Arichis*, Arichis aber meinen Vater *Warnefrid*, Warnefrid endlich hat mit seinem Weibe *Theudelinda* mich, Paulus, und meinen Bruder *Arichis* gezeugt, auf den der Name unseres Großvaters überging. Dies Wenige habe ich über mein eigenes Geschlecht anführen wollen; und nehme jetzt den Faden der allgemeinen Geschichte wieder auf."

„Nach dem Tode Gisulfs übernahmen seine Söhne *Taso* und *Kakko* die Regierung des Herzogtums. Sie besaßen zu ihrer Zeit das Land der Slawen, das *Zellia* (Cilly) genannt wird, bis zu dem Orte *Medaria* (Windisch–Matrei); daher kam es, daß bis zu den Zeiten des Herzogs Ratchis diese Slawen den Herzögen von Friaul schatzten. Diese beiden Brüder brachte der römische Patricius *Gregorius* in der Stadt *Opitergium* (Oderzo) durch einen hinterlistigen Anschlag ums Leben. Er versprach nämlich Taso, wie es Sitte war, den Bart zu scheren und ihn zu seinem Sohn zu machen, worauf denn Taso mit seinem Bruder Kakko und einer auserlesenen Schar junger Männer, nichts Böses fürchtend, zu Gregorius kam. Sobald er jedoch mit seinen Leuten Opitergium betreten hatte, ließ der Patricius die Tore der Stadt verschließen und bewaffnete Soldaten über Taso und sein Gefolge herfallen. Als Taso und seine Leute das merkten, rüsteten sie sich unerschrocken zum Streit, nahmen, als ihnen Waffenruhe gewährt war, Abschied voneinander und zerstreuten sich dann durch die verschiedenen Gassen der Stadt dahin und dorthin und machten nieder, wer ihnen in den Weg kam, bis sie zuletzt, nachdem sie ein großes Blutbad unter den Römern

---

1 Wohl ursprünglich Wotan, dann ein Heiliger.
2 Wotans heiliger Baum.

700 DRITTES BUCH · DIE IM FRÄNKISCHEN REICH VERSAMMELTEN GERMANEN

angerichtet hatten, selber den Tod fanden. Der Patricius Gregorius aber ließ um des Schwurs willen, den er getan hatte, Tasos Kopf vor sich bringen und schnitt ihm, wie er versprochen hatte, meineidig den Kopf ab.

Nachdem diese Männer auf solche Weise umgekommen waren, wurde *Grasulf*, Grisulfs Bruder, zum Herzog von Friaul gemacht. *Radoald* aber und *Grimoald* sahen eine Erniedrigung darin, unter der Gewalt ihres Oheims Grasulf zu stehen, da sie schon beinahe das Mannesalter erreicht hatten; sie bestiegen ein kleines Schiff und fuhren nach dem Lande von *Benevent*, zogen dann zu ihrem alten Erzieher, dem Herzog *Arichis* von Benevent, wurden von ihm aufs liebreichste aufgenommen und wie seine Söhne gehalten. Zu diesen Zeiten wurde nach dem Tode *Tassilos*, des Herzogs der *Bayern*, dessen Sohn *Garibald* zu *Aguntum* von den Slawen besiegt und die bayerischen Marken verheert. Die Bayern rafften jedoch ihre Kräfte wieder auf, nahmen den Feinden die gemachte Beute wieder ab und jagten sie aus dem Lande.

Im folgenden Monat März (612) starb zu *Trident Secundus*, der Knecht Christi, von dem ich schon mehrmals gesprochen habe: er hat bis auf seine Zeiten herab eine gedrängte Geschichte der Langobarden abgefaßt. Zu der Zeit schloß König Agilulf abermals Frieden mit dem Kaiser, 612 auf ein Jahr, dann wohl noch zweimal erneuert. Ganz zu derselben Zeit wurde auch *Gunduald*, der Bruder der Königin *Theudelinda* und *Herzog* in der Stadt *Asta*, durch einen Pfeilschuß getötet, ohne das jemand den Anstifter des Mordes erfuhr.

König Agilulf beschloß, nachdem er 25 Jahre regiert hatte, seine Tage (615 oder 616 zu *Mailand*) und hinterließ seinem (12jährigen) Sohn *Adalvald* (615–625) samt dessen Mutter Theudelinda die Herrschaft. Unter diesen wurden die Kirchen wiederhergestellt und viele reiche Schenkungen an heilige Stätten gemacht.

Hier ist der Ort, auf die bedeutende Einwirkung dieser bayerischen Fürstin auf die Geschicke des Langobardenreiches einen zusammenschließenden Blick zu werfen: unter drei Regierungen hat sie solche geübt. Die Ehe mit Authari löste der Tod schon nach 16 Monaten. Aber als Gattin Agilulfs stand sie in regstem Verkehr mit dem großen *Gregor*, stets bemüht, den König zum Frieden und zu günstiger Behandlung ihrer katholischen Kirche zu bewegen. Gregor sandt Bücher der Königin Theudelinda zu, von der er wußte, daß sie dem Glauben an Christum treu ergeben und hervorragend sei in guten Werken (5). Als aber Adalvald den Verstand verlor und wahnsinnig wurde, so wurde er, nachdem er 10 Jahre mit seiner Mutter regiert hatte, von Thron gestoßen und Arioald von den Langobarden an seine Stelle gesetzt. Von den Taten dieses Königs ist fast nichts zu meiner Kenntnis gekommen.

Durch diese Königin erlangte die Kirche Gottes vielen Vorteil. Denn die Langobarden hatten, als sie in heidnischem Irrsal befangen waren, fast alles Vermögen der Kirche weggenommen; aber durch ihr heilbringendes Flehen bestimmt, hielt der König fest am katholischen Glauben, spendete der Kirche vielen Landbesitz und führte die Bischöfe aus Druck und Mißachtung in ihre alte ehrenvolle Stellung zurück (6).

Königin Theudelinda ließ (601?) die Kirche Sankt *Johannes des Täufers* weihen, die sie in dem zwölf Milien oberhalb *Mailand* gelegenen *Modicia* erbaut hatte, schmückte sie mit vielen goldenen und silbernen Zierraten aus und machte ihr große Verleihungen. Ebendaselbst hat auch vormals der *Gotenkönig Theoderich* einen Palast erbaut, weil der Ort zur Sommerszeit durch die Nähe der Alpen ein gemäßigtes und gesundes Klima hat.

Auch die Königin Theudelinda baute sich hier einen Palast, den sie mit Stücken aus der langobardischen Geschichte ausmalen ließ. Auf diesen Gemälden sieht man deutlich, wie sich die Langobarden zu jener Zeit das Haupthaar schoren und wie ihre

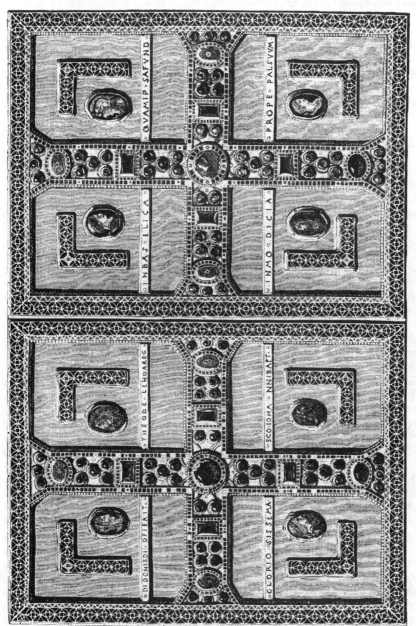

Diptychon der Königin Theudelinda: „theca aurea." Im Domschatz zu Monza.

702 DRITTES BUCH · DIE IM FRÄNKISCHEN REICH VERSAMMELTEN GERMANEN

Tracht und ihr Aussehen war. Nacken nämlich und Hinterkopf hatten sie glattgeschoren, die anderen Haare hingen ihnen über die Wangen bis zum Mund herab und waren in der Mitte der Stirn gescheitelt. Ihre Kleidung war weit und meist leinen, wie sie die *Angelsachsen* tragen, zum Schmuck mit breiten Streifen von anderer Farbe verbrämt. Ihre Schuhe waren oben fast bis zur großen Zehe offen und durch herübergezogene lederne Nesteln zusammengehalten. Nachher aber fingen sie an, Hosen zu tragen, über die sie beim Reiten wollene Gamaschen zogen; diese Tracht haben sie indes erst von den Römern angenommen.

Zu der Zeit nahm *Johannes* von *Consia Neapel* ein, wurde aber schon nach wenigen Tagen von dem *Patricius Eleutherius* wieder aus der Stadt gejagt und getötet. Hierauf maßte sich eben dieser Patricius Eleutherius, ein Eunuch, die Reichsgewalt an, als er aber von *Ravenna* nach *Rom* zog, wurde er auf der Burg *Luceoli* von den Soldaten ermordet und sein Haupt dem Kaiser nach *Konstantinopel* geschickt (610?).

Nachdem nun Arioald zwölf Jahre die Herrschaft über die Langobarden geführt hatte, schied er aus diesem Leben, und *Rothari* vom Geschlecht *Arodus* überkam das Reich der Langobarden. Er war aber ein starker und tapferer Mann und ging den Weg der Gerechtigkeit; im christlichen Glauben jedoch hielt er nicht die richtige Bahn inne, sondern befleckte sich durch den Unglauben der *arianischen* Ketzerei. Zu den Zeiten Rotharis waren fast in allen Städten seines Reiches zwei Bischöfe, ein katholischer und ein arianischer. Bis auf diesen Tag zeigt man sich noch in der Stadt *Ticinus*, wo der arianische Bischof an der Kirche des heiligen *Eusebius* wohnte und das Baptisterium hatte, während der katholischen Kirche ein anderer Bischof vorstand. Der arianische Bischof jedoch, welcher in dieser Stadt war, mit Namen *Anastasius*, trat zum katholischen Glauben über und regierte nachmals die Kirche Christi. Dieser König Rothari ließ die Gesetze der Langobarden, welche bis dahin nur im Gedächtnis und durch den Gerichtsgebrauch festgehalten worden waren, schriftlich aufsetzen und nannte dieses Buch das Edikt. Es geschah dies aber, wie der König in dem Vorwort zu seinem Edikt bezeugt, im siebenundsiebzigsten Jahre, seitdem die Langobarden nach Italien gekommen waren (s. unten).

Zu diesem König schickte Herzog *Arichis* von *Benevent* seinen Sohn *Ago*. Als der auf dem Wege nach Ticinus in *Ravenna* ankam, wurde ihm hier von den schlechten Römern ein Trank gegeben, der ihn um seinen Verstand brachte, und seit der Zeit war er nie wieder bei vollen und gesunden Sinnen.

Als nun Herzog Arichis, der Vater dieses Ago, schon hochbetagt, sich seinem Ende näherte, empfahl er, wohl wissend, daß sein Sohn Ago nicht recht bei Sinnen sei, *Radoald* und *Grimoald*, die in der Blüte des Mannesalters standen, den anwesenden Langobarden als seine eigenen Söhne und sprach zu ihnen, die würden besser, als es sein Sohn vermöge, die Herrschaft führen.

Nach dem Tod des Arichis nun, der fünfzig Jahre lang Herzog gewesen war, wurde sein Sohn *Ago* zum Führer der *Samniten* gemacht und Radoald und Grimoald gehorchten ihm in allen Dingen als ihrem älteren Bruder und Herrn. Als Ago bereits ein Jahr und fünf Monate das Herzogtum Benevent verwaltet hatte, kamen die *Slawen* mit zahlreichen Schiffen" (– also hatten die Schiffsbaumeister, welche die Langobarden ihnen gesandt, ihre Schuldigkeit getan, d. h. ihren Herren, den Avaren, gegen die Langobarden! –) „und schlugen nicht weit von der Stadt *Sepontum* ihr Lager auf. Sie machten nun ringsherum verborgene Gruben, und wie Ago in Radoalds und Grimoalds Abwesenheit gegen sie zog und sie vernichten wollte, fiel sein Roß in eine dieser Gruben, worauf die Slawen über ihn herstürzten und ihn mit manchem anderen umbrachten.

SIEBENTES KAPITEL · DIE LANGOBARDEN

Als das Radoald verkündet wurde, kam er eiligst herbei und redete mit den Slawen in ihrer eigenen Sprache, und sobald er sie dadurch lässiger im Kriegsdienst gemacht hatte, überfiel er sie, richtete eine große Niederlage unter ihnen an, rächte Agos Tod und zwang die Feinde, die am Leben geblieben waren, aus jener Gegend zu fliehen.

König Rothari eroberte nun von der tuscischen Stadt *Luna* längs der Meeresküste alle Städte der Römer bis zur fränkischen Grenze. Ebenso eroberte er auch die zwischen *Tarvisium* und *Forojuli* gelegene Stadt *Opitergium* und zerstörte sie. Mit den *Ravennatischen* Römern kämpfte er in der Provinz Emilia an dem Fluß *Scultonna*; in dieser Schlacht fielen auf Seite der Römer 8000, die übrigen ergriffen die Flucht.

In *Benevent* aber wurde nach dem Tode des Herzogs Radoald, der fünf Jahre lang geherrscht hatte, dessen Bruder *Grimoald* Herzog und verwaltete 25 Jahre hindurch das samnitische Herzogtum. Er erzeugte mit einem kriegsgefangenen, jedoch adligen Mädchen mit Namen *Ita* einen Sohn *Romuald* und zwei Töchter. Da Grimoald ein ungemein kriegerischer und in allem ausgezeichneter Mann war, fiel er über die Griechen, die zu der Zeit gekommen waren, um das auf dem Berge *Garganus* gelegene Heiligtum des heiligen Erzengels auszuplündern, mit seinem Kriegsvolk her und richtete ein schreckliches Blutbad unter ihnen an.

Statuen von Langobarden–Fürstinnen im byzantinischen Kostüme des 8. Jahrhunderts, in der Betkapelle des alten Benediktiner-Klosters zu Cividale in „Friaul".

Nachdem aber König Rothari sechzehn Jahre und vier Monate die Herrschaft geführt hatte, schied er aus diesem Leben und hinterließ das Reich der Langobarden seinem Sohn Rodoald (652–653). Er wurde neben der Kirche des heiligen *Johannes des Täufers* beigesetzt; nach einiger Zeit öffnete jemand, von ungerechter Begierde entzündet, bei Nacht sein Grab und nahm, was er von Kostbarkeiten an dem Leichnam fand, mit fort. Diesem erschien nun der *heilige Johannes* im Traum, erschreckte ihn heftig und sprach zu ihm: „Warum hast du dich vermessen, den Leichnam dieses Mannes anzurühren? Wenn er auch nicht den rechten Glauben hatte, so hat er sich doch mir anbefohlen. Weil du nun das zu tun dich erfrecht hast, so sollst du von nun an nie wieder den Eintritt in meine Kirche haben." Und so geschah es auch. Denn so oft er das Heiligtum des heiligen Johannes betreten wollte, war es ihm sogleich, als würde seine Kehle von dem stärksten Faustkämpfer gepackt und er fiel plötzlich rückwärts zu Boden. Ich spreche damit die Wahrheit in Christo: es hat mir das einer erzählt, der es mit seinen eigenen Augen gesehen hat.

Rodoald übernahm also nach dem Begräbnis seines Vaters die Herrschaft der Langobarden und vermählte sich mit *Gundiperga*, der Tochter *Agilulfs* und *Theudelindas*. Diese Königin Gundiperga erbaute nach dem Vorbild ihrer Mutter, wie diese in *Monza*, so sie in *Ticinus* eine Kirche zu Ehren des *heil. Johannes des Täufers*, die sie mit Gold, Silber und Gewändern wundervoll ausschmückte, mit einzelnen Stücken reichlich beschenkte und in der auch ihr Leichnam begraben liegt. Als sie bei ihrem Gemahl des Ehebruchs angeklagt wurde, erbat es sich ihr Knecht, *Karellus* mit Namen, vom Könige, für die Keuschheit seiner Herrin einen Zweikampf zu bestehen. Er stritt nun allein mit jenem Ankläger und überwand ihn vor allem Volke. Die Königin aber trat nach diesem Ereignis in ihre alte Würde wieder ein. Rodoald wurde, wie erzählt wird, von einem Langobarden, dessen Weib er geschändet hatte, ermordet nach einer Regierung von fünf Jahren und sieben Tagen. Auf ihn folgte in der Regierung des Reiches *Aripert*, der Sohn *Gundoalds*, welcher der Bruder der Königin *Theudelinda* gewesen war. Er erbaute in *Ticinus* dem Heiland ein Heiligtum, das vor dem westlichen Tor, das *Marenka* heißt, gelegen ist, und stattete es mit verschiedenem Schmuck und genügendem Vermögen aus.

Aripert nun starb, nachdem er neun Jahre hindurch *Ticinus* über die Langobarden geherrscht hatte, und hinterließ seinen beiden noch im Jünglingsalter stehenden Söhnen *Perctarit* und *Godipert* das Reich. Godipert nahm seinen Herrschersitz zu *Ticinus*, Perctarit aber in der Stadt *Mailand*. Indes entbrannte, von schlechten Menschen angeführt, zwischen diesen Brüdern Zwietracht und Haß bis zu dem Grade, daß der eine des anderen Reich an sich zu reißen strebte. Zu diesem Zweck sandte Godipert Herzog *Garipald* von *Turin* an *Grimoald*, den damaligen tapferen Herzog von *Benevent*, mit der Aufforderung, sobald als möglich herbeizurücken und ihm gegen seinen Bruder Perctarit Hilfe zu leisten, und versprach ihm, dafür des Königs Tochter, seine Schwester, zum Weibe zu geben. Aber der Gesandte handelte verräterisch gegen seinen Herren und ermahnte Grimoald, zu kommen und das Langobardenreich, das die beiden unerwachsenen Brüder zerrissen, selbst an sich zu bringen, da er reif an Alter, mächtig und klug im Rat sein. Wie Grimoald das hörte, richtete er alsbald seinen Sinn auf die Erlangung der Langobardenherrschaft, und nachdem er seinen Sohn *Romoald* zum Herzog von *Benevent* eingesetzt hatte, brach er mit auserlesener Mannschaft gegen *Ticinus* auf und verschaffte sich in allen Städten, durch die ihn sein Weg führte, Freunde und Hilfsgenossen zur Eroberung der Herrschaft. Den Grafen *Transemund* von *Capua* schickte er nach *Spoletum* und *Tuscien* ab, die Langobarden dieser Gegenden für sich zu gewinnen. Dieser führte seinen Auftrag mit erfolgreicher Tätigkeit aus und schloß sich mit vielen Hilfsgenossen ihm auf seinem Marsch in der *Emilia* an. Als nun Grimoald mit zahlreicher und starker Mannschaft in *Placentia* angelangt war, schickte er Garipald, der als Godiperts Gesandter zu ihm gekommen war, nach Ticinus voraus, um Godipert seine Ankunft zu melden. Dieser sprach, als er vor Godipert erschien, Grimoald ziehe in Eile heran; und als nun Godipert ihn befragte, wo er Grimoald die Wohnung bereiten solle, gab Garipald zur Antwort, es zieme sich, daß Grimoald, der zur Unterstützung seiner Sache gekommen sei und seine Schwester heiraten werde, im Palast seine Wohnung habe. Und also geschah es auch. Denn wie Grimoald ankam, erhielt er im Palast eine Wohnung. Derselbe Garipald aber, der Anstifter der ganzen Bosheit, beredete Godipert, nicht anders, als mit einem Panzer unter dem Kleide angetan, sich mit Grimoald in eine Unterredung einzulassen, indem er ihn versicherte, Grimoald wolle ihn umbringen. Auf der anderen Seite kam aber dieser Lügenkünstler auch zu Grimoald und sagte, wenn er sich nicht wacker vorsehe, so werde ihn Godipert mit seinem Schwert töten, und zeigte ihm an, Godipert trage, wenn er zur Zwiesprache mit ihm komme, unter seinem Kleide einen Panzer. Was geschah? Als sie am anderen Morgen zu einer Unterredung zusammenkamen, umfaßte Grimoald nach der Begrüßung Godipert und merkte nun sogleich, daß dieser einen Panzer unter seinem Kleide trage. Unverweilt zog er das Schwert, brachte ihn ums Leben und riß sein Reich und alle Gewalt an sich. Es hatte aber Godipert zu der Zeit bereits einen kleinen Sohn, Namens *Raginpert*, der von den Getreuen Godiperts weggebracht und heimlich aufgezogen wurde; Grimoald ließ ihn, da er noch ein Kind war, nicht weiter verfolgen. Bei der Kunde, daß sein Bruder ermordet worden, ergriff Perctarit, der in *Mailand* regierte, in größter Eile die Flucht und kam zu dem *Avarenkönig*, dem *Kakan*; seine Gemahlin *Rodelinda* und seinen kleinen Sohn *Kuninkpert*, die er zurückgelassen hatte, schickte Grimoald in die Verbannung nach Benevent.

Münze von König Aripert.
Gold, Originalgröße. Berlin, kgl. Münzkabinett.

Garipald aber, auf dessen Veranlassung und Betreiben das alles geschehen war – und nicht bloß das hatte er getan, sondern auch auf seiner Gesandtschaftsreise einen Betrug begangen, indem er die Gaben, die er hätte nach Benevent bringen sollen, nicht ganz ablieferte – der Täter solcher Werke also hatte eine kurze Freude. Es war nämlich in der Stadt *Turin* ein kleines Männchen, zu Godiperts Dienerschaft gehörend. Da der wußte, daß Herzog Garipald am heiligen Ostertage zum Gebet nach der Kirche des heiligen Johannes des Täufers kommen werde, stieg er auf den Taufstein des Baptisteriums, hielt sich mit der linken Hand an einem Pfeiler der Decke, wo Garipald vorübergehen mußte, und hatte unter seinem Gewand ein blankes Schwert; und als nun Garipald kam und an ihm vorüberging, so lüpfte er sein Gewand, hieb ihm mit aller Macht mit dem Schwert in den Nacken und schlug ihm mit einem Schlage den Kopf herab. Die Begleiter Garipalds stürzten nun zwar über ihn her und töteten ihn mit vielen Wunden. Aber wiewohl er den Tod fand, hatte er doch den Tod seines Herrn Godipert auf eine glänzende Weise gerächt" (und der fromme Christ und Diakon Paulus hat doch so viel germanisches Heidentum an sich, daß er mit der Blutrache, obwohl durch Mord in der Kirche vollzogen, im Herzen offenbar ganz einverstanden ist!)

„Nicht lange nun, nachdem *Grimoald* zu *Ticinus* in seiner Herrschaft bestätigt worden war, vermählte er sich mit der ihm schon vormals versprochenen Tochter König *Ariperts*, deren Bruder Godipert er ermordet hatte. Das Beneventaner Heer, durch dessen Beistand er die Herrschaft erlangt hatte, schickte er reich beschenkt nach Hause, einen Teil davon behielt er jedoch zurück, um ihn bei sich wohnen zu lassen, und wies ihm große Besitzungen an.

Als er hierauf erfuhr, das Perctarit ins *Skythenland* geflohen sei und beim Kakan lebe, schickte er Gesandte zu dem *Avarenkönig* (Kakan) und ließ ihm sagen, wenn er Perctarit noch länger Aufenthalt in seinem Reiche gewähre, würden die Langobarden das friedliche Verhältnis, in dem sie bisher zu ihm gestanden, fernerhin nicht mehr bewahren können. Wie der Avarenkönig das hörte, rief er Perctarit vor sich und hieß

706 DRITTES BUCH · DIE IM FRÄNKISCHEN REICH VERSAMMELTEN GERMANEN

ihn gehen, wohin er wolle, damit nicht die Avaren seinetwegen mit den Langobarden in Feindschaft kämen. Auf das hin machte sich Perctarit auf zu Grimoald und kehrte nach Italien zurück: denn er hatte gehört, daß er sehr milde sei. Als er nun nach der Stadt *Lauda* kam, schickte er *Unulf*, seinen Getreuen, zu König Grimoald voraus, um diesem seine Ankunft zu melden. Unulf kam zum König und berichtete ihm, daß Perctarit im Vertrauen auf seinen Schutz zurückkehre. Wie das der König hörte, gab er das Versprechen, jenem solle nichts Böses widerfahren, wenn er im Vertrauen auf seinen Schutz komme. Perctarit erschien also vor Grimoald, und wie er bei seinem Eintritt sich ihm zu Füßen werfen wollte, hielt ihn der König gnädig zurück und küßte ihn. Da sprach Perctarit zu ihm: „Ich bin dein Knecht; da ich wußte, daß du fromm und christlichen Sinnes bist, so bin ich, wiewohl ich unter den Heiden leben konnte, auf deine Gnade bauend, zu deinen Füßen gekommen." Der König erwiderte ihm darauf mit seinem gewöhnlichen Schwur: „Bei dem, der mich hat geboren werden lassen, du sollst, nachdem du im Vertrauen auf meinen Schutz zu mir gekommen bist, in keiner Weise etwas Übles erfahren, sondern ich werde so für dich sorgen, daß du mit Anstand leben kannst." Alsdann gab er ihm in einem geräumigen Hause eine Wohnung, hieß ihn nach seinen Mühsalen der Ruhe pflegen und ließ ihm aus öffentlichen Mitteln Unterhalt und alles, was er bedurfte, in reichlichem Maße darreichen. Als nun Perctarit die vom König ihm angewiesene Wohnung bezogen hatte, fingen die Bürger von *Ticinus* an, in ganzen Scharen zu ihm zu strömen, um ihn zu sehen oder, wenn sie ihn von früheren Zeiten her kannten, zu grüßen. Aber was kann nicht eine böse Zunge verderben? Bald kamen einige boshafte Schmeichler vor den König und erklärten ihm, er werde, wenn er nicht Perctarit schnell aus der Welt schaffe, gar bald Herrschaft und Leben verlieren: in dieser Absicht, versicherten sie, ströme die ganze Stadt zu ihm. Grimoald schenkte diesen Reden schnell Glauben, vergaß sein Versprechen, beschloß sogleich den Tod des unschuldigen Perctarit und überlegte, wie er ihn, da es schon spät am Tage war, am anderen Morgen ums Leben bringen könne. Er schickte ihm nun abends mancherlei Speisen, auch treffliche Weine und verschiedene Getränke, um ihn trunken zu machen, damit er in dieser Nacht, aufgelöst vom Trinken und im Wein begraben, nicht an seine Rettung denken könne. Da war aber einer, der zu dem Gefolge von Perctarits Vater gehört hatte, der steckte, als er Perctarit den königlichen Schemel brachte, wie um ihn zu grüßen, seinen Kopf unter den Tisch und flüsterte ihm heimlich zu, daß es der König auf seinen Tod abgesehen habe. Perctarit gab nun augenblicklich seinem Mundschenken die Weisung, ihm nichts anderes als etwas Wasser in einer silbernen Schale zu reichen; und als die, welche ihm die vielerlei Getränke vom König brachten, nach dessen Befehl ihn aufforderten, seine ganze Schale auszutrinken, sagte er, er wolle sie zu Ehren des Königs leeren, schlürfte aber nur etwas Wasser aus seinem silbernen Kelche. Als nun die Diener dem König berichteten, wie jener mit Begierde trinke, sprach Grimoald mit froher Miene: „Er trinke nur zu, der Säufer, morgen wird er den nämlichen Wein, mit seinem Blut vermischt, ergießen." Perctarit aber ließ Unulf schleunig zu sich kommen und tat ihm des Königs Vorhaben, ihn umzubringen, kund. Unulf schickte sogleich einen Diener nach seinem Hause, ließ sich Polster bringen und ein Lager neben Perctarits Ruhestatt bereiten. Unverweilt bot nun König Grimoald seine Leute auf, das Haus, in dem Perctarit schlief, zu bewachen, damit er nicht irgendwie entkommen könne. Als jetzt das Gelage aufgehoben war und alle sich entfernt hatten bis auf Perctarit, Unulf und den Kämmerer des Perctarit, die ihm durchaus treu waren, eröffneten diese beiden jenem ihren Plan und beschworen ihn, während Perctarit sich auf die Flucht machte, solle er solange als möglich den Glauben zu erwek-

SIEBENTES KAPITEL · DIE LANGOBARDEN

ken suchen, jener ruhe in seinem Schlafgemach. Als er sich damit einverstanden erklärt hatte, legte Unulf seine Polstertücher, sein Bett und ein Bärenfell Perctarit auf Rücken und Nacken, trieb ihn, der Verabredung gemäß, als wäre er ein Knecht vom Lande, zur Türe hinaus, gab ihm dabei viele Scheltworte, schlug ihn mit einem Stock und hörte nicht auf, ihn zu mißhandeln, so daß er unter den Tritten und Schlägen mehrmals zu Boden stürzte. Als die Leute des Königs, die als Wache aufgestellt waren, Unulf fragten, was denn das sei, sprach er: „dieser nichtsnutzige Knecht hat mir das Bett in die Schlafkammer jenes betrunkenen Perctarit gestellt, der so voll Weines ist, daß er wie tot daliegt. Aber ich bin es nun satt, wie bisher mich nach seiner Torheit zu richten, fortan werde ich, so lange mein Herr König lebt, in meinem eigenen Hause bleiben." Wie das jene hörten, wurden sie, da sie es glaubten, sehr vergnügt, machten Platz und ließen ihn sowie auch den Perctarit, den sie für einen Knecht hielten, und der, um nicht erkannt zu werden, sein Haupt verhüllt hatte, frei abziehen. Als sie fort waren, blieb jener treue Kämmerer, nachdem er sorgfältig die Türe verriegelt hatte, ganz allein im Hause zurück. Unulf aber ließ Perctarit in der an den Fluß *Ticinus* stoßenden Ecke an einem Seil von der Mauer hinab und führte ihm soviel Gefährten, als er konnte, zu. Sie griffen nun Pferde, die sie auf der Weide fanden, auf und gelangten mit ihnen noch in der nämlichen Nacht nach der Stadt *Asta*, wo sich Perctarits Anhänger, die sich Grimoald noch gar nicht unterworfen hatten, befanden. Hierauf floh Perctarit in höchster Eile nach der Stadt *Turin* und von da über die Grenze Italiens nach dem Land der *Franken*. Und also errettete der allmächtige Gott durch seine barmherzige Fügung die Unschuldigen vom Tod und bewahrte zugleich den König, der von Herzen aus das Gute tun wollte (!), vor Sünde. Aber König Grimoald meinte, Perctarit schlafe in seiner Wohnung und ließ von da bis nach seinem Palast an verschiedenen Orten seine Leute in Reihe aufstellen, damit Perctarit durch ihre Mitte geführt werde und so keiner Weise entfliehen könne. Als nun die vom Könige Abgesandten kamen, Perctarit nach dem Palast zu rufen, und an der Tür des Gemaches, worin sie ihn schlafend glaubten, klopften, sprach jener Kämmerer, der innen war, bittend zu ihnen: „Habt Erbarmen mit ihm und lasset ihn noch ein Weilchen ruhen, denn er liegt von seiner Reise erschöpft noch im tiefen Schlafe." Jene beruhigten sich dabei und meldeten dem König, daß Perctarit noch im tiefen Schlaf liege. Da sprach Grimoald: „So sehr hat er sich also gestern Abend mit Wein angefüllt, daß er gar nicht erwachen kann." Indes befahl er ihnen, sogleich ihn aufzuwecken und nach dem Palast zu bringen. Als sie an die Tür des Gemaches kamen, worin, wie sie glaubten, Perctarit schlief, fingen sie an, stärker zu klopfen. Da lag ihnen jener Kämmerer abermals mit Bitten an, sie möchten doch Perctarit noch ein Weilchen schlafen lassen. Aber sie schrien voller Zorn, der Trunkenbold habe jetzt genug geschlafen, stießen alsbald mit den Füßen die Tür des Gemaches ein und suchten nun drinnen Perctarit in seinem Bett. Als sie ihn hier nicht finden konnten, vermuteten sie, er befriedige sein natürliches Bedürfnis. Wie sie ihn aber auch da nicht fanden, fragten sie den Kämmerer, was denn aus Perctarit geworden sei, worauf jener antwortete, er sei geflohen. Da ergriffen sie ihn sogleich an den Haaren und schleppten ihn ganz wütend und unter Schlägen nach dem Palast, führten ihn vor den König und erklärten, er habe um die Flucht Perctarits gewußt und verdiene darum den Tod. Der König aber befahl, ihn freizulassen, und fragte ihn der Ordnung nach, wie Perctarit entkommen sei. Jener berichtete dem König alles, wie es sich zugetragen hatte. Darauf wandte sich der König an die Umstehenden und fragte sie: „Wie dünket Euch um diesen Menschen, der solches getan hat?" Da gaben alle mit einem Munde zur Antwort, er verdiene unter Martern jeglicher Art zu sterben. Aber der

708 DRITTES BUCH · DIE IM FRÄNKISCHEN REICH VERSAMMELTEN GERMANEN

König sprach: „Bei dem, der mich hat geboren werden lassen: dieser Mensch, der aus Treue zu seinem Herren in den Tod zu gehen sich nicht scheute, verdient, gut behandelt zu werden." Er nahm ihn sogleich unter seine Kämmerer auf, ermahnte ihn, ihm dieselbe Treue zu bewahren, die er gegen Perctarit bewiesen, und versprach, ihn reichlich zu bedenken. Als hierauf der König fragte, was aus Unulf geworden sei, wurde ihm gemeldet, er habe zu der Kirche des heiligen Erzengels *Michael* seine Zuflucht genommen. Sofort schickte er nach ihm und versprach ihm aus freien Stükken, es solle ihm kein Leid widerfahren, er solle nur im Vertrauen auf seinen Schutz kommen. Unulf warf sich dem Könige zu Füßen und erzählte auf die Frage des Königs, durch welche Mittel und Wege Perctarit denn habe entkommen können, alles nach der Ordnung. Da lobte der König seine Treue und Klugheit und ließ ihn huldreich im Besitze seines ganzen Vermögens und von allem, was er haben konnte.

Als aber nach einiger Zeit Grimoald Unulf fragte, ob er sein Leben bei Perctarit zuzubringen wünsche, da antwortete er und beteuerte es mit einem Schwur, er wolle lieber mit Perctarit sterben, als anderswo im höchsten Genuß leben. Darauf fragte der auch jenen Kämmerer, ob er es vorziehe, bei ihm im Palast zu bleiben, oder bei Perctarit in der Fremde zu leben. Als er eine ähnliche Antwort wie Unulf gab, da nahm der König die Worte beider gütig auf, belobte ihre Treue und hieß Unulf alles, was er wünsche, aus seinem Hause mit fortnehmen, seine Knechte nämlich, seine Rosse und mancherlei Hausrat, und damit ungefährdet zu Perctarit ziehen. In gleicher Weise entließ er auch jenen Kämmerer. Sie nahmen also nach des Königs huldreichen Willen ihre ganze Habe, soviel sie brauchten, und zogen damit unter des Königs Schutz nach dem Lande der *Franken* zu ihrem geliebten Perctarit.

In dieser Zeit rückte das Heer der *Franken* aus der *Provinz* (Provence) in Italien ein. Grimoald zog ihnen mit den Langobarden entgegen und täuschte sie durch folgende List. Er tat nämlich, als fliehe er vor ihrem Angriff, und ließ sein Lager mitsamt den Zelten voll mancherlei Schätzen, besonders aber einer Menge vorzüglichen Weins ganz menschenleer hinter sich. Als nun die fränkischen Heerhaufen ankamen, glaubten sie, Grimoald und die Langobarden hätten aus Schrecken ihr Lager im Stiche gelassen, fielen alsbald voll Jubel um die Wette über alles her und richteten sich eine reichliche Mahlzeit her. Als sie nun aber, von dem vielen Essen und Trinken beschwert, im Schlafe lagen, überfiel sie Grimoald nach Mitternacht und richtete eine solche Metzelei unter ihnen an, daß nur wenige von ihnen entkamen und ihr Vaterland wieder erreichen konnten. Der Ort, wo diese Schlacht geschlagen wurde, heißt bis auf den heutigen Tag Frankenbach und ist nicht weit von den Mauern des Städtchens *Asta* entfernt.

In diesen Tagen wollte Kaiser *Constantinus*, der auch *Constans* genannt wurde, *Italien* den Händen der Langobarden entreißen, er zog aus *Konstantinopel* und kam, seinen Marsch der Küste entlang nehmend, nach *Athen*, von da fuhr er über das Meer und landete in *Tarent*. Vorher besuchte er jedoch einen Einsiedler, der in dem Rufe stand, den Geist der Weissagung zu besitzen, und befragte ihn mit Eifer, ob er das Volk der Langobarden, das in Italien wohnte, besiegen und beherrschen könne. Der Knecht Gottes erbat sich nun von ihm die Frist einer Nacht, um wegen dieser Sache zu dem Herrn zu flehen, und gab dann am anderen Morgen dem Kaiser diese Antwort: „Das Volk der Langobarden kann jetzt von niemandem unterjocht werden, weil eine Königin, die aus einem anderen Lande kam, im langobardischen Gebiet eine Kirche des Heiligen *Johannes des Täufers* erbaut hat und deshalb der heilige Johannes selber fortwährend für das Volk der Langobarden Fürbitte einlegt. Es wird aber eine Zeit kommen, da dieses Heiligtum mißachtet werden wird und alsdann wird das

Volk zu Grunde gehen." Daß dieses also in Erfüllung ging, das habe ich erfahren, der ich mit ansah, wie eben diese in *Monza* gelegene Kirche des heiligen Johannes vor dem Untergang der Langobarden von schlechten Menschen verwaltet wurde, so daß die ehrwürdige Stätte unwürdigen Personen und Ehebrechern nicht ob ihres Verdienstes, sondern als Belohnung verliehen wird.

Als nun Kaiser Constans, wie schon erwähnt, in Tarent angelangt war, rückte er von da aus weiter, drang in das Gebiet von *Benevent* ein und eroberte fast alle langobardischen Städte, durch deren Landschaften er kam. Auch *Luceria*, eine reiche Stadt *Apuliens*, nahm er nach einem tapferen Sturm ein, zerstörte sie und machte sie dem

Taufkapelle der St. Peterskirche in Asti; Langobardenbau.

Erdboden gleich. *Agerontia* jedoch konnte er wegen der ungemein festen Lage des Ortes durchaus nicht einnehmen. Hierauf schloß er mit seinem ganzen Heere *Benevent* ein und begann mit Eifer die Belagerung der Stadt, wo damals *Romoald*, der noch sehr junge Sohn *Grimoalds*, das Herzogtum führte. Dieser schickte, sobald er von dem Anzug des Kaisers Kunde erhielt, seinen Erzieher *Sesuald* über den Po zu seinem Vater *Grimoald* und ließ ihn beschwören, so schnell als möglich zu kommen und seinem Sohn und den Beneventanern, die er einst selber gütig regiert hatte, mit Heeresmacht beizustehen. Als das der König Grimoald hörte, rückte er sogleich mit einem Heere gen Benevent, um seinem Sohn Hilfe zu bringen. Unterwegs aber verließen ihn mehrere Langobarden (!) und kehrten nach Hause zurück, indem sie sagten, er habe den Palast ausgeplündert und gehe nun nach Benevent zurück, um nicht wiederzukehren.

Unterdessen setzte das Heer des Kaisers mit allerlei Maschinen Benevent heftig zu. Romoald aber mit seinen Langobarden leistete tapferen Widerstand; zwar wagte

710 DRITTES BUCH · DIE IM FRÄNKISCHEN REICH VERSAMMELTEN GERMANEN

er wegen der geringen Anzahl seines Heeres mit einer so großen Menge nicht in offener Feldschlacht zu streiten, dagegen brach er mit tüchtigen Jünglingen häufig ins feindliche Lager ein und richtete daselbst großen Schaden an. Als nun sein Vater Grimoald nahe heranrückte, schickte er jenen schon erwähnten Erzieher zu seinem Sohn, ihm seinen Anzug zu melden. Als dieser aber bereits in die Nähe von Benevent gekommen war, wurde er von den Griechen gefangen und vor den Kaiser gebracht, der ihn fragte, woher er komme; er sagte, er komme vom König Grimoald, der in Eile heranrücke. Darüber erschrak der Kaiser und beriet sich sogleich mit den Seinigen über einen mit Romoald abzuschließenden Vertrag, um dann nach Neapel zurückkehren zu können. (6.)

Nachdem er nun Romoalds Schwester, die *Gisa* hieß, als Geisel erhalten hatte, machte er mit ihm Frieden. Den Erzieher Sesuald aber ließ er an die Mauern führen und bedrohte ihn mit dem Tod, wenn der Romoald oder den Bürgern etwas von dem Anzug Grimoalds melden würde, er solle vielmehr versichern, es sei diesem unmöglich, zu kommen.

Jener versprach, so zu tun, wie ihm befohlen wurde; als er aber an die Mauer kam, verlangte er, Romoald zu sehen. Romoald eilte schnell herbei, da sprach er so zu ihm: „Harre aus, mein Gebieter Romoald, habe Zuversicht und laß dich nicht ängstigen, in Bälde wird dein Vater erscheinen und dir Hilfe bringen; denn wisse, in dieser Nacht steht er mit einem starken Heere am Fluß *Sangrus*. Nur flehe ich dich an, daß du dich meines Weibs und meiner Kinder erbarmst; denn mich wird dieses treulose Volk nicht am Leben lassen." Als er das gesprochen hatte, wurde ihm auf Befehl des Kaisers das Haupt abgeschlagen und mittelst einer Kriegsmaschine, die *Petraria* genannt wird, in die Stadt geschleudert. Da ließ Romoald das Haupt zu sich bringen, küßte es unter Tränen und befahl, es an würdiger Stätte zu beerdigen (8).

Der Kaiser fürchtete nun den schleunigen Anzug König Grimoalds, hob die Belagerung Benevents auf und zog nach *Neapel*. Sein Heer erlitt jedoch von *Mitola*, dem Grafen von *Capua*, an den Gewässern des *Caloris*, an einer Stelle, die noch heutigen Tages *Pugna* (die Schlacht) heißt, eine bedeutende Niederlage (9).

Als aber der Kaiser in Neapel angekommen war, erbat sich, wie erzählt wird, einer seiner Großen mit Namen *Saburrus* 20 000 Mann Soldaten von ihm und versprach, damit Romoald siegreich zu bekämpfen. Er erhielt das Heer, zog nach dem Orte, der *Forinus* heißt, und schlug hier sein Lager auf. Wie Grimoald, der bereits in Benevent angelangt war, dies hörte, wollte er gegen ihn ausziehen. Da sprach sein Sohn Romoald zu ihm: „Es ist nicht nötig, sondern gebt mir nur einen Teil von Eurem Heere. Ich will unter Gottes Beistand mit ihm streiten, und wenn ich ihn besiege, so wird Euer Hoheit ein größerer Ruhm zufallen."

Und so geschah es, er erhielt einen Teil von seines Vaters Heer und zog damit und mit seinen eigenen Leuten gegen Saburrus aus. Ehe er den Kampf mit diesem begann, ließ er an vier Stellen die Trompeten ertönen, und alsdann fiel er kühn über die Feinde her. Wie nun beide Teile im heißen Kampf waren, da nahm einer aus des Königs Heer mit Namen *Amalong*, der gewöhnlich den königlichen Speer trug, diesen Speer in seine beiden Hände und durchbohrte mit Macht so ein Griechenmännlein, hob es aus dem Sattel und trug es in freier Luft über seinem Haupt. Wie das griechische Heer solches sah, wurde es von ungeheurer Furcht ergriffen und wandte sich zur Flucht, es erlitt eine vollständige Niederlage und holte sich auf der Flucht den Tod, Romoald aber und den Langobarden brachte es Sieg. So kehrte Saburrus, der seinem Kaiser langobardische Siegeszeichen zu gewinnen versprochen hatte, mit wenigen Mannen und mit Schande beladen zu ihm zurück; Romoald aber hatte über seinen Feind einen Sieg errungen, zog im Triumph nach Benevent zurück und brach-

SIEBENTES KAPITEL · DIE LANGOBARDEN 711

te seinem Vater Freude, allen aber durch Verscheuchung der Furcht vor den Feinden Sicherheit mit (10).

Wie aber Kaiser Constans sah, daß er nichts gegen die Langobarden ausrichte, ließ er seine ganze Wut an seinen eigenen Leuten, den Römern, aus. Er verließ Neapel und zog nach Rom; am sechsten Meilensteine vor der Stadt kam ihm der Papst *Vitalianus* mit den Priestern und dem Volk von Rom entgegen. Als der Kaiser die Stätte des heiligen *Petrus* betrat, brachte er ein mit Gold gewirktes Pallium als Gabe dar; er blieb zwölf Tage in Rom (15).

Wie aber König Grimoald den Griechen die Stadt und das Gebiet von Benevent entrissen hatte, gab er, als er nach seinem Palast zu *Ticinus* heimkehren wollte, *Transamund*, der bisher Graf von *Capua* gewesen war und ihm bei der Erlangung der Herrschaft die trefflichsten Dienste geleistet hatte, seine Tochter, Romoalds zweite Schwester, zum Weib und machte ihn nach *Osso*, von dem oben die Rede war, zum Herzog von *Spoletum*. Alsdann kehrte er nach Ticinus zurück (16).

Es folgte nach dem Tode *Grasulfs* von *Friaul Ago* im Herzogtum, nach welchem bis auf den heutigen Tag ein Haus in der Stadt *Forojuli* „Agos Haus" heißt. Nach dem Tode dieses Ago wurde *Lupus* Herzog von Friaul. Dieser Lupus drang auf einem schon vor alten Zeiten durch das Meer gemachten Damme mit einem berittenen Heere nach der nicht weit von *Aquileja* gelegenen Stadt *Gradus*, plünderte die Stadt und kehrte beladen mit den geraubten Schätzen der Kirche von Aquileja wieder zurück. Diesem Lupus nun hatte Grimoald, als er gen Benevent zog, die Regierung in seinem Palast anvertraut (17).

Während des Königs Abwesenheit schaltete Lupus, der seine Zurückkunft nicht vermutete, mit großem Übermut zu *Ticinus*. Da er nun wohl wußte, daß seine üble Handlungen dem König mißfallen würden, zog er bei dessen Heimkehr nach *Friaul* und empörte sich im Bewußtsein seiner Schuld gegen den König (18).

Grimoald wollte keinen Bürgerkrieg zwischen Langobarden erregen und ließ darum an den *Kakan*, den *Avaren*könig, die Aufforderung ergehen, mit Heeresmacht nach Friaul zu rücken, den Herzog Lupus zu vernichten. Und so geschah es auch. Der Kakan rückte mit einem großen Heere herbei und an dem Ort, der *Flavius* heißt, schlugen sich Herzog Lupus und die Friauler drei Tage lang mit dem Heere des Kakan, wie mir das alte Männer erzählt haben, die diese Schlacht mitgemacht. Am ersten Tage trug er über jenes große Heer den Sieg davon und nur wenige von seinen Leuten wurden verwundet; am zweiten wurde eine bedeutende Anzahl von ihnen verwundet und getötet, aber auch viele Avaren kamen dabei um; am dritten Tage rieb er, so viele Streiter er auch schon durch Wunden und Tod verloren hatte, nichtsdestoweniger das große Heer des Kakan völlig auf, und machte reiche Beute. Um vierten Tage jedoch sahen sie so zahllose Haufen gegen sich heranziehen, daß sie nur mit Not durch die Flucht entkommen konnten (19).

Hierbei nun fand Herzog Lupus den Tod, die übrigen, die entkommen waren, schützten sich hinter den festen Mauern. Die Avaren aber überschwemmten das ganze Land, plünderten und verheerten es mit Feuer und Schwert. Wie sie das eine Zeit lang getrieben hatten, forderte sie Grimoald auf, jetzt von der Verwüstung abzulassen. Da schickten sie aber Gesandte an den König, und ließen ihm sagen, sie würden Friaul, das sie mit eigenen Waffen erobert hätten, nicht wieder räumen (20).

Da sah sich Grimoald genötigt, sein Heer aufzubieten, die Avaren aus dem Lande zu schlagen. Mitten im Blachfeld schlug er nun sein Lager und das Gastgezelte für die avarischen Gesandten auf; da er aber nur einen kleinen Teil seines Heeres bei der

712 DRITTES BUCH · DIE IM FRÄNKISCHEN REICH VERSAMMELTEN GERMANEN

Hand hatte, so ließ er diese Wenigen mehrere Tage lang in verschiedener Tracht und Rüstung, als kämen immer wieder neue Heerhaufen, an den Gesandten vorbeiziehen. Wie nun die Gesandten der Avaren dieselben Scharen immer in verschiedenem Aufzuge kommen sahen, glaubten sie, es sei das ein ganz zahlloses Langobardenheer. Grimoald aber sprach zu ihnen: „Mit dieser ganzen Heeresmasse, die Ihr gesehen habt, werde ich alsbald über den Kakan und die Avaren herfallen, wenn sie nicht schleunig Friaul räumen." Wie nun die avarischen Gesandten, was sie gesehn und gehört hatten, ihrem König vermeldeten, zog dieser sogleich mit seinem ganzen Heer in sein Reich ab (21).

Nachdem Lupus, wie schon berichtet, umgekommen war, wollte sein Sohn *Arnefrit* dem Vater im Herzogtum von Friaul folgen; da er aber die Macht König Grimoalds fürchtete, floh er zu dem Volk der *Slawen* nach *Karnuntum*, was in verderbter Aussprache auch *Karantanum* genannt wird. Von hier aus zog er nachmals heran, mit Hilfe der Slawen das Herzogtum zu erobern, wurde aber unweit von Forojuli bei der Burg *Nemas* von den Friaulern überfallen und getötet (22).

Hierauf wurde *Wechtari* als Herzog von Friaul bestellt; er stammte aus der Stadt Vincentia und war ein gütiger und seines Volkes mild waltender Herr. Als das *Slawenvolk* hörte, daß er nach Ticinus gezogen sei, sammelten sie eine starke Heeresmacht, die Stadt *Forojuli* zu überfallen, sie kamen und schlugen nicht weit davon an dem Orte, der *Broxas* heißt, ihr Lager auf. Aber nach göttlicher Fügung war Herzog Wechtari schon am Abend zuvor ohne Wissen der Slawen von Ticinus wieder angelangt. Da indes seine Begleiter[1], wie es zu gehen pflegt, bereits nach Hause abgezogen waren, rückte er bei der Nachricht von den Slawen mit nur wenigen Mannen, fünfundzwanzig an der Zahl, gegen sie aus. Als ihn nun die Slawen mit so wenigen herankommen sahen, lachten sie und sprachen, da ziehe wohl der *Patriarch* mit seinen Pfaffen gegen sie zu Felde. Aber wie er an die Brücke des Flusses *Natisio* kam, wo die Slawen gelagert waren, nahm er seinen Helm vom Haupt und gab sich ihnen dadurch zu erkennen, denn er hatte einen Kahlkopf. Sobald nun die Slawen sahen, daß es Wechtari selber sei, wurden sie ganz bestürzt und riefen, Wechtari sei da, und bei dem Schrecken, den Gott über sie kommen ließ, dachten sie mehr ans Laufen als ans Kämpfen. Da fiel Wechtari mit den Wenigen, die um ihn waren, über sie her und richtete ein solches Blutbad unter ihnen an, daß von fünftausend nur wenige übrigblieben, die entkamen (23).

Nach diesem Wechtari erhielt *Landari* das Herzogtum Friaul, und nach dessen Tode folgte *Rodoald* (24).

Als nun, wie schon berichtet, Herzog Lupus umgekommen war, gab König Grimoald dessen Tochter *Theuderada* seinem Sohn Romoald, der in Benevent herrschte, zum Weibe. Er erzeugte mit ihr drei Söhne, *Grimoald*, *Gisulf* und *Arichis* (25).

An allen denen, die bei seinem Zuge nach Benevent von ihm abgefallen waren, nahm König Grimoald Rache (26).

Forumpopuli aber, eine Stadt der Römer, deren Einwohner ihm auf seinem Zuge gegen Benevent mancherlei Schaden zugefügt und von Benevent hin und her reitenden Boten zu wiederholten Malen verletzt hatten, richtete er folgendermaßen zu Grunde. Zur Zeit der Fasten rückte er ohne Wissen der Römer über die *Bardos Alpe* in *Tuscien* ein, überfiel ganz unvermutet am heiligen Ostersamstag zu der Stunde, da getauft wurde, die Stadt und nun begann ein Morden, bei dem selbst die Geistlichen, die die kleinen Kindlein tauften, an dem heiligen Becken nicht verschont wurden.

---

1 comites sind hier doch wohl nicht „Grafen", wie Abel-Jacobi wollen.

SIEBENTES KAPITEL · DIE LANGOBARDEN 713

Und so furchtbar suchte er die Stadt heim, daß sie bis auf diesen Tag nur sehr wenige Einwohner zählt (27).

Es trug nämlich Grimoald unversöhnlichen Haß gegen die Römer im Herzen, weil sie einst seine Brüder *Taso* und *Kakko* meineidig verraten hatten. Darum zerstörte er auch die Stadt *Opitergium*, wo sie ermordet worden waren, von Grund aus und verteilte ihr Gebiet unter die Einwohner von *Forojuli*, *Trevisium* und *Ceneta* (28).

Zu diesen Zeiten verließ, man weiß nicht, aus welcher Ursache, ein *Bulgarenherzog* namens *Alpeko* sein Volk, kam mit allen Mannen seines Herzogtums ganz friedlich nach Italien zu König Grimoald, versprach, ihm zu dienen und in seinem Lande zu wohnen. Der König schickte ihn zu seinem Sohn *Romoald* nach *Benevent* mit dem Befehl, ihm und seinem Leuten Wohnplätze anzuweisen. Romoald nahm sie huldreich auf und räumte ihnen weite Wohnsitze ein, die bis dahin ganz verlassen gewesen waren, *Sepianum* nämlich, *Bovianum*, *Isernia* und andere Städte nebst ihren Gebieten, Alpeko selbst aber gab er mit Veränderung des Namens der Würde statt des herzoglichen den Titel *Gastaldius*. Diese Bulgaren wohnen noch heutigentags in den genannten Orten und haben, obwohl sie auch lateinisch reden, ihre eigene Sprache noch durchaus nicht verlernt.

Zu dieser Zeit herrschte in den gallischen Landen *Dagipert* über die Franken, mit dem König Grimoald einen festen Friedensbund geschlossen hatte. Da nun Perctarit auch noch im Lande der Franken Grimoalds Macht fürchtete, verließ er Gallien und zog nach der *britannischen* Insel hinüber zu dem König der *Sachsen* (32).

Grimoald aber saß in seinem Palast neun Tage, nachdem er sich zur Ader gelassen hatte; wie er nun seinen Bogen zur Hand nahm, eine Taube zu schießen, da brach die Ader seines Armes wieder auf, die Ärzte legten ihm, wie erzählt wird, vergiftete Heilmittel darauf und führten so seinen Tod herbei. Zu dem Gesetzbuch, das König *Rothari* hatte anfertigen lassen, hat er einige Zusätze gemacht, die ihm heilsam dünkten. Er war von gewaltigem Körperbau, kahlem Haupte, starkem Barte, an Kühnheit der erste, durch Rat und Tat gleich ausgezeichnet. Sein Leib liegt in der Kirche des heiligen Bekenners *Ambrosius* begraben, die er selbst schon früher in der Stadt *Ticinus* erbaut hatte. Ein Jahr und drei Monate waren nach dem Tode König Ariperts verflossen, als er das Reich der Langobarden an sich brachte; er herrschte neun Jahre und hinterließ seinem Sohn *Garipald*, den ihm König Ariperts Tochter geboren hatte und der noch ein Knabe war, den Thron. *Perctarit* nun verließ, wie ich schon zu erzählen anfing, Gallien und bestieg ein Schiff, nach der britannischen Insel ins Sachsenreich zu fahren. Wie er aber schon eine Weile auf der See gefahren war, ließ sich von der Küste her eine Stimme hören, die fragte, ob sich Perctarit auf diesem Schiffe befinde. Als geantwortet wurde, Perctarit sei da, sprach jener Rufer weiter: „Saget ihm, er möge heimkehren in sein Vaterland, denn heute ist der dritte Tag, daß Grimoald aus dieser Welt geschieden ist." Auf diese Nachricht hin kehrte Perctarit augenblicklich um, konnte aber, wie er gelandet war, den Menschen nicht finden, der ihm Grimoalds Tod verkündet hatte; dies brachte ihn auf den Glauben, es sei das kein Mensch, sondern ein Bote vom Himmel gewesen. Sofort zog er nun der Heimat zu, und wie er an die Klausen Italiens kam, fand er hier bereits alle Diener des Palastes und das ganze königliche Gefolge, das ihn, umgeben von einer großen Menge Langobarden, erwartete. Er kehrte jetzt nach Ticinus zurück, vertrieb den Knaben Garipald und wurde von sämtlichen Langobarden auf den Thron gesetzt im dritten Monat nach Grimoalds Tode. Er war aber ein gottesfürchtiger, katholisch gläubiger Mann, der fest an der Gerechtigkeit hielt und den Armen reichliche Almosen gab. Alsbald

714 DRITTES BUCH · DIE IM FRÄNKISCHEN REICH VERSAMMELTEN GERMANEN

schickte er nun nach Benevent und ließ von da seine Gemahlin *Rodelinda* und seinen Sohn *Kuninkpert* zu sich bringen (33).

An jener Stelle am Fluß *Ticinus*, von wo aus er einst geflohen war, ließ er gleich nach seinem Herrschaftsantritt seinem Herrn und Befreier ein Kloster bauen zu Ehren der heiligen Jungfrau und *Märtyrerin Agathe*, welches „das neue" heißt; hier versammelte er viele Jungfrauen und schenkte der Stätte Eigentum und mancherlei Kostbarkeiten. Die Königin Rodelinda aber gründete außerhalb der Mauern der Stadt Ticinus eine Kirche der *heiligen Mutter Gottes*, welche *„zu den Stangen"* genannt wird, mit besonderer Kunst und zierte sie mit herrlichem Schmuck. „An den Stangen" aber heißt dieser Ort um deswillen, weil hier vormals aufrechte Stangen standen, die nach langobardischer Sitte aus folgender Ursache gesetzt zu werden pflegten: wenn einer irgendwie im Kriege oder sonstwo umgekommen war, so setzten seine Blutsverwandten auf ihre Grabstätten eine Stange, auf deren Spitze sie eine hölzerne Taube befestigten, die nach der Gegend hingewandt war, wo der Geliebte gestorben war, damit man nämlich wußte, wo der Tote seine Ruhestätte habe (34).

Nachdem Perctarit sieben Jahre allein regiert hatte, gesellte er sich im achten Jahre seinen Sohn *Kuninkpert* als Mitherrscher bei, mit dem er noch weitere zehn Jahre regierte (35).

Während sie nun in tiefem Frieden lebten und überall ringsum Ruhe hatten, erhob sich gegen sie der Sohn des Bösen, mit Namen *Alahis*, störte den Frieden im Langobardenreiche und verursachte blutigen Streit, der vielen das Leben kostete. Als Herzog von *Trident* geriet er in Fehde mit dem Grafen der *Bayern*, der in *Bauzanum* (Bozen) und andern festen Städten herrschte, und erfocht einen herrlichen Sieg über ihn. Dies machte ihn übermütig, also daß er sogar gegen Perctarit, seinen König, sich empörte und in der Stadt Trident verschanzte. Wie nun Perctarit gegen ihn ausgerückt war und ihn belagerte, da machte *Alahis* unvermutet einen plötzlichen Ausfall aus der Stadt, eroberte des Königs Lager und trieb ihn selbst in die Flucht. Nachher kehrte er jedoch auf Betreiben Kuninkperts, des Sohnes des Königs, der ihn schon von früher her lieb hatte, in König Perctarits Gehorsam zurück. Mehrmals wollte ihn der König töten lassen, immer aber verhinderte es sein Sohn Kuninkpert in dem Glauben, er werde fortan getreu sein. Auch ließ er nicht ab, bis er es bei seinem Vater auswirkte, daß er demselben auch das Herzogtum *Brexia* verlieh, so oft auch der Vater einwand, Kuninkpert tue das zu seinem eigenen Verderben, indem er damit seinem Feinde die Mittel in die Hand gebe, die Krone an sich zu reißen. Denn in der Stadt Brexia hielt sich immer eine große Anzahl edler langobardischer Großen auf, und durch ihren Beistand, fürchtete Perctarit, werde Alahis zu mächtig werden. In diesen Tagen ließ König Perctarit in der Stadt *Ticinus* nahe bei dem Palast mit großer Kunst ein Tor bauen, das auch das *„Palasttor"* heißt (36).

Nachdem er achtzehn Jahre lang und zwar zuerst allein, dann in Gemeinschaft mit seinem Sohn das Reich geführt hatte, schied er aus diesem Leben. Sein Leib wurde in der Kirche unseres Herrn und Heilandes beigesetzt, die sein Vater *Aripert* erbaut hatte. Er war aber von würdiger Gestalt, vollem Körper und in allem sanft und mild. König Kuninkpert führte *Hermelinda* aus dem Geschlecht der *Angelsachsen* als Gemahlin heim. Diese hatte einst im Bade *Theodote* erblickt, ein Mädchen aus einem sehr edlen *römischen* Geschlecht, von anmutiger Gestalt und mit langem, fast bis auf die Füße reichendem blonden Haar, und rühmte hierauf deren Schönheit ihrem Gemahl, König Kuninkpert. Der ließ sich nicht merken, wie gerne er das von seiner Frau hörte, entbrannte aber in heißer Leidenschaft zu dem Mädchen. Und ohne Säumen zog er auf die Jagd in den sogenannten *Stadtwald* und nahm sein Weib Hermelinda mit sich.

SIEBENTES KAPITEL · DIE LANGOBARDEN 715

Nachts aber kehrte er sofort nach Ticinus zurück, ließ die junge Theodote zu sich kommen und schlief bei ihr. Nachmals jedoch schickte er sie in das Kloster, was in *Ticinus* gelegen und nach ihr benannt ist (37).

Alahis aber vergaß der großen Wohltaten, die ihm König Kuninkpert erzeigt, vergaß auch des Schwurs, mit dem er ihm Treue gelobt hatte, und brachte auf Antreiben des *Aldo* und des *Grauso*, zweier Bürger von *Brexia*, und vieler andern Langobarden den bösen, schon längst gefaßten Vorsatz zur Ausführung: er setzte sich in Kuninkperts Abwesenheit in den Besitz der Herrschaft und des Palastes zu *Ticinus*. Sobald Kuninkpert das erfuhr, floh er von dem Ort, wo er sich gerade befand, auf die im larischen See nicht weit von *Comum* gelegene Insel und setzte sich hier in festen Verteidigungszustand. Große Angst kam da über alle, die ihn liebten, besonders aber über die Priester und Geistlichen, die Alahis alle verhaßt waren. Es war aber zu der Zeit *Damianus*, ein Mann Gottes, durch reinen Lebenswandel ausgezeichnet und mit den edlen Wissenschaften vertraut, Bischof der Kirche zu *Ticinus*. Wie der nun sah, daß Alahis in der Palast eingezogen war, schickte er, damit er nicht selbst oder seine Kirche Übles von ihm zu erfahren hätte, seinen *Diaconus Thomas*, einen weisen und frommen Mann, an ihn ab und ließ durch ihn Alahis den Segen seiner heiligen Kirche überbringen. Als Alahis gemeldet wurde, der Diaconus Thomas stehe vor der Türe, ihm vom Bischof den Segen zu überbringen, sprach er, der, wie schon bemerkt, die Geistlichen nicht leiden konnte, zu seinen Dienern: „Geht und sagt ihm, er solle hereinkommen, wenn er saubere Hosen habe; sei das aber nicht der Fall, so möge er nur draußen bleiben." Thomas aber gab auf diese Rede zur Antwort; „Meldet ihm, daß ich saubere Hosen habe, denn ich habe heute frisch gewaschene angezogen." Da ließ Alahis abermals sagen: „Ich spreche nicht von den Hosen, sondern von dem, was in den Hosen steckt." Hierauf antwortete Thomas: „Geht und sagt ihm: Gott allein kann in dieser Hinsicht etwas Tadelnswertes an mir finden, er aber kann es durchaus nicht." Als nun Alahis den Diaconus bei sich hatte eintreten lassen, sprach er mit Scheltworten und in sehr rauhem Tone zu ihm. Da ergriff alle Priester und Geistlichen Furcht und Haß gegen den Tyrannen, denn sie hielten es für unmöglich, sein rohes Benehmen auszuhalten: und um so mehr sehnten sie sich nach Kuninkpert, da sie Alahis als einen übermütigen Kronräuber verfluchten. Indes nicht gar zu lange saß die Roheit und Barbarei auf dem angemaßten Throne (38).

Wie er eines Tages auf dem Tische Schillinge zählte, fiel ihm ein Tremissis von dem Tische herab; der Sohn des *Aldo*, noch ein zarter Knabe, hob ihn von dem Boden auf und gab ihn Alahis wieder. Dieser in der Meinung, der Kleine verstehe es noch nicht, sprach zu ihm: „Von diesen Dingen hat dein Vater gar viele, die er mir, so Gott will, demnächst wird ablassen müssen." Als der Knabe abends nach Hause kam und ihn sein Vater fragte, was der König heute mit ihm gesprochen habe, erzählte er seinem Vater, was vorgefallen war und was der König zu ihm gesagt hatte. Die Kunde davon machte Aldo sehr bestürzt, er ließ seinen Bruder *Grauso* zu sich kommen und teilte ihm alles mit, was der König in seinem argen Sinn geredet hatte. Sofort besprachen sie sich mit ihren Freunden und solchen, denen sie trauen konnten, und ersannen einen Plan, den Tyrannen Alahis vom Throne zu stoßen, ehe er ihnen Schaden zufügen könne. In aller Frühe gingen sie in den Palast und sprachen zu Alahis: „Was magst du immer in diesen Mauern sitzen? Die ganze Stadt und alles Volk ist dir treu, und jener Trunkenbold Kuninkpert ist so heruntergekommen, daß ihm weiter gar keine Macht mehr zur Verfügung steht. Ziehe hinaus auf die Jagd und tummle dich mit deinen jungen Gesellen herum, wir schirmen dir unterdessen mit deinen übrigen Getreuen diese Stadt. Aber auch das noch versprechen wir, daß wir in Kurzem das

716   DRITTES BUCH · DIE IM FRÄNKISCHEN REICH VERSAMMELTEN GERMANEN

Haupt deines Feindes Kuninkpert bringen werden." Alahis ließ sich durch ihre Worte überreden, zog hinaus nach dem großen *Stadtwald* und fing an, sich der Lust und der Jagd zu überlassen. *Aldo* aber und *Grauso* gingen nach dem *Comaciner* See, bestiegen ein Boot und fuhren zu *Kuninkpert.* Sobald sie zu ihm kamen, warfen sie sich ihm zu Füßen, gestanden ein, wie schlecht sie an ihm gehandelt, taten ihm kund, was für Reden Alahis arglistig gegen sie geführt und welchen Rat sie ihm zu seinem Verderben gegeben hätten. Da flossen denn auf beiden Seiten Tränen, Schwüre wurden gewechselt und der Tag bestimmt, an dem Kuninkpert kommen und ihm die Stadt *Ticinus* übergeben werden sollte. Und so geschah es auch. Um festgesetzten Tage erschien Kuninkpert vor Ticinus, wurde mit Freuden von ihnen aufgenommen und zog wieder in den Palast ein. Da liefen alle Bürger, vor allem der Bischof, die Priester und die ganze Geistlichkeit, jung und alt zu ihm, umarmten ihn unter Tränen und sagten in unaussprechlicher Freude Gott Dank für seine Wiederkehr, er aber küßte sie alle, so viel er konnte. Alsbald wurde ein Bote an Alahis abgesandt mit der Nachricht, Aldo und Grauso hätten ihr Versprechen gelöst und ihm Kuninkperts Kopf gebracht, ja nicht bloß den Kopf, sondern den ganzen Leib: er sitze bereits im Palast. Wie Alahis das vernahm, wurde er schwer betroffen, wütend und zähneknirschend stieß er viele Drohungen gegen Aldo und Grauso aus; alsdann zog er über *Placentia* nach *Austrien* (d. h. das Ostland des Langobardenreiches) zurück und brachte einzelne Städte teils mit Güte, teils mit Gewalt auf seine Seite. Wie er vor *Vincentia* kam, rückten die Bürger der Stadt zur Schlacht gegen ihn aus, aber bald wurden sie besiegt und nun seine Bundesgenossen. Von da zog er aus und nahm *Trevisium* ein, und gleicherweise noch andere Städte. Während nun Kuninkpert ein Heer gegen ihn sammelte und die *Friauler* in treuem Gehorsam ihm zu Hilfe ziehen wollten, versteckte sich Alahis bei der Brücke über den Fluß *Liquentia,* der achtundvierzig Meilen von Forojuli entfernt fließt auf dem Wege nach Ticinus, in dem sogenannten *Capulanuswald,* und wie das Heer der Friauler in zerstreuten Haufen heranzog, zwang er sie alle, sowie sie kamen, ihm zu schwören, und traf sorgsame Vorkehrung, daß keiner von diesen umkehrte und es den Nachzüglern meldete; und so wurden alle, die aus Friaul kamen, an seine Fahnen gebunden. Alahis mit dem ganzen *Ostlande* und Kuninkpert mit seinen Mannen rückten nun gegen einander und schlugen auf der Ebene *Coronate* ein Lager auf (39).

Kuninkpert sandte einen Boten an Alahis mit der Aufforderung zum Zweikampf, damit beiden Heeren die Mühe erspart werde. Aber Alahis wollte sich hierauf durchaus nicht einlassen. Als einer seiner Leute, der aus *Tuscien* stammte, ihm als einem tapferen und kriegsgeübten Manne zuredete, kühn gegen Kuninkpert in den Streit zu ziehen, gab ihm Alahis zur Antwort: „Kuninkpert ist, obwohl trunksüchtig und einfältigen Sinnes, doch sehr kühn und von wunderbarer Stärke. Bei Lebzeiten seines Vaters, als wir noch junge Leute waren, wurden im Palast Widder von ganz besonderer Größe gehalten und diese hob er, indem er sie an der Wolle des Rückens packte, mit ausgestrecktem Arm vom Boden, was ich nicht vermochte." Wie das der Tusker hörte, sprach er zu ihm: „Wenn du nicht den Mut hast, dich mit Kuninkpert in einen Zweikampf einzulassen, so werde ich auch fürder nicht mehr dein Dienstmann sein." Und mit diesen Worten machte er sich auf, floh sofort zu Kuninkpert hinüber und erzählte ihm den ganzen Hergang. Es trafen also, wie schon erwähnt, beide Heere auf der Ebene Coronate zusammen; wie sie aber schon so nahe beieinander waren, daß sie handgemein werden mußten, trat *Seno* hervor, ein *Diaconus* von *Ticinus* und Pfleger an der einst von der Königin *Gundiperga* erbauten und in derselben Stadt gelegenen Kirche des heiligen *Johannes des Täufers,* und sprach, weil er ihn gar sehr liebte und fürchtete, er möchte im Streite fallen, zum König die Worte: „Mein Herr

SIEBENTES KAPITEL · DIE LANGOBARDEN

König! Unser aller Leben beruht auf deinem Wohlergehen: kommst du in der Schlacht um, so wird der Tyrann Alahis uns alle auf verschiedene Weise zu Tode martern. Möge dir also mein Ratschlag gefallen: gib mir deine Rüstung und ich will ausziehen und mit dem Tyrannen streiten. Falle ich, so wirst du deine Sache wieder gut machen, siege ich aber, so wird dir um so größerer Ruhm zufallen, da du durch deinen Knecht gesiegt hast." Wie nun der König erklärte, er werde das nicht zugeben, drangen die wenigen Getreuen, die zugegen waren, weinend in ihn, daß er dem, was der Diaconus gesagt hatte, seine Beistimmung gebe. Endlich ließ er sich auch, wie er denn frommen Gemütes war, durch ihre Bitten und Tränen erweichen und gab dem Diaconus seine Brünne, den Helm, die Beinschienen und die andern Waffen und ließ ihn in seiner Rüstung in den Kampf ausziehen. Der Diaconus hatte nämlich dieselbe Größe und Gestalt, so daß er von jedermann für König Kuninkpert gehalten wurde, als er in voller Rüstung aus dem Zelt hervortrat. Die Schlacht begann nun und es wurde mit aller Macht gekämpft. Alahis aber richtete die Hauptkraft dahin, wo er den König vermutete, und tötete den Diaconus Seno in der Meinung, Kuninkpert erschlagen zu haben. Wie er jedoch ihm das Haupt abzuschlagen befahl, um es auf einen Speer zu stecken und Gott Dank zu sagen, und er den Helm herunternahm, erkannte er, daß er einen Geistlichen getötet habe. Da schrie er voll Wut: „Weh mir! Nichts ist gewonnen, wenn wir dazu in den Kampf zogen, um einen Pfaffen zu töten. Aber das Gelübde tue ich jetzt, daß, wenn mir Gott abermals den Sieg verleihen wird, ich einen ganzen Brunnen mit Pfaffenhoden will füllen lassen" (40).

Wie nun Kuninkpert sah, daß die Seinigen die Sache verloren gaben, gab er sich ihnen sogleich zu erkennen, benahm ihnen dadurch ihre Furcht und stärkte alle Herzen zu neuer Siegeshoffnung. Von neuem ordneten sich also die Reihen, auf der einen Seite bereitete sich Kuninkpert, von der anderen Alahis zum Schlachtenkampf. Wie sie jetzt sich schon soweit genähert hatten, daß beide Heere handgemein wurden, trat Kuninkpert abermals hervor und rief Alahis die Worte zu: „Siehe, wie viel Volkes auf beiden Seiten steht! Was ist es nötig, daß so viele Menschen zu Grunde gehen? Messen wir beide, ich und du unsere Schwerter im Zweikampf, und wem von uns der Herr den Sieg verleihen will, der möge all' dies Volk wohlbehalten und unversehrt beherrschen." Wie nun Alahis von seinen Mannen aufgefordert wurde zu tun, was Kuninkpert vorschlug, antwortete er: „Ich kann das nicht tun, weil ich zwischen ihren Speeren die Gestalt des heiligen *Erzengels Michael* erblicke, bei dem ich jenem Treue geschworen habe." Da sprach einer von ihnen: „Aus Angst siehst du, was nicht vorhanden ist; du bist schon lange darüber hinaus, dir solche Gedanken zu machen." Unter dem Schall der Trompeten stürzten nun die Heere aufeinander, und da kein Teil zum Weichen gebracht wurde, gab es ein ungeheures Blutvergießen. Endlich fiel der grausame Tyrann Alahis, und Kuninkpert errang unter des Herrn Beistand den Sieg. Das Heer des Alahis suchte bei der Kunde von seinem Tode das Heil in der Flucht, aber wen das Schwert verschonte, den begrub der Fluß *Add* Alahis wurde das Haupt abgeschlagen, die Beine abgeschnitten, und nur der ungestalte Rumpf des Leichnams blieb zurück. Die *Friauler* Mannschaft machte diese Schlacht nicht mit, weil sie gegen ihren Willen Alahis geschworen hatte, und darum weder ihm, noch dem König Kuninkpert beistand, sondern während die übrigen den Kampf begannen, kehrten sie nach Hause zurück. Nachdem nun Alahis ein solches Ende gefunden hatte, ließ König Kuninkpert den Leib des Diaconus *Seno* an der Türe der Kirche des *heiligen Johannes*, welcher derselbe vorgestanden war, prächtig bestatten, er selbst aber kehrte als Herrscher mit Triumph und Siegesjubel nach *Ticinus* zurück.

Während sich das bei den Langobarden jenseits des *Po* zutrug, bot *Romoald*, Herzog von *Benevent*, ein zahlreiches Heer auf, belagerte und eroberte *Tarent* und in gleicher Weise *Brundisium* und unterwarf jenes ganze Land in weitem Umkreise seiner Herrschaft. Seine Gemahlin *Theuderada* erbaute in derselben Zeit vor den Mauern der Stadt Benevent eine Kirche zu Ehren des heiligen *Apostels Petrus*, und stiftete daneben ein Kloster für viele Mägde Gottes (VI, 1).

Nachdem Romoald sechzehn Jahre das Herzogtum geführt hatte, schied er aus der Welt; nach ihm regierte sein Sohn *Grimoald* drei Jahre über das Volk der *Samniten*. Mit ihm war *Wigilinda* vermählt, eine Schwester Kuninkperts und eine Tochter König *Perctarits*. Als auch Grimoald gestorben war, wurde sein Bruder *Gisulf* Herzog und herrschte siebzehn Jahre über Benevent. Seine Gemahlin war *Winiperga*, die ihm *Romoald* gebar.

Da in jenen Zeiten auf der Burg von *Casinum*, wo der Leib des heiligen *Benedict* ruht, schon seit längeren Jahren öde Einsamkeit herrschte, kamen *Franken* aus

Münzen von König Kuninkpert.
Gold, Originalgröße. Berlin, kgl. Münz-Cabinet.

der *celmanischen* oder *aurelianischen* Gegend und nahmen, während sie bei dem ehrwürdigen Leibe die Nacht betend zuzubringen vorgaben, die Gebeine des ehrwürdigen Vaters und die seiner Schwester *Scholastika* mit sich fort und brachten sie in ihre Heimat, wo dann zwei Klöster zu Ehren beider, des heiligen Benedict nämlich und der heiligen Scholastika, erbaut wurden. Aber es ist gewiß, daß dieses ehrwürdige und über allen Nektar süße Gebein und die immer gen Himmel blickenden Augen und die übrigen Gliedmaßen, wenn auch halbverwest, uns verblieben sind. Denn allein der Körper des Herrn sah die Verwesung nicht; die Körper aller Heiligen aber sind ihr unterworfen, um in der ewigen Herrlichkeit wieder erneuert zu werden, mit Ausnahme derer, die durch göttliches Wunder unversehrt sich erhalten (2).

Als aber *Radoald*, der Herzog von *Friaul* war, einmal sich aus der Stadt *Forojuli* entfernt hatte, kam *Ansfrid* von der festen Stadt *Reunia* und setzte sich ohne Geheiß des Königs in den Besitz des Herzogtums. Auf diese Kunde hin floh Rodoald nach *Istrien* und gelangte von da zu Schiff über *Ravenna* nach Ticinus zu König Kuninkpert. Ansfrid aber, nicht zufrieden mit dem Herzogtum Friaul, empörte sich gegen König Kuninkpert und wollte auch noch sein Reich haben; aber zu *Verona* wurde er ergriffen, vor den König gebracht und geblendet in die Verbannung geschickt. Das

SIEBENTES KAPITEL · DIE LANGOBARDEN

Herzogtum Friaul aber verwaltete hierauf Rodoalds Bruder *Ado* ein Jahr und sieben Monate mit dem Titel eines Statthalters (3).

Hernach geschah es, daß Kuninkpert mit seinem Stallmeister (Marpahis) in der Stadt *Ticinus* zur Ermordung des *Aldo* und *Grauso* einen Plan schmiedete; währenddessen saß an dem Fenster, vor dem sie standen, eine große Mücke, die wollte Kuninkpert mit seinem Messer zerschneiden, um sie zu töten, schnitt ihr aber nur einen Fuß ab. Wie nun Aldo und Grauso, die von des Königs Absicht nichts wußten, auf dem Wege nach dem Palast zu der daneben liegenden Kirche des heiligen *Martyrs Romanus* kamen, begegnete ihnen ein hinkender Mann mit einem abgenommenen Bein und sagte ihnen, Kuninkpert werde sie, wenn sie zu ihm kämen, umbringen. Wie sie das hörten, flohen sie, von großer Frucht ergriffen, an den Altar derselben Kirche. Nicht lange, so wurde König Kuninkpert gemeldet, Aldo und Grauso hätten sich in die Kirche des heiligen Martyrs Romanus geflüchtet. Da fing Kuninkpert an, seinen Stallmeister zu schelten, warum er habe seine Absicht verraten müssen? Dieser erwiderte ihm: „Mein Herr König, du weißt, daß, seitdem wir diese Sache besprochen haben, ich dir nicht aus den Augen gekommen bin: wie hätte also einem andern davon sagen können?" Da schickte der König nach Aldo und Grauso und ließ sie fragen, warum sie nach der heiligen Stätte geflohen seien? Sie gaben zur Antwort: „Weil uns angezeigt worden ist, daß der Herr König uns töten wolle." Abermals schickte jetzt der König zu ihnen und ließ fragen, wer es gewesen, der ihnen solches angezeigt; wenn sie ihm den Verräter nicht nennen würden, so könnten sie keine Gnade bei ihm finden. Nun ließen sie dem König berichten, wie es sich zugetragen hatte, wie nämlich ein hinkender Mann, der einen abgenommenen Fuß und bis zum Knie ein Stelzbein gehabt habe, ihnen begegnet sei, und der habe ihnen ihren Tod angezeigt. Da merkte der König, daß selbige Mücke, der er den Fuß abgeschnitten, ein böser Geist gewesen sei und seinen geheimen Gedanken verraten habe. Sofort ließ er nun Aldo und Grauso unter Versicherung seines Schutzes aus der Kirche holen, verzeih ihnen ihre Schuld (welche?) und hatte sie von nun an in seinem nächsten Gefolge (6).

Zu der Zeit stand der Grammatiker *Felix*, der Oheim meines Lehrers *Flavianus*, in großem Ansehen. Der König hatte ihn so lieb, daß er ihm außer reichen Gaben auch einen mit Silber und Gold geschmückten Stab verehrte (7).

In der nämlichen Zeit lebte auch *Johannes*, Bischof von *Bergamus*, ein Mann von besonderer Heiligkeit. Als er einst König *Kuninkpert* unter den Gesprächen der Tafel verletzt hatte, ließ ihm dieser bei der Heimkehr zur Herberge ein wildes und ungebändiges Roß vorführen, das den Reiter unter lautem Wiehern zu Boden zu werfen pflegte. Sobald es aber der Bischof bestiegen hatte, wurde es so sanft, daß es ihn in leichtem Trabe bis nach Hause trug. Als das der König hörte, erwies er dem Bischof von dem Tage an die schuldige Ehrfurcht und machte ihm auch das Roß, das er durch seinen Ritt geweiht hatte, zum Geschenk (8).

In jenen Tagen bekehrte sich *Cedoald*, der König der *Angelsachsen*, der in seinem Lande viele Kriege geführt hatte, zu Christus und zog nach *Rom*. Unterwegs wurde er von König *Kuninkpert* mit großen Ehren empfangen. Als er in Rom angelangt war, wurde er vom Papst *Sergius* getauft und *Petrus* genannt, noch trug er das weiße Kleid, als er ins Himmelreich einging. Sein Leib liegt in der *Peterskirche* begraben und hat eine Grabschrift (15).

Unterdessen schied *Kuninkpert*, der von allen geliebte Fürst, endlich aus diesem Leben, nachdem er seit seines Vaters Tode zwölf Jahre allein über die Langobarden geherrscht hatte. Er hat auf der Ebene von *Coronate*, wo er die Schlacht gegen Alahis schlug, zu Ehren des heiligen *Martyrs Georg* ein Kloster erbaut. Er war aber ein schöner und durch seine Güte ausgezeichneter Mann, dabei ein kühner Streiter. Unter reichlichen Tränen der Langobarden wurde er in der Kirche unseres Herrn und Heilandes, die weiland sein Großvater *Aripert* erbaut hatte, beigesetzt und hinterließ das Langobardenreich seinem Sohn *Liutpert*, noch einem Knaben, dem er *Ansprand*, einen weisen und erlauchten Mann, als Vormund zur Seite stellte (17).

Nach Verfluß von acht Monaten zog Herzog *Raginpert* von *Turin*, den einst König *Godipert*, als er von *Grimoald* getötet wurde, als Kind hinterlassen hatte, mit starker Mannschaft heran, überwand Ansprand und Herzog *Rotharit* von *Bergamus* in offener Feldschlacht bei *Novariä* und riß das Langobardenreich an sich. Aber noch in demselben Jahre starb er (18).

Hierauf begann sein Sohn *Aripert* den Kampf von neuem, stritt bei *Ticinus* mit König *Liutpert* sowie mit *Ansprand, Ato, Tatzo, Rotharit* und *Faro*. Aber sie alle besiegte er; das Kind *Liutpert* nahm er in der Schlacht gefangen. Ansprand floh nach der *commacinischen* Insel und setzte sich daselbst zur Wehr (19).

Wie aber Herzog *Rotharit* von *Bergamus* nach seiner Stadt zurückgekehrt war, warf er sich selbst zum König auf. Gegen ihn rückte nun König Aripert mit großer Heeresmacht, eroberte *Lauda*, belagerte *Bergamus* und eroberte es in kurzer Zeit ohne die geringste Schwierigkeit durch Mauerbrecher und andere Kriegsmaschinen; den falschen König Rotharit nahm er gefangen, ließ ihm Haupt und Bart scheren und verbannte ihn nach *Turin*, wo er nach einiger Zeit getötet wurde. Ebenso ließ er dem gefangen *Liutpert* im Bade das Leben nehmen (20).

Auch gegen Ansprand schickte er ein Heer ab nach der Insel *Commacin*. Bei dieser Nachricht floh Ansprand nach *Clavenna*, gelangte von da über die *rätische* Stadt *Curia* zu *Teutpert*, dem Herzoge der *Bayern*, und lebte bei diesem neun Jahre. Ariperts Heer besetzte die Insel, auf die Ansprand geflohen war, und zerstörte die Stadt darauf (21).

Nachdem sich nun König Aripert in der Herrschaft befestigt hatte, ließ er Ansprands Sohn *Sigiprand* die Augen ausstechen und alle, die mit jenem durch Blutsverwandtschaft verbunden waren, strafte er auf mancherlei Weise. Auch Ansprands jüngeren Sohn *Liutprand* hielt er gefangen; weil er ihm aber eine geringfügige Person und auch noch gar zu jung schien, tat er ihm nicht nur nicht das geringste körperliche Leid an, sondern ließ ihn auch zu seinem Vater ziehen. Daß dies auf Geheiß des allmächtigen Gottes geschah, der ihn zu der Leitung des Reichs vorbereiten wollte, daran läßt sich nicht zweifeln. *Liutprand* zog also zu seinem Vater ins *Bayerland* und machte ihm durch sein Erscheinen eine unaussprechliche Freude. Ansprands Frau aber, mit Namen *Theoderada*, ließ König Aripert gefangen setzen und, als sie prahlte, nach ihrem Weiberwillen werde sie noch Königin werden, ihr Nase und Ohren abschneiden und so ihr Antlitz häßlich entstellen. Auf gleiche Weise wurde auch Liutprands Schwester *Aurona* ihrer Schönheit beraubt (22).

Nach dem Tode *Ados*, des Statthalters von *Friaul*, erhielt *Ferdulf* das Herzogtum, der aus *Ligurien* gebürtig war, ein falscher und hochmütiger Mensch. Seine Sucht nach der Ehre eines Sieges über die *Slawen* brachte ihm selbst und den Friaulern großen Schaden. Er bezahlte nämlich einige Slawen, daß sie auf seine Aufforderung ein slawisches Heer in sein Gebiet schicken sollten. Dies geschah auch, brachte aber über das Land von Friaul großes Verderben. Slawische Räuberbanden überfielen die Schafhirten und Herden, die in ihrer Nachbarschaft weideten, und führten die gemachte Beute hinweg. Der Amtmann jenes Bezirks, der in langobardischer Sprache *Sculdahis* genannt wird, ein edler und an Leib und Seele tüchtiger Mann, verfolgte sie nun, konnte

Betkapelle des alten Benediktiner-Klosters zu Cividale in Friaul.
Ein Langobardenbau aus dem 8. Jahrh., zugeschrieben der Herzogin Gertrude von Friaul.

die Räuber aber nicht mehr einholen. Wie er hierauf zurückkehrte, begegnete ihm Herzog Ferdulf und fragte ihn, was aus jenen Räubern geworden sei. *Argait*, so hieß er nämlich, erwiderte, sie seien geflohen. Da sprach Ferdulf höhnisch zu ihm: „Wann hättest du auch eine tapfere Tat vollbringen können, der du doch deinen Namen *Argait* von *Arge* (= Feige) führst?" Jener, als tapferer Mann darüber von Zorn entbrannt, antwortete: „Wolle Gott, daß ich und Herzog Ferdulf nicht eher aus diesem Leben gehen, als bis man erkannt habe, wer von uns beiden mehr der Arge ist." Nicht lange, nachdem sie mit solchen Reden an einander geraten waren, begab es sich, daß das Slawenheer, dessen Erscheinen Herzog Ferdulf durch Geldzahlungen veranlaßt hatte, mit starker Macht hereinbrach. Da die Slawen ihr Lager auf dem höchsten Gipfel eines Berges aufgeschlagen hatten, wo man ihnen fast von allen Seiten nur sehr schwer

Steinplatte mit Skulpturen von der Vorderseite eines von Herzog Pemmo von Friaul errichteten Altars.

beikommen konnte, zog Herzog Ferdulf mit seinem Heer um den Berg herum, sie auf einem ebeneren Wege angreifen zu können. Da sprach Argait zu Ferdulf diese Worte: „Denke daran, Herzog Ferdulf, daß du mich einen feigen und untüchtigen Mann, oder in unserer Sprachen einen *„Argen"*, genannt hast. Der Zorn Gottes ergehe nun über den von uns beiden, der zuletzt an diese Slawen kommt." Und mit diesen Worten wandte er sein Roß und fing an den steilen, sehr schwer zu besteigenden Berg hinan gegen das Lager der Slawen zu reiten. Ferdulf aber schämte sich, die Slawen nicht auf demselben schwierigen Wege anzugreifen, und ritt ihm auf dem steilen und ungebahnten Wege nach. Das Heer hielt es für schimpflich, seinem Herzog nicht zu folgen und setzte sich gleichfalls in Bewegung. Wie nun die Slawen sie auf dem abschüssigen Boden gegen sich heranrücken sahen, rüsteten sie sich mannhaft zum Widerstand und stritten mehr mit großen Steinen und Beilen als mit den („Nahe"-) Waffen wider sie, warfen sie von den Pferden und machten sie fast alle nieder. Und also erlangten sie den Sieg nicht durch ihre eigene Kraft, sondern durch den Zufall. Hier wurde der ganze Adel von *Friaul* aufgerieben, hier fiel Herzog Ferdulf, und auch jener, der ihn so herausgefordert hatte, fand seinen Tod. Die vielen tapferen Männer, die hier durch üblen Hader und Unbesonnenheit umkamen, hätten bei einträchtigem und verständigem Handeln Tausende von Feinden bezwingen können. Ein Langobarde, mit Namen *Munichis*, der nachmals der Vater der Herzöge *Petrus* von Friaul und *Ursus* von *Ceneta* wurde, führte damals eine tapfere und mannhafte Tat aus. Wie er nämlich vom Pferd geworfen war

SIEBENTES KAPITEL · DIE LANGOBARDEN 723

und ihm ein Slawe, der sich augenblicklich auf ihn stürzte, die Hände mit Stricken gebunden hatte, wand er noch mit gefesselten Händen dem Slawen den Speer aus der Rechten, durchbohrte ihn damit, rollte sich dann, gebunden wie er war, den steilen Berg herunter, und so entkam er. Diese Geschichte habe ich hauptsächlich darum erzählt, damit nicht andern durch das Übel der Eifersucht ähnliches widerfahre (24).

Nachdem nun Ferdulf auf solche Weise gefallen war, kam *Korvulus* an seine Stelle, der jedoch nicht lange das Herzogsamt bekleidete, sondern wegen einer Beleidigung gegen den König geblendet wurde und seine Tage aller Ehren beraubt verlebte (25).

Hierauf aber erhielt *Pemmo* das Herzogtum, ein verständiger und dem Lande nützlicher Mann. Zum Vater hatte er *Billo*, der aus *Bellunum* stammte, aber wegen eines Aufruhrs, den er dort erregt hatte, nach *Forojuli* übersiedelte und hier in Frieden lebte. Die Gemahlin dieses Pemmo hieß *Ratperga*, die, weil sie von bäurischem Aussehen war, oftmals ihren Mann anlag, er möge sie verstoßen und sich ein anderes Weib suchen, das einem so mächtigen Herrn besser als Gemahlin anstehe. Aber er, als ein verständiger Mann sagte, ihr demütiges und ehrerbietiges Betragen und ihre Züchtigkeit gefalle ihm mehr als Schönheit des Leibes. Mit dieser Frau nun zeugte Pemmo drei Söhne, *Ratchis, Ratchait* und *Ahistulf*, lauter wackere Männer, deren Geburt die Niedrigkeit der Mutter zu Ehren brachte. Dieser Herzog nahm die Söhne all der Edlen, die in jener Schlacht gefallen waren, zu sich und ließ sie mit seinen eignen Söhnen erziehen, als hätte er sie selbst gezeugt (26).

In dieser Zeit eroberte *Gisulf*, Herzog von *Benevent*, die römischen Städte *Sura, Hirpinum* und *Arcis*. Dieser Gisulf rückte zur Zeit des Papstes Johannes mit seiner ganzen Macht in *Campanien* ein und verheerte es mit Feuer und Schwert; er machte viele Gefangene und kam bis an den Ort, der *Horrea* heißt, und niemand konnte ihm widerstehen. Da schickte der Papst Priester an ihn ab mit apostolischen Geschenken, löste alle Gefangenen wieder ein und bewog den Herzog mit seinem Heere zum Rückzug in sein Land (27).

Zu der Zeit stellte Aripert, der Langobardenkönig, durch eine Schenkung das Recht des *apostolischen Stuhls* auf das Gebiet der *kottischen Alpen* her, welche vormals demselben angehört hatten, aber ihm seit längerer Zeit von den Langobarden entrissen waren, und schickte die in goldenen Buchstaben darüber ausgestellte Schenkungsurkunde nach Rom. In jenen Tagen kamen auch zwei *Sachsenkönige* zur Stätte der Apostel nach Rom und starben daselbst nach ihrem Wunsch in kurzer Zeit (28).

Nach dem Tode des Herzogs *Transamund* von *Spoletum* erhielt sein Sohn *Faroald* das Herzogsamt. Der Bruder Transamunds war *Wachilapus*, der zugleich mit seinem Bruder das Herzogtum führte (30).

Nachdem nun *Ansprand* bereits neun Jahre im *Bayerland* in der Verbannung zugebracht hatte, vermochte er endlich im zehnten Jahre den *Teutpert* zum Krieg. Der Herzog der *Bayern* rückte also mit Heeresmacht in *Italien* ein und lieferte dem Aripert eine Schlacht, in der auf beiden Seiten viel Volks umkam. Aber obschon zuletzt die Nacht dem Kampfe ein Ende machte, so ist es doch sichere Tatsache, daß die *Bayern* das Feld räumten und Ariperts Heer siegreich in sein Lager zurückzog. Indem aber Aripert nicht im Lager bleiben wollte, sondern lieber sich nach der Stadt *Ticinus* wandte, entmutigte er seine Leute und gab dem Feinde neue Kühnheit. Bald nachdem er in die Stadt eingezogen war, mußte er die Erfahrung machen, daß er sich ob dieser Tat das Heer verfeindet habe; er gab also dem Rate Gehör, nach dem *Frankenlande* zu fliehen, und nahm dabei soviel Geld, als ihm nötig schien, aus dem Palast mit fort. Als er aber mit diesem Gelde beschwert über den *Ticinusfluß* schwimmen wollte, wurde er davon zu Grunde gezogen und ertrank. Am andern

724 DRITTES BUCH · DIE IM FRÄNKISCHEN REICH VERSAMMELTEN GERMANEN

Morgen wurde sein Leichnam aufgefunden, im Palast gebührend besorgt und dann in der Kirche unseres Herrn und Heilandes beigesetzt, die der alte Aripert erbaut hatte. Dieser König ging in den Tagen, da er die Herrschaft führte, oftmals bei Nacht hinaus und da- und dorthin, um selbst zu erkunden, was man in den einzelnen Städten von ihm spräche, und erforschte sorgsam, wie die verschiedenen Richter Gerechtigkeit übten im Volk. Wenn die Gesandten fremder Völker zu ihm kamen, so erschien er in geringen Kleidern oder in Pelzwerk vor ihnen, und damit keine Absichten auf *Italien* in ihnen erwachten, ließ er ihnen niemals köstliche Weine oder sonst ausgesuchte Dinge vorsetzen. Er regierte aber, teils in Gemeinschaft mit seinem Vater *Raginpert*, teils allein, im Ganzen bis ins zwölfte Jahr. Er war ein frommer Mann, ein Freund der Gerechtigkeit und gab reichlich Almosen; zu seiner Zeit entwickelte die Erde eine üppige Fruchtbarkeit, die Zeiten aber waren wild. Sein Bruder *Gumpert* floh damals ins *Frankenreich* und verblieb hier bis an sein Ende. Ihm wurden drei Söhne geboren, von denen der älteste, mit Namen *Raginpert*, in unsern Tagen der *aurelianischen* Stadt (Orléans) vorstand. Nach dem Begräbnis Ariperts nun brachte *Ansprand* das Reich der Langobarden an sich, regierte aber nur drei Monate: er war ein Mann in allen Dingen ausgezeichnet, mit dessen Klugheit sich wenige messen konnten. Als die Langobarden sein Ende kommen sahen, setzten sie seinen Sohn *Liutprand* auf den königlichen Thron, worüber sich Ansprand, dem die Kunde davon noch zu Ohren kam, ungemein freute (35).

In der Zeit bestätigte König Liutprand der römischen Kirche die Schenkung in den *kottischen* Alpen. Nicht lange nachher führte dieser Herrscher *Guntrut*, die Tochter Herzog *Teutperts* von *Bayern*, bei dem er in der Verbannung gelebt hatte, als Gemahlin heim, bekam aber nur eine einzige Tochter von ihr (43).

Zunächst nahm König Liutprand die Gelegenheit wahr, das bis dahin von der Krone völlig unabhängige Herzogtum *Benevent* näher heranzuziehen: er vermählte mit Herzog Romoald II. *Guntberga*, die Tochter seiner Schwester *Aurona*: ca. 728 leistete Romoald dem König den Eid der Treue; als er ca. 732 starb, schützte Liutprand, in Person nach Benevent eilend, dessen Söhnlein *Gisulf* wider eine Gegenpartei[1], führte dasselbe mit sich fort und setzte seinen eigenen Neffen *Gregor* (vermählt mit *Gisilperga*) zum Herzog ein.

Herzog *Faroald II.* von *Spoleto* nötigte er, die den Byzantinern abgenommene Hafenstadt von *Ravenna*, *Classis*, wieder herauszugeben (nach *Muratori* ca. 716), ein Schritt, dessen Begründung sich unserer Kenntnis ebenso entzieht, wie fast alles andere in des Königs Regierung, außer den nackten Tatsachen selbst. Wir können nur daraus schließen, daß Liutprand damals mit dem *Exarchen* in sehr gutem Vernehmen stand. Vielleicht wollte er den Spoletaner nicht noch mächtiger werden lassen: diesen zur Herausgabe zu bewegen, war er also stark genug. Das für die langobardische Krone Wünschenswerteste wäre gewesen, die Herausgabe der wichtigsten Seehafenstadt, des Schlüssels von Ravenna, nicht an die Kaiserlichen, sondern an den König zu eigener Besitzung. Weshalb Liutprand dies nicht verlangte, aus welchen Gründen er darauf verzichten mußte: – wir wissen es nicht. Wir finden nur mehrere Jahre später (728) den König im Bund mit Herzog *Transamund II.* von *Spoleto* (der 723–24 seinen Vater *Faroald II.* entthront und zum Geistlichen gemacht hatte) gegen *Benevent* (s. oben) und wohl auch gegen *Papst Gregor II.*, wider welchen sich der *Exarch* wandte, während der König die beiden Herzoge wenigstens dahin brachte

---

1 Guntberga war vor Romoald gestorben, dieser hatte sich dann mit *Ranigunda*, Tochter des Herzogs *Gaidoald* von *Brescia*, vermählt (VI, 50).

SIEBENTES KAPITEL · DIE LANGOBARDEN 725

(ohne Waffengewalt, soviel wir wissen) ihm zu *Spoleto* den Treueeid zu schwören. – Auch in die Verhältnisse des dritten mächtigsten Herzogtums, *Friaul*, griff Liutprand kräftig ein; hier waltete der sehr tüchtige Herzog *Pemmo*, der die Slawen (und Avaren?), die alten Plagegeister dieser Marken, die Niederlagen seiner Vorgänger und greuelvolle Verwüstungen rächend, tapfer zurückgeschlagen hatte.[1] Er geriet in heftigen Streit mit dem von Liutprand eingesetzten und begünstigten *Patriarchen Calixtus* von *Aquileja*, der eigenmächtig seinen Sitz von *Cormona* nach *Friaul*, der Residenz des Herzogs, verlegt[2] und den mit Zustimmung des letzeren hier residierenden Bischof *Amator* von *Julia Carnica* gewalttätig aus dessen Palatium vertrieben hatte. Kein Wunder, daß Pemmo dies nicht dulden wollte: er verhaftete Calixtus, ließ ihn in die Meerburg *Pontium* bringen und soll dessen Leben bedroht haben. Sofort entsetzte ihn aber der König des Herzogtums und verlieh es des Entsetzten erstgeborenem Sohn *Ratchis* (dem späteren König). Dieser vermittelte zwischen seinem Vater und dem König, hielt den ersteren ab, mit seinem Anhang zu den Slawen zu flüchten, und verschaffte ihm freies Geleit zu dem Königsgericht zu *Pavia*, wo freilich dann alle Anhänger Pemmos verurteilt, nur er selbst mit seinen beiden jungen Söhnen *Aistulf* und *Ratchait* begnadigt worden.[3]

Die Geschichte der Kämpfe und der Bündnisse des Königs mit *Byzantinern* und *Päpsten* (von ca. 726–ca. 740) ist uns sehr stückhaft überliefert: die Aufeinanderfolge der Ereignisse ist oft geradezu unbestimmbar: die Beweggründe der häufigen Umschläge von Bündnis in Kampf und umgekehrt, zumal aber überraschender Zuge-

---

1 Als jene adligen Söhne, die Pemmo, Herzog der Friauler Langobarden, mit seinen eigenen auferzog, bereits das Jünglingsalter erreicht hatten, kam ihm plötzlich die Kunde zu, daß die *Slawen* in ungeheurer Anzahl an dem Ort, der *Lauriana* heißt, erschienen seien. Da fiel er mit jenen Jünglingen zum dritten Mal über sie her und brachte ihnen eine blutige Niederlage bei; von langobardischer Seite aber fiel niemand als *Siguald*, der bereits hoch bei Jahren war, denn schon in jener früheren Schlacht, die unter *Ferdulf* vorfiel, hatte er zwei Söhne verloren. Bereits zweimal hatte er, wie er wünschte, an den Slawen Rache genommen, aber auch zum dritten Male ließ er sich vom Herzog und andern Langobarden nicht zurückhalten, sondern gab ihnen zur Antwort: „Jetzt habe ich den Tod meiner Söhne zur Genüge gerächt, und will nun freudig den Tod hinnehmen, wenn es so kommen müßte." Und so geschah es auch, und er fiel ganz allein in dieser Schlacht. Pemmo aber fürchtete, nachdem er viele Feinde getötet hatte, er möchte noch einen von seinen Leuten in diesem Kampfe verlieren und schloß mit den Slawen auf dem Schlachtfelde Frieden; und seit der Zeit bekamen die Slawen immer mehr Furcht vor den Waffen der Friauler. (VI, 45)

2 „Calixtus aber, der ein gar vornehmer Herr war, wollte es nicht gefallen, daß ein Bischof seiner Diözese bei dem Herzog und den Langobarden wohnen, er aber bei dem gemeinen Volke sein Leben zubringen sollte."

3 Als nun Liutprand zu Gericht saß, verzieh er Pemmo und seinen beiden Söhnen *Ratchait* und *Ahistulf* Ratchis zulieb, und ließ sie sich hinter seinem Stuhl aufstellen; dann aber rief er mit lauter Stimme alle die auf, die Pemmo beigestanden hatten, und befahl, sie festzunehmen. Da konnte Ahistulf seinen Schmerz nicht bezwingen, und er würde mit dem schon gezückten Schwert den König umgebracht haben, wenn ihn nicht sein Bruder Ratchis zurückgehalten hätte. Wie nun die Langobarden festgenommen wurden, da zog einer von ihnen mit Namen *Hersemar* sein Schwert und floh, sich vor seinen vielen Verfolgern mannhaft wehrend, nach der Kirche des heiligen *Michael*, und er allein ging durch des Königs Gnade straflos aus, während die übrigen lange Zeit in Ketten schmachteten. *Ratchis*, der, wie schon bemerkt, Herzog von *Friaul* geworden war, unternahm mit seinen Mannen einen Feldzug nach *Karniola* (*Krain*), dem Lande der *Slawen*, tötete eine große Anzahl von ihnen und verwüstete alles. Bei einem plötzlichen Überfall der Slawen konnte er seinen Speer nicht mehr aus den Händen des Waffenträgers nehmen und schlug den ersten, der ihm in den Weg kam, mit dem Stock tot, den er gerade trug. VI, 55.

ständnisse des Königs, entziehen sich fast immer unserer Kenntnis. *Papst Gregor II.* (715–731) hatte in dem Bestreben, die langobardische Macht nicht auf Kosten der kaiserlichen erstarken zu lassen, noch im Jahre 718 (ungefähr) den byzantinischen dux *Johannes* von *Neapel* ermahnt, Herzog *Romoald II.* von *Benevent* das feste *Cumä*, das dieser mitten im Frieden überrumpelt, wieder zu entreißen, und ihm nach glücklicher Ausführung dieser Tat das dafür versprochene Gold ausgezahlt.

Nach Ausbruch des *Bilderstreites* (726) gerieten aber der Papst und Kaiser *Leo III.* in heftigen Gegensatz; die *Italiener* erhoben sich in offener Empörung gegen die

Steinplatte mit Skulpturen aus der Taufkapelle (Baptisterium) des Patriarchen Calixtus von Aquileja zu Cividale. (1. Hälfte des 8. Jahrh.)

„bilderstürmenden" Byzantiner zum Schutz der altverehrten Heiligtümer: die Gelegenheit war Liutprand höchst günstig zur Ausbreitung seiner Macht, wenn auch der Papst niemals mit voller Entschiedenheit sich auf Seite der Langobarden gegen das Kaiserreich stellte: nur dem einzelnen ketzerischen Kaiser trat er gegenüber. Liutprand nahm den Byzantinern *Narni* (726?) und, mit Aufgebot der ganzen Heeresmacht die Hafenstadt von *Ravenna*, *Classis*, vielleicht auch auf kurze Zeit *Ravenna* selbst. Der außerordentliche Erfolg gelang nur, weil die Ravennaten in blutigem Aufruhr sich gegen die Besatzung erhoben hatten. Es ist auffallend, daß bald darauf (728/829) Liutprand mit dem byzantinischen *Patricius Eutychius* zusammen gegen den *Papst* und die *Herzoge* (s. oben) auftritt. – Die Langobarden, welche (fast) gleichzeitig dem Papst Beistand gegen die Byzantiner leisteten[1], sind daher keinesfalls Untertanen Liutprands, sondern wohl der empörten Herzoge. In denselben Jahren (726–728) vernehmen wir aber wieder von der Wegnahme mehrerer Städte in der *Aemilia*, darunter *Bologna* und in dem *Fünfstädte*-Gebiet („Pentapolis"): *Ancona, Ariminum, Pisau-*

---

1 Es schickte der Patricius *Paulus* von Ravenna Leute ab, den Papst zu töten, aber da die Langobarden sich zur Verteidigung des Papstes stellten, die *Spoletaner* auf der *salarischen* Brücke und die *tuskischen* Langobarden anderswo Widerstand leisteten, wurde der Plan der Ravennaten vereitelt.

SIEBENTES KAPITEL · DIE LANGOBARDEN   727

rum, Fanum, Numana durch den König. Auch weist er die Friedensvorschläge des
Patricius ab. In den Jahren 728 und 729 zog Liutprand zweimal in das *römische* Gebiet
und nahm 728 *Sutri*.[1] Aber schon nach 140 Tagen gab er diese Stadt gegen Geld – dem
Papste, nicht den Kaiserlichen – heraus zu eigenem Besitz „die erste Schenkung einer
Stadt an die Kirche, der erste Keim des Kirchenstaates außerhalb Roms."
     Die Beweggründe sind uns unbekannt. Es ist ungerecht, ohne volle Kenntnis der
Verhältnisse die Handlungsweise des Königs zu verurteilen. Aber wohl dürfen wir
sagen, daß er uns hier und in den folgenden Zugeständnissen an den Papst geradezu
unbegreiflich scheint, wenn anders wir Liutprand den Gedanken, *Ravenna, Rom* und
ganz *Italien* zu gewinnen, beilegen wollen. Fromme Gesinnung gegen Papst und
Kirche[2], innere Schwäche seiner Regierungsgewalt – es fehlte, auch abgesehen von den
rebellischen Herzogen, nicht an Widersachern – (s. unten) mögen manches erklären,
namentlich auch eine mystische Stimmung, welche ebenso andere Herrscher jener

---

1   König Liutprand eroberte die in *Oemilia* gelegenen Städte *Feroniamum, Mons Bellius, Luxeta,*
    Persiceta, Bononia, die *Pentapolis* und *Auximum.* Auch *Sutrium* brachte er damals an sich, gab
    es aber nach einigen Tagen an die Römer zurück.
2   Er hat sie vielfach betätigt: „wie aber Liutprand hörte, daß die Sarazenen nach der Verwüstung
    Sardiniens auch die Stätte beunruhigten, wo die Gebeine des heiligen Bischofs *Augustinus* einst
    vor der Plünderung der Barbaren hingebracht und feierlich beigesetzt waren, schickte er dahin,
    brachte sie um hohen Preis an sich und ließ sie nach der Stadt *Ticinus* führen, wo sie mit der
    einem so hohen Kirchenvater schuldigen Ehrfurcht bestattet wurden (VI, 48). Dieser ruhmrei-
    che König erbaute an den verschiedenen Orten, wo er sich aufzuhalten pflegte, zur Ehre *Chri-
    sti* viele Kirchen. Das Kloster des heiligen *Petrus,* das vor den Mauern der Stadt *Ticinus* liegt
    und „der *goldene Himmel*" genannt wird, ist von ihm gestiftet. Auch auf dem Gipfel von
    Bardosalp erbaute er ein Kloster, das *Bercetum* heißt. In seinem Hofgut *Olonna* ließ er zu
    Ehren des heiligen Märtyrers *Anastasius* ein herrliches Bauwerk ausführen und es zu einem
    Kloster einrichten. In gleicher Weise stiftete er auch an vielen andern Orten Gotteshäuser.
    Auch in seinem eigenen Palast erbaute er eine Kapelle unseres Herrn und Heilandes und
    stellte, was unter keinem König vor ihm gewesen war, Priester und Geistliche dabei an, die
    täglich den Gottesdienst für ihn abhalten mußten. – Zu den Zeiten dieses Königs lebte in dem
    Orte, der *Forum* heißt, am Fluß *Tanarus,* ein Mann von seltener Heiligkeit mit Namen *Bardo-*
    linus, der durch den Beistand der Gnade Christi sich durch viele Wunder auszeichnete. Gar oft
    weissagte er das Zukünftige, und sprach von Entferntem wie von gegenwärtig Geschehendem.
    Als einmal König Liutprand in den *Stadtwald* auf die Jagd gezogen war, verwundete einer
    seiner Begleiter, wie er auf einen Hirsch seinen Pfeil abdrückte, wider seinen Willen des Kö-
    nigs Neffen, nämlich seinen Schwestersohn *Aufusus.* Bei diesem Anblick brach der König, der
    den Knaben sehr lieb hatte, über sein Unglück in Klagen und Tränen aus und schickte sofort
    einen Reiter zu dem Manne Gottes Bardolinus ab, auf daß er für das Leben des Knaben zu
    Christus flehe. Während der aber zu dem Diener Gottes ritt, starb der Knabe. Und Bardolinus
    sprach, sobald jener zu ihm kam, die Worte: „Ich weiß, was dich zu mir herführt; aber das, was
    du von mir verlangen sollst, kann nicht mehr geschehen; denn der Knabe ist bereits tot." Als
    diese Worte des Bardolinus dem König von den Boten hinterbracht wurden, so schmerzte es
    ihn zwar, daß er sich der Wirkungen seines Gebets nicht mehr erfreuen konnte, aber er er-
    kannte deutlich, daß der Mann Gottes den Geist der Weissagung habe. Diesem nicht unähnlich
    lebte zu Verona ein Mann mit Namen *Teudelap,* der außer vielem Wunderbaren, was er voll-
    brachte, auch vieles, was noch in der Zukunft lag, mit dem Geist der Weissagung vorher ver-
    kündete. Zu der Zeit lebte auch, durch sein Leben und seine Worte berühmt, Bischof *Petrus*
    von *Ticinus,* der als Liutprands Blutsverwandter von König *Aripert* weiland nach *Spoletum*
    verbannt worden war. Wie dieser einst die Kirche des Märtyrers *Sabinus* besuchte, wurde ihm
    von dem Heiligen vorher verkündigt, daß er Bischof von *Ticinus* werden würde. Als dieses in
    der Folgezeit geschah, erbaute er dem heiligen Märtyer Sabinus auf eigenem Grund und Boden
    eine Kirche in Ticinus. Außer andern herrlichen Tugenden zeichnete er sich in seinem Lebens-
    wandel durch den Schmuck jungfräulicher Keuschheit aus."

728 DRITTES BUCH · DIE IM FRÄNKISCHEN REICH VERSAMMELTEN GERMANEN

Tage zu Handlungen fortriß, für deren Würdigung uns fast der Maßstab fehlt. Am einfachsten erklären sich jene Widersprüche gegen den Einigungsgedanken doch nur, wenn man sich entschließt, diesen Gedanken selbst als einen dem König fremden, von uns ihm ohne Recht untergeschobenen anzusehen.

Unerachtet der Schenkung von *Sutri* an den Papst im Jahre 728 zog im folgenden Jahre (729) Liutprand, diesmal mit *Eutychius* zusammen, in das römische Gebiet, ja er lagerte auf dem „Felde des *Nero*" dicht vor den Toren der Stadt. Doch gelang es dem Papst bei einer Zusammenkunft, den König durch die Mittel geistlicher Überredung zu friedlichem Abzug zu bewegen, ohne daß dieser unseres Wissens etwas erreicht hätte. Er häufte auf den Papst und die römische Kirche hohe Ehren und suchte, ihn zur Annäherung an Byzanz zu bewegen: – eine für uns schwer begreifliche Staatskunst! Wahrscheinlich sollte der Papst vor allem gewonnen werden, nicht die rebellischen Herzoge zu unterstützen. Allein gerade dies tat Gregors II. Nachfolger, *Gregor III.* (731–741), der auch den Bilderstreit mit Byzanz heftig fortführte: so daß nun Langobardenherzoge, Langobardenkönig, Papst, Italiener und byzantinische Besatzungen als untereinander kämpfende, gelegentlich verbündete Parteien zu unterscheiden sind. Römer unter Führung des Herzogs *Agatho* von *Perusia* versuchten Liutprand *Bologna* wieder zu entreißen, wurden aber von des Königs Feldherrn *Waltari*, *Peredeo* und *Rotkari* blutig zurückgeschlagen. Dagegen gelang es der emporstrebenden Lagunenstadt *Venedig*, den Langobarden *Classis* (*Ravenna*) durch Überfall wieder abzunehmen, wobei des Königs Neffe *Hildeprand* (s. unten) gefangen, der tapfere dux von *Vicenza*, *Peredeo*, erschlagen wurde. Liutprand machte unseres Wissens damals wenigstens keinen Versuch, diese für weitgreifende Pläne so wichtige Stellung wieder zu gewinnen: doch könnte ein langobardisches Heer, welches in Abwesenheit des Königs damals bei *Ariminum* geschlagen wurde, gegen Ravenna bestimmt gewesen sein: leider läßt sich nur die Zeitfolge der stückhaft berichteten Eingriffe zwischen 731 und 738 durchaus nicht bestimmen. Gleichzeitig führten die Byzantiner aber auch Krieg gegen die wider den bilderstürmenden Kaiser empörten *Italiener*, welche sich folgerichtig dem Langobardenkönig näherten: eine Anzahl derselben, die Liutprand Ehrengeschenke in das Dorf *Pilleum* in der *Pentapolis* bringen wollte, wurde von den Kaiserlichen erschlagen oder gefangen. Ob Liutprand ganz Italien, Rom und Ravenna umfassende Pläne hegte, wir wissen es nicht: es ist schwer zu entscheiden. Dagegen die Bändigung der Herzoge hatte er zweifellos als Hauptwerk seiner Regierung sich vorgesteckt und wer daran rütteln wollte, forderte seine ganze Willenskraft zur Abwehr heraus. Das tat aber Gregor III., als er, frühere Feindschaft mit *Transamund* II. von *Spoleto* in Freundschaft verwandelnd, sich von diesem durch reiche Geschenke die Abtretung von *Gallese* am *Tiber* an den *ducatus Romanus*, in welchem jedoch tatsächlich der Bischof von Rom gebot, erkaufte und mit diesem Herzog, sowie mit dem von *Benevent* ein Bündnis schloß, welches wohl einerseits die Verteidigung der *Romagna* durch diese Herzoge bezweckte, andererseits aber deren Unterstützung durch die tatsächlichen und geistlichen Mittel des Papstes für Losreißung von der Staatsgewalt des Königs. Daher versagten die Herzoge dem König offen den Gehorsam, als er (738) den Heerbann gegen den römischen ducatus aufbot. Sofort wandte sich Liutprand, unter empfindlicher Schädigung die *Campagna* nach Osten hin durchziehend, gegen Transamund. Dieser floh nach Rom. An seiner Stelle setzte Liutprand *Hilderich* zum Herzog ein. Der Papst verweigerte die Auslieferung des Rebellen. Auch der kaiserliche Feldherr *Stephanus*, der dux des *ducatus Romanus*, trat für den Papst und den Herzog auf. Liutprand entfaltete nun große Tatkraft. Er entriß den Byzantinern die Städte *Orte*, *Ameria*, *Bieda* und *Pomarzo*, ließ gleichzeitig den Exarchat von Ravenna durch

SIEBENTES KAPITEL · DIE LANGOBARDEN   729

seinen Neffen *Hildeprand* verwüsten und belagerte, unter starken Verheerungen des flachen Landes, den Papst in Rom. Hart bedrängt rief dieser *Karl Martell* um Hilfe an: aber auch Liutprand schickte Gesandte an diesen seinen Freund und bewog ihn, die Verlogenheit und Treulosigkeit der Politik des heiligen Vaters aufdeckend, neutral zu bleiben, so flehentlich der Papst Karl (bei den von ihm zum Geschenke übersendeten Schlüsseln des heiligen Grabes) auch um Beistand gebeten hatte. Aber auch diese langobardische Belagerung Roms endete wie alle anderen: der König konnte die Stadt weder erstürmen, noch mangels einer Flotte, von der See absperren und aushungern. Vor September 739 zog er ab und nach *Pavia* zurück. Sofort drang Transamund wieder in sein Herzogtum ein: die Byzantiner des ducatus Romanus unterstützten ihn, da er versprach, die vier von Liutprand eroberten Städte dem dux (oder dem Papst) zurückzugewinnen. Bald fielen ihm auch die meisten Bürger in seinem Herzogtume zu. Gegen Ende des Jahres zog er wieder in Spoletum selbst ein, Hilderich wurde getötet. Auch Benevent focht damals gegen Liutprand. Doch zögerte Transamund, die vier Städte dem König zu entreißen, der einen neuen Angriff auf Rom vorbereitete und sich durch die Fürbitte seiner eigenen Bischöfe, deren Vermittlung der Papst nun anrief, schwerlich hätte abhalten lassen. Da starb Gregor III. (November 741), und sein Nachfolger, ein höchst milder und sanfter Mann, *Zacharias*, von griechischer Abkunft und Klugheit, beschloß alsbald, die bisherige Parteistellung des römischen Stuhls völlig zu wechseln. Transamund, der jene vier Städte seinem Versprechen gemäß zu erobern nicht einmal versucht hatte, ließ er fallen, schickte eine Gesandtschaft nach *Pavia*, erbat und erhielt von dem König die Zusage der Rückgabe jener vier Städte und erwirkte als Gegenleistung, daß die Truppen des römischen Ducatus mit Liutprand gegen jenen Herzog auftraten, er zog selbst gegen Spoleto.[1] Da gab dieser jeden Widerstand auf und stellte sich freiwillig dem König, der ihn in ein Kloster schickte und an dessen Stelle seinen (des Königs) Neffen *Agiprand*, früher Herzog von *Chiusi*, setzte. Sofort wandte sich Liutprand gegen *Benevent*: hier war sein Neffe *Gregor* um das Jahr 738 erschlagen und zu seinem Nachfolger von der Gegenpartei ein gewisser *Gottschalk* erhoben worden, welcher bisher (738–742) stets mit Transamund und den anderen Feinden des Königs gemeinsame Sache gemacht hatte. Aber jetzt zog Liutprand von dem neu unterworfenen Spoleto heran, Gottschalk wurde, bevor er zu Schiff entfliehen konnte, von seinen Feinden erschlagen, und nun setzte (742) der König Romoalds inzwischen herangewachsenen Sohn, jenen *Gisulf* (II.) zum Herzog ein, den er mit einer edlen Langobardin, *Skauniperga*, vermählt hatte und in völliger Abhängigkeit von der Krone hielt. Da nun aber auch Liutprand mit der versprochenen Herausgabe der vier Städte zögerte, faßte der Papst den ebenso mutigen als klugen Beschluß, den Löwen in seiner Höhle aufzusuchen, d. h. zu König Liutprand selbst zu

---

1 Als er in der *Pentapolis* von der Stadt *Fanum* nach *Forum Sempronii* zog, fügten die Spoletaner, die sich mit den Römern verbündet hatten, seinem Heere in einem auf dem Wege liegenden Wald schweren Verlust zu. Der König übertrug Herzog *Ratchis* und dessen Bruder *Ahistulf* mit den *Friaulern* die Nachhut. Diese wurden von den Spoletanern und Römern angefallen und einige von ihnen verwundet; aber Ratchis mit seinem Bruder und andern besonders tapfern Männern hielt die ganze Schwere des Kampfes aus, sie stritten mannhaft, machten viele nieder und zählten, als sie mit ihren Leuten aus dem Streit kamen, nur wenig Verwundete. Ein ungemein tapferer Spoletaner, *Berto* geheißen, rief damals Ratchis beim Namen auf und stürzte wohlbewaffnet auf ihn los; Ratchis warf ihn sogleich mit einem Stoß vom Pferd, und als ihn seine Gesellen umbringen wollten, ließ er ihn mit gewohnter Mildherzigkeit entrinnen. Damals tötete auch Ahistulf zwei sehr tapfre Spoletiner, die ihn auf der Brücke von rückwärts angefallen hatten.

730   DRITTES BUCH · DIE IM FRÄNKISCHEN REICH VERSAMMELTEN GERMANEN

gehen. Das eben gebrauchte Bild enthält freilich arge Übertreibung, denn irgendwelche Gefahr lief der römische Bischof dabei durchaus nicht. Und der seelenkundige Grieche wußte genug von des Königs frommem Sinn und ehrfurchtsvoller Scheu vor der Kirche, um die völlige Unbedenklichkeit seines genialen Gedankens zu erkennen. Daß er an Leben, Leib, Freiheit geschädigt werden könne, wenn er, als Gast, freiwillig kommend, den König aufsuchte, war völlig ausgeschlossen. Das Schlimmste, was Zacharias widerfahren konnte, war Abweisung seiner Forderung. Und auch dies war höchst unwahrscheinlich. Vielmehr war mit Sicherheit darauf zu zählen, der ehrliche Sinn des Fürsten werde der Persönlichkeit des Papstes gegenüber dessen unmittelbarer, mit allen geistlichen Mitteln unterstützter Mahnung, ein Königswort einzulösen, nicht widerstehen können. Und so geschah es denn auch: zugleich aber bereitete die im höchsten Maß ehrfurchtreiche pietätvolle Behandlung, welche dem Papst vom Beginn bis zum Beschluß seiner Reise von König, Adel und Volksheer der Langobarden zuteil wurde, dem römischen Stuhl einen bedeutungsreichen Triumph. Zacharias zog an der Spitze eines großen Teils des römischen Klerus nach *Interamna* (*Terni*) im ducatus *Spoletanus*, wo Liutprand mit seinem Heere lagerte, der ihm sofort einen vornehmen Beamten (*Grimoald*) bis nach *Orte* entgegensandte, ihn bis *Narni* zu geleiten: in der festen Stadt wurde der Papst von einigen Herzogen mit deren Scharen begrüßt und Liutprand selbst zog ihm bis auf acht (römische) Meilen zwischen Narni und Interamna entgegen. Hier waren Adel und Heer um die *Basilika* des heiligen *Valentinus* zum feierlichen Empfang aufgestellt. Nach der Messe führte der König den Papst abermals eine römische Meile weit bis an dessen Zelt. Am folgenden Tag setzte Zacharias bei dem König in einer Unterredung alles durch, was er wollte, und was Transamund und früher Liutprand selbst zugesagt hatte. Denn nun schenkte der König die vier Städte mit deren Gebiet und Bewohnern einfach und unverhüllt der römischen Kirche: nicht, wie es früher wenigstens ausgedrückt, wenn auch nicht gemeint gewesen war, dem ducatus Romanus, d. h. dem Kaiser, ihrem frühern Herrscher. – Aber außerdem gab der König der römischen Kirche alles Land in der *Sabina* zurück, welches seit dreißig Jahren schon langobardisch gewesen war, und dazu noch das große Tal bei*Sutri*, endlich die Gebiete von*Ancona, Narni, Auximum* (Osimo) und *Numan*. Ferner wurden alle Kriegsgefangenen – Byzantiner und Römer –, welche Liutprand in *Tuscien* und jenseits des *Padus* (Po) festgehalten hatte, darunter sehr vornehme Männer und hohe Beamte, ohne Lösung freigelassen und schließlich dem römischen Stuhl und seinen Besitzungen für zwanzig Jahre Friede zugesagt. – Wahrlich, nicht ohne Berechtigung mochte die Lebensbeschreibung des Papstes rühmen, daß er „mit der Palme des Sieges nach Hause gekehrt sei." Die letzten Gründe dieser ganz erstaunlichen Zugeständnisse Liutprands sind gewiß in der frommen Gesinnung des Königs und der gewaltig eindringenden geistlichen Beredsamkeit, der zugleich klugen und ehrwürdigen Persönlichkeit des Papstes zu suchen. Freilich durfte sich Liutprand auch nicht in Widerspruch setzen gegen die sehr fromme Gesinnung seines Volkes, zumal es ihm an einer Gegenpartei nicht fehlte (siehe unten). Aber so schwach war seine Stellung doch nicht, daß er durch solche Schenkungen die Gunst des Papstes sich hätte erkaufen müssen. Nach allem, was wir von der Lage der Dinge wissen, war diese Nachgiebigkeit ein schwerer politischer Fehler: – immer vorausgesetzt, daß wir Liutprand den Gedanken einer Eroberung von ganz Italien als der Zukunftsaufgabe des Langobardenreiches beilegen, eine Idee, welche wir aber wahrscheinlich nur willkürlich in ihn und die meisten Langobardenkönige hineintragen. Alsbald sollte sich die Verderblichkeit jener Staatskunst der Schwäche nach anderer Richtung hin wiederholen, ihre üblen Folgen offenbaren. Liutprand versuchte im folgenden Jahre (742–743)

SIEBENTES KAPITEL · DIE LANGOBARDEN

St. Georgs-Basilika zu Rom.
Von Papst Leo II. erbaut, im 9. Jahrhundert von Papst Zacharias restauriert.

die Lähmung der byzantinischen Macht durch die Kämpfe zwischen Kaiser *Constantin* V, (*Kopronymos*), dem ebenfalls bilderstürmenden Nachfolger Leos III., und dessen Schwager, dem bilderschützenden *Artabados*, in neuen Angriffen auf *Ravenna* zu benützen. Seine Heere verwüsteten das Flachland des Exarchats, eroberten *Cesena*, bereiteten die Belagerung von Ravenna vor. Da wandten sich Exarch, Erzbischof und Volk von Ravenna an des Königs Freund, den Papst, mit der Bitte, durch seine Vermittlung Liutprand zur Umkehr zu bewegen. Wirklich schickte Zacharias Gesandte an Liutprand, welche ihm die Herausgabe von Cesena und Beendung der Feindseligkei-

732 DRITTES BUCH · DIE IM FRÄNKISCHEN REICH VERSAMMELTEN GERMANEN

ten ansannen, und da die Zumutung („mit schroffem Starrsinn", sagt die Biographie des Papstes) abgewiesen wurde, begab sich der Papst selbst von Rom nach dem bedrängten Ravenna, wobei es ohne Wunderzeichen nicht abging. Liutprand weilte nicht im Exarchat, sondern in Pavi. Ihn wollte der Papst aufsuchen. Der Weg von Rom nach Pavia führte durchaus nicht unmittelbar über Ravenn. Vielmehr war diese Abbiegung ein Umweg, eine Verzögerung. Daher muß den römischen Bischof hierbei ein besonderer Beweggrund geleitet haben. Es war gewiß die Absicht, Ansehen und Einfluß des Papsttums auch im Exarchat und in dessen Hauptstadt ganz außerordentlich zu erhöhen, indem Zacharias als der einzige Retter aus der Not langobardischer Bedrängnis erschien. Wenigstens wurde diese Wirkung auf das umfassendste erreicht. Exarchat und Volk von Ravenna empfingen den Papst wie einen Boten des Himmels, dem ja auch zum Schutz gegen den Sonnenbrand Gott eine Wolke von Rom bis zur *Basilika San Apollinare* vor Ravenna über dem Haupte schweben und ebenso auf der Reise nach *Pavia* feurige Heerscharen in den Wolken voraufziehen ließ. Der feine Grieche auf dem römischen Stuhl trachtete danach, für den Papst in Ravenna allmählich eine gleiche – zunächst geistliche und politische – Autorität zu gewinnen, wie sie in Rom schon längst tatsächlich bestand und an der sich hier wie dort auch rechtliche Gewalt, Rechte der Herrschaft emporbauen konnten. Nun ließ Zacharias durch Gesandte den König wissen, daß er alsbald bei ihm in Pavia eintreffen werde. Es macht fast humoristischen Eindruck, wie sich der Heldenkönig vor dieser bedrohlichen Annäherung des waffenloses Greises fürchtet. Hatte Liutprand doch zu seinem Schaden erfahren, wie wehrlos vielmehr er selbst dem beredten Einfluß dieses Priesters gegenüberstand, wie dieser ihm durch fromme Reden alles entriß, was er irgend wollte. Der König fürchtete sich vor dieser abermaligen persönlichen Begegnung. Er mißtraute nach den Erfahrungen des Vorjahres seiner eigenen Festigkeit. Und der Erfolg sollte lehren, wie vollbegründet solche Besorgnis war. Die vorausgeschickten Boten des Papstes erfuhren, daß die Langobarden in *Imola* von ihrem König beauftragt waren, die Reise des Papstes nach Pavia, nötigenfalls mit Gewalt zu verwehren: sie warnten Zacharias und mahnten ihn, einen andern Weg einzuschlagen. Der Papst soll darüber sehr erschrocken sein. Das ist glaublich, da ihm an dem Durchdringen bis zum König selbst alles gelegen war. – Wenn er aber wirklich äußerte, „er fürchte für sein Leben", so wird man solche Worte kaum für ernst gemeint halten dürfen: Liutprand fürchtet sich mit allem Grund viel mehr vor dem Papst, als dieser Ursache hatte, dem König Mordpläne wider das so hoch von diesem verehrte Oberhaupt der Kirche zuzutrauen.

Jedenfalls überwand Zacharias seine Besorgnisse, machte sich, unerachtet jener Warnung, auf den Weg und gelangte, den Maßregeln des Königs zum Trotz, nach PaviLiutprand, sehr ungehalten, und beunruhigt über diese abermalige Heimsuchung, deren Absichten ihm natürlich klar waren, weigerte sich, Krankheit (oder „Schmerz") als Grund angebend, die beiden Gesandten des Papstes zu empfangen. Als aber am 28. Juni 743 dieser selbst am *Padus* eintraf, wurde er von den vornehmsten Großen feierlich eingeholt und nach der Residenz begleitet, vor deren Toren sich die *ecclesia celi aurei* (*Ciel de' Oro*), von Liutprand gegründet, erhob. Hier feierte er die Messe und zog dann in die Stadt ein. Am folgenden Tage wiederholte er die Messe auf Einladung des Königs, der ihn hier vor den Toren zuerst begrüßte. Am 30. Juni erst wurde er in das „palatium" entboten, wo er, höchst ehrenvoll empfangen, sofort seine früheren Zumutungen eindringlichst wiederholte. Und der König – gab abermals nach. Wenigstens in allem wesentlichen: er versprach Einstellung der Feindseligkeiten und Rückgabe von $2/3$ des den Ravennaten abgenommenen Gebietes sofort, das letzte Drittel mit der Festung *Cesena* sollte am 1. Juni 744 zurückgegeben werden „nach Rückkehr der vom König nach Byzanz gesendeten Unterhändler." Wir wissen von dem Zweck dieser Gesandtschaft nichts; vielleicht sollte sie mit einem der beiden sich immer noch bekämpfenden Machthaber ein Bündnis gegen den andern anbahnen. Nachdem der Papst so wenn nicht alle, doch die meisten seiner Forderungen durchgesetzt, kehrte er, ehrenvoll vom Könige bis an den *Padus*, von mehreren Herzogen noch weiter begleitet, nach *Rom* zurück. Diese Herzoge bewirkten auch sofort die versprochene Räumung des ravennatischen Gebietes: „und *Ravenna* und die *Pentapolis*, von Bedrängnis befreit, sättigten sich, dank dem Papste, wieder

Kreuzgang in S. Giorgio Inganna-poltron im Policella-Tale bei Verona.
Ein Langobardenbau um 720.

an Korn, Wein und Öl." In Rom veranstaltete der Papst eine große kirchliche Feier, in welcher aber noch immer „Gottes Beistand angerufen wurde wider den Bedränger und Verfolger der Römer und Ravennaten, König Liutprand. Gott erhörte dies Gebet und rief den König noch vor jenem Termin (1. Juni) von der Welt, worauf alle Verfolgung zu hoher Freude der Römer und Ravennaten aufhörte." Wahrscheinlich ist dies so zu verstehen: – der Hinweis auf jenen Termin hat doch wohl diesen Sinn, – daß sich der König vorbehalten habe, Cesena und das letzte Drittel je nach der von seinen Gesandten aus Byzanz zurückgekehrten Antwort zu behalten, oder – nach seiner Wahl – für den einen oder den andern der Machthaber zwar als byzantinisches Gebiet anzusehen, aber selbst in Vertretung seines Verbündeten besetzt zu halten. Mag letztere Vermutung zu sehr in das einzelne sich wagen: – jene Verhandlung mit Byzanz, von der wir nur ganz gelegentlich erfahren, mußte von entscheidender Bedeutung für Liutprands Haltung gegenüber Papst und Exarchen werden. Die für ihn richtigste Staatskunst wäre gewesen, sich des einen byzantinischen Kaisers gegen den andern zu bedienen. Jedenfalls aber – und dies ist, soweit ich sehe, bisher nicht richtig erfaßt worden – bildete den Grund der Unzufriedenheit des Papstes mit dem

Erfolge seiner Sendung die Ursache, weshalb er nach der Rückkehr gegen seinen „Freund" und Verehrer Kirchengebete und öffentliche Bittgänge veranstaltete: gerade ein an jene Frist geknüpfter Vorbehalt des Königs, der also doch wenigstens für Cesena und das letzte Drittel seiner Eroberungen sich die Entscheidung vorbehalten hatte bis zur Rückkehr seiner Gesandten.

So erklärt es sich, daß die ganz einseitige Quelle (die „vita Zachariae") den doch so frommen König gewissermaßen als totgebetet darstellt und seine „Abberufung" noch vor der „gottlos" von ihm festgestellten Frist als eine ihn strafende oder doch Rom und Ravenna, in Erhörung der päpstlichen Gebete, rettende Wundertat Gottes. Das war der Dank der kirchlichen Auffassungen für die bis an begreifliche Schwäche streifende ehrerbietige Nachgiebigkeit des wackeren, aber nun auch schon sehr betagten Königs. Liutprand starb im Januar 744: er wurde bestattet in der *Basilika* des heiligen *Hadrianus* neben seinem Vater. Im zwölften Jahrhundert (1173 oder 1174) wurde die Leiche nach *Ciel de' Oro* übertragen. Seit dem Jahre 735 bereits hatte mit ihm zugleich sein Neffe *Hildeprand* (ältester Sohn von *Sigiprand*, s. oben) als Mitkönig gewaltet, welcher bei einer schweren Erkrankung Liutprands von einer Partei in sicherer Voraussetzung seines Todes, den sie in ihrer Ungeduld gar nicht erwarten zu können schien, in die Kirche *Sanctae Mariae* „bei den Stangen" (ad perticas) vor den Thron geführt und zum König erhoben worden war. „Aber auf den Speer", welchen sie dem neuen König „nach der Sitte" in die Hände gaben, flog ein Kuckuck, was weisen Männern vorzubedeuten schien: „die Regierung werde nicht frommen." Diese von Paulus Diaconus überlieferte Sage und das daran geknüpfte Urteil zeigt, daß nach richtiger Auffassung des Volkes dieser Schritt ein Unrecht war. Auch war Liutprand nach seiner Genesung über solche Vorschnelligkeit nicht erfreut und ließ sich nur gefallen, was er ohne Bürgerkrieg nicht ändern konnte. Denn freiwillig zurücktreten, fiel dem Neffen nicht ein. So urkundeten denn beide fortab zusammen als Könige. Schon vor diesem Gewaltstreich waren wiederholt Anschläge gegen das Leben des Königs geplant worden. Zuerst gleich nach seiner Thronbesteigung von einem Verwandten, *Rothari*, ein andermal von zwei Waffenträgern. In beiden Fällen vorher gewarnt,

Turm von S. Giorgio Inganna-poltron im Policella-Tale bei Verona.

bewies er hohen Mut. Paulus deutet aber an, daß er auch noch manchem andern ähnliche Schuld zu verzeihen hatte.[1]

Sind politische Beweggründe dieser Pläne zu suchen, so liegen sie wohl in dem Widerstreben der alten unbotmäßigen Adels-, zumal Herzogsgeschlechter gegen die verdienstlichste Richtung von Liutprands Regierung: nämlich die Befestigung des Königtums über dem gebändigten Adel, und die Unterwerfung der großen Herzogtümer. Wir wissen nicht eben viel von den Verwaltungsmaßregeln des Königs, dagegen können wir aus seiner Tätigkeit als Gesetzgeber manches seiner Ziele erkennen: so vor allem den Schutz des Rechts gegen Willkür der Richter, die schriftliche Feststellung ungewissen Gewohnheitsrechts. Eine Reihe von Edicta, auf den Reichstagen während seiner langen Regierung erlassen, hat das Langobardenrecht in höchst bedeutsamer Weise ergänzt, geändert, fortgebildet. Er verdient gewiß in vollem Maß das Lob, das ihm (fast) gleichzeitige Quellen als Krieger und Held, als frommen Christen, als tugendreichen Mann erteilen. Paulus erblickt in der wunderbaren Errettung des Knaben aus der Gefährdung seiner Sippe ein wohltätiges Wunder Gottes, welches den Langobarden diesen Mann erhalten wollte, der ohne Zweifel einer ihrer allerbedeutendsten Könige werden sollte. Auch die Sage hat ihn früh verherrlicht, die glaubwürdigste, weil unbestechlichste Bezeugerin des Dankes

Kapitell von den Säulen des Altar-Baldachins (Ciborium) in S. Giorgio Inganna-poltron im Policella-Tale bei Verona.
Laut Inschrift unter der Regierung Liutprands errichtet.

---

[1] Wie aber Liutprand sich im Reich befestigt hatte, wollte ihn *Rothari*, sein Gesippe, umbringen. Er richtete in seiner Wohnung in *Ticinus* ein Gastmahl zu und versteckte die stärksten Männer bewaffnet in seinem Hause, den König bei der Tafel ermorden zu lassen. Da das Liutprand hinterbracht wurde, ließ er ihn nach seinem Palast rufen und fand nun, indem er ihn mit der Hand anfühlte, daß er, wie ihm gemeldet worden war, einen Panzer unter seinem Kleide trage. Als Rothari merkte, daß er verraten sei, zog er alsbald einen Dolch heraus, um jenen zu durchstoßen. Dieser aber zog sein Schwert aus der Scheide. Einer der königlichen Leibwächter, mit Namen *Suto*, packte Rothari im Rücken, wurde aber von ihm an der Stirne verwundet. Dann sprangen aber auch noch andere auf Rothari los und machten ihn auf der Stelle nieder. Auch seine vier Söhne, die nicht zugegen gewesen waren, wurden, wo man sie fand, getötet. Es war aber Liutprand ein Mann von seltenem Mut: so ging er einst mit zwei Schildträgern, die, wie ihm gemeldet war, ihn zu ermorden beabsichtigten, ganz allein in den dicksten Wald. Hier zog er sein Schwert aus der Scheide, hielt es ihnen entgegen und rückte ihnen nun vor, daß sie ihn ermorden wollten, und forderte sie auf, es nun zu tun. Da warfen sie sich ihm zu Füßen und gestanden ihm ihr ganzes Vorhaben. Auch noch mit andern machte er es in ähnlicher Weise, sobald sie aber ihre Schuld eingestanden hatten, verzieh er ihnen ihr Verbrechen.

Partie aus dem Kreuzgang in S. Giorgio Inganna-poltron im Policella-Tale bei Verona.

eines Volkes. Über seine schwer erklärliche Schwäche gegenüber dem Papst und – mittelbar – auch gegen die Byzantiner wiederholen wir unser Urteil dahin: daß man ihm entweder den Gedanken der Eroberung von ganz Italien absprechen oder seine Ehrerbietung gegen die Kirche als hauptsächlichen Beweggrund für schwere Verfehlungen des Gealterten betrachten muß. Es ist ja möglich, daß auch rein staatliche Gründe mitgewirkt haben: die Erkenntnis seiner Schwäche, die Furcht vor Gegenparteien, vor dem Widerstand der Großen, welche bei einem schroffen, dauernden Streit mit der Kirche das fromme Volk gegen die gottlose Krone empört haben möchten, auch Rücksicht auf etwaiges Eingreifen der *Franken*, falls der Kirche ihre weltliche Stellung mit Gewalt entrissen worden wäre: – obzwar das gute Einvernehmen mit *Karl Martell* und dessen Sohn[1] hiegegen ausreichend zu sichern versprach.

Jedesfalls wissen wir viel zu wenig von diesen staatlichen Verhältnissen, um mehr als ziemlich unbestimmte Vermutungen an sie knüpfen zu können über Beweggründe für die hierin befremdende Handlungsweise des bedeutenden Herrschers.

Wir haben die Geschichte (und Sage) der Langobarden bis auf *Liutprand* großenteils in des trefflichen Paulus eignen

Münzen von König Liutprand.
Gold, Originalgröße. Berlin, kgl. Münz-Cabinet.

Worten erzählt; er brach hier ab, vermutlich weil er, einerseits ein treuer Anhänger von *Arichis* von *Benevent*, des Eidams des letzten Langobardenkönigs langobardischen Stamms, andererseits ein dankbarer Genosse der Akademie des großen Karl, nicht ohne inneren Widerstreit die Ereignisse der letzten Jahrzehnte hätte erzählen können.

Wir haben dieselben – nur sehr mangelhaft sind wir darüber unterrichtet – im wesentlichen bereits in der Geschichte der Franken dargestellt (III, S. 865 f.): es ist daher hier nur Weniges nachzutragen.

Schon sieben Monate nach Liutprand (Januar 744) starb dessen Neffe *Hildiprand*, Sohn *Sigiprands*, welchen jener vor neun Jahren (735) als Mitherrscher angenommen hatte. Sein Nachfolger wurde *Ratchis*, der bisher als Herzog von *Friaul* tapfer gegen *Avaren* und *Slawen* gekämpft hatte. Er war den Römern geneigt, seine Gemahlin *Tassia* stammte aus Rom; er schloß denn auch bald auf Bitten des Papstes *Zacharias* einen Frieden auf 10 Jahre. Allerdings brach er denselben und belagerte *Perugia*, aber da machte sich Papst *Zacharias* (741–752) selbst auf, den Bedränger in seinen Zelten aufzusuchen, eingedenk, wie erfolgreich derselbe Schritt gegenüber Liutprand gewesen.

Und wirklich erschütterte den König die Beredsamkeit und das ganze Wesen des heiligen Vaters so mächtig, daß er nicht nur die Belagerung der Stadt und den Krieg wider „Sanct Petrus" aufgab, sondern bald darauf dem Thron und der Welt entsagte (749). Dies scheint freilich nicht ganz freiwillig geschehen zu sein. Seine Hinneigung zu den Römern – bei seiner Vermählung mit der Römerin hielt er die Vorschriften des Langobardenrechts nicht ein, schenkte auch Römern in römischer (statt in langobardischer) Rechtsform – verstimmte die Kriegspartei unter den Langobarden. Schon drohten ihm feindselige Verbindungen in Oberitalien, als er Herzog *Lupus* von *Spoleto* aufsuchte und – auf Tassias Wunsch – das Kloster des h. *Sylvester* auf dem *Sorakte*. Während dieser Abwesenheit wurde sein kriegseifriger Bruder *Ahistulf* = *Aistulf* zum Gegenkönig ausgerufen (Juli 749), Ratchis gab jeden Widerstand auf, ging mit Frau und Tochter nach *Rom* und trat dann unter dem Segen des Papstes in das Kloster des h. *Benedikt* zu *Monte Casino*, welches vor kurzem auch *Karlmann* aufgenommen hatte (III, S. 851).

Der Reichstag zu *Pavia* (März 750) erklärte alle Schenkungen des Ratchis und

---

1 III, 814.

738 DRITTES BUCH · DIE IM FRÄNKISCHEN REICH VERSAMMELTEN GERMANEN

seiner Gattin, welche nach Aistulfs Erhebung ausgestellt worden (zumal an Kloster Sorakte) für ungültig, falls sie letzterer nicht ausdrücklich anerkenne. Aistulf erneuerte schon 751 den Angriff auf den Exarchat: und wirklich gelang ihm, den Exarchen *Eutychius* zu vertreiben und sich *Ravennas* selbst zu bemächtigen. Den zweiten Jahrestag seiner Herrschaft (Juli 751) feierte er bereits im Kaiserpalaste zu Ravenna, schon 750 besaß er den größten Teil des Exarchats, der Erzbischof von Ravenna wohnte dem langobardischen Reichstag vom 1. März 750 bei. Nicht auf Ausraubung, auf Einverleibung des noch byzantinischen und des römischen Gebietes der Halbinsel ging des Königs staatsmännischer Plan; er forderte Anerkennung seiner Gerichtsbarkeit und Finanzhoheit in den besetzten Städten. Ein Großes war erreicht.

Im folgenden Jahre (752) führte er das Heer in den *ducatus Romanus*. Auch in den Herzogtümern *Benevent* und *Spoleto* machte der kraftvolle König die Rechte der Krone geltend. Lupus von Spoleto, des Ratchis ergebenen Anhänger, scheint er abgesetzt und – sehr weise – nicht durch einen Nachfolger ersetzt zu haben; in Benevent beließ er zwar *Liutprands* Neffen *Gisulf*, dann dessen Witwe *Skauniperga* und deren Sohn *Liutprand*, aber der König übt auch hier die oberster Gerichtsbarkeit, und er zwingt auch in der Folge die Aufgebote beider Herzogtümer, mit dem übrigen Heer des Reichs gegen Rom zu ziehen (756). Auf Bitten des Papstes *Stephan II.* (26. März), 752–757, des Zacharias Nachfolger, schloß er (Juni 752) Frieden auf 40 Jahre, aber schon nach 4 Monaten, Oktober, brach er ihn wieder. Der Papst suchte vergeblich, durch eine Gesandtschaft mit Geschenken und Bitten die Gefahr abzuwenden. Schon im März stand Aistulf im Ducatus, im Oktober in *Nepi*, im September 753 nahm er die Burgen in der Nähe Roms, so *Ceccano* bei *Frosinone*, Sankt Peter gehörig, nur 30 römische Meilen (30 000 Schritte) von Rom, erneuerte, unter schweren Drohungen Kopfgeld von den Römern heischend, den Kampf, wies eine neue Gesandtschaft des Papstes und eine Botschaft des Kaisers *Constantin Kopronymos*, welche des Papstes Bruder, der Diakon *Paulus* (später Papst *Paul I* 757–767) nach *Ravenna* begleitete, ab und fuhr fort, den Ducatus zu bedrängen (753). Weiter als jemals früher schien das langobardische Königtum vorgeschritten in der Lösung all' seiner Aufgaben – gegenüber *Ravenna, Rom* und den *Grenzherzogen* – da trat ihm jene Verbindung des Papsttums mit der *arnulfingischen Frankenmacht* entgegen, jene verhängnisvolle Tatsache von höchster Bedeutung, deren Wucht es erliegen mußte. Es folgten nun die bereits dargestellten Verhandlungen Stephans mit *Pippin*, die Reise zu Aistulf und, da das wiederholt bewährte Mittel päpstlichen Besuches bei diesem nichts half, jene Fahrt über die *Alpen* zu dem Frankenkönig mit ihren weltgeschichtlichen Folgen. Wir haben die Pippinische Schenkung und die beiden Feldzüge von 754 und 756 bereits erörtert. Als Aistulf durch einen Sturz auf der Jagd den Tod gefunden (Nov. oder Dez. 756), wurde *Desiderius*, Herzog von *Tuscien*, sein befreundeter *comes stabuli* (marpahis) zum König der Langobarden gekoren; er sollte der letzte des *Alboinschen* Reiches sein.

Seine Thronfolge wurde anfangs nicht ungefährlich bestritten; *Ratchis* trat aus dem Kloster in die Welt zurück und nahm die Krone wieder in Anspruch: wir erfahren nicht aus welchen Gründen –; er fand Anhang, ja von Dezember 756 bis März 757 behauptete er sich im Besitze des Königspalastes zu *Pavia*, auch in *Tuscien*, wo doch Desiderius seine Hauptmacht sammelte, erkannte ihn der Bischof von *Pisa* noch März 757 an. Aber Desiderius gewann für sich den Papst und Pippins Gesandten *Fulrad* durch eidliches Versprechen, alle Wünsche des Papstes zu erfüllen, worauf der Papst, besonders durch Fulrad, Ratchis zur Rückkehr in das Kloster bewog. Allein das Verhältnis zu dem heiligen Stuhle trübte sich bald; Desiderius

Langobardenbau in Spoleto: Fassade der Peterskirche.

Bleisiegel (gefälscht) Papst Pauls I.
Nach einem Gipsabguß im kgl. Geh. Staatsarchiv zu Berlin.

hielt dem neuen Papst Paul I. (757–767) nicht die dessen Bruder erteilten Versprechungen. Der Papst unterstützte nun die wieder einmal empörten Herzöge von *Benevent* und *Spoleto*, worauf Desiderius in den von Pippin dem Kirchenstaat geschenkten *Exarchat* einfiel und sich gegen Papst und Pippin – so seltsam hatte sich die Stellung der Widerstreitenden verschoben! – mit *Byzanz* in Verbindung zu setzen suchte. Pippin zwar lehnte noch die flehentlich erbetene Waffenhilfe ab, er vermittelte nur durch Gesandtschaften. Wie sich dann aber durch *Karl den Großen* die Geschicke des Langobardenreiches erfüllten, ist bereits dargestellt worden.

Von *Verfassung und Recht*[1] des Reiches muß hier folgender kurzer Abriß genügen. Langobardisches Volksrecht wurde zuerst aufgezeichnet, umgestaltet und weiter gebildet unter und durch König *Rothari* im Jahre 643; der Entwurf des „Edictus"[2] wurde von Adel und Volk nach altgermanischer Sitte durch Zusammenschlagen der Speere (Geer, Gaire-things) feierlich gutgeheißen. Mit Grund hat man Rotharis Gesetz das vorzüglichste der „Stammesrechte" genannt.

Es ist eine gewisse Gliederung der Stoffe wahrnehmbar:[3] I. 1–152 Vergehen gegen Staat oder König, gegen Personen (43–128 Wundbußen an Freie, Halbfreie, Unfreie, ministeriales, servi rusticani). II. Erbrecht, Familienrecht, Freilassung (153–226). III. Schuldrecht, Sachenrecht, Vergehen gegen Vermögen, Beweis. IV. Anhang: Verschiedenes.

Unerachtet der Bekanntschaft mit dem römischen Recht – als Vorwort wird sogar eine Novelle Justinians verwertet – ist doch der Inhalt fast ganz ausschließend germanisch, in scharfer, genauer Ausdrucksweise; zahlreiche langobardische Rechtsbegriffe sind in der Volkssprache eingefügt; der Kirche wird nicht viel gedacht, der Römer nur einmal: diese lebten in rein römischen Fällen nach römischem Recht, in gemischten sollte, scheint es, wie in rein langobardischen, der Edictus angewendet werden. Dafür spricht doch – was noch nicht erkannt ist – entscheidend, daß für die *Griechen* im Herzogtum *Benevent* Auszüge in griechischer Übertragung gefertigt wurden. Diese hatten doch nur unter obiger Voraussetzung für die Griechen (und Römer) Wert! Neue Nachträge von *Grimoald* (668) zeigen zum Teil Einfluß des römischen Rechts (sogenanntes Repräsentationsrecht der Söhne vorverstorbener Söhne). Viel zahlreicher sind die Ergänzungen *Liutprands* (713–735), in 15 Jahren als 15 „volumina" gefaßt, nicht so knapp und klar wie der Edictus, breiter, mit Angabe der Beweggründe, mit Rücksicht auf vorgekommene Fälle und unter starkem Einfluß des Katholizismus

---

1 Ed. *Bluhme*, Monumenta Germaniae historica Legum IV, 2; auch Octavausgabe, Hannoverae 1870. – v. *Savigny*, Geschichte des römischen Rechts im Mittelalter II. (Heidelberg 1834.) – *Türk*, Forschungen auf dem Gebiet der Geschichte IV. (1835.) – *Merkel*, Geschichte des Langobardenrechts (1850). – Pertile, storia del diritto Italiano I. – Pasquale del Giudice, le tracce di diritto Romano nelle leggi Langobardi I. Editto di Rotari (1886). – *Brunner* I, 368. Schröder I, 231.
2 *Tacitus*, Germania c. 13.
3 *Brunner* I, 309.

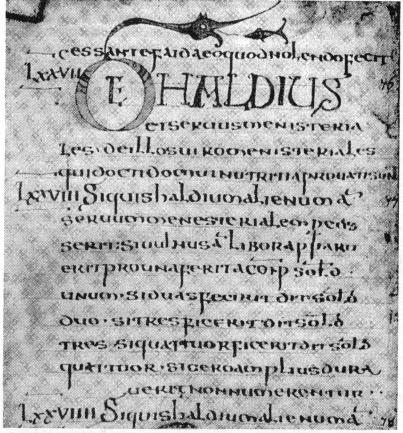

Faksimile aus der Handschrift des Edictum Rotharis; St. Gallen, Stiftsbibliothek, cod. 730.

Transkription und Übersetzung.

LXXVII. De haldius et servus menisteriales. de illos viro menisteriales, qui docti domui nutriti aprouati sunt.
LXXVIII. Si quis haldium alienum aut servum menesterialem percusserit, si vulnus aut libor apparuerit, pro una ferita conponat sol. unum, si duas fecirit, dit solidos duo, si tres ficerit, dit solidos tres, si quattuor ficerit, dit solidos quattuor, si vero amplius duraverit, non numerentur.

77. Von den Italienern (d. h. dem unterworfenen Volke) und den Sklaven der Ministerialen, und von jenen, welche im Hause gelehrt, genährt und erzogen werden.
78. Wenn einer einen fremden Italiener oder den Sklaven eines Ministerialen verwundet hat, wenn die Wunde schwer ist, soll er für eine Wunde einen Schilling, wenn er zwei zugefügt zwei, wenn drei, drei, wenn vier, vier Schillinge zahlen. Betragen die Wunden mehr, so werden sie nicht weiter gezählt.

(der Papst heißt: „das Haupt der Kirchen Gottes und der Priester in der ganzen Welt"), auch, wenigstens im Urkundenwesen, des römischen Rechts. Sehr merkwürdig ist die Rechtssprechung und die scharfe, die Begriffe zergliedernde Auslegung des älteren Rechts, z. B. die besondere Bedrohung der Zusammenrottung von *Weibern*, weil dieser Fall nicht unter die Bestimmungen des Edictus über hari-skild und Zusammenrottung von Bauern falle, welche nur von *Männern* handeln. Wenn man aber mit vollem Recht bei den Langobarden mehr Begabung für das Recht, Rechtsgestaltung, Rechtsauslegung als bei andern Germanen bemerkt hat, ist doch wohl daran zu erinnern, daß

742 DRITTES BUCH · DIE IM FRÄNKISCHEN REICH VERSAMMELTEN GERMANEN

der Einfluß der Römer, die volkstümliche Begabung und der Eifer der Italiener hierfür nicht ohne Bedeutung war, wenn auch keineswegs der *Inhalt* des römischen Rechts früh oder stark in das Langobardenrecht eindrang. Weitere Zusätze erhielt der Edictus durch *Ratchis* (746) und *Aistulf* (755). Außer diesen auf den Reichstagen erlassenen Gesetzen sind königliche Verordnungen erhalten von *Liutprand* über die actores der königlichen villae, von *Ratchis* über Fremdenüberwachung und Paßzwang, von *Aistulf* (745/6) über den Krieg mit Rom (750); eine private Aufzeichnung ist das *memoratorium Comacinorum*, d. h. über die besonders häufig am *Comersee* wohnenden Zimmerleute und Bauhandwerker und deren Verhältnisse.[1]

Die Ähnlichkeit des langobardischen Rechts mit dem *sächsischen*, obzwar die Langobarden in Stamm und Sprache zu den Ober-, nicht zu den Niederdeutschen zählen, erklärt sich aus der Nachbarschaft mit den Sachsen in den alten Sitzen der Langobarden an dem Unterlauf der *Elbe*, wohl auch aus dem Nebeneinander von Sachsen und Langobarden in Italien. Dagegen die Übereinstimmung mit dem nordgermanischen Recht ist, sofern sie nicht auf gemein-germanisches, das bei andern Stämmen erloschen oder nur nicht aufgezeichnet und uns nicht überkommen ist, doch nur daraus zu erklären, daß jene Germanen, welche von Süden nach Norden, also von den Küsten der *Nord-* und *Ostsee* nach *Skandinavien* auswanderten, was eine andere germanische Einwanderung von Osten nach Westen (aus *Finnland*) durchaus nicht ausschließt, denjenigen Elbe-Germanen, welche diese Wanderung nicht teilten, wahrscheinlich nahe verwandt und jedesfalls jahrhundertelang nahe benachbart gewesen waren.[2]

Von der *Verfassung* des Langobardenreiches sei hier nur das folgende hervorgehoben.

Die Einwanderung war vom Nordosten her geschehen in die damals sogenannte „*provincia Venetia*", von da aus erfolgte allmählich die Ausbreitung in den Süden und Westen der Halbinsel. Diese Ausbreitung geschah nur sehr langsam. Jahre dauerte es, bis *Ticinum* (*Pavia*) bezwungen werden konnte; es wurde zur Hauptstadt des jungen Reiches erhoben und blieb das bis zu dessen Untergang. Es war wohl die geringe Zahl der Einwanderer, von denen die Sachsen sich schon sehr bald wieder trennten, was diese zögernde Ausdehnung erklärt. Dazu kam aber der Mangel an einheitlicher zielbewußter Leitung der kriegerischen Kraft, wie sie etwa *Chlodovech* in fester Faust geführt; der König hielt die mächtigen Herzöge von *Friaul* und *Trient*, später dann die von *Spoleto* und *Benevent* nicht straff genug in der Hand. So zersplitterte sich die ohnehin nicht speerereiche Macht in den törichten Raubzügen über die *Alpen* in das *Frankenreich* hinein, welche gleich von Anfang diesen übermächtigen Nachbar reizen, in Feindschaft und zur Wiedervergeltung treiben mußten, ohne daß irgend eine rechtfertigende Ursache vorlag. Denn von einem Ausbreitungsbedürfnis kann gar keine Rede sein, die Einwanderer waren so wenig zahlreich, daß wir mit Staunen vernehmen, daß noch sechs Jahre nach ihrer Ankunft die Veste *Susa* noch in den Händen der Byzantiner war und die kleine Insel im *Comersee*, obwohl die dorthin geflüchteten Schätze locken mußten, unbezwungen, ja unangegriffen blieb. So ist es denn den Langobarden in zwei Jahrhunderten nicht gelungen zu erreichen, was den Söldnern *Odovakars* in einem Jahre, den *Ostgoten* in fünf Jahren gelang, sich der ganzen Halbinsel, auch *Ravennas* und *Roms*, geschweige auch der zugehörigen *Inseln* zu bemächtigen. Ein Hauptgrund dieses Unerfolges war, wie wiederholt bemerkt, die kaum

---

1 Über die langobardische Gesetzgebung unter fränkischer Herrschaft s. oben.
2 Ähnlich auch *Brunner* I, 374.

SIEBENTES KAPITEL · DIE LANGOBARDEN   743

begreifliche Torheit, daß die Langobarden niemals auch nur daran dachten, sich eine Kriegsflotte zu schaffen, wie sie *Odovakar* und *Theoderich* besessen. Eine Halbinsel, zumal von der Gestaltung der *Apenninischen*, mit der Lage ihrer beiden festen, zu Lande damals unbezwingbaren Hauptstädte an *Tiber* und *Po* und an beiden Meeren, kann man aber nur durch Mitwirkung einer Seemacht erobern und – verteidigen. In unglaublicher Verblendung liefern die Langobarden ihren greulichen avarischen Plagegeistern Schiffsbauholz und Schiffsbaumeister, sich selbst aber fertigen sie nicht einmal so viel Segel als erforderlich sind, den Hafen *Classis* von *Ravenna*, ja, auch nur soviel, um den *Tiber* oder den *Tessin* zu sperren. Wiederholt sehen sie zu, wie die Päpste den Fluß hinab jene eilenden Boten in das Frankenreich senden, welche die Arnulfinger und das Verderben über die Langobarden herbeirufen.

Sie *versuchten* es nicht einmal, die Vesten Rom und Ravenna vom Meer abzusperren, ihnen die Zufuhr zur See und den byzantinischen Entsatz abzuschneiden, sie durch Hunger zur Ergebung an das belagernde Landheer zu zwingen, wie das *Alarich* Rom, *Theoderich* Ravenna gegenüber gelungen war. Abgesehen von der Ohnmacht der Könige, dem häufigen Wechsel des königlichen Geschlechts und der Unbotmäßigkeit der vier mächtigen Gränzherzöge muß man doch auch annehmen, sogar den kräftigsten dieser Herrscher schwebte der Gedanke der Eroberung der ganzen Halbinsel keineswegs so klar, so dauernd als Notwendigkeit vor, wie wir – durch die Geschichte belehrt – das wohl anzunehmen geneigt sind. Wir können freilich behaupten, daß, wenn Rom und Ravenna nicht langobardisch wurden, Langobardien byzantinisch, päpstlich oder fränkisch werden mußte.

Rom, der Exarchat von Ravenna und die Südspitze der Halbinsel blieben unbezwungen.

Die Langobarden in Italien und die *Vandalen* in *Afrika* sind – unseres Wissens – die einzigen Germanen, welche ihre Reiche auf altrömischem Boden ohne irgendwelchen Vertrag mit einem Kaiser, Statthalter oder der Einwohnerschaft lediglich als Eroberer begründet haben. So geschah denn das erste Eindringen und auch die erste Niederlassung sehr gewaltsam: gar viele vornehme, reiche Römer, welche sich durch die Flucht in den Süden nicht retten konnten oder wollten, wurden erschlagen, kriegsgefangen, also verknechtet, ihre „possessiones", wie selbstverständlich die des römischen Fiskus, als erobertes Land vom König und dem Volksheer angeeignet. Das gleiche Geschick aber traf auch die Stadtgemeinden: wohin die Eroberer drangen, da hoben sie die städtische Verfassung auf: das war aber ein ganz besonders harter Schlag: die ganze antike, zumal auch römisch-italische Kultur und das Kulturleben beruhte auf der Stadt, war ein städtisches.[1]

Auch ihre Ländereien verfielen der Verteilung, schlimm erging es im Anfang auch den Kirchen und Klöstern, sowie den einzelnen Priestern bis gegen Mitte des 7. Jahrhunderts: die Einwanderer waren zum Teil noch Heiden, zum größern Teil aber – und das war noch viel bedrohlicher – *Arianer*, von Erbitterung gegen die Katholischen beseelt und begierig, die Verfolgungen ihrer Glaubensgenossen durch die Rechtgläubigen zu rächen: gerade damals (568–588) tobte der Kampf der katholischen *Spanier, Sueben, Byzantiner, Franken* gegen die arianischen *Westgoten*. So wur-

---

1 Irrig nahm *v. Savigny*, Gesch. des röm. R. im M.-A., Fortdauer der römischen Stadtverfassung unter den Langobarden an: sonder Unterbrechung sollte die Verfassung der lombardischen Städte des 11. Jahrhunderts aus der alten Municipalverfassung hervorgewachsen sein: das haben schon *Bethmann-Hollweg* und *Hegel* widerlegt: die fortdauernden collegia waren nicht die curiae, sondern Handwerker- und sonstige Gilden.

744   DRITTES BUCH · DIE IM FRÄNKISCHEN REICH VERSAMMELTEN GERMANEN

den denn die Priester natürlich nicht geschont, die Kirchen geplündert, die Ländereien derselben von der Krone eingezogen oder verteilt.

Weiter aber darf man nicht gehen: von einer wirklichen „*Verknechtung*" aller Römer im Reich ist nie, auch in den Stürmen der ersten Jahre nicht, die Rede gewesen. Auch geschahen die späteren Ausbreitungen – auch noch in der heidnischen und arianischen Zeit – nicht mehr gewaltsam. Es kam vielmehr jetzt zu einer geordneten Landteilung nach den uns bereits bekannten Grundsätzen der hospitalitas: der römische hospes wurde aber nun sehr oft nicht gezwungen, dem langobardischen ein Drittel *des Eigentums* an der „possessio" selbst abzutreten: vielmehr begnügten sich die Langobarden – bei dieser *späteren* Ausbreitung – regelmäßig mit jener älteren und für die Römer minder drückenden Gestaltung der hospitalitas, wonach statt des Eigentums an Grund und Boden nur die *Früchte* den Gegenstand der Teilung und Abtretung – 1/3 an den Langobarden – bildeten. Und da tatsächlich – wie schon seit vielen Jahrhunderten – die Weise, in welcher die römischen possessores ihre Landgüter verwerteten, darin bestand, daß sie dieselben an *Colonen* zur Bewirtschaftung verliehen – persönlich freie, aber an die Scholle gebundene, zinspflichtige, in sogenannter colonia partiaria, in welcher der Früchte diese *Colonatverhältnisse* zum Gegenstand der Teilung unter den hospites gemacht, so daß dem Langobarden der seiner hieraus folgenden Ansprüche gegen die Colonen, abgetreten wurde. Daher erklärt es sich auch, daß wir so häufig Langobarden in den *Städten* lebend finden: es war nicht notwendig für sie, auf dem Lande zu wohnen und selbst den Acker zu bestellen: ihre Colonen hatten ihnen den vertragsmäßigen Teil des Ertrags – in Früchten oder in Geld – abzuliefern. Indessen: in vielen Fällen eignete der Langobarde solche „*tertiae*" an Früchten oder an Colonatverhältnissen *neben* dem Grundstück, das er als ursprüngliche sors zu eigner Bebauung bei der ersten Ansiedlung zumal in den Zeiten gleich nach der Einwanderung – also im Norden, Osten und Nordosten der Halbinsel: *Venetien, Friaul* (so die fara des *Warnefrid*), *Istrien, Oberitalien* bis gegen *Tuscien* hin – erhalten hatte.

Abgesehen also von den im Kriege gefangenen (nicht ausgelösten) und daher verknechteten Römern blieben die Römer persönlich frei und lebten in rein römischen Fällen (bis 643 auch in gemischten Fällen) wohl (nach dem Grundsatz der persönlichen Rechte) nach dem römischen Recht und zwar nach den *Justinianischen* Gesetzen, welche nach Vernichtung des *Ostgotenreiches* auch in Italien waren eingeführt worden. Die Langobarden lebten in rein langobardischen nach langobardischem Recht: – in gemischten Fällen hat man sich bis 643 vermutlich durch ähnliche Unterscheidungen beholfen, wie z. B. auch im Franken- und Burgunderreich – seit 643 in den Fällen beider Arten nach dem Edictus und dessen Zusätzen.

Es wurde – wie auch sonst in diesen Reichen – den Römern ein *Wergeld* zugebilligt, der *Fehdegang* aber verboten. Die Verschmelzung von Römern und Langobarden zu dem Mischvolke der „*Lombarden*" – selbstverständlich nur da, wo die Germanen in dichterer Menge siedelten – wurde erst ermöglicht, als die Einwanderer allmählich ca. 625–650 das katholische Bekenntnis annahmen: nun war die *Ehegenossenschaft* hergestellt und der Hader der Bekenntnisse aus dem Wege geräumt; die Frau tritt in das Recht ihres Mannes ein, aber selbstverständlich muß der Römer, der eine Langobardin heiratet, deren bisherigem *Mundwalt* die *Mundschaft* durch den *Mundschatz* ablösen.

Was die Stände betrifft, so ist auch bei den Langobarden *alter Volksadel* sicher bezeugt: diese Edelfreien bilden die oberste Schicht der Gemeinfreien, der (*harimanni* = exercituales) „Heermänner", unter diesen stehen *Freigelassene* verschiedner Abstufung, auch die *Aldionen*, ungefähr den *liten* andrer Völkerschaften entsprechend, und *unfreie* Knechte und Mägde.

SIEBENTES KAPITEL · DIE LANGOBARDEN

Bei den *Römern* bestanden selbstverständlich die Standesverhältnisse fort, wie wir sie unter *ostgotischer* Herrschaft geschildert: lagen doch nur 13 Jahre zwischen dem Untergang der Goten und der Einwanderung der Langobarden: also „*senatorische"* Geschlechter, dann in den Städten für ihre „*Patrone"* arbeitend in Handel und Gewerk, aber auch auf dem flachen Lande.

Ganz wie bei den *Franken* tritt auch hier der alte Volksadel allmählich zurück oder geht vielmehr in dem neuen *Dienstadel* auf, der sich auf den gleichen Vorzügen (*Königsamt, Königsland, Königsdienst* im *palatium*) aufbaut. Aber freilich mit einer verhängnisvollen Ausnahme: in den *Herzogen*, die erblich zu werden trachten, erhalten sich einige alte Adelsgeschlechter, oder es machen sich doch die von den Königen eingesetzten neuen dienstadeligen Sippen alsbald von der Krone so unabhängig, daß sie aufhören, Dienstadel zu sein, vielmehr starke, bald erbliche Fürstengeschlechter werden, selbständig durch Grundbesitz, zahlreiche Abhängige, auch durch Geld mächtig genug, dem König zu trotzen: die Bändigung dieser herzoglichen Gewalten war die wichtigste Aufgabe des langobardischen Königtums, nur vorübergehend wurde sie – von *Liutprant* und *Aistulf* – gelöst: es hat das Herzogtum *Benevent* das Königtum noch überdauert. Die langobardischen Herzöge nehmen ihrem Könige gegenüber eine Stellung ein, wie etwa die rechtsrheinischen des 7. Jahrhunderts gegenüber den merovingischen, die deutschen des 10. und 12. Jahrhunderts gegenüber dem Deutschen König.

Allmählich zog sich nun aber die Unterscheidung von *potentes, sequentes, minores* (= *primi, medii, infimi* oder *potentiores, mediani, viles* [=*pauperes*]) lediglich nach dem Reichtum durch die beiden Völker, Langobarden und Römer, gleichmäßig hindurch, ganz ebenso wie wir dies bei *Goten, Franken, Burgundern* beobachtet, und zwar aus den gleichen wirtschaftlichen und gesellschaftlichen Gründen.

Die sogenannte „eiserne Krone" der Langobardenkönige.
Im Domschatz zu Monza.

Der König wird von und aus den Freien gekoren, tatsächlich stets aus einem der alt-edeln, oder doch amtsedeln Geschlechter. Er hat den Heerbann, Gerichtsbann, Polizeibann, Amtsbann, Finanzbann, die Kirchenhoheit, die Vertretung des Staates nach außen, über Krieg und Frieden entscheidet er tatsächlich auch meist allein: ein Recht des Reichstags oder Reichsheeres, hierbei mitzusprechen, ist kaum erkennbar. Verletzungen an Leib und Gut werden ihm mit zweifacher Buße gebüßt: der Landfriedensbruch ist mit 900 solidi bedroht: erhöhter Friede schützt (wie einst das Ding) so nunmehr den Palast des Königs, den Hin- und Herweg zu diesem, aber auch Kirchen und Städte. Hauptstadt ist *Pavia* (*Ticinum*): hier wird der Königshort bewacht. Seit *Authari* führt der König den Beinamen *Flavius* (s. die Westgoten). Die Macht der Krone liegt wesentlich in dem Krongut, aus welchem die „fideles" (das sind aber vor 774 nicht „Vasallen") Land geschenkt erhalten (aber vor 774 nicht als „beneficia"). Seine Gefolgen, *gasindi*, sind durch höheres Wergeld geschützt (wie die *Antrustionen* der *Merovinger*). Die wichtigsten Hof-, Palast- und Reichsbeamten sind der *Protonotarius*, der *Marpahis* (= mariskalk), der *Vestiarius, pincerna, store-saz*, auch ein *major domus* begegnet, gewiß desselben Ursprungs wie der vandalische, gotische, fränkische, d. h. römischen Namens für eine sowohl römische als germanische Sache: aber hier gewinnt der major domus nie hervorragende Bedeutung. Wer in diesem Reiche ehrgeizig nach Macht trachtete, der trachtete nach dem *ducatus*, dem Herzogtum. Denn diese, die duces, waren nach, neben, oft vor dem König die Gewaltigsten im Langobardenstaat: Empörung, Königsmord, Trachten nach der Krone, reichsverräterisches Bündnis mit Papst oder Kaiser waren nur zu häufige Frevel dieser Herzoge, die hierin den westgotischen und den merovingischen Großen sehr ähnlich sind.

Nicht in Grafschaften, *comitatus*, in Herzogtümer, *ducatus*, war regelmäßig das

Stadtmünzen von Mailand.
Gold, Originalgröße. Berlin, kgl. Münzcabinet.

Reichsgebiet geteilt: nur ausnahmsweise erscheinen in sehr großen Herzogtümern unter dem Herzog seltene Grafen in einzelnen Städten. Der König ernennt zwar kraft seiner Amtshoheit Herzoge, Grafen und Richter (*judices*): aber tatsächlich werden die Herzoge früh erblich. Das Gebiet eines Richters (*judiciaria*) war geteilt in *sculdasiae* unter je einem *skuldahisk*, der also unter dem Richter (judex) wie dieser unter dem Herzog steht (judex ist wohl zuweilen auch = comes). Unter dem skuldahisk stehen für die Verwaltung der Dörfer *decani* (= locopositi) römischen Ursprungs. Von Hundertschaften, Centenen, begegnet keine Spur, der decanus setzt also auch bei andern Stämmen durchaus nicht einen centenarius voraus. Sehr häufig aber verwalteten auf dem flachen Lande (ganz wie bei *Goten* und *Franken* und aus den gleichen Gründen) die „actoreres" königlicher villae, langobardisch „Gastalden", nicht nur die Krongüter, indem sie über deren unfreie, halbfreie und freie Insassen anstelle der öffentlichen Beamten – zunächst der decani – Gerichts-, Polizei- und Finanzbann übten – oft traten sie auch in den nicht zur villa gehörigen Nachbargütern in solcher Verrichtung an Stelle der decani: auch in den Städten lagen königliche Höfe (*curtes*), deren Gastalden dann sogar an Stelle des judex traten. Die Förster königlicher Wälder (lateinisch *saltarius*, von *saltus*, daher noch heute „Saldner", Weinberghüter in *Südtirol*) stehen hierin den Gastalden gleich. Die Herzoge, Grafen, Richter, Gastalden und saltarii sind zugleich Befehlshaber des Heeres, in welchem sehr bald, wenn vielleicht auch nicht schon in den ersten Jahren Alboins, auch die Römer zu dienen hatten: unerachtet des schroffen Gegensatzes, der im Anfang zwischen ihnen und den Einwanderern bestand, und obwohl zumeist gegen Römer und Byzantiner gekämpft wurde, zwang offenbar die geringe Zahl der Langobarden zu dieser Maßregel, die wir übrigens, mit Ausnahme der *Ostgoten* und vielleicht der *Vandalen*, in allen diesen Reichen antreffen. *Aistulf* stufte die Verpflichtung zur Bewaffnung nach drei Vermögensschichten ab: erste Schar: Schwerbewaffnete, mit Speer, Schild und Brünne, zweite Schar: ohne Brünne, dritte Schar: Leichtbewaffnete, Fernkämpfer mit Bogen und Pfeil ohne Schild und Brünne.[1]

---

[1] Reiche Literaturangaben und wertvolle Forschungen zur Langobardengeschichte finden sich in den soeben (Mai 1889) erschienenen „Studi di storia e diritto" von *Pasquale del Giudice*, Milano 1889.

Verzeichnis der Illustrationen

Im Text

13: Pfahlbau von Nieder-Wyl bei Frauenfeld in der Schweiz. (Mitteilungen der antiquarischen Gesellschaft zu Zürich. XIV. Bd.)

14: Pfahlbauansiedlung im Mooseedorfsee bei Bern. (Ebd. XII. Bd.)

47: Reichverzierter Schuh aus einem Stück Leder. (Die Altertümer unserer heidnischen Vorzeit. Nach den in öffentlichen und Privatsammlungen befindlichen Originalen zusammengestellt und herausgegeben von dem Römisch-Germanischen Zentralmuseum in Mainz durch dessen Direktor Dr. L. Lindenschmit.)

47: Schuh aus einem Stück Leder.

47: Sogenannter Totenschuh aus einem Sarg (Totenbaum) der alemannischen Gräber am Lupfen bei Oberslacht. (Ebd.)

48: Haarnadel aus Erz. (Ebd.)

48: Kamm aus Erz. (Ebd.)

52: Holzschaft für Beile. (Ebd.)

52: Spindelsteine aus Ton. (Klemm, Gustav, Handbuch der germanischen Altertumskunde.)

52: Pflugscharen oder Spaltkeile. (Lindenschmit, Die Altertümer unserer heidnischen Vorzeit.)

52: Hacke aus schwarzem Taunusschiefer. (Ebd.)

52: Axt aus Hirschhorn. (Ebd.)

52: Durchbohrter Eberzahn aus der Steinperiode. (Ebd.)

52: Halsschmuck von durchbohrten Tierzähnen. (Ebd.)

56: Einfache Handmühle für Getreide. (Ebd.)

58: Pfeilspitze aus lichtbraunem Feuerstein. (Ebd.)

58: Skramasachs von Erz. (1. Lindenschmit, Die Altertümer unserer heidnischen Vorzeit. 2. Klemm, Handbuch der germanischen Altertumskunde.)

58: Vorderseite eines Schildes von Erz. (Ebd.)

58: Beil von Bronze und Ger von Erz. (Klemm, Handbuch der germanischen Altertumskunde.)

58: Schildbuckel. Aus den fränkischen Gräbern bei Heidesheim. (Ebd.)

58: Innenseite eines Schildbuckels. (Ebd.)

58: Helm von Erz. (Lindenschmit, Die Altertümer unserer heidnischen Vorzeit.)

59: Langschwerter (Spatha). (Ebd.)

60: Äxte und Beile. (Ebd.)

60: 1. Lanzenspitze aus gelbbraunem Feuerstein.

60: 2. Lanzenspitze aus schwarzem Feuerstein.

60: 3. Pfeilspitze aus grauem Feuerstein.

61: Speere. (Lindenschmit, Die Altertümer unserer heidnischen Vorzeit.)

65: Oberfarrenstädter Grabhügel mit zwei Leichenkammern; aus Sandsteinplatten. (Klemm, Handbuch der germanischen Altertumskunde.)

66: Hünenbett im Amte Fallingbostel (Lüneburg). (Ebd.)

66: Grabhügel mit Spuren von Leichenbrand. (Ebd.)

66: Grabhügel mit Urnen im Inneren. (Ebd.)

67: Nähnadel aus Horn. (Ebd.)

67: Tongefäße. (1. 2. 4. Klemm, Handbuch der germanischen Altertumskunde. 3. Lindenschmit, L., Die Altertümer unserer heidnischen Vorzeit.)

67: Becken aus getriebenem Erz. (Lindenschmit, Die Altertümer unserer heidnischen Vorzeit.)

68: Tongefäße. (Ebd.)

69: Glasbecher aus fränkischen Gräbern. (Ebd.)

748 VERZEICHNIS DER ILLUSTRATIONEN

69: Trinkhorn; aus rotbrauner fester Erdmasse. (Klemm, Handbuch der germanischen Altertumskunde.)
70: Äxte. (1. 3. Lindenschmit, Die Altertümer unserer heidnischen Vorzeit. 2. Klemmn, Handbuch der germanischen Altertumskunde.)
71: Erzener Streitkolben. (Lindenschmit, Die Altertümer unserer heidnischen Vorzeit.)
71: Celt (Keil) aus Erz.
72: Eiserne Trense. Aus einem fränkischen Grab bei Heidesheim unweit Mainz. (Ebd.)
72: Meißel. (Ebd.)
73: Dolche aus Erz. Bei Gauböckelsheim in Rheinhessen gefunden. (Ebd.)
113: Erzener Hammer. (Klemm, Handbuch der germanischen Altertumskunde.)
113: Königsstäbe aus Erz. (Ebd.)
150: Kehrseite eines Denars des Julius Cäsar, mit einem Tropaeum von gallischen Waffen. (Gezeichnet nach dem Original im königl. Münzkabinett zu Berlin.)
152: Drei keltische Goldmünzen, Vorder- und Kehrseiten. (Gezeichnet nach den Originalen im königl. Münzkabinett zu Berlin.)
156: Situationsplan der Schlacht Cäsars mit Ariovist. (Entworfen und gezeichnet in F. Brockhaus' geographisch-artistischer Anstalt in Leipzig.)
157: Silbermünze mit dem Porträtkopf des Julius Cäsar. (Gezeichnet nach dem Original im königl. Münzkabinett zu Berlin.)
158: Cäsars Pfahlbrücke über den Rhein. (Napoleon, Geschichte Julius Cäsars.)
161: Silbermünze mit dem Porträtkopf des Augustus. (Gezeichnet nach dem Original im königl. Münzkabinett zu Berlin.)
171: Kampfszene von der Siegessäule Marc Aurels. (Gezeichnet von Carl Leonh. Becker nach Bartoli-Bellorius, Columna Cochlis M. Aurelio Antoni Augusto dicata.)
172: Relief von der Trajanssäule: ein unter den Römern gegen die Daken kämpfender Germane. (Gezeichnet von Carl Leonh. Becker nach Fröhner, la Colonne Trajane.)
176: Relief an der Siegessäule Marc Aurels: Bündnisschluß zwischen dem Markomannenkönig und einem anderen germanischen Fürsten. (Gezeichnet von Carl Leonh. Becker nach Bartoli-Bellorius, Columna Cochlis M. Aurelio Antonino Augusto dicata.)
177: Rückseite einer Silbermünze von Drusus dem älteren mit Darstellung germanischer Waffen. (Gezeichnet nach dem Original im königl. Münzkabinett zu Berlin.)
188: Römische Truppen beim Bau eines Kastells; Relief an der Säule Marc Aurels. (Gezeichnet von Carl Leonh. Becker nach Bartoli-Bellorius, Columna Cochlis M. Aurelio Antonino Augusto dicata.)
189: Kupfermünze von Achulla in Byzacene mit dem Bildnis des Varus. (Gezeichnet nach dem Original im königl. Münzkabinett zu Berlin.)
198: Zerstörung eines Dorfes; Relief an der Siegessäule Marc Aurels. (Gezeichnet von Carl Leonh. Becker nach *Bartoli-Bellorius, Columna Cochlis M. Aurelio Antonino Augusto dicata.*)
202: Relief von der Siegessäule Marc Aurels: Gruppe gefangener germanischer Frauen. (Ebd.)
213: Relief von der Siegessäule Marc Aurels: Germanische Schleuderer. (Ebd.)
220: Kupfermünze auf dem Triumph des Germanicus über die Cherusker, Chatten und Angrivarier im Jahre 17 n. Chr. (Gezeichnet nach dem Original im königl. Münzkabinett zu Berlin.)
221: Kupfermünze mit dem Porträtkopf des Tiberius. (Ebd.)
232: Goldmünze des Claudius mit Darstellung eines Triumphbogens. (Ebd.)
233: Gruppe sarmatischer Panzerreiter; Relief an der Trajanssäule zu Rom. (Gezeichnet von Carl Leonh. Becker nach den Phototypieen in Fröhner, la Colonne Trajane.)
247: Aus den Reliefs der Trajanssäule: das Nationalzeichen der Daken. (Ebd.)
258: Drei gallische Helme aus Bronze. (Revue archéologique. 1866 und 1875.)
270: Kupfermünze von Domitian mit der Germania capt (Gezeichnet nach dem Original im königl. Münzkabinett zu Berlin.)
272: Relief von der Siegessäule Marc Aurels: ein von Rindern gezogener germanischer Wagen. (Gezeichnet von Carl Leonh. Becker nach Bartoli-Bellorius, Columna Cochlis M. Aurelio Antonino Augusto dicata.)

VERZEICHNIS DER ILLUSTRATIONEN 749

274: Kupfermünze mit dem Porträtkopf Trajans. (Gezeichnet nach dem Original im königl. Münzkabinett zu Berlin.)
275: Der Flußgott Danuvius auf einer Silbermünze Trajans. (Ebd.)
279: Silbermünze Hadrians mit der Germani(Ebd.)
280: Orientalische Bogenschützen aus den Reliefs an der Trajanssäule. (Gezeichnet von Carl Leonh. Becker nach Röhner, la Colonne Trajane.)
281: Kupfermünze mit dem Porträtkopf des Antoninus Pius. (Gezeichnet nach dem Original im königl. Münzkabinett zu Berlin.)
284: Kupfermünze mit dem Porträtkopf des Lucius Verus. (Ebd.)
285: Relief an der Siegessäule Marc Aurels; Angriff auf eine germanische Befestigung. (Gezeichnet von Carl Leonh. Becker nach Bartoli-Bellorius, Columna Cochlis M. Aurelio Antonino Augusto dicata.)
287: Rückseite einer Kupfermünze von Marc Aurel mit einem Haufen germanischer Waffen. (Gezeichnet nach dem Original im königl. Münzkabinett zu Berlin.)
290: Eine Gerichtsszene aus den Reliefs der Siegessäule Marc Aurels. (Gezeichnet von Carl Leonh. Becker nach Bartoli-Bellorius, Columna Cochlis M. Aurelio Antonino Augusto dicata.)
291: Germanische Ratsversammlung; Relief von der Siegessäule Marc Aurels. (Ebd.)
297: Münze von Commodus: DE GERMANIS. (Gezeichnet nach dem Original im königl. Münzkabinett zu Berlin.)
298: Relief an der Siegessäule Marc Aurels: die Markomannen den Sieger um Frieden bittend. (Gezeichnet von Carl Leonh. Becker nach Bartoli-Bellorius, Columna Cochlis M. Aurelio Antonino Augusto dicata.)
301: Münze mit dem Porträtkopf von Caracalla (Gezeichnet nach dem Original im königl. Münzkabinett zu Berlin.)
305: Kupfermünze mit dem Porträtkopf des Severus Alexander. (Ebd.)
306: Kupfermünze von Maximinus: VICTORIA GERMANICA. (Ebd.)
317: Silbermünze des Gallienus mit der Victoria Germanica. (Ebd.)
319: Goldmünze des Postumus, Vorder- und Kehrseite, zu Köln geprägt. (Ebd.)
326: Kupfermünze des Claudius Gothicus. (Ebd.)
350: Silbermünze von Diokletian. (Ebd.)
354: Goldmünze von Konstantin d. Gr. mit der trauernden gefangenen Alemanni. (Ebd.)
365: Silbermünze von Konstans, Sohn Konstantius des Großen. (Ebd.)
371: Kupfermünze mit dem Porträtkopf von Julianus. (Ebd.)
419: In einem Arme der Seine gefundener, vermutlich dem vierten Jahrhundert angehörender Helm. Bronze, im Museum des Louvre zu Paris. (Revue archéologique. 1862).
437: Reliefs vom Grabe des Jovinus zu Reims. (Revue archéologique. 1860.)
498: Planskizze des römischen Regensburg im Vergleich mit dem heutigen Stadtplan. (Archiv für Anthropologie. XIII. Bd. Suppl.)
503: Römisches Silbergefäß mit Relief: Pyrrhos nach der Eroberung von Troja; im königl. Antiquarium zu München. (Photographische Originalaufnahme.)
509: Situationskarte der Umgegend von Groß-Krotzenburg. (Nach dem Entwurf von Dr. Duncker, Landesbibliothekar in Kassel.)
515: Zu Regensburg gefundene römische Glasflaschen. (Gezeichnet nach den Originalen in der Sammlung des historischen Vereins für die Oberpfalz zu Regensburg.)
517: Römischer Altar mit Darstellung einer Opferszene; gefunden zu Eining. (Gezeichnet nach dem Original im bayrischen Nationalmuseum zu München.)
526: Eherner Lorbeerkranz aus einem Grabe bei Lichtenberg am Lech; ehemals in der Sammlung des Herzogs Maximilian I. von Bayern (jetzt verschwunden). (Nach einer Zeichnung im Cod. bavaricus N. 3567 der kgl. Hof- und Staatsbibliothek in München.)
527: Genius mit Füllhorn und Opferschale, gefunden in Kösching; im königl. Antiquarium zu München. (Photographische Originalaufnahme.)
531: Römische Lampe zu Regensburg gefunden; in der Sammlung des historischen Vereins für die Oberpfalz zu Regensburg. (Nach einer Zeichnung im Besitz des Herrn Professor F. Ohlenschlager in München.)

VERZEICHNIS DER ILLUSTRATIONEN

534/535: Militär-Diplom von Weißenburg. (Gezeichnet nach dem Original im königl. Antiquarium zu München.)

536: Überreste römischer Gebäude im Walde bei Kulbing. (Nach einer Zeichnung von Wiesend.)

537: Mosaikfußboden aus dem Atrium der Römervilla zu Westenhofen; im bayerischen Nationalmuseum zu München. (Die Römervilla zu Westenhofen. Eine Monographie. Ingolstadt 1857. Anonym.)

539: Zu Regensburg gefundene römische Bronzelampe; in der Sammlung des historischen Vereins für die Oberpfalz zu Regensburg. (nach einer Zeichnung im Besitz des Herrn Professor F. Ohlenschlager in München.)

541: Eherne Bacchusfigur, gefunden bei Obelfing; im königl. Antiquarium zu München. (Photographische Originalaufnahme.)

542: Eherner Pferdekopf, in der Wertach bei Augsburg gefunden. (Gezeichnet nach dem Original im Maximiliansmuseum zu Augsburg.)

545: Grundriß der Römervilla in Westenhofen. (Die Römervilla zu Westenhofen. Eine Monographie. Ingolstadt 1857. Anonym.)

547: Römisches Bronzegefäß, gefunden im Burgauer Torfstich. (Gezeichnet nach dem Original im Maximiliansmuseum zu Augsburg.)

548: Römisches Denkmal zu Ehren der Kaiser Maximinus Constantinus und Licinius. (Abhandlungen der philos.-philol. Klasse der königl. bayrischen Akademie der Wissenschaften. V. Bd.)

553: Römische Bronzemaske, gefunden zu Weißenburg; in der Sammlung des historischen Vereins für Mittelfranken zu Ansbach. (Photographische Originalaufnahme.)

556: Die Römerschanze am Gleisental bei Deisenhofen. (Nach einer Zeichnung im Besitz des Herrn Professor F. Ohlenschlager in München.)

559: Bacchantenkopf, gefunden zu Rott bei Weilheim, im königl. Antiquarium zu München. (Photographische Originalaufnahme.)

567: Merkur, kleine Bronzefigur, gefunden in der Nähe des Heselberges; im königl. Antiquarium zu München. (Photographische Originalaufnahme.)

571: Zwei Formen auf *einem* Steine zum Gießen von Lanzenspitzen; gefunden zu St. Margarethenberg; gezeichnet nach dem Original im bayrischen Nationalmuseum zu München.

578: Verschiedene Arten der Totenbestattung:
1. Bestattung in freiem Boden; vom Friedhof zu Selzen. 2. Plattenkammer aus den Reihengräbern auf dem Heuerfelde in Rheinhessen. 3. Steinkammer aus dem Friedhof von Bel-Air in der Schweiz. (Lindenschmit, Handbuch der deutschen Altertumskunde.)

579: Aus den Gräbern von Oberflacht: Bestattung im Totenbaum, innere Ansicht, darunter der geschlossene Totenbaum. – Holzsarg in einem Außensarg von dicken Eichenbohlen; in demselben, zu Füßen des Bestatteten, zwei Verschläge mit Beigaben. (Jahreshefte des württembergischen Altertums-Vereins.)

599: Burgundische Münzen. (Gezeichnet von A. Lütke: Nr. 6 und 8 nach den Originalen des königl. Münzkabinetts zu Berlin; Nr. 1–5 und 7 nach Numismatic Chronical XVIII.)

613: Der Tassilokelch; im Stift zu Kremsmünster. (v. Falke, Geschichte des deutschen Kunstgewerbes.)

622: Die Nordendorfer Spange. (Lindenschmit, Die Altertümer unserer heidnischen Vorzeit.)

635: Eigils Bau in der St. Michaelskirche zu Fulda; im jetzigen (restaurierten und etwas veränderten) Zustand. (Dohme, Geschichte der deutschen Baukunst.)

685: Kamm und Fächerkapsel der Königin Theudelinda. Im Domschatz zu Monza. (Bock, Die Kleinodien des Heil. Röm. Reichs Deutscher Nation.)

687: Votivkrone der Königin Theudelinda und Kreuz des Königs Agilulf. Im Domschatz zu Monza. (Ebd.)

688: Sarg aus einem langobardischen Fürstengrab. Rekonstruktion. (Nach Wieser, in der Zeitschrift d. Ferdinandeums f. Tirol u. Vorarlberg.)

688: Eiserner Schildbuckel mit vergoldetem Bronzebeschlag. Aus dem langobardischen Fürstengrab von Civezzano. (Ebd.)

689: Waffen, Gerät und Schmuck aus dem bei Civezzano aufgedeckten langobardischen Fürstengrab. (Ebd.)

VERZEICHNIS DER ILLUSTRATIONEN 751

693: Innenansicht der S. Clemens-Basilika zu Rom. (Nach fotografischer Originalaufnahme gezeichnet v. G. Rehlender.)
696: Brustkreuz des Königs Adavald. Im Domschatz zu Monza. (Bock, Die Kleinodien des Heil. Römischen Reichs Deutscher Nation.)
701: Diptychon der Königin Theudelinda: „theca aurea". Im Domschatz zu Monza. (Ebd.)
703: Statuen von Langobarden-Fürstinnen im byzantinischen Kostüm des 8. Jahrhunderts, in der Betkapelle des alten Benediktiner-Klosters zu Cividale in Friaul. (Gailhabaud, Mon. anc. et mod.)
705: Münze von König Aripert. Gold. (Nach dem Original im kgl. Münzkabinett zu Berlin gezeichnet v. A. Lütke.)
709: Taufkapelle der St. Peterskirche in Asti; Langobardenbau. (Nach fotografischer Originalaufnahme gezeichnet von G. Rehlender.)
718: Münzen von König Kuninkpert. Gold. (Nach dem Original im kgl. Münzkabinett zu Berlin gezeichnet von A. Lütke.)
721: Betkapelle des alten Benediktiner-Klosters zu Cividale in Friaul. Ein Langobardenbau aus dem 8. Jahrhundert, zugeschrieben der Herzogin Gertrude von Friaul. (Gailhabaud, Mon. anc. et. mod.)
722: Steinplatte mit Skulpturen von der Vorderseite eines von Herzog Pemmo von Friaul errichteten Altars. (Annales archéologiques. XXV.)
726: Steinplatte mit Skulpturen aus der Taufkapelle (Baptisterium) des Patriarchen Calixtus von Aquileja zu Cividale. 1. Hälfte des 8. Jahrh. (Ebd.)
731: St. Georgs-Basilika zu Rom. Von Pabst Leo II. erbaut, im 9. Jahrhundert von Papst Zacharias restauriert. (Nach Gailhabaud, Mon. anc. et mod. und fotografischer Originalaufnahme gezeichnet von G. Rehlender.)
733: Kreuzgang in S. Giorgio Inganna-poltron im Policella-Tal bei Verona. Ein Langobardenbau um 720. (Nach einer fotografischen Originalaufnahme von Professor Francesco Dal-Jabbro gezeichnet von G. Rehlender.)
734: Turm von S. Giorgio Inganna-poltron im Policella-Tal bei Verona. (Dsgl.)
735: Kapitell von den Säulen des Altar-Baldachins in S. Giorgio Inganna-Poltron im Policella-Tal bei Verona. (Dsgl.)
736: Partie aus dem Kreuzgang in S. Giorgio Inganna-poltron im Policella-Tal bei Verona. (Dsgl.)
737: Münzen von König Liutprand. Gold. (Nach den Originalen im kgl. Münzkabinett zu Berlin gezeichnet von A. Lütke.)
739: Langobardenbau in Spoleto: Fassade der Peterskirche. (Nach fotografischer Originalaufnahme gezeichnet v. G. Rehlender.)
740: Bleisiegel, gefälscht, Papst Pauls I. (Nach einem Geipsabguß im kgl. Geh. Staatsarchiv zu Berlin gezeichnet v. A. Lütke.)
741: Faksimile aus einer Handschrift des Edictum Rotharis. (Nach dem Original, cod. 730, in der Siftsbibliothek zu St. Gallen.)
745: Die sogenannte „eiserne Krone" des Heil. Röm. Reiches Deutscher Nation.)
746: Stadtmünzen von Mailand. Gold. (Nach den Originalen im kgl. Münz-Cabinet zu Berlin gezeichnet v. A. Lütke.)

Vollbilder

17: Mutmaßliches Aussehen eines Pfahlbaudorfes. (Eye, Atlas der Kulturgeschichte.)
196: Denkstein eines im Feldzuge des Varus gefallenen Römers, im Museum zu Bonn. (Die Altertümer unserer heidnischen Vorzeit. Nach den in öffentlichen und Privatsammlungen befindlichen Originalen zusammengestellt und herausgegeben von dem Römisch-Germanischen Zentralmuseum in Mainz durch dessen Direktor Dr. L. Lindenschmit.)

1 Die Fototypieen in Fröhners Werk sind fotografisch getreue Kopien der Gipsabgüsse, welche die französische Regierung von sämtlichen Reliefs der Säule hat nehmen lassen.

752 VERZEICHNIS DER ILLUSTRATIONEN

276: Die germanische Leibwache Trajans. Relief an der Siegessäule Trajans zu Rom. (Gezeichnet von Karl Leonhard Becker nach den Phototypieen in Fröhner, la Colonne Trajane.)[1]
283: Relief an der Siegessäule Marc Aurels zu Rom: Überschreitung der Donau. (Gezeichnet von Carl Leonh. Becker nach Bartoli-Bellorius, Columna Cochlis M. Aurelio Antonino Augusto dicata.)
289: Relief an der Siegessäule Marc Aurels zu Rom: Ansprache des Imperators an die Truppen. (Ebd.)
359: Porta nigra in Trier; von der Stadt aus gesehen. (Photographische Aufnahme nach der Natur.)
495: Die Überreste des Römerkastelles, Saalburg, bei Homburg. Nach dem von I. R. Schulz-Marienburg im Juni 1880 nach der Natur ausgeführten Aquarell. (Im Besitz der Verlagsbuchhandlung.)
521: Faksimile eines Abschnittes der Tabula Peutingeriana; in der kaiserlichen Bibliothek zu Wien. (Tabula Itineraria Peutingeriana, primum aeri incisa et edita a Franc. Christoph. de Scheyb MDCCLIII. Denuo cum codice Vindoboni collata, emendata et nova Conradi Mannerti introductione instructa, studio et opera Academiae literarum regiae Monacensis.)
543: Graburnen, auf dem Rosenauberge bei Augsburg 1844–45 gefunden. (Zwölfter Jahresbericht des historischen Kreisvereins für den Regierungsbezirk von Schwaben und Neuburg. Verfaßt von Dr. Ritter von Kaiser. 1846.)
655: Taufschale und Reliquiar des Herzogs Widukind. Aus dem Stifte des heil. Dionysius in Enger bei Herford. (Nach den Originalen im Kunstgewerbe-Museum zu Berlin gezeichnet von G. Rehlender.)

Doppelvollbilder

50/51: Altgermanischer Zierat. (Lindenschmitt, Die Altertümer unserer heidnischen Vorzeit.) Dazu Erläuterungen.
54/55: Altgermanische Geräte. (Lindenschmitt, Die Altertümer unserer heidnischen Vorzeit, und Klemm, Handbuch der germanischen Altertumskunde.)
164/165: Denkmäler gallisch-römischer Zivilisation.
1. Sus gallicus, kleines Bronzemonument, gefunden zu Cos (Revue archéologique. 1858.)
2. Der Panther von Penne (Lot-et-Garonne). (Revue archéologique. 1878.)
3. Wagen mit Viergespann, Basrelief aus Langres. (Revue archéologique. 1854.)
4. Mondgott, Skulptur am Dome zu Bayeux. (Revue archéologique. 1869.)
5. Bronzestatue der Diana zu Lyon. (Gazette archéologique. 1876.)
6. a–e. Römische Totenurnen aus der Normandie. (Revue archéologique. 1858.)
7. Römische Inschrift zu Vesontio. (Revue archéologique. 1877.)
582/583: Waffen und Ziergerät aus germanischen Gräbern der Völkerwanderungs-Zeit.

Karten

277: Römer und Germanen zur Zeit Trajans. Aufgrund der Karte „Germania Magna" von Spruner entworfen von Felix Dahn.
507: Der römische Grenzwall in seinem Lauf durch Württemberg. Nach Herzogs Karte reduziert und gezeichnet von Dr. H. Lullies.
551: Römische Spuren von Gießen bis Miltenberg. Mit Verwertung der Einzeichnungen Dr. Dunckers entworfen von Felix Dahn.
Karte archäologischer Funde in Süd-Bayern. Zwei Blätter, nördliches und südliches. Aufgrund von Professor F. Ohlenschlagers Karten gezeichnet von Dr. H. Lullies. Davon:
560/561: Blatt I.